D1722380

Pinhas Kahanowitsch
genannt Der Nister
Die Brüder Maschber

P
V

PINHAS KAHANOWITSCH
GENANNT
DER NISTER

DIE BRÜDER MASCHBER

Das jiddische Epos

PROPYLÄEN

CIP-Titelaufnahme der Deutschen Bibliothek
Nister, Der:
Die Brüder Maschber: das jiddische Epos / Pinhas
Kahanowitsch genannt Der Nister. [Ins Dt. übertr. von Hans-
Joachim Maass]. – Frankfurt a. Main; Berlin: Propyläen, 1990
ISBN 3-549-06691-0
Vw: Kaganovič, Pinchos [Wirkl. Name] → Nister, Der

Titel des jiddischen Originals
»Di mischpoche Maschber«
Ins Deutsche übertragen von Hans-Joachim Maass
Übersetzung © 1990 im Verlag Ullstein GmbH, Propyläen
Frankfurt a. Main/Berlin 1990
Alle Rechte vorbehalten
Erstes Buch ursprünglich veröffentlicht 1939 in der UdSSR
Zweites Buch veröffentlicht in New York 1948
Satz: Dörlemann-Satz, Lemförde
Druck und Verarbeitung: Mohndruck, Gütersloh
Printed in Germany 1990
ISBN 3 549 06691 0

INHALT

ZWEITES BUCH

VORWORT

Die in diesem Buch geschilderte Welt – die wirtschaftliche Grundlage, auf der sie ruhte, ihre sozialen und ideologischen Konflikte und Interessen – existiert längst nicht mehr. Es ist für mich durchaus nicht leicht gewesen, diese Welt zu beschwören, ihr und ihren Menschen Leben einzuhauchen.

Ich habe es jedoch um der historischen Klarheit willen getan, um jungen Menschen ein Gespür für die große Distanz zu geben, die unsere Realität von jener früheren trennt, und um ihnen zu zeigen, wie sehr wir uns in so kurzer Zeit von ihr entfernt haben.

Bei der Beschreibung dieser Menschen, körperlich wie geistig ausgestorben, habe ich mich bemüht, nicht mit ihnen zu hadern, nicht herauszuschreien, daß sie zum Untergang verdammt sind. Ich habe sie vielmehr ruhig auf ihrem historisch bedingten Weg in den Abgrund weiterschreiten lassen.

Ich habe sie hier mit all ihren armseligen Besitztümern geschildert und keine ihrer Eigenschaften oder Charakteristika vernachlässigt, um allen zu zeigen, wie pathetisch ihr Kampf war – selbst der Besten unter ihnen –, um der Dunkelheit zu entrinnen und einem kaum wahrnehmbaren Licht entgegenzustreben.

Beim Schreiben dieses Buches habe ich mich an die Grundsätze des künstlerischen Realismus gehalten. Das heißt, ich bin der berühmten Forderung Goethes gefolgt: »Maler, male – und dann schweig«, fest darauf vertrauend, daß alles, was notwendig und wünschenswert ist, sich ohnehin von selbst einstellen würde, als Folge jener künstlerischen Präzision und auch aus jener inneren Logik heraus, die das Schicksal jener Menschen bestimmt.

Das hauptsächliche Ziel meiner Mühen war aber nicht nur, mit einer älteren Generation fertig zu werden, die bis zum Hals im Schlamm mittelalterlicher Verhältnisse steckte – das eigentliche Ziel des Buches besteht darin, die verborgene Kraft jener zu offenbaren, die zutiefst gedemütigt in dem »dritten Ring« lebten und unter der Last ihres Lebensjochs so tragisch untergingen.

Damit meine ich den schwachen Widerschein des Blitzes, der gelegentlich am fernen Horizont aufflackert, jene rebellischen, aber noch unreifen Vorläufer, die dennoch von Zeit zu Zeit ans Licht dringen, um eine Vorahnung von dem Sturm zu vermitteln, der sich in der Ferne zusammenbraut und irgendwann ausbrechen wird – wenn nicht heute, dann morgen oder übermorgen.

Denn in einem Keller oder einer Dachkammer, hier und da braute sich tatsächlich etwas zusammen, Minute um Minute, selbst in jener erstarrten Umgebung. Und ein wenig Licht zeigte, was entweder erschreckend oder prophetisch war, je nach der Sicht des Betrachters.

Wie wir wissen, reifte damals schon die lebenskräftige Saat heran, aus der zunächst die Aufklärung hervorging und danach die revolutionäre Bewegung. Die Zeit, die das Erscheinen jener markieren würde, die das Ruder ergreifen und das Steuer des Schiffs der Gesellschaft in eine ganz andere Richtung herumwerfen würden, stand unmittelbar bevor. Es wuchsen damals schon jene Kinder heran, die sich später von den Traditionen ihrer Vorfahren abwenden und den in früheren Jahrhunderten angehäuften Humus durch das Feuer zerstören würden.

Ich möchte meinen Blick folglich auf jenes Feuer richten, das insgeheim bei der Jugend loderte. Vor allem jener Generation möchte ich mich zuwenden, möchte sie schöpferisch schildern und ihr die Ehre, die Bewunderung und den Respekt zuteil werden lassen, die ich im Laufe eines ganzen Lebens erworben habe, als ich sie Hand in Hand begleitete.

DER NISTER, 1939

ERSTES BUCH

I

Die Stadt N.

Es sind drei Ringe, aus denen die Stadt N. besteht. Erster Ring: der Marktplatz in der Stadtmitte. Zweiter Ring: um den Platz herum gruppiert die zahlreichen Häuser, Straßen, Gäßchen der eigentlichen Stadt, in denen der größte Teil ihrer Bewohner haust. Der dritte Ring: die Vororte.

Sollte ein Fremder zum ersten Mal nach N. kommen, würde er sich sogleich, fast gegen seinen Willen, von der Stadtmitte angezogen fühlen. Dort ist das Leben, das turbulente Treiben, dort sind Herz und Pulsschlag der Stadt.

Dort würden ihm sofort die mannigfaltigsten Gerüche in die Nase steigen: der scharfe Dunst rohen oder gegerbten Leders; die penetrante Süße von Backwaren und Nahrungsmitteln aller Art; der salzige Geruch von gedörrtem Fisch, vermengt mit dem von Petroleum, Teer, Maschinen-, Speise- und Schmieröl; der frische Duft von Stoff und Papier; aber auch der Gestank schmutzstarrender, staubig-feuchter Lappen und Lumpen, ausgetretener Schuhe und schäbiger, abgewetzter Kleidung; von altem Messing und verrostetem Eisen und von all dem anderen, das sich weigert, überflüssig zu sein, und sich nun auf dem Weg über dieses unermüdliche Feilschen und Handeln, diesen An- und Verkauf für ein paar Groschen, noch irgend jemandem auf irgendeine Weise nützlich erweisen will.

Dort am Marktplatz drängen sich die Läden dicht aneinander – wie die Schubladen einer Kommode. Hat einer keinen Laden im oberen Bezirk aufzuweisen, besitzt er ein Lagerhaus im unteren. Gehört ihm schon kein Lagerhaus, so verfügt er zumindest über einen planengedeckten Verkaufsstand vor einem Laden. Und nennt er nicht einmal einen Stand sein eigen, breitet er seine Ware auf der Erde aus oder bietet sie – je nachdem, was er zu verkaufen hat – in seinen Händen feil.

Dort auf dem Platz ist immerzu Markt. Fuhrwerke aus nahen oder weit entfernten Dörfern des Landes kommen an, um Waren abzuholen, und Wagen vom Eisenbahndepot laden unablässig ihre Ladung ab; alles frisch, alles neu.

Unablässiges Aus- und Einpacken!

Jüdische Landpächter und Dorfhändler kommen aus Andruszywka, aus Paradek oder aus Jampole in die Stadt. Sie kommen aus Zwill und Korez und sogar aus dem noch ferneren Polesien. Im Sommer tragen sie ihre leichten Mäntel und Kapuzen. Im Winter Kaftane oder Pelzmäntel mit breitem Umlegkragen. Sie kommen, um Waren bar oder auf Kredit zu erwerben. Manche sind anständig und ehrbar – andere wiederum haben ganz anderes im Sinn: Ihr Trick besteht darin, auf Kredit einzukaufen, dann mit Profit zu verkaufen, dann wieder auf Kredit Ware zu erstehen – und sich anschließend für bankrott zu erklären.

Fuhrwerke treffen leer ein und fahren vollbeladen wieder ab, zugedeckt mit Säcken, Planen, Lumpen – alles mit Schnüren festgebunden. Die Fuhrwerke fahren am Abend ab; andere kommen im Morgengrauen an.

»Schalom aleichem«, sagt ein Händler und eilt die Treppenstufen hinunter, um einen soeben angekommenen treuen Kunden zu begrüßen und ihn sofort in seinen Laden zu bitten, bevor ihn sich ein anderer Händler schnappt.

»Schalom aleichem, Reb Meilach! Was gibt's Neues in Andruszywka?« fragt er höflich, wie es sich gehört, und geht dann gleich zum Geschäftlichen über. »Es ist gut, daß Sie zu mir gekommen sind«, fährt er fort. »Ich habe genau das, was Sie suchen. Ein wahres Schmuckstück, sage ich Ihnen . . .«

Manche Händler versuchen, den Kunden eines Konkurrenten in ein Gespräch zu verwickeln, um ihn von seinem gewohnten Lieferanten wegzulocken, indem sie ihre günstigeren Preise und vorteilhafteren Kreditbedingungen anpreisen.

Dabei kommt es oft zu heftigen Auseinandersetzungen. Dann geraten die Ladenbesitzer aneinander, die Verkäufer tun es ihnen

12

nach, und nur die Dienstleute und Laufburschen, die sich mal bei diesem, mal bei dem anderen ein paar Groschen verdienen, halten sich aus dem Streit heraus. Manchmal geraten sich die Ehefrauen der Händler in die Haare, und dann hört man schrille weibliche Verwünschungen. Wenn es Verkäufer sind, hagelt es Ohrfeigen.

Aber solche Vorfälle sind selten. Meist sind alle viel zu beschäftigt. Es gibt genug Kunden und für jeden genug zu verdienen. Vom frühen Morgen bis tief in die Nacht hat jeder mehr als genug zu tun: Man muß sich um die zahlreichen Käufer kümmern. Die Verkäufer leisten die Schwerarbeit: Sie wiegen ab und messen, sortieren die Ware, verpacken sie und so weiter. Das Handeln ist Sache der Ladenbesitzer; sie überreden, beschwatzen, bieten ihre Ware feil und bemühen sich, zu einem angemessenen Preis zu kommen.

Es ist, wie schon gesagt, immerzu Markt. Handel en gros und en detail. Die Großhändler tragen abends ganze Bündel von Fünfhundert- und Hundert-Rubel-Scheinen nach Hause; die Standhändler tragen in ihren Leinensäckeln Münzen und nur wenige Scheine nach Hause. Bei den Kleinhändlern aber ist der Lärm am größten. Bei ihnen ist Streit an der Tagesordnung. Man wird schnell laut und schreit sich an. Man zankt sich wegen eines Groschens, wegen eines kleinen Stücks Seife, um einen Kunden, der für vier Groschen Stärkemehl kaufen will oder einen getrockneten Fisch, und geizt auch nicht mit Verwünschungen:

»Die Knochen sollst du dir brechen!«

»Unglück über dich! . . .«

»Der Schlag soll dich treffen!«

»Wir sehen uns bei deiner Beerdigung.«

Man versöhnt sich aber auch wieder schnell. Oft sieht man die Kleinhändler gemeinsam Tee trinken, sie besuchen sich gegenseitig, um ein zinsloses Darlehen zu arrangieren, um ein Gewicht zu leihen, oder man profitiert gemeinsam von einer »Okkasion«. Man schreit sich aber auch über fünf oder zehn Marktstände hinweg an.

So geht es an allen Tagen zu. An Markttagen aber ist das Gedränge der Fuhrwerke besonders groß. Die abgeschirrten

Pferde drängen sich ängstlich an die Wagen, die noch angespann-
ten Tiere haben das Maul tief in ihren Futtersack vergraben.
Fohlen stecken ihre weichen Schnauzen zwischen die Beine von
Stuten. Ein Wallach läßt ein lautes langgezogenes Wiehern hören, das über den ganzen Platz hin hallt. Und all diese Menschen
und Pferde stapfen im Dreck herum oder bleiben im Schlamm
stecken. Im Winter hat der Schnee nichts von Schnee an sich. Im
Sommer wie im Winter liegt überall getrockneter Pferdemist
herum, überall Pferdepisse, Heu, Stroh, Radkränze, Fässer, Kisten, in allen Farben schillernde Petroleumlachen, und nur selten
wird gekehrt und aufgeräumt. An großen Markttagen wie etwa
in der Fastenzeit kommt man auf dem Platz kaum noch voran.
Eine buntscheckige Menge von Bauern in kastanienbraunen
Switki aus Schaffellen, in gelben Joppen und groben Filzwesten;
Schals, Kopftücher, Käppis, Pelzmützen, Stiefel, Fausthandschu-
he, Wickelgamaschen; Bauern, Krautjunker, Männer, Frauen.

Wohlhabende Leute kommen in die Stadt, um etwas Gutes zu
kaufen, und die weniger Begüterten wollen irgendeine Kleinigkeit erwerben, die sie bei sich ebensogut zu Hause finden könnten. Aber der Drang in die Stadt ist groß, der Drang, unter
Menschen zu kommen, in den Läden zu stöbern und um irgendeinen Gegenstand von geringem Wert zu feilschen, und das nur
aus reiner Lust am Feilschen, um so den Kauf etwas in die Länge
zu ziehen und etwas mehr Freude daran zu haben.

Die Leute mit Geld bewegen sich umsichtig. Sie wissen, was
sie wollen und wo sie es auftreiben können. Der Händler sieht sie
mit Freude kommen. Er begrüßt den Kunden ehrerbietig, spricht
höflich mit ihm, sucht ihn zu überzeugen, möchte vermeiden,
daß er wieder den Laden verläßt, ohne nach langem Feilschen
etwas Geld dagelassen zu haben.

Bei den Armen geht es anders zu. Man sieht sie ohne Freude
kommen, erkennt sie auch daran, wie sie unentschlossen umherwandern und jede Ecke und jeden Winkel des Ladens mit den
Blicken absuchen. Man weiß sofort, daß sie zwar Lust haben,
etwas zu kaufen, aber nur wenig Geld in ihrem Beutel. Man
empfängt sie voller Ungeduld und Mißtrauen und würdigt ihre

demütigen Fragen manchmal nicht mal einer Antwort. Es kommt sogar vor, daß der Ladenbesitzer seinen Verkäufer grob anfährt, wenn sich einer dieser Burschen allzulange mit solchen Kunden aufhält:

»Was, du bist mit dem immer noch nicht fertig? Du kannst dir doch denken, was der will, verdammt noch mal!«

An den großen Markttagen sind Diebstähle nichts Ungewöhnliches. Es kommt allerdings selten vor, daß ein Bauer den Händler bestiehlt; meist ist es umgekehrt.

Es gibt Spezialisten, die es fertigbringen, Zehn-Pfund-Gewichte vor aller Augen gegen Halb-Pud-Gewichte auszutauschen. Das wird schnell und flink erledigt, und der Bauer schöpft keinen Verdacht. Bemerkt er den Betrug und kehrt in den Laden zurück, um lautstark sein Recht zu fordern, erkennen ihn die »Halb-Pudniks«, wie man sie nennt, schon gar nicht mehr. Es kommt oft zu Handgreiflichkeiten, bis sich der Ordnungshüter, der »Budotschnik« – ewig betrunken und mit rotem Gesicht –, einmischt. Er bläst in seine Pfeife, geht dazwischen und befördert ausgerechnet den ins Gefängnis, der da nicht hineingehört.

Oder es geschieht manchmal, daß ein Bauer eine Kleinigkeit stiehlt und in seiner Joppe versteckt. Wird er erwischt, macht man auf der Stelle kurzen Prozeß. Der Verkäufer des Ladens, in dem der Diebstahl begangen worden ist, teilt die Schläge aus. Wenn die Verkäufer aus den Nachbarläden das sehen und hören – und wenn sie dafür Zeit haben –, eilen sie herbei, um nach Kräften mitzuprügeln. Männer werden ins Gesicht und auf den Kopf geschlagen oder in den Nacken. Ertappt man dabei eine Frau, egal ob jung oder alt, wird sie kaum je geschlagen, oder nur äußerst selten, aber dafür demütigt man sie: Man reißt ihr den Schal vom Kopf und das Halstuch vom Nacken, und so steht sie dann zerzaust und beschämt vor allen Leuten da.

All das kommt jedoch nur selten und vereinzelt vor. Die Hauptsache bleibt immer nur eins: Die Kunden kaufen und sind mit ihren Erwerbungen zufrieden, und die Ladenbesitzer sind froh, etwas an den Mann zu bringen. An diesen Tagen glühen die

Gesichter, alle Hände haben vollauf zu tun. Wie immer das Wetter draußen auch sein mag, ob es stürmt, friert, schneit oder regnet, kümmert keinen: Die Händler werden durch innere Befriedigung und den Gewinn warmgehalten.

An diesen Tagen nimmt man nur wenig zu sich; die Leute begnügen sich mit dem, was sie morgens beim Frühstück hinunterschlingen konnten, bevor sie zum Markt aufbrachen. Das muß bis zum Abend reichen, ja oft bis in die Nacht hinein, wenn die Menschen total erschöpft mit vor Wind und Kälte geröteten Gesichtern endlich nach Hause gehen.

Man vergißt alles. Man denkt nicht mehr an schmerzende Hände oder frierende Gesichter, Nasen und Ohren. Stöße und kleine Verletzungen spürt man gar nicht. Macht nichts, damit kann man sich dann abends zu Hause in der Wärme beschäftigen.

All das ereignet sich auf dem »einfachen« Markt, aber auf dem »feinen« Markt in der Parallelstraße geht es genauso zu; auch dort muß man sich mit dem Ellbogen einen Weg bahnen, und für die Fuhrwerke gibt es kaum ein Durchkommen. Trotzdem findet man hier keine einfachen Bauern, und allgemein läßt sich sagen, daß man auch keine einzelnen Kunden sieht, nur Gruppen.

Dort findet man die Textilgroßhändler, die ballenweise verkaufen, die Tuchhändler, die großen Konfektionshäuser, Schuhgeschäfte und Läden mit anderen Waren aus Lodsch, Warschau, Bialystok und anderen Städten Polens und Weißrußlands.

Dort trifft man nur Krautjunker, reiche polnische Adlige und wohlhabende Juden aus der Provinz.

Dort sind sogar die Verkäufer besser gekleidet. Man legt größere Zurückhaltung an den Tag und behandelt die Kunden auf ganz andere Weise.

Dort wird mit mehr Fingerspitzengefühl geschmeichelt und betrogen. Dort herrscht vor den Läden ein ständiges Kommen und Gehen von Herren in Iltispelzen, die in kleinen Gruppen zusammenstehen und gelassen über Geschäfte sprechen. Während im Inneren der Läden gewandte Verkäufer geschäftig umhereilen, die es dank ihrer Beredsamkeit vorzüglich verstehen, die Ware so kunstvoll vorzuführen und die Kunden so überzeugend zu beschwatzen, daß ihnen nur selten jemand entkommt, den sie erst mal in den Fängen haben.

Draußen sprechen die Ladenbesitzer von nichts anderem als von »Konditionen«, Wechseln, Konkursen, von Reisen nach Lodsch und Charkow, von steigenden oder fallenden Preisen in den großen Handelszentren. Und im Inneren, in den fensterlosen Läden mit ihren steinernen Mauern, in die das Tageslicht nur durch die Eingangstür dringt, herrscht Halbdunkel; und vor den Tresen drängen sich die Kunden, und dahinter stehen die Verkäufer, die ihnen Weißwäsche zeigen, Wollsachen, Tücher, Seidenstoffe aus englischen, deutschen und russischen Häusern – aber alles mit falschen Etiketten und gefälschten Zollplomben. Und beim Vorlegen wird abgemessen, und beim Abmessen und Anpreisen der Ware tut man, was nötig ist: »Man zieht den Dummköpfen das Fell über die Ohren«, wie es im Verkäuferjargon heißt.

Auch hier weiß man an den großen Markttagen gar nicht, wohin man zuerst blicken soll. Auch hier werden an solchen Tagen Fuhrwerke beladen, Ladungen festgezurrt, Kisten geöffnet oder zugenagelt. Schwerbeladene Dienstleute stoßen auf der Türschwelle mit Verkäufern zusammen, die Bündel aus den Läden tragen. Die Regale leeren sich, und die Kassen füllen sich mit Geld. Es ist eine gute Zeit für die Ladenbesitzer, die zu Bargeld kommen, aber auch für die Angestellten, denen die Kunden »eine Kleinigkeit« geben und die für jeden Kunden zudem einen bestimmten Prozentsatz erhalten. Eine gute Zeit auch für die Makler, Kommissionäre und Schlepper, die gegen ein angemessenes Honorar neue Kunden anbringen oder alte in die Läden begleiten, um ihnen einen guten Rat zu geben oder einen günstigeren Preis herauszuschlagen.

An diesen Tagen steht in jedem Laden die ganze Familie auf dem Posten – Ladenbesitzer, Ehefrau sowie Kinder von einem bestimmten Alter an. Was man an »Leuten« hat, reicht nicht aus. Zur Verstärkung zieht man die Verwandtschaft heran: Wer eine

Aufgabe zugewiesen bekommt, erledigt sie, wer nur aufpassen soll, paßt auf, aber nach Hause gehen und den Laden einfach im Stich lassen – das gibt es nicht. Man hält bis spät abends aus, wenn die Läden unter lautem Geklirr von eisernen Ketten und Vorhängeschlössern versperrt und verriegelt werden und ihre Inhaber sich endlich erschöpft, aber zufrieden über die wohlgefüllte Kasse von den Angestellten nach Hause begleiten lassen.

So geht es vor den Feiertagen im Winter auf dem Markt zu. Außerhalb der Feiertage ist es nicht ganz so lärmend, aber Markt bleibt Markt – er wird allein von Profitsucht, vom Streben nach dem höchstmöglichen Gewinn beherrscht. Und wer einmal dazugehört, wird von ihm derart verschlungen, daß er keinerlei Interesse mehr an jenen besitzt, die nichts mit ihm zu tun haben. Man versteht sie nicht und hat auch keine Zeit für sie; in der Welt des Marktes, dessen Ordnung für die Ewigkeit gilt, ist für solche Leute kein Platz.

Ebenso selten kommt es vor, daß sich Leute, die mit dem Markt nichts zu schaffen haben – Kinder etwa oder Angehörige des Klerus – dorthin verirren. Und wenn sie mal zufällig vorbeikommen oder den Markt überqueren wollen, kann jeder sofort sehen, daß ihre Anwesenheit ganz unerwünscht ist. Kinder werden von den Eltern auf der Stelle nach Hause geschickt: »Los, fort mit dir, was hast du hier zu suchen?« Taucht ein Synagogendiener oder Kantor auf dem Markt auf, dann ist es nur, um von Laden zu Laden zu gehen und an den Todestag eines nahen Verwandten zu erinnern oder um die Ladenbesitzer zu einer Beschneidung oder einer Hochzeit einzuladen. Die Synagogendiener wissen aber genau, daß sie sich hier nicht lange aufhalten dürfen. Mit einem Wort: Sie haben ihren Auftrag zu erledigen und dann sogleich zu verschwinden.

Selbst die Bettler und Landstreicher, die nichts als ihre Unverschämtheit feilzubieten haben, erhalten nur selten ein Almosen, sobald sie den Markt betreten haben. Sie werden überall mit dem gleichen ärgerlichen und wütenden Ausruf empfangen:

»Geht, geht in Frieden! Zu Hause ... Auf dem Markt geben wir nichts.«

Auch die Narren und Kretins des Viertels meiden den Markt, als wüßten sie, daß dort niemand Zeit oder Lust hat, sich mit ihnen zu befassen.

Denn auf dem Markt sind die Menschen ernst. Wer nur wenig Geld hat, zermartert sich den Kopf, wo er welches auftreiben oder sich etwas leihen kann. Wer reicher ist, fragt sich, wo er noch mehr verdienen oder borgen kann. Die Händler en gros, die mit Geldverleihern und Wucherern ihre Geschäfte machen, zermartern sich das Gehirn, wie sie ihre großen und kleinen Wechsel bezahlen sollen – ein Rubel pro Woche Zinsen. Alle haben nur eine Sorge im Kopf: abzukassieren, wenn die Geschäfte gutgehen, und gehen sie einmal weniger gut, irgendwie »über die Runden«, das heißt auf ihre Kosten zu kommen, mögen diese nun hoch oder gering gewesen sein.

Bei den Angestellten geht es weniger ernst und viel sorgloser zu. Der nächste Tag interessiert sie nicht, und sie wollen auch nicht, daß er ihnen auf der Seele lastet. Dies gilt besonders für die jüngeren Verkäufer. Sie lassen sich selbst dann zu einem Scherz hinreißen, wenn viel zu tun ist, vor allem aber, wenn nichts zu tun ist. Was meist im Sommer der Fall ist, vor der Ernte, wenn die Geschäfte ruhig sind und die Bewohner der nahe gelegenen Dörfer – noch mehr die aus den weiter entfernten Siedlungen – sich auf dem Markt nicht blicken lassen. Dann brauchen sich die Kommis nicht zu überarbeiten.

Dann läßt man sich die Sonne auf den Bauch scheinen oder sucht die Kühle im Inneren der Läden und der Lagerräume. Und wenn die Langeweile allzugroß wird, ist man zufrieden, wenn man in der Tasche einen Groschen findet, um nebenan ein Glas Limonade zu trinken oder eine Leckerei knabbern zu können. Die jungen Verkäufer sind bei solchen Gelegenheiten stets überglücklich, wenn sie etwa zufällig so jemanden wie zum Beispiel die *pani* Akota, eine stadtbekannte, leicht meschuggene, adlige Grundbesitzerin, auftauchen sehen. Sie trägt stets ihren Umhang aus der Zeit des Königs Sobieski, der mit Fransen und Troddeln geschmückt ist, dazu ihren alten Hut voller Bänder, Perlen und allerlei Flitterkram. Alle stürzen ihr entgegen, als wollte sie jeder in seinen Laden holen, und einer der jüngeren Verkäufer versperrt ihr den Weg, nähert sich ihr von der Seite, wie es sich bei einer Adligen gehört, und fragt sie mit gespielter Ehrerbietung:

»Tz O, pani?« (Hebräisch: »Sie wünschen, gnädige Frau?«)

»Tso?« erwidert die Dame. (Polnisch: »Was?«)

Damit ist sie ihnen auf den Leim gegangen, und die Verkäufer lachen, kneifen sich und schütten sich aus vor Lachen. Der Unfug endet meist mit Geschrei und wüstem Geschimpfe gegen Juden und Christen, bis sich eine aufgeregte Menge eingefunden hat und die älteren Angestellten und die Ladenbesitzer dazwischengehen müssen.

Es kommt auch vor, daß man aus der Nachbargasse einen Idioten herbeilockt, um ihn auf den Arm zu nehmen, etwa den einfältigen Menschen, dessen blonder Jesus-Bart ein sehr blasses Gesicht umrahmt. Er ist ein kränkelnder junger Mann, der nur selten mit leiser Stimme ein paar unzusammenhängende Worte stottert.

Die Verkäufer ziehen ihn in eine Ecke, umstellen ihn, versprechen ihm alles, was er haben will, wenn er nur auf die Frage antwortet, die sie ihm schon tausendmal gestellt haben und auf die er schon tausendmal geantwortet hat:

»Monisch, wozu brauchst du eine Frau?«

»Für drei Dinge«, erwidert er lächelnd.

»Und die wären?«

»Zum Sch . . . Sch . . . Schmusen, zum K . . . K . . . Küssen, zum K . . . K . . . Kitzeln.«

»Und das ist alles?«

»W . . . W . . . Was g . . . gibt's denn sonst noch?«

So geht es an den ruhigen Markttagen zu. In solchen Momenten hält man die Läden nur geöffnet, um den Schein zu wahren. Sie geschlossen zu halten kommt nicht in Frage. Man langweilt sich den lieben Tag lang tödlich, bis die Sonne am Horizont verschwindet; dann macht man den Laden zu und geht nach Hause, um am nächsten Tag wieder von vorn zu beginnen: Man steht auf der Schwelle, ohne auf Kunden zu warten, denn das wäre ja ohnehin umsonst; und das mehrere Wochen hintereinander, während der gesamten Erntezeit, bis zum Ende der Sauregurkenzeit.

Wer dazugehört, also die Kaufleute, Händler und Ladenbesitzer, all die, die vom Markt leben wie schon ihre Eltern und Vorfahren, haben weder Zeit noch Gelegenheit, über Sinn und Daseinszweck des Markts nachzudenken oder an seiner Beständigkeit zu zweifeln.

Ganz im Gegenteil: Sie sind sicher, daß die an den Türpfosten der Geschäfte angebrachten Mesusas und die meist an den Schwellen der ärmlicheren Läden festgenagelten rostigen Hufeisen über deren bißchen Glück wachen. So wie die mit einem Goldstück getöteten Fledermäuse, die man unter den Türschwellen der erfolgreicheren Läden vergraben hat, über deren Glück wachen. Und das wird immer so sein, wie die Leute fest glauben; das wird immer so bleiben, denn es ist schon immer so gewesen, so ist es von Gott und der Vorsehung bestimmt, so wird es von Generation zu Generation weitergehen, und die Kinder erben es von den Vätern.

Wäre aber ein Fremder hierhergekommen und hätte sich eine Zeitlang auf dem Markt aufgehalten, hätte er schon von weitem einen Hauch von Unbeständigkeit gewittert. Vielleicht hätte er gedacht, daß all dieser Plunder und dieses Getöse, all dieses An und Verkaufen, all dieser Handel und Wandel, dieses Drunter und Drüber schon in naher, vielleicht sogar schon sehr naher Zukunft einen Verwesungsgeruch verströmen würden, der jedem in die Nase steigen müßte, auch denen, bei denen sich alles um den Markt dreht ...

Zu derlei Gedanken hätte er noch viel mehr Grund gehabt, falls er nachts gekommen wäre, wenn der Markt mit all seinen Haupt- und Nebengassen in tiefen Schlaf versunken ist, wenn seine gemauerten Läden, Buden und die dunklen Schatten der sich nebeneinander reihenden Lagerhäuser hinter schweren Eisentüren, Ketten und Riegeln ruhen; und wenn er den Nachtwächtern begegnete, die schläfrig gähnend in Gruppen zusammenstehen oder einzeln an den Straßenecken herumlungern, würden sie ihm wie düstere Verkörperungen des alten Gottes

Merkur erscheinen, den es mit einiger Verspätung hierher verschlagen hat; wenn ein Fremder käme und all dies sähe, würde ihn, falls er es nicht schon vorher gewesen ist, dieser Anblick bestimmt nicht zum Propheten werden lassen. Handelte es sich dabei jedoch um einen feinfühligen, etwas hellsichtigeren Menschen, so würde ihn gewiß Traurigkeit befallen, und er würde spüren, daß die Schwellen, auf denen die Nachtwächter sitzen, Bänke sind, auf denen bereits die Totenwache gehalten wird. Er würde auch spüren, daß man diese Türen und Ketten, diese Schlösser und Riegel nie mehr erneuern wird und daß man, um dieses Bild zu vervollständigen und ihm den richtigen Rahmen zu geben, nur dort, mitten auf dem Markt, eine Totenlampe aufzuhängen brauchte, die still und leise niederbrennen würde, als wäre dies schon zum Gedenken an den einstigen Markt.

So sieht also der Markt der Stadt N. aus, ihr erster Ring. Der zweite Ring ist die eigentliche Stadt.

Hätte sich derselbe Fremde in derselben Nacht beim Verlassen des Marktes den nächstliegenden Häusern zugewandt, wäre ihm als erstes eine Reihe altmodischer ein-, zwei- oder mehrstöckiger Gebäude aufgefallen, die in einem völlig aus der Art geschlagenen Stil oder vielmehr ganz ohne jeglichen Stil errichtet wurden.

Er hätte sofort erkannt, daß dies keine Wohnhäuser sind, sondern daß sie eine ganz andere Bestimmung haben. Hätte er sie aber nicht auf den ersten Blick erkannt, würde er trotzdem schnell begreifen: Sie waren von der Gemeinde der Stadt N. für ihren Gott und nach seinen Geboten errichtet worden.

Ihr Gott ist ein heimatloser und verlassener Gott. Er ist nicht sehr anspruchsvoll. Keine Rede von übertriebener Sauberkeit, von Raum, Luft oder Säulen. Keine Ornamente, kein blendender äußerer Schein. Es genügt, daß durch eine schmutzige Fensterscheibe, seit langem nicht mehr gereinigt oder geputzt, das flackernde Licht einer billigen Lampe dringt, die nur wenig Petroleum benötigt. Daß dort Schweigen herrscht und daß eine gequälte Seele dort Ruhe finden kann. Daß in einem der Gebäude ein unverheirateter Synagogendiener schläft, ein zwar bedauernswerter, aber auch ein wenig schmutziger und nachlässiger Diener seines Herrn. Daß in anderen Räumen ganze Gruppen von Leuten liegen, die sonst kein Dach über dem Kopf haben: Bettler und Landstreicher, die auf Lumpenhaufen schlafen oder auf Bänken und selbst wie ein einziger Lumpenhaufen aussehen; die Männer schnarchen ruhig vor sich hin, während in den anderen Gebäuden noch die Stille der Nacht herrscht und nur ein helles Licht durch jedes ihrer zwölf Fenster dringt, wie es die Tradition dieses Gottes fordert. Mögen dort nur Kerzen und Lampen brennen, mag dort nur das Gewirr psalmodierender Stimmen zu vernehmen sein, der Stimmen junger Männer, welche die Gesetze und Gebote dieses Gottes erlernen, die Stimmen dieser jungen Leute, die ihm in den Tagen Seiner Herrlichkeit dienten und als Opfer dargebracht wurden – Opfer, denen Er aber längst entsagen mußte.

Hier haben Sie nun eines dieser Gebäude:

Seine Fassade ist einem kleinen Platz zugewandt. Es ist ein zweistöckiges Haus. Im Erdgeschoß ein runder Raum, umgeben von Geschäften und ein paar Wohnungen. Schlachterei, Getreidehandlung und noch ein paar andere Läden, die der Synagoge Geld bringen. Im ersten Stock die Synagoge selbst, deren Eingangstür und große Vorhalle mit zahlreichen Fenstern auf den Platz hinausgehen, während die drei anderen Seiten, von denen jede drei Fenster besitzt, an verschiedenen kleinen Gassen liegen.

Man nennt sie die »Offene« Synagoge.

Warum?

Im Testament ihres Erbauers wurde vor mehr als hundert Jahren festgelegt, daß ihre Tür nie geschlossen werden dürfe, weder am Tag noch in der Nacht, nicht im Sommer und nicht im Winter, niemals, solange das Gebäude an dieser Stelle stehe, bis zum Erscheinen des Messias (wie man hofft).

Die Tür zu dieser Synagoge ist stets geöffnet. Sie steht allen offen, den Leuten aus der Stadt, die hierherkommen und in der Thora lesen. Sie steht auch all denen offen, die sich hier im Sommer abkühlen und im Winter aufwärmen wollen: Händlern, Ladenbesitzern, Dienstleuten und anderen, die sich für einen Augenblick von dem eitlen Lärm des Markts wegstehlen und ein wenig bessere und ruhigere Luft atmen wollen; diese Tür steht auch Fremden und Armen offen, denen sie oft als Herberge dient, in denen sie manchmal ganze Wochen oder gar Monate zubringen: Sie essen und schlafen dort, und niemand hat das Recht, sie daran zu hindern. So will es das Testament.

Dort wird vom frühen Morgen bis zum späten Nachmittag gebetet. Manchmal finden sich ganze »Minjans« zum Gebet ein, manchmal nur einzelne Gläubige. Der Abend und die Nacht werden mit dem Thora-Studium verbracht. Der Abend ist den reifen, schon etwas älteren oder ganz alten Männern vorbehalten, die nach dem Studium nach Hause gehen, um sich schlafen zu legen. Nachts sind die jungen Männer an der Reihe, die den Schlaf leicht entbehren können.

Die »Offene« Synagoge steht nur selten leer; es herrscht ein ständiges Kommen und Gehen darin.

Diese Synagoge ist ein Treffpunkt der verschiedensten Interessen. Hier schart man sich im Kreis zusammen, um über alltägliche Dinge zu sprechen, und dort steht oder sitzt ein junger oder vielleicht nicht mehr ganz junger Mann, der sich in eine komplizierte Thora-Stelle vertieft hat, ohne von seiner Umgebung auch nur das geringste wahrzunehmen.

Sehr verschieden sind auch die Männer, die sich hier dem Studium widmen. Eine Minderheit besteht aus mehr oder weniger begüterten jungen Leuten aus der Stadt, die von ihren Eltern ausgehalten werden. Die meisten aber sind Fremde in der Obhut von Stadtbewohnern, die es für ihre fromme Pflicht halten, ihre Schutzbefohlenen mit dem Nötigsten zu versorgen.

Man findet dort auch junge Leute aus den Dörfern der Umgebung und aus fernen Ortschaften, aus Wolhynien, Podolien und selbst aus dem fernen Polen. Jeder hat seinen eigenen Akzent, eine besondere Art zu psalmodieren und seine Eigenheiten.

Und all diese armen, zerlumpten, äußerst ungepflegten Menschen, die sich kaum um ihre äußere Erscheinung sorgen, sind dafür um so leidenschaftlicher der Sache ergeben, um derentwillen sie hergekommen sind. Sie sind so schwärmerisch, so sehr mit Leib und Seele bei der Sache, daß ihnen der Tag oft nicht genügt und sie noch bis spät in die Nacht hinein wachen.

Dann ist die Synagoge strahlend hell erleuchtet. Über jedem der jungen Leute hängt eine an der Decke oder an einer Seitenwand angebrachte Lampe, neben der er sich niedergelassen hat. Wer weiter weg sitzt, in einer dunklen Ecke, hält eine Kerze in der Hand, um sein Buch zu beleuchten.

Das Licht erhellt nicht nur die Synagoge, sondern dringt auch nach draußen; und ein frommer Passant oder jemand, der von einem tiefergelegenen Haus aus das von allen Seiten hell erleuchtete Gebäude betrachtet, mag so die Illusion gewinnen, daß da vor ihm – gleich einem Leuchtturm mitten in einem nächtlichen Ozean – die Insel der Synagoge über eine ganze schlafende Stadt wacht und sie durch ihre Lichtquellen beschützt – und das unter dem Himmel und den Augen des himmlischen Lenkers.

Vor allem wenn der fromme alte Jude im Vorübergehen die sonoren jugendlichen Stimmen hört, wie sie diesen asketischen und schmachtenden Sprechgesang intonieren, der aus irgendwelchen Koran- oder buddhistischen Schulen des Fernen Ostens hierher verpflanzt worden ist; durch diesen Sprechgesang, mit dem diese jungen Leute, die sich freiwillig in vier engen Wänden eingeschlossen haben, dem Mißfallen an ihrer Körperlichkeit in ekstatischen Schreien Ausdruck verleihen, geben sie den frommen Passanten das Gefühl ein, daß sie sich hier zum Opfer darbringen, um für die Sünden anderer zu büßen.

Dann gibt es noch eine Synagoge, gleich nebenan. Man nennt sie die »Hitzköpfige« Synagoge, denn hier beten fanatische, halbverrückte chassidische Sekten, tiefgläubige Männer wie etwa die Kotsker und Karliner, die mit Händen und Füßen wild um sich schlagen, die auf und ab laufen und ihre innere religiöse Glut mit den eigenen Schreien abkühlen.

Der »Hitzköpfigen« Synagoge gegenüber liegt die »Kalte«.

Das ist ein Bauwerk, das einem selbst im Sommer das Mark in den Knochen gefrieren läßt. Auch diese Synagoge ist zweistöckig. Im Erdgeschoß liegen Geschäfte, im Obergeschoß gibt es nur die Synagoge.

Ein blankpoliertes Treppengeländer, im Verlauf langer Jahre von vielen Händen glattgerieben, führt durch einen Vorraum, der eisig kalt ist wie eine Krypta, in die Synagoge.

Ein hohes, in fünf Teile unterteiltes Deckengewölbe. Unter dem mittleren Gewölbe befindet sich das Vorlesepult, das von hohen Säulen gestützt wird. An den vier Wänden sind mit Ketten Leuchter angebracht, deren kaltes Licht weder strahlt noch wärmt.

Die Gläubigen, die hier beten, sind kalt, die Gelehrten vertrocknet und gefühllos – es sind Litauer. Die Männer selbst strahlen wie ihre Gebete und ihr Sprechgesang eine gewisse Frucht- und Sinnlosigkeit, so etwas wie Leere aus.

Man nennt sie die »Ibn-Ezraniks« nach dem frühmittelalterlichen spanischen Dichter und Philosophen, dessen rationaler Geist in diesem Dickicht von Synagogen so etwas wie eine Heimstatt gefunden hat, ein kühles, verlassenes, abgelegenes Nest.

Wären da nicht die Einrichtungsgegenstände der Synagoge – das Tabernakel, das Vorlesepult, Bänke, Podeste, Bücherschränke und Lehrbücher –, hätte man das ganze Gebäude sowohl seinem äußeren Erscheinungsbild wie seinem Geist nach für ein zugemauertes Grab halten können ...

Und dann gibt es noch die »Alte« Synagoge.

Sie ist die älteste von allen. Wenn man sich ihr nähert, fällt einem auf, daß ganze Generationen vergessener Unglücklicher den Weg zu ihrem Eingang ausgetreten haben. Wenn man eintritt, spürt man, daß die Jahrhunderte dort ihren zornigen und verheerenden Atem zurückgelassen haben.

Der Weg zur Eingangstür ist ebenso wie der Vorplatz mit abgenutzten, schiefen Steinplatten belegt. Die eiserne Tür, groß wie ein Portal, ist mit schweren, rundköpfigen Nägeln beschlagen. Der lange Schlüssel, der mehrere Pfund wiegt, ist von einem früheren Meister kunstvoll gearbeitet worden. Man muß ihn mehrmals im Schlüsselloch drehen, und außer dem für die Synagoge verantwortlichen Synagogendiener ist niemand imstande, den Schlüssel in die richtige Position zu bringen.

Wenn man die Tür durchschritten hat, befindet man sich in der Vorhalle, einem düsteren Raum, in den von draußen nur wenig Licht fällt und noch weniger durch die bunten Butzenscheiben über der zweiten Tür, die ins Innere der Synagoge führt.

Öffnet man diese zweite Tür und tritt über die Schwelle, hebt man unwillkürlich den Kopf. Es hat den Anschein, als hätten die Erbauer das Haus in der Absicht entworfen, daß der fromme Besucher den Blick nach oben richten muß, wenn er die Synagoge betritt, daß er sich umsehen und spüren muß, daß es ein höheres Wesen gibt als ihn selbst, ein Wesen, das über sein Schicksal bestimmt, so daß den Besucher ein erster religiöser Schauer erfaßt.

Die hohe und geräumige Decke enthüllt, wenn man genau hinsieht, eine Überraschung: eine Decke in der Decke, eine Steigerung, die man auf den ersten Blick nicht erkennt.

Der Tempel, die Ostwand und das große, hochaufragende Vorlesepult sind mit goldfarbenen Tieren, Vögeln, Engeln, Früchten, Blumen, Musikinstrumenten und Laubwerk bemalt.

Wände und Decke sind in Öl gemalt. Die primitiven Meister aus dem Volk haben mit ihrer zutiefst religiösen Kunst hier Schätze an kindlicher Naivität und Einfachheit geschaffen. Man sieht mythologische Bilder aus dem Leben der Patriarchen; Abraham etwa, der Isaak zum Opferaltar führt; Moses mit den Gesetzestafeln auf dem Berg Sinai; Isaak, auf dem Holzstoß kniend, und Abraham, der sich mit dem Messer in der Hand zur Opferhandlung bereit macht, während der himmlische Bote erscheint, um ihn daran zu hindern, seinen einzigen Sohn zu opfern. Moses mit den Gesetzestafeln, und im Hintergrund der rauchende Berg, über dem Blitze zucken; das Goldene Kalb, die Bundeslade, und so weiter. Alle Wände sind mit Fresken bedeckt, bis hinauf zur Decke, und auch diese ist mit Bildern geschmückt.

Das Vorlesepult, zu dem mehrere Treppenstufen hinaufführen, ist auf allen vier Seiten von künstlichen Obstbäumen umgeben. Die Kinder können sich von diesem Anblick nicht losreißen, der oft auch das Herz eines erwachsenen Gläubigen schneller schlagen läßt. Von der Höhe dieses Vorlesepults aus wurde früher der Bann über jene verhängt, die ihn verdient hatten. Von hier ertönte auch bei bestimmten Gelegenheiten der Klang des Widderhorns, mit dem ein himmlisches Gebot oder ein allgemeines Unglück verkündet wurde. Hier wurden große Männer nach ihrem Tod betrauert, und hier wurden auch neue Dekrete und Gebote der Gemeinde und seiner Kaiserlichen Majestät verlesen.

Der Tempel ist in Wahrheit nicht sehr groß, aber bei einem feierlichen Anlaß oder an einem Festtag ist es schon vorgekommen, daß er die gesamte Bevölkerung der Stadt N. aufzunehmen vermochte, natürlich einige wenige nicht mitgezählt, die draußen bleiben mußten.

Erst füllte sich der Mittelteil mit Menschen, dann links und rechts die Seitenschiffe; die Menschen drängten sich so eng aneinander, füllten allen verfügbaren Raum so sehr aus, daß nicht einmal eine Stecknadel mehr hätte zur Erde fallen können.

Die dichtgedrängten Menschen und ihr heißer Atem ließen die in Öl bemalten glatten Wände schwitzen. Die stickige Luft hielt sich selbst dann noch im Tempel, wenn er leer war. Das war der Atem der großen Menschenmassen, der Gläubigen, die hier bestimmte Ereignisse auf ihre Art miterlebt hatten.

Der Tempel ist für die Männer bestimmt. Für die Frauen sind die Galerien im zweiten Stock da. Sie sind mit Gittern versehen und umschließen auf drei Seiten den für die Männer reservierten Raum; so bleiben die Geschlechter streng getrennt.

Es hat aber auch Zeiten gegeben, in denen es den Frauen erlaubt war, in den Betsaal herunterzukommen. Aber selbst wenn das Verbot keineswegs aufgehoben war, setzten sich die Frauen mitunter darüber hinweg: Sie brachen wie ein wildgewordener Schwarm von Vögeln atemlos und mit hysterischer Kühnheit in den Betsaal ein, stürzten sich auf das Allerheiligste, öffneten dessen Türen und stießen so schrille Klagelaute aus, wie sie Männer nicht mal bei einer Katastrophe hervorbringen können: wie zum Beispiel bei der Einberufung zur Armee, beim

Auftauchen von Schergen oder wenn die Stadt von einem Unheil betroffen wurde, einer Heimsuchung – von der Cholera etwa oder einer Feuersbrunst.

Der Tempel ist nicht für das tägliche Gebet einzelner Gläubiger bestimmt. Nur ein einziger Minjan verrichtet dort morgens und abends seine Gebete. Die Thora wird dort nicht studiert. Aus guten Gründen darf man dort auch nicht die Nacht verbringen. Das ist verboten. Worauf es ankommt, ist aber, daß dieser Tempel der Tempel aller Tempel ist, von allen Gotteshäusern in N. das einzige, das einen legendären Ruf genießt. Ein Heiliger hatte darin einmal für die Gemeinde gelitten und dabei großen Mut und Seelengröße bewiesen. Das verleiht dem Ort seine Würde und umgibt ihn mit einer legendären Aura. Aus diesem Grund haben die Stadtbewohner an Wochentagen die Tür seit jeher verschlossen gehalten und den Tempel leer gelassen, um ihn an besonders großen Feiertagen für jedermann zu öffnen. Nochmals: Aus diesem Grund bleibt die Synagoge tagsüber leer, während sich nachts, wie man glaubt, dort die Seelen der Toten versammeln. Und aus diesem Grund bemüht man sich auch, sie am Tag zu meiden und sogar einen Umweg um sie zu machen. Selbst der Synagogendiener klopft zunächst an die Tür, um den nächtlichen Seelen, die sich dort versammelt haben – zu welchem Zweck auch immer –, sein Kommen anzukündigen ...

Er ist hoch, der Tempel, das höchste Gebäude der Stadt. Ein ungeschriebenes Gesetz verlangt, daß kein Gebäude errichtet werden darf, das ihn an Höhe übertrifft. Das einzige Bauwerk, dessen Höhe sich mit seiner messen kann, ist die Kirche der Stadt, aber dieses Bauwerk zählt nicht: Es gehört einem fremden Volk und einer fremden Macht. Muß man fremder Macht nicht weichen, vor allem dann, wenn sie viel stärker ist?

So sieht die Alte Synagoge aus.

Danach kommen die Synagogen der verschiedenen Berufsgruppen, der verschiedenen Handelszweige, die der wohltätigen Gesellschaften und frommen Institutionen – Synagogen der Schuhmacher, Schneider, Schmiede, Stellmacher und Schlachter; Synagogen der Getreide- und Obsthändler, der Leute vom

Don, das sind jene, die den Don »bereisen«, der Moskowiter, der Daniger, der Krankenhausstiftungen und so weiter, dann noch die der chassidischen Sekten, die alle im selben Stadtviertel liegen, in engster Tuchfühlung, über-, neben-, untereinander. Und um diese nächtliche Stunde strahlt in der einen der Lichtschein einer Kerze, in der nächsten ist alles dunkel, nichts ist erleuchtet, und in der dritten ist alles strahlend hell; in der einen sitzen keine Gläubigen, die nachts in der Thora lesen, in der nächsten nur einer oder zwei, in der dritten viele. Und die Alte Synagoge mit ihrem gepflasterten Wandelgang und ihren stummen Türen überragt sie alle aus ihrem hochmütigen Dunkel, beschützt und bewacht sie im Schlaf.

Wenn also ein Fremder nachts vom Markt hierherkäme, hätte er sofort Struktur und Art des Gemeindelebens in N. erfaßt. Er hätte begriffen, daß der Markt der Lebensnerv der Stadt ist und daß ihr Gott über ihre Brieftasche wacht ... Daß die Gemeinde selbst in den abgelegenen Nebenstraßen lebt, daß jedoch all diese Straßen und Gäßchen mit ihren schlafenden Bewohnern im Grunde nicht zählen – als wären sie höchstens ein Zugang zu dem eigentlich Wesentlichen, zum Markt, der sie gestern ernährt hat und ihnen auch morgen Brot geben wird. Und um die Aufregung vom Vortag nicht völlig einschlafen zu lassen und an das Treiben des kommenden Tages zu erinnern, haben die Bürger in diesen stillen Nachtstunden Nachtwächter postiert; und was ihren Gott betrifft – damit er nicht einschlummert und nicht schläft –, haben sie in den Tempeln ihre jüngsten Kinder als Wachen zurückgelassen, um ihn aus seinem Altmänner-Schlaf zu reißen und an seine Pflichten zu erinnern.

Wir fügen noch hinzu: Hätte der Fremde die Nacht inmitten dieser Synagogen verbracht, sei es im Sommer oder im Winter, und bis zum Morgen gewartet, dann hätte er sehen können, daß der anbrechende Tag, beim ersten Blick auf dieses Viertel, sein sich langsam öffnendes Auge sogleich wieder geschlossen hätte ... Und das nicht nur, weil dieses Viertel nicht sonderlich sauber ist, auch nicht, weil die Häuser dort wie in einem Zigeunerlager bunt zusammengewürfelt liegen; nein, es ist deshalb, weil über diesem Viertel so etwas wie ein Fluch schwebt, ein drohendes Unheil – über allem, über dem Markt und vor allem über diesen Gebäuden, die sozusagen die Gemeinde von N. bewachen und behüten. In Wahrheit greift einem schon beim bloßen Anblick dieser Bauwerke das Mitleid ans Herz. Und morgen – wer weiß? – ist vielleicht schon alles hinter den verrosteten Schlössern der Erinnerung verborgen; vielleicht ist morgen schon alles versteigert worden; vielleicht verfällt schon morgen alles zu Staub und Asche (wenn sich kein Käufer findet). Bestenfalls könnte man auf andere Zeiten hoffen, in denen die Gebäude anderen Menschen und ganz anderen Zwecken dienen könnten . . .

Alles ist möglich . . . Wenn sich der Tag aber endlich entschließt, die Augen zu öffnen, sieht er folgendes:

Eine große, durch einen Fluß geteilte Stadt. Der Fluß ist von Weidenbäumen mit alten, verfaulenden Stämmen und dichtem Laubwerk gesäumt. Die Bäume, die mit den Füßen im Wasser stehen, überragen den Fluß völlig und lassen ihn dunkelgrün erscheinen. Im Fluß herrscht ein Gewimmel von Fischen, Fröschen, kleinen Schlangen, Wasserpflanzen und so weiter. Ein paar alte Fischer, die mitten im Fluß in ihrem kleinen Boot sitzen, warten seit dem Morgengrauen darauf, daß die Angelschnüre oder Netze, die sie am Vorabend ausgeworfen haben, sie für ihre unermüdliche Geduld mit einer Überfülle kleiner Fische belohnen werden.

Schwärme von Enten und Gänsen, die von einem Erpel oder Ganter angeführt werden, schwimmen ruhig von einem Ufer des Flusses zum anderen.

Ein paar Waschfrauen sind schon dabei, am Flußufer ihre Wäsche zu waschen, aber das Plätschern des Spülens und der Lärm, den sie mit ihren Waschbrettern veranstalten, sind so schwach, daß sie nicht einmal die in ihrer Nähe schwimmenden Fische stören.

Fahles Dämmerlicht wirft seine Lichtstrahlen auf die gebeugten Baumstämme und all die nächtlichen Schatten über dem Fluß.

Ganz in der Nähe des Flusses breiten sich Wiesen aus, die seit den Frühjahrsüberschwemmungen an manchen Stellen den ganzen Sommer über feucht bleiben. Sie sind mit hohem Sauerampfer und den gelben Köpfen der Löwenzahnblüten übersät.

Es kommt nur selten vor, daß man hier jemandem begegnet; nur hin und wieder finden sich hier ein paar verdächtige Personen ein, die sich an diesem Ort treffen, um die Details eines lichtscheuen Vorhabens zu besprechen oder um die Beute eines schon vollbrachten Diebstahls zu teilen.

Über den Wiesen erstreckt sich zu beiden Seiten des Flusses die Stadt, deren zwei Teile miteinander verbunden sind: einmal unterhalb des Stauwehrs, dort, wo sich der Fluß verengt, durch eine uralte Fußgängerbrücke aus dicken Bohlen, auf der nur drei oder höchstens vier Personen nebeneinander Platz finden; und dann noch oberhalb des Stauwehrs, wo der Fluß breiter wird; dort hat man in unseren Tagen eine weitere hölzerne Brücke errichtet. Sie ruht auf mächtigen Pfeilern und ist groß und modern genug, um zwei Wagengespannen Platz zu bieten. Längs der Brückengeländer führen zudem Wege für die Fußgänger.

Im Augenblick schlafen beide Brücken noch. Und nicht nur die Brücken, auch die ganze Stadt liegt noch in tiefem Schlummer.

Die einzigen, die sich jetzt in der Stadt so früh zu regen beginnen, sind:

Vorerst der betagteste Rabbi der Stadt – ein grauhaariger alter Mann mit dem feingeschnittenen Gesicht eines Gelehrten, ein weiser, aber auch durchtriebener Mann. Er steht jetzt auf der hölzernen Vortreppe seines kleinen, zweistöckigen Hauses, das an dem Platz gegenüber der »Offenen« Synagoge liegt.

Ganz gegen die Gewohnheit von Menschen seines Ranges, die es lieben, in der Frühe im Morgenrock zu erscheinen, ist er schon voll angekleidet: Er trägt seinen langen schwarzen Kaftan, und trotz seines hohen Alters hält er sich immer noch sehr adrett und sauber. Der Rabbi steht also jetzt auf der Vortreppe, legt die Hand an die Stirn und beschattet die Augen vor dem Sonnenlicht.

Er ist als erster in der Stadt auf den Beinen. Ob das vielleicht an seinem hohen Alter liegen mag, oder muß man – wie die ganze Stadt – daran glauben, daß ihm sein durchdringender Geist und seine lebhaften Gedanken keine Ruhe lassen und ihn daher stets so früh aus den Federn treiben?

Das ist Reb Dudi, in der ganzen Stadt berühmt und im ganzen Land geachtet, den jeder weit und breit als großen Wissenschaftler, Mathematiker und auch Schriftgelehrten kennt.

Er atmet die frische Morgenluft ein, wenn sich noch niemand auf der Straße zeigt, wenn die Sonne noch nicht am Himmel steht und alle anderen noch schlafen. Wenn selbst die »Offene« Synagoge, aus der man die ganze Nacht über hat Stimmen hören können, sich endlich zur Ruhe begeben hat. Denn die »Thora-Schüler« sind müde, und es kommt um diese Zeit nur selten vor, daß jemand die Offene Synagoge betritt oder verläßt.

Der zweite ist Janowski, der polnische Arzt. Auch er ist ein alter Mann. Er hat den Gang einer alten Frau, und sein Blick ist schon etwas glasig: Seine Wangen sind glattrasiert mit weißen Koteletten à la Franz-Joseph.

Er ist einer der Kirchenältesten der polnischen Karmeliterkirche auf der anderen Seite des Platzes; der Kirche, deren Vordergiebel über dem Haupteingang ein halbkreisförmiges Bild schmückt, das den Berg Karmel und zu dessen Füßen den Propheten Elias in einer römischen Toga darstellt; er wird von Vögeln umschwirrt, die ihm in den Schnäbeln etwas Nahrung bringen ...

Dieser Janowski ist am frühen Morgen der erste, der sich zum Beten in die Kirche begibt. Sie liegt in der alten Festung, der letzten verbliebenen Erinnerung an den Kosakenaufstand aus der Zeit der Chmielnicki und Gonta.

Sie ist schon recht alt, diese Festung mit ihren eingefallenen Mauern, die durch erst kürzlich angebaute Pfeiler gestützt werden. Auf den neuen wie den alten Mauern wachsen Weiden. Die Geschützpforten und Schießscharten dienen den Vögeln als Nistplätze. Das einzige, was an ihr noch lebendig geblieben ist, ist ihr Hof mit der alten gotischen Kapelle und dem Feuerbeobachtungsturm, der im Falle einer Feuersbrunst immer noch seine Sturmglocke ertönen läßt; und diese hin und her schwingende schwarze Glocke dient der Stadt bis zum heutigen Tag als Uhr und verkündet ihr die Viertel-, die halbe und die volle Stunde.

Im Sommer wie im Winter ist Janowski immer der erste, der sich auf der Straße blicken läßt. Aber als er bei der stets geöffneten Tür der Kirche angekommen ist, findet er auf dem Vorplatz einige alte Polinnen vor, von denen man glauben könnte, sie säßen schon seit gestern oder vorgestern wie erstarrt auf ihrer Bank. Mit ihren über die Knie hochgezogenen Kleidern erinnern sie an Standbilder in einer Nische. Sie sitzen in typisch katholischer Demutshaltung da, betteln mit gesenkten Blicken, ohne ein Wort zu äußern.

Manchmal steckt ihnen Janowski ein paar Groschen zu, es kommt auch vor, daß er ihnen gar nichts gibt, aber trotzdem ist er immer der erste, mit dem ihre tägliche Bettelei beginnen kann.

Und so kommt es, daß Janowski mit seinem schwerfälligen Gang einer alten Frau und seinem starren Blick als erster erscheint, um den polnischen Gott der kleinen polnischen Gemeinde der Stadt zu wecken, während von der jüdischen Gemeinde, die fast hundert Prozent der Stadtbevölkerung ausmacht, Reb Dudi als erster auf den Beinen ist.

Und kurz darauf – nachdem diese beiden erwacht und aufgestanden sind – erwacht auch die Stadt. Mit ihrem unübersichtlichen Gewirr von Straßen, Gassen und Gängen, durch zahllose Feuersbrünste verwüstet – niemand vermag mehr zu sagen, wie viele es ihrer eigentlich waren –, aber jedesmal von denselben Bewohnern und denselben Eigentümern auf demselben engen Raum wiederaufgebaut, um irgendwann, an einem anderen Tag oder in einer anderen Nacht, von neuem in den Flammen unterzugehen.

Die Stadt erwacht. Der zweite Ring, in dem die Mehrzahl ihrer Bewohner lebt, meist unter Schindel-, seltener unter Blechdächern, in Straßen, die meist ungepflastert sind, in niedrigen, fast zwergenhaften Häusern, in denen ein Mann von normaler Größe mit ausgestrecktem Arm die Decke berühren kann, in

34

Häusern mit kleinen Innenhöfen mit ausgedörrter Erde, auf denen kein Grashalm wächst, auf denen ein Baum etwas Ungewohntes und ein Garten eine Seltenheit ist. Die Zäune und Hecken sind dort so niedrig, daß jeder Hausherr von seinem Hof direkt zum Nachbarn hinüberblicken kann; und die Bewohner eines Hauses liegen häufig in ewigem Streit mit den Nachbarn, an dem dann die ganze Straße – so eng stehen die Häuser beisammen – teilnimmt.

Es erwacht jener Teil der Stadt, den man auf keinem Stadtplan wiederfinden, von dem man nichts entdecken würde: weder Anfang noch Ende, nur ein Wirrwarr aus Linien und Kringeln und bizarren, seltsamen Arabesken. Man könnte in diesem Labyrinth nichts weiter ausmachen als kleine Plätze mit Einkaufsmärkten, Märkte für Fisch und Fleisch – wie in allen kleinen Städten dieser Art. Die Frühaufsteherinnen unter den Hausfrauen machen sich sofort auf den Weg, etwa zum Fleischmarkt, wo die Schlachter schon vor ihren Haublöcken stehen und das Fleisch hacken, sich auf das Geschäft des Tages vorbereitend, während um sie herum die Hunde streichen, in der Hoffnung, daß man ihnen ein Stück Fleisch oder einen Knochen hinwirft.

Der Tageslauf folgt einer altehrwürdigen Ordnung: Samoware werden zum Sieden gebracht, in den Herden wird Feuer gemacht, und der Rauch, der in einem Innenhof aufsteigt, beehrt großzügig auch die Nachbarhöfe ...

Der Tag beginnt; Fensterläden und Türen werden aufgestoßen, Häuser und Ställe geöffnet. Oft sind schon sehr früh die Stimmen keifender Frauen zu hören. Danach werden die Neuigkeiten der Nacht verbreitet: Vielleicht hat es ein Unglück gegeben; vielleicht ist jemand in einem Nachbarhaus oder einer Nebenstraße, der seit langer Zeit bettlägerig war, plötzlich gestorben; vielleicht hat es auch ein freudiges Ereignis gegeben; vielleicht hat eine Frau ein Kind geboren oder eine Kuh gekalbt. Die Hausfrauen haben nicht die Zeit auszuruhen, sie versammeln sich nach einer eiligen Katzenwäsche, aber trotzdem in aller Hast, um sich die letzten Neuigkeiten zu erzählen.

Der Tag beginnt mit dem Lärm auf den Einkaufsmärkten, mit

den Rufen der Schlachter, Fisch- und Gemüsehändler, die ihre Waren anpreisen; und mit dem Lärm der Kunden, die sich beim Einkaufen rempeln und drängeln, die die Waren betasten und lautstark feilschen; mit dem Geschrei kleiner Kinder, deren Mütter sie oft zum Markt mitnehmen und die der ganze Trubel auf dem Markt erschreckt; mit dem Geheul von Hunden, die zwischen den Beinen der Kunden herumwieseln und sich oft einen bösen Schlag mit irgendeinem harten Gegenstand einhandeln, mal auf die Pfoten, mal auf den Rücken. Mit den Klagerufen verkrüppelter Bettler, die schon seit Tagesanbruch auf dem Markt sind; jeder von ihnen schreit lauthals sein Gebrechen heraus – seine Blindheit, seinen Buckel, welches Gebrechen auch immer, alles in der Hoffnung, Mitleid zu erregen und eine milde Gabe zu erhaschen; mit dem Geschrei von Dieben, die nicht selten absichtlich ein Gedränge provozieren, um in dem allgemeinen Durcheinander bequemer an die Geldbörsen und Taschen der Passanten heranzukommen; mit den Schreien von Verrückten, welche die Nacht auf dem Markt verbringen und sich ständig dort aufhalten. Nachts schlafen sie neben den Ständen der Händler, und am Morgen, wenn der Markt erwacht, werden sie von ihren ersten Anfällen heimgesucht und machen so auch jene ersten mitfühlenden Seelen auf sich aufmerksam, die sie bedauern und die Menschentrauben um sie herum zerstreuen, während andere die armen Teufel noch den ganzen lieben Tag weiterquälen.

Wenn also ein Fremder, sagen wir nochmals, am Morgen in diesem Teil der Stadt N. aufgetaucht wäre, in ihrem zweiten Ring, hätte er all das sehen können, was man in jener Zeit auch in einem vergleichbaren Viertel einer ähnlichen Stadt beobachten konnte: Geschäftigkeit in den Häusern und auf den Märkten, Schmutz und Unrat in den Straßen und Höfen, ganz selten einmal eine Gasse, in der der Blick auf einem Stück Grün, einem Baum, einem Grashalm, einer freien Fläche hätte ruhen, wo das Ohr Stille hätte genießen können.

Dem Fremden wäre auch die groteske Architektur der Stadt aufgefallen. Die »schönsten« Gebäude hätte man bestenfalls als Pfusch, wenn nicht weit Schlimmeres, bezeichnen können.

Die Alten der Stadt hätten dem Fremden bestimmte Straßen und Gassen gezeigt, wie durch ein Wunder von zahllosen früheren Feuersbrünsten verschont, und der Fremde hätte sich überzeugt, daß sich die neuen Straßen in nichts von denen aus der Zeit vor den Bränden unterschieden: die gleiche Planlosigkeit, die gleiche Enge, winzige Innenhöfe, Haus an Haus, Dach an Dach, auf daß im gegebenen Moment – dem des nächsten Brandes – das Feuer schnell von Haus zu Haus übergreifen könnte.

Der Fremde hätte auch gesehen, daß die Stadt trotz all dieser Brände innerhalb eines bestimmtem Zeitraums erheblich gewachsen war.

Die Leute der Stadt hätten ihm den alten Friedhof gezeigt, der sich jetzt mitten in der Stadt befindet. Zweifellos hat er einmal außerhalb der Stadt gelegen, »auf den Feldern«, wie es die Sitte damals verlangte. Und dies wäre für den Fremden ein erster Beweis für das Anwachsen der Stadt gewesen. Und hätte er anschließend den Friedhof betreten, so wäre er beim Anblick des von allen Seiten umschlossenen kleinen Vierecks sicher zu dem Schluß gelangt, daß die Stadt vor etwa hundert Jahren tatsächlich noch sehr klein gewesen sein mußte, hatte doch dieses kleine Stück Land einst genügt, all ihre Toten zu beherbergen, während sie jetzt eines weit größeren Friedhofs bedurfte.

Ja, die Stadt ist gewachsen. Aber die Grabinschriften, von denen viele erhalten geblieben und zum Teil auch noch gut lesbar sind, hätten dem Fremden bei einem Vergleich mit denen des neuen Friedhofs gezeigt, wie gering der Unterschied zwischen gestern und heute war: der gleiche Stil, die gleiche Grabstein-Sprache, die gleichen Ehrentitel. Man hätte meinen können, daß auf beiden Friedhöfen die gleichen Menschen lägen.

Hier ruht, hätte er mit nur geringen Abweichungen der Daten auf beiden Friedhöfen lesen können, *ein junger Kabbalist von dreiundzwanzig Jahren.*

Hier ruht, hätte er ferner lesen können, *ein berühmter Rabbi, der dreißig Jahre lang die rabbinische Krone trug*, und so weiter.

Er hätte unter anderem auf beiden Friedhöfen die gleichen

Sträucher mit stechenden Zweigen und Dornen bemerkt; und über den Gräbern der angesehensten Männer hätte er die gleichen Lindenbäume mit ihren zahlreichen Krähennestern wahrnehmen können.

So gleichen sich also beide Friedhöfe fast wie ein Ei dem andern, wenn man einmal von ihren Ausmaßen absieht. Und außerhalb des Friedhofs, in der Stadt der Lebenden, verhält es sich genauso. Auch hier wären dem Besucher nur ganz unbedeutende Veränderungen aufgefallen.

Der dritte Ring legt sich wie ein Rad um die Stadt. Hier findet man Vororte wie Popiwka, Peigeriwka, Katscheniwka und so weiter und so fort – Hügel und Täler, lehmige und sumpfige Erde.

In manchen Orten sind die Bewohner so eng zusammengepfercht wie die Körner einer Mohnblume; Häuschen an Häuschen, Hütte an Hütte, von einer Straße keine Spur, geschweige denn von einem Bürgersteig – überall Schlamm, Morast und Unrat; dort wächst wahrhaftig kein Grashalm.

In anderen Orten liegen die Häuser weiter auseinander; ja, sie sind sogar durch Wege miteinander verbunden: Hier riecht es schon nach Vorstadt, nach der Stille des flachen Landes.

Im dritten Ring herrscht das schlimmste Elend, das man sich denken kann.

Die meisten Häuser werden nur wie durch ein Wunder zusammengehalten: verzogene, feuchte Mauern, im Inneren überall verschimmelte Wände, keines von ihnen ist gestrichen oder getüncht, die Dächer sind durchlöchert wie Siebe. Ein Viertel oder die Hälfte aller Löcher sind entweder gar nicht oder nur notdürftig repariert. Fast alle Kinder tragen nichts als ein Hemd auf dem Leib, und die Erwachsenen sind in ausgefranste und geflickte Lumpen gekleidet. Schmutz und Armut sind dort draußen vererbbares Gut, und keiner dieser Elenden wagt auch nur davon zu träumen, jemals diesem Erbe zu entrinnen.

Dort leben die Ärmsten der Armen, der Abschaum der Stadt; Handwerker mit zwei linken Händen, Flickschneider, denen niemand mehr auch nur den billigsten Schund anvertraut; Leute, die bestenfalls noch dazu imstande sind, Schuhe zu flicken oder die abgetragenen Kleider der Armen aus der Stadt und den Vororten.

So sehen die meisten Bewohner dieses Bezirks aus.

Dort wohnen auch Lumpensammler, Bettler und »professionelle« Hungerleider, Drehorgelspieler, arme Dienstleute, ebenso weibliche wie männliche Vermittler von Domestiken und Hebammen und schließlich noch Straßenjungen, Diebe, Kartenleserinnen, Wahrsagerinnen und Freudenmädchen.

All diese Leute kann man nicht zu den Bewohnern der Stadt zählen: Sie führen in jeder Hinsicht ein Eigenleben. Ihre Sitten und Gebräuche sind zwar die gleichen, aber ihre Gesetze haben mit denen der Stadt nichts gemein.

Man könnte fast sagen, daß der Gott von N. hier ein wenig die Zügel gelockert hat. Die Bewohner des dritten Rings sind für den Dienst am Herrn schlecht gerüstet; sie leben einfach in den Tag hinein, und viele von ihnen sind völlig untätig und scheinen rein für gar nichts gerüstet zu sein.

Hier könnte man auch mitten an einem schönen Sommertag eine Gruppe junger Nichtstuer erblicken, die einfach so herumsitzen oder sich der Länge nach ausgestreckt haben, um Karten zu spielen oder es sich an der frischen Luft wohl sein zu lassen.

Dort könnte ein Stadtbewohner auch eine Szene miterleben, die er sonst nie zu Gesicht bekommen hätte: Mitten auf einer Rasenfläche ein Bursche, der gar nicht wie ein Jude gekleidet ist. Er trägt eine kurze Jacke und ein mit bäuerlicher Stickerei geschmücktes Hemd über der Hose, während seine Beine in hohen Stiefeln mit Lackschäften stecken. Einen Ochsenziemer in der Hand, steht er neben einer dicht durch einen Schal vermummten Frau, durch den sich aber ein hübsches Oval oder – wenn sie einem den Rücken zudreht – runde und kräftige Schultern ahnen lassen.

Zunächst rühren sich beide nicht. Anscheinend haben sie wichtige Dinge zu besprechen. Man sieht, daß der Mann die Frau extra hierher zitiert hat und daß es sich um eine äußerst ernste Angelegenheit handelt.

Sie schlägt schuldbewußt die Augen nieder. Er klopft sich mit seinem Ochsenziemer gegen die Stiefel, mustert sie aufmerksam, und plötzlich, nach einem Augenblick des Schweigens, vernimmt man einen schrillen Schrei: Der Mann hat ihr mit seinem Ochsenziemer mit aller Kraft ins Gesicht geschlagen.

Nach diesem Aufschrei wieder totale Stille. Die vollkommen hörige Frau hat ihren Schrei nicht unterdrücken können, hat sich aber sofort wieder gefangen und sich daran erinnert, daß sie ganz wehrlos ist. Sie schweigt und ist bereit, widerstandslos all die Schläge auf sich zu nehmen, die da noch kommen könnten.

Denn das ist dort so Sitte: Schlägt ein Mann eine ihm unterworfene Frau, mag sie weinen, soviel sie will – niemand wird ihr zu Hilfe kommen. Im Gegenteil: Je weniger man sie beachtet und je weniger man in dem Streit mit ihrem Herrn und Meister für sie Partei ergreift, um so besser für sie . . .

In dem dritten Ring findet man auch Ganoven, die sogenannten »Kaiser« oder Bandenführer, die gegen ein bestimmtes Honorar Leute zusammenschlagen. Die ihnen eine »trockene« Abreibung verabreichen oder eine »nasse« mit ein paar gebrochenen Knochen, so daß manche ihrer Opfer im Krankenbett landen.

Dort kann man unter den Vermittlern von Domestiken und Hebammen auch ein so ungewöhnliches Gespann wie Perele und Iliovetsche vorfinden. Sie haben sich zu folgendem Gewerbe zusammengetan: Wenn in einer reichen bürgerlichen Familie das Dienstmädchen einen Fehltritt begeht . . . und die Schwangerschaft schon so weit fortgeschritten ist, daß sie nicht mehr verheimlicht werden kann – und daher die Dame des Hauses die Schuld ihres Mannes oder ihres Sohnes vor den Leuten verbergen und ungebührliches Gerede vermeiden möchte, weil sie den Skandal fürchtet, betritt Perele die Szene.

Sie ist eine robuste Frau von fünfzig Jahren mit breiten, fleischigen Schultern und einem schäbigen Kopftuch, das ihr ständig auf die Schultern herabhängt. Ihre Stimme ist vom ewigen Trinken heiser, ihr Gesicht aus dem gleichen Grund gerötet. Ihr Mundwerk ist für seine kräftigen Ausdrücke bekannt . . .

Sie beginnt damit, daß sie das Dienstmädchen einschüchtert und der Ärmsten Angst einjagt: Sie schärft ihr ein, sie dürfe es ja nicht wagen, den Namen dessen zu nennen, der nicht erwähnt werden soll. Sie droht ihr mit der Polizei und mit allen möglichen schrecklichen Folgen: Sie werde sie wegen übler Nachrede und Verleumdung im Gefängnis verfaulen lassen. Bis sich das Dienstmädchen schließlich, durch ihr Mißgeschick und ihre Angst völlig erdrückt, mit allem einverstanden erklärt und den mütterlichen Ratschlag Pereles annimmt. Dann wird sie zu Iliovetsche gebracht, wo sie auf Kosten der reichen Dame (die Perele dafür das Geld gegeben hat) bis zur Niederkunft versorgt und verköstigt wird . . .

Wenn der Säugling auf der Welt ist, wird er auf eine Diät gesetzt, die ihn schnell hinwegrafft. Handelt es sich aber um ein robustes Kind, das es sich in den Kopf gesetzt hat zu überleben, erledigt man »seinen Auftrag«: Man erdrosselt den Säugling. Anschließend bringt Perele die Mutter gegen gutes Honorar in einem anderen reichen Haus als Amme unter; von diesem Geld bekommt die junge Mutter allerdings niemals einen Groschen zu sehen . . .

Perele und Iliovetsche sind ein ideales Gespann. Perele trinkt, treibt sich in der Stadt bei den Vermittlern und in den reichen Bürgerhäusern herum, nimmt gegen Honorar »die gefallenen Geschöpfe« in Empfang und ersetzt sie durch frische und gesunde Frauen – und läßt sich erneut bezahlen. Und wenn man Iliovetsche die Ware gebracht hat, verrichtet sie ihre Hausarbeit: Sie füttert und erdrosselt . . . Und so geht das weiter bis zu jenem Tag – dies sei nebenbei erwähnt –, an dem die Stadt das saubere Pärchen eines schönen Tages, durch dieselben Handschellen aneinandergekettet, von der Polizei abgeführt sieht, um anschließend auf freien Fuß gesetzt zu werden, so daß sie mit ihrem Gewerbe von vorn beginnen können.

Dort leben auch Diebe und Hehler.

Dort gibt es einen Ort, an dem man die bei einem Krautjunker oder sonstwo gestohlenen Pferde bis zum nächsten großen Markt sicher unterbringen kann; dort gibt es ein verläßliches Versteck für gestohlene Stoffballen, die man umfärben oder auseinanderschneiden kann, dort finden auch silberne Kerzenleuchter aus reichen Häusern ein vorübergehendes Zuhause; nach dorthin begibt man sich auch, um eine Wahrsagerin oder Kartenleserin aufzutreiben, die prompt einen »Hellseher« kommen läßt, der vorerst seinen Schnitt verlangt und einen dann nach Hause schickt, wo das gestohlene Gut ganz von selbst wieder auftauchen wird.

Dort leben auch jüdische Seiler und nichtjüdische Schweinehirten.

Dort wachsen vollbusige junge Frauen heran und hochaufgeschossene junge Burschen, die sogenannten »Lehrlinge« – künftige Einbrecher, Taschendiebe und Straßenräuber.

Dorthin geht auch der Hundefänger, um seine Tiere abziehen zu lassen, und der Kutscher bringt seine krepierte Mähre dorthin – das Pferdefleisch ist für die Hunde, das Fell wird verkauft.

Auch zahlreiche Schinder leben dort, denn die Abdeckerei liegt ganz in der Nähe; ebenso wie Leichen- und Sargträger, da ja der Friedhof nicht fern ist.

Dort spielen sich im Winter wie im Sommer jeden Sonnabend die berühmten Schlachten der verschiedenen Banden und ihrer Anführer ab, schwerer Jungs, die auf Kosten von Muttersöhnchen leben, die ihre Eltern bestehlen oder ihnen das Geld aus der Tasche locken. Man zahlt den Bandenführern wöchentlich oder monatlich eine Schutzgebühr, um nicht von ihnen zusammengeschlagen oder von anderen Ganoven verprügelt zu werden. Die Banden kommen jeden Sonnabend aus allen Ecken der Stadt, um zu kämpfen. Man beginnt mit Faustschlägen, und wenn man erst daran Geschmack gefunden hat und richtig warm geworden ist, wirft man mit Steinen, geht mit Knüppeln aufeinander los und läßt die Messer spielen. Die Schlacht endet mit gebrochenen Schädeln, und einige der Kombattanten müssen sogar halbtot oder zu Krüppeln geschlagen ins Krankenhaus befördert werden.

Mögen diese Viertel auch viel mit der Stadt N. gemein haben und ihr äußerlich ähnlich sehen – ihre Bewohner verehren denselben Gott, haben die gleichen Sitten und Gebräuche, feiern die gleichen Trauer- und Festtage –, so darf man trotzdem nicht vergessen, daß ihr Gott weniger streng ist und von seinen Anhängern weniger fordert, denn er weiß sehr wohl, daß dies nutzlos und vergeblich wäre.

Man feiert die Feste wegen der damit verbundenen köstlichen Gerichte und Leckereien, und an Trauertagen ist man nur selten traurig.

Man lebt ungeniert in den Tag hinein und macht sich nicht nur über die Stadt, sondern auch über die stupiden religiösen Bürokraten lustig, »die Holzköpfe«, wie man sie dort draußen in der Vorstadt nennt.

Man lädt sie nur ein, wenn man sie braucht, etwa bei einer Beschneidung, einer Hochzeit, aber auch bei anderen Gelegenheiten, wenn Sitte oder Gesetz es so verlangen. Man gibt ihnen, was ihnen zusteht, und erhält – falls man das so nennen darf – von ihnen, was sie zu geben haben. Man denkt aber nicht daran, ihretwegen lange Umstände zu machen: Dazu fühlen auch sie sich bei den Bewohnern der Außenbezirke zu unbehaglich. Sobald sie ihre Aufgabe erledigt und ihren Lohn empfangen haben, schlagen sie den Mantelkragen hoch und machen sich schnellstens wieder aus dem Staub.

Die Vorstadtbewohner verbringen ihr Leben unter ihresgleichen, wobei sie peinlich darauf achten, möglichst nichts mit der Stadt zu tun zu haben, es sei denn, es geht um das tägliche Brot.

Sie besitzen eigene Synagogen, in denen selbst am Sabbat und an den Feiertagen die Gebete schneller gesprochen sind als in denen der Stadt. Hier sind die Gläubigen von der Arbeit ausgelaugt, besitzen nur geringe Kenntnisse des Hebräischen und lieben es nicht, lange Textpassagen zu rezitieren; sie leiern ihre Gebete blitzschnell herunter und haben es eilig, sich möglichst schnell aus der Gegenwart eines Gottes zurückzuziehen, der ihnen unverständlich bleibt, um rasch wieder nach Hause zu kommen, wo ihnen alles gewohnt, verständlich und greifbar ist.

Dort ist, wie wir bereits gesagt haben, Tradition immer noch Tradition, aber die religiösen Gesetze stehen nicht sehr hoch im

Kurs. Die strenge Befolgung der Gesetze, heißt es draußen in den Vororten, sei nichts für die Armen, und durch allzuviel Studieren und Psalmengesang, heißt es weiter, fange man sich nur Läuse ein.

Man bringt daher die Gebete so schnell wie möglich hinter sich, und an einem Sabbat im Sommer etwa machen sich ganze Haushalte, ganze Straßen mit Frauen und Kindern auf den Weg ins Grüne außerhalb der Stadt, zum »Bahnübergang«, zur Bahnstation. Alle sind mit Decken und Kissen bewaffnet und lümmeln sich nach Zigeunermanier hin, manche, um sich auszuruhen, andere, um sich die Zeit zu vertreiben – Frauen mit Männern, junge Burschen mit Mädchen, und das so schamlos und ungehemmt, mit solch frivolen Spielen flinker Finger, mit so obszönen Wörtern und Ausdrücken, daß ein Mann aus dem zweiten Ring der Stadt, wer auch immer er sein mag, verwirrt, mit schamrotem Gesicht, wie von der Tarantel gestochen davongelaufen wäre. Er hätte sich bei all diesen Obszönitäten bestimmt die Ohren zugehalten.

Ja, im dritten Ring leben tatsächlich viele Außenseiter, der Bodensatz der Gesellschaft. Aber letzten Endes sind diese Menschen nur eine Minderheit, die nicht den Hauptteil der in den Außenbezirken lebenden Leute ausmacht. Die Mehrheit – das ist die Masse der durch harte Arbeit erschöpften Armen. Und ein aufmerksamer Beobachter hätte schon damals sehen können, daß die Saat der Zukunft längst in der Luft lag.

Es ist wahr, daß in der von uns beschriebenen Epoche die Arbeiter aus diesen Vororten in mancherlei Hinsicht der Stadt noch entfremdet waren, daß sie isoliert lebten und von den Stadtbewohnern herablassend betrachtet wurden. Es werden aber später, viel später, Zeiten kommen, in denen die Stadt diesen Vierteln noch ein aufmerksames Ohr leihen wird: Denn gerade aus den Vororten, aus diesem Sumpf von Armut, wird eines Tages ein Wind der Revolte und der Erneuerung wehen. Die besten jungen Leute der Stadt werden sich eines Tages gerade zu diesen armseligen Hütten begeben, zu diesen Arbeitern, Handwerkern, Flickschustern und Tagelöhnern, zu diesen Ärmsten der Armen, um ungewöhnliche Dinge von ihnen zu lernen und eine historische, befreiende Erfahrung zu machen.

Dort werden sich auch die ersten kleinen Studienzirkel bilden, die schon bald die engen Mauern sprengen werden, von denen sie anfangs umgeben sind. Sie werden sich im Freien treffen, aber stets in kleinen Gruppen; später, wenn ihnen ihre Kraft und ihre Reife bewußt wird, werden sie sich eines schönen Tages zu einer großen Masse versammeln – einer Menge, die zunächst noch recht verschüchtert ist, denn die Menschen sind es noch nicht gewohnt, in geschlossenen Reihen auf die Stadt zuzumarschieren ... Die Stadt wird sich daran als an den Beginn einer neuen Ära erinnern.

Das Dunkel der Nacht wird die Menschen einhüllen, und aus der Menge wird ein dumpfes Donnergrollen aufsteigen wie von einem fernen Gewitter.

Wenn die braven, an die altehrwürdige Fäulnis gewöhnten Bürger dieses Donnergrollen vernehmen, werden sie eine Welle unbekannter Menschen mit ihnen ebenso unbekannten Gesichtern auf sich zurollen sehen, Menschen, die Lieder singen, die sie gleichfalls noch nie vernommen haben ... Die braven Bürger werden zutiefst in ihrer Seele erschrecken, denn sie wissen nicht, ob sie da eine Epidemie befällt oder irgendeine andere Heimsuchung der Erde oder der Hölle. Sie werden die Augen von diesem Anblick abwenden, schnell, schnell, und wie Frösche in der Gefahr werden sie ihren Kindern zurufen: Schnell, schnell, rasch ins Haus, unter das schützende Dach, in unsere altgewohnte Geborgenheit. Und sie werden ihre Türen verschließen und mit Ketten sichern.

All das wird sich jedoch erst sehr viel später zutragen, und wir werden es hier ausführlich und detailliert beschreiben, aber die Zeit dafür ist noch nicht gekommen. Jetzt müssen wir uns wieder dem zweiten Ring der Stadt zuwenden, einem seiner Häuser, auf dessen Geschichte ich nun ausführlich eingehen will.

II
Familienchronik

Einführung

Der Name »Onkel Lusi« war mit den ältesten und stolzesten Erinnerungen der Familie Maschber verbunden.

Onkel Lusi war Mosches älterer Bruder. Beide waren Söhne eines zu seiner Zeit berühmten rabbinischen Richters, der in einer großen wolhynischen Stadt an der Grenze Kongreßpolens lebte.

Die Brüder sahen sich nur selten. Sie lebten getrennt: Mosche in N., der großen jüdischen Handelsstadt, in der er für seinen Reichtum und seine Großzügigkeit bekannt war, während Onkel Lusi ein kleines gottverlassenes Dorf nahe der Grenze zu seinem Wohnort gewählt hatte. Er war nicht reich, und nur wenige Menschen kannten ihn; auch tat er sich nur selten hervor. Und trotzdem war Mosche sehr stolz auf seinen Bruder. Und wenn es Lusi einfiel, seinen Bruder zu besuchen, war das nicht nur für Mosche ein Ereignis, sondern für seine ganze Familie, für Söhne und Töchter, Schwiegersöhne und Schwiegertöchter und sogar für die meisten der Kinder.

Hier nun, woran sich eins der Kinder erinnert:

Meist geschieht es im Sommer, am Abend. Das Kind kehrt von irgendwoher ins Haus zurück! Es möchte eine Kleinigkeit essen oder sich umziehen und wieder mit seinen Gefährten spielen, als es plötzlich eine Veränderung bemerkt. Im Haus tut sich irgend etwas: Die Fußböden sind gebohnert, die Erwachsenen haben ihre Festtagskleidung angelegt, man spricht gedämpft, und alle scheinen sich in einer merkwürdigen Anspannung zu befinden.

»Das muß ein Gast sein«, entscheidet das Kind. »Wer ist gekommen?« fragt es eine Magd, denn die Erwachsenen des

Hauses sind offensichtlich allzu beschäftigt und lieben es nicht, die Fragen der Kinder zu beantworten.

»Still jetzt . . . es ist Onkel Lusi . . . Onkel Lusi ist da«, flüstert die Magd dem Kind hastig ins Ohr.

Und nun weiß das Kind, daß es sich nicht lohnt, den Onkel in einem der Zimmer zu suchen. Er ist bestimmt beim Großvater, wo sich beide eingeschlossen haben. Denn das ist so Sitte: Wenn Onkel Lusi zu Besuch kommt, schließt er sich erst einige Zeit mit Großvater ein, und erst dann zeigt er sich dem Rest der Familie.

So auch heute: Nach einiger Zeit, in der die Erwachsenen immer noch angespannt sind und seltsam erwartungsvoll, geht langsam die Tür zu Großvaters Zimmer auf, und auf der Schwelle erscheint erst Onkel Lusi und dann, hinter ihm, Großvater. Großvater trägt seine Sabbat-Kleidung, und seine Wangen sind gerötet; und Onkel Lusi ist größer als Großvater, denn Großvater ist von weniger als mittlerem Wuchs, während Onkel Lusi hochgewachsener ist als die meisten. Er hat einen rundgeschnittenen, weißen, gepflegten Bart und graue, seltsame Augen.

Die Männer sagen »Schalom«, und die Frauen erröten, wenn sie Onkel Lusi begrüßen. Sie zupfen sich sorgfältig das Haar unter den Kopftüchern oder die Perücken zurecht und erkundigen sich, wie es ihm gehe. Onkel Lusi beantwortet die Fragen der Frauen lächelnd, blickt aber über sie hinweg, würdigt sie keines Blickes.

Wenig später sieht das Kind Onkel Lusi im Wohnzimmer in einem Sessel sitzen; Großvater steht neben ihm und stützt sich dabei auf die Armlehne. Die Männer bleiben im Wohnzimmer und unterhalten sich, und die Frauen gehen hinaus, ins Speisezimmer und in die Küche, um Onkel Lusi etwas zu essen zu bereiten.

Draußen in der Küche hört das Kind ganz ungewöhnliche, seltsame Worte: Onkel Lusi würde kein Fleisch essen . . . weder Fleisch noch Fisch . . . Und die Frauen beraten lange und ausführlich und legen all ihre Fertigkeit und Erfahrung zusammen, bis sie sich schließlich auf etwas einigen, was sie für ihn zubereiten können.

Am Abend, wenn alle Kinder von der Straße und vom Spielen zurückgekommen sind, werden sie Onkel Lusi einzeln vorgestellt, eins nach dem anderen. Schüchtern sprechen sie ihm gegenüber ihr »Schalom« aus. Und das Kind, auf dem der Blick Onkel Lusis ein wenig länger verweilt und dessen kleine Hand er ein wenig länger hält, ist geschmeichelt und leicht verlegen zugleich. Dann ziehen sich die Kinder nacheinander zurück, um verwirrt bei Vater oder Mutter Schutz zu suchen.

Noch später, am Abend, wenn sich alle gewaschen und ihre Plätze eingenommen haben – die Männer am Kopfende des Tisches, die Frauen am unteren Ende –, fällt den Kindern auf, daß Großvaters Stuhl heute leicht zur Seite gerückt ist und daß nicht er auf dem Ehrenplatz sitzt, sondern Onkel Lusi. Das verringert Großvaters Ansehen in ihren Augen ein wenig, und er tut den Kindern auch ein bißchen leid, aber gleichzeitig erkennen sie, welche Bedeutung und welches Gewicht ihr Onkel Lusi besitzt.

Nach dem ersten Tag und der ersten Nacht kommt der nächste Morgen, an dem die Kinder mit Onkel Lusis allgemeinem Verhalten und seinen Gewohnheiten Bekanntschaft machen: Er spricht nur wenig, und man hört von ihm kein überflüssiges Wort. Und dennoch scheint der Raum, in dem er sich aufhält, ganz von ihm erfüllt zu sein, und alle, die sich in seiner Nähe befinden, erwecken den Eindruck, als geschähe das in der erklärten Absicht, allein für ihn dazusein und ihm zu dienen.

Das trifft nicht nur auf die Jüngsten zu, sondern auch auf die Erwachsenen. Großvater und Großmutter Gitl machen da keine Ausnahme: Solange der Onkel zu Besuch ist, geht sie nirgendwohin, weder in die Stadt noch zum Einkaufen; sie hält sich nur noch in der Küche auf, eilt geschäftig hin und her, das Kopftuch im Nacken verknotet, schwitzt bei der Überwachung der Dienstmädchen, die sie ebenso aufmerksam im Auge behält wie das Geschirr und die Lebensmittel. Noch nie hat sie die rituellen Speisevorschriften strikter eingehalten als jetzt.

Es fällt auf, daß Onkel Lusi nicht aus dem Haus geht, daß er bis tief in die Nacht hinein betet und erst zu später Stunde und immer allein sein Essen einnimmt. Großmutter Gitl bedient ihn persönlich und erlaubt es nicht mal den Dienstmädchen, ihm das Essen vorzusetzen.

So ist es an den Wochentagen. Wenn Onkel Lusi manchmal den Sabbat über bei ihnen bleibt, bemerken die Kinder, daß er am Freitagabend und am Sonnabend zu Hause betet und daß Großvater seinetwegen ebenfalls daheim bleibt. Und den Kindern fällt auch auf, daß sich Onkel Lusis Gebete ganz anders anhören. Er bete nach »sephardischem Ritus«, sagen die Erwachsenen. Wenn der Onkel nicht im Haus ist, stehlen sich die Kinder mit pochendem Herzen auf Zehenspitzen in sein Zimmer und riskieren einen Blick in sein Gebetbuch. Tatsächlich, es stimmt, sein Gebetbuch sieht anders aus als ihre eigenen. Die Gebete stehen in einer anderen Reihenfolge, und manche von ihnen sind den Kindern unbekannt.

Sie erfahren, daß Onkel Lusi dieses Gebetbuch von seinem Vater geerbt hat, der es wiederum von dem seinem geerbt hat, und so weiter und so fort, und daß dieses Buch nicht wenige Brände überstanden hat und auch so etwas wie ein Talisman ist: Wenn etwa eine hochschwangere Frau in schmerzhaften Wehen liegt, legt man ihr dieses Buch unters Kopfkissen.

Bei den Mahlzeiten am Sabbat spricht Onkel Lusi kein einziges Wort. Wie es heißt, nimmt er keine »profanen Worte« in den Mund. Jeder weiß das und vermeidet es, ihn zu behelligen; man achtet darauf, ihn nicht anzusprechen, sagt nur das unbedingt Notwendige, und dann antwortet er kurz und knapp mit einigen hebräischen Redewendungen.

So ist es, wenn er kommt und wenn er das Haus wieder verläßt. Und nach jeder Abreise erfahren die Kinder mehr über die Verdienste ihrer Familie, über ihre Väter und Vorfahren, und aus den darauffolgenden Unterhaltungen und Gesprächen mit den Erwachsenen lernen sie noch mehr.

Und hier nun, was sie erfahren haben:

Sie entstammen einer uralten Sippe, die sich bis in die Zeit der Vertreibung aus Spanien zurückverfolgen läßt. Ihre Vorväter waren Rabbiner von hohem Rang und Ruf. Ihr Großvater, Reb

Joel, der Vater ihres Großvaters und Onkel Lusis, hat diese Welt, zermürbt durch sein ständiges Fasten, sehr früh verlassen. In den letzten Jahren vor seinem Tod war er zum Asketen geworden. Seine Frau war damals noch sehr jung ... Sein Vater fühlte sich verpflichtet, ihn vor einen damals berühmten »Tsaddik«, einen »Gerechten«, zu bringen, aber dieser konnte nichts ausrichten, und so blieb der Urgroßvater bis zum Ende seiner Tage Asket.

Er verbrachte ganze Tage mit Gebeten und widmete sich nachts dem Thora-Studium. Die Kinder hörten die Erwachsenen prahlen, eines Abends sei ein großer Prediger am offenen Fenster ihres Ahnherrn vorbeigegangen und habe ihn in der Thora lesen hören. Der Rabbi habe sich das Hemd zerrissen und gesagt:

»Siehe, ein Jude studiert die Thora um ihrer selbst willen ... Wie schade«, fügte er hinzu, »daß er das, was er durch das Studium gewinnt, durch das Fasten verliert ...«

Und dieses Fasten, fügte man schon ein wenig verstohlen hinzu, dieses Fasten habe Reb Joel wegen der Sünden seines Vaters auf sich genommen, von dem es hieß, er gehöre der Sekte des Schabbatai Zvi an ... Eine Zeitlang habe er sich von ihnen auf einen Irrweg führen lassen. Und bei einer der berüchtigten Versammlungen schabbatarischer Rabbiner, bei der sie sich in irgendeiner Stadt zur Zeit eines Markts irgendwo einschlossen und um eine nackte Frau, ihre Hohepriesterin, herumtanzten, war auch der Vater Reb Joels unter den Tanzenden ... Später bereute er, und als Schabbatai Zvi aus der Gemeinde ausgestoßen wurde, verbrachte Reb Joels Vater seine Tage und Nächte eine Zeitlang mit Wehklagen, sich immerzu an die Brust schlagend. Er wechselte weder Hemd noch Kleidung, nicht mal am Sabbat, ernährte sich nur noch von Wasser und Brot und schlief auf der Erde. Dann verschwand er und kehrte nie mehr nach Hause zurück, und niemand wußte, was aus ihm geworden war ... Manche sagten, er sei wieder in den Irrglauben des Schabbatai Zvi verfallen und habe sich nach Istanbul begeben. Andere meinten, er sei Wanderprediger geworden.

Diese Sünden waren es, die sein Sohn Reb Joel hatte sühnen

wollen, und nicht allein er, sondern auch Onkel Lusi, von dem es hieß, er habe sich in seiner Jugend das Schicksal seines Großvaters, von dem er von Verwandten und Fremden gehört habe, sehr zu Herzen genommen und den Wunsch geäußert, in die Fußstapfen seines Vaters zu treten. Er war gesundheitlich ohnehin nicht auf der Höhe, und das Fasten hatte ihn schon stark geschwächt, als Verwandte und Freunde ihn überzeugten – er war damals noch sehr jung –, sich an den Rabbi von Velednik zu wenden. Dieser geriet in große Wut und kanzelte Lusi streng ab: »Ha! Was stellst du dir eigentlich vor, junger Mann? Daß du deinem Großvater mit deinen Kasteiungen helfen kannst? Dein Vater – ein Halunke. Der Sohn – ein Halunke. Muß auch der Enkel noch zum Halunken werden? Was stellst du dir eigentlich vor, junger Mann?«

Onkel Lusi ließ sich überzeugen. Er vergoß viele Tränen vor dem Rabbi von Velednik. Er begriff, daß er seinem Großvater so nicht würde helfen können. Von da an schloß er sich dem Rabbi von Velednik an und ließ sich von dessen fester Hand leiten.

In letzter Zeit aber, hieß es weiter, nach dem Hinscheiden des Rabbi, scheine Onkel Lusi desorientiert zu sein: Er wandere von einem rabbinischen »Hof« zum nächsten, sei ewig auf der Suche und könne zu keiner Entscheidung kommen. Seine Gemütsverfassung sei düster; aus diesem Grund verkehre er nur selten mit Menschen und komme nur mit sehr wenigen in Berührung. Sein einziger menschlicher Umgang bestehe in gelegentlichen Besuchen bei seinem Bruder Mosche Maschber. Und wenn sich Onkel Lusi längere Zeit nicht hat blicken lassen, sucht ihn Großvater Mosche selbst auf.

Alle diese Besuche haben den Kindern die Gestalt Onkel Lusis für immer ins Gedächtnis eingegraben:

Ein mehr als mittelgroßer Mann mit grauen Augen, die einem über den Kopf hinwegblicken . . . An Wochentagen trägt er einen Kaftan aus glänzendem Satin; am Sabbat einen Seidenkaftan . . . Er hält sich sehr aufrecht, und man hat den Eindruck, daß ihm jedermann wie selbstverständlich den Weg freigeben muß, wenn er ihm irgendwo begegnet . . . Er spricht nur wenig. Meist hat er seinen »Tallith«, den Gebetsschal, umgelegt. Trägt er ihn einmal nicht, so stecken seine Hände in den Taschen seines Kaftans. In tiefe Grübelei versunken, geht er im Zimmer auf und ab und bleibt manchmal nachdenklich stehen. Wenn er so seinen Gedanken nachhängt, pflegt er den Zeigefinger an die rechte Augenbraue zu legen und fährt sich dann durchs Haar.

An einem Tag des Monats Ab, der schon in aller Frühe sehr heiß zu werden versprach, stand Mosche Maschber in der Morgendämmerung auf. Nachdem er sich gewaschen und angekleidet hatte, betrat er den langen, schmalen Flur, in dem die Mäntel aufgehängt zu werden pflegten. Er zog seinen Sommermantel über, holte aus einer Ecke seinen Regenschirm und ging aus dem Haus, ohne seiner Familie ein Wort zu sagen, nicht mal seiner Frau Gitl, und begab sich schon vor dem Gebet und dem Frühstück zum Friedhof, der weit entfernt am anderen Ende der Stadt lag.

Kaum hatte er seinen Hof verlassen, überquerte er die noch schlafende Straße, die an das nichtjüdische Viertel mit seinen hohen Zäunen und seinen Gärten hinter den Häusern grenzte. Dann betrat er die Brücke, welche die beiden Teile der Stadt miteinander verbindet, die Ober- und die Unterstadt.

In der Mitte der langen Brücke, die den Fluß überspannt, gibt es einen breiten Fahrweg für Pferde und Fuhrwerke, während zu beiden Seiten schmale Wege für die Fußgänger am Geländer entlang führen. Der hölzerne Belag erzittert unter dem Geklapper von Pferdehufen.

Als Mosche die Brücke betrat, bemerkte er, daß das eine Flußufer noch dunkel und verschlafen dalag, während das andere Ufer schon in helles Sonnenlicht getaucht war, über dem Fluß löste sich der letzte Rest der Nachtkühle in leise wogenden Dunst über dem Wasserspiegel auf.

Nachdem Mosche die Brücke überquert hatte, gelangte er auf einer bergauf führenden Straße zum höher gelegenen Teil der Stadt, in dem die meisten – und teuersten – Geschäfte lagen. Zu dieser Stunde waren sie noch geschlossen; ihre Türen und

Fensterläden waren durch Vorhängeschlösser oder ineinander verschlungene Ketten gesichert. Auf der sonnigen Straßenseite konnte man trotzdem schon hier und da kleine Gruppen von Frühaufstehern sehen, noch etwas verschlafene Handwerker in schmutziger Arbeitskleidung, die mit ihren Werkzeugtaschen vor den Läden standen oder auf den Treppenstufen saßen. Sie warteten auf irgendeine Arbeit, eine Beschäftigung für den Tag.

Von hier, von der Stadt aus, nahm Mosche die längste Straße der Stadt, in der, soweit das Auge blicken konnte, die Fensterläden sämtlicher ein- und zweistöckiger Häuser auf beiden Straßenseiten noch geschlossen waren. Die Hausbewohner schliefen noch; hier und da überquerte eine früh aufgestandene Hausfrau mit ihrem Einkaufskorb die Straße, um durch eine Seitengasse möglichst schnell zum Markt zu kommen. Ein einzelner Mann, der sein Morgengebet in der Synagoge schon hinter sich gebracht hatte, strebte eilig seinem Haus und den Geschäften zu. Gebetsschal und Tefillin trug er unter dem Arm.

Im großen und ganzen jedoch war die Straße noch leer. Aus dem unteren Teil der Stadt näherte sich eine leere Kutsche mit einem schläfrigen Kutscher, der mit gebeugtem Rücken und baumelndem Kopf auf dem Kutschbock saß.

Als Mosche weiter voranschritt, erwachte die Straße allmählich: Unausgeschlafene Frauen, Männer, Dienstmädchen und Kinder, die gerade aus den Betten gekommen waren, öffneten die Fensterläden. Man konnte hören, wie sich in den Häusern etwas rührte; aus den Höfen und vergatterten Verschlägen stieg der Duft dampfender Samoware auf; es roch nach Holzkohlenglut und angebrannten Lebensmitteln.

Dann endete für Mosche die Straße. Vor ihm breitete sich offenes Gelände aus mit einer Landstraße in der Mitte. Nirgendwo Häuser, nirgendwo Menschen. In der Ferne konnte man nur die Bahnlinie sehen, welche die Stadt von den Vororten trennte. Auf beiden Seiten des Bahnübergangs diagonal aufragende, schwarz weiß gestreifte Schranken, die eine links, die andere rechts. Ihnen wandte Mosche jetzt den Blick zu, dorthin lenkte er seine Schritte.

Nachdem er den Bahndamm überquert hatte, gabelte sich der Weg: Eine mit weißen Steinen gepflasterte Straße führte zu den Vorortsiedlungen, dann zum Horizont und in weite Fernen; der zweite, leicht abschüssige und ungepflasterte Weg führte zu einer niedrigen, ungestrichenen Umfassungsmauer aus roten Ziegelsteinen. Mosche nahm den zweiten Weg.

Nachdem er eine Zeitlang an dieser Umfassungsmauer entlanggegangen war, gelangte er an deren Mitte zum Eingangstor des Friedhofs. Er durchschritt das hohe, düstere Torgewölbe und stand dann auf dem »Feld«.

Es war, wie schon gesagt, noch sehr früh. Der Friedhof mit seinen zahlreichen, dichtgedrängten Gräbern, auf dem mannshohe Haselnußsträucher und vereinzelte hohe Linden voller Krähennester wuchsen, lag in seinem unteren Teil noch im Halbdunkel, während der obere Teil schon erwacht war und sich dem Morgen, dem Sommer, dem Tag öffnete.

Mosche durchschritt das kühle dunkle Torgewölbe durch die beiden türlosen Öffnungen, zuerst den Ein- und dann den Ausgang, in dem er an der Südwand eine Tafel mit der Aufschrift »Recht und Gesetz« in großen Lettern sah, wie sie in Gebetbüchern üblich sind.

Nachdem er das Gewölbe durchschritten hatte, betrat er einen offenen, noch nicht mit Gräbern belegten freien Platz. Aus den Kronen der mächtigen, sonnendurchfluteten Bäume ertönte das schrille, ohrenbetäubende Krächzen der Krähen.

Als Mosche den offenen Platz überquert hatte und auf einen Pfad einbog, sah er zur Rechten plötzlich das berühmte Grabgewölbe des »Tsaddik«, bei dessen Anblick sich ihm das Herz zusammenkrampfte.

Die Gruft des Gerechten mit ihren fensterlosen Mauern und ihrem roten Blechdach überragte die Masse der Grabsteine wie ein Riesenchampignon das Gras. Mosche nahm einen kleinen Seitenweg und stand nach einigen Minuten vor der alten, verzogenen Tür der Gruft. Die Tür hing schief in ihren Scharnieren, und einem schrägen Riß entströmte ein kalter, einsamer Grabeshauch, der Mosche mit Beklemmung erfüllte.

Er hielt sich nicht lange vor der Tür auf. Er lehnte seinen Regenschirm gegen eine der Außenmauern, ließ ihn dort stehen, streckte die Hand nach dem Türgriff aus und machte auf.

Trotz der Dunkelheit in der Gruft und obgleich seine Augen noch von dem blendenden Sonnenlicht draußen erfüllt waren, konnte Mosche sehen, daß von einer Wand zur anderen Drähte gespannt waren, an denen man kleine Lämpchen aufgehängt hatte, Lämpchen, die so rußgeschwärzt und dunkel waren, daß man kaum noch das Glas darin erkennen konnte. In den meisten war das Licht schon ausgegangen oder noch gar nicht angezündet worden. Nur einige der Lämpchen brannten und verbreiteten ein schwaches Licht. Ihre kurzen Dochte, die in Öl schwammen, spuckten und flackerten.

Eine schemenhafte Gestalt erhob sich von einer Bank an der Wand und eilte auf Mosche zu: Das war Liber-Meyer, der Wärter der Gruft, der sich sommers wie winters stets auf dem Friedhof aufhielt und den man von morgens bis abends in der Gruft antreffen konnte. Schon früh am Morgen sah man ihn mit einem heiligen Buch unter dem Arm dorthin eilen und abends in aller Hast fortgehen. Er war ein kleinwüchsiger, stämmiger Mann mit einem dunkelbraunen Eunuchengesicht; auf den Wangen hatte er nicht mal den Anflug eines Barts und am Kinn nur einige wenige Haare, auf denen er herumkaute, wenn er Zeit dafür fand. Er war kurzsichtig, und seine Brille rutschte ihm immer auf die Nasenspitze; seine grauen Augen, an die Dunkelheit gewöhnt wie die einer Eule, blickten über die Brillenränder hinweg. Sein Kaftan war ewig mit eingetrockneten, glänzenden Ölflecken übersät. Er trug ständig eine Schärpe, die er sich mehrmals um die Taille gewickelt hatte und deren Enden ihm über die Hüften fielen.

Kaum hatte er Mosche erblickt, erhob sich Liber-Meyer von seiner Wandbank und legte sein Buch aus der Hand, in das er oft hineinblickte und in dem er unermüdlich las, wenn er nichts Dringendes zu tun hatte: wenn niemand auf den Friedhof kam, um ein Gedenkgebet für die Toten zu sprechen oder das Grab seiner Eltern zu besuchen, und wenn ihn niemand darum bat, Bittschriften abzufassen oder Gedenklampen anzuzünden.

Er hatte Mosche eintreten sehen und ihn sofort erkannt (denn er kannte jeden in der Stadt); und er ging sofort zu den Eisendrähten hinüber, ohne ihn auch nur zu fragen, was er von ihm wollte. Er machte sich schnell an einer der Lampen zu schaffen, goß Baumwollöl aus einer Flasche ein, aber in der Eile und wegen seiner Kurzsichtigkeit vergoß er das Öl. Er rückte den Docht zurecht und zündete ihn mit seinen ungeschickten Händen eines Synagogendieners an.

Während Liber-Meyer mit der Lampe herumhantierte, besah sich Mosche den Fußboden und das Grab des Gerechten; und er bemerkte, daß auch die verzogenen Dielenbretter voller eingetrockneter Ölflecken waren und daß die Fürbitten, die über viele Jahre hinweg in die Spalten gesteckt worden waren, aus ihnen herausragten.

Dann zog Mosche ein kleines Buch mit Psalmen aus der Tasche, trat respektvoll, wie es die Sitte verlangt, ein paar Schritte zurück und wandte sich dem Grab zu. Als Liber-Meyer die Lampe angezündet, sich wieder auf seine Bank gesetzt und von neuem in sein Buch vertieft hatte, begann Mosche zu beten.

Er psalmodierte ausdauernd und mit Wärme, wurde immer inbrünstiger, worauf sich ein Strom von Worten aus seinem Mund ergoß – die Worte, welche die Menschen an ihre Sünden und Schwächen erinnern, an ihre Bedeutungslosigkeit und an die Unvermeidlichkeit des Todes:

... denn meine Sünden häufen sich über meinem Haupt, lasten wie eine schwere Bürde auf mir.

Herr, Du hast mir nur ein geringes Maß an Tagen gewährt, und meine Welt ist nichts als Eitelkeit vor Dir.

Und nichtig ist der ganze Mensch. So ist das immer schon gewesen ...

Bald hatte er alles um sich herum vergessen. Er versank in den Versen, ihr Strom riß ihn mit sich fort, Trauer und Glaube wurden immer stärker, die Trauer jedoch mehr als der Glaube ... bis seine männliche Kraft gebrochen war und er laut weinte und schluchzte.

Liber-Meyer hatte sich wie gewohnt abseits gehalten, solange

Mosche betete, und in seinem Buch gelesen. Als Mosche aber geendet hatte, als er schwieg und Liber-Meyer es gewahr wurde, legte er sein Buch von neuem auf die Bank und trat langsam und respektvoll an Mosche heran, dessen Tränenstrom versiegt war. Er fragte ihn, warum er diesmal auf den Friedhof gekommen sei.

»Ja, ja, um eine Grabstelle zu kaufen?« wiederholte Liber-Meyer Mosches Antwort demütig wie immer in Gegenwart eines reichen Mannes, als bewunderte er jedes Wort.

»Ja«, bestätigte Mosche mit trockener Kehle und einer vom vielen Weinen noch heiseren Stimme. Er blieb noch einen Augenblick in der Gruft, um mit Liber-Meyer zu plaudern. Sie sprachen über Friedhofsangelegenheiten, und da Mosche den Wärter nur selten sah, erkundigte er sich nach seiner Gesundheit und seinem Wohlergehen.

Dann bezahlte er ihn in der leutseligen Art eines wohlhabenden Mannes für das Anzünden der Lampe, wobei er darauf achtete, ihn nicht zu demütigen; Liber-Meyer spürte ein paar schwere Münzen in der Hand, deren Nennwert viel höher war, als er es bei anderen, ärmeren Besuchern gewohnt war. Er war sichtlich beeindruckt: Seine kurzsichtigen grauen Augen blickten Mosche über den Brillenrand hinweg an, und er murmelte ein paar kaum verständliche Worte; scheu und stotternd, wie es nun mal Art der Synagogendiener ist, bedankte er sich bei Mosche.

Es war erledigt. Danach hatte Mosche in der Gruft nichts mehr zu tun. Bevor er ging, betrachtete er nochmals lange die Wände der Gruft und zog sich dann respektvoll, das Gesicht dem Grab zugewandt, mit dem Rücken zur Tür behutsam zurück. Als er die Tür erreicht hatte, öffnete er sie und trat hinaus.

Mosche ging aber nicht wieder zum Torhaus in Richtung Stadt zurück. Nein. Als er bei dem leeren Platz vor dem Torhaus angelangt war, wandte er sich nach rechts, wo das direkt in die Umfassungsmauer gebaute kleine Haus des Hausmeisters stand, dessen winzige Fenster und geöffnete Eingangstür auf den Friedhof hinausgingen.

Dieses Haus des Friedhofsdieners erinnerte wie alle Gebäude dieser Art mit seinem ärmlichen Aussehen an eine Taverne an einer Landstraße fernab jeder menschlichen Behausung. Ein paar verschüchterte Kinder, die früh aufgestanden waren, spielten vor der Tür. Ihr Blick war starr auf die Erde gerichtet, als wollten sie es vermeiden, den Blick des Fremden zu kreuzen. Nicht weit davon entfernt stand eine einsame Ziege, die mit einem Seil an ein neues, noch nicht aufgestelltes und noch unbeschriebenes hölzernes Schild gebunden war und das Friedhofsgras fraß. Vor der Tür hingen wie immer bei Häusern dieser Art Küchengeräte, Haushaltsgegenstände und Wäsche zum Lüften oder Trocknen.

Mosche durchquerte den Hausflur, in dem es nach leeren Eimern, nach Fässern und nach abgestandenem Wasser roch, und als er die Zimmertür aufmachte und eintrat, fand er dort ein gutes halbes Dutzend Männer versammelt, die sich offensichtlich verabredet hatten und auf ihn warteten.

Da war zunächst Hirschl Liever, der Friedhofsdiener. Ein stämmiger, fünfzigjähriger Mann von mittlerer Größe mit einem vom häufigen Tabakgebrauch gelbgefärbten Bart; der Rest seines Haares war ergraut. Sein vorn zugeknöpfter Kaftan war voller Fettflecken, aber man hatte den Eindruck, daß diese Flecken nicht auf allzu häufiges Auf- und Zuknöpfen mit schmierigen Fingern zurückzuführen waren, sondern eher von Fett herrührten, das aus seinem riesigen Schmerbauch gesickert war. Hirschl war ein sehr ruhiger Mann, der mit seinen bernsteinfarbenen spöttischen Augen listig in die Runde blickte. Er war auch ein Mann, dessen Stimme in der Stadt großes Gewicht hatte. Sein Beruf war es, den Lebenden und den Toten, den Reichen und den Armen Geld zu entlocken, um so sein Einkommen zu sichern und dafür zu sorgen, daß auch der Friedhof für Anschaffungen und Reparaturen das nötige Geld bekam.

Er lebte auf dem Friedhof, und man nannte ihn den »Mann der Gräber«, sah ihn aber nur selten neben einem Grab, es sei denn, es handelte sich um reiche und geachtete Leute. Dafür führte er das Friedhofsbuch und kannte auch den Standort der kleinsten Grabstelle auf dem »Feld«. Kein Grab, wie klein es auch sein mochte, war ihm unbekannt. Wenn es an der Zeit war, die Gräber der Eltern zu besuchen, kam manchmal ein bedürftiger Mann oder ein armer Handwerker zu ihm und fragte:

»Ich kann meinen Vater nicht wiederfinden, Reb Hirschl. Bitte sagen Sie mir doch, wo er liegt.«

»Neben einer Zwanzig-Kopeken-Münze«, lautete Hirschls Antwort. Das war eine Sprache, die sofort verstanden wurde; und so half Hirschl dem Besucher, seinen Vater zu finden, und half sich auch selbst dabei.

Soweit Reb Hirschl.

Unter den Wartenden befand sich auch Itzikl Tschitschbabeh, der Geschäftsführer der »Heiligen Bruderschaft«. Eine Art Mißgeburt, obwohl es nicht sein Körper war, der mißgestaltet wirkte, sondern vielmehr sein winziges, haarloses Gesicht, das wie eine vertrocknete Feige aussah, und seine Augen, die wie schmale Schlitze waren, wie auch seine dünne kleine Stimme, die sich wie die eines neugeborenen Kätzchens anhörte.

Er ist sehr fromm, dieser Itzikl. Er selbst spricht kein Wort, sagt niemals etwas. Wenn sich aber andere unterhalten, steht er daneben und ergreift für eine der Seiten Partei. Er trägt einen Hut mit einer breiten Krempe und hat ständig einen Kaftan an, der fast als Sabbatkleidung durchgehen könnte, und wie um die ehrbare Natur seiner Arbeit zu betonen, hat er schon seit dem frühen Morgen eine Schärpe angelegt.

Auf Mosche warteten auch mehrere Sargträger, die lange, bis zum Fußboden reichende Kaftans und knöchelhohe, ungeputzte Stiefel trugen. Es waren schweigsame, schwerfällige Männer, abgestumpft durch ihren ständigen Umgang mit den Toten.

Da waren noch zwei Totengräber, ebenjene Männer, deren Köpfe man oft aus einem noch unfertigen Grab herausragen sieht; Männer an der Schwelle zum Greisenalter, die auf dem Friedhof beim Ausheben von Gräbern alt geworden waren, sich dabei aber ihre kräftigen, breiten Schultern bewahrt hatten. Einer von ihnen trug eine ärmellose Weste, der andere hatte sich eine wattierte Winterjacke über die Schulter geworfen.

Dies also waren die Männer, die sich, wie schon gesagt, verabredet haben mußten, um auf Mosche zu warten. Und als er endlich erschien, standen sie schon alle in einem Halbkreis bereit: Hirschl mit dem Friedhofsbuch in der Hand, während die anderen sich der Tür zuwandten – es Hirschl nachtuend, der Mosche als erster erblickt hatte. Dann, nachdem die Gruppe, aus Höflichkeit Mosche gegenüber, ihre Unterhaltung für kurze Zeit fortgesetzt hatte, um sie nicht allzu unvermittelt abzubrechen, ließ sich Hirschl vernehmen: »Kommt, Juden«; und damit gingen sie alle zur Tür und machten sich mit Mosche auf den Weg zum »Feld«.

Schon bald darauf sahen der Friedhof und die vereinzelten hohen Linden mit ihren zahlreichen Krähennestern eine kleine Prozession von Juden, die mit Hirschl Liever und Mosche an der Spitze, denen die anderen zu zweit folgten, den Gräbern zustrebte.

Hirschl – immer noch mit dem Buch unter dem Arm – sah aus wie ein Händler, der einen Kunden zu seinem Lagerhaus begleitet und ihm zeigt, was er besitzt und was er ihm verkaufen will. Kannte er nicht jede Ecke und jeden Winkel des Friedhofs? Er wußte genau, wer wo begraben lag, welche Grabstellen ehrenvoll waren und welche verlockend erscheinen konnten . . .

»Und die hier«, sagte er, indem er Mosche von einer Grabstelle zur nächsten führte, »die hier ist schon belegt, wie Sie sehen können. Und die da, die ist verkauft.«

Er hatte nur noch wenige Grabstellen in der Nähe der Gräber einiger großer Männer übrig, die er nicht für jedermann zu reservieren bereit war und um die man sich bei ihm auch für viel Geld nicht zu bemühen brauchte. »Aber sehen Sie selbst, Mosche, was soll ich da noch viele Worte verlieren, suchen Sie sich doch selbst aus, was Ihnen gefällt und was Ihnen zusteht . . .«

»Natürlich, natürlich, wie es Ihnen zusteht«, ließ sich Itzikl Tschitschbabeh vernehmen, der Mann mit dem breitkrempigen Hut, dem winzigen Gesicht und der Kätzchenstimme, der Hirschl beispringen und Mosche bei der Entscheidung helfen wollte.

»Ja, ja«, wiederholten stumpfsinnig die Sargträger, und auch die beiden Totengräber stimmten auf ihre ungehobelte Art mit ein.

Wenig später konnte man sehen, daß die Gruppe vor einer Grabstelle stehenblieb, an der sie lange verweilte. Man sah, wie Hirschl etwas in sein Buch schrieb und dann den Totengräbern befahl, diese Grabstelle von Unkraut zu befreien und ein Schild mit der Aufschrift BESETZT aufzustellen. Die Totengräber gehorchten und machten sich sofort an die Arbeit, was einige Zeit dauerte, und brachten dann auch aus schmalen Brettern eine Art provisorischer Einfriedung zustande.

Während die Totengräber mit der Einfriedung beschäftigt waren, stand Mosche mit gesenktem Blick gedankenverloren da. Als hätten sie gespürt, welche Bedeutung dieser Augenblick für Mosche hatte, zogen sich die anderen von ihm zurück und hüteten sich, ihn zu stören.

Genau in diesem Augenblick krächzte eine junge Krähe in einem der hohen Bäume in den sonnendurchfluteten, freundlichen Morgen hinein, und Mosche, den das Geräusch aus seinen Träumereien riß, drehte sich um.

Er suchte den Baum und fand ihn nicht. Statt des Baums bemerkte er plötzlich auf der fernen Bahnlinie eine Lokomotive, die weiße Dampfwolken ausstieß, während sie einen schwerbeladenen Güterzug mit einer langen Reihe roter Wagen mit schwarzen Rädern zog, die sich alle in die gleiche Richtung drehten und dem Betrachter die Illusion vermittelten, als stünden sie still.

Der Zug paßte gut zu Mosches Gedanken über Leben und Tod . . . Und dann, als wollte die Lokomotive den Zusammenhang bestätigen, stieß sie einen durchdringenden, anhaltenden Pfiff aus und kündigte dem Bahnhof ihre Ankunft an. Der unerwartete Pfiff ließ Mosche zusammenfahren. Er wandte sich zu den Totengräbern um, die hinter ihm das Grab aushoben, und sah, daß die Einfriedung fertiggestellt war. Alles war erledigt, die Totengräber hatten ihre Arbeit getan.

Anschließend trat der kleine Trupp den Rückweg über den

Friedhof zum Torhaus und zu Hirschls Häuschen an; an der Spitze gingen dieselben Männer wie vorhin. Auf dem Rückweg hatte jeder von ihnen Grund, sich fröhlich und zufrieden zu fühlen. Mosche, weil er sich eine Grabstelle gekauft, Hirschl, weil er sie verkauft hatte, Itzikl, weil Mosche und die anderen zufrieden waren, und die Synagogendiener und Totengräber waren fröhlich, weil sie sich schon auf den Schnaps freuten, mit dem die Grabstelle »begossen« werden sollte.

Und in der Tat, sie wurde »begossen«. Nachdem sie alle Hirschls Haus betreten hatten, ging dieser sofort zu der altmodischen, niedrigen Vitrine, der er ein paar kleine Gläser, eine Flasche Branntwein sowie ein paar Häppchen entnahm, die er für solche Gelegenheiten bereithielt (aber nicht nur für sie). Mit Ausnahme Mosches, der beschlossen hatte, an diesem Tag zu fasten, goß er jedem einen Schnaps ein. Die Totengräber, entzückt über den hochprozentigen Rachenputzer, der schon Wirkung zeigte, husteten und schüttelten sich wie Hunde, die gerade aus dem Wasser kommen. Nachdem sie getrunken hatten, bedienten sich die Synagogendiener mit ein paar Leckerbissen, wobei sie Köpfe und Blicke abgewandt hielten. Itzikl bekam einen Schluckauf, und sein winziges Gesicht wurde ganz blaß. Hirschl, der starke Getränke gewohnt war, war nichts anzumerken. Er brachte zu Ehren Mosches einen Toast aus, dem sich auch die anderen anschlossen.

Nachdem die Männer getrunken hatten, verweilten sie noch einen Augenblick; sie plauderten zunächst über Dinge, die den Friedhof und die Stadt betrafen, und tauschten in heiterer Stimmung die letzten Neuigkeiten aus. Schließlich, kurz bevor Mosche ging, während des allgemeinen Aufbruchs, wandte er sich an alle, die beim Kauf der Grabstelle anwesend gewesen waren und diesen mitbegossen hatten, und lud sie ohne Ausnahme zum Abendessen zu sich ein:

»Ihr müßt alle kommen«, sagte er, wobei er sich auch an die Synagogendiener und die Totengräber wandte.

Es war jetzt lange her, daß Mosche von seinem Bruder Lusi weder einen Brief, einen Gruß noch irgendeine Nachricht erhalten hatte. Aber Mosche empfand weder Lusis langes Schweigen noch das Fehlen irgendeiner Nachricht von ihm als überraschend. Mosche war daran längst gewöhnt. Entweder hält er sich jetzt gerade in jener fernen kleinen Stadt an der Grenze auf, dachte er dann, oder er befindet sich wieder einmal auf einer seiner Pilgerfahrten, bei denen er vom Hof eines Rebbe zum nächsten reist, mal hierhin, mal dorthin, um sich dem Studium der Thora zu widmen, an einem Ort etwas länger, am anderen etwas kürzere Zeit verweilend.

Wenn Mosche an Lusi dachte, liebte er es, ihn vor sein geistiges Auge zu beschwören. Mit einer Art wohltuendem brüderlichem Besitzanspruch pflegte er sich dann Lusi an diesem oder jenem der »Höfe« vorzustellen, zumeist jedoch am Hof seines eigenen Rebbe, den er manchmal aufsuchte.

Das war es nun, was Mosche sah:

Eine kleine Stadt wie so viele andere Kleinstädte, arm und staubig, Straßen, die man kaum Straßen nennen konnte, niedrige, halbverfallene Häuser, die sich eng an die Erde duckten. In dieser Stadt wirkte alles verwahrlost und schmutzig. Und trotzdem, wie zum Ausgleich für all diese Armseligkeit, lag sie zwischen zwei mit Fichtenwäldern bestandenen Bergen. Wegen der Wälder sah die Stadt aus einiger Entfernung aus, als döse sie. Die Straße, die in die Stadt hinein- und aus ihr hinausführte, schien ebenfalls zu schlafen. Der Ort war fast menschenleer; keine Menschenseele regte sich darin, obwohl sie manchmal ein ebenfalls schläfriger Bauer auf seinem Karren durchquerte. Manchmal, aber noch seltener, konnte man einen jüdischen Fuhrmann erblicken, der seine Glocke mit ohrenbetäubendem Lärm läuten ließ und den Wagen mit einer Menge lärmender, verstaubter Juden vollgepackt hatte, deren jiddisches Geplapper im Vorüberfahren zu hören war. Noch seltener sah man den Phaeton eines Gutsbesitzers, der die Straße entlangfuhr, als hätte er sich verirrt. Die Stadt, wie Mosche sie sah, war leer, denn es war ein Werktag. Seit dem letzten Markttag war viel Zeit verstrichen, und der

nächste würde noch lange auf sich warten lassen. In den halb-
toten Straßen blieben die kleinen Läden ohne Kunden, denen sie
ihre Waren hätten zeigen oder verkaufen können. Die wohlhabenderen Händler stellten die Waren in Körben zur Schau, die
sie vor ihren Türen aufgereiht hatten; die weniger Erfolgreichen
boten Proben ihrer Waren feil, indem sie sie über die Türen oder
an die Fensterläden hängten: eine Schnur mit gesalzenem Fisch,
einen Korb mit Brötchen, einen Kranz getrockneter türkischer
Pfefferschoten.

Auf den Straßen war niemand zu sehen. Die Männer befanden sich in ihren Läden, die Knaben hielten sich seit dem frühen
Morgen in ihren religiösen Schulen auf, und die Mädchen waren
daheim bei ihren Müttern, kochten, putzten oder machten sich
ganz allgemein im Haus nützlich.

Der Hof des Rebbe befand sich in der Stadtmitte mitten auf
einem großen Platz und unterschied sich in nichts von den
anderen Häusern, wenn man davon absieht, daß das Gebäude
ein Stockwerk höher war und daß sich in seinen Mauern ein
Betsaal befand. Der Hof selbst war geräumig, und die Erde war
von vielen herumtrampelnden Füßen festgestampft worden.

Auf diesem Hof herrschte immer viel Lärm und Geschäftigkeit, besonders aber am Vorabend des Sabbat oder an den Feiertagen. Synagogendiener trugen Tische und Stühle aus dem Haus
auf den Hof. Der »Fischkoch« des »Hofs« briet Fisch in einer
Pfanne, die über einem Feuer in einer Grube hing, und um das
Feuer war stets eine Menge von Hofbewohnern und Gassenjungen versammelt, um den Fisch brutzeln zu sehen.

Dieser Hof ist jetzt leer, denn es ist weder ein Feiertag noch der
Anfang eines neuen Monats in Sicht. Auch die üblichen Synagogendiener und Verwalter sind nirgendwo zu erblicken. Um diese
Zeit halten sie sich meist in den Herbergen auf, die von ihren
Frauen betrieben werden, um Reisenden Unterkunft zu bieten.
Solche Gasthöfe werden nach den Namen der Frauen benannt,
die sie führen: Sarah-Hannah, Gitl-Lea und so weiter. Und da
die Synagogendiener für den Rebbe im Augenblick kaum etwas
zu tun haben, machen sie sich zu Hause nützlich.

Oft kann man jetzt einen dieser Synagogendiener zu Hause in seiner Herberge aus einem leeren Gastzimmer herauslaufen sehen, ganz aufgelöst, mit nachlässig zugeknöpftem Kaftan, so wie er gewöhnlich aussieht, wenn er an der Tafel des Rebbe serviert oder diesen gar persönlich bedient. Der Synagogendiener rennt durch den Stall, der das Haus in zwei Hälften teilt und in dessen Tiefen, unter einem hohen, löchrigen, an manchen Stellen nur notdürftig geflickten Dach, das von Schwalben und Fledermäusen bewohnt wird, ein Pferd und ein Wagen Platz finden. Der Synagogendiener rennt im Haus herum, versucht einen Blick auf seine Frau zu erhaschen, die er auf dieser Seite des Gasthofs in der Küche vermutet, aber er sieht sie nicht, obgleich er einen fremden Hund vorfindet, der sich hereingeschlichen hat. Der Synagogendiener ruft: »Sarah-Hannah, jag den Hund fort. Er wird uns das Fleisch wegfressen«, oder: »Sarah-Hannah, neben dem Wassertrog steht ein Schwein – jag es fort, das Schwein.«

Es ist schon spät am Morgen, und auf dem Hof des Rebbe herrscht, wie bereits gesagt, völlige Stille. Er ist ganz leer. Nur von Zeit zu Zeit kann man vage die Umrisse der beiden Töchter des Rebbe erkennen, die sich seit dem frühen Morgen langweilen, da sie nichts zu tun haben, und daher jetzt, zwei Gefangenen gleich, aus einem Fenster im oberen Stockwerk hinausblicken.

Auch der Betsaal ist jetzt still, da das Minjan vom frühen Morgen seine Gebete beendet hat. An diesem Tag wird es keine Minjans mehr geben, da weder in der Nachbarschaft noch außerhalb der Stadt genug Männer dafür verfügbar sind.

Und hier ist es, wo Mosche seinen Bruder Lusi allein in einer Ecke des Betsaals sitzen sieht. Vorhin trug dieser seinen Gebetsschal und die Tefillin. Jetzt, später, trägt er nur seinen Tallith. Er blättert in einem Buch. Liest.

Ein fast blinder alter Synagogendiener wandert an der Westseite des Bethauses auf und ab. Manchmal wischt er eine verrußte Lampe mit einem Lappen ab, den er um einen Stock gewickelt hat, oder er hängt draußen das nasse Handtuch vom Morgen auf, damit es den Tag über trocknen kann.

Und dann geschieht folgendes:

Es erscheint ein fremder Jude, der den Rebbe unbedingt sprechen will. Er hat sich schnell vom Reisestaub gesäubert und dann den Betsaal betreten, um seine Gebete zu sprechen. Der Fremde sieht Lusi in sein Buch vertieft, und er spürt, daß der Mann nicht von hier ist und daß er weder ein Schüler des Rebbe ist noch dessen Gast. Lusi scheint zuviel Muße zu haben, um von hier zu sein, und wirkt offenkundig zu unbeteiligt, um ein Schüler des Rebbe zu sein.

Der Neuankömmling zeigt sich interessiert, möchte wissen, wer Lusi ist, denn dieser hat etwas Besonderes an sich, besitzt eine ungewöhnliche Ausstrahlung. Der Fremde wendet sich an den Synagogendiener (oder an sonst jemanden, der gerade greifbar ist), zeigt mit den Augen auf Lusi und sagt: »Bitte sagen Sie mir, wer ist dieser Mann?«

Und der Synagogendiener (oder jeder andere, an den die Frage gerichtet wird) ist verdutzt, betrachtet den Fremden erstaunt und antwortet mit einer Gegenfrage: »Sie wissen es nicht? Wirklich nicht? Aber das ist doch Lusi. Lusi Maschber.«

»Wirklich?« Der Fremde ist überrascht und wegen seiner Unwissenheit ein wenig verlegen. Er bleibt ein paar Minuten wie versteinert stehen, den Blick starr auf Lusi gerichtet. Denn jetzt, wo er das Wort »Lusi« vernimmt, weiß der vor einem Augenblick noch unwissende Fremde, daß dies ein Mann ist, der an den Höfen sämtlicher Rabbis mit Ehren und Gastfreundschaft begrüßt wird. Dies ist Lusi, für den an den »Tafeln« der größten Rabbis stets der beste Platz bereitgehalten wird. Und jeder »Hof« würde es sich als Ehre anrechnen, ihn als ständigen Gast zu gewinnen.

Solche Gedanken schießen dem Fremden durch den Kopf, und auch Mosche denkt so über seinen Bruder. Geheimer Stolz erfüllt ihn, wenn er sein Bild vor sich heraufbeschwört. Und da er in letzter Zeit weder einen Gruß noch einen Brief von Lusi erhalten hat, tut er dies immer häufiger.

Aber dann brachte ihm eines Tages ein Bote einen Brief von Lusi. Einen ungewöhnlichen, überraschenden Brief, der Mosche tief bewegte und seine früheren Vorstellungen von seinem Bruder völlig über den Haufen warf. Lusi schrieb:

»Gelobt sei der Name des Herrn ... der Name des Thora-Abschnitts der Woche ... des Jahres ... der Tag ... hier, in der Stadt Uman.

An meinen ehrenwerten Bruder, Fleisch von meinem Fleisch, möge sein Licht leuchten ...

Nach Erkundigungen über Deine Gesundheit gebe ich Dir die wichtigen Ereignisse bekannt, die mir seit meinem Abschied von Dir vor mehr als einem Jahr widerfahren sind.

Du weißt, teurer Bruder, um meine Trauer seit dem Hinscheiden meines Meisters, seitdem das Allerheiligste mit dem Tode meines Herren und Meisters seiner Krone beraubt wurde, ich meine damit unseren heiligen Rebbe von Veerdnik – gesegnet sei sein Andenken! –, schon seit frühester Jugend vereinte mich mit ihm ein unauflösliches Band der Liebe, in seine Hand legte ich meine Seele, in die Hand dieses Gerechten, des Grundsteins der Erde. Ich war mir seiner und seines Schutzes sicher. Ich war immer fest in seiner Hand; er leitete mich nach seinem Willen, nach dem Willen des lebendigen Gottes. So war es, als er noch am Leben war.

Aber nach seinem Tod, als er aus dieser niedrigen Welt gegangen war, ließ er mich in Verwirrung zurück, wie jemanden, der sich in der Wüste verirrt hat. Mit ihm habe ich alles verloren. Ich wanderte von Stadt zu Stadt, vom Hof eines Rabbi zum nächsten. Doch keiner von ihnen hat meine Seele zu jenen Höhen erhoben, die ich mit Hilfe meiner eigenen schwachen Kräfte und der Kraft meines großen Rebbe erreichte, solange er noch unter den Lebenden war, und seit seinem Tod bin ich um zehn Stufen gesunken.

Und es ist Dir wohlbekannt, mein Freund und Bruder, Fleisch von meinem Fleisch, daß man der Hilfe eines Gerechten bedarf, des Mittlers zwischen dem Menschen und seinem Schöpfer, vor allem dann, wenn das Alter nahe ist, wenn die Sonne im Westen unterzugehen beginnt und wenn die Schatten (möge Gott es verhüten) länger werden ...

Ich hatte schon fast geglaubt, nie mehr zu finden, was ich suchte. Ich habe lange Tage im Gebet verbracht, bis sich der Himmel meiner erbarmte und meine Gebete erhörte. Und jetzt sind mein Herz und mein Mund voller Lob und Dankbarkeit für einen gnädigen Gott, der den Ertrinkenden die Hand reicht und mich davor bewahrt hat, in die Tiefen des Morasts hinabzusinken – das heißt in die Niederungen seelischer Not.

Und dies ist gewiß das Verdienst unserer Eltern – und besonders das Verdienst unseres ehrwürdigen Vaters, der mir immer beigestanden hat. Denn jetzt hat mich der Allmächtige belohnt; er hat mich geleitet und mich an diesen Ort gebracht, wo ich ein neues und unauflösliches Band mit jenen geknüpft habe, die vom Geist jenes großen und göttlichen Gerechten erfüllt sind, des heiligen Rebbe Nachman, des Urenkels des Baal-Schem-Tov – gesegnet sei sein Andenken –, den man den Bratslaver nennt, den Mann aus Bratslav. Und mein Körper ist von neuer Kraft erfüllt. Und jetzt lebe ich seit einiger Zeit in der Stadt Uman, der Stadt, in der der erwähnte Gerechte begraben liegt. Ich besuche täglich sein Grab und bete in seinem Tempel. Ich habe all jene kennengelernt, die seinen Namen lieben, und sie haben mich bei sich aufgenommen. Ich habe seine Bücher studiert, seine tiefen Gedanken ergründet und viele Perlen zutage gefördert . . .

Und, teuerster Bruder, obwohl ich weiß, daß ich einen neuen Weg eingeschlagen habe und daß es für diejenigen, die auf ihm schreiten, viele Hindernisse und Widerstände gibt; obwohl – und das ist das Wesentliche – der Name, das System und die Lehren des genannten Reb Nachman viele Feinde und Böswillige auf den Plan gerufen haben, werde ich mich doch, mit der Hilfe des Allmächtigen, der den Erschöpften Kraft gibt, allen widersetzen, die ihn hassen und Böses über ihn sagen, und ihre Argumente und ihre Pfeile (mögen sie auch in Gift getaucht sein) zunichte machen.

Du wirst also sehen – wenn Gott es will –, daß ich Dich bald besuchen werde, und dann werden wir Gelegenheit haben, ausführlich über alles zu sprechen.

Ich will mich kurz fassen, da Gottes Arbeit lang und die Zeit kurz ist. Ich wünsche Dir Glück und bitte Dich, Deine Frau Gitl zu grüßen – möge Gott ihr ein langes Leben schenken – und alle Angehörigen Deines Haushalts, Kinder und Erwachsene gleichermaßen, alle, die mir teuer sind und meinem Herzen nahestehen.

Dies sind die Worte Deines Bruders Lusi, des Sohnes unseres Vaters, des Herrn Joel – möge Eden seine Ruhestatt sein und möge er am Ende aller Tage, wenn der Messias kommt, zu unserer Rechten sitzen. *Amen.*«

An dem Abend des Tages, da Mosche diesen Brief erhielt, hatte er einen Traum:

Er steht vor einem Spiegel – vor dem langen Wandspiegel im Salon. Er ist allein. Er betrachtet sich und sagt:»Ach, ich glaube, ich bin nicht mehr ganz jung. Schon Großvater, und trotzdem noch keine Falte im Gesicht. Und im allgemeinen nicht das kleinste Anzeichen des Alters.«

Haare und Bart goldblond, das Gesicht frisch, liebenswürdig, und die winzigen Fältchen in den Augenwinkeln verdankt er allein seiner Gewohnheit, im Licht zu blinzeln, aber auch großer innerer Zufriedenheit. Der Körper ist kräftig, fest. Seine Kleider passen wie angegossen.

Er ist, soweit er sich das eingestehen kann, mit sich zufrieden, aber da er fürchtet, sich von Hochmut mitreißen zu lassen, und sich überdies schämt, an solche Dinge zu denken, wie etwa an seinen Körper, möchte er sich von dem Spiegel abwenden. Aber plötzlich sieht er etwas und fragt sich:»Was ist das denn?« Da ist etwas auf seiner Stirn, etwas Rotes, wie eine Wunde, wie ein eingebrannter Buchstabe. Er sieht genauer hin. Auf seiner Stirn steht der Buchstabe *tav*. Er bekommt es mit der Angst und fragt sich:»Was soll das bedeuten?« Dann fällt ihm ein, was der Buchstabe *tav* bedeuten kann. *Tchija:* Du wirst leben. Oder auch *Tmus.* Du wirst sterben. Er streicht sich mit der Hand über die Stirn und fürchtet sich vor seiner Hand. In dem Moment wacht er auf – und erschrickt. Er schläft aber bald wieder ein und träumt von neuem:

In seinem Haus findet eine Feier statt. Viele Leute im Haus.

Verwandte, Freunde, Menschen, die ihm nahestehen und die ihm teuer sind. Mosche befindet sich in dem von Kerzen und Lampen erleuchteten Eßzimmer, aber es kommt ihm vor, als spielte sich alles, was er sieht, in den anderen Räumen des Hauses ab, als gäbe es keine Wände, die sie voneinander trennen.

Er trägt seinen schwarzen Seidenkaftan und seine Schärpe. Die linke Seite seines Mantels ist etwas schief, wegen des Taschentuchs, das er sich in die Tasche gesteckt hat. Er zieht es immer wieder hervor, um sich den Schweiß von der Stirn zu wischen, und steckt es dann wieder ein. Mosche spürt durch den Kaftan und das Taschentuch hindurch, wie ihm das Herz vor Freude im Leibe hüpft. Kinder, Enkelkinder, Verwandte und Freunde sehen ihn an und freuen sich mit ihm. Wie immer in solchen Momenten vermag er kaum die Augen offenzuhalten, sondern blinzelt jeden durch halbgeschlossene Lider an.

Alles ist schön, gut. Aber Mosche spürt eine kleine Wolke an seinem Freudenhimmel. Er glaubt die Gegenwart eines Fremden zu ahnen, der sich in seinem Haus aufhält. Es scheint kein Jude zu sein. Wohin Mosche seinen Blick auch irren läßt, er fällt immer wieder auf den Fremden. Ja, wirklich, es ist der Adlige, dem er vor Jahren den Hof, das Haus, den dazugehörigen Grund und die Einrichtung abgekauft hat. Er, Mosche, hatte gerade ein gutes Jahr hinter sich und hatte sich den Kauf leisten können, während der Adlige sein ganzes Geld verloren hatte und am Rande des Bankrotts stand. Mosche hatte damals tatsächlich ein erstaunlich gutes Jahr gehabt, und alle seine Unternehmungen hatten ungewöhnlich großen Gewinn gebracht.

Mosche ist verblüfft. Aber ja, es ist der Adlige. Aber was will er hier? Wer braucht ihn? Und wer hat ihn eingeladen?

Gleichzeitig sieht sich Mosche von einer anderen Gruppe von Menschen umgeben. Man gratuliert ihm und trinkt ihm zu. Er nimmt ihre Trinksprüche entgegen und erwidert sie. Für einen Augenblick vergißt er den Fremden und das, was ihn bedrückt.

Und auf einmal wird Mosche gewahr, daß das Licht im Zimmer und vor allem das Licht hinter ihm immer schwächer wird und langsam erlischt. Als er sich umdreht, stellt er fest, daß

70

es um ihn herum still geworden ist, als hätte man das Fest abrupt beendet. Alle, die entweder in kleinen Kreisen oder in Gruppen zusammenstehen, kehren sich von ihm ab.

Die Gestalten, die in dem schwindenden Licht wie Schatten aussehen, beginnen zu verblassen.

Dann, als hätte ihn jemand gerufen, wendet er plötzlich seinen Kopf zur Tür. Dort steht jemand auf der Schwelle, ein Mann, den er nicht sogleich erkennt. Aber als er genauer hinsieht, ist er verblüfft: Es ist sein Vater. Der trägt einen etwas verstaubten Reiseumhang, und als Mosche auf ihn zugehen will, um ihn zu begrüßen und ins Haus zu führen, sieht er, daß der Umhang aufgeknöpft ist und daß sein Vater darunter einen Gebetsschal trägt.

Mosche überläuft es kalt. Als hätte jemand überraschend ein Fenster geöffnet, um frische Luft hereinzulassen. Als er sich umdreht, um herauszufinden, woher der kalte Windhauch weht und wer das Fenster geöffnet hat, geht hinter ihm plötzlich das Licht aus, und da ist niemand mehr, oder alle sind von der Dunkelheit wie aufgesogen, man kann nichts mehr erkennen . . . Als er sich wieder seinem Vater zuwendet, sieht er, daß das Licht nur auf seinen Vater fällt, der auf der Schwelle steht. Sein Vater ist blaß und scheint eine weite Reise hinter sich zu haben. Mosche hätte schwören können, auf seinem Gesicht so etwas wie gefrorene Tränen gesehen zu haben.

»Was ist los, Vater?« fragt Mosche.

»Komm mit«, erwidert sein Vater.

»Wohin?«

»Auf den Hof.«

»Warum?«

»Ein Teil deines Hauses steht in Flammen.«

»Wo? Es ist doch dunkel, man sieht gar nichts.«

»Komm mit! Du wirst sehen.«

Und sein Vater dreht sich um und geht voraus, und Mosche folgt ihm.

Als sie die Verandatreppe hinuntergehen, weist sein Vater auf einen Teil des Hauses unter dem Dach, hoch oben nahe der

Dachrinne. Und tatsächlich: Mosche sieht eine kleine rote Flamme, die zur Dachrinne hochzüngelt; die Flamme ist ganz klein, sie flackert, und Mosche ist erstaunt, daß er keine Angst hat und nicht um Hilfe ruft.

Plötzlich kommt es ihm vor, als stünde jemand hinter ihm, der ihn beobachtet. Er dreht sich um und sieht mitten auf dem Hof einen Mann stehen – aber . . . es ist wieder der Krautjunker, und Mosche ist wieder völlig verblüfft; aber bei näherem Hinsehen entdeckt er, daß es nicht der Gutsbesitzer ist, sondern Lusi.

Und plötzlich taucht neben Lusi eine Kerze auf, eine fast mannshohe Wachskerze, die Lusi bis zur Brust reicht. Die Flamme scheint von der Dachrinne herabgezüngelt und über den Erdboden zu Lusis Kerze hingekrochen zu sein; sie flackert längs ihrer Seite bis zu ihrem Docht hoch – und die Kerze brennt.

Dann taucht neben Lusi ein zweiter Mann auf. Ein Mann mit dem Gehabe eines Synagogendieners. Er trägt eine Schärpe, und er hat eine Bratpfanne bei sich, in der Wachs siedet. Der Synagogendiener gießt unaufhörlich Wachs aus der Pfanne, läßt es dann abkühlen, knetet es, steckt einen Docht hinein, und Lusi zündet jedesmal die fertige Kerze an.

Der Synagogendiener entledigt sich seiner Aufgaben schnell, und um Lusi herum tauchen immer mehr Kerzen auf, und dann ist der ganze Hof voll davon. Sie stehen in zwei langen Reihen, dazwischen Lusi. An dem dunklen Abendhimmel über Lusis Haupt geht der Mond auf. Lusi steht zwischen den beiden Lichterreihen. Er wendet das Gesicht zum Himmel, zum Mond. Sein Bart ist in die Höhe gerichtet, Hals und Kehle sind entblößt, die blitzenden Augen halb geschlossen. Dann hört Mosche seinen Vater, der die ganze Zeit über dagestanden und alles mit angesehen hat, auf einmal schluchzen. Der Vater weint, wendet sich von Lusi und seinen Hexenkünsten ab und zittert am ganzen Körper.

Und Mosche fragt ihn: »Warum weinst du, Vater?«

Der Vater erwidert unter Tränen: »Siehst du denn nicht, welche Schande und Schmach Lusi über uns bringt? Laß uns gehen.«

»Wohin?« fragt Mosche.

»Komm mit«, erwidert sein Vater. Der Vater macht sich auf den Weg, und Mosche folgt ihm. Er tut ein paar Schritte und erwacht.

»Ist es möglich, daß . . . Lusi?« fragte er sich gleich nach dem Erwachen.

Nein. Er verscheuchte den Gedanken.

Aber ist es möglich? Er kehrte wieder zu seinem früheren Gedanken zurück. Kann es sein, daß er einem so krummen Weg folgt, daß Vater deswegen herabgestiegen ist, daß er sich deswegen von Lusi abgewandt und vor Trauer und Scham geweint hat? Nein, sagte er nochmals und verbot sich solche Gedanken.

Er spie dreimal aus, als er sich an den Gutsbesitzer erinnerte, an Lusi, der mit den Kerzen auf dem Hof gestanden hatte, das Gesicht zum Mond gewandt, und an den Synagogendiener. Mosche verscheuchte alle diese Gedanken, als wären sie etwas Unwürdiges, irgendein nichtssagender Traum.

Wegen des wirren Traums war ihm schwer ums Herz, aber er schrieb sich dies als eigene Schuld zu. Sein Vater, sagte er sich, war ihm immerhin erschienen und hatte gesagt: »Komm mit.« Und obgleich Mosche bisher nur selten an den Tod gedacht hatte – wozu er auch keinen Grund hatte, da er körperlich gesund und im Vollbesitz seiner Kräfte war –, mußte er nach diesen beiden Träumen trotzdem daran denken. Was ihm noch vor wenigen Tagen als verrückt und undenkbar erschienen wäre, kam ihm jetzt real und möglich vor. Wer weiß? dachte er. Vielleicht ist die Zeit gekommen . . . Man kann nie wissen. Ein Jude muß bereit sein.

Und so tat er folgendes: Sobald er an jenem Morgen aus dem Traum erwacht war, wusch er sich, zog sich an und begab sich sofort darauf zur Synagoge, wo er betete. Dann machte er sich daran, seine Träume zu deuten.

Das war aber noch nicht alles. Noch am selben Tag ging er heimlich, damit niemand in seinem Haushalt sein Verschwinden bemerkte, zu einem Laden, in dem er ein Leichentuch kaufte. Er nahm das Päckchen mit nach Hause – wieder so, daß es niemand bemerkte – und legte es in eine Schublade der Kommode in seinem Zimmer. Dann verschloß er sie und steckte den Schlüssel in die Tasche.

Aber das war noch nicht alles. Am selben Tag schickte er insgeheim einen Boten zu Hirschl Liever, dem Friedhofsverwalter, dem er mitteilen ließ, er solle ihn, Mosche, an einem bestimmten Tag und zu einer bestimmten Stunde erwarten. Er wolle sich nach einer Grabstelle umsehen. Und sich nicht nur nach einer umsehen, sondern sogar eine für sich erwerben.

Es war noch nicht Mittag, als Mosche von seinem Besuch auf dem Friedhof zurückgekehrt und wieder zu Hause war. Am Himmel strahlte die glühende Mittagssonne. Mosches Straße roch nach Staub und aufgeheizten Pflastersteinen. Die nahegelegenen Straßen, in denen Gojim, Nichtjuden, wohnten, in ihren Häusern mit den zurückgesetzten, eingefriedeten Gärten, waren in der Stille der verdorrenden Bäume vor Hitze wie gelähmt. Mosches sauberer, aufgeräumter Hof, der in der Mitte mit Kopfsteinpflaster und um das Haus herum mit kleinen Steinplatten belegt war, war am Morgen frisch gefegt worden. Inmitten der Weiße der Pflastersteine wuchsen einzelne Grashalme empor, an manchen Stellen ganze Grasbüschel. Der Brunnen, der wie eine geschlossene Truhe aussah, döste vor der Tür zum Eßzimmer, nicht weit vom Hintereingang des Hauses, still vor sich hin. Die Fenster sämtlicher Räume des Hauses waren geöffnet.

In der Küche herrschte, wie immer um diese Stunde, ungewöhnliche Stille. Keine streitenden Stimmen, kein Gekeife ... Was nur bedeutete, daß ein Streit der Mägde gerade zu Ende gegangen war oder gleich wieder beginnen würde. Von Kindern nichts zu sehen, und auch alle Erwachsenen hatten sich zerstreut. Gitl, Mosches Frau, saß allein im Eßzimmer. Da sie nichts zu tun hatte, wanderte sie ruhelos auf und ab und suchte sich eine nutzlose Beschäftigung nach der anderen.

Da erschien Mosche auf der Schwelle. Er hatte gerade seinen Mantel aufgehängt und seinen Regenschirm abgestellt. Gitl sah, daß er schweißüberströmt war. Der untere Teil der Stirn war gerötet, der obere blaß und feucht. Da sich Mosche zu dieser Zeit sonst nicht zu Hause aufzuhalten pflegte, erschrak Gitl, als sie ihn jetzt sah. Sie begriff, daß ihm heute etwas Besonderes widerfahren sein mußte.

Sie wandte sich ihm zu und fragte: »Warum so früh?«

»Es ist nichts. Ich mußte einfach nach Hause kommen.«

»Und wohin bist du so früh gegangen, vor dem Gebet und vor dem Frühstück?«

»Ich war auf dem Friedhof.«

»Was ist denn mit dir los?«

Gitl vermutete, daß ihrem Mann etwas auf der Seele lag, was er ihr vorenthalten und worüber er nicht sprechen wollte. Aber statt dessen sagte er ganz offen und mit einem Lächeln: »Ich habe mir heute eine Grabstelle gekauft, und wenn du alles wissen willst, kannst du auch das gleich erfahren: Ich habe mir auch ›Kleider‹ für die ›letzte Reise‹ gekauft.«

»Was für Kleider, was für eine letzte Reise?« Gitl begann zu begreifen, wollte es aber nicht wahrhaben. Sie unterbrach ihren Gedankengang und fragte zutiefst besorgt: »Was sagst du da, Mosche? Ich weiß überhaupt nicht, wovon du sprichst.«

»Komm mit, ich zeige es dir.«

Er ging ins Nebenzimmer, und Gitl folgte ihm. Sie hatte eine böse Vorahnung und machte sich auf eine schlimme Überraschung gefaßt. Sie gingen von Zimmer zu Zimmer, bis sie in ihr Schlafzimmer kamen. Mosche hatte ihr die ganze Zeit den Rücken zugekehrt und sich nicht zu ihr umgewandt. Er blickte sich auch nicht um, als er, von einer ängstlichen Gitl gefolgt, das Schlafzimmer betrat. Er ging sofort zu der Kommode, öffnete mit einem Schlüssel eine Schublade, über die er sich beugte; er suchte etwas, bis er es schließlich fand. Erst dann drehte er sich um.

»Hab keine Angst, Gitl. Dies sind meine ›Kleider‹ für die Zeit, wenn ich hundertzwanzig Jahre alt bin, so Gott will. Mach dir keine Sorgen ...«

Bei diesen Worten gaben Gitls Beine nach. Sie bekam einen Schwächeanfall und löste den Knoten ihres Kopftuchs, als würde sie gleich in Ohnmacht fallen. Und bevor Mosche Zeit fand, ihr ein beruhigendes Wort zu sagen, sank sie bewußtlos und wie vom Blitz getroffen aufs Bett. Mit einer schwachen Handbewegung stieß sie Mosche und sein Päckchen weg. Als könnte sie es nicht ertragen, beide noch länger anzusehen, flehte sie: »Schaff es mir aus den Augen, ich bitte dich. Schaff es weg.« Sie saß apathisch auf dem Bett, während Mosche das Päckchen irgendwo hinstopfte. Erst dann drehte er sich um, um begütigend auf sie einzureden.

»Es ist unwichtig, Gitl. Es ist nichts. Ich hatte einen Traum . . . Die ganze Welt ist nichts als ein Traum.«

Und Gitl ließ sich trösten. Aber während sich Mosche über sie beugte und begütigend auf sie einsprach, blickte sie ab und zu mit einem ergebenen Blick zu ihm hoch, in den sich ein stummer Vorwurf mischte. Der Vorwurf, sie an etwas erinnert zu haben, worüber sie nie nachgedacht hatte und woran sie sich auch nicht erinnern wollte. Sie legte sich die Spitze ihres Kopftuchs immer wieder auf die Augen, um die Tränen zu trocknen.

Endlich, nach langer Zeit, gelang es Mosche, sie zu trösten. Er sah es ihren Augen und ihrem Gesicht an, daß sie sich beruhigt hatte. Damit war auch ihm wieder leichter ums Herz. Aufs neue guter Dinge legte er ihr zärtlich eine Hand auf die Schulter und bat sie aufzustehen. Als sie ihm gehorchte und sich erhob, drängte er sie, das Schlafzimmer zu verlassen: »So, so, Gitl. Mach dich zurecht. Ich habe für heute abend ein paar Leute zum Essen eingeladen. Du kannst dazubitten, wen du willst. Laß uns unter Juden fröhlich sein.«

Eine Stunde später konnte man Gitl in dem sonnendurchfluteten Eßzimmer am Kopfende des großen Tisches sitzen sehen und neben ihr den Synagogendiener Menachem, der heute abend aushelfen sollte. Menachem, ein Mann von kleinem Wuchs, der ewig besorgt dreinblickte und so schnell redete, daß man ihn kaum verstehen konnte, schien ständig in Eile. Er hatte Federn im Haar und am Käppi (was wohl seiner Zerstreutheit und Hastigkeit zuzuschreiben war). Aber dieser Menachem saß jetzt wie gelähmt wegen der Hitze, die drinnen und draußen herrschte, mit einem Bleistift in der Hand reglos vor einem großen Blatt

76

Papier. Gitl diktierte ihm die Namen all derer, die eingeladen werden mußten, und Menachem schrieb sie auf. Außer ihnen war niemand im Eßzimmer. Von Zeit zu Zeit steckte ein Dienstmädchen den Kopf durch die Tür, um Gitl eine Frage zu stellen und sich dann mit der Antwort zurückzuziehen. Es war, wie schon erwähnt, heiß im Eßzimmer. Gitl lehnte sich entspannter als sonst in ihrem Stuhl zurück. Sie hatte ihr Kopftuch im Nacken zusammengebunden – ein sicheres Anzeichen dafür, daß sie beschäftigt war und es eilig hatte. Immer wieder befeuchtete sie einen trockenen Finger an der Unterlippe und entriß ihrem von der Hitze stark strapazierten Gedächtnis einen weiteren vergessenen Namen. »Siehst du, wir haben auch Mosche Feigenson vergessen«, sagte sie. »Setz ihn doch auf die Liste, Menachem.«

Von Zeit zu Zeit stand Gitl vom Tisch auf, ließ Menachem allein und rannte in die Küche, wenn ihr plötzlich neue Anweisungen einfielen. Auf dem Hof, wo sich die Ställe und Vorratsschuppen befanden, konnte man den alten Nachtwächter Michalko sehen, der fast unter einer Ladung Holz zusammenbrach, als er aus einem Schuppen herauskam. Michalko war immer schläfrig. Er hatte die feuchten und trüben Augen eines alten Mannes, aber auch der Branntwein hatte darin seine Spuren hinterlassen. Jetzt brummte und fluchte er gereizt vor sich hin, denn man erwartete von ihm etwas mehr Arbeit als sonst – als ob heute ein Feiertag wäre.

Seine kurzbeinige gelbe Hündin »Taschenuhr« kam fast gleichzeitig aus dem Schuppen. »Taschenuhr« litt an einem für einen Hund sehr schmerzlichen Gebrechen: Sie hatte keine Stimme und konnte nicht bellen. Sie verhielt sich ruhig und hielt den Kopf gesenkt. Sie wich Michalko nicht von der Seite und folgte ihm mit herabhängenden Zitzen in die Küche, in der Michalko das Holz ablud, um gleich darauf wieder in den Schuppen zu gehen und mit einer neuen Ladung Holz zurückzukehren.

Die Stille der Küche wurde plötzlich unterbrochen. Die raschen, dumpfen Schläge eines Hackbeils auf dem Hauklotz waren nun im ganzen Haus und sogar auf dem Hof zu hören;

darein mischte sich der kupferne Klang eines Mörsers, der das Geräusch dieser Hiebe zu übertönen trachtete. Stimmen von Mägden wurden laut, die sich gegenseitig ins Wort fielen und sich laut und zänkisch anschrien. Unter dieser Begleitmusik schienen sich das Geräusch des Hackbeils und das Stoßen des Mörsers noch zu verstärken und zu beschleunigen.

Im Küchenherd hatte man zur Vorbereitung des Festmahls schon Feuer gemacht. Immer wieder öffnete eines der Dienstmädchen die Herdklappe und warf einen Blick hinein, legte ein frisches Holzscheit nach oder rief, an die Adresse Michalkos gerichtet: »Was ist? Bist du taub, oder was ist mit dir los? Wir haben keinen Tropfen Wasser im Haus. Hol sofort welches.«

Gitl und Menachem hatten inzwischen die Einladungsliste fertiggestellt. Eine erschöpfte Gitl fächelte sich mit einer Ecke ihre Kopftuchs Kühlung zu und wischte sich von Zeit zu Zeit den Schweiß von der Unterlippe. Der gleichfalls erschöpfte Michalko hielt die Spitze seines Bleistifts in der Nähe des Mundes und feuchtete ihn immer wieder an, aber es gab nichts mehr zu schreiben. Alle Namen waren schon aufgeführt. Und als Menachem sich schließlich mit seiner vollständigen Liste vom Tisch erhob und auf die Tür zuging, stand auch Gitl auf und begleitete ihn. Auf der Schwelle wandte sie sich, ihrem Gedächtnis nicht trauend, noch einmal zweifelnd an Menachem: »Ich glaube, wir haben keinen vergessen. Haben wir jetzt alle?«

»Alle. Wirklich, alle.«

»Dann beeil dich, Menachem. Vergeude keine Zeit. Und laß ja keinen aus. Ach ja, und vergiß nicht, Kerzen für die Kerzenhalter und die Wandleuchter zu kaufen.«

»Kaufen ... kaufen ... Gut, Gitl. Gut.«

An jenem Abend erstrahlten das Eßzimmer und die angrenzenden Räume in hellem Licht und verströmten so eine festliche Stimmung, soweit dies durch die offene Tür zu erkennen war. Im Eßzimmer ein langer, weißgedeckter Tisch, der von der einen Wand zur anderen reichte. Dieser Tisch war für die Ehrengäste bestimmt; die anderen Tische in den Nebenzimmern mußten die weniger geschätzten Gäste aufnehmen. An der Eßzimmerdecke ein dreiarmiger Kronleuchter mit Kerzen und an den Wänden und zwischen den Fenstern Kerzenhalter.

Bei Tisch bedienten: Erstens der zerzauste Menachem mit seinem Bart von der Farbe schmutzigen Messings und seinen verwirrten Kinderaugen, die nichts sehen, mit seinem aufgeknöpften Kaftan und seinem Käppi, das etwas höher in die Stirn geschoben ist, als es sein dürfte. Alle paar Minuten taucht er eilig und vollbeladen aus der Küche auf, in die er mit leeren Händen zurückkehrt, um sofort wieder beladen zu erscheinen, wobei er sich jedesmal bemüht, mehr Teller zu schleppen, als man auf einmal tragen kann. Er schwitzt, beeilt sich, kehrt hastig in die Küche zurück.

Dann: Gitl, die heute ihren Festtagsstaat angelegt hat: ihr schwarzes Seidenkleid und ihren gesamten Schmuck. Der Rock fällt ihr in reichen Falten bis zu den Füßen hinab. Ihr besticktes Jäckchen, eng anliegend im Rücken und in der Taille, bauscht sich vorne üppig über der Brust; sie trägt ihre länglichen, zweistöckigen Brillantohrringe, goldene Ringe an den Fingern und auch ein goldenes »Herz«. Trotzdem sieht sie nicht so aus, als würde sie an einer fröhlichen Feier teilnehmen. Sie wirkt vielmehr, als wäre heute Rosch Haschanah oder Jom Kippur, denn sie hat nicht ihre Perücke aufgesetzt, sondern nur ein Kopftuch aus weißer Seide umgebunden.

Sie steht neben dem Tisch, nimmt Menachem die Teller aus der Hand und reicht sie über die Köpfe der Gäste hinweg weiter. Wenn sie die Hände frei hat, zieht sie das Kopftuch zurecht und macht unter dem Kinn einen neuen Knoten. Menachem erscheint immer wieder aufs neue, und Gitl beugt sich über den Tisch und legt den Gästen vor, was vorgelegt werden muß. Entfernt, was nicht länger benötigt wird. Sorgt dafür, daß jeder bedient, daß niemand übersehen wird. Daß jeder zufrieden ist.

Gitls beide Töchter helfen ihr beim Servieren. Die liebenswürdige Judith, die ältere, ähnelt zwar ihrer Mutter äußerlich, besitzt aber die Bewegungen und Manieren ihres Vaters. In Gesellschaft fühlt sie sich wohl und bewegt sich zwanglos wie er; gleich ihm kneift sie vor Vergnügen an dem festlichen Licht die Augen zu. Dann Nechamke, die jüngere, die etwas schüchtern und verschlossen wirkt. Vom Vater hat sie die Statur geerbt, hält sich aber immer in der Nähe der Mutter. In Gesellschaft ist sie steif und befangen und errötet, wenn einer der Gäste das Wort an sie richtet. Dann verstummt sie und weiß nicht wohin mit Händen und Augen.

Mosche selbst präsidiert in Kaftan und Festtagsschärpe am Kopfende der Tafel. Immer wieder steht er auf, um bald dem einen, bald dem anderen einzuschenken; er bemüht sich, das allein, ohne fremde Hilfe zu tun, jedenfalls an seinem Ende der Tafel, so weit seine Arme reichen.

In den anderen Zimmern, wo die weniger erlesenen Gäste sitzen, wird von bescheidenerem Personal bedient: von den Mägden, von armen Verwandten und Mosches Enkeln. An diesen Tischen sitzen die Armen und Bedürftigen in Gruppen zusammen. Ihre Blicke sind auf den Tisch gerichtet, nur auf das, was sich darauf befindet. Sie essen schnell, schnappen sich geschickt die Teller, die man ihnen reicht, während sie gleichzeitig die Arme ausstrecken, um gierig nach den Bergen von Brot, Schwarzbrot wie Weißbrot, zu langen, die auf Platten angerichtet sind oder einfach auf dem Tisch liegen. Kaum haben sie etwas gegessen, warten sie mit mürrischer Miene auf Nachschub; sie sprechen kaum miteinander oder mit den Dienern und werfen unverschämte Blicke. Die Diener und die Mägde wiederum blicken mit Verachtung darauf, wie »diese Leute« alles hastig in sich hineinschlingen. Sie mokieren sich, »daß es unmöglich ist, diese bodenlosen Schlünder satt zu bekommen«. Und sie setzen ihnen die Speisen brüsk vor die Nase und wenden sich dann schnell ab, um nicht mit ansehen zu müssen, mit welcher Gier sich die Armen vollstopfen.

Am Tisch im Eßzimmer dagegen sitzen die Honoratioren der Stadt: Kaufleute, Beamte, von denen jeder ein Taschentuch in der Gesäßtasche des Kaftans bereithält. Wenn sie es brauchen, ziehen sie es diskret heraus, mit gemessenen Bewegungen – ruhig, würdig.

An diesem Tisch sitzen auch Chassidim. Chassidim von derselben Synagoge wie Mosche, die denselben Rebbe »besuchen« wie er. Diese Leute sind ausgelassener und weniger ruhig; bei ihnen steckt das Taschentuch in der Uhrtasche, über der Schärpe; und wenn sie es brauchen, haben sie es stets zur Hand; sie ziehen es heraus und stecken es danach rasch mit einer ebenso blinden, mechanischen Geste wieder ein.

In dem hellerleuchteten Eßzimmer und in den angrenzenden Zimmern ging es lärmend zu.

Menachem ist es warm geworden. Er eilt vom Eßzimmer in die Küche, von der Küche ins Eßzimmer. Diener und Mägde stoßen mitten auf dem Weg zusammen, treten sich gegenseitig auf die Füße, prallen mit Gesichtern oder Tellern zusammen. Die Gäste haben den ersten Hunger gestillt und sitzen längst nicht mehr beim ersten Glas.

Wenig später sind Stimmengewirr und in dem allgemeinen Getöse auch schon ein paar Schreie zu hören. Flaschen gehen von Hand zu Hand. Einige der Gäste verlassen ihre Plätze, füllen die Gläser und reichen sie denen hinüber, die weiter weg sitzen. Hände, die Gläser und Gläschen halten, strecken sich denen entgegen, die eingießen und weiterreichen, und wer eingießt, will alle zufriedenstellen: kein Wunder, daß die Gläser überlaufen. Ganze Tische reden lautstark durcheinander, fallen sich ins Wort. Manche, die an einem Ende des Tisches sitzen, wollen sich denen am anderen Ende verständlich machen; zwischendurch steht immer wieder irgendein halbbetrunkener Gast auf, gestikuliert, ruft etwas, ohne sich Gehör zu verschaffen, und setzt sich mit einem um Nachsicht bittenden Lächeln wieder hin.

Kurz darauf springt jemand auf, der mit Händen und Füßen den Takt schlägt und tanzen will. Im Aufstehen reißt er einen Tischnachbarn mit, dieser wiederum einen dritten, und so geht es weiter, bis sie eine Kette bilden und der halbe Tisch aufgestanden ist und mitten im Zimmer tanzt. Als schon der halbe Tisch auf den Füßen ist, kommt die zweite Hälfte auf die Beine, und kurz darauf ist der ganze Tisch leer und verlassen, und die eben noch menschenleere Mitte des Zimmers ist plötzlich voller Tänzer.

Zunächst tanzen die beweglichsten Gäste, die jüngsten, die weinseligsten. Dann kommen die älteren, gelasseneren, mehr oder weniger nüchternen Gäste. Als letzte schließen sich ihnen die ganz alten Männer an, die mit kleinen Schritten auf die Tanzenden zugehen, wortlos die miteinander verschlungenen Arme eines bereits tanzenden Paares trennen und sich so schweigend der Runde anschließen.

Die Chassidim bleiben unter sich; einer neben dem anderen, Kopf an Schulter; manche haben dem Nebenmann die Hand am Rücken in den Kaftan-Gürtel gesteckt. Auch die Kaufleute bleiben unter sich, sie sind still und bescheiden. Sie halten den Kopf gesenkt, ihre Schritte sind schwerfällig, und man merkt ihnen an, daß es ihnen nicht leicht fällt, die Beine zu rühren.

Inzwischen ist der Kreis schon groß geworden. Diener und Familienmitglieder haben Bänke und Stühle an die Wand geschoben, um den Tänzern mehr Platz zu verschaffen. Alle tanzen, auch Mosche. Nur seine Familie tanzt nicht mit.

Gitl mit ihren Töchtern, Enkeln und Verwandten und auch die Diener und Mägde sehen vergnügt zu. Die Diener stoßen sich an und zwinkern sich beim Anblick der Almosenempfänger und Bettler vielsagend zu; diese haben sich inzwischen ebenfalls dem Tanz angeschlossen, tanzen aber mit verlegenen, freudlosen Mienen, da sie sich hier überflüssig vorkommen.

Nach dem ersten Tanz kehrt man wieder an seinen Tisch zurück, und nach der ersten Runde geht es mit dem Trinken weiter, diesmal heftiger und mit weniger Zurückhaltung. Neue Flaschen erscheinen auf dem Tisch; man holt alten Wein aus dem Keller. Mosche schenkt seinen Tischnachbarn ein, während sich die weiter weg Sitzenden selbst bedienen. Überall offene Münder, ausgestreckte oder ineinander verschlungene Arme. An den Tischen sind Rufe zu hören, von denen viele an Mosche gerichtet sind.

»*L'chaim*, auf das Leben, Reb Mosche«, rufen ihm die Kaufleute zu, die ihm trotz ihrer Trunkenheit den ehrerbietigen Titel »Reb« geben.

»*L'chaim*, Mosche«, lassen sich die Chassidim vernehmen, die denselben Rabbi »besuchen« wie er. Bei ihnen klingt die Anrede vertraulicher, wie von Bruder zu Bruder, wie von gleich zu gleich und ohne jeden förmlichen Titel.

Und einige, die sich der Familie noch mehr verbunden fühlen, bemühen sich um Gitl, die sie in der Nähe stehen sehen, schenken ihr Wein nach, drängen sie zu trinken und rufen auch ihr zu: »*L'chaim*, Gitl. Denk daran, was wir dir wünschen. Möget ihr, du und Mosche, und auch wir und ganz Israel lange genug leben, um die Ankunft des Messias zu erleben. Vergiß nicht, das wünschen wir dir.«

Andere rufen dazwischen: »*L'chaim*, Gitl. Vergiß nicht unseren Wunsch: daß Mosche seinen ›Platz‹ auf dem Friedhof nie brauchen möge.« – »Und möge die ›Kleidung‹«, werfen andere ein, »das heißt das Leichentuch, hier im Haus verrotten.«

Sie schlagen auf den Tisch und betonen dabei das Wort »hier«, schlagen immer wieder auf den Tisch, als hätte man sie nicht verstanden, als würde ein einziges Mal nicht genügen.

Gitl trinkt, zufrieden, daß so viele Menschen ihr Glück wünschen, zufrieden, von so vielen Händen, Mündern, Rufen und von soviel Lärm umgeben zu sein. Sie nimmt, ohne es zu wollen, einen viel zu großen Schluck, erblaßt und blickt Mosche leicht schuldbewußt an, aber dieses Schuldgefühl wird von plötzlich aufwallender Hitze und einem süßen Zittern der Knie begleitet. Wenn die anderen jetzt tanzen würden, denkt sie, würde mich diese Glut dazu bringen, mit allen zu tanzen.

Und tatsächlich, als kurz darauf der Tanz wieder beginnt, als alle vom Tisch aufgesprungen sind und mitten im Raum stehen, bemerkt niemand, daß Gitl sich diskret zurückzieht und für einen Moment verschwindet. Sie betritt das Schlafzimmer, geht schnurstracks zur Kommode und entnimmt ihr ein Päckchen ...

Und wieder bemerkt niemand, daß Gitl plötzlich mit einem Päckchen in der rechten Hand wieder bei den Tanzenden erscheint. Mit der linken Hand zieht sie ihren langen Rock ein wenig hoch, so daß der Knöchel sichtbar wird ...

Sie tanzte wie im Traum, als würde sie von einer fremden

Kraft geleitet. Sie nahm nicht wahr, daß einige der Tanzenden, die sie sahen und sich fragten, was sie in der Hand hielt, mitten im Tanz innehielten und daß ihre Kinder, die ebenfalls begriffen hatten, am liebsten »Mutter« ausgerufen hätten oder daß selbst Mosche ein »Gitl« unterdrücken mußte. Sie bemerkte auch nicht, daß mehreren strenggläubigen alten Männern, die sich in den religiösen Gebräuchen auskannten, schon die Worte »Entweihung« und »Das ist nicht recht« auf der Zunge lagen. Sie bemerkte nichts von alledem.

Sie hielt die Hand mit dem Päckchen immer noch ausgestreckt, während sie mit zwei Fingern, in einer graziösen weiblichen Bewegung, den Rock hob. Sie tanzte in die Mitte der Runde, dämpfte so die Besorgnis ihrer Kinder und ihres Mannes und besänftigte sogar die Gereiztheit der strengen Hüter der Tradition. Ihre Geistesabwesenheit hielt nicht lange an. Ihr Gesichtsausdruck wurde immer vertrauter und liebenswürdiger. Dann begegnete ihr in der Menge der Blick ihres Mannes, und sie sagte zu ihm lächelnd: »Schon gut . . . schon gut. Mit der Macht unserer Freude und unserem Glauben daran werden wir allen Gefahren entgehen, und alle Gefahren und Strafurteile werden null und nichtig sein.«

Dann tanzte Gitl weiter. Sie war schon ein wenig erschöpft. Sie nahm das Päckchen in die linke Hand, faßte sich mit der rechten an den Rock und hob ihn hoch, bis die Schuhe zu sehen waren. Als sie völlig erschöpft war, blickte sie hilfesuchend in die Runde. Als sie ihre Kinder entdeckte, rief sie aus: »Meine Kinder – meine Töchter! . . .« Ihre Kinder begriffen, und ihre beiden Töchter Judith und Nechamke tanzten sofort zu ihr hin und nahmen die Mutter in die Mitte: Mutter und Töchter in einer Reihe. Judith, die ältere, suchte beim Tanzen mit den Augen den Blick ihres Vaters, und Nechamke hielt den Blick auf die Füße ihrer Mutter gerichtet.

Da die Gäste nur Augen für die drei Frauen hatten, hörte niemand, wie eine Kutsche vor dem Hauseingang vorfuhr und dort hielt.

Der Klang der Glöckchen verhallte in der Luft. Ein Mann stieg aus; nach ihm der Kutscher, der das Gepäck trug. Sie gingen auf die Eingangstür des Hauses zu. »Taschenuhr« kam aus ihrer Hundehütte, als wollte sie sich auf die beiden stürzen; sie versuchte zu bellen, aber es blieb bei der Absicht. Sie drehte sich mehrmals um die eigene Achse und schlich sich, ohne gebellt haben zu können, wieder in die Hundehütte zurück.

Der Kutscher und sein Fahrgast betraten den Hof; der Fahrgast war überrascht, das Haus an einem Wochentag hell erleuchtet zu sehen. Er meinte, viele Menschen wahrgenommen zu haben... Aber im Haus war es still. Er ging auf dem Hof an den Wohnzimmerfenstern entlang, nahm die Treppe zum Hintereingang, machte die Tür auf und durchquerte den Korridor, in dem sich die Garderobe befand, und trat dann auf die Schwelle des weitläufigen Eßzimmers. Da er aus der Dunkelheit kam, blieb er einen Augenblick lang, geblendet von dem grellen Licht, reglos auf der Schwelle stehen.

Der hochgewachsene, stolz aussehende Mann in einem Sommermantel mit Kapuze, dessen Bart und Augenbrauen von der Fahrt leicht mit Staub bedeckt waren, beobachtete die Szene lächelnd und erstaunt. Sein Lächeln schien zu sagen: »Man bemerkt mich nicht. Das macht nichts – man wird mich gleich bemerken.« Und tatsächlich, als Gitl mit ihren Töchtern an der Seite durch den Raum tanzte und plötzlich zur Tür hinblickte, sah sie dort etwas...

Zunächst traute sie ihren Augen nicht – sie glaubte eine Vision zu haben. Es kam zu unerwartet. Noch vor einer Minute hatte sie nichts wahrgenommen. Aber je länger sie hinschaute, um so realer wurde die Vision. Sie riß sich los, ließ ihre beiden Töchter stehen, verließ den Kreis der Tanzenden, lief zur Tür und rief aufgeregt: »Lusi!...«

Sie benahm sich wie ein Kind, das einen lieben Gast oder den eigenen Vater erblickt. Sie stürzte auf ihn zu, als wollte sie sich ihm in die Arme werfen. Aber dann erinnerte sie sich an ihr Alter und auch an seines und hielt sich zurück. Sie sah aber immer noch wie ein Kind aus, das in einem Moment höchster Gefahr unerwartet einen Retter erblickt, der den Schlüssel zu seiner

Rettung in der Hand hält. Sie war glücklich, daß neben all den guten Wünschen ihrer anderen Gäste jetzt noch der am sehnlichsten erhoffte in Erfüllung gehen würde.

Sie hielt Lusi das Päckchen, das sie in der Hand hatte, vor die Augen, zeigte es ihm und rief erneut: »Lusi!«

»Was ist, Gitl? Was geht hier vor?«

»Ein Freudenfest, Lusi, und ich lasse dich nicht ins Haus, ich lasse dich nicht über die Schwelle, bevor du Mosche etwas gewünscht hast.«

»Was soll ich ihm denn wünschen?«

»Ein langes Leben. Sieh mal« – und damit hielt sie ihm das Päckchen nochmals vor die Augen –, »sieh, dies sind die ›Kleider‹, die Mosche für die große Reise vorgesehen hat.«

»Was sagst du da, mein Kind? Ein langes Leben? Aber natürlich, ein langes Leben. Natürlich wünsche ich ihm ein langes Leben.«

Während sich Lusi und Gitl auf der Schwelle so gegenüberstanden, strömte die ganze Familie mit Mosche an der Spitze zur Tür. Die beiden Brüder umarmten sich. Die Kinder halfen ihrem Onkel, den Reisemantel auszuziehen, und nahmen dem Kutscher, der die ganze Zeit hinter Lusi gestanden hatte, das Gepäck ab. Mosche führte Lusi in ein Zimmer, das immer für ihn bereitgehalten wurde. Man brachte ihm Wasser zum Waschen. Er zog sich um und legte einen Kaftan an, der besser zu diesem Empfang paßte. Kurze Zeit später kehrte er zur Freude der ausgelassenen Gäste und der gesamten Familie, die auf seine Rückkehr gewartet hatte, ins Eßzimmer zurück.

Man gab ihm den Ehrenplatz neben Mosche. Diener eilten herbei, Mägde bedienten ihn, und Gitl und ihre Kinder standen neben und hinter ihm, bereit, ihm jeden Wunsch von den Augen abzulesen.

Lusi aß, was man ihm vorsetzte. Beim Essen wechselte er nur wenige Worte mit den Tischnachbarn. Mit seinem Bruder Mosche und der Familie sprach er kaum ein Wort. Trotzdem sah man ihm an, daß er guter Laune und froh war, in eine so angenehme festliche Gesellschaft geraten zu sein.

Später, als es wieder lebhafter zuging und man den Gast vergessen hatte, der vorhin so unerwartet aufgetaucht war, als sich jeder wieder dem zugewandt hatte, was er zuvor getan hatte – der Unterhaltung, der Ausgelassenheit, dem Trinken oder allem zusammen –, hob auch der so plötzlich unterbrochene Tanz wieder an.

Diesmal tanzte auch Onkel Lusi mit, und seltsamerweise waren nun alle Augen auf diesen frischen, neuen Tänzer gerichtet, schienen etwas von ihm zu fordern. Obgleich er sich im Kreis der Tanzenden befand, war es, als bestimme er selbst seinen Takt, als tanzte er nur für sich allein. Seine Augen waren halb geschlossen; tief in Gedanken versunken, nahm er die anderen gar nicht wahr, als wäre er ganz von religiöser Glut, von einer Art ekstatischer Glückseligkeit erfüllt. Seine Bewegungen waren überschwenglich und verhalten zugleich.

Noch einige Zeit später ist die Festgesellschaft nun völlig betrunken. Die einen sind schläfrig, zufrieden, erschöpft, während die anderen den Kopf auf den Tisch legen und ein Nickerchen machen. Wieder andere, die Gesichter vom Trinken gerötet, werden immer ausgelassener. Einer stichelt herum und versucht, mit allen Streit anzufangen. Ein anderer gräbt alte Geschichten aus und möchte sich am liebsten prügeln, und ein dritter geht sogar soweit, daß er den Gastgebern Unverschämtheiten an den Kopf wirft, und wieder andere wärmen alte Vorwürfe auf.

In diesem Lärm und Durcheinander machten sich die beiden Brüder, Mosche und Onkel Lusi, von den Gästen unbemerkt aus dem Staub und zogen sich in den großen Salon zurück. Es war ein ruhiger Raum, bis zu dem der Festlärm nicht drang und in dem nur selten Gäste empfangen wurden.

Der Raum wurde von einer einzigen Deckenlampe erhellt. Der Fußboden war auf allen Seiten mit Brücken ausgelegt, die ein Rechteck bildeten. In allen vier Ecken standen große Töpfe mit Feigenbäumen und Oleanderpflanzen mit dicken, ovalen Blättern. Ihnen entströmte eine pflanzliche Ruhe, ein nächtlicher Frieden, denn Pflanzen sind stumm, und auch das Rechteck der

Teppiche sowie die behäbigen Polstermöbel strahlten Gelassenheit aus: Puffs und ein niedriges Kanapee, die alle mit Staubdecken überzogen waren.

Dorthin zogen sich die Brüder zurück, ohne sich verabredet zu haben, als hätten sie sich verlaufen. Niemand bemerkte ihre Abwesenheit. Niemand interessierte sich mehr für sie. Nur Gitl und ihre Enkel, die ihren Onkel Lusi seit dessen Ankunft nicht aus den Augen gelassen hatten, machten sich auf die Suche, da die beiden plötzlich verschwunden waren. Sie gingen von Zimmer zu Zimmer, bis sie den Salon betraten. Sie hielten auf der Schwelle inne und sahen die beiden auf und ab gehen und sich leise unterhalten. Respekt und Ehrerbietung hielten sie davon ab, den Raum zu betreten. Sie sahen sich von fern an den beiden satt.

Zwischen den beiden Brüdern entspann sich eine kurze Unterhaltung. Unter anderem fragte Mosche Lusi auch: »Also . . . du bist von dort gekommen . . . von dem Ort, an dem du den Brief geschrieben hast?«

»Ja«, erwiderte Lusi.

»Und du hast tatsächlich die Entscheidung getroffen«, hakte Mosche nach, »dich ihnen anzuschließen?«

»Ja«, wiederholte Lusi.

»Ich muß dir sagen, Lusi, das hätte ich nie von dir gedacht. Es wäre mir nie in den Sinn gekommen.«

»Kommt es dir denn so seltsam vor?«

»Nein, das will ich nicht sagen. Ich sage nur, daß kein Mensch diesen Weg wählt. Unser seliger Vater hat ihn auch nicht gewählt, und von dir hätte ich es auch nicht erwartet.«

»Kommt dir dieser Weg denn so gewunden vor?«

»Das weiß ich nicht, ich habe darüber nie nachgedacht. Aber er ist bizarr und abstoßend.«

»Du darfst gern so denken, Bruderherz, aber lassen wir das erst mal. Die Reise hat mich erschöpft, ich bin müde. Ein andermal.« Und damit war die Unterhaltung zu Ende. Sie verließen den Salon, und die Familie – Gitl, Mosches Frau, sowie die Enkelkinder, die schweigend auf der Schwelle gewartet hatten – bemerkten die kleine Wolke, die sich auf Mosches Gesicht gelegt zu haben schien. In seinen Augen lag ein Schatten von Traurigkeit. Sie waren jetzt weit geöffnet und nicht halb geschlossen vor Wohlbehagen wie sonst bei einem Fest.

Ein paar Tage nach den oben geschilderten Ereignissen machte sich Michalko, den Schlüssel zum Garten in der Tasche, mit schlurfenden, altersschwachen Schritten auf den Weg zum Gartentor.

Wie immer, wenn er eine Arbeit zu erledigen hatte, führte er Selbstgespräche und knurrte ohne Grund vor sich hin. Er machte sich umständlich am Schloß zu schaffen, fand das Schlüsselloch nicht, bis er schließlich das Tor öffnete, als wollte er jemanden begrüßen. Das war ein Anzeichen dafür, daß einer der Herrschaften – vielleicht Gitl oder gar Mosche – mit einem oder mehreren Gästen in den Garten kam, um dort, wie es die Reichen tun, einen Abend an der frischen Luft zu verbringen.

Und wahrhaftig:

In dem hochgelegenen Haupteingang, von dem ein Weg zur Straße führte, erschien zunächst Mosche, der den verglasten Korridor verließ, danach sein Bruder Lusi. Sie gingen die Treppe hinunter, schritten die Vorderseite des Hauses entlang, betraten den Hof, passierten das Eßzimmer und den Hintereingang des Hauses und standen dann im Garten.

Als Mosche aus dem Hauseingang trat, schien sein Gesicht gerötet. Er wirkte zornig und besorgt. Lusi war ruhig, trug den Kopf hoch und schien bester Laune zu sein. Mosche sah wie ein Mann aus, der gerade eine Schlacht verloren hat, während Lusi die heitere Miene eines Siegers zur Schau trug.

Die Brüder hatten soeben die am Abend des Festes begonnene Diskussion fortgesetzt, an dem sie das Thema jedoch nur hatten anschneiden können, und da einer der Brüder – Lusi – von der Reise erschöpft gewesen war, hatte der andere – Mosche – ihn schonen wollen und sich einverstanden erklärt, die Unterhaltung zu verschieben.

Auf später. Aber wer Augen im Kopf hatte, der hätte inzwischen sehen können, daß Mosche jetzt häufig gereizt, ungeduldig und zerstreut wirkte. Die Kinder und anderen Mitglieder der Familie hatten bemerkt, daß sich Mosche an diesen Tagen ganz gegen seine sonstige Gewohnheit immer stärker um häusliche Angelegenheiten kümmerte. Die Kinder sahen ihn oft an den Tisch treten, wo er einen Stuhl hervorzog, als wollte er sich daraufsetzen; dann überlegte er es sich anders und schob ihn aufs neue unter den Tisch, nur um sich wiederum anders zu besinnen und den Stuhl nochmals hervorzuziehen. Soweit die Beobachtungen der Kinder. Gitl jedoch, seiner engsten Gefährtin, fiel jetzt ein Zittern seiner Unterlippe auf. Und um sich dies nicht anmerken zu lassen, kniff er die Lippen zusammen und achtete darauf, den Mund eine Zeitlang geschlossen zu halten.

»Was hast du, Mosche?« fühlte sie eines Tages schüchtern vor.

»Nichts. Nichts«, erwiderte er unwillig und schob sie zur Seite.

Aber Gitl hatte sofort begriffen, daß die Ursache für die Ruhelosigkeit ihres Mannes an den Tagen nach Lusis Ankunft nichts anderes war als Lusi selbst. Denn kurz nach dessen Ankunft war ihr (aber nicht nur ihr) an Lusi eine Veränderung aufgefallen: Er war nicht wie zuvor gedankenverloren, schweigsam und verschlossen. Jetzt war es, als hätte er sich geöffnet. Man hätte fast sagen können, daß ihm eine neue Haut gewachsen war. Es war nicht wie vorher, als er über die Dinge hinwegblickte, als suchte er etwas im Leeren oder am Himmel. Nein, jetzt konnte man sagen, daß er es gefunden hatte und daß ihn das glücklich machte. Jetzt blickte er einem freundlich in die Augen und unterhielt sich oft mit den Leuten im Haus, mit Männern und Frauen, mit Kindern oder Erwachsenen. Er redete selbst und ließ auch sie zu Wort kommen.

»Lusi«, sagte Gitl. Sie wollte Lusis sanfte Stimmung nutzen. Er saß gerade beim Essen. Sie bediente ihn und hielt den Augenblick für günstig: »Lusi . . .«

»Was ist, Gitl?«

»Verzeih mir, Lusi, nimm es mir nicht übel. Ich mische mich nicht in eure Männerangelegenheiten ein; ich verstehe ja nichts davon, aber Mosche sagt . . .«

»Was sagt er?«

»Daß du einen neuen Weg eingeschlagen hast.«

Lusi betrachtete sie lächelnd. »Na und, Gitl? Hältst du ihn für gut, diesen Weg, weil er neu ist?«

»Ja, aber Mosche . . .«

»Überlaß das nur ruhig Mosche und mir«, unterbrach er sie mit einem amüsierten Lächeln.

Mosche ließ mehrere Tage verstreichen. Er war zerstreut und kümmerte sich noch immer viel zu sehr um jede Kleinigkeit im Haushalt. Als er eines Abends mit seinem Bruder allein war, hielt er den Moment für gekommen. Ohne sich mit Präliminarien aufzuhalten, kam er gleich zur Sache. Seine Stimme und sein Gesichtsausdruck verrieten große Erregung.

»Ich verstehe nicht und kann gar nicht begreifen, wer diese Leute eigentlich sind. Was hast du mit ›ihnen‹ gemein? Oder sie mit dir? Du – und sie: Handwerker, Gesetzesbrecher. Das sagt man hier von ihnen in N. und anderswo. Und wie kommt es übrigens, daß sie, ausgerechnet sie, die Wahrheit gepachtet zu haben meinen, während alle anderen in Lüge leben?« Lusi hatte die Erregung seines Bruders bemerkt und wollte nicht im gleichen Tonfall antworten. Er wirkte und fühlte sich wie ein vollbeladenes Schiff auf hoher See, das sicher und ruhig dahingleiten kann. Er sagte nur: »Na und, was macht es, wenn sie nur Handwerker sind? Sind sie etwa keine Juden, nur weil sie unwissend sind? Ist es nur ihre Art zu leben, die dich stört? Dann sprich darüber und nicht über sie.«

In diesem Moment ging Mosche auf, was für einen Widersacher er vor sich hatte, und er spürte sofort, daß das Spiel von vornherein verloren war. Plötzlich fiel ihm das Atmen schwer; die vier Wände wurden enger und erstickten ihn. Er hatte das Gefühl, als würde er draußen besser denken und seinem Widersacher leichter die Stirn bieten können. Er befahl Michalko, die Gartentür zu öffnen, damit die Diskussion an der frischen Luft fortgesetzt werden konnte.

Als sie den Garten betraten, wäre einem Beobachter vielleicht aufgefallen, daß Onkel Lusi sich unter den tiefhängenden Ästen jedes Baums bücken mußte, als er den ersten Pfad betrat, während Mosche, der viel kleiner war als Lusi, aufrecht weiterging. Später hätte man sie vielleicht auf einem etwas entfernteren Pfad nebeneinander dahinschlendern sehen können. Der eine groß und schlank, der andere, der neben ihm einherging, von niedrigem Wuchs. Beide in schwarzen Kaftanen, als wäre mitten in der Woche Sabbat. Und jetzt, unter den letzten Sonnenstrahlen des Tages, wirken beide wie ein Paar Weise eines Landes des Antike, die sich bei Anbruch der Dunkelheit in einem Garten ergehen und von höheren Dingen sprechen, zu denen nur sie Zugang haben. Hätte jemand aber genauer hingesehen, so würde er entdeckt haben, daß einer von ihnen, Lusi, die Hände ständig gelassen in den Gesäßtaschen seines Kaftans hielt, während der andere, Mosche, der ein Stück vor ihm herging, sich immer wieder zu seinem Bruder umwandte und unruhige Gesten mit seinen Händen vollführte, als wollte er damit die Größe seines Bruders erreichen.

Der größere der beiden Männer ging mit gemessenen Schritten dahin, während der andere dem Bruder ständig den Weg verstellte. Der Größere ließ sich jedoch durch die hektischen Bewegungen des anderen nicht stören. Im Gegenteil, Mosche, der kleinere Mann, mußte seine eiligeren Schritte immer wieder dem gemesseneren Rhythmus seines Bruders anpassen und oft an dessen Seite zurückkehren.

Die Diskussion hatte Mosches Ohren und sein Gesicht gerötet. Die frische Abendluft hatte seine Erregung nicht abgekühlt. Im Gegenteil, sie steigerte sie noch mehr. Lusi dagegen schob sein Käppi immer höher in die Stirn, um an der kühlen Luft klarer und freier denken zu können.

Dann sprach Lusi von verschiedenen Wegen und Strömungen, von verschiedenen Heiligen, von bestimmten Männern – der Mehrheit –, verglich sie mit einer unbeweglichen Kerze, die nur an einem bestimmten Ort brenne und so allein ihre unmittelbare Umgebung erhelle. Ist diese Kerze klein, spendet sie wenig Licht, ist sie aber groß, so gibt sie weit mehr Licht. Andere wiederum verglich er mit einer beweglichen Kerze, die an jedem

Standort Licht spende und als Leuchtfeuer diene. Manche Weise verglich er mit einem im Sommer dahinströmenden Fluß, dessen Überfluß nur die Uferstreifen erreiche, während andere der großen Frühjahrsflut glichen, die auch ferne Orte bewässere und fruchtbar mache . . .

Lusi sprach auch von verschiedenen Arten der Freude. Von der Freude, die nur bis zur Zimmerdecke reiche, und von einer anderen, die den Menschen erhebe und reinige und Wunder bewirken könne: Sie mache alte Menschen wieder jung und verwandle selbst die gemeinste Sache in etwas, das die höchsten Höhen erreichen könne.

Er bewies damit, daß all das nicht bei sämtlichen Führern einer Generation zu finden sei, sondern nur bei wenigen außergewöhnlichen Wesen und gewiß nicht bei der jetzigen Generation. Man finde es nur bei den Angehörigen einer früheren Zeit, bei den »Vorvätern«.

Und Mosche kämpfte, verteidigte sich und versuchte das Gegenteil zu beweisen.

Lusi sprach mit bewundernswerter Ruhe von verschiedenen Maßstäben. Von Hoch und Niedrig, von Gut und Böse. Er bewies, daß zu verschiedenen Zeiten unterschiedliche Maßstäbe gälten. Daß zu bestimmten Zeiten selbst die Maßstäbe für Gut und Böse verschieden gewesen seien. Und daß folglich das, »was jedermann akzeptiere«, daher keineswegs ein Gebot für jedermann sei. Vor allem nicht für einzigartige oder außergewöhnliche Menschen, für jene, die imstande sind, die Massen zu verändern und neue Wege zu beschreiten. Und aus diesem Grund seien sämtliche Beweise und Einwendungen Mosches zur Verteidigung der herkömmlichen Wege nicht stichhaltig, da ein ungewöhnlicher Mensch ein Recht auf seine Einzigartigkeit habe, ein Recht auf seinen eigenen Weg, der zunächst nur ihm selbst diene, später aber vielen helfen und am Ende allen nützen werde.

Worauf Mosche neue Einwände vorbrachte.

Wäre ein Fremder Zeuge dieser Diskussion geworden, hätte er geglaubt, eine hohe Leiter vor sich zu sehen, zu deren beiden Seiten zwei Menschen hochklettern. Der eine klettert ruhig, leichtfüßig, Stufe um Stufe, und schafft seinen Aufstieg ohne die geringste Mühe. Im Gegenteil, das Klettern scheint seine Füße behende zu machen, so daß er immer höher zu klettern vermag; während der zweite Mann auf der anderen Seite, der dem ersten zu folgen wünscht, plötzlich innehält. Er hat Höhenangst und kann den Blick nicht von den Beinen des anderen Kletterers losreißen. Er beobachtet sie, ahmt sie nach. Das bringt ihm aber nichts ein, da er das Tempo des anderen Mannes nicht halten kann. Außerdem macht ihn die Höhe schwindlig.

Als Mosche schließlich alle Argumente auf den Tisch gelegt und sein gesamtes Wissen ausgebreitet hatte, mußte er sich resigniert eingestehen, daß er keine haltbare Konstruktion zustande gebracht hatte. Sein Widersacher hingegen schien auf einer hohen Festung zu stehen, die langsam und mit Bedacht errichtet worden war und von deren Höhe er auf seinen Gegner hinunterblickte wie auf ein mit unzulänglichen, naiven Mitteln bewaffnetes Kind, das sich dem Kampf mit einem Erwachsenen stellt.

Am Ende waren Mosche alle Argumente ausgegangen, und so, wie man lange und verzweifelt in einer Tasche kramt, bis man ein letztes Geldstück findet, griff er jetzt zu seinem letzten Mittel: »Also gut. Aber wie kommt es, daß alle sonst unter den Lebenden suchen und finden, während du einen Toten suchst?«

Worauf Lusi mit einem nachsichtigen Lächeln über Mosches Schwäche voller Liebe und Mitgefühl erwiderte – gleich einem Sieger, der dem Unterlegenen die Hand reicht, damit er sich erheben kann: »Was macht es denn schon, daß sie tot sind? Unser Meister Moses weilt auch nicht mehr unter den Lebenden. Und Jochanan ben Zakkai, Rambam und der heilige Baal-Schem sind gleichfalls tot. Ist damit etwa auch ihre Lehre tot?«

Und damit beendeten die Brüder ihre Diskussion. Es war schon spät geworden. Zeit für die Abendgebete. Von den Bäumen, vom ganzen Garten her stieg feuchte Kühle auf. Von der Sonne war nichts mehr zu sehen, aber auf der anderen Seite, wo sie soeben untergegangen war, erschien der Mond des Monats Ab, eine fahlgelbe Scheibe, die zunehmend goldener erstrahlte und einen schönen Abend und eine schöne Nacht versprach; sie tauchte den Garten, das Haus, den Hof und die Umgebung in ein zartes Licht. Die Brüder verließen den Garten, überquerten den Hof und betraten das Haus, in dem bereits die Lampen und Kerzen angezündet waren. Blinzelnd hielten sie auf der Schwelle kurz inne, als müßten sich ihre Augen erst an das grelle Licht gewöhnen. Dann begannen sie zu beten.

Die Familienangehörigen sahen sie eintreten und stellten fest, daß Mosche nach seiner Rückkehr aus dem Garten einen niedergeschlagenen Eindruck machte. Er hielt zu allen Distanz, vor allem zu Lusi; dieser hingegen war fröhlich und entspannt, als wäre nichts gewesen.

Als die Familie das Unbehagen des Vaters wahrnahm, dämpfte sie die gewohnte Unterhaltung, die dem Abendessen zu folgen pflegte. Sie setzten sich weder vor noch nach dem Essen wie sonst üblich in Gruppen zusammen. Nach dem Essen zog sich jeder in sein Zimmer zurück; Mosche und Gitl in ihr Schlafgemach, die Kinder in ihre jeweiligen Zimmer.

Onkel Lusis Bett war nicht wie gewohnt in seinem Zimmer hergerichtet worden, sondern in dem verglasten Flur vor der Haustür, wie er es verlangt hatte. Dieser Flur, der beim Laubhüttenfest als Sukka diente, hat eine in sechs Quadrate aufgeteilte Kassettendecke; jedes Quadrat ist mit einem diagonal angebrachten farbigen Rundstab geschmückt. Die Wände sind in halber Höhe mit vielfarbigen Butzenscheiben verglast: roten, grünen, gelben, braunen und so weiter.

Dort also hatte man sein Bett hergerichtet. Als »Wache« gab man ihm Mayerl, den ältesten Sohn von Mosches Tochter Judith, der sich durch sein nachdenkliches und stilles Verhalten von allen anderen Kindern unterschied und den selbst Onkel Lusi bei seinen Besuchen den anderen vorzog. Das Wort »Wache« machte Mayerl Angst. Er wußte, daß man ihm eine hohe Verantwortung auferlegt hatte, obgleich er nicht wußte, was »bewachen« bedeutet; und obwohl ihm diese Aufgabe Angst machte, gefiel sie ihm auch.

Nachdem alle schlafen gegangen waren und in ihren Betten

ruhten, als alles im Hause schwieg und die Zimmer nur vom goldenen Lichtschein des hoch am Himmel stehenden Mondes erhellt waren, gab es in Mosches sehr stillem Haus nur zwei Menschen, die nicht schliefen.

Der erste war Mosche selbst, der seine Ruhe nach der Diskussion mit seinem Bruder nicht hatte wiedergewinnen können, weder während der abendlichen Gebete noch danach beim Essen und auch jetzt nicht, als er bereits in seinem Schlafzimmer sich anschickte, zu Bett zu gehen.

Als er aus seinem Kaftan schlüpfte, betrachtete er lange den einen noch im Ärmel steckenden Arm. Nach dem Kaftan waren die Schuhe an der Reihe: Er zog den einen aus und starrte dann lange den anderen an.

Der zweite, der noch wachte, war Mayerl. Er hatte sich schon hingelegt, schlief aber noch nicht. Von seinem Bett aus sah er, wie Onkel Lusi die Flurtür öffnete und hinausging. Er blieb lange weg, länger, als ihm nötig schien. Mayerl bekam es mit der Angst. Erstens machte er sich Sorgen um Onkel Lusi, den er bewachen sollte, und zweitens um sich selbst, da er so spät in der Nacht mutterseelenallein im Flur lag.

Daher stellte er sich auf sein Bett und preßte das Gesicht an eine Glasscheibe, eine rote, wie es der Zufall wollte; als er nach draußen blickte, entdeckte er mitten auf dem Hof plötzlich Onkel Lusi, der den Kopf zurückgeworfen hatte und den Mond anstarrte.

Dieser Anblick erschreckte Mayerl. Er hatte noch nie jemanden gesehen, der mitten in der Nacht den Mond anstarrt – Kopf und Bart zurückgeworfen, die Augen starr gen Himmel gerichtet. Zitternd legte sich Mayerl wieder hin, glitt unter die Decke, wickelte sie fest um sich und schlief ein . . . Er wälzte sich aber die ganze Nacht, vor Entsetzen am ganzen Körper zitternd, im Bett herum. Diesen Anblick wurde er sein Leben lang nicht mehr los.

Bevor Mosche einschlafen konnte, fühlte er sich ebenfalls zum Fenster hingezogen, ohne zu wissen warum. Er beugte sich vor und sah nun, was auch Mayerl gesehen hatte: Lusi mitten auf dem Hof, mit zurückgeworfenem Kopf, den Mond anstarrend.

96

Fast hätte Mosche aufgestöhnt, aber er beherrschte sich, um nicht Gitl zu wecken, die in dem anderen Bett ihm gegenüber schlief. Lange Zeit brachte er es nicht über sich, Lusi anzuschauen ... Ihm war klar, daß Lusi den Weg »seiner« Leute akzeptiert hatte, und damit auch deren Regel der »freiwilligen Einsamkeit«, und daß er jetzt wie all diese »Seinen« vor dem Schlafengehen seine »Stunde des Alleinseins« zelebrierte.

Dann erinnerte sich Mosche an den Traum, den er gehabt hatte: an Lusi mitten auf dem Hof mit der magischen Kerze, an seinen Vater, der beim Anblick Lusis weinte, und daran, daß er, Mosche, den Kopf abgewandt hatte, um nicht sehen zu müssen ...

Er war wie betäubt, daß sich sein Traum jetzt auf so bizarre Weise bewahrheitet hatte. Dann fielen ihm die Worte seines Vaters ein:

»Siehst du denn nicht«, hatte sein Vater gesagt, »welche Schande und welche Schmach Lusi über uns bringt?«

III

Lusi bei den Seinen

Unter den vielen reichen und lärmenden chassidischen Sekten der Stadt N. gab es damals auch eine kleine und nicht sehr geachtete Gruppe von »Bratslavern«.

Sie zählten nicht mehr als anderthalb oder vielleicht zwei Minjans – fünfzehn oder zwanzig Männer. Sie waren Handwerker – alle arm –, gehörten aber einem Menschenschlag an, der nicht seinesgleichen hatte.

Es versteht sich, daß sie wegen ihrer geringen Zahl und ihrer Armut anders als alle anderen keine eigene Synagoge besaßen. Sie konnten nicht einmal davon träumen. Überdies waren sie ständigen Verfolgungen ausgesetzt. Zuweilen mieteten sie sich ein Lokal, aber häufiger erlaubte man ihnen auf ihre Bitten hin, in irgendeiner Synagoge zumindest ein erstes Morgengebet zu sprechen.

Manchmal erhielten sie Besuch von einem jungen Mann aus dem fernen Polen, der von dort ein Päckchen mit armseligen Kleidungsstücken mitgebracht hatte. Er sprach mit einem singenden Tonfall und trug oft eine kleine Werkzeugtasche bei sich. Dieser junge Handwerker liebte es, sich bei ihnen aufzuhalten, mal längere, mal kürzere Zeit, um ihre Lehre, ihre Gebräuche, ihre Lebensregeln kennenzulernen.

Man hieß ihn stets herzlich willkommen und nahm sich auch seiner an. Anfangs, als er noch nicht für seinen Lebensunterhalt aufkommen konnte, half man ihm mit Mitteln der Gemeinde aus – denn, wie sie sagten, »Geld gehört weder mir noch dir, sondern Gott«. Später konnte er von seiner Arbeit leben und teilte mit anderen. So sicherte er mit seinem Verdienst den Lebensunterhalt derer, die noch ärmer waren als er selbst.

Es kam aber auch vor, daß die Sekte von einem begüterten Mann Besuch erhielt, der sich ihr dann anschloß. Aus seiner Kleidung und seinem Auftreten konnte man schließen, daß es ein wohlhabender Mann mit einträglichen Geschäften war, gewöhnt, ein großes Haus zu führen und einen üppigen Lebensstil zu genießen. Er blieb die nötige Zeit bei ihnen und behandelte die Mitglieder der Sekte, als wären sie Verwandte. Alles Geld, das er nicht für die eigene Lebensführung brauchte, schenkte er ihnen oder teilte es mit ihnen. Und seltsamerweise kam es nie vor, daß derjenige, der etwas gab, dabei Hochmut zeigte oder daß der Empfänger sich dadurch etwa gedemütigt fühlte. Das war bei ihnen so Sitte, war eben immer so gewesen. Bei ihnen wanderte das Geld von Hand zu Hand, von Geldbörse zu Geldbörse. Es geschah aber nur selten, sehr selten, daß ihnen Geld eines reichen Mannes in die Geldbörse fiel. Meist war die Gemeindekasse leer.

Viele der Bratslaver hatten ihr Handwerk aufgegeben, da sie fanatisch religiös waren. Ihre Frauen, die unter dem Einfluß ihrer frommen Männer standen, baten diese nicht um Geld. Und die abgezehrten, freudlosen, zur Blutarmut verdammten Kinder verlangten nichts von ihren Eltern, da sie wußten, daß es sinnlos war, daß es da nichts zu holen gab.

Die meisten von ihnen lebten vom Beten und vom Fasten. Sie gingen nicht den Geschäften nach, mit denen andere ihre Tage füllten. Nachts schliefen sie auf den Gräbern der Gerechten. Wenn es darum ging, etwas für die Welt, für sich selbst oder für ihre Familien zu tun, kam das für sie nicht in Frage, all das wurde sträflich vernachlässigt.

Einige von ihnen stehen jetzt vor uns:

Der erste ist der Schneider Avreml, den man »Doppel-Meter« nennt. Er ist noch jung, Ende Zwanzig. Glatte Wangen, spärliche, farblose Barthaare auf dem Kinn. Sein Teint ist so bleich, daß er fast grün scheint – man könnte sagen, wie Eiter unter einem Abszeß.

Er ist hochgewachsen und dürr. Er hat sein Handwerk aufgegeben und befaßt sich mit Büchern, deren Inhalt er nicht

versteht, die sein Begriffsvermögen übersteigen. Seine Hauptbe-
schäftigung sind fromme Gebete, die er mit großer Leidenschaft
spricht; seine Nächte verbringt er auf dem Friedhof. Ein kalter
Hauch strömt ihm aus dem Mund, und er hat einen schlechten
Atem – das Ergebnis seines Fastens und des ewigen Hungers.

»Ah! Ah!« stöhnt er beim Beten manchmal ekstatisch auf, als
würde er gleich in Ohnmacht sinken, und selbst mitten in einer
Unterhaltung wird er manchmal von religiöser Glut befallen.

»Avreml!« So reißt ihn seine Frau manchmal aus seiner Besessen-
heit, wenn sie ihn in der Synagoge sucht, in der er seine
Abende verbringt. »Avreml, die Kinder haben den ganzen Tag
nichts zu essen bekommen. Hast du vielleicht etwas?«

Und Avreml hat etwas: Eine lange, zusammengefaltete Geldbörse mit vielen Fächern; und wenn er sie auseinandernimmt
und öffnet, findet sich im allerletzten Fach meist eine Drei-
Kopeken-Münze, aber manchmal . . . ist das letzte Fach leer.
Seine Frau steht finster daneben. Sie möchte gehen, denn ihr
Bleiben ist sinnlos. Sie sieht, daß all das Warten bei ihrem Mann,
diesem dürren »Doppel-Meter« mit seinem grünlichen Teint
und dem schütteren Bart zu nichts führen würde: Er ist völlig
geistesabwesend, und er wird bis zum letzten Sonnenstrahl oder
bis zum Anzünden der Kerze vor dem Abendgebet in sein Buch
vertieft sein und sich in einer fernen Welt aufhalten.

Der zweite ist Mosche-Menachem, der Färber. Ein mittelgroßer Mann mittleren Alters mit einem sehr schwarzen Bart,
schwarzen Augenbrauen und Augen. Seine rechte Schulter ist
etwas höher als die linke, so daß er sich beim Stehen, Gehen oder
Laufen ein wenig krumm bewegt. Er hat eine zugenähte Hasenscharte, aber die Wundränder sind nicht gut verheilt, so daß sein
Oberkiefer durchschimmert. Und das ist der Grund, warum er
beim Sprechen immer Luft einsaugt, und wenn er mal etwas
sagt, kommt es ihm vor, als hätte er noch nicht zu Ende gesprochen, und dann saugt er wieder Luft ein und wiederholt
seine Worte. Er ist schwatzhaft und voller Unrast, als hätte er
Quecksilber im Leib; immer aufgeregt, ständig in Bewegung,
hat er sich der ewigen Ruhelosigkeit verschrieben. Wenn Mosche-

Menachem sich mal nicht seiner verirrten Frömmigkeit hingibt, findet er mitunter auch Zeit für sein Handwerk, das Färben. Im Sommer wie im Winter kann man ihn oft unten am Flußufer antreffen, wo er allein dasteht, ein paar gefärbte Kleidungsstücke in der Hand, und die Sachen spült und auswringt, aber niemals mit entblößter Brust, sondern stets im Kaftan.

Er arbeitet und geht seinem Handwerk nach, aber man sieht es ihm an, daß er mit seinen Gedanken ganz woanders ist. Selbst im Winter, bei größter Kälte, wenn er für einen Augenblick das Spülen unterbricht, um zu verschnaufen, könnte man meinen, daß da ein anderer steht, der an seiner Stelle eine Pause macht, um die vor Kälte steif gewordenen Glieder zu lockern, während er selbst, in erhabene und fromme Gedanken versunken, an irgend etwas Bedeutendes denkt, das ihm gerade eingefallen ist. So kommt es, daß er oft bestohlen wird. Im Sommer, wenn es heiß ist, bei schönem Wetter, wenn unten am Flußufer, wo er wäscht, alles grün ist, wenn er sich nach getaner Arbeit mit seinem Bündel etwas weiter weg hinsetzt und sein Lieblingsbuch »Die Pflichten des Herzens« aufschlägt; wenn er an der Stelle angelangt ist, die er am meisten liebt, beim Kapitel »Das Tor der Hoffnung«, dann wissen die Diebe Bescheid, schleichen sich von hinten an und raffen das Kleid oder den Anzug irgendeines Kunden an sich, während er sich der Hoffnung hingibt und völlig weltentrückt ist.

Es versteht sich von selbst, daß Mosche-Menachem danach den Kunden entschädigen muß. Da sich diese Mißgeschicke aber in jüngster Zeit häufen, läuft er Gefahr, bald ohne Kunden dazustehen – und somit ohne Broterwerb. Auch er kann davon ausgehen, daß in nicht allzu ferner Zukunft seine Frau vor ihm erscheinen und das gleiche fordern wird wie Avremls Frau von ihrem Mann – natürlich mit dem gleichen Ergebnis: Auch sie muß ihn mit leeren Händen verlassen.

Der dritte ist Scholem, der Dienstmann. Ein kräftiger Mann mit einem beeindruckenden Brustkasten, mit einem milchweißen Gesicht und einem aschgrauen Bart. Seine Arbeitskleidung – eine grobe Segeltuchschürze mit einem Loch, durch das er den

Kopf stecken kann, und zwei vorn und hinten herabhängenden Enden, die um die Lenden von einer Schnur zusammengehalten werden – ist doppelt so groß wie die seiner Kollegen, denn auch sein Körper ist doppelt so groß wie deren Leiber.

Er ist hochgewachsen und breitschultrig. Seine Arme und Beine sind so beschaffen, wie es sich für Leute seines Berufsstandes gehört. Bevor er sich der Sekte anschloß, hatte man sich auf dem Markt Wunderdinge von seiner großen Kraft erzählt. So hob er etwa ein Reitpferd an den Vorderläufen hoch. Er schleppte ohne fremde Hilfe ein Faß mit dreißig Pud Zucker eine Treppe hinauf oder hinunter; er konnte alles in sich hineinschlingen, was die Schenke des Kneipenwirts Zacharias an Vorräten hat, all die guten Sachen, die dieser für den Tagesbedarf sämtlicher Dienstleute auf dem Markt zubereitet hat – Obstkuchen, gehackte Leber, Schweineschwarten, Gänsekeulen ... Er konnte beim Trinken den Jordan leeren ...

Wann immer es schwere Arbeit zu verrichten gab, rief man ihn, Scholem, als ersten. Man riß sich um ihn, man sang sein Loblied, und jeder war nur zu gern bereit, mit ihm zu arbeiten ...

Dann überkam ihn ganz unerwartet die Frömmigkeit. Man weiß nicht, warum er ausgerechnet die Bratslaver-Sekte gewählt hatte. Vielleicht lag es daran, daß man da unten jeden herzlich und wohlwollend aufnahm, ohne große Unterschiede zu machen. Vielleicht lag es auch daran, daß die Sekte keinen lebenden Rabbiner an der Spitze hatte. Die Beziehung zu einem lebenden Rabbiner hätte ihm angst gemacht. Der förmliche Besuch bei einem Rabbi war nichts für Scholem: Das behutsame Eintreten, die Begrüßung, das ist nichts für Scholem. Bei den Bratslavern bleibt ihm all das erspart.

Wie dem auch sei: Seit seinem Eintritt ist er nicht mehr wiederzuerkennen. Er weiß nicht mehr, was er mit seinem massigen Körper anfangen soll, dessen er sich schämt; er hält die Hände in der Schürze versteckt, senkt die Augen, bemüht sich, kleiner zu erscheinen, als er ist, und die Schultern zusammenzuziehen. Nach und nach gelingt ihm das. Seine Augen haben ihren gewohnten Glanz verloren und einen melancholischen Ausdruck angenommen. Seine Schultern scheinen geradezu nach einem Kaftan zu verlangen. Und wenn er sich am Sonnabend anzieht, scheint er auf die Hälfte seiner normalen Größe geschrumpft zu sein, was den Tatsachen entspricht. Und wenn ihn die anderen Dienstleute erblicken, machen sie sich über ihn lustig. In der Woche fragen sie ihn spöttisch: »Na, wie steht's denn in deiner jenseitigen Welt der Bratslaver, Scholem?«

Und der Augenblick ist nicht mehr weit, in dem keine Legenden mehr über Scholem kursieren werden, und damit wird auch sein Broterwerb dahin sein.

Und nun »das Paar« (ihre Namen sind unwichtig): Beide sind klein, zierlich, kurzsichtig. Einer von ihnen ist blaßblond, eine Art Ziegenbock mit einem schütteren, aber breiten Bart; der zweite ein bedrückt wirkender Bursche mit einem dichten schwarzen Bart. Beide rauchen und schnupfen leidenschaftlich, da sie den ganzen Tag nichts zu tun haben und keiner Beschäftigung nachgehen.

Sie können sich nicht mehr daran erinnern, was sie früher einmal waren, auch nicht daran, wovon sie einmal gelebt haben. Jetzt leben sie davon, ständig in Bewegung zu sein ... Von morgens bis abends findet man sie in der Synagoge. Der eine wandert von Ost nach West, während der andere ihm von West nach Ost entgegenläuft und umgekehrt. So geht es hin und her. Beide sind tief in Gedanken versunken, stoßen gelegentlich vor lauter Kurzsichtigkeit zusammen, und dann nimmt der eine vom anderen eine Prise Schnupftabak oder einen Zigarrenstummel.

Diese beiden haben keine Frauen mehr, die zu ihnen kommen, um sie um etwas zu bitten. Das wäre die reinste Zeitvergeudung. Denn wie schon gesagt, leben sie davon, ständig in Bewegung zu sein; sie leben auch von ihren Gedanken und manchmal davon, daß sie nachts neben einem Leichnam Wache halten und sich so ein paar Geldstücke verdienen.

Und hier noch einer von ihnen:

Jankl, der Schuhmacher, früher ein großer Glückspilz. Früher lief die ganze Stadt zu ihm, um sich Schuhe machen zu lassen. Er erstickte in Arbeit. Auf seiner Werkbank stapelten sich Schuhe für die Großen und Schnürstiefelchen für die Kleinen. Die einen fertig, die anderen in Arbeit. Er beschäftigte mehr als ein Dutzend Gesellen, stämmige junge Burschen, die aus dem fernen Litauen gekommen waren. Sie blieben niemals untätig, nicht einmal zwischen den Feiertagen: Das ganze Jahr über, Tag für Tag, bis spät in die Nacht, schufteten sie, auch am Vorabend des Sabbat – auch nachts.

Die anderen Schuhmacher beneideten Jankl. Er war ein stiller, bescheidener, naiver Mann, der selbst nicht wußte, woher dieses Glück kam und wie er damit umgehen sollte. Er wußte es tatsächlich nicht zu schätzen. Er hatte von sich selbst keine hohe Meinung, neigte keineswegs zum Hochmut. Sein Erfolg auf Erden, seine Leistung als Handwerker in *dieser* Welt, bereiteten ihm nur wenig Freude. Er wollte nicht reich werden, war seinen Kunden gegenüber gleichgültig und brachte oft ihre Schuhgrößen durcheinander. Manchmal steckte er kleine Füße in große Schuhe oder breite Füße in enge. Sein Gedächtnis ließ ihn im Stich, und sein Auftragsbuch wurde nutzlos. Denn Jankl war von einem so großen Kummer befallen worden, daß ihm weder sein Wohlstand noch sein vieles Geld Erleichterung verschafften. Jankl hatte keine Kinder, wünschte sich aber sehnlichst wenigstens eins, einen Sohn, der nach seinem Tod das Kaddisch sprechen konnte.

Aus diesem Grund machte er verschiedenen Wunderrabbis Opfergaben, benutzte Heilmittel von weisen Frauen, sprach Beschwörungsformeln; er konsultierte sogar einen Arzt – aber nichts half.

Was ihm am Ende doch die Rettung brachte – ein einziges Mal – und ihn überglücklich machte, war das Jahr der Sonnenfinsternis, die, wie man weiß, unfruchtbare Frauen fruchtbar macht; Jankls Frau wurde schwanger und gebar ein Kind.

Die ganze Stadt freute sich mit ihm – wie mit allen anderen, die in diesem Jahr ähnlich gesegnet waren –, wenngleich die Schuhmacher den Kindersegen nicht allein dem Glück zuschrieben. Wie es hieß, sei ihm nicht nur die Sonnenfinsternis zu Hilfe gekommen, sondern auch ein junger Schuhmacher aus Pinsk, ein gutaussehender Riese von Mann mit zerzaustem Haar, der bei ihm arbeitete. Wie dem auch sei: Jankl war das Glück so zu Kopf gestiegen, daß er in diesem Jahr arbeitete, als hätte er kein Maßband. Ob groß oder klein, breit oder schmal – er brachte die Schuhstapel auf seiner Werkbank so durcheinander, daß er selbst seine treuesten Kunden verärgerte; sie verloren die Geduld und wurden wütend, weil er ihre Schuhe nicht rechtzeitig fertiggestellt hatte oder weil sie nicht paßten. Und dieses Jahr war ein Jahr der Wende – viele seiner Kunden kehrten sich von ihm ab und gingen zu anderen Schuhmachern. Zur gleichen Zeit verließ ihn auch das Glück. Es wurde Jahr für Jahr schlimmer: Die jungen Leute aus Litauen mit den wirren Haaren, die für ihn arbeiteten, verließen ihn, einer nach dem anderen, um bei geachteteren Schuhmachern Anstellung zu finden. Seine Kundschaft war weg, seine Werkbank blieb leer. In der Zeit seines Glücks hatte Jankl die Gewohnheit verloren, mit den Händen zu arbeiten, hatte seine Fertigkeit eingebüßt – bis er am Ende zu nichts mehr taugte.

Und so finden wir ihn jetzt vor. Jetzt ist er einer von »ihnen«. Nur der Spitzname »Jankl Sonnenfinsternis« ist ihm geblieben. Jetzt ist er ein Mitglied der erwähnten Sekte, verarmt wie sie alle, dafür aber bescheidener, frommer und naiver als zuvor. Seine Augen strahlen über das große Wunder, das ihm widerfahren ist, das seine höchsten Hoffnungen so sehr erfüllt hat, daß er nun nichts anderes mehr braucht und über alle Maßen glücklich ist.

Und hier nun das Oberhaupt der Sekte, der Schwergeprüfteste von allen, der es wahrhaftig verdient hat, ihr Anführer zu sein, sei es wegen der zahlreichen Verwandlungen, die er erduldet hat, sei es wegen der Kämpfe, die er bei seinem häufigen Schwanken zwischen Glauben und Unglauben gefochten hat. Das zeigt sich auch an seiner äußeren Erscheinung: Sein Oberkörper scheint mit dem Unterkörper in einem ständigen Streit zu liegen. Er geht schnell und zerstreut und schiebt den Kopf und den Oberkörper vor, als wollte er sie vom Rest seines Körpers trennen.

Spuren dieses Kampfes zeigen sich auch an seinem Gesicht: Obwohl er ein Mann mittleren Alters mit einem festen, wie Leder gebräunten Teint ist, durchziehen sein Gesicht schon tiefe Furchen ... Sein Bart hat die Farbe von glanzlosem Kupfer und ist stachelig wie Reet. Er verströmt einen starken Geruch nach Machorka, den er, in grobes Zigarettenpapier gerollt, leidenschaftlich gern raucht; er inhaliert tief, zieht den Rauch in den Magen, bis ihm die Tränen in die Augen treten.

Ewig zerstreut, den Kopf gesenkt, schaut er kaum jemandem offen in die Augen. Wenn er zufällig mal den Blick hebt, sieht man seine Augen, die so dunkel sind wie rauchiger Bernstein und häufig besorgt dreinschauen. Klärt sich sein Blick, kann man in seinen Augen einen Ausdruck von Intelligenz und Ironie erkennen. Manchmal blicken sie sogar spöttisch. An den Schläfen und um die Augen zeugen Falten von früherem Leid, aber Kopf und Stirn wirken entschlossen, stark und eigensinnig; sie verraten die Bereitschaft, falls nötig, neues Leid auf sich zu nehmen. Sein Name ist Michl Bukjer.

Im Augenblick ist er Schulmeister. Früher verfaßte er Schriften aller Art, von denen er sich später distanziert hat; er lehnt sie ab und will nichts mehr davon wissen, denn sie sind so fern von allem, was ihm heute wichtig ist.

Zu der Zeit, in der er diese Schriften zu Papier brachte, hatte er an einem Sabbat in der Synagoge, in der er betete, sogar gewagt, mitten in der Runde zu erklären, in der Bibel heiße es zwar, Moses sei zu Gott gen Himmel gefahren, das bedeute aber nicht, daß er buchstäblich, in seinen Stiefeln, gen Himmel gefahren sei, sondern nur sein Geist ... Dafür bekam er von einem alten Graubart sofort zwei Ohrfeigen – dieser war kein besonders gebildeter Mann, dafür aber von fanatischer Frömmigkeit. »Eine Ohrfeige«, sagte der alte Mann, »ist für den ersten Stiefel Moses', unseres Meisters, die zweite für den zweiten Stiefel.«

Er war schon soweit gegangen, sich in bestimmte Bücher zu vertiefen, die wahre Gläubige meiden wie das Feuer, wenngleich sie unter den heiligsten Werken durchaus ihren Platz haben und sogar von einigen unter den größten jüdischen Gelehrten verfaßt worden sind, etwa das *Sefer ha-Kuzari* (Rabbi Judah ha-Levi), *Der Führer der Unschlüssigen* (Maimonides) und andere.

Michl Bukjer war schon soweit gegangen, daß er den Kopf stets voll gefährlicher Gedanken hatte: »Die Welt hat weder einen Herrn noch einen Schöpfer. Sie hat immer existiert, niemand hat sie erschaffen, und wenn sie erschaffen worden ist, kann es auch mehr als nur einen Schöpfer gegeben haben.« Es war mit ihm schon dahin gekommen, daß er Kern und Grundlagen des überlieferten Glaubens seines Volkes leugnete, der für die Ewigkeit gilt. Er hatte sich so von seiner Gemeinde entfernt und diese wiederum von ihm. Die Dinge waren bereits soweit gediehen, daß ihm nur noch die Wahl blieb, zu verhungern oder seinen Glauben zu ändern.

Aber schließlich wurde er wieder Herr seiner selbst. Und es schien ihm, als wäre ihm da der Himmel zu Hilfe gekommen, der ihn von seinen Gedanken befreit und seinen Geist erlöst habe.

Er hatte, wie schon gesagt, eine sehr launische Natur und schwankte stets von einem Extrem zum anderen: vom tiefsten Glauben bis zum äußersten Unglauben. Das hatte schon in seiner frühen Jugend begonnen, als er im Alter von etwa sechzehn oder siebzehn Jahren in seiner Kleinstadt Buki an einem Donnerstag vorsichtig die Kommode aufmachte, in der seine Mutter die Wäsche aufbewahrte. Er entnahm der Schublade nur ein Hemd, und damit – mit einem einzigen Hemd und seinem Beutel mit den Tefillin – machte er sich auf den Weg nach Sadigora. Als er am folgenden Morgen, am Freitag, die nahe gelegene Stadt erreichte, ging er ins Badehaus, wie es sich am Vorabend des Sabbat gehört. Als er sich umziehen wollte, entdeckte er, daß er versehentlich ein Hemd seiner Mutter mitgenommen hatte. Er hatte es eilig gehabt und nicht richtig hingesehen.

Später wurde er von österreichischen Gendarmen verprügelt, weil er versucht hatte, die Grenze heimlich und ohne Paß zu überschreiten. Krank und hustend schleppte er sich nach Hause . . . Dort wurde er lange mit Ziegenmilch gepflegt. Dank seiner robusten Natur heilten seine kranken Lungen rasch. Seine Eltern, tief bewegt von der wundersamen Genesung ihres Sohnes, stürzten sich in große Unkosten und statteten ihn von ihrem letzten Geld mit einem Reisepaß und der nötigen Summe aus, damit er den Rebbe von Sadigora besuchen konnte, zu dem er sich in seinem jugendlichen Wissensdurst hingezogen fühlte.

Später »kehrte« er »um« und fand zum Glauben zurück. Da er aber die Leiden weiteren Unglaubens fürchtete, hielt er sich fortan von diesen Schriften fern und wies alle Gedanken weit von sich, die ihm mit diesen gefährlichen Büchern verwandt schienen. Dann suchte er unter den Gerechten seiner Zeit lange nach demjenigen, dem er sich hätte anschließen können, und da er den Gegenstand seiner Suche bei den Lebenden nicht fand, wandte er sich am Ende »ihnen« zu, den Bratslavern. Er lebte jedoch weiterhin in einem Zustand des inneren Aufruhrs und der Ungewißheit. Obgleich er treu zum Glauben hielt, zitterte er ständig vor Angst. Er hatte stets ein Gebet auf den Lippen, das sein Rebbe geprägt hatte: »Schöpfer der Erde«, hieß es in diesem Gebet, »hilf uns. Bestärke uns in unserem Glauben an Dich und im Vertrauen auf Deine wahren Gerechten, wie auch in dem wahren Glauben. Und bewahre uns vor Zweifeln. Bewahre uns davor, in jene Bücher zu blicken, die den Sinn der Dinge erforschen, mögen sie auch von den großen Meistern Israels geschaffen worden sein.«

Dieses Gebet führte er ständig im Munde, beim Aufstehen, beim Schlafengehen und wenn er unter den Menschen war. Manchmal zog er sich sogar mitten in einem Gespräch zurück, und dann konnte man ihn es flüstern hören.

Er widmete sich seinem Glauben mit einer einzigartigen Glut, die stärker war als bei Menschen, die schon viel länger gläubig gewesen und nie Zweifel gekannt hatten. Er nahm ungewöhnliche Pflichten auf sich. So machte er sich etwa im Winter, bei strengster Kälte, in der Morgendämmerung auf den Weg, um in einem Loch zu baden, das er ins Eis gehauen hatte. Freitags hielt er beim Stutzen seiner Fingernägel den Blick von den Fingern abgewandt, so daß er sich mit der Schere blutig schnitt. Und er erlegte sich auch andere Bußen des Körpers und der Seele auf, wie sie damals fromme Menschen seines Schlages auf sich zu nehmen pflegten. Seine extreme Armut war ihm gleichgültig. Die Gründe für diese Not waren erstens bei seiner großen Familie zu suchen und zweitens darin, daß die wohlhabenden und etablierten Leute der Stadt, die um seine frühere Wunderlichkeit wußten, das Vertrauen in ihn verloren hatten und nicht mehr gewillt waren, ihm ihre Kinder zur Erziehung zu überlassen. So war er gezwungen, sich mit den Kindern der Allerärmsten und sehr wenig Geld zu begnügen. Das machte ihm aber nichts aus; und wenn es seiner Frau und seinen Kindern gelegentlich gelang, ihm etwas Geld abzunehmen, begnügte er sich mit einer Machorka-Zigarette, deren Rauch er ganz tief, fast bis in den Magen hinein inhalierte. Wenn er die Kinder unterrichtete, die man ihm schickte, tat er alles, was nötig ist und was man von einem Lehrer verlangen kann. Den Rest seiner Zeit verbrachte er bei den Mitgliedern seiner Sekte, die er leitete und mit denen er alle seine spirituellen Sehnsüchte teilte.

Die kleine Sekte bestand also aus Menschen wie diesen, ohne jene mitzuzählen, die wir nicht genannt haben. Die Gemeinde ging ihnen aus dem Weg. Sie waren eine verfolgte Gruppe, die nur selten neue Anhänger gewann. Es sei denn, es handelte sich um so jemanden wie den armen jungen Handwerksburschen, der, wie wir schon wissen, aus dem fernen Polen mit seiner Werkzeugtasche zu ihnen kam. Manchmal geschah es aber auch, daß sich ihnen irgendein reicher Jude anschloß, ein Mann mit wirren Ideen, der seinem Reichtum entsagte, seine Familie verließ, seine Geschäfte und sein Wohlergehen infolge einer seelischen Krise vernachlässigte, der sich ihnen anschloß, den Ärmsten und Verachtetsten von allen.

Und dieser Sekte war Lusi Maschber beigetreten.

Um diese Zeit hatte die Sekte in der Lebenden Synagoge (man nannte sie »lebend«, weil man eine Synagoge nicht als »tot« bezeichnen wollte) einen Betsaal gemietet oder auf ihre Bitten hin zur Verfügung gestellt bekommen. Diese Synagoge stand am Eingang des alten Friedhofs in der Stadtmitte; alle ihre Fenster führten auf das Gräberfeld, auf dem die Grabsteine halb von dem hohen Gras verdeckt lagen ...

Dort hatten sich die Mitglieder der Sekte am Tag des Sabbat in aller Frühe versammelt, als die Sonne gerade aufging und die Stadt noch in einem angenehmen Schlummer lag. Alle hatten schon das rituelle Bad genommen, wovon ihre nassen Bärte und ungekämmten Köpfe Zeugnis ablegten. Sie waren blaß, die Folge einer ganzen Woche mit schlechter Ernährung (was nicht heißen soll, daß das, was sie am Sabbat zu sich nahmen, nahrhafter war oder besser schmeckte). Alle trugen ihren einzigen, dem Sabbat vorbehaltenen Kaftan von schwärzlich grauer Farbe, nach jahrelangem Gebrauch völlig ausgefranst und verblichen.

Unter ihnen befand sich auch Lusi. Er hatte an einem offenen Fenster Platz genommen, das auf den Friedhof hinausging. Seine Kleidung stach von der ihren ab: ein seidener Kaftan und ein Sommermantel aus Marengo-Kammgarn mit einem Samtkragen, den er auf ein Pult gelegt hatte. Kurz darauf sahen die Sektenmitglieder, daß er seinen mit silbernen Borten besetzten Gebetsschal umgelegt hatte. Das beeindruckte alle sehr. Obwohl alle, wie stets vor dem Gebet, tief in sich selbst versunken waren und begierig darauf warteten, sich dem Joch der teuren Knechtschaft zu unterwerfen, vermochten sie dennoch nicht den Blick von Lusi abzuwenden. Obgleich sie sich dessen nicht einmal bewußt waren, war er ihr ganzer Stolz, er, der Neuankömmling, von dem sie sehr wohl wußten, daß er der Stolz so gut wie jeder Sekte gewesen wäre, für die er sich entschieden hätte.

Schon bald begann das gewohnte lärmende Gebet. Manche blieben aufrecht an der Stelle stehen, wo sie sich gerade befanden; andere liefen hin und her, als wollten sie sich in die Luft erheben, als wollten sie sich von ihren Körpern losreißen ... Manche schienen Leitern vor sich zu sehen, die sie mit zitternden Händen und Füßen emporklettern wollten. Andere meinten, weite Räume vor sich zu erblicken; sie wären darauf zugestürzt, wären da nicht die Mauern der Synagoge gewesen ... All diese Unruhe und dieses Durcheinander führten dazu, daß sich die Synagoge schon bald mit Rufen erfüllte. Mit sehnsuchtsvollen Rufen wie denen Avremls, des hochgewachsenen, dürren Schneiders, dessen Mund ständig einen kalten Hauch verströmte und der bei seinen Gebeten trotz seiner Schwäche und Hilflosigkeit ein letztes bißchen Wärme aufbrachte, um »Ah! Ah!« auszurufen, als müßte er sich selbst in diesen Augenblicken der Verzückung immer wieder zu neuem Mut ermahnen, um sich aus seiner krankhaften Ohnmacht zu befreien. Menachem, der Färber, lief wie ein Tier im Käfig auf und ab und sog mit seiner gespaltenen Oberlippe die Wörter, die er gerade ausgerufen hatte, wieder in sich hinein, denn er hatte das Gefühl, ihnen beim ersten Mal nicht genug Nachdruck verliehen zu haben. Andere, die das Feuer schüren wollten, klatschten in die Hände; wieder andere stampften mit den Füßen oder warfen die Köpfe in den Nacken und schrien, als würden sie erwürgt. Wer weder Stimme noch Kraft hatte, stand vor einer Wand, sich in stummer Ekstase wiegend. Einige bewegten dabei nur den Oberkörper, andere den ganzen Leib. Alle waren von religiöser Glut erfüllt, wenn sie mit sich steigernder Wildheit immer wieder neue Lobgesänge anstimmten:

»Ihr Heiligen, lobsinget dem Herrn; danket und preiset seine Heiligkeit! Denn sein Zorn währet einen Augenblick, und lebenslang seine Gnade.«

Und so weiter.

Alle zwölf Fenster zum Friedhof hin waren offen. Die aufgehende Sonne, die noch tief am Himmel stand, ließ ihren ersten Lichtstrahl am Rand des östlichen Horizonts aufglühen. Die Stadt schlief noch den letzten Schlaf der Nacht, während hier, in der Lebenden Synagoge, die kleine Gemeinde schon ihren erhabenen, weltentrückten Sabbat-Gesang erhob. Sie sangen voller Feuer, von sich selbst und von dem Wissen entzückt, daß sie, wie immer am frühen Morgen des Sabbat, die ersten waren, Gottes Lob erklingen zu lassen. Und heute hatten sie Grund, besonders ekstatisch zu sein, da sie einen so bedeutenden Gast bei sich wußten, einen Neuankömmling, von dem sie selbst mitten im Gebet nicht den Blick hatten wenden können, denn seine Gegenwart machte ihnen Mut und gab ihnen Sehnsucht ein, den Herrn zu preisen.

Da stand er nun, das Gesicht dem offenen Fenster zum Friedhof zugewandt, und betrachtete die betenden Männer, die wie besessen auf und ab liefen.

Auch Lusi ist guter Stimmung. Er ist zufrieden, sein bequemes Bett im Haus seines reichen Bruders so früh verlassen zu haben und hergekommen zu sein, zu dieser schlechtgekleideten Gesellschaft, deren Mitgliedern es sehr leichtgefallen sein muß, aus ihren armseligen Betten zu kriechen, und die schon so früh am Morgen zu soviel Inbrunst fähig sind.

Er hatte schon lange nicht mehr soviel Geschmack am Gebet gefunden, und das Übermaß schieren Entzückens ließ ihm den Atem stocken. Er drehte sich zu dem offenen Fenster um und sprach voller Inbrunst sein Gebet. Und um sich noch einmal diese Gruppe von Gläubigen einzuprägen, um sich noch einmal an ihnen zu erfreuen, wandte er sich ihnen und dem Inneren der Synagoge zu, und so blieb er die ganze Zeit, in der man die Gebete sprach, stehen.

Dann waren die Gebete beendet, und alle Gläubigen, von denen einige noch ihre Gebetsschals trugen, während andere sie schon abgelegt hatten, wünschten sich gegenseitig »einen guten Sabbat«. Und dann scharten sie sich um Lusi, um auch ihm Glück zu wünschen. »Einen guten Sabbat. Einen guten Sabbat«, gab er allen ihren Gruß zurück.

Anschließend tanzten sie, wie es bei ihnen Sitte war. Sie tanzten lange, bis zur Selbstvergessenheit, mit leerem Magen, erfüllt von dem, was nach dem Gebet noch an Freude in ihnen geblieben war. Die Gläubigen, die einen Kreis um das Vorlesepult gebildet hatten, tanzten wild und leidenschaftlich, Hand in Hand, Kopf an Schulter, unfähig, sich voneinander loszureißen, ohne einander zu sehen, weltvergessen. So lange, bis der Synagogendiener, der die wirklichen Eigentümer der Synagoge vertrat, in der Tür erschien, bereit, beim Anblick der Runde, die er weder schätzte noch respektierte, seinen Lippen das böse Wort entfahren zu lassen, mit dem er sie gewöhnlich bedachte: »Teufel.« Aber diesmal sagte er nichts, denn er hatte unter den anderen, die er nur zu gut kannte, jetzt jemanden entdeckt, den er hier noch nie gesehen hatte: den hochgewachsenen, stolzen, majestätischen Lusi, dem sein Seidenkaftan eine Aura von Wohlhabenheit verlieh. Folglich beherrschte sich der Synagogendiener, sprach diesmal das Wort nicht aus und wartete ab. Als er noch so auf der Schwelle stand, sah er, daß nach dem Tanzen alle einen Kreis um Lusi bildeten, und er hörte einen von ihnen fragen: »Und wer lädt Lusi zum Sabbat ein?«

»Ich«, erbot sich Michl Bukjer vor allen anderen.

An jenem Sabbat war Lusi den ganzen Tag über Michl Bukjers Gast: beim Frühstück, bei dem kurzen Mittagsschlaf nach dem Essen, bei dem kurzen Sabbat-Gespräch nach dem Mittagsschlaf, bis es Zeit für das Abendgebet war, zu dem ihn Michl in dieselbe Synagoge begleitete, in der dieser der kleinen Sekte als »Prediger« diente.

Michl Bukjer lebte wie alle Armen und vor allem wie Leute seines Schlages weit weg, fast am Rande der Stadt – »draußen auf dem Sand«, wo sich seine Straße befand oder vielmehr jenes Labyrinth von Gäßchen, in denen die Abdecker lebten, denn das Viertel lag bereits in der Nähe der großen Schlachthäuser.

Die Fenster seines kleinen Hauses, das am hinteren Ende eines großen Hofs lag, gaben auf einer Seite den Blick auf einen leeren Garten frei, in dem schlecht gezogenes Gemüse und Küchenkräuter wuchsen und in dem ein einsamer Baum stand, der vielleicht eine Weide war, ebensogut aber auch etwas anderes sein konnte, denn er trug keine Blätter. Der Baum war verkrüppelt und hatte einen Riß in der Mitte, aus dem gelbes Wurmmehl rieselte. Borkenkäfer krabbelten den Baumstamm hinauf und hinab und gingen ihrer Arbeit nach.

Lusi mußte sich bücken, als er die Eingangstür durchschritt. Das Haus hatte zwei Zimmer, eines davon mit einem Herd. In diesem Raum, der mit einem Tisch und zwei Bänken möbliert war, unterrichtete Michl Bukjer seine Schüler. Dasselbe Zimmer dient auch als Küche und Eßzimmer. Nebenan liegt ein noch kleinerer Raum, das Schlafzimmer.

Es gibt auch eine Frau und fünf Kinder. Der große Mund der hochgewachsenen Frau steht ewig offen. Das älteste der Kinder, ein Mädchen, hat ein gelbliches Gesicht voller Sommersprossen. Dahinter erscheinen zwei Jungen von vierzehn oder sechzehn Jahren, die fast schon erwachsen wirken. Sie arbeiten bereits, der eine bei einem Buchbinder, der andre dreht das Rad eines Scherenschleifers. Die beiden letzten, ein Junge und ein Mädchen, sind noch ganz klein.

Diese ganze Familie hatte jetzt am Tisch Platz genommen. An demselben Tisch, an dem Michl Bukjer jeden Abend gesessen und im Lichtschein einer billigen Lampe die Kommentare geschrieben hatte, von denen er jetzt nichts mehr wissen will, nachdem er sich der Sekte angeschlossen hat; an demselben Tisch, an dem wir ihn seinen Schülern jetzt Bibelunterricht erteilen sehen, vor allem aus seinem Lieblingsbuch, dem Buch Hiob. Hiob, dessen Wunden und Schmerzen er spürt, als wären es seine eigenen. Seine Schüler sehen ihn mitten im Unterricht oft weinen. Seine Augenlider röten sich, und eine Träne läuft ihm die Wange herunter – hervorgerufen durch die Leiden, die er mit Hiob teilt, wie auch durch ihren gemeinsamen Fluch: »Der Tag müsse verloren sein, darin ich geboren bin.«

Die ganze Familie saß jetzt an diesem Tisch; Michl Bukjer und sein Gast Lusi saßen auf den Ehrenplätzen. Blasse Brotlaibe, die in einem erbärmlichen Ofen gebacken worden waren, schmückten die armselige Tafel, die mit einem grobleinenen Tischtuch bedeckt war.

Die Speisen, die auf den Tisch gebracht wurden, waren auf einem »kalten Engel« zubereitet und auf schlechtem Holz gegart worden, an dem man auch noch hatte sparen wollen.

Aber Lusi fühlte sich wohl. Er wußte, daß in dem geräumigen Eßzimmer seines reichen Bruders Mosche, in dem alle Fenster zum Hof geöffnet waren, am Ehrenplatz der üppig gedeckten und reichgeschmückten Tafel ein Stuhl auf ihn wartete. Und dennoch liebte er dieses kleine Haus des armen Schulmeisters, in dem er sich geborgen fühlte, weit mehr, dieses Haus mit der niedrigen Decke, die einem auf dem Kopf lastete, mit den kleinen, niedrigen Fenstern, die nur selten geöffnet wurden, um frische Luft hereinzulassen. Dasselbe galt für die bescheidenen Speisen und das grobleinene Tischtuch, das grobe Salz, die billigen, angestoßenen Teller und das verbogene Besteck. Er fühlte sich wohl, wohler als je zuvor. Er konnte sich an keinen Tag erinnern, an dem sich seine sonst so verschlossene Natur so frei und gelöst gefühlt hatte. Er hätte am liebsten die ganze Familie und das kleine Haus in die Arme geschlossen.

Auf dem Gesicht seines Gastgebers Michl Bukjer und in dessen Augen zeigte sich selten auch nur die kleinste Spur von Freude. Gleichwohl gelang es Lusi, ihm etwas Fröhlichkeit zu entlocken. Lusi hatte sich in der kurzen Zeit, die er in dieser armseligen Hütte zugebracht hatte, den Kindern – ja der ganzen Familie – mit solcher Offenheit und Natürlichkeit genähert, daß sie alle das Gefühl hatten, als wäre das Haus höher und geräumiger geworden, als füllte Lusi es allein aus. Die drückende Last des Alltags, die wie ein Rutenbündel über dem Haus zu schweben schien und auf ihm lastete, war jetzt verflogen und verschwunden.

Lusi, Michl und die großen Jungen sangen ihre Lieder, während Michls Frau, die Tochter und die kleineren Kinder entzückt zuhörten. Nach dem abschließenden Segen rannten die Kinder hinaus, und die Erwachsenen, so auch Lusi, zogen sich zurück, um ein Schläfchen zu halten.

Nach der Mittagsruhe brachte die Gastgeberin Kwas aus Birnen und anderen Früchten in den Garten. Sie stellte auch eine Bank unter den hohlen Baum mit den laublosen Ästen, aus dem das Wurmmehl rieselte und auf dessen Stamm die Borkenkäfer geschäftig auf und ab liefen.

Lusi warf einen Blick auf den armseligen Garten mit seinen kümmerlichen Grasbüscheln. Er wußte, daß auf dem Hof seines Bruders jetzt Leute aus der ganzen Stadt herumschlenderten, junge und alte, um das Wasser aus seinem Brunnen zu trinken. In der Stadt war es eng . . . Im Sommer machen die Menschen am Sabbat Spaziergänge zu den weiter draußen liegenden Straßen wie etwa der seines Bruders. Das Tor steht offen, und die Menschen kommen und gehen – lauter Unbekannte. Michalko beschwert sich, daß sie um den Brunnen herum alles schmutzig machen, aber man hat ihm verboten, die Leute im Auge zu behalten und zurechtzuweisen.

Die Familie seines Bruders hält sich ebenfalls im Garten auf, aber auf ganz anderen Bänken und unter ganz anderen Bäumen als er und Michl Bukjer hier . . .

Dennoch fühlt er sich wohl und atmet frei. Zwischen ihm und Michl entspinnt sich eine offenherzige, gutmütige Unterhaltung. Man plaudert freundlich, zunächst über Geschäfte, ein wenig von sich, dann über die Sekte, deren stetiges Anwachsen und gegenwärtige Lage sowie über jedes einzelne Mitglied. Beide, Lusi wie Michl, sitzen zufrieden auf der Bank, bis sie erkennen, wie spät es geworden ist: Der Baumstamm liegt schon halb im Schatten. Nur die Äste der laublosen Krone werden noch von der untergehenden Sonne beschienen. Die Männer erheben sich und sagen: »Es ist Zeit für das Abendgebet.«

Und dann befinden sie sich nach einem langen Marsch wieder in derselben Synagoge.

Dort finden sie dieselben Gläubigen vor, die aber jetzt, nach dem Sabbat, ausgeruht sind, wieder zum Gebet bereit wie am frühen Morgen, wieder bereit, sich auf ihre Weise in Ekstase zu versetzen.

In der Synagoge ist in dem Halbdunkel vor dem Gebet ein Grollen zu hören. Man könnte sagen, wie bei wilden Tieren, die jeden Augenblick und ohne jede Vorwarnung losbrüllen können . . . Im Augenblick werden die Schreie noch im Bauch zurückgehalten, aber es kann sein, daß sie sich schon bald vernehmen lassen. Man betet von neuem, wobei die Männer auf und ab gehen, die Leiber heftig hin und her bewegen, Schreie und verzücktes Stöhnen ausstoßen. Es ist nicht wie bei anderen, bei denen in dem Singsang des Gebets meist die Trauer mitschwingt, daß der Sabbat vorbei ist und daß man eine Woche grauen Alltags vor sich hat. Nein. Diese Menschen verabschieden sich nicht vom Sabbat. Sie klammern sich an ihm fest, für sie ist die ganze Woche wie ein Sabbat. »Du bist einzig, und dein Name ist einzig, so wie dein Volk Israel einzig ist unter den Völkern«, sangen sie jetzt mit der gleichen Hingabe wie am frühen Morgen.

Als das Gebet beendet war, versammelte man sich, wie es die Sitte verlangt und wie es bei ihnen Brauch ist, bei Anbruch der Nacht zur »dritten Mahlzeit« des Tages an zwei zusammengeschobenen Tischen vor der Westwand der Synagoge. Nach dem rituellen Händewaschen wurden nur gebrochenes Weißbrot und Salz gereicht, und nach der Mahlzeit wurde nur der Segen gesprochen. Beim Essen war es bei ihnen Sitte, jemandem die Ehre zu erteilen, zu den Versammelten »zu sprechen«. Diesmal fiel diese Ehre natürlich Lusi zu. Er ergriff sofort das Wort, tief bewegt, auf beiden Seiten der langen Tische so gläubige Zuhörer vor sich zu haben.

Auf der einen Seite hatte er den riesigen Dienstmann Scholem zum Nachbarn, der den an ihm ungewohnten Kaftan trug; auf der anderen den hochgewachsenen und hageren Schneider Avreml, einen Mann, so abgezehrt, daß sich an ihm gleichsam nur noch Spuren von Körperlichkeit wahrnehmen ließen, und weiter weg saßen, zu beiden Seiten des langen Tisches, die anderen, die den Eindruck erweckten, als hätten sie alle ihr Leben dem gleichen Los geweiht; Männer von großer Armut, dazu verdammt, in dieser niedrigen Welt nur wenig Freude zu erfahren und sich mit wenig zufriedenzugeben.

Und genau darüber sprach Lusi, über die Entbehrungen dieser glaubenshungrigen Gemeinde: Man müsse sich mit Wenigem zufriedengeben, in diesem Wenigen aber Lebensfreude finden und den Sinn des Daseins erblicken. Lusi war kein geübter Redner; es fiel ihm schwer, seine Sätze zu formulieren, aber dafür kamen sie aus dem Herzen. Aller Augen waren auf ihn gerichtet, und immer wieder hörte man einen der Männer vor Freude aufseufzen. Selbst der Synagogendiener, der der Sekte, wie wir gesehen haben, keine übermäßige Zuneigung und noch weniger Achtung entgegenbrachte, selbst er, der jetzt mitten in Lusis Ansprache zum Abendgebet erschien und sonst den Rednern der Sekte nur sehr selten sein Ohr lieh, selbst er hörte jetzt diesem Fremden zu, diesem stolzen Juden, der ihm schon am Morgen aufgefallen war. Der Synagogendiener blieb reglos stehen, vergaß seine Pflichten, vergaß den Leuten zu verkünden, daß es schon spät geworden und Zeit zum Beten war. Lusi wünschte sich sehnlich, diese Gemeinde, die sich in der Dunkelheit eines Sabbat versammelt hatte, ihrer düsteren Wirklichkeit zu entreißen. Er wollte ihr einen Weg zu noch größerem Glauben weisen und ihre Zuversicht stärken. Und der Synagogendiener, der sich abseits hielt, hörte Lusi von wirklichem und eitlem Reichtum sprechen, von wirklichem Reichtum, den man nicht zu suchen brauche – man finde ihn in sich selbst –, und wenn man ihn besitze, sei er einem sowohl in dieser wie in der künftigen Welt sicher. Er sprach auch von eitlem Reichtum, hinter dem man herjage wie hinter einem Schatten, und wie ein Schatten verflüchtige er sich und nichts bleibe davon übrig. Um seinen Worten Nachdruck zu verleihen, führte Lusi ein Beispiel aus einem alten Buch an, und damit kam er zum Ende seines Vortrags.

»Vor langer Zeit, wie es in dem alten Buch heißt«, begann Lusi, »lebte da einst ein Einsiedler. Um die Zeit, als er Einsiedler geworden war, machte er eine Reise zu einem fernen Land, um dort sein Auskommen zu finden. Er kam in eine der Städte jenes Landes und begegnete dort einem Götzendiener. Der Einsiedler sagte zu ihm: ›Wie unvernünftig, wie verblendet Ihr doch seid, Götzen anzubeten.‹

Der Götzendiener erwiderte: ›Und Ihr, wen betet Ihr denn an?‹

›Wir‹, sagte der Einsiedler, ›wir dienen Ihm, der alle nährt, der die gesamte Schöpfung erhält. Unter den Göttern ist nicht seinesgleichen.‹

›Wenn das so ist‹, sagte der Götzendiener, ›passen Eure Worte nicht zu Euren Taten. Darin liegt ein Widerspruch.‹

›Was meint Ihr damit?‹, sagte der Eremit.

›Wenn es die Wahrheit ist, was Ihr sagt, hättet Ihr nicht so weit zu reisen brauchen, um Euer Auskommen zu finden. Ihr hättet es in Eurem Land gefunden, in Eurer Stadt.‹

Darauf wußte der Einsiedler nichts zu erwidern. Er kehrte nach Hause zurück, verließ nie wieder sein Land und lebte dort für den Rest seines Lebens als Einsiedler.«

Das war die Geschichte. Und die Moral der Geschichte war so offenkundig, daß Lusi sie gar nicht zu erklären brauchte.

Der Monat Elul war schon gekommen. In jenem Monat war es bei der Sekte Sitte, daß jedes Sektenmitglied in irgendeiner fernen Ecke einem anderen Rechenschaft ablegte, jeder berichtete, was ihm im Lauf des Jahres widerfahren war, und nahm so dem anderen die Beichte ab.

Als eines Abends, lange nach dem Gebet, alle die Lebende Synagoge verlassen hatten, blieben von den Gläubigen nur noch zwei Männer zurück. Es waren Michl Bukjer und Lusi. Lusi saß an der Ostwand auf einer Bank vor einem Vorlesepult, während Michl aufrecht vor ihm stand wie vor einem Lehrer, einem Führer oder einem Richter über das Gewissen. Bereit, alle während eines ganzen Jahres verschlossenen Fächer in Demut zu öffnen, damit der andere Gelegenheit erhielt, selbst zu suchen, alles umzudrehen, tief zu graben, zu enthüllen, all das zu tun, was nötig war, um die Untersuchung vorzunehmen und zu einem Urteil zu gelangen. Die gesamte Synagoge lag im Dunkeln, nur die Stelle, wo die beiden Männer standen, wurde von dem schwachen Lichtschein einer Hängelampe an der Ostwand erleuchtet. Und selbst aus beträchtlicher Entfernung hätte ein Beobachter dieser Szene jetzt feststellen können, daß Michls Augenlider gerötet waren; sie waren gerötet wie immer, wenn er im Buch Hiob las und von dessen Prüfungen und Leiden zutiefst ergriffen war. Und jetzt war diese Ergriffenheit noch stärker: Er hat geweint, und die Tränen laufen ihm an den harten Wangen herunter und perlen in seinen mattkupferfarbenen Bart. Lusi sitzt streng vor ihm: In seiner Rolle als Untersuchungsrichter hat er tief in die entblößte Seele des Schuldigen hineingeblickt. Er hört schweigend zu und scheint von Michl noch größere Offenheit zu fordern.

Und Michl, der immer noch vor Lusi steht, setzt sein Geständnis fort:

Er habe einen Fehler. Er sei von einer schweren Hand berührt worden. Trotz all seiner Anstrengungen, all seiner Kämpfe könne er seinen früheren Glauben nicht wiederfinden. Ein Fluch! Es sei, als hätte ihn etwas im innersten Kern seines Seins getroffen, er spüre, wie Winde durch das Gebälk seines Bauwerks wehten; es komme ihm vor, als würden sie schon sehr bald und mit Gewalt dessen Türen und Fensterläden aufreißen und dabei solches Unheil anrichten, daß er nicht mehr Herr seiner selbst sein würde. Dann werde er von jenen Höhen, die zu erreichen ihn soviel Kampf und Mühe gekostet habe, in die Tiefe stürzen. Am Ende werde er wie ein Kettenhund nach dem Willen einer unbekannten Macht mal hierhin, mal dorthin gezogen werden.

O weh, was für ein Kampf! Was habe er nicht schon alles versucht, Kasteiungen des Fleisches und des Geistes! Und alles vergebens!

Er gesteht: Er habe noch keine einzige menschliche Leidenschaft gänzlich überwunden. Im Gegenteil, die hätten ihn besiegt, unterjocht, ihn sich zum Gefangenen gemacht. So habe beispielsweise die körperliche Begierde im Laufe der Zeit und mit zunehmendem Alter bei ihm keineswegs nachgelassen. Im Gegenteil, sie werde immer stärker: Wenn er auf der Straße gehe, müsse er die Augen senken, um nichts zu sehen, nichts zu bemerken, und trotzdem schienen die verbotenen Dinge vor ihm aus der Erde zu wachsen. Es sei schon so weit mit ihm gekommen, daß er nur noch nackte Frauen vor sich sehe, die sich selbst beim Gebet und beim Studium auf ihn stürzten und am ganzen Körper erzittern ließen. Das gleiche gelte auch für andere Leidenschaften – etwa für Geld, Ehre, Neid, Haß und so weiter.

Am schlimmsten aber sei seine Neigung, alles zu verneinen und zu leugnen – eine Neigung, die zu einer Leidenschaft geworden sei und verschiedene Folgen für ihn habe: Manchmal fühle er sich ganz leer, wie ausgehöhlt, als wäre alles Leben aus ihm gewichen; alles komme ihm gleichgültig vor, als wären alle Fäden, die ihn mit der Welt und dem, was die Welt beherrsche, verknüpften, plötzlich gerissen, als bewege er sich im luftleeren Raum. Manchmal habe er aber auch das Gefühl, als hätte eine unbekannte Kraft gleich einem wilden Tier von ihm Besitz ergriffen, die ihn schrecklich errege und ihm den Wunsch eingebe, alles zu besudeln oder zu zerstören, alle Bande zu zerreißen . . .

Von den »Kleinigkeiten« ganz zu schweigen. Wenn er etwa am Sabbat vor den brennenden Kerzen stehe, überkomme ihn der Impuls, sie auszublasen. Oder schlimmer noch: Wenn er allein in der Synagoge sei, verspüre er den Drang, zum Allerheiligsten zu laufen, den Vorhang herunterzureißen und (Gott behüte) die Thora-Rollen auf den Fußboden zu schleudern. Schlimmer, schlimmer noch: Er bringe es kaum über sich, es auszusprechen, aber es sei schon vorgekommen, daß er sich ein Messer an die Kehle gehalten habe, in dem Wunsch, sich sowohl von dieser wie von der nächsten Welt endgültig zu trennen, offensichtlich aus Angst davor, sie beide zu verleugnen – und das sei unter allen Verleugnungen wahrlich die allerärgste . . .

Und alles wegen dieser zerstörerischen und korrumpierenden Kraft, die sein Gewissen vernichte, das sich manchmal in Gestalt eines Bettlers an der Tür zeige und manchmal in der Gestalt eines wilden Tiers, das draußen auf ihn laure. Was tun? Wo solle er einen Ausweg finden?

An dieser Stelle schwieg Michl einen Moment. Lusi wandte den Blick ab, um ihn nicht in Verlegenheit zu bringen. Dann fuhr Michl fort:

Und wenn er in einem schwierigen Augenblick zu ersticken glaube, gehe er, wie es bei ihnen üblich sei, zum »Feld«, um die Nacht am Grab des berühmten Gerechten der Stadt zu verbringen, um seine Gedanken durch Wachen und Studium zu läutern. Und wie Lusi wisse, sei das für jeden die Rettung – für ihn aber nicht. Und an dieser Stelle müsse er erzählen, was ihm diesen Sommer bei seinem letzten Besuch am Grab des berühmten

Gerechten widerfahren sei. Die Erinnerung daran erfülle ihn noch immer mit Entsetzen, aber da er ein Geständnis ablege, sei er verpflichtet, alles zu erzählen – nichts dürfe verborgen bleiben. Wie gewohnt sei er am späten Abend am Grab angekommen, als außer ihm niemand mehr auf dem »Feld« gewesen sei. Und wie immer habe der Grabwächter für die Nacht eine schwache Lampe brennen lassen. Er, Michl, habe unter der Lampe gestanden und lange Stunden in seinem Buch gelesen, bis er vor lauter Erschöpfung offenbar im Stehen eingeschlafen sei. Er habe einen Traum gehabt.

Er habe die Augen gehoben und gesehen, daß die Stadt, die ganze Stadt auf dem Kopf stand. Der Marktplatz, die Geschäfte, die Straßen mit ihren Häusern, Synagogen und Bethäusern. Alles habe auf dem Kopf gestanden. Alles, was verkehrt herum gestanden habe, sei zunächst ganz unbeweglich geblieben. Dann habe sich alles zu leeren begonnen: Waren seien aus den Geschäften herausgefallen, Möbel aus den Häusern und Wohnungen, heilige Gegenstände und Thora-Rollen seien aus den Synagogen auf den Boden gefallen und hätten sich zu Haufen, zu einem großen Hügel aufgetürmt. Alles sei windig und staubig gewesen, und man habe nichts mehr sehen können. Aber dann – o weh! – seien auch die Toten aus ihren Gräbern gefallen, auf die gleichen Haufen, den gleichen Hügel. Nur die katholische Kirche habe wie immer an ihrem Platz gestanden. Dann seien auf dem Hügel plötzlich Flammen emporgelodert, worauf dort alles in Brand geraten sei. Er selbst habe mit einem langen Stock in der Hand danebengestanden und alle Gegenstände – reine wie unreine – in die Flammen geschoben; um dem Feuer Nahrung zu geben und alles brennen zu lassen, damit nichts unversehrt liegenbleibe.

Das Feuer sei immer stärker geworden, Haushaltsgegenstände, Thora-Rollen und berstende Knochen hätten geraucht, gedampft und in den Flammen geknistert, und er habe dabeigestanden und immer mehr Gegenstände in das Feuer geschoben. Er habe sich erstaunt umgesehen: »Was tue ich hier? Wie ist es möglich, bei so etwas dabeizusein, und, was noch schwerer wiegt, sich auch noch daran zu beteiligen, sich einer solchen Sünde schuldig zu machen?« Dennoch sei er nicht weggegangen. Er sei geblieben und habe den Stock nicht aus der Hand gelegt, sondern wie ein Söldner weiterhin Gegenstände in die Flammen geschoben und somit das monströseste Sakrileg begangen.

Und das Feuer sei noch größer geworden. Stimmen, die lebendig geklungen hätten, hätten Schreie ausgestoßen. Er hätte schwören können, daß die Stimmen seinen Namen gerufen und ihn, Michl, samt seiner sterblichen Hülle auf ewig verflucht hätten. Dann seien die Stimmen verstummt, das Feuer sei verglüht, und nur Asche sei übriggeblieben. Und dann – o weh! –, dann habe er aus dem großen offenen Portal der unverändert gebliebenen Kirche den Nazarener herauskommen sehen, so wie sie ihn immer malten: Er sei barhäuptig und barfüßig gewesen, habe einen langen Umhang getragen und ausgesehen wie ein Hirte. Und tatsächlich, er habe eine große Herde vor sich hergetrieben. Er, Michl, habe zunächst geglaubt, es seien Schafe, aber dann habe er erkannt, daß es Menschen waren. Viele . . . eine große Zahl. Nur er, Michl, habe sich abseits gehalten. Plötzlich habe ihn ein Gefühl der Einsamkeit befallen; nur zu gern hätte er sich der Menge angeschlossen, und dann hätte er von irgendwoher ein Zeichen erhalten, sich der Herde anzuschließen, und sei auf sie zugegangen. Und plötzlich habe er, Michl, sich vor der Herde herlaufen sehen wie ein Schäferhund, auf dem Kopf eine Art Krone, und habe – o weh! – gerufen: »Platz, macht Platz für den heiligen Hirten und seine getreue Herde.«

Während Michl erzählte, rollten ihm dicke Tränen über die Wangen und in den Bart; auch Lusi verlor nun die Fassung, die er beim Zuhören bewahrt hatte. Er stand auf und ließ Michl allein an dem Vorlesepult stehen, während er sehr erregt und tief bewegt an der Ostwand auf und ab schritt. Dann setzte er sich wieder auf den Platz, den er vorhin in seiner Rolle als geistlicher Ratgeber eingenommen hatte, berechtigt, sich Michls seelische Leiden anzuhören. Auf seinem Gesicht zeichnete sich großes Erstaunen ab, dem er mit einem stummen Achselzucken und ein paar unzusammenhängenden Worten Ausdruck verlieh: »Also . . . Also . . . Solche Träume . . .«

Und Michl, der wieder vor Lusi stand, fuhr danach fort:

Als er sich vor der Herde wie einen Hund habe herlaufen sehen und bellen hören, habe er plötzlich Angst bekommen. Das Buch, das er seit dem Einschlafen in der Hand gehalten habe, sei zu Boden gefallen, und er sei aufgewacht und habe begriffen, wo er sich befand.

Und dann sei die Tür zu dem Grabgewölbe aufgegangen, und der Grabwächter, der Mann, der die Lampen anzünde und für gewöhnlich vom frühen Morgen bis zum Abend in der Grabkammer arbeite, sei hereingekommen, und als er Michl dort erblickt hätte, habe er ihn beschimpft und aus dem Grab vertrieben, wie er es meist mit jedem Angehörigen der Sekte tue, den er nach einer dort verbrachten Nacht vorfinde. Und er, Michl, sei sofort geflüchtet, ohne die Zeit gehabt zu haben, über seinen Traum nachzudenken und sich über seine Schmach und Pein klarzuwerden. Erst später, draußen auf der Schwelle, als er sich mit schwerem Herzen an das Erlebte erinnert habe und ihm klargeworden sei, daß es schon heller Tag war, sei er still hinter das Grabgewölbe gegangen und habe sein Gesicht gegen eine fensterlose Mauer gelehnt, mit dem Gefühl, er werde nun vor lauter Erschöpfung und Schläfrigkeit für immer dort bleiben müssen. Und in diesem Zustand sei er lange stehengeblieben. Menschen seien vorübergegangen – und er habe sie nicht bemerkt. Stunden seien vergangen, ohne daß er sich der Passanten bewußt geworden sei. Schließlich sei seine Frau, die seine Schüler am Morgen zum Unterricht habe kommen sehen und die gewußt habe, wo er vielleicht sein könne, zum Friedhof gekommen und habe ihn gefunden. Als sie ihn nach Hause brachte, habe er sich verwirrt und zerschlagen gefühlt, wie trunken von der Nacht.

Und bis zum heutigen Tag, fuhr Michl fort, könne er sich von dieser Vision nicht befreien. Dies ließe ihm keine Ruhe und verursache ihm große Pein. Er könne oft nicht schlafen, so daß er ganze Nächte daliege, ohne ein Auge zuzutun, und dann sehe er so abstoßende Dinge, daß sie ihn noch am nächsten Tag verfolgten: Dämonen an den Wänden, in der Luft, Dämonen, die durch die Zimmerdecke oder aus dem Fußboden kämen; sie erschienen in Massen, manchmal stumm, dann gingen sie nur weiter, aber manchmal machten sie einen Lärm, als seien sie zu einer Hochzeit unterwegs. Nüchterne Dämonen und betrunkene, die musizierten und tanzten. Und er fühle eine Verwandschaft mit diesem abstoßenden Gesindel und habe das Gefühl, daß diese Teufel ein Recht hätten, sein Haus zu betreten und daß sie eines Nachts von ihm fordern würden, mit ihnen zu gehen, um an ihren Feiern und Tänzen teilzunehmen, kurz, einer von ihnen zu werden ... Ausspucken helfe nicht, auch keine Beschwörungen. Er speie, er spreche Beschwörungen, und sie machten weiter, als wäre nichts gewesen: Sie gingen und kämen, kämen und gingen. Er habe das Gefühl, daß sie nur eins vom ihm wollten, ein Sakrileg – wenn nicht in der Tat, so doch zumindest in Worten, und wenn nicht in Worten, dann wenigstens als Zuschauer bei den Schandtaten anderer. Und tatsächlich hätten sie einmal Thora-Rollen mitgebracht, die sie vor seinen Augen aufrollten; sie hätten ihnen abscheuliche Dinge angetan – wehe den Augen, die es hätten mit ansehen müssen! Dinge, die keines Menschen Mund beschreiben könne und die sich nur mit den Untaten vergleichen ließen, die seinerzeit der schändliche Tyrann Titus oder andere Bösewichter seines Schlages begangen hätten.

Als er, Michl, diese Dinge gesehen habe, habe ihn tödliche Furcht befallen: Der kalte Schweiß sei ihm ausgebrochen. Noch Tage danach sei er völlig erschöpft und unfähig gewesen, seine Kraft wiederzugewinnen und Ruhe zu finden. Er habe nicht gewußt, was er tat oder was man ihm sagte, mit dem Ergebnis, daß er oft seine Pflichten als Lehrer vernachlässigt habe. Mal habe er die Schüler nicht unterrichtet, mal habe er den Anblick eines heiligen Buches nicht ertragen können. Er fühle sich wieder zu diesen anderen weisen Büchern hingezogen, bei deren Studium man wahrlich den Glauben verlieren könne, die einem aber zugleich von all dem Häßlichen und dem Schrecken befreien könnten, der einen befiele, an einem klebte, einem den Glauben rauben wollte ...

Und hier verstummte Michl und blieb schweigend stehen, als

erwartete er von Lusi einen Richterspruch. Aber Lusi sah ihn überhaupt nicht an, da er dachte, Michl wolle noch etwas hinzufügen ... *müsse* noch etwas sagen – habe ihm noch etwas zu sagen. Aber als er spürte, daß es nichts mehr zu sagen gab, blickte er plötzlich zu Michl auf und musterte ihn von oben bis unten, als wolle er jetzt bestätigt finden, was er während Michls Bericht nur gedacht hatte. Daß Michl nämlich nicht bloß von einem Gebrechen befallen war, von einem kleineren Mangel, sondern daß es da einen Bruch gab, einen unheilbaren, irreparablen Bruch, und daß es mit solchen Menschen meist ein böses Ende nahm und daß das sehr wohl Michls Schicksal werden konnte, daß man sich auf solche Menschen nicht verlassen konnte; denn da sie unfähig waren, für sich selbst zu sorgen, konnte man ihnen auch nicht die kleinste Aufgabe anvertrauen. All das ging Lusi durch den Kopf, aber er sprach es natürlich nicht aus. Im Gegenteil: Er sagte, was man in solchen Situationen sagt – sagen *muß* –, einfach um Michl zu trösten und ihm seine Last zu erleichtern. Und für diese Aufgabe besaß Lusi Wissen und Erfahrung genug. Jeder, der Michl beobachtet hätte, als er Lusi zuhörte, hätte an den Veränderungen in seinem Gesicht ablesen können, wie er sich nach und nach von der Niedergeschlagenheit befreite, die sich während seines Berichts so sichtbar darauf abgezeichnet hatte, selbst wenn der Beobachter Lusis Worte nicht hätte vernehmen können. Michls dunkle, bernsteinfarbene Augen wurden wieder klar; sein Teint wirkte wieder jung und frisch. Lusi hatte ihn verstanden und ihm eine Hand in den Abgrund entgegengestreckt, in den er gestürzt war. Er hatte Michl Ratschläge gegeben, hatte ihm genau die Auswege genannt, deren er bedurfte und die seinem Zustand und seinen Kräften entsprachen und ihm erlauben mußten, sich zu erholen und an das gesegnete Tageslicht zurückzukehren.

Und darauf beendete Lusi das Gespräch.

Wie schon gesagt, hielt sich in diesem Moment außer diesen beiden, Lusi und Michl, niemand in der Synagoge auf. Die einzige Lampe, die an der Ostwand von der Decke hing und in deren Licht man einen tief niedergeschlagenen Mann hatte wahrnehmen können, der vor einem anderen, sitzenden Mann gestanden hatte, zeigte jetzt einen getrösteten Mann, der immer noch stand, während sein Gegenüber tief niedergeschlagen wirkte, als hätten beide die Rollen getauscht.

Es war Lusi, der jetzt ein wenig bedrückt und erschöpft dasaß, nachdem er Michl getröstet und ihm gesagt hatte, was er hatte sagen müssen. Lusi wirkte wie ein Mann, der soeben eine schwere Schuld beglichen hat, aber eine noch belastendere Abrechnug vor sich weiß. Er spürte, daß auf Michls Geständnis mit Sicherheit ein anderes Ereignis folgen würde, über das er, Lusi, schon nachgedacht und zu dem er schon Position bezogen hatte. Es war spät geworden, und es war Zeit für Lusi, nach Hause zurückzukehren. Er stand auf, zog seinen Mantel an, und anschließend ging er wie immer, bevor er die Synagoge verließ, zum Allerheiligsten, hob den Vorhang an die Augen und küßte ihn. Diesmal verweilte er aber ein wenig vor diesem Vorhang, als wolle er sich mit ihm beraten. Dann verließ er zusammen mit Michl die Synagoge.

Die Abendluft war nach einem sehr heißen Tag stickig. Man spürte, daß sich das schöne Wetter irgendwo an einem anderen, hier unsichtbaren Horizont darauf vorbereitete, sich – vielleicht in der Nacht, vielleicht erst morgen – in einem Gewitter zu entladen. Im Augenblick war alles ruhig, und der Luft war nichts anzumerken: Es war dunkel, aber die fernen Sterne des Monats Elul ließen den Himmel erstrahlen, und auf den Straßen leuchteten, in großen Abständen voneinander, hier und da ein paar vereinzelte Straßenlaternen. Und diese beiden, Lusi und Michl, verließen jetzt die Stadtmitte, in der die Synagoge stand, und lenkten ihre Schritte zum anderen Ende der Stadt, wo Lusis Bruder Mosche wohnte. Ihr Weg führte sie durch Straßen und Gassen, die schon menschenleer waren, als wollten sie sich bald zur Ruhe begeben. Und hier nun, als er mit Lusi allein auf der Straße war, wie eben noch gerade in der Synagoge, beschloß Michl, Lusi sein Herz auszuschütten und ihm den Grund zu nennen, warum er ihn und niemanden sonst für seine Beichte ausgewählt hatte. Denn nach seinem Geständnis hatte er die

Absicht gehabt, Lusi noch etwas anderes zu sagen, etwas, was auch Lusi schon in der Synagoge im Kopf herumgegangen war und worauf er nun vorbereitet war.

Michl sagte, Lusi müsse jetzt klar sein, wie es um ihn, Michl, stehe. So gequält, wie er sei, habe er noch alle Hände voll zu tun, um mit sich ins reine zu kommen. Wie könne er da anderen ein Ratgeber sein, wie solle er da die Bürde anderer auf sich nehmen, seinem Nächsten helfen, seinen Nächsten heilen, wenn er selbst noch der Heilung bedürfe? Obwohl »unsere« Sekte nicht groß sei, hätten sie doch eine bestimmte Zahl erreicht, und das Bedürfnis nach geistlichen Führern sei groß. Und er, Michl, der selbst so dringend Anleitung brauche, fühle sich der Aufgabe nicht gewachsen. Es müsse ein anderer gefunden werden, der älter sei als er selbst, erfahrener und sicherer im Glauben als er. Es müsse jemand sein, an dem er sich aufrichten, an den er sich anlehnen und bei dem er sich Rat holen könne, wann immer er ihn brauche. Und natürlich – das wüßte Michl sehr gut, würden all die anderen Angehörigen der Sekte, ebenso wie er selbst, sich glücklich schätzen, einen Mann wie Lusi an der Spitze zu wissen. Die Gemeinde sei zwar klein, meinte Michl, die Stadt aber groß, wie Lusi wisse, und man könne sehr wohl andere Teile der Bevölkerung anwerben, die darüber sehr froh sein würden, und so die Gemeinde erheblich vergrößern. Dazu aber bedürfte es bestimmter Fähigkeiten, wie sie keiner von ihnen besitze, natürlich mit Ausnahme Lusis. Lusi besitze einen guten Ruf, verfüge über die geistigen Waffen, die für solche Dinge erforderlich seien, und man bringe ihm so große Achtung entgegen, wie sie niemand besser verdiene als er. Also? Ob Lusi sich das mal überlegen wolle? Vielleicht wolle er sich entschließen, in N. zu bleiben und Führer ihrer Gemeinde zu werden?

»Hierbleiben?« sagte Lusi, als hätte er die ganze Zeit gewußt, wie der Vorschlag lauten würde. Er war keineswegs überrascht. Dann schwieg er.

»Ja«, fuhr Michl fort, »denn hier wird ein Zwei-Fronten-Krieg zu führen sein: erstens gegen alle Schichten der Stadt, die sich verschworen haben, um uns zu unterdrücken und zu vernichten, und zweitens gegen den gemeinsamen Feind, unseren wie ihren – den immer mächtigeren Unglauben, der sich anschickt, nicht nur uns zu verschlingen, sondern auch unsere Unterdrücker.«

Und hier kam Michl nochmals auf die Angelegenheiten der Sekte zu sprechen und nannte die Schwierigkeiten, die es zu überwinden gelte, von der Verwirrung, die ihn oft befalle, und daß er dann nicht wisse, was tun und an wen er sich um Rat wenden solle. So sei etwa vor kurzem ein junger Mann aus einer fernen Stadt zu ihnen gekommen, und kaum hier angelangt, habe er zu weinen begonnen. Er weine bis zum heutigen Tag, und man könne ihn nicht beruhigen. Worum es gehe? Also, er sei zusammen mit einer kleinen Halbschwester aufgewachsen, und als die beiden älter geworden seien, müsse zwischen ihnen etwas vorgefallen sein. Er wolle nicht sagen, was es sei, aber deswegen habe er sein Zuhause und seine Stadt aufgegeben. Er sei eine Zeitlang umhergewandert, bis er hierhergekommen sei, und kaum habe er sich der Sekte angeschlossen, da habe er schon zu weinen angefangen. Tag und Nacht. Wenn man ihn auch nur anschaue, breche er schon in Tränen aus. Und wenn ihn jemand mit den Worten zu trösten versuche: »Genug der Tränen. Reue und Buße werden helfen«, würde er nur um so heftiger weinen und sagen: »Das ist es nicht. Das ist nicht der Grund, warum ich weine. Ich weine über eine neue Sünde – denn mein Kopf ist voller Sünden ...«

Oder ein anderer Fall, einer von vielen, die sich in der jüngsten Zeit ereignet hätten. Die Frau des Schneiders Avreml habe sich beklagt, dieser hätte seine ehelichen Pflichten nun schon lange nicht mehr erfüllt, komme nicht mehr zu ihr und nehme sie nicht, wie es Sitten und Gebräuche der Welt verlangten ... Aber gut, das mit Avremls Frau, das sei nicht so schlimm. Sie käme ganz still, weine ein wenig still vor sich hin und ginge dann ebenso still wieder fort. Aber dann sei die Frau des Dienstmanns Scholem mit der gleichen Klage gekommen. Und die sei aus anderem Holz geschnitzt, die habe ihren Kummer laut und offen herausgebrüllt: »Was habt ihr aus meinem Scholem gemacht?«

habe sie gerufen. »Mit welchem Zauber habt ihr ihn verhext? Was habt ihr aus ihm gemacht? Kein Geld mehr im Haus, ich bin nicht mehr seine Frau. Möchte er vielleicht lieber eine Ziege im Bett?« Und sie mache ein Riesengeschrei und verlange, daß man ihr ihren früheren Scholem zurückgebe, sonst werde sie uns die Bärte ausreißen und auf der Straße hinausschreien, welches Unrecht man ihr angetan habe.

An dieser Stelle der Erzählung lächelte Michl, und Lusi mit ihm.

Nach ihrem langsamen Spaziergang durch die Straßen waren sie jetzt an der Brücke angekommen, welche die Ober- mit der Unterstadt verband und die zu der Straße führte, die Lusi nehmen mußte. Wegen der späten Stunde war kein Mensch auf der Brücke, weder Reiter noch Fußgänger. Nur zwei Laternen, die eine am Anfang der Brücke, die andere am entgegengesetzen Ende, warfen ein fahles Licht auf die Mitte der Brücke; und dieses Licht brach sich im Wasser zu beiden Seiten des Flusses, der nun nach der Hitze des Tages still und ruhig dahinströmte. Keine Brise kräuselte die Oberfläche, auch das Schilf am Ufer lag völlig reglos da. Die Sterne spiegelten sich im Wasser, und alle, die in diesem Augenblick die Brücke überquerten, hatten teil an dem sternenübersäten Himmel und der Stille des Wassers.

Wir sehen unsere beiden Passanten vor uns: Einer von ihnen, Michl, fühlte sich nach seiner Beichte befreit und erfrischt, wie jemand, der nach stickiger Hitze wieder frische Luft bekommt und befreit aufatmet. Die Umgebung – die Brücke, der Fluß, das stille Wasser und die Ufer in abendlicher Stimmung – verstärkte noch dieses Gefühl von Erneuerung und Frische. Auch Lusi fühlte sich wieder ermuntert, weil er seinem Nächsten Mut gemacht hatte, obgleich ihn dies mit eigenen Sorgen zurückließ, da er nun nicht wußte, ob er bleiben sollte oder nicht und welche Antwort er Michl erteilen sollte, wenn dieser früher oder später von ihm zu erfahren suchte, zu welchem Entschluß er gelangt war.

Sie hatten die Brücke schon überquert und waren in die Straße eingebogen, die zum Haus von Lusis Bruder führte. Plötzlich spürten sie, wie ein kalter Windhauch ihre Rockschöße berührte. Irgendwo fern im Südwesten riß der Himmel auf; Wind erhob sich, Blitze zuckten, und mächtige Wolken türmten sich auf, ohne daß man hätte sagen können, ob sich ein Gewitter zusammenbraute oder nicht. Unsere beiden Spaziergänger zogen die Gürtel enger, und als sie Mosche Maschbers Hof erreichten, hielten sie kurz vor dem Tor inne, um ihre Unterhaltung vor dem Abschied zu beenden. Danach wagte Michl noch einmal einen letzten Vorstoß und wandte sich hastig mit der Frage an ihn: »Nun, Lusi, wie denkst du über die Angelegenheit, die ich dir vorgeschlagen habe?«

»Wir werden sehen. Wir werden es uns durch den Kopf gehen lassen«, erwiderte Lusi.

Und damit verabschiedeten sie sich, nachdem sie sich eine gute Nacht gewünscht hatten. Michl machte sich eilig mit im Wind flatternden Rockschößen auf den langen Heimweg, während Lusi das Hoftor öffnete und eintrat.

Als Lusi das Haus betrat, hielt sich keiner von Mosches Familie mehr im Eßzimmer auf. Es war schon spät, und diesmal hatte nicht einmal Gitl auf ihren Schwager warten mögen. Nur Mosche war noch aufgeblieben, um seinen Bruder zu erwarten. Wie immer um diese Stunde, nach einem gewöhnlichen, etwas lang geratenen Arbeitstag, hing eine ganz besondere Luft im Raum: der Geruch, den die Anwesenheit einer Vielzahl von Menschen zurückgelassen hatte – der Angestellten, die in Mosches Geschäft arbeiteten und ins Haus kamen, um ihren täglichen Bericht abzuliefern und ihre Anweisungen für den nächsten Tag entgegenzunehmen.

Es kamen Kassierer, Angestellte in Vertrauensstellungen, beleibte, sorgfältig gekleidete Männer mit gepflegten Händen, einer höflichen Sprache und ausgesuchten Manieren, aber auch einfache Angestellte, welche die grobe Arbeit in den Läden verrichteten, die für den Abend erschienen waren und davor ihre Arbeitskleidung nur kurz ausgebürstet hatten. Männer, die sich befangen fühlten, weil sie mit schmutzigen Händen kamen. Es gab auch andere: Händler vom gleichen Schlag wie Mosche, die alte wie laufende Geschäfte abzuwickeln hatten; Makler, die neue Geschäfte vorschlugen, wie auch Schuldner, die Geld zurückzahlen oder neues leihen wollten.

Um diese Abendstunde sah Mosche Maschber immer ein wenig erschöpft und blaß aus. Normalerweise wurde der schon abgeräumte Tisch nach seinen Besprechungen mit den Leuten und den verschiedenen Besuchern frisch gedeckt, worauf man ihm ein leichtes Abendessen servierte. Aber trotz der leichten Mahlzeit setzte er sich meist müde und ohne großen Appetit an den Tisch.

Und so war es auch diesmal.

Als Lusi das Eßzimmer betrat, fand er einen erschöpften Mosche vor, der nur zu gern schlafen gegangen wäre, jedoch darauf wartete, daß Lusi zum Abendessen eintraf. Lusi wusch sich daher rasch die Hände und nahm seinen Platz ein. Wie schon öfter in jüngster Zeit führten die Brüder eine kühle, ein wenig pflichtschuldige Unterhaltung, die wie geschaffen zu sein schien, peinliches Schweigen zu vermeiden und vor allem dem Hauptthema aus dem Weg zu gehen.

Mosche stellte keine Fragen nach Lusis Tun oder Lassen, wollte auch nichts über die Vorhaben seines Bruders erfahren, denn die kannte er auch so; und selbst wenn Mosche eine direkte Frage gestellt hätte, wäre Lusi einer Antwort ausgewichen. Er wollte sich nicht auf lange Diskussionen einlassen, aus denen Mosche, wie Lusi überzeugt war, nur als Unterlegener hervorgehen würde. Und das wollte er nicht.

Das einzige, was Mosche in seinem distanzierten Tonfall fragen zu können glaubte, war folgendes: Wo Lusi denn das jüdische Neujahrsfest zu verbringen gedenke, das jetzt immer näher rückte. Würde er hier bei ihnen in N. bleiben oder sich, wie es bei den »Seinen« üblich sei, nach Uman begeben wollen, zum Grab des Rabbi?

Darauf erwiderte Lusi: »Dorthin, ans Grab des Rabbi.«

»Ja, und danach?« wollte Mosche wissen.

»Ich werde hierher zurückkommen«, erwiderte Lusi.

»Hierher?«

»Ja, um hierzubleiben ... für immer.«

Mosche hob höchst erstaunt die Augen; er wollte einen Blick auf Lusi werfen, ihn mustern, vielleicht noch einmal nachhaken, um seine letzten Worte besser zu verstehen. In diesem Moment aber ließ sich von der Schwelle des Eßzimmers eine Stimme vernehmen, die das ruhige, spätabendliche Gespräch der beiden Brüder unterbrach. Die unerwartete Stimme sagte: »Um für immer hierzubleiben? Ah, das ist gut, für immer.«

Die beiden Brüder wandten sich erschrocken um, blickten zur Tür hin und sahen folgendes:

Eine kleinwüchsige, schlechtgekleidete Person stand direkt in der Tür. Ein noch junger Mann – um die Dreißig herum. Sein blonder, ungepflegter Bart, seine vernachlässigte, schäbige Kleidung und vor allem die stechend wirkenden Pupillen, die sich scharf vom Weiß der Augen abhoben, machten es schwer, sein Alter zu schätzen. Vielleicht war er wirklich jung; vielleicht ließ ihn nur seine Kleidung älter erscheinen; vielleicht aber war er auch älter, so daß ihn nur seine Augen jünger erscheinen ließen.

Dies war Alter, der dritte der Maschber-Brüder. Man konnte schon auf den ersten Blick erkennen, daß er kein Bruder, sondern ein Unglück war. Er war geistig zurückgeblieben. Trotz seiner sanften Worte und seines einfältigen Lächelns wirkten sein Kopf, seine Stirn und seine Augen, als hätten sie manch schweren Sturm überlebt. Sein rauhe und harte Stirn sah aus, als hätte er sie mehr als nur einmal gegen eine Wand gestoßen, um sie zu zerschmettern. Seine Augen, die auf den ersten Blick sanft zu sein schienen, nahmen hin und wieder einen Ausdruck an, der einem Angstschauer über den Rücken jagen und einen dazu bewegen konnte, wegzulaufen und sich in Sicherheit zu bringen – und so erging es nicht nur kleinen Kindern, sondern auch den Erwachsenen.

An dieser Stelle müssen wir unsere Erzählung unterbrechen, um ein paar Worte über Alter und sein Leben zu sagen. Es kann sein, daß dies nicht der Ort für ihn ist, und es kann auch sein, daß ganz allgemein für jemanden wie ihn hier kein Platz sein sollte, da er in der Erzählung keinen aktiven Part spielt und dazu auch gar nicht imstande wäre, und so hätten wir ihn einfach übergehen oder nur gelegentlich erwähnen können. Das haben wir aber nicht getan, und nach reiflicher Überlegung haben wir ihn hier vorgestellt und wollen uns nun auch ein wenig länger mit ihm befassen. Denn wenn er auch, wie gesagt, keine sehr aktive Rolle in dem ganzen Geschehen spielt, so ist es doch immerhin eine Rolle, und mag sie auch nur darin bestehen, daß wir ihn in dem Haus vorfinden, mit dem wir uns beschäftigen. Schon aus dem einfachen Grund, daß er zu diesem Haus gehört und daß Blut dicker ist als Wasser; und weil wir glauben, daß ein Forscher bei einigen zukünftigen Familienmitgliedern, vielleicht in der zweiten oder dritten Generation, sicher einen winzigen Kern jenes krankhaften Erbes wiederentdecken wird, das sich in der jetzigen Generation zu Alters Unglück nur bei ihm bemerkbar macht.

Sprechen wir also von Alter.

Er war der Nachzügler, der jüngste Sohn von Mosches und Lusis Eltern. Als Kleinkind entwickelte er sich natürlich und normal, und bis er alt genug war, am Bibel-Unterricht teilzunehmen, unterschied er sich in nichts von anderen Kindern. Aber im »Heder« merkte man schon bald, daß er all dem, was man ihm zeigte, keine Aufmerksamkeit schenkte; seine Augen wandten sich von dem Gebetbuch ab, dessen Gebrauch man ihm beibringen wollte, und wenn man ihm sagte: »Sag *aleph*«, wiederholte er die Worte: »Sag *aleph*.« Das gleiche geschah beim Buchstaben *beth* – er wiederholte einfach: »Sag *beth*.«

Zunächst sagte man sich: Das wird sich schon richten, er ist nur zerstreut; so ist er nun mal, aber er wird sich ändern, später wird er aufmerksam sein. Damit tröstete man sich ein Jahr lang, Eltern wie Lehrer, dann sogar noch ein Jahr. Aber danach mußte man den Tatsachen ins Auge sehen. Der Zustand des Kindes besserte sich nicht, obwohl man den Kleinen von einem Arzt zum anderen brachte; man versuchte auch die damals üblichen Heilmethoden anzuwenden: Beschwörungen, magische Zauberformeln und so weiter. Nichts half. Die Eltern waren der

Verzweiflung nahe, aber es ließ sich nichts machen. Das Kind wuchs heran, ein Idiot, ein geistiger Krüppel. Man hatte ihn schon ganz aufgegeben, als seine Augen eines Tages, – reichlich spät, er war etwa sieben Jahre alt – plötzlich klar wurden und sich so etwas wie Intelligenz in ihnen zeigte; mit größerer Schärfe als andere Kinder verfolgte der Kleine, was er um sich herum sah und hörte, mit einem Wissendurst, als wollte er all die verlorenen Jahre nachholen. Die Veränderung wurde sofort bemerkt, und man bemühte sich sogleich, die verlorene Zeit wiedergutzumachen. Man engagierte die besten Lehrer, und das Kind lernte nicht nur, es schien den Unterrichtsstoff zu verschlingen. Wofür andere ein Jahr brauchten, das lernte der Junge in einem Monat; was sie sich in einem Monat aneigneten, begriff er an einem Tag. Er hatte einen scharfen Verstand und besaß bemerkenswerte Gaben. Eltern und Lehrer berieten insgeheim, wie man vermeiden könne, daß der Junge den bösen Blick auf sich ziehe. Ohne zu wissen warum, zitterten die Eltern jetzt noch mehr über seine Intelligenz und blitzschnelle Auffassungsgabe als über seine frühere Zurückgebliebenheit. Dennoch freuten sie sich über diese wundersame Entwicklung und sagten ihm eine große Zukunft voraus.

Jahre vergingen. Der Jüngste hatte die beiden älteren Brüder an Lerneifer und Wissen mit der Zeit längst hinter sich gelassen. Er hatte nicht nur seine Brüder, sondern auch all seine Mitschüler überflügelt. Sein Ruf hatte sich in der ganzen Stadt verbreitet, war aber sogar noch weit über sie hinaus gedrungen.

Aber dann, als er siebzehn war, mußte ihm wiederum etwas zugestoßen sein: Er verdüsterte sich von neuem, als wäre in seinem Gehirn ein Faden verglüht. Der Kummer seiner Mutter (der Vater lebte nicht mehr) und der Familie war unbeschreiblich. Jetzt gab man sich nicht mehr damit zufrieden, die Hausärzte zu konsultieren, man begab sich mit ihm in eine ferne russische Provinzhauptstadt zu dem besten Arzt, dem berühmtesten Professor der Zeit. Wie die Familie später erzählte, habe sich der Arzt zunächst ausführlich nach Alters Kindheit und dessen Kinderkrankheiten erkundigt. Er habe sich für eine Geschichte interessiert, die Alters Mutter erzählt habe. Einmal, als Alter noch sehr klein gewesen sei, sei er gestürzt; ihm sei dann eine große Hitze in den Kopf gestiegen. Der Hausarzt habe ihm Blutegel unter dem Ohr verordnet. So sei es geschehen, und dann habe man (wie sich die Mutter erinnerte) den Jungen in die Obhut eines Kindermädchens gegeben, das es versäumt habe, die Blutegel rechtzeitig zu entfernen . . .

Danach habe sich der Professor nach den Eltern erkundigt. Wer sei der Vater, woran sei er gestorben? Trotz des stockenden und verworrenen Berichts der Mutter in einer Sprache, die sie nur mit Mühe beherrschte, erfaßte der Professor schließlich den Sinn dessen, was sie hatte sagen wollen. Er schüttelte mitleidig den Kopf: »Ah, ah! Ein Rabbi, ein Einsiedler.«

Alters Mutter war untröstlich, da sie auch nicht die geringste Zusage erhalten hatte, daß sich der Zustand ihres Jungen irgendwann bessern würde. Sie verließ den Professor, als wäre damit die letzte Hoffnung dahin. Aber erst dann brach die Krankheit mit voller Wucht aus: Alter bekam heftige Kopfschmerzen, die ihm oft sogar die Sehkraft raubten. Man sah, daß er ein wahres Martyrium durchmachte, daß er übermenschliche Kraft aufbot, um diese Kopfschmerzen zu ertragen, ohne zu schreien oder mit dem Kopf gegen die Wand zu rennen.

Später schrie er tatsächlich – und es waren so schauerliche Schreie, daß kein Verwandter oder Fremder es in seiner Nähe aushielt. Es waren die Schreie eines Leoparden, so grauenhaft, daß man hätte meinen können, seine Eingeweide würden ihm jeden Moment aus der Kehle hervorschießen. Die Menschen, die ihn kannten, glaubten ihren Ohren nicht zu trauen; sie konnten sich nicht vorstellen, daß jemand so unmenschliche Schreie ausstoßen konnte. So ging es bis zum Ende der Krise weiter. Anschließend war der Junge mehrere Tage lang erschreckend blaß und völlig erschöpft, als hätte er einen schweren inneren Sturm überstanden. Etwa um diese Zeit bildete sich seine endgültige Lebensweise heraus, die eines Kranken und unglücklichen Menschen: Von Zeit zu Zeit heftige Kopfschmerzen, herzzerreißende Schreie, dann Erschöpfung, der eine Periode der

Ruhe folgte, in der sich seine Geistesverfassung immer mehr verdüsterte, selbst in den ruhigen Perioden.

In diesen ruhigen Perioden dürstete ihn nach Musik. Manchmal verschwand er nachts aus dem Haus, wenn irgendwo in einer weit entfernten Straße eine Hochzeit gefeiert wurde, egal ob im Haus oder draußen im Freien. Er besaß ein so feines Gehör, daß er die Musik hörte, die kein anderer vernehmen konnte. Und wenn man seine Abwesenheit bemerkte, wußte man schon, daß man ihn auf irgendeinem Fest finden konnte. Wenn es kein Fest gab, blieb er in seinem Zimmer, wo er sich damit beschäftigte, seine Kleidung in kleinste Fetzen zu zerreißen; manchmal sammelte er auch Lumpen und Stoffetzen und häufte sie sorgfältig auf. Zuweilen suchte er irgendwelche nützlichen Haushaltsgegenstände zusammen und warf sie in einen schmutzigen Schuppen. Mit wilder und krankhafter Beharrlichkeit sammelte er mitunter Staubkörnchen auf, die er für nicht beseitigten Unrat hielt.

Seine Mutter war noch nicht alt, hatte sich aber so vor Kummer verzehrt, daß sie erkrankte und starb. Seine Brüder wollten ihn aus dem Haus schaffen und ihn bei Fremden unterbringen, die sich hätten um ihn kümmern können. Man fand eine arme Witwe, die man bezahlte und bei der man ihn unterbrachte. Aber ein paar Wochen später, beim ersten Besuch seines Bruders Mosche, der allein gekommen war, um sich nach Alters Befinden zu erkundigen, warf sich ihm dieser an die Brust und flehte, man möge ihn wieder nach Hause bringen. Seine Augen wurden für einen Augenblick klar, er versprach, sich gut aufzuführen; dabei klammerte er sich an seinen Bruder, als hätte man ihn gezüchtigt. Bei diesem Anblick traten seinem Bruder die Tränen in die Augen, und er nahm Alter mit nach Hause. Seitdem blieb er bei seinem Bruder. Bevor Mosche sein Glück gemacht hatte, hatte er mit seiner Familie in beengten Verhältnissen gelebt. Jetzt, da er reich geworden war und das Haus eines Adligen erworben hatte, gab man Alter eine kleine Dachkammer, die durch eine Treppe mit der Küche verbunden war. Zu der Zeit, in der das Haus noch dem Adligen gehörte, war dies eine Dienstbotenkammer gewesen. Dieses Zimmer hatte ein einziges kleines Fenster zum Garten hin, diesem Garten am hinteren Ende des Hofs; an diesem Fenster hielt sich Alter manchmal stundenlang auf, tief in Gedanken versunken. Man brachte ihm alles aufs Zimmer, was er brauchte, Nahrung und Kleidung. Dort verbrachte er seine Zeit, Tag und Nacht. Nur selten kam er in die Zimmer der anderen herunter. Ebenso selten besuchte ihn einer von ihnen dort oben. Alles war wie zuvor. Manchmal hörte man seine Schreie. Einem aufmerksamen Beobachter wäre aber aufgefallen, daß seine Kopfschmerzen immer dann einsetzten, wenn es einen Wetterumschwung gab. Im Sommer kurz vor einem Gewitter, im Winter, wenn das Wetter umschlug.

Die Erwachsenen haben sich schon an seine Schreie gewöhnt. Die Kinder halten mitten im Spielen verdutzt inne, blicken verängstigt zur Küchendecke, von der die lauten Schreie herzukommen scheinen.

Aber nach und nach gewöhnen sich die meisten Kinder wie die Erwachsenen an die Schreie. Wenn sich der erste Schrecken gelegt hat, wenden sie sich wieder ihren Spielen zu. Nur der schon erwähnte Mayerl wird an den Tagen, an denen Alter schreit, blaß und schwach, von allen Kindern ist er das verletzlichste.

Er hat jetzt Lust, nach oben zu gehen und Alter zu beobachten. An anderen Tagen sieht man ihn zu Alter hinaufsteigen, mit dem er sich kurze Zeit unterhält, soweit dies die Verfassung des Kranken zuläßt. Nicht verwunderlich, daß Alter Mayerl allen anderen Kinder vorzog. Und obwohl es ihm schwerfiel, sich die Namen der anderen Kinder zu merken, hatte sich der Name Mayerls ebenso tief in sein Gedächtnis eingegraben wie die Namen seiner Brüder.

»Mayerl, Mayerl«, begrüßte er ihn fröhlich, wenn er ihm zufällig begegnete, besonders aber, wenn Mayerl an seiner Tür erschien, um ihn zu besuchen. Und nebenbei sei bemerkt, daß sich Mayerl viel später daran erinnerte, wie er Alter damals in dessen Dachkammer vorzufinden pflegte – die Feder in der Hand, an seinem Tisch über ein Blatt Papier gebeugt, gedankenverloren, aber mit einem verständigen Schimmer in den Augen.

In solchen Augenblicken schrieb Alter viel. Wenn ein neugieriges Familienmitglied seine Zettel mal in die Hand bekam, stellte sich heraus, daß Alter Briefe geschrieben hatte, die an bedeutende Persönlichkeiten gerichtet waren, an berühmte Gestalten, deren Namen man in den Büchern der Kabbala findet. Namen, die ihm im Gedächtnis geblieben waren und sich in seinem verdüsterten Gehirn erhalten hatten. Manchmal waren die Briefe an keinen Geringeren als an Gott gerichtet. Sie enthielten eine Art Gebet, einen Vorwurf oder einfach nur eine geschäftliche Mitteilung von gleich zu gleich; mal beklagte sich Alter, mal vertraute er dem Herrn etwas an.

Eine kleine Sammlung dieser Briefe hatte sich neben anderen Papieren dank Mayerls Bemühungen im Haus Mosche Maschbers erhalten. Wir erachten es aus verständlichen Gründen nicht für sinnvoll, auch nur einen Brief aus dieser Sammlung in voller Länge zu zitieren, wollen aber einige der Adressaten nennen. Alle diese Briefe waren auf hebräisch geschrieben, und hier nun die Adressaten:

An Achias von Schilon . . .
An Nebukadnezar, König von Babylon . . .
An Rabbi Bechias aus Spanien . . .
An den Erzengel Gabriel . . .
An den Engel Raziel . . .

Es gab noch Briefe anderer Art wie etwa: »Brief an Gott, der in schwierigen Zeiten antwortet.«

Derselbe Mayerl gehörte auch zu denen, die bemerkt und behalten hatten, daß Alters Schmerzen stets mit einem Wechsel der Jahreszeit und einem Wetterumschwung zusammenfielen. Das hatte auf den kleinen Jungen einen so tiefen Eindruck gemacht, daß er selbst wetterfühlig wurde. Auch ihm wurde die Gabe zuteil, die ihm sein Leben lang erhalten blieb, nicht nur Wetterumschwünge, sondern, sogar schon als kleines Kind,

Begebenheiten des Familienlebens vorauszuahnen und später, als Erwachsener, gesellschaftliche Veränderung verschiedenster Art.

Doch davon später mehr, wenn wir uns Mayerl zuwenden. Inzwischen wollen wir einen Charakterzug festhalten, der sich später auch bei Mayerl zeigte, jetzt aber für Alter charakteristisch war: Wann immer im Haus ein Ereignis bevorstand, kam Alter auf leisen Sohlen aus seiner Dachkammer herunter, ob Tag oder Nacht, und erschien in der Tür, wo er mit klarem und strahlendem Blick stehenblieb und sich mit einigen klugen Worten oder Bemerkungen, mit ein paar kurzen und vernünftigen Sätzen in die Unterhaltung einmischte.

So auch diesmal. Als die Brüder zu dieser späten Stunde am Tisch saßen und sich leise unterhielten, hörten sie, wie sich Alter beim Betreten des Zimmers in ihr Zwiegespräch einmischte. Verblüfft sprangen sie von ihren Stühlen auf und gingen auf Alter zu. Und einen Augenblick später bot sich auf der Schwelle ein erstaunliches Bild: Drillinge.

Die beiden Brüder standen reglos da und betrachteten Alter, während dieser ihren Blick erwiderte. Jeder der Brüder hatte Alter eine Hand auf die Schulter gelegt. Dieser neigte den Kopf und legte ihn an Lusis Brust. Und Mosche bat ihn dann, was er jedesmal tat, wenn er ungefragt auftauchte, mit flehender Stimme: »Geh jetzt, Alter. Geh wieder auf dein Zimmer.«

Lusi betrachtete Alter mit schwerem Herzen. Er strich ihm zärtlich über die Schulter und murmelte zu ihm hinunter: »Ah, unsere unglückliche, sündige Seele . . .«

Plötzlich wurde an die Fensterläden geklopft.

Es war, als wäre es einem Wind, der sich versteckt gehalten hatte, gelungen, zu entkommen und sich von den Flußufern oder aus einer Ecke des Himmels loszureißen. Dieser Wind hatte gewiß schon während der leisen Unterhaltung der beiden Brüder am Tisch den Staub auf der Straße, auf dem Hof und im Garten aufgewirbelt und die Baumkronen durchgeschüttelt, aber die beiden Brüder hatten nichts wahrgenommen. Alter dagegen, der wie immer in solchen Fällen in seiner Dachkammer am

Fenster gestanden hatte, vielleicht aber auch nicht, hatte ihn sehr wohl bemerkt, und das hatte ihn wahrscheinlich herunterkommen lassen. Es war auch ein Anzeichen dafür, daß ihn am nächsten Tag – vielleicht auch schon in der Nacht – eine harte Prüfung erwartete: seine Kopfschmerzen und seine Schreie.

Im Augenblick jedoch verhielt er sich noch ruhig; selbst dann noch sehr ruhig, als er zwischen seinen beiden Brüdern stand. Nachdem er Lusi den Kopf an die Brust gelegt hatte, hob er die Augen und äußerte wieder einen kurzen, vernünftigen Satz: »Du willst also für immer bei uns bleiben, Lusi? Ah, wie schön ...«

IV
Sruli Gol

Zum besseren Verständnis des folgenden müssen wir an dieser Stelle eine weitere Person vorstellen. Aber der Kürze halber wollen wir uns mit einem flüchtigen Portrait begnügen und erst später näher auf sie eingehen. Es handelt sich um Sruli Gol.

Sruli Gol ist ein Mann, der einen erdfarbenen Kaftan trägt. An Wochentagen trägt er außerdem noch eine Schirmmütze mit einem Lackschirm – dem einzigen Lackschirm der Stadt. Am Sabbat und an Feiertagen ist er mit einem sehr langen Tuchkaftan bekleidet, der an der Hüfte gegürtet ist und viel mehr Knöpfe aufweist als ein gewöhnlicher Kaftan, so daß er eher der Soutane eines polnischen Priesters gleicht. Am Sabbat und an Feiertagen hat er ebenfalls eine Tuchmütze aufgesetzt, aber sie ist seltsam geformt, ähnelt einem hohen Türmchen und hat falsche Ohrenklappen, die in der Mitte mit einem Knopf befestigt sind. Wer hat sich das für ihn ausgedacht? Wer hat seine Kleidung gemacht? Kein anderer als er selbst. Er hat niemanden, besitzt nichts. Keine Familie, kein Dach über dem Kopf. Er ißt an fremden Tischen, meist bei reichen Leuten. Bei ihnen ist er Stammgast, das nennt man so. »Stammgast«, das bedeutet, daß die Leute, bei denen man ein und aus geht, mehr oder weniger zufrieden sind, einen zu sehen. Das war aber bei ihm nicht der Fall. Niemand sah ihn gern kommen. Man fürchtete ihn vor allem; hatte Angst vor seiner scharfen Zunge. Wenn ihn Leute in Wut brachten oder an seine Ehre rührten, überschüttete er sie mit Flüchen, und diese Verwünschungen waren so schlimm, daß sie sich die Ohren zuhalten mußten. Er drohte mit Feuer und Pest und schreckte nicht mal davor zurück, kleinen Kindern den Tod zu wünschen.

Man kann ihn oft auf dem Hof eines reichen Hauses oder auf der Straße vor dem gemauerten Haus eines wohlhabenden Mannes sehen. Er hebt den Kopf und betrachtet eine Dachrinne oder eine Fensterecke, wo sich Schwalben aus Stroh und Federn ein Nest gebaut haben. Da steht er dann mit zurückgeworfenem Kopf, schimpft und flucht. »Schwalben! Das sind mir vielleicht Schwalben. Seht sie euch doch nur an! Den Tempel habt ihr damals in Brand gesteckt, das habt ihr noch geschafft, aber das Haus eines Geldsacks anzünden? Dabei brauchtet ihr doch nur . . .«

Kein Mensch weiß, warum er so zornig ist. Man weiß auch nicht, seit wann er dieses Vagabundenleben führt. Niemand wagt ihn zu fragen, aus welcher Stadt er kommt, kein Mensch wagt es, sich nach seiner Herkunft oder seiner Familie zu erkundigen. Man weiß nur, daß er nicht von hier ist, daß man sich vor ihm in acht nehmen muß und daß vor allem die Reichen unter ihm zu leiden haben.

So betritt er also ein Haus, wo und wann er will; am frühen Morgen zum Frühstück, mittags zum Mittagessen oder spätabends zum Abendessen. Er sagt nie »Guten Tag« oder »Guten Abend«, wenn er eintritt; oder »Auf Wiedersehen« oder »Gute Nacht«, wenn er geht. Er setzt sich einfach an den Tisch und ißt und trinkt, bis er satt ist. Wenn ihm danach ist, geht er nach dem Essen wieder. Wenn nicht, bleibt er. Er beteiligt sich fast nie an den Gesprächen der Familie, hält aber die Ohren gespitzt, und man sieht, daß er über alles Bescheid weiß, was bei diesem oder jenem passiert, mehr noch, daß er auch weiß, was passieren wird.

Seine Gegenwart macht alle Angehörigen der Familie verlegen. Wenn er geht, atmet jeder auf. Niemand kann den Anblick seines erdfarbenen Kaftans oder seines Lackschirms ertragen, den er sich über die linke Gesichtshälfte gezogen hat, bis über das linke Auge hinunter. Es ist, als säße ein schweigsamer Leichenträger bei Tisch, der auf den Unglücklichen wartet, den es erwischen wird. Oder auf einen Schicksalsschlag oder gar eine Katastrophe.

Man sieht ihn nur selten arbeiten. Es sei denn nach einem

Todesfall und wenn es sich zudem um einen reichen Bürger handelt. Dann ist er zur Stelle und taucht wie aus dem Nichts auf. Dann hilft er bei der Leichenwäsche. Das soll nicht heißen, daß er selbst Hand anlegt, aber er steht daneben und überwacht, daß der Tote das bekommt, was ihm zusteht. Und man sieht ihm an, daß ihm das alles auch noch gefällt; an seinem erstarrten Gesicht kann man eine Art Vergnügen ablesen.

Wenn er gegen den Toten einen besonderen Groll hegt, läßt er sich Bosheiten einfallen: Dann zieht er etwa die Laken von den Betten und reißt sie unter dem Vorwand, sie seien zur Waschung des Toten nötig, in Streifen. Er verlangt zusätzliche Kerzen und tut, als wolle er sie um das Totenbett herum aufstellen. Er zündet sie jedoch nicht an, sondern verteilt sie unter den vielen Armen, die in den Zimmern des Trauerhauses kommen und gehen und sich gegenseitig auf die Füße treten.

Ein andermal dreht er absichtlich die Hähne der Samoware auf, in denen das Wasser zur Waschung des Toten erhitzt wird, und wenn die Synagogendiener, die auf das heiße Wasser warten, dies bemerken und ihn fragen: »Was machen Sie denn da, Reb Sruli?«, erwidert er böse: »Das geht euch nichts an . . . Nur keine Eile . . . Er wird schon rechtzeitig hinkommen. Soll er hier ruhig noch ein bißchen stinken.«

So verhält er sich in Gegenwart eines Toten, und so verhält er sich auch bei prunkvollen Hochzeitsfeiern. Er mißgönnt ihnen ihr sattes und vergnügtes Leben, so wie er ihnen auch ihre lärmenden und geräuschvollen Beerdigungen mißgönnt. Bei Hochzeitsfeiern sitzt er nie dort, wo er sich hinsetzen könnte, etwa am Kopfende des Tisches oder irgendwo sonst, wo es ihm gefällt, denn niemand würde es wagen, ihm die Stirn zu bieten. Nein. Er sitzt immer an den Tischen, die man für die Armen, die Schnorrer und Landstreicher gedeckt hat.

Er übernimmt das Kommando und ermuntert sie: »Eßt, eßt, ihr Gesindel. Füllt eure schmutzigen Gedärme.«

Oder, einige Zeit später, etwas sanfter: »Eßt, gute Leute, eßt euch satt und nehmt euch noch etwas mit. Vergeßt nicht: Was ihr eßt, gehört niemandem. Nur euch und Gott.«

Und am Ende des Festes, wenn alle Landstreicher bis zum Platzen vollgestopft sind, wenn ihre Taschen und Beutel überquellen, schreit Sruli wieder los, diesmal an die Adresse der Dienerschaft: »Die Leute haben Hunger. Bringt noch mehr, noch mehr ...« Und wenn sich ein Tisch wieder mit Speisen gefüllt hat und die Bettler gerade im Begriff sind zu gehen, verheddert Sruli wie unabsichtlich einen Knopf seines Kaftans im Saum des Tischtuchs, steht langsam auf und zieht dabei das Tischtuch mit sich und damit alle Speisen und Getränke sowie alles Geschirr, das sich darauf befindet; alles landet in einem heillosen Durcheinander auf dem Fußboden.

So benimmt er sich bei einem Fest. Man sagt, er sei vor Zorn ungläubig geworden. Außer Gott fürchte er weder Gerechte, Wunderrabbis noch sonst einen Stellvertreter Gottes auf Erden. Er macht sich über alle lustig, macht sie lächerlich, vor allem die bekannten Rabbis, zu denen die fetten Geldsäcke pilgern, die an sie glauben. Die armen Gläubigen rührt er nicht an. Wenn sie glauben, läßt er ihnen ihren Glauben. Den Reichen aber liest er nach Kräften die Leviten. So kommt es, daß der stets so schweigsame Sruli, von dem niemand sich rühmen kann, je etwas anderes als Flüche gehört zu haben, keine Gelegenheit verstreichen läßt, einem reichen Mann die Meinung zu sagen; wie reich und mächtig sein Opfer auch sein mag. Sruli fällt über den Ärmsten her, ob nun mitten in der Synagoge oder vor vielen Leuten; und er tut dies so grausam und bissig, daß manche Angst davor haben, in seiner Nähe zu sein. Sie wenden sich ab und flüchten, als fürchteten sie sich anzustecken. Andere hingegen bleiben wie angewurzelt mit offenem Mund stehen, unfähig, sich loszureißen oder wegzulaufen.

Wenn sich Sruli bei solchen Gelegenheiten richtig in Rage redet, hat er eine Menge zu sagen, und die anderen viel zum Anhören, wenn sie wollen. Dabei wird einem klar, daß er weit herumgekommen ist. Was er nicht mit eigenen Augen gesehen hat, kennt er aus Erzählungen, und was er nicht gehört hat, hat er selbst herausgefunden. Man hat wahrhaftig den Eindruck, daß er durch Wände hindurch und sogar meilenweit hören kann.

Es kam vor, daß er, wenn ihn die Redelust überfiel, inmitten einer Schar gläubiger Zuhörer eine Geschichte erzählte, die sich am Hof irgendeines berühmten Rabbi zugetragen hatten. Es ging um die Schwiegertochter des Rebbe, die ihren Mann verabscheute und nicht mit ihm zusammenleben wollte. Da man sie gegen ihren Willen verheiratet und damit ihre Jugendjahre verdüstert hatte, wollte sie es dem Sohn des Rabbi jetzt heimzahlen und weigerte sich, sich von ihm scheiden zu lassen. Am Ende zwang man sie mit Gewalt zur Einwilligung.

Zunächst hatte man es mit gutem Zureden versucht. Dann versuchte man, sie mit Drohungen einzuschüchtern. Nichts half. Man bot ihr Geld, alle möglichen Dinge – sie wollte nichts davon hören. Unterdessen hatte man insgeheim die Unterschriften von hundert Rabbis gesammelt – die für die Gültigkeit einer Ehescheidung nach rabbinischem Gesetz erforderliche Zahl. Sruli erzählte, wie die fragliche Schwiegertochter, die sich aus Angst jahrelang in ihrem Zimmer einschloß, um nicht belästigt zu werden, eines Tages das Haus verlassen hätte und von einigen Schülern des Rebbe ergriffen worden sei, die dieser bezahlt habe. Man habe sie zu Boden geworfen und – an dieser Stelle beendete Sruli seinen Bericht mit einem groben und zynischen Lächeln – mit Gewalt gezwungen, in die Scheidung einzuwilligen.

Ein anderes Mal erzählte er vor der gleichen Zuhörerschaft eine andere Geschichte.

An einem bestimmten Hof hatte der noch unverheiratete Sohn des Rebbe ein Zimmermädchen geschwängert. Man hatte sie rechtzeitig mit einem etwas einfältigen Handwerker aus einer fernen Stadt verheiratet und das junge Paar anschließend in eine andere Stadt expediert; dort hatten sie lange Jahre von Geld aus den Erträgen des »Hofs« gelebt. Vom Geld, das die Schande des Rebbe kaschieren sollte . . .

Es ist wahr, daß man Sruli auch einmal, wie man sich in der Stadt erzählte, um ein Haar eine Lektion erteilt hätte oder zumindest eine Warnung hatte zukommen lassen. Die sei angeblich an einem Sommertag in einem Haus unweit des Flusses bei Leuten passiert, die er kannte, vielleicht aber auch nicht.

Urplötzlich habe sich der Himmel verdunkelt, ein Gewitter sei losgebrochen, Staub sei durch die Luft gewirbelt ... Während Sruli am Tisch saß, hörte man plötzlich im Halbdunkel des Zimmers einen schrecklichen Knall. Sruli dachte, das Dach sei über ihm eingestürzt oder die Erde hätte sich unter ihm aufgetan. Im selben Moment schoß durch die offene Tür ein weißer Blitz herein. Der wirbelte wie eine flammende Bretzel über seinem Kopf herum, drehte sich dann, als suchte er einen Ausgang, und verschwand durch das offene Fenster gegenüber der Tür nach draußen.

Sruli war keine ängstliche Natur, verspürte jetzt aber doch wegen der beiden überraschenden Phänomene, des scharfen Knalls und der Flamme, eine gewisse Leere, hatte so etwas wie ein hohles Gefühl im Kopf. Er nahm die Mütze ab und strich sich mit der Hand über den Kopf. Sein Haar, das plötzlich ergraut war, löste sich bei der Berührung in Büscheln von seinem Schädel und fiel ihm auf die Kleidung und auf den Fußboden. Er stand auf, trat ans Fenster und warf einen Blick auf den Fluß. Er sah, daß die hundertjährige gebeugte Weide zerbrochen war; die obere Hälfte lag im Wasser, die untere Hälfte des Stamms stand am Ufer und brannte im Gewitter wie eine Kerze.

Es hatte Blitz und Donner gegeben.

Später hatte man ihm Vorhaltungen gemacht. Gläubige sagten ihm: »Siehst du, Reb Sruli, das ist dafür und dafür, für deine Worte und Blasphemien. Man hat dich gewarnt. Erst das Haar, dann der Kopf.« Sruli lachte böse und gereizt: »Haar? Wozu taugen Haare? Im Gegenteil, ohne sie fühle ich mich besser, freier, gelöster und kann besser denken. Um meinen Kopf braucht sich kein Mensch Sorgen zu machen. Und wer das trotzdem tut, ist ein Dummkopf, und dem geschieht's ganz recht.«

Seitdem zieht er sich die Mütze noch tiefer in die Stirn und schweigt noch beharrlicher als zuvor. Er fährt fort zu verabscheuen, was er schon immer verabscheut hat, und besucht auch weiterhin die Häuser der Reichen, wo er wie seit eh und je kein gerngesehener Gast ist.

So führt er sich nun schon seit Jahren auf; er hat sich Rechte angemaßt, und diese Rechte werden in der Stadt von jedermann anerkannt, selbst von den reichsten und angesehensten Leuten der Stadt, ob es ihnen gefällt oder nicht.

Trotz seiner Feindseligkeit genießt er alle Privilegien eines vertrauten Gastes. Mehr noch: Er hat das Recht, sich an die üppigste Tafel zu setzen, ohne jemanden um Erlaubnis zu bitten, oder die Nacht zu verbringen, wo er will. Und nicht nur eine Nacht: Wenn ihm danach ist, bleibt er eine Woche und länger, einen Monat, manchmal Monate, und niemand wagt es, auch nur ein Wort zu sagen oder sich ihm zu widersetzen. So ist es schon seit langem, seit jeher. Wenn er jemandem zürnt oder feindselig gesonnen ist, zeigt er es offen, Sympathie und Zuneigung dagegen niemals – oder nur sehr selten. Und wenn, dann meist bei einem Fest, ein- oder zweimal im Jahr. Dann tanzt er bei einem Gastmahl mit irgendeinem armen Teufel ... Er entführt ihn von der Tafel oder holt ihn aus einem getrennt tanzenden Kreis heraus – irgendeinen bedrückten armen Teufel, der immer abseits sitzt – und wirbelt ihn so heftig herum, daß keiner der Anwesenden, keiner der zahlreichen Gäste den Blick von ihm und seinem Tanzpartner abwenden kann. Dieser ist schon erschöpft, aber Sruli läßt ihn erst dann in Ruhe, wenn alle beide Blut und Wasser schwitzen. Erst dann läßt er von ihm ab und wendet sich mit einer Stimme, die jeder hören kann, an ihn: »Vergiß nicht, ich sage es dir voraus ... Alles, was du hier siehst, ist für dich armen Teufel und all die anderen armen Leute bestimmt.« Er verstummt, zeigt nur mit einem drohenden Finger auf die wohlhabenden Gastgeber und deren reiche Gäste und hält dann den Mund. Einmal hat er hinzugefügt: »Kettensträflinge ...« Bei Hochzeiten von Armen aber legt er eine bemerkenswerte Leutseligkeit an den Tag.

Manchmal platzt er in seinem erdfarbenen Kaftan uneingeladen in irgendein sehr armes Häuschen hinein, in dem man gerade eine Hochzeit feiert. Niemand kennt ihn, niemand weiß etwas über ihn. Wenn ihn jemand fragt, was er wünsche, antwortet er: »Dem jungen Paar eine Freude machen.«

»Nur zu«, lautet die Antwort.

Dann zieht er eine Flöte aus der Hosentasche, eine einfache Holzflöte mit Löchern, die ihm irgendein Schäfer überlassen hat, und beginnt zu spielen.

Es war ein seltsamer und schöner Anblick, ihn spielen zu sehen. Er hatte zwar nichts von einem Berufsmusiker an sich, besaß aber flinke Finger; er schloß geschickt ein oder zwei Löcher, während er gleichzeitig mehrere andere öffnete. Sein Ton war rein und in einer tiefen oder mittleren Tonlage gehalten. Er nahm beim Spielen eine bizarre aufrechte Haltung ein. Sein Körper schien am Spiel nicht teilzunehmen. Sein Gesicht blieb unbewegt – nicht die kleinste Regung. Er war wie erstarrt, so daß diejenigen, die ihn hatten ankommen sehen und den Wunsch hatten äußern hören, am Fest teilzunehmen und zu spielen, am liebsten gelächelt hätten, so wie man über die Bemühungen eines unbeholfenen Spaßmachers oder eines heiseren Marktschreiers lächelt; aber als sie ihn mit der Flöte am Mund spielen sahen, blickten sie ihn verwundert und mit nicht geringem Schrecken an. Er hingegen schaute niemanden an, als spielte er nicht vor einem Publikum, sondern vor einem leeren Raum. Was er spielte, war traurig; an einer Stelle so sehr, daß es den Frauen ans Herz ging; sie begannen zu weinen, vergaßen den Fremden und lauschten nur seiner melancholischen Melodie.

Er spielte sanft und brachte mit seinem einfachen, uralten Hirteninstrument Dinge in das Hochzeitshaus, die dessen vier Wände noch nie erlebt oder gehört hatten: grüne Felder und Wälder, sonnige und bewölkte Fernen. Das junge Paar und seine Gäste fühlten sich in eine andere Welt versetzt und vergaßen ihr Fest und alles, was ihm vorausgegangen war.

Aber obgleich Sruli dazu fähig war, tat er es nie und mißbrauchte seine Macht und Gabe nie über Gebühr.

Es war immer das gleiche: Kaum entdeckte er, daß er sein Publikum in der Hand hatte, daß es in seinem Bann stand, hörte er mitten im Spiel auf. Ohne daß die verzauberten Zuhörer dessen gewahr wurden, schaffte er den Übergang mit einer Art Taschenspielertrick: Das Publikum glaubte ihn noch mit der

Flöte am Mund spielen zu sehen und zu hören, während er sie in Wahrheit schon längst in die Tasche gesteckt hatte. Das Publikum war immer noch ganz verblüfft über den Trick mit dem verschwundenen Instrument, und bevor es wieder zu sich kam, hatte sich Sruli mit ausgestreckter Hand vor der jungen Braut aufgepflanzt, als wollte er für seine Musik eine Belohnung verlangen. In Wahrheit wollte er aber kein Geld, sondern sagte nur: »Bezahl mich mit einem Tanz, junge Braut.« Und wenn diese ein wenig zögerte, unschlüssig, was sie tun sollte, ob sie zahlen oder sich weigern sollte, streckte Sruli die zweite Hand den anderen entgegen, als ob er sich vergewissern wollte, daß seine Forderung berechtigt war.

»Natürlich, selbstverständlich!« rief man ihm von allen Seiten zu. Folglich tanzte die Braut eine Runde mit Sruli. Und mit der Braut tat er das gleiche, was er bei den Hochzeiten der Reichen mit den armen Teufeln tat: Er tanzte mit ihr, bis sie völlig erschöpft war. Dafür erinnerte sie sich aber für den Rest ihres Lebens an den Mann mit dem erdfarbenen Kaftan. Der Tanz mit ihm zählte in den schwierigen und ernsten Jahren, die noch vor ihr lagen, zu ihren schönsten Erinnerungen an Jugend und Hochzeit. Anschließend nahm man ihn freundlich auf, gab ihm einen Ehrenplatz und servierte ihm all die Dinge, die man für die Hochzeit vorbereitet hatte. Bevor Sruli aufbrach – immer vor dem Ende des Festessens –, nahm er jedesmal einen Elternteil des Brautpaars beiseite und legte ihm als Hochzeitsgeschenk einen Silberrubel in die Hand, einen kleinen silbernen Becher oder irgendeinen anderen Gegenstand.

Gehörten ihm das Silber oder diese Gegenstände? – Wir wissen es nicht. Wenn aber, wie gemunkelt wurde, in einem reichen Haus eine Vitrine mit einer Silbersammlung plötzlich eine leere Stelle aufwies, lag darin nichts Böses. Weder wir, die reiche Familie noch sonst jemand, Sruli selbst schon gar nicht, vergoß darüber auch nur eine Träne.

Ein seltsamer Kauz, dieser Sruli, ein bißchen verrückt, voller Widersprüche, stachelig wie ein Igel. Man konnte ihn weder fassen noch begreifen.

Es gab sogar welche, die die Vermutung äußerten, wenn von ihm die Rede war, daß er mit seinem ganzen Haß auf die Reichen selbst aus einer wohlhabenden Familie stamme oder einst einer solchen nahegestanden habe.

Diese Vermutung gründete sich auf manche seiner Taten und Gewohnheiten, und vor allem auf seine Großspurigkeit und seine gutmütige Arroganz. So brachte er es fertig, sich mitten auf dem Markt die Stiefel auszuziehen und sie einem Fremden zu dessen unmittelbarem Gebrauch zu schenken, da der Fremde selbst keine Stiefel besaß, oder er vermachte sie ihm, damit dieser sie verkaufen konnte, um sich aus irgendwelchen Schwierigkeiten zu befreien, vielleicht weil man ihn gerade eines Diebstahls bezichtigte oder weil er sonst irgendwie in der Klemme steckte. Es konnte Sruli einfallen, aus einem brennenden Haus so lange ein paar armselige Dinge zu retten zu versuchen, bis ihm das Feuer Augenwimpern und Bart versengte. Eines Tages ließ er sich plötzlich auf einen Streit mit dem geachtetsten Rabbi der Stadt ein, den eine arme Frau um Rat gefragt hatte. Es ging um das Essen für einen Kranken. Als der Rabbiner schließlich genug hatte und das Essen für *trefe*, für unrein erklärte, fragte Sruli die Frau, die gerade aufbrechen wollte, wo sie denn wohne. Kurz darauf erschien er an ihrer Haustür und brachte ihr ein besseres und teureres Gericht. Er erklärte, der Rabbi schicke diese Speise als Ersatz für das, was für unrein erklärt worden sei. In Wahrheit hatte Sruli das Essen mit eigenen Händen und mit Gewalt aus der Küche der Rabbinerfrau an sich genommen. Dabei hatte er wüst geschimpft und geschrien, das Gesetz sei Scheiße, und er sehe nichts Schlimmes darin, daß sich der Rabbi einmal nicht satt essen könne. Auch er könne im Namen des Gesetzes mal verzichten.

Das war also eine von Srulis Verrücktheiten. Und hier noch eine. Noch am selben Tag trieb er irgendwo Geld auf und entschädigte die Rabbinerfrau mit einem liebenswürdigen Lächeln für die Mahlzeit.

Im Weggehen rief er ihr noch ironisch zu: »Sie sollten lieber keine Rabbinerfrau sein.«

Als diese letzte Geschichte in der Stadt die Runde machte, waren manche über Srulis Dreistigkeit sprachlos, während andere über den gelungenen Scherz lachten. Aber alle ohne Ausnahme waren bestürzt: Man stelle sich vor! Wer hätte das gedacht? Sruli, den man noch nie mit einem Buch in der Hand gesehen hatte, von dem nicht mal bekannt war, ob er überhaupt wußte, *wie* man ein Buch hält, hatte sich auf einen Streit mit einem so gebildeten Mann eingelassen und sich mit einem solchen Gelehrten gemessen. Immer wieder fielen ihm zur Verblüffung aller solche Späße und bizarren Streiche ein. Aber er ließ den Menschen nicht viel Zeit zum Staunen. Wann immer ihm bewußt wurde, daß er die Neugier der Leute erregte, zog er den Kopf zwischen die Schultern, setzte eine bissige Miene auf und suchte alles vergessen zu machen, was an seinem Verhalten unverschämt oder bizarr erscheinen konnte, damit ja keine Spur davon zurückblieb, damit sich schon am nächsten oder übernächsten Tag keiner mehr daran erinnerte ... und das waren durchaus keine vereinzelten Stacheln, die bei ihm gleichsam wie gegen seinen Willen irgendwo aus verborgenen Tiefen auftauchten, die er so unterdrücken, ausmerzen und niedertrampeln wollte. Manchmal versuchte er sogar, sich selbst auszulöschen: Jedes Jahr verschwand er für einige Zeit aus der Stadt. Manchmal blieb er Monate weg.

Niemand wußte, warum. Lag es daran, daß er von der Stadt plötzlich genug hatte, oder daran, daß er es satt war, jeden Tag mit dem ewig gleichen Groll ein neues Haus zu betreten, oder hatte er tatsächlich etwas zu verbergen? Wenn er das Gefühl hatte, lange genug im Mittelpunkt gestanden zu haben, suchte er sich aus dem Staub zu machen, zu verschwinden. Und welche Gründe auch immer er dafür gehabt haben mochte, er verschwand jedes Jahr. Meist im Spätwinter, nachdem der letzte Schnee geschmolzen war, wenn der letzte Winterschlamm schon zu trocknen begann; manchmal jedoch erst zu Beginn des Frühlings, wenn die Luft leicht wurde und die Kastanien und Fliedersträuche zu sprießen und zu blühen begannen, wenn man einen klaren und weiten Blick hatte und alle winddurchtosten und vernachlässigten Koppeltore aufgerissen wurden; wenn hoch am Himmel der gedämpfte, geheimnisvolle Flügelschlag von Wildgänsen, von Schwänen und Reihern zu hören war, die aus der Ferne zurückkehrten, um hier ihre Nester zu bauen.

Zu diesen Zeiten bemerkte man Srulis Gereiztheit, seine Verträumtheit. Sein Blick irrte hilfesuchend und verstört umher, und er lauschte mit doppelter Aufmerksamkeit, als wartete er begierig auf eine lang ersehnte Nachricht.

Dann holte er eines schönen Morgens, ohne sich von jemandem zu verabschieden oder etwas von seinen wie immer geheimen Absichten zu verraten, seinen Beutel hervor, den er sorgfältig unter seinen Habseligkeiten aufbewahrt hatte, und stopfte die paar Siebensachen hinein, die ein Mann seines Schlages auf einer Reise gebrauchen kann.

Er warf sich den Beutel über die Schulter, und ohne auch nur irgend jemandem auf Wiedersehen zu sagen, verließ er im Morgengrauen das Haus, in dem er die letzte Nacht verbracht hatte. Dabei drehte er sich gewöhnlich noch einmal um und verabschiedete sich mit einer obszönen Handbewegung von dem Hof, der ihn beherbergt hatte.

Dann drehte er sich noch ein zweites Mal um und wiederholte die Handbewegung.

Seine Mütze mit dem Lackschirm rutschte ihm dann noch tiefer über die linke Gesichtshälfte, als gewohnt; der Kaftan war aufgeknöpft. Mit seinem Beutel auf dem Rücken durchquerte er die Stadt, ohne bekannten Gesichtern zu begegnen und ohne zu grüßen, wenn er glaubte, einen Bekannten entdeckt zu haben, und erreichte schließlich die Außenbezirke und das offene Land. Es war wirklich ein Anblick, ihn wie immer mitten auf der Landstraße dahinschreiten zu sehen, auf der er die Stadt zu verlassen liebte, denn sie war schnurgerade, eben, eintönig und mit weißen Pflastersteinen belegt. Außerdem lag sie etwas niedriger als die Stadt. Wenn man eine bestimmte Entfernung zurückgelegt hatte, konnte man sich umdrehen, auf die Stadt zurückblicken und sich mit der gleichen obszönen Handbewegung auch von ihr verabschieden ...

Er hielt sich immer mitten auf der Landstraße und wich keinem der einfachen Bauernkarren aus, die ihm entgegenkamen, und machte auch keinem anderen, weniger schlichten Fuhrwerk Platz. Egal, wem es gehörte, nicht der Pferdekutsche eines Händlers oder der Kutsche eines Adligen, nicht mal einem Zweispänner. Mehr als nur einmal hatte er einen Peitschenhieb von einem Kutscher erhalten, zu dem dessen Dienstherr ihn ermuntert hatte, als Sruli nicht ausweichen wollte. Der Adlige steckte den Kopf aus dem Wagenfenster und befahl ihm immer wieder vergeblich, sich zu trollen.

Als er so auf der Landstraße dahinschritt, hätte man meinen können, daß er gegen den Wind ging, so zerzaust sah er aus mit seinen fliegenden Schläfenlocken und den flatternden Rockschößen seines Kaftans, wie ein Teufel, der seine Ketten gesprengt hat... Ob ein Wind wehte oder nicht, er wich niemandem aus, der ihn einholte. Er erschreckte die Passanten mit seinen abweisenden und geraden Schultern, mit seinem ungelenken, aufsässigen Schritt; er sah niemanden, achtete nicht auf das, was hinter ihm geschah, und die Leute gingen ihm aus dem Weg.

So war es, wenn er jemandem begegnete. Zu dieser Zeit – im Frühjahr – ist es jedoch meist so, daß sich niemand auf der Straße befindet, da die Menschen alle auf den Feldern arbeiten. Und der Tag vergeht, ohne daß Sruli auch nur einer Menschenseele begegnet; er erfreut sich an der Stille der Straße, die ihm die Ohren erfüllt, manchmal auch an dem Summen der Leitungen, der einzigen Telegrafenlinie des Landes, die durch diesen Bezirk führt. An solchen Tagen hatte Sruli weder Hunger noch Durst. Er brauchte nicht einmal zu rasten, da es ein nur für ihn erschaffener Festtag war, der ihn vom Leben in der Stadt befreite.

Erst am Ende des Tages bog er von der Landstraße ab und betrat ein kleines Dorf namens Dvorez, das auf seinem Weg zu den Städtchen in den fernen Wäldern von Duneschi und Schumsk lag. Dort lebten einige Bauern und Schankwirte, die ihn kannten und bei denen er den Sommer zu verbringen pflegte und manchmal lange Monate blieb. Spät abends kam er dann in einem solchen Schumsk oder einem ähnlichen Dorf an und tauchte urplötzlich bei einem Bauern auf, der ihn kannte und sich noch aus dem Vorjahr an ihn erinnerte.

Er legte seinen Beutel ab. Die frommen, einfachen Bauern luden ihn zum Essen ein: Wie immer gab es Roggenbrot sowie eine Schale Quark oder Dickmilch.

Er fühlte sich erfrischt, und die ländliche Stille drang ihm bis ins Mark – die Ruhe, die Güte der Bauern und die Ehrerbietung, die sie ihm wie allen Stadtmenschen erwiesen. Diese ungewöhnliche Stille der dörflichen Umgebung, die Kate, in der es ewig nach billigem Schnaps stank, nach abgestandenem Wasser, nach Federvieh, das wie selbstverständlich ein und aus ging – Hühner und Gänse, die um diese Zeit nicht mehr brüteten und mit ihren Küken promenierten. Man hielt sie unter dem Ofen, und selbst am Abend konnte man das schwache Piepsen der frisch ausgeschlüpften Küken hören.

Das alles war für Sruli eine Quelle der Freude. Schon vom ersten Tag an vergaß er die Stadt und den Haß, den er gegen sie hegte. Man hätte schwören können, Sruli wäre ein anderer Mensch geworden. Seine Bosheit war verflogen, der Mützenschirm hing ihm nicht mehr so tief ins Gesicht; sein Mißtrauen, seine Skepsis wie auch seine Gewohnheit, sich abseits zu halten, all das, was sich so klar daran zeigte, wie er ging und sprach und sich den Menschen gegenüber verhielt, war jetzt erheblich sanfter geworden. Diese Veränderung zeigte sich vor allem in seiner Art zu beten; in der Stadt hatte er seine Gebete immer rasch hinter sich gebracht. Hier blieb er mit seinem Gebetsschal lange vor dem Fenster stehen und blickte hinaus. Oft erschien sogar ein freundliches Lächeln auf seinem Gesicht, wenn er betete. Die Veränderung zeigte sich auch daran, wie er mit seinen Gastgebern umging. Er brachte ihnen zwar keine besondere Freundlichkeit oder allzu große Vertraulichkeit entgegen, dafür jedoch brummte er zumindest nicht mehr und blickte auch nicht mehr wütend um sich, und wenn jemand das Wort an ihn richtete, antwortete er auch nicht gleich mit beißendem Spott.

So vergingen ein Tag, zwei Tage, eine Woche und mehr. An einem Ort, in einem Dorf. Dann brach er wieder in ein anderes

Dorf auf, um sich bei einem anderen Bauern niederzulassen, den er ebenfalls seit dem vergangenen Jahr kannte. Wieder war es irgendein abgelegenes Dorf, noch abgelegener als das erste; es lag in einer waldreichen Umgebung, in der die Sonne am frühen Morgen Mühe hatte, die Äste der Bäume zu durchdringen, und wo sie abends viel früher unterging als sonstwo in der flachen Steppe.

Je tiefer er in diese Gegend vordrang, um so kleiner, isolierter und einsamer wurden die Dörfer, und hier wurde das Erdreich auch nicht mehr von Landstraßen durchschnitten. Die Bauern dieser einsamen Gegend hatten nur selten einen leibhaftigen Stadtbewohner zu Gesicht bekommen und sahen ihn an, als käme er aus einem anderen Land. Die jüdischen Bauern fühlten sich in seiner Gegenwart ebenfalls unbehaglich, denn Besuche von Leuten seines Schlages waren äußerst selten, und sie selbst waren noch seltener in der Stadt gewesen.

Dort herrschten krasse Unwissenheit und ein ebenso tiefer jüdisch-ländlicher Aberglaube. Sruli war da einem Bauern begegnet, der sich geweigert hatte, der Person, die jeder nur als die Dorfhexe kannte, Branntwein zu verkaufen. Denn, so rechtfertigte er sich, als er ihr einmal welchen verkauft habe, seien in jedem seiner Fässer und in jedem Gläschen, das man gerade an die Lippen geführt habe, Nadeln erschienen; einige Bauern hätten nur Koliken davongetragen, aber andere seien daran gestorben.

Dort versuchte jeder jüdische Bauer, Verletzungen und Krankheiten mit Beschwörungen in seiner Sprache, dem Jiddischen, beizukommen, während die Landarbeiter die Krankheiten der Juden in ihrer polnischen Muttersprache zu kurieren suchten.

Dort glitzerten nachts kleine Irrlichter in den Brunnen. Bekränzte Stuten umkreisten die Brunnen, und auf den nahen und fernen Wiesen ritten Geister auf Pferden ohne Sättel und Zaumzeug; Menschen und Tiere wurden durch die Irrlichter in Sümpfe gelockt, in denen sie gefangen blieben – dort starben sie oder wurden zu Herrschern über die Kröten.

Solche und ähnliche Dinge fand Sruli in dieser Gegend vor,

und trotz seiner Liebe zum Land war ihm dabei unbehaglich zumute – als hätte er nicht genug Luft zum Atmen, als würde er ersticken ... Meist widerfuhr ihm das in dem letzten Dorf, aus dem er nach einem langen Sommeraufenthalt in die Stadt zurückkehrte. Dort stand inmitten einiger Hütten ein einziges, mit Reet gedecktes jüdisches Haus, in dem Menasche Trjedier wohnte. Menasche war ein altersschwacher Jude, der bei seinen Kindern auf dem Altenteil lebte. Er verbrachte den ganzen Sommer vor dem Haus, wo er auf einer alten, auf dem Erdboden ausgebreiteten Decke zu liegen pflegte. Er war so taub, daß er kaum etwas hörte und noch weniger verstand. Das bißchen Vernunft, die ihm noch geblieben war, benutzte er dazu, jeden Vorübergehenden mit einer unbewußt ausgestreckten Hand zu begrüßen. Er vergaß jedesmal, wem und wie oft er schon am selben Tag, zur selben Stunde die Hand bis zum Überdruß entgegengestreckt hatte. Und bei diesem Menasche konnte man einen gelangweilten Sruli finden; er rief dem alten Mann etwas in das schwerhörige Ohr, nachdem Menasche mit letzter Kraft und nach alter Dörflersitte die wenigen vernünftigen Worte geäußert hatte, die ihm noch geblieben waren, nämlich die Frage: »Was gibt's Neues in der Stadt, Reb Gast?«

Sruli schrie ihm dann ins Ohr: »Es gibt was Neues, Reb Menasche. Große Neuigkeiten. Der Messias ist gekommen!...«

Aus schierer Langeweile scherzte er mit dem alten Mann wie mit einem Kind oder erzählte ihm alberne Geschichten, etwa: »Ja, Reb Menasche. Der Messias ist gekommen, und in der Stadt packt man schon die Koffer und mietet Wagen, um ihm entgegenzufahren ... Rabbis mit Gebetsschals reiten auf Eseln, Rabbinerfrauen zu zweit auf Pferden. Das rituelle Bad hat man schon die ganze Woche heiß gehalten, und weder Männer noch Frauen wollen es verlassen. Kühe und Ochsen trotten freiwillig zum Schlachthof; der Steuereinnehmer ist verschwunden, und Schlachter geben ihr Fleisch umsonst her. Die Hunde schleppen ganze Köpfe in den Schnauzen und schleifen die Innereien hinter sich her ... Diebe haben allen die Geldbörse aufgeschlitzt; die

Bettler tragen Goldschmuck, und die Reichen laufen in Lumpen herum.«

»Wirklich, wirklich«, wunderte sich der Alte dumpf.

Mit solchen und ähnlichen Albernheiten vertrieb sich Sruli die Zeit, weil er offensichtlich nichts Besseres zu tun hatte. Sein Interesse am Landleben war verflogen, er hatte das Gefühl, im Schlamm festzustecken, und daß es höchste Zeit für ihn sei, wieder aufzubrechen.

So war es am Ende jedes Sommers. Die Felder waren abgeerntet, die Scheunen berstend voll; die Wälder, die ihre Spätsommerträume träumten, gingen mit jedem Tag früher schlafen und standen jeden Tag später auf. Sie vernahmen nichts als den Lärm der Eichhörnchen, die Nüsse sammelten und sich auf die Entbehrungen des Winters vorbereiteten.

Dann geschah es, daß Sruli eines schönen Tages seinen Beutel packte und aufbrach, ohne sich von jemandem zu verabschieden. Der Weg zur Landstraße führte ihn wieder durch die Dörfer, durch die er schon einmal gekommen war. Und auf seinem gesamten Rückweg in die Stadt konnte man an seinem Gesicht einen Ausdruck stiller Verachtung für die Greise ablesen, unter denen er sich gerade aufgehalten hatte, eine stille Verachtung für alle altersschwachen Menasches und für alle, die noch nicht senil waren und ihn gleichgültig ließen. Freudig erreichte er die Landstraße und atmete tief durch, als wollte er sich damit von der stickigen Luft des langen Sommers befreien, und dann, den Blick nach vorn gerichtet, brach er zu seiner Stadt auf, die er so lange nicht mehr gesehen hatte und nach der er jetzt große Sehnsucht empfand.

V

Der Bruderzwist

Am frühen Morgen des nächsten Tages, nach dem Abend, von dem wir berichtet haben, an dem sich die drei Brüder in Mosches Eßzimmer trafen, bekam Alter, wie man hatte vorhersehen können, einen Schreianfall. Aber diesmal war er so heftig, daß es selbst für Alter ungewöhnlich war.

Es war noch dunkel, als ihn die Mägde, die in der Küche direkt unter Alters Dachkammer schliefen, schreien hörten. Die ältere Magd wachte als erste auf. Sie war noch im Halbschlaf und weckte die andere junge Frau. »Hörst du? So früh am Morgen, und es fängt schon an.«

Danach blieben sie mit offenen Augen reglos in den Betten liegen. Obwohl die Zimmerdecke sie von Alter trennte, hörten sie seine Schreie, als lägen sie mit ihm im selben Zimmer. Es schien ihnen, als kämen diese Schreie nicht von einer Frau in den letzten Geburtswehen, sondern von zehn auf einmal, als würden zehn Leiber kreißen und zehn mal zehn Schmerzen keinen anderen Ausweg finden als durch menschliche Münder, die zu eng waren, die Schreie durchzulassen.

Später vernahmen auch Familienmitglieder, die in abgelegeneren Zimmern schliefen, diese Schreie. Als erste Gitl, Mosches Frau. Sie lag noch im Bett und bekam plötzlich heftige Kopfschmerzen – wie immer, wenn Alter schrie –, die sie jedesmal zwangen, einen Tag im Bett zu bleiben, wenn sie es nicht auf sich nehmen wollte, sich mit einer Kompresse auf dem Kopf mühsam durchs Haus zu schleppen. Später hörten ihn auch Mosche und alle Erwachsenen des Hauses, schließlich auch die Enkel, darunter Mayerl.

Draußen wehte ein Wind, der an den Herbst denken ließ. Er

hatte sich in der Nacht im Garten eingenistet und sich selbst nach Tagesanbruch noch nicht zurückgezogen. Ohne Unterlaß schüttelte er die Baumkronen, rechts, links, auf allen Seiten, bog die Äste manchmal bis zur Erde und brach sie. Der stauberfüllte Himmel, der so aussah, als könnte es regnen oder als hätte es schon geregnet, hing niedrig über den Straßen und Häusern. Hätte jemand an diesem Morgen zufällig aus dem Fenster geblickt, hätten ihn düstere Gedanken befallen, wie es bei jedem Wetterumschwung geschieht. Bald war in Mosches Haus jeder auf den Beinen. Die Diener machten sich daran, den Morgentee für die Erwachsenen und das Frühstück für die Kinder zu bereiten. Geschirr und Gläser wurden abgewaschen und abgetrocknet, und man brachte den Samowar auf den Tisch im Eßzimmer.

Schon jetzt konnte man auf den Gesichtern aller Erwachsenen des Hauses eine gewisse Beunruhigung beobachten. Der Grund dafür waren nicht allein das schlechte Wetter, das den Menschen auf nüchternen Magen am häufigsten Unbehagen bereitet, oder die Schreie Alters, die ständig auf der ganzen Familie lasteten, ausnahmslos auf jedem von ihnen, und ihnen die Zunge im Mund erstarren ließen, nein. Ihre Hauptsorge war eine Neuigkeit, die seit dem frühen Morgen im Haus die Runde machte. Sie stammte von Gitl und wurde flüsternd von Ohr zu Ohr weitergetragen: nämlich daß Onkel Lusi sich entschlossen habe, in N. zu bleiben, und daß diese Entscheidung ihrem Vater Mosche wenig behage.

Bei dieser Nachricht spürten alle, daß die Meinungsverschiedenheit der Brüder, die so unmerklich mit einer gewissen Zurückhaltung zwischen ihnen begonnen hatte, jetzt offen auszubrechen drohte; man mußte sich eingestehen, daß die auf den ersten Blick durchaus nicht kränkende Entscheidung Lusis, die zu einem anderen Zeitpunkt mit großer Freude aufgenommen worden wäre, jetzt so wirkte, als hätte man trockenes Holz ins Feuer geworfen, um es noch stärker aufflammen zu lassen. Die Erwachsenen nahmen ihren Tee also schweigend ein. Man trank gleichsam nur aus Höflichkeit. Die Blicke aber richteten sich auf den Vater, das Familienoberhaupt, auf Mosche, an dessen Gesicht man die gleiche Beunruhigung ablesen konnte. Gleichzeitig warf man immer wieder Blicke zur Tür, in der Onkel Lusi jeden Moment zum Morgentee erscheinen konnte, aber diesmal erwartete man ihn ohne jede Freude. Man befürchtete, daß sich die beiden wegen einer Nichtigkeit in die Haare geraten könnten, hoffte aber andererseits, daß es möglich sein würde, die erhitzten Gemüter abzukühlen und dem möglichen Anlaß zu einem Streit die Spitze zu nehmen, wenn es jetzt gelang, einen Wortwechsel zu vermeiden.

Aber Lusi wurde durch irgend etwas aufgehalten oder verspätete sich absichtlich; niemand kam durch die Tür, in der man ihn erwartete. Statt dessen sah man durch eine andere Tür, die von der Küche ins Eßzimmer führte, einen unerwarteten Gast auftauchen. Es war Sruli. Sruli Gol.

Wie immer trat er leise, sich seitlich vorwärtsbewegend, ein. Mit seinem Beutel auf dem Rücken sah er aus wie jemand, der soeben von einer Reise zurückgekehrt ist. Das war jedoch nicht der Fall. Man konnte es seinem ausgeruhten Gesicht und seinen wachen Augen ansehen, die davon zeugten, daß er die Nacht nach seiner Rückkehr bei irgend jemand anderem verbracht hatte. Man sah ihm auch an, daß er schon wußte, was jetzt in diesem Haus geschah, in dem die Angst vor möglichem Ärger ebenso greifbar war wie die Besorgnis über das, was all dem vorausgegangen war. Auf irgendeine Weise war das bereits an seine stets gespitzten Ohren gedrungen. Man sah auch, daß ihm das ein gewisses Vergnügen bereitete, als hätte er unverhofftes Glück gehabt, auf das er stolz war, und sein Blick drückte Befriedigung und boshafte Freude zugleich aus. Ganz nach seiner Gewohnheit sagte er beim Eintreten weder guten Tag, noch begrüßte er jemanden. Er stellte nur seinen Beutel in einer Ecke ab – ein Zeichen dafür, daß er seinen Aufenthalt hier zu verlängern gedachte. Dann setzte er sich ungebeten und unaufgefordert zu Tisch, als gehörte er mit zur Familie.

Man sah auch, daß Sruli das Frühstück diesmal nicht im geringsten interessierte. Hatte er schon gefrühstückt oder noch nicht, aber kam es denn darauf überhaupt an? Sein Blick wanderte von einem Mitglied der Familie zum nächsten, als suchte er unter all diesen bekannten Gesichtern irgendein unbekanntes; als er nicht fand, was er suchte, schweifte sein Blick immer wieder zu den Türen, die das Eßzimmer mit der Küche verbanden, denn in einer davon, das spürte er, mußte doch der Unbekannte auftauchen.

Dann erhob sich Mosche vom Tisch und zog sich in sein Zimmer zurück. Wenig später erschien Lusi in einer anderen Tür, als hätten die Brüder abgemacht, einander nicht zu begegnen. Sruli, der schon auf ihn wartete, wie wir gesehen haben, bemerkte ihn sofort: Lusi hatte eine sorgfältige Morgentoilette gemacht. Er war eine eindrucksvolle, achtunggebietende Erscheinung, ein Mann, der um sich herum eine festliche Atmosphäre schuf.

Sruli warf ihm einen schrägen Blick zu und wollte wie gewohnt schnell wegschauen und dann eine gereizte Miene aufsetzen, wie er es bei jedem tat. Diesmal jedoch gelang ihm – ganz gegen seinen Willen – dieser Kunstgriff nicht. Er schien von Lusi fasziniert zu sein, sogar so sehr, daß er ihm nach dessen Eintreten, als er den Raum durchquerte und an den Tisch trat, wie unbewußt die Hand gab und »Schalom« sagte. Das kam bei Sruli selten vor.

Es ist wahr, daß er sich wegen dieser vermeintlichen Schwäche sofort über sich selbst ärgerte, aber getan ist getan, und die Geste ließ sich nicht mehr rückgängig machen.

Dieser Händedruck hatte jedenfalls mehrere Dinge gleichzeitig bestätigt. Erstens, daß Sruli sich nicht ständig unter Kontrolle hatte, daß es Zeiten gab, in denen er seine selbstauferlegten Grenzen überschritt und daß er unter bestimmten Umständen die Rolle aufgab, die er zu spielen vortäuschte. Und zweitens demonstrierte er, daß Sruli schon von Lusi gehört und ihn vielleicht schon gesehen hatte, möglicherweise sogar in diesem Haus, und wenn nicht, so hatte er sich zumindest eine Vorstellung von ihm gebildet, eine Vorstellung von einem ungewöhnlichen Menschen, die ihn, Sruli, dazu bewog, Lusi Gefühle entgegenzubringen, die er sonst für niemanden aufbrachte. Und drittens bewies der Händedruck, daß Sruli aus keinem anderen Grund so früh am Morgen in Mosches Haus erschienen war, als um Lusi zu sehen. Aus Neugier oder aus anderen Motiven? Das werden wir noch sehen. Im Moment jedoch blieb das unklar, und Sruli ließ sich nichts anmerken. Was Lusi betraf, brachte er Sruli keinerlei Neugier entgegen, als wäre ihm dieser seit jeher bekannt. Und wenn dies nicht so war, interessierte er ihn nur sehr wenig. Im Gegenteil, als Lusi bemerkte, daß sich alle in seiner Gegenwart ebenso unbehaglich fühlten wie in der Srulis und daß sich alle beeilten, das Frühstück zu beenden, um möglichst schnell aufstehen zu können, erstaunte ihn das sehr, und er betrachtete verständnislos die Tischrunde.

Die Familie bemerkte dies aber nicht, und einer nach dem anderen stand von seinem Platz auf, bis sich alle zerstreut hatten. Nur Gitl blieb sitzen. Sie hatte sich eine Kompresse um den Kopf gewickelt, denn ihre Mirgräne machte ihr immer noch zu schaffen. Sie war in erster Linie geblieben, um Lusi wie gewohnt Tee einzuschenken und ihm seine Tasse zu reichen, aber auch, um ihm eine erste Frage zu stellen, nachdem alle anderen gegangen waren (die erste, wenngleich nur aus reiner Höflichkeit): »Hast du Alter im Morgengrauen schreien hören?«

Als Lusi dies bejahte, stellte sie die wesentliche Frage, auf die es ihr am meisten ankam: Ihr Mann Mosche habe am Morgen im Schlafzimmer mit ihr darüber gesprochen, und nach dem Aufstehen habe sie es dem gesamten Haushalt mitgeteilt. Es handle sich um Lusis Entscheidung, in N. zu bleiben.

»Ist es denn wahr, Lusi, was Mosche mir erzählt hat?«

»Es ist wahr«, erwiderte er. Und wie immer, wenn es um eine Angelegenheit ging, deren Ruchbarwerden er für nutzlos hielt, tat er so, als liebe er es nicht, noch weitere Fragen zu beantworten, und sagte, er halte es nicht für nützlich, darüber zu sprechen.

Gitl begriff, wie ihm zumute war, konnte sich aber nicht enthalten, ihm noch eine weitere Frage zu stellen. »Und was wirst du mit deinem Haus und all deinem Eigentum machen?«

»Verkaufen.«

163

»Und dann?«

»Werde ich mir was mieten.«

»Etwas mieten? Du willst bei Fremden wohnen und nicht bei uns?«

»Ja«, lautete die lakonische Antwort.

Seine Antwort versetzte sie in tiefe Niedergeschlagenheit, und ihre Kopfschmerzen wurden noch schlimmer. Das machte es ihr schwer, am Tisch sitzenzubleiben, und so verabschiedete sie sich von Lusi und zog sich in ihr Zimmer zurück.

Damit begann ein schwieriger Tag in Mosches Haushalt. Schwierig für ihn, für die Familie, für alle Besucher, die zu Fuß oder zu Pferde gekommen waren, und schwierig auch für all die, die Mosche mehr oder weniger nahestanden.

Nachdem Gitl das Eßzimmer verlassen hatte, begann Lusi, wie immer vor dem Gebet, mit den Händen in den Taschen seines Kaftans auf und ab zu wandern. Er war heute nervös und besorgt, da Alters Schreie, die irgendwann am Morgen aufgehört hatten, sich jetzt wieder mit neuer Kraft bemerkbar machten. Da sie durch die Küchendecke kamen, aus nächster Nähe, bereiteten sie ihm große Pein. Sein Gesicht spiegelte brüderliche Besorgnis wider. Als Alters Schreie schließlich noch lauter wurden, unterbrach Lusi sein ruheloses Umherwandern. Er blieb eine Weile still stehen und stürmte dann in die Küche und die Treppe hinauf, die zu Alters Kammer führte.

Alters einfach möblierte Junggesellenkammer mit einem Bett, einem Tisch und einem Stuhl machte einen vernachlässigten, ärmlichen Eindruck, als lebte er nicht unter Menschen, als hätte er keine Verwandten, die direkt unter ihm wohnten, und würde statt dessen irgendwo im Wald oder auf einer Insel hausen.

Lusi kam es vor, als würden der Raum und die Wände Alters verlorene Jugendjahre betrauern. Das Fenster zum Garten gab den Blick auf einen trüben Tag frei, und das nicht nur heute, sondern zu allen Jahreszeiten. Immer der gleiche Ausblick: Winddurchtoste Bäume, Luft und Himmel ewig staubig und verhangen. Alter stand mitten im Zimmer. Er war in einer alles andere als normalen Verfassung ... Er war dabei, die Hände zu ringen, und das mit solcher Schnelligkeit und Kraft, mit einer so wahnwitzigen Wildheit, als wollte er sie an den Handgelenken abreißen und sie weit von sich schleudern. Sein Blick irrte umher, und von Zeit zu Zeit schlug er sich mit den Fäusten, deren Knöchel hervortraten, gegen den Kopf und keuchte wie nach einer schweren Anstrengung.

Als er Lusi entdeckte, wurde sein Blick für einen Moment klar; er hörte auf, die Hände zu ringen und sich gegen den Kopf zu schlagen, und eine Minute, eine einzige Minute lang, gewann er so viel Verstand zurück, daß er ausrufen konnte: »Oj, es steht schlecht, Bruder. Oj, Bruder, es ist so traurig.«

Aber dann verlor er wieder sein bißchen Verstand. Es war, als würde ihn jemand ohne Unterlaß von irgendwoher rufen, als spitzte er die Ohren, um diesen Ruf wahrzunehmen, und wenn er ihn deutlich hört, entfährt ihm ein wilder Schrei, ein Schrei, der ihm fast den Mund und die Eingeweide zerreißt. Wenn die Schreie schwächer werden und aufhören, versucht er, sich mit dem Blick an irgendeinem Gegenstand festzuklammern, einer Wand, einem Fenster, an irgend etwas, um seinem Joch zu entfliehen, um nicht mehr schreien zu müssen. Aber der andere behält Macht über ihn und ruft ihn immer wieder aufs neue. Und wieder verdüstert sich Alters Blick, und wieder entfährt ihm ein Schrei. Lusi trat zu ihm. Er versuchte, ihn zu beruhigen: Er tätschelte ihm den Kopf und wischte ihm den Schweiß von der Stirn. Alter ließ ihn einen Augenblick gewähren. Aber dann begann er wieder zu schreien ... Lusi begriff, daß hier niemand helfen konnte, nicht einmal ein mitfühlender Mensch, selbst ein naher Verwandter nicht. Ohnmächtig wandte er sich ab, um Alters unentrinnbare Angst nicht mit anschauen zu müssen, um ihn seinem Schicksal zu überlassen. Und dann sah er einen Jungen in der Tür stehen ... Mayerl. Er hatte ihn zuvor nicht bemerkt. Jetzt sah er ihn, wie er mit dem Gesicht zur Wand dastand, zugleich aber wie fasziniert war, und jeder Schrei Alters ließ seinen kleinen Körper erzittern; bei jedem Schrei begann er zu weinen und zu schluchzen. Lusi nahm Mayerl an der Hand und führte ihn wortlos aus dem Zimmer, stieg mit ihm die Treppe hinunter. Ohne die Hand des Jungen loszulassen, ging er mit ihm durch die Küche ins Eßzimmer.

Als Sruli, der in Lusis Abwesenheit allein dagesessen hatte, ihn mit dem Jungen an der Hand eintreten sah, stand er gegen seinen Willen ehrerbietig auf. Er fing sich aber schnell, und wie um seine Geste zu rechtfertigen, ging er auf Lusi zu, sah ihm offen in die Augen und sprach ein paar unerwartete Worte, die ihm noch vor einer Minute nicht im Traum eingefallen wären: »Ich würde Sie gern einmal sprechen, wenn Sie Zeit haben. Es geht um eine wichtige Angelegenheit.«

»Mich sprechen?« entgegnete Lusi und blickte ihn überrascht an, als sähe er ihn zum ersten Mal. »Nicht jetzt«, fügte er hinzu und wies mit einem Kopfnicken auf den Jungen, den er noch immer bei der Hand hielt, als wäre dies der Grund für seine Weigerung, obwohl er in Wahrheit weniger an Mayerl dachte als an sich selbst, an die Qual, die er in Alters Zimmer erduldet hatte. »Nicht jetzt«, wiederholte er. »Jetzt bin ich nicht dazu in der Lage.«

»Also wann?« hakte Sruli nach.

»Nach dem Gebet, morgens oder abends. Wann es Ihnen recht ist, Sruli.«

Srulis Gesicht hatte sich schon verfinstert. Auf seinen Lippen formten sich schon die beleidigenden und unversöhnlichen Worte, die er stets bereithielt, um auf die kleinste Beleidigung bestimmter Leute zu reagieren, denen er nichts verzieh und denen er es stets mit der gleichen Münze heimzahlte. Aber diesmal kamen ihm die Worte nicht über die Lippen. Man konnte ihm nur an den Augen ablesen, was ihm auf der Zunge lag. Und wenn die Worte nicht ausgesprochen wurden, dann nicht allein aus dem Grund, daß er Lusi Achtung entgegenbrachte, sondern auch deshalb – und das war vielleicht der Hauptgrund –, weil Lusi nach seiner Weigerung, Sruli anzuhören und auf der Stelle mit ihm zu sprechen, sofort das Eßzimmer verließ und zu seinem Zimmer in einem abgelegenen Teil des Hauses ging.

Wenig später machte sich Sruli, der jetzt allein im Eßzimmer war, an seinem Proviantbeutel zu schaffen, dem er seinen Gebetsschal und die Gebetsriemen entnahm. Nachdem er seine Gebete wie gewohnt schnell hinter sich gebracht hatte, legte er sie ab und steckte sie wieder in den Beutel. Anschließend begab er sich in die Küche, um sich mit den Dienstmädchen zu unterhalten, falls sich eine Gelegenheit dazu bot.

Diesmal ging es nicht wie geplant. Die Niedergeschlagenheit, die an jenem Morgen im Haus herrschte, hatte auch die Dienstmädchen befallen. Sie, die sonst jederzeit zu einem Schwätzchen aufgelegt waren, begrüßten Sruli jetzt mit größer Zurückhaltung, und eine von ihnen – die Köchin – ließ einen gereizten Ausruf hören, als sie ihn in der Tür sah: »Ach, wen haben wir denn da? Reb Sruli.«

Kaum waren ihr die Worte über die Lippen gekommen, bekam sie es mit der Angst. Sie bedauerte ihren Tonfall und versuchte, den schlechten Eindruck mit ein paar besser überlegten Worten zu verwischen. Sruli tat jedoch, als hätte er sie nicht gehört, als wäre er rein zufällig in die Küche gekommen. Er durchquerte sie und ging in den Garten.

Kurze Zeit später sah man ihn vor dem verschlossenen Gartentor stehen. Der Wind aus dem Garten blies ihm heftig ins Gesicht; bei jedem Windstoß von den Bäumen her flatterten ihm die Rockschöße um die Beine.

So blieb er eine Zeitlang stehen, verträumt, zerstreut und untätig.

Das gleiche Bild, als man ihn später vor dem Brunnen stehen sah: tief in Träumereien versunken. Er wirkte wie jemand, der seit dem frühen Morgen nichts zu tun gehabt hat, der sich langweilt und nicht weiß, wie er die Zeit totschlagen soll.

Schließlich flüchtete er vor lauter Überdruß und Langeweile in die niedrige, enge Hütte des Wächters Michalko. Die nur mit einer Pritsche, einem Stuhl und einem erbärmlich kleinen Tisch möblierte Kate war erfüllt vom Geruch nach Schweiß, Roggenbrot, getrockneten Kräutern und billigstem Pfeifentabak. Das Zimmer, in welches das Licht nur durch ein kleines Fenster neben der Eingangstür drang, war selbst am Tage dunkel. Eine kleine Lampe, wie man sie nur bei den Ärmsten der Armen sieht, hing an Eisendrähten von der Decke und diente vor einer verräucherten alten Ikone als Lichtquelle. Unter der Nachtlampe, auf einem kleinen Regal aus weißem Holz, lagen ein paar getrocknete Weidenzweige, die vom letzten Palmsonntag übriggeblieben waren, sowie eine Flasche mit schalem, schmutziggrauem Wasser, das seit dem Fest der Heiligen Drei Könige dort stand. Dann noch ein paar Teller und Schüsseln aus Steingut und ein Holzlöffel, der die Farbe verloren hatte. Das war alles. Keine anderen Möbel, kein Geschirr. Und der Bewohner dieser Behausung ohne Hausrat war der alte Michalko mit seinem krummen Rücken, der kaum noch sehen und sprechen konnte.

In diese ärmliche Behausung trat Sruli ein, nachdem er an jenem Morgen lange Zeit ziellos im Garten umhergeirrt war. Michalko war schon alt, und wenn ihn niemand an seine Pflichten erinnerte oder zur Arbeit aufforderte, ergriff er nie die Initiative. Von dem Augenblick an, in dem er Besuch bekam – selbst wenn der Besucher zu früh erschien oder sich sonstwie zur falschen Zeit einstellte, selbst wenn es jemand aus einer anderen Gesellschaftsschicht war oder jemand, in dessen Gegenwart er sich nicht wohlfühlen würde –, diente ihm das gleichwohl als Vorwand, in der Hütte zu bleiben und nicht zur Arbeit zu gehen, alles zu Ehren des Besuchers.

Und seltsamerweise hatte Michalko den Eindruck, daß Sruli sich in seiner Gesellschaft wohl fühlte und ihn sogar in seiner Trägheit bestärkte. »Das macht nichts«, sagte Sruli, »es gibt keinerlei Grund zur Eile. Die Arbeit läuft nicht weg. Du hast schon genug gearbeitet, was kann es also schaden, wenn du dich jetzt ein wenig ausruhst?«

Bei diesen Worten hatte Sruli eine spöttische Miene aufgesetzt. Er wirkte, als hätte er gar nicht zugehört, als dächte er überhaupt nicht an Michalko. Und dennoch, obwohl er tatsächlich nicht an den Alten dachte, lenkte er das bißchen Verstand, den der Alte noch besaß, in eine bestimmte Richtung, nämlich in die, die den Diener gegen den Herrn aufbringt, so daß sich selbst der ergebenste Diener einreden läßt, sein Herr behandle ihn schlecht, er dürfe sich diesem nicht mit Leib und Seele verschreiben, das sei vergebliche Liebesmüh, man wisse ja, wie die Dankbarkeit solcher Herren aussehe.

Bei dieser vertraulichen Plauderei bestärkte Sruli Michalko in dessen Klagen, die diesem bei der Unterhaltung eingefallen waren: Er, Michalko habe Grund zu glauben, daß die Dienstmädchen ihn ausnutzten, daß sie ihn sogar einen Teil ihrer Arbeit verrichten ließen. Mehr noch: Jedesmal, wenn er mit ihnen Streit habe, gäben die Herrschaften den Dienstmädchen recht. Und könne man die denn bei näherem Hinsehen überhaupt Domestiken nennen?

»Heute hier und morgen da – aber ich, der ich schon seit vielen Jahren diene, ich zähle überhaupt nicht, auf mir hackt man herum.«

»Wie recht du doch hast, Michalko ...«

Es war dunkel in der Hütte, einmal wegen des unfreundlichen Wetters, vor allem aber, weil das winzige Fenster zum Garten nur wenig Licht hereinließ.

Auch diesmal roch es nach Roggenbrot und nach Heilkräutern, aber auch nach den dicken Tabakwolken aus Michalkos alter, völlig verkohlter Pfeife; der alte Diener stieß den Qualm gleichzeitig mit seinen Vorwürfen aus.

Sruli, der ihm mit einem spöttischen Lächeln auf den Lippen nur halb zuhörte, gab ihm recht und bekundete ihm sein Mitgefühl. »Wie wahr«, sagte er. »Wenn man alt wird, ist man nichts weiter als ein ausgesetzter Hund, vor allem, wenn man für andere arbeitet und in deren Diensten ergraut ist. Vielleicht wird bald die Zeit kommen, sich auf eine andere Welt vorzubereiten.«

»Das stimmt wirklich«, sagte Michalko, den die Worte seines Gesprächspartners wieder in Rage brachten. Er nahm dessen Worte ernst, nahm sie für bare Münze. »Das habe ich auch schon gedacht – und mich vorbereitet.«

Und wie um seine Worte zu bestätigen, zog Michalko etwas unter seinem Kopfkissen hervor und zeigte Sruli das Geschenk, das ihm seine Tochter im Dorf vor kurzem gemacht hatte: ein besticktes weißes Hemd und ein paar Leinenhosen – alles, was er für die Beerdigung brauchte.

Dann entwickelte Michalko die ausgezeichnete und angenehme Idee weiter, die Sruli ihm eingeflüstert hatte, und vertraute diesem an, er habe etwas Geld gespart, das seine Tochter verwalte, und außerdem ziehe sie für ihn ein kleines Schwein groß. Alles, damit er sich gelegentlich etwas Branntwein kaufen könne und damit die guten Leute, die ihn auf seinem letzten Weg begleiten würden, beim Leichenschmaus etwas zu essen hätten, damit sie sich seiner Seele erinnerten.

Michalko führte noch weitere Anzeichen dafür an, die er in letzter Zeit beobachtet habe und die deutlich bewiesen, daß es sich so verhalte und daß er sich tatsächlich auf die letzte Reise vorbereiten müsse, denn seine Stunde sei gekommen. Zum Beispiel ein erstes Zeichen. Jedesmal, wenn er abends sein Essen beendet und seine Schüssel und seinen Löffel abgewaschen habe, drehe er sie immer um, wie es sich gehöre. Morgens finde er sie dann immer wieder andersherum vor.

Zeichen Nummer zwei: Wenn er in jüngster Zeit morgens die Hütte verlasse, stolpere er über die Schwelle, als hätte sich seine Schuhsohle gelöst und festgehakt. Dabei sei sie in Ordnung. Wenn er die Hütte verlasse, habe er das Gefühl, als schöbe ihn jemand von draußen wieder hinein, als wollte dieser ihm sagen, da draußen habe er, Michalko, nichts mehr zu suchen.

Es gebe aber noch andere Zeichen. Aber das Wichtigste von allen sei, daß er den Bruder des Herrn, Alter, heute habe schreien hören – möge Gott ihm gnädig sein –, wie dieser noch nie zuvor geschrien habe, und das, das sei ein Zeichen, daß etwas passieren werde, daß der *Domovoi*, der Hausgeist, hungrig sei und ein Opfer fordere . . . »Und das spüre ich vor allem, seitdem der andere da ist«, sagte Michalko, als vertraute er Sruli ein Geheimnis an, wobei er sich nach allen Seiten umsah. Michalko erklärte aber nicht, wer der andere war, und nannte ihn auch nicht beim Namen.

»Wer ist das?« wollte Sruli wissen.

»Er . . . der zweite Bruder des Herrn, der Gast, der (das weiß ich ganz genau) weder ein Rabbi noch ein chassidischer Rebbe ist. Er ist vielmehr ein Hexenmeister, der mit dem *Domovoi,* dem Hausgeist, im Bunde ist . . .« sagte er noch mysteriöser, als spräche er mit halblauter Stimme eine Zauberformel.

Danach erzählte er Sruli mit zunehmend geheimnisvoller Stimme, er kenne den anderen zwar seit eh und je, seit dessen erstem Besuch, aber dieser habe sich noch nie so seltsam verhalten wie jetzt.

Er vertraute Sruli auch an, daß er den anderen seit dessen Ankunft jede Nacht hinter den Türen und Fenstern umherstreichen sehe, selbst hinter seiner, Michalkos, Hütte. Er hätte selbst am Tage Angst, ihm zu begegnen . . . Er spüre, daß der andere etwas Ungutes mitgebracht habe, und Sruli möge daran denken, daß er, Michalko, lieber lügen würde; das Ganze müsse ein Geheimnis bleiben . . . »Ihr lacht? Ihr solltet lieber nicht lachen, ich kenne mich in solchen Dingen aus.«

Hier wurde Sruli für einen Moment ernst, aber dann lachte er wieder laut los, und die ganze Neugier, die in ihm erwacht war und ihn in die Hütte geführt hatte, die ihn das Gerede Michalkos hatte anhören lassen, verflog plötzlich. Er sah den Alten verächtlich an; dieser war ihm nur noch lästig, und das schwachsinnige Gefasel drang nicht mehr an sein Ohr.

Michalko bemerkte die Veränderung nicht, er hatte Lust, die Unterhaltung fortzusetzen, da er jetzt einen Gesprächspartner gefunden hatte, und das Ganze wäre endlos weitergegangen, wenn ihn nicht eine Stimme aus der Küche gerufen hätte. Michalko hätte sie gewiß gar nicht gleich gehört, aber Sruli, der den Alten unbedingt loswerden wollte, machte ihn darauf aufmerksam und zeigte auf die Küchentür: »Du mußt gehen, man ruft dich, Michalko.«

Michalko verließ die Hütte unwillig und völlig durcheinander. Er blieb lange weg; als er schließlich wieder auftauchte, stellte sich heraus, daß man ihm mehrere Arbeiten auf einmal aufgetragen hatte, und das kostete ihn immer viel Zeit.

Sruli, der unterdessen nichts zu tun und keine Lust hatte, wieder ins Haus zu gehen, fand sich plötzlich auf Michalkos

Pritsche ausgestreckt, auf einer fremden Liegestatt, vielleicht ohne sich dessen bewußt zu sein. Zu Besuch in dem ihm fremden Zimmer eines alten Mannes, am Kopfende eine Ikone und eine Nachtlampe, während im Raum der Geruch von Weidenzweigen und getrockneten Kräutern hing, von kaltem Schweiß und stickiger Luft – und das alles machte ihn nach und nach schläfrig . . .

Man sollte hinzufügen, daß das Wetter draußen trübe und windig war, was jedermann verdrießlich stimmte, und so versuchte jeder, eine Beschäftigung zu finden, und sei sie noch so unangenehm oder unvertraut. All dies ließ Sruli die Dunkelheit und den stickigen Geruch hinnehmen, und am Ende übermannte ihn der Schlaf; kurz darauf hörte ihn die Hütte schnarchen.

Viel später, als Michalko nach getaner Arbeit in der Küche und auf den Hof zurückkam, fand er Sruli tief schlafend und schnarchend vor; aus Achtung vor dem Schlafenden versagte er es sich rücksichtsvoll, ihn zu wecken; im Gegenteil, er verhielt sich einen Augenblick lang mucksmäuschenstill, dann verließ er auf Zehenspitzen die Hütte und ging in den Stall, wo er sich eine Arbeit vornahm, zu der ihn niemand gezwungen hatte.

Als Mosche an jenem Morgen das Haus verließ, um wie an jedem Tag zu dieser Stunde ins Büro zu gehen, lagen ihm mehrere Dinge schwer auf der Seele. Erstens Sruli: Beim Anblick seines erdfarbenen Kaftans krampfte sich Mosche jedes Mal das Herz zusammen, denn der ließ nur Widrigkeiten ahnen, als stünde alles, was Mosche an jenem Tag unternehmen würde, unter einem schlechten Stern. Wenn er ihn untertags erblickt, wird für den Abend nichts Gutes zu erwarten sein. Bekommt er ihn am Abend zu Gesicht, kann er sicher sein, in der Nacht schlecht zu träumen. Und wenn er ihn am Morgen sieht, wird der ganze Tag verdorben und sein Dasein vergiftet sein.

Diesmal war es ähnlich. Mosche hatte das Gefühl, daß ständig jemand vor ihm herging und dabei mit einem Brillanten auf Glas kratzte. Sruli wollte ihm nicht mehr aus dem Kopf gehen; Sruli mit seinem lendenlahmen Gang, seinen schiefen Blicken und seiner Gewohnheit, schweigend einen Raum zu betreten, ohne jemanden zu grüßen; Mosche erinnerte sich auch daran, daß seine ganze Familie heute nach dem Eintreten Srulis verstummt war.

Zweitens war da Lusi: eine wahre Zentnerlast auf Mosches Gewissen. Er spürte, daß die Streitereien und die Unstimmigkeiten mit seinem Bruder nicht allein davon herrührten, daß Lusi von dem üblichen Pfad abgewichen war und einen Weg gewählt hatte, der anders war als der, den alle Welt akzeptierte. Nein, mit etwas gutem Willen können die Menschen einander solche Irrtümer verzeihen; sich auf irgendeine Weise mit ihnen abfinden und dennoch in gutem Einvernehmen miteinander weiterleben.

Nein, das war nicht der Hauptgrund. Im wesentlichen geht es darum, und Mosche ist sich dessen nur allzu bewußt, daß sein Bruder gegen ein Grundprinzip revoltiert, das von aller Welt akzeptiert wird und die Grundlage der Gesellschaft bildet: daß man nämlich das Recht hat, nach immer mehr Geld zu streben, reich zu werden, ohne sich dessen zu schämen. Lusi, der dem Reichtum bisher immer gleichgültig gegenübergestanden und nie viel darüber nachgedacht hatte, ob jemand reich oder arm war, schien seine Meinung jetzt geändert zu haben. Mosche kam es vor, als würde Lusi jetzt verächtlich auf den Reichtum herabsehen, als verachtete er ihn, als wäre es sündhaft, im Wohlstand zu leben – und um wieviel sündhafter gar, daran auch noch Gefallen zu finden.

Mosche war dies schon seit Lusis Ankunft aufgefallen. Er las es in seinem Blick, in seiner Haltung, seiner völligen Gleichgültigkeit gegenüber allem, was ihm, Mosche, wichtig war. Es zeigte sich an Dingen – wie etwa Mosches Gesundheit oder der Gang seiner Geschäfte etc. –, die Lusi früher immerhin genug interessiert hatten, um sich nach ihnen zu erkundigen. Diesmal jedoch verhielt sich Lusi wie ein Fremder, der nicht nur keine Fragen stellt, sondern sogar den Kopf abwendet, wenn man ihm etwas erzählt, als wäre in seinem Ohr kein Platz für solche Dinge.

Es machte Mosche allerdings nicht viel aus, ob sein Bruder sich nun um ihn sorge oder nicht, denn auch er hatte sich in dieser Hinsicht sehr verändert. Es war nicht mehr wie früher zu Beginn seiner Laufbahn, als er bei jedem Schritt zu mehr Reichtum und Wohlstand seinen Bruder befragte, der ihm so als eine Art Gewissen diente, ob dieser Erfolg auf ehrliche Weise zustande gekommen war oder nicht.

Vorbei waren auch die Jahre, in denen er zwischen zwei Geschäften eine gewisse Frist hatte verstreichen lassen. Damals pflegte er stets eine Art Pause einzulegen, als wollte er sich sagen; »Das ist erst mal genug.« Dann wandte er sich vorübergehend höheren Dingen zu. Mal besuchte er seinen Rabbi, mal seinen Bruder, und verbrachte so eine bestimmte Zeit mit geistigen Dingen, die mit dem täglichen Leben nichts zu tun hatten.

Diese Tage waren jetzt vorbei. Keine Pause mehr zwischen zwei Geschäften. Sie fraßen ihn dermaßen auf, daß es schien, als wäre nicht er Herr seiner Geschäfte, sondern als beherrschten sie ihn. Er dachte an nichts anderes mehr. Er konnte nicht innehalten, selbst wenn er es gewollt hätte, und es schien ihm auch, als wünschte er es gar nicht mehr.

Und jetzt kam sein Bruder daher und tat so, als wolle er ihn ständig an eine Sünde gemahnen – und dies vor allem in jüngster Zeit, während seines letzten Besuchs. Zuallererst mit seiner Entscheidung, hier in N. zu bleiben – was, wie er sehr wohl wußte, zu Reibungen führen würde. Mosche spürte, daß sich im Herzen seines Bruders so etwas wie Verachtung für all das festgesetzt hatte, was ihn, Mosche, verschlungen hatte und ihn Tag und Nacht beschäftigte. Und mit dieser Verachtung konnte er sich nicht abfinden. Er wußte, daß dies erst zu kleinen Streitereien führen und später in schwere Auseinandersetzungen ausarten konnte. Davon abgesehen wußte er, daß mit dem Wachstum seines Erfolgs und der Achtung, die sein Name bei Händlern, Finanziers, bei reichen Leuten und seinesgleichen genoß, daß mit dem Glück, das ihm von allen Seiten zufiel, etwas anderes in ihm mitgewachsen war, vielleicht gegen seinen Willen – das Wissen um seinen Erfolg, etwas, das ihm früher unbekannt gewesen war. Das war nicht nur für ihn neu, sondern auch für alle aus der Familie seines Vaters, soweit er sich erinnern konnte, und jetzt wurde dieser Hochmut immer größer, begleitete ihn überallhin, wurde zum Weggenossen seines Erfolgs und duldete nicht, daß man sich ihm widersetzte.

Dieser Hochmut gegenüber Händlern und Geschäftsleuten bewirkte, daß er zu dessen Befriedigung zu jedem beliebigen Geschäft bereit war und sogar die Verluste auf sich nahm, die sie eventuell mit sich brachten. Verlieren ja, dabei aber das Gesicht wahren. Und für seinen Bruder schien dasselbe zu gelten. Mosche hatte das Gefühl, daß sich dessen Entscheidung, in N. zu bleiben, gegen ihn richtete und darauf abzielte, ihm Ungelegenheiten zu bereiten. Und doch ging es da um seinen Bruder, mit dem er sich lange Jahre hinweg eng verbunden gefühlt und den er so sehr respektiert hatte, daß er ihn fast zu seinem geistigen Vorbild ernannt hätte. Aber trotz alldem war ihm diese Entscheidung seines Bruders so tief in der Seele zuwider, ging ihm fast so sehr gegen den Strich wie das heutige Auftauchen Srulis – obwohl er diesen Vergleich nur höchst ungern zog.

Das also waren Mosches Gedanken, als er an diesem Morgen sein Haus verließ. Er ging mit raschen Schritten durch seine stille, unbelebte Straße und überquerte die Brücke über den Fluß, die zum oberen Teil der Stadt führte. Auf der Brücke hatte er ganz gegen seine Gewohnheit kein Lächeln für die Passanten, die ihm auf dem Weg aus der Oberstadt entgegenkamen und ihn grüßten. Nein, diesmal tat er so, als bemerke er niemanden, weder die Entgegenkommenden noch jene, die ihn überholten.

Er bemerkte nicht einmal das schlechte Wetter, die heftigen Windstöße, die unten an den Flußufern Staub aufwirbelten und das Wasser verdunkelten, die das dicht stehende, tief in das Wasser hineinreichende Schilf beugten. Er bemerkte auch nicht, mitten im Schilf, den etwas senilen alten Fischer, den man vom Sommer bis zum Spätherbst jeden Morgen hier antreffen konnte, mit geschwollenen Beinen und wäßrigen Augen in seiner undichten Nußschale sitzend, diesen alten Fischer, den er sonst immer wahrnahm, der ihm ein wenig leid tat und für den er sozusagen die Bilanz seines Lebens und seiner Einkünfte zog, als hätte dieser, schwach im Rechnen, ihn mit dieser Aufgabe betraut. Er bemerkte auch nicht, wie er die Straße erreichte, in der sein Büro lag, und sah auch nicht die *britzka*, die Kutsche, die am Bürgersteig vor seinem Büro hielt. Das bedeutete, daß irgend jemand, vielleicht der Abgesandte eines Gutsbesitzers, der mit ihm Geschäfte machte, von weither, aus der Provinz, angereist war, seinen Kutscher draußen gelassen hatte und jetzt im Büro auf Mosche wartete. Es konnte sich aber ebensogut um die Kutsche eines Juden aus einer Kleinstadt handeln, um irgendeinen begüterten Händler, der mit Mosche etwas Dringendes zu besprechen hatte und daher seinen Tag bei ihm beginnen wollte.

Ein Fremder konnte es aber auch nicht sein, vielleicht jemand von Mosches Verwandten oder Angestellten, möglicherweise sein junger Schwiegersohn Nachum Lentscher, den er oft mit Aufträgen in die Provinz entsandte, auf die großen Landgüter, da er fließend Polnisch sprach. Dabei ging es um die verschiedensten Geschäfte: mal sollte Nachum die Rückzahlung einer Schuld anmahnen, mal ging es um alte Darlehen und deren Zinsen, aber auch um Verhandlungen über neue Kredite.

Diesmal gehörte die *britzka* niemand anderem als Mosche selbst. Sie hatte seinen Schwiegersohn von einer Fahrt in die Provinz zurückgebracht. Dieser war aber ganz gegen seine sonstige Gewohnheit nicht nach Hause gefahren, sondern ins Büro, was darauf schließen ließ, daß etwas Ungewöhnliches vorgefallen war.

Mußte Mosche nun annehmen, daß Nachum diesmal sehnlichst erwartete Neuigkeiten und Resultate mitgebracht hatte oder das gerade Gegenteil davon? Hatte ihn das bewogen, direkt ins Büro zu fahren? Wenn es eine gute Nachricht war, könnte er sich jetzt vor seinem Schwiegervater lauthals damit brüsten, wie er es in solchen Fällen immer tat, damit ihn jeder hören konnte. Brachte er dagegen schlechte Nachrichten, würde er sie ihm diskret übermitteln, sich mit leiser Stimme rechtfertigen und die Dinge so darstellen, als wäre ohne ihn alles noch schlechter ausgegangen, als hätte ohne ihn alles eine noch weit schlimmere Wendung genommen.

Und genau das war der Fall.

Kaum hatte Mosche sein Büro betreten – er hatte noch nicht mal die ständigen Besucher seines Kontors wahrgenommen, die den Eindruck erweckten, als würden sie nie verschwinden, die man bei jeder Gelegenheit in Gespräche mit den Angestellten oder miteinander vertieft vorfand, Leute wie Scholem Schmarjon, Tsali Derbaremdiker und andere –, entdeckte er seinen großen stattlichen Schwiegersohn Nachum. Der junge Mann war übrigens ehrgeizig und nicht wenig stolz darauf, daß seine Familie seit Generationen nur mit Polen Geschäfte machte. Selbst seine Art, Jiddisch zu sprechen, und vor allem seine Aussprache des Wortes »ich« verrieten diesen Hochmut. Da er aus Kamenez stammte, sagte er nämlich »ech« und nicht »ich«.

Er war halb nach chassidischer, halb nach polnischer Sitte gekleidet, aber stets makellos. Die Art, wie er sogar seine Alltagskleidung trug, unterschied ihn vorteilhaft von seinesgleichen, von anderen reichen Schwiegersöhnen. Sein schwarzer Kinnbart unterstrich die Blässe seines Gesichts und der kurzen, beweglichen Nase. Diesmal war sein Gesicht noch blasser als sonst, und wenn man bei einem weißen oder bleichen Gesicht überhaupt von Blässe sprechen kann, läßt sich das normalerweise mit Schlaflosigkeit oder Erschöpfung nach einer nächtlichen Fahrt erklären. In diesem Fall aber konnte man an seinem Gesicht außer Erschöpfung noch etwas anderes ablesen: Es mußte ihm etwas zugestoßen sein.

Das drückte sich nicht nur durch das wiederholte Schnauben seiner kurzen Nase aus (er hatte diese Angewohnheit selbst dann, wenn er nicht nervös war), sondern auch durch die Ungeduld, die seinen ganzen Körper erzittern ließ. Ruhelos lief er im Büro seines Schwiegervaters auf und ab, blickte über die Köpfe der Angestellten und Besucher hinweg und antwortete nur widerwillig auf die Fragen, die man ihm stellte, oder erwiderte diese wie unabsichtlich in einem kurzen, abgehackten Ton, den Blick starr auf die Tür gerichtet, in der jemand erscheinen mußte – nämlich sein Schwiegervater Mosche.

Nachum war tatsächlich in dem Augenblick angekommen, in dem das Büro geöffnet wurde. Scholem Schmarjon, ein Frühaufsteher, der immer als einer der ersten erschien, hatte sich beim Anblick von Nachums besorgter Miene sofort an ihn herangemacht und ihn mit dem scheinheiligen Gehabe eines Fuchses mit Schmeicheleien und übertriebener Freundlichkeit auszuhorchen versucht. Er fühlte zunächst vor – wo Nachum gerade herkomme? – und versuchte ihm dann zu entlocken, welchen Gutsbesitzer er besucht hätte, versuchte in Nachums Augen irgendeine Antwort zu lesen, die dieser ihm nicht geben würde.

Nachum ließ sich aber nicht aufs Glatteis führen. Er fertigte Schmarjon, soweit das möglich war, mit ausweichenden, kurzen Antworten ab und ließ sich nicht auf lange Diskussionen ein. Er unterbrach die Unterhaltung sogar unter dem Vorwand, er müsse einem Angestellten einen Auftrag geben. Dabei wollte er sich nur aus der Affäre ziehen, in Ruhe gelassen werden, um voller Ungeduld das zu erwarten, was jetzt für ihn allein von Bedeutung war: das Eintreffen seines Schwiegervaters Mosche. Und dann war Mosche endlich da. Wie üblich wurde er von den gewohnten Besuchern bestürmt; dieser hatte eine wichtige Angelegenheit auf dem Herzen, jener nichts Wichtiges oder Bestimmtes; ein dritter war nur gekommen, um einem reichen Mann seine Aufwartung zu machen und ihm den Morgengruß zu entbieten. Als Mosche seinen bleichen und, wie er meinte, auch verstörten Schwiegersohn entdeckte, beeilte er sich, seine Besucher, Kunden und Kommissionäre möglichst schnell abzufertigen, und zog sich dann zurück.

Er ging sofort auf Nachum zu und erkannte schon bei den ersten Worten seines Schwiegersohns, daß dieser heute schlechte Nachrichten mitgebracht hatte; und auch an dessen Gesicht ließ sich das gleiche ablesen.

»Bitte hier hinein, Schwiegervater. Ich habe dir etwas zu sagen.« Nachum wies auf das angrenzende Zimmer, das sogenannte Beratungszimmer, in dem Mosche arbeitete und wichtige Kunden empfing – Händler, Grundbesitzer und deren Bevollmächtigte –, wo alle Geschäfte in aller Ruhe an einem runden Tisch besprochen oder abgeschlossen wurden, wenn man sich einig war.

Nachdem sie eingetreten waren – erst Mosche, dann Nachum –, schloß dieser die Tür hinter sich. Das war für alle Anwesenden im Büro ein Zeichen, daß sie beide, Schwiegervater und Schwiegersohn, etwas zu besprechen hatten und nicht gestört werden wollten. Mosche wandte sich besorgt an Nachum und fragte: »Was ist passiert?«

Aber im selben Moment, bevor er Zeit gehabt hatte, sich die Antwort anzuhören, fiel ihm wieder ein, woher sein Schwiegersohn zurückgekehrt war und wohin er ihn vor ein paar Tagen geschickt hatte. Er hatte ihn zu dem Gutsbesitzer Rudnicki geschickt, der Mosche ein paar Tage zuvor durch einen Boten gebeten hatte, ihm die Wechsel zu senden, die in diesen Tagen fällig wurden, denn er wolle sie einlösen.

Mosche erinnerte sich an Rudnicki, diesen Lebemann und Windhund, der, wie jeder wußte, schon den größten Teil seines Vermögens durch seine wahnwitzige Verschwendungssucht durchgebracht hatte. Mosche erinnerte sich auch, daß er sich durch die hohen Zinsen, die ihm der in der Klemme steckende Rudnicki bot, hatte breitschlagen und überreden lassen, ihm eine große Summe zu leihen, eine unverzeihlich große Summe, die kein Mensch im Vollbesitz seiner Vernunft je aus der Hand gegeben hätte. Die hohen Zinsen waren jedoch unwiderstehlich gewesen, und Mosche hatte wider besseres Wissen und trotz der Warnungen von Leuten, die Rudnicki gut kannten, die Kreditsumme aufs Spiel gesetzt.

All das fiel Mosche wieder ein, und bevor er Zeit gehabt hatte, sich auch nur ein Wort von Nachum anzuhören, wußte er, daß dieser bei dem Junker eine schwere Niederlage erlitten hatte und daß er, Mosche, möglicherweise mit einer beträchtlichen Summe im Schlamassel saß – mehreren tausend Rubel. Aber da er die wirklichen Gründe, das Warum und Wie, und auch die genauen Einzelheiten nicht kannte (und da er sich sein Unglück nicht eingestehen wollte – denn zu verlieren, kommt einem immer unwahrscheinlich vor), wandte er sich ein zweites Mal an Nachum und wiederholte seine Frage:

»Was ist passiert?«

»Die Rudnicki-Sache, Schwiegervater – sie sieht nicht gut aus«, erwiderte Nachum, der mit bleichem Gesicht vor seinem Schwiegervater stand.

»Was ist passiert?« wollte Mosche nochmals wissen. »Hat er das Weite gesucht? Ist er bankrott? Will er nicht zahlen?«

»Nein, viel schlimmer.«

»Was könnte denn noch schlimmer sein?«

»Selbst wenn er zahlt, würden wir nichts bekommen.«

»Was soll das heißen?« rief Mosche erbost und verblüfft aus.

»Ich will damit sagen, daß wir unsere Wechsel verloren haben.«

»Wie das, verloren? Was heißt verloren? Drück dich gefälligst deutlich aus. Wo, wie, wann, auf welche Weise?«

»Nein, nicht verloren, aber wir haben sie nicht mehr.«

»Ich begreife nicht, ich begreife kein Wort. Was willst du damit sagen?«

Und dann lieferte Nachum seinem Schwiegervater einen ausführlichen Bericht über die ganze peinliche Affäre, ungewöhnlich selbst für Leute, die mit Adligen vom Schlage eines Rudnicki Geschäfte machen. Übrigens hätte jeder, der diesen kannte, einen solchen Ausgang voraussehen können, aber wie wir gerade sagten, waren die näheren Umstände dieser Affäre selbst für einen Rudnicki ungewöhnlich.

Nachum sagte, er habe sich nach der Ankunft auf dem Gut beim Verwalter gemeldet und ihm gesagt, er habe auf Ersuchen des Gutsbesitzers die Wechsel mitgebracht und wünsche diesen zu sprechen. Der Verwalter habe ihn jedoch abgewiesen, dies sei im Augenblick ganz unmöglich, sein Herr sei sehr spät zu Bett gegangen, denn er sei gestern abend in Gesellschaft anderer Herren lange aufgeblieben und werde heute gewiß erst spät aufstehen, und er, Nachum, müsse daher warten.

Nachdem der Gutsbesitzer endlich aufgestanden war, frühstückte er und ließ dann Nachum rufen. Der sah sofort, daß der Adlige schlecht gelaunt und zerstreut war: Wenn man ihm etwas sagte, schien er es nicht zu hören, und wenn er etwas hörte, verstand er es nicht. Er hatte in der vergangenen Nacht am

Spieltisch wohl viel Geld verloren, oder den hohen Herrn quälte irgendein anderer edler Verdruß.

Aber als er schließlich begriff, warum Nachum gekommen war, wurde er sehr aufgeregt. Er begrüßte Nachum mit großer Herzlichkeit, als wäre dieser ein alter Freund, den er lange nicht mehr gesehen hatte. Er nannte ihn mehrmals beim Namen, sich dabei des ehrerbietigen »Pan Nachum« bedienend, legte ihm die Hand auf die Schulter, hakte ihn dann unter und durchschritt mit ihm die zahlreichen Zimmer des Herrenhauses. Dabei machte er Nachum völlig schwindlig, denn er tischte ihm unaufhörlich Geschichten auf, die mit der ganzen Angelegenheit gar nichts zu tun hatten, weder mit den Wechseln noch mit deren Einlösung. Er erzählte ihm detailliert, wo er wem begegnet sei, mit wem er die Zeit verbracht habe, von seinen Geschäften, Käufen, Verkäufen und Tauschgeschäften: Er habe einen Hund gegen einen anderen eingetauscht, von Edelmann zu Edelmann, einen Diener gegen einen Diener, einen Wald gegen ein Feld, ein Feld gegen einen Wald. Er sprach von Geschäften, die er mit Bauern, Juden und mit Nachbarn seines Guts gemacht habe, mit Gastwirten, Grundbesitzern und mit Fremden von weit her – kurz von allem, was ihm widerfahren war.

Bei diesem Bericht legte er eine große Liebenswürdigkeit an den Tag, prahlte aber nur: in letzter Zeit seien seine Geschäfte glänzend gegangen, ihm gelinge alles, was er anfasse. Seine alten Vertrauten, der Verwalter und der Buchhalter, hätten ihn bestohlen und sich die Taschen gefüllt, er jedoch habe sie auf frischer Tat ertappt und davongejagt. Es sei ihm aber gelungen, sie durch andere, ehrliche Männer zu ersetzen. Nichts werde mehr so sein wie zuvor, jetzt sei er sich seines Glücks gewiß. Bald würde er wieder ganz oben sein und auch bei den Kaufleuten nicht mehr unter dem schlechten Ruf leiden müssen, den er allein der Untreue seiner Angestellten und Bevollmächtigten zu verdanken habe. Von nun an werde sich alles von Grund auf ändern, dessen könne Pan Nachum ganz sicher sein.

Rudnicki war so gut aufgelegt und vertrauensvoll, daß er Nachum ins Ohr flüsterte: ». . . Sie, Sie wissen doch, wen ich meine, sie, die zu ihrer Familie nach Warschau zurückgekehrt ist, wird schon bald wieder zu mir zurückkommen . . . Es stimmt, daß ich ihr ein teures Geschenk versprochen habe. Ich habe es sogar schon gekauft. Um es zu bezahlen, mußte ich einem Juden ein großes Stück Eichenwald verpfänden, und das zu alles andere als vorteilhaften Bedingungen, aber was spielt das schon für eine Rolle . . . Das ist eine Kleinigkeit. Es kommt nur darauf an, daß die Geschäfte laufen und künftig noch besser laufen werden. Und davon können Sie sich selbst überzeugen, Pan Nachum . . .«

Danach schleppte er Nachum zu einem langen Rundgang durch die Ställe und die Hundezwinger mit, führte ihm alles vor und prahlte, etwas Vergleichbares sei bei seinesgleichen nirgendwo zu finden, auch bei denen nicht, die reicher seien als er selbst. Er liebe das alles, er sei schließlich ein Kenner, während die anderen nichts davon verstünden, sie hätten keine Ahnung, keinen Geschmack und würden auch niemals welchen besitzen.

So ging es bis zum Abend weiter – vom Hof zu den Ställen und anderen Sehenswürdigkeiten. Schließlich geleitete er Nachum wieder ins Haus. Da es schon dunkelte und das viele Herumlaufen, Vorführen und die ganze Aufschneiderei ihn erschöpft hatten, führte er Nachum ins Jagdzimmer, dessen Wände von oben bis unten mit allerlei Jagdgerät bedeckt waren. In der Mitte des Raums stand nur ein kleiner Tisch mit einem Spiegel darauf. Rudnicki trat vor den Spiegel und warf einen Blick hinein . . . Plötzlich war er vollkommen verwandelt, wirkte traurig, und all sein prahlerisches Gehabe war wie weggewischt.

Er ließ sich auf einen Stuhl vor dem Tisch fallen. Dann rief er einen Diener herbei und befahl ihm, für ihn und Nachum Wein zu bringen. Als Nachum dankend ablehnte, trank Rudnicki allein. Er war jetzt schweigsam, von abweisender Kälte und tief deprimiert. Selbst die vielen Gläser Wein, die er in sich hineingoß, konnten ihn nicht wieder auf die Beine bringen und von der Niedergeschlagenheit und Mutlosigkeit befreien, die ihn so plötzlich befallen hatten.

Dann stand er abrupt auf und machte sich daran, in dem

schwachen Lichtschein der einzigen brennenden Kerze auf dem Tisch unter den verschiedenen Waffen an der Wand etwas zu suchen. Er wählte eine Pistole, nahm sie in die Hand und trat vor den Spiegel. Er richtete sie erst auf sein Herz, dann gegen seinen offenen Mund und hielt sie sich dann an die Schläfe, als wollte er prüfen, auf welche Art er sich umbringen mußte, um ja nicht zu verfehlen und sich so einen möglichst leichten und schönen Tod zu verschaffen.

Und plötzlich wandte er sich an Nachum, den als unfreiwilligen Zeugen dessen, was Rudnicki da vor ihm tat und offenbar im Sinn hatte, eine schreckliche Angst überkommen hatte. Rudnicki brach in lautes Gelächter aus, worauf Nachum zu ihm trat und ihn, wie es sich gehört, respektvoll bat, nichts zu unternehmen, und da er glaubte, Rudnicki stünde jetzt unter dem Einfluß des Weins und führte sich so auf, weil ihn schwere Sorgen plagten, suchte er ihn mit allen Mitteln zur Vernunft zu bringen: »Ich bitte Sie, Pan, lassen Sie diese Scherze, das ist ein gefährliches Spiel. Ich bitte Sie inständig. Sie haben getrunken, und es kann leicht ein Unglück geben. Bitte legen Sie die Pistole weg.« Darauf brach Rudnicki wieder in Gelächter aus, verdüsterte sich plötzlich aber noch mehr. Er stellte sich hin, hielt die Pistole wie vorher und sagte: »Ich bin unrettbar verloren. Für einen Edelmann gibt es keine andere Lösung.«

Dann näherte er sich behutsam der Tür, durch die der Diener mit dem Wein gekommen war, und schloß sie ab. Darauf wandte er sich wiederum Nachum zu und sagte: »Wir sind allein. Ich werde nicht zögern, mich zu erschießen. Ich bin am Ende. Mein Schicksal liegt jetzt in Ihrer Hand, Pan Nachum. Sie sind selbst Geschäftsmann und wissen, daß dies kritische Zeiten sind, und auch bei mir, Rudnicki, ist jetzt die Krise da: Ich habe kein Geld mehr; ich habe in letzter Zeit viel beim Spiel verloren und auch noch ein paar schlechte Geschäfte gemacht. Aber noch ist nicht alles verloren. Ich glaube, mich auch aus dieser Lage befreien zu können. Es kann aber keine Rede davon sein, daß ich jetzt zahlen könnte, dazu noch eine solche Summe, wie ich sie Ihnen und Ihrem Schwiegervater schulde. Aber das ist alles nicht so wichtig:

Ich bin ein Edelmann, ich besitze Ehrgefühl, und meine Eltern haben mich gelehrt, daß es mir niemals gestattet sein würde, mit dem Makel des Bankrotts auf meinem Namen weiterzuleben. Ich muß jetzt die Wechsel zurückerhalten, denn sonst ist es aus mit mir. Wenn Sie, mein Gläubiger, mir jetzt die Wechsel zurückgeben, werde ich mit keinem Menschen darüber sprechen; die Summe ist zu beträchtlich, und wenn dies in Handels- und Finanzkreisen ruchbar würde, würde das meiner Kreditwürdigkeit schaden . . . Sie könnten also gewiß sein, daß die Angelegenheit bis auf weiteres ausschließlich unter uns beiden und Ihrem Schwiegervater bleibt, bis sich meine Situation gebessert hat und ich wieder in der Lage bin, meine Schuld ehrenhaft und korrekt zurückzuzahlen (und ich versichere Ihnen, Pan Nachum, daß ich das beabsichtige) . . . Sollten Sie aber nicht einverstanden sein, Nachum, nun, dann bleibt mir keine andere Wahl . . .«

Und hier ließ er noch ein paar bedeutungsschwere Worte fallen: »Sie sollten sich aber bewußt sein, daß es auch für Sie üble Folgen haben kann, wenn ich jetzt untergehe: Wir sind allein, nur wir beide befinden uns in diesem Raum, der Gläubiger Nachum und ich, sein adliger Schuldner.«

»Und du hast ihm die Wechsel gegeben?« schrie Mosche auf, außer sich vor Zorn, als er sich diese Geschichte anhören mußte, die selbst in der Welt des Adels kaum glaublich schien, selbst bei den liederlichsten unter ihnen, die zu allem fähig waren.

»Ja, Schwiegervater . . . Aber was hättest du denn an meiner Stelle getan?« wollte Nachum wissen.

»Was soll das heißen? Was fragst du mich da?«

»Was hätte ich deiner Meinung nach sonst tun sollen?«

»Sonst tun sollen? Du hättest ihn zur Vernunft bringen und ihn überzeugen müssen, daß wir das Geld nicht gleich eintreiben, daß wir noch warten würden, daß es keine Eile hat und daß niemand davon erfahren wird.«

»Und wenn ich all das getan hätte, genau das? Ich habe mir doch die größte Mühe gegeben, ihn zu überzeugen, habe ihm mein Ehrenwort gegeben, daß es so laufen würde, aber er bestand darauf: ›Die Wechsel oder das Leben.‹«

»Du hättest dich durch eine Tür oder ein Fenster retten können, was weiß ich, irgendwas findet sich doch immer. Du hättest um Hilfe rufen, einen Diener holen können, Zeugen, du hättest *irgend etwas* unternehmen können. Man gibt doch nicht einfach die Wechsel aus der Hand.«

Nachum, auf dem tatsächlich die Schuld lastete, mit eigenen Händen ein Vermögen aus der Hand gegeben zu haben, führte sich jetzt nochmals die Szene bei Rudnicki vor Augen. Er erinnerte sich an seinen Gesichtsausdruck und den verzweifelten Klang seiner Stimme, die sich wie die eines zum Tode Verurteilten angehört hatte, als er seine Drohungen ausstieß. Ihm fiel auch wieder ein, wie Rudnicki ihm bei seinen Worten die Pistole unter die Augen gehalten hatte; wie er ihn angestarrt hatte, als wäre er der Todesengel. Und er erinnerte sich, daß nicht nur Geld auf dem Spiel gestanden hatte, ja, daß er sich selbst in großer Gefahr befunden hatte: entweder in eine blutige Affäre hineingezogen oder – wer weiß? – sogar auf der Stelle erschossen zu werden. Als er sich all das nochmals vor Augen führte und die quälende Sorge um das verlorene Geld zunächst einmal verdrängte, fühlte sich Nachum sehr erleichtert, wie ein Mann, der aus tödlicher Gefahr errettet worden ist. Und das gab ihm den Mut und die Selbstsicherheit, sich den Vorwürfen seines Schwiegervaters zu widersetzen. »Ich weiß, wie diese Adligen sind. Ich kenne sie besser als du, und ich kann dir sagen, daß du dem Herrn dankbar sein solltest, daß du nur Geld beweinen mußt. Es hätte noch schlimmer kommen können, nämlich daß du weit mehr beweinen müßtest.«

»Schlimmer? Was könnte denn schlimmer sein?« rief Mosche aus.

»Er hätte mich auch töten können, und dann hättest du mich beweinen müssen. Ich habe Kinder, und ich kenne die Adligen besser als du.«

Mosche sah seinen Schwiegersohn an und begriff, daß dieser vielleicht nicht unrecht hatte. Aber die Angelegenheit fraß an ihm: Sein Schwiegersohn stand wohlbehalten vor ihm, aber das Geld, die Wechsel, würde er nie mehr wiedersehen ... Und obgleich Nachum ihm immer wieder versicherte, man könne nie wissen – es handle sich immerhin um einen Edelmann –, es sei möglich, daß es doch keine Gaunerei sei, sondern eine Ehrensache, daß Rudnicki vielleicht trotz allem Wort halten werde, um zu beweisen, was das Wort eines Edelmanns gelte, war Mosche außer sich vor Zorn.

Er schritt ruhelos auf und ab, ließ seinen Schwiegersohn mitten im Zimmer stehen und stieß Verwünschungen aus. Sein Schwiegersohn hörte ihn schreien: »Gauner, Verschwender. Ich werde dafür sorgen, daß du im Gefängnis vermoderst. Ich lasse dir das nicht einfach so durchgehen . . .«

Nachdem er sich eine Weile so seinem Zorn überlassen hatte und wie ein wildes Tier im Käfig hin und her gelaufen war, kam er wieder auf dasselbe Thema zu sprechen und explodierte von neuem: »Das schreit doch zum Himmel! So was passiert doch nur alle tausend Jahre.« Und sein Schwiegersohn rechtfertigte sich von neuem oder versuchte Mosche nach Kräften zu trösten. »Du wirst sehen, in der Angelegenheit ist noch nicht das letzte Wort gesprochen. Das Ganze wird noch ein gutes Ende nehmen. Es ist viel zu früh, jetzt schon zu verzweifeln.«

Als Mosche sich dann verschiedene Auswege überlegte, kam ihm die einzig vernünftige Idee. Er würde zu seinem Anwalt gehen, seinem Vertrauten, den er immer aufsuchte, wenn er in der Klemme steckte oder wenn es sich um besonders delikate Angelegenheiten handelte. Das war das erste, was zu tun war, danach würde man weitersehen.

Ohne den Mantel auszuziehen, den er bis jetzt noch nicht abgelegt hatte, befahl er Nachum, das Büro zu verlassen und nach Haus zu fahren. Er schärfte ihm natürlich noch ein, mit niemandem über die Rudnicki-Affäre zu sprechen. Er selbst ging durch die Tür in den Raum, in dem sich seine Angestellten und die üblichen Besucher befanden. Er sprach mit keinem von ihnen und erlaubte es keinem, ihn aufzuhalten. Er brach sofort zu der Visite auf, zu der er sich vorhin entschlossen hatte.

Für Mosche war dies ein schwerer Schlag. Ein weiterer Schlag wie dieser im Verein mit ein paar anderen Rückschlägen würde genügen, selbst einen so reichen Mann wie Mosche zu ruinieren. Vielleicht nicht total ruinieren, aber er wäre schwer angeschlagen. Der Boden unter ihm würde zu schwanken beginnen. Sein Ruf könnte darunter leiden, und Geschäftsleute vom Schlag eines Scholem Schmarjon, die ewig um ihn herum waren, ihn auf ihre hündische Manier beschnuppernd und umschmeichelnd, Leute wie Schmarjon würden sich von ihm in der Minute abwenden, in der sie die Witterung von Aas aufnahmen, und sich danach ein anderes Opfer suchen, vor dem sie auf dem Bauch herumkriechen konnten.

Aus diesem Grund war Mosche stets auf der Hut, und jedes Mal, wenn er Probleme hatte, achtete er sorgfältig darauf, daß diese Leute kein Sterbenswörtchen davon erfuhren.

So wandte er auch jetzt das Gesicht ab, um jeden Blickkontakt mit einem der Besucher im Vorraum zu vermeiden, als er auf die Tür zuging. Er war entschlossen, ihnen keine Möglichkeit zu bieten, Verdacht zu schöpfen, entschlossen, sie davon abzuhalten, ihre üblichen gerissenen Fragen zu stellen, und ihnen keine Chance zu geben, so lange herumzuschnüffeln und ihm nachzuspionieren, bis sie aus dem Nichts irgendeine Information herausgepickt hatten.

Er verließ das Gebäude und war schon draußen, als ihm einfiel, daß er am Morgen beim Verlassen des Hauses etwas nervös gewesen war, daß ihm etwas auf der Seele gelegen und daß er Vorahnungen von einem schlechten Tag gehabt hatte.

Er erinnerte sich an Lusi und vor allem an Sruli, der ihn mit seinem erdfarbenen Kaftan so irritiert hatte. Mosche schoß ein besorgter Gedanke durch den Kopf . . . ein Wunsch . . . eine Art Gebet: »Es ist noch früh, und der Tag hat schon jetzt eine schlechte Wendung genommen. Möge Gott verhüten, daß heute noch mehr passiert.«

Der Zufall wollte es, daß Mosches Wunsch keine Erfüllung beschieden war. An diesem Tag geschah noch etwas. Es betraf ihn zwar nicht selbst, auch kein Mitglied seiner Familie, aber die Folgen waren schwer genug, um ihn zu erschüttern.

Es passierte bei seinem zweiten großen geschäftlichen Unternehmen, seinem Petroleum-Depot, das mitten auf dem Marktplatz lag. Dort hatte er ein Lagerhaus und mehrere Lagerschuppen.

Dieses Geschäft wurde von Mosches zweitem Schwiegersohn geleitet, Jankele Grodsztain (über den wir an anderer Stelle ausführlicher berichten werden). Ihm zur Seite stand ein Buchhalter, der zugleich ein Vertrauter Mosches war, ein gewisser Liberson. Die Hauptlast der Arbeit fiel zwei Angestellten zu, Eljokum und Zisje, denen wiederum ein ganz junger Mann namens Kateruche half.

Diese drei hatten also die Großhändler der Gegend zu betreuen (Einzelhandel gab es nicht). Einige der Großhändler stammten aus der Gegend, aber die meisten Kunden kamen mit ihren Wagen aus dem umliegenden Land, um sich ihre Fässer mit Petroleum füllen zu lassen.

Die drei Angestellten bedienten die Kunden, und manchmal halfen ihnen Dienstleute vom Markt, wenn es allzu lebhaft zuging. Sie schleppten die Fässer aus den Lagerschuppen, luden sie auf die Wagen, rückten sie zurecht, deckten sie zu und befestigten sie schließlich mit Seilen.

Eljokum, dessen kurze Stummelfinger statt der normalen drei nur zwei Gelenke zu haben schienen, war der kräftigste von allen. Bei der Arbeit war er ruhig und entschlossen, seiner Bewegungen sicher. Ewig schweigsam, ewig mit dem Anflug eines Lächelns auf dem Gesicht, sah man ihm seine gewaltige Körperkraft am Ausdruck seiner Augen und an seinem geröteten Gesicht an. Unter den Dienstleuten auf dem Markt genoß er den Ruf eines Herkules. Sie mieden seine Fäuste wie die Pest, denn, so sagten sie, wer von ihnen getroffen wird, tut gleich seinen letzten Seufzer.

Der zweite Angestellte war Zisje. Noch jung, in den Dreißigern, aber schon ausgelaugt, durch die miserable Bezahlung erschöpft: Er bekam einen Rubel und fünfundzwanzig Kopeken pro Woche. Zudem hatte er viele Kinder. Aber trotz seiner Armut schaffte er es, sich am Sabbat oder an den Feiertagen so anständig zu kleiden, daß man ihn kaum wiedererkannte: Seine Hosen waren frisch gebügelt, seine Stiefel blitzblank gewichst, und im Winter trug er den pelzbesetzten Mantel, den er seit seiner Hochzeit besaß.

So waren seine Lebensumstände, und so zog er auch seine Kinder groß. Er war der Sohn eines gewissen Kosman, der schon lange tot war, aber auch zu seinen Lebzeiten so arm gewesen sein mußte, daß seine Kinder schon sehr früh gezwungen waren, das Elternhaus zu verlassen und sich anderweitig bei harter Arbeit zu verdingen. Zisje war bei Mosche untergekommen, einem entfernten Verwandten seines Vaters.

Zisjes Wangen über dem sorgfältig gepflegten Bart waren von ungesunder Blässe. Obwohl er kräftig gebaut war und seine Hände immer noch hart zupacken konnten, hatte ihn die schwere Arbeit erschöpft; er aß nicht genug, um die verlorene Energie zu ersetzen, und zudem wurde er von Sorgen gepeinigt – er wußte nicht, wie er von seinem kümmerlichen Wochenlohn die Schulden bei den *Vochernikes*, den Wucherern, bezahlen sollte.

Seine Frau und seine Mutter, die Witwe Malke-Rive, stöhnten oft in sich hinein, wenn sie ihn am späten Abend völlig erschöpft nach Hause kommen sahen. Sie wußten nämlich, daß er aus einer Familie stammte, die zur Schwindsucht neigte, und daß es mit seiner Gesundheit nicht zum besten stand. Er hätte besser irgendeine andere Arbeit annehmen sollen, aber sie wußten auch, daß ihm keine andere Wahl blieb ... es gab keine Möglichkeit, seine Lage zu verbessern. Und Wucherer bleiben auch ewig Wucherer und wollen bezahlt werden; und Zisjes Dienstherr war zwar ein Verwandter, aber doch ein Dienstherr. Und ihnen war auch klar, daß man sich sein Brot im Schweiß seines Angesichts verdienen muß.

Das war also der zweite Arbeiter. Aber es gab noch einen dritten, den jüngsten, Kateruche, der noch ein Junge war. Ein aufgeweckter, lebhafter Bursche. Ein ewiger Schelm und Witzbold, ein *Hotzmach*, wie ihn die Dienstleute und alle anderen auf dem Markt nannten. Wer ihm unterwegs begegnete, fühlte sich versucht, ihm die Mütze über die Augen zu ziehen, ihm einen Nasenstüber zu geben oder ähnliche Scherze mit ihm zu treiben. Das machte ihm aber nichts aus. Er kam mit allen gut zurecht, war schlagfertig und auch selbst stets zu Scherzen aufgelegt.

Er war ein gehorsamer Junge, der jedem stets gern zu Diensten war, mit besonderer Zuneigung jedoch an den beiden älteren Arbeitern hing, an Zisje und Eljokum, für die er durchs Feuer gegangen wäre.

An dem Tag, von dem wir sprechen, fühlte sich Zisje schon in dem Augenblick, da er zur Arbeit erschien, nicht recht wohl. Er war oft erkältet, und der Erkältung folgte meist heftiges Fieber. Er hatte keinen Appetit, nicht einmal auf sein karges Frühstück. Eljokum und Kateruche nahmen ihm bis auf das Allernotwendigste jede Arbeit ab. Aber etwas später am Tag fuhr ein Kunde vor, der verkündete, er habe es schrecklich eilig; er baute sich vor ihnen auf und bestand darauf, daß sein Wagen sofort beladen wurde, denn er müsse abends wieder zu Hause sein ... es mußten also alle verfügbaren Hände einspringen. Zisje, der an diesem Morgen fast nur herumgesessen hatte, vergaß in der Aufregung seine Krankheit. Aus alter Gewohnheit – und weil er sehen konnte, daß die anderen ohne ihn nicht zurechtkommen würden – packte er mit an. Sie wiederum nahmen das als ein Zeichen dafür, daß es ihm besserging und daß er ihnen daher ruhig helfen konnte. Warum auch nicht?

Sie stiegen alle in den Keller eines Lagerhauses hinab, aus dem sie ein fünfundsechzig Kilo schweres Faß nach oben zu schleppen begannen. Sie umwickelten das Faß mit Seilen und machten sich daran, es eine Treppe voller Petroleumpfützen heraufzuziehen. Eljokum und Kateruche schoben von unten, Zisje und der Kutscher des Kunden zogen von oben. Als sie das Faß endlich hinaufgehievt hatten und Eljokum und Kateruche aus der Dunkelheit im Keller ans Licht traten, sahen sie, daß Zisje mit dem lose herabhängenden Seil in der Hand dastand und sehr blaß aussah.

Irgend etwas stimmte nicht mit ihm. Er schien die Sprache

verloren zu haben. Seine Arme ruderten, seine Augen verdüsterten sich, und er sah aus, als könnte er jeden Moment der Länge nach hinfallen.

Kateruche rannte zu ihm, und Zisje stützte sich ein wenig auf ihn. Als Kateruche ihn zu der Treppe begleitete, die vom Schuppen zum Lagerhaus führte, wurde Zisje immer blasser. Seine Augen fielen ihm zu, und es war ihm anzusehen, daß er kaum noch die Kraft hatte, die Treppe zu erreichen.

Als er dort angekommen war, brach er wie vom Blitz getroffen zusammen; sein Kopf neigte sich zur Seite, als wäre er ohnmächtig geworden, dann gab er einen Laut von sich, der sich wie ein Schluckauf anhörte. Er öffnete den Mund, als wollte er sich übergeben, aber statt dessen schoß ihm plötzlich Blut aus der Kehle.

Kateruche schrie erschrocken auf. Eljokum hob Zisjes Kopf und schob ihm ein paar Lumpen als Kissen darunter. Der Buchhalter, Mosches Vertrauter, kam aus dem Lagerhaus, ebenso Dienstleute, Ladengehilfen und Passanten vom Markt, die inzwischen herbeigeströmt waren.

Zunächst standen sie nur da und wußten nicht, was sie tun sollten. Einige riefen: »Einen Arzt... Holt einen Arzt.« Andere schlugen vor, man solle ihn nach Hause bringen. Einige der Umstehenden gossen ihm etwas Wasser ins Gesicht; andere sagten: »Das ist keine gute Idee.« Fridl, ein alter Dienstmann vom Markt, trat zu Zisje und tat, als wollte er ihn aufwekken: »Zisje, du darfst dich nicht so gehenlassen. Reiß dich zusammen.«

Sie erkannten aber bald, daß er dazu nicht in der Lage war, und die große Menschenmenge, die sich um ihn versammelt hatte, teilte sich jetzt in kleinere Grüppchen auf und zog sich ein wenig von ihm zurück. Diejenigen, die in der Nähe blieben – die Angestellten, die ihn am besten kannten –, waren verwirrt und wußten nicht, wie sie ihm helfen sollten. Als sie sahen, wie es um ihn stand, und dabei an ihre eigene Lage dachten, blieben sie stehen und betrachteten ihn schweigend wie Tiere, die sich um einen kranken Artgenossen geschart haben.

Andere, die ihn eine Zeitlang beobachtet hatten, konnten es nicht mehr ertragen, einfach nur zuzusehen, und gingen weg, um sich leise miteinander zu unterhalten, um ihren Ressentiments Luft zu machen und in das allgemeine Mitgefühl einzustimmen.

»Das kommt davon, wenn man so schuftet«, sagten einige.

»So wird es auch uns eines Tages ergehen.«

»Und ob«, sagte eine unbekannte Frau, die selbst sehr arm zu sein schien und die der Anblick von Zisjes blutüberströmtem Gesicht wohl an eigene, geheime Kümmernisse erinnerte. »Ja, natürlich. Die Reichen gießen sich Gold in die Kehle, während dem Armen das Blut aus dem Schlund strömt.«

»Seine arme Mutter, Malke-Rive. Er war ihre letzte und einzige Stütze«, sagte eine mitleidige Marktfrau, die eine Stricknadel hinter dem Ohr stecken hatte und gerade dabei gewesen war, einen Strumpf zu stricken.

»Warum steht ihr alle hier herum? Warum laßt ihr ihn einfach so daliegen? Ist es richtig, daß er so auf der Erde liegt? Er könnte doch sterben«, riefen einige Neuankömmlinge.

»Jemand sollte einen Wagen holen. Schnell. Steht doch nicht so herum.«

Liberson, der fromme Buchhalter und Vertraute Mosches mit dem gepflegten Bart, hatte bisher kalt und gefühllos danebengestanden, als hätte er erwartet, daß der bewußtlose Zisje sich aus eigener Kraft wieder aufrappeln würde, als müßte er das von ihm vergossene Blut vergessen, und das einfach nur, damit die anderen sich über ihn nicht die Mäuler zerreißen ... um nicht von Fremden bemitleidet zu werden; dieser Liberson, der nicht die fordernden Schreie vernahm, es müsse etwas geschehen, man müsse dem kranken Mann sofort helfen, der vor allem aber den Namen seines Dienstherrn in einem nicht sehr angenehmen Zusammenhang nennen hörte, war immer ein getreuer Angestellter gewesen, ein Mann, den schon bei der Erwähnung des Wortes ₊Dienstherr« ein respektvolles Frösteln überkam, eines Wortes, das ihm teurer war als die Haare seines gepflegten Barts. Dieser Liberson also riß sich nun zusammen und rannte in das

Lagerhaus, wo er einer Schublade ein paar Geldstücke entnahm. Er schloß sie rasch wieder und kehrte dann zu der Gruppe zurück, die Zisje umgab. Er wandte sich an Kateruche, der wie alle anderen mit gesenktem Blick dastand. »Besorg einen Karren, Kateruche. Hier ist Geld . . . aber achte darauf, daß du ihn etwas billiger bekommst.«

Augenblicke später war Kateruche mit einem Karren zurück. Er und Eljokum packten Zisje unter den Armen und legten ihn mit behutsamen Bewegungen auf den Karren. Eljokum blieb im Lagerhaus, weil er noch etwas zu tun hatte, während Kateruche erlaubt wurde, den Kranken nach Hause zu bringen.

Die Menge versammelte sich schweigend um den Karren, bis man Zisje darauf zurechtgelegt hatte, und selbst nachdem der Wagen losgefahren war, zerstreuten sich die Menschen nicht, sondern verweilten noch einige Zeit auf dem Platz und unterhielten sich über das, was geschehen war. Liberson aber, der getreue Buchhalter mit dem gepflegten Bart, löste sich aus der Menge und betrat das Lagerhaus. Dort hielt er sich stehend, wie es seine Gewohnheit war, das lange Hauptbuch dicht vor das linke Auge (er war nämlich etwas kurzsichtig) und machte einen Eintrag: »Einen Karren für den Angestellten Zisje . . . Kopeken.«

Genau in diesem Augenblick traf Mosche Maschber, der auf dem Rückweg aus der Stadt den Marktplatz überquert hatte, vor dem Lagerhaus ein. Er ließ sich hier nur selten blicken, weil er dieses Geschäft für zweitrangig hielt. Als er jetzt ankam, war er über die große Ansammlung von Menschen vor dem Lagerhaus sehr erstaunt.

Die Menge, die sich eben noch lebhaft unterhalten hatte, verstummte plötzlich. Schweigend machten ihm die Leute Platz und sahen zu, wie er die Treppe hinaufging. Kaum hatte er das Lagerhaus betreten, drehte er sich zu dem respektvoll zappelnden Liberson um, der ihm in ehrerbietiger Haltung entgegeneilte: »Was ist passiert? Was wollen denn alle diese Leute hier?«

Ein demütiger Liberson versuchte, ihn zu beruhigen: »Nichts. Es ist nichts. Es ist Zisje . . . Er fühlt sich nicht sehr wohl . . . Er hat Blut gespuckt . . . Man hat ihn gerade nach Hause gefahren.«

Es wäre gewiß besser gewesen, wenn sich am Abend des soeben beschriebenen Tages in Mosches Haus keine Menschen versammelt hätten. Da er sich bedrückt fühlte, wäre ihm lieber gewesen, man hätte ihn allein gelassen. Wie sich aber herausstellte, hatten sich an diesem Abend viele Menschen in seinem Eßzimmer versammelt. Erstens Liberson, der Buchhalter, der schon ahnte, daß das, was Zisje am Tag zugestoßen war, nicht ohne Folgen bleiben würde, und es daher für geraten hielt, greifbar zu sein, um seine gewohnte Rolle als Ja-Sager zu spielen.

Liberson ging im Eßzimmer auf und ab, jederzeit bereit, die Familienangehörigen seines Dienstherrn mit einem freundlichen Wort zu begrüßen, bereit, ihnen in allem zuzustimmen, was sie sagten, mochte es auch noch so absurd sein. Dabei strich er nach alter Gewohnheit mit der linken Hand seinen Bart nach oben, ihn hin und wieder mit zärtlichen Blicken musternd, als betrachte er ein Lieblingsspielzeug.

Nachum Lentscher, Mosches Schwiegersohn, der zum Teil an den Widrigkeiten schuld trug, die Mosche heute zugestoßen waren, war ebenfalls erschienen. Obgleich er seine Behausung nur selten verließ und es im allgemeinen vorzog, die Abende mit seiner Familie oder mit geschäftlichen Dingen zu verbringen, hatte er sich dennoch jetzt hier eingefunden.

Man sah ihm an, daß er sich weder von seiner Reise noch von der unangenehmen Unterhaltung erholt hatte, die er am Morgen mit seinem Schwiegervater geführt hatte. Auch er schien zu erwarten, daß die Ereignisse des Morgens Folgen haben würden. Vielleicht würde ihm Mosche etwas über sein Gespräch mit dem Rechtsanwalt erzählen oder mit ihm beraten, welche weiteren Schritte in der Rudnicki-Angelegenheit unternommen werden sollten.

Der dritte der Anwesenden, Jankele Grodsztain, der zweite Schwiegersohn Mosches, wurde nicht nur von der Familie, sondern auch von anderen »das Unschuldslamm« genannt. Die Diener nannten ihn »den Mann in Strümpfen«, weil er stets auf leisen Sohlen ging. Selbst er, dieser so zurückhaltende Jankele Grodsztain, der sich sogar von den Angehörigen des Haushalts fernhielt, war jetzt anwesend. Er setzte sich neben den schweigenden Liberson und bat ihn um einen Bericht über das Vorgefallene, da er fast den ganzen Tag fort gewesen sei. Es war nicht ungewöhnlich, daß Jankele verschwand, denn er drückte sich oft unter irgendeinem Vorwand vor seinen Pflichten.

Unter den Besuchern befand sich auch Scholem Schmarjon, ganz gegen seine Gewohnheit, denn er liebte es nicht, abends Besuche abzustatten. Er zog es vor, sich am Tage blicken zu lassen. Dann konnte man ihn sehen und hören; dann konnte er seine wie bei einem Hund geschärften Sinne dazu benutzen, die Neuigkeiten zu erschnüffeln, nach denen es ihn gelüstete. Das war der Grund dafür, daß man ihn abends nirgends zu sehen bekam. Abends versteckte er sich in seinem Bau und nagte an den Knochen der Neuigkeiten, die er bei Tageslicht gesammelt hatte. Aber diesmal hatte das Tageslicht nicht ausgereicht, seine Neugier zu befriedigen, und so war er hier erschienen, um sich umzuhören und das Gelände zu sondieren, um irgendein Wort oder eine Geste aufzuschnappen, irgendeinen Hinweis darauf, was am Morgen im Büro zwischen Mosche und dessen Schwiegersohn vorgefallen war.

Außer den Erwähnten hatten sich aber noch andere eingefunden. In der Küche saßen Eljokum und Kateruche, die nur selten ins Haus kamen, es sei denn an einem Sabbat, an einem Feiertag oder zu irgendeinem Familienfest, manchmal auch mitten in der Woche, wenn Kateruche irgendwelche »Gelegenheitskäufe« vom Markt hier ablieferte, mit denen Liberson seinen Dienstherrn zu erfreuen gedacht.

Kateruche war normalerweise eine muntere Seele, der Leben in die Küche brachte, sobald er sie betrat. Für die Köchin oder Gnessje, die Küchenmagd, hatte er immer eine lustige Geschichte parat, vor allem für Gnessje, deren üppig wogenden Busen er anzustarren liebte. Und jedes Mal machte er unfehlbar den gleichen Scherz. Mit einem listigen Ausdruck in den Augen berührte er mit dem Zeigefinger fast Gnessjes Jacke und sagte: »Sieh mal, Gnessje, da fehlt ein Knopf.« Und ebenso unfehlbar riß Gnessje den Mund auf und klopfte ihm auf die Finger. Sie und die Köchin schalten ihn dann stets gutgelaunt: »Die Pest soll dich holen. Dieser verfluchte Kateruche. Du Flegel, du Tunichtgut, du Schuft.«

Wenn Eljokum da war, pflegte er stets gutmütig zu lachen und den Dienstmädchen seine Hilfe anzubieten, während Kateruche ihnen immer etwas mitbrachte, ein paar übriggebliebene Speisen ihres Dienstherrn, manchmal auch ein Glas Tee.

Diesmal aber war weder Kateruche noch Eljokum mit einem »Gelegenheitskauf« vom Markt zurückgekehrt. Und Kateruche riß auch keinen seiner gewohnten Späße. Sein Gesicht trug noch die Spuren des ernsten Zwischenfalls vom Morgen, als Zisje zusammengebrochen war, und der folgenden Ereignisse, als er diesen auf dem Karren nach Hause gefahren hatte, um ihn dann an der Mutter Malke-Rive sowie an Frau und Kind vorbei ins Haus zu tragen.

Obwohl es bei der Unterhaltung in der Küche (die natürlich im Flüsterton geführt wurde) um Zisje ging, waren doch alle begierig zu erfahren, was im Eßzimmer über ihn gesprochen wurde.

Aber dort wurde Zisje mit keinem Wort erwähnt. Erstens hatte man da ganz andere Dinge im Kopf. Zum anderen wußten dort nur ein oder zwei der Anwesenden etwas von Zisjes Unfall.

Als Liberson eintrat und sah, daß Gitl blaß war und anscheinend immer noch unter heftigen Kopfschmerzen litt, versuchte er sie aus Mitgefühl zu schonen und versagte es sich, ihr von Zisje zu erzählen. Vielleicht hatte er sich auch nur entschlossen, mit seinem Bericht ein wenig zu warten, vielleicht hatte er auch nur deshalb nichts zu sagen, weil er selbst alles vergessen hatte.

Er hätte es tatsächlich vergessen können, denn immer wenn er sich im Haus seines Dienstherrn befand, fühlte er sich, als würde er von Federn angetrieben: jederzeit bereit, von seinem Platz aufzuspringen, um ehrerbietig irgendeinem Familienmitglied zuzuhören, wenn er angesprochen wurde. Wenn man nicht das Wort an ihn richtete, mischte er sich manchmal im geeigneten Moment in eine Unterhaltung ein und flüsterte ein paar beruhigende Worte, selbst zu flüchtigen Bekannten der Familie.

Im Eßzimmer saß man gerade beim Tee. Gitl fiel auf, daß ihr Mann, der das Haus am Morgen verdrießlich verlassen hatte, im Lauf des Tages noch mürrischer geworden war. Was immer ihm auf der Seele gelegen haben mochte, es mußte noch etwas hinzugekommen sein, was ihm zusätzliche Kopfschmerzen bereitete. Unter anderen Umständen hätte sie ihm den Rat gegeben, sich hinzulegen. Aber heute, sie wußte selbst nicht, warum, tat sie das gerade Gegenteil. Statt ihn irgendwie aus dem Zimmer herauszulocken und ihm zu raten, dem Lärm, den vielen Fremden, allem, was ihn nervös machen konnte, zu entfliehen, kam sie plötzlich auf die Idee, Lusi zum Tee holen zu lassen.

Der Bote machte sich auf den Weg, und kurz darauf erschien nicht nur Lusi, sondern auch Sruli. Sie kamen aus Lusis Zimmer, in dem sie die Unterhaltung geführt hatten, die Lusi Sruli zuvor versprochen hatte, die er aber auf den frühen Abend verschoben hatte. Die Begegnung hatte offensichtlich stattgefunden, obwohl wir im Augenblick nicht darauf zurückkommen wollen, da es uns unnötig lange aufhalten würde. Wir werden jedoch später zu den beiden zurückkehren.

Die beiden Männer machten den Eindruck, als kämen sie gut miteinander aus, obwohl Sruli Lusi mit größerem Respekt behandelte, als dieser ihm bezeigte, was sich sofort in dem Augenblick erwies, da sie den Raum betraten und Sruli auf der Schwelle innehielt, um Lusi den Vortritt zu lassen.

Die Überraschung und das Erstaunen im Eßzimmer waren allgemein. Die Familie fragte sich neugierig, wie diese beiden sich kennengelernt hatten und was sie wohl verbinden mochte. Sie standen brüderlich untergehakt auf der Schwelle, und jeder fragte sich, woher diese Eintracht kam.

Niemand hatte an diesem Abend bemerkt, daß Sruli in Lusis Zimmer gegangen war. Niemand hatte etwas von ihrer heimlichen Zusammenkunft geahnt. Als Gitl sie jetzt auf der Schwelle stehen sah, konnte sie nur mit Mühe einen überraschten Ausruf unterdrücken. Mosche erhob sich nervös von seinem Stuhl, und die anderen taten es ihm nach.

Die beiden Neuankömmlinge setzten sich an den Tisch. Lusi

ließ sich Tee einschenken, Sruli ebenfalls. Es ergab sich, daß sie nebeneinander saßen, und wenn Sruli sich zu Lusi umwandte, kehrte er denen, die auf der anderen Seite saßen, den Rücken zu. Als Mosche dies sah, fühlte er sich versucht, aufzustehen und wegzugehen, wie er es schon am frühen Morgen getan hatte. Die Versuchung war jetzt noch stärker, da er Lusi und Sruli in so schöner Eintracht dasitzen sah; diese Eintracht ärgerte ihn.

Als Gitl sah, wie aufgebracht Mosche war, fürchtete sie aus gutem Grund – denn sie kannte ihren Mosche –, daß es jeden Augenblick zwischen den Brüdern zum Streit kommen konnte, und das noch vor Fremden, was eine doppelte Schande wäre. Die Situation war tatsächlich so gespannt, daß Gitl ihre Migräne zurückkehren fühlte, die zuvor etwas nachgelassen hatte.

Sie legte gerade die Hände an die Schläfen, um sich Gewißheit zu verschaffen, ob die Schmerzen tatsächlich verschwunden waren, als eine hochgewachsene Frau mit einem Schal auf den breiten Schultern durch die Tür trat. Es war Malke-Rive, Zisjes Mutter.

Trotz des großen Unglücks, das sie heute befallen hatte – die plötzliche Erkrankung ihres letzten überlebenden Sohns, eine Krankheit, deren Schwere (möge Gott ihn schnell genesen lassen) sie aufgrund ihrer früheren Erfahrungen sofort erkannte –, hatte sich Malke-Rive, als sie sich zum Dienstherrn ihres Sohns, dem entfernten und reichen Verwandten ihres verstorbenen Mannes, auf den Weg machte, entschlossen, ihre Sabbat-Perücke aufzusetzen – die mit dem Scheitel in der Mitte und dem auf beiden Seiten in Locken herabfallenden Haar. Sie trug auch ein paar baumelnde Messing-Ohrringe, das letzte, was ihr von ihrem einstigen Wohlstand geblieben war. Es waren Ohrringe, die kein Mensch je hätte kaufen wollen und die sich in schwierigen Zeiten nirgends würden versetzen lassen.

Trotzdem war Malke-Rive samt Perücke und Ohrringen erschienen. Denn so war sie eben. Eine bemerkenswerte Frau mit einem stählernen Charakter, der vor allem in schwierigen Zeiten männliche Qualitäten zeigte. Nein! Sie war stärker und zäher als ein Mann.

Jeder kannte sie, jeder achtete sie – und das aus gutem Grund. Sie hatte etwas von einem Hiob an sich: Gott hatte ihr gleich Hiob die schwersten Prüfungen auferlegt, aber anders als dieser war sie nicht daran zerbrochen.

Sie hatte in ihrem Leben viel ertragen und viel überstehen müssen, aber ihre Stimme und ihr Schritt waren fest, und ihre Schultern waren gerade.

Sie hatte kurz nach der Hochzeit zu gebären begonnen, und bei jeder Entbindung verlor sie eine Menge Blut. Ganze Eimer voller Blut. Jedesmal dachte man, ihr Ende sei gekommen, aber sobald das Kind geboren war, kehrte ihre alte Gesundheit zurück, und sie wurde wieder schwanger. Und blutete danach wieder ebenso stark. Die Ärzte hielten sie für ein Phänomen und gaben es auf, ihr Medikamente zu verschreiben. Und auch die Hebammen hörten auf, darüber zu staunen. Sie war eben Malke-Rive.

So schenkte sie sieben Söhnen das Leben. Wenn die Zeiten gut waren, ernährte sie sie gut. In schlechten Zeiten schickte sie sie zu fremden Leuten in die Arbeit. Aber was für Söhne das waren! Hochgewachsen, gut gebaut, schlank, geschmeidig, mit geröteten Wangen.

Und dann begann das Unglück. Es wartete, bis ihre Söhne erwachsen waren. Dann wurde einer von ihnen – er war achtzehn Jahre alt – bettlägerig. Ein paar Monate lang litt er unter heftigen trockenen Hustenanfällen, und seine Wangen glühten. Dann hatte ihn die Krankheit dahingerafft. Nach seinem Tod erkrankte ein zweiter Sohn, der ein paar Monate lang hustete und dann das gleiche Ende nahm. Und so ging es weiter; einer nach dem anderen starb. Der Fluch nistete sich bei ihr ein wie ein Gast, den man nicht wieder los wird.

Jedesmal, wenn man einen ihrer Söhne aus dem Haus trug, vor allem bei den letzten ... dem fünften ... dem sechsten, vermieden es selbst die engsten und robustesten ihrer Verwandten, zur Beerdigung zu erscheinen. Wer kann es schon ertragen, soviel Leid mit anzusehen? Diejenigen aber, die sich nicht abschrecken ließen, bekamen unfehlbar eine Malke-Rive mit ihrem

Schal auf den Schultern zu sehen, die keine Tränen vergoß und nicht klagte. Aber wenn die Zeit der Leichenwaschung gekommen war, trat sie an einen Verwandten heran . . . dabei bevorzugte sie einen der älteren frommen Männer. Sie warf ihm einen kühlen Blick zu und sagte mit leiser, geschäftsmäßiger Stimme: »Ah! Wie sagt man doch? Sagt man nicht, daß es im Himmel einen Gott gibt? Was meinst du?«

»Still, Malke-Rive. Was sagst du da?« erwiderte der Mann, der zwar voller Mitleid für sie war, aber dennoch große Angst hatte, sie könnte eine furchtbare Gotteslästerung begehen.

»Wo ist Er denn, he?«

Und als man ihr heute ihren letzten Sohn Zisje ins Haus brachte, bleich, von der Krankheit niedergestreckt, das Gesicht voller Stoppeln . . . brachte sie ihn sofort zu Bett und verhielt sich wie immer. Sie erhob kein Wehgeschrei, sondern schob Zisjes Frau und die Kinder beiseite und trat ans Bett. Sie warf einen Blick auf den Kranken und sagte nur: »Mein Sohn.« Das war alles. Danach ließ sie die Ehefrau den Kranken versorgen und hielt auch die Kinder nicht davon ab, sich am Krankenlager ihres Vaters aufzuhalten. Abends, bei Anbruch der Nacht, zog sie sich in eine Ecke des Hauses zurück, wo sie ihre Perücke aufsetzte, sich den Schal um die Schultern legte und sich dann auf den Weg machte. Von dem »dritten Ring« aus, wo sie und Zisje wohnten, mußte sie zum anderen Ende der Stadt laufen, wo sich Mosches Haus befand.

Als sie durch die Küche ging, kam sie an Eljokum, Kateruche und den Küchenmägden vorbei. Sie sagten kein Wort zu ihr, und auch sie sprach nicht mit ihnen. Aber jeder in der Küche starrte ihr nach, als sie vorüberging, und sprang auf, wobei ihnen kaum bewußt war, daß es Malke-Rives ungewohnter Aufzug, der Schal auf ihren stattlichen Schultern war, der sie so handeln ließ.

Mosche, der am Kopfende des Tisches saß, sah sie als erster eintreten. Hinter ihr sah er auch das Küchen- und Geschäftspersonal behutsam hereinkommen, als wären sie von Malke-Rive ins Schlepptau genommen, als erwarteten sie von ihrer Ankunft und ihrem Empfang ein besonderes Spektakel.

Nach Mosche war es Gitl, die sie zuerst bemerkte, und auch sie entdeckte das Gefolge. Sie war darüber höchst erstaunt und wandte sich an Mosche, bei dem sie immer Zuflucht fand, wenn sie in Verlegenheit war, wenn etwas ihr Verständnis überstieg und sie eine Erklärung haben wollte.

Auch Liberson hatte Malke-Rive gesehen und wollte gleich von seinem Stuhl aufspringen, ihr entgegenlaufen und sie als erster fragen: »Wie geht's?« Nicht etwa, weil ihn das sonderlich interessierte, sondern weil er wußte, daß diese Geschichte den Herrschaften am Herzen lag.

Sruli, der, wie bereits erwähnt, Lusi gegenübersaß und daher die Küchentür im Auge hatte, entdeckte sie gleichfalls, und als er sie sah, spürte er mit seinen geschärften Sinnen, daß heute etwas geschehen war, wovon er noch nichts wußte. Er war außerstande zu erraten, was es war, konnte aber etwas am Gesicht Malke-Rives ablesen und mehr noch an der ängstlichen Neugier, die sich auf den Gesichtern der Dienstmädchen und der Angestellten spiegelte. Und das ließ ihn aufspringen und sich ganz dieser Gruppe von Leuten zuwenden. Er wartete mit gespannter Aufmerksamkeit wie ein Kavalleriepferd, das die Trompeten schallen hört.

Nach Sruli entdeckten auch die Familie und die Gäste Malke-Rive.

Malke-Rive, die von ihrem Haus einen langen Weg hatte zurücklegen müssen – sie hatte fast die ganze Stadt durchquert, nur schwach von Kerzen und Lampen erhellt, deren Licht durch die Erdgeschoßfenster der Häuser nach draußen drang –, schreckte jetzt, als sie aus der Dunkelheit trat, vor diesem weitläufigen, kostbar möblierten und hell erleuchteten Eßzimmer zurück, in dem die Gäste beim Tee saßen. Bei diesem Anblick fiel ihr ein, woher sie kam: aus einer engen Kammer, zwar sauber und aufgeräumt, denn ihr Zisje liebte die Sauberkeit und forderte sie auch von seiner Frau, aber dennoch zugleich ärmlich und ein wenig nackt, selbst wenn alle ihre Bewohner bei guter Gesundheit waren; heute jedoch war Zisje krank von seinem Lager aufgestanden, was die Ärmlichkeit der Kammer sofort doppelt oder dreimal so groß hatte erscheinen lassen. Und jetzt, als sie sich daran erinnerte und, halb geblendet vom strahlenden Licht der Deckenlampe, die Wohnung des reichen Mannes vor sich sah, blieb sie einen Augenblick lang reglos auf der Schwelle stehen, als weigerten sich ihre Füße, sie weiterzutragen ... Kurz darauf lenkte sie aber ihre Schritte zum Kopfende des Tisches, um sich neben Mosche wiederzufinden, um dessentwillen sie ja eigentlich gekommen war; denn sie hatte sich vorgenommen, mit ihm Tacheles zu reden – und genau das tat sie auch.

Am Tisch verstummten alle. Sruli drehte sich zur anderen Seite um, zu jener Seite, wohin er zuvor nicht hatte blicken wollen – zum Kopfende des Tisches hin. Auch Lusi blickte in jene Richtung, von allen anderen ganz zu schweigen.

Und Malke-Rive sprach: »Du weißt sicher, Mosche (sie siezte ihn nicht, weil er ihr Verwandter und Altersgenosse war, und vermutlich auch, weil sie niemanden siezte), warum ich heute hergekommen bin und was meinem Zisje passiert ist?«

»Ja, ich weiß.«

»Dann weißt du sicher auch, in welcher Not und Armut wir leben, und jetzt brauchen wir auch Ärzte, Medikamente und so weiter.«

»Aber was kann ich denn tun, außer ihm seinen Lohn weiterzuzahlen wie bisher, bis er wieder gesund ist?«

Mosche war sichtlich verärgert, daß Malke-Rive ihn noch an demselben Tag behelligte, an dem der Unfall passiert war, daß sie nicht ein wenig Zeit hatte verstreichen lassen und jetzt in der Rolle einer Bittstellerin vor ihm erschienen war, die ihn um ein Almosen anging. Und da sie nun schon einmal gekommen war, hätte sich das Ganze nicht vor aller Augen, sozusagen mit Pauken und Trompeten, abspielen dürfen; sie hätte sich nicht direkt an ihn wenden, sondern zunächst unter vier Augen mit Gitl sprechen müssen, mit der er die Angelegenheit dann beredet hätte, und dann hätte man mit den gegebenen Mitteln das Mögliche getan.

Darum wollte er von allem Anfang an bei dieser Unterhaltung kurzen Prozeß machen. Man wußte schließlich sehr gut, daß er kein Bösewicht war und sich in solchen Fällen richtig zu verhalten wußte.

Sie aber, Malke-Rive, nahm keine Rücksicht auf ihn und seine augenblickliche schwierige Lage, war außerstande, die Dinge vom Standpunkt ihres reichen Verwandten aus zu sehen, denn ihr lagen ganz andere Dinge auf der Seele ... Sie wußte, daß Zisjes Krankheit und seine Bettlägrigkeit kein Spaß waren, sie wußte auch, daß derjenige, der in der Arbeitswoche bezahlt wird, kein Recht hat, krank zu sein, daß die Wucherer ihren Anteil fordern und daß ein Rubel und fünfundzwanzig Kopeken pro Woche nicht genügen würden, der schwärzesten Not zu entgehen, selbst wenn der Dienstherr Mosche es nicht bald leid wäre, seinem Angestellten den Lohn zu bezahlen.

Und das alles sagte ihm Malke-Rive vor allen Leuten, vor allen, die hier an seinem Tisch saßen, und auch vor denen, die vor der Tür standen.

»Also, was willst du?« rief Mosche, sich brüsk von seinem Stuhl erhebend. »Was könnte ich mehr tun? Wie man es auch betrachtet, es ist mehr als genug. Gegen Krankheit ist niemand gefeit, und wenn man eine Krankheit hat, die sich zu Haus nicht behandeln läßt, gibt es immer noch ein Hospital.«

»Ein Hospital! Was sagst du da, Mosche? Was hast du gesagt? Sitzt du nicht selbst im Vorstand dieses Hospitals? Du weißt doch selbst, wer da hineinkommt, und du weißt auch, wie man dort für die Kranken sorgt?«

»Man behandelt sie«, unterbrach Mosche ihren Redefluß, der ihm unangenehm war und von dem er nichts mehr hören wollte. »Man tut, was man kann, und zwar für das Geld, das die Stadt zur Verfügung stellt. Was könnte man noch tun oder besser machen?«

»Mosche«, sagte Malke-Rive und richtete sich auf, so daß ihre Messing-Ohrringe erzitterten und ihr der Schal von den Schultern glitt und fast zu Boden fiel, »Mosche, mögest du niemals leiden müssen! Ich habe schon viele Prüfungen auf mich nehmen müssen, und ich wende mich jetzt nicht an dich, um Almosen zu erbitten, sondern um das zu fordern, was mir zusteht. Er hat sich seine Krankheit bei dir geholt, hat seine schwachen Kräfte bei deinen guten Geschäften erschöpft, und du bist verpflichtet, ihm beizustehen, und zwar nach allen Gesetzen der Thora, ebenso wie nach den Gesetzen, die nicht dort stehen, wohl aber darin stehen sollten.«

»Verpflichtet?«

»Ja, Mosche.«

»Was soll ich also tun?«

»Was du tun sollst?« schrie plötzlich der Hitzkopf Sruli, den niemand gefragt hatte und dessen Meinung auch niemand kennenlernen wollte, und zwar mit so lauter und klarer Stimme, daß es allen Anwesenden in den Ohren dröhnte. »Was du tun sollst? Was sich gehört! Was man auch für sich selbst tun würde! Und wenn es schon ein Krankenhaus gibt, steht es in erster Linie den Treuhändern zu, dort ein Bett zu belegen und am eigenen Leib zu erfahren, wie gut es tut, dort zu leben, besonders für einen Kranken, der Blut spuckt ...«

Diesmal war Srulis Dreistigkeit so unerwartet, so ungeheuerlich, daß sich alle Blicke auf ihn richteten wie auf einen Gegenstand, der gerade von der Decke gefallen ist.

Gitl erhob sich brüsk, als wollte sie ihren Mann in Schutz nehmen, ebenso Liberson, der seinen Ohren nicht zu trauen glaubte. Alle waren gespannt. Lusi warf Sruli einen Blick zu, von dem man nicht sagen konnte, ob er Mißbilligung oder Zustimmung ausdrückte.

Und Mosche selbst, der heute einen besonders harten Tag hinter sich hatte: am Morgen die unangenehme Nachricht, die ihm sein Schwiegersohn überbracht hatte; dann das Treffen mit dem Anwalt, das ihm nur wenig Trost verschafft hatte; und jetzt diese Geschichte, ein Kranker, diese Malke-Rive, diese Dienstmädchen, diese Angestellten, die vor der Tür lauerten, und noch mehr Leute; und zu allem Überfluß dieser hergelaufene Irre, dieser unliebsame Bursche, den er nur mit Mühe ertragen kann, vor allem heute, und der zur Rechten seines Bruders sitzt, und dann noch diese Beleidigung; folglich, könnte man sagen, blieb Mosche nichts weiter übrig, als aufzuspringen, mit der Faust auf den Tisch zu schlagen und wie ein Mann, der nur selten die Beherrschung verliert, Sruli mit schriller, sich fast überschlagender Stimme anzuschreien: »Raus hier! Raus aus meinem Haus!«

Und da ergriff Lusi, der bisher geschwiegen und sich nicht in die Unterhaltung eingemischt, ja dies offenkundig auch nicht beabsichtigt hatte, als er nun seinen Bruder schreien hörte und darüber ebenso verblüfft war wie alle anderen, denn erstens hatte er eine solche Explosion Mosches nicht erwartet, man stelle sich vor, einfach so jemanden aus dem Haus zu jagen; und zweitens wußte er nicht, wie Sruli sich jetzt verhalten würde – Lusi ergriff also für Sruli Partei, sprang ebenfalls von seinem Platz auf und schleuderte dem Bruder quer über den Tisch entgegen:

»Bitte ihn um Verzeihung, Mosche, denn du hast einen Mann vor aller Augen gedemütigt. Du mußt dich sofort bei ihm entschuldigen.«

»Ich, Mosche ... ihn um Entschuldigung bitten ... Sruli?«

»Ja.«

»Was sagst du da? Einen Mann gedemütigt? Aber das ist ja gar kein Mann, das ist ein öffentliches Ärgernis, das sich am Unglück anderer weidet, und es ist höchste Zeit, daß man ihn aus allen Häusern jagt.«

»Und woher willst du wissen, daß man ihn wegjagen kann? ›Aus meinem Haus‹, sagst du, aus deinem? Wieso deinem? ... *Mein ist das Haus, spricht der Herr* ...«

»Du ergreifst also für ihn Partei. Wenn das so ist«, rief Mosche aus, außer sich vor Wut, »werde ich mich auch bei dir entschuldigen müssen, genauso wie bei dem da.«

»Mosche!« rief Gitl aus, die den Sinn der Worte ihres Mannes erriet und ahnte, welche ungeheure Beleidigung Lusis sie enthielten. »Mosche!«

»Vater!« riefen die Mädchen aus, die ebenfalls begriffen hatten – und sie stürzten zu ihrem Vater Mosche, weil sie versuchen wollten, seinen Zorn zu besänftigen und ihn daran zu hindern, noch mehr Worte dieser Art zu äußern.

»Schwiegervater!« riefen die Schwiegersöhne aus und näherten sich ihm ...

Und Mosche, dem erst jetzt aufging, was er sich da hatte entschlüpfen lassen, geriet noch mehr in Wut und wandte sich wieder der ersten, der Hauptursache seiner höchsten Erregung, nämlich Sruli zu; er hob den Arm, als hätte er ihn der Runde seiner Familie und Verwandten entrissen, die ihn umgaben, und wies ihm die Tür, wobei er von neuem ausrief:

»Raus hier! Wage es nicht, je wieder den Fuß hierher zu setzen! Und wenn das ein Mann ist«, rief er aus, diesmal an die Adresse Lusis, »dann bist du, Lusi, nicht mehr mein Bruder.«

»Mosche! Vater! Schwiegervater!« ertönten wieder um Mosche herum verängstigte Rufe.

Und seltsamerweise antwortete Sruli mit keiner beleidigenden Äußerung und widersetzte sich nicht; er machte nicht mal den Mund auf, wie er es sonst in weit weniger ernsten Fällen, zum Beispiel bei unbedeutenden Kränkungen, zu tun pflegte, während er jetzt, in einem Fall, der sozusagen noch nie dagewesen war, überhaupt nicht reagierte.

Niemand konnte sich erklären, warum sich Sruli diesmal nicht wie gewohnt verhielt; warum er nicht bewiesen hatte, wozu er fähig war. Vielleicht war diese Auseinandersetzung auch für ihn überraschend gekommen, vielleicht hatte sie ihm gezeigt, daß auch andere wie er selbst der größten Unverschämtheit fähig waren, daß auch andere vor nichts zurückscheuten.

Aber nein. Es lag wohl eher daran, daß im selben Moment, da er sich vom Tisch abgewandt, der neben ihm sitzende Lusi das gleiche getan hatte. Auch Lusi stand vom Tisch auf, und während Sruli noch im Zimmer nach seinem Bündel suchte, verließ Lusi schweigend den Raum, gefolgt von den Blicken aller ...

Alle waren davon überzeugt, daß Lusi seine Selbstachtung hintangestellt und die Beleidigung geschluckt hatte; sie gingen davon aus, daß er es für vernünftiger gehalten hatte, nachzugeben und Stillschweigen zu bewahren, wie es sich für einen Älteren gehört, vor allem für einen Mann wie Lusi, da er seinen Bruder in so unbezähmbarer Wut gesehen hatte und wußte, daß alles nur noch schlimmer werden würde, wenn er sich ihm widersetzte. Aus diesem Grund blieben alle Anwesenden in diesen Minuten wie gelähmt. Nur in ihren Augen war die Hoffnung erkennbar, daß der Sturm, der über sie hereingebrochen war, sich bald wieder legen würde.

Aber plötzlich, als Sruli sein Bündel geschnürt hatte und nun aufstand, um sich zum Gehen anzuschicken, sahen alle in der Tür, durch die er das Zimmer verlassen würde, Lusi auftauchen, der diesmal seinen zugeknöpften Sommermantel trug und ebenfalls bereit war aufzubrechen.

Und als Sruli ihn sah, geschah das, was noch nie geschehen war und sich niemand rühmen konnte, je gesehen zu haben. Er öffnete den Mund zu einer Art Lächeln. Alle konnten sehen, daß in seinem Oberkiefer jeder zweite Zahn fehlte. Er grinste mit allen Zähnen, vorhandenen wie fehlenden, in diesem Augenblick eine süße, stille Rache genießend. Als Lusi sich der Tür näherte, um das Zimmer zu verlassen, grinste Sruli noch breiter; er trat zur Seite, um Lusi vorbeizulassen, und folgte ihm dann wie eine Art Knappe und Diener.

Mit noch größerem Vergnügen sah er, wie sich Gitl von ihrem Mann Mosche losriß und auf die Tür, auf Lusi zurannte. Mosches Töchter folgten ihr: Ihnen war der Ernst der Situation klar geworden, und sie erkannten, daß Lusi im Begriff war, für immer zu gehen. Das erkannten auch die anderen Bewohner des Hauses, und Gitl rief plötzlich aus:

»Du gehst nicht, Lusi. Das wirst du uns nicht antun!«

»Onkel Lusi!« wiederholten die Mädchen und streckten die Arme aus, als wollten sie ein Unglück abwehren.

»Onkel Lusi!« hörte man es plötzlich von allen Seiten rufen, von Verwandten, von Gitl, den Mädchen, den Schwiegersöhnen.

Aber Lusi schob Gitl schweigend und entschlossen mit einer Handbewegung beiseite, und dann auch all die anderen, die ihn zurückhielten und ihm den Weg verstellen wollten. Und damit gingen sie, Lusi als erster, ohne sich noch einmal umzusehen, dann folgte ihm Sruli, der den Kopf wandte und die Anwesenden angrinste; bald darauf waren sie verschwunden und nicht mehr zu sehen.

Das hätte für diesen Abend eigentlich gereicht. Alle, die die Szene miterlebt hatten, hätten sich ein paar Minuten verlegen und betäubt ausruhen können, ohne ein Wort sprechen zu müssen, um dann auseinanderzugehen, wie es jedem behagte. Aber nein: In dem Moment, in dem diese beiden, Sruli und Lusi, das Haus verließen, geschah es, daß alle Anwesenden, die sich in der Nähe der Tür aufhielten ebenso wie jene, die am Tisch sitzengeblieben waren, plötzlich einen tödlich bleichen Mann auftauchen sahen. Er stand auf der Schwelle, getaucht in den schwachen Lichtschein, der vom Flur in den Raum drang, und seine Blässe war für alle sichtbar, die im Eßzimmer am Tisch saßen. Er sah aus, als sei er soeben einem Grab entstiegen, war nur halb bekleidet und trug kein Käppi auf dem Kopf . . . Und bevor die Anwesenden Zeit fanden, wieder zu sich zu kommen, folgte der ersten Überraschung gleich ein zweiter Schock: Alter . . .

Es schien, als hätte er sich schon einige Zeit im Zimmer aufgehalten. Wie dem auch sei: Er hatte miterlebt, was sich in den letzten Minuten bei Lusis Abschied abgespielt hatte. Er trat nun bleich, erschöpft, bewußtlos wie ein Schlafwandler in den Raum, und man konnte seine Lippen immer wieder die gleichen Worte murmeln hören: »Er geht . . ., er hat uns verlassen.« Als die Anwesenden ihn sahen und ihm auswichen, um ihn vorbeizulassen, glitt er zwischen ihnen hindurch durch das Zimmer, und als er Platz um sich hatte, hob er plötzlich einen Arm, als wollte er in der Luft eine Fliege fangen, wobei er einen müden und schwachen Jammerlaut von sich gab, wie ein kleines, kriechendes Tier, das man zertritt, dann stolperte er und stürzte mit einem lauten Krach zu Boden. Niemand dachte mehr an Lusi und Sruli, die vor einigen Minuten gegangen waren, und noch weniger an Malke-Rive, die immer noch da war. Man hatte alles vergessen, was sich im Raum ereignet hatte.

Jetzt lag ein Mann auf der Erde, um den sich in den ersten Minuten Verwandte und Fremde drängten, von denen niemand wußte, was zu tun war, wo man anfangen sollte, und so blieb man einfach verblüfft und mit hängenden Armen stehen.

Es war ein Fremder, der sich als erster wieder fing, Liberson, den wir bereits kennen. Er stand von seinem Platz am Tisch auf, trat näher an den Kreis heran, und bevor die Verwandten sich rühren oder den Mund auftun konnten, um etwas zu sagen, hatte er vor aller Augen und im Namen aller Kateruche befohlen: »Lauf, Kateruche, hol einen Arzt. Lauf zu Janowski und sag ihm, daß er sich sofort zu uns auf den Weg machen soll.«

Das war neu bei Alter. Nach so vielen Jahren Krankheit passierte ihm das zum ersten Mal. Vielleicht war es eine Folge dieses ungewöhnlichen Tages, dieser Schreie, die sich bei ihm bis zum äußersten gesteigert, seine Kräfte völlig erschöpft und ihn danach in Ohnmacht hatten fallen lassen.

Ganz und gar nicht. Wer Augen im Kopf hatte, konnte sehen, daß es keine Ohnmacht war. Es war keine Erschöpfung infolge seiner Schreie, es war etwas ganz anderes, Neues. Alter stand der Schaum auf den Lippen, strömte ihm aus dem Mund wie aus einem Springbrunnen. Hier hatte man es mit dem Sympton einer Krankheit zu tun, die ihn bisher nicht befallen hatte, an der er zuvor nicht gelitten hatte. Mit einem Symptom, das der alte Doktor Janowski nach langer Beobachtung des Patienten und endlosem Drumherumreden diagnostizierte: Es war Epilepsie.

»Übrigens«, fügte der erfahrene alte Arzt hinzu, »was in diesem Fall auf den ersten Blick eine Verschlimmerung von Alters Zustand zu sein scheint, kann auch eine Art Krise sein, eine unerwartete Wendung seiner bisherigen Krankheit, seiner Geistesschwäche, und könnte ganz im Gegenteil eine gewisse Reinigung, eine Befreiung seines Geistes mit sich bringen. Ja«, sagte er, »die Medizin kennt solche Fälle und hat sie aktenkundig gemacht.«

In jener Nacht brachte man Alter nicht in seine Dachkammer. Man ließ ihn unten, denn als er nach seinem Sturz wieder zu sich kam, sah man, daß er nicht die Kraft hatte aufzustehen, daß seine Augen trübe waren und daß er nicht einmal das sah, was er in seinem gewohnten Zustand zu sehen und erfassen vermochte.

Man richtete ihm im Eßzimmer ein Bett her.

Doktor Janowski war lange geblieben, einen großen Teil des

Abends. Nachdem er gegangen war, schien das Zimmer verlassen zu sein, still, wie in Trauer.

Auch diesmal wieder, wie immer bei ungewöhnlichen Vorkommnissen, konnte man die Anwesenheit Mayerls bemerken, der in seinem abgelegenen Zimmer schon geschlafen und dann den Lärm des Sturzes und das ungewöhnliche Schweigen vernommen hatte, das sich einige Minuten später auf das Haus gesenkt hatte. Da hatte es ihn nicht mehr in seinem Bett gehalten. Die Erwachsenen sahen ihn unversehens auf der Schwelle einer der Türen auftauchen, die zum Eßzimmer führten.

Und in jener Nacht, in einem anderen Haus, weit weg am Stadtrand, im dritten Ring, »draußen auf dem Sand«, in der armseligen Hütte Michel Bukjers, saßen drei Männer im Lichtschein einer billigen Lampe. Es waren Lusi, Sruli und ihr Gastgeber Michel Bukjer.

Wir wissen nicht genau, was sich zugetragen hatte. Aber als Lusi und Sruli sich nach dem Verlassen von Mosches Haus auf der Straße wiedergefunden und anschließend die Brücke überquert hatten, die von der Unter- zur Oberstadt führt, winkte Sruli nach einer kurzen Unterhaltung mit Lusi (deren Inhalt uns nicht bekannt ist) einen Kutscher herbei und nannte ihm den Namen der Straße, in die er und Lusi sich begeben wollten. Sie stiegen ein, und nach einer langen Fahrt, die sie durch finstere und holprige Straßen und Gassen führte, erreichten sie schließlich ihr Ziel.

Bei Michel Bukjer schlief schon die ganze Familie. Sruli klopfte an, und Michel Bukjer machte auf. Er weckte um dieser Gäste willen zunächst seine Frau, worauf diese den kleinen Blech-Samowar mit dem Messinghahn anzündete. Als sie das erledigt hatte, sagte Michel ihr, sie solle sich wieder hinlegen. Und später, als das Wasser des kleinen Samowars versiegt war, füllte er ihn selbst mehrmals mit Wasser auf und legte auch Holzkohle nach, und das mehrmals hintereinander. Nach einer langen, herzlichen und freundschaftlichen Unterhaltung, nachdem sie Tee getrunken und ein karges Mahl zu sich genommen hatten, verbrachten Sruli und Lusi die ganze Nacht bei ihm.

VI
Abermals Sruli

Am nächsten Morgen ging Malke-Rives Tür auf, und auf der Schwelle stand jemand, den sie nie bei sich erwartet hätte. Es war Mascheve, der Schlachterlehrling, der »draußen auf dem Sand« und in der ganzen Stadt wohlbekannt war. Man hatte ihm einen sehr häßlichen Spitznamen gegeben und nannte ihn Mascheve die Hure, und als solcher hatte er sich selbst unter seinesgleichen – den Zuhältern und anderem Gelichter der Stadt – einen beachtlichen Ruf geschaffen.

Im Sommer verbrachte er seine freie Zeit nach der Arbeit oder am Sonnabend sowie an Feiertagen unten auf den Wiesen am Flußufer, wo er badete und den Leuten Streiche spielte, von denen man in der Stadt noch lange sprach.

Nach der Arbeit war er stets nach den Schönheitsbegriffen eines Schlachterlehrlings ausstaffiert: kurze Weste, blitzblank geputzte Stiefel, besticktes Hemd, und in der Hand – Zeichen der Eitelkeit und des Müßiggangs von Ganoven – einen Ochsenziemer.

Er sah gut aus. In der Stadt hatte er schon viele Mädchen unglücklich gemacht. Nicht nur viele von denen, die in der Nähe der Flußwiesen wohnten, sondern auch andere, die außerhalb der Stadt lebten. Und diejenigen, die er noch nicht unglücklich gemacht hatte, konnten den Blick nicht von ihm losreißen, als ahnten sie schon künftige Leiden . . . Es handelte sich nicht nur um Dienstmädchen und um einfache Frauen, sondern auch um bürgerliche Damen. Die jungen Bürgersfrauen warfen ihm oft verstohlene Blicke zu, wenn sie bei seinem Dienstherrn Fleisch kauften, bei Meyer Blass, wo er als Schlachterlehrling arbeitete.

Sein weiß-rosiges, stets glattrasiertes Gesicht, auf dem nur einige spärliche Flaumhaare sprossen, gelbrot leuchtend wie die einer reifen Stachelbeere, strahlte jugendliche Kraft, Ruhe und Selbstbewußtsein aus.

Die meiste Zeit arbeitete er am Haublock. Aber die eigentliche Bedeutung, die er für seinen Dienstherrn, den wohlbekannten und vermögenden Meyer Blass hatte, bestand nicht so sehr in seiner Hauptfunktion, Fleisch zu schneiden, sondern darin, daß er ihm als Köder diente, der vor allem die Dienstmädchen anlockte, fast immer solche aus reichen Häusern. Während andere Schlachter vor ihren Schlachtbänken und Haublöcken kaum etwas zu tun hatten, drängten sich bei Mascheve die Kunden. Mascheve war Meyer Blass' Aushängeschild, ein vielversprechendes und verführerisches Aushängeschild, das jedem Herzen die Erfüllung seiner Wünsche versprach. Darum hörte Meyer Blass nicht auf die tausend Geschichten, die man sich von Mascheve erzählte, und fürchtete auch den schlechten Ruf nicht, den dieser ihm einbringen konnte, solange dessen Haublock nicht leer blieb und somit seinen, Meyer Blass', Wohlstand sicherte.

Und ebendiesen Mascheve hat nun Meyer Blass früh am Morgen von seiner Arbeit und der bereits ansehnlichen Kundenschar weggeholt; er hat ihm ein bestimmtes Stück Fleisch gezeigt, das er mitnehmen müsse, und ihm eine Adresse genannt, wo er es wie ein gewöhnlicher Laufbursche abliefern sollte.

Das gehört sich aber nicht; selbst bei schwerreichen Leuten kommt es nur selten vor; es gehört sich nicht, Fleisch auszutragen, weder an gewöhnlichen Werktagen noch vor großen Festlichkeiten, selbst wenn es sich um Großeinkäufe handelt, von einer kleinen Menge wie dieser ganz zu schweigen, und dann noch an einen solchen Ort, zu jemandem, der »draußen auf dem Sand« wohnt.

Da mußte etwas vorgefallen sein, und der Kopf eines Schlachters, besonders der Mascheves, war nicht dazu geschaffen, es herauszufinden. Als er das angewiesene Haus Malke-Rives betrat, in dem er einen armen Mann entdeckte, der zu allem Überfluß auch noch krank im Bett lag, als er Kinder sah, die um das Bett herumstanden, sowie eine Frau, die sich dort zu schaffen machte, wo es in Wahrheit nichts zu tun gab, dazu noch eine entschieden überflüssige Mutter, die ebenfalls nichts zu tun hatte, verblüffte ihn das noch mehr.

Auf den Gesichtern der Hausbewohner war jedoch kein geringeres Erstaunen zu lesen, als Mascheve nach kurzem Zögern in das Zimmer trat und Zisjes Frau, die ihm am nächsten stand, das Stück Fleisch mit folgenden Worten übergab:

»Das kommt von meinem Dienstherrn, Meyer Blass. Es ist für Sie, für heute . . . Er läßt Ihnen ausrichten, daß Sie morgen nur jemanden in die Schlachterei schicken müssen . . . Es ist schon bezahlt . . .« fügte er hinzu, als er den erstaunten Blick bemerkte, den Zisjes Frau mit ihrer Schwiegermutter wechselte.

»Für uns?« fragte sie und betrachtete das eingewickelte Stück Fleisch, das sie schon in den Händen hielt.

»Ja, für Sie, und zwar im Auftrag meines Chefs, Meyer Blass. Er schickt es Ihnen für heute, und morgen – so sagt er – brauchen Sie nur jemanden zu schicken und es abholen lassen. Das Geld dafür hat er schon bekommen . . .« wiederholte er nochmals, denn andere Worte standen ihm nicht zu Gebote, und außerdem hatte er nichts mehr zu sagen.

Nachdem Mascheve gegangen war, wechselten alle Anwesenden einen Blick, auch der Kranke und die Kinder, die nur selten erlebt hatten, daß ihnen solche Lebensmittel ins Haus gebracht wurden. Die Kinder begriffen gar nichts, aber die Erwachsenen begannen zu ahnen, woher diese Dinge kommen konnten: bestimmt von denen, die sich leicht schuldig fühlten und ihr Gewissen beruhigen wollten und deren Mitleid und menschliches Mitgefühl jetzt plötzlich erwacht waren . . .

Sie nahmen die Gabe schweigend an . . . Jeder vermied es, den anderen anzusehen, und nur die Frau des kranken Zisje brachte es in ihrer Eigenschaft als Ehefrau des Kranken über sich, trotz ihres großen Unbehagens, in das sich zugleich eine gewisse Zufriedenheit mischte, das Päckchen in die angrenzende kleine Küche zu bringen, um dort als Herrin des Hauses eine Mahlzeit vorzubereiten, natürlich in erster Linie für den Kranken – als die

Haustür ein zweites Mal aufging und eine zweite unerwartete Person erschien.

Es war ein wohlhabender Kolonialwarenhändler namens Leibuch aus dem Viertel, in dem Malke-Rive wohnte. Bei ihm konnte man die Ware in Säcken und Fässern ausgestellt sehen. Es war nicht wie in den winzigen Läden in diesen Straßen, die niemand ernst nimmt, wo alle »Waren« (falls man sie überhaupt so nennen kann) auf ein paar halbleere Papiersäcke verteilt waren. Nein, bei ihm, bei Leibuch, ging es anders zu.

Er hatte sogar, was in diesem Viertel völlig unüblich war, einen kleinen Verkäufer, ein Zeichen seines kaufmännischen Erfolgs und Beweis für einen ausreichend großen Kundenkreis, da Ehefrau und Kinder nicht genügten, um die Kunden zu bedienen. Mit einem Wort: Nach den Begriffen dieses Viertels handelte es sich fast schon um einen Großhandel.

Und siehe da, dieser Leibuch hat jetzt das Haus Malke-Rives betreten, und zwar nicht mit leeren Händen, sondern er hat einen Korb voller Tüten bei sich. Als er im Flur stand, fragte er, ob hier Malke-Rive wohne.

»Ja«, antworteten die Hausbewohner wie aus einem Mund, wenn auch mehr mit den Augen als mit dem Mund.

Das war die zweite Überraschung dieses Morgens. Es war offenkundig, daß ihnen wieder etwas gebracht wurde und daß es sich auch diesmal wieder um ein Geschenk handelte, aber in ihrer Verblüffung schwiegen sie und warteten darauf, daß der Überbringer etwas sagte.

»Guten Tag«, sagte er und zeigte auf den Korb und die gefüllten Tüten. »Das ist von mir . . ., aus meinem Laden . . . Sie kaufen zwar nicht bei mir, aber ich denke, daß Sie mich kennen. Mich kennt jeder: ›Leibuch‹ ist Gott sei's gedankt ein Name.«

Man nannte ihn »Leibuch den Stotterer«, denn da seine Nerven von dem ewigen Tumult um ihn herum, dem ständigen Hinundherlaufen stark mitgenommen waren, redete er schnell und undeutlich; dabei blickte er zur Seite, ohne einem beim Sprechen in die Augen zu sehen. Meist zog er es übrigens vor, ganz zu schweigen, aber da Leibuch, der »Gott sei's gedankt einen

Namen hatte«, den in der Straße und im Viertel jeder kannte, selbst diejenigen, die nichts bei ihm kauften, da also Leibuch sich jetzt am frühen Morgen die Mühe gemacht hatte – obwohl bekanntlich sein Geschäft fast schon ein Großhandel war, so daß seine Frau und seine Kinder nicht genügten, um seine Kunden zu bedienen, und er sich somit gezwungen gesehen hatte, ihnen einen jungen Verkäufer an die Seite zu stellen –, da er sich heute nun einmal die Mühe gemacht hatte, einen Korb mit Lebensmitteln zu füllen und ihn höchstpersönlich in diesem Haus abzuliefern, als wäre er sein eigener Laufbursche, wollte er das auch auf seine stotternde Weise erklären und den verblüfften Familienmitgliedern begreiflich machen.

»Das kommt tatsächlich aus meinem Laden, es ist meine Ware, und auch der Korb gehört mir . . . Ich bitte Sie, nehmen Sie alles heraus . . . Ich bitte nicht um Geld, das ist nicht nötig, nur ein kleines Wort, daß Sie alles in Empfang genommen haben. Und sollten Sie noch mehr brauchen, können Sie selbst kommen oder ein Kind schicken. Aber Geld ist nicht nötig, sagen Sie mir nur Bescheid. Ein Wort genügt . . .«

In Leibuchs Korb befand sich tatsächlich alles, was eine Familie gebrauchen kann. Kolonialwaren aller Art, Tee, Zucker, Reis und allerlei andere Dinge. Es dauerte seine gute Weile, bis Zisjes Frau all diese Dinge aus dem Korb genommen hatte, denn erstens, wie bereits gesagt, gab es da etwas herauszunehmen. Und zweitens, weil Zisjes Frau, als sie sich über den Korb beugte, um alle Beutel und Tüten herauszuholen, dies, wie es schien, mit zitternden Händen tat. Nein, nicht »wie es schien«, sondern »mit Gewißheit«, könnte man sagen, denn selbst bei dem Kranken, bei Zisje, der vom Bett aus alles schweigend verfolgt hatte, was im Hause vorgegangen war, zunächst das Auftauchen Mascheves und dann das von Leibuch, selbst auf dem Gesicht Zisjes, das seit gestern ganz gelb und plötzlich mit stacheligen Haaren bedeckt gewesen war, selbst auf seinem Gesicht, das hätte man schwören können, zeigte sich jetzt etwas Farbe . . . Und nicht nur er hatte etwas Farbe bekommen, sondern auch die Kinder, die den Fremden und das, was er mitgebracht hatte, umringten; man las auf ihren Gesichtern so etwas wie Freude und Überraschung zugleich, mehr Überraschung als Freude, denn sie waren derlei nicht gewohnt; dabei blickten sie ständig ihre Eltern an, als bäten sie sie um Erlaubnis, all diese Dinge zu betrachten ... Und Malke-Rive selbst, deren starken Charakter wir kennen, hatte seit dem Eintreffen Leibuchs keine Worte gefunden, seitdem er begonnen hatte, ihnen alles zu überreichen, was er mitgebracht hatte, bis zu dem Augenblick, da ihre Schwiegertochter den Korb geleert hatte ... Erriet sie, woher dieser ganze Überfluß kam, oder glaubte sie es zu wissen? Wie dem auch sei: Es wärmte ihr gewiß das Herz, weniger das Geschenk selbst als der Gedanke, daß man sie, Malke-Rive und ihre Familie, nicht vergessen hatte. Sie fand keine Worte, sah nur zum Bett hin, in dem ihr kranker Sohn ruhte, und wechselte mit ihm einen stummen Blick. Und in der Überfülle ihrer Gefühle, die sie irgendwie zeigen und durch etwas beweisen wollte, ermahnte sie die Kinder, die den Fremden umringten, sich zu entfernen.

»Also, vergessen Sie nicht, ein Wort genügt«, sagte Leibuch, als der Korb geleert war. »Sie können selbst kommen oder eins Ihrer Kinder schicken ... Geld brauchen Sie nicht mitzubringen, es ist schon bezahlt ...«

Nachdem Leibuch gegangen war, ging es weiter wie im Märchen. Bevor Zisjes Frau Zeit gefunden hatte, die Lebensmittel an Ort und Stelle einzuordnen, bevor die Familie Zeit gehabt hatte, darüber nachzudenken, ob sie sich über das Vorgefallene unterhalten sollte oder nicht (die Antwort würde wohl eher als ein Nein ausfallen, denn so ging es bei Malke-Rive nun mal zu, und hatte nicht auch Zisje etwas von ihr geerbt, hatte nicht auch er einen beträchtlichen Teil ihres Charakters geerbt?), bevor man Zeit gefunden hatte, sich vom Fleck zu rühren, hörte man, zunächst die Kinder und dann die Erwachsenen, wie draußen vor der Tür eine Pferdedroschke hielt.

Das ließ sich am Geräusch der gutgeölten Räder erkennen und daran, wie rasch und gleichzeitig gemessen die Droschke zum Halt kam. Ein gewöhnliches Bauernfuhrwerk oder eine »telega« machten nicht das gleiche Geräusch. Man erkannte es vor allem daran, daß eine Pferdedroschke in jenen Straßen ein seltener Gast war, und Droschkenräder auf diesem Pflaster der Armen, das war eine Seltenheit, ein kleines Fest.

Es war ein Arzt, der angekommen war, Doktor Boimholtz, der eine eigene Equipage besaß und sich außer für die Visite noch für die Fahrt bezahlen ließ, als handelte es sich um eine Miet-kutsche.

Der Arzt war ein geldgieriger Bursche, den man in der Stadt bestens kannte und nicht sonderlich liebte, der aber die größte Klientel der Stadt hatte, da er alt war und große Erfahrung besaß.

Er brach morgens als erster zu seinen Visiten auf und kam erst spät als letzter wieder nach Haus. Selbst wenn er keine Hausbe-suche zu absolvieren hatte, fuhr er gleichwohl los, um sich zu zeigen, damit alle sehen konnten, daß die Stadt ohne ihn nicht auskommen würde.

Arme Leute schafften es nicht, bei ihm vorgelassen zu werden, da er viel zu teuer war, und ein Hausbesuch kam überhaupt nicht in Frage. Er war beleibt und hochgewachsen, und wenn er die Tür einer armen Behausung betreten wollte, mußte er sich bücken und kleiner machen. Außerdem hinkte er und zog ein Bein auf seltsame Art nach, als wäre es ganz überflüssig, und das war zweifellos der Grund für seine schlechte Laune, die er vor allem an den Notleidenden ausließ, für die er stets nur grobe Worte hatte und denen er niemals etwas genauer erklärte oder wiederholte.

»Das hat der Doktor schon einmal gesagt«, sagte er und wurde wütend, wenn man etwas vergessen hatte und ihn zwang, sich zu wiederholen.

Als die Kinder ebenso wie die Erwachsenen den Lärm der Droschke hörten und ans Fenster traten, sahen sie, wie Doktor Boimholtz vor ihrer Haustür aus der Kutsche stieg und direkt auf ihr Haus zuging, ohne sich bei jemandem zu erkundigen, als verließe er sich ganz auf seinen ärztlichen Instinkt.

Wie immer, wenn er eine arme Behausung aufsuchte, war er auch diesmal gezwungen, sich tief zu bücken. Als er die Schwelle übertreten hatte, brauchte er den Patienten nicht lange zu suchen: Er sah ihn sofort auf seinem Bett liegen, und ein Blick auf sein Gesicht genügte, um jeden Zweifel auszuschließen. Das war der Patient, und Boimholtz trat direkt an dessen Bett.

Natürlich rannte man sofort los, um ihm eilfertig einen Stuhl zu bringen. Er ließ sich aus seiner vollen Länge schwer darauffallen, seinen verkrüppelten Fuß irgendwie zurechtrückend, und begann dann mit seinen Fragen. Was passiert sei, seit wann die Krankheit, seit wann bettlägerig, wie fühle sich der Kranke, was verursache ihm Schmerzen, worüber klage er?

Seltsam! Diesmal hatte sich Doktor Boimholtz ganz gegen seine sonstige Gewohnheit, wenn er es mit armen Leuten zu tun hatte, auf eine lange einleitende Unterhaltung eingelassen. Bevor er den Kranken untersuchte, nahm er sich die Zeit, wie er es stets bei begüterten Leuten tat, sich bei der Familie nach bestimmten Einzelheiten in bezug auf den Kranken und die Krankheit zu erkundigen. Und ganz allgemein konnte man sehen, daß Boimholtz es diesmal gar nicht eilig hatte, den Kranken zu untersuchen, das Nötige zu sagen und zu verschreiben, ein wenig Gift und Galle zu verspritzen und sich aus dem Staub zu machen, sobald er das Honorar kassiert hatte, ohne ein weiteres Wort fallen zu lassen, vielleicht sogar ohne ein »Auf Wiedersehen«. Nein, diesmal schien er Zeit zu haben.

Mehr noch: Nachdem er sich bei der Familie detailliert erkundigt hatte, mußte er sich über das Bett beugen, um den Kranken zu untersuchen. Diesmal tat er nicht, was er sonst immer tat, wenn es sich um weniger illustre Kranke handelte. Normalerweise wies er sie an, sich aufzurichten, und wenn sie dazu nicht fähig waren, bat er ein Familienmitglied, den Kranken aufzurichten und zu stützen, ihm Halt zu geben, damit er, Boimholtz, ihn im Sitzen untersuchen konnte, denn wegen seines deformierten Fußes fiel es ihm schwer, sich über den Kranken zu beugen. Nein, diesmal tat er das nicht, sondern beugte sich in voller Höhe und Länge über den Kranken, der Schmerzen nicht achtend, die ihm das verursachte. Dabei streckte er seinen lahmen Fuß aus wie ein Hahn, der hin und wieder ein Bein auszustrecken und einen Flügel auszubreiten pflegt.

Er gab sich die größte Mühe, Herz und Lungen des kranken Zisje in seiner unbequemen Haltung gründlich abzuhorchen; er klopfte ihn ab und untersuchte seinen Körper. Und nachdem er sich von seiner unbequemen Position wieder erhoben hatte, konnte man seinem Gesicht ansehen, daß er über Zisjes Krankheit genauestens Bescheid wußte und auch darüber, was er ihm verschreiben mußte, um ihn zu kurieren.

Er schien bester Stimmung zu sein und sah sich den Kranken nach der Untersuchung noch einmal an, und man hätte schwören können, daß er es nicht mit dem gleichgültigen, gefühllosen Blick des Mediziners tat.

Dann hob er mit seinem singenden Tonfall und etwas heiserer Stimme wie eine weise alte Frau und in der dritten Person an, wie es seine Gewohnheit war: »Der Doktor sagt«, wobei er die Familie im Auge behielt, als hätte er ein starkes Interesse an ihr; anschließend erteilte er ihnen Instruktionen, wie sie den Kranken zu versorgen und ernähren hatten, wie dieser die Medizin einnehmen solle, und so weiter. Diesmal sparte er nicht mit Ratschlägen und wartete nicht ab, daß jemand ihn bat, seine Weisungen zu wiederholen, sondern tat dies unaufgefordert, und zwar mehrmals, ohne auch nur das kleinste Anzeichen von Müdigkeit oder Irritation zu zeigen.

Kaum hatte Malke-Rive den Arzt eintreten sehen, gab sie sich die größte Mühe, ihrer Schwiegertochter mit den Augen ein Zeichen zu geben, denn sie wußte, daß kein Geld im Haus war; sie wollte Zisjes Frau dazu bringen, bei Nachbarn Geld zu leihen, während der Arzt mit der Untersuchung beschäftigt war. Die Schwiegertochter trat jetzt wieder mit dem Geld ein, das sie sich mit großer Mühe geliehen hatte, und ließ es in die Hand ihrer Schwiegermutter gleiten, damit diese den Arzt bezahlen konnte, wenn sie ihn zur Tür begleitete.

Aber so unerwartet der Besuch des Arztes gewesen war, nahm alles auch am Ende eine ganz unerwartete Wendung. Als Malke-Rive ihn zur Tür begleitete und ihm dabei das geliehene Geld in die Hand drücken wollte, schob Boimholtz ihre Hand beiseite.

»Das ist nicht nötig«, sagte er, »es ist schon bezahlt. Die Fahrt auch«, fügte er hinzu. »Und wenn es nötig sein sollte«, hob er nochmals an, »wird der Doktor noch einmal kommen. Man braucht ihn nicht zu holen. Er weiß von alleine, wann er wiederkommen muß ...«

Eine sprachlose Malke-Rive stand mit dem Geld in der Hand da. Sprachlos war auch die Schwiegertochter, die sich das Geld mit einem dankbaren »Vergelt's Gott« auf den Lippen so mühsam geliehen hatte. Auch der Kranke selbst, der noch unter dem Eindruck dessen stand, was sich abgespielt hatte, vor allem unter dem Eindruck des letzten Ereignisses, der unvermuteten Ankunft des Arztes, seiner Weigerung, das Geld anzunehmen, seiner so ungewohnten Herzlichkeit, seiner Zusage, auch ungerufen wiederzukommen, auch Zisje war verblüfft, und als hätte er nichts zu sagen, wandte er den Blick von seiner Frau und von Malke-Rive ab.

Nachdem der Arzt gegangen war, spürte man im Zimmer so etwas wie Erleichterung. Trotz Zisjes Krankheit, trotz der Tatsache, daß sich seit gestern eine solche Traurigkeit auf das Haus gesenkt hatte, waren jetzt alle ein wenig getröstet, weil die unbekannte Hand, die sich ihnen hilfreich entgegengestreckt hatte, ihnen mit ihren Gaben das Gefühl gegeben hatte, nicht vergessen zu sein. Die erste, die diese Empfindung verriet, war die Schwiegertochter, deren Hände sich sofort Beschäftigung suchten, sobald der Arzt das Haus verlassen hatte: Zunächst räumte sie im Zimmer auf, dann ging sie in die Küche, wo sie sich daranmachte, verschiedene Leckereien zuzubereiten, und davon gab es einige.

Die Kinder spürten die Veränderung ebenfalls. Sie wußten natürlich nicht, was hier vorging, erlebten aber mit, wie Fremde mit vollen Händen ins Haus kamen. Sie empfanden auch so etwas wie vage Dankbarkeit für die Krankheit ihres Vaters, für die Tatsache, daß er bettlägerig war, denn das (so sahen sie es) war ja der Grund für diese unvorhergesehenen Besuche.

Zisje selbst blieb stumm, aber auch in seinen Augen zeigte sich eine Art Erleichterung, da jemand sich erbötig gemacht hatte, die schwere Bürde, die auf der Familie lastete, auf seine Schultern zu nehmen ... Und Malke-Rive, die nur dasaß und ihn betrachtete und nichts zu tun hatte, da sie sich nur wenig in den Haushalt einzumischen pflegte, setzte sich kurze Zeit später wie gewohnt an ein Fenster und begann ihre Gebete zu sprechen.

Aber anstatt in erster Linie an ihren Sohn zu denken, was in ihrer Situation das natürlichste gewesen wäre, wollte sie vor allem der hilfreichen Hand danken, die sich ihr mit so viel Freundlichkeit entgegengestreckt hatte. Mit der ganzen Kraft ihres Charakters war sie voller demütiger Dankbarkeit für diese Leute, die so weit weg von ihr waren, so getrennt von ihr wie der Westen vom Osten, und obgleich diese Ferne, die Getrenntheit und ihre so ungleichen Lebensbedingungen diese Leute hätten dazu bringen müssen, ihre, Malke-Rives, quälende Lage zu vergessen, hatten sie sich gleichwohl daran erinnert, und sogar noch wie erinnert! Am ersten Tag schon, und das mit soviel Feingefühl, soviel Takt: Man hatte an alles gedacht, was eine Familie braucht, an Lebensmittel, materielle Hilfe, an einen Arzt – an alles. So kam es, daß ihre ersten Lobesworte und ihre ersten Danksagungen aus dem Gebetbuch an sie gerichtet waren. Zuerst an Gott, dann an sie ... Das erste Wort, das ihre Lippen formten, mußte wohlgemerkt für sie sein, für diejenigen, die so weit weg waren, so fern, von denen so wenig zu erwarten war, daß sie ihre, Malke-Rives, Situation verstünden und die sich dennoch mit soviel Mitgefühl ihrer angenommen hatten.

Wer?

Sie. Mosche Maschbers Familie. Er, Mosche Maschber selbst, Dienstherr und Verwandter ihres Mannes und seiner Kinder, was er schon immer gewesen war, ihnen vor allem aber jetzt, in der Zeit der Not, bewies. Natürlich gebührten ihnen die ersten Danksagungen ... Natürlich.

Aber wie wir bald sehen werden, war Malke-Rive da einem kleinen Irrtum erlegen ...

Was soll das heißen?

Also gut ...

Hätte jemand Sruli an jenem Morgen nach der mit Lusi bei Michl Bukjer verbrachten Nacht auf der Straße getroffen, wäre ihm wohl aufgefallen, daß sich dieser noch niemals zuvor in einem solchen Zustand völliger Verwirrung befunden hatte. Noch nie hatte jemand an ihm diese Hast gesehen, diesen Laufschritt, diese Heftigkeit, die er an jenem Morgen an den Tag legte. Er machte den Eindruck eines Mannes, dem seine Geschäfte über den Kopf gewachsen sind und der sie daher in kurzer Zeit erledigen muß, und Sruli gab sich alle nur erdenkliche Mühe. Er mußte sich etwas vorgenommen haben, was größte Eile erforderte und was ihn dazu gebracht hatte, seinen gewohnt langsamen und verträumten Gang aufzugeben und schon so früh am Morgen auf der Straße zu sein.

Es hatte sogar den Anschein, daß er Michl Bukjers Hütte verlassen hatte, ohne sich die Zeit zum Waschen zu nehmen, so eilig hatte er es.

Kurze Zeit später sah man ihn an den Ständen der Schlachter, wo er unruhig auf und ab ging, bis er auf Meyer Blass stieß, mit dem er eine eigenartige Unterhaltung führte. Zunächst schien dieser gar nicht zu begreifen, was der andere von ihm wollte, denn Meyer Blass war Geschäfte dieser Art nicht gewohnt: »Hat man so was schon mal gehört? Den Leuten Fleisch ins Haus tragen! Und dann noch dazu wem? Keinem Rabbi, auch keinem chassidischen Rebbe, auch nicht einem reichen Mann für irgendein Fest, sondern einer Witwe, die obendrein ›draußen auf dem Sand‹ wohnt. *Wer ist sie? Was ist sie?* Ist sie zu jung, um herzukommen und die Sachen selber abzuholen? Warum muß ihr denn das Fleisch ins Haus gebracht werden, und wo soll ich einen Laufburschen hernehmen? Wo ich doch nur einen einzigen Lehrling habe, Mascheve? Und wie soll ich ihn an der Schlachtbank entbehren? Es ist schon spät, und da steht schon eine ganze Schlange von Kunden, die darauf warten, bedient zu werden.«

Meyer Blass begriff also überhaupt nicht, was Sruli von ihm wollte, und starrte diesen an, als hätte er den Verstand verloren. Aber als Sruli ein Bündel Geldscheine aus der Tasche zog und für eine ganze Reihe von Tagen im voraus zahlte, für täglich gleiche Portionen, für diese Witwe, und verlangte, daß das Fleisch nur an diesem Tag ausgetragen werden solle und daß die Leute es an den folgenden Tagen selbst abholen sollten; als der Schlachter die Geldscheine sah, sie betasten und vor die Augen halten konnte, wurde er verständnisvoller und nachgiebiger, und was ihm zuvor seltsam erschienen war, verwandelte sich ganz langsam ins Gegenteil; aber nachdem er das Geld erhalten hatte, musterte er Sruli dennoch von Kopf bis Fuß, als wäre dieser halb verrückt.

Die gleiche Geschichte wiederholte sich, als Sruli, sobald er mit dem Schlachter fertig war, Leibuch aufsuchte, den wir bereits kennen. Dieser kapierte noch weniger als der Schlachter, da er schon immer etwas schwer von Begriff war; und die Sache wollte ihm partout nicht in den Kopf. Sruli mußte ihm das Ganze lang und breit erklären, mit dem Ergebnis, daß Leibuch ihn für verrückt hielt, bis Sruli es schließlich aufgab, ihn mit Worten zu überzeugen, und zu einem anschaulicheren Mittel griff: Er zog ein paar große Geldscheine aus der Brieftasche und zahlte nochmals für all das im voraus, was diese Familie in den kommenden Wochen brauchen würde. Da begriff Leibuch endlich und machte sich verwirrt und eilig, aber höchstpersönlich auf den Weg, um die Ware bei den Kunden abzuliefern.

Das dritte Mal mußte sich Sruli beim Doktor abmühen, wo man ihn wegen der frühen Morgenstunde weder eintreten lassen noch empfangen wollte. Weder als er erklärte, er wolle den Doktor zu einem Kranken holen, noch als er sich selbst für krank ausgab und so tat, als wolle er den Doktor bitten, ihn zu Hause zu untersuchen. Das Dienstmädchen des Arztes ließ ihn nicht über die Schwelle, denn sein Aussehen und seine Kleidung hatten ihren Argwohn geweckt, und sie hielt die ganze Zeit über die Tür nur einen Spaltbreit offen, jederzeit bereit, sie ihm vor der Nase zuzuknallen.

Es kostete Sruli erhebliche Mühe, am Ende doch ins Haus zu gelangen und beim Doktor vorgelassen zu werden, aber nachdem er das geschafft und den Arzt vor sich hatte, lief alles ohne weitere Schwierigkeiten ab. Denn der Doktor zeigte sich sehr,

sehr verständnisvoll, vor allem, als er für mehrere Visiten im voraus bezahlt wurde, von dem Geld für die Kutsche ganz zu schweigen.

Am Abend dieses selben Tages, dessen Ablauf wir geschildert haben, saß Sruli in Scholem-Arons Kneipe.

Diese Kneipe befand sich in einer abgelegenen, halbdunklen Gasse, nicht weit vom Platz des »feinen« Markts entfernt, in einem alten Backsteinhaus, das vor vielen Jahren zur gleichen Zeit wie die alte Festung errichtet worden war, zu der das Haus in irgendeiner besonderen Beziehung gestanden haben mußte. Das Haus hatte wohl einmal als Rathaus oder einer ähnlichen Bestimmung gedient, deren die alte Stadt einst bedurft hatte. Jetzt war die Festung alt und hatte ausgedient, und das Haus war inzwischen genauso heruntergekommen wie die Festung.

Dieses Haus wurde jetzt von gewöhnlichen Leuten bewohnt, von kleinen Händlern, denn auch die Gasse hatte ihre beste Zeit schon hinter sich; sie war, wie wir schon gesagt haben, abgelegen und dunkel, und wohlhabende Leute hätten hier nur ungern gewohnt.

Das Haus roch nach Verfall und nach jahrhundertealter Finsternis, die sich in sämtlichen Behausungen seiner drei windschiefen und verwohnten Stockwerke ausbreitete. Die Ziegelsteine an seinen Ecken waren verwittert und angenagt, als hätte sich eine Raupe, die es besonders auf Steine und Klinker abgesehen hatte, darüber hergemacht, um ihre Kiefer zu schärfen. Diese Steine hatten ihre natürliche Farbe schon lange verloren: ihr gelbliches Rot war einem dunklen Braun gewichen. In einer der verwitterten Ecken befand sich fast in Höhe des Erdbodens eine Tür, die über eine Treppe mit zahlreichen Stufen in den Keller führte, in die Kneipe Scholem-Arons.

Diese Kneipe war schon uralt; sie roch vermodert, verströmte den muffigen Gestank von saurem billigem Wein und einen dumpfen Geruch, da der Keller schon seit Jahren nicht mehr gelüftet worden war. Das bißchen frische Luft, das überhaupt in die Kneipe dringen konnte, kam von der bereits erwähnten Tür her, die über eine große Zahl von Treppenstufen nach draußen führte, wie auch durch das kleine Fenster in einer geneigten Nische, von der Straße aus kaum zu sehen, das nur spärliches Licht in das Innere der Kneipe filtern ließ, von wo man selbst die Füße von Passanten nur selten erkennen konnte.

Dort führte Scholem-Aron mit seinem einzigen Angestellten Naftali seine Kneipe. Naftali war ein Bursche aus Bessarabien mit einem dunklen Bart, faserig wie Maisblätter, der einen langen, sackähnlichen Kaftan ohne Schlitz im Rücken trug, den er vorne nie zugeknöpft hatte. Naftali war ewig beschäftigt; Tag und Nacht füllte er unten im Keller den Wein von einem Faß in ein anderes um. Er arbeitete im Lichtschein einer Kerze, meist ganz allein, so daß er nicht sehr gesprächig war, selbst wenn er einmal ans Tageslicht kam.

Waren Gäste in der Kneipe und Scholem-Aron kam nicht allein mit ihnen zurecht, half Naftali ihm beim Bedienen. Wenn kein Mensch da war und es auch im Keller nichts zu tun gab, blieb er starr auf einem Stuhl sitzen, ohne ein Wort zu sprechen. Er interessierte sich für nichts, weder in der Kneipe noch draußen; er verharrte in solcher Reglosigkeit, daß sich ihm oft eine Fliege auf die Nase setzte, ohne daß ihn das zu stören schien. Er verjagte sie nicht; und oft beobachtete er sie sogar beharrlich aus dem Augenwinkel, als würde sie seine ganze Aufmerksamkeit gefangennehmen.

Scholem-Aron, ein Mann mit feingemeißelten Gesichtszügen, einem milchweißen Teint und einem kleinen Spitzbart, sah aus wie ein Unschuldslamm. Er empfing seine Gäste mit immer denselben stereotypen höflichen Redewendungen. Er bediente sie, und sie zahlten für ihren Wein. Nie ließ er sich auf Auseinandersetzungen oder Diskussionen ein, selbst wenn der eine oder andere Gast angetrunken war. Das kam nur selten vor, und meist am Freitagabend, wenn die Schuhmacher, die an diesem Tag ihren Auftraggebern Schuhe gebracht und ihr Honorar bekommen hatten, auf ein Glas hereinschauten; und wenn sie tranken, wurden sie wie üblich laut, begannen zu streiten, und manchmal wurden sie auch handgreiflich. Scholem-Aron hielt sich aber selbst dann aus allem heraus und mischte sich niemals ein, denn er wollte sich nicht in ihre Auseinandersetzungen hineinziehen lassen oder für irgendeine Seite Partei ergreifen. Wenn eine Rauferei auszuarten begann, kam ihm Naftali zu Hilfe. Er wußte, was man von ihm erwartete: Er packte den Störenfried sanft bei den Armen, schleppte ihn die Treppe hinauf und warf ihn hinaus.

Scholem-Aron kannte nichts als die fünf Weinsorten seines Kellers. Es gab nur eins, was ihn interessierte, nämlich der Pegelstand der fünf Fässer; daß sie nie leer wurden, damit er keine neuen bestellen mußte, sondern nur darauf zu achten brauchte, daß die alten voll waren, damit man sie immer anzapfen konnte. Fünf Sorten. Welche? Wein »aus Ungarn« für Krautjunker und christliche Beamte, die sich manchmal sehen ließen; Wein »aus Sudak« für bekannte Händler und Makler; »Vymorozek«-Wein, Eiswein, für die Handwerker und vor allem die Schuhmacher; »Tsmukim«-Wein aus Rosinen, den die ganze Stadt für das Kiddusch am Freitagabend kaufte, und schließlich die letzte Kategorie, der »Borschtsch«. So nannten ihn Scholem-Aron und Naftali, und dieser Wein war für die undefinierbaren Fälle vorgesehen, in denen nicht einmal der Gast wußte, zu welcher Gruppe oder Kategorie von Männern er gehörte.

Als Sruli jetzt in der Kneipe auftauchte, fand er dort niemanden vor. Es war ein Werktag, so daß hier kein Handwerker zu finden war, und außerdem war es Sommer, mitten in der Erntezeit, und Kaufleute hatten sich auch nicht eingefunden, weil die Geschäfte schlecht gingen. Überdies stand der große alljährliche »Pretschistaja«-Markt bevor, der zu Ehren der Geburt der Jungfrau Maria abgehalten wurde, und in Scholem-Arons Kneipe bereitete man jetzt alles für diese Markttage vor, um den polnischen Hoch- und Kleinadel würdig empfangen zu können. Auch im Keller hatte man gute Arbeit geleistet: Was gemischt werden mußte, war gemischt; der Zucker war beigegeben worden, Wasser, ob gekocht oder nicht, hinzugefügt, und jetzt hatten Naftali und Scholem-Aron nichts mehr zu tun. Scholem-Aron stand mit unbeschwerter Miene müßig hinter der Theke, da er niemanden erwartete. Naftali saß auf einem Stuhl neben der Eingangstür und belauerte die Fliegen auf seiner Nase.

Als Sruli eintrat, würdigte ihn Scholem-Aron keines Blickes: Kein bekanntes Gesicht, dachte er, aber auch kein Fremder, für den es sich lohnt, besondere Anstrengungen zu machen. Naftali schätzte den Fremden nach seiner Haltung und seinem Äußeren ein: Er brachte ihm ein Glas »Borschtsch«; Sruli schnitt eine Grimasse, trank aber alles aus. Er bestellte ein zweites Glas, das ihm Naftali brachte. Als Sruli ein drittes Glas Wein bestellte, warf Naftali diesem Mann, den er zum ersten Mal zu sehen glaubte, einen erstaunten Blick zu.

Alles an diesem Mann verblüffte ihn. Zunächst fiel ihm auf, daß ein solcher Mann, der sichtlich weder Händler noch Kaufmann war, für ein drittes Glas bezahlen konnte. Zweitens, und das war das wichtigste, erstaunte es Naftali, wie dieser Mann trank. Sruli saß mit dem Rücken zur Theke, das Gesicht dem kleinen Fenster zugewandt, durch das man, wie bereits erwähnt, weder das Licht des Tages noch die Beine eines Passanten sehen konnte. Während er die ersten Gläser leerte, blickte er nach draußen, dann wandte er sich um und sah sein Glas an. Zunächst betrachtete er sein mit billigem Wein gefülltes Glas, und als sich dann sein Gesicht leicht verfärbte, wie immer, wenn ein Mann beim dritten Glas angelangt ist, begann er – das war jedenfalls Naftalis Eindruck – zu dem Glas zu sprechen.

»Na«, sagte er, »das macht mir absolut nichts aus, mich läßt das völlig kalt, was du, Glas, vielleicht darüber denken magst, glaubst du etwa, daß ich mich immer wieder nur über diese Demütigung beklage, diese Beleidigung, die er mir gestern vermeintlich zugefügt hat, als er mich vor der ganzen Familie und vor Fremden aus dem Haus gejagt hat? Das alles macht mir nicht das geringste aus, denn wie du weißt, können mich diese Leute gar nicht beleidigen, denn Leute, die unter einem stehen, können einem keine Schmach zufügen. Und das ist der Grund, warum ich, Sruli, geschwiegen habe, damit niemand denkt, daß seine Worte irgendeine Wirkung haben könnten, denn wer ist denn schon dieser Mann, der mich beleidigt hat? Ein Mann, der sich seinem armen, kranken Angestellten gegenüber einer solchen Ungerechtigkeit schuldig gemacht hat und nicht den Mut besitzt, das öffentlich zuzugeben, und das nur wegen seines schäbigen Stolzes. Denn hätte er dies getan, würde er das Unrecht auch wiedergutmachen müssen, und das könnte sein geiziges Herz nicht ertragen.

Nein, ich klage nicht über die Demütigung, die er mir zugefügt zu haben meint. Nein, es ist etwas völlig anderes: Ich fühle mich seit gestern nicht mehr ganz auf der Höhe. Es ist, als hätte man mir die Seele zurückgegeben. Und das ist mir seit gestern passiert, seit ich mich Lusi anvertraut habe, als ich ihm meine Seele enthüllt habe, bis auf den Grund, was mir wohl zum ersten Mal passiert ist.«

Er hatte ihm alles enthüllt, was er seit Jahren mit sich herumgetragen hatte. Auch seinen Kummer, den er so lange vor sich verborgen hatte – so glaubte er jedenfalls – und der an ihm nagte, ihn nicht ruhen ließ, es ihm nicht erlaubte, sich über irgend etwas zu freuen, wenn man davon absieht, daß er sich gelegentlich mit einem kräftigen Fluch Erleichterung verschaffte ... Er hatte Lusi auch von seinem Geld erzählt, das er bis jetzt versteckt hatte, um es selbst nicht anzurühren, damit weder er selbst noch irgendein anderer etwas davon hatte. Aber von dem Augenblick an, da er davon erzählt hatte, war er verpflichtet gewesen, das Päckchen zu öffnen, es ans Tageslicht zu bringen und es bei der erstbesten Gelegenheit zu verwenden, es in Umlauf zu bringen. So wie etwa heute für Zisje, den armen kranken Angestellten, der bei Mosche arbeitet, bei Lusis Bruder, dessen Elend sein Herz gerührt hatte, nachdem er gestern dessen Mutter gesehen hatte, diese Malke-Rive, die sich gerade vor dem Dienstherrn über ihres Sohnes Unglück beklagt hatte. Und nach dieser ersten Gelegenheit, von dem Moment an, in dem er das Verbot übertreten und den Knoten gelöst hatte, ging alles wie von selbst, ein Rubel zog den anderen nach sich, und jetzt holte er wieder Geld aus der Tasche, um hier einen Schluck zu trinken, etwas, was ihm schon sehr lange nicht mehr passiert war.

So blieb nur der Schluß, daß etwas mit ihm nicht stimmte. Vielleicht war es nur eine körperliche Schwäche. Aber nein, es lag bestimmt daran, daß er sich von seinen selbstauferlegten Fesseln befreit hatte, und auch daran, daß ihm frei ums Herz war, so frei und leicht, als hätte man eine Hosentasche geleert und nach außen gekehrt. Er spürte, daß er sie wieder mit irgend etwas füllen mußte, und sei es mit Wein, selbst wenn dieser so schlecht war wie der, der vor ihm stand und dessen schauerlichen Geschmack er bereits seit dem ersten Glas im Mund und auf dem Gaumen gespürt hatte. Es war ein Wein, der ihn ganz wirr im Kopf machte und ihm die Knie weich werden ließ.

»Verdammtes Zeug!« rief Sruli aus, hob die Augen und erblickte dabei den Kellner Naftali, der mit seinem langen Kaftan und seinem grauschwarzen Bart träge vor ihm stand, ihn betrachtete und über den gerade von ihm vernommenen Ausruf zu lächeln schien, wie es Sruli vorkam.

»Kellner!« schrie Sruli Naftali wütend an, als dürfte er selbst diese vielleicht nur vermeintliche Unverschämtheit nicht dulden, daß dieser Bursche meinte, über ihn lächeln zu können, oder sich gar tatsächlich über ihn lustig machte.

»Kellner, weg mit diesem Borschtsch! Ich hatte Wein bestellt.«

»Wein?« sagte Naftali gedehnt, sich träge erhebend. Er trat mit ausgestreckter Hand an Srulis Tisch, als wollte er einen kleinen Irrtum korrigieren, der ihm versehentlich widerfahren war.

»Einen anderen Wein?« fragte er dümmlich.

»Ja, einen anderen!« entgegnete Sruli und warf ihm einen Blick zu, der keinen Zweifel daran ließ, daß solche Irrtümer künftig nicht mehr von ihm akzeptiert werden würden.

Sruli war schon stark angeheitert. Man hätte annehmen können, daß er unter dem Einfluß des bereits konsumierten Weins sein trunkenes Gerede fortsetzen würde, selbst wenn man ihm keinen anderen Wein brachte. »Wes das Herz voll, des fließt der Mund über.« Er hätte weiter schimpfen können – wie es manche Betrunkene tun –, bis man ihn würde hinaustragen müssen, oder – wie manche andere, ein betrunkenes Lämmchen –, ruhig bleiben, den Kopf auf den Tisch fallen lassen und auf der Stelle einschlafen. Aber das waren nichts als Vermutungen. In Wahrheit war Sruli noch längst nicht betrunken, und Naftali, der Kellner, mußte sich eingestehen, daß es noch viel zu früh war, ihn zu betrügen, wie er es bei denen tat, die schon einen in der Krone hatten und einen anderen Wein bestellten, einen besseren, denen er aber dann dennoch den gleichen brachte. Und auch Scholem-Aron, der die ganze Zeit hinter der Theke saß, ließ seinen trägen Kneipwirt-Gedanken freien Lauf und hielt den Moment noch nicht für gekommen, in dem er mit Naftali bezüglich dieses Gastes einen Blick wechseln mußte; denn er glaubte noch nicht, daß der die Zeche prellen oder ihnen irgendwelche Unannehmlichkeiten bereiten würde.

Für den Augenblick blieb Sruli auf dem Platz sitzen, den er gewählt hatte, das Gesicht dem kleinen Fenster zugewandt, und auch Scholem-Aron blieb auf seinem Platz sitzen, ohne dem Gast irgendwelche Aufmerksamkeit zu schenken, und als Naftali mit einem besseren Wein zurückkehrte, fand er Sruli vor sich hinmurmelnd am selben Platz sitzen.

Naftali nahm wieder seinen Platz ein, um, wie es schien, eine Fliege oder den Gast an seinem Tisch zu beobachten. Für Naftali war das ein und dasselbe. Und diesmal hörte er, daß Sruli nicht mehr zu seinem Glas zu sprechen schien, sondern zu irgendeinem lebenden Menschen, einem Ebenbürtigen, der ihm gegenüber am Tisch saß.

»Du weißt«, sagte er, »daß ich ein wenig angetrunken bin, aber du darfst dich deshalb nicht über mich lustig machen wie der Kellner. So weit ist es noch nicht mit mir, daß man über mich lachen darf. Ich stecke sie immer noch alle in die Tasche, den Kellner, den Wirt, die Kneipe, und ich könnte sie für gutes Geld kaufen oder verkaufen; denn Geld habe ich genug, und das nicht nur für eine Kneipe, sondern für einen ganzen Haufen Kneipen ... Das kann ich auch beweisen, wenn es nötig ist, denn ich trage das Geld bei mir, in meiner Brieftasche. Es würde dich erschrecken, wenn du das zu sehen bekämst. Auch den Kellner und den Wirt und alle Leute auf der Straße, ja sogar die ganze Stadt, wenn sie sähen, wieviel Geld ich bei mir habe, dieses Päckchen, das ich hier in der Brieftasche trage. Auf allen Gesichtern würde man das gleiche Entsetzen sehen, auf allen Nasen das gleiche Erstaunen: ›Wo hast du das her, Sruli, woher kommt es? . . . Du hast wohl eine Kirche ausgeplündert, oder vielleicht handelt es sich gar um Falschgeld!‹ Die Menschen würden zusammenlaufen, und manche würden sagen: ›Wir müssen ihn fesseln und den Behörden übergeben.‹ Andere würden es nicht glauben und sich dazwischenwerfen und vielleicht darauf beharren: ›Vielleicht gehört ihm das alles am Ende doch, vielleicht ist es eine Erbschaft, wer weiß, Geld, das vom Himmel gefallen ist, ein Schatz, den er gefunden hat, den vielleicht ein Grundbesitzer verloren und er gefunden hat . . .‹ Mit einem Wort: die Leute in der Stadt hätten endlich etwas, worüber sie sich den Mund zerreißen könnten, und auch der Kellner hätte Arbeit – nämlich mich betrunken aus dem Lokal zu schaffen. Und der Wirt würde ein Unglück befürchten. Er würde sogar auf die Bezahlung für den Wein verzichten, den ich bei ihm getrunken habe; es würde ihm nichts ausmachen, wenn ich ginge, ohne zu zahlen, solange man mich nur los wird und hier nicht mehr zu Gesicht bekommt. Nicht wahr? Wie ich sehe, spitzt der Kellner die Ohren und hat wahrhaftig schon Angst, ich könnte die Zeche prellen . . .«

Und tatsächlich, als Naftali von dem Selbstgespräch des Fremden ein paar Wortfetzen auffing, Worte wie »eine Kirche plündern«, »fesseln«, »übergeben«, da wurde selbst dieser Naftali, der an Betrunkene gewöhnt war und ihnen nie zuhörte, mit einem Mal stutzig und warf dem Fremden einen höchst erstaunten Blick zu. Er sah, daß dieser schon ziemlich angeheitert war und daß das neue Glas, das er ihm gebracht hatte, ihm die Augenlider hatte schwer werden lassen, so daß der Gast jetzt aussah wie ein Hühnchen kurz vor dem Einschlafen . . . Naftali erschrak und hüstelte, um seinen Chef aufmerksam zu machen; Scholem-Aron, der, immer noch nichts Böses ahnend, hinter der Theke thronte und bisher keinerlei Verdacht geschöpft hatte, hatte aber das Hüsteln gehört und blickte Naftali besorgt an. Bei dieser Gelegenheit erkannte er, daß bei dem Fremden, dem einzigen Gast in seiner Kneipe, irgend etwas nicht stimmte . . .

Er stand von seinem Platz auf und näherte sich Sruli, zunächst von hinten, ohne sein Gesicht zu sehen, als hätte er ihn bei seinem Eintreten nicht bemerkt. Als er vor ihm stand, fragte er ihn, wie man es in solchen Fällen tut:

»Reb . . . Wie heißen Sie?«

»Wie?« erwiderte Sruli auf diese Frage. Er drehte sich rasch um und warf Scholem-Aron einen Blick zu, ehe dieser noch Zeit gefunden hatte, ihm ins Gesicht zu schauen. »Mein Name ist der, den man mir gegeben hat.«

»Ah! . . . Sieh mal einer an!« rief Scholem-Aron mit sanfter Stimme aus, als er Sruli erkannt hatte, so wie man einen Bekannten begrüßt, aber mit einem etwas säuerlichen und leicht überraschten Unterton, denn dieser Gast war ihm nicht fremd, und er hatte wie fast alle wohlhabenden Leute der Stadt von ihm gehört. Sein Erstaunen war groß, denn er hatte ihn noch nie davor in seiner Kneipe gesehen: Sruli hatte noch nie etwas getrunken; und da er dessen seltsame Manieren und extravagante Auftritte in der Öffentlichkeit kannte, glaubte er, daß dieses Erscheinen in seiner Kneipe auf einen mutwilligen Streich zurückzuführen sei, der ihm selbst nichts Gutes einbringen würde. Auf jeden Fall würde er kein Geld erhalten.

»Sieh mal einer an!« sagte er. »Wenn ich nicht irre, sind Sie es, Reb Sruli?«

»Also, was willst du von mir?« brauste Sruli auf, wie jemand, den man bei einer wichtigen Beschäftigung gestört hat.

»Was ich will?« wiederholte Scholem-Aron schon ein wenig ärgerlich. »Ich wollte nur sagen . . . Ich meine nur, wenn jemand etwas kauft, braucht er Geld dazu, das meine ich, und in einem Lokal ist es das gleiche. Haben Sie Geld bei sich, Reb Sruli?«

»Geld?« versetzte Sruli im halsstarrigen Tonfall der Angeheiterten und musterte Scholem-Aron von Kopf bis Fuß – diesen kleinlichen, armseligen Burschen, der ihm hier ganz zur Unzeit dumme und unangebrachte Fragen stellte. »Geld? Das ist etwas, was reiche Leute haben.«

»Und genau aus diesem Grund gibt es nur für sie etwas zu trinken! Und wenn man keins hat, bleibt man hübsch zu Hause, man besucht keine Lokale und läßt sich nichts vorsetzen. Dazu muß man Geld haben, Reb Sruli ...«

»Geld?« rief Sruli aus und sprang heftig auf. Er griff in die Brusttasche und zog ein dickes Geldscheinbündel heraus, wie man es selbst bei Leuten, die sehr viel reicher aussehen als Sruli, nur selten zu Gesicht bekommt.

»Hier, du Aas, hier hast du Geld!« rief Sruli und wedelte dem Kneipwirt mit dem Bündel vor der Nase und den Augen herum. Bei diesem Anblick blieb Scholem-Aron die Sprache weg. *So etwas* in der Hand eines *solchen* Mannes zu sehen – er glaubte seinen Augen nicht zu trauen.

»Da, du Lümmel«, schrie Sruli noch lauter. »Da hast du reiche Leute, da hast du Geld, nimm, was dir zusteht, nimm es und ersticke daran! ...«

Es war schon Abend geworden. Nachdem er seine Zeche bezahlt und unter den verblüfften Blicken Scholem-Arons und des Kellners Naftali die Treppe bis zur Tür hinaufgestiegen war, blieb Sruli einen Augenblick vor der Kneipe stehen. Vielleicht überlegte er – vielleicht auch nicht. Wie jeder Betrunkene, der aus einer Kneipe kommt, blieb er einen Augenblick stehen, um nach der stickigen, mit Weindünsten getränkten Luft des Kellers einmal durchzuatmen, um wieder etwas sicherer auf den Beinen zu stehen und einen klaren Kopf zu bekommen.

Nachdem sein Gesicht schließlich etwas frischer und sein Blick nach der Dunkelheit und der langen Seance im Halbdunkel des Kellers klarer geworden war, macht er sich auf den Weg zur Hauptstraße, in der sich der »feine« Markt und auch das im ersten Stock eines gemauerten Hauses untergebrachte Büro Mosche Maschbers befanden.

Es war, wie wir schon gesagt haben, Erntezeit, die Geschäfte stagnierten, und es gab in der Stadt nur wenige Kunden. Händler und Angestellte standen nach einem langen Tag, den sie in brütender Hitze unter sich zugebracht hatten, jetzt in kleinen Gruppen beisammen, bevor sie ihre Läden schlossen und nach Hause gingen. Sie warteten auf den Einbruch der Dunkelheit, damit auch nicht mehr die geringste Wahrscheinlichkeit bestand, daß irgendein Kunde auftauchen könnte; sie warteten, obwohl sie sicher waren, daß dies völlig unmöglich war, aber um ihr kaufmännisches Gewissen zu beruhigen und ganz unbesorgt zu sein, wollten sie auch die kleinste Chance eines »Wenn« oder »Vielleicht« ausschließen . . .

In diesem Augenblick näherte sich Sruli einem Laden, der Mosche Maschbers Büro genau gegenüberlag. Seiner Gewohnheit getreu, manchmal vor einem Vogelnest in einer Fensterecke innezuhalten, um die Vögel zu beschimpfen, als wären sie vulgäre reiche Leute, blieb er auch jetzt stumm und wie zur Salzsäule erstarrt vor Mosche Maschbers Büro stehen. Verträumt, ohne jemanden anzublicken, als wäre er allein auf der Welt, heftete er den Blick auf die Eingangstür, als wäre er sicher, am Ende des Arbeitstages dort jemanden auftauchen zu sehen, in jenem Augenblick, da alle Geschäfte und Läden geschlossen wurden, mit ihnen auch das Büro Mosche Maschbers.

Er wartete auf Scholem Schmarjon oder Tsali Derbaremdiker, auf einen der beiden, die er jetzt zu sehen wünschte, da er ihnen etwas anvertrauen wollte und gekommen war, um sie in einer dringenden Angelegenheit zu sprechen.

Alle beide gehörten zu den ständigen Besuchern von Mosche Maschbers Büro, arbeiteten gelegentlich für ihn oder halfen bei ihm aus; an jeder seiner finanziellen Transaktionen beteiligt, hielten sie sich ständig in seiner Nähe auf, kamen als erste und gingen als letzte.

Ob im Büro oder auf der Straße, man sah sie immer zusammen, wenn auch stets in einiger Entfernung voneinander. Wenn der eine auf einem Bürgersteig der Straße ging, befand sich der andere auf der gegenüberliegenden Straßenseite, als überwachten sie sich gegenseitig, als wollte keiner von beiden den anderen aus den Augen lassen. Obwohl beide das gleiche im Kopf hatten, Geld und die Zinsen auf Geld, und im Büro Mosches herumlungerten, um ihm Kunden zuzuführen, die von ihm Geld leihen wollten, und manchmal auch jemanden, der ihm selbst etwas leihen konnte, wenn er einmal Geld brauchte; obgleich alle beide ihren Lebensunterhalt aus derselben Quelle bezogen, ließ ihr

Anblick eher an zwei Hyänen denken, die sich von gegenüberliegenden Seiten aus um das gleiche Aas stritten.

Einer der beiden, Scholem Schmarjon, war ein friedfertiger, untersetzter kleiner Mann mit einem winzigen Kopf, den er stets zur Seite geneigt hielt, und der beim Gehen stets ganz dicht an Hauswänden und Zäunen entlangstrich, als wollte er unbemerkt passieren, um im Falle einer eventuellen Gefahr in irgendeinem Hof oder durch ein Schlüsselloch zu verschwinden.

Dieser Schmarjon mit seinem frommen kleinen Gesicht war voll religiösen Wissens und kannte sich im Talmud fast ebenso gut aus wie ein Rabbiner und war überdies mit einem selten guten Gedächtnis gesegnet, das alle Daten und Konditionen speicherte – wer bei wem und zu welchem Zinssatz geliehen, wer gezahlt hatte und wer nicht, und das wußte er nicht nur von den Händlern, Kunden und Geldverleihern der Stadt, sondern auch von den Fremden aus der Umgebung, die auf der Suche nach Geld hierhergekommen waren, entweder zu Mosche oder zu einem anderen Geldverleiher. Außerdem hatte er sämtliche Börsenkurse im Kopf, Kurse von Sorten, Aktien, Obligationen, und nicht nur die der Banken und Aktiengesellschaften des Landes, sondern auch die aus dem Ausland, ja die der ganzen Welt.

Tsali hingegen war seiner äußeren Erscheinung und seinen Fähigkeiten nach fast das genaue Gegenteil: hochgewachsen, grobschlächtig und zugleich glatt wie ein dickes, gehobeltes Brett. Er ging stets mitten auf dem Bürgersteig und noch öfter mitten auf der Straße, wobei er den Kopf hochhielt, als müßte ihm die ganze Stadt Platz machen, als wäre sie ihm das schuldig. Und das war sie tatsächlich. Abgesehen von wichtigen Zinsgeschäften lebte er vor allem vom Wucher; davon, daß er jedem Geld lieh, der es wünschte: Handwerkern, kleinen Händlern sowie Leuten, die in der Gesellschaft weder Prestige noch Achtung genossen, wie zum Beispiel Vermittlern, Dienstmädchen, fliegenden Händlern und so weiter.

Er war ein grober Mann, ungebildet, ohne Wissen und ohne Lebensart. Grob zu Hause, sogar seiner Frau und seinen Kindern gegenüber, und noch gröber gegenüber denen, die ihm Geld schuldeten.

In der Stadt kursierten viele Geschichten darüber, mit welch rüden Methoden er seine Schulden eintrieb. Wenn er es mit einem schlechten Zahler zu tun hatte, schreckte er vor nichts zurück. Er ließ die letzten Habseligkeiten armer Leute pfänden, die letzte Ware aus dem Laden einer armen Witwe. Man erzählte sich von ihm sogar, daß er einmal in ein Haus ging, in dem man ihm Geld schuldete, und sich dort mit der Frau des guten Mannes ins Bett legte und verkündete, er werde erst dann wieder gehen, wenn die Schuld bis auf den letzten Groschen zurückgezahlt sei – so grob und verachtenswert war er, dieser Tsali.

Von Bildung konnte bei ihm keine Rede sein. Es gab aber einen Gebildeten in seiner Familie, seinen Sohn, einen aufgeklärten jungen Mann, der sich im Kreis seiner Freunde des Metiers seines Vaters schämte und sich über diesen lustig machte. Und auch dieser junge Mann, sein einziger Sohn, wurde zur Zielscheibe der Beleidigungen seines Vaters, der ihm die schlimmsten Verwünschungen ins Gesicht schleuderte, diesem Tunichtgut von Sohn, zwar wissend und gebildet, aber trotzdem ein Versager, der nur von dem schändlichen Gewerbe seines Vaters und dessen erbärmlichem Wucher lebte.

Auf einen dieser beiden Männer wartete Sruli jetzt mit seinem Anliegen.

Diesmal kam Tsali als erster heraus. Als Sruli ihn erblickte, verließ er sogleich seinen Beobachtungsposten und ging ihm entgegen.

Wir wissen nicht, wie sich die Dinge entwickelt hätten, wenn statt Tsalis Scholem Schmarjon zuerst erschienen wäre, wie dieser ihn empfangen hätte, falls er Srulis Demütigung miterlebt hätte – als Mosche Maschber ihn aus dem Haus gejagt hatte –, und wie sich die Dinge dann entwickelt hätten.

Tsali aber war ein Mensch, der über Demütigungen nur lachte, und wir können sicher sein, daß es ihn nicht im geringsten gestört hätte, wenn er Srulis Demütigung miterlebt hätte; er hätte

seine geschäftliche Verbindung mit Sruli trotzdem aufrechterhalten ... Und das um so mehr, da er bei jenem Auftritt nicht
dabeigewesen war und unter den ersten Worten, die der näher-
kommende Sruli an ihn richtete, das Wort »Geld« heraushörte.
Dieses Wort hätte ihn selbst aus dem tiefsten Schlaf gerissen,
denn sobald es um Geld ging, war Tsali nicht mehr zu halten.
Wen schert es, woher das Geld kommt, solange etwas zu holen
ist? »Geld«, sagte Tsali, »stinkt nicht.« Als er nun dieses Wort
aus Srulis Mund vernahm, spitzte er sogleich die Ohren. Er
witterte ein Geschäft. Und trotz der späten Stunde, trotz des
Orts, obwohl sie hier auf der Straße, mitten auf dem Bürgersteig
standen, trotz der Tatsache, daß der vor ihm stehende Mann
wunderlich und seines Wissens auch kein Geschäftsmann war,
war Tsali nur allzugern bereit, sich den Vorschlag oder das
Geschäft anzuhören, das der andere ihm zu bieten hatte.

»Ich habe Geld, das ich anlegen will«, sagte Sruli zu Tsali,
»und zwar zu guten Zinsen. Ich möchte es in sichere Hände
geben, etwa bei Mosche Maschber anlegen. Auf die Verzinsung
kommt es nicht allzusehr an; mir geht es hauptsächlich um die
Sicherheit.«

Als Tsali diese Worte hörte, warf er Sruli einen verwunderten
Blick zu. Er war viel größer als dieser und betrachtete ihn von
oben herab, als wollte er sich vergewissern, daß Sruli nicht den
Verstand verloren hatte ...

Diesmal war selbst Tsali sprachlos und traute seinen Augen
nicht. Er hatte geglaubt, daß jemand vom Schlage Srulis sich
wegen eines kleinen Darlehens zu hohen Zinsen an ihn wenden
würde, wie es Srulis Niveau und seiner Situation entsprach; hätte
er einen Vorschlag dieser Art gemacht, hätte Tsali reiflich und
lange überlegt, sich ausführlich erkundigt und erst dann Garan-
tien und Sicherheiten gefordert. Aber statt dessen bietet ihm Sruli
plötzlich Geld an, dazu, wie es scheint, eine große Summe, und
dann fügt er noch obendrein hinzu, daß ihm die Zinsen weniger
wichtig seien als die Person des Schuldners.

Aus diesem Grund starrte Tsali ihn überrascht an, außerstande, seine Verblüffung zu verbergen.

»Du, Sruli, willst Geld verleihen?« sagte er halb spöttisch, halb überrascht.

»Aber ja, warum nicht?« wollte Sruli wissen.

»Wo hast du das Geld her?«

»Geht dich das etwas an? Ich habe dir einen Vorschlag gemacht, und du kannst ja oder nein sagen. Wenn die Antwort nein lautet, werde ich mich anderweitig umhören und einem anderen meinen Vorschlag machen.«

Tsali geriet in Verlegenheit. Er fragte sich, ob er Sruli glauben konnte oder nicht. Und wenn dieser bloß ein Verrückter war und er mit ihm nur Zeit vergeuden würde?

Ein anderer Mann als Tsali hätte Sruli wohl für verrückt gehalten. Er hätte ausgespuckt, sich auf dem Absatz umgedreht und wäre gegangen.

Aber Tsali, für den Geld, wie wir schon wissen, das Wichtigste im Leben war, erschienen wenn es um Geld ging, selbst die unwahrscheinlichsten Dinge möglich und alle Verrücktheiten durchaus vorstellbar. Natürlich hegte er seine Zweifel, aber trotzdem fragte er sich, ob das Geschäft ernst gemeint war.

Um Sruli auf die Probe zu stellen, richtete er noch eine Frage an ihn:

»Und wann kannst du dieses Geld vorlegen?«

»Wann? Wann du willst, wann es nötig ist. Wenn nötig, schon heute. Auf der Stelle«, erwiderte Sruli und legte dabei die Hand auf die Brusttasche, als wäre er bereit, die Summe sofort herauszuholen und vorzuweisen.

»Nein, das ist nicht nötig. Es hat keine Eile. Wir haben Zeit«, sagte Tsali, der jetzt überzeugt war und Sruli davon abhielt, in die Tasche zu greifen. »Nicht jetzt«, sagte er, »später, wenn ich mich umgehört und erkundigt habe, werde ich dir Bescheid sagen, Sruli.«

»Denk daran und vergiß nicht, daß ich die Sache so schnell wie möglich erledigt haben will«, sagte Sruli. Damit drehte er sich um und ließ Tsali ebenso verblüfft zurück, wie dieser zu Beginn ihrer Unterhaltung gewesen war.

Wir wissen, daß das, was wir soeben erzählt haben, zu Mißverständnissen und Fragen führen muß:

Woher hat Sruli dieses Vermögen? Was für ein Aufbringer von Geld kann er sein, was für ein Verleiher? Welche Mittel stehen ihm zur Verfügung, welche versteckten Sparstrümpfe?

Also, um all dies zu beantworten und zu erklären, müssen wir zu der Unterhaltung zurückkehren, um die er Lusi am Vortag gebeten hatte, am Morgen, und die dann abends stattgefunden hatte. Wir haben aus bestimmten Gründen darauf verzichtet, sie an der entsprechenden Stelle wiederzugeben; wir haben sie dort nur übersprungen und geschwiegen.

Jetzt aber kommen wir darauf zurück.

Als Sruli wie verabredet an jenem Abend zu Lusi ging, machte er den Eindruck eines Mannes, der nicht richtig ausgeschlafen oder der zuviel geschlafen hat, weil ihm schwer ums Herz ist. Er hatte die Unterhaltung in einem gereizten Tonfall begonnen, hatte dabei zur Seite geblickt und versucht, seinen Gesprächspartner mit jeder Kleinigkeit zu verletzen.

Kaum war er eingetreten, fing er an:

»Ich bin zu dir gekommen, Lusi, da ich in der Stadt sonst niemanden kenne. Hier gibt es nur Esel und Dummköpfe oder Leute, die nicht mehr Verstand haben als Tiere.«

So hatte er an jenem Tag eine Weile böse vor sich hingesprochen, bis zu dem Augenblick, da er sanfter zu werden, aufzutauen und zu enthüllen begann, in welcher Angelegenheit er letztlich gekommen war.

Hier nun seine Geschichte:

Um seine Geschichte zu erzählen, so begann er, müsse er weit ausholen.

Er war von seinem sehr reichen und höchst wunderlichen Großvater in einer galizischen Kleinstadt am Ufer des San aufgezogen worden. Sein Großvater hatte einst große Ländereien besessen, danach ein großes Lokal, das hauptsächlich von Grundbesitzern besucht wurde. Noch später, als ihn das Unglück heimsuchte, von dem gleich die Rede sein wird, liquidierte er alle seine Geschäfte, machte das Ganze zu Geld und zog sich von der Welt zurück.

Sruli hatte schon als Kind seine Mutter verloren. Sie war zwar nicht tot, sondern vielmehr »durchgebrannt«, wie er schon in früher Jugend erfahren hatte. Das war für den Großvater ein dreifaches Unglück. Erstens war er damit allein: Er hatte weder Frau noch Kinder, weder Söhne noch Töchter. Zweitens: Schon das Durchbrennen an sich war eine schreckliche Schande; aber schließlich war sie, wie Sruli hatte sagen hören, auch noch mit einem Goj durchgebrannt ... »Nein, schlimmer noch«, fügte man mit leiser Stimme hinzu, dabei auf den kleinen Sruli weisend. Worin dieses »noch Schlimmere« bestand, wußte er nicht. Er wußte nur, daß er nach der Flucht seiner Mutter auch den Vater verloren hatte.

Der Vater war eines Tages aus dem Haus verschwunden, und Sruli blieb ohne Vater und Mutter als Waise zurück, in der Obhut des alten Großvaters, der ihn aufzog.

Um diese Zeit wurden die Schrullen seines Großvaters, der schon immer etwas verrückt gewesen war, noch schlimmer. Er hatte sich, wie wir oben gesagt haben, von der Welt zurückgezogen, ging nicht mehr aus und empfing keine Besucher mehr. So hatte er sich auch eine kleine Synagoge bauen lassen, die nur ihm dienen sollte. »Die kleine Synagoge für Freunde«, wie man sie nannte. Deren Gläubige waren nur er selbst und ein einziges Minjan von armen Juden, die er dafür bezahlte, daß sie dort beteten. Ebenso hatte er sich ein rituelles Bad errichten lassen, das sogenannte »Bad für Freunde«, das außer dem Großvater niemand betreten durfte.

Der Großvater las und studierte ganze Tage lang, saß aber noch länger schweigend in seinem Sessel. Er hatte den Kopf zurückgeworfen und an die Wand gelehnt, und so träumte er und dachte nach. Weil er sich dabei immer gegen die Wand lehnte, hatte sich dort durch die ständige Abnutzung eine kleine, schmutzige Höhlung gebildet.

Sruli hielt sich in einem abgelegenen Zimmer des Hauses auf, das keine Verbindung zu dem des Großvaters hatte, dafür aber einen eigenen Ausgang besaß. Strenge Lehrer und mürrische alte Diener und Dienstmädchen unterrichteten und erzogen ihn. Der Großvater kümmerte sich nicht um ihn, berief ihn nie zu sich. Mehr noch: Es hatte den Anschein, daß der Großvater angeordnet hatte, den Jungen nie zu sich zu lassen, selbst wenn dieser es wünschen sollte. Der Junge spürte das, und so kam es nur selten vor – und auch dann nur, wenn dem Kind die Einsamkeit schier unerträglich wurde –, daß er das Verbot übertrat und auf der Schwelle des Großvaters erschien.

Er fand diesen oft sitzend vor, den Kopf gegen die Wand gelehnt, in Meditation vertieft, und hörte ihn jedesmal die gleichen Worte flüstern: »Oj, weh mir, weh meinem Haus.«

Wenn der Großvater den Jungen gelegentlich so unerwartet auftauchen sah, blickte er ihn verdutzt an, riß die Augen auf, als wüßte er nicht, wer dieses Kind überhaupt war und woher es gekommen war. Dann fing er sich wieder, rief den Kleinen zu sich und strich ihm mit zitternder Hand schnell über das Haar, als wollte er ihn betasten; aber dann schien er sich wieder zu besinnen und stieß den Jungen heftig von sich fort, mit so leiser Stimme sprechend, daß nur das Kind ihn hören konnte, damit nicht einmal die Wände es vernehmen sollten: »Du Bastard. Bastard, Hurensohn . . .« Das Kind verstand diese Worte nicht, war aber dennoch zutiefst erschrocken, so daß es flüchtete und lange Zeit nicht wiederkam, bis ihm das Herz irgendwann wieder zu schwer geworden war. Dann erschien der Junge aufs neue auf der Schwelle des Großvaters, wurde wieder zurückgestoßen, um erst noch viel später wiederzukommen.

So wurde der Junge also aufgezogen, bis der Großvater alt wurde und die Stunde seines Todes herannahen fühlte.

Er rief die bekannten, geachtetsten und wichtigsten Männer der Stadt zu sich, von denen er sich seit Jahren ferngehalten hatte, seitdem die Schande über ihn gekommen war; diese Männer wiederum behandelten ihn mit Rücksicht und vermieden es, ihn in seinem Unglück und seiner Schande aufzusuchen. Jetzt aber berief er sie zu sich, um ihnen sein Testament vorzulesen.

Außer einigen frommen Einrichtungen, wie es die Sitte verlangt, hatte er in seinem Testament niemanden mit Legaten bedacht, und der gesamte Rest sollte dem Kind zufallen, seinem einzigen Erben.

Es zeigte sich aber, daß der Großvater nicht einmal an der Schwelle des Todes die Schmach vergessen hatte, die seine Tochter, die Mutter dieses Kindes, ihm in dieser Welt bereitet hatte, eine Schmach, von der er überzeugt war, daß man sie ihm in der anderen Welt noch zur Last legen würde; und da ihn dieser Gedanke niemals losließ, hatte er sich trotz des Widerstands aller Honoratioren, die ihr Bestes taten, ihn mit Argumenten wie: »Das Kind kann doch nichts dafür, ein Kind ist schließlich ein Kind«, und so weiter, in den Kopf gesetzt, den Jungen zu enterben.

Starrsinnig und verbittert wiederholte er immer die gleichen Worte: »Das Kind einer Schlange kann auch nur eine Schlange sein.« Damit erklärte er, daß der Junge nicht besser sein könne als seine Mutter. Und davon war er nicht abzubringen. Dennoch, nachdem die Honoratioren ihn auf Zitate aus berühmten Werken aufmerksam gemacht hatten, die ihm das Unrecht seiner Absicht und die Ungesetzlichkeit seines Tuns vor Augen führten, machte er Konzessionen und akzeptierte die folgenden Formeln: Solange der Junge noch minderjährig sei, solle er die gleiche Erziehung wie bisher erhalten, und zwar auf Kosten des Großvaters. Im übrigen gab es in dieser Hinsicht nichts zu diskutieren, da der Großvater sich dazu verpflichtet fühlte. Aber das, wozu er sich nicht verpflichtet fühlte, mußten ihm die Honoratioren nach vielem Feilschen abhandeln und konnten es erst dann im Testament verankern: Eine bestimmte große Summe sollte zum Nutzen des Kindes in sichere Hände gegeben werden. Diese Summe solle dem Jungen allerdings nur dann zufallen, wenn er den richtigen Weg wähle, den er, der Großvater, wünsche und mit ihm die ganze Gemeinde, nämlich die Befolgung alles dessen, was das jüdische Gesetz verlange. Erst dann dürfe dem Jungen in einem bestimmten Alter das Geld zufallen. In diesem Punkt blieb der Großvater hart und unerbittlich. »Warum diese Bedingung?« – »Weil«, entgegnete der Großvater mit zitternder Stimme, aber immer noch grob, »es zwar stimmt, daß ich mich von Männern habe überzeugen lassen, die gelehrter und weiser sind als ich, und daher auch nachgegeben habe. Dennoch bleibe ich dabei – ich werde mein großes Unglück im Herzen tragen, bis ich ins Grab sinke; mein Unglück ist groß, aber weder vor Gott noch vor den Menschen kann man leugnen, daß der Kleine unreines Blut hat, und wer weiß, was wir noch zu erwarten haben? Ich bin nicht verpflichtet, solchen Kreaturen zu helfen, aber da ich nicht in die Zukunft blicken kann, überlaß ich es Gott und den Menschen zu richten, später, wenn die Zeit gekommen ist . . .«

An dieser Stelle fügte Sruli noch etwas hinzu: Als ihm dieses Gerede zu Ohren gekommen sei – denn in der Stadt hätte man natürlich von nichts anderem gesprochen, wohlgemerkt auch im Hause des Großvaters, bei seinen Lehrern, den Dienstmädchen und Dienern –, als also die Worte an sein Ohr gedrungen seien, die damals in aller Munde waren: »Enterben«, »Erbschaft«, »Geld«, so könne er sich heute nicht mehr erinnern, ob er schon damals darunter gelitten habe oder ob diese Worte oder dieses Geschwätz bei ihm eine Krankheit ausgelöst hätten. Wie dem auch sei: Als er einmal das Wort »Geld« hörte, befielen ihn plötzlich Kopfschmerzen und eine Art Übelkeit, die ihm den Bauch und die Eingeweise umdrehte, und seit dieser Zeit löste dieses Wort fast immer die gleiche Wirkung aus wie damals – einen heftigen Widerwillen, nicht nur gegen das Geld an sich, sondern auch gegen diejenigen, die es besaßen.

Damals hatte er die Bitternis des Lebens als Ausgestoßener zu spüren bekommen, als er auch von dem einzigen Menschen abgewiesen wurde, der seine Einsamkeit bis zu einem gewissen Grad hätte lindern können – von seinem Großvater. Er spürte es besonders an den letzten Tagen vor dessen Tod. Als das Haus voller Leute aus der Stadt war, die gekommen waren, um den Kranken zu besuchen, unter ihnen auch einige, die er noch nie darin gesehen hatte, nämlich aus den bekannten Gründen, wegen der selbstgewählten Isolierung des Großvaters, als alle Türen des Hauses offenstanden, als die Leute kamen und gingen, wie es ihnen paßte, hatte sich auch das Kind erlaubt,

beim Großvater einzutreten. Das Ende war nahe . . . Aber als der
Großvater den Jungen bemerkte, wollte er nicht, daß dieser ihm
unter die Augen trat. Er fing an zu weinen und jagte ihn in
seinem Todeskampf mit einer schwachen Gebärde fort:
»Verschwinde, komm mir nicht unter die Augen; verdüstere
mir nicht meine letzten Minuten . . .«
Dann starb der Großvater.

Sruli hatte keine Lust zu erzählen, was er hatte durchmachen
müssen, zunächst seitens seiner Vormünder in der Heimatstadt
und dann seitens ihrer Kinder und der Kinder in der Stadt
überhaupt, und zwar wegen des Spitznamens, der ihm überallhin folgte und ihn begleitete, seit er das Haus des Großvaters
verlassen hatte und sich in der Obhut der Leute befand, unter
deren Schutz der Großvater ihn gestellt hatte . . .

Sruli will auch nicht von den Leiden sprechen, die ihm andere
Vormünder zugefügt hatten, in anderen Städten, wohin ihn seine
ersten Vormünder geschickt hatten, nachdem sie sich überzeugt
hatten, daß ihr Mündel in ihrer Stadt nie zur Ruhe kommen
würde, daß den Jungen dort nichts Gutes erwartete, weder in
seiner Jugend noch später, wenn er erwachsen war, und das allein
wegen des bösen Spitznamens, der ihm anhaftete.

Aber dieser böse Spitzname war ihm auch in andere Städte
gefolgt. Trotz seiner Fähigkeiten, seines Fleißes bei der Arbeit
und seines guten Willens raubte ihm sein Spitzname am Tag den
inneren Frieden und nachts den Schlaf. Er erlebte das Gegenteil
dessen, was ihm hätte widerfahren müssen. All seine Fähigkeiten
und seine Gelehrsamkeit hoben ihn nicht über die anderen
hinaus, sondern wurden seiner zweifelhaften Herkunft zuge-
schrieben, als wären seine Fähigkeiten keine eigene Leistung,
sondern als kämen sie von außen, denn sein Kopf war nun mal
der eines »Bastards«.

Während seiner ganzen Jugend fühlte er sich unter dieser Last
wie vernichtet. Er wußte nicht mehr ein noch aus. Ein einziger
Traum hielt ihn noch aufrecht: Er wollte erwachsen werden und
das Joch der Abhängigkeit von all den Leuten abschütteln, denen
ihn seine Lage und das Testament des Großvaters unterworfen

hatten, wollte sich von ihrer geistigen und materiellen Vormund-
schaft befreien, älter werden und seine Erbschaft in die Hand
bekommen; dann wollte er irgendwohin flüchten, wo ihn niemand kannte, wohin sein Spitzname nicht gedrungen war. Dort
würde er Ruhe finden, tun, was ihm beliebte, und in Frieden
über seinen künftigen Lebensweg nachdenken.

Als diese Zeit kam und sein Traum Wirklichkeit wurde, war
seine Freude so groß, daß sich seine bislang verborgenen Lebens-
kräfte plötzlich mit Urgewalt bemerkbar machten – und er
wurde krank.

Damals hatte sich in ihm seine erste fixe Idee festgesetzt: Er
setzte es sich in den Kopf, seine Mutter wiederzufinden. Früher
oder später mußte er sie wiederfinden. Eines schönen Tages
würde sie ihm unerwartet begegnen und ihn wiedererkennen.
Bei diesem Gedanken wurde er fast verrückt. In jeder Unbekannten glaubte er sie wiederzusehen. Als er selbst noch jung
war, in einer jungen Frau, als er erwachsen war, in einer älteren.
Es kam sogar dahin, daß er mehrere Reisen in die Nähe seiner
Geburtsstadt unternahm. Dort erkundigte er sich überall nach
ihr, gab Geld aus, damit andere ihm bei der Suche halfen. Doch
diese Suche blieb erfolglos, und nach jedem Mißerfolg kehrte er
erschöpft und wie zerbrochen nach Hause zurück, als wäre er
von einem hohen Berg in die Tiefe gestürzt worden, wo er
entkräftet liegenblieb, bis dieser Zustand vorüberging und seine
Kräfte zurückkehrten, bis er sich wieder von seinem Traum
erfüllt fühlte und aufs neue an dessen Verwirklichung zu glauben
begann. Und damit nahm er seine Suche wieder auf.

Er machte sich noch mehrmals auf die Suche, bis er alle
Hoffnung verlor. Die Verzweiflung ließ ihn seine Mutter vergessen . . . Und dann tauchte bei ihm wiederum seine zweite Manie
auf, es war die gleiche, die ihn schon in seiner Jugend befallen und
ihn im Haus seines Großvaters dazu gebracht hatte, sich zu
übergeben, als er zum ersten Mal von seiner Erbschaft hatte
sprechen hören. Diese Erinnerung kehrte mit solcher Macht und
so lebendig zurück, daß alles, was auch nur im geringsten daran
erinnerte, bei ihm den gleichen Ekel auslöste wie damals.

Er legte ein Gelübde ab. Er schwor sich, auf alles Geld zu verzichten, das er besaß und künftig besitzen würde, gelobte, nie daraus Nutzen zu ziehen. Nie daran Vergnügen zu finden, weder selbst noch zum Wohl irgendeines anderen. Er liebte es nicht, das Glück von armen Leuten zu sehen, die man mit Wohltaten überschüttete, er liebte es nicht mit anzusehen, daß sie ihre gewohnten Lebensumstände aufgaben und unter anderen, glücklicheren Bedingungen lebten.

Um diese Zeit gab er seinem Leben auch eine andere Richtung. Seine Erziehung und das Wissen, das er bis dahin erworben hatte, hätten ihm erlaubt, einen Weg zu wählen, wie er für Menschen seines Kalibers vorgezeichnet war. Er hätte seine Thora-Studien fortsetzen, daraus einen Beruf machen und so zum Beispiel Rabbiner werden können. Dies um so mehr, als er ein hübsches Vermögen besaß und so leicht hätte Karriere machen können.

Aber das war nicht der Weg, den er einschlug. Im Gegenteil: Er zog es vor, noch tiefer zu sinken. Irgend etwas zog ihn nach unten. Ein Zufall half ihm dabei, ein Freund, der ihm den Weg wies, wie es im Leben manchmal so geschieht. Sruli wußte selbst nicht, wie es dazu kam, da es fast wie im Schlaf, wie im Traum geschah – und plötzlich fand er sich dort unten wieder.

Wo also? Dort, wo Leute seines Standes nur selten hinkommen und man sich einen Mann von seiner Herkunft und Bildung, zunächst vom Großvater erzogen und dann von seinen Vormündern, kaum vorstellen konnte ... »Auf einer niedrigen Stufe«, das zu sagen war noch nicht genug; nein, noch niedriger ...

Wie ist er dort hingelangt, und wie er hat es dort so lange ausgehalten? Vielleicht weil ihm dort niemand vorwerfen konnte, woran er unter seinesgleichen so sehr gelitten hatte. Zunächst interessierte sich niemand für seine Vergangenheit, seine Herkunft und seine Geburt. Und selbst wenn jemand es unter diesen Leuten hätte wissen wollen, wurden diese Dinge nicht als ehrenrührig angesehen. Denn diese Leute waren *alle* so und hatten schon Schlimmeres gesehen ... Vielleicht war das der Grund ...

Wie dem auch sei: Er fühlte sich dort wohl, unbeschwert, unbelastet von all den Hemmnissen, die mit Ausnahme jener Leute, denen er sich jetzt angeschlossen hatte, in den Beziehungen von Mensch zu Mensch – und zu Gott – sonst jedermann einschränken und belasten.

Bei dieser Gemütsverfassung hatte es ihm auch nichts ausgemacht, als Kellner in einer Kneipe zu arbeiten, in der einfache Bauern und christliche Städter verkehrten und in der sie nach Strich und Faden ausgenommen wurden, sei es vom Wirt selbst oder von den Kellnern, die vor nichts zurückschreckten, nicht einmal vor Diebstahl ...

Es hatte Sruli auch nichts ausgemacht, sich einer Gruppe von Wandermusikanten anzuschließen, nachdem er seine Arbeit als Kellner aufgegeben hatte. Sie wanderten von Hof zu Hof. Einer spielte Geige und Sruli Flöte, die er in schlechter Gesellschaft spielen gelernt hatte und auf der er lange geübt hatte. Seine Gefährten waren sowohl Juden wie Gojim, Ungarn, Böhmen, kamen aber auch aus anderen Gegenden. Zunächst wanderte er mit ihnen durch sein Heimatland; später überschritt er heimlich die Grenze und trieb sich in fremden Ländern herum.

Er stand in der Blüte seiner Jugend, und es versteht sich von selbst, daß er das Gebot: »Mit 18 Jahren unter dem Hochzeitsbaldachin« nicht erfüllen konnte, wie es für normal lebende Menschen üblich ist, die sich den allgemeinen Sitten und Gebräuchen unterordnen. Er aber lebte unter Menschen, die vom normalen Leben so weit entfernt waren, daß es für sie keinerlei Verbot gab. Er übertrat alle Verbote ohne Ausnahme, beging die schlimmsten Übeltaten, sogar solche, die man gar nicht aussprechen kann.

Er war schon so tief gefallen, daß er seine Vergehen nicht mehr für solche hielt; er beging sie sozusagen in völliger Unschuld, ohne darüber nachzudenken, ohne sich auch nur bewußt zu werden, daß andere Menschen anders handeln konnten, ohne daran zu denken, daß er erst vor kurzem Lehren aufgegeben hatte, in denen er bereits gute Fortschritte gemacht hatte; er machte sich auch nicht klar, daß ihm nie der Gedanke gekommen war, solange er noch unter dem Einfluß dieser Lehren stand, daß das, was er jetzt tat, so einfach zu bewerkstelligen war, daß es in der menschlichen Natur lag.

Mit einem Wort: Er war so tief gefallen, daß er sich einmal, nach einer besonders abscheulichen Tat, dabei ertappte, seine Mutter zu verfluchen; und auf seinen Lippen formten sich dabei die Worte, mit denen ihn einst sein Großvater empfangen hatte, wenn ihn irgendwann einmal die Lust überkam, ihn aufzusuchen: »Bastard, Sohn einer Hure.«

Ja, er muß sich eingestehen, daß er sich damals von einem ähnlichen Gefühl verfolgt fühlte wie dem, das seinen Großvater davon abhielt, ihn anzuerkennen. Er möchte über dieses Gefühl sprechen, das ihm erlaubt hat, so brutal, so plötzlich, so unvermittelt und ohne Reue mit seiner Vergangenheit zu brechen, mit seinen Studien, mit allem, was er an Anstand besessen hatte, und sich ohne Gewissensbisse einem zügellosen Leben hinzugeben. Er ist der Meinung, daß das an seiner Geburt liegen müsse, an dem Blut, das er geerbt hat.

Ebenso hatte er das Gefühl, daß er seine so veränderte Lebensweise irgendwie rechtfertigen mußte und daß dies nur dadurch zu erreichen war, daß er sich immer tiefer in sein neues Leben hineinstürzte, bis zum Hals und über die Ohren, bis er vergessen würde, daß er früher mal ein anderes Leben geführt hatte.

Und so hatte er weitergelebt, bis er sich wieder fing . . . Und ebenso wie er nicht wußte, wie sein plötzlicher Sturz möglich geworden war, wußte er auch nicht mehr, wie er zu seinem früheren Zustand zurückgefunden hatte.

Er wußte nur, daß er eines schönen Tages urplötzlich mit seinen Gefährten gebrochen hatte und an die Oberfläche zurückgekehrt war. Er kehrte wieder zu denen zurück, vor denen er vor langer Zeit geflüchtet war und die in der Zwischenzeit aus seinem Gedächtnis gelöscht gewesen waren.

Von seinem Aufenthalt in den Niederungen der menschlichen Gesellschaft war ihm nichts anzumerken, kein Fleck, kein Makel, keine Grimasse, als hätte er nie dort geweilt, als hätte er nie dazugehört. Wenn er mit den Menschen sprach, zu denen er zurückgekehrt war, bediente er sich der gleichen Sprache wie zuvor, so daß niemand Verdacht schöpfte, was seine Abwesenheit und seine Verbindung mit diesen Leuten betraf, denn hätte man das gewußt, würde ihn niemand ins Haus gelassen haben, und keiner hätte mit ihm etwas zu tun haben wollen.

Man bemerkte vor allem deshalb nichts, weil er nach dem Abschied von seinen Gefährten nicht dorthin zurückgekehrt war, woher er gekommen war. Nein, er hatte sich zu einer völlig unbekannten Stadt aufgemacht, zu einem Ort, an dem man nichts von ihm wußte, wo niemand auch nur eine Spur seiner Vergangenheit in Erfahrung bringen konnte; und dort, wo niemand etwas über ihn wußte, hatte man ihn als Gleichen unter Gleichen aufgenommen, als gelehrten Mann von untadeligem Verhalten, der sich nicht die geringste Spur von Bosheit, von tadelnswerten Gedanken oder schlechtem Benehmen anmerken ließ. Es gab also keinerlei Grund, ihn anders aufzunehmen als irgend jemanden sonst.

Kurze Zeit darauf geriet er jedoch wieder auf die schiefe Bahn. Er bemerkte an sich eine verstärkte Neigung zur Streitsucht, zum Jähzorn, der ihn erstickte und zwang, ausgerechnet vor denen, die ihn für einen der ihren hielten, Worte zu äußern und Taten zu begehen, die sich gegen alles richteten, was seit Jahrhunderten als anerkannt und heilig galt.

Es versteht sich von selbst, daß man ihm hart zusetzte. Daher konnte er an dem neuen Ort nicht bleiben. Er begab sich auf die Wanderschaft, mußte aber erleben, daß man ihn aus dem gleichen Grund überall ablehnte; er wurde zum Opfer solch schwerer Verfolgungen, daß man ihn mancherorts für einen Verderber hielt, einen Betrüger der Gemeinde, als wäre er eine Art Krebsgeschwür; ein Mann, der seinen Glauben aufgegeben und das Lager gewechselt hatte und der überdies damit nicht zufrieden zu sein schien, sondern sogar vor Fremden seinem alten Glauben abschwor. Die Gemeinde erklärte ihn für vogelfrei, und wer es wünschte, konnte ihn angreifen oder sogar umbringen.

Ja . . . Er hatte sich durch seinen Zorn dazu hinreißen lassen, sogar seinem Glauben abzuschwören. Er hatte die Bekanntschaft eines katholischen Priesters gemacht und sich mit diesem angefreundet. Und das so sehr, daß die Befürchtungen des Großvaters, der ihn hatte enterben wollen, sich fast als berechtigt erwiesen.

Im letzten Moment jedoch bekam er sich wieder in die Gewalt; zutiefst erschrocken, änderte er sein Verhalten von Grund auf. Er besuchte die großen und berühmten Höfe der Rabbiner der Region, in der er sich gerade aufhielt. Dort blieb er längere Zeit und gab sich Mühe, alles zu tun, um sich jenen anzuschließen, die sich an den Quellen dieses Glaubens labten; er versuchte sein letztes, es ihnen gleichzutun, keine Fragen mehr zu stellen, nicht mehr all das zu bemerken, was keiner dieser frommen Männer je bemerkte.

Aber auch das überstieg seine Kräfte. Auch von diesen Höfen wurde er verjagt, von manchen mit Schimpf und Schande, bei anderen erging es ihm noch schlimmer. Und an dem letzten Hof erklärte man ihn für verrückt. Das kam daher, daß er eine schwere Sünde mit angesehen hatte. Um einem bestimmten Rabbiner, dem Eigentümer des Hofs, gefällig zu sein, hatte eine ganze Reihe von Rabbinern, unter ihnen die bekanntesten und geachtetsten, ein Ritual falsch ausgelegt und eine Textpassage gegen alle Vorschriften verdreht. Als Sruli sich einmischte und mit tausend Argumenten den Widersinn der Interpretation darlegte und die Verfälschung der Regel offenbarte, sahen die Vertrauten des Rabbi keinen anderen Ausweg, als ihn für verrückt zu erklären und einzusperren; man hielt ihn eine Zeitlang gefesselt in einem dunklen Raum gefangen.

Aber auch diesen Ort verließ er schließlich. Er hatte indessen schon ein gewisses Alter erreicht, obgleich es ihm noch immer nicht gelungen war, sich ein eigenes Heim zu schaffen: Er hatte weder eine Frau noch Kinder. Um die Wahrheit zu sagen, war er schon mal verheiratet gewesen, hatte sich aber scheiden lassen. Er hatte sich in verschiedenen Berufen und Handwerken versucht, aber alle wieder aufgegeben. Und erstaunlicherweise kam er nie in Versuchung, sein Gelübde, das Geld nie anzurühren, zu brechen. Es war, als besäße er dieses Geld gar nicht. Er trug es von Stadt zu Stadt, deponierte es nach der Ankunft an einem sicheren Ort und dachte dann nicht mehr daran, als existierte es nicht.

Während dieser ganzen Zeit versuchte er, jemanden zu finden, dem er sich anvertrauen und sein Herz öffnen konnte. Aber jedesmal, wenn er so jemanden gefunden zu haben glaubte, erlebte er eine schmerzliche Enttäuschung. Jedesmal, wenn er seine Herkunft erwähnte, sah ihn sein Gegenüber an, als hätte er die Krätze, als wäre er ansteckend, so daß der andere gezwungen war, Distanz zu halten, um Leib und Seele zu retten.

Das brachte Sruli noch mehr dazu, sich abseits zu halten, auf alle menschlichen Bindungen zu verzichten; und das einzige, woran er ab und an noch Vergnügen fand, waren Flüche und Verwünschungen, in denen er sich mal still und leise, mal laut erging.

Um diese Zeit brach seine dritte »Krankheit« aus. Er wollte von dem anderen sprechen, von dem, der in ihm war, von diesem Dybbuk, dem er einmal begegnet war, dem er an einem Tisch gegenübergesessen hatte. Es war ein zerlumpter, barfüßiger Bettler, der ihn an all jene denken ließ, mit denen er sich zur Zeit seiner tiefsten Demütigung herumgetrieben hatte.

Dieser Anblick traf Sruli völlig unvorbereitet; er rieb sich die Augen und fragte sich, ob er ihn tatsächlich vor sich hatte. Als er sich von den Tatsachen überzeugen lassen mußte, erschrak er zunächst. Er spie aus, so wie man beim Anblick eines Gespensts oder nach einem Alptraum ausspuckt. Aber das störte den Dämon nicht im geringsten; er blieb da, wo er war. Während der ersten Minuten betrachtete der Dämon Sruli schweigend, dann fing er eine Unterhaltung mit ihm an, und allmählich schmeichelte er sich bei ihm ein.

Seit dieser Zeit verläßt ihn der Andere nicht mehr. Er ist immer bei ihm, teilt mit Sruli Gut und Böse, und dieser ist schon so sehr an den Dybbuk gewöhnt, daß er ihm fehlt, daß er sich nach ihm sehnt und seine Freundschaft sucht, wenn er sich eine Zeitlang nicht hat blicken lassen.

Der Andere hat ihm einige unausgegorene Ideen eingegeben

und ihn zu verschiedenen Unternehmungen angeregt, von denen manche gut, manche böse sind. Und eine der letzten war der Wunsch, Lusi aufzusuchen und sich ihm zu offenbaren.

Sruli weiß natürlich, daß das Ganze nur eine Krankheit ist und daß man auf einer Krankheit nichts aufbauen kann und daß er kein Aufhebens davon machen sollte. Und dennoch ist er dem Anderen dankbar; weil dieser ihn nicht allein gelassen hat, weil er ihn oft angeregt und aus seiner Lethargie geweckt und ihn auch dazu gebracht hat, sich jetzt an Lusi zu wenden und ihn aufzusuchen, ihm sein Herz zu öffnen und ihm folgendes zu sagen:

»Ich brauche eine starke Hand, eine Stütze . . . Es ist hart, mit geschlossener Brieftasche und verschlossener Seele zu leben. In letzter Zeit habe ich oft gedacht, daß es an der Zeit wäre, mein Gelübde zu brechen und die Geldbörse zu öffnen. Vielleicht zu meinem Vorteil, vielleicht auch zum Nutzen meines Nächsten, ich weiß es selbst nicht. Aus diesem Grund möchte ich mich an jemanden anlehnen, der stärker ist als ich, von ihm Ratschläge und Anweisungen entgegennehmen. Ich muß gestehen, daß ich diese starke Persönlichkeit in dir, Lusi, gefunden zu haben glaube. Ich möchte dir mit allem, was ich besitze, zu Diensten sein; ich tue, was du willst, du kannst mich führen, wohin du willst – und wenn es zum Glauben ist, dann eben zum Glauben; falls zum Unglauben, werde ich dir auch darin folgen. Wenn du mich nicht führst, spüre ich, daß ich in einen neuen Abgrund stürzen könnte – vielleicht in die Trunksucht –, und ich muß wiederum gestehen, daß ich mir in dieser Hinsicht schon einige Freiheiten genommen und um des Trinkens willen schon mehrmals mein Gelübde gebrochen habe.«

Wir werden uns nicht damit aufhalten, in allen Einzelheiten zu berichten, was Lusi nach Srulis Geständnis von diesem hielt oder was er ihm entgegnete. Ob er schwieg, ob er ihn tröstete, ob er ihm einen bestimmten Weg wies, wie man es in solchen Fällen tut, darüber werden wir jetzt nicht sprechen, da wir es in diesem Zusammenhang nicht für wichtig halten.

Es genügt hier zu erwähnen, daß Lusi und Sruli nach dieser

Unterhaltung, wie der Leser sich erinnern wird, gemeinsam in Mosche Maschbers Eßzimmer erschienen, nachdem man jemanden gebeten hatte, Lusi zum Tee herbeizuholen. Die beiden machten den Eindruck, als wären sie ein Herz und eine Seele, zwei Männer mit gemeinsamen Gedanken und Wertvorstellungen. Wie der Leser sich erinnern wird, hatte Mosche das sofort bemerkt und sich sehr darüber geärgert; und es ist möglich, daß dies einer der Gründe war, welche die Abkühlung zwischen den beiden Brüdern auslösten. Wenn man sich all das vor Augen führt, kann man sich leicht vorstellen, daß Sruli von Lusi *nicht* abgewiesen wurde wie von so vielen anderen und daß er bei ihm starkes Mitgefühl fand. Fühlte sich Sruli aber für längere Zeit oder nur kurz zu Lusi hingezogen, war seine Sympathie tief oder nur flüchtig? Das werden wir bald sehen, im späteren Teil unserer Erzählung, zu der wir jetzt zurückkehren.

VII

Der Pretschistaja-Markt

In jedem anderen Augenblick hätte sich die Stadt nicht von ihrer Überraschung erholt: Der berühmte Lusi Maschber, der der Stolz und das Vorbild jeder chassidischen Gemeinde – und sei es der vornehmsten und bekanntesten – hätte sein können, für die er sich entschieden hätte, war unvermutet, sich selbst erniedrigend, zu jenen hinabgestiegen, die nicht die geringste Achtung genossen, weder ihrer unendlich geringen Zahl noch ihrem Niveau nach, falls man so sagen darf; er hatte sich denen zugewandt, von denen kein Mensch spricht, es sei denn mit Verachtung und Hochmut. Das ist verständlich, denn sie hatten sich so sehr von der Gemeinde entfernt, daß es den Chassidim so gut wie verboten war, bei ihnen einzuheiraten.

Man stelle sich vor – Lusi bei den Bratslavern! Die erste Folge davon war der Streit mit seinem Bruder Mosche. Ein Streit, wie ihn die Stadt noch nicht erlebt hatte: daß solche Brüder sich auf so wenig brüderliche Weise trennten, daß der eine, der jüngere, Mosche, dem älteren Bruder den Respekt versagt und daß der andere, Lusi, seinerseits dem jüngeren Bruder eine so große Schmach angetan hatte, und das vor der versammelten Familie und vor Fremden, sogar vor der ganzen Stadt, die es erfahren hatte, ja, die es hatte erfahren müssen, diese Schmach, so plötzlich des Bruders Haus zu verlassen, und das am Abend, wie man ein baufälliges Haus verläßt, das einzustürzen droht.

Das war unerhört! Überdies, hieß es, sei er in Begleitung dieses Menschen gegangen, dieses Sruli, den kein Mensch je in Gesellschaft eines anderen erblickt hatte. Noch nie hatte man gesehen, daß irgend jemand etwas mit ihm gemein hatte, noch miterlebt, daß sich ihm jemand aus Freundschaft oder Kameradschaft anschloß oder sich mit ihm zusammen blicken ließ. Und nun das: *niemand* außer *Lusi*! Und so nahe standen sich die beiden, so vertraut waren sie miteinander, daß sich Lusi verpflichtet gefühlt hatte, Srulis Ehre zu verteidigen, und die Demütigung, die Mosche diesem zugefügt hatte, hatte ihm als Vorwand und Grund gedient, sich von seinem Bruder zu trennen und sich Sruli anzuschließen.

Bei einer anderen Gelegenheit hätten die Leute in der Stadt nicht aufgehört, sich das Maul zu zerreißen, und die Phantasie wäre mit ihnen durchgegangen, nachdem die Geschichte von Srulis Geld plötzlich bekanntgeworden war.

Es ist wahr, daß die Leute diese Geschichte zunächst nicht glauben wollten. Aber als Scholem-Aron, der Gebetsschal und Gebetsriemen angelegt hatte, in der Synagoge vor einer Menge von Männern stand, die ihn seit jeher kannten und wußten, daß er weder etwas erfinden noch lügen konnte, und vor dieser Schar von Männern in Gebetsschals und mit Gebetsriemen schwor, »so wie ich auf das Gute und auf die Ankunft des Messias hoffe, habe ich dieses Geldscheinbündel gesehen, ein Bündel, wie man es selbst in den Händen reicher Leute nur selten sieht, ein Bündel, mit dem man die Hälfte aller armen Mädchen der Stadt mit einer Mitgift ausstatten könnte«. Und als Scholem-Aron dann noch in allen Einzelheiten erzählte, wie Sruli in seine Kneipe gekommen sei, wie viele Gläser er getrunken, wie er Selbstgespräche geführt habe, so daß dies selbst seinem Kellner Naftali verdächtig erschienen sei – da zweifelte niemand mehr an seinen Worten. In den ersten Minuten hörten sich die Männer staunend diesen Bericht an, dann hagelte es Vermutungen, von denen eine ungereimter war als die nächste, eine phantastischer als die andere; Stirnen legten sich in Falten, Köpfe zermarterten sich und suchten nach Erklärungen für eine Tatsache, die selbst der wildesten Phantasie nicht hätte entspringen können.

»Das ist doch unglaublich! Ein Bursche wie Sruli soll Geld haben? Und dann noch viel Geld! Woher hat er es? Von wem? Wie kommt es, daß bis jetzt kein Mensch davon etwas ahnte? . . .«

Andere versuchten, einen Zusammenhang zwischen beiden Geschichten herzustellen, jener von Lusi und vor allem der Srulis, denn beide hatten sich gleichzeitig ereignet, und ihre Freundschaft war an diesem Tag geknüpft worden. Das erregte die Männer sehr und führte zu Vermutungen.

Zu einer anderen Zeit wäre die Stadt, wie wir bereits sagten, über diese Neuigkeiten überrascht gewesen. Die Leute hätten viel darüber geredet und gebrütet, hätten das Ganze immer aufs neue wiederholt, auf verschiedene Weise erzählt und wiedererzählt; jeder hätte etwas hinzugefügt, das Erstaunen wäre größer geworden, zunächst in der Stadt, wo diese Neuigkeiten von Haus zu Haus gegangen wären, dann über die Grenzen der Stadt hinaus, in die ganze Region, bis die halbe Welt auf dem laufenden gewesen wäre.

Ja, zu einer anderen Zeit.

Aber diesmal verstummten die Gerüchte plötzlich, denn der alljährliche große Pretschistaja-Markt, der zu Ehren der Geburt der Jungfrau Maria abgehalten wurde, rückte näher, der Markt, auf den sich die ganze Stadt ein volles Jahr lang vorbereitete. An den Tagen, die dem Markt vorausgehen, ist in den größten Synagogen und in den Betsälen, in denen sich die Gläubigen sonst drängen, kaum noch jemand zu finden; alle Welt hat es eilig, die meisten Gläubigen beten zu Hause, so daß die wichtigsten Verbreiter solcher Neuigkeiten sie in den Synagogen und Betsälen nur mit einem halben und zerstreuten Ohr wahrnehmen und somit kaum die Zeit haben, sie weiterzutragen, sich darüber zu wundern, sie auszuschmücken, sie zu ergänzen und in Umlauf zu bringen.

Keine Zeit, denn es war Markttag ...

An dieser Stelle sei es uns erlaubt, ein wenig länger zu verweilen und ausführlich zu schildern, was der Pretschistaja-Markt war, der nicht nur für die Bewohner von N. große Bedeutung hatte, wie wir sehen werden, sondern auch für uns, die wir diesem Markt ein größeres Interesse entgegenbringen müssen als anderen Märkten.

Die Stadt glich in dieser Zeit einem Heerlager. Tausende und

Abertausende von Bauern, Angehörigen des niederen Adels, Händlern, Grundbesitzern, Lieferanten, Zigeunern, Bettlern und Dieben machten sich von nah und fern aus allen Gegenden auf den Weg nach N. Sie kamen in Karren und Fuhrwerken, in Kutschen und Kaleschen, zu Fuß und zu Pferd. Die Stadt war nicht groß genug, alle aufzunehmen. Viele der Besucher kampierten draußen in der Umgebung. Die große Mehrheit aber, die Glücklichen, denen es gelungen war, einen Weg in die Stadt zu finden, belegten dort alles mit Beschlag: Wohnungen, Straßen, Gassen, Gäßchen, Plätze, sofern sie einen Platz ausfindig gemacht hatten, wo sich die Karren so zusammendrängen konnten, daß für Passanten kein Durchkommen mehr war.

Einen Tag vor dem Markt drangen auf allen Straßen, Wegen und durch alle Absperrungen Bauernkarren in die Stadt N. ein; sie brachten die Ernte von den Feldern mit, die Ausbeute von Küchen- und Obstgärten und die Haustiere, die zum Verkauf aufgezogen worden waren – manche hatten eine Kuh an den Karren gebunden, andere ein Kalb, wieder andere ein Fohlen, das neben den Pferden hertrottete, oder ein oder mehrere Spanferkel, die in einem Sack quiekten.

Tausende von Stimmen ertönten, als sich diese Leute von allen Seiten her in der Stadt versammelten: das Gebrüll von Kühen, die man von ihren gewohnten Ställen und Herden weggezerrt hatte, das Wiehern von Fohlen und Stutenfüllen, die den Lärm und die Enge der Stadt schlecht vertrugen, das schrille Quieken von Schweinen, deren Kehlen vor lauter Gequieke fast zu platzen schienen, als führte man sie zur Schlachtbank.

Der Lärm war ungeheuer – kein Wunder bei all dem, was man vom Land in die Stadt gebracht hatte, um es dort abzusetzen und zu verkaufen, und zwar in der Absicht, das so verdiente Geld sofort für Erzeugnisse der Stadt auszugeben: für preiswerte Pferdegeschirre, Gurte, für Sattelzeug, Kleidung, Schuhe, Tücher, Kopftücher, Schärpen und Gürtel für Männer und Kinder, vor allem aber für die Frauen und jungen Mädchen, deren Geschmack man in der Stadt sehr wohl kannte, ebenso wie die Farben und Muster der von ihnen bevorzugten Stoffe und Gewebe.

Auf dem Platz, auf dem Pferde und Kühe gekauft und verkauft wurden, drängte sich eine besonders dichte Menschenmenge. Dort, wohin die Lieferanten ganze Herden von Pferden gebracht hatten, von denen die besten für die Grundbesitzer gedacht waren, die weniger guten für den Kleinadel, oder wo man sie auch an Ort und Stelle vorführte und prüfte, um den Käufern ihre Haltung und ihre Ausdauer zu demonstrieren. Dort hörte man ganze Tage lang die Peitschen knallen; mit Stricken angebundene Pferde mußten im Kreis herumlaufen oder auch nicht, und die Menge, eine große Menschenmenge, Käufer und einfache Schaulustige, von geschäftigen oder trägen Leuten, umstanden die Kreise.

Dort versuchten Zigeuner, die Pferde für die Bauern mitgebracht hatten, diese mit wohlgesetzten Worten zu täuschen; die aber ließen sich nicht hereinlegen. Denn sie wußten nur zu gut, was sie von den Zigeunern zu halten hatten, und glaubten ihnen kein Wort. Die Bauern feilschten stundenlang. Sie standen in Gruppen zusammen, berieten sich, untersuchten und prüften die Handelsware manches Mal, um am Ende doch hereingelegt zu werden.

Auf dem Getreidemarkt waren die meisten Händler Juden; dort wurde aufs eifrigste gestikuliert und begaunert. Jeder hatte versucht, die Bauern wiederzufinden, die er seit langem kannte, um mit ihnen Geschäfte zu machen, Geschäfte, die für den Käufer offensichtlich vorteilhafter waren als für den Verkäufer, jedoch auch diesem keineswegs zum Nachteil gereichten, denn immerhin machte man ja mit Bekannten Geschäfte, mit Kunden, die man schon lange kannte. Es versteht sich von selbst, daß die Händler sich bei Fremden, die zufällig hierhergekommen waren, weniger Zurückhaltung auferlegten.

Dort sah man auch neben den von Bauern umringten Wagen, wie Getreide abgewogen und in große Säcke gefüllt wurde, das von kleinen Bauernhöfen oder von fernen Gütern hergebracht worden war. Die Gutsverwalter und die Bauern waren mit genauen Zahlen im Kopf hergekommen, kannten genau die Mengen und das Gewicht: soundsoviel »Berkowez«. Und unter ihren Augen verringerten sich die Getreidemengen, wenn sie erst einmal auf der Waage lagen, und somit ihr Vermögen oder das ihrer Herren, der Grundbesitzer, und das aus dem einfachen Grund, weil der Käufer das Gewicht verfälschte, indem er den Fuß unter die Waage gestellt hatte. Damit setzte er sein Leben aufs Spiel, denn hätte man diesen Betrug entdeckt, wäre er des Todes gewesen oder hätte es zumindest nicht geschafft, der Menge mit heilen Knochen zu entkommen. Alle beide schwitzten: der Käufer, weil sich Besorgnis und Todesangst bei ihm in Schweiß verwandelt hatten; der Verkäufer, weil er verblüfft und erstaunt dastand, seinen Augen nicht trauend, und meinte, er könne sich nicht so verrechnet haben, da er die Handelsware zu Hause gewogen hatte und jetzt mit ansehen mußte, wie ihm ein Teil seines Vermögens zwischen den Fingern zerrann; und er konnte nichts dagegen tun, denn eine Waage ist eine Waage, nicht wahr?

So war es bei den Kleinhändlern, die meist arme Mittelsmänner waren, aber auch bei der Mehrheit der Zigeuner und sonstigen Lieferanten bis hin zu den Grundbesitzern, die sich abseits hielten, als wäre der Verkauf all dessen, was sie auf den Markt gebracht hatten, gar nicht ihre Sache – der Verkauf von Pferden, Leinen, Getreideproben, die sie in Taschentüchern zusammengebunden hatten, um das Korn in großen Mengen an der »Börse« abzusetzen. An ihrer Stelle aber taten ihre Vertreter – Angestellte, Verwalter, Geschäftsführer – all das, was man in solchen Fällen tun kann, auf so großen Märkten, bei einem so lebhaften Handel, wenn das Durcheinander groß ist und Gaunerei in der Luft liegt.

Auch die Diebe und einfachen Taschendiebe standen da nicht zurück und versuchten all das, was ihr »Metier« und der Augenblick von ihnen verlangten. Den gewohnten Dieben aus der Stadt schlossen sich also auch die Genossen von überallher an, aus fernen Gegenden, auch Fremde – Männer mit flinken Händen, goldenen Fingern, hellwachen Mienen. Sie zwängten sich zwischen Pferde und Wagen, wo die Menge am dichtesten, der

Durchlaß am engsten ist, drängten sich zwischen die Passanten in der Menge, und das taten sie nicht vergebens. Die Erfahrung gab ihnen ein, in welchem Moment sie zu verschwinden und sich aus dem Staub zu machen hatten, und sagte ihnen auch, was tun, wenn es zur Flucht zu spät war und man sie auf frischer Tat ertappt hatte: Wie man es am besten vermied, auf jene Körperteile geschlagen zu werden, die der Gegner aufs Korn genommen hatte, und vielmehr dort Prügel einsteckte, wo man sie selbst hinbekommen will, dort, wo es weniger weh tut, damit man ohne Blessuren davonkommt und nicht allzulange seine Arbeitsfähigkeit einbüßt.

So begingen die einen große Gaunereien, die anderen kleinere, manche stahlen mehr, manche weniger.

Aber das macht nichts: Diebstahl ist Diebstahl, und der Markt bleibt der Markt, und von einem Markt zum nächsten ist alles vergessen, denn das Leben in der Stadt und die Notwendigkeit des Austauschs zwischen Stadt und Land werden nicht durch irgendwelche kleinen Gaunereien beeinträchtigt. Und wenn das schon für die normalen Märkte zutrifft, dann noch mehr für den Pretschistaja-Markt.

Denn der war schließlich nicht nur ein Markt, sondern für alle auch ein Fest: für die Bauern, die sich nach den Geschäften in den Kneipen einfanden. Manche, für die in den Kneipen kein Platz mehr war, tranken draußen auf der Straße, allein oder mit Bekannten aus Nachbardörfern, an der frischen Luft, auf den Höfen, auf Straßen und Plätzen, auf den Karren, manche saßen sogar auf der Erde oder hatten sich unter ihre Fuhrwerke gelegt.

Auch für die Bäuerinnen war dieser Markt ein Fest; sie weihten bei dieser Gelegenheit irgendein neues Kleidungsstück ein: ein buntes Kopftuch, eine Schürze, ein Paar Stiefel, und so weiter. Ein Fest auch für die Kinder, denen man manchmal eine Mütze auf den Kopf setzte, die dem Vater besser passen würde, eine Mütze mit einer großen Haube und einem Lackschirm, der ihnen bis über die Augen reichte, eine Mütze, auf die die Eltern aber dennoch stolz waren ...

Trotz der Gaunereien amüsierte sich die bäuerliche Menge;

wenigstens diesmal konnte sie dem sonst so starren und strengen dörflichen Leben entfliehen. Außer den von zu Hause mitgebrachten Lebensmitteln – Brot und Speck – probierten die Leute begierig auch städtische Leckereien, Graubrot etwa und manchmal, vor allem die Frauen und Kinder, einen Kranz aus harten Brezeln, die steinhart waren, nachdem sie einen ganzen Sommer in der Sonne gelegen hatten, und knochentrocken, da sie bei den Bäckern, die sie bis zum Markt aufhoben, dem winterlichen Frost ausgesetzt gewesen waren. Manchmal kauften die Leute auch Bonbons, einen Hering, ein Glas Kwas und andere Dinge, die es nur in der Stadt zu kaufen gab. Auch Obst, das man im Dorf nicht zu sehen bekam: Wassermelonen etwa, deren süßen Saft alle schlürften, groß und klein, Bauern, Bäuerinnen, Kinder, bis ihre Gesichter vor lauter Saft trieften.

So ging es also bei den einfachen Leuten zu. Die Wohlhabenderen delektierten sich an besseren Gerichten, an Fisch, an Fleisch, an Wurstwaren, die sie an den Tischen der Lokale zu sich nahmen; dazu tranken sie Branntwein und sangen aus voller Kehle.

Die Wirtshäuser waren übervoll. Tische und Bänke waren von vermögenden Bauern und ihren Frauen besetzt, deren Gesichter bereits vom Trinken gerötet waren. Die Bauern hatten ihre Westen aufgeknöpft, die Frauen ihre Kopftücher gelöst, alle redeten durcheinander, schrien sich heiser, kein Mensch verstand mehr, was der andere sagte, man umarmte und küßte sich inmitten all dieses Lärms und des Gesangs, und schon von weitem hörte man die Schreie und roch die stickige Luft des Lokals . . .

Dort, in den einfacheren Schenken, waren Bauern die Gäste. In den etwas besseren Lokalen, etwa dem von Scholem-Aron, verkehrte der Kleinadel. Diese Leute tranken Wein, etwas besseren Branntwein und verzehrten bessere Gerichte. Sie verlangten auch eine bessere Gesellschaft und eine aufmerksamere Bedienung.

Darüber gab es noch die Gasthöfe für Grundbesitzer bis hin zu den Grafen und Fürsten dieses Landes, die dort abstiegen.

Dorthin brachte man Menüs, die aus den besten Restaurants geholt wurden. Das »Paradies«, wie man in N. den Laden nannte, lieferte Raritäten, die sich in der Stadt nicht einmal die Reichsten erlaubten; diese Delikatessen waren nur für Grundbesitzer bestimmt, wurden nur für sie zubereitet, für Kunden also, an die man das ganze Jahr dachte.

In diesen »besseren« Gasthäusern wurden nach dem Ende des Geschäftstages verschiedene Festlichkeiten veranstaltet, an die man sich von einem Jahr zum nächsten erinnerte, und im folgenden Jahr versammelten sich die Teilnehmer wieder am selben Ort, um an ähnlichen Festen teilzunehmen.

Die Tische bogen sich unter den Speisen. Die Inhaber des »Paradieses« überschlugen sich vor Diensteifer und reservierten für ihre Marktgäste die besten Weine, hiesige wie ausländische, das beste Obst, das von weit her kam, sogar aus der Türkei und anderen Ländern, frische und getrocknete Früchte, den besten Fisch und die ausgesuchtesten Schinken und Wurstwaren. Die Wände dieser Gasthäuser wurden an diesen Abenden zu Zeugen einer grenzenlosen Prasserei und fürstlicher Vergnügungen, die man in der restlichen Zeit des Jahres nicht zu sehen bekam.

So vergnügten sich die Grundbesitzer, die schon ein bestimmtes Alter erreicht hatten, ganz zu schweigen von den jungen Leuten, die lieber unter sich blieben, in kleiner, erlesener Gesellschaft, in Anwesenheit von Leuten, die sie bei ihren Eltern oder Vormündern denunzieren konnten. In diesen kleinen Kreisen wurde gefeiert, als wäre man im Ausland, an all jenen Orten, wohin man diese Grafensöhne vermeintlich zu Studienzwecken schickte, in Wahrheit aber dazu, damit sie dort ihre Jugendjahre verbringen und ihr Erbe verprassen konnten.

Während des Marktes machten sich ganze Heerscharen dienstbarer Geister an diese jungen Leute heran; sie waren von deren Eltern losgeschickt worden, um den Söhnen während der Reise zu Diensten zu sein. Ebenso Leute aus der Stadt, die sich an die Hauswände drückten und ihnen Geld und Sünde offerierten, all das, was sich die überhitzte Phantasie dieser jungen Leute nur vorstellen konnte, angefangen mit entfesselten Trinkgelagen bis hin zur Beschaffung jener Art von Frauen, wie sie in den Bordellen der Stadt zu finden waren. Diese Frauen hatte man in ganzen Horden in die Badehäuser gebracht, um ihnen ein frisches und sauberes Aussehen zu verleihen, und anschließend hatte man sie mit schönen Kleidern ausstaffiert, damit sie diesen besonderen Gästen gefielen . . .

Soweit der Adel.

Die Leute aus der Stadt jedoch, Kaufleute, Händler, Makler aus der Gegend oder vom Land, die gekommen waren, um zu kaufen, zu verkaufen, zu vermitteln und zu hintergehen, auch diese Leute gerieten an diesen Tagen außer Atem; auch sie waren von morgens bis abends auf den Beinen, jeder auf seine Art, das heißt je nach der Summe, die jeder in seine Handelsware zu investieren hatte oder aus deren Verkauf realisieren konnte.

An diesen Tagen schlang man das Essen eilig herunter und brachte die Gebete in aller Hast hinter sich. Man las nur wenig oder gar nicht in der Thora. Selbst die Rabbiner hatten um diese Zeit viel zu tun; sie mußten unter Kollegen und Gefährten Streitigkeiten schlichten. Dies galt sogar für den geachtetsten Rabbiner, den berühmten Reb Dudi, der um diese Zeit ebenfalls keine freie Minute hatte, da man sich mit längst vergangenen, verworrenen und verwickelten Geschichten vor allem an ihn wandte. So kam es, daß auch für ihn wie für alle Rabbiner dies die Zeit des Marktes war, des Marktes, auf den man ein ganzes Jahr wartete, und diese Einnahmequellen machten sich in den rabbinischen Etats in Form von Schlichtungshonoraren angenehm bemerkbar.

Mit einem Wort: Alle, alle sind folglich beschäftigt, außer Atem, schwitzen, zunächst wegen des Markts, dann wegen der gnadenlosen Sonne dieses Monats Elul, dieses heißen Monats, in dem der Markt stattfand.

Die Luft war mit Gerüchen gesättigt: mit dem Geruch von Bauernjoppen und Schaffellen, von menschlichem Schweiß und dem von Pferden, von trockenem Heu, von Stroh, von Getreide, Leinen, Honig und Obst, und außerdem war sie erfüllt von dem Geschrei all derer, die ihre Waren anbieten, ob sie nun aus der

Gegend oder aus dem Umland stammten; man hörte ihre Rufe auf den Marktplätzen, auf allen Straßen, vor den Marktständen, den Schuppen und Ställen. Man vernahm auch die Rufe derer, die ihre Waren vor sich auf dem Erdboden ausgebreitet hatten, etwa die Töpfer, Küfer, Stellmacher und Sattler. Man hörte Peitschenknallen und die Rufe derer, die ihre Pferde antrieben; die Rufe und das Jammern von Bestohlenen, dann das Geschrei der Diebe, wenn man sie erwischt hatte oder auch nicht; Schreie von Betrunkenen, welche die Kneipen verließen; den Krach von Streitereien, Prügeleien oder die Stimmen von Schwindlern, die ihre Waren anpriesen.

Das alles mischte sich zu einem ohrenbetäubenden Lärm, als wären plötzlich zahlreiche Deiche gebrochen und von einem reißenden Fluß weggespült worden. Das Gebrüll von Rindern, das Gegacker von Federvieh, menschliche Stimmen. Ein Gewirr lautstarker Auseinandersetzungen, von Streitereien, von Volksliedern und Bandura-Spielern, die ebenfalls gekommen waren, um am Markt teilzunehmen, und an jeder Straßenecke hockten, allein oder öfter in Gruppen, in denen einige von denen, die noch ihr Augenlicht hatten, sich um die blinden Sänger kümmerten, die sie auf den Markt und wieder nach Hause brachten.

Die Sänger saßen mit gekreuzten Beinen auf der Erde, die Bandura mit der linken Hand an den Körper gepreßt, während sie mit der rechten die Saiten zupften und zugleich mit weit offenem Mund und Grimassen schneidend sangen, die Augen blind oder abwesend, als blickten sie in die Sonne. Sie spielten und erweckten mit ihren uralten, melancholischen Liedern von Kosaken und Tschumaken das Mitleid des Publikums, das sich um die Sänger geschart hatte, vor allem das der Frauen, denen die Lieder die Tränen in die Augen trieben. Man belohnte die Sänger mit einer trockenen Brezel, die man ihnen hinwarf, oder mit irgend etwas Eßbarem, gelegentlich auch mit einem kleinen Geldstück, das man behutsam in die Mütze des blinden Bettlers legte.

Ja, auch sie, die Bandura-Spieler, kamen zum Markt, und auch für sie, die Sänger, war dies eine Zeit, in der es etwas zu verdienen gab, und sie fanden stets zahlreiche Zuhörer.

So ging es bei jedem Pretschistaja-Markt zu.

In diesem Jahr aber, in dem Jahr, von dem wir sprechen, legte sich ein Schatten auf den Markt.

Seit Mittsommer waren vom Land traurige Nachrichten in die Stadt gedrungen, aus allen Dörfern der Gegend: Es hatte seit dem Frühjahr nicht mehr geregnet, und die Menschen machten sich auf das gefaßt, was sich abzeichnete, ein großes Unglück: die Dürre.

Und tatsächlich war der Himmel in diesem Sommer wie versiegelt; die Bauern blickten unablässig zum Himmel, veranstalteten Prozessionen mit Ikonen, Kreuzen, Popen, überall auf den Feldern – nichts half. Das Gras auf den Weiden, das Korn auf den Feldern, alles verdorrte.

Der Markt fand aber trotzdem statt. Mochten die Aussichten auch noch so schlecht und die Vorhersagen noch so düster und unsicher sein, mochte der Bauer von der Natur noch so wenig verwöhnt sein, er kam trotzdem zum Markt. Sie kamen von nah und fern, auf allen Straßen und Wegen, mancher mit mehr, mancher mit weniger, aber selbst der, der nur sehr wenig hatte, brachte trotzdem irgend etwas mit, aber selbst diese vielen Kleinigkeiten machten insgesamt doch großen Lärm. Wer den Markt zum ersten Mal sah, hätte nichts Ungewöhnliches an ihm bemerkt. So wäre es jedenfalls einem Fremden vorgekommen.

Die Eingeweihten aber, die direkt interessiert waren und für die etwas auf dem Spiel stand, spürten sehr wohl den Unterschied zwischen diesem Jahr und den vorhergehenden. Vor allem die kleinen Trödler, die sich einem der Bauernkarren näherten, einen Blick in dessen Inneres warfen und ihn halb oder zu drei Vierteln leer fanden. Und dieses bißchen, diese Hälfte oder dieses Viertel, hütete der Bauer wie seinen Augapfel und hätte daraus am liebsten so viel Gewinn gezogen wie aus der Ernte der Vorjahre. Wie dem auch sei: Die gewohnte Gutmütigkeit der Bauern, die sie immer dann an den Tag legten, wenn die Geschäfte gut gingen und sie gut gelaunt waren, war jetzt verschwunden. Sie wirkten aufgebracht und störrisch, und manchmal wurde unter den Mützenschirmen ein böser Blick sichtbar.

Man mußte lange auf den Bauern einreden und lange feilschen, bevor er sich zu dem in der Stadt festgesetzten Preis von seiner Ware trennte. Er ließ sich nicht hereinlegen, wollte seine Ware nicht hergeben, versuchte sie den Händen des Käufers zu entreißen, wurde böse, wollte die ersten Käufer vorbeigehen lassen und wenn möglich noch länger warten. Er hoffte, daß es ihm nach dem ersten Tag, der sich so ungünstig anließ, gelingen würde, vielleicht morgen schon, bei anderen Käufern seinen Preis zu steigern, wenn er nur durchhielt.

Aber die Hoffnung war vergeblich. Spätere Kunden boten keinen höheren Preis, und am Ende sah sich der Händler gezwungen, zum erstgenannten Preis zu verkaufen.

Die Wiederverkäufer benutzten ein Verfahren, dessen sie sich zu normalen Zeiten nur selten bedienten. Sie hatten schon immer gemeinsame Sache gemacht. Sie gingen folgendermaßen vor: Auf ein Zeichen des ersten Zwischenhändlers hin, der sich einem Bauern genähert hatte, um über Geschäfte zu sprechen, hatten sich alle anderen Wiederverkäufer verabredet, sich nicht zu überbieten, während sie sich die Ware sonst gegenseitig aus den Händen rissen, sogar vor der Nase des ersten Käufers. Ein hartnäckiger Bauer konnte einen ganzen Tag aushalten, aber niemand bot ihm auch nur eine Kopeke mehr als der erste Kunde. Der Bauer sah sich einer eisernen Mauer fest entschlossener Männer gegenüber, und als ihm aufging, daß auch die größte Hartnäckigkeit zu nichts führen würde, sah er sich genötigt, nachzugeben und für die Hälfte des Preises zu verkaufen, den er sich selbst vorher gesetzt hatte.

So machte man es mit den armen Bauern, die der Verlust erbitterte. Die wohlhabenderen Bauern, die mehr auf den Markt gebracht hatten, betrog man mit anderen Mitteln, etwa mit Maßen und Gewichten oder bei der Abrechnung, in der sie sich nur wenig auskannten. In früheren Jahren, als man sich den Luxus leisten konnte, etwas ehrlicher zu sein, hatte man selten zu derart gemeinen Mitteln gegriffen.

So hatten auch die begüterten Leute keinen Grund mehr, sich über den Markt zu freuen. Ganz zu schweigen von den Großen, etwa den Pferdehändlern, die mit ganzen Herden von Pferden auf den Markt gekommen waren, die sie unter der Aufsicht besonderer Wachen von weit her in die Stadt getrieben hatten. Die Wachen hatten den Auftrag, die Pferde zu striegeln und so herzurichten, daß ihr Fell glänzte, wie es sich bei einem Pferd gehört, das auf dem Markt verkauft werden soll. Die Pferdehändler, die Geschäfte in großem Stil machten und ausgesucht schöne Tiere an eine ausgewählte Kundschaft verkauften – den Hoch- und den Kleinadel – und weniger ansehnliche Tiere für einfachere Kunden bereithielten, hatten diesmal das Nachsehen. Als handelte es sich bloß um eine Ausstellung. Käufer gab es kaum, da die Preise für alle Geldbörsen zu hoch waren. Folglich konnte man die Pferde nur betrachten, hatte aber nicht das Recht, sich ihnen zu nähern oder sie mit der Hand zu berühren, selbst wenn den Interessenten die Augen vor Kauflust fast aus dem Kopf fielen.

Die Pferdehändler tobten. Auf den Pferdemärkten war diesmal weder das Geklapper von Pferdehufen noch das Knallen von Peitschen zu vernehmen; man hörte nicht mehr, wie ein Handel besiegelt wurde, und in ihrem großen Ärger zogen sich viele der Händler in die umliegenden kleinen Gasthäuser zurück. Manche von ihnen ließen sich sogar herbei, mit Zigeunern zu feilschen, um nicht untätig zu sein, um überhaupt irgendein Geschäft abzuschließen.

Die Grundbesitzer, Grafen und Fürstensöhnchen, die jedes Jahr wiederkamen, erschienen in Begleitung von Verwaltern und Geschäftsführern, die den Auftrag hatten, die Ware ihrer Dienstherren möglichst gut zu verkaufen, während von den jungen Leuten nur erwartet wurde, daß sie anwesend waren – in Wahrheit hatten sie ganz andere Dinge im Kopf: in Saus und Braus zu leben und das auszugeben, was auf dem Markt verdient worden war – aber auch für sie gab es in diesem Jahr nichts zu verdienen.

In diesem Jahr hatte man keine Getreideproben auf den Markt gebracht, denn es gab wegen der schlechten Ernte keins zu verkaufen. Die Händler vom Land, die schon hatten läuten hören, wie schlecht es in diesem Jahr aussah, hatten auf ihr

Erscheinen verzichtet. Diejenigen, die trotzdem gekommen waren, hatten es nicht allzu eilig, das wenige zu verkaufen, das überhaupt verfügbar war; sie überlegten lange, bevor sie sich entschlossen, da sie erstens überhöhte Preise fürchteten und zweitens die Konkurrenz: Was wäre, wenn andere Händler aus anderen Regionen, denen die hiesige Knappheit bekannt war, ihre Handelsware aus gesegneteren Landstrichen herbrächten und den örtlichen Händlern damit großen Schaden zufügten?

Die Grundbesitzer hatten unter diesen Umständen wenig oder gar kein Geld, und all die, die von ihnen abhängig waren, also diejenigen, die während des ganzen Jahres mit ihnen Geschäfte gemacht und ihnen in dem Glauben, in der Zeit des Markts ihr Geld zurückzuerhalten, Geld geliehen hatten, sahen ihre Hoffnung enttäuscht. Diejenigen, die den Grundbesitzern über Mittelsmänner Geld geliehen hatten, schickten jetzt diese zu ihnen. Sie kehrten mit leeren Händen zurück und wurden von den kopflosen und gereizten Grundbesitzern oft davongejagt; sie ließen die Abgesandten nicht einmal ins Haus. Anderen Geldverleihern, die selbst vorstellig geworden waren, erging es nicht besser; sie erhielten weder ein freundliches Wort noch die kleinste Zusage, daß sie je das ihre zurückerstattet bekommen würden.

Es versteht sich von selbst, daß die Geldverleiher, ob sie wollten oder nicht, die vorübergehende Zahlungsunfähigkeit der Grundbesitzer schlucken mußten, denn ihnen blieb keine Wahl. Was hätten sie sonst tun sollen? Die Gläubiger wußten sehr gut, daß nichts Gutes dabei herauskäme, wenn sie die Wechsel jetzt fällig stellten, wo die Grundbesitzer kein Geld für die Rückzahlung hatten; denn das würde zu einem endgültigen Bruch führen, und somit wären weitere Geschäfte mit ihren Kunden unmöglich.

So erging es in diesem Jahr also allen, und natürlich auch Mosche Maschber, denn wie hätte er eine Ausnahme sein können? Es kam aber noch schlimmer: Die Grundbesitzer zahlten nicht nur ihre alten Schulden nicht zurück, sondern sahen sich auch gezwungen, wie man hatte vorhersehen können, neues

Geld aufzubringen, und das zu harten Bedingungen, zu über-
höhten Zinsen; sie sahen sich gezwungen, wichtige Ländereien
als Sicherheit herzugeben, nur um den gewohnten Lebensstil
beizubehalten.

Die Grundbesitzer, ob groß oder klein, befanden sich in einer
verzweifelten Lage, und denen, an die sie sich in solchen Fällen
zu wenden pflegten, die Geldverleiher und Kreditinstitute der
Stadt, waren selbst die Hände gebunden; sie konnten ihren alten
Kunden selbst beim allerbesten Willen nicht helfen.

Hinzu kam noch eine Geschichte, die sich während des Markts
zugetragen hatte und in die die meisten der geachteten Grundbesitzer verwickelt waren, die reichsten von ihnen, die Grafen- und
Fürstensöhne. Eine Geschichte, die zu allerlei Unannehmlichkeiten führen und zahlreiche Opfer fordern konnte, denn sie
kam dem Hochverrat nahe, und am Ende warteten Sibirien, ein
Dasein als Kettensträfling, Verbannung, die Beschlagnahme der
gesamten Güter und vielleicht noch Schlimmeres.

Wir sprechen hier von den siebziger Jahren des vergangenen
Jahrhunderts, von den Jahren, die dem polnischen Aufstand von
1863 folgten. Nur ein Teil der Grundbesitzer der Region, von der
wir sprechen, die überdies abseits der großen Ereignisse lag, hatte
sich direkt an der Erhebung beteiligt, da die Kämpfe woanders
stattfanden, aber alle hatten ihre Sympathie für die Bewegung
gezeigt und sie entweder mit Geld oder sonstwie, etwa durch
Spionage, unterstützt; nach der Niederschlagung des Aufstands
hatten sie Menschen bei sich versteckt, die sie nicht verstecken
durften, und so weiter.

Manche der Adligen, die vorsichtiger und weniger reich wa-
ren, versuchten sich nach der Niederschlagung des Aufstands
anzupassen. Sie schluckten, was geschluckt werden mußte, so
wie man ein ekelerregendes Heilmittel schluckt; sie legten eine
Maske an, trugen Ergebenheit zur Schau, zu Hause aber, unter
Freunden, hinter den verschlossenen Türen ihrer Schlösser und
Güter, tobten sie, träumten von besseren Zeiten und hofften auf
Hilfe von verschiedenen Seiten.

Es gab aber auch andere, reichere Männer, die keine Geduld

hatten. Sie verkauften ihre Güter, machten alles zu Geld, und da ihnen so schwer ums Herz war, daß sie nicht mit ansehen konnten, wie sich die Dinge entwickelten, verließen sie das Land. Wieder anderen, die zwar auch reich, aber gesellschaftlich noch höher standen, war das Erbe ihrer Väter und Vorfahren – Ländereien, Güter, Stammsitze – so ans Herz gewachsen, daß sie sich nicht davon trennen konnten. Sie blieben im Lande. Sie ließen sich kaum anmerken, wie sie wirklich dachten, aber wer es wissen mußte, wußte genau, daß ein heiliges Feuer in ihren Herzen brannte, daß sie vor Wut und Haß auf diejenigen schäumten, die ihnen soviel Böses angetan und sie in so tiefe Verzweiflung gestürzt hatten, die ihnen ihre uralten Rechte genommen hatten, das Volk nach Belieben zu regieren und mit Leben und Habe der Leute nach Gutdünken zu verfahren.

Der Staat behielt sie sorgfältig im Auge und tat alles, um die Überwachung zu verstärken, um alles über ihr Tun und Lassen und ihre geheimsten Gedanken in Erfahrung zu bringen. Man ließ sie von bezahlten Spionen beobachten, von Leuten, die oft selbst adlig waren, von Verrätern an ihrer Klasse, die loyal zum Staat hielten.

Und dann geschah folgendes. Wir wissen nicht, ob es an der allgemeinen Not lag, an den schlechten Geschäften der Grundbesitzer auf dem Markt oder an ihrer Angst, daß es ihnen nicht gelingen würde, einen Ausweg zu finden, da sie zu ihrer Schande die Schulden aus dem Vorjahr nicht zurückzahlen konnten und sich gezwungen sahen, neue Darlehen zu besorgen, was sich nicht so ohne weiteres machen ließ, oder daran, daß ihnen schwer ums Herz war, so daß sie versuchten, sich Ablenkung zu verschaffen. Es ist aber auch möglich, daß dies nicht der Grund war und daß sie einfach nur beschlossen hatten, bei einer Abendgesellschaft mal richtig über die Stränge zu schlagen.

An diesem Fest nahmen in erster Linie junge Lebemänner teil, aber auch ältere, eingefleischte Junggesellen, die nie zu heiraten gedachten, entweder weil sie sich in früher Jugend gewisse Krankheiten zugezogen hatten oder einfach nur aus irgendwelchen exzentrischen adligen Launen und Verrücktheiten heraus.

Es fanden sich auch Adlige ein, die sich zu Hause mucksmäuschenstill verhielten, die Familie hatten und so lebten, wie es die Konvention verlangte. Einmal im Jahr aber, auf dem Markt, erlaubten sie sich Dinge, die ihnen zu Hause aus bestimmten Gründen nicht im Traum eingefallen wären.

Diejenigen aber, die an diesem Abend trotz allem entschieden den Ton angaben, waren die jungen Leute. Sie hatten es mit Hilfe ihrer Diener, die sie von den väterlichen Gütern mitgebracht hatten, auf sich genommen, alles Nötige zu veranlassen; man kam zu diesem Zweck mit einer erheblichen Zahl mehr oder weniger zweifelhafter Mittelsmänner überein, die nötigen Vorkehrungen zu treffen, und zwar vor der Haustür (denn solche Leute läßt man einfach nicht ins Haus). Das nötige Geld wurde aufgetrieben. Geld für alles, für den kleinen »Paradies«-Delikatessenladen, dessen Regale sich bald leerten, denn Adlige sind Großverbraucher, vor allem dann, wenn sie sich hemmungslos gehenlassen und sich vorgenommen haben, mal richtig in Saus und Braus zu leben.

Kein Wunder, daß sich die Tische unter der Last all dessen bogen, was den Wünschen so ausgesuchter und genußfreudiger Gäste entsprach – es gab Speisen und Getränke im Überfluß. So hatte man sich auch mit den zweifelhaften Vertretern der Freudenhäuser geeinigt, und diese wiederum, die nicht wußten, was sie als erstes tun sollten, waren mit unserem alten Bekannten Perele handelseinig geworden; falls die Bordelle nicht ausreichen sollten, hatte er seine »Handelsware«, die schwangeren oder noch nicht schwangeren Dienstmädchen für die Stunden nach dem Festessen bereitzuhalten, wenn die Herren sich in ihre Zimmer zurückzogen.

Das Fest sollte bei Nosn-Note stattfinden, in dessen Gasthof, einem der besseren der Stadt, der einigermaßen vornehm war und in dem sowohl sehr reiche Geschäftsleute als auch Regierungs- und Verwaltungsbeamte abstiegen, Richter etwa, die zu einem Prozeß aus der ziemlich weit entfernten Provinzhauptstadt hierhergekommen waren, Kontrolleure des staatlichen Alkoholhandels, Inspektoren und so weiter.

Die Zimmer waren besser möbliert als die der anderen Gasthöfe. Stühle und Sofas hatten neue Überzüge erhalten, die Fußböden waren mit Teppichen bedeckt und die Wände jedes Zimmers mit Generalsportraits geschmückt. In einem weitläufigen Speisesaal, der für den Fall gedacht war, daß eine große Gesellschaft am selben Tisch zu soupieren wünschte, hing ein Portrait des Zaren mit seiner eigens für die Krönung angefertigten Krone, ein billiger Druck auf glattem Papier, die Art Portrait, die man in großer Auflage herstellt, um sie auf allen Märkten für wenig Geld an Kunden mit schlechtem Geschmack und patriotischen Gefühlen zu verkaufen.

Jetzt standen die Türen aller Zimmer offen, da die Gäste sich alle untereinander kannten und der gleichen Gesellschaftsschicht entstammten. Sie würden sich um den großen Tisch im Speisesaal versammeln, der außer von Kerzen auf dem Tischtuch noch von einer Art Kronleuchter erhellt wurde, der mitten an der Zimmerdecke angebracht war.

Nosn-Note, der Wirt des Gasthofs, der gewohnt war, höchst respektable Gäste zu empfangen und zu bedienen, hatte sich in seiner Eigenschaft als Hotelier ein seidenes Käppi aufgesetzt und seinen Bart sorgfältig gepflegt und gekämmt; bewußter Nosn-Note war an diesem Tag eifrig damit beschäftigt, den Tisch zu decken, die Stühle zurechtzurücken, die Lampen zu säubern, Teller, Wein- und Schnapsgläser zu putzen; noch eifriger war er, wenn er die angerichteten Platten auf den Tisch stellte und sich dabei unbeobachtet fühlte, wenn kein adliges Auge ihn beobachtete; dann hielt er von jedem Gericht etwas zurück, was eigentlich auf den Tisch gehört hätte, das heißt, er legte ein wenig von allem beiseite, um es später an den Eigentümer des »Paradieses« oder anderweitig zurückzuverkaufen. Er war ewig in Bewegung, kam und ging, brachte etwas auf den Tisch und nahm es wieder weg, und während dieser ganzen Zeit zermarterte er sich den Kopf, fragte sich ständig voller Zweifel, ob er nicht zuviel beiseite geschafft oder etwa nicht genug auf den Tisch gestellt hatte. Immer wieder lief er zu den Weinkisten, die er in einem besonderen Zimmer abgestellt hatte, ohne die Flaschen zu zählen, die schon auf dem Tisch standen; er betrachtete sie und überlegte, wieviel er zurückhalten konnte, für sich selbst und für den Wiederverkauf, wenn er die adligen Gäste erst einmal gründlich betrunken gemacht hatte.

Aber nicht nur das bereitete ihm Kopfschmerzen. Er fühlte sich auch ein wenig in seiner Moral gekränkt, weil irgendwo im Gasthof eine Schar leichter Mädchen, die man hergebracht, gebadet, gewaschen und in einem abgelegenen Zimmer untergebracht hatte, darauf wartete, daß man sie brauchte. Nosn-Note gab sich den Anschein, als wüßte er nicht von ihnen, da ja nicht er für sie zuständig war, sondern vielmehr der letzte seiner Angestellten, und auch dieser hatte dazu nur äußerst selten Gelegenheit. Aber da er die Anwesenheit der Mädchen spürte, spie er aus, und als er die Tür zu ihrem Zimmer aufgehen sah, die erst den Kopf, dann den Körper eines dieser Weiber da drinnen sehen ließ, ärgerte ihn das. Er tat so, als hätte er nichts bemerkt, ging vorbei, als hätte er die Mädchen nicht gesehen, mußte sich aber eingestehen: Habe ich denn eine Wahl? Was tut man nicht, um seinen Lebensunterhalt zu verdienen? Vor allem dann, wenn man es mit Leuten zu tun hat, denen man nur unter Gefahr für sich selbst etwas verweigern, bei denen man unmöglich hart bleiben kann.

Es ist wahr: Nosn-Note hatte es diesmal mit der Blüte des Adels zu tun, mit dessen verwöhntesten und ausschweifendsten Vertretern.

So vor allem zum Beispiel mit dem einzigen Sohn des alten Grafen Koseroga, der in der ganzen Gegend berühmt war. Es genügte, den Alten zu kennen, um zu wissen, was für ein Mann der Sohn war.

Der Alte lebte zwar nicht mehr, aber die Legenden, die sich um ihn rankten, machten immer noch die Runde, eine unglaublicher als die andere. So etwa über seine Leidenschaft, Porzellan zu sammeln. Ganze Zimmer waren mit den verschiedensten Gegenständen gefüllt: mit Teetassen, großen und kleinen Tellern, mit Vasen, mit Porzellanmalereien, die er auf seinen Reisen erstanden oder sich aus dem Ausland hatte schicken lassen.

Als wäre dies noch nicht genug, hatte er noch eine zweite Leidenschaft: Tabakpfeifen, die er ebenfalls in mehreren Zimmern aufbewahrte. Vom Fußboden bis zur Decke waren die Wände dicht mit Tonpfeifen, Holzpfeifen, Pfeifen aus Bernstein bedeckt, die er in allen erdenklichen Ländern erworben hatte, hier, in Persien, in der Türkei, sogar in Venedig und sonstwo. Dann noch Münzen, und da vor allem solche aus der Zeit des alten Christus, wie man sich erzählte. Es waren irgendwo ausgegrabene, abgegriffene Münzen, auf denen man die Schrift nicht mehr erkennen konnte und die für die meisten Menschen keinerlei Wert hatten, aber er, der alte Koseroga, war verrückt danach. Er ging sogar so weit, daß er ein halbes Gut für ein antikes Stück hergab, das den größten Museen der Welt zur Ehre gereicht hätte, für ein außergewöhnliches und nirgendwo sonst aufzutreibendes Einzelstück.

Wie dem auch sei: Alle diese Leidenschaften, diese Launen waren noch erträglich. Schwächen eines Edelmanns, aber gleichwohl menschlich. In seinen letzten Lebensjahren wurde der Alte aber immer extravaganter und machte sich daran, zunächst orientalische Mäntel zu sammeln und dann lebende Geschöpfe: Krüppel etwa, weibliche und männliche Zwerge, kleine Menschen, Winzlinge, Idioten mit gelben, runzligen Gesichtern. Nicht zufrieden damit, sie zu sammeln, kam ihm auch noch der Einfall, sie miteinander zu verheiraten und sie zu paaren. »Pfui, pfui«, erzählten sich die Leute und spien dabei aus, aber bei diesen Hochzeiten wurde groß gefeiert, während er darauf bestand, mit den Gästen das zu beobachten, was einer Hochzeitszeremonie zu folgen pflegt ... Sturzbetrunken dazustehen und alles mit anzusehen und zu lachen, zu lachen, bis ihm der Bauch weh tat.

Er fand ein trauriges Ende. Er hatte nicht am Aufstand teilgenommen, da er schon alt war und seine Güter weitab von den Schlachtfeldern lagen. Er verstand es aber nicht, seine Zunge zu hüten, und der Staat, der ihn im Auge hatte, wußte, was von ihm zu halten war. Er hatte es sich nämlich zur Gewohnheit gemacht, immer dann, wenn ein Vertreter des Staates ihn in seinem Schloß besuchte, eine Krankheit vorzutäuschen, und Befehl erteilt, den Betreffenden in sein Schlafzimmer zu führen, wo er sich den Anschein gab, als schliefe er. Er hatte sich zur Wand umgedreht und zeigte dem Besucher – wie soll man es ausdrücken? – gerade jenen Teil seiner Anatomie, der am wenigsten für öffentliche Betrachtung geeignet ist, in vollkommener Nacktheit. Und jedesmal, wenn ein Besucher in sein Zimmer trat, tat er so, als wäre er urplötzlich aufgewacht. Er entschuldigte sich, aber jedermann wußte, daß dies durchaus nicht unbeabsichtigt geschah, sondern vielmehr in der erklärten Absicht, der Obrigkeit zu zeigen, was er von ihr hielt.

Zunächst empfing er nur kleine russische Beamte auf diese Weise, nach und nach aber auch bedeutendere, bis schließlich das Ganze höheren Ortes bekannt wurde. Und am Ende trieb er diesen Unfug auch mit einem hohen Offizier, der gerade in unsere Gegend gekommen war. Dieser nahm ihm die Beleidigung sehr übel und sorgte aus eigenem Antrieb dafür, ohne irgend jemandem darüber Bericht zu erstatten – aber vielleicht hatte er doch von oben einen Hinweis, eine Ermächtigung erhalten –, daß der alte, hochwohlgeborene polnische Graf Koseroga Peitschenhiebe erhielt, und zwar auf sein entblößtes Hinterteil, genauso wie er selbst früher häufig seine wehrlosen Landarbeiter traktiert hatte. Die hatten die Schläge allerdings auf den Rücken erhalten, er aber wegen seines vorgerückten Alters auf sein fleischiges Hinterteil ...

Diese Schande konnte der Alte nicht ertragen, und nach den Hieben verließ er sein Bett nicht mehr. Seit dieser Geschichte ließ er niemanden mehr zu sich, nicht einmal die Familienmitglieder, nur seinen Kammerdiener. Selbst diesem blickte er nie mehr ins Gesicht. Das Gesicht zur Wand gedreht, den Rücken zum Zimmer, so blieb er im Bett, da er seine Demütigung nicht ertragen konnte, und so hauchte er seine gräfliche Seele aus.

Der junge Graf, sein Sohn und einziger Erbe, hielt sich seit frühester Jugend im Ausland auf und studierte bald im belgischen Lüttich, bald im schweizerischen Lausanne. Aber das war nur zum Schein. Man brauchte ihn nur anzusehen, um sich davon zu überzeugen, wen man vor sich hatte und was für eine Art Mann er schon bald sein würde.

Er war noch keine dreißig Jahre alt, aber sein Gesicht war schon jetzt bleich und eingefallen, ohne einen Tropfen Blut, und man hätte glauben können, daß er mit offenen Augen schlief. Es konnte übrigens vorkommen, daß er unter den Händen seines Barbiers einschlief, wenn dieser morgens zu ihm kam, um ihn zu rasieren und für den Tag herzurichten. Er ließ dabei oft den Kopf sinken und handelte sich so manchmal eine tiefe Schnittwunde ein.

Er war schon jetzt körperlich und geistig halb ausgebrannt. Obgleich man, vom geistigen Standpunkt aus betrachtet, zugeben mußte, daß er kaum etwas zu verlieren hatte, denn in dieser Hinsicht hatte er nur sehr wenig geerbt, aber auch, was das rein Körperliche anging, schleppte er bereits die Beine nach, und es war leicht abzusehen (ohne ein großer Kenner oder Arzt zu sein), wann ihm dieselben den Dienst verweigern würden; auch seine Sprache, die schon jetzt schwerfällig war, würde ihm nicht mehr gehorchen, das bißchen Gedächtnis, das ihm noch geblieben war, würde ebenfalls endgültig verschwinden, und am Ende würde er mit glasigen Augen und Speichel im Mundwinkel das Bett hüten müssen oder bestenfalls in einem Rollstuhl mit Gummirädern herumgefahren werden, wozu es schon nach wenigen Jahren tatsächlich kam.

Im Augenblick bewegte er sich noch; vorläufig flackerte in ihm noch ein kleine Flamme. Überdies war er der einzige Erbe des alten Grafen und besaß jetzt dessen hundert Dörfer, Güter, Brauereien, Minen und andere Reichtümer, von denen er nicht wußte, was er mit ihnen anfangen sollte, ebenso wie er nicht wußte, was er mit sich anfangen sollte oder mit seinem schon halb vergeudeten und ausgebrannten Leben und mit all dem, was ihm nur Übelkeit verursachte.

Im Augenblick war er noch er selbst, hatte seinen Hofstaat um sich, war unter den Reichen der ganzen Region der reichste, hatte dabei aber die wahnsinnigsten und extravagantesten Ideen im Kopf, sprach mit näselnder Stimme, zog die Beine nach, und in der Hand hielt er ein Lorgnon, von dem er sich nicht einmal auf der Toilette trennen konnte, sah mit ihm jedoch genausowenig wie ohne. Er sah nichts mehr, begriff nichts mehr, da sein Kopf völlig leer war.

Im Moment war er der angesehenste Gast des Mahls, von dem wir vorhin gesprochen haben, da er den überwiegenden Teil der Kosten bestritt, um sich während des Markts die Zeit möglichst würdig zu vertreiben und wohl auch die der anderen Gäste, die ihm gesellschaftlich ebenbürtig waren oder nur wenig unter ihm standen.

Wir werden hier nicht die Namen aller Teilnehmer an diesem Gastmahl aufzählen, denn im Grunde sind sie uns gleichgültig; auch unterschieden sie sich nur sehr wenig voneinander.

Welcher Unterschied besteht denn schon zwischen dem Enkel des berühmten polnischen Wojwoden aus der Zeit Chmielnickis, dem Grafen Gedroycz, von dem man sich erzählte, er habe einen ganzen Keller voll alter Weine gegen eine Araberstute mit erlesenen Beinen, einem wunderbar lebhaften Temperament und einem derart eleganten und schnellen Galopp eingetauscht, daß er darüber alles vergaß und den Kopf verlor. Als seine Stute erkrankte, ließ er alle Tierärzte der Region kommen, und da diese nichts ausrichten konnten, wandte er sich an Wunderheiler, und als auch diese sich als machtlos erwiesen, wandte er sich kniefällig an Priester, die er anflehte, für seine Stute zu beten, als wäre es für ihn selbst.

Welchen Unterschied also gibt es zwischen dem Grafen Gedroycz und dem jungen Fürsten Dänicke, der halb deutscher, halb polnischer Abstammung war und eine bestimmte Schweinerasse mit weißem Haar und rosiger Schnauze in der Größe eines Drei-Kopeken-Stücks züchtete? Die Tiere wurden von ausgewählten Dienern versorgt. Diese Schweine waren so fett geworden, daß sie sich bald nicht mehr auf den Beinen halten konnten, denn ihre Knochen waren zu zerbrechlich, um diese Fleischmassen zu tragen. So fraßen sie im Liegen und mit geschlossenen Augen. Ihre Schweineseelen waren Tag und Nacht in Erregung, und die Tiere stanken still vor sich hin. Der Fürst kannte kein größeres Vergnügen, als bei diesen Schweinen zu stehen und sie stundenlang anzusehen, sich an ihrem Fett zu erfreuen, solange sie noch bei guter Gesundheit waren, aber am Ende wurden sie alle krank, und der Fürst verbrachte mit dem Tierarzt und dem Schweinehirten im Licht einer abgedunkelten Laterne die Nacht bei ihnen und wachte über ihre Seelen. Der Fürst hatte sich vorgenommen, seine Schweine auf ein Höchstgewicht und auf eine bestimmte Fettmenge zu bringen, aber die Tiere wurden mit dieser Anstrengung nicht fertig und krepierten, bevor sie die gewünschten Ausmaße erreicht hatten.

Welcher Unterschied bestand also zwischen diesen beiden Männern? ... Die Gesellschaft war jedenfalls aus einem Guß und setzte sich ausschließlich aus adligen Parasiten zusammen. Nur einer machte eine Ausnahme, ein gewisser Lissizin-Swentislawski, ein Mann mit einem doppelten Vaternamen. Man wußte nicht genau, ob er Russe oder Pole war. Er war weder adlig noch Grundbesitzer. Er besaß in der Region kein Gut, sondern stand in Diensten der Regierung; angefangen hatte er als kleiner Beamter, der die Alkoholsteuer einzutreiben hatte, wurde dann aus bestimmten Gründen befördert und erhielt einen Posten bei der Stadtverwaltung einer russischen Stadt, um anschließend, man weiß nicht genau weshalb, wiederum versetzt zu werden, und zwar in unsere Region, in unsere Stadt N., und auch diesmal erhielt er einen Posten bei der Stadtverwaltung.

Es ist möglich, daß eine Absicht der Behörden dahinterstand. Vielleicht wollten sie Swentislawski im Auge behalten, gerade in einer Region, in der viele polnische Adlige lebten. Gerade in einer solchen Zeit, nach dem Aufstand, als die Überwachung der Polen verstärkt wurde. Es ist möglich, daß Swentislawski bestimmte geheime Aufträge hatte, denn er war beim Adel sehr bekannt. Vielleicht ...

Er hatte ein wenig von einem Lügner an sich, und zugleich ein wenig von einem Hanswurst und einem Gecken, war dabei auch so schlau wie ein Fuchs, war einer jener Menschen, denen es leichtfällt, zu anderen Zugang zu finden und deren Vertrauen zu gewinnen; ein Mann, wie ihn der Adel liebt: ein getreuer Freund der Flasche, der überall da zu finden ist, wo man über die Stränge schlägt. Mit den Russen verbrüderte er sich, und mit den Polen stand er auf du und du. Bei dem, mit dem er heute trank, machte er sich über die lustig, mit denen er gestern getrunken hatte. Er kannte immer die neuesten Witze, die jüngsten Anekdoten, und wenn es um Geld, Familie oder Liebe ging, wußte er von allen Skandalen der Adligen der Region, stand mit jedem auf du und du, mit dem er mal getrunken hatte, und sein doppelter Familienname und seine unbestimmte Nationalität waren ihm in dieser Gesellschaft nützlich, so daß er stets für einen der ihren gehalten wurde, ob nun bei den Leuten der Stadtverwaltung oder bei den polnischen Notabeln.

Man sah ihn wie einen Irrwisch von einem zum anderen wieseln; jedem hatte er etwas über einen anderen ins Ohr zu flüstern. Für jeden hielt er eine kleine Schmeichelei parat, gerade das Wort, das im Moment paßte. So kam es, daß ihm alle Türen und alle Geldbörsen offenstanden, daß alle Geheimnisse an sein Ohr drangen, um dann an die Ohren derer zu gelangen, für die sie nicht bestimmt waren.

Es hätte ihm gut zu Gesicht gestanden, in einem vornehmen Haus als Schmarotzer zu leben oder bei einem oder mehreren seiner großzügigen Freunde als Dauergast zu wohnen, von Gut zu Gut zu wandern, um dort seine freie Zeit zu verbringen. Er fühlte sich in der Stadt aber sichtlich wohl; dort war alles nach seinem Geschmack, und seine Stellung hatte man ihm wohl nur zum Schein gegeben, denn man sah ihn nur selten arbeiten, und es hatte den Anschein, daß man in seiner Eigenschaft als Beamter nur wenig von ihm verlangte. Seine Haupttätigkeit bestand darin, überall seine Nase hineinzustecken, herumzuschnüffeln, sich in die Gesellschaft einzuschmeicheln, die Ohren offenzuhalten und die Adligen oder andere im Auge zu behalten. Wer er aber selbst war, was seine wirkliche Welt war, das wußte niemand. Ein polonisierter Russe, wenn man will, oder aber ein russifizierter Pole, jederzeit bereit, mal die einen, mal die anderen für einen guten Schluck oder etwas mehr zu verkaufen.

Oft verschwand er aus der Stadt, um ein paar Tage auf dem

Land zu verbringen, bei irgendeinem seiner alten Freunde, Sauf-
kumpane oder Spielpartner. Vor allem wenn etwas Besonderes
vorging – wenn etwa jemand aus der Provinz gekommen war
oder ein Fest stattfand –, kam man um Swentislawski nicht herum; und dieser Lissizin-Swentislawski nahm jetzt auch an dem
Gastmahl teil.

Fast zu Beginn des Banketts, als sich noch nicht einmal alle Gäste
eingefunden hatten, gab Graf Koseroga, der einen betrunkenen
Eindruck machte, obwohl er gar nichts Alkoholisches zu sich
genommen hatte – vielleicht hatte er aber doch irgendwo ein
paar Gläschen geleert –, dem Gastwirt Nosn-Note mit einem zitternden Finger ein Zeichen, zu ihm zu kommen, wann immer dieser vor dem versammelten Adel erschien, um etwas zu bringen
oder hinauszutragen. Der junge Graf bedeutete dem Wirt, er habe
ihm etwas zu sagen; wenn dieser näher trat, sagte ihm der Graf
jedesmal mit der dem Trunkenbold eigenen und offen zur Schau
getragenen Verachtung, als spräche er nicht zu einem Mann, zu
seinesgleichen, sondern zu einer Art dressiertem Haustier:
»Los, Nathan, sing mir dieses Lied vor ... wie heißt es
noch?«
Er konnte sich absolut nicht erinnern, was er von dem Mann
wollte und um welches Lied es ging. Es handelte sich um das
Lied, das alle polnischen Adligen von ihren untergebenen Juden
verlangten, wenn sie gut aufgelegt waren, und die Juden mußten
gehorchen, denn sie waren von den edlen Herren abhängig,
fürchteten sie und wagten es nicht, sich zu widersetzen. Es war
das berühmte Sabbat-Lied *Majofes*.
Jedesmal zog sich Nosn-Note unter einem neuen Vorwand
aus der Affäre. Zunächst tat er so, als wüßte er gar nicht, was der
Graf sagen wollte, dann versprach er ihm das Lied für später,
vertröstete ihn ... Beim dritten Mal entschlüpfte er geschickt den
Händen des Grafen, die sich schon nach seinem Kaftan, seinem
Bart und seinen Schläfenlocken ausstreckten.
Vom ersten Moment an stand auch Gorlecki, der Pristav, der
Polizeibeamte, draußen vor der Tür. Niemand wußte genau, ob

seine Vorgesetzten ihn geschickt hatten, weil sie von dieser Versammlung der Edelleute Wind bekommen und sie wie gewohnt im Auge behalten wollten, oder ob er aus eigenem Antrieb gekommen war, um so seinen Pflichten gerecht zu werden. Wie dem auch sei: Er roch schon den Wein, den der Wirt Nosn-Note ihm hintenherum bringen würde (denn zum Betreten des Speisesaals fehlte es ihm sowohl an Kühnheit wie an Befugnis). Gorlecki stand also draußen vor der Tür. Manchmal nahm er sich heraus, die Tür einen Spaltbreit zu öffnen und den Kopf durch die Öffnung zu stecken; wenn man ihn bemerkte, kam es vor, daß irgendein Adliger ihm ein Glas reichte. Es konnte aber auch sein, daß Lissizin-Swentislawski Gorlecki eingeladen hatte, vielleicht mit irgendwelchen Hintergedanken, vielleicht aber auch einfach nur so. Diese Vermutung, also daß Gorlecki von Swentislawski eingeladen worden war, schien logisch und hatte etwas für sich. Denn diesmal fiel auf, daß Swentislawski kaum etwas anderes tat, als dauernd zu der halbgeöffneten Tür zu gehen und Gorlecki ein Glas nach dem anderen zu bringen.

Ja, Gorlecki, der Pristav, mit seinen drei Speckfalten im Nakken, mit seinem Schmerbauch, der wie eine Trommel in den Raum ragte, Gorlecki, der ewig schwitzte, vor allem wenn er in offizieller Mission unterwegs war, etwa bei einer Parade oder wenn er bei einem Vorgesetzten als Wache abkommandiert war, der sich ständig mit einem Taschentuch den Schweiß von seinem fleischigen Nacken wischte; ja, Gorlecki war schon zur Stelle, und da er keinen Zutritt hatte, hielt er sich hinter der Tür und wagte es nicht einzutreten; vom ersten Augenblick des Fests an hörte er, was im Zimmer vorging, und da er meinte, unbemerkt zu bleiben, erlaubte er sich jetzt, die Tür ein wenig aufzustoßen, um einen Blick hineinzuwerfen und manchmal den Kopf hineinzustecken.

In Wahrheit irrte er sich. Die Tischgenossen waren noch nicht so weit, daß sie ihn nicht bemerken würden, und jedesmal wenn er den Kopf hereinsteckte, wurde er von irgendeinem wahrgenommen. Man warf ihm einen amüsierten Blick zu, und so wie man einen unerwartet auftauchenden Kater fortjagt, der sich einer Tür nähert und sie zu öffnen versucht, verscheuchte man ihn mit einem: »Pssst!«, worauf er schnell den Kopf zurückzog und die Tür wieder schloß.

Das geschah gleich zu Anfang, als noch nicht alle Gäste erschienen waren. Wenig später trafen die Grundbesitzer, die man eingeladen hatte, an dem Bankett teilzunehmen, nach und nach ein, manche nüchtern, andere schon halb betrunken. Sie kamen aus ihren Zimmern im Haus oder von ähnlichen Etablissements.

Unter ihnen auch Rudnicki, den wir von einem früheren Kapitel her kennen und der sich keines guten Rufs erfreute, weder bei den Geschäftsleuten noch bei den Grundbesitzern. Selbst bei seinesgleichen empfing man ihn mit einem gewissen Argwohn. Man mißtraute seinem Wort, seinen Versprechungen und selbst dem, was er bei einer Unterhaltung von sich gab. Man könnte sagen, daß jeder ihn sorgfältig im Auge behielt, als könnte er sich etwas in die Tasche stecken, wenn sich die Gelegenheit dazu bot, solange dies nur unbemerkt geschehen konnte und er weder Entdeckung noch Skandal zu fürchten brauchte.

Der erste, der ihn begrüßte, war der Veranstalter des Abends, der Gastgeber Graf Koseroga, der schon etwas angeheitert und aufgelöst war. Er zog die Beine nach, hatte einen schleppenden Gang, sein mageres Gesicht war gepudert, er hielt den Griff seines Lorgnons mit einer halb zitternden, halb nachlässigen Hand. Er warf dem Neuankömmling zunächst einen gleichgültigen Blick zu, dann zeichnete sich Verachtung auf seinem Gesicht ab, als könne man diesem Menschen unter keinen Umständen die Ehre erweisen, ihn ernst zu nehmen, als könne man ihn nur verachten und sich über ihn lustig machen . . . Er ging mit seinem schleppenden Gang auf Rudnicki zu, als träfe er zufällig mit ihm zusammen, und tippte ihm mit der Handfläche der linken Hand verächtlich auf die Stirn.

»Ah! Rudnicki«, sagte er, »du bist es?«
»Meine Herren!« rief er aus, »seht, er ist es, er ist es höchstper-

sönlich, Rudnicki ... Von dem man sich zu erzählen scheint, daß er Karten spielt und seine Spielschulden nicht bezahlt, daß er zwar eine Geliebte hat, aber nichts, womit er sie aushalten könnte, daß er sich bei Juden Geld leiht und diese dann mit vorgehaltener Pistole zwingt, ihm die Wechsel auszuhändigen. Er ist es, meine Herren, genau der, der ...«

Seine halb paralysierte Zunge ließ ihn stocken, er verhaspelte sich und konnte seinen Satz nur mit einem erstickten Lächeln beenden, das von einer trägen Handbewegung begleitet wurde, als es ihm nicht gelang, das letzte Wort und den letzten Gedanken zu finden.

»Hi, hi, hi!« wiederholte er mit seiner weichlichen und etwas angeheiterten Stimme und bekam dann einen Hustenanfall, der ihn aussehen ließ wie einen Greis, der plötzlich ins Kindesalter zurückgefallen ist.

Irgendein anderer an Rudnickis Stelle, ein Mann mit einem wachen Ehrgefühl, hätte auf eine solche Beleidigung gewiß anders reagiert, selbst wenn er sie verdient hätte. Rudnicki aber, der sehr wohl alles verdiente, was man ihm gesagt und vorgeworfen hatte, mußte es ohne Gegenrede, ohne Widerspruch schlucken und sogar so tun, als hätte er nichts gehört.

Er versuchte sich zu entfernen, um sich einer anderen Gruppe anzuschließen, in der sich der Graf nicht befand, um das Ganze zu vergessen und sich taub zu stellen, aber der Graf, dessen Hustenanfall vorüber war und der sein kindisches Lächeln unterdrückt hatte, fand ihn auch in der zweiten Gruppe wieder und wiederholte vor diesen Männern all das, was er ihm schon bei der ersten Begegnung gesagt hatte. Er fügte noch hinzu:

»Sehen Sie, meine Herren? Rudnicki fühlt sich beleidigt; wenn das so ist, bin ich gern bereit, falls ich dazu noch fähig bin, ihm Satisfaktion zu geben. Wir werden uns mit Pistolen duellieren, und Rudnicki soll seine Sekundanten wählen, hier, auf der Stelle.«

Bei diesen Worten zog der Graf eine Pistole aus der Gesäßtasche seiner Hose, zeigte sie der Gruppe der Adligen und hielt sie dabei ein wenig länger vor Rudnicki hin ... Auch das mußte

Rudnicki schlucken. Er tröstete sich mit dem fadenscheinigen Vorwand, daß der Graf betrunken war, wie jedermann sehen konnte, und daß man keine Genugtuung von einem Mann fordern konnte, der für seine Handlungen nicht verantwortlich war.

In Wahrheit war nicht nur der schlaffe und kränkelnde junge Graf nicht mehr für sein Handeln verantwortlich, sondern alle Anwesenden, die bereits mehr getrunken hatten, als ihnen zuträglich war, was man an der Unordnung erkennen konnte, die auf dem Tisch herrschte, außerdem an den Gesichtern derer, die dort saßen oder schon aufgestanden waren, die sich zu zweit oder zu dritt in kleinen Gruppen zusammenstellten und sich munter unterhielten.

Und jeden Moment schoß einem der Betrunkenen irgendeine neue Idee durch den Kopf. Einer versuchte, sich auf einen Stuhl zu stellen, um die Kerzen im Kronleuchter auszublasen; er wußte aber nicht, warum er im Dunkeln stehen wollte. Als er es nicht schaffte, begnügte er sich damit, die Kerzen auf dem Tisch auszublasen.

Ein anderer hingegen verlangte mit lauten Rufen nach mehr Licht; man solle Kerzen und Lampen anzünden, und wenn es nicht genug gebe, solle man – warum nicht? – das Haus anzünden! Soll es doch brennen und die ganze Straße und die Stadt und den Markt dazu erhellen! . . .

»Ich zahle!« rief er aus, »ich komme für jeden Schaden auf, komme für alle Verluste auf, die die Anwesenden hier erlitten haben, und auch für die, die nicht hier sind, aber am Markt teilnehmen, denn«, fuhr er mit lauter Stimme fort, »mein Kapital und meine Güter genügen, all das zu bezahlen! . . .«

Ein dritter, der den zweiten sagen hörte, er werde zahlen, beklagte sich bei einem vierten, er habe tatsächlich einen Brand über sich ergehen lassen müssen, habe alles verloren, wisse nicht mehr, wie er seine Heimfahrt bezahlen solle, daß er Mitleid verdiene, die Herren müßten etwas tun, um seine Ehre und seinen Namen zu verteidigen, denn wenn sie es nicht täten, sei das eine Schande für den gesamten Adel, die Namen aller würden in den Schmutz gezogen und zum Gespött der Leute werden.

Im Raum herschte großer Tumult – denn die Herren standen zu dicht gedrängt, und der Raum war nicht groß genug, alle aufzunehmen –, und das Licht der Lampe begann sich wegen der umherziehenden Rauchschwaden der Zigarren zu verdunkeln. Manche, die sich von ihren falschen Hemdkragen erstickt fühlten, begannen sie aufzuknöpfen, um die Hitze erträglicher zu machen; manche gingen hinaus, um etwas frische Luft zu schnappen oder die Übelkeit loszuwerden, die ihnen zusetzte; wieder andere versuchten schon, in den Ecken des Zimmers ihre Notdurft zu verrichten ... Im Gegensatz dazu waren manche, vor allem die Spätankömmlinge, der Meinung, sie hätten noch nicht genug getrunken, und verlangten von den Kellnern und dem Wirt Nosn-Note immer mehr. Nosn-Note zeigte sich jetzt seltener, da er fürchtete, den adligen Herren unter die Augen zu kommen, die schon jetzt außer Rand und Band waren, und zog es vor, an seiner Stelle die Kellner und Kellnerinnen zu schicken. Die Gäste hörten nicht auf, immer neue Runden zu verlangen.

Die verschiedensten Weinsorten in Fläschchen und Flaschen, hiesige wie ausländische, kamen auf den Tisch, und einige Weinkenner, die es auch zu Hause so hielten, gaben sich die größte Mühe, Mischungen zu komponieren, die sie bei den Kellnern bestellten, Glühwein, Punsch und so weiter. Je mehr getrunken wurde, um so mehr Wein wurde auf den Tisch und auf den Fußboden vergossen. Das bereitete zwar wenig Freude, löste aber einen Höllenlärm aus, der durch alle Wände drang, sogar durch die Decke bis zum Dach.

Gorlecki, der Pristav, dem ständig ein neues Glas mit einer neuen Weinsorte angeboten wurde, entweder vom Wirt persönlich oder häufiger von Lissizin-Swentislawski, der ihn, wie es scheint, die ganze Zeit im Auge behielt, als wollte er ihn bis zuletzt aufsparen, wenn er ihn brauchte, Gorlecki, der Pristav, der schon draußen vor der Tür soviel getrunken und längst mehr Wein in sich hineingegossen hatte als ein halbes Dutzend der Gäste, was ihm deutlich anzumerken war, mehr aber noch seinem Taschentuch, das er ewig herauszog, um sich den Schweiß abzuwischen – zunächst aus Diensteifer, wie es seine Gewohnheit war, dann wegen der Hitze und des Weins –, als dieser Gorlecki also das Getöse im Speisesaal hörte und sah, daß ihn niemand mehr bemerkte, erlaubte er sich jetzt, die Tür ein wenig länger offenzulassen und dabei jedesmal den Kopf hineinzustecken, wenn ihm danach war.

Tatsächlich bemerkte ihn niemand mehr, nur Swentislawski, wie schon gesagt, der seine Zeit damit verbrachte, von einer Gruppe zur nächsten zu wandern, und hier und da gelegentlich ein Wort fallenließ, um zu zeigen, daß er an der Unterhaltung teilnahm. In Wahrheit spitzte er nur die Ohren, um zu hören, was im zweiten Kreis gesprochen wurde, während er im ersten irgend etwas hinwarf, ohne auf die Antwort zu hören, um sich dann rasch wieder abzuwenden und einer anderen Gruppe anzuschließen. Zugleich spähten seine Augen suchend umher wie die einer Maus, verhielten einen Augenblick, und sobald seine Ohren etwas aufschnappten, was ihm wichtig erschien, blickten auch seine Augen sofort in eine andere Richtung.

Auch er trank, aber nur mäßig, weil er einen klaren Kopf bewahren wollte und auch um weiterhin alles sehen und hören zu können, was rings um ihn vorging, um ja nur alles mitzubekommen und sich gut einzuprägen.

All das erforderte eine besondere Technik: Er mußte nüchtern bleiben, obgleich er trank; er mußte so tun, als hörte er nichts, obwohl er alles hörte. Aber das lag in seiner Natur, dazu war Swentislawski, wie es scheint, berufen; und das diente gleichzeitig auch seinen Interessen. Es war ein hartes Brot, aber in dem Lärm, der jetzt schon herrschte, in dem schwachen, halbdunklen Licht, in dem Durcheinander und Tohuwabohu, fiel ihm seine Aufgabe ein wenig leichter.

Die adligen Herren waren bereits so betrunken, so voller Wein und so zu Tode gelangweilt, daß manche von ihnen schon begannen, die Wände hochzuklettern, da sie sich zu Hause wähnten und in die oberen Stockwerke wollten, um ihr Zimmer zu finden und sich dort schlafen zu legen.

Andere wiederum, robustere Naturen, die sich noch aufrecht hielten, denen ihr Kopf aber kaum noch etwas nützte, riefen sich irgendwelche unverständlichen Worte zu, keiner verstand den anderen mehr, denn ihre zitternden und schwerfälligen Zungen brachten nur noch lallende, sinnlose Laute hervor.

Manche prahlten, vor Bekannten wie vor Fremden, mit ihrem Glück und ihrem Reichtum, wobei sie allerdings trotz ihrer Betrunkenheit eine gewisse adlige Zurückhaltung wahrten. Andere hingegen schütteten ihr Herz aus und breiteten all das aus, was sie in nüchternem Zustand hinter sieben Siegeln verschlossen gehalten hätten, beklagten ihren über kurz oder lang bevorstehenden Konkurs. Um das zu beweisen, kehrten sie ihre Hosentaschen nach außen, und zeigten denen, die ihnen zuhörten, daß die Taschen leer waren, daß jetzt nur noch eines wartete: der Bettelstab.

Ganz allgemein konnte man sehen oder vielmehr spüren, daß den Herren etwas auf der Seele lag. Bei klarem Verstand hätten sie davon natürlich nichts verlauten lassen. Aber jetzt ließen viele Anzeichen erkennen, wie es um sie stand.

Nehmen wir etwa den Fürsten Dänicke, den Schweinezüchter, der selbst ein wenig so aussah wie seine Schutzbefohlenen: fett, kurzgeschnittenes Haar, und der jetzt unter der Einwirkung der bereits geleerten Gläser den Kopf auf die Seite des Tisches legte und wie ein Schwein ächzte, das an seinem eigenen Fett erstickt. Wie sehr man sich auch Mühe gab, ihn wach zu kriegen, und versuchte, ihn von seinem Stuhl hochzubekommen, damit er aufstand und sich aufrichtete, er rührte sich nicht; dabei ließ er jedesmal ein Grunzen im Bauch hören wie ein krankes Schwein, das man herumschubst, womit er zeigen wollte, daß er zwar hörte, sich aber nicht rühren wollte, daß er es einfach nicht konnte, weil er nicht mehr die Kraft dazu besaß.

Graf Gedroycz dagegen hatte alptraumhafte Visionen: Er saß beim Kartenspiel, hatte schon alles verloren, und jetzt mußte er, um seine letzte Chance zu nutzen, seine vielgeliebte Stute setzen, sein einziges, unsicheres Glück, von dem jetzt sein Schicksal abhing. Und siehe da, jetzt holt er die Stute aus dem Stall, um sie den Herren zu zeigen, die mit ihm beim Spiel am Tisch sitzen. Hü! Er hält sie mit zitternder Hand am Zügel. Hü! Er wartet darauf, daß die Herren sie bewundern. Er läßt sich Karten geben. »Gebt mir Karten«, rief er aus. Ja, er hat sein einziges Glück aufs Spiel gesetzt . . .

Und sogar der kränkelnde Koseroga, der eigentliche Held des Abends, der sich zu Anfang ziemlich hochmütig gezeigt hatte, das heißt soweit dies sein schleppender Gang, sein halbverwüstetes Gedächtnis, seine lallende Sprache und sein halbblinder Blick, der nichts sah, zuließen; er spielte den Gastgeber, begrüßte jeden Gast, äußerte irgendeinen geschmacklosen Witz, lud den Betreffenden zu Tisch, forderte ihn zum Trinken auf, vergaß den einen, um einen neuen Gast zu begrüßen – auch er, auch Graf Koseroga sah jetzt erschöpft und überanstrengt aus, seine Beine versagten ihm den Dienst, sein Mund war außerstande, auch nur ein Wort mehr zu äußern, und er hatte sich auf den einzigen Sessel im Raum fallen lassen.

Er sah krank aus, bleich, war gleichgültig allem gegenüber, was sich um ihn herum abspielte. Überdies befand er sich in einem melancholischen Geisteszustand, falls man bei einer solchen Person überhaupt von Geisteszustand sprechen kann. Möglicherweise war seine Verfassung auf die schlechten Geschäfte auf dem diesjährigen Markt zurückzuführen, von denen alle betroffen waren. Vielleicht hatte er sich diese Zusammenkunft auch nur ausgedacht, um seine Gäste auf andere Gedanken zu bringen. Möglicherweise hatte er aber auch einen ganz anderen Grund gehabt; wer konnte das bei Koseroga schon wissen! Vielleicht hatte ihm aber auch seine Krankheit den Einfall eingegeben, diese Krankheit, die er immer näher rücken fühlte; und nun, sofern er überhaupt noch des klaren Denkens fähig war, fand er sich, inmitten dieses üppigen Gelages, bar seiner letzten Kräfte, schlapp, mit ausgestreckten Beinen in einem Sessel ruhend.

Wie dem auch sei: Auch er, der Held des Abends, war keineswegs in der besten Verfassung. Unter diesen Umständen wäre es nur allzu natürlich gewesen, daß das Fest sich allmählich seinem Ende genähert hätte, daß die Gäste, einer nach dem anderen, zur Tür gegangen wären, sie ganz behutsam geöffnet hätten und verschwunden wären. Damit hätte auch dieses Fest wie so viele andere Abende dieser Art ein Ende gefunden.

Diesmal jedoch geschah es, als die Herren gerade auseinandergehen wollten, daß ihnen trotz ihrer Besoffenheit einer der Gäste auffiel, der sturzbetrunken, mit geschlossenen Augen und sanft hin und her schwankend, vorsichtig das Gleichgewicht haltend dastand und die Wand betrachtete, die das schon erwähnte Portrait zierte, der billige Farbdruck mit dem Portrait des Zaren Alexander II.; sie sahen, wie der Mann plötzlich den Kopf hob, und als ihm aufging, wessen Portrait da über seinem Kopf an der Wand hing, brach er in lautes Lachen aus. Alles an ihm lachte: der Mund, das Gesicht, die Augen, die jetzt weit aufgerissen waren, als wäre er plötzlich nüchtern geworden. Er lachte, als würden ihn unsichtbare Hände an mehreren Stellen zugleich kitzeln. So daß die anderen, als sie ihn lachen sahen, angesteckt wurden; alle lachten nun lauthals heraus, wiesen mit dem Zeigefinger auf ihn und auf das Portrait; sie krümmten sich vor Lachen; der Anblick jedes einzelnen, der mit ausgestrecktem Zeigefinger dastand und lachte, verdoppelte das Gelächter der anderen, bis sie alle von Magenkrämpfen geschüttelt wurden. Wenn in diesem Moment jemand von draußen hereingekommen wäre, hätte er sich von Wahnsinnigen umgeben geglaubt und wäre zutiefst erschrocken geflüchtet, hätte sich aber vielleicht auch anstecken lassen und mitgelacht.

»Seht«, rief der Gast, der das Gelächter ausgelöst hatte, »seht doch, er ist es höchstpersönlich, König Ahasver, der von Indien bis Äthopien regiert, von einem Ozean zum anderen, vom Weißen bis zum Schwarzen Meer, der über die Khane von Astrachan, Kasan und der Krim herrscht, über die Kosaken von Saporoschje; über unser Polen, unser Litauen, unser Semaitija – eine Hand, eine eiserne Faust, ein Stiefel, ein Sibirien für alle, ein Galgen, ein Strick, eine Schlinge für alle . . .«

Dann verlor er den Faden; sein trunkener Gedankengang geriet ins Stocken, ihm fehlten die Worte, und so beendete er seine Suada, indem er auspie.

»Ptui! Ptui!« Überall war nur noch Spucken zu hören, das ihm alle nachtaten, ob bewußt oder nicht: »Ptui!«

Das Ausspucken und der Ernst des Vorfalls hatten auf alle eine ernüchternde Wirkung, sogar auf Dänicke, der die ganze Zeit in seinem Sessel gehockt und schwer atmend mit dem Kopf auf dem Tisch geschlafen hatte; wobei er ebenso aussah wie ein Schwein.

Er wurde wach, schlug die Augen auf und sah, daß alle, die versucht hatten, sich leise aus dem Zimmer zu stehlen oder die Wand hochzuklettern, all diejenigen, die allein oder in Gesellschaft getrunken hatten, wie er sich erinnerte, daß sie alle jetzt plötzlich hellwach waren wie nach einer kalten Dusche; sie standen jetzt blaß da, ohne ein Wort zu sagen.

Der Ernst dessen, was sich vor dem Portrait abgespielt hatte, ließ all diese Herren verstummen. Mehr noch: Als hätten sie sich mit einem Mal erinnert, was vorgefallen war, blickten alle um sich, ob jemand unter ihnen war, dessen Anwesenheit unter den gegebenen Umständen wenig erwünscht war.

Plötzlich erinnerten sie sich an Gorlecki, den Pristav. Sie hatten es während der letzten Stunden vorgezogen, dessen Anwesenheit draußen vor der Tür zu vergessen. Und wenn sie sich jetzt an ihn erinnerten, dann mit Verachtung: Was kann der schon anrichten, ein ausgesperrter Hund? Aber jetzt fiel er ihnen wieder ein, und möglicherweise dachten sie weniger an ihn als vielmehr an die Tür. Wer wußte schon, ob jemand zufällig einen Blick riskiert hatte oder unerwartet aufgetaucht war?

Natürlich waren sie selbst, das heißt alle, die Zeugen der Szene geworden waren, die sich soeben abgespielt hatte, über jeden Verdacht erhaben, darunter auch Swentislawski. Dennoch: Wenn ihm jemand jetzt einen forschen Blick zugeworfen hätte, hätte er gesehen, daß dieser durchaus nicht über jeden Verdacht erhaben war. Aber da niemand unter den Gästen in ihm etwas anderes sah als in allen anderen Anwesenden, war man sich auch seiner absolut sicher, und da ihr Blut beim Anblick des Mannes, unter dessen Portrait sie standen, schon genug kochte, als sie an all das Unrecht dachten, das jeder von ihnen erlitten hatte, als sie an all die Rechte und Privilegien dachten, die man ihnen genommen hatte, von denen sie allerdings immer noch genug besaßen – aber als sie vor allem an all jene dachten, denen man nicht nur das Vermögen geraubt und deren Güter man zugunsten des Staates konfisziert hatte, nein, die man überdies noch verjagt und in das ferne Sibirien verbannt hatte, ganz zu schweigen von denen, die man gehängt und erschossen hatte oder die unter der Knute gestorben waren – als sie sich an all das erinnerten, konnten die adligen Herren ihren Haß auf den Mann nicht mehr zurückhalten, der sie mit kaiserlicher Selbstsicherheit von der Wand herab anblickte und, wie es ihnen vorkam, auch noch verhöhnte, als wollte dieser selbstgefällige Blick sagen: Keiner von euch wird es jemals wagen, gegen den lebenden Zaren die Hand zu erheben, nicht einmal gegen diesen billigen Druck an dieser bescheidenen Wand in diesem schäbigen Gasthaus. Und diesen Gedanken konnten die Herren nicht ertragen. Wie ernüchtert sie auch sein mochten, ballten sie jetzt spontan und gleichzeitig die Fäuste und reckten sie dem Portrait entgegen. Einer von ihnen drohte (mit Worten), dieser Gestalt auf dem Portrait einen Faustschlag ins Gesicht zu versetzen; ein anderer erinnerte daran, daß die Auseinandersetzung zwischen ihnen und dem Zaren noch nicht beendet sei, daß die Teilung und Plünderung Polens nicht ewig dauern werde und daß das vergossene Blut nach Rache schreie; und ein dritter, der mit der Faust vor dem Portrait herumfuchtelte, stimmte schon *Noch ist Polen nicht verloren* an, und es stand zu erwarten, daß auch die anderen einstimmen würden.

Damit wäre die Angelegenheit wahrscheinlich erledigt gewesen; die anwesenden Herren wären nach und nach wieder zu sich gekommen und hätten sich nach diesem grotesken Wortgefecht mit dem Portrait zerstreut, wären machtlos und schlaff wieder auf ihre Zimmer gegangen.

Aber in dem Augenblick, da der Sänger die Hymne anstimmte, war plötzlich ein Schuß zu hören. Keiner sah, woher er gekommen war. Als sich die Anwesenden wie vom Donner gerührt verängstigt umblickten, um zu sehen, woher der Schuß gekommen war, sahen sie den jungen Grafen Koseroga, den wandelnden Kranken, der bleich in seinem Sessel saß, eine Hand auf die Lehne gestützt, in der anderen eine Pistole. Es war offensichtlich, daß er geschossen hatte und nun mit seinem zitternden Finger nochmals abzudrücken versuchte; das gelang ihm aber nicht, sei es aus Angst oder aus Nachlässigkeit, und statt dessen war ein anderer Schuß zu hören, von dem man ebenfalls nicht wußte, woher er gekommen war.

Wer den Grafen in diesem Augenblick gesehen hätte, hätte sich kaum vorstellen können, daß eine derart zitternde Hand, daß ein Mann in einem derart zerrütteten Gesundheitszustand auch nur einen Schuß hätte abfeuern können, und es war weit wahrscheinlicher, daß irgendein anderer geschossen hatte, der die ausgestreckte Hand des Grafen mit der Pistole als Deckung benutzt hatte.

Wie dem auch sei: Alle wandten den Blick in die Richtung, in die gefeuert worden war. Die Herren sahen, daß das Portrait in der Krone und in der Brust getroffen worden war. Die Einschuß-löcher qualmten noch, das Portrait war geschändet, und auf allen Gesichtern zeichnete sich stumme Beklemmung ab.

»Wer hat das getan, meine Herren?« ließ sich plötzlich eine fremde Stimme vernehmen; es hatte jemand gesprochen, der bis jetzt nicht anwesend gewesen und durch die Tür eingetreten war.

Tatsächlich: Als Gorlecki den Schuß hörte, so betrunken er nach den zahlreichen Gläsern auch sein mochte, die ihm der Gastwirt Nosn-Note gebracht hatte, nicht zu vergessen die noch zahlreicheren Gläser, die ihm Swentislawski hintenherum zugesteckt hatte, damit niemand es sah, wie betrunken Gorlecki also auch sein mochte – als er den Schuß hörte, kam er wieder zu sich; da erwachte in ihm aufs neue der Vertreter der Macht und der Hüter von Recht und Ordnung, und halb ängstlich, halb un-verschämt öffnete er die Tür und steckte den Kopf hinein.

Swentislawski aber, der das hatte kommen sehen, stand schon neben der Tür und beruhigte ihn, hieß ihn, die Tür schließen, so daß die Stimme, die gefragt hatte: »Wer hat das getan, meine Herren?« nicht Gorlecki, sondern irgendeinem anderen zuge-schrieben wurde.

Die Herren begriffen sofort, daß Gefahr im Verzuge war. Auf allen Gesichtern zeigte sich das gleiche Schuldbewußtsein, und tatsächlich hatten sich alle schuldig gemacht. Mochte man den ersten Schuß auch dem Grafen zuschreiben können, so wußte man nicht, wer den zweiten abgegeben hatte, und diesen konnte man jedem von ihnen zuschreiben.

Im selben Augenblick sprang jemand – niemand wußte wer – auf einen Stuhl und löschte das Licht, das Licht des großen Kronleuchters. Die unbewußte Furcht, die alle befallen hatte, bewirkte, daß jeder diesem Beispiel folgte und alle erreichbaren Kerzen ausblies.

Die Männer standen im Dunkeln. Man hätte glauben können, sie hätten es getan, um sich besser verstecken zu können und sich nicht gegenseitig ansehen zu müssen, um sich Zeit zum Nachdenken zu verschaffen, vielleicht auch, um jedem die Möglichkeit zu geben, sich aus dem Staub zu machen.

Inzwischen hing auch das Portrait nicht mehr an der Wand. Obwohl man es überall suchte, war es spurlos verschwunden.

In diesem Moment hörte fast jeder der Herren, wie ihm jemand ins Ohr flüsterte:

»Die Angelegenheit ist ernst, läßt sich aber noch in Ordnung bringen. Das wird aber Geld erfordern, viel Geld.«

Und die unbekannte Stimme nannte eine Summe, eine so große Summe, daß jeder, der sie hörte, zu zittern begann, dies um so mehr, als allen plötzlich aufging, daß die Sache nach Hochverrat und Majestätsbeleidigung roch. Zu dieser Zeit und für Leute dieses Schlages konnte eine solche Angelegenheit höchst bedrohliche Folgen haben, angefangen bei der Knute und der Verbannung, und am Ende wartete vielleicht sogar der Galgen.

Die genannte Summe überstieg jedoch nicht nur die begrenzten Mittel der Grundbesitzer, die unter den Folgen des unglücklichen Marktes litten. Sie hätten die Summe hier und jetzt nie aufbringen können. Selbst wenn das Jahr gut und der Markt ein Erfolg gewesen wäre, war diese Summe so enorm, daß sie sie selbst dann nicht hätten aufbringen können, wenn sie alle zusammengelegt hätten.

»Es ist eine unangenehme Angelegenheit«, flüsterte die Stimme von neuem jedem ins Ohr. »Überlegen Sie sich die Sache gut, meine Herren. Das Ganze ist in einem jüdischen Gasthaus passiert. Zudem ist ein Regierungsbeamter dabeigewesen. Schon morgen kann die Sache dem Gericht gemeldet sein. Die Nachricht könnte sich in der ganzen Stadt verbreiten. Das Beweisstück, das Portrait, ist verschwunden; wer weiß, in welche Hände es gelangt ist. Es muß um jeden Preis wiedergefunden und zerstört werden. Noch ist alles möglich. Hier ist viel Schmiergeld nötig, wenn nicht, werden die Herren noch Anlaß haben, das Ganze zu bedauern.«

Spät in der Nacht wurde im selben Gasthaus eine Beratung abgehalten, bei der Swentislawski der Wortführer war und die meisten Vorschläge machte, da die anderen vor Angst völlig vernichtet waren. Es wurde beschlossen, Geld zu sammeln und es Swentislawski auszuhändigen, der es dann nach Belieben verwenden sollte.

Dabei waren jetzt alle überzeugt, daß das Geld in Swentislawskis Taschen verschwinden würde und daß auch das Portrait in seinem Besitz war. An diesem Abend hatten sie ihn durchschaut. Ihnen blieb aber keine Wahl. Sie hätten ihn höchstens auf der Stelle erdrosseln können, hier im Gasthaus – aber dafür fand sich kein Freiwilliger, der verwegen genug gewesen wäre –, und so, wie die Dinge lagen, mußten sie gute Miene zum bösen Spiel machen, so tun, als vertrauten sie ihm. Und so geschah es auch. Das einzige, was ihnen in dieser Lage noch blieb, war, den Preis herunterzuhandeln, und das schafften sie auch. Aber selbst diese etwas geringere Lösegeldsumme war immer noch erschreckend hoch, und unter den adligen Herren war nicht einer, der sich vorstellen konnte, wie man in der gegenwärtigen Lage eine solche Summe aufbringen sollte.

»Und das Geld, meine Herren?«

»Die Juden haben welches. Wir müssen uns an sie wenden. Sie werden uns nicht fallenlassen, werden uns erlösen und uns beistehen.«

Und es war Swentislawski, der diese Aufgabe auf sich nahm, denn nur er war fähig, die Angelegenheit so darzustellen und zu deuten, daß das private Interesse der adligen Herren – hier die Gefahr, die sie bedrohte – gleichzeitig als Gefahr für die ganze Stadt erscheinen würde. Er kannte sich aus und wußte, wie er vorgehen mußte.

Wie Swentislawski es schaffte, bei Reb Dudi vorgelassen zu werden, unserem Rabbiner, der in der Stadt und deren Umgebung bekannt und geschätzt war, ob er es allein schaffte oder von irgendeinem Juden aus seiner Bekanntschaft eingeführt wurde, wissen wir nicht. Wir wissen nur, daß Reb Dudi schon früh am nächsten Morgen eine Versammlung einberief, zu einer Zeit, als der Markt schon in vollem Gang und die Zeit überaus kostbar war, da die Leute sehr beschäftigt waren. Natürlich hatte er die Honoratioren der Stadt zu sich gebeten, und natürlich handelte es sich diesmal nicht um Rabbiner oder einfach nur um ehrbare Leute, sondern in erster Linie um reiche Männer, an die sich Reb Dudi in dieser Angelegenheit gewandt hatte und von denen man etwas erwarten konnte.

Reb Dudi stellte die Angelegenheit so dar, als beträfe sie nicht allein die polnischen Grundbesitzer, sondern gleichermaßen fast die gesamte jüdische Gemeinde.

»Man denke nur«, sagte Reb Dudi, »diese Sache riecht nach Revolte, und in solchen Fällen wird einem nichts geschenkt. Die Schuldigen werden zweifellos bestraft werden. Und was das bedeutet, wissen wir alle. Die Adligen können sich nicht aus eigener Kraft freikaufen. Sie stecken bis zum Hals in Schulden, besonders in diesem Jahr, wo das Geld nach der schlechten Ernte so knapp ist.«

»Man darf nicht vergessen«, fuhr Reb Dudi fort, »daß, wenn die Grundbesitzer leiden, auch andere leiden werden, nicht nur die Juden vom Land, die Wirte und Pächter, sondern auch Leute aus der Stadt, die durch Geldgeschäfte mit dem Adel verbunden sind. Ich habe dabei auch all die im Auge, die hier am Tisch sitzen. Bedenken Sie auch: Wenn man die Grundbesitzer festnimmt, können wir uns alle von unseren Außenständen verabschieden, aber wenn wir sie herausholen, werden sie sich daran erinnern, und die Juden werden sehr davon profitieren.

Es ist wahr, daß darin eine gewisse Gefahr liegt; wenn bekannt werden sollte, daß sich die Juden in eine solche Angelegenheit eingemischt haben, könnte das dazu führen, daß die Gemeinde beschuldigt wird. Der einzige Zeuge dieser Angelegenheit, der zu Lasten der Grundbesitzer aussagen könnte, hat jedoch nichts als seinen Profit im Kopf und möchte für sich eine bestimmte Summe herausschlagen. Verläßliche Leute haben mir versichert, daß er nur Geld im Auge hat. Dabei ist durchaus nicht auszuschließen, daß er in dieser ganzen Angelegenheit der Schuldige ist, daß keiner der Adligen geschossen hat, sondern er, daß er schon seit langem plant, sich auf diese Weise zu bereichern, und daß ihm ein glücklicher Zufall dabei zu Hilfe gekommen ist. Dieser menschliche Auswurf, dieser Spitzel! Man kann es nicht beweisen, aber auch er selbst macht nicht den Eindruck, als sei er sich der Anschuldigung sehr sicher, und das ist auch der Grund, warum er es so eilig hat, das Geld schnell an sich zu raffen und sich aus dieser Geschichte herauszuwinden, um sie ein für allemal los zu sein. Das Portrait ist bei ihm; er wird kein Geld bekommen, bevor er es den Adligen zurückgebracht hat, damit sie es vernichten können; es ist nicht zu befürchten, daß er sie von neuem erpreßt, wenn er erst das Geld erhalten hat. Denn erstens: Wer würde ihm ohne Beweis glauben? Und zweitens würde er sich in diesem Fall selbst in Gefahr bringen. Wenn sich die Adligen als unschuldig erweisen, könnte sich alles gegen ihn als möglichen Urheber dieses Komplotts wenden. Aber solange sich das Beweisstück in seiner Hand befindet, müssen die Herren Komplikationen befürchten. Sie haben daher beschlossen, ihm nachzugeben. Aber keiner von ihnen hat Geld, und er, dieser gewisse Jemand, hat es eilig und verlangt das Geld: heute, auf der Stelle, sofort, und droht, daß die Sache ein böses Ende nehmen werde, da die Angelegenheit ihren Lauf nehmen könnte, und dann sei sie durch nichts mehr aufzuhalten. Wir müssen eine Lösung finden und die Summe heute oder morgen aufbringen.

Ich weiß«, schloß Reb Dudi, »daß Geld gegenwärtig bei allen knapp ist. Geld ist das, was uns am meisten fehlt. Aber hier geht es darum, den Adligen einen Dienst zu erweisen, aber damit tun wir auch uns selbst einen Gefallen, und darum muß jeder tun, was in seiner Macht steht. Und Gott – gelobt sei sein Name! – wird uns beistehen.«

Unter denen, an die Reb Dudi in dieser eilig einberufenen Zusammenkunft diese Worte richtete, befand sich auch Mosche Maschber. Der Ruf und die Achtung, die er in der Stadt genoß, und auch sein Eigeninteresse ließen ihn geeignet erscheinen, einen Teil des Lösegeldes aufzubringen, denn die Grundbesitzer schuldeten ihm beträchtliche Summen.

Wie alle anderen war natürlich auch er zunächst sehr beeindruckt gewesen; nachdem sie Reb Dudis Bericht gehört hatten, ließen sie in den ersten Minuten den Wunsch erkennen, sich aus dieser Geschichte herauszuhalten: Was geht uns das an? Sollen die Herren den Hals doch selbst aus der Schlinge ziehen. Aber als sie sich die Angelegenheit nochmals durch den Kopf gehen ließen und sie aus jedem Blickwinkel betrachteten sowie durchdachten, welche Folgen sie für jeden einzelnen Teilnehmer an der Zusammenkunft haben konnte, dazu für viele Juden, die nicht daran teilgenommen hatten, beugten sie sich schließlich der Einsicht, daß sie keine Wahl hatten; außer den Anwesenden war niemand in der Lage, das Nötige zu unternehmen – und es mußte etwas geschehen. Obwohl sie ächzten und stöhnten und sich Köpfe und Bärte kratzten, mußten sie am Ende zustimmen. Jeder von ihnen versprach, nicht später als bis zum nächsten Tag die ihm auferlegte Summe aufzubringen.

Als Mosche nach seinem Besuch bei Reb Dudi in seinem Büro erschien, ließ er seinen Schwiegersohn Nachum Lentscher in das Beratungszimmer bitten. Er erzählte ihm als seinem Vertrauten, was den Gutsbesitzern widerfahren war, bat ihn um Rat und fragte ihn: »Wie sieht unser heutiger Kassensaldo aus?«

»Saldo ist Saldo, aber die Kasse ist leer«, erwiderte Nachum. »Das weißt du selbst, Schwiegervater, damit erzähle ich dir nichts Neues.«

Nachum hatte recht. Mosche Maschber wußte Bescheid. Er wußte, daß der Markt ein Fehlschlag war, daß er eher ein Flächenbrand denn ein Markt war, und das für alle, vor allem aber für Leute seines Metiers, für Geldverleiher, die in dieser Zeit keine Rückzahlungen erhalten hatten. Bis jetzt hatte sich kein einziger Schuldner blicken lassen wie sonst in jedem Jahr, bislang war keiner mit einem fröhlichen Gesicht erschienen, um seine Schuld zu tilgen, über neue Vorhaben zu sprechen, um sich mit Mosche zu unterhalten. Ganz im Gegenteil. Wenn sich überhaupt jemand zeigte, sah man dem gesenkten Kopf und dem traurigen, schuldbewußten Blick sogleich an, daß der Betreffende nur gekommen war, um die Wechsel prolongieren zu lassen und zu erkunden, ob das alte Darlehen nicht aufgestockt werden konnte.

Mosche wußte das alles sehr gut, konnte aber nichts anderes tun, als sich an dem Darlehen an die Gutsbesitzer zu beteiligen. Das verlangten sein Name und sein Ruf. Hätte er sich geweigert, wäre dies einem Eingeständnis der Zahlungsunfähigkeit gleichgekommen, dem Eingeständnis, daß er sich in Schwierigkeiten befand, und das durfte er auf keinen Fall publik werden lassen.

Vor allem jetzt konnte er sich das nicht erlauben, seitdem auf dem Markt Gerüchte umgingen – man wußte nicht, woher sie stammten, vielleicht sogar von Rudnicki selbst, der sich in einem betrunkenen Moment verraten hatte, oder von Agenten, die von der Sache Wind bekommen hatten. Seitdem bekannt war, daß Rudnicki seine Schulden bei Mosche nicht zurückgezahlt hatte, seitdem man die ganze Geschichte kannte, wie er Nachum die Wechsel abgepreßt hatte, wurde bei Händlern und Maklern viel darüber gesprochen. Die Tatsache, daß Mosche das Ganze verschwiegen und die Angelegenheit geheimgehalten hatte, damit niemand davon erfuhr, wurde ihm übel ausgelegt. »Das deutet darauf hin«, hieß es, »daß Mosches Geschäfte schlechtgehen, denn warum sollte er sonst so etwas geheimhalten?s«

Es war schon so weit gekommen, daß die Makler, die sich ständig in Mosches Büro drängten und sich ihm sonst nur unterwürfig näherten, wenn sie etwas Geschäftliches mit ihm zu besprechen hatten, Leute wie Scholem Schmarjon, Tsali Derbaremdiker und andere, ihm jetzt mit beleidigender Dreistigkeit in die Augen blickten, nachdem sie von diesem Ereignis erfahren hatten. Es verdroß sie, daß sie vor dem Markt nichts davon geahnt hatten, und jetzt taten sie, als könnten sie damit prahlen, das Geheimnis zu kennen, das Mosche nicht preisgeben wollte.

Ja, soweit war es schon gekommen... Darum mußte Mosche jetzt auf seine Reputation achten, und zwar bei allen, bei Händlern wie Finanziers, mit denen er vorhin bei Reb Dudi zusammengetroffen war, ebenso aber bei Maklern wie Schmarjon und Derbaremdiker. Wenn sie von dem Vorfall beim Bankett der Gutsbesitzer erfuhren (der für Uneingeweihte im Augenblick noch ein Geheimnis war) und wenn zudem noch bekannt würde, daß außer Mosche jeder der von Reb Dudi Angesprochenen einen Beitrag geleistet hatte, um ihnen aus der Klemme zu helfen, konnte das böse Folgen haben. Die Unverschämtheit dieser ganzen Bande würde nur noch größer werden, und das mit Recht.

Aus diesem Grund rief Mosche seine Makler zusammen, nachdem er sich mit Nachum beraten hatte. Mosche setzte dabei die selbstgefällige Miene des reichen Mannes auf und trug eine gewisse Gleichgültigkeit zur Schau, als wäre der Auftrag, den er ihnen jetzt gab, nichts weiter als eine einfache Routineangelegenheit, besonders dieser: Er brauche noch heute eine bestimmte Summe, die sie für ihn auftreiben müßten. Um die Angelegenheit zu beschleunigen und ihnen die Rückkehr ins Büro zu ersparen, wo Mosche die Wechsel hätte unterschreiben müssen, wenn sie einen Geldgeber gefunden hatten, unterzeichnete er mehrere Wechsel an Ort und Stelle. Sie lauteten auf kleine und kleinste Summen, denn er wußte, daß es unmöglich sein würde, einen hohen Betrag auf einen Schlag zu bekommen, und wie tüchtig seine Makler auch sein mochten, würde es selbst ihnen nicht gelingen, in diesen schwierigen Zeiten die Summe bei einem einzigen Kreditgeber aufzutreiben.

Nachdem die Makler gegangen waren, blieb Mosche allein in seinem Büro zurück. Er seufzte und hob immer wieder die Hände – die rechte wie die linke – zur Brust, um seine Brieftasche abzutasten, mit einer Geste, wie sie reichen Leuten eigen ist, wenn sie gute Laune haben und voller Selbstvertrauen sind; aber diesmal fand er seine Taschen leer, was ihm schon seit Jahren nicht mehr widerfahren war. Er war dies nicht mehr gewohnt, und es kam ihm merkwürdig und unglaublich vor.

Das Herz krampfte sich ihm zusammen. Der ganze restliche Tag verlief schlecht. Vor allem am Abend, als es Zeit war, das Büro zu schließen. Nichts konnte ihn an diesem Tag erfreuen. Als seine Makler ins Büro zurückkehrten und tatsächlich das geforderte Geld mitbrachten, war ihm klar, daß sie das viel Mühe und Zeit gekostet hatte. Als er voller Neugier wissen wollte, wo und bei welchen Leuten sie das Geld aufgetrieben hätten und in welchen Händen sich seine Wechsel befänden – er ging davon aus, daß es sich unter den gegebenen Umständen nicht um als ehrbar bekannte Leute handeln konnte –, sagte ihm Tsali, er habe seinen Anteil aufgetrieben. »Und wissen Sie bei wem?« fragte er voller Schadenfreude und mit einem unverschämten Lächeln.

»Bei wem denn?«

»Bei einem Burschen, von dem kein Mensch gedacht hätte, daß er jemals Geld haben würde!«

»Beim wem also?«

»Bei diesem Burschen, der in den Häusern der Reichen ein und aus geht, bei diesem unheimlichen Burschen mit dem erdfarbenen Kaftan und der Mütze mit dem Lackschirm, bei Sruli Gol.«

»Bei dem?«

Mosche ließ einen überraschten und ungläubigen Ausruf hören. Er traute seinen Ohren nicht. Als er so vor seinem Stuhl stand, spürte er, wie ihm die Knie weich wurden, und er ließ sich auf den Stuhl fallen.

»Du hast das Geld von dem, von Sruli? Wer hat dir gesagt, daß du zu dem gehen sollst? Wer hat dir das erlaubt? Bist du verrückt geworden oder was? Bist du von Sinnen?«

»Na wenn schon«, entgegnete Tsali, der nach dem vielen Herumlaufen an diesem Tag erschöpft war und dessen Respekt vor Mosche sich nach der Geschichte mit Rudnicki erheblich verringert hatte.

»Na wenn schon! Geld hat keinen Geruch, Reb Mosche, Geld riecht nicht! Geld ist Geld, egal, wo man es findet, es kommt nur darauf an, daß es welches gibt.«

»Aber ... Das ist doch nicht möglich! Wo hat der Kerl plötzlich so viel Geld her?« rief Mosche erneut aus.

»Das kann uns doch gleichgültig sein; wichtig ist doch nur, daß er welches hat. Vorausgesetzt, es ist kein Falschgeld«, erwiderte Tsali.

Nach diesem Wortwechsel ging ein höchst verärgerter Mosche nach Hause. Die Sache wollte ihm nicht in den Kopf, und er war wie betäubt. Aber wir, die wir auf dem laufenden sind, sind überhaupt nicht erstaunt und bitten den Leser, sich zu merken, daß Mosche an diesem Tag, während des Markts, einen Tag nach der Geschichte, die sich beim Bankett der Gutsbesitzer zugetragen hatte, und nach der Zusammenkunft bei Reb Dudi, am selben Tag, an dem Mosche seine Makler losgeschickt hatte, um Geld aufzutreiben, daß Mosche Maschber an diesem Tag zu seinem großen Verdruß – aber an der Tatsache ist nicht zu rütteln – Srulis Schuldner wurde. Er, Mosche, steckte in der Klemme, und der andere, Sruli, hatte ihn aus dieser Klemme befreit. Er, Mosche, hatte seine Taschen befühlt und sie leer gefunden, während Sruli, wenn es ihm eingefallen wäre, seine Taschen zu betasten, dort ein Päckchen mit Wechseln gefunden hätte, die von Mosche Maschber unterzeichnet worden waren. Das sollten wir uns merken!

Wir werden nicht erzählen, wo, an welchem Ort das Geschäft – die Hergabe und der Empfang des Geldes – zwischen Sruli und Tsali abgeschlossen wurde. Wir werden es nicht erzählen, denn es ist überflüssig. Es genügt zu wissen, daß sich Sruli schon einmal an Tsali gewandt hatte, um diesem ein Geschäft vorzuschlagen, und daß dieser sich gefragt hatte, ob er den Vorschlag ernst nehmen dürfe, und am Ende zu dem Schluß gekommen war, er könne es, und so hatte er sich das Angebot gemerkt. So kam es, daß Tsali, als Mosche ihm diesen Auftrag erteilte, sich jetzt daran erinnerte und auf die Suche nach Sruli begab, während dieser wiederum das gleiche tat, und wenn zwei Menschen einander suchen, kommt ihnen bisweilen der Zufall zu Hilfe, und so auch diesmal.

So kam das Geschäft also zustande. Was Sruli dabei empfand, wissen wir nicht. Wir wissen auch nicht, warum er Mosche zu seinem Schuldner machen wollte. Möglicherweise wußte er es in diesem Moment selbst kaum. Wir wissen nur, daß Mosche über dieses Darlehen zutiefst verstört war und daß er sich von der Vorsehung verhöhnt glaubte. Vor allem hatte die Vorsehung mit dem Finger auf das Elend gezeigt, was so etwas wie ein Zeichen war, daß Reichtum nicht ewig währt, daß er niemanden verleiten darf, darauf stolz und hochmütig zu sein. Die Botschaft war deutlich: Er hatte sich heute gezwungen gesehen, sich an einen Mann wie Sruli zu wenden, den er aus dem Haus gejagt hatte, als wäre er der erbärmlichste aller Menschen, jemand, mit dem man nicht zu rechnen brauchte. Soweit die Vorsehung. Was ihn aber besonders quälte, war, daß die Geschichte am Ende herauskommen würde. Sie würde bald in aller Munde sein, gleichzeitig mit der anderen Geschichte, und wieder würde es um eine Schuld gehen. »Das hört sich gar nicht gut an, ganz und gar nicht. Wie man es auch betrachtet, es riecht nach Skandal und nach Ärger, die ich lieber meinen Feinden wünschen würde.«

Als er an diesem Abend wieder zu Hause war, sprach Mosche ein etwas verbittertes Abendgebet. Er lehnte es ab, etwas zu essen, und ging zu Bett. Niemand stellte ihm eine Frage. Alle spürten, daß er gereizt war. Sein Schlaf war unruhig, bis sich – wie immer, wenn er Sorgen hatte – seine Nervosität und Bitterkeit in Traumbildern auflösten. Diesmal träumte er: Ein Tisch . . . ein Sabbat oder ein Festtag, alles ist wie gewohnt, Kinder und Enkel sitzen am Tisch, das Haus ist wie immer. Alles hat seine gewohnte Ordnung. Aber . . . Dort, am Ende des Tisches, wo er und Gitl sitzen, sitzt jetzt ein Fremder neben ihr.

Mosche sieht genau hin. Aber . . . Das ist doch Sruli . . . Er führt sich auf, als wäre er der Gastgeber. Sruli entdeckt einen Fremden am unteren Ende des Tisches und befiehlt, ihm etwas zu essen zu bringen, und ermutigt den Gast, zu essen und fröhlich zu sein.

Mosche mustert den Gast und erkennt, daß er es selbst ist, er, Mosche, ein Gast an seiner eigenen Tafel. Mehr noch: Er trägt die abgelegten Kleider Srulis, macht ein Gesicht wie Sruli, hält den Kopf hartnäckig gesenkt und blickt niemanden an.

Mosche leidet. Er hört, wie sich Sruli oben auf dem Ehrenplatz an Gitl wendet: »Warum ärgert sich der Fremde? Warum ißt er nichts?« Er, Mosche, möchte am liebsten ausrufen: »Das ist doch die verkehrte Welt!« Er sollte es sagen, denn schließlich ist er der Hausherr. Aber dann sieht er, daß Sruli ihm ins Gesicht lacht, und er wendet sich an alle, die am Tisch sitzen, und um zu bezeigen, daß er im Recht ist, daß ihm dieser Ehrenplatz gebührt, steckt er die Hand in die Brusttasche und zieht ein Päckchen hervor: »Na, wer schuldet wohl wem was? Wer hat denn die Wechsel?«

Mosche ist hilflos. Er senkt den Kopf, steht auf und verläßt die Tafel; er begibt sich in eine Ecke des Zimmers und findet dort das Bündel, das er immer in den Händen Srulis gesehen hat. Er hebt es auf, nimmt es an sich, und unter den Augen seiner Familie, seiner Frau, seiner Kinder, die ihn gehen sehen, begibt er sich zur Tür, um über die Schwelle zu treten. Er küßt die Mesusa, weint, verabschiedet sich und läßt sein Haus und die Seinen zurück, die schweigend am Tisch sitzen bleiben.

VIII
Zwei Außenseiter

»Ah, wenn ich ihn jetzt nur in die Finger bekommen könnte!«
dachte Mosche Maschber am Morgen nach der Nacht, in der ihn
der oben beschriebene Traum gequält hatte. »Er«, das war natürlich Sruli, dessen Namen er nicht über seine Lippen brachte, ja
dessen Gesicht er sich nicht einmal vorzustellen wagte – so wie
man sich weigert, sich eine Monstrosität vorzustellen, etwa einen
Dämon oder einen Alp.

»Ah! Wenn ich ihn nur in die Finger bekommen könnte! . . .«
Er wußte nicht genau, was er gegen den anderen unternehmen
würde, aber ihm wirbelten vage, kaum wahrnehmbare Ideen im
Kopf herum. Was würde er diesem Mann nicht alles antun, der
seinen Schlaf gestört, zwischen ihm und seinem Bruder Unfrie-
den gestiftet und ihm seine Ehre geraubt hatte, seine Ehre als
reicher Mann, die jetzt nur noch an einem seidenen Faden hing.
Wenn die Geschichte von dem Darlehen erst einmal bekannt
würde, wenn die Leute erführen, daß eine solche Figur seine,
Mosches, Wechsel in der Hand hatte, würde er, zu seiner großen
Schande, zum Gespött der ganzen Stadt werden.

»Ah! Wenn ich ihn nur in die Finger bekäme!« quälte er sich.
Er hätte ihm wer weiß was angetan, Dinge, zu denen er selbst in
anderen und schlimmeren Fällen nie fähig gewesen war. Möglich, daß er ihn in die Finger bekam und höchstpersönlich den
Behörden übergab, damit herausgefunden und geklärt werden
konnte, wie ein solcher Mann sich in den Besitz eines solchen
Vermögens gebracht hatte; dahinter konnte nur ein Diebstahl
oder irgendein Verbrechen stecken.

»Ah!« Am selben Morgen dachte Mosche auch an seinen
Bruder Lusi, und zwar in Zusammenhang mit den Ereignissen

der letzten Tage, das heißt mit der ersten Vorankündigung, dem ersten Hinweis auf sein Unglück und seinen Verlust. Bei diesen Gedanken bemächtigte sich seiner fromme Furcht: Und wenn er eine Sünde begangen hatte – eine der möglichen Ursachen schien ihm die Tatsache zu sein, daß er sich gegenüber seinem Bruder schuldig gemacht hatte.

»Ah!« Wenn ich ihn jetzt vor mir hätte, dachte er beklommen. Was geht zwischen uns vor? Habe ich gegen das Gesetz verstoßen, gegen Sitte und Anstand oder gegen sonst etwas, was unsere ewigen Gesetzgeber festgelegt haben? Hat das dazu geführt, daß Lusis Herz sich seit einiger Zeit von mir abgewandt hat und daß es am Ende deswegen zum Bruch gekommen ist? Hatte er gesündigt, weil er als kluger Kaufmann zum Wohl seiner Frau, seiner Kinder und seines Status gearbeitet hatte, wie es im Geschäftsleben nun mal üblich ist? Ist es Sünde, wenn man im Geschäftsleben die Erfolgsleiter besteigt und sich mit dem Erreichten nicht zufriedengibt, sondern nach jedem neuen Erfolg noch höher hinauswill? Was soll daran sündig sein? Hätte er versuchen sollen, Lusi zu überzeugen? Hätte er nach seiner ursprünglichen Angriffslust und seinem Groll in die Defensive gehen sollen, hätte er sanft mit ihm verfahren und Gemeinsamkeiten suchen sollen, die ihrem Verhältnis die einstige brüderliche Einigkeit hätten zurückgeben können?

Denn – das sei unter uns gesagt – Mosche hatte diese brüderliche Eintracht jetzt nötig. Alles, was in letzter Zeit auf die Geschichte mit Rudnicki gefolgt war, vor allem die gestrigen Ereignisse, das Darlehen, die leere Kasse und der Zwang, sich an solche Burschen zu wenden und ihnen Wechsel zu unterschreiben, etwa diesem Sruli, all das bedrückte ihn wie eine zentnerschwere Last. Eine schreckliche Vorahnung befiel ihn: Und wenn? ... Wer weiß schon? ... Schon deuteten zahlreiche Vorzeichen darauf hin, daß sich das Glück gegen ihn gewendet hatte und daß er, wie das oft vorkommt, bereits den Zenit seines Erfolgs überschritten und die letzte Stufe der Leiter erreicht hatte. Daß sich jetzt der Abstieg abzeichnete ...

»Ah! Wenn er jetzt doch nur hier wäre ...«

Aber alle beide – Sruli und Lusi – waren in diesem Moment weit weg, unerreichbar, und er konnte nicht einmal herausfinden, wo sie sich aufhielten. Zu allem Überfluß würde zudem auch der Markt weitergehen, heute, morgen, übermorgen, fast eine ganze Woche noch; er hatte eine arbeitsreiche Zeit vor sich, und um den Kopf freizuhalten, durfte er sich jetzt nicht so schweren und bedrückenden Gedanken hingeben. Und tatsächlich, angesichts des Markts, der ihm alles abverlangte, gelang es Mosche, diese Überlegungen abzuschütteln. Nachdem er die trüben Gedanken verscheucht hatte, wandte sich Mosche wieder seinen Geschäften zu. Auf dem Weg ins Büro kam ihm mal Sruli, mal Lusi in den Sinn; er unterhielt sich im Geiste mit ihnen, und seine Lippen murmelten wie unbewußt irgendwelche Laute. Die beiden aber, über die er in dieser Zeit nachsann, dachten gar nicht daran, sich um ihn Sorgen zu machen; sie waren weit weg von ihm und seinem Kummer.

Seitdem Sruli im Haus Mosche Maschbers die uns schon bekannte Demütigung erlitten, seitdem er Lusi sein Herz ausgeschüttet hatte, was ebenfalls schon bekannt ist, und vor allem, seit es ihm gelungen war, sein Geld in sichere und sogar erwünschte Hände zu geben – in die Mosches also –, bekam man ihn in den Häusern der Reichen nicht mehr zu sehen. Er zeigte sich nicht mehr in den Häusern, in denen er ein und aus gegangen war. Man hätte glauben können, er habe Urlaub genommen. Seit Beginn des Markts wanderte er von einem Platz zum andern. Man konnte ihn mitten im Menschengewimmel müßig dastehen sehen, obwohl er dort weder etwas zu tun noch zu kaufen hatte. Und in jeder Gruppe sah man in ihm nur den Fremden; oft warfen ihm die Leute einen mißtrauischen Blick zu und fragten sich, ob er nicht ein Dieb oder ein Verrückter sei, der sich ohne jeden Grund in einen Kreis von Leuten eingeschlichen habe, die über Geschäfte sprachen.

Auch heute hielt er sich dort auf, am Morgen des Tages, um den es hier geht.

Da steht er vor der Mauer der alten Zitadelle, die dem Fluß und dem Deich zugewandt ist. Dort hat man für die Zeit des

Markts eine große Zahl von Buden, Zelten und Einfriedungen errichtet. Es herrscht ungewöhnliches Gedränge, und man vernimmt ein Gewirr vieler Stimmen, nämlich der Händler, die vor den Käufern ihre Ware, sowie der zahlreichen Kunden, die kommen und gehen, stehenbleiben, kleine Gruppen bilden, wobei ein Summen wie in einem Bienenkorb herrscht.

Sruli steht vor einer Bude mit zwei Wänden aus Leinwand; die dritte wird durch die Mauer der Festung gebildet, und die vierte, die offene Wand, ist die Tür. Hier wird kein Handel getrieben, hier wird nichts verkauft, hier »heilt« man. Man »schneidet«, es werden Schwellungen, Geschwüre und Abszesse aufgeschnitten; hier läßt man sich die Haare schneiden und rasieren; man legt Schröpfköpfe an, trockene oder feuchte; hier werden Zähne gezogen und Augen behandelt; Chefarzt ist der alte Layb, der Quacksalber, der durch seine beiden Brillengläser blinzelt, die seine Augen groß, glänzend und seltsam erscheinen lassen wie die eines Fischs. Sein Gehilfe, der Baderlehrling Manasse, glänzt mit seinen frischgewichsten Stiefeln, seinem beißenden Spott und seinen unbeholfenen Scherzen.

Die Patienten – Bauern, die ihre Krankheiten eine Zeitlang für den Bader Layb aufgespart haben – sind gekommen, um hier Brüche und unbehandelte Seitenstiche sowie andere Wehwehchen untersuchen zu lassen, gegen die diese Quacksalber vom Land machtlos sind, für die sie keine Medikamente haben. Die Bauern haben ihre Krankheiten also bis zum Markt aufgespart.

An den beide Stoffwänden hat man Bänke aufgestellt; dort sitzen die Bauern und warten, bis sie an der Reihe sind, die Tortur des Zähneziehens mit einer einfachen Zange über sich ergehen zu lassen; manche können auf diesen Bänken wieder zu Kräften kommen, so wie man sich erholt, wenn man aus der Hitze in einen kühlen Raum kommt, während andere mit größeren Schmerzen nach Hause gehen, als sie bei der Ankunft geplagt haben; sie spucken Blut und halten sich die Wange, die ihnen schauerlich weh tut. Um sie muß sich der Gehilfe Manasse kümmern, während der Bader Layb sich mit feineren Instrumenten zu schaffen macht, um Abszesse und Wunden zu öffnen und anschließend Pflaster aufzulegen und Salben einzureiben, die grün, gelb und in allen Farben schillern.

Sruli steht da und betrachtet Schalen voller Blut und eiter-durchtränkter Lumpen, die sich dort angehäuft haben. Er be-trachtet die Bauern – manche sind geheilt, andere nicht, manche getröstet, manche leiden schlimmer als zuvor –, wie sie die Bude verlassen, nachdem sie ihr Honorar bezahlt haben, manche bar, andere in Naturalien, etwa mit einem halben Dutzend Eiern, mit Geflügel, Schweineborsten, Gemüse. All das wird sorgfältig auf-gehäuft und bildet am Ende einen anständigen Hügel.

Sruli entfernt sich, und wir sehen ihn schon neben einer anderen Menschengruppe, an einer Straßenkreuzung, wo sich viele Menschen drängen und wo sich die Bandura-Spieler nie-dergelassen haben, da sich hier mehrere Straßen und Gassen kreuzen, durch die die Leute passieren müssen.

Ein paar blinde Bettler haben sich auf Strohhaufen gesetzt, über die sie ihre groben Mäntel gebreitet haben. Bei jedem von ihnen weisen die blinden Augen einen anderen Ausdruck auf: Bei manchen sind sie offen und starren ins Leere, andere wieder-um halten die Lider über leeren Augenhöhlen geschlossen; bei manchen bewegen sich kleine weißliche Härchen in den Augen-höhlen, während bei einigen die Augäpfel unter geschlossenen Augenlidern zucken. Was sie aber gemeinsam haben, ist ihre Blindheit. Manche heben den Kopf zur Sonne, so daß die Kehle hervorspringt, bei anderen ist der Kopf auf die Brust gesun-ken ... Die einen haben eine tiefe Stimme, die anderen murmeln leise vor sich hin, und alle halten ihr Instrument mit der linken Hand fest an den Körper gepreßt, während sie mit der rechten die Kurbel betätigen.

Viele Menschen haben sich um sie geschart. Der Tag ist heiß. Man spürt, daß er später noch infernalisch werden wird. Die Menge drängt sich um die Musiker und rückt immer näher an sie heran. Die meisten sind Bäuerinnen, die gekommen sind, um ein gutes Wort zu hören, ein von Musik begleitetes Lied, das mit seiner einfachen Harmonie zu ihrem Herzen Zugang findet. Das Lied erlaubt es ihnen, aus vollem Herzen das Schicksal eines gewissen Kischko Samojlo zu beweinen, der in grauer Vorzeit mit einem ganzen Trupp von Kosaken Gefangener der Türken war; man besingt die Leiden, die ihnen erst die Janitscharen zugefügt haben, später einer der Ihren, ein polnischer Verräter, ein »Liach« namens Buturlak, der von den Türken beauftragt worden war, seine Mitbrüder, die Kosaken, zu überwachen, nachdem er seinem christlichen Glauben entsagt hatte. Das Lied erzählt ferner, was dann geschah, wie die Befreiung kam und die Gefangenen gerettet wurden. Oder die Blinden singen ein anderes Lied, das einen anderen Gefangenen zum Gegenstand hat, der einen Falken anfleht, in seine Heimat zu fliegen, um seinen Eltern zu sagen, sie sollten ihr Land und ihre gesamte Habe verkaufen, genug Geld zusammenbringen, um ihn freikaufen zu können. Das Lied endet wie alle diese Lieder mit den Worten:

Befreie uns arme Gefangene, o Herr,
von der harten Gefangenschaft
des moslemischen Glaubens.
Bring uns zurück zu dem heiligen russischen Fluß,
zu den klaren Morgendämmerungen,
zu den stillen Gewässern,
in unser fröhliches Heimatland,
in eine christliche Welt.

Die Bäuerinnen, alte wie junge, weinen. Manchmal singen die Musiker solo, manchmal im Chor. Im Lärm des Markts, im Tumult der Stadt und ihrer Umgebung, im Getöse des Kaufens und Verkaufens, im lärmenden Geschrei der Diebe hat sich um die Musiker herum eine Insel gebildet, eine Insel von Menschen, die sich Zeit und Muße genommen haben, Gefangenschaften früherer Zeiten zu betrauern – Gefangenschaften vieler oder einzelner – und zu beweinen.

Unter diesen Menschen befindet sich auch Sruli, und um ein Haar hätte er die Hand in die Hosentasche gesteckt und seine Flöte hervorgeholt, mit der er bei Hochzeiten armer Leute das junge Paar erfreut; fast hätte er sich den Bandura-Spielern angeschlossen. Er zieht die Flöte aber nicht aus der Tasche, sondern ein schönes Stück Geld, und das ländliche Publikum staunt über diesen seltsamen Burschen, diesen merkwürdig herausgeputzten Juden, von dem niemand weiß, woher er kommt, der wie sie Tränen in den Augen hat, und die Leute fragen sich, warum er bei einem christlichen Lied soviel Gemütsbewegung zeigt und wie er dazu kommt, die Bandura-Spieler so großzügig zu bedenken.

Wenig später kann man sehen, wie Sruli diesen Ort verläßt und zu dem Teil der Stadt aufbricht, der fern von allen Plätzen und vom Markt ist, wie er zum dritten Ring aufbricht, »draußen auf dem Sand«.

Dort oben suchte er ein kleines Haus auf, ein Haus, das wir gut kennen, das der bereits erwähnten Malke-Rive. Er ging ein wenig auf und ab, und als er sicher war, daß ihn niemand sehen konnte, beugte er sich zur Schwelle dieses Hauses hinunter und hob etwas auf. Er hielt einen Augenblick inne, betrachtete den Gegenstand, dann öffnete er mit einem erstaunten Blick die Tür und sagte dem ersten Menschen, der ihm entgegenkam, der Schwiegertochter Malke-Rives, in beißendem Ton:

»Sag mal, kleine Frau, sind wir so reich geworden, daß das Geld schon auf der Türschwelle herumliegt? Sieh mal, was ich gefunden habe.«

»Was für Geld? Wo gefunden?« fragte sie verblüfft.

»Hier, vor deiner Tür.«

Die Kinder – die Enkel Malke-Rives, die diesen lautstark geführten Wortwechsel hörten – kamen heraus, um zu sehen, wer so böse mit ihrer Mutter sprach. Malke-Rive riß sich ebenfalls von ihrem Gebetbuch los, aus dem sie gerade wie jeden Morgen mit der Brille auf der Nase vorgelesen hatte. Sie ging zur Tür und erblickte Sruli, den sie als armen Menschen kannte, von dem sie aber wußte, daß er in den Häusern der Reichen ein und aus ging. Vor allem erinnerte sie sich daran, daß sie ihn zum letzten Mal bei Mosche Maschber gesehen hatte, an diesem denkwürdigen Abend, an dem sich die beiden Brüder wegen Sruli zerstritten hatten. Und jetzt sah sie ihn mit einem großen Geldschein in der

Hand dastehen, den er ihrer Schwiegertochter reichte. Als diese sich weigerte, ihn anzunehmen, rief er böse aus:

»Was soll das? Bist du so reich geworden, daß du Geld auf der Schwelle liegen lassen kannst?«

»Was für Geld?« wollte jetzt Malke-Rive wissen.

»Dieses hier«, entgegnete Sruli nochmals. »Ich bin gerade vorbeigekommen und habe das Geld zufällig auf der Schwelle liegen sehen, habe es aufgehoben und wollte es dem geben, dem es gehört. Wem soll ich es nun geben? Das ist doch eure Schwelle, nicht wahr?«

Eine verdutzte Malke-Rive versuchte wie ihre Schwiegertochter das Geld abzulehnen. Sie bestätigte, der Geldschein gehöre ihnen nicht, sie hätte ihn gar nicht verlieren können, aber da wurde Sruli wütend und schrie die beiden Frauen an:

»Ach so, es gehört euch nicht? Aber mir gehört es ganz sicher noch weniger als euch! Nicht wahr? Dann werft es doch weg, legt es wieder auf die Schwelle zurück oder verteilt es unter die Armen!«

Gleichzeitig warf er einen Blick auf den Kranken und das Innere des Häuschens. Und er sah einen Mann, dem es immer schlechter zu gehen schien; seine Augen glänzten mehr als gewohnt, sie waren fiebrig und trocken, die Wangen eingefallen, die Stirn gezeichnet, und die Falten auf der Stirn legten davon Zeugnis ab, daß im Schädel dieses Mannes Gedanken nisteten, die schon nicht mehr von dieser Welt waren, Gedanken eines Mannes, der nicht mehr erwartete, noch lange unter den Lebenden zu weilen.

Sruli wollte gerade gehen, als er auf den Gesichtern aller Hausbewohner, auch auf dem des Kranken, etwas las, wovon wir schon in einem vorhergehenden Kapitel erzählt haben: das Wissen, daß dieses Haus eines Morgens gesegnet gewesen war und nicht geahnt hatte, woher dieses Glück kam. Auch heute wieder spürten sie, wie sich ihnen eine hilfreiche Hand mit unerwarteten Gaben entgegenstreckte. Was ihnen widerfuhr, war ein Wunder, das sich auf normale Weise nicht erklären ließ.

Wenig später konnte man Sruli in die Stadt zurückkehren

sehen, aber diesmal waren seine Taschen voller Flaschen, die er eingesteckt hatte. Diesmal ging er zur »Lebenden« Synagoge, die wie alle Synagogen während des Markts den halben Tag leer blieb, ohne Gläubige und ohne Talmud-Leser. Sruli fand nur einen Menschen vor, Lusi, der sich dort in jüngster Zeit morgens und abends mit den Bratslavern aufhielt und während des Tages allein darin verweilte, da alle anderen zu tun hatten.

Sruli betrat die Synagoge jedoch nicht. Er ging durch eine kleine Tür auf den alten Friedhof, der verlassen dalag und nicht einmal Wege hatte, denn dort wurde niemand mehr begraben.

Wenn jemand aus einem Synagogenfenster oder durch einen Spalt des baufälligen Zauns geblickt hätte, hätte er Sruli in gebückter Haltung durch das hohe Gras gehen sehen. Der Boden war dort etwas abschüssig, und das Gras wuchs von Jahr zu Jahr höher und kräftiger; es roch nach Moos, da es nicht gemäht wurde und von Jahr zu Jahr üppiger wucherte. Dort ist alles still, und vom Zirpen der Grillen abgesehen, ist nichts zu hören, nicht einmal das, was auf der anderen Seite des Zauns vorgeht. Gräber und Grabsteine schlafen; sie sind so sehr vernachlässigt, daß man glauben könnte, selbst die Enkel derer, die hier ruhen, seien inzwischen verstorben und daß die Fußwege aus diesem Grund von Unkraut bewachsen seien. Dort herrscht doppelte Friedhofsstille, das heißt die Stille eines Friedhofs im allgemeinen und zusätzlich noch die Stille eines Friedhofs, auf dem niemand mehr begraben wird.

Sruli schritt zu dem einzigen hohen Baum hin, der das Grab eines berühmten Heiligen überragte, des großen Rabbi Liber, an dessen Grab sich die Gräber mehrerer anderer Rabbiner drängten, die so heilig waren wie er. Sein tief in den Boden gesunkenes Grabmal ist von hohen Grabsteinen mit kunstvoll in den Stein eingravierten und bemalten Inschriften umgeben. Dort streckte Sruli sich aus, so daß er fast im Gras verschwand. Langsam zog er die Flaschen aus der Tasche, und nach einer kurzen Rast begann er zu trinken.

Man muß sich die Szene genau vorstellen.

Es ist schrecklich heiß. In der Stadt sind jung und alt auf dem

Markt beschäftigt, auf den Marktplätzen herrscht ohrenbetäubender Lärm, und hier, in der Stadtmitte, auf dem verlassenen Friedhof, unter dem einzigen hohen Baum mit seiner großen Krone, liegt das Grab eines hochverehrten Mannes. Die Legende will wissen, daß die »Alte« Synagoge an jener Stelle erbaut wurde, wo er, der große Rabbi Liber, zu der Zeit, als es hier nichts als einen Wald gab, einmal lange Zeit gebetet hatte, um die »Achtzehn Segenssprüche« zu sprechen. In diesem Moment kam gerade ein Gutsbesitzer mit seiner Equipage vorbei, und beim Anblick des Juden in Gebetsschal und Gebetsriemen bäumten sich die Pferde auf und gingen durch; um ein Haar wäre der Adlige aus seiner Kutsche gefallen. Er befahl seinem Kutscher, dem Juden eine Lektion zu erteilen. Der Kutscher prügelte auf Rabbi Liber ein, wie es nur ein Kutscher kann, aber dieser rührte sich nicht, bis er sein Gebet beendet hatte. Und dort, vor diesem und ähnlichen Gräbern, in dem tiefen Gras, das nach Moos und Frühling roch, hatte sich wieder ein Mensch niedergelassen, unser Sruli, der am hellichten Tag seine Flaschen leerschlürfte.

Hätten ihn Fremde an diesem Ort so trinken sehen, hätten sie ihn gewiß in Stücke gerissen. Aber Sruli kam gar nicht auf solche Gedanken, und er setzte sein Trinken ruhig fort. Die Hitze und der Lärm, denen er entronnen war, und das Trinken in der Kühle zwischen den Gräbern, das alles lastete auf ihm und erfreute ihn zugleich. Es ist hart, ein Außenseiter zu sein, aber wenn man die Einsamkeit liebt, macht es Freude.

Er begann, sein Herz zu erleichtern, zunächst vor der morbiden Furcht seiner Einbildungskraft, seinem »Dämon«, und dann vor den Inschriften des Grabmals des großen Rabbi Liber. Er sprach zu ihnen, als wären es lebende Menschen, und schlug dem großen Rabbi Liber sogar vor (man schämt sich, es zu sagen), mit ihm ein Glas zu trinken, und als sich dieser, wie es ihm vorkam, weigerte, wollte er ihn mit Gewalt zum Trinken bringen und goß den für den Rabbi vorgesehenen Teil des Branntweins über den Grabstein.

»Das macht nichts«, sagte er. »Trinken Sie nur, Rabbi Liber! Es ist wahr, daß Sie ein Heiliger sind und ich ein Mann, ›der nicht in die Gemeinde aufgenommen werden soll‹, und Geld habe ich, und wenn schon kein Bargeld, dann doch zumindest Wechsel, und das ist so gut wie Geld, soviel wert wie Geld.«

Und hier zog Sruli das Bündel von Wechseln aus seiner Brusttasche und zeigte es dem Grabmal:

»Hier, sieh mal selbst, großer Rabbi Liber, und sei nicht hochmütig und verschmähe nicht die Nähe Srulis. Wechsel sind Geld, und solange derjenige, der sie unterzeichnet hat, nicht bankrott ist, ist es bares Geld ... Und ich habe nicht nur die Wechsel Mosche Maschbers, des reichen Mannes aus der Stadt, ich habe auch welche von einem weit mächtigeren Mann, vom Reichsten unter den Reichen, von dem, der gesagt hat, ›mein ist das Silber, mein ist das Gold‹, vom Schöpfer der Erde selbst. Und ich bitte dich, Reb Liber, da oben auszurichten, daß ich, ›ein solcher Sohn eines solchen Vaters‹, daß ich, Sruli Gol, Forderungen und Ansprüche habe, die ich eines Tages vorlegen werde, wenn ich vor seinem Thron stehe, aber in der Zwischenzeit bitte ich den großen Rabbi Liber, es an meiner Stelle zu tun.

Das macht nichts«, fuhr Sruli vor dem Grabmal fort, als er zu dem großen Rabbi Liber sprach, »das ist ein ehrbarer Auftrag, der dir wohl ansteht. Magst du auch eine große Autorität sein, die von einem adligen Grundbesitzer ausgepeitscht worden ist, so ist dir das doch nur einmal widerfahren, während ich, Sruli, es oft erlebt habe, viele Male. Und wenn man dir, Liber, für eine einzige Auspeitschung die ›Alte‹ Synagoge errichtet hat, habe ich, Sruli, es sehr wohl verdient, daß man mir für die vielen Male, die man mich geschlagen hat, mindestens eine neue Synagoge baut, wenn auch nicht die ›Alte‹. Ja, es steht mir zu, so geehrt zu werden ...«

Die Sonne stach, die Hitze stieg ihm in den Kopf. Sruli saß in der leichten Kühle des hohen, bemoosten Grases und teilte seinen Branntwein ruhig mit dem Mann, dessen Name auf dem Grabstein stand: ein tüchtiger Schluck für ihn selbst, einer für das Grabmal, ein randvolles Glas für ihn, ein anderes wurde über den Grabstein gegossen. Das ging so weiter, bis die Flaschen leer waren – und Srulis Kopf voll. Und die Überfülle trat ihm in die

Augen – und alles begann sich um ihn herum zu drehen: der Friedhof mit den Gräbern; der Baum über ihm schien auf dem Kopf zu stehen, streckte die Wurzeln in die Höhe, Himmel und Erde wechselten die Plätze, und alles, was er heute auf dem Markt gesehen hatte, zum Beispiel wie der Bader Layb und dessen Gehilfe Manasse auf den Brüsten oder unter den Achseln von Bäuerinnen Abszesse aufschnitten, wie sie mit Zangen Zähne zogen, Leute zur Ader und Blut in Schalen tropfen ließen; und auch, was er bei den blinden Bettlern gesehen hatte, deren Augenlider geschlossen oder offen waren; was er im Haus Malke-Rives gesehen hatte: der kranke Zisje mit seinen eingefallenen, gelben Wangen und dem Aussehen eines Todkranken, was ihm auf Stirn und Gesicht geschrieben stand, all das, dazu noch der Branntwein, den er getrunken oder auf die Erde vergossen hatte, vermischte sich in seinem Kopf und ließ ihm die Welt vor den Augen verschwimmen. Als ihn Übelkeit überkam, lehnte er den Kopf gegen den Grabstein. Einen Augenblick lang blieb er ruhig, bis ihn von neuem Übelkeit befiel, und er übergab sich auf den Grabstein und bedeckte ihn von oben bis unten mit seinem Erbrochenen . . .

Er fühlte sich erleichtert. Als er sah, was er angerichtet hatte, schämte er sich. Nach und nach wurde sein Gehirn wieder klar, und er wandte sich zu der »Lebenden« Synagoge um, deren Ostmauer dem Baum und den Grabsteinen zugekehrt war. Er meinte, in einem Fenster den Kopf Lusis auftauchen zu sehen. Es ist möglich, daß dieser tatsächlich dort erschien, aber es ist ebenso möglich, daß Sruli sich das nur eingebildet hatte. Sruli schämte sich dessen, denn er glaubte, der andere habe seine Schande und die Schändung des Grabsteins mit angesehen.

Er wollte aufstehen und konnte es nicht; daher sprach er mit betrunkener und unsicherer Stimme, aber diesmal zu sich selbst:

»Aber ich habe doch gesagt, daß ich Hilfe brauche, daß ich auf mich allein gestellt bin. Wer weiß, wohin mich das noch führt . . . Und da mir das schon mehrmals passiert ist, so daß ich vor Scham nicht die Augen heben und mich selbst im Spiegel anblik-ken kann, wie soll ich da Lusi unter die Augen treten?«

315

Mit einiger Mühe gelang es ihm doch aufzustehen, um sich von dem Grabstein zu entfernen, an dem er sich so schrecklich versündigt hatte. Er ließ sich neben einen anderen fallen und lehnte sich dagegen. Sein Bewußtsein trübte sich, und er schlief ein – für wie lange, wußte er nicht –, bis die Sonne durch die Zweige schien und die Sonnenstrahlen seinen Kopf berührten. Da stand er auf und machte sich auf den Weg zur Synagoge. Beim Eintreten, auf der Schwelle, sah er Lusi an der Ostwand vor einem Lesepult sitzen.

Es war schon Nachmittag. Alle Fenster, die auf den Friedhof führten, standen offen. In ihnen spiegelten sich das Grün, das Gras, Sträucher, junge Bäume, was man in anderen Synagogen nur selten sehen kann. Die Stille und die Einsamkeit waren ebenfalls ungewöhnlich. Da die Synagoge abseits der Stadt lag, drangen keine Stimme und kein Laut dorthin.

Lusi saß an der Ostwand. Er mußte sein Gebet längst beendet haben, denn er trug keine Gebetsriemen mehr, sondern nur noch den Schal, wie er es gewohnt war. Er blieb nach dem Gebet stundenlang sitzen, um zu lesen. Vor allem jetzt, im Monat Elul. Aber in diesem Augenblick las er nicht, er rezitierte die Bußgebete. Er war so in sie vertieft, daß er nicht wie gewohnt stumm blieb und nur mit den Augen las. Nein, diesmal rezitierte er mit kräftiger Stimme und schluchzte laut.

Er bemerkte nicht, daß Sruli eingetreten war. Dieser wiederum hatte im Lauf seines Lebens nicht wenige Beweise von Frömmigkeit erlebt, und da er jetzt obendrein leicht angetrunken war, hätte man meinen können, daß Lusis Gebet ihn unberührt lassen würde. Bei dessen Anblick blieb er jedoch wie angewurzelt stehen, als fehlte es ihm an Kraft und Willen, auch nur einen einzigen weiteren Schritt zu tun.

An dieser Stelle müssen wir die Erzählung unterbrechen, um folgendes zu sagen:

Für unsere Leser, die mit Lusis Lebenslauf kaum vertraut sein dürften, bleibt unverständlich und auch unglaublich, daß er sich an einen Menschen wie Sruli hatte binden können. Was hatte er in ihm bloß gesehen? Was zog ihn zu ihm hin? Was hatte er Besonderes zu bieten? Das sind die Fragen, die man sich mit Recht stellen kann, vor allem jetzt, wenn man sieht, wie der nach einigen Gläsern und einem Schläfchen halbbetrunkene Sruli an Lusi dachte und ihn nicht aus den Augen ließ.

Richtig, sagen wir, und das alles hätte sich zweifelsohne erklären lassen, wenn wir Lusi vor uns gesehen hätten. Aber das wird erst möglich sein, wenn wir den ersten Teil unserer Erzählung, in dem wir uns vorgenommen haben, vor allem die Menschen zu beschreiben, hinter uns gelassen und beim zweiten Teil angelangt sind, in dem wir die Ereignisse darlegen werden. So aber haben wir das Gefühl, daß wir dem Menschen Lusi nicht genug Aufmerksamkeit gewidmet haben, daß heißt seinem Lebenslauf, was wir schon in diesem Teil hätten tun müssen. Wir haben Lusi aber vernachlässigt und halten jetzt den Augenblick für gekommen, seine Biographie durch einige Besonderheiten zu ergänzen – leider nur in aller Hast und in einem ungeeigneten Moment.

Wir glauben, daß selbst das Wenige, das wir hinzufügen wollen, genügen wird, um einigermaßen verständlich zu machen, daß Sruli, der sich als Außenseiter fühlte, von einem bestimmten Instinkt zu Lusi hingezogen worden war, der sich gleichfalls als Außenseiter empfand. Vielleicht hatte Sruli sich vorgestellt, sie könnten beide unter der Asche glimmen, Rauch aufsteigen und vielleicht sogar – wer weiß – gemeinsam eine Flamme auflodern lassen.

Kehren wir also zu Lusis Anfängen zurück.

Man darf nur nicht aus den Augen verlieren, daß es sich hier um eine Epoche handelt, in der Männer vom Schlage Lusis gezwungen waren, eine bestimmte Etappe ihres Lebens zu durchlaufen, die für sie alle einen unheilvollen und trügerischen Aberglauben mit sich brachte und ihnen häufig auch schadete und ein Trugbild vorgaukelte. Die Folge war, daß ihre Träume und ihre Einbildung das erzeugten, was in jener Welt notwendig und nützlich war, um so die Dinge zu verbergen oder zurechtzurükken, die ihrer materiellen und geistigen Struktur hätten schaden können, wären sie nicht verborgen gewesen.

Es handelt sich um jene Epoche in Lusis Leben, in der er für seinen Großvater, den Schüler Schabbatai Zvis, Buße tat. Lusi schlief auf der Erde, legte Steine in seine Schuhe. Es kam vor, daß er ganze Stunden stehend im Gebet verbrachte, wobei er die Arme herabhängen ließ und sich auch nicht einen Augenblick erlaubte, sie zu bewegen oder zu heben, bis sie angeschwollen waren und schwer wie zwei Eimer voll Wasser.

Wenn er sich mal erlaubte, sich auf einem Bett auszustrecken, dann nur an hohen Feiertagen, einem Festtag oder einem Sabbat, aber selbst dann ruhte er nur auf einer schmalen Pritsche, die nicht breiter war als anderthalb Bretter und ohne jedes Bettzeug. Zudem legte er den Kopf mitten auf die Bank, so daß die Beine herabbaumelten ...

Er sah jung aus, war aber beängstigend abgezehrt, daß es einem kalte Schauer über den Rücken jagen konnte. Das war geraume Zeit so gewesen; wie wir schon zu Beginn der Erzählung beschrieben haben, mußte das eine schlimme Wendung nehmen; wenn es noch eine Zeitlang so weiterging, würde er krank und bettlägerig werden. Wie aber schon gesagt wurde, brachte man ihn zu dem Rabbi, zu dem er sich in der Folgezeit so hingezogen fühlte, und dieser hatte ihn mit scharfen Zurechtweisungen empfangen und von seiner Askese befreit. Lusi gehorchte ihm.

Bevor jemand es wahrnehmen konnte, begann Lusi, der noch jung war und in der Blüte seiner Jugend stand, wieder zuzunehmen. Seine Schultern wurden breiter, sein Knochenbau kräftiger, und seine Kleider, die zuvor um ihn geschlottert hatten, drohten jetzt aus den Nähten zu platzen.

Ihm wuchs eine neue Haut, und Lusi wurde zum Gegenteil dessen, was er gewesen war. Er wurde zum fröhlichsten Vertrauten des Rabbi, zu dessen Lieblingsschüler. Unter den Älteren zeichnete er sich durch seine Jugend aus; unter den Jüngeren durch seine Kraft und sein so übersprudelndes Temperament, daß ihn selbst die Jüngsten mit Neid betrachteten.

Bei allen Festlichkeiten am Hof des Rabbi, bei Hochzeiten etwa, wenn viele fröhliche Menschen zusammenkamen und ein einfacher Sterblicher – aber auch kein gewöhnlicher Sterblicher –

unbemerkt bleiben konnte, fiel Lusi unter allen anderen auf. Es war unmöglich, ihn nicht wahrzunehmen, ihn nicht zu bewundern, als wäre er ein Lichtschein, in dem sich alle spiegelten, und am »Hof« eines jeden Rabbi beneidete man den, der einen solchen Schatz besaß und in seiner Brust verbarg.

Er war der fröhlichste Mann, der beste Vorbeter, der ausdauerndste Tänzer, der Mann, den jeder am meisten liebte und der dem Rabbi von allen am nächsten stand. Er aß und trank mit Freude, aber mehr noch als durch Speise und Trank zeigte sich seine Fröhlichkeit an seinen Schultern, an seiner Lebensfreude, an seiner Dankbarkeit, auf der Welt zu sein.

Er studierte, betete und lebte mit einem solchen Vergnügen, daß jeder, der in seiner Nähe war, von der Welt ein neues Bild gewinnen konnte, ein angenehmes, strahlendes Bild, das so dargeboten wurde, daß man nicht umhin konnte, es zu lieben. Er steckte die Menschen um sich herum mit dem an, was nur wenigen Leuten gegeben ist, mit einem warmen Licht, das von ihm ausstrahlte.

Das wurde besonders bei einem Fest spürbar, bei dem viele Menschen zusammenkamen. Wenn die Freude groß ist, öffnen sich die Herzen, und sie nimmt noch zu, wenn sie einen Mittelpunkt hat, einen Kern, von dem sie nach allen Seiten ausstrahlt. Bei diesen Gelegenheiten sah man ihn an, als hätte er Flügel. Er trank, und seine Stimme ertönte lauter und klarer als die aller anderen. Er war es, dem der erste geistreiche Scherz, das erste gewagte Wort einfiel, um alle Herzen zu erfreuen und sie im Gleichklang schlagen zu lassen.

Man mußte ihn also im Mittelpunkt des Fests sehen, etwa bei einer Hochzeit, wenn zahlreiche Pelzmützen und Kaftans aus schwarzer Seide und weißem Satin um den Haupttisch herum saßen. Man hätte sehen müssen, wie man ihn pries, wie sich die Gesichter aufhellten, wenn man Lusi im Mittelpunkt der Menge erscheinen sah; man wußte, daß er niemanden enttäuschen würde und daß alle anwesenden Gäste, Verwandten und Verschwägerten von allen »Höfen« eifersüchtig sein würden. Und tatsächlich, die Leute waren neidisch.

Zu solchen Zeiten war Lusi meist schon etwas angeheitert, aber seiner schlanken Gestalt und seinem jungen Gesicht mit den energischen Zügen waren keinerlei Anzeichen von Trunkenheit anzumerken. Lusi betrachtete die Leute mit hungrigen, fast fiebrigen Augen, wie ein Kind, das gerade gehen lernt und den Blick nicht von der Mutter wendet, mit der Selbstsicherheit und der Zuversicht, daß sie das Kind nicht fallen lassen wird, daß sie nicht zulassen wird, daß es sich verletzt, und daß sie im richtigen Moment zur Stelle sein wird, um das gefährdete Gleichgewicht wiederherzustellen.

Lusi tanzte.

Der Tanz fand immer in einer großen Scheune statt, die speziell für Hochzeitsfeierlichkeiten gebaut worden war, in der es die jüdischen Handwerker mit Einfallsreichtum geschafft hatten, ein einstöckiges Bauwerk in ein zweistöckiges zu verwandeln und so die Zahl der Plätze zu verdoppeln, damit diejenigen, die unten keinen Platz hatten finden können, wenigstens von oben, von einer Art Galerie, zusehen konnten.

Es herrschte fürchterliches Gedränge, aber die Synagogendiener wußten, was zu tun war, schoben die Leute beiseite, machten für Lusi einen Durchgang frei und ließen ihn in einen Kreis von Gästen eintreten.

Lusi gesellte sich zu ihnen. Wie immer senkte er den Blick und betrachtete die Spitzen seiner Stiefel, als wäre er verlegen und unentschlossen, als wollte er seine Füße prüfen, mit denen er jetzt vor ein so großes Publikum treten mußte, als wollte er sich vergewissern, daß er sich auf seine Beine verlassen konnte. Er betrachtete sie, wie ein guter Handwerker sein Werkzeug prüft, bevor er sich an die Arbeit macht.

Als er sich sicher fühlte, hielt sich Lusi vom Mittelpunkt der Runde fern, ganz dicht an der menschlichen Mauer, die sie bildeten, und berührte sie dabei fast. Er erhob sich wie ein federleichter Vogel, der seine Eroberung umflattert und sich Raum und Luft schafft, bevor er sich mit seiner Gefährtin paart.

Lusi ging auf der Innenseite um den Kreis herum, dann noch einmal, und schon jetzt stand die Menge, ob unten im Parterre oder oben auf der Galerie, in seinem Bann. Als gäbe es für die Menschen in diesem Augenblick nur eins: eine große Runde, und in der Mitte ein einzelner, der wie ein Mann aussah, dem man ein Rätsel zur Lösung aufgegeben hat oder der wußte, daß in diesem Kreis ein Schatz begraben lag – und der jetzt schweigend und mit der Kraft eines geheimen Instinkts das Lösungswort erraten und zum Wohl aller den Schatz finden sollte.

Und dann glaubte Lusi, eine Spur gefunden zu haben ... Er deutete eine behutsame Bewegung an wie ein Jäger, der sich im Wald hinter Büschen versteckt hat und den Atem anhält. Man sah seinen schlanken jungen Körper arbeiten und elastisch von einem Platz zum anderen springen, um dann verträumt einen Augenblick innezuhalten. Die Suche geht weiter: Wie über ein großes Hindernis oder durch Dunkelheit und Halbdunkel bahnt er sich einen Weg zum Ziel, und dann hat er den Schatz – oder doch beinahe.

Und jetzt freut sich Lusi. Er senkt von neuem den Blick und betrachtet die Füße, als wollte er sich für ihre Hilfe bedanken, weil er sich immer wieder auf sie verlassen kann, weil sie seine Erwartung auch diesmal nicht enttäuscht haben. Er beginnt lange Sätze zu machen, und man spürt, daß jeder Sprung eine Danksagung ist, ein Lob der Erde, die Lusi trägt und ihm noch viel geben kann. Er hebt die Rockschöße, als wäre er bis zu den Knien in Gold gekleidet, und seine Augen lächeln voller Zustimmung den Menschen zu, die ihn umgeben und ihn beim Tanz aufmuntern, und Lusi dankt ihnen für ihre Unterstützung, für ihre Hilfe.

Seine Freude wird größer. Und dann beginnt das Publikum beim Anblick Lusis zu begreifen, was ein Mann, ein einziger Mann, in einer Minute mit einer Masse, einer großen Ansammlung von Menschen, machen kann. Aller Augen waren auf ihn gerichtet, alle hielten seinetwegen den Atem an, auch die kleinste seiner Bewegungen stimmte genau mit der Bewegung überein, die jeder zu machen wünschte, und es kam ihnen vor, als bewegte nicht er sich mit solcher Präzision, sondern sie selbst.

Ein Sturmwind wirbelte vor ihren Augen in Gestalt eines

agilen jungen Mannes dahin, der die Hand manchmal nach Kosakenmanier im Nacken hielt und Kreis um Kreis beschrieb, der immer wieder um die eigene Achse herumwirbelte, manchmal aber das genaue Gegenteil tat, sich behutsam und langsam bewegte wie ein alter Mann, dessen Kräfte schon nachlassen, dessen Bewegungen aber von seltener Reife und Reinheit sind, als böte er die erlesenste Schönheit in der edelsten und ruhigsten Form dar.

Manchmal wirkte Lusi beim Tanzen so, als ginge er in einem Garten voller Stille und Schönheit spazieren, wenn die Sonne untergeht und ringsum abendliche Stille herrscht; alles Lebende, alles Gefiederte, das am Tag gesummt und gezwitschert hat, begibt sich zur Ruhe, und nur ein Mann zieht für sie alle die tägliche Bilanz und erläutert ihnen den Sinn ihres Tuns. Und manchmal wirkte Lusi selbst wie ein gefiedertes Geschöpf, das bei Sonnenaufgang erwacht und den Tag begrüßt; vor lauter Freude, bei Sonnenschein aufgewacht zu sein, weiß er nicht wohin, erhebt sich in die Lüfte, und da ihm der Himmel zu eng ist, schwebt er wieder herab, worauf er wieder aufsteigt, und sein Hals und seine Kehle sind nicht groß genug für das Lob des Lichts, das ihn erstickt.

In diesem Moment sah man, wie Lusi wie vorher zu Beginn des Tanzes seine Blicke denen zuwandte, die ihn umstanden, und im Überschwang seiner Gefühle rief er sie mit lauter Stimme an:

»Gute Leute, mir fehlen die Worte, auszudrücken, was ich empfinde, ich habe keine Worte, nur die Füße, die Füße, nur den Tanz ...«, sagte er und wies mit den Blicken auf seine Füße.

Und wie ein Hirsch, dessen junges Geweih gerade zu sprießen beginnt, sprang er wieder mit beschwingter Leichtigkeit in den Kreis, so entzückt von seiner eigenen Kraft, die sich an allem freute, und das so sehr, daß die Leute Angst hatten, ihn anzusehen, denn sie spürten, daß seine Raserei wildem, unbotmäßigem Überschwang entsprang und daß diese Erregung drohte – Gott behüte –, ihm den Geist zu verwirren ...

»Gute Leute! Richtet Ihm, dessen Namen zu nennen ich

nicht würdig bin, aus, daß es nichts wäre als ein Tropfen, der das Loblied des Meeres singt, selbst ›wenn alle meine Gebeine sängen‹ . . .«

Mit ähnlicher Begeisterung sprachen all die von Lusi, die seine Ansichten teilten und in derselben Welt lebten wie er, all die, die an derselben Mutterbrust die gleichen Ideen eingesogen hatten und für die diese Art von Spektakel und Manieren als Vorbild dienten wie Lusi.

Mit gleicher Bewunderung sprachen sie weiterhin davon, daß Lusi als junger Mann bei Festen und an Feiertagen der Mittelpunkt gewesen sei und daß die Älteren ihn als ihren Erben betrachteten, während die Jungen ihn sich zum Vorbild nahmen. Nachdem er schon vor dem Tanz ein wenig getrunken hatte, hätte er danach den Jordan leertrinken können. Als er in diesem angeheiterten Zustand wieder in Ekstase verfiel, wußte jeder, daß er wieder vor sein Publikum treten, seinen ganzen Mut zusammennehmen und mit den Worten vor die Gäste treten würde:

»Meine Herren, ich möchte ihnen mal schöpferische Kräfte demonstrieren« – und damit begann er, auf die Tischkante einzuschlagen . . .

Wenn es sich um einen alten und hinfälligen Tisch handelte, demolierte er ihn sogar; im gegenteiligen Fall verletzte er sich die Hand, bis Blut floß. Die Synagogendiener wußten das schon, und es war ihnen eine geheiligte Gewohnheit geworden, für ihn eine feuchte Serviette bereitzuhalten, um ihm einen Verband anzulegen oder das Blut zu stillen, wenn Lusi eine Demonstration seiner Kraft gab.

So war er in seiner Jugend, als das Blut noch in ihm brodelte. Er beklagte sich oft darüber, und sein Rabbi gab ihm mancherlei Ratschläge, die ihm manchmal guttaten, manchmal aber ergebnislos blieben, denn er fühlte sich wie ein Tier im Käfig, das seine Fesseln sprengen will – so nannte er die schlechten Neigungen, die ihn heimsuchten.

Später, mit zunehmendem Alter, wurde er natürlich ruhiger. Aber dafür wurde sein Glaube immer stärker. So stark, daß seine

Seele in seinem Glauben verwurzelt zu sein schien, als wären beide untrennbar miteinander verbunden. Jahrelang blieb er zu Füßen des Rabbi sitzen wie im Schatten eines Baums mit einer weitverzweigten Krone; dort fand er seinen inneren Frieden. Er war der Lieblingsschüler seines Rabbi; bei jedem Ereignis an dessen »Hof« wurde er vor allen anderen Vertrauten zur Beratung hinzugezogen, und der Rabbi vertraute ihm die intimsten Dinge an, schloß sich mit ihm sogar in seiner Kammer ein. Wann immer ihn das Bedürfnis überkam, war ihm der Zutritt zum Rabbi gesichert, ob bei Tag oder Nacht. Er hatte ständig freien Zugang, selbst wenn der Rabbi mit anderen beschäftigt war. Lusi stand ihm am nächsten, er hatte Vorrang.

So ging es weiter, bis der Rabbi alt geworden war, bis er sich geschwächt fühlte und sein Ende nahen sah. Da führte er mit Lusi ein Gespräch. Der Rabbi war schon sehr hinfällig, stand auf der Schwelle zum Tod, aber außer Lusi wurde niemand vorgelassen. Der Rabbi sagte ihm, er werde die Welt mit einem schweren Herzen voller Kummer verlassen, denn er sehe keinen Nachfolger für sein Amt; die Welt befinde sich im Niedergang, und der Glaube verkümmere. Lusi weinte. Er sah seine Sonne untergehen, aber der Rabbi tröstete ihn und sagte ihm, wohin er sich nach seinem Tod wenden könne: Vielleicht werde er dort etwas finden, worauf Lusi noch mehr weinte.

Schon da, im Zimmer des Rabbi, als er am Bett des Kranken saß, spürte Lusi, daß er einsam bleiben würde, daß ihm ein kalter Wind die Rockschöße hob; in dieser letzten Zeit ahnte er voraus, daß der althergebrachte Weg von Gras überwuchert sein würde, daß etwas in der Luft lag, was nur Menschen mit geschärften Sinnen voraussehen konnten, etwas, worum sich ganze Generationen nicht hatten zu sorgen brauchen, woran aber bald nichts mehr zu ändern sein würde. Eine Art Krankheit hatte die Welt befallen, die den Glauben erkalten ließ. Das ist nicht gut, man muß sich dagegen wehren, und der Mann, der Rat geben kann, liegt im Sterben.

Als der Rabbi starb, litt Lusi sehr unter der Einsamkeit, wie wir schon gesagt haben. Er begab sich auf Pilgerfahrt und besuchte zahlreiche »Höfe«. Er fand nichts, was ihm gefiel, bis er sich den Bratslavern anschloß.

Und so finden wir ihn allein in dieser Synagoge wieder, deren zwölf Fenster zu dem alten Friedhof hin geöffnet sind und in deren Scheiben sich Bäumchen und Sträucher spiegeln. Es riecht nach grünem Laub und Moder, nach stillem Wachstum und Verwesung, und dieser Geruch verkündet, daß der Tag – eine letzte Explosion des Sommers – von einer drückenden Hitze sein wird, die alles übertrifft, was der Sommer bisher an heißen Tagen gebracht hat. Draußen regt sich eine lärmende Stadt, und hier, in der Synagoge, abseits und fern von allen, ähnlich wie die blinden Sänger vom Markt oder die Bandura-Spieler, die auf der Erde sitzen und von vergessenem frühem Unheil singen, von Sklaverei und Gefängnissen, hier sitzt auch Lusi wie eine Art Sänger, auch er auf gewisse Weise blind; er liest in einem Buch, rezitiert weinend und mit lauter Stimme, und auch er beklagt eine Art Gefangenschaft eines Volkes mit einer uralten und blinden Bestimmung; er klagt darüber, daß dieses Volk, wie er glaubt, schon müde sei und daß dessen Kraft zu glauben dabei sei, sich zu erschöpfen, so wie auch seine eigene Kraft mit zunehmendem Alter immer mehr abnimmt. Er scheint auch das Ende des Sommers zu beweinen, der sich zwar noch in üppigem Grün in den offenen Fenstern spiegelt, aber doch seinem Ende entgegeneilt, wie es ein empfindsames Herz trotz der großen Hitze des Tages spüren mußte: Verwesung, Erschlaffung und diese Ruhe, die der Friedhofsruhe ähnelt, waren nahe.

Lusi beweint sein vergeudetes Leben, die Vergeudung seines Volkes, das ein höherer Wille dazu bestimmt hat, der Sündenbock aller Völker zu sein. Er stellt es sich in Form seines Messias vor. Er sieht ihn vor sich, den Messias, wie er der Legende zufolge vor den Toren Roms sitzt, den Körper mit Wunden bedeckt, mit Krätze, wie er seine schwärenden Wunden verbindet, sie freilegt und wieder verbindet . . .

Und hier einige Bilder, die vor Lusi, dem blinden Sänger, erscheinen.

Erste Szene:

Morgendämmerung ... Zunächst sieht er Nebel, wohin sein Blick auch fällt ... Dann lichtet sich der Nebel, und in der Ferne taucht eine Stadt auf: aus Stein gemauerte Häuser, eins höher als das andere, eins auf dem anderen, und er sieht auch ganze Stadtviertel, von denen einige hoch oben auf Hügeln liegen und andere ihnen zu Füßen in Tälern.

Es ist noch früh. Die Stadt schläft noch. Aber in ihrem Schlaf ist eine Unermeßlichkeit zu spüren. Es scheint, als würde sie erwachen und nach einer gesättigten und sündigen Nacht dem Tag die Augen öffnen, für einen neuen Tag, eine neue Nacht, für neue Sünden.

Und dann bricht der Tag an. Man sieht, wie Menschen die Stadt verlassen, wie Bauern aus verschiedenen fernen Gegenden auf Straßen in die Stadt kommen, Bauern aus fernen Städten, die der Stadt ihre Nahrung bringen. Händler, Trödler, Militärs, Krüppel, Steuereinnehmer, Sklaven, Gaukler, Bettler, mehr oder weniger aufgeputzte Huren, die man aus allen Richtungen auf die Stadt zuströmen sieht, bereit für deren nächtliche Freuden. Und all diejenigen, die die Stadt verlassen, ebenso wie die, die auf sie zuströmen, nehmen vor dem Stadttor einen Menschen mit einem strahlenden Gesicht wahr, dessen Körper aber mit Wunden bedeckt ist, der zerlumpte Kleider trägt, dem man verboten hat, die Stadt zu betreten, und der die letzte Nacht ebenso wie alle vorhergehenden draußen vor dem Tor verbracht hat. Und all diejenigen, die die Stadt verlassen, und diejenigen, die zu ihr hinstreben, fühlen sich fast verpflichtet, im Vorübergehen auf seine Wunden zu spucken, wenn sie am Stadttor vorbeikommen und diesen Mann sehen. Manche spucken ihm auf den Kopf, manche ins Gesicht, wieder andere auf seine zerlumpte Kleidung, und er wischt manchmal den Speichel weg, bleibt aber meist reglos und stumm sitzen, als spien die Leute nicht ihn an, sondern einen anderen ...

Hier läßt der Sänger einen klagenden Laut hören, und er zittert an allen Gliedern, wenn er den Mann mit dem leuchtenden Gesicht sieht, der über und über mit Speichel wilder und grober Soldaten, Händler, Trödler, Krüppel und Prostituierten bedeckt ist. Dem Sänger fallen Verse und Wortfetzen ein, Verse früherer liturgischer Dichter und früherer Volkssänger, die ihrem Zorn Luft machten, und er schaudert mit ihnen. Mit einem von ihnen schreit er auf wie ein verwundeter Mann:

> »Mein Abszeß hat sich verhärtet,
> meine gefährlichen Geschwüre ...
> Und bei der Suche nach meinem Erlöser
> hat sich mein Auge verdunkelt.«

Er sucht Trost und findet ihn nicht; nur eines kann ihm helfen: Er versetzt sich in die Lage des anderen, ist ebenso von Wunden bedeckt wie dieser, wie dieser angespien, wie dieser stumm, und wie dieser ist er sich bewußt, daß ein solches Schicksal ihm von einem höheren Willen auferlegt worden ist; daß es Gott gefallen hat, es geschehen zu lassen; denn die Bestimmung ist eine große Gabe, die von einer segnenden Hand gewährt wird.

Und hier die zweite Vision:

Es ist tiefschwarze Nacht, und man spürt, wie die Menschen in der Dunkelheit kommen und gehen, wie sie sich suchen, ohne einander zu finden, aber schon das ist ein Trost, daß sie dennoch die Gegenwart der anderen spüren, wie verstreut sie auch sein mögen und wie unfähig, von anderen auch nur eine Spur zu finden. Dennoch wimmelt der Ort von Menschen, die auf der Suche sind.

Man spürt dort die Gegenwart vieler verzweifelter gläubiger Menschen. Man könnte sagen, daß, wenn von irgendwoher ein Lichtstrahl, ein Lichtschein auftauchte, sich diese abgezehrte, entkräftete Menschenmenge, in der sich nur wenige junge Leute befinden, auf jedes Ziel stürzen würde, das sich ihr bietet, in ein Meer, in einen Abgrund oder in beides. Diese Tausende von Menschen würden wie ein Mann mit Lobgesängen auf den Lippen losstürzen, als sei ihre Erlösung nahe.

Und dann erscheint irgendwo am Himmel eine Flamme, und mit einem Schlag sieht sich diese Menschenmenge erleuchtet;

Kinder schlafen in den Armen ihrer Eltern und haben die kleinen Köpfe an deren Schultern gelegt, während die Eltern vom ewigen Herumwandern müde sind; alte Menschen schleppen sich nur noch mit Mühe dahin und gehen so tief gebeugt, daß sie fast den Erdboden berühren. Alle fühlen sich durch die Flamme angezogen, durch die himmlische Glut.

Man sieht, daß manche von fremden Händen zum Feuer hin geschleppt werden. Sie wollen nicht und widersetzen sich, aber als man sie ins Feuer geworfen, gezogen und gestoßen hat, folgen ihnen die anderen, an denen nun die Reihe wäre, aus freien Stücken nach. Wieder andere laufen eifrig und schnell auf das Feuer zu, werfen erst ihre schlafenden Kinder hinein, stoßen dann Frauen und Alte hinterher, bevor sie sich selbst in die Flammen stürzen. Sie dienen allen anderen in der großen Menschenmenge, die sich dort zusammengedrängt hat, zum Beispiel. Als diese Menschen sehen, was die anderen aus eigenem Antrieb heraus getan haben, bleiben sie einen Augenblick verzweifelt und reglos stehen wie eine Herde, der eine Katastrophe bevorsteht, aber kurz darauf kommt ihnen der Herdentrieb zu Hilfe, der Instinkt, der für Gefahren blind macht und ihnen erlaubt, sich verzückt in den Tod und in die Vernichtung zu stürzen. Je größer die Herde, um so größer die Verzückung; je mehr die Angst vor der Gefahr schwindet, um so stärker die Erregung; und wie Schafe vor einem unausweichlichen Abgrund schieben sich die Menschen gegenseitig weiter und stürzen sich eilig in die Arme und an die Brust des Todes.

»Geheiligt werde Dein Name in Deiner Welt durch Dein Volk, das Deinen Namen heilig hält.«

Hier vernimmt der blinde Sänger diesen Schrei, der aus den Feuern uralter Zeit emporsteigt, und er schreit mit ihnen; er hat das Gefühl, als wäre er mit ihnen dort unten in den Flammen, als begänne seine Kleidung schon zu brennen, als kröche das Feuer schon an seinen Körper und seine Seele heran. Er fühlt sich einer dem Feuer und den Flammen ausgesetzten Gemeinschaft zugehörig. Noch jetzt, lange Zeit nach diesem Traum, spürt er den Brandgeruch seiner Kleider – ihrer Kleider.

328

Und hier die letzte Vision:

Wieder vor der Morgendämmerung. Aus einer fernen Dunkelheit, wie aus einer Zeit, in der es weder Sonne noch Licht gibt, zeigt sich am Horizont eine Erscheinung in Gestalt eines von zwei Säulen begrenzten Portals. Darüber ein halbkreisförmiger Bogen. Je mehr der Tag fortschreitet und je deutlicher sich dieses Portal abzeichnet, um so deutlicher auch die Öffnung, in der sich die Sonne zeigen muß.

Und tatsächlich, kurz darauf erscheinen Vater und Sohn, Reb Simeon und sein Sohn Elieser, die beide einen großen Ruf genießen. Beide haben sich jahrelang in Höhlen versteckt. Wenn sie diese Höhlen verlassen, bringen sie kühle Heilmittel für all diejenigen mit, die sich freiwillig in die Flammen gestürzt haben. Und sie haben auch Leitern mitgebracht, damit diese Menschen geradewegs zu ihrem Ziel emporklettern können, und auch Licht, um ihren Weg zu erhellen. Das soll heißen, daß sie ihre Schriften mitgebracht haben, das »Sohar« und die »Regeln des Sohar«, über die der Sänger sich beugt und von denen er – und mit ihm viele andere wie er – glaubt, daß sie den Durst des Volkes gelöscht und wie Kompressen gewirkt hätten, die man auf entzündete Wunden legt.

Kurz darauf verschwindet das Portal, und an seiner Stelle taucht ein großartiger Platz auf, auf dem man all das sehen kann, was in den Schriften erscheint: Bären, die mit menschlicher Stimme sprechen; Vögel, die mit ihren Botschaften ein Ende der Welt mit dem anderen verbinden; Quellen und Brunnen, an deren stillen Wassern geheimnisvolle Schäfer ruhen; heilende und tödlich wirkende Kräuter; wie Greise aussehende Kinder und alte Menschen, die wie Kinder aussehen; Propheten, Visionäre, Wanderer, Pilger, deren Häupter mit Asche bedeckt und deren Augen voller Staub sind. Mit einem Wort all die, die den auf wundersame Weise begonnenen und unvollendeten Erzählungen und Schriften entspringen, in einem Geflecht phantastischer Blumenarabesken, die mit dem Namen Gottes, mit Toten und Geschöpfen gesäumt sind; Tote, die über die ganze Erde einen bleibenden Geruch verbreiten, Schatten gepeinigter Seelen, die auf der Welt umherirren und niemals Ruhe finden können; und andere Formen, noch mehr Formen, die sich ständig verwandeln, umherirrende Geister und Geißeln Gottes, Dämonen, gute und böse Engel und verdammte Seelen, all die Gestalten, die diese Art von Schriften bevölkern und welche die Autoren, ob selber schuldig oder nur dazu verführt, wegen der übersprudelnden Phantasie irgendeines von ihnen erfunden haben, um die Welt zu blenden und zu narren.

Sruli wartete. Er sah, daß Lusi beim Beten immer wieder zitterte. Er sah, wie Lusi in jedem Augenblick, an den bewegendsten Stellen des Textes, die Hand auf die Stirn oder den Kopf und manchmal sogar in den Nacken legte. Von Zeit zu Zeit stand er auf, als könnte er nicht still sitzen bleiben. So verhielt er sich sonst nicht beim Lesen und Beten. Immer wieder wurden seine Augen von Tränen verschleiert, er keuchte, und manchmal wurde er von einem Hustenanfall geschüttelt.

Sruli wartete, und als er sah, daß der andere geendet hatte, daß sich dessen Herz beruhigt hatte und sein Blick wieder klar war, obwohl in den Augenwinkeln noch Spuren von Tränen zu sehen waren, entschloß er sich, die Stelle zu verlassen, an der er die ganze Zeit gestanden hatte, während Lusi betete.

Er trat einen Schritt vor, dann noch einen, und blieb schließlich vor Lusis Lesepult stehen. Langsam führte er die Hand zur Brusttasche, zog ein kleines Papierbündel heraus und reichte es Lusi.

»Ich komme gerade vom Markt, und das hier habe ich dort verdient«, erklärte er stotternd und wiederholte nun die gleichen Worte, die er bei Malke-Rive geäußert hatte.

»Ich bin gerade vorbeigekommen, und als ich zufällig auf die Schwelle blickte, habe ich das hier gefunden. Ich bringe es dem, dem es gehört.«

»Welcher Markt, wieso gehört, und was gibst du mir da?« wollte Lusi wissen, der nichts verstand, die Worte noch weniger als das, was er mit seinen Augen sehen konnte.

Er bemerkte, daß Sruli bleich und abgezehrt wirkte wie ein

Mann, der getrunken hat und noch nicht ganz wieder zu sich gekommen ist. Und da Lusi selbst soeben von sehr weit weg zurückgekehrt war, so daß die Dinge dieser Welt ihn wenig berührten und er sie kaum begriff, sagten ihm auch Srulis Worte wie »Markt« und Ähnliches nicht das geringste. Er hatte vollkommen vergessen, daß in der Stadt ein Markt stattfand und daß sich die Menschen auf die eine oder andere Weise dafür interessierten.

»Welcher Markt, und was gibst du mir da?« fragte er und starrte verständnislos auf Sruli und dessen ausgestreckte Hand.

»Dies sind die Wechsel, von denen ich dir erzählt habe. Die Wechsel deines Bruders Mosche, die ich gekauft habe. Ich habe Angst, sie mit mir herumzutragen; schlimmer noch, ich habe Angst, sie zu vertrinken. Darum möchte ich sie dir übergeben; du kannst damit machen, was du willst, tu damit, was du für richtig hältst, und wenn du sie nicht willst, kannst du sie Bedürftigen geben, ganz nach deinem Belieben.«

»O nein«, äußerte Lusi schließlich und schob dabei Srulis Hand sanft zurück, »o nein . . . Da mische ich mich nicht ein, mit diesen Dingen habe ich nichts zu tun, das geht mich nichts an.«

»Nein«, hob er wieder mit klarer Stimme an, »ich bin nicht der richtige Mann dafür; gib sie jemand anderem oder behalte sie selbst. Ich muß dieses Geld ablehnen.«

Wieder wartete Sruli, bis Lusi seinen Gebetsschal und die Tefillin zusammengefaltet und seinen Mantel angezogen hatte. Dann sah man sie gemeinsam die Synagoge verlassen, erst Lusi und dahinter Sruli, bis sie auf der Mitte der Treppe nebeneinander standen; aber auch dort war Lusi ein wenig voraus, Sruli ein wenig zurück, als respektierte er die Distanz zwischen ihnen. Unterwegs führten sie eine Unterhaltung, bei der man vor allem die Stimme Lusis vernahm, während Sruli zuhörte. Und die ganze Zeit konnte man sehen, daß sich Sruli die größte Mühe gab zu erfassen, was Lusi sagte, denn er war noch nicht wieder völlig klar im Kopf, sein Gang war lange noch nicht fest, und der Boden schien leicht unter seinen Füßen zu schwanken.

IX
Ein wenig Alltagsleben

Man schrieb schon die letzten Tage des Monats Elul. Auf dem »groben« Markt, an dessen Verkaufsständen man das ganze Jahr über wichtige Kleinigkeiten verkaufte, etwa Schuhmacherzubehör wie Nägel in Schachteln, einzelne Nägel sowie Pech und Faden und so weiter, tauchten jetzt runde Wachsscheiben in Form großer, mittelgroßer und kleiner Teller auf.

Dieses Wachs würde die Stadt schon bald sehr brauchen: Ihre frömmsten Frauen würden daraus Gedenkkerzen für das große und ehrfurchtgebietende Fest Jom Kippur herstellen, für den Tag des näherrückenden Jüngsten Gerichts.

Zwischen Neujahr und Jom Kippur versammelten sich diese Frauen mit ihren Familien, wobei sich jede Familie bei ihrem frömmsten Mitglied einfand. Die Frauen zogen sich in Zimmer zurück, zu denen Männer und Kinder keinen Zutritt hatten; jeder Docht wurde gleichsam verzaubert, und die Frauen klagten und schluchzten und beschworen dabei die Seelen der Toten, denen diese Dochte geweiht waren.

In diesen Zimmern wurden lange dünne Wachskerzen angefertigt, Kerzen für den gefürchteten Gott und sein gefürchtetes Tribunal, die zu dieser Zeit besonders streng waren und von allen Betenden, die von dem Herrn etwas erbaten, Kerzen von besonderer Heiligkeit und Feierlichkeit verlangten. Sie mußten aus der reinsten Substanz angefertigt werden, die in der Natur zu finden ist, aus Bienenwachs – dem Produkt von Bienen und Blumen.

In der Stadt bereitete man sich schon auf mancherlei Weise auf diese Tage vor. Den ganzen Monat lang, egal an welchem Tag, konnte man frühmorgens unzählige Frauen zum Friedhof, zum »Feld« gehen sehen, die später am Tag tränenüberströmt und mit gebrochener Stimme zurückkehrten, aber getröstet waren, nachdem sie an den Gräbern geweint hatten, und auch erleichtert und entspannt, als kämen sie nach drückender Hitze an einen kühlen Ort.

Diese Scharen schwollen in den letzten Tagen noch an und vervielfältigten sich, wenn auch die armen Angehörigen des weiblichen Geschlechts mit ihren durchgelaufenen Schuhen und zerlumpten Schals auf den Friedhof strömten und all den Kummer mitbrachten, der sich im Lauf des Jahres angesammelt hatte, um ihn vor ihren Verwandten, ihren seligen Eltern, Kindern und nächsten Angehörigen auszubreiten.

In dem Grabgewölbe auf dem »Feld« hatte Liber-Meyer mit dem Anzünden und Ausmachen von Lampen viel zu tun und viel zu verdienen. Er war also mit tausend Dingen beschäftigt und eilte von einer Aufgabe zur anderen, von einem Kunden zum nächsten; um sich die Arbeit zu erleichtern, hatte er einen Gehilfen mitgebracht, der die Bittschriften verfaßte, und auch dieser kam angesichts all dieser Frauen und jungen Mädchen, die darauf warteten, daß sie an der Reihe waren, mit seiner Arbeit nicht zu Ende: Für einige sollte er an den Rabbi schreiben, an dessen Söhne und Schwiegersöhne, die dort ruhten, für andere sogar an die Frau des »Tsaddik«, an deren Töchter und Schwiegertöchter, die, durch eine Mauer getrennt, unter demselben Dach ruhten wie der Rabbi.

Dort wimmelte es auch von Bettlern, von Krüppeln, von verschiedenen Sektenangehörigen, die niemand brauchte, die aber selber alle brauchten; sie selbst besaßen nichts außer vielleicht einem körperlichen Gebrechen oder den Flüchen oder Segenssprüchen, die sie im Munde führten; auch sie, diese Bettler, Gebrechlichen, diese Krüppel ohne Beine, diese Gottesmenschen belagerten also den Friedhof, drängten sich vor dem Eingang, dem Ausgang, überall, selbst vor den entferntesten Gräbern. Wer ihnen etwas gegeben hatte, erhielt ihren Segen, wer nichts gab, bekam nichts; aber wer weigert sich schon, in einem solchen Augenblick und an einem solchen Ort gesegnet zu werden? Arme Frauen zogen ihre letzten Groschen aus ihren armseligen, verknoteten Taschentüchern und Taschen, um diese Taugenichtse für sich zu gewinnen und von ihnen ein gutes Wort zu erhalten, diese Tagediebe, die ein ganzes Jahr lang voller Müßiggang auf diesen günstigen Moment gewartet hatten, auf diesen Monat, der den »Tagen des Schreckens« vorangeht.

So wie die Frauen blieben auch die Männer an diesen Tagen nicht untätig. Die verschiedenen chassidischen Sekten der Stadt versammelten sich ebenfalls, jede an dem Ort, an dem sie ihre Gebete abhielt – Synagoge oder Betsaal –, und an den letzten Tagen des Monats traf man sich abends zu vertraulichen Gesprächen, um zu entscheiden, wer sich »auf die Reise begeben« sollte und wann; man tat sich zu Gruppen zusammen, jeder leistete einen Beitrag, damit sie sich gemeinsam eine Kutsche leisten konnten, und die Sekten, deren Rabbiner weit weg wohnten, machten sich ein paar Tage früher auf den Weg, um am Vorabend der Feierlichkeiten in der fernen Stadt ihres Rabbi rechtzeitig anzukommen.

In den Poststationen mit Wechselpferden wuchs die Aufregung: Man versprach die Fahrt, sagte dann wieder ab, denn andere hatten mehr geboten und sich so den Zuschlag gesichert.

So sah es bei den chassidischen Sekten aus, die auf der Landstraße reisen mußten. Man hatte es in erster Linie eilig, vor seinem Rabbi zu erscheinen, wollte aber auch diejenigen vertreten, die nicht hatten mitkommen können, deren Namen jedoch auf der gemeinsam aufgesetzten Liste standen; diese Liste sollte am letzten Tag des Jahres dem Rabbi übergeben werden, damit er alle in seine Gebete einschließen konnte, auch jene, die zu Hause hatten bleiben müssen.

Eine einzige Sekte machte eine Ausnahme. Ihre Mitglieder hatten es nicht eilig, obgleich der Weg zu ihrem Rabbi sehr lang war: Sie waren nicht auf das Wohlwollen der Kutscher angewiesen, denn sie reisten mit der Bahn. Das waren die Bratslaver, bei denen es schon Tradition war, erst am Vorabend des Neujahrstages abzureisen. Sie gerieten nicht mal auf dem Bahnhof in Aufregung, denn eines ihrer Mitglieder, ein sehr wohlhabender Gutsbesitzer aus ihrer Gegend, mietete Jahr für Jahr für alle

»Teilnehmer« aus der ganzen Gegend einen Sonderwaggon. Jahrelange Erfahrung hatte gezeigt, daß es für ihresgleichen unmöglich war, den Sticheleien, Beleidigungen, dem Spott und gar – Gott schütze uns davor! – Schlägen zu entgehen, wenn man mit Fremden ein Abteil teilte ...

Es war die fromme Pflicht des Gutsbesitzers und seine Aufgabe, ein paar Tage vorher am Bahnhof einen Waggon zu mieten und die Bahnangestellten wenn nötig zu bestechen. Wer es konnte, zahlte anschließend seinen Anteil, und wer es nicht konnte, reiste trotzdem, ohne auch nur einen Pfennig auszugeben.

Und damit war der vorletzte Tag des alten Jahres gekommen. Auf dem Bahnhof von N., der sich nicht als großer Bahnhof bezeichnen ließ, auf dem es aber dennoch sehr lebhaft zuging, vor allem bei Ankunft und Abfahrt der Züge, denn er bediente die ganze Region, auf dem Bahnhof von N. konnte man also in der großen Menge von Menschen, die es eilig hatten, eine kompakte Gruppe sonderbarer Männer erblicken, die aneinander zu kleben schienen und gemeinsam dahinmarschierten wie eine Hammelherde; eingeschüchtert wie Menschen, die nur selten hierherkommen, warteten sie auf den Zug.

Und dann war der Zug da. Der Gruppe ging einer der Ihren voraus, der Mann, den wir schon erwähnt haben und der den Waggon reserviert hatte; die anderen waren gleich Schafen über den Bahnsteig gelaufen und hatten eilig den Waggon bestiegen.

Die beiden Gendarmen, die bei Ankunft und Abfahrt eines Zuges die Ordnung aufrechterhielten, spazierten in großem Staat über den Bahnsteig: kaukasische Schaffellmützen, vorn von weißen Federbüschen geziert, rotgold glänzend vor lauter Medaillen und Auszeichnungen, die ihnen von höchster Stelle in Anerkennung ihrer beispielhaften Dienste verliehen worden waren.

Schuk, anderthalb Mannsgrößen hoch und unbeugsam, als wäre er aus Stahl geschmiedet – Brust, Schultern und der ganze Mann wirkten wie die Verkörperung eines kraftvollen Golem –, dieser Schuk mit den glattrasierten Wangen und dem schwarzen, herabhängenden langen Schnurrbart lächelte niemals, da die Natur ihn nicht mit dieser Gabe ausgestattet hatte. Zum Teil vielleicht auch, weil er dachte, daß es mit seinem Gendarmenstatus unvereinbar war zu lachen.

Matwejew, der zweite Gendarm, war viel kleiner als der andere, dafür aber breiter, vor allem der Brustkasten, und sein mächtiger, gelber russischer Bart bedeckte alle seine Auszeichnungen.

Alle beide blieben stehen, als sie diese Gruppe von Chassidim herbeiströmen sahen, und betrachteten sie. Den restlichen Bahnhof mit all seinen Zügen ließen sie unbeobachtet. Sie waren von dem Anblick, den dieser Waggon bot, derart gefesselt, daß sie für nichts anderes mehr Augen hatten. Ungeachtet der Tatsache, daß sie von hier waren, daß ihnen die städtische Bevölkerung (und die von außerhalb der Stadt) mit ihren Gebräuchen und Gewohnheiten, ihrem Verhalten und ihrer Kleidung wohlvertraut war und daß sie in ihrer langen Dienstzeit genug davon gesehen hatten, konnten sie die Blicke dennoch nicht von dieser Gruppe abwenden.

Diese Leute da, die sich vor ihrem Waggon versammelt hatten, wirkten wie wilde Tiere, die man zu einer Ausstellung schickt. Unter ihnen befanden sich der hochgewachsene Jankl, »Doppelmeter« genannt, der Schneider, dessen Nacken vor Angst gebeugt war; der riesige Dienstmann Scholem, der ständig versuchte, sich zu krümmen und kleiner zu erscheinen, als er war; Menachem der Färber, den die Vorstellung erschreckte, fremde Augen könnten ihn ansehen; er fürchtete sich vor der unbekannten und bedrohlichen Atmosphäre des Bahnhofs und hielt den Kopf ganz dicht an dem Mann, der ihm vorausging, und sein Mund murmelte ein Gebet: Möge er vor allem bewahrt bleiben, was einem Mann auf einer Reise und auch hier, auf dem Bahnhof widerfahren könne, was Gott verhüten möge; dann war da noch »das Paar«, das hier ebenso wie in der Synagoge beisammen blieb. Die beiden wirkten wie zwei kurzsichtige kleine Tiere, die allein schon das Tageslicht verwirrte. Ihre armseligen Kaftane schlotterten ihnen um die dürren Schultern, und während sie Schlange standen, um den Waggon zu besteigen, hatte jeder eine Zigarettenkippe im Mund, aus der beide gierig herauszusaugen suchten, was nur möglich war.

Dies waren Leute aus der Gegend, die immerhin noch etwas Menschliches an sich hatten, wie wenig es auch sein mochte. Es gab aber noch andere, Leute aus der Provinz, die ihr Leben in fernen, gottvergessenen Dörfern zubrachten. Diese wirkten wie Wilde. Ihr Aufzug war so grotesk, daß er selbst Leute zum Lachen reizte, die einen solchen Anblick gewohnt waren, ganz zu schweigen von denen, die so etwas noch nie zu Gesicht bekommen hatten, etwa Fremde und Gendarmen . . . Sie waren so verängstigt und drängelten so sehr, um möglichst schnell ihren Waggon zu erreichen, daß Schuk, als er sie entdeckte, Matwejew, dem zweiten Gendarmen, der neben ihm stand, ein Zeichen gab, um ihn auf die Szene aufmerksam zu machen.

Während die Gendarmen den Waggon amüsiert im Auge behielten, tauchten die drei letzten in der Schlange auf; es waren Michl Bukjer, Sruli und Lusi; Lusi, hochgewachsen und schlank, trug seinen Sommermantel . . . Kaum hatten ihn die Gendarmen gesehen, verschwand das Lächeln aus ihren Gesichtern. Sie erkannten in ihm eine hochgestellte Person, eine Art Chef, einen reichen und ehrfurchtgebietenden Mann, und für angesehene Leute dieses Schlages hielten sie immer Devotion und Hochachtung bereit, welcher Klasse, Nationalität oder Religion diese auch angehörten, ob sie Händler waren oder Geistliche.

Dann sahen die Gendarmen, die immer noch wie angewurzelt vor dem Waggon standen, Michl Bukjer und Lusi in ihr Abteil einsteigen. Ein einziger Mann blieb auf dem Bahnsteig zurück, Sruli, ein seltsamer Bursche.

Er hatte sich von Lusi verabschiedet, bevor dieser den Waggon bestiegen hatte. Danach blieb Sruli vor den Fenstern seines Abteils stehen, bis sich der Zug in Bewegung setzte und den Bahnsteig hinter sich ließ. Da schien Sruli plötzlich aufzuwachen und sich an etwas zu erinnern, als hätte er etwas im Zug liegen lassen. Er rannte hinter dem Zug her und schaffte es mit knapper Not, mit der rechten Hand das Geländer der Abteiltür zu ergreifen. Er blieb wie ein Schaffner auf dem Trittbrett stehen, beide Hände auf den Handgriffen. Seine Rockschöße flatterten im Fahrtwind. Er blickte auf den Bahnhof zurück, der allmählich entschwand, auf die zurückbleibenden Gendarmen, die derlei nicht hätten durchgehen lassen, wenn sie es vorhergesehen hätten – aber es war nichts zu machen, Sruli war schon weit weg und der Zug abgefahren.

Und dann war der Vorabend des Neujahrstages da.

Nachdem Mosche Maschber an diesem Morgen aufgestanden war, tat er, was alle Männer wie er an einem solchen Tag taten: Er begab sich zunächst zum Friedhof, wo ihn Liber-Meyer trotz des großen Gedränges im Grabgewölbe sofort bemerkte. Liber-Meyer ließ ihm gegenüber den anderen den Vortritt und stellte sich ihm zur Verfügung. Natürlich wurde er nach seinen Verdiensten belohnt.

Als Mosche wieder zu Hause war, widmete er sich nicht wie sonst seinen Geschäften. Er schlug die Zeit zunächst in der Synagoge mit anderen frommen Juden tot, dann zu Hause bei der Familie.

Für ihn war dieser Tag so grundverschieden von allem, woran er sich erinnern konnte, nämlich von all dem, was an anderen Tagen des Jahres üblich gewesen war, daß nach dem Mittagessen, als sich im Haus schon der Geruch der Festtagskleider und die Düfte der reich gedeckten Tafel verbreiteten, die nur noch darauf wartete, daß zum letzten Mal in diesem Jahr die Leuchter für die feierliche Segnung der Kerzen bereitgemacht wurden, Mosche etwas tat, was bei ihm nur selten vorkam: Er ließ sich das Gartentor aufschließen und unternahm auf den sorgfältig geharkten Sandwegen einen einsamen Spaziergang.

Er ging bis zum Sonnenuntergang spazieren. Als er einen Sandweg in der Nähe des Zauns erreicht hatte, warf er einen Blick auf den Hof. In einigen der geöffneten Eßzimmerfenster (geöffnet wegen des milden, fast sommerlichen Wetters) sah er, wie sich darin das Licht brennender Kerzen spiegelte, das ohne Zweifel vom Tisch herkam. Ihm fiel wieder ein, daß dies der

Moment der Segnung der Kerzen war und daß Gitl an solchen Tagen etwas früher mit der Zeremonie begann, und so verließ er den Garten und ging wieder ins Haus.

Und tatsächlich: Auf dem strahlendweißen Tischtuch stand eine ganze Reihe von silbernen Leuchtern, alle groß, blitzblank geputzt und leuchtend, und in der Mitte ein Familienerbstück, das nur an hohen Feiertagen auf den Tisch kam: eine Halb-Menora[1] mit drei Armen, und aus dem mittleren ragte ein gekrümmter vierter Arm.

In allen Leuchtern steckten weiße Kerzen, nur die der Menora waren aus Wachs. Da die Leuchter eine lange Reihe bildeten und die Halb-Menora zudem sehr hoch war, würde es Gitl schwerfallen, beim Segen alle mit ausgestreckten Armen zu umfassen, denn sie ist nur mittelgroß, vielleicht sogar noch ein wenig kleiner. Wie üblich hatte man ihr einen Hocker hingestellt, um ihre geringe Körpergröße wettzumachen, so daß sie die Arme ausstrecken konnte.

Und tatsächlich, Gitl machte sich gerade bereit, auf den Hokker zu steigen, aber bevor sie Zeit gehabt hatte, einen Fuß daraufzustellen, strömten ihr Tränen über die Wangen, als sie ihren Mann und ihre Kinder betrachtete, die am Tisch aufgereiht saßen und für die sie beim Segnen der Kerzen beten würde, zunächst für alle gemeinsam und dann für jeden einzelnen, vor allem aber für ihren Mann.

Auch Mosche blickte in die Runde, sah Gitl an, die Kinder, alle Angehörigen seines Haushalts, und plötzlich fiel ihm auf, daß einer fehlte: Alter. Er beschloß, vor dem Segen und vor dem Aufbruch zur Synagoge zu ihm hinaufzugehen, um sich nach seinem Befinden zu erkundigen und herauszufinden, was ihm nach jener denkwürdigen Nacht widerfahren war. Ging es ihm besser oder schlechter? Falls es ihm besserginge, würde er ihm ein gutes neues Jahr wünschen; im entgegengesetzten Fall hätte er ihn wenigstens gesehen und würde später, in der Synagoge, für ihn beten können. So verließ Mosche das Eßzimmer und

---

[1] Menora = siebenarmiger Leuchter (Anm. d. Übers.)

stieg zu Alter in die Dachkammer hinauf. Auf dem Weg nach oben bemerkte er, daß Alters Fenster, das auf den Garten hinausging, wegen des milden, fast sommerlichen Wetters ebenfalls offenstand. Das Licht der untergehenden Sonne fiel, abgemildert durch das Laub der Bäume, sanft in die Dachkammer. Alter lag auf seinem Bett. Für den bevorstehenden Feiertag war die Bettwäsche gewechselt worden. Sein Gesicht war der durch das Fenster erleuchteten Seite zugewandt. Stark geschwächt, die Arme auf der Bettdecke gekreuzt, niedergeworfen von der schweren Krankheit, die ihn heimgesucht hatte, lag er da, aber seine Augen waren klar und verständig wie bei einem Tier nach dem Werfen, dem man noch die Leiden ansieht, die es durchgemacht hat, das mit Worten aber nicht mitteilen kann, wie zufrieden es über die glückliche Geburt ist.

Als Alter seinen Bruder Mosche zunächst hörte und dann auf der Türschwelle wahrnahm, wandte er sich zu ihm um, betrachtete ihn und forderte ihn mit einem von der Krankheit gezeichneten, aber doch erfreuten Blick auf, näherzutreten.

»Wie geht es dir, Alter?« fragte Mosche und beugte sich über das Bett.

»Ich glaube, daß ich gesund werde, Mosche.«

Mosche konnte hören, wie Alters geschwächter Brust leise Worte entströmten.

Tatsächlich erkannte Mosche an Alters Tonfall, an seinem Blick, an seinem ganzen Verhalten, daß eine Veränderung mit ihm vorgegangen war. Er erinnerte sich an die Worte von Doktor Janowski an jenem schicksalhaften Abend, als Lusi ihr Haus verlassen und Alter danach seine Krise gehabt hatte. Jetzt kam ihm Alter trotz seiner Blässe und Schwäche wie neugeboren vor. Mosche war darüber höchst verwundert, aber da er es eilig hatte, wieder hinunterzugehen, beugte er sich nochmals über seinen Bruder und rief ihm ins Ohr:

»Frohes neues Jahr, es ist der Tag vor Neujahr, das weißt du doch?«

»Der Tag vor Neujahr? Nein, das habe ich vergessen.«

Mosche kehrte ins Eßzimmer zurück. Gitl stand bereits auf

ihrem Hocker. Sie hatte das weiße Seidenkopftuch über den Ohren zusammengebunden und bedeckte die Augen mit den Händen, aber quer durch die Finger liefen ihr die Tränen übers Gesicht. Mosche und seine Schwiegersöhne hatten schon die Mäntel an und schickten sich an, zur Synagoge aufzubrechen, während die Mädchen noch auf Gitl warteten.

Und dann verließen alle bis auf die Dienstmädchen das Haus. Nur noch Alter blieb in seiner Dachkammer zurück. Die untergehende Sonne erleuchtete durch das strahlend helle Fenster die armselige Junggesellenkammer und den auf dem Bett liegenden Alter. Er weinte still um all die vergangenen Jahre, die an ihm vorübergezogen waren, ohne daß er es bemerkt hatte, und seine künftigen Jahre, von denen er nicht wußte, was sie ihm bringen würden. Langsam schlug er die Bettdecke zurück, stand auf und schleppte sich halbnackt zum Fenster. Der Blick seiner vor Erschöpfung halbgeschlossenen Augen folgte durch das Laub der Bäume hindurch der untergehenden Sonne, bis sie verschwunden war.

X

Gewitterwolken

Niemand weiß, wie die Geschichte von dem Porträt, das den Gutsbesitzern beim Bankett als Zielscheibe gedient hatte, den Behörden in der fernen Provinzhauptstadt zu Ohren gekommen war. Es ist nicht ausgeschlossen, daß derselbe Swentislawski, von dem schon am Abend des Festes jedermann wußte, daß er geschossen hatte, die Behörden verständigt hatte, nachdem das Erpressungsgeld in seiner Hand war. Vielleicht hatte er befürchtet, daß die Geschichte auch anderweitig ruchbar werden könnte, denn in diesem Fall würde es nicht gut um ihn stehen.

Es ist durchaus möglich, daß es sich so zugetragen hatte. Jedenfalls verschwand Swentislawski um diese Zeit aus dem Blickfeld, und es hieß, man habe ihn festgenommen. Wer weiß? Vielleicht war er wegen irgendeiner anderen Gaunerei untergetaucht, oder man wollte ihn höheren Orts mit dieser Festnahme in den Augen der Grundbesitzer reinwaschen. Um den Eindruck zu erwecken, daß auch *er* verdächtig und in Ungnade gefallen sei, wodurch seine Glaubwürdigkeit bei den Grundbesitzern erhalten bliebe. Sie wären so auch weiterhin überzeugt, daß nicht er sie denunziert hatte. Vielleicht aber hatte man höheren Orts auch den Wunsch, Swentislawski anderweitig für sich einzusetzen, eine bei den Behörden häufig geübte Praxis.

Wie dem auch sei: Eines schönen Tages tauchte in N. eine Untersuchungskommission auf. Und fast jeder, der während des Pretschistaja-Markts am Bankett teilgenommen hatte, wurde vor diese Kommission zitiert. Die Aufforderungen waren zunächst nicht übermäßig streng, sondern es hieß in fast vertraulichem Ton, man möge sich in N., dem Hauptort des Distrikts, an dem und dem Tag zu einer Anhörung einfinden.

Über den Gegenstand der Untersuchung wurde zwar Stillschweigen gewahrt, aber die Adligen begriffen schnell, daß es sich nur um eine Folge des fatalen Schusses handeln konnte, und schlotterten vor Angst.

Ein Mann wie etwa der junge Graf Koseroga bereitete sich auf den Rat von Freunden und Verwandten hin schon darauf vor, sich heimlich ins Ausland abzusetzen, denn wer weiß, wie eine solche Affäre anfängt – und enden kann. Seine Umgebung wiederholte immer wieder: Bekanntlich geht es in solchen Angelegenheiten ja nie um die Wahrheit; ob zu Recht oder Unrecht, sie wollen einen loswerden. Sie suchen sich irgendeinen Vorwand und haken sich daran fest, um einen zu quälen, um einen von seinen Gütern zu verjagen und Geld und Ländereien zu beschlagnahmen.

Koseroga war also schon zur Flucht bereit. Später erzählte man sich, daß am Vorabend des Tages, an dem er vor der Kommission in N. erscheinen sollte, hinter seinem Haus eine angespannte Kutsche stand. Seine ergebenen Diener hatten im Schein von Fackeln bereits sein Gepäck hinausgeschafft und in der Kutsche verstaut. Und Koseroga selbst hatte schon seinen pelzbesetzten Reisemantel angezogen, denn er zitterte und fröstelte. Alles war bereit. Im letzten Moment aber, als er sich mit seinem schwerfälligen Gang die Treppe seines Hauses hinunterschleppte, machte er eine seltsame Bewegung, als wäre er über etwas gestolpert. Er wäre hingefallen, wenn ihn nicht ein Diener ergriffen und aufgefangen hätte. Der Diener hatte gedacht, der Graf sei ausgerutscht. Keineswegs: Der Graf war nicht in der Lage, wieder aufzustehen. Er lag wie ein Mehlsack mit seinem ganzen Gewicht in den Armen seines Dieners und brachte kein Wort hervor, war unfähig, sich zu rühren, und starr wie ein Leichnam. Man brachte ihn wieder ins Haus und stellte fest, daß sein Mund schief war und daß ihm Speichel aus dem Mundwinkel tropfte, daß eins der Augen glasig zu sein schien und daß die ganze Mitte seines Körpers blau angelaufen war wie eine Milz. Damit war Koseroga aus dem Spiel, und man war gezwungen, ihn in Ruhe zu lassen.

Alle anderen waren der Vorladung natürlich gefolgt. Man unterwarf sie einem Verhör. Zunächst leugneten alle, wie sie untereinander vereinbart hatten. Sie wollten nicht mal zugeben, einen Schuß gehört zu haben. Aber nichts half. Je mehr von ihnen vernommen wurden, um so mehr Beweise hatten die Beamten in der Hand, daß der Schuß tatsächlich abgefeuert worden war. Wie die Beamten inzwischen herausgefunden hatten, hatten alle Anwesenden gemeinsam die verbotene polnische Nationalhymne gesungen; jetzt mußte nur noch ans Licht, wer das Lied angestimmt und somit die Initiative ergriffen und wer nur mitgesungen hatte. Das Gesamtbild war schon klar, und manche der vorgeladenen Gutsbesitzer durften nicht mehr nach Hause, sondern blieben unter Arrest in N. Und während der Ermittlungen stießen die Beamten zugleich auf einen Hinweis, der sie zu den reichen jüdischen Kaufleuten führte, die das Erpressungsgeld aufgebracht und den Adligen geholfen hatten, die Spuren der Affäre zu verwischen. Folglich lud man auch einige der reichen Juden vor. Das löste in einigen Häusern eine solche Verwirrung aus, daß das Geheimnis, anfänglich nur den wenigen direkt an dieser Affäre Beteiligten bekannt, das heißt den Männern, die sich bei Reb Dudi getroffen hatten, plötzlich kein Geheimnis mehr war. Erst erfuhren die Frauen der Teilnehmer davon, dann die Kinder, Verwandten, Freunde und Angehörigen. Dies versetzte sie in solche Angst und Panik, wie sie sonst nur ein Brand oder eine Überschwemmung verursachen können – keiner wußte mehr, was er tun sollte. Einige der Ehefrauen, Verwandten oder Freunde wandten sich an Wunderrabbis, um deren Rat zu erbitten, andere eilten auf den Friedhof, um die Gräber »zu vermessen«, und so weiter.

Der Rabbiner, Reb Dudi, war zunächst noch nicht beunruhigt. Man hatte ihn noch nicht aufgefordert, vor der Kommission zu erscheinen. Lag das am Respekt vor dem geistlichen Stand, oder wollte man ihn sich für den Fall aufsparen, daß die Zeugen widerspenstig wurden und sich weigerten, einen Eid zu schwören? – In dem Augenblick nämlich, da sie den Eid leisten sollten, konnte der Rabbi sie zur Vernunft bringen, denn sonst wäre auch er gezwungen, einen Eid abzulegen, was für die ganze Gemeinde eine Schande wäre, ein Mittel, zu dem das Gericht nur im äußersten Notfall griff, wenn alle anderen Mittel versagt hatten. Im Augenblick also blieb Reb Dudi ungeschoren. Das konnte jedoch nichts daran ändern, daß in seinem Haus eine Atmosphäre der Trauer und der Panik herrschte: Die Frau des Rabbi war so durcheinander, daß ihr ständig etwas aus der Hand fiel und zerbrach, was sie für ein böses Vorzeichen hielt. Reb Dudi schwieg jedoch weiter. Seine Schwiegertochter aber, die sich nur dadurch auszeichnete, daß sie dem einzigen Sohn des Rabbi in langen Jahren kein einziges Kind geboren hatte – weshalb man ständig ihren Bauch betrachtete und erwartete, daß sie ihre weiblichen Fähigkeiten endlich unter Beweis stellte –, diese Schwiegertochter also, die sonst den ganzen Tag in Seidenkleidern und mit verhülltem Haupt herumlief, verlor jetzt ihre sonstigen Kleidungsgewohnheiten; sie erschien vor ihrem Mann im Negligé, und dieser, ein niedergeschlagener und wenig glücklicher Mann, schickte sie zu seinem Vater, Reb Dudi. Und Reb Dudi, vor dem die ganze Stadt, ja die ganze Region zitterte, der überall in höchstem Ansehen stand, mußte jetzt die Klagen seiner Schwiegertochter über sich ergehen lassen:

»Wozu war das nötig? Warum haben Sie sich in diese Sache eingemischt? Hier geht es doch um Leben und Tod.«

»Oh, weh ist mir«, klagte sie weiter. »Was wird aus uns werden? Wohin soll das noch führen?«

Auch in anderen reichen Häusern hatte man den Kopf verloren. Wenn die Männer zu der Befragung aufbrachen, aber auch bei deren Rückkehr, vergossen die Frauen viele Tränen um sie und machten ihnen schwere Vorhaltungen: »Das kommt davon, wenn man alles auf seine Kappe nimmt, sich für alle verantwortlich erklärt, wenn man nie um Rat bittet, nicht mal in der Familie und schon gar nicht die eigene Frau.« Und nach diesen Vorwürfen begaben sich die Männer in Begleitung ihrer Frauen zur Untersuchungskommission, als wären sie auf dem Weg zum Schafott.

Solange die Männer in der Stadt festgehalten wurden, kam

alles Leben in den Häusern zum Erliegen. Kein Leben mehr, keine Ruhe. Alle irrten ziellos auf und ab und suchten Rat bei jenen, von denen man welchen erhoffen durfte, aber auch dort, wo guter Rat kaum zu erwarten war.

Ähnlich sah es auch in dem Haus aus, das wir schon kennen, bei Mosche Maschber. Auch über ihm hing die Untersuchungskommission wie ein Damoklesschwert. Niemand wußte genau, worum es ging, denn die ganze Geschichte von den Adligen und dem Treffen bei Reb Dudi war mit Ausnahme des Schwiegersohns Nachum Lentscher vor dem ganzen Haushalt, ja sogar vor Gitl, geheimgehalten worden. Jetzt allerdings mußte Mosche die Karten auf den Tisch legen, und seine Familie war wie vom Donner gerührt.

Alle hielten Mosches Schicksal für besiegelt und warfen ihm traurige Abschiedsblicke zu, als wäre er ein todkranker Mann, und beweinten ihn im stillen. Gitl war vollkommen außer sich. Sie lief wie jemand, der eine komplizierte Angelegenheit zu entwirren sucht, im ganzen Haus auf und ab, von einer Ecke zur nächsten, rang die Hände, ließ die Fingergelenke knacken und suchte verzweifelt nach einem Ausweg aus der Patsche, in die sich ihr Mann hineinmanövriert hatte. Sie war völlig durcheinander, aber da die Angelegenheit viel zu ernst war, konnte sie ihrem Herzen nicht wie sonst mit ein paar Tränen Erleichterung verschaffen. Sie war verschlossen, brachte die Lippen nicht auseinander, vertraute sich niemandem an.

Ebenso Mosches Töchter. Allein der Schwiegersohn Nachum wechselte in seiner Eigenschaft als Mann, der zudem von Anfang an besser über die Angelegenheit Bescheid gewußt hatte, gelegentlich ein paar Worte mit seinem Schwiegervater, aber auch das nur mit einem vorwurfsvollen Unterton und mit jener Art von Vernünftigkeit, die man stets dann an den Tag legt, wenn *ein anderer* eine Dummheit begangen hat. Behutsam versuchte er den Weisen zu spielen und seinem Schwiegervater vorzuwerfen, was sich nicht mehr rückgängig machen ließ. Angesichts der Situation hieß das nicht mehr und nicht weniger, als Salz in offene Wunden zu streuen.

»Wie konntest du dich auf so etwas einlassen? Wie konntest du da so einfach hingehen, ohne zu überlegen, selbst wenn dich ein Mann wie Reb Dudi dazu aufgefordert hat? Selbst wenn alle anderen sich einverstanden erklärten?«

Mit einem Wort: Sämtliche Familien, deren Väter und Ehemänner sich auf diese Affäre eingelassen hatten, waren unglücklich, bevor diese auch nur vor der Untersuchungskommission erschienen waren, noch unglücklicher jedoch danach, nach ihrer Rückkehr. Die Männer kehrten wortlos und mit gesenktem Kopf von der Vernehmung zurück, als wären sie gerade auf dem Friedhof gewesen, um einen teuren Verblichenen zur letzten Ruhe zu begleiten.

Sie hatten die Dinge ziemlich durcheinandergebracht. Hatten sie sich denn nicht auf eine gemeinsame Marschrichtung verständigt? Aber, wie es im Leben so ist: Jeder hatte auf eigene Faust damit begonnen, die ganze Geschichte vom Treffen beim Rabbi und jegliche Beteiligung an dem Darlehen energisch zu leugnen. Man habe nichts davon läuten hören. Als sie jedoch erkennen mußten, daß die Untersuchungsbeamten alles wußten, und zwar bis ins kleinste Detail, bis hin zur Zahl der Männer, die bei dem Bankett anwesend gewesen waren, bis hin zur genauen Summe, mit der sich jeder beteiligt hatte, da wurde klar, daß alles Leugnen zwecklos war, daß es keinen Sinn mehr hatte, den Naiven zu spielen, daß man alles sagen mußte, was man wußte, bis es dazu kam, daß man Punkt für Punkt die Zusammenkunft schilderte und die ganze Wahrheit sagte.

Allerdings muß gesagt werden, daß die Untersuchungsbeamten mit den Juden weniger hart umsprangen als mit den Adligen. Es scheint, als hätten die Untersuchungsbeamten von Anfang an begriffen, daß die Verantwortung der Juden sich in nichts mit der der Gutsbesitzer vergleichen ließ – vielleicht hatte ihnen jemand auch vorher ein Licht aufgesteckt. Niemand verdächtigte die Juden subversiver Sympathien, niemand warf ihnen Opposition gegenüber dem Staat vor, man unterstellte ihnen auch nicht, mit diesen Dingen auch nur das geringste zu tun zu haben. Man konnte sie nur einer Sache beschuldigen, nämlich daß sie den

Adligen hatten helfen wollen, was sie seit jeher zu tun pflegten, wenn diese in der Klemme saßen. Für die Juden roch die ganze Geschichte nur nach Geschäft, nach Zinsen und Gewinn und nach nichts weiter. So daß man sagen könnte: die ganze Affäre ginge sie eigentlich nichts an. Sie waren nicht einmal verpflichtet zu wissen, wessen sich die Adligen schuldig gemacht hatten und inwieweit man sich aus der Affäre herauszuhalten hatte.

Allerdings konnte man auch zu einer ganz anderen Schlußfolgerung gelangen: Wer einem Verbrecher hilft, macht sich selbst strafbar. Die Juden und die Adligen hatten gemeinsame Sache gemacht. Die einen hatten gehandelt, die anderen hatten sie gedeckt. Die einen waren schuldig, die anderen hatten die Angelegenheit verborgen gehalten – die Juden hatten nichts durchsickern lassen. Sie hatten die Adligen nicht nur nicht denunziert, sondern ihnen sogar noch das Schmiergeld zur Verfügung gestellt, um eventuelle Denunzianten zum Schweigen zu bringen.

Ja, beide Deutungsmöglichkeiten waren möglich. Jedoch: Hätten die Zeugen nicht den Kopf verloren, wäre ihnen gewiß aufgefallen, daß die Untersuchungsbeamten ihnen durchaus wohlgesonnen waren. So hatte man sie zum Beispiel nach der Befragung gehen lassen, und auch während des Verhörs hätten sich die Befragten davon überzeugen können, daß die Beamten nichts weiter als die Wahrheit herausfinden und die Tatsachen feststellen wollten, wie es zu dem Darlehen gekommen war, daß ihnen aber klar war, daß die Juden dabei nur eine untergeordnete Rolle gespielt hatten. Da sie aber alle den Kopf verloren und sich in Widersprüche verwickelt hatten, da sie anfänglich hatten leugnen wollen, machte es sie ganz benommen, daß sie die Wahrheit hatten gestehen müssen, und so waren sie nicht mehr in der Lage, den Ton richtig einzuschätzen, den man ihnen gegenüber anwandte; sie wußten nicht mehr recht, ob man mit ihnen Nachsicht übte oder nicht, ob sie beruhigt sein konnten oder sich Sorgen machen mußten, und so waren alle noch verzweifelter. So daß sie bei der Heimkehr alle aussahen, als hätten sie eine schwere Fastenzeit hinter sich oder als wären sie vom Blitz getroffen worden. Allen rauchte der Kopf, und in ihren Augen las man Angst. So erging es allen, und natürlich war da auch Mosche Maschber keine Ausnahme.

Diese Ereignisse trugen sich nach den Festtagen Anfang des Monats Heschvon im Herbst zu.[1] Draußen regnete es ohne Unterlaß, Tag und Nacht, ganze Wochen lang. In diesem Monat, in dem selbst zu normalen Zeiten bei allen Stadtbewohnern der gleiche Schlamm und Morast auf der Seele lastet wie draußen, nähert sich ein langer Herbst, um einem Winter Platz zu machen, der für alle hart ist: Für arme Handwerker, die nach den Festtagen und nach dem Markt kaum etwas zum Leben haben, hart auch für den Mittelstand, denn bis zur Fastenzeit, zu der die Straßen mit Schlitten befahrbar sind, liegt der Handel darnieder; hart selbst für wohlhabende Leute, allein schon wegen des schlechten Wetters, des ewigen Regens, der wie durch ein Sieb zur Erde fällt, und wegen des Nebels, der sich weder am Tag noch nachts lichtet und sich über die Stadt und die gesamte Region legt und sie in ein düsteres Licht taucht. Vor allem aber war es in materieller Hinsicht auch für die Wohlhabendsten unter ihnen ein hartes Jahr, denn die schlechte Ernte hatte auch für sämtliche Händler schwere Konsequenzen, selbst für ein Haus wie das des Mosche Maschber; ja, vielleicht könnte man sogar behaupten, daß Mosche Maschbers Geschäfte besonders schlecht gingen.

Wer auch nur ein wenig über das Wirtschaftsleben der damaligen Zeit Bescheid weiß, weiß natürlich auch, worauf Bankhäuser wie das Mosche Maschbers beruhten und wovon sie lebten. Man hätte sie besser »Kredit- und Diskontohäuser« nennen müssen, wie sie ein paar Jahre später tatsächlich auch genannt wurden. Die finanziellen Transaktionen waren tatsächlich die einer Kredit- und Diskontobank, die Grundlage des Geschäfts aber, das heißt der Kredit, die Grundlage der Kapitalzufuhr, war neben dem Kapital des Eigentümers etwas ganz anderes als das, was in den

---

[1] Entspricht dem November (Anm. d. Übers.).

folgenden Jahren die Geschäftsgrundlage der Kredit- und Diskontobanken ausmachte.

In den Jahren, von denen wir sprechen, ging es bei diesen Geschäften noch recht primitiv zu. Das wichtigste war nicht der Kredit, den in späteren Zeiten die großen Banken zur Verfügung stellten; nein, Grundlage des Geschäfts war damals in Provinzstädten wie N. die Tatsache, daß diese Häuser von dem traditionellen Vertrauen der Bewohner der Stadt lebten, die ihre Ersparnisse in sichere Hände zu geben suchten und die aus Angst um ihr Geld der Höhe der Zinsen oft nicht soviel Bedeutung beimaßen, sondern sich auch mit weniger zufriedengaben, als ihnen von weniger renommierten Häusern angeboten worden wäre.

In solche Geschäfte hatten Leute von einigem Wohlstand ihr Geld investiert, aber auch ärmere Menschen, die unter Mühen etwas Geld für die Aussteuer ihrer Töchter oder für den Bau eines Hauses beiseite legten, vielleicht auch alte Menschen, die etwas für ihre alten Tage gespart hatten, für ihre letzten Lebensjahre und für ihr Begräbnis, das Leichentuch etc., Menschen also, die Angst davor hatten, ihr kleines Vermögen zu Hause aufzubewahren oder es in weniger sichere fremde Hände zu geben. Die Bankhäuser waren für sie eine Art Geldschrank, dem sie fast so sehr vertrauten wie dem lieben Gott.

Mit einem Wort: Gerade dieses Vertrauen war die Haupteinnahmequelle dieser Bankhäuser, die ihnen den größten Kapitalzustrom brachte. Das leiseste Gerücht, daß etwas nicht in Ordnung war, ob begründet oder nicht, genügte, die Kreditwürdigkeit eines solchen Hauses zu untergraben. Wie sehr sich die Menschen auch in Sicherheit gewiegt haben mochten wie hinter einer gepanzerten Mauer, sobald ein böses Gerücht aufkam, versuchte man nicht mal herauszufinden, woher es stammte, sondern stürzte mit lauten Schreien und Verwünschungen zur Bank und warf mit Steinen die Fensterscheiben ein, um das dem Institut anvertraute Geld zurückzufordern.

Bei Mosche allerdings war es noch nicht so weit gekommen. Noch waren keine bösen Gerüchte aufgetaucht, man versuchte immer noch, den Vorfall beim Bankett der Edelleute vor der Öffentlichkeit verborgen zu halten. Wer hätte ihn übrigens auch eingestehen können, selbst wenn er irgendwo ruchbar geworden wäre? »Welche Adligen, welcher Schuß? Und selbst wenn jemand geschossen hat – na und? Das fällt doch nur auf sie selbst zurück! Sollen die Tölpel doch zusehen, wie sie da herauskommen! Und was hat das Ganze mit ehrbaren und respektablen Leuten wie Mosche Maschber zu tun? Nein, das kann ich nicht glauben, das ist unvorstellbar . . .« So dachten zunächst alle. Vor allem die Menschen, von denen wir gerade gesprochen haben, die Schicht dieser kleinen Gläubiger, konnten solche Gerüchte nicht glauben; gerade diese Menschen, die fast am Rande des Existenzminimums leben, die nie aus ihrem engen Lebens- und Interessenkreis herauskommen, die jeden Groschen zehnmal umdrehen müssen und es trotz dieses armseligen Lebens fertigbringen, etwas Geld auf die Seite zu legen, das sie hüten wie ihren Augapfel, die ein Geldstück zum nächsten legen, bis ein schwerverdientes kleines Vermögen zusammengekommen ist, das sie vertrauensvoll in würdige Hände geben können, gerade diese Menschen können solchen Gerüchten keinen Glauben schenken. Bei diesem Gang zur Bank legte man übrigens den Sabbat-Kaftan an, und wenn man bei diesem reichen und berühmten Mann ankam, dem man das Geld brachte, stand man wie ein Bettler vor seiner Tür, als sei man gekommen, einen Gefallen zu erbitten.

Alle diese Leute begriffen demnach nichts, als das Gerücht vom Bankett der Adligen an ihre Ohren drang. Sie erkannten nicht, welche Bedeutung diese Affäre für die Beteiligten hatte oder gar für sie selbst. »Was geht mich das an, was habe ich damit zu tun?« Die ganze Geschichte stieß bei ihnen auf taube Ohren, als hätten sie sich Watte hineingestopft.

Dennoch, die Geschichte war schon so ruchbar geworden, daß die Leute zu reden begannen, und diese armen Leute, die davon vernahmen, wurden durch eine düstere Vorahnung beunruhigt und witterten eine Bedrohung für ihren kleinen Schatz, obwohl sie die wahre Bedeutung der Umstände des Falls kaum erkannten.

So kam es, daß man in diesen Tagen manchmal einigen Menschen begegnete, die schon früh am Morgen ihre bescheidene Arbeit unterbrochen hatten und auf dem Weg nach Hause waren. Aus einem altmodischen Kleiderschrank oder über ein Bett gebeugt, wenn sie keinen Kleiderschrank im Haus hatten, holten sie aus einem verschimmelt riechenden Kleiderbündel den Sabbat-Kaftan hervor, zogen ihn an und marschierten zu Mosche Maschbers Büro.

Dort kamen sie höchst ungelegen; sie waren ungebetene Gäste, sie genierten sich ein wenig und wußten nicht, was sie sagen sollten, wie das häufig vorkommt, wenn man höhergestellten Leuten begegnet und um Worte verlegen ist; nehmen wir mal an, ein solcher Mann, der vielleicht eine Aussteuer für seine Tochter zusammengespart hatte oder das Geld zur Eröffnung eines kleinen Ladens, daß ein solcher Mann also plötzlich in einer Art Taubstummensprache zu stottern begann:

»Ich habe sagen hören . . . es gibt Gerüchte in der Stadt . . . Übrigens, wäre es möglich, daß ich mein Geld jetzt zurückbekomme, jetzt, heute noch?«

»Was ist passiert?« entgegnete man ihm im Büro, »was ist los? Ist der Wechsel vielleicht fällig?«

»Nein, er ist noch nicht verfallen«, erwiderte der Mann. »Niemand sagt etwas von Fälligkeit. Wenn es nur nach mir ginge, würde ich noch mehrere Termine verstreichen lassen. Aber in der Stadt wird getratscht, man hört Gerüchte . . .«

»Was für Gerüchte?« fragte man in einem jetzt schon etwas schärferen Ton.

»Daß ein paar Adlige geschossen haben . . . das sagt man jedenfalls . . .«

»Na und?« höhnten die Angestellten, »haben sie etwa auf Sie geschossen? Gehen Sie in Frieden! Wenn Sie bei Fälligkeit Ihr Geld wollen, werden wir es Ihnen in allen Ehren zurückgeben. Vor der Fälligkeit aber gibt's kein Geld, vor dem Verfalldatum geben wir nichts. Gehen Sie, gehen Sie in Frieden!«

Mit solchen Worten antworteten die Angestellten und Buchhalter, denen man aufgetragen hatte, solche Kunden abzufertigen, und diese gingen, wie sie gekommen waren, nämlich mit leeren Händen, wenngleich ein wenig getröstet durch die Tatsache, daß sie in ihren Sabbat-Kaftans im Büro gewesen waren, was ihnen ein gewisses Zusammengehörigkeitsgefühl gab, als wären sie so etwas wie Partner des Bankhauses.

Aber einige dieser Kunden, unerschrockener und weniger eingeschüchtert als die anderen Leute, denen die Besorgnis etwas mehr zusetzte, hatten es von Anfang an vermieden, mit den kleinen Angestellten zu sprechen. Als man sie fragte, wen sie zu sprechen wünschten, nannten sie die Namen der Eigentümer: »Reb Mosche Maschber oder seinen Stellvertreter, seinen Schwiegersohn.«

»Könnten Sie nicht auch mit *uns* sprechen?« wurde ihm entgegnet. »Die Chefs sind beschäftigt.«

»Das macht nichts. Ich kann warten.«

Diese Gläubiger warteten tatsächlich, bis man sie bei Mosche vorließ. Sie wollten sich vergewissern, ob die Gerüchte zutrafen und ob Mosches Verhalten etwas anzumerken war; sie wollten sehen, wie er mit seinen Gläubigern sprach, um so herauszufinden, ob es stimmte, was man sich in der Stadt erzählte, oder ob es von A bis Z erfundene Lügen waren.

Einige dieser Besuche berührten Mosche Maschber äußerst unangenehm. Mehr als einmal hatte er sich versucht gefühlt, aufzubrausen und den Leuten die Tür zu weisen, aber da die Lage tatsächlich prekär war, mußte er es um jeden Preis vermeiden, solche Gläubiger ungnädig abzufertigen; denn ein solches Verhalten konnte falsch ausgelegt und schnell den anderen berichtet werden. So versuchte er, sich zu beherrschen und seine schlechte Laune nicht zu zeigen. Diese Beherrschung kam ihn aber teuer zu stehen. Wenn ein solcher Besucher endlich ging, stieß Mosche einen erleichterten Seufzer aus und blieb lange in seinem Sessel sitzen. Manchmal fiel ihm sogar das Atmen schwer, so daß er nach seinem Mantel griff, um ein wenig an die frische Luft zu gehen.

Aber es gab noch viel Schlimmeres: Da waren auch einige Kunden, denen es nicht genügte, das Büro aufzusuchen, ja die ihn sogar zu Hause belästigten. Das waren Leute, die Mosche nahezustehen meinten oder denselben Rabbi besuchten wie er, die in derselben Synagoge beteten, und so weiter. Sie hatten den Moment abgepaßt, in dem er nicht zu Hause sein würde, und wandten sich an Gitl oder an Mosches Töchter. Sie schlugen sofort einen Ton an, als stünde der Bankrott unmittelbar bevor, und beklagten sich weinerlich mit sanften Worten, da sie sehr wohl wußten, wie zartbesaitet Gitl und ihre Töchter waren.

»Tut man Verwandten so etwas an? . . . Wer hätte das gedacht, ausgerechnet Mosche . . .«

»Was gedacht? Was hat Mosche denn getan?« wollten Gitl und ihre Töchter wissen, da sie nicht einmal wußten, worum es überhaupt ging.

»Wenn man davon spricht, Geld in gute Hände zu geben und sicher anzulegen, wer hätte dann ein besserer Garant sein können als Mosche?« lautete die Antwort.

»Also, was wollt ihr?«

»Wir wollen unser Geld zurück!«

»Und warum kommt ihr dann hierher? Dafür ist das Büro da. Hier haben wir das Geld nicht angenommen. Wir wissen nichts, und hier werden auch keine Geschäfte gemacht.«

Damit waren die ungebetenen Besucher entlassen. Aber jedesmal, wenn diese Besucher sich entfernten, ja schon in dem Augenblick, da Gitl sie zur Tür gehen sah, verließ sie still den Raum, in dem sie die Besucher empfangen hatte, und zog sich in ihr Zimmer zurück, wo sie sich eine Träne aus den Augen wischte – manchmal auch mehrere.

Ja, die Lage war alles andere als rosig, und an dieser Stelle wollen wir ein Geheimnis verraten. Etwa um diese Zeit trug sich Nachum Lentscher, Mosches jüngster Schwiegersohn, mit dem Gedanken, sich von den Geschäften seines Schwiegervaters zurückzuziehen.

Bis jetzt hatte er als Mosches Partner gearbeitet, das heißt, er konnte der gemeinsamen Kasse entnehmen, was er für sich und den Unterhalt seiner Familie brauchte, und daneben erhielt er einen bestimmten Prozentsatz vom Überschuß: Wenn die Jahresbilanz erstellt und das Jahr gut gewesen war, wenn das Geschäft geblüht hatte, wurde sein Anteil erhöht; in einem schlechten Jahr verringerte sich sein Anteil, was in den letzten Jahren übrigens nur höchst selten vorgekommen war, denn das Geschäft hatte sich immer mehr ausgeweitet.

Jetzt sagte sich Nachum aber: »Nein, jetzt ist es Zeit auszusteigen.« Möglicherweise trug nicht nur der schlechte Geschäftsgang, sondern auch Nachums Charakter ein wenig zu dieser Entscheidung bei. Seit der ersten Minute seiner Einheirat in die Familie hatte er einen gewissen Familienstolz mitgebracht, der den Lentschers offenbar im Blut lag und etwas damit zu tun hatte, daß sie mit den Polen Geschäfte machten und deren Gewohnheiten angenommen hatten.

Man konnte diesen Familienstolz sogar bei seiner Großmutter Kreinczi feststellen, die in ganz anderer Kleidung als die anderen Frauen ihres Alters zu seiner Hochzeit gekommen war, von denen sie sich auch durch ihre guten Manieren und ihre gepflegte Sprache unterschied, in die sie gelegentlich polnische Redewendungen einfließen ließ. Selbst das Gebäck, das sie aus Kamenez mitgebracht hatte, war ungewöhnlich: halb weiße, halb schwarze Torten, feines Gebäck mit kandierten Früchten, und so weiter. Vor dem Hochzeitssegen unter dem Baldachin war sie vor die Braut hingetreten und hatte ihr ein Schmuckstück auf polnische und nicht auf jüdische Weise zurechtgerückt.

»Großmutter Bitte-um-Verzeihung«, das war der Spitzname, den sie in Mosche Maschbers Haushalt nach der Heirat bekam und beibehielt. Man spürte so etwas wie Groll auf die Alte, die bei ihren neuen Verwandten schon gleich nach dem Aussteigen aus der Kutsche den Eindruck erweckt hatte, als müßten sie sich glücklich schätzen, daß sie ihren Fuß auf deren Grund und Boden gesetzt hatte. Aber nicht nur Großmutter Kreinczi verhielt sich so, auch ihre Tochter Scheinczi und sogar der vaterlose Nachum selbst, der nur in der Begleitung zweier Frauen zur Hochzeit gekommen war – alle drei führten sich ziemlich hochmütig auf.

Seit seinem ersten Tag in der Familie benahm sich Nachum so, als wäre er etwas anderes als die anderen, sei es bei den Mahlzeiten, bei denen er nur wenig aß, denn er hatte von zu Hause eine hartnäckige Magenschleimhautentzündung mitgebracht, sei es durch die Art seiner Kleidung oder gar durch seine Zigaretten, die er auf andere Weise rauchte als üblich; denn es waren Damenzigaretten, die seine Frau Nechamke für ihn drehen mußte. Überdies rauchte er sie nur halb. Die ungerauchte Hälfte warf er in den Spucknapf, nachdem er sie vorher mit Speichel ausgemacht hatte.

Er hielt sich abseits, und niemand konnte ihm etwas recht machen, nicht mal seine Frau, die oft in Tränen aufgelöst war. Jeder konnte sehen, daß ihre Wangen nur seinetwegen, wegen seiner Schlafzimmerlaunen, über die sie nie ein Wort verlor, nicht mal ihrer Familie oder gar ihren Eltern gegenüber, ewig blaß waren. »Wenn das doch endlich aufhörte!« sagte man in der Familie. »Möge Gott verhüten, daß sie krank wird«, denn man sah sie manchmal selbst im Sommer zitternd und mit einem Schal um die Schultern herumlaufen.

Nachum sprach nur wenig, murrte dafür um so mehr. An seiner Frau mäkelte er dauernd herum. Mal war er mit dem Essen unzufrieden, mal mit etwas anderem; und manchmal machte er sie mit bloßen Andeutungen für etwas verantwortlich, was ihm sein Schwiegervater, ihr Vater, Mosche Maschber, angetan hatte. Nachum kam es bisweilen vor, als würde dieser seine Fähigkeiten nicht richtig würdigen, als wäre Mosche nicht klar, wer da bei ihm arbeitete und es eigentlich verdiente, höher eingestuft zu werden. Manchmal knurrte er, man behandle ihn unrecht, sein Gewinnanteil sei viel zu gering, denn wenn ein Mann wie er sich mit einem anderen Partner zusammengetan hätte, würde er sich gewiß in Gold wälzen.

Schon immer, seit seinem Eintritt in die Familie, hatte er gedacht, um wie vieles besser es wäre, wenn er sich selbständig machte. Dann würde er endlich seine Talente entfalten und zeigen können, aus welchem Holz er geschnitzt war. Bisher hatte er keinerlei Grund gehabt, die Partnerschaft aufzugeben, da die

Geschäfte gutgingen und einen solchen Umfang erreicht hatten, daß es schierer Wahnsinn gewesen wäre, eine sichere Existenz aufzugeben, bloß um sich etwas Neuem mit all seinen Risiken und Gefahren zuzuwenden. Folglich hatte er sich bis jetzt beherrscht und außer mit seiner Frau, der gegenüber er gelegentlich ein paar Andeutungen machte, mit niemandem über seine ehrgeizigen Hoffnungen gesprochen.

Aber jetzt, als plötzlich ein Knüppel in den Speichen steckte, begann Nachum wieder zu klagen. Er redete sich ein, daß es schädlich für ihn sei, das Schicksal seines Schwiegervaters zu teilen und nicht auf eigenen Füßen zu stehen. Sein Schwiegervater war schon älter und hatte seine besten Tage vielleicht schon hinter sich, während er, Nachum, noch jung war. Warum sollte er unter dem Pech eines anderen leiden? Jetzt, dachte er, sei es Zeit, sich vor der drohenden Gefahr in Sicherheit zu bringen, solange dies noch möglich war, ohne sich die Finger zu verbrennen.

Natürlich ließ er seinem Schwiegervater gegenüber nichts davon durchblicken und sprach auch mit keinem anderen darüber, denn er besaß immerhin Taktgefühl genug, sich in einem so delikaten Moment nicht zu dieser Angelegenheit zu äußern. Man hätte ihn sonst für einen Schurken gehalten. So gab er nur seiner Frau Nechamke etwas von seinen Überlegungen preis. Diese war in jüngster Zeit sehr niedergeschlagen und machte sich große Sorgen um ihre Eltern, denen sie sehr wohl ansah, daß sich ihr Glück gewendet hatte. Als sie eines Abends mit ihrem Mann fröstelnd im Schlafzimmer saß, wie immer in einen warmen Schal gehüllt, vertraute ihr Nachum seinen Kummer und seine geheimsten Gedanken an. Er wußte, daß sie nichts davon weitertragen würde, nicht mal ihrer Mutter. Schlimmstenfalls würde sie ein paar Tränen in ihren Schal vergießen, aber das störte ihn nicht und war ohnehin nicht zu ändern.

Er argumentierte wie folgt:

»Jeder ist seines Glückes Schmied. Vater und Mutter, das ist ja schön und gut, aber wir beide, du und ich, sind auch Vater und Mutter, wir haben selber Kinder, für die wir sorgen müssen. Die

357

Geschäfte deines Vaters gehen schlecht. Bis jetzt hat es ihm kein Mensch gesagt, man schont ihn; aber bei mir geniert man sich nicht, und du hättest mal sehen müssen, mit was für Blicken Leute vom Schlage eines Tsali Derbaremdiker deinen Vater ansahen, als er ins Büro kam oder wieder ging.

Du mußt wissen, daß diese Scholem Schmarjon und Tsali Derbaremdiker und ihresgleichen die Bilanzen der Leute, mit denen sie geschäftlich zu tun haben, manchmal besser kennen als die Eigentümer selbst. Es gibt da eine Regel: Wenn man wissen will, woran man mit einem Geschäftsmann ist, braucht man nur einen Blick auf Leute wie Schmarjon oder Tsali zu werfen, ihre Haltung gegenüber Mosche zu beobachten, wie sie sich von Angesicht zu Angesicht und dann hinter seinem Rücken verhalten. Das ist der beste und sicherste Maßstab, und die beiden sind schon dabei, sich von deinem Vater und von dir abzuwenden. Mögen sie deinem Vater bis jetzt auch noch so treu gedient haben, jetzt verfolgen sie nur noch ihre eigenen Interessen: In erster Linie geht es ihnen darum, ohne Schaden herauszukommen; das heißt, wenn sie eigenes Geld investiert haben, wollen sie es möglichst schnell wieder abziehen; wenn es sich um Gelder handelt, die deinem Vater durch Mittelsmänner geliehen worden sind, wollen die Gläubiger ihr Geld genauso schnell wiederhaben, und außerdem wünschen sie, auf dem laufenden gehalten und gut beraten zu werden, damit sie bei der allerersten Möglichkeit, beim ersten Fälligkeitsdatum eines Wechsels ihr Geld zurückerhalten. Mit einem Wort: Sie sind jetzt auf der Hut. Es kann sein, daß sie schon heute oder morgen die ersten sind, die Alarm schlagen, wenn sich die Situation nicht bessert, und dann wird das Büro eines Tages von Gläubigern belagert werden wie von einem Bienenschwarm. Sie werden uns auf den Leib rücken und uns mit Flüchen überschütten, wie in solchen Fällen üblich.

So sieht die Lage aus. Und es ist klar, daß uns das Dach eines schönen Tages über dem Kopf zusammenstürzen kann. Ebenso klar ist, daß alles mit einem Schlag zusammenbrechen kann, und dann wird niemand mehr wissen, was mein und dein ist, und wer mittendrin steckt, wird mit in den Abgrund gerissen.

Also, was will ich nun, und wozu hab ich dir das alles erzählt? Ich habe es dir erzählt, weil ich bis zum Hals in den Geschäften deines Vaters stecke und daher auch ich in den Abgrund gerissen und um die Früchte meiner Arbeit gebracht werden kann, wenn es mir nicht gelingt, einen Ausweg zu finden.«

Während Nachum seiner Frau dies all erklärte, wanderte er im Schlafzimmer unruhig auf und ab und rauchte dabei. Nechamke, die sich in ihren Schal gehüllt hatte und leidend aussah, folgte ihm schweigend mit den Blicken und wurde noch blasser im Gesicht, als sie ohnehin schon war. Sie wartete, aber ihr Herz sagte ihr, worauf ihr Mann hinauswollte, denn bevor er auch nur ein Wort gesagt hatte, hatte sie es ihm von den Lippen abgelesen: »Wir müssen uns zurückziehen.«

»Wir müssen uns zurückziehen.« Bis jetzt wäre sie ebensowenig wie ihre ältere Schwester, ihre Eltern oder die Familie auf einen solchen Gedanken gekommen. Erstens, weil das bis jetzt noch nie nötig gewesen war. Zweitens, selbst jetzt, wo vielleicht Gefahr im Verzug war, fiel es ihr schwer, sich vorzustellen, wie man auf eine so abgeschmackte Idee kommen konnte, dazu noch in einem Moment, da ihr Vater vor dem Abgrund stand. Das alles in einem Haushalt, in dem alles allen gehörte und mit allen geteilt wurde; es gab nur eine Kasse, eine Luft, einen Atem; bis jetzt war es unmöglich gewesen, die Interessen der einzelnen auseinanderzuhalten, im großen wie im kleinen; bis jetzt waren sie ein Haushalt gewesen, in dem sich alles ähnelte, selbst die Kinder der verschiedenen Eltern, und Worte wie »mein« und »dein« hatte man bisher so gut wie nie vernommen.

Nachum wand sich hin und her; obwohl er kein Sohn des Hauses war, sondern nur Schwiegersohn, brachte er die Worte »wir müssen uns zurückziehen« doch mit großer Mühe über die Lippen; es fiel ihm schon vor seiner Frau schwer, und um wieviel schwerer würde es ihm bei den Schwiegereltern fallen. Nechamke hatte nicht die Kraft, sich diese Worte weiter anzuhören. Sie stand auf, und Nachum sah, daß sie weinte. Er tröstete sie, und an diesem Abend sprach er nicht mehr über die Angelegenheit, aber der Gedanke ging ihm nicht mehr aus dem Kopf, und mit jedem neuen Tag wuchs in ihm die Überzeugung, daß die Geschäfte schlechtgingen und die Lage sich von einem Tag auf den anderen total verändern könne. Er brachte aber nicht den Mut auf, bei seinem Schwiegervater das Thema anzuschneiden, und beschloß daher, in dieser Angelegenheit einen Brief an seine Familie zu schreiben.

Er schrieb oft nach Hause und unterhielt einen ständigen Briefwechsel mit seiner Familie. Wie in seiner Jugend hielt er seine Großmutter Kreinczi und seine Mutter Scheinczi für weise Frauen, die man in einem schwierigen Augenblick durchaus um einen guten Rat bitten konnte.

Er ließ ein paar Redewendungen in seinen Brief einfließen, deren Wirkung er sicher war: Man würde zu Hause begreifen, daß Nachum, mochte er auch erwachsen und unabhängig sein, trotzdem einer hilfreichen Hand bedurfte, vor allem in schwierigen Zeiten und wenn er selbst darum bat.

»Liebe Großmutter, liebe Mutter«, schrieb er, »Gott sei Dank sind wir alle gesund, gelobt sei Sein Name, aber die liebe Nechamke fühlt sich nicht immer wohl. Sie hüllt sich in dicke Schals, denn sie scheint ewig erkältet zu sein. Sie sieht wirklich nicht gut aus. Schwiegervaters Geschäfte gehen in letzter Zeit nicht gerade glänzend. Er hat Sorgen. Außerdem ist da eine Geschichte mit ein paar Adligen passiert, die stark nach Verleumdung riecht. Mein Schwiegervater ist zwar nicht in die Sache verwickelt, aber man kann nie wissen, wie die Geschichte ausgeht. Was mich selbst, das heißt meine Geschäfte betrifft, wißt ihr ja, daß ich von meinem Schwiegervater abhängig bin; ich bin sein Partner, und was einem von uns passieren kann, kann auch dem anderen zustoßen; und man sollte nicht unter dem Schicksal eines anderen leiden. Ich möchte nicht mißverstanden werden: Mit der Verleumdung habe ich nichts zu tun, aber der schlechte Geschäftsgang betrifft mich auch. Wer weiß schon, was der morgige Tag bringen wird; ich brauche einen guten Rat, sehe hier aber niemanden, der ihn mir geben könnte. Nechamke ist für derlei nicht geschaffen, und Schwiegervater ... um den geht es ja gerade. Ich möchte mich gern von meinem Schwiegervater absetzen und aus diesen schlechten Geschäften zurückziehen, aber wie? Es wäre vielleicht nützlich, jemanden von außerhalb hier zu haben. Der Weise wird die Anspielung verstehen.« Mit dieser Formel, die er nur bei gebildeten Menschen und zudem nur höchst selten benutzte, beschloß Nachum seinen Brief.

Die behutsamen Anspielungen hatten Großmutter Kreinczi und Mutter Scheinczi im fernen Kamenez ins Bild gesetzt, und sie begriffen, daß in N., bei Nachum, Dinge vorgingen, in die sie sich vielleicht einmischen sollten.

Schon kurze Zeit später tauchte Großmutter Kreinczi in N. auf. Sie hatte zunächst eine Kutsche genommen, dann den Zug und kam in einer Pferdedroschke mit Glöckchen bei den Maschbers an. Diese mühselige Reise hatte eine sehr, sehr alte Frau ins Haus gebracht, die aber noch im Vollbesitz ihrer geistigen Kräfte war und Augen besaß, die Gedanken lesen konnten.

Sie sah sich um, und nach einer kurzen Unterhaltung mit ihrem Nachum wußte sie alles, was sich ereignet hatte, und ihr kluger praktischer Kopf erkannte sofort, was zu tun war.

Noch am selben Abend führte sie ein Gespräch mit Nechamke. Sie wollte sie vor allem vorbereiten und auf ihre Seite bringen. Sie tastete sich höchst behutsam an das Thema heran, wobei sie sich Nechamkes töchterlicher Gefühle bediente, denn sie wußte, daß die junge Frau um des Vaters willen litt, da ihm von Fremden Unglück gebracht worden war. Nechamke litt vor allem jetzt, als sie mit ansehen mußte, wie ihr Vater seinen Stolz herunterschluckte. Wie könnten Nachum und Nechamke nur an so etwas denken?

»Ja, es stimmt schon, aber andererseits«, argumentierte Großmutter Kreinczi, »scheint dir nicht ganz klarzusein, worum es geht. In Wahrheit geht es nämlich darum, deinem Vater zu helfen. Er ist weder der erste noch der letzte, dem so etwas passiert. So etwas kommt nämlich überall vor, und man muß immer wieder auf der Hut sein. Vielleicht brauchen wir nur ein wenig Zeit verstreichen zu lassen. Und wäre es in einem solchen Fall, nämlich wenn die Gläubiger ihr Geld zurückhaben wollen und einem das nötige Bargeld dafür fehlt, nicht besser, daß sich einer der beiden Partner zurückzieht und man ihm alles gibt, was nur möglich ist, daß man ihm alles überschreibt, statt in die Enge getrieben zu werden und den Ruin aller erleben zu müssen? Wenn die schlechten Zeiten vorbei und die Konten ausgeglichen sind – oder auch nicht –, kann man sich mit den Gläubigern auf einen kleinen Prozentsatz einigen und sich anschließend an den wenden, dem man während der Krise das Geld anvertraut hat, und sich von neuem zusammentun. Dann wäre alles wie zuvor.

Bei einem fremden Partner ist das nicht so leicht; bei Fremden muß man sehr genau hinsehen, aber bei seinem eigenen Kind, wie in deinem Fall, Nechamke, und bei Nachum, was könnte man sich da Besseres wünschen?«

»Ich glaube«, fuhr Großmutter Kreinczi fort, »wenn du deinem Vater wirklich ergeben bist, solltest du selbst die Initiative ergreifen. Denn nehmen wir mal den schlimmsten Fall an: Sollte es deinem Vater nicht gelingen, wieder auf die Beine zu kommen – was Gott verhüten möge! –, wäre es dann etwa besser, wenn auch die Kinder untergehen? Aber davon sind wir ja zum Glück noch weit entfernt, so miserabel gehen die Geschäfte nun auch wieder nicht, wahrscheinlich ist dies nur ein schlechtes Jahr, und wir müssen zusehen, daß wir es überstehen, und auch die Geschichte mit den Adligen wird sich irgendwie einrenken.

Du brauchst nicht zu weinen; ganz im Gegenteil. Du solltest Nachum jetzt eine möglichst starke Stütze sein, und wenn über die Sache gesprochen wird, mußt du deinen Vater trösten und ihm erklären, daß nicht der Weltuntergang bevorsteht und daß solche Dinge immer wieder passieren, obwohl man sie meist geheimhält. Kaufleute sind immerhin Kaufleute und fallen immer wieder auf die Füße.«

Mit diesen Worten versuchte Großmutter Kreinczi ihre Enkelin Nechamke aufzumuntern, die sich überzeugen ließ, da sie weder Geschäftserfahrung besaß noch irgend etwas von finanziellen Dingen verstand. Schweren Herzens mußte sie sich eingestehen, daß sie den Worten Großmutter Kreinczis nichts entgegenzusetzen hatte.

In der Folgezeit sprach diese kein Wort mehr davon, weder mit Gitl noch mit deren ältester Tochter Judith, was sie ursprünglich vielleicht einmal vorgehabt hatte. Statt dessen wandte sie sich direkt an Mosche, den Schwiegervater ihres Nachum. »Gevatter«, sprach sie ihn am Abend nach ihrer Ankunft an und nahm ihn abseits. »Ich habe Ihnen etwas zu sagen und möchte mich mit Ihnen unterhalten, aber unter vier Augen.«

Das Gespräch fand diesmal im Salon statt, in dem man wichtige Gäste empfing und wo die beiden Gesprächspartner, Mosche und Großmutter Kreinczi, sich in zwei gegenüberliegende Sessel setzten, so daß sie sich ansehen konnten.

Für diese Unterhaltung hatte sich Großmutter Kreinczi weit besser wappnen müssen als für das Gespräch mit Nechamke, denn hier hatte sie es mit dem Besitzer selbst zu tun, mit dem Mann, der am tiefsten in die Angelegenheit verwickelt und am meisten von ihr betroffen war. Sie hatte sich folglich gut vorbereitet und sprach mit Mosche eine Zeitlang über Nebensächlichkeiten, bevor sie schweres Geschütz auffuhr.

»Gevatter«, sagte sie schließlich und kam nun auf das eigentliche Thema zu sprechen, »natürlich fragen Sie mich nicht um Rat und haben gewiß auch keinen nötig. Sie haben glücklicherweise einen eigenen Kopf auf den Schultern. Da ich aber zur Familie gehöre, möchte ich Ihnen etwas sagen, und das ist auch der Grund, warum ich diese Reise auf mich genommen habe. Das ist mir nicht leichtgefallen, denn die Last der Jahre macht sich schon bemerkbar. Meine Tochter, Ihre Schwägerin, und ich glauben jedoch einem Brief Nachums entnommen zu haben, daß er uns etwas vorenthält. So haben wir beschlossen herzukommen. Wir hatten übrigens schon seit längerem Lust, Nachum und auch die Kleinen wiederzusehen, und hier habe ich nun erfahren . . . es ist mir unangenehm, es Ihnen vorzuwerfen, aber ich gehe davon aus, daß Sie, ein so intelligenter Mann, der nach allem, was man hört, anderen durchaus etwas beibringen kann, daß Sie sich die Sache reiflich überlegen sollten. Erstens um Ihrer selbst willen, aber auch wegen der Kinder.

Wie Sie wissen, mein Lieber, hat niemand Freunde genug,

vor allem kein reicher Kaufmann wie Sie, möge Gott Sie behüten! Es gibt neidische Leute, die einen am liebsten verschlingen würden. Möglicherweise ist Ihre jetzige Verlegenheit weniger ernst, als sie wäre, wenn einige Ihnen böse gesinnte Leute ihren Willen bekämen. Bei uns Kaufleuten ist der gute Ruf das wichtigste. Wenn man seinen guten Ruf los ist, ist alles verloren: der Mensch, der Kredit, alles. Jedem von uns kann eines Tages passieren, was Sie auch selbst kennen: Die Gläubiger laufen in Scharen zusammen, das Geld, das man ihnen schuldet, ist verloren, die Leute erdrosseln einen, und man kann den Kopf nicht mehr aus der Schlinge ziehen. Deshalb sollte man rechtzeitig Vorsorge treffen. Sie haben – Gott sei gelobt! – Ihnen treu ergebene Kinder. Mit deren Hilfe können Sie viel ausrichten. Was das bedeutet, brauche ich Ihnen nicht zu sagen. Es liegt auf der Hand, daß das Vermögen, auf das sich die Gläubiger stürzen wollen, rechtzeitig in andere Hände gegeben werden muß, damit Fremde nicht herankommen. Man muß nur eins tun: alles auf den Namen treuer Kinder zu überschreiben, als ob sie sich von Ihnen trennten. Sie beginnen auf eigene Rechnung zu arbeiten, und auch Sie ziehen sich für einige Zeit zurück. Sie könnten etwa das Petroleumlager Ihrem älteren Schwiegersohn Jankele Grodsztain überschreiben und den Gewerbeschein unter seinem Namen laufen lassen; das Bankhaus geht auf Nachum über. Ihr Haus könnte Ihrer Frau überschrieben, und Schmuck und Bargeld sollten für einige Zeit in sichere Hände gelegt werden.

Das alles wohlgemerkt nur für den Fall, daß die Situation wirklich ernst wird, nur im äußersten Notfall.

Es ist natürlich schwer für Sie, sich das anzuhören. Wer wüßte nicht, daß für einen Mann, vor allem für einen Mann wie Sie, lieber Freund, sein Name das kostbarste ist? Gott bewahre uns davor, je ein böses Wort über uns zu hören. Ich kann Ihnen aber aus eigener Erfahrung sagen (und den Erfahrungen einer alten Frau kann man trauen), daß sich solche Dinge schon ereignet haben, sogar bei mir, bei meinem Mann und auch bei anderen. Dabei habe ich aber niemals – Gott behüte! – einem anderen das Fell über die Ohren ziehen, sondern mich nur in einem schwierigen Moment über Wasser halten wollen. Was passiert ist, ist passiert, ist jetzt aber vorbei, und die Welt steht immer noch, und auch wir sind die gleichen geblieben. Und der Herr wird uns solche Dinge gewiß verzeihen.

Ich sehe Ihnen an, daß Sie sich fragen, wie ich dazu komme, Ihnen einen solchen Vortrag zu halten, und woher ich das Recht nehme, über Dinge zu reden, in die sich nicht einmal Ihre Frau einmischen dürfte. Wie ich sehe, wollen Sie mich fragen, wer mich hergeholt und mir erlaubt hat, Ihnen Ratschläge zu geben, vor allem einen Rat, den Ihnen – wie Sie meinen – nicht mal Ihr ärgster Feind gegeben hätte.

Ich weiß, daß das nicht angenehm ist – weder für den, der es sich anhören, noch für den, der es sagen muß, vor allem nicht für jemanden aus der Familie; aber gerade wenn man zur Familie gehört, muß man sich mal opfern, so wie man manchmal nicht umhin kann, einem Kranken eine bittere Arznei zu geben. Und sind wir beide, Sie und ich, etwa nicht Angehörige derselben Familie? Vergessen Sie nicht, daß wir nur das Glück unserer Kinder im Auge haben. Es gibt nichts, dessen Sie mich verdächtigen können, aber Sie wissen ebensogut wie ich, daß der Hauptbetroffene in solchen Fällen nicht immer ein klares Urteil hat: Er ist wie mit Blindheit geschlagen und denkt nur noch daran, seine Ehre und seinen Namen zu retten, und folglich hat seine Familie die Pflicht, ihm den richtigen Weg zu weisen und ihm zu zeigen, daß man die Ehre manchmal hintanstellen, seinen Stolz herunterschlucken und an die Hauptsache denken muß; und wenn die Hauptsache erledigt ist, ist alles in Ordnung, und der Rest kommt wie von selbst – Ehre, Ruf und Stolz sind dann wiederhergestellt. Alles kommt wieder, und kein Mensch denkt dann noch an die Schande von gestern, so wie man sich oft nicht mal an den gestrigen Tag erinnert. Also, lieber Freund, hören Sie auf mich und folgen Sie dem Rat einer Frau, die älter ist als Sie, denn ich habe nichts Böses im Sinn – Gott behüte! –, sondern nur unser aller Wohl und die Zukunft unserer Kinder.«

Mosche Maschber hatte sich den langen Vortrag Großmutter Kreinczis schweigend angehört. Manchmal schien er sie anzusehen, ohne sie richtig wahrzunehmen. Es war unmöglich vorauszusagen, was für eine Antwort diese Vorschläge auslösen würden, denn sie berührten ihn zutiefst. Es waren mehrere Reaktionen denkbar: Vielleicht würde er mit verhaltener Wut reagieren, da ihm bewußt war, wer da vor ihm saß, und vielleicht würde er sie kalt fragen: »Wer hat Sie eigentlich um Ihren Rat gebeten; wer hat Sie ersucht hierherzukommen?« Es könnte auch noch schlimmer kommen: Er würde vielleicht in Rage geraten wie zum Beispiel bei Sruli, der ihn so sehr gereizt hatte, daß er nicht mehr wußte, wo er war oder was er sagte. Vielleicht würde er außer sich vor Zorn losschreien wie damals: »Raus aus meinem Haus!« Alles war möglich. Mann bleibt Mann, vor allem wenn man sich über sein Schicksal äußert, ohne ihn auch nur um seine Meinung zu befragen, als wäre er so schwer erkrankt, daß ihm sogar seine eigene Krankheit schon gleichgültig geworden ist. Mosche blieb aber stumm. Er machte jedoch den Eindruck eines Mannes, der von einer schweren Last niedergedrückt wird und so entmutigt ist, daß er nicht mal mehr die Kraft aufbringt, sein Leid hinauszuschreien. Er saß schweigend da, als bemerkte er Großmutter Kreinczi gar nicht und fühlte sich aus diesem Grund auch nicht verpflichtet, ihr zu antworten. Und falls er überhaupt etwas gesagt hatte, dann mehr zu sich selbst, als schienen seine Ohren nicht zu hören, was seine Lippen murmelten.

»Ah!« sprach er mit leiser Stimme, »es ist also schon so weit, daß man mir Ratschläge gibt, und in der Nähe hat man niemanden gefunden, also mußte man jemand von außerhalb holen, als wäre ich ein Bauer, der einen Arzt aus der Stadt kommen läßt . . . Und es war die Idee meiner eigenen Kinder, noch bevor Fremde auf so etwas verfielen. Also schön!. . .« sagte Mosche mit erstickter Stimme, erhob sich aus seinem Sessel und ging mit diesen leise geäußerten Worten aus dem Zimmer, ohne Großmutter Kreinczi auch nur eines Blickes zu würdigen, ohne es für nötig zu halten, ihr auch nur die kleinste Höflichkeit zu erweisen oder auch nur ein Wort an sie zu richten, sogar ohne ihr eine gute Nacht zu wünschen.

Natürlich benimmt man sich nicht so; natürlich hätte das keiner von einem Mann wie Mosche erwartet, aber wenn man sich in seine Lage versetzt, hätte man wohl kaum anders gehandelt.

Kurz, etwa auf diese Weise verließ Mosche den Salon. Vielleicht war es nicht ganz so, aber selbst wenn es ein wenig anders gewesen sein mag, kommt es darauf kaum an. Es bleibt festzuhalten, daß Großmutter Kreinczi sich gedemütigt und überflüssig fühlte und ihre Mission mit einer Schlappe geendet hatte. Nach dieser Unterhaltung hielt sie sich nicht mehr lange in N. auf. Sie hatte es eilig, wieder nach Hause zu kommen. Vor der Abreise nahm sie Nachum beiseite und sagte:

»Ich habe getan, was ich konnte, mein Sohn, nämlich was Eltern in solchen Fällen zu tun pflegen: Ich bin hierhergekommen, ich habe mit ihm gesprochen und gesagt, was ich für nötig halte, habe aber keinen Erfolg gehabt. Er hat mir nicht geantwortet, aber das macht nichts. Ich habe an die Tür geklopft, und im richtigen Moment wird er schon aufmachen. Im Augenblick lastet ihm zuviel auf der Seele, und so ist jetzt nicht mehr zu tun. Du brauchst dir aber dennoch keine Sorgen zu machen: Du wirst schon wissen, wie du im richtigen Moment zu handeln hast.«

Die Unterhaltung mit Großmutter Kreinczi hatte Mosche Maschber auf eine harte Probe gestellt. Er war geistesabwesend, hörte oft nicht, wenn man ihn ansprach; man mußte ihm die gleiche Frage mehrmals stellen, bevor er begriff, was man von ihm wollte. Aber wenn er auch noch so abwesend und verstört war, wußte er doch eines ganz genau: Daß er sich von Nachum fernhalten und es vermeiden mußte, mit ihm zu sprechen. Manchmal warf er ihm einen verstohlenen Blick zu, als wäre Nachum ein Mensch, der ihm ein schweres Unrecht angetan hatte, als hätte dieser ihn mitten in der Nacht erdrosselt . . .

Ja, soweit Großmutter Kreinczi. Es kam aber noch schlimmer. Und an dieser Stelle möchten wir ein zweites Geheimnis verraten – Mosche Maschber ließ eines Abends nach der Unterhaltung mit Großmutter Kreinczi heimlich seinen Vertrauten kommen, den »Anwalt« Itzikl Silburg, so heimlich, daß niemand davon Wind bekam, weder die Familie noch einer der Angestellten.

Zu anderen Zeiten und unter anderen Umständen hätte sich Mosche zu Itzikl begeben. Kein Mensch liebte es, ihn zu sich zu rufen, aber diesmal wich Mosche von seiner Gewohnheit ab und bat ihn zu sich. Wie wir schon gesagt haben, war Itzikl Silburg nicht sonderlich beliebt. Er war einer dieser Leute, mit denen man nicht umgeht, außer wenn es unbedingt nötig ist, und deren Gesellschaft man im allgemeinen tunlichst meidet.

Dieser Itzikl ist ein Kapitel für sich, und es würde zu weit führen, ihn hier näher zu beschreiben. Im Zusammenhang mit der gegenwärtigen Geschichte werden wir ihm jedoch ein paar Worte widmen.

Er war ein begabter Mann mit einem hellen Kopf. Er hatte zwar nicht studiert und keine juristische Fakultät absolviert, kannte sich aber dennoch im bürgerlichen wie im Strafrecht besser aus als die meisten, und selbst Rechtsgelehrte hätten in ihm ihren Meister gefunden.

Das war allgemein bekannt, und die Händler des Markts waren seine Klientel. Außerdem war er nicht allzu teuer und kein Halsabschneider. Seine Honorare wurden nicht nach der Bedeutung oder der Schwierigkeit des Falls festgesetzt, dessen Lösung man ihm übertrug, sondern nach Stand und Vermögen des Klienten.

Eine seltsame Persönlichkeit: Ein anderer Mann an seiner Stelle wäre zweifellos reich geworden. Er nicht. Er hatte seine Eigenheiten. So kam es vor, daß er einem reichen Mann manchmal ein phantastisches Honorar abverlangte. »Wenn Sie nicht einverstanden sind«, sagte er dann, »gehen Sie ruhig zu einem anderen.« Aber man setzte Vertrauen in ihn, und Itzikl übernahm selbst die schwersten Fälle, die etwa auf nachlässig aufgesetzte Verträge zurückzuführen waren, entwirrte den Knoten, und selbst Fälle, bei denen man schon alles verloren glaubte, nahmen plötzlich dank Itzikls Fähigkeiten eine unerwartete Wendung, und die Prozesse wurden gewonnen.

Das war zwar alles schön und gut, aber nun war es so, daß Itzikl von einer unstillbaren Leidenschaft für das Kartenspiel besessen war. Er war ein zwanghafter Spieler, der nicht nur sein eigenes beträchtliches Einkommen verlor, sondern auch einen Teil des Vermögens seines Vaters, eines stillen, ehrbaren Juden, dessen einziger Sohn er war und den er fast an den Bettelstab gebracht hatte. Itzikl verlor auch all das, was das Vermögen eines begüterten Schwiegervaters hätte sein können; zunächst lieh er sich Geld, dann nahm er es einfach und schwor seiner Frau jedesmal unter Tränen, jetzt sei es vorbei, es sei das allerletzte Mal, er werde danach nie mehr spielen, aber dieses eine Mal müsse er seinen Spielkumpanen bezahlen, was er ihnen seit dem letzten Spiel schulde. Mit einem Wort: Itzikl hatte um ganze Vermögen gespielt und verloren. Und als ob das noch nicht genügte, hatte er mehrere junge Leute aus guten, wohlhabenden Familien verführt und auf die schiefe Bahn gebracht, die am Ende nicht nur sich selbst, sondern auch ganze Familien ruinierten.

Mit Itzikl nahm es ein böses Ende: Eines Tages fand man ihn an einem Strick hängen, dazu noch an einem besonders häßlichen Ort, einer Latrine, in der er sich aufgeknüpft hatte. Aber im Moment machten sich die Händler seine Dienste noch zunutze; er erfreute sich eines guten Rufs und einer großen Autorität, denn abgesehen von den bereits erwähnten Fähigkeiten besaß er einen weiteren großen Vorzug, den man bei Kartenspielern nur selten findet: Er war ehrlich, ein Mann, der Wort hielt und auf dessen Diskretion man sich verlassen konnte. Man konnte auf ihn bauen wie auf eine Festung. Er war stumm wie ein Grab. Er äußerte niemals ein Wort, das einem Klienten hätte schaden können. Er war nicht wie manche seiner Standesgenossen, die auf zwei Schultern tragen; wenn zwei Seiten ihnen denselben Fall anvertrauen, suchen sie sich die sicherste Seite aus und machen sich die Auskünfte der schwächeren Partei zunutze. Das war nicht Itzikls Art. Wer als erster zu ihm kam und ihm als erster seine Interessen anvertraute, war sein Klient. Wenn die Gegenseite in derselben Angelegenheit zu ihm kam – und ihm etwa den Fall darzulegen begann und ihn bat, ihre Interessen zu vertreten –, unterbrach Itzikl abrupt das Gespräch und erklärte, er sei schon engagiert und vertrete die Interessen der Gegenseite.

Und diesen Itzikl Silburg hatte Mosche Maschber zu sich gebeten, um sich mit ihm in seinem Zimmer einzuschließen und seinen Rat zu erbitten.

Mosche Maschber vertraute ihm an, was ihm Kummer machte. Die Lage sei verworren. Im Grunde sei sie gar nicht so schlecht, denn die Bilanz sei wie immer positiv, aber es fehle an Bargeld in der Kasse. Man schulde ihm viel Geld, aber er sehe schon voraus, daß seine Schuldner nicht in der Lage sein würden, ihren Verpflichtungen bei Fälligkeit nachzukommen. Er wiederum sei verpflichtet, termingerecht zu zahlen, denn ein Mann wie er, das wisse Itzikl, könne nicht anders handeln. Das hieße sich selber ans Messer liefern.

»Ein Mann wie ich muß zahlen, nicht wahr? Sonst ist der Bankrott da, der Kredit auf ewig ruiniert. Aber ich werde nicht zahlen können, das ist schon abzusehen, und zwar aus verschiedenen Gründen und Umständen, von denen Sie einige kennen, Itzikl. Im Augenblick ist es zwar noch nicht soweit – möge Gott es verhüten –, aber das kann von einem Tag auf den anderen, von einer Stunde zur nächsten passieren. Und dann werden sich nicht nur die Gläubiger einfinden, deren Wechsel fällig sind, sondern auch die, bei denen der Zahlungstermin noch nicht erreicht ist. So ist das eben. In solchen Fällen suchen Kaufleute einen Ausweg. Ich auch. Man kennt mich, man weiß, daß ich nicht zu denjenigen gehöre, die sich auf Kosten anderer bereichern wollen, Gott behüte! Ich möchte nur diesen schlechten Moment überstehen, so wie man das Ende einer Überschwemmung abwartet, um dann, wenn alles vorbei ist, der Welt wieder gegenüberzutreten und wie gewohnt weiterzuarbeiten. Natürlich ist es immer noch möglich, daß nichts passiert, daß es nicht nötig sein wird, Vorsichtsmaßnahmen zu ergreifen, und für diesen Fall möchte ich Sie darum bitten, Itzikl, diese Angelegenheit vertraulich zu behandeln, denn niemand darf von dieser Unterhaltung erfahren. Ich habe Sie für alle Fälle kommen lassen, um mich mit Ihnen zu beraten.

Was meinen Sie? Wäre es eine gute Idee, wäre es gerecht und möglich, die Partnerschaft mit meinen Kindern aufzulösen und ihnen das Geschäft zu überschreiben? Ich würde zum Schein ausscheiden, so daß ich allein für die Schulden verantwortlich bin, und wenn ich nicht zahle, weiß jeder, daß ich zahlungsunfähig bin, aber die Kinder und das Geschäft wären aus dem Spiel . . .«

Als Mosche diese Worte äußerte, verzerrten sich seine Lippen. Mehr noch, sie gehorchten ihm nicht immer und wollten andere Wörter formen, als in seiner Absicht lag. Er hatte große Mühe, sich zu beherrschen. Manchmal legte er die Finger an den Mund, um seine Lippen daran zu hindern, zu zittern und ihm den Gehorsam zu verweigern.

Itzikl Silburg hatte schon Mosches ersten Worten, seiner Stimme und seinen zitternden Lippen angemerkt, wie ernst die Lage war. Um Mosche nicht ansehen zu müssen, senkte er den Kopf; um ihn zu beruhigen und sein Herz zu trösten, schaltete er wie gewohnt schnell seinen scharfen Verstand ein, und während Mosche noch sprach, hatte Itzikl schon die Antwort parat wie ein erfahrener Arzt, der nach den ersten Worten des Patienten seine Diagnose gestellt hat und ihm dann gar nicht mehr zuzuhören braucht. Der Kranke erzählt lang und breit von seinen Symptomen, aber der Arzt läßt ihn nur aus Höflichkeit weiterreden. Als Mosche geendet hatte, fiel Itzikl sofort ein:

»Natürlich, die Idee ist gut. Das läßt sich machen. Im Augenblick – das haben Sie selbst gesagt – wäre es jedoch noch etwas voreilig. Wenn es dringend wird, werden wir weitersehen, aber möglich ist es. Wie man es anstellt? Da gibt es mehrere Methoden. Vor allem ist beispielsweise nötig, daß der Gewerbeschein für den Brennstoff-Verkauf auf den Namen Ihres Schwiegersohns Jankele Grodsztain überschrieben wird. Ferner ist nötig, Reb Mosche, daß Sie sich darum kümmern, daß das Haus und andere Liegenschaften unter einem anderen Namen eingetragen werden. Es versteht sich von selbst, daß bewegliche Sachen, etwa Schmuck, Bargeld und andere Dinge, an einem sicheren Ort untergebracht werden müssen, bei Leuten, auf die Sie sich verlassen können. Was die Firma angeht, werden wir sehen. Vielleicht wird es auch möglich sein, Wechsel über eine hohe Summe auszustellen, die Sie zum Schein von Ihrem Schwiegersohn Nachum geliehen haben, falls Sie die Firma auf seinen Namen laufen lassen wollen. Es gibt noch andere Möglichkeiten, aber darüber können wir später noch nachdenken. Sie müssen mich unbedingt auf dem laufenden halten und mich regelmäßig informieren, dann kann ich im richtigen Moment das Nötige veranlassen. Bleiben Sie nur ruhig und vertrauen Sie mir, Reb Mosche.«

Itzikl Silburg wurde jetzt, wie es schien, nicht nur durch seinen beruflichen Ehrgeiz getrieben, sondern entwickelte auch eine Art besonderes Mitleid für Mosche. Obwohl er bei seiner Klientel schon ähnliche Fälle erlebt hatte, kam ihm dieser doch anders vor, und er wünschte sich sehnlichst, gerade diesem Klienten einen guten Rat zu geben und ihn zu trösten.

Das gelang ihm in gewisser Hinsicht auch: Mosche ließ sich überzeugen, wenn auch widerstrebend. Bevor Itzikl aufbrach, bedankte sich Mosche und sagte ihm auf der Türschwelle mehrmals voller Rührung »Auf Wiedersehen«. Natürlich blieben ihm noch genug Sorgen. Ganz zu schweigen von der Tatsache, daß er, Mosche Maschber, genötigt gewesen war, Itzikl Silburg zu sich einzuladen und ihm ein solches Geheimnis anzuvertrauen, sich mit ihm hinter verschlossenen Türen zu treffen, um mit ihm eine solche Unterhaltung zu führen. Na wenn schon! Geschehen ist geschehen. Im Leben passiert so manches ... Mosche fing schon an, sich wieder zu beruhigen, aber bevor er Itzikl hatte hinausbegleiten können, erschien ein Bote von Reb Dudi, der ihn bat, schnellstens zu ihm zu kommen. Der Rabbi erwarte ihn, die Angelegenheit sei dringend.

Reb Dudi hatte sich in den letzten Tagen ins Bett gelegt und den Kranken gespielt ... Gespielt? Ja, er war tatsächlich ein wenig krank, aber nicht so sehr, daß er hätte das Bett hüten müssen. Er hatte es aber für nötig gehalten, um Doktor Janowski kommen lassen und mit ihm die Unterhaltung führen zu können, die wir jetzt schildern werden.

Alle beide, Reb Dudi und Janowski, spielten in der Stadt seit langem eine führende Rolle. Der eine war der Vertreter der Bevölkerungsmehrheit, der jüdischen Gemeinde, und der andere vertrat die polnische Minderheit, deren Kämmerer er war; außerdem war er Schatzmeister der Kirche. Es war beiden, Reb Dudi wie Janowski, schon mehr als nur einmal passiert, daß sie gemeinsame, beide Gemeinden berührende Interessen gefunden hatten. In diesen Fällen versicherten sie sich ihrer gegenseitigen Wertschätzung und versuchten, offene Fragen mit Anstand zu lösen; sie waren so etwas wie offizielle Freunde geworden, ihren Funktionen gemäß, selbst wenn sie nichts zu besprechen hatten. Sie konsultierten einander gelegentlich und grüßten sich mit ausgesuchter Höflichkeit, wenn sie sich begegneten. Wenn Janowski bei Reb Dudi einen Hausbesuch abstattete, nachdem ihn dieser zu sich gebeten hatte, blieb er immer länger als bei einem gewöhnlichen Sterblichen. Sie unterhielten sich über mancherlei Dinge, und Janowski weigerte sich sogar, ein Honorar anzunehmen.

Als Reb Dudi Janowski hereinkommen sah, begrüßte er ihn mit den Worten:

»Ich bin nicht so sehr körperlich, sondern vielmehr seelisch krank. Mich bedrückt schwerer Kummer. Sie haben gewiß schon von der Geschichte mit den Gutsbesitzern und dem Schuß auf das Zarenportrait gehört und wissen sicher auch, welche Rolle dieser Schurke Swentislawski dabei gespielt hat, der die Situation zu seinem Vorteil ausgenutzt hat, da den Grundbesitzern ja nur die Wahl zwischen Ketten, Verbannung und vielleicht noch Schlimmerem einerseits und der Bestechung Swentislawskis andererseits blieb, um sich dessen Schweigen zu sichern.

Sie wissen gewiß auch, daß die Grundbesitzer wegen des unbefriedigend verlaufenen Markts kein Geld hatten und sich nicht loskaufen konnten. Ich hatte die Situation erkannt und wollte den Grundbesitzern zu Hilfe kommen, die zahlreiche Kontakte mit den Juden haben und seit jeher mit ihnen Handel treiben und Geschäfte machen. Ich glaubte, mich in diese Affäre einmischen und den Adligen dabei helfen zu müssen, aus dieser mißlichen Lage herauszukommen. Daher habe ich die richtigen Leute zu mir gebeten, wir haben das Geld aufgebracht und die Adligen losgekauft.

Es versteht sich von selbst, daß ich keinen Augenblick geglaubt habe, die Adligen hätten – Gott behüte! – gegen die Staatsmacht handeln wollen. Im Gegenteil, gerade weil ich wußte, daß die Adligen unschuldig sind, daß das Ganze die reinste Verleumdung war, habe ich alles getan, was die Menschlichkeit und das jüdische Gesetz in solchen Fällen vorschreiben, nämlich denen zu helfen, die Hilfe brauchen.

Nun ist die Sache aber durchgesickert – niemand weiß, aus welcher Ecke das Gerücht kam und wer die Sache enthüllt hat; vielleicht war es am Ende doch dieser Gauner Swentislawski, vielleicht hat er es mit der Angst bekommen und sich selber angezeigt, vielleicht ist es auch ein anderer gewesen, aber wie Sie sicher wissen, bleibt an den Adligen immer etwas hängen. Einige von ihnen haben sich einer Untersuchung unterwerfen müssen, und die Juden, die das Geld aufbrachten, sind ebenfalls vorgeladen worden. Ich bin jetzt vollkommen ratlos. Ich kann mir nicht verzeihen, unschuldige Menschen in eine solche Geschichte hineingezogen zu haben. Denn wenn das so weitergeht, wie man schon sagen hört, kann das am Ende – Gott behüte! – mit einem großen Unglück für alle Betroffenen enden. Das ist der Grund, warum ich Sie hergebeten habe, weniger wegen meiner körperlichen Schwäche, als vielmehr um Ihren Rat zu erbitten. Vielleicht wissen Sie, was jetzt zu tun ist, was wir unternehmen können.«

Während seines Vortrags hatte Reb aufrecht im Bett und Janowski auf einem Stuhl neben ihm gesessen. Reb Dudi, ein alter Mann mit einem weißen, etwas schütteren jüdischen Bart, Janowski ebenfalls ein alter Mann, jedoch mit einem weißen, wolligen Backenbart à la Franz-Joseph. Reb Dudi mit durchdringenden Augen, die sich einen gewissen Glanz bewahrt hatten, die intelligent und ein wenig intrigant dreinblickten, und sein Gegenüber Janowski mit einem schon erloschenen Blick, was vielleicht an seinem Alter lag, vielleicht aber auch daran, daß die Natur es so gewollt hatte.

Janowski hörte zu und verstand, machte aber keinerlei Vorschlag. Vielleicht wollte er nicht zu sehr in die Affäre hineingezogen werden, vielleicht sah er auch, daß man nichts würde ausrichten können. Er ließ nur durchblicken, die Geschichte sei zum jetzigen Zeitpunkt nicht einfach, sondern berühre die hohe Politik der Staatsmacht, und alles hänge nur von den Untersuchungsbeamten ab. Alles werde darauf ankommen, wie sie die Geschichte höheren Orts präsentierten. Man werde dort der Darstellung der Beamten folgen. Man könne folglich nur eins tun: Man müsse versuchen, zu einem der Untersuchungsbeamten Zugang zu finden, etwa durch hochgestellte Bekannte oder auf anderem Weg. Wenn es gelänge, an sie heranzutreten, könne man erstens Erkundigungen über den Fortgang der Angelegenheit einziehen und zweitens die Behörden vielleicht überreden, sie überzeugen und ihnen die Unschuld der Angeschuldigten beweisen. Das sei die einzige Möglichkeit, etwas zu unternehmen.

Reb Dudi war mit seiner Unterhaltung mit Janowski nicht sehr zufrieden. Sie hatte nur eines ergeben, was ihm vernünftig erschien: Man mußte versuchen, über verschiedene Personen, etwa durch kleine Beamte, an die Mitglieder der Kommission heranzukommen.

Aus diesem Grund hatte er Mosche Maschber zu sich gebeten, ihn und noch mehrere andere aus der ausgesuchten Gruppe von Männern, die sich an der Sammlung für die Adligen beteiligt hatten. Denn was Reb Dudi vorzuschlagen hatte, war nur für einige wenige Männer bestimmt, denen man voll vertrauen konnte, keineswegs für jeden.

Zunächst berichtete Reb Dudi von seinem Gespräch mit Janowski, von dem Eindruck, den es auf ihn gemacht hatte, und fuhr fort:

»Es gibt Gerüchte, meine Herren, daß sich die Adligen schwer kompromittiert haben. Um eines klar zu sagen: Jedesmal, wenn eine solche Affäre untersucht wird, bei der es um die Beschuldigung einer Rebellion gegen die Staatsmacht geht, neigen die Behörden dazu, bei den Beteiligten eine größere Schuld anzunehmen, als tatsächlich vorhanden ist. Das liegt in der Natur der Sache. Die Beamten haben Angst, man könnte ihnen vorwerfen, sie nähmen die Sache auf die leichte Schulter. Vielleicht suchen sie deswegen auch diejenigen anzuklagen, die gar nichts mit der Sache zu tun haben und sich nichts haben zuschulden kommen lassen, selbst den, der auch nur die kleinste Beihilfe geleistet hat oder etwas weiß und die Behörden nicht davon verständigt hat. Das ist bei denen eine Regel: Je schwerer die Beschuldigung, um so mehr wird man dafür gelobt. Ein solcher Beamter weist sich als ergebener Staatsdiener aus und kann sicher sein, dafür eine Auszeichnung zu erhalten. Natürlich werden sich die Untersuchungsbeamten eine solche Gelegenheit, sich hervorzutun, nicht entgehen lassen. Sie haben erstens nicht den Wunsch, jemanden von der Anschuldigung reinzuwaschen, sondern werden zweitens auch versuchen, andere – wie uns Juden zum Beispiel – in die Affäre hineinzuziehen, obwohl sie genau wissen, daß sie mit der eigentlichen Anschuldigung nichts zu tun haben. Aber wer dem Sünder hilft, wird selbst zum Sünder. Aus diesem Grund sehe ich nur eine Möglichkeit. Wir können zunächst nur an Gott appellieren und dann an die Untersuchungsbeamten. Wir müssen versuchen, an sie heranzukommen – das war Janowskis Rat, und ich schließe mich seiner Meinung an. Wenn es eine legale Möglichkeit gibt, sollten wir sie nutzen; wenn wir aber niemanden finden, keinen Bekannten, der für uns ein gutes Wort einlegt, sollten wir es anders versuchen: Mit ein wenig Geld, wenn ein subalterner Beamter geschmiert werden soll, und mit etwas mehr bei einem höheren Beamten, falls dieser ›nimmt‹, aber ›nehmen‹ tun sie alle. Es gibt keinen anderen Ausweg.«

»Natürlich«, fügte Reb Dudi hinzu, »birgt das wie immer in solchen Fällen ein gewisses Risiko. Wenn man an hochgestellte Leute herantritt und sie schmiert, besteht immer die Gefahr, daß ein solcher Typ behauptet, man habe ihn kaufen wollen. Dann wird das Delikt doppelt so schwer und türmt sich vor einem auf wie ein Berg. Wir wissen ja, wie es ist: Wer sich entschuldigt, klagt sich an. Wer ein reines Gewissen hat, braucht keine krummen Wege einzuschlagen und muß kein Geld geben. Ja, es ist gefährlich. Aber wir haben keine Wahl, und so müssen wir äußerst behutsam vorgehen. Wir müssen genau wissen, *wem* wir etwas geben, müssen uns vorher erkundigen, ob der Betreffende *nimmt*, und zwar in welchen Fällen und wieviel, und natürlich müssen wir sehr überlegt an die Sache herangehen ...«

Die Auskünfte, die Reb Dudi erhalten hatte, waren offenkundig alles andere als erfreulich. Wie dem auch sei: Die auserwählten Männer, die an der geheimen Zusammenkunft bei Reb Dudi teilnahmen, gingen auseinander, ohne eine Entscheidung getroffen zu haben. Reb Dudi selbst beharrte auch nicht allzusehr auf seinem Vorschlag, in erster Linie weil er große Angst hatte, vor allem aber, weil selbst bei einer Annahme dieses Vorschlags noch nicht feststand, wer die Aufgabe auf sich nehmen sollte, wer es wagen würde, sich auf so etwas einzulassen, und, worauf es am meisten ankam, wieviel Geld nötig war und wie man es beschaffen sollte. So blieb das Treffen ergebnislos, obwohl allen Anwesenden schwer ums Herz war und der Kopf brummte: was für ein Elend, was für ein Pech ...

Auch Mosche Maschber kehrte tief niedergeschlagen von dieser Zusammenkunft zurück. Es war schon spät, fast Mitternacht. Im Eßzimmer fand er keins seiner Kinder mehr vor, nur Gitl saß noch dort, die er aber bat, zu Bett zu gehen. Das Abendbrot, das man für ihn vorbereitet hatte, genügte ihm. Mehr brauchte er nicht. Nach dem Essen wollte er allein sein, um in Ruhe zu überlegen. Gitl kam seinem Wunsch nach. Er aß, schien aber kaum wahrzunehmen, was er zu sich nahm. Er saß am Kopfende des Tisches und hatte den großen Kronleuchter vor sich, der so tief über den Tisch hing, daß er ihm den Blick auf die Küchentür versperrte. So bemerkte er zunächst nicht, daß jemand geräuschlos in dieser Tür erschien und der auf der Schwelle innehielt. Es war Alter. Er war armselig und nachlässig gekleidet wie ein Mann, den niemand recht ernst nimmt und dem Kleidung wenig bedeutet. Er blieb in der Tür stehen wie immer, wenn er so plötzlich auftauchte. Wer ihn jetzt aber etwas aufmerksamer angesehen hätte, hätte eine seltsame Veränderung an ihm bemerkt.

Wir wollen uns hier nicht lange aufhalten. Wir möchten nur sagen, daß diese Veränderung selbst für einen großen Arzt ein Rätsel gewesen wäre, wenn er Alter jetzt gesehen hätte, und daß es ihm schwergefallen wäre, sie zu erklären. Wir aber, die wir keine ärztliche Vorbildung haben, versagen uns jede Erklärung und können nichts weiter tun, als die folgenden Tatsachen wiederzugeben.

Niemand im Haus wußte, was sich in Alters Dachkammer abgespielt hatte, nachdem er an jenem denkwürdigen Abend gestürzt war. Man brachte ihm nur wie gewohnt sein Essen und was er sonst noch brauchte, schenkte ihm aber sonst nicht allzuviel Aufmerksamkeit. Man hatte nur bemerkt, daß er sich recht schnell von seinem Sturz erholt hatte. Niemandem war aber aufgefallen, daß Alter, wenn er allein in seinem Bett lag, damit begonnen hatte, mit dem Vergnügen eines Säuglings mit den Sonnenstrahlen zu spielen.

Als er sich erholt hatte und sein Bett verlassen konnte, ließ er sich ein Gebetbuch bringen. Darüber waren alle erstaunt, aber man kam seinem Wunsch nach und vergaß das Ganze schnell. Später bat er um ein Buch (das er sogar beim Titel nannte). Wieder waren alle erstaunt, aber man brachte es ihm und vergaß auch diesen Vorgang. Als unser alter Bekannter Mayerl zu ihm hinaufging – Mayerl war das einzige Kind des Hauses, das sich nach wie vor für Alter interessierte –, führte Alter mit ihm Gespräche, die den Kleinen erschreckten, und zwar nicht etwa, weil sie abwegig waren (das war Mayerl gewohnt), sondern das genaue Gegenteil davon: Alter sprach vernünftig, und Mayerl starrte ihn verwundert an, erkannte ihn kaum wieder und war verängstigter als zuvor.

Als erste bemerkten die Küchenmädchen Alters Veränderung. Wenn Alter um diese Zeit auf dem Weg auf den Hof oder zurück in seine Mansarde in die Küche kam, hielt er sich dort etwas länger auf als gewohnt. Sein Blick blieb an den Dienstmädchen haften, vor allem an der jüngeren, dem Zimmermädchen, der vollbusigen Gnessje, die ein Baumwollmieder trug. Als das ältere Dienstmädchen ihn dabei erwischte – daß er Gnessje nämlich mit den Augen verschlang –, rief sie, nachdem Alter gegangen war, erschreckt und wie verzweifelt aus:

»O weh, hast du das gesehen? . . .«

»Was ist denn los?« wollte die andere wissen.

»Hast du wirklich nichts bemerkt, Kleines?«

»Was denn?«

»Mir scheint, Alter wird zum Mann.«

»Wie kommst du denn darauf?«

»Durch die Art, wie er dich ansieht, Kleines . . .«

Bei einer anderen Gelegenheit rief sie aus, da sie jetzt noch sicherer war:

»Warum sieht er dich so an? Was findet er nur an dir?«

Beim drittenmal war sie sich ganz sicher:

»Der ist auf dem besten Weg, der hat was vor . . .«

So war es. Alter starrte jetzt entzückt an, was ihm vorher gleichgültig gewesen war. In seiner Kammer fühlte er sich oft eingesperrt, hatte das Gefühl, an die Luft zu müssen, auf die Straße, schämte sich dessen aber. Aus gutem Grund: Er schämte sich vor anderen, sogar vor sich selbst, da er glaubte, man verfolge ihn mit den Augen. Er schämte sich auch seiner Kleidung, von der er ahnte, daß sie nicht passend war. Kurz, Alter kannte seine Situation und wollte ihr entfliehen. Er wollte über die Schwelle treten und als vollwertiges Mitglied in die Familie aufgenommen werden, aber dazu fehlte ihm der Mut. Daher schien er zu verbergen, was er an Gesundheit und Verstand gewonnen hatte, verheimlichte es, wollte sich keinem Menschen zeigen und wartete auf ein Gespräch unter vier Augen mit seinem Bruder Mosche, dem er sich in seinem jetzigen Zustand zeigen wollte, damit dieser ihn in die Familie einführte.

Unterdessen nahm Alter Tag für Tag ein wenig zu. Sein Essen schmeckte ihm jetzt anders und bekam ihm auch besser. Sein Gesicht war zwar noch blaß, wurde aber voller, und manchmal zeigte sich auf seinen Wangen sogar etwas Farbe. Wären die Zeiten nicht so schwierig gewesen, hätten nicht alle so drückende Sorgen gehabt, hätte jeder diese Veränderungen an ihm bemerkt. So aber hatten alle ganz andere Dinge im Kopf, vor allem

Mosche, über den das ältere Dienstmädchen eines Tages zu dem jüngeren folgende Worte äußerte:

»Ich will dir mal was sagen, Kleine: Alter ist dabei, mit dem gnädigen Herrn zu tauschen.«

»Was soll das heißen: zu tauschen?«

»Damit will ich sagen, daß der gnädige Herr den Verstand zu verlieren scheint, während Alter vernünftig wird.«

Alter hatte in der Zwischenzeit Ruhe und Zeit genug, seine neue Entwicklung und seinen Verstand in seiner Dachkammer gleichsam auszubrüten, wie ein Küken unter einer Henne, bis es die Eierschale zerbricht und das Gefühl hat, auf eigenen Füßen stehen zu können.

Wäre jemand in dieser Zeit unerwartet in seiner Dachkammer erschienen, hätte er ihn bei der Inspizierung seiner Kleidungsstücke, seiner Hände, Füße und manchmal sogar seines Gesichts im Glas des halbgeöffneten Fensters antreffen können, wenn Licht und Schatten ihm die Betrachtung seines Spiegelbilds erlaubten.

Schließlich, eines schönen Tages, bekam er Lust, sich dem Familienleben anzuschließen. Es war derselbe Abend, an dem Mosche nach der Rückkehr von Reb Dudi allein im Eßzimmer geblieben war. Alter tauchte wie gewohnt auf der Türschwelle auf. Mosche bemerkte ihn zunächst nicht, weil der schwere Kronleuchter ihm den Blick versperrte, aber als er ihn dann entdeckte, rief er überrascht aus:

»Ah! Sieh mal an! Alter! . . .«

Alter näherte sich dem Platz, an dem Mosche saß. Während er einige Schritte vortrat, erkannte Mosche, daß sich Alters Haltung und sein Gang verändert hatten und daß vor allem in seinem Blick etwas lag, was man dort nie erwartet hätte: Er war ein Mensch geworden, ein Mensch im Vollbesitz seiner geistigen Kräfte, intelligent, und gerade das erschreckte Mosche, gerade diese Menschlichkeit, das, womit fast alle Menschen ausgestattet sind – der Verstand.

Vor Entsetzen wußte er nicht, was er tun sollte. Diesmal schickte er seinen Bruder nicht gleich wieder fort, wie er es sonst immer tat, wenn Alter unerwartet aus seiner Mansarde herunterkam: »Geh, geh wieder auf dein Zimmer, Alter ...« Nein, diesmal stand er auf, als wollte er Alter auffordern, sich zu setzen. Aber weil er es nicht gewohnt war, unterließ er es; er blieb einen Augenblick unschlüssig stehen und fragte schnell:

»Was willst du, Alter?«

»Ich möchte mit dir sprechen.«

Mosche begriff schon bei Alters ersten Worten, daß da ein neuer Mensch vor ihm stand. Plötzlich fiel ihm ein, daß Alter ihm am Vorabend des neuen Jahres in seiner Dachkammer gesagt hatte, er habe das Gefühl, gesund zu werden ... Er erinnerte sich auch an Janowskis Äußerungen in der dramatischen Nacht, in der Alter gestürzt war, nachdem Lusi das Haus verlassen hatte: Es sei möglich, daß es jetzt in Alters Krankheit zur Krise komme. Während Mosche sich an all das erinnerte und einen neuen Alter vor sich sah, wußte er nicht, was er sagen sollte, was jetzt überhaupt zu tun war. Alter kam ihm jedoch zu Hilfe, und ohne auf weitere Fragen Mosches zu warten, sagte er plötzlich:

»Mosche, ich bin gekommen, um dir etwas zu sagen: Du mußt mich verheiraten.«

Dies war in einem so einfachen und so ernsthaften Ton geäußert worden, wie man ihn nur bei einem Verrückten oder einem Menschen finden kann, der das Zusammenleben mit anderen Menschen nicht mehr gewohnt ist und daher nicht mehr weiß, was man sagen darf und was nicht – oder wann und wie –, und dessen Art zu sprechen einem das Herz zerreißt.

Es gibt nichts, was man Alter vorwerfen könnte. Er ist tatsächlich ein Mann, der aus großer Ferne zurückgekehrt ist. Er ist ein Mensch, der mit Menschen und deren Sitten lange Zeit nicht in Berührung gekommen ist. Und darum sprach er wie sonst niemand. Er sagte, was er dachte, und was er dachte, war dies: Ich bin ein Mensch wie jeder andere.

»Ah?« ließ sich Mosche vernehmen, als hätte er nicht verstanden, als glaubte er seinen Ohren nicht zu trauen.

Er war wie vor den Kopf geschlagen, so daß ihm nichts anderes einfiel, als zu wiederholen:

»Ah! Was sagst du, Alter, was willst du?«

»Ich möchte dir sagen, daß ich jetzt ein Mensch wie jeder andere bin, daß sich mir die Welt geöffnet hat und es mir daher in meiner Dachkammer zu eng wird, daß ich leben will und daß du etwas für mich tun mußt. Und ich wende mich an dich, Mosche, denn ich erinnere mich daran, daß unser Vater dir vor seinem Tod aufgetragen hat, für mich zu sorgen, und folglich bist du jetzt für mich verantwortlich.«

Für Mosche waren Alters Worte so überraschend, so unbegreiflich, daß ihm ganz wirr im Kopf wurde. Er sah weder das Licht der Lampe noch Alter. Kaum war er von seinem Stuhl aufgestanden, drehte er sich suchend um, als wollte er sich wieder setzen, denn seine Beine versagten ihm den Dienst. Im Umdrehen murmelte er wie gewohnt:

»Geh, geh auf dein Zimmer, Alter.« Aber diesmal fügte er hinzu: »Wir werden sehen, wir werden darüber nachdenken.«

Alter blieb noch einen Augenblick stehen, dann ging er. Mosche war so bestürzt und fassungslos, daß er kaum Alters Schritte hörte. Endlich fand er seinen Stuhl wieder, ließ sich darauf fallen und blieb sitzen. Erst jetzt konnte er begreifen, was er vor nur wenigen Minuten gehört hatte, und seiner Brust entfuhr ein Seufzer der Erleichterung:

»Herr Gott im Himmel, was geht hier vor?«

XI

Vor dem Bankrott

An einem düsteren Abend des Monats Cheschwan[1], in der Zeit, von der hier die Rede ist, hielt zu schon später Stunde eine völlig durchnäßte Kutsche vor einer Herberge der Stadt N. Von den beiden Pferden, die von dem langen Weg über holprige und schlammige Straßen erschöpft waren, stieg Dampf auf. Eine armselige Kutschenlaterne mit einem Reflektor, der an der rechten Seite des Wagens befestigt war, ließ ebenfalls Anzeichen von Ermattung erkennen, als hätte sie genug von ihrem schwachen, verrußten Lichtschein, der es gleichwohl erlaubte, zwei Personen, die von weit her gekommen waren, aus dem Wagen steigen zu sehen.

Es waren Sruli und Lusi, die jetzt nicht nur von ihrer letzten Reise nach Uman zurückkehrten, sondern auch von einer anderen, die sie, wie es scheint, von Uman aus zu der kleinen Stadt in der Nähe der Grenze unternommen hatten, in der Lusi wohnte, damit dieser dort das Wenige, das er besaß, abholen und das, was sich zu Geld machen ließ, verkaufen und den Rest mit sich hierher zurückbringen konnte; etwa die Dinge, die man überall braucht, Bettwäsche und so weiter.

Ja, es sah ganz danach aus, denn diesmal kehrte Lusi mit weit mehr Gepäck zurück, als er beim Aufbruch zu seiner letzten Reise bei sich gehabt hatte. Der Kutscher hatte alle Hände vollauf zu tun, Päckchen und Bündel abzuladen und ins Haus zu bringen, und Sruli, der mit diesen Päckchen in Wahrheit nichts zu schaffen hatte, denn man sah deutlich, daß sie ihm nicht gehörten, kümmerte sich gleichwohl um sie, als wären sie seine

---

[1] November–Dezember (Anm. d. Übers.)

eigenen: Zunächst hielt er ein Auge darauf, wie man sie trug, dann vergewisserte er sich, wie viele man hereingebracht hatte, gab Anweisung, wo sie ordnungsgemäß abzustellen seien, damit sie nicht schmutzig wurden oder man sie allzu lange herumschleppte. Es war Sruli, der sich um alle diese Dinge kümmerte, denn Lusi war derlei Arbeiten nicht gewohnt und fühlte sich dazu auch nicht berufen, denn er besaß darin nicht die geringste Erfahrung, und überdies schien er von der Reise erschöpft.

Diese Arbeit mit den Päckchen und Bündeln und die Sorge darum, daß sich Lusi hier häuslich einrichten konnte, begann für Sruli am nächsten Morgen wieder von vorn, nachdem er mit Hilfe von Maklern eine Wohnung für ihn gefunden hatte – in einer Gegend, über die sie sich, wie es schien, zuvor erkundigt hatten. Jetzt mußte Sruli Lusi beim Umzug vom Gasthof ins Haus helfen, aber auch danach gab es viel zu tun: Die Wände mußten gereinigt und gestrichen werden, die Fußböden geschrubbt, Möbel und Einrichtungsgegenstände mußten verteilt und das, was noch fehlte, gekauft werden. Das alles nahm Sruli auf sich und erledigte es aufs beste, als hätte er sein Leben lang nichts anderes getan als Häuser einrichten.

Lusi war nicht weit vom »Fluch« entfernt eingezogen, einem Stadtviertel, das zweifellos irgendein kränkelnder und zorniger alter Prophet dem Unglück und der Heimsuchung geweiht hatte, damit jeder, der dort zufällig vorbeikam, schaudern und schon zu Lebzeiten den Hauch des Grabes spüren mußte.

Dieses Viertel lag im dritten Teil der Stadt und besaß eine bestimmte Zahl von Gassen. Im Grunde waren es nicht mal Gassen, sondern vielmehr kleine Passagen, die nur ein oder zwei Personen Durchlaß boten und sich zwischen zwei Häuserreihen hindurchschlängelten, von denen drei Viertel halbe Ruinen waren. Einige hatten keine Dächer mehr, obwohl sie noch ein wenig armseliges und nacktes Gebälk besaßen, andere wiederum hatten zwar noch ihr Schindeldach, waren aber unter dem Einfluß von Zeit, Hitze und Wind so verwittert, daß sie halb verrottet und voller Löcher waren, so daß man nur noch die senkrecht stehenden Fachwerkbalken sah. Die Hauswände bestanden aus dünnen, unverputzten und rissigen Brettern; andere Wände, die man verputzt hatte, sahen aus wie angeschwollene Bäuche; die Fenster wirkten fehl am Platz und besaßen keine Fensterscheiben. Die Löcher hatte man mit Lumpen oder Stofffetzen abgedichtet. Wasser ist in diesen Häusern ein seltener Gast. Weder Häuser noch Bewohner waren gewaschen, an den Wänden und den wenigen heilgebliebenen Fensterscheiben hatten sich über Generationen hinweg Staub, Schmutz und Unrat festgesetzt; die Fenster ließen kein Tageslicht mehr herein, das in diesen Gassen ohnehin kaum existierte. Die ewige Dunkelheit verstärkte nur noch den Eindruck von Verfall und totaler Vernachlässigung, den diese Häuser beim Betrachter auslösten.

Die Menschen, die dort wohnten, waren der Bodensatz der Gesellschaft: Krüppel, die von ihren Krankheiten und körperlichen Gebrechen lebten, die sie in allen Häusern der Stadt zu Geld machten, wenn sie dazu nur rüstig genug waren; meist aber waren sie nicht einmal mehr zum Betteln fähig, und wie sie es schafften, am Leben zu bleiben, wußten wohl nur sie selbst und Gott, und vielleicht auch noch der Prophet, der sie einst verflucht hatte.

Man stelle sich diese Art Leben vor: Unbeschreiblich schmutzige Kissen, auf denen sie sich im Sommer im Freien ausstreckten. Wer aber weiß, wo und worauf sie im Winter lagen? Denn wer hatte schon je einen Blick auf diese Unglücklichen geworfen, abgesehen vielleicht von dem Todesengel, der dort ein häufiger Gast war, selbst wenn in der Stadt keine Epidemie grassierte? Denn in solchen Fällen begnügte er sich nicht damit, durch die schmutzigen Fensterscheiben und die mit Lumpen zugestopften Fensterhöhlen zu blicken, und nach jedem dieser Blicke mußte sich mehr als einer für die letzte Reise zum Friedhof bereit machen.

Von dort, vom »Fluch« her stammten auch zahlreiche Kandidaten für das Armenhaus und für das Hospital, Alte und Junge, die nie alt werden würden, seit ihrer Kindheit dazu verdammt, halb verkrüppelt, halb schwachsinnig und ohne Aussicht auf eine Zukunft zu leben. Die Kinder wurden dort aber manchmal auch

nur geboren, um in den Rockschößen des Sargträgers Mosche-
Mote davongetragen zu werden, wenn sie als Säuglinge starben,
so wie man eine Wassermelone trägt, wenn man kein Netz hat;
und wenn die Kinder starben, wenn sie schon ein wenig älter
waren, wurden sie in dem kleinen Wagen des Sargträgers trans-
portiert, und zwar nicht einzeln, sondern mehrere zugleich,
denn die Toten, vor allem tote Kinder, waren dort häufiger
anzutreffen als Brot.

Dort wohnten hier und da auch Handwerker der untersten
Schicht, die nur einen Grund hatten, dort zu wohnen: Wo
sollten sie denn sonst hausen? Sie hatten keine Arbeit, keinen
Beruf, kein Werkzeug und hätten vor allem keine Miete aufbringen können, und hier fehlte es oft an einem, der sie eintreiben
könnte, es sei denn der Prophet, der diesen Ort verflucht hatte.

Dort unten, nicht weit von diesen gewundenen Gassen, hatte
Sruli für Lusi ein Häuschen gefunden, in dem die Haushälterin,
eine alte, alleinstehende Jüdin, es auf sich nahm, sauberzuma-
chen, zu kochen und Lusis Wäsche zu waschen. Das kleine
Haus, das zwei Zimmer, einen Flur und eine winzige Küche
besaß, hatte seit Lusis Einzug ein fast bewohnbares Aussehen
angenommen. Das Äußere war nicht sonderlich gepflegt, denn
wie alle Häuser dieses Viertels steckte es mit dem Fundament im
Schlamm, und natürlich war die Gasse nachts nicht erleuchtet,
aber das Innere des Häuschens war so angenehm, wie es die
Umstände erlaubten.

Hier muß gleich hinzugefügt werden, daß Lusis Zimmer seit
seinem Einzug zum Versammlungsort für die »Seinen« geworden war, das heißt für seine Sekte. Dieses Viertel war weit von
der Stadt und von der Synagoge der Sekte entfernt, und da es
Herbst war, der Regen und Schlamm mit sich brachte, und die
meisten von ihnen auf Grund ihrer Armut ohnehin in diesem
Viertel wohnten, wurde Lusis Behausung schnell zu einem Mittelpunkt; am Abend schauten die anderen auf einen Sprung bei
ihm herein, um mit ihm das Abendgebet zu sprechen, mit den
anderen den Abend zu verbringen oder bei einer Tasse Tee oder
einem mehr als bescheidenen Abendessen über Sektenangele-

genheiten zu plaudern, um sich Geschichten zu erzählen, um zuzuhören oder sich gegenseitig das Herz auszuschütten. Doch es gab nicht nur die Sekte. Lusis Behausung war mit jedem Tag unter anderen frommen Seelen bekannter geworden. Oft kamen unbekannte junge Leute vorbei, Angehörige anderer Sekten, denen die Frömmigkeit ihrer Gemeinschaften sichtlich nicht genügte. Sie fühlten sich von diesem Ort angezogen, an dem ihnen, wie es ihnen schien, mehr abverlangt wurde. Sie hatten gehört, daß Lusi etwas Ungewöhnliches widerfahren war, und das fanden sie besonders aufregend. So fanden sie sich gegen Abend, ohne daß ihre Eltern oder Schwiegereltern, Freunde oder Kameraden den geringsten Verdacht schöpften, in der Abenddämmerung, im Schutz der Dunkelheit hier ein, stahlen sich heimlich und unter allen denkbaren Vorsichtsmaßnahmen hierher, so wie man sich an einen Ort voll süßer Sünde begibt.

Nach und nach erschienen auch andere Bewohner dieses Viertels, Leute, die sich für Dinge wie etwa die unterschiedlichen Auffassungen der verschiedenen Sekten nicht im geringsten interessierten. Sie kamen einfach in ein Haus mit offenen Türen, in dem niemand davongejagt wurde. Und warum nicht auch einfach eintreten und einen Blick riskieren? Besonders, da man abends von Zeit zu Zeit ungewohnte Gesänge von glühender Frömmigkeit vernehmen konnte; durch die kleinen Fenster sah man eine kleine, dichtgedrängte Gruppe von Menschen, die stets in eine leidenschaftliche Unterhaltung vertieft waren. Warum also sollte einer der Nachbarn gelegentlich nicht einfach diese Tür öffnen, um sich der Gemeinde anzuschließen, selbst ohne »Guten Abend« zu sagen, was niemand von ihm verlangte, und einfach zuhören?

Lusis Häuschen wurde bald so bekannt, daß sich selbst die verkrüppelten Bewohner des »Fluchs« dort auf ihre stumpfe und linkische Art einfanden, ohne daß man sie gerufen hätte. Natürlich hatte sie niemand eingeladen, aber es kam vor, daß man einen von ihnen am hellichten Tag oder Abend dort hingehen sah, jemanden, den die Füße noch trugen und der noch ein wenig Verstand besaß.

Zum Beispiel Zehn-Groschen-Puschke ... Ein abgerissener, zerlumpter Bursche mit einer uralten, ausgefransten und fadenscheinigen wattierten Jacke, die er niemals ablegt, weder im Winter noch im Sommer, und die man schon von weitem riecht. Außerdem trägt er an allen Fingern seiner Hände Ringe aus Blei oder Zinn, und da er sie nie abnimmt, haben sie sich tief ins Fleisch eingegraben. Seine Hände sind angeschwollen und haben eine ins Violette spielende Farbe. Er spricht niemals und bewegt sich mit seinem Päckchen voller Lumpen auf dem Rücken wie eine Schildkröte. Wegen seiner Leibesfülle muß er meist sitzen oder stehen. Und auch dieser Puschke schaute oft bei Lusi herein, nicht als Besucher, sondern einfach nur so. Manchmal, im nächtlichen Lichtschein der Lampe, blieb er reglos stehen, und manchmal versuchte sein etwas schwerhöriges Ohr einige Takte eines Gesangs mitzubekommen ...

Oder noch ein anderer: »Mittwoch«. Er war dem erstgenannten nicht unähnlich; ein Findelkind ohne Vater und Mutter, das hier, im »Fluch«, großgeworden war. Man hatte ihm diesen ungewöhnlichen Namen gegeben, weil man ihn an einem Mittwoch gefunden hatte und weil man keinen besseren Namen für ihn hatte finden können. Eins seiner Augen war groß wie ein Apfel, glasig und trat aus der Augenhöhle hervor; das zweite blickte mit einem idiotischen, süßen Lächeln in die Welt, und dieses Augenpaar machte Mittwoch zu dem, was er war: ein Tolpatsch, dessen Lächeln auf der anderen Wange hinabrollte, so wie ein Bach einen Hügel hinunterfließt. Abgesehen vielleicht von einem Hemd am Leib, einer Offenherzigkeit, die seiner Dummheit entsprang, sowie ein wenig Sprache und Verstand. Wenn ihn jemand fragte: »Wer bist du?«, reichten seine Geistesgaben gerade aus, um zu antworten: »Ich bin Mittwoch, ich heiße Mittwoch, weil man mich an einem Mittwoch gefunden hat ...« Kein Mensch weiß, welcher Zufall auch ihn in Lusis Haus geführt hat; da stand er einfach, lächelte freundlich mit einem Auge wie ein Fisch; er fühlte sich dort sichtlich wohl, also warum ihn hinausjagen? ...

Mit einem Wort: Lusis kleines Haus wurde zu dem Treffpunkt,

an dem die jungen Leute mit leiser Stimme sprachen oder in das sie sich in aller Heimlichkeit begaben. Die Eltern murrten und versuchten die jungen Leute zu warnen, und die Alten knurrten zornig und belegten das Haus schon mit beleidigenden Worten wie »unrein« oder »Kirche«. Sie berieten, wie und mit welchen Mitteln man den Eigentümer dieses Hauses loswerden könne.

Es war schon so weit gekommen, daß sich die Stadt mit dem Problem zu beschäftigen begann, denn obwohl das Haus so abgelegen war, so weit weg von allen, daß es eigentlich niemandem hätte zur Last fallen dürfen, gab es trotzdem Leute, die sich das Problem zu Herzen genommen hatten und denen es nicht aus dem Kopf ging. Es war schon so weit gekommen, daß sich einige Gläubige heimlich versammelt und vereinbart hatten, sich zunächst an Lusis Bruder Mosche Maschber zu wenden, bevor sie etwas gegen Lusi unternahmen, welcher Art dieses Vorgehen auch sein mochte. Immerhin war Lusi ein ehrenwerter Mann und der Bruder eines ehrenwerten Mannes, so daß sie zunächst die Meinung seines Bruders kennenlernen wollten. Sie waren also gekommen, um Mosche zu fragen, ob er etwas anderes vorzuschlagen habe, andere Mittel vielleicht, als sie selbst einzusetzen gedachten, das heißt strenge Maßnahmen.

Man muß sich also vorstellen, daß eine ganze Gruppe ehrenwerter Männer eines Abends im Hause Mosche Maschbers erschien und lange Stunden damit verbrachte, die Angelegenheit bis in die Nacht hinein hitzig zu diskutieren. Alle nahmen lebhaften Anteil an der Diskussion, nur Mosche Maschber selbst hörte nur zerstreut zu, denn er war mit seinen Gedanken woanders. Ihm brannten ganz andere Dinge auf der Seele. Er war folglich geistesabwesend und niedergeschlagen, als lebte er gar nicht mehr auf dieser Welt.

Um diese Zeit war es nämlich schlecht um Mosche Maschbers Geschäfte bestellt. Es ging mit ihnen stetig bergab, während sich Mißgeschicke und böse Überraschungen häuften.

Überdies war seine jüngere Tochter Nechamke schwer erkrankt. Man wußte nicht, ob der Kummer um die Lage ihres

Vaters ihre Gesundheit untergraben hatte oder ob es die Schuld ihres Mannes Nachum Lentscher war, der sie beharrlich quälte, oder ob sie an einer Erkältung oder einer erblichen Krankheit litt, die sie in sich trug. Wie dem auch sei, ihr Zustand verschlimmerte sich immer mehr: Ihre Wangen wurden täglich blasser, sie zitterte unablässig und legte auch vom Aufwachen bis zum Schlafengehen ihren Schal nicht mehr ab. In der letzten Zeit, als es schon auf den Herbst zuging, verließ sie wegen des schlechten Wetters auch das Bett nicht mehr; ihre Beine schwollen an ... Die Ärzte empfahlen ein sommerliches Klima, aber wo soll man zu Herbstanfang den Sommer hernehmen? Sie sprachen auch von »warmen Ländern«, aber damals stellte man sich solchen Vorschlägen gegenüber taub, und ohnehin war die Zeit nicht dazu angetan, an solche Dinge auch nur zu denken.

Diese Krankheit Nechamkes war für Mosche Maschber der letzte Tropfen; eine schwere Hand drückte ihn nieder, und wer weiß, wie sehr sie es darauf abgesehen hatte, ihn zu vernichten? Wenn er nach Hause kam und ins Zimmer seiner Tochter trat, um sich nach ihrem Zustand zu erkundigen, stand er oft nur da, ohne ein Wort zu äußern. Wenn Vater und Tochter einen Blick wechselten, standen beiden Tränen in den Augen, die sie aber aus Zuneigung und gegenseitiger Rücksicht unterdrückten.

Es gab Gründe genug, Tränen zu vergießen; Mosches Schwiegersohn Nachum Lentscher ging im Krankenzimmer seiner Frau unruhig wie ein Wolf auf und ab, rauchte und spie seine halbgerauchten Zigaretten allzuoft in die Ecke, in der sich der Spucknapf befand. Er war aufgeregt und hatte vielleicht auch allen Grund dazu, aber noch mehr ärgerte es ihn, daß niemand mehr da war, dem er sein Herz ausschütten und an dem er seinen Ärger auslassen konnte, denn er wußte genau, daß dies nicht der richtige Zeitpunkt war und daß es einem Verbrechen gleichkäme, jetzt mit Nechamke über sein Vorhaben zu sprechen. So schwieg er, aber sein Schwiegervater und auch Nechamke selbst begriffen sehr wohl, was sein Schweigen zu bedeuten hatte, was die Sache keineswegs leichter machte. Sie dachten, es wäre vielleicht besser für ihn, sich offen zu äußern.

Überdies hatte sich in der Familie etwas ereignet, was den ganzen Haushalt zutiefst erschütterte, so wie ein plötzlicher lauter Ton einen vor Schreck zusammenfahren lassen kann. Eines Abends tauchte im Haus Mosche Maschbers Schmulikl die Faust auf. Jeder in der Stadt kannte ihn. Er war mittelgroß, stämmig und hatte gerade, leicht hochgezogene Schultern. Sein Gesicht wirkte wegen eines Katarakts in einem Auge irgendwie blaß. Haar und Bart waren dunkelgelb und struppig. Auge und Bart allein hätten schon genügt, um jedem Angst einzujagen, aber vor seinen mageren Händen, die trocken waren wie Bretter, zitterte die ganze Stadt. Es waren vor allem Hilfslehrer, Volksschullehrer und manchmal auch Handwerker, die sich seiner Dienste vergewisserten, um einem Kollegen eine Lektion zu erteilen und ihm eine tüchtige Tracht Prügel verabreichen zu lassen. Eine Ohrfeige von Schmulikl genügte, um das Gesicht eines Gegners in einen roten Brei mit erheblich weniger Zähnen als vorher zu verwandeln, und oft sah das Gesicht danach aus wie ein aufgegangener Hefekuchen.

Er war selbst einmal Hilfslehrer gewesen, hatte aus diesem Beruf aber nicht den gleichen Nutzen ziehen könen wie aus seinem anderen Metier. Dieses Gewerbe war in der Stadt anerkannt. In extremen Fällen griff man manchmal zu extremen Mitteln. In seiner Jugend hatte Schmulikl auch einer der städtischen Banden angehört – deren Mitglieder vom Nichtstun, von der Taubenzucht, von Faustkämpfen und von leichten Mädchen lebten, die ihnen den Lebensunterhalt sicherten; oder von Schutzgeldern, die sie den jungen Leuten des Mittelstands abpreßten, je nach den finanziellen Möglichkeiten von deren Vätern; aber da Schmulikl jetzt nicht mehr jung war (er hatte gewiß schon die Vierzig überschritten), hatte er diesen jugendlichen Beschäftigungen ade gesagt. Seine Unternehmungen hatten jetzt einen seriösen Charakter angenommen, und das zahlte sich aus. Sein Metier sicherte ihm ein behagliches Auskommen. Er konnte sich einen guten Schluck leisten, bevor er mit seiner Arbeit begann. Auch danach, wenn er sein hartes Handwerk hinter sich gebracht hatte, und manchmal sogar während dieser Arbeit.

Diesmal hatte sich ein Wucherer seiner Dienste versichert und ihn geholt, ein Mann mit dem Spitznamen »Kätzchen«, ein winzig kleiner Mann, dessen Gesicht hinter seinem Bart kaum zu erkennen war. Soweit sich alle erinnern konnten, trug er stets den gleichen abgenutzten Wettermantel ohne Knöpfe; wenn es fror oder stürmte, drang ihm die Kälte bis auf die Haut, und er drängte sich dann immer eng an die Zäune, um sich vor dem Frost zu schützen.

Er war von einem absurden Geiz besessen, obwohl er in der Nähe des Deichs ein Haus mit einem großen Garten sein eigen nannte. Das Haus war jedoch ständig vermietet, und für seinen eigenen Gebrauch hatte er nur ein winziges Zimmer behalten, das ihm vollauf genügte: Denn er besaß weder Frau noch Kinder. Vielleicht hatte er sogar irgendwann einmal eine Familie gehabt, sich aber schon längst von ihr getrennt, um nicht mehr für sie aufkommen zu müssen. Seine Mahlzeiten nahm er bei der Nachbarin ein, ohne daß man ihn dazu eingeladen hätte; dafür beteiligte er sich in angemessener Weise an den Kosten. An Wochentagen pflegte er so gut wie gar nichts zu essen und am Sabbat nur wenig mehr. Mehr brauchte er nicht. Alles andere, Holz und andere Dinge des täglichen Bedarfs, stahl er bei seinen Mietern, wenn er sich unbeobachtet wähnte.

Er besaß, so erzählten sich die Leute, Tausende von Rubeln, daneben aber noch viel Geschirr aus Silber und Gold. All diese Dinge waren Pfänder für Darlehen, und wenn jemand das geschuldete Geld nicht zurückzahlen konnte, behielt er das Pfand, das er in seiner schmutzigen Wäsche versteckte, damit niemand einen Blick darauf werfen konnte und keiner Lust bekam, darin herumzuschnüffeln; denn die schmutzige Wäsche des Kätzchens starrte so sehr vor Dreck, daß man sie schon von weitem roch und daß angeblich schon manche schwangere Frau eine Fehlgeburt erlitten hatte, nur weil sie in die Nähe seiner Behausung gekommen war.

Er fand ein trauriges Ende. Er wurde von einer Bande christlicher Gauner ermordet, denen er Jahr um Jahr seinen Garten verpachtete, wofür er neben der Pacht manchmal ein kleines

Geschenk erhielt, ein paar verfaulte Äpfel oder wurmstichige Pflaumen, von denen er sich gegen Ende des Sommers eine Zeitlang ernährte. Seine Mieter, hieß es, hätten kaum Mühe gehabt, ihn zu erdrosseln, denn er war winzig klein und unterernährt; und für Leute wie sie war das eine Kleinigkeit. Er bäumte sich nur kurz auf und gab dann seinen Geist mit Zinsen auf, das heißt, er ließ aus seinem Mund ein kurzes Piepsen hören und dazu noch einen Ton, der von ganz woanders herkam, und das war alles, was die Mörder davon hatten ... Denn sie drangen nicht bis zu dem zwischen den Lumpen und der schmutzigen Wäsche verstecktem goldenen Geschirr vor, da sie nicht erwarteten, unter all dem Dreck und Unrat solche Schätze zu finden; und Bargeld besaß er nicht, nur Schuldscheine über hohe Beträge, die einzige Form, in der sein Vermögen angelegt war.

Mosche Maschber war einer seiner Schuldner. Als dem »Kätzchen« in der Stadt und unter seinesgleichen – bei »Kätzchen« seines Schlages – Gerüchte über Mosche Maschber zu Ohren kamen, wollte er ihnen zunächst kaum Glauben schenken, weil er in seinem sich schon fast in sämtliche Bestandteile auflösenden Mantel oft in Mosches Büro gewesen war, um Neuigkeiten zu erfahren. Im Laufe der Zeit jedoch wurden die Nachrichten immer besorgniserregender. Mosches Zahlungstermin war zwar noch nicht gekommen, und noch schuldete er ihm folglich nichts. Dennoch begann es in seinem schmutzigen kleinen Bauch zu rumoren – ob es nun die verdorbenen Äpfel waren, die ihm nicht bekommen waren und ihm die Ruhe raubten, oder die Vorstellung, ein solches Vermögen, einen solchen Batzen Gold zu verlieren – woran auch immer es gelegen haben mochte, er fand jetzt keinen Schlaf mehr und mußte nachts ständig ins Freie laufen und sich an einem Zaun erleichtern. Während er noch mit diesem dringenden Bedürfnis beschäftigt war, hob er die Augen zum Himmel und betrachtete diesen Überfluß an Sternen, die am nächtlichen Firmament glitzerten wie klingende, vollgewichtige Münzen, für jeden unerreichbar, von denen nur selten eine zur Erde fällt ... Er konnte nicht schlafen und zermarterte sich das Gehirn – er überlegte hin und her, wie er den Zahlungstermin Mosche Maschbers beschleunigen konnte, um sein Geld rechtzeitig und ohne Umstände wiederzubekommen. Ihm fiel aber keine Lösung ein, nur etwas, was er in solchen Fällen mit weniger bedeutenden Schuldnern zu tun pflegte, mit Leuten, die weniger ehrenwert waren als Mosche Maschber: Er schickte Schmulikl los . . .

Es war schon ein seltsamer Anblick, als dieses »Kätzchen«, dieser Knirps mit seinem heiseren Stimmchen, das sich so anhörte wie eine Melodie, die man auf einem Kamm bläst, dieses Männchen, dessen Kleider selbst im Winter keine Knöpfe hatten und die er mit einer Schnur zusammenhielt wie ein armseliger Laufbursche, der immer an den Zäunen entlangschlich, um sich vor dem beißenden Wind zu schützen; es wäre schon kurios gewesen zu erfahren, wie diese beiden Wesen überhaupt zueinander gefunden hatten, wie das Kätzchen sich mit Schmulikl auf solche Dinge hatte einlassen können.

Natürlich versuchte er Schmulikl ebenso wie alle anderen zu betrügen und den Preis zu drücken: Er werde ihn später bezahlen, das heißt nach Erfüllung seines Auftrages. Auf diesem Ohr war Schmulikl allerdings taub. Er blieb hart, denn er kannte seinen Wert und stellte jedesmal nur eine und stets die gleiche Bedingung: Ein Glas vorher, ein Glas nachher und soundso viel Geld für die Arbeit. Hatte das »Kätzchen« sich einverstanden erklärt, trat er ganz dicht an Schmulikl heran, stellte sich auf die Zehenspitzen, um möglichst dicht an sein Ohr heranzukommen, als kletterte er eine Leiter empor, und rief ihm ins Ohr:

»Also vergiß nicht, Schmulikl: Prügle ihnen die Seele aus dem Leib! Die Gedärme! Mein Geld, diese Banditen! Da steckt Arbeit drin, harte Arbeit . . . Ich habe mich nicht satt gegessen und nicht geschlafen . . . Prügle ihnen die Seele aus dem Leib! . . .«

Aber diesmal, als er sich mit Schmulikl über Mosche Maschber unterhielt, sagte er ihm:

»Vergiß nicht, Schmulikl, wohin du gehst! Merk dir, mit wem du es zu tun hast: Du darfst ihn nicht anrühren, nicht die Hand gegen ihn erheben, höchstens mit der Faust auf den Tisch schlagen. Die Schuld ist nämlich noch nicht fällig, aber ich will ihn einschüchtern. Damit er die Sache nicht auf die leichte Schulter nimmt, damit er sieht, wer auf meiner Seite steht, wenn ich ihn brauche und der Zeitpunkt gekommen ist.«

Schmulikl selbst war diesmal von seinem Auftrag nicht gerade entzückt; er behagte ihm durchaus nicht. Noch nie hatte man ihn in ein so vornehmes Haus geschickt. Außerdem war er nicht sonderlich wortgewandt. Seine Kraft steckte vor allem in den Fäusten, die er unter seinesgleichen sprechen ließ und mit denen er alles erreichte. Aber in diesem Fall, bei Mosche Maschber, wie sollte er da die Hand erheben, vor allem wo das »Kätzchen« es doch ausdrücklich verboten hatte?

So war er schon leicht aus der Fassung gebracht, als er das Haus betrat; aber das Haus selbst mit seiner Atmosphäre von Wohlhabenheit, seinem Licht und seinen Lampen schüchterte ihn so sehr ein, daß ihn drei Viertel seiner »schlagenden« Courage schon an der Haustür im Stich ließen.

Er hatte gehofft, Mosche Maschber mit seinen Schwiegersöhnen vom Büro nach Hause kommen zu sehen. Vielleicht würde sich auch Eljokum oder Kateruche in der Küche befinden, wie das manchmal vorkam, oder irgendein anderer Angestellter; dann hätte das Erscheinen eines Burschen wie Schmulikl nichts Überraschendes an sich gehabt. Aber ausgerechnet heute, wo kein einziger Angestellter im Hause war, mußten sich seine Bewohner plötzlich diesem Menschen gegenübersehen, der in der ganzen Stadt verrufen war. Ein Blick auf das Auge dieses Kerls mit seinem Katarakt genügte, und allen wurde sofort klar, was sie schon bei diesem so unerwartetem Auftauchen Schmulikls geahnt hatten, daß dieser Bursche vor nichts zurückschrecken würde – nicht einmal vor einem Verbrechen.

Man fragte ihn, was er wünsche, und bot ihm einen Stuhl an. Schmulikl setzte sich und sagte:

»Ich komme im Auftrag des ›Kätzchens‹. Ich komme vom ›Kätzchen‹ . . . Das Geld . . .«

»Welches Geld?« fragten sie, ohne zu begreifen, was er meinte. »Schulden wir Ihnen etwas?«

»Nein, nicht mir. Dem ›Kätzchen‹.«

»Was haben Sie damit zu tun? Kann der nicht selber sprechen und selbst sagen, ob wir ihm etwas schulden?«

»Ich heiße Schmulikl«, rief Schmulikl aus . . . »Mein Name ist Schmulikl. Die ganze Stadt kennt mich, Sie auch, Sie müssen mich kennen. Ich komme in seinem Namen, komme in seinem Auftrag . . .«

Schon die bloße Erscheinung Schmulikls und der muffige Gestank seiner alten Kleider, die noch aus seiner Zeit als Hilfslehrer stammten, allein schon die Gesten seiner schmutzigen Hände, die mit ihren verhärteten Falten voller getrocknetem Blut denen eines Schlachters glichen, genügten, um allen Anwesenden den Magen umzudrehen und den Empfindsameren unter ihnen Übelkeit zu bereiten. Es ist also kein Wunder, daß es nicht mehr bedurfte, als einen Burschen dieses Schlages vor sich am Tisch sitzen zu sehen, um jeden befürchten zu lassen, er könne jeden Augenblick all jene Dinge tun, die einem solchen Wesen absolut zuzutrauen waren . . . Dies erklärt jedenfalls, warum allen Anwesenden bereits bei seinen ersten Worten insgeheim Hände und Knie zu zittern begannen und sie außerstande waren, auch nur ein einziges Wort hervorzubringen. Allein Mosche Maschber fand in seiner Eigenschaft als Hausherr, an den die Worte Schmulikls schließlich gerichtet waren, eine Antwort:

»Richten Sie Ihrem ›Kätzchen‹ bitte aus, daß er ein unverschämter Jude und ein unverschämter Patron ist; daß ihm noch kein Geld zusteht und daß er gefälligst selbst erscheinen möge, wenn der Termin gekommen ist, und daß er keine Boten schikken soll; sagen Sie ihm . . .«

»Unser Geld!« erinnerte sich Schmulikl wieder, als hätte er einen Schlag auf den Kopf erhalten.

Ihm fielen die Anweisungen wieder ein, die das ›Kätzchen‹ ihm zu geben pflegte: »Prügle ihnen die Seele aus dem Leib!« Da er nicht das Recht hatte, seine Hände zu gebrauchen, stieß er wenigstens einen lauten Schrei aus:

»Unser Geld! Gebt uns unser Geld zurück!«

Dabei schlug er so heftig mit der Faust auf den Tisch, daß Gläser, Geschirr und Möbel tanzten und widerhallten, und daß alle, die sich in anderen Zimmern des Hauses befanden, eilig ins Eßzimmer gelaufen kamen, sogar die Küchenmädchen, die so etwas bei ihren Herrschaften noch nie erlebt hatten und spürten, daß ein Unglück, ein Verhängnis in der Luft lag. Wo hat man das schon mal gesehen – Fremde, die einfach zur Tür hereinkommen und mit der Faust auf den Tisch schlagen, und dazu noch so ein Bursche? Eine Figur, die man sonst nicht mal über die Schwelle gelassen hätte; und gewiß schlug er nicht ohne Grund auf den Tisch, man schuldete ihm zweifellos etwas.

»Was geht da unten vor?« ließ sich aus ihrem fernen Zimmer plötzlich die Stimme der kranken Nechamke vernehmen.

Alle schwiegen. Einige liefen los, um sie zu beruhigen, aber die meisten blieben im Eßzimmer, nachdem Schmulikl auf den Tisch gehauen und das Zimmer verlassen hatte. Sie wagten nicht, einander in die Augen zu blicken, noch weniger, ein Wort zu äußern, und der Faustschlag dröhnte allen noch in den Ohren. Ihre Zungen waren wie gelähmt; und vor Scham wußten sie nicht, was sie tun sollten.

Sie hatten noch Glück gehabt, daß kein Fremder dieser Szene beigewohnt hatte, der sich darüber hätte lustig machen können. Aber es genügte, daß die Hausbewohner alles mit angesehen hatten. So daß die vor Kummer völlig verstörte Gitl die Hände rang und sich verzweifelt an Mosche wandte, nachdem sie sich in ihr Schlafzimmer zurückgezogen hatten. Sie fragte ihn: »Mosche, was geschieht mit uns? Was soll aus uns werden? Gibt es denn nichts, was wir tun, was wir unternehmen können?«

So vergaß auch Nachum Lentscher, der jüngere Schwiegersohn Mosches, alle Rücksicht, die er seiner kranken Frau schuldete: Als er ihr Zimmer betrat, rief er böse und ganz offen aus: »Na, was habe ich gesagt? Weißt du schon, wer da gekommen ist, wer mit der Faust auf den Tisch geschlagen hat und woran wir sind? Erst hat man auf mich, Nachum, nicht hören wollen, und jetzt ist es zu spät, jetzt helfen keine Worte mehr . . .« Und selbst ein Mann wie Jankele Grodsztain, der in allen Lebenslagen die personifizierte Sanftheit war, der immer still war und nie ein lautes Wort äußerte, sagte nun:

»So tief sind wir also gesunken ..., tiefer geht's nicht ...«

Bei dieser Gelegenheit erinnerte sich Jankele Grodsztain an eine Szene, die er in der Nähe einer kleinen Gruppe von Männern auf dem Markt miterlebt hatte. Zufällig kam gerade Sruli Gol vorbei. Wer hätte sich sonst nach dem umgedreht? Aber diesmal wurde er plötzlich von allen angestaunt, als wäre er ein Wunder, und gleichzeitig warfen die Männer ihm, Jankele Grodsztain, einen verstohlenen, heimlichen Blick zu, als hätte das Erscheinen Srulis auf dem Marktplatz irgend etwas mit ihm zu tun ... Ja, sie wußten alle schon, daß Sruli Mosches Gläubiger war, daß dieser ihm Geld schuldete, und wie Jankele bemerkt hatte, staunten die Leute weniger über Srulis plötzlichen Reichtum, als vielmehr über den Umstand, daß es mit seinem, Jankeles, Schwiegervater so weit gekommen war, daß er sich bei einem solchen Menschen hatte verschulden müssen.

»Haben Sie gesehen?« bemerkte ein Mann aus dem kleinen Kreis mit leiser Stimme. »Er spaziert hier herum, als gehörte der Markt ihm, als wäre er an ihm beteiligt.«

»Das ist er doch auch«, sagte ein zweiter. »Tsali Derbaremdiker hat die Summe genannt, die Mosche Maschber von ihm geliehen hat. Er weiß es mit Gewißheit, denn er hat das Darlehen vermittelt, er ist der Makler gewesen.«

»Na und? So etwas kommt vor«, sagte ein dritter.

»Es kommt vor, daß ein armer Teufel das große Los zieht und ein Reicher eine Niete.«

All das wurde in Gegenwart Jankele Grodsztains geäußert, da man sich auf seine wohlbekannte, etwas schüchterne und einfältige Redlichkeit verließ. Man wußte, daß er nicht hinhörte und so tat, als verstünde er nicht, wenn von ihm und seiner Familie die Rede war. So also sprach man auf dem Markt über Sruli. Was hätte man wohl gesagt, wenn die Geschichte mit Schmulikl schon bekannt gewesen wäre?

»Wir sind tief gesunken ... Das ist schlecht, sehr schlecht« – ließ sich jetzt sogar Jankele Grodsztain vernehmen.

Wer jedoch mehr als alle anderen unter der Affäre Schmulikl litt, war natürlich Mosche Maschber selbst. Kaum hatte Schmulikl das Zimmer verlassen, sahen die Hausbewohner, wie Mosche, völlig beschämt und verwirrt, wahllos Bibelverse und Zitate herunterzuleiern begann. Er schien sie in einem fast unbewußten Zustand hervorzubringen, wie ein Mann, dessen Hemmungen sich plötzlich gelöst haben und der nicht weiß, was in ihm vorgeht, da er nicht mehr Herr seiner selbst ist: »Ein Psalm Davids, da er floh vor seinem Sohn Absalom. Ach Herr, wie sind meiner Feinde so viel und setzen sich so viele wider mich! Viele sagen von meiner Seele: Sie hat keine Hilfe bei Gott. Aber du, Herr, bist der Schild für mich, der mich zu Ehren setzt und mein Haupt aufrichtet. Ich rufe an mit meiner Stimme den Herrn; so erhört er mich von seinem heiligen Berge.« So haspelte er die Verse herunter, einen nach dem anderen, manchmal durcheinander, ohne Zusammenhang und innere Ordnung, mal Satzfetzen, mal Verse. Plötzlich fing er sich: »Was ist das? Was tue ich, was rezitiere ich denn da?« Und er hielt sich mit der rechten Hand den Mund zu, warf einen verlegenen Blick auf die Angehörigen seiner Familie, die ihn umstanden und seine Verwirrung und sein Leid sahen. Er hörte auf zu rezitieren, aber Demütigung und Leid blieben, und der Besuch Schmulikls ließ sich nicht ungeschehen machen. Mosches Kummer lebte wieder auf, als er sich an die Stimme seiner kranken Tochter erinnerte, die aus ihrem fernen Zimmer gerufen hatte, diese Stimme, die ihn vorhin mehr hatte erzittern lassen als der Faustschlag auf den Tisch. Denn er war auf alles gefaßt gewesen, aber nicht darauf, daß er nicht fähig sein würde, seine kranke Tochter vor einem Rüpel wie Schmulikl zu schützen. Das war das Ende von allem, die letzte Demütigung . . . und ihm kam der Gedanke, daß alles, was bisher geschehen war, nur ein Anfang war, eine Kleinigkeit im Vergleich zu dem, was noch kommen würde, daß es in Wahrheit nur der erste Schlag gewesen war, wenn auch ein ungerechtfertigter Schlag, den er noch hatte abwenden können; noch war es möglich, dem Grobian die Tür zu weisen, der auf den Tisch geschlagen hatte. Was aber würde später geschehen, wenn die rechtmäßigen Gläubiger kämen, wenn sich alle seine Gläubiger auf ihn stürzten und jede Erklärung nutzlos sein würde, wenn ihm kein Wort zu seiner Rechtfertigung einfiele und alle aus Leibeskräften auf ihn einprügeln würden?

Er warf einen Blick auf seinen Schwiegersohn Nachum und sah, daß dieser es eilig hatte, zu seiner kranken Frau ins Zimmer zu gehen, um sich dort über die Lage zu beschweren; er betrachtete auch seinen zweiten Schwiegersohn und las ihm die mitleidsvollen Worte ab, die jenem im Munde lagen; dann sah er Gitl an und ahnte, was sie ihm im Schlafzimmer vor dem Zubettgehen sagen würde. Er fand nichts, nicht den kleinsten Trost für sich oder die Seinen. Seine Stirn wurde ganz blaß, seine Nasenspitze ebenfalls, und es dauerte einige Zeit, bis sie ihre natürliche Farbe zurückgewannen. Von diesem Augenblick an begann Mosche Maschber Eigenheiten zu entwickeln und geriet in seelische Verfassungen, die für den Mann, der er einst gewesen war, unvorstellbar gewesen wären.

Zum Beispiel:

Als er mit Gitl das Schlafzimmer betrat und sie ihm ihre Absicht kundtat, ein ernstes Gespräch mit ihm zu führen, zog er sich mit einigen Ausflüchten aus der Affäre: Könne sie nicht sehen, daß er dafür nicht in der Stimmung sei, daß er nicht wisse, wo ihm der Kopf stehe, daß er eine schlimme Migräne habe und daher jetzt zu einem solchen Gespräch nicht in der Lage sei; er bitte sie, alles auf morgen zu verschieben, jetzt müsse er schlafengehen? Als sie ins Bett schlüpfte und endlich einschlief, blieb Mosche noch einige Zeit mit offenen Augen liegen, dann stand er auf und wanderte in Pantoffeln ruhelos im Schlafzimmer auf und ab und ging dann ins Eßzimmer hinunter, in dem niemand nächtigte. Dann kehrte er wieder ins Schlafzimmer zurück, stellte sich ans Fenster und blickte hinaus in die Nacht.

Am Himmel strahlte durch Wolken hindurch der Mond, der jetzt, zu Ende des Monats, später aufgegangen war als sonst. Die am Himmel lautlos dahinziehenden Wolkenfetzen ließen die Nacht noch stiller erscheinen. In diesem Halbdunkel nahm alles vage verschwommene Konturen an. Ganz besonders für den, der aus dem Fenster blickte.

Und plötzlich sah Mosche aus seinem Fenster draußen auf

dem Hof einen Mann stehen. Er war sich dessen nicht ganz gewiß. Er staunte nicht darüber und erschrak auch nicht, wie er vielleicht früher darüber erschrocken wäre. Früher hätte er sich gefragt: »Was tut ein Fremder nachts auf meinem Hof? Was will er dort?« Nein, diesmal blieb er ruhig, und diese Ruhe half ihm, den Mann zu erkennen: Alter ... Er dachte sogleich: Ja, er ist es, den ich seit unserer letzten Unterhaltung völlig aus den Augen verloren habe. Wenn sie sich in letzter Zeit getroffen hatten, pflegte ihn Alter jedesmal an das Versprechen zu erinnern, das er ihm gegeben hatte, vor allem daran, daß er sich für ihn, Alter, etwas ausdenken würde. Und es war Mosche auch klar, warum Alter jetzt, mitten in der Nacht, da draußen auf dem Hof herumging: Bei Tageslicht wagte er es nicht, weil er sich schämte. Am Tag und vor den Leuten war er gehemmt und sich seiner selbst wenig sicher, während ihn nachts nichts störte. Beim Spazierengehen sann er über seine Situation nach und suchte sein umnebeltes Gehirn ein wenig zu lüften.

Und plötzlich hatte Mosche das Gefühl, als gäbe es keine Barriere zwischen ihm und Alter, als wären die Hauswand und das Fenster, die sie trennten, nicht mehr vorhanden, und als er so Alter draußen auf dem Hof betrachtete, kam es ihm vor, als blickte auch dieser ihn an, als sähe er ihn halb bekleidet zum Fenster hinausschauen. Möglich, daß es so war, denn Alter wandte das Gesicht dem Fenster zu.

Eine Art Schauer erfaßte Alter dort draußen und zugleich auch Mosche in seinem Zimmer. Im selben Augenblick kam der Mond etwas klarer zwischen den Wolken hervor. Und Alter wie Mosche vernahmen gleichzeitig so etwas wie eine menschliche Stimme, nein, keine menschliche Stimme, die eines Hundes, nein, auch nicht die eines Hundes; sie kam von Michalkos Häuschen her, von der Hundehütte. Es war die Stimme des Hundes »Taschenuhr«, der das ganze Jahr stimmlos blieb, der aber jetzt, in der Nacht, wo ihn keiner hören konnte und der Mond in dem Wunsch, ein wenig Helligkeit zu verbreiten, die Wolken zu durchdringen suchte, was ihm ganz selten und nur für kurze Momente gelang – dieser Hund fand also jetzt plötz-

lich seine Stimme wieder und ließ einen unterdrückten und ge-
quälten Schrei hören, der aus der Tiefe seiner Eingeweide zu
dringen schien. Für gewöhnlich fühlte er sich vielleicht nicht
verpflichtet, seinen Schrei zu wiederholen; da genügte es ihm, ein
oder zweimal zu bellen. Aber diesmal, als er auf dem Hof einen
Mann entdeckte, einen Mann, der mitten in der Nacht herum-
spazierte, mochte es auch jemand sein, den er kannte, und als er
überdies mit seinem Hundeinstinkt die Gegenwart eines anderen
Mannes spürte, seines Herrn, der aus dem Fenster blickte, konnte er nicht mehr an sich halten und stieß aus den Tiefen seines
Bauchs und sämtlicher Eingeweide eine lange, stumme Reihe
von Lauten und Heultönen aus.

Erst da rührten sich die beiden Brüder. Alter verließ den Hof
und Mosche seinen Platz am Fenster. Wir wissen nicht, was
Alter anschließend tat; Mosche aber ging wieder ins Bett. Ob um
zu schlafen oder weiterzuwachen, wissen wir ebenfalls nicht,
aber das Geheul von »Taschenuhr« dröhnte ihm noch lange in
den Ohren – eine Erinnerung an einen unheilvollen Tag und ein
Vorgeschmack von einem nächsten Tag, der vielleicht nicht
besser sein würde.

Ja, der nächste Tag war kaum besser. Als Mosche niedergeschlagen von seinem Büro zurückkehrte und das Zimmer seiner Tochter betrat, um sich nach ihrem Zustand zu erkundigen, brachte er
es nur über sich, einen kurzen stummen Moment lang bei ihr zu
bleiben und sie zu betrachten, denn er sah, daß sie weit davon
entfernt war zu genesen. Er brachte auch nicht mehr über die
Lippen als: »Es scheint dir schon etwas besser zu gehen, meine
Kleine.« Dann entfernte er sich sogleich, um ihr Leiden nicht
mit ansehen zu müssen.

Er kehrte ins Eßzimmer zurück, in dem sich kein Fremder
aufhielt, denn in letzter Zeit schienen sich die Geschäftsleute
verabredet zu haben, sein Haus zu meiden und sich bei ihm nicht
blicken zu lassen: Jeder wußte, daß von neuen Geschäften nicht
die Rede sein konnte, da es schon um die laufenden Angelegenheiten nicht zum besten stand; weder Makler noch Angestellte

seines Büros besuchten ihn mehr, nur Liberson, sein Kassierer, suchte ihn gelegentlich auf, und auch das nur in dringenden Fällen.

Die Türen wirkten, als würden sie sich eine Weile ausruhen, und auch die Wände des Zimmers sahen nur selten ein neues Gesicht auftauchen. Wenn die Familie sich zu Tisch setzte, konnte jeder sicher sein, daß man unter sich bleiben würde, ohne zur Tür hinschauen zu müssen, um eventuelle Neuankömmlinge zu begrüßen, es sei denn in Ausnahmefällen wie etwa gestern, als Schmulikl, die Faust, sie heimgesucht hatte, oder wie jetzt, als Malke-Rive erschien.

Sie kam nicht mit leeren Händen, sondern trug in ihnen einen in ein weißes Tuch gehüllten Gegenstand. Es war gewiß ein Kleidungsstück, und an der behutsamen Art, wie sie es hielt, konnte man erkennen, daß es für sie große Bedeutung besaß.

Sie war durch die Küche ins Haus gekommen, und beim Eintreten mußte ihr dort etwas mißfallen haben. Normalerweise fand sie dort die Dienstmädchen und die Diener versammelt, die sich inmitten von sauberem oder schmutzigem Geschirr unterhielten, lachten oder stritten. Diesmal sah sie nichts von alledem, als hätte sich der Geist der Küche verflüchtigt, wie etwa am Tag nach einem Fest, wenn alle träge und lustlos sind. Auch das Haus wirkte ungewohnt: Lag es an den Lampen, die weniger hell brannten, oder an den Wänden, die düsterer schienen, oder trugen die Gesichter einen anderen Ausdruck? Malke-Rive hätte auch schwören mögen, daß der Geruch von Kampfer oder anderen Medikamenten in der Luft hing, der von einem Kranken in irgendeinem abgelegenen Zimmer kam.

Sie blieb ein wenig unschlüssig stehen. Sie war in einer bestimmten Angelegenheit hierher gekommen, als wäre dies der einzige Ort, an dem sich solche Probleme zu ihren Gunsten lösen ließen. Sie war gekommen, um den Iltispelz ihres Zisje zu verpfänden; hier und nicht etwa bei einem der Wucherer, erstens, weil die nur einen lächerlichen Betrag dafür geben würden; und zweitens, weil sie das Pfand entweder gleich verkaufen oder es zu eigenem Gebrauch behalten, wenn sie ein verpfändetes

Kleidungsstück in Händen haben und man es nicht termingerecht auslöst – und das wegen der lächerlichen Summe, die sie
einem vorgestreckt haben, und damit ist der Gegenstand auf
Nimmerwiedersehen verschwunden, und man sieht ihn nie mehr
wieder.

Sie trug wie gewohnt ihre Ohrringe und ihre Perücke, denn
hier, da war sie sicher, würde man sie besser behandeln: Hier
würde sie mehr Geld bekommen, und außerdem würde man das
Kleidungsstück für sie aufbewahren, bis sie es mit Gottes Hilfe
auslösen konnte.

Sie war sich des Schrittes vor allem deswegen gewiß, weil man
ihr seit Zisjes Erkrankung so große Hilfe hatte zuteil werden lassen: War es denn nicht dieser reiche Verwandte gewesen, der immer dann, wenn es sich als nötig erwiesen hatte, kaum daß ihr
Sohn erkrankt war, auf seine Kosten einen Arzt geschickt hatte?
Hatte nicht er den Schlachter bezahlt, der ihnen Fleisch ins Haus
gebracht hatte? Und auch den Kaufmann für die Lebensmittel
bezahlt? Und das alles aus eigenem Antrieb, ohne daß sie um
irgend etwas gebeten hätte. Als sie daher heute hierher kam, um
für ein so gut wie neues Stück wie dieses Geld zu erbitten – denn
Zisje, der mit allem sehr sorgsam umging, hatte den Mantel kaum
je getragen, der überdies der letzte von allen Wertgegenständen
im Haus war und der teuerste dazu, den sie wie ihren Augapfel
gehütet hatten –, durfte sie also sicher sein, sich keine Absage
einzuhandeln und keine Demütigung erleiden zu müssen wie bei
den Wucherern, und überdies würde sie hier gewiß mehr Geld
erhalten als irgendwo sonst.

Ja, dafür hatte sie ihre Ohrringe und ihre Perücke angelegt . . .
Aber warum hat sie so ein merkwürdiges Gefühl, als hätte sie
die falsche Zeit gewählt? Warum kommt es ihr ganz so vor, als
seien Fremde hier unerwünscht und als wäre niemand im Haus –
angefangen bei den Leuten in der Küche bis hin zu den Familienangehörigen – besonders darauf erpicht, Gäste zu empfangen?

Aber da sie nun mal gekommen war und ihr bestes Stück bei
sich hatte, überwand sie sich und setzte sich noch näher zu

Mosche Maschber hin als sonst und wandte sich in noch vertrauterem Ton an ihn.

»Zunächst einmal, Mosche, möchte ich mich für alles bedanken, was du bisher für mich getan hast. Ich meine für den Arzt, den Schlachter und den Kaufmann, die du für eine ganze Zeit im voraus bezahlt hast, womit du Zisjes Leben und das unserer ganzen Familie gerettet hast.«

»Wie bitte?« fragte Mosche verblüfft. »Welcher Arzt? Welcher Schlachter, welcher Kaufmann? Ich weiß nicht, wovon du sprichst, ich begreife überhaupt nichts.«

»Was soll das heißen? Du weißt nicht, wovon ich rede? Alle diese Leute, die ich genannt habe, habe ich nicht bezahlt, und so geht das schon eine ganze Zeitlang: weder den Arzt für seine Hausbesuche, noch den Schlachter oder den Kaufmann für das Fleisch und die Lebensmittel, die man mir geschickt hat. Aber vielleicht willst du nicht, daß es bekannt wird?« sagte Malke-Rive mit gesenkter Stimme und schaute sich dabei um, als wollte sie alle Anwesenden bewegen, den Blick von sich und Mosche abzuwenden, da dieser aus Bescheidenheit offenbar nicht wünschte, daß man sich vor aller Welt für solche Dinge bei ihm bedankte. »Vielleicht wünschst du, daß die Sache nicht bekannt wird, wie alle, die heimlich den anderen helfen?«

»Welche Hilfe? Und wieso in aller Heimlichkeit?« sagte Mosche mit zunehmender Verblüffung. »Ich weiß von nichts und habe nicht die leiseste Ahnung, wer der Spender ist, der Wohltäter. Und sollte es einen geben, ich bin es jedenfalls nicht und ganz gewiß auch niemand aus meiner Familie, die jetzt hier am Tisch sitzt.«

»Nicht wahr?« wandte er sich an seine Familie, um seine Aussage bestätigen zu lassen. Er blickte einen nach dem anderen an, erst Gitl, die nicht weit von ihm saß und der Unterhaltung beigewohnt hatte.

»Nein«, sagte sie und wies diese Vermutung mit einem Achselzucken zurück.

»Vielleicht ein anderer?« beharrte Mosche.

Nein, niemand, nicht mal Jankele Grodsztain, der es doch

liebte, heruntergekommenen armen Teufeln über längere Zeit diskret unter die Arme zu greifen. Nein, auch er war nicht der Wohltäter. Jankele Grodsztain leugnete es und errötete sogar bei der Vorstellung, daß man ihn verdächtigte, etwas getan zu haben, womit er in Wahrheit nichts zu schaffen hatte.

»Aber, wer könnte es sonst gewesen sein?« verlangte Malke-Rive zu wissen und blickte in die Runde, als hingen ihre Danksagungen noch in der Luft . . .

»Ah?« sagte sie darauf wie zu sich selbst, »wenn die Dinge so stehen, dann ist es vielleicht der da?«

»Wer?«

»Du kennst ihn sehr gut, Mosche. Jeder kennt ihn, denn man sieht ihn überall. Der Mann, mit dem du dich neulich gestritten hast, wie du dich sicher erinnern wirst, als ich zum erstenmal nach Zisjes Erkrankung zu dir gekommen war. Du hast ihm damals die Tür gewiesen. Kann es sein, daß auch er geholfen hat?«

»Wieso auch?«

Und nun erzählte Malke-Rive, was ihr vorher einmal mit Sruli widerfahren war. Sie erzählte, wie Sruli während des Markts eines Morgens erschienen sei, falls ihr Gedächtnis nicht trüge; er sei mit einem großen Geldschein in der Hand in ihrem Haus erschienen und habe gesagt, er habe ihn vor ihrer Haustür gefunden. Sie habe es zunächst abgelehnt, das Geld anzunehmen, denn wie hätte sie soviel Geld verlieren können? Sruli sei aber hart geblieben und habe wiederholt, wenn das Geld nicht ihr gehöre, dann wem, ihm jedenfalls ganz gewiß nicht . . . Er sei zufällig an ihrem Haus vorbeigekommen und habe einen Blick auf ihre Schwelle geworfen und dabei den Geldschein entdeckt und demjenigen zurückgegeben, dem er gehöre . . . Und sie, Malke-Rive, habe gezögert und ihn nicht annehmen wollen; da sei er böse geworden und habe sie angeschrien: »Du willst es also nicht? Dann wirf es doch auf der Straße den Hunden vor, mach damit, was du willst, verteil es doch unter die Armen . . .« Ihr sei klargewesen, daß er das Geld nicht gefunden habe, aber da das Geld weder gestohlen noch Hexenwerk war und sie überdies

Angst vor ihm gehabt hätte, hätte sie den Geldschein angenommen, den sie sehr gut habe gebrauchen können. »Also? Und wenn auch alles andere von ihm ist, diesem Sruli? Wie denkst du darüber, Mosche, und was meinen die anderen?«

»Was ich denke?« sagte Mosche verwirrt, als wäre ihm nicht bewußt, daß er etwas gesagt hatte. »Ich denke, du hast recht, er muß es wohl gewesen sein, denn wer könnte es sonst gewesen sein?« Und dann stand er plötzlich auf, und alle Anwesenden bemerkten, daß er sich mit der Hand nervös an den Kragen und in den Nacken fuhr, als wollte er dort eine Fliege verscheuchen.

Alle sahen, daß er sogar den Kopf gewendet hatte, um sich zu vergewissern, daß da tatsächlich nichts war.

»Und was wolltest du jetzt von mir, Malke-Rive?« erkundigte er sich mit bedrückter Stimme, während er von seinem Stuhl aufstand.

»Was ich wollte? . . . Ich bin gekommen, um ein Kleidungsstück zu versetzen, denn die erwähnten Wohltaten neigen sich ihrem Ende zu. Und ich habe dieses Kleidungsstück mitgebracht, weil die Pfandleiher Halsabschneider sind, wie jedermann weiß, und hier wird man das Kleidungsstück besser zu schätzen wissen und mir gewiß auch mehr dafür geben.«

»Natürlich, mehr! Natürlich!« stotterte Mosche Maschber, und die Familie sah, wie er seine Taschen abtastete, als sei er bereit, Malke-Rive das Geld zu geben, ohne das Kleidungsstück auch nur in Augenschein genommen zu haben.

Er sah zunächst in den Westentaschen nach, den unteren und den oberen. Als er dort nichts fand, suchte er in den Hosentaschen und in der Innentasche seines Kaftans, suchte in einer Tasche nach der anderen und begann dann wieder von vorn. Als er nirgends etwas fand, zuckte er plötzlich zusammen und sagte tonlos:

»Nichts! Ich habe kein Geld, Malke-Rive . . ., alle Taschen sind leer.« Und mit dem gleichen Entsetzen fügte er zum Erstaunen aller hinzu: »Auch ich habe eine Kranke im Haus, und auch ich werde bald etwas versetzen müssen, Malke-Rive.«

»Vater!« rief Judith aus, Mosches ältere Tochter, als hätte sie einen Geisteskranken vor sich, den sie vor einem unbedachten Wort oder einer unüberlegten Handlung bewahren wollte.

»Schwiegervater!« Auch die beiden Schwiegersöhne waren erschrocken aufgesprungen.

»Mosche!« stimmte auch Gitl mit zitternder Stimme ein ...

Wir wissen nicht, ob Malke-Rive das Haus mit oder ohne Geld, mit oder ohne Pelz verließ, wir wissen nur, daß Mosche Maschber nach dem Weggang Malke-Rives den ganzen folgenden Abend nicht aufhörte, wie ein Halbverrückter in seinen Taschen nach Geld zu suchen. Später, als er wie in der Nacht davor keinen Schlaf fand, ging er in seinen Pantoffeln ruhelos auf und ab, bis er genauso wie in der vorigen Nacht am Fenster seines Schlafzimmers stehenblieb; so wie er gestern Alter gesehen hatte, glaubte er auch jetzt draußen im Halbdunkel auf dem Hof jemanden zu erblicken. Es war nicht Alter. Heute war ihm vielmehr, als lastete ihm ein schweres Gewicht im Nacken, das Gewicht eines Mannes, und er wandte immer wieder den Kopf, um nachzusehen, wer er war, dieser Mann, und immer wieder kam es ihm vor, als wäre es dieser Bursche, Sruli, und jedesmal, wenn er diese Vision hatte, fühlte er einen schrecklichen Schrei in seiner Kehle aufsteigen. Um ein Haar hätte er den Mund geöffnet und zu schreien begonnen wie Alter.

Mosche hatte also das Gefühl, daß ihm Sruli im Nacken saß, aber wo befand sich Sruli in diesem Moment?

Sruli wohnte bei Lusi.

Ja. Nach der Rückkehr von ihren Reisen und nachdem Sruli für Lusi das Haus gefunden hatte, das wir bereits kennen, kam Sruli zunächst nur selten zu Besuch. Im Lauf der Zeit aber kam er immer öfter und wurde ein immer vertrauterer Anblick. Er verbrachte sogar häufig die Nacht bei Lusi. Dort fand er im zweiten Zimmer ein Plätzchen, wo er ohne Umstände ein Schläfchen machen konnte. Später trieb er irgendwo eine Art Kanapee auf, das er im Vorderzimmer unterbrachte, um dort jedesmal, wenn er Lust dazu hatte, die Nacht verbringen zu können, was oft vorkam, fast jeden Tag.

Er kümmerte sich zusammen mit der Haushälterin fast ausschließlich um Lusis Haushalt. Ebenso nahm er Anteil an allen anderen häuslichen Angelegenheiten und mischte sich oft ein, ob man ihn darum gebeten hatte oder nicht. So fanden etwa manche Neuankömmlinge vor seinen Augen keine Gnade – Angehörige anderer Sekten, die sich heimlich und ohne sein Wissen eingeschlichen hatten. Wenn einer von ihnen Sruli nicht gefiel, machte er Lusi Vorhaltungen und schreckte vor nichts zurück, denn er hatte ein Gespür für solche Dinge. Sogar wenn die Angelegenheit Sruli nichts anging, hörte Lusi ihm aufmerksam zu und trug seinem Ratschlag Rechnung, selbst wenn dieser unbegründet war. Lusi gab Sruli häufig sogar nach, und in bestimmten Dingen setzte Sruli seinen Willen durch.

So schickte etwa Michl Bukjer, das frühere Oberhaupt der Sekte, eines Tages ein Kind mit einem Brief zu Lusi, der mit folgenden Worten begann: »*An unsere geliebten Brüder; ich bitte euch, für mich zu beten.*«

Als Lusi den Brief überflog, wurde er nachdenklich und von düsteren Gedanken befallen. Sruli bat, den Brief zu sehen, las ihn, warf Lusi dann einen Blick zu und geriet in Rage.

»Na und? Als wüßten wir nicht genau, daß Michl sich schon lange auf einem schlüpfrigen Weg befindet und daß er sich eines schönen Tages sämtliche Knochen brechen wird. Das war doch nicht anders zu erwarten?«

Und tatsächlich: Es war allgemein aufgefallen, daß Michl Bukjer sich zurückzuziehen schien, seitdem Lusi das Oberhaupt der Sekte geworden war. Er ließ sich immer seltener blicken, selbst bei den »Minjans« am Sabbat. Und wenn er kam, war ihm anzumerken, daß ihm das Gebet nicht das gleiche Entzücken bereitete, das die anderen daran fanden, weder das Gebet, das Studium noch das Rezitieren von Thora-Texten. Man sah ihm auch an, daß ihm etwas zu schaffen machte, was ihn verstummen und den Blick zur Erde senken ließ und ihn davon abhielt, den Leuten offen in die Augen zu sehen.

Schließlich wurde es offenkundig. Michl begann wieder schwankend zu werden, stärker als je zuvor, stärker als zu jener

Zeit, in der er Lusi sein Herz ausgeschüttet und ihm gebeichtet hatte. Er zweifelte an der Vorsehung und fragte sich, ob es gerechtfertigt sei, das zu glauben, was ein gläubiger Jude glauben sollte. Als wäre es ihm wie Schuppen von den Augen gefallen, sah er nun alles in einem neuen Licht, was ihn zwang, seine ganze Vergangenheit mit neuen Augen zu betrachten und zu revidieren. Und das hatte er in dem Lusi überbrachten Brief zum Ausdruck gebracht. Es fehlte ihm sichtlich an Mut, darüber mit Lusi persönlich zu sprechen, da er wohl gewiß war, sich eine Abfuhr zu holen. Andererseits fühlte er sich noch von den Resten seines alten Glaubens befeuert und zweifelte so gleichzeitig an Glauben wie Unglauben. Er fühlte sich verloren, und das einzige, was ihm in dieser Lage noch blieb, war, die »Seinen« zu ersuchen, für ihn zu beten.

>*Betet, ihr Unsrigen, und vor allem du, Lusi, das Oberhaupt der Gemeinde ... Betet für Michl, den Sohn Sore-Fejgels, der von neuem dabei ist, im Abgrund zu versinken. Ich bin nicht mehr weit davon entfernt, mich den Dessauern anzuschlie-ßen*[1]. *Und ich stehe kurz davor, mich ins ferne Litauen zu begeben, um mich denen anzuschließen, von denen es heißt, sie verbreiteten den Geist der Verleugnung, die Leidenschaft, alles zu leugnen.*«

All das hatte er in seinem Brief ausführlich angesprochen, in dem er auch die Gründe nannte, die ihn auf seine schlechten Gedanken gebracht hätten. Unter anderem erzählte er folgendes: An einem der letzten Abende habe seine Frau ihm seine einfache Mahlzeit serviert – eine dünne Suppe wie immer, gekocht mit irgendeinem Fisch, ohne jeden Gehalt, in der ein paar Nudeln geschwommen hätten. Da er ausgehungert gewesen sei, habe er sich auf die Mahlzeit gestürzt, aber plötzlich zu essen aufgehört, worauf er in Tränen ausgebrochen sei.

---

[1] Anspielung auf den in Dessau geborenen Moses Mendelssohn.

»Die Krone der Schöpfung, der Mensch, hat Hunger, und dabei ist die Welt so reich und groß, und trotzdem verdient er nichts weiter als ein bißchen Suppe . . . Für wessen Sünden zahlt er? Und wer gewinnt durch eine solche Demütigung, und wodurch ist sie gerechtfertigt?«

Dann fügte er noch eine ganze Reihe von Familienangelegenheiten hinzu, die ihm Kummer bereiteten und deren Last er nicht länger ertragen konnte.

»Meine Tochter Esther«, schrieb er, *»ist schon im heiratsfähigen Alter, und ich habe nichts, was ich ihr als Mitgift geben könnte, auch keine Hoffnung darauf, und es kann sein, was Gott verhüten möge, daß sie eine alte Jungfer bleibt. Außerdem ist sie nicht gerade schön, körperlich auch nicht sonderlich ausgestattet und auch keine gute Hausfrau. Da ich es nicht ertragen kann, ihre Verzweiflung mit anzusehen, schlage ich sie oft und ziehe sie an den Zöpfen wie einen Taugenichts. Mein Sohn Berele«*, fuhr er in seinem Brief fort, *»ist ein fast blinder, kränkelnder Halbidiot. Er dreht das Rad eines Scherenschleifers, verdient so gut wie nichts und arbeitet über seine Kräfte, möge Gott seine Qual sehen . . . Mein Sohn Jankele arbeitet ohne Bezahlung bei einem Buchbinder, leistet für seinen Dienstherrn harte körperliche Arbeit und wird nicht dafür bezahlt. Meine Tochter ist, wie es scheint, ebenfalls eine Halbidiotin. Damit habe ich keine Schüler mehr, denn viele Familienväter haben sich wegen meines früheren schlechten Rufs von mir abgewandt und schicken mir nicht mehr ihre Kinder.*
Betet für mich, ihr Unseren.«

Beim Lesen dieses Briefs versank Lusi in düstere Überlegungen, aber Sruli lachte laut heraus.

»Für den beten? Wozu? Ist er selbst nicht alt genug? Ein Mann, der zwei Beine hat und um Krücken bittet. Was? Er will zu den Dessauern, zu diesen Leuten mit kalten Köpfen, kalten

Mützen und einer kalten Gerechtigkeit? Wohl bekomm's! Was glaubt er wohl, wie weit er damit kommt, dieser Unglücksrabe mit seiner Suppe und seinen Nudeln?«

In diesem Fall wie in vielen anderen hatte Sruli ein Wörtchen mitzureden. Er mischte sich in alles ein. Lusi folgte seinem Rat nicht immer, aber Sruli äußerte seine Meinung frei und ungeniert.

Er leitete auch Lusis Haushalt, wie es ihm paßte, und übernahm fast die gesamte Verantwortung dafür: Er ließ Leute ins Haus, von denen er meinte, sie könnten Lusi nützlich sein, und schloß jene aus, die er für nutzlos und unpassend hielt.

Er bewahrte das Haus auch vor einem Zustrom von Leuten aus dem »Fluch«, den er als unnötig ansah, einem Zustrom von Verrückten und Halbverrückten sowie Krüppeln, die es sich zur Gewohnheit gemacht hatten, sich manchmal am Tag, häufiger aber am Abend vor den Fenstern zu versammeln, wenn im Haus Lieder zu hören waren oder wenn sie einfach durch das Licht der Lampe angezogen wurden . . .

Sruli hatte auch Beziehungen in der Stadt und wußte, was dort vorging. Er wußte auch, was wert war, Lusi erzählt zu werden, und was ihm besser verschwiegen werden sollte. Es ist wahr, daß er die Häuser der Reichen in letzter Zeit mied und dort nur selten Besuche abstattete, ja, er erfand sogar irgendwelche Vorwände, um abzusagen, wenn er auf der Straße Leute traf und von ihnen eingeladen wurde. Aber obgleich er diese Häuser nicht besuchte, wußte er doch sehr genau, was in ihnen vorging.

So erfuhr Lusi von dem Zwischenfall mit den Adligen; ihm war auch bekannt, daß es mit den Geschäften seines Bruders Mosche bergab ging, denn Sruli interessierte sich auch dafür. Ebenso erfuhr Lusi, daß es ein schlechtes Jahr war, daß der Handel dessen Folgen schmerzlich zu spüren bekam und daß nach allem, was zu hören war, mit zahlreichen Bankrottfällen zu rechnen sei. Es hatte den Anschein, daß Lusis Bruder vor dem Bankrott stand.

Ja, Sruli hielt sich auf dem laufenden. Durch die Hauswände hindurch vernahm er alles, was bei Mosche Maschber vorging, und erfuhr sogar von einer Sache, bei der kein Zeuge anwesend gewesen war, wie etwa von Schmulikls Besuch. Besaß er geheime Informationsquellen, durch die er von den Ereignissen erfuhr, oder witterte er sie in der Luft? Wie dem auch sei: Er wußte alles. Es ist sogar denkbar, daß ihm auch Itzikl Silburgs Besuch bei Mosche Maschber ebensowenig verborgen geblieben war wie das, was dort in vier Wänden und unter vier Augen besprochen worden war; er wußte, daß Haus und Geschäft vielleicht schon bald in fremde Hände übergehen würden.

Er war informiert, und man könnte sagen, er wartete ab. Ihm war sogar bekannt, wovon niemand, nicht einmal Mosche Maschber in diesem Moment etwas ahnen konnte: daß Mosche Maschber vielleicht schon so sehr in die Enge getrieben war und das Unglück ihn schon so in den Klauen hatte, daß nicht mehr auszuschließen war, er könnte Lusi aufsuchen, den er noch vor kurzem zusammen mit Sruli des Hauses verwiesen hatte, um ihn um seinen Rat zu bitten, ihm sein Herz auszuschütten und vielleicht ein paar Tränen zu vergießen.

Sruli ahnte es und bereitete sich darauf vor. Seltsamerweise kümmerte er sich in letzter Zeit verstärkt um den Haushalt; es wurde mehr saubergemacht, aufgeräumt und umgestellt. Er kaufte eine größere Lampe, ein feineres Tischtuch, als bereitete er sich auf einen Empfang oder ein großes Fest vor. Er hatte keine Ahnung, was für ihn dabei herauskommen würde, aber schon die bloße Vorstellung, den Moment zu erleben, in dem ein gedemütigter Mosche Lusis Haus betrat, erregte ihn.

Zu Lusi sagte er darüber kein Wort, spielte aber mit diesem Gedanken und bereitete sich mit diesem Spiel auf das Kommende vor. Und während dieser Vorbereitungen entwickelte er eine lebhafte Tätigkeit: Er machte Einkäufe und traf Vorkehrungen, damit diese Begegnung noch vergnüglicher für ihn verlaufen würde.

Und dann war der Augenblick gekommen.

An einem jener Abende, da Sruli bereits die bevorstehende Ankunft Mosches witterte, wurde er von plötzlicher Unruhe befallen. Er gab sich die allergrößte Mühe, um die Besucher aus der Stadt, ob alt oder jung, möglichst schnell loszuwerden. Manchen gab er durch einen Blick zu verstehen, sie sollten sich kurz fassen und ihre Angelegenheiten möglichst schnell hinter sich bringen, bei anderen schreckte er nicht davor zurück, ganz offen zu sprechen und ihnen einfach zu erklären, ihre Anwesenheit sei heute aus mancherlei Gründen unerwünscht; sie sollten lieber gehen und an einem anderen Tag wiederkommen.

So fertigte er die Fremden ab. Es versteht sich von selbst, daß er mit seinen Sektenbrüdern noch ungenierter umsprang und sie gleich nach den Abendgebeten nach Hause schickte. Er erklärte ihnen, Lusi fühle sich nicht wohl, und es sei nicht mehr als billig, ihm die nötige Ruhe zu gewähren.

So kam es, daß er an diesen Abenden mit Lusi allein blieb. Keiner von beiden sprach ein Wort. Sruli, der seit dem frühen Morgen an der Arbeit war, hatte den Fußboden schrubben und den gläsernen Lampenschirm blankpolieren lassen, hatte ein sauberes Tischtuch aufgelegt und zugleich Bänke und Stühle möglichst bequem zurechtgestellt. Lusi war nicht erstaunt, das zu sehen, denn in seiner Naivität glaubte er, das sei alle Tage so.

Srulis Ahnung hatte ihn nicht getrogen.

Nach einem Arbeitstag in seinem Büro ging Mosche nach Hause. Seiner Familie fiel sein aschgraues Gesicht auf. Er hatte an diesem Tag erfahren, daß ein Wechsel über eine hohe Summe, die er schuldete, fällig geworden war. Dieser Wechsel mußte eingelöst werden; wenn nicht, war das der Anfang vom Ende: Alle Welt würde es erfahren, alle Gläubiger würden auf einmal herbeigestürzt kommen; er mußte dieses Geld unbedingt auftreiben.

Mosche Maschber setzte alle Hebel in Bewegung, um den Wechsel zu prolongieren, denn derlei Dinge können auch in sicheren und normalen Zeiten passieren, nicht wahr? Es kann doch vorkommen, daß die Kasse einen Negativsaldo aufweist und man gerade nicht flüssig ist. Ja, so etwas kommt auch in sicheren Zeiten vor, und der Gläubiger, der sein Geld zurückfordert, macht keine große Geschichte daraus. Schade, aber dann eben später. Und der, der das Geld schuldet, der Schuldner, von

414

dem man das Geld zurückfordert, läßt sich davon auch nicht sonderlich beeindrucken. In der Geschäftswelt ist das ein alltäglicher Vorgang, und wenn das Geschäftsjahr gut und der Schuldner solvent ist, ist es durchaus üblich, mit Verspätung zu zahlen. Diesmal jedoch erwies sich dieses Vorgehen wegen des allgemeinen Mißtrauens, unter dem alle Kaufleute zu leiden hatten, als unmöglich; vor allem diejenigen Kaufleute standen in einem schlechten Ruf, die in die Affäre mit den Adligen verwickelt waren, unter ihnen auch ein Mann wie Mosche Maschber, von dem es schon allzu häufig hieß, er stehe am Rande des Bankrotts.

Mosche Maschber zappelte wie ein Fisch auf dem Trockenen. Während des Tages, im Büro, ließ er bald den einen, bald den anderen seiner Makler kommen; er sprach mit tränenerstickter Stimme zu ihnen, flehte sie an, versprach ihnen alles mögliche, wenn sie zu dem Gläubiger gingen und diesen zu einer Prolongation bewegten. Falls dieser dafür einen hohen Prozentsatz verlange, sollten sie darauf eingehen. Solange er nur keine sofortige Zahlung verlange und ihm nicht das Messer an die Kehle setze, denn es sei ja bekannt, daß jeder in der Klemme stecke. Die Makler nahmen diese Mission nur widerwillig auf sich. Vielleicht hatten sie ihr Bestes versucht, vielleicht hatten sie insistiert, wie man es in solchen Fällen zu tun pflegt, aber vielleicht hatten sie auch nichts unternommen. Vielleicht hatten sie diesen Auftrag nur akzeptiert, weil sie es nicht wagten, ihn abzulehnen, ihn in Wahrheit aber nur halbherzig ausgeführt, sei es, weil sie nicht an den Erfolg glaubten, oder sei es, weil sie wußten, daß sie vermutlich nichts ausrichten würden, welches Geschick und welche Überredungskünste auch immer sie einsetzen mochten.

Wie dem auch sei: Ob sie nun gutwillig oder nur halbherzig vorgegangen waren, alle Makler kehrten nach erledigtem Auftrag mit der gleichlautenden Antwort zurück: Nein, der Gläubiger sei nicht einverstanden; er wolle keine zusätzlichen Prozente und habe nur wiederholt, er wolle nichts als sein Geld, die Erfüllung seiner Forderung.

Ein zutiefst verbitterter Mosche, der nicht wußte, wie er sich aus der Affäre ziehen sollte, lief zu Itzikl Silburg. Er wußte sehr gut, daß dieser ihm nicht unmittelbar helfen, sondern höchstens einen Rat statt Bargeld geben konnte, und Ratschläge waren nicht das, was er in diesem Moment brauchte. Aber ihm kam es nur darauf an, die unmittelbare Gefahr abzuwenden, danach würde man weitersehen, danach könnte er sich mit Itzikl Silburg über alles weitere beraten.

Zu seinem Pech fand er Itzikl nicht zu Hause vor, und so mußte er auf ihn warten, was ihm höchst unangenehm war, denn er fürchtete, hier Fremden zu begegnen, die erkennen würden, mit welcher Ungeduld er den Anwalt erwartete. Er ging im Wartezimmer auf und ab wie ein Tier im Käfig. Und wer ihn jetzt gesehen hätte, hätte glauben können, Mosche Maschber sei von einem vergifteten Pfeil getroffen worden, der ihm schier unerträgliche Schmerzen bereitete, den er aber trotz aller Anstrengungen nicht aus seinem Fleisch herauszuziehen vermochte.

Als Itzikl Silburg endlich erschien, hatte Mosche nur einige Minuten. Er machte sich nicht mal die Mühe, sich hinzusetzen, denn auch das hätte nichts genützt – wie wir wissen, konnte er sich hier nur Ratschläge holen, wo er in Wahrheit Geld brauchte, schwere, klingende Münzen. Bevor er überhaupt zu Wort kommen konnte, flüsterte Itzikl dem durch das so plötzlich über ihn hereingebrochene Unheil wie betäubten Mosche ins Ohr: »Ja, die Lage ist so ernst, wie man hat erwarten können, und meiner Ansicht nach ist es höchste Zeit, diese Angelegenheit aus der Welt zu schaffen. Ich möchte Ihnen raten, Ihre Geschäfte und Ihr ganzes Vermögen auf den Namen Ihrer Familienangehörigen zu überschreiben – bewegliche wie unbewegliche Habe –, denn wie ich es sehe, ist die Lage äußerst ernst, und man darf diesen Augenblick nicht verstreichen lassen. Haben Sie mich gehört, Reb Mosche?«

Mosche Maschber hörte und hörte auch wieder nicht. Als er Itzikl Silburgs Vorzimmer verließ, hatte er das Gefühl, als sei ein Pfeil noch tiefer in seinen Körper eingedrungen . . . Da es sonst niemanden gab, an den er sich hätte wenden können, machte er sich auf den Heimweg. Er ging nicht, er lief. Denn die innere Unruhe, die ihn in Itzikl Silburgs Haus beim Warten hatte auf und ab gehen lassen und die auch beim Zuhören nicht gewichen war, hatte sich auch jetzt noch nicht gelegt. Als er die Brücke überquerte, die Ober- und Unterstadt miteinander verband und so den Fluß teilte, und das Wasser sah, bekam er plötzlich Lust zu trinken, nein, nicht zu trinken, sondern ein Bad zu nehmen, nein, kein Bad, sondern ins Wasser zu springen und dort zu bleiben. Der Herr bewahre uns vor solchen Gedanken! . . .

Als er nach Hause kam, war sein Gesicht aschgrau, wie wir bereits gesagt haben. Als sich seine Aufregung ein wenig gelegt hatte, ließ er die ganze Familie – seine Frau Gitl, seine beiden Schwiegersöhne und seine jüngere Tochter Judith – in sein Schlafzimmer kommen und hielt dort hinter verschlossener Tür einen Familienrat ab.

Sie besprachen die Notwendigkeit, den gesamten Schmuck, das gesamte Geschirr sowie die Gegenstände aus Gold oder Silber, die sich im Haus befanden, zu verpfänden, wo immer es möglich sei. Man müsse sich nur genau überlegen, wo und bei wem, um die Dinge wieder auslösen zu können, wenn die Zeit gekommen sei. Jetzt gehe es in erster Linie darum, sich dieser dringenden Schuld zu entledigen, die er, Mosche, heute oder morgen zurückzahlen müsse, danach könne er wieder Luft holen und darüber nachdenken, wie es weitergehen solle. Die übrigen Schulden seien nicht so dringend, die Fälligkeitstermine seien noch nicht da, und bis dahin lasse sich auf die eine oder andere Weise eine Lösung finden.

Gitl wurde während dieser geheimen Zusammenkunft mehrmals von einem Unwohlsein befallen, so daß einer von ihnen unauffällig in die Küche laufen mußte, um Wasser zu holen, damit sie wieder auf die Beine kam. Nachum Lentscher hörte nicht auf, seine blasse kurze Nase widerwillig kraus zu ziehen und unruhig auf und ab zu gehen. Judith, Mosches ältere Tochter, rang die Hände, ohne dabei ihren Vater aus den Augen zu lassen; und ihr Mann, Jankele Grodsztain, betrachtete nachdenklich seine Westentasche, in der seine goldene Uhr steckte, als fragte er sich, ob er sie jetzt herausnehmen und auf den Tisch legen müsse oder ob er noch Zeit habe, ein wenig abzuwarten . . .

Anschließend verließen alle niedergeschlagen das Zimmer. Keiner wagte es, den anderen anzusehen, und dann gingen sie auseinander, jeder auf sein Zimmer. Nur Mosche Maschber und Gitl blieben zurück. Er setzte die Unterhaltung fort, versuchte sie zu trösten, bat sie, sich die Tränen zu trocknen, damit sie sich nicht verriet, wenn ein Fremder ins Haus kam oder ein Dienstmädchen sie um etwas bat. Später, nach einer kurzen Zeit der Ruhe, versammelte sich die Familie aufs neue im Eßzimmer. Da sprang Mosche Maschber plötzlich von seinem Stuhl auf, ging in den Flur, in dem sein Mantel hing, und schickte sich an, das Haus zu verlassen.

»Wohin willst du so spät?« wurde er gefragt.

»Ich habe noch etwas zu erledigen.«

»Hat das nicht Zeit bis morgen?«

»Nein.«

Sie stellten ihm keine weiteren Fragen, denn jeder sah, daß er es nicht für notwendig hielt, sich zu äußern, und daß jeder Versuch, ihn zum Bleiben zu bewegen, erfolglos sein würde.

Wie Sruli vorhergesehen hatte, begab sich Mosche Maschber jetzt zu seinem Bruder Lusi in den dritten Teil der Stadt, in den »Fluch«.

Er wußte, wo sein Bruder wohnte, denn er hatte sich offenbar vorher danach erkundigt. Als er in der Oberstadt ankam, dachte er zunächst daran, sich eine Pferdedroschke zu nehmen, überlegte es sich aber und ging zu Fuß weiter.

Es war ein sehr dunkler Herbstabend. Selbst mit einer Droschke wäre es schwer gewesen, den Weg zu finden. Zu Fuß, allein, ohne Laterne, um den Weg zu erleuchten, war es ein Spaziergang, bei dem man Kopf und Kragen riskierte und dazu noch Gefahr lief, sich alle Knochen zu brechen.

Mosche Maschber ließ sich aber nicht beirren. Von einem inneren Drang getrieben, fand er seinen Weg in der Dunkelheit und entging sogar dem Schlamm und den Schlaglöchern, was nicht mal den Bewohnern dieses Viertels immer gelang, die leicht hineintappten.

Hätte jemand jetzt sein Gesicht gesehen, wäre er erschrocken zurückgezuckt. Er ähnelte nämlich dem biblischen König Saul, von dem es heißt, er habe sich an Gott gewandt, als er von den Philistern umzingelt war und große Furcht empfand; da Gott ihm nicht antwortete, wandte er sich an die Propheten; an die, die Träume deuten, die aber ebenfalls stumm blieben. Er hatte einst befohlen, alle Zauberkünstler in seinem Land zu vernichten und auszurotten, aber jetzt, in seiner Furcht, sprach er zu seinen Knechten, ihm ein Weib mit einem Wahrsagergeist zu suchen, und in der Nacht wechselte er seine Kleider und begab sich zu ihr ... Und Mosche Maschber tat jetzt das gleiche.

Und endlich kam er nach einem langen Weg, auf dem er sich mehr als einmal bei späten Passanten nach der Richtung erkundigt hatte, bei Lusis Häuschen an.

Als Mosche das Haus betrat, fand er Küche und Hausflur leer. Sruli, der sich meist dort aufhielt, hatte sich diesmal, ob mit oder ohne geheime Absichten, entfernt. Er hatte sich auf die Straße oder zu einem Nachbarn begeben. Als Mosche das erste Zimmer durchquert hatte und sich anschickte, das zweite zu betreten, erblickte er plötzlich etwas, das er nie geglaubt hätte, wenn er es nicht mit eigenen Augen gesehen hätte: Schmulikl die Faust saß an Lusis Tisch; zu allem Überfluß schien er auch noch betrunken zu sein, denn sein Auge mit dem Katarakt wirkte noch bleicher als sonst, während das andere, gesunde Auge dafür in Öl zu schwimmen schien.

Ja, Schmulikl befand sich in jenem Zustand, in dem der Betrunkene guter Laune ist, in dem sein ganzer Körper mit Wein angefüllt zu sein scheint, so daß er es nicht nötig hat, Streit zu suchen, selbst wenn das sonst in seiner Natur liegt. Er ist dann bestenfalls zu einem Strohfeuer fähig, das schnell wieder erlischt.

Noch unwahrscheinlicher als die Anwesenheit Schmulikls erschien es Mosche, Lusi ruhig und gleichmütig am Kopfende desselben Tisches sitzen zu sehen, als säße da kein Schmulikl in seiner Nähe oder als ginge ihn das überhaupt nichts an, als säße dort ein Kind oder ein Vertrauter, der in seiner Gegenwart zu später Stunde vor Erschöpfung eingeschlafen war.

Als Mosche Maschber das Zimmer betrat, entdeckte ihn Schmulikl trotz seiner Trunkenheit als erster. Er versuchte aufzustehen, um ihm entgegenzugehen, als wollte er sich für seinen letzten Besuch entschuldigen oder – wer weiß? – vielleicht sogar wiederholen, was er beim letztenmal gesagt hatte.

Mosche Maschber wich erschrocken vor ihm zurück. Er war ganz niedergeschlagen gewesen, als er hierhergekommen war, vielleicht auch voller Reue, weil er seinen Bruder verletzt hatte. Er hatte die Absicht gehabt, sich mit seinem Bruder zu beraten und ihn um Verzeihung zu bitten. Er hatte alles erwartet, aber nicht dies: beim Betreten des Hauses auf einen Burschen wie Schmulikl zu stoßen.

Er blieb fassungslos und wie vor den Kopf geschlagen stehen, aber Schmulikl beruhigte ihn sofort, und soweit es seine Zunge zuließ und er noch Herr seiner selbst war, gab er sich die größte Mühe, seine Stimme sanft klingen zu lassen; und sein ganzes Verhalten, das eines sturzbetrunkenen Mannes, sein Bemühen, aufzustehen und auf Mosche zuzugehen, deutete friedliche Absichten an, als wollte er Mosche beruhigen und ihm versichern, er sei jetzt nicht mehr derselbe, er sei jetzt nicht gekommen, um einen unseligen Auftrag zu erledigen, hier, bei Lusi, sei er ein anderer Mensch, den Mosche nicht zu fürchten brauche.

»Hier bin ich nicht ich. Hier bin ich nicht Schmulikl«, lallte er lächelnd, soweit seine Zunge das zuließ.

Er ließ sich in seinen Stuhl zurückfallen, und bevor Lusi Schmulikls Bewegung und Worte wahrgenommen, bevor er überhaupt erkannt hatte, an wen sie gerichtet waren, fiel Schmulikls Kopf, schwer von billigem Wein, auf seine Brust, und kurz darauf schlief er sogar ein.

Wir wissen nicht, wem wir diesen Besuch Schmulikls bei Lusi zuschreiben sollen. War es eine List Srulis, alle fortzuschicken, sogar die engsten Freunde, und nur ein Wesen wie Schmulikl im Haus zurückzulassen? Das ist nicht ausgeschlossen; es ist aber auch möglich, daß Sruli gar nichts damit zu tun hatte, daß es reiner Zufall war, daß Schmulikl in Abwesenheit Srulis gekommen und einfach niemand dagewesen war, ihm das Haus zu verbieten. Denn wie wir schon wissen, wies man dort niemandem die Tür, vor allem nicht in Abwesenheit Srulis, wenn kein anderer da war, der dies hätte tun können. Wie dem auch sei: Dies war gewiß nicht Schmulikls erster Besuch hier . . . Was er dort tat, was er dort wollte und dort fand, wissen wir nicht, aber allein die Worte, die er geäußert hatte – daß er hier nicht er selber sei, daß er nicht Schmulikl sei –, Worte, die mit einer so trunkenen Offenheit gesprochen worden waren, bewiesen, daß er mit einer anderen Absicht hierhergekommen war, in einem anderen Geist, als er ihn sonst überall an den Tag legte. Auf jeden Fall nicht, um sich zu prügeln. Vermutlich war er hergekommen, um das gewalttätige Fieber in seinem Blut abzukühlen. Es war eben so, daß sich ein Bursche vom Schlage Schmulikls in der Nähe Lusis als ein Mann fühlen konnte, der er in Wirklichkeit nicht war: In der Zeit, die er bei Lusi verbrachte, verhielt er sich menschlicher, ruhiger, wie im Banne von etwas stehend, das größer war als er. Vielleicht hatte er hier für kurze Zeit sogar sein eigentliches Gewerbe vergessen.

Und jetzt, als Schmulikls Kopf auf die Brust fiel, hob Lusi den seinen und sah seinen Bruder Mosche eintreten.

Das überraschte ihn zutiefst. Dieser Besuch kam ihm völlig unerwartet, obgleich er durch das Gerede der Leute und Srulis Berichte über Mosches Situation im Bilde war. Dennoch konnte er sich nicht vorstellen, daß dessen üble Lage ihn dazu bewegt hatte, zu seinem Bruder zu gehen, und ihm war auch unbegreiflich, daß sie sich so sehr verschlimmert haben mußte, daß sein Bruder an einem solch dunklen Herbstabend, durch seinen Kummer dazu getrieben, sein behagliches Nest verließ, um hier, nach einem endlosen Marsch durch ein so verrufenes Viertel, in einem solch bescheidenen Häuschen im »Fluch« bei seinem Bruder aufzutauchen. Es war unglaublich.

Er machte keine Umstände, und da der andere sein Gast und überdies sein Bruder war, der sich zudem in einer üblen Lage befand, die ihn zweifellos zu diesem Besuch veranlaßt hatte, stand er auf, ging ihm entgegen und hieß ihn willkommen:

»Ah! Mosche, wie geht's? Was machst du? Tritt doch ein.«

»*Schalom*«, sagte Mosche und streckte ihm die Hand hin, aber ohne sich zu rühren, ohne sich vom Fleck zu bewegen, als wollte er die Einladung Lusis nicht annehmen.

Er wies auf den schlafenden Schmulikl und fragte Lusi mit allen Anzeichen des Erstaunens und der Überraschung: »Was geht bei dir vor? Was für Leute empfängst du? Burschen wie den da?«

Er meinte natürlich Schmulikl, und seinem Tonfall war anzumerken, daß er ihn für eine öffentliche Gefahr hielt, für ein Wesen, dem man in einem auch nur halbwegs ehrbaren Haus aus dem Weg geht und das man auf Distanz hält.

»Von wem sprichst du?« wollte Lusi wissen, gleichfalls erstaunt und sich überall umschauend, als käme er überhaupt nicht auf die Idee, daß Mosche mit seiner Bemerkung über unpassende oder unerwünschte Gäste Schmulikl gemeint haben könnte, der mit dem Kopf auf der Brust friedlich schlafend am Tisch saß wie ein Kind oder ein enger Freund, dessen Schlaf weder Mißtrauen noch Vorwürfe auslösen kann.

»Von wem sprichst du?«

»Von dem da«, sagte Mosche, auf Schmulikl weisend. »Was hast du mit dem da zu schaffen? Weißt du überhaupt, wovon er lebt und was er treibt?«

»Ich weiß. Na und? Glaubst du etwa, es wäre besser für ihn, wenn ich ihn nicht empfinge, wenn ich ihn nicht ins Haus ließe?«

»Was für ihn besser wäre, weiß ich nicht, aber ich weiß genau, was für dich besser wäre, Lusi.« Und mit diesen Worten wollte Mosche sagen: Dieser Mann ist ein öffentliches Ärgernis, ein Nichtsnutz, ein Bösewicht, dem man die scheußlichsten Aufträge anvertraut und der sie mit den Händen ausführt, den man dafür bezahlt, die Leute blutig zu schlagen, ein Mann, »der von seinem Schwert lebt«.

Wie kann man einen solchen Burschen ins Haus lassen?

In diesem Augenblick erwachte Schmulikl plötzlich, hob kurz den Kopf, öffnete die Augen und blickte mit einem fast blinden, in Öl schwimmendem Auge um sich.

»Unser Geld!« schrie er. Es war der Schlachtruf, den er stets auf den Lippen führte, ob zur richtigen Zeit, das heißt, wenn er nüchtern war und einen Auftrag auszuführen hatte, oder im Zustand der Trunkenheit, wenn er völlig unangebracht war.

Als er jetzt Mosche Maschber vor sich sah, klärte sich sein benebeltes Hirn für einen Augenblick, und um Mosche eine Ehrenbezeigung zu erweisen, wiederholte er breit lächelnd in gutmütigem, friedlichem Tonfall: »Das hat nichts mit Ihnen zu tun, Reb Mosche, ich habe nicht an Sie gedacht«, und damit schlief er wieder ein.

»Da siehst du, was das für ein Bursche ist«, sagte Mosche und zeigte auf den schlafenden Trunkenbold. »Wie kommt es, daß er hier ist, und was hat er hier zu suchen?«

»Hier? Wo sollte er sonst sein?« entgegnete Lusi ein wenig irritiert. »Du hättest ihn bestimmt nicht ins Haus gelassen.«

»Nein, warum sollte ich auch?« erwiderte Mosche ebenfalls irritiert, aber mit einem ironischen Unterton. »Ich habe vor kurzem die Ehre gehabt, ihn bei mir zu sehen, so wie du ihn hier vor dir siehst, zwar nicht schlafend wie bei dir, aber in Erfüllung eines Auftrags. Er war im Auftrag eines Burschen namens ›Kätzchen‹ gekommen, um von mir Geld zurückzufordern, und zwar lange vor Fälligkeit, und er hat mit der Faust auf den Tisch geschlagen und meiner ganzen Familie Angst eingejagt.«

Erst jetzt folgte Mosche der Aufforderung seines Bruders, sich zu setzen und zu erzählen, wie es ihm in letzter Zeit ergangen war, und vor allem, um über die Schwierigkeiten zu reden, die er zu überwinden hatte und von denen Lusi nur ganz allgemein etwas hatte läuten hören. Als er Mosche jetzt vor sich hatte, wollte er alle Details erfahren. Und Mosche Maschber begann zu erzählen, erwähnte eine Begebenheit nach der anderen und auch alle Einzelheiten. Unter anderem berichtete er, daß er sich nach einem häuslichen Familienrat urplötzlich entschlossen habe, den Schmuck der Familie zu versetzen, auch den seiner Verwandten und seiner Kinder, um sich möglichst schnell einer dringenden Zahlungsverpflichtung zu entledigen, die er *sofort, auf der Stelle* erfüllen müsse, denn sonst stehe er vor dem Bankrott, und alle, denen er Geld schulde, würden sich auf ihn stürzen.

Seine Kehle war wie zugeschnürt, und er rang nach Atem. Er sehe schon voraus, daß er gezwungen sein werde, sein Haus, sein Geschäft, alles, was er besitze, auf andere Leute zu überschreiben, um Zeit zu gewinnen und seine Angelegenheiten in Ordnung zu bringen, bis seine frühere Situation wiederhergestellt sei. Den Rat habe ihm sein Vertrauter gegeben, sein Anwalt Itzikl Silburg, der ein erfahrener Mann sei; und er selbst teile seit einiger Zeit dessen Ansichten. Und das, fügte Mosche hinzu, habe ihn zu Lusi geführt, in erster Linie, um sich dessen Rat zu holen, bevor er so folgenschwere Maßnahmen ergreife. Zweitens wolle er ihn um Vergebung bitten und die frühere brüderliche Beziehung wiederherstellen, denn niemand stehe ihm so nahe wie sein Bruder. Und drittens wolle er ihm, Lusi, vorschlagen, wenn dies möglich sei, das Haus auf seinen Namen überschreiben zu lassen, denn außer dem Haus könne er alles den Schwiegersöhnen übertragen. Aber dafür gebe es Grenzen, und wenn er das Haus seinen Schwiegersöhnen überschreibe, würden sich die Leute totlachen, und diejenigen, denen er Geld schulde, würden toben. Das Haus zu verkaufen sei unmöglich, denn in so kurzer Zeit könne man keinen seriösen Käufer finden. Überdies wäre das der letzte Hinweis darauf, daß die in der Stadt kursierenden Gerüchte über seine Lage auf Wahrheit beruhten. Und was das in einem solchen Augenblick für ihn, Mosche, bedeute, könne sich Lusi kaum vorstellen. Eine Hypothek auf das Haus aufzunehmen und dafür ein rundes Sümmchen zu erhalten, sei zu anderer Zeit möglich gewesen, jetzt aber aus den genannten Gründen undenkbar, denn das würde sofort ruchbar werden und ihn den letzten Rest an Vertrauen kosten, den er noch genieße. Daher sehe er nur einen Ausweg und eine einzige Möglichkeit: das Haus in aller Stille auf einen nahen Verwandten zu überschreiben, auf den man sich völlig verlassen könne, und mit dem Petroleum- und Ölhandel genauso zu verfahren, auch mit dem Kreditbüro.

»Aber weißt du«, sagte Lusi mit einer Grimasse und schüttelte den Kopf, als würde er sich weigern; Mosche unterbrach ihn jedoch.

»Es ist wahr«, sagte Mosche. »Ich weiß, daß du kein Geschäftsmann bist, daß du nie mit solchen Dingen zu schaffen hattest, aber in diesem Fall brauchst du nichts zu tun. Du kannst ruhig zu Hause bleiben, alles Nötige wird ohne deine Mitwirkung geschehen, du brauchst nur deine Zustimmung zu geben, und um den Rest wird sich der Mann meines Vertrauens kümmern, mein Anwalt Itzikl Silburg.«

»Nein«, entgegnete Lusi mit schneidender Stimme, »ich wünsche das nicht, und es wäre mir lieber, du würdest nicht auf mich zählen.«

»Warum nicht?« wollte Mosche wissen.

»Weil ich unter meinem Namen noch nie Geschäfte gemacht habe, und ich weigere mich, meinen Namen für Unrecht herzugeben, wer immer es begangen hat.«

»Welches Unrecht?« wandte Mosche ein. »Das ist doch so üblich. Jeder tut das, wenn er in der Klemme sitzt und etwas Zeit braucht. Alle Geschäftsleute tun das.«

»Geschäftsleute ja, aber ich nicht, und ich bitte dich, von diesem Vorhaben abzusehen.«

»Soll das heißen, du weigerst dich, mir zu helfen?«

»Ja«, erwiderte Lusi, »denn wie ich es sehe, ist deine Lage gar nicht so schlecht, wie du glaubst. Es hat Leute gegeben, die weit tiefer in der Patsche steckten, denen es nie gutgegangen ist, die aber trotzdem kein solches Geschrei erhoben haben und nicht der Meinung waren, ihr Schicksal sei für immer oder für die Ewigkeit besiegelt.«

»Worauf willst du hinaus?« unterbrach ihn Mosche.

»Was soll dieses Geschrei?« entgegnete Lusi. »Wie kommst du eigentlich darauf, daß das, was man dir als eine Art Pfand übergeben hat, als einen Gegenstand, den du für eine bestimmte Zeit aufbewahren sollst, dir gehören könnte? Wie kommst du darauf, wer hat dir das versichert? Und woher diese Angst, woher diese ganze Aufregung, wenn der Eigentümer kommt, um sein Pfand zurückzufordern? Auch wichtigere und wertvollere Dinge werden einem oft nur vorübergehend anvertraut . . .«

»Und?« wandte Mosche ein. »Habe ich mein Hab und Gut etwa gestohlen? Gott behüte! Habe ich nicht das Recht, meine Habe als mein Eigentum zu betrachten? Und warum sollte mir verboten sein, mein Eigentum zu schützen und es nach Möglichkeit für immer zu behalten? Warum sollte ich nicht das Recht dazu haben, da ich es nicht gestohlen habe?«

»Ja«, bemerkte Lusi, »du hast das Recht dazu, du hast es nicht gestohlen. Aber dein Verhalten grenzt trotzdem an Diebstahl, und das erklärt, warum du dein Eigentum mit allerlei Unrecht schützen willst.«

»Schon wieder Unrecht?« rief Mosche aus.

»Ja, und du bist sogar bereit, mich in diese Machenschaften hineinzuziehen, um das Recht derer zu verletzen, denen du Geld schuldest, damit sie nicht bekommen, was ihnen zusteht.«

»Aber doch nur vorübergehend, in Wahrheit geht es mir allein darum, den Bankrott zu vermeiden.«

»Mosche«, sagte Lusi und stand auf, was ihn viel größer als seinen Bruder erscheinen ließ, einmal weil er ohnehin hochgewachsen war, und dann, weil er sich soeben erhoben hatte. »Mosche! Ich werde dir keine Moralpredigt halten, und vielleicht wirst du mir nicht mal zuhören. Aber für dich ist jetzt die Zeit des Nachdenkens gekommen, der Moment, dich deiner Herkunft zu erinnern; du bist nicht in Samt und Seide aufgewachsen, und Lumpen warten zum Glück auch noch nicht auf dich; du mußt dich mit dem zufriedengeben können, was dir bleibt, wenn du all deine Gläubiger befriedigt hast, und darfst nicht zu verzweifelten Mitteln greifen, darfst dich nicht an dieser hohen, aber unsicheren Position festklammern, die du erklommen hast ... Denn du kannst nicht umhin zu erkennen, daß diese Position gar nicht so hoch ist, und selbst wenn sie es wäre, ist sie alles andere als sicher, sondern schwindelerregend, und du darfst auch nicht vergessen, daß die Mittel, die du einsetzen willst, um sie zu halten, nicht für dich, nicht für uns gedacht sind, nicht für Menschen, denen ihre Väter ein solches Erbe und solche Bestimmungen in ihren Testamenten hinterlassen haben. Bitte erinnere dich: ... ›und vor allem‹, hat unser Vater in seinem Testament geschrieben, ›*hütet euch davor, meine Kinder, Ehren und falschen Reichtümern nachzujagen, denn sie gleichen alle beide jenem flüchtigen Schatten, den eine Wolke auf die Erde wirft und von dem nichts zurückbleibt.*‹«

Mosche Maschber hörte seinem Bruder zu, ohne ihm recht folgen zu können, denn sie sprachen in zwei fast verschiedenen Sprachen miteinander. Mosche war nach einer tiefen Erschütterung seiner finanziellen Lage hergekommen, und dem anderen, Lusi, waren solche Dinge völlig fremd. Nicht nur hatte er dergleichen niemals erlebt, sondern es war ihm auch so zutiefst fremd, daß er es sich nicht einmal vorzustellen vermochte.

Lusi hatte natürlich gut reden; er war ein Mann, der im »Fluch« in einem netten kleinen Häuschen lebte, dessen Haushalt von einer armen Alten versorgt wurde, und zum Teil auch von Sruli, der, wenn es ihm so gefiel, keinen Menschen ins Haus ließ, es sei denn – so seltsam dies auch scheinen mag! – Schmulikl die Faust, der jetzt dort, den Kopf auf Bart und Brust, an Lusis Tisch schlief; und ihm gegenüber saß sein Bruder, der von weither, aus dem zweiten Teil der Stadt von seinem schönen Anwesen, das man fast ein Herrenhaus nennen könnte, hierhergekommen war, ein in der Stadt fest verwurzelter Mann von solidem Ruf, der jetzt so verzweifelt war; konnte es da erstaunen, daß die beiden Brüder einander so unähnlich sahen und daß einer die Sprache des anderen nicht verstand?

»Also«, sagte Mosche nach langem Schweigen, »wenn du mir nichts weiter zu sagen hast, bin ich also umsonst hergekommen: Kein Ratschlag, keine brüderliche Versöhnung, nicht mal die kleinste Hilfe, eine Hilfe, die dich gar nichts gekostet hätte? Ich habe den Weg also umsonst gemacht, und du, Lusi, meinst, meine Bitte nicht erfüllen zu können?«

»Nein, ich nicht.«

»Wer denn?« wollte Mosche wissen.

»Wer?« wiederholte Lusi und überlegte. (Als er seinen Bruder so unglücklich und verloren vor sich sah, verspürte er doch den Wunsch, ihm seine Lage zu erleichtern, wußte aber nicht, wie.) »Wer, willst du wissen?«

»Er!« schrie Lusi plötzlich auf, überglücklich, Sruli in der Tür zum zweiten Zimmer auftauchen zu sehen.

Als er Sruli entdeckt hatte, war ihm das »er« fast unbewußt entschlüpft, aber als er dann überlegte, fand er, daß der Gedanke einiges für sich hatte, vor allem als er sich erinnerte, daß Sruli ein Gläubiger Mosches war, so daß es folglich keinen Betrug bedeuten würde, da Sruli wie jeder Gläubiger das Recht hatte, Mosches Haus als Sicherheit für sein Darlehen anzunehmen. Überdies war Lusi überzeugt, daß das Haus bei Sruli in guten Händen wäre, daß er Mosches schwierige Lage nicht ausnutzen würde, wenn das Haus etwa mehr wert war als das Mosche gewährte Darlehen, und daß er nicht den Wunsch verspüren würde, es sich für weniger Geld anzueignen.

»Er«, sagte Lusi.

»Wer?« fragte Mosche, der Sruli noch nicht sah. Er blickte in die Richtung, in die Lusis Hand wies ... Und dann entdeckte auch er Sruli.

Und hätte sich plötzlich ein Grab vor ihm aufgetan oder ein gähnender Abgrund, in den er zu stürzen drohte, hätte er das noch viel lieber auf sich genommen, als sich dem Mann gegenüberzusehen, den seine Augen jetzt im zweiten Zimmer erkannten.

»Was geht hier vor?« fragte sich ein völlig überraschter und fassungsloser Mosche, und es fiel ihm schwer, diese Worte nicht laut zu äußern. Was geht hier vor? Wohin bin ich geraten? Bin ich wirklich bei Lusi? Was hat erstens dieser Schmulikl hier zu suchen, der mit dem Kopf auf der Brust schläft, und zweitens der andere Bursche da, der in der Tür steht und so aussieht, als wohnte er schon lange hier, seit Jahren, der da kalt, finster, wie erstarrt, mit gelassenem Inquisitorenblick vor ihm steht.

»Was? Warum so überrascht?« ließ sich plötzlich der Mann in der Tür vernehmen. »Warum bist du so erschrocken? Hat man dir einen Rockschoß abgeschnitten? Oder glaubst du, daß jemand etwa die Absicht dazu hat? Ist das der Grund, warum du so zusammenzuckst, als wärst du unter die Räuber geraten?«

Und jetzt widerfuhr Mosche Maschber nochmals etwas, was

ihm nie passiert wäre, wenn er bei klarem Verstand gewesen wäre. Er war unfähig, Sruli zu antworten, als fehlten ihm die Worte. Einmal hatte er nicht erwartet, Sruli hier zu begegnen, noch weniger aber, daß Sruli das ganze Gespräch zwischen ihm und seinem Bruder als stummer Zeuge mit angehört hatte und daher jetzt wußte, daß sein Bruder ihm die Hilfe verweigert hatte, um die er ihn gebeten hatte. Und als würde es seinem Bruder nicht schon genügen, ihm jede Hilfe zu verweigern, hatte er für Mosche noch einen Wohltäter aufgetrieben, dessen bloßer Anblick schon genügte, um Mosche lieber tot umfallen zu lassen, als ihm auch nur den kleinsten Dienst schuldig zu sein.

Ja, Mosche war sicher, daß sich Sruli die ganze Zeit im Nebenzimmer aufgehalten hatte, während er, Mosche, seine verzweifelte Lage schilderte und sein Bruder ihm eine Predigt hielt; daß er alles vernommen und daher jetzt, als Lusi auf ihn gezeigt hatte, gesagt hatte: »Warum so überrascht, Mosche?«

Und dann geschah noch etwas mit Mosche: Von Angst und Beklemmung getrieben, erhob er sich mühsam von seinem Stuhl vor dem Tisch und ging fast taumelnd auf die nächstgelegene Wand zu. Er wußte selbst nicht warum, aber er blickte weder seinem Bruder noch Sruli in die Augen, ob aus Scham oder allzu großer Gemütsbewegung. Er trat an die Wand, neigte das Gesicht dagegen wie zu einem leisen Gebet. »Oh!« sprach er mehr zu sich selbst als zu den anderen. Er verharrte eine Minute oder zwei, vielleicht auch noch länger, selbstvergessen in dieser Position. Als er sich umwandte, sah er Lusi neben Sruli in der Tür stehen. In der Zeit, da Mosche schweigend an der Wand gelehnt hatte, mußte Lusi Sruli etwas zugeflüstert haben, und als sich Mosche jetzt zu den beiden umdrehte, hörte er Sruli erwidern:

»Was mich angeht, habe ich nichts dagegen, ich wüßte nicht, was dagegen spräche . . . Allerdings lege ich für meine Ehrlichkeit nicht die Hand ins Feuer; ich weiß nicht, wozu ich mich versucht fühlen könnte, wenn ich erst einmal Eigentümer des Hauses bin, aber wenn du für mich bürgen willst, Lusi, du weißt ja gewiß warum, dann möge es sein . . .«

»Ich bürge für ihn«, sagte Lusi zu Mosche, als hätte er dessen stumme Minute vor der Wand nicht bemerkt, als wäre in der Zwischenzeit nichts geschehen und als setzte er die Unterhaltung fort, die er vor einem Augenblick unterbrochen hatte.

»Ich bürge für ihn«, sagte er.

Und dann geschah noch etwas mit Mosche Maschber, was auf den ersten Blick unwahrscheinlich schien. Es bleibt die Tatsache, daß er kein Wort erwiderte. Nach dieser Minute des Nachdenkens vor der Mauer machte er den Eindruck eines Mannes, dem alles, was ihm zustoßen konnte, alles, was seine Ohren hören oder seine Augen sehen konnten, überhaupt nichts anging, den nichts mehr überraschen konnte, nicht mal eine solche Ungeheuerlichkeit wie die, daß Sruli bereit war, ihm zu helfen – daß dieser Sruli für eine bestimmte Zeit Eigentümer seines Hauses werden sollte, einmal, weil Mosche ihm Geld schuldete, und zum zweiten dank der Intervention seines Bruders.

Mosche ließ es einfach geschehen. Er wirkte wie jemand, den man seiner ganzen Lebenskraft und all seiner Emotionen beraubt hatte; er war wie betäubt und innerlich leer, als könnte ihm keine Demütigung und selbst Schlimmeres noch etwas anhaben.

»Bist du einverstanden, Mosche, oder hast du etwas einzuwenden?« fragte ihn Lusi.

»Nein, nichts«, entgegnete Mosche wie im Traum.

Seine Antwort erübrigte sich. Wie es schien, konnte man mit Mosche jetzt machen, was man wollte, ihm alles vorschlagen und alles von ihm erlangen.

Gleichwohl machte sich niemand diese Situation zunutze. Lusi bat ihn, sich wieder an den Tisch zu setzen, und Sruli verschwand aus dem Zimmer. Man hörte ihn im Nebenzimmer bei der Vorbereitung eines Imbisses oder eines ganzen Abendessens auf und ab gehen. Lusi zögerte nicht, Mosche dazu einzuladen.

Und dann geschah etwas wie mit dem biblischen König Saul. Ja, wie es geschrieben steht:

> ». . . und das Weib ging hinein zu Saul und sah, daß er sehr erschrocken war, und sprach zu ihm: ›So gehorche auch

nun du deiner Magd Stimme. Ich will dir einen Bissen Brot vorsetzen, daß du essest, daß du zu Kräften kommest und deine Straße gehest ...‹«

Ja, so wie dieses Weib mit dem Wahrsagergeist Saul eine Mahlzeit anbot, nachdem sie seiner Bitte gefolgt war und den toten Samuel angerufen hatte, der Saul sein Schicksal enthüllte, so lud jetzt Lusi Mosche ein, mit ihnen zu essen, weil Mosche wie Saul einen langen Weg zurückgelegt hatte – den langen Marsch zum »Fluch«, zu seinem Bruder, der ihm seine vier Wahrheiten eröffnet und ihn in feindselige Hände gegeben hatte, und Mosche ließ all dies völlig willenlos mit sich geschehen; denn ihm blieb keine Wahl.

Lusi gab sich Mühe, es Mosche leichter zu machen, ihn seine düsteren Gedanken vergessen zu lassen und eine neue Unterhaltung zu beginnen, von der er mit Recht annahm, sie würde Mosche die vorhergehende vergessen lassen.

Sruli servierte, denn die Haushälterin war nicht da. Er trug das Geschirr herein und deckte den Tisch; er unternahm es auch, Schmulikl die Faust zu wecken und dessen auf die Brust gesunkenen Kopf zu stützen. »Geh, wasch dich, wir wollen uns zu Tisch setzen.«

Mosche wusch sich ebenfalls die Hände. Während des Essens erkundigte sich Lusi nach Mosches Haushalt und auch nach Alter. Mosche lebte ein wenig auf und erzählte, wie es jedem von ihnen in letzter Zeit ergangen war, und vergaß dabei, was an diesem Abend vorgefallen war. Vor allem erzählte er von Alter: Dieser scheine auf dem Weg der Besserung zu sein, und man müsse sich ihm nähern und mit ihm umgehen wie mit einem Menschen, der das Tageslicht lange nicht mehr gesehen habe; er, Mosche, sei im Augenblick zu sehr mit seinen Angelegenheiten beschäftigt, um sich ihm widmen zu können. Mosche berichtete Lusi von der Unterhaltung, die er vor kurzem mit seinem Bruder geführt hatte, und beugte sich dabei vor, um ihm ins Ohr zu flüstern, berichtete also von ihrer letzten Unterhaltung und von den Maßnahmen, die er jetzt zu ergreifen gedenke, denn aus dem gleichen Grund, nämlich wegen seiner, Mosches, prekärer Situation, sei noch nichts entschieden.

»Es muß ... es muß unbedingt ..., unter irgendeinem Vorwand«, sagte Lusi, der plötzlich ernst geworden war; er beugte sich jetzt gleichfalls zu Mosche, da die Angelegenheit so delikat war, daß selbst Männer wie Mosche und er nur in Anspielungen darüber sprechen konnten, und sprach aus, was ihm sehr wichtig erschien:

»Er lebt ohne Frau und ohne Kinder«, flüsterte er Mosche ins Ohr. Menschen wie Lusi kam das schon ganz allgemein verbrecherisch vor, besonders aber bei einem Unglücklichen wie Alter.

»Es muß ... wir müssen ... je schneller, um so besser«, wiederholte er leise und mit tiefem Ernst.

Die stille Mahlzeit der drei Tischgenossen – Lusi, Mosche und Schmulikl – sowie des vierten, ihres Dieners Sruli, der sich zwischen zwei Gängen gelegentlich schweigend an den Tisch setzte, nahm ein schnelles Ende.

Schmulikl nickte immer wieder ein, aber aus Achtung vor seinen Tischgenossen suchte er ein wenig Haltung zu bewahren. Jedesmal, wenn er urplötzlich aufwachte, kaute er schnell auf irgend etwas herum, aber lustlos, auf eine unappetitliche Weise, und schlief dann mit vollem Mund wieder ein. Weder Mosche noch Lusi, ja nicht einmal Sruli schenkte ihm mehr die geringste Aufmerksamkeit, und wenn sie ihn überhaupt noch beachteten, dann nur deshalb, weil seine Anwesenheit für das nachfolgende Gebet notwendig war.

Mosche erzählte fast wie im Traum, was er zu erzählen hatte. Gelegentlich vergaß er sogar, daß er hergekommen war, um seinen Bruder nach einer Zeit der Trennung wiederzusehen. Er vergaß sogar den Grund ihres Zerwürfnisses, vergaß, warum er in tiefschwarzer Nacht diesen langen Weg auf sich genommen hatte, um aus dem wohlhabenderen Teil der Stadt an diesen Ort voller Elend, Trostlosigkeit und Schmutz zu gelangen; sein Zustand, die Gemütsverfassung, die dieses Häuschen – mit Lusi, Sruli und diesem schlafenden Schmulikl – in ihm auslöste, war so, daß er vor Schlaffheit und Niedergeschlagenheit sogar eine

Einladung hätte annehmen können, dort die Nacht zu verbringen, so wie er die Aufforderung akzeptiert hatte, sich die Hände zu waschen, sich zu Tisch zu setzen und an diesem bescheidenen Mahl teilzunehmen.

Ja, die Mahlzeit näherte sich dem Ende. Aber plötzlich erschien in der Tür zum Eßzimmer überraschend eine seltsame Person, die niemand erwartet hatte, am allerwenigsten Mosche, dessen Augen einen solchen Anblick nicht gewohnt waren, denn solche Leute pflegten bei ihm nicht zu verkehren. Es war Puschke, Zehn-Groschen-Puschke. Keiner, nicht einmal Sruli, hatte ihn beim Eintreten die Küchentür oder die Tür zum ersten Zimmer aufmachen hören.

Er blieb, massig, in Kleider und Lumpen gehüllt, auf der Schwelle stehen und füllte die ganze Tür aus. Mit seinem Schweigen, seiner Korpulenz und seinem schwärzlichen Gesicht, das er nie wusch, erschien das Weiße seiner Augen in seinem schmutzigen Gesicht noch weißer als bei Menschen, deren Beruf es ist, die Erde zu bearbeiten. Er blieb wie eingeklemmt in der Tür stehen, trat nicht ein, ging aber auch nicht wieder hinaus.

Aber der Geruch, den er verströmte, machte allen Anwesenden schwer zu schaffen, und Mosche, der die ganze Zeit über geduldig dagesessen hatte, wie ein Mann, den nichts auf der Welt mehr überraschen kann, sprang nun auf, sobald ihm jener unerträgliche Gestank in die Nase zu dringen begann. Plötzlich erwachte in ihm wieder der verwöhnte, reiche Mann. Während der gleichfalls überraschte Sruli Puschke laut mit einer Stimme begrüßte, in der Wohlwollen, Befriedigung und sogar Vergnügen zum Ausdruck kamen, »Ach, Puschke, Zehn-Groschen-Puschke«, wurde Mosche wütend, und alle Demütigungen und Schlappen, die er so geduldig geschluckt hatte, ohne zu reagieren, wurden jetzt wieder in ihm wach, ohne daß er wußte warum. Diese ganze Last, all diese Dinge, die er bislang hingenommen hatte, ließen ihn jetzt explodieren:

»Was geht hier vor? Was sind das für Leute? Was für Leute läßt man hier ins Haus?«

»Was?« ließ sich Sruli vernehmen, der jetzt in Wut geriet und vor Lusi, dem Hausherrn, das Wort ergriff: »Was ist denn dabei? Komm herein, Puschke.« Damit wandte sich Sruli an Puschke und forderte ihn auf, ins Zimmer zu treten, das dieser tatsächlich mit seinem ganzen Schildkrötenpanzer betrat.

»Komm her, Puschke«, wiederholte Sruli, »du bist willkommen, du lebst von deinem Gestank, bist kein reicher Mann und hast es nicht nötig, bei anderen Geld zu leihen.«

Nach dieser Bemerkung hätte irgend etwas passieren müssen. An dieser Stelle hätte Mosche gewiß aus der Haut fahren und Worte äußern müssen, die dem friedlich verlaufenen Abendessen und der friedfertigen Entwicklung des ganzen Abends hätten ein Ende bereiten müssen, aber in dem Moment, da er aufbrausen wollte, reichte Lusi, der so tat, als hätte er Srulis Äußerungen nicht gehört, seinem Bruder die Wasserschale für die rituelle Waschung und bat ihn: »Sprich den Segen . . .« Hatte er dies nur in der erklärten Absicht getan, seinen Bruder seine Wut vergessen zu lassen und ihn daran zu hindern, etwas zu entgegnen, oder hatte er tatsächlich nichts gehört, da es Zeit für den Segensspruch war? Wie dem auch sei: Mosche blieb nichts anderes übrig, als aus den Händen seines Bruders die Wasserschale entgegenzunehmen. Er wusch sich, reichte die Schale an Lusi und Schmulikl weiter und sagte dann in aller Hast, um das Haus möglichst schnell verlassen zu können:

»Meine Herren, wir wollen beten.«

So fand der Abend denn doch noch ein gutes Ende. Nach dem Segensspruch machte sich Mosche zum Gehen bereit. Während er sich seinen Mantel anzog, blieb Lusi an der Küchentür neben ihm stehen und sprach sanft auf ihn ein, als wollte er ihre Unterhaltung von vorhin fortsetzen. Man hatte den Eindruck, daß Lusi ihn mit tröstenden Worten überhäufte. Er fügte hinzu:

»Es wird alles gut werden . . . Betrachte es als eine Art Buße, Mosche. Du hast erkannt, daß es ein Unrecht war, einen Menschen so aus dem Haus zu jagen, und daß der des Hauses Verwiesene eines Tages sogar selbst zum Hausherrn werden kann . . . es wird dir guttun, Mosche, ein Mann wie du sollte auch über solche Dinge nachdenken.«

434

Während Lusi seine Unterhaltung mit Mosche beendete, war Sruli nicht im Eßzimmer geblieben. Er ging in das zweite Zimmer, dann in die kleine Küche, in der er sich zu schaffen machte. Als Mosche sie in Begleitung Lusis betrat und sich zum Verlassen des Hauses bereitmachte, sah er, daß Sruli eine brennende Laterne in der Hand hielt. Nachdem Mosche die Haustür geöffnet hatte, reichte ihm Sruli die Laterne und fügte hinzu:

»Ich bestehe darauf, dir zu helfen, wenn der Moment gekommen ist.«

Mosche erwiderte nichts und wünschte ihm nur eine gute Nacht. Aber das Licht der Laterne, die Sruli ihm gegeben hatte, erleuchtete seinen Weg noch lange, sowohl im dritten Teil der Stadt als auch später, als er wieder in den reicheren Vierteln der Stadt angekommen war, in denen er sie längst schon nicht mehr gebraucht hätte. Er aber löschte sie nicht und trug die hell strahlende Laterne bis nach Hause.

XII
Alters drei Besucher

Es versteht sich von selbst, daß Gnessje jene Frau war, die auf Alter den stärksten Eindruck machte, als die Männlichkeit in ihm erwachte und ihn quälte: Gnessje, das jüngste der Küchenmädchen mit den hohen, vollen Brüsten und dem weichen Flanellmieder, der er auf dem kurzen Weg von seiner Dachkammer zum Hof in der Küche begegnete. Sobald er sie sah, verstummte er, und seine Beine schienen ihm den Dienst zu versagen. Ihm schlug das Herz, wenn er sie am Tage sah, vor allem aber in der Nacht, wenn er an ihrem Bett vorübergehen mußte, dem ein Fluidum köstlicher Wärme entströmte, die sich in seinem ganzen Körper ausbreitete. Ihm drehte sich der Kopf, seine Beine zitterten, und um ein Haar wäre er wie vom Blitz getroffen vor der Schlafenden auf die Knie gefallen und hätte sich neben sie aufs Bett gestürzt.

Oft verschaffte er sich unter irgendeinem Vorwand Gelegenheit, nachts durch die Küche zu gehen und zu Spaziergängen aufzubrechen, deren Dringlichkeit nicht immer erkennbar war. Er brannte vor Eifer, wieder an diesen Ort zurückzukehren, der diese heiße Weiblichkeit atmete und an dem er Gelegenheit hatte, einen weich herabfallenden Arm, ein Bein oder etwas noch Köstlicheres zu berühren.

Das ältere Küchenmädchen hatte Gnessje also nicht ohne Grund darauf aufmerksam gemacht und sie, wie wir schon berichtet haben, gefragt:

»Warum schaut er dich so an, Kleines? Was sieht er in dir?«

Ja, jedesmal wenn Alter, ehe er von einem dieser Spaziergänge in seine Dachkammer zurückkehrte, an der schlafenden Küchenmagd vorüberkam, keuchend und schwitzend und mit beklommenem Herzen, wälzte er sich danach lange in seinem Bett hin und her, da er nicht mehr ein noch aus wußte, und fand dann noch viel längere Zeit weder Ruhe noch Schlaf.

Dann suchte ihn im Traum diese Frau heim, an deren Besuche er sich noch aus der Zeit jener ersten leidenschaftlichen Nächte seiner frühen Jugend erinnerte, diese Frau mit der schwarzen Krone auf dem Haupt, die oft voll bekleidet war, ihre Kleider dann aber blitzschnell ablegte, um völlig nackt vor ihm zu stehen . . . Diese Frau, die nur jungen Menschen erscheint, die den Geschmack der Sünde noch nicht kennen. Und die sich ihnen hingibt.

Alter hatte schreckliche Angst vor ihr . . . Und dennoch konnte er es nicht lassen, Gnessje zu betrachten, dieses quicklebendige junge Mädchen mit den hohen, vollen Brüsten, und an ihr vorbeizugehen. Noch weniger konnte er sich gegen die durch den Anblick Gnessjes ausgelöste Befriedigung seiner Sehnsüchte wehren, wenn die Frau mit der schwarzen Krone in seinem schweren, brennend leidenschaftlichen Schlaf zu ihm ins Bett kam und von ihm Besitz ergriff.

Das einzige, dessen er sich als fähig erwiesen und was seinen Geist beruhigt und seine Seele in diesem Mahlstrom der Gefühle ein wenig getröstet hatte, war der Umstand, daß er Worte gefunden und den Mut aufgebracht hatte, mit seinem Bruder Mosche über eine Heirat zu sprechen – mit Mosche, der, wie wir uns erinnern, eines Abends nach seinem Besuch bei Reb Dudi zu ihm hinaufgekommen war.

Das war natürlich seltsam und gewagt, aber da Alter zwischen zwei Feuern stand, mußte er in Brand geraten, mit Haut und Haar; aber wer zu verbrennen droht, gewinnt doppelte Kraft und wird zu Dingen fähig, die ihm sonst unmöglich gewesen wären.

Denn Alter war schon zu weit gegangen. Als er eines Nachts in der dunklen Küche zwischen den beiden Betten hindurchgeschlüpft war, war er vor einer der beiden Frauen stehengeblieben. Vielleicht hatte er sich geirrt und war vor dem Bett der anderen Küchenmagd stehengeblieben, vielleicht aber auch vor dem der jüngeren; jedenfalls erwachte die Ältere urplötzlich genau in diesem Moment und bemerkte seine Gegenwart. Ihr weibliches Gespür sagte der älteren Frau, daß Alters Gegenwart kein Zufall sein konnte, sondern daß er mit sehr männlichen Absichten gekommen war. Das Ganze konnte dazu führen, daß Gnessje zu schreien begann und daß es zu einem Skandal kommen würde, der für Alter und die Herrschaften höchst unangenehm wäre.

Am Morgen fragte sie die jüngere Magd aus, ob sie in der Nacht nichts gehört oder gespürt habe. Diese wußte nicht, was sie darauf erwidern sollte. Aber später, in der Nacht – sie hätte es schwören können –, spürte sie, wie eine Hand sie betastete und sich dabei ihren intimen Körperteilen näherte. Sie berichtete es am nächsten Morgen sofort der Älteren, worauf diese erwiderte, aber ja, jetzt sei es klar, ihr Verdacht habe sich bestätigt: »Also, Kleines, was nun? Habe ich mir das etwa ausgedacht? Ich habe sehr wohl gesehen, wie er dich betatscht hat. Als hätte er nicht die gleichen Bedürfnisse wie alle anderen! Na und? Ist er vielleicht ein Holzklotz, oder hat er eine Seele aus Holz?«

So wurde Alter plötzlich von diesem Gefühl übermannt. Rasende Sehnsucht und Verwirrung überwältigten ihn, drückten ihn zu Boden. Und das ist keine Übertreibung. Wenn er allein in seinem Zimmer war, lehnte er sich wie unter einer schweren Last gegen die Wand und ließ sich auf den Fußboden gleiten. Er setzte sich nicht auf den Stuhl, der sich in der Kammer befand, sondern kniete, die Schulter an die Wand gelehnt, auf der Erde. Das konnte ein Zeichen für irgendeine Nachwirkung seiner alten Krankheit sein; aber nein, es war wohl eher ein Ergebnis der erwähnten Gefühlsaufwallung, die auf so seltsame Weise und so überraschend von ihm Besitz ergriffen hatte.

Das war die erste Prüfung, die Alter nach seiner Genesung über sich ergehen lassen mußte.

Die zweite bestand darin, daß ihm alles, was er früher einmal gelernt hatte, wie von einer unsichtbaren Hand präsentiert, wieder ins Gedächtnis kam.

Als wäre es ein Geschenk des Himmels. Als er zum erstenmal ein Gebetbuch in der Hand hielt, hatte er Angst, es zu öffnen:

Was wäre, wenn er nicht mehr lesen könnte? Als er sich entschloß, daß Buch aufzuschlagen, und sah, daß er lesen konnte,
glaubte er den Sinn der Wörter nicht zu begreifen. Als er sah,
daß er ihn begriff, wagte er nicht, sich ein schwierigeres Werk
vorzunehmen: Er war sicher, daß dessen Sinn hinter sieben
Siegeln verschlossen war ... Aber als er es endlich doch wagte,
ein Buch in die Hand nahm und es verstand, kannte sein Glück
keine Grenzen: Er hatte das Gefühl, Gold zu machen, alle seine
Taschen damit zu füllen, und daß die Taschen nicht ausreichten
und vor lauter Gold überquollen. Und so wie sich der Geizige an
seinen Schätzen nicht satt sehen kann und bei deren Betrachtung
alles vergißt, erging es auch Alter in der ersten Zeit; so überglücklich war er, sein zurückgekehrtes und neugewonnenes Wissen
zu genießen, daß er an nichts anderes mehr denken konnte,
weder die Helligkeit des Tages noch die Dunkelheit wahrnahm
und sich wie eben jener Geizige nicht von seinem Schatz losreißen konnte.

In ihm entstand eine neue Welt, die ihm wie bei jedem Wesen,
das entbehren muß, was ihm zusteht, die Wirklichkeit zu ersetzen vermochte. Vor allem für einen Menschen wie Alter, der seit
langem jeglichen Kontakt mit der Wirklichkeit verloren hatte. Er
hatte zu nichts, was immer es auch sein mochte, irgendeine
Bindung herstellen können. Dazu hatte ihm die wesentliche
Voraussetzung gefehlt: die Vernunft. So war verständlich, daß er
sich nun begierig auf Bücher stürzte und wie ein Neugeborener
all die Dinge verschlang, von denen er so lange keinerlei Kenntnis
gehabt hatte.

Vor Alter tat sich eine neue Welt auf – wie in einem Märchen
vor einem Pilger, der vor einem großen Schloß ankommt und es
voller Entzücken von allen Seiten betrachtet und sich an dessen
Schönheiten nicht sattsehen kann. Mit einem Schlag war aus
dem armen Alter ein unermeßlich reicher Mann geworden. In
seiner Freude, überhaupt lesen zu können und dann all die tiefen
Gedanken dieser dicken Bücher zu verstehen und in sie einzu-
dringen, zu den Zinnen von Schlössern zu gelangen, glich er
auch dem Märchenhelden, der Treppen emporsteigt, vor Türen

ankommt und Säle betritt, in denen er Wunder über Wunder vorfindet, in denen er verblüfft herumwandert und einzig fürchtet, diese Wunder könnten sich verflüchtigen, denn er glaubt seinen Augen nicht zu trauen.

Das war für Alter ein großes Glück. Da er zu den Lebenden noch keine neuen Bande und keinerlei Kontakt geknüpft hatte, fand er in den Büchern einen Ersatz und eine Zuflucht, in die er sich zurückziehen konnte, bis sich die Familie an ihn und seinen neuen Zustand gewöhnt, bis sie eine neue Sprache gefunden hatte, die ihnen den Zugang zu ihm ermöglichte; also bis er aufhörte, für die Seinen ein Fremder zu sein. In den Büchern stieß er oft auf Stellen, die ihn, wenn er sie am Tage las, mit seinen nächtlichen Begierden verbanden, wenn er auf Zehenspitzen vor das Bett trat, vor diesen Körper, der mit all dem Zauber ausgestattet war, den ein weiblicher Körper für einen Mann besitzen kann, vor allem für einen so ausgehungerten Mann wie Alter. Wenn er auf diese Stellen stieß, verschmolzen für ihn Tag und Nacht, feurige Ringe tanzten ihm vor den Augen – bei jedem anderen hätte in der Wirklichkeit ein Zehntel davon genügt –, Visionen von etwas Schönem und Großartigem, von einer mächtigen Freude, wie sie nur eine Seele wie Alter aus ihren verborgensten, fernsten und verschlossensten Winkeln hervorholen kann.

So geriet er zum Beispiel jeden Freitag in einen fast ekstatischen Zustand, wenn er aus dem Lied der Lieder rezitierte.

Das war bei den Männern der Familie Maschber eine alte, von ihren Vätern und Großvätern übernommene Sitte, die auf ihre fernen Vorfahren zurückging, nämlich jeden Freitag laut und inbrünstig das Lied der Lieder zu singen. Ihr Vater hatte es in der Synagoge getan, wo die Menge der Gläubigen begierig darauf wartete: Menschen belagerten sogar Türen und Fenster, um ihn zu hören. Lusi hatte die Tradition auf seine Weise weitergeführt, ebenso Mosche, obgleich er ein Kaufmann und ein Mann von Welt war.

Alter erinnerte sich ebenfalls an diese Sitte, und nachdem er sich für den Sabbat gewaschen und die Wäsche gewechselt hatte und allein in seinem Zimmer war, dessen Fenster den Blick auf einen Garten voller sommerlichem Grün freigaben, der jetzt – im Herbst – leer zu sein schien, dessen Bäume sich jedoch später, im Frühling, von neuem in frisches Grün kleiden würden, begann er zu rezitieren. Kaum hatte er den ersten Vers gesprochen, als er eine Süße wie von einem köstlichen Honig auf den Lippen spürte, die Tropfen um Tropfen floß, eine Süße, von der sich Generationen ernährt hatten und von der auch für Alter genug übriggeblieben war.

Nach dem Vers verschleierte sich sein Blick, seine Augen verschwanden hinter einer Art Nebel, und er sah sich von einer strahlenden Sonne beschienen und in ein fernes Land versetzt, ein Land, an dessen Horizont hohe Gipfel aufragten, die in der großen Hitze der Mittagssonne vibrierten wie in einem flirrenden Dunst. Und dort oben, auf den Felsvorsprüngen, sah man kurz einen jungen Hirsch und eine Hirschkuh erscheinen, und manchmal erblickte man ein Hirschpaar oder ein paar Rehe, die der Sonne, dem Wasser, der Höhe, der Liebe zustrebten. Sie blickten hinunter, blickten über die Bergkämme hinweg in die tiefen Täler auf die Hirten, die mit ihren Schafen zu den Quellen gekommen waren, hinab auf die Mädchen vom Land, die ihre Krüge füllten, und auf die Hüter und Hüterinnen der offenen oder eingefriedeten Weinberge.

Beim Rezitieren fand sich Alter zu diesen Hirten versetzt, die am hellichten Tag gekommen waren, um ihre Herden zu tränken, die mit ihren weißen und schwarzen Schafen von den Hügeln herunterkamen, mit ihren Ziegen, Widdern, Kühen, die in Gruppen, in Reihen und in Staubwolken gehüllt zur Tränke geführt wurden.

Das Lied der Lieder . . .

Da vernahm Alter im Garten eine Stimme. Und die Stimme gehörte der, die er begehrte und um deren jungen Körper – *Ich bin schwarz, aber gar lieblich, ihr Töchter Jerusalems* – alle seine Gedanken kreisten, Tag und Nacht, von der, die nachts wie er auf ihrem Lager keinen Schlaf finden konnte, die aufbrach, ihren Freund zu suchen, und die Wachen befragte, die ihre Runde machten, wie er, Alter, der auf den Hof ging, wenn er es in seinem brennend heißen Bett nicht mehr aushielt, sich wortlos vor das Fenster seines Bruders stellte, und forderte, was man ihm versprochen hatte.

»Ich habe meinen Rock ausgezogen – wie soll ich ihn wieder anziehen?
Ich habe meine Füße gewaschen – wie soll ich sie wieder besudeln?
Aber mein Freund steckte seine Hand durchs Riegelloch, und mein Innerstes erzitterte davor . . .«

Und während Alter sang, waren seine Augen geblendet, weil er sich in dem sonnendurchfluteten Land befand mit seinen Anhöhen, seinen Gazellen und Hirten, mit der Stimme, die aus dem ummauerten Weinberg kam, der Stimme, die mahnte und forderte, die von ihrem allen einsamen Liebenden wohlbekannten Schmerz sang.

Des Nachts auf meinem Lager suchte ich, den meine Seele liebt. Ich suchte; aber ich fand ihn nicht.
Wo ist denn dein Freund hingegangen, o du schönste unter den Weibern? Wo hat sich dein Freund hingewandt? So wollen wir ihn mit dir suchen.
Mein Freund ist hinabgegangen in seinen Garten, zu den Würzgärtlein, daß er weide in den Gärten und Rosen breche . . .«

Die Stimme erstarb und wurde unterbrochen, und Alter sperrte Mund und Augen auf, als hätte er sie tatsächlich aus dem Garten vernommen, den man von seinen Fenstern aus sah. Er war erschöpft, seine Hände zitterten, sein Blick wanderte ruhelos umher. Wäre in diesem Augenblick ein Fremder in Alters Zimmer gekommen, hätte er geglaubt, einen Menschen aus einer früheren Zeit vor sich zu sehen, der einer inneren Stimme lauschte, wie Alter häufig zu tun pflegte, wenn er krank war; und

442

daß er bald dieser Stimme mit seltsamen Schreien erwidern würde, die aus seinem Bauch und den Eingeweiden kamen. Aber nein, Alter war wie vor den Kopf geschlagen. Die Stimme zog ihn wie ein lockender Vogel aus seiner Haut, er bekam keine Luft mehr, ihm wurde heiß, er knöpfte sein Hemd auf; von Gefühlen überwältigt, konnte er nicht mal auf einem Stuhl sitzen; er konnte auch nicht stehen bleiben, wo er stand, sondern ging auf die Wand zu, lehnte sich dagegen, ließ sich langsam zu Boden gleiten und blieb wie vom Blitz getroffen kniend auf dem Boden sitzen.

Und das war die zweite Prüfung, die Alter über sich ergehen lassen mußte, seit er den Verstand zurückgewonnen hatte.

Und die dritte war die Situation, in der sich die Familie seines Bruders Mosche befand.

Mit allem, was den Haushalt betraf, hatte er sehr wenig zu tun. Jetzt wie früher wußte er nur, daß man für ihn sorgte wie zuvor, daß seine Familie sich um alles kümmerte, um seine Nahrung und seine Kleidung. Danach zu urteilen hatte Alter also keinen Grund, irgendeine Veränderung zu bemerken. Dem Gesichtsausdruck seiner Verwandten, denen er gelegentlich begegnete, sah er jedoch an, daß im Haus etwas nicht stimmte.

Zunächst erklärte er es sich mit der unbestimmten Krankheit Nechamkes, der Tochter Mosches, und ging davon aus, daß dies der Grund des Kummers war, der auf allen lastete, denen er begegnete, und sie traurig stimmte. Als er aber genauer hinsah, begriff er, daß da noch etwas war und daß die gedrückte Stimmung nicht nur einen Grund hatte.

Als er die Dinge etwas näher betrachtete, überzeugte er sich davon, daß hier etwas Ernstes vorging, etwas, das er nicht genau benennen konnte, was jedoch auf der Familie lastete wie eine drohende Gewitterwolke, die über dem Haus hing, etwas, das durch alle Türen und Fenster, durch alle Ritzen zu ihnen hereindrang und allen die Lungen füllte. Angefangen bei den kleinen Kindern, die sich in letzter Zeit ruhiger verhielten als bei Kindern üblich, ganz zu schweigen von den Erwachsenen, seinem Bruder Mosche, dessen Frau Gitl, ihrer Tochter Judith, den beiden

Schwiegersöhnen, Jankele Grodsztain und Nachum Lentscher, deren Stirnen sich jeden Tag mehr verdüsterten. Je länger dies dauerte, um so deutlicher sah er, daß sie von nachtschwarzen Gedanken heimgesucht wurden und daß sie für ihn, Alter, nicht mal ein Wort übrig hatten, wenn sie ihm über den Weg liefen.

Alter begriff auch, warum sein Bruder Mosche nie mehr auf das so wichtige Thema der Unterhaltung zurückgekommen war, die sie an jenem denkwürdigen Abend geführt hatten, und warum sein Bruder ihm nie mehr gesagt hatte, was er darüber dachte, daß er es nicht vergessen habe und bald alles Nötige tun werde. Nein, er erwähnte es mit keinem Wort, ging ihm aus dem Weg, selbst dann, wenn sie irgendwo zusammenstießen.

Alter lief verstört im Haus herum, da er sich an niemanden wenden konnte. Er spürte, daß es vergeblich wäre, Fragen zu stellen, seitdem niemand mehr mit ihm sprach, seit ihm niemand mehr zu vertrauen schien. Er erhielt keine klare und deutliche Antwort, oder man speiste ihn mit irgendwelchen Ausreden ab, so wie man mit einem Kind oder einem Fremden verfährt, der sich nicht in Dinge einmischen soll, die ihn nichts angehen. Alter sah, daß es die Familie weder für möglich noch für notwendig erachtete, ihn auf dem laufenden zu halten. Sie meinten wohl, das sei noch zu früh für ihn, da er sich noch nicht völlig erholt hatte und sein Verständnis nicht ausreichte. Es sei besser, dachten sie, ihn aus ernsten Angelegenheiten herauszuhalten. So zappelte er wie ein Fisch in einem Aquarium, um herauszufinden, was auf der anderen Seite des Glases vorging. Da er keine andere Möglichkeit sah, sich Gewißheit zu verschaffen, blieb ihm nur ein Ausweg: sich abseits zu halten und abzuwarten. Vielleicht würde ihm ein Zufall den Schlüssel zur Lösung des Rätsels in die Hand geben . . .

So wartete er ab, und der Zufall trat ein.

Eines Tages kam Mayerl, das älteste der Kinder, zu ihm in die Dachkammer. An diesem Tag war Mayerl im Unterricht nichts gelungen, und man ging davon aus, daß er sich nicht ganz wohl fühlte. Sein Lehrer Boruch-Jakob war am Morgen zur festgesetzten Stunde erschienen, derselbe Boruch-Jakob, der in der Stadt

444

als Talmud-Lehrer reicher Kinder berühmt war, bei dem nur sehr wohlhabende Eltern ihre Kinder für ein paar Stunden am Tag unterrichten lassen konnten und der sich für damalige Verhältnisse üppig bezahlen ließ.

Boruch-Jakob war ein sehr bedächtiger Mann, der angesichts der Zeit, in der er lebte, gut gekleidet war und sich sehr sauber hielt. Sein Alltagskaftan war mindestens genauso sauber wie die Sabbat-Kaftane vieler anderer. Er hatte immer ein sauberes Taschentuch bei sich, um sich Nase und Schnurrbart zu putzen, denn er schnupfte und rauchte. Das tat er nicht wie so viele andere aus Aufregung, nein, ganz im Gegenteil, um sich zu konzentrieren. Wenn die Unterrichtsstunde eines Kindes gut verlief, rauchte er, und wenn es noch besser ging, nahm er eine Prise. Sein Unterricht verlief immer reibungslos. Eine so klare Sprache, eine solche Ruhe und eine solche Gabe, Texte zu erklären, waren bei seinen Kollegen nur selten zu finden, nicht nur in der Stadt N., sondern auch sonst in der Gegend.

Es war ein besonderer Segen, ihn zum Lehrer zu haben. Ganz davon zu schweigen, daß es nur äußerst selten vorkam, daß er die Hand oder die Stimme gegen einen Schüler erhob. Im Unterricht so gut wie nie.

Bei Mosche Maschber unterrichtete Boruch-Jakob nur Mayerl, das älteste und auch begabteste der Kinder. Man hatte schon früh erkannt, daß es sich lohnte, dieses intelligente Kind Boruch-Jakob anzuvertrauen und die Kosten dafür auf sich zu nehmen.

Im Sommer fand der Unterricht im Garten statt, in einem abgelegenen kleinen Pavillon aus Holz unter hohen Bäumen, damit niemand störte. Im Winter fand der Unterricht im Haus, in einem eigens dafür hergerichteten Zimmer statt.

An diesem Tag war Boruch-Jakob wie immer pünktlich erschienen. Ruhig hängte er seinen Mantel mit dem Samtkragen in der Garderobe des kleinen Flurs auf, in der auch die Mäntel der ganzen Familie hingen. Er betrat das Zimmer, in dem schon immer unterrichtet worden war, und machte sich an seine gewohnte Arbeit: das zu erklären, was völlig unverständlich war, oder, wenn das Kind ganz allein begriffen hatte, hier und da ein

Wort einzuwerfen, als streckte er dem Schüler eine hilfreiche Hand entgegen, denn der Lehrer weiß, daß der Schüler bei der kleinsten Schwierigkeit stolpern kann.

Gegen seine sonstige Gewohnheit war Mayerl heute nur wenig zum Unterricht aufgelegt. Man sah ihm an, daß er mit dem Herzen nicht bei der Sache und mit seinen Gedanken ganz woanders war. Als Boruch-Jakob bemerkte, daß Mayerl heute unverständlich blieb, was er bei seiner Begabung hätte begreifen müssen, begann er von vorn, erklärte Mayerl den Text noch einmal, ohne gereizt zu werden, mit gleichmütiger Stimme und ohne das Gesicht zu verziehen. Aber Mayerl begriff überhaupt nichts, und Boruch-Jakob erklärte ihm alles noch einmal, Mayerl dagegen sah nicht so aus, als hätte er begriffen, und blieb stumm. Da fragte ihn Boruch-Jakob:

»Was ist heute mit dir los, Mayerl?«

Da brach Mayerl in Tränen aus.

Das war ungewöhnlich. Mayerl gehörte nicht zu denen, die im Unterricht faul sind oder Streiche machen. Boruch-Jakob kannte ihn gut. Er wußte zwar, daß Mayerl etwas von einem Träumer an sich hatte, aber er wußte auch, wie er ihn aus seinen Träumen reißen konnte, und Mayerl folgte ihm auf der breiten Straße des klaren und logischen Denkens, folgte der Richtung, die der Zügel in der Hand des Lehrers gewiesen hatte, und er folgte jeder Wendung freiwillig, ohne Zwang. Solange Boruch-Jakob ihn kannte, war es noch nie vorgekommen, daß Mayerl sich während einer Lektion hatte ablenken lassen oder ohne ersichtlichen Grund in Tränen ausgebrochen wäre. Der Lehrer war verwirrt, aber da es nun mal so war, da dieser Vorfall eine Ausnahme darstellte und der Junge weinte, sagte Boruch-Jakob sich dann, Mayerl müsse krank sein und es sei am besten, die Stunde abzubrechen, den Jungen nicht allzusehr zu strapazieren und nicht allzu beharrlich nach den Gründen für die Tränen zu forschen. So versuchte er zunächst, von etwas anderem zu sprechen, um ihn abzulenken und auf andere Gedanken zu bringen, um dann den Unterricht wiederaufzunehmen, aber er sah, daß mit Mayerl jetzt nicht zu reden war; er widersetzte sich,

446

und Tränen rollten ihm sacht über die Wangen. Er schien zutiefst verletzt und gekränkt zu sein.

»Geh, Mayerl, leg dich hin, du bist müde«, sagte Boruch-Jakob und stand auf.

Er verließ das Unterrichtszimmer und lenkte seine Schritte in den kleinen Flur, in dem sein Mantel am Garderobenhaken hing.

»Warum verlassen Sie uns heute schon so früh, Rabbi?« fragte ihn Judith, Mayerls Mutter, als sie ihn gehen sah.

»Ich habe den Eindruck, daß sich der Kleine nicht wohl fühlt. Er scheint Kopfschmerzen zu haben.«

»So plötzlich?«

»Ich weiß nicht. Er fing zu Beginn der Stunde an zu weinen, und ich glaube, daß er heute nichts begreift.«

Als Mayerls Mutter das Zimmer betrat, in dem der Lehrer ihren Sohn allein gelassen hatte, fand sie diesen dort reglos und wie erstarrt vor. Sie faßte ihm an die Stirn, um zu sehen, ob er Fieber hatte – nein.

»Sag mal, warum wolltest du heute nicht lernen?«

Mayerl stammelte etwas Unverständliches, dem man nur entnehmen konnte, er wisse es selber nicht. Ja, er wußte es tatsächlich nicht, aber hätte man in ihn hineinschauen und einen Blick in sein Herz werfen können, hätte man gesehen, daß sich all das, was die Erwachsenen in den letzten Tagen auf ihre Weise durchlebt hatten, auch darin festgesetzt hatte. Was die Leute im Haus mit Bestimmtheit wußten, hatte er einem Wort, einer Bewegung oder einer Anspielung entnommen oder erahnt.

Mayerl, dessen Ohr die Gabe besaß, genau das zu erfassen, was ihm die Erwachsenen vorenthalten wollten, der wie wir schon irgendwo erwähnt haben, auch Dinge, Veränderungen und Ereignisse, die sich im Haus ereignen würden, vorauszuahnen vermochte, hatte in letzter Zeit Dinge erfaßt und gespürt, die auf ihm lasteten wie ein schwerer Stein. Im Grunde war das schon gar keine Vorahnung mehr. Er empfand als wirklich, was ihn nachts oft hatte ins Kopfkissen weinen lassen, wenn er in seinem Bett lag, und das hatte ihn auch heute mitten im Unterricht vor seinem Lehrer in Tränen ausbrechen lassen.

Als seine Mutter ihn bereits ein wenig beruhigt verlassen hatte, blieb er eine Zeitlang allein im Unterrichtszimmer zurück. Dann suchte er sich irgendeine überflüssige, unwesentliche Beschäftigung, wie es Knaben manchmal tun, um sich die Zeit zu vertreiben; schließlich ging er in die Küche, ohne sich dessen bewußt zu sein, stieg die Treppe hinauf und betrat Alters Dachkammer.

»Ah! Mayerl!«

Alter begrüßte sein Erscheinen in freundlichem Tonfall und mit einem breiten Lächeln.

Beide waren zufrieden: Alter freute sich über den Besuch; mochte es auch der Besuch eines Kindes sein, so war doch eine lebende Seele zu ihm gekommen. Und Mayerl liebte es seit jeher, bei Alter eine ruhige Ecke zu finden, in der er er selbst sein konnte, in der eine andere Atmosphäre herrschte als unten im Haus, wie das oft bei bestimmten Kindern vorkommt, die sich von Dachkammern und Kellern angezogen fühlen.

So war es schon gewesen, als Alter noch krank war und es fast unmöglich erschien, ihm Gesellschaft zu leisten. Trotzdem hatte sich Mayerl zu Alter hingezogen gefühlt und das Bedürfnis verspürt, ihn von Zeit zu Zeit zu besuchen. Jetzt konnte er mit ihm eine richtige Unterhaltung führen, ihn vernünftige Worte äußern hören und selbst zum Gespräch beitragen.

»Ah! Mayerl!« wiederholte Alter vergnügt, als er den kleinen Jungen unschlüssig in der Tür stehen sah. »Komm rein, Mayerl! Was ist mit dir los?«

»Nichts«, erwiderte Mayerl und betrat nach dieser Aufforderung das Zimmer.

»Heute schon fertig mit dem Unterricht?« fragte Alter, um dem Jungen ein wenig die Scheu zu nehmen.

»Ja«, entgegnete der Kleine.

»Weißt du denn schon, wie man lernt?« fuhr Alter fort.

»Und du, weißt du's denn?« gab Mayerl frech die Frage zurück, die er einem Altersgenossen Alters nie zu stellen gewagt hätte.

Mayerl hatte sich das Recht angemaßt, in diesem Tonfall

Fragen zu stellen; Alters Benehmen, dessen Handlungsweise und Taten waren trotz seiner Genesung immer noch die eines Mannes, der sich soeben von einer schweren Krankheit erholt hat und dessen Gehirn und Sprache noch nicht wiederhergestellt sind und der noch immer seltsame Worte äußert wie etwa ein seniler alter Mann oder ein zurückgebliebenes Kind.

»Du, weißt du's denn?« wollte Mayerl wissen.

»Ja«, erwiderte Alter mit einem selbstsicheren Lächeln.

»Das werden wir ja sehen«, verkündete Mayerl und trat an den Tisch; er schlug das erste Buch auf, das ihm in die Hand fiel, und nahm sich vor, Alter auf die Probe zu stellen. Alter ließ es ruhig mit sich geschehen.

Wie ein gehorsamer Schüler begann er vorzulesen und den Text so klug und verständig zu kommentieren, daß Mayerl schnell überzeugt war, daß Alter recht hatte, daß er weder übertrieben noch gelogen hatte.

Es war eine sehenswerte Szene: Mayerl hörte aufmerksam zu und wirkte wie ein Lehrer, der seinen großen Schüler einer Prüfung unterzieht, und Alter ließ sich fast in vollem Ernst befragen, ohne die amüsierte Herablassung an den Tag zu legen, die sich Erwachsene Kindern gegenüber oft erlauben ... Nein, Alter blieb völlig ernst; als er Mayerl durch seine Kenntnisse und die Tatsache beeindruckt hatte, daß er, ein Erwachsener, ihn von gleich zu gleich behandelte, war es nicht weiter verwunderlich, daß ihm der Junge plötzlich die Frage stellte:

»Weißt du, Alter, daß Papa seine goldene Uhr nicht mehr hat? ...«

»Was sagst du da?« rief Alter aus und legte sein Buch beiseite.

»Er hat seine goldene Uhr nicht mehr.«

»Welche Uhr?«

»Die in dem Lederbeutel, die er in der Westentasche trägt.«

»Was willst du damit sagen? Hat man sie ihm gestohlen, oder hat er sie verloren?«

»Nein, versetzt.«

»Was bedeutet das, versetzt?«

»Man hat Geld dafür geliehen. Für die Uhr, für Mamas Bro-

449

schen und Ohrringe und ihren gesamten Schmuck und die Sabbatleuchter.«

Es stimmte. Mayerl hatte die volle Wahrheit gesagt. In den letzten Tagen war ihm aufgefallen, daß die Westentasche seines Vaters leer war. Als er sich bei seinem Vater Jankele Grodsztain nach dem Verbleib der Uhr erkundigt hatte, hatte ihm dieser mit gerötetem Gesicht und ein wenig unwillig geantwortet, die Uhr sei beim Uhrmacher zur Reparatur. »Eine Feder ist herausgesprungen, und ein kleines Rad ist gebrochen.«

Jankele Grodsztain äußerte damit zwei Lügen auf einmal, ausgerechnet er, der nicht lügen konnte; denn er konnte sich nicht zwischen den beiden Lügen entscheiden, da er nicht wußte, welche angebrachter war.

Mayerl akzeptierte zunächst die Erklärungen seines Vaters, aber die Tage vergingen, und die Westentasche seines Vaters blieb leer. Da Mayerl genau wußte, daß die Reparatur einer stehengebliebenen Uhr nur ein paar Tage erforderte, daß sein Vater gewohnt war, seine Uhr stets bei sich zu haben, daß er sie nicht entbehren konnte und vom Uhrmacher einmal schnellstens zurückverlangt hatte, stimmte dies alles Mayerl sehr nachdenklich.

Überdies war es der Vorabend des Sabbat. Als Mayerl am Freitagabend aus einem anderen Zimmer ins Eßzimmer trat, blieb er mit offenem Mund stehen. Der Tisch, der jeden Freitag unter einer Batterie großer und kleiner silberner Leuchter verschwand, deren Licht fast die Decke erreichte und sich an allen Wänden spiegelte, befand sich jetzt in einem traurigen Zustand: Dort standen statt der silbernen Leuchter ein paar armselige, abgenutzte Kerzenhalter aus Kupfer. Das Licht der Kerzen kam Mayerl trübe vor und erhellte nicht mal den Tisch, von der Decke und den Wänden ganz zu schweigen.

Da bemerkte Mayerl in den Augen der beiden Frauen, seiner Großmutter und seiner Mutter, nachdem sie die Kerzen gesegnet hatten, Spuren von Tränen und daß sie versuchten, sie voreinander, vor allem aber vor den Kindern zu verbergen.

Und auch dies: Nach dem Segensspruch entspann sich in der Küche zwischen den beiden Dienstmädchen, dem älteren und dem jüngeren, eine Unterhaltung, nachdem sie mit den Vorbereitungen für den Sabbat fertig waren.

Die Ältere begann:

»Was sagst du zu dieser Geschichte mit den Leuchtern, Gnessje? Sie behaupten, sie würden neu versilbert. Nein, da stimmt etwas nicht, das gefällt mir gar nicht . . .«

»Was denn?« fragte die Jüngere.

»Mach schnell weiter. Das ist zu hoch für dich. Und trotzdem wäre ich glücklich, nur ein Zehntel von dem zu besitzen, was ihnen bleiben wird.«

»Was soll das heißen, bleiben wird?«

»Tu deine Arbeit. Es ist spät. Und außerdem könntest du dich ein bißchen beeilen. Na los doch, spute dich, mach ein wenig schneller . . .«, drängte das Küchenmädchen die jüngere Frau.

Mayerl stand sprachlos vor dem Tisch. Er äußerte den ganzen Abend kein Wort, sprach weder mit den Erwachsenen, wenn diese das Wort an ihn richteten, noch mit den Kindern. Später an diesem Freitagabend wälzte er sich vor dem Einschlafen lange in seinem Bett herum. Im Traum erschienen ihm Uhren mit menschlichen Gesichtern, die vor armseligen Kerzen standen, und durch die Finger hindurch, mit denen sie ihre Augen zu verbergen suchten, sah man Tränen perlen. Im Traum erschienen ihm auch sein Großvater, sein Vater und sein Onkel Nachum Lentscher, ärmlich und in Lumpen gekleidet, die schmutzig und wie Bettler aussahen und alle drei nebeneinander in einer Reihe standen. Er sieht sie in ihr eigenes Haus eintreten, erst den Großvater, dann den Vater und zuletzt Onkel Nachum, demütig, wie es sich für Bettler gehört; sie stellen sich vor der Küchentür auf und warten darauf, daß die Küchenmägde ihnen das schon bereitliegende Almosen bringen und es ihnen verächtlich zustecken.

Nach dieser Sabbat-Nacht und diesen Träumen verlor Mayerl den Geschmack an dem, was in dieser Welt vorging. Er nahm nicht mehr an den Spielen und Streichen der Kinder teil, und oft erschien ihm am hellichten Tag das, was er letzte Nacht im Traum gesehen hatte: Am hellichten Tag sah er die gutgekleideten Mitglieder seiner Familie plötzlich wie Bettler, in Lumpen gehüllt, vor sich stehen. Aber er fürchtete, sich zu verplappern, da ihn niemand verstanden und er sich nur Vorwürfe eingehandelt hätte, wenn er sich offenbart hätte, und so begab er sich zu demjenigen, der den geringsten Widerstand bot, nämlich Alter, zu dem ihm der Weg offenstand und dem er, wie Mayerl spürte, sich völlig anvertrauen konnte.

Nachdem Alter sich großmütig hatte auf die Probe stellen lassen und sich Mayerl von ihm ernst genommen fühlte, faßte er sich demzufolge ein Herz, als sich beide über dasselbe Buch beugten und ihre Schultern sich dabei berührten; er unterbrach seine Examinierung und platzte heraus, wie nur Kinder es können, wenn etwas stärker ist als sie und sich in ihnen aufgestaut hat:

»Weißt du was, Alter, Papa hat seine goldene Uhr nicht mehr.«

»Welche Uhr?« (Alter begriff überhaupt nichts.)

»Die er in seinem Ledersäckchen bei sich trägt«, erwiderte Mayerl.

So erfuhr Alter nach und nach, Frage um Frage und Antwort um Antwort, daß das Haus Gefahr lief, die in Jahren angehäuften Reichtümer zu verlieren, und das erste Anzeichen dafür war das, was Mayerl ihm gerade erzählt hatte. Schon jetzt ging es nicht nur um die Uhr seines Vaters, sondern auch um die Ohrringe, Armbänder und Broschen seiner Mutter und sogar die Silberleuchter aller Frauen des Hauses.

»Stimmt das?« fragte Alter erschreckt.

»Ja«, erwiderte Mayerl. »Ich habe meine Eltern selbst sagen hören, daß sich Großvater in letzter Zeit vor irgend etwas fürchtet und daß alle im Haus genauso große Angst haben wie er.«

»Angst? Wovor?«

Alter begann zu begreifen, tat aber so, als verstünde er nichts, um dem Kleinen noch mehr zu entlocken.

»Was meinst du, wovor? Glaubst du denn, Alter, daß ein Bankrott ohne Folgen bleibt? Es kann dazu kommen, daß sie einem alles nehmen und nichts lassen ...«

Alter schwieg. Vielleicht stellte er keine Fragen mehr, weil er das Kind schonen und nicht zu sehr in den Jungen dringen wollte. Möglich auch, daß er sich sagte, der Kleine wisse nichts mehr und habe ihm alles anvertraut, was er wußte. Wie dem auch sei: Alter begann ihm plötzlich sanft und brüderlich und scheinbar grundlos Kopf und Schultern zu tätscheln. Und Mayerl bemerkte, daß sich Alters Blick verschleierte, als käme er von weit her, weit von diesem Ort, wo er sich noch vor nur einer Minute mit ihm aufgehalten hatte.

Und tatsächlich war Alter in so tiefe Grübelei versunken, daß er nicht bemerkte, wie sich Mayerl befreite. Alters Zärtlichkeiten hatten Mayerl verlegen gemacht, und als er sah, daß Alter dabei an etwas ganz anderes dachte, verschwand er und ließ Alter allein im Zimmer. Und als sich Alter wieder in der Gewalt hatte, kam es ihm vor, als spürte er den Atem eines Boten im Raum, den ihm die da unten im Haus in der Absicht geschickt hatten, ihm das Rätsel zu enthüllen. Von Mayerls Besuch blieb tatsächlich auch nur ein Hauch zurück. Mayerl war nur ein Kind, mit dem man nicht rechnen und auf das man sich nicht verlassen konnte. Seitdem harrte Alter der Dinge, die da kommen würden. Seitdem hatte er die Gewohnheit angenommen, Tag und Nacht zur Tür zu blicken, wenn er nichts weiter zu tun hatte. Er wartete darauf, einen älteren, zuverlässigeren Menschen eintreten zu sehen, der ihm bestätigen würde, was Mayerl ihm da auf so kindliche und unbeholfene Art eröffnet hatte.

Und Alter wurde erhört. Unten im Haus war die Situation inzwischen so, daß ihr niemand mehr entrinnen konnte. Jetzt waren schon jene betroffen, die mit der Sache überhaupt nichts zu tun hatten, sogar die Kinder und sogar Alter, den das Schicksal, das die Familie erlitten hatte, ebenfalls mit einem Flügelschlag streifte.

Wenige Tage nach dem Besuch Mayerls erschien Gitl bei ihm, die Frau seines Bruders Mosche.

Etwa um diese Zeit hatte die Krankheit Nechamkes, der Tochter Mosches, eine Wendung zum Schlimmeren genommen.

Niemand wußte, ob die Krankheit so schnell fortgeschritten oder ob etwas anderes hinzugekommen war, was zur Verschlechterung ihres Zustands beigetragen hatte, aber jeder sah, daß es mit Nechamke zu Ende ging. Die Schwellung der Beine dehnte sich immer mehr nach oben aus, das Atmen fiel ihr schwer, nicht nur dann, wenn sie in ihrem Krankenzimmer ein paar Schritte gehen wollte, sondern auch dann, wenn sie im Bett lag. Außer dem Hausarzt der Familie, Janowski, hatte man noch einen zweiten Doktor kommen lassen, Paschkowski, der ebenso alt war wie der erste, ebenso sanft, und der gleichfalls einen Backenbart trug und wie sein Kollege Pole war. Diese beiden ließ man immer dann zusammen kommen, wenn ein schwerer Fall vorlag. Man bat sie um eine gemeinsame Konsultation, denn sie waren die wichtigsten und fähigsten Ärzte der Stadt, von denen man Hilfe und ein letztes tröstendes Wort erwartete.

Beide blieben lange ruhig und zurückhaltend an Nechamkes Bett stehen. Mal beugte sich der eine über sie, um Körper, Gesicht und Beine der Patientin zu betrachten und ihr tief in die Augen'zu blicken, mal der andere. Sie achteten dabei nicht auf die Zeit und wiederholten diese Untersuchung der Kranken mehrmals im Verlauf derselben Visite. Sie berieten sich leise, erst auf polnisch, dann auf lateinisch. Nachdem man sie zur Tür, auf den Hof und bis auf die Straße begleitet hatte, zum Abschied ein beruhigendes Wort von ihnen erhoffend, wenn nicht gar die Gewißheit, daß keine unmittelbare Lebensgefahr bestehe, drucksten sie herum, vielleicht ja, vielleicht nein, und mit absoluter Sicherheit könne man nichts sagen: Sie als Ärzte hätten alles Erforderliche getan und verschrieben: Was jetzt nötig sei, sei die Hilfe Gottes.

Das kannte man nur zu gut. . . Jeder sah, daß sich Nechamkes Zustand verschlechterte. Nachum, der Mann der Kranken, hatte den polnisch gesprochenen Worten der Ärzte entnommen, wie es um sie stand, und die anderen hatten es sogar aus dem unverständlichen Latein herausgehört. Als sie sich von den Ärzten verabschiedet hatten und wieder ins Haus gingen, sagte Nachum zu seiner Schwiegermutter Gitl mit tränenerstickter Stimme:

»Es steht schlecht, Schwiegermutter. Wir müssen etwas tun. Aber was? ...«

Auch der Kranken blieb nichts erspart. Beim Anblick ihrer Kinder brach sie immer wieder in Tränen aus und fragte ihre Eltern: »Vater, Mutter, was soll aus meinen Kindern werden?«

Da begab sich Gitl mit einigen armen Verwandten zum »Feld«, die ihr helfen sollten, die Gräber zu vermessen[1] und Öl aus den Lampen des Grabgewölbes nach Hause zu bringen, mit dem man die Kranke zu salben gedachte – ein letzter Rettungsversuch.

Gitl besuchte zunächst das Grab der Kleinen Leah, der Frommen, zu dem die unglücklichsten Frauen strömten, um dort ihr Herz zu erleichtern und den Tränen freien Lauf zu lassen, ebenso seit langem verheiratete unfruchtbare Frauen, deren Ehemänner sich für verpflichtet hielten, sich schnellstens scheiden zu lassen, wenn kein Kind geboren wurde. Dorthin kamen auch die Mütter kranker Kinder, ob sie groß oder klein waren, die sich auf das Grab stürzten und dabei laute Schreie und Klagerufe ausstießen.

Auch Gitl weinte sich dort die Seele aus dem Leib, dort und auf zahlreichen anderen Gräbern, bis ihr die Stimme versagte. Und wegen dieser Heiserkeit hütete sie sich den ganzen Tag, das Zimmer ihrer Tochter zu betreten und sich ihr zu zeigen, denn diese sollte nicht erfahren, wo sie gewesen war oder warum sie die Stimme verloren hatte.

Aber nichts half. Als sich der Zustand ihrer Tochter immer mehr verschlimmerte, als die Neuigkeiten aus dem Krankenzimmer immer besorgniserregender wurden, zog sich Gitl an einem Sabbat-Abend an, bat die ältere Küchenmagd, sie zu begleiten, und brach zu einer nahe gelegenen kleinen Synagoge auf.

Der Abend war schon recht weit fortgeschritten. Die kleine Synagoge erhob sich einsam in einer Straße, in der es, wenn mich mein Gedächtnis nicht täuscht, außer einigen bettelarmen Bethäusern, die kleinen Handwerkern wie etwa Kerzenmachern und Seilern gehörten, keine weitere Synagoge gab. Es kommt

---

[1] Ein Versuch, den Todesengel zu täuschen.

vor, daß diese winzige Synagoge am späten Abend eines gewöhnlichen Sabbats leer ist, daß sich niemand dort aufhält außer dem Synagogendiener und ein paar armen Teufeln, die weder ein Dach über dem Kopf noch Arbeit haben und die im Lichtschein eines armseligen, schmutzigen Kerzenstumpfs dasitzen. Heute war dies jedoch nicht der Fall. Die kleine Synagoge war hell erleuchtet und fast gefüllt. Es fand gerade eine Art Feier statt. Eine große Zahl von Menschen, gewiß mehrere »Minjans«, standen oder saßen an einem Tisch in der Nähe der Westwand. Dort saß ein Mann, ein Kantor oder etwas ähnliches, der mit Federhalter und Tinte hantierte und etwas in ein Gemeinderegister eintrug.

Wie wir wissen, war es ein schlechtes Jahr, ein Jahr der Not, und es versteht sich von selbst, daß es vor allem für die Handwerker sehr schlecht gewesen war und ganz besonders für diejenigen unter ihnen, die selbst in guten Jahren entbehrlich waren. In schlechten Jahren gab es für sie gar nichts zu tun. In Zeiten des Elends blieb diesen armen und kaltgestellten Handwerkern, um die sich niemand kümmerte – denn sie genossen in einer arbeitsamen Welt weder Wertschätzung noch Achtung –, also nur eines übrig: sich zusammenzutun und eine Gesellschaft zu gründen, in der jedes Mitglied einen Beitrag zahlte, um in harten Zeiten einen Rubel für die Sabbat-Vorbereitungen aus der Gemeindekasse zu leihen oder ein paar Groschen für Brot, selbst mitten in der Woche. Wo kann man eine solche »Gesellschaft« gründen, wenn nicht in der Synagoge, wenn nicht bei einer Gelegenheit wie dem arbeitsfreien Sabbat, wenn alle Mitglieder nichts zu tun haben und ausgeruht sind, in der Synagoge, in der sich immer jemand findet, der das Register in zierlicher Schönschrift schreiben kann, zunächst den Titel, dann die Statuten, genauso, wie es der Gebrauch des Registers vorschreibt: mit kleinen gemalten Vögeln auf dem ersten Blatt oder zwei brüderlich ineinander verschlungenen Händen, ein Versprechen gegenseitiger Hilfe.

Und auch diesmal war ein Mann gerade dabei, ein solches Register zusammenzustellen. Er war ganz darin versunken, die Namen der Mitglieder mit Tinten und Federn in verschiedenen Farben einzutragen. Um ihn herum standen die Handwerker und reckten die Hälse, um den volkstümlichen Künstler bei der Ausübung seiner Tätigkeit zu beobachten und auch, wenn alles bereit war, auf Zuruf herbeizueilen, um ihre Unterschrift zu leisten, wenigstens diejenigen, die des Schreibens mächtig waren. Es herrschte eine fröhliche, wenn auch ein wenig lärmende Atmosphäre, wie immer in solchen Augenblicken, wenn Menschen den glücklichen Ausgang eines Unternehmens erwarten, das sie gemeinsam zustande gebracht haben, selbst wenn es sich um arme Teufel handelt, die ihre armseligen Groschen zusammenlegen . . .

In diesem Moment erschienen Gitl und ihre Begleiterin. Zunächst wurden sie von niemandem bemerkt. Aber als Gitl, ohne ein Wort zu äußern, wie es in solchen Fällen üblich ist, zum Tabernakel hinstürzte, mit beiden Händen den Vorhang zur Seite riß, sich vor die Thora-Rollen stellte und einen ersten Klagelaut ausstieß, wandten sich alle Köpfe von Ost nach West und sahen dies:

Zwei Frauen waren in der Synagoge erschienen: Die eine, der man die Magd ansah, hielt sich abseits; sie hatte die andere Frau wohl nur begleitet. Und die andere war gekommen, um vor dem Tabernakel und den Thora-Rollen ihren Kummer hinauszuschreien.

Jeder wußte sofort, wer diese Unglückliche war. Es war Gitl, die jeder kannte, deren Mann in einer schönen Straße so etwas wie ein Herrenhaus besaß, in dem sich im Sommer die ganze Stadt und vor allem die Bewohner dieser Straße einfanden, um im Garten frisches Wasser aus dem Brunnen zu trinken. Und beim Trinken nutzte man die Gelegenheit, einen Blick auf das Haus zu werfen, auf das weitläufige, wohlhabende Anwesen mit dem gepflasterten Hof, auf die Speicher und Pferdeställe, auf den eingefriedeten Garten. Alle Augen füllten sich mit Neid, und die armen Leute seufzten, da sie nicht einmal wagten, sich solche Reichtümer zu wünschen. Und jetzt sah jeder, daß Gitl gekommen war, die reiche Frau des berühmten Mosche Maschber, um hier zu weinen.

Alle verstummten. Die Arbeit am Register hörte auf, die

Gespräche erstarben, wie immer, wenn eine Frau eine für Männer bestimmte Synagoge betritt, um dort zu beten, selbst dann, wenn man mitten im Gebet ist. Die Allergläubigsten verstummen also mitten im Wort und warten, bis die Frau ihr Wehklagen beendet hat. So auch jetzt. Die Gemeinde schwieg, und aus den Tiefen des Tabernakels, vor dem Gitl den Kopf neigte, ließ sich die bemitleidenswerte Stimme einer Mutter vernehmen, für die es völlig unvorstellbar war, sich von dem trennen zu müssen, was ihr am liebsten und am teuersten war: von ihrem Kind, und von was für einem Kind? Einem erwachsenen Kind, das selbst schon Mutter von Kindern war.

Vor dem Tabernakel betete Gitl vielleicht noch inbrünstiger als einige Tage zuvor vor den Gräbern auf dem »Feld«. Natürlich bedauerten die armen Handwerker Gitl, obwohl jeder von ihnen jetzt daran dachte, wie es wäre, wenn sich etwas Ähnliches bei ihm ereignete, wenn etwa ein Kind, eine Frau oder sonst jemand erkrankte; dann wäre es nicht so leicht, einfach zum Beten in die Synagoge zu kommen, selbst wenn sie allen offenstand, während Gitl hier eingetreten war, als wäre sie bei sich zu Hause: Mit ihrer Magd im Schlepptau legte sie eine gewisse Anmaßung an den Tag, und selbst der Ton ihrer Gebete ließ darauf schließen, daß sie mehr Rechte zu haben meinte als andere.

Natürlich beneideten diese Handwerker sie nicht, aber sie stellten trotzdem unwillkürlich einen Vergleich mit den Reichen an, selbst in dieser Zeit des Unglücks, und der Vergleich fiel niemals, auch jetzt nicht, zu ihren Gunsten aus. Denn nachdem Gitl ihre Gebete beendet hatte, rief sie den Synagogendiener herbei und gab ihm Geld für Kerzen und Öl, Dinge, die sie, die Armen, sich nicht leisten konnten. Sie spendete etwas Geld für die Synagoge und schenkte auch dem Synagogendiener etwas und bat, man möge die Kranke in die Gebete einschließen. Bevor sie aufbrach, gab sie der Versammlung auch Geld für Branntwein, damit die Anwesenden ihre Tochter nicht vergaßen, wenn sie zu Ehren ihrer gottgefälligen Neugründung ein Gläschen tranken. Sie sollten auf Nechamkes Wohl trinken und ihr eine vollständige Genesung wünschen.

Natürlich versprach man ihr das und nahm die Spende freudig an. Da Gitl jetzt alles hinter sich gebracht hatte, rief sie ihr Küchenmädchen und verließ in deren Begleitung den Betsaal. Und auf dem Nachhauseweg hatte sie sich schon wieder ein wenig beruhigt und war wieder etwas besser aufgelegt, wie das häufig ist, wenn man viel geweint hat und danach wieder Hoffnung zu schöpfen beginnt; da fiel ihr ein, daß es außer denen, für die sie heute und an den letzten Tagen gebetet hatte, noch ein Wesen gab, an dessen Brust sie ihren Kummer ausweinen und sich in ihrem Schmerz trösten lassen konnte. Alter, der auf den ersten Blick so fern, so abseits von allen Menschen zu sein schien, zugleich aber auch so nah wie eins ihrer Kinder oder eine Art Heiliger, vor dem man sein Herz ausschütten konnte, selbst wenn man keine Antwort von ihm erwartete, denn es genügte schon, daß er einem zuhörte.

Und tatsächlich, einige Tage später, als das Haus wie immer gerade die Ankunft eines Arztes erwartete oder dessen Besuch beendet war, als das ganze Haus nach Medikamenten roch und die Männer jeden Tag mit immer düstereren Gesichtern von den Lagerhäusern zurückkehrten, kam Gitl wieder dieser vage Gedanke in den Sinn, und sie stieg langsam, langsam die Treppe von der Küche zu Alters Dachkammer hinauf.

Als Gitl die Stufen hinaufging, war offenkundig, daß sie nicht zu jemandem wollte, der ihr ebenbürtig war. Wenn man etwas mit einem Mann zu besprechen hat und sich seiner Haustür nähert, hat man schon alles im Kopf, was besprochen werden soll: Man hat seine Gedanken geordnet und sich überlegt, mit welchen Worten man ihn anreden will; aber nein, Gitl hatte jetzt nur ihren Kummer im Kopf. Sie wußte kaum, wohin die Füße sie trugen. Vielleicht war ihr bewußt, daß sie zu Alter unterwegs war, aber was sie dort wollte, was sie sagen, wie sie sich dort verhalten sollte, davon hatte sie keine Vorstellung.

Alter war sprachlos, als er sie eintreten sah. Er war es nicht gewohnt, daß ihn Erwachsene besuchten, schon gar nicht Gitl, die Frau seines Bruders Mosche. Er sagte sich, daß es sich schon um eine ernste Angelegenheit handeln mußte, wenn sie sich die

Mühe gemacht hatte, zu ihm heraufzukommen. In einer Angelegenheit, die vielleicht für ihn, vielleicht aber auch für sie sehr wichtig war. Das brachte ihn in Verlegenheit, und da er solche Besuche nicht gewohnt und zudem unerfahren war, sah er dem Gespräch etwas ängstlich und mit großer Verunsicherung entgegen.

Gitl wiederum, die gerade eingetreten war und Alter vor sich sah, fühlte sich jetzt verpflichtet, als sie ihn vor Augen hatte, irgendeinen Vorwand zu finden, um ihr Herz ausschütten zu können. Sie warf Alter einen Blick zu. Obgleich er jetzt besser gekleidet war und gesünder aussah, kam er ihr doch wie ein Wesen aus einer anderen Welt vor, wie ein Kind oder ein halbverrückter Heiliger, was sie durchaus nicht störte, sondern es ihr ganz im Gegenteil erleichterte, das zu tun, wozu sie hergekommen war, nämlich in dem Wunsch, sich offen zu äußern und Dinge zu erzählen, die man nur einem Kind oder einem heiligen Narren anvertrauen konnte, keinesfalls aber einem geistig und körperlich gesunden Menschen.

Sie sprach ihn ohne jede Vorrede an, als wäre es bei Menschen wie Alter unangebracht, sich mit langen Präambeln aufzuhalten, als könnte man sofort zur Sache kommen:

»Du, Alter, du . . .«

Aber da hielt sie inne, als sie einen Mann vor sich sah, der zwar leicht verwirrt, gleichwohl aber vernünftig aussah, dessen Gesichtsausdruck ein Mindestmaß an Urteilsfähigkeit und Aufmerksamkeit erkennen ließ und der erwartete, vernünftige Worte zu hören. Folglich verstummte sie kurz, faßte sich aber gleich wieder, und in dem gleichen Gefühl, mit dem sie heraufgekommen war, und in der seit der ersten Minute feststehenden Absicht, ihn für ein Kind zu halten, fuhr sie dann fort, ganz offen und frei mit ihm zu sprechen, wie man sich nur gegenüber einem Geistesgestörten oder einem Heiligen äußern kann.

»Du, Alter, du bist doch einer von uns, und du hast uns viel zu tun gegeben, bis wir dich zu deinem heutigen Zustand emporgehoben haben; du sitzt hier oben und weißt nicht, was im Hause vorgeht. Dir wird alles gebracht wie einem Vogel im Käfig, aber jetzt mußt du für unsere Familie eintreten, für uns beten, denn wir da unten erleben ein Inferno und befinden uns in tödlicher Gefahr. Verstehst du mich, Alter?

Weißt du nichts? Verstehst du nichts? Du bleibst ein Kind, das mit der Welt nichts zu schaffen hat. Du sollst zunächst aber wissen, daß unsere Nechamke diese Welt vielleicht verläßt, was Gott verhüten möge! Daß sie in die Ewigkeit abberufen und vor der Zeit dahingerafft wird. Du sollst auch wissen, daß unsere Geschäfte – du weißt doch, was das ist, Geschäfte, Alter?« – Hier schob Gitl eine Frage ein, als wäre sie nicht sicher, daß dieses Wort Alter etwas sagte – ». . . daß es um unsere Geschäfte so schlecht steht, daß wir vielleicht gezwungen sein werden, uns von unserer gesamten Habe zu trennen, von den Geschäften, vom Haus, wir da unten, aber auch du hier oben, verstehst du mich, Alter?«

Und damit begann Gitl zu weinen, nicht um Alter, wie man hätte meinen können, sondern um ihrer selbst willen, denn von Alter erwartete sie nichts anderes als seine Unschuld. Sie erwartete von ihm keinen Trost, wie ihn ihr ein normaler, vernünftiger Mann wie Mosche gespendet hätte, nicht einmal eine Unterhaltung, bei der sie sich aussprechen konnte. Nein, sie weinte, weil sie Lust dazu hatte, ohne sich dabei zu überlegen, wer vor ihr saß oder stand, als wäre sie allein im Zimmer, als weinte sie vor kahlen, stummen Wänden.

Alter stand mit offenem Mund und herabbaumelnden Armen vor ihr. Er wußte nicht, wie er sie trösten sollte, da er weder den Mut dazu aufbrachte noch überhaupt wußte, wie man sich dabei anstellt. Er wußte nicht, wie man sich in solchen Augenblicken verhält, in denen man den Schmerz eines anderen lindern muß. Er war noch zu unwissend und zu unbeholfen. So sagte er nichts, machte ein niedergeschlagenes Gesicht und erweckte den Eindruck, als wüßte er weder ein noch aus.

Als Gitl sich ausgeweint hatte, stand sie behutsam von dem Stuhl auf, in den sie sich nach dem Betreten des Zimmers hatte fallen lassen, und richtete vor dem Gehen einige Worte an Alter, die sich auf ihn selbst und seine Gesundheit bezogen.

»Wie geht es dir? Fehlt dir etwas? Du brauchst es nur zu sagen, wenn du etwas brauchst, ich werde es dir heraufschicken lassen . . .« Dann ging sie hinunter.

Und jetzt wurde Alter plötzlich in aller Klarheit bewußt, was Mayerl ihm nur unbeholfen hatte sagen können. Er begriff, warum in letzter Zeit alle so niedergeschlagen wirkten, warum sein Bruder Mosche jedes Gespräch über das Thema ihrer Unterhaltung an jenem denkwürdigen Abend zu vermeiden suchte.

Alter erkannte, daß das Schicksal, das sich jetzt auf das Haus gesenkt hatte, auch ihn mit seiner Flügelspitze streifen mußte und auch auf ihn einen Schatten werfen würde. Wann und wie, davon wußte er nichts, aber eine Vorahnung sagte ihm, daß die Besuche mit dem Erscheinen Gitls nicht beendet waren, daß ihr Besuch nicht der letzte war, daß ihm weitere folgen würden, die ihn in den Strudel, in den die Familie gestürzt war, hineinziehen und nicht verschonen würden. Wann würde das sein? Er wußte es noch nicht, aber von da an machte er sich bereit, und tatsächlich – es war nur wenig Zeit vergangen – da empfing er zum drittenmal Besuch. Es war ein sehr naher Verwandter – sein Bruder Mosche.

Es war alles sehr schnell gegangen. Eines Tages, in der Zeit, da alle den Kopf voller Sorgen hatten, betrat das ältere Küchenmädchen das Eßzimmer. Es war klar, daß es nicht um die Küche oder um die Dienerschaft ging. Sie hatte sich für diesen Besuch ihr seidenes Halstuch um den Kopf geschlungen, wie es Dienstmädchen nur dann tun, wenn sie sich um eine neue Stellung bewerben, bei neuen Herrschaften, oder wenn sie sich verabschieden, weil sie das Haus verlassen. Auf ihrem kurzen Weg von der Küche ins Eßzimmer betupfte sie sich die Oberlippe mit einem Zipfel des Halstuchs; sie war etwas verlegen und unsicher, als hätte sie eine schwierige Mission zu erfüllen oder etwas zu unternehmen, was ihre Fähigkeiten überstieg. Dennoch erschien sie, von ihrem Gewissen sichtlich dazu getrieben: Ihre Überzeugungen in Fragen der Schicklichkeit erlaubten es nicht, eine solche Sache stillschweigend zu übergehen.

Sie ging auf Gitl zu, die allein im Zimmer saß, und nach langem Zögern, vielen Grimassen und häufigem Betupfen der Oberlippe, auf der Schweißtropfen standen, sagte sie:

»Ich bitte um Vergebung, Herrin . . . Ich möchte Ihnen aber sagen, daß es nicht richtig ist, daß unsere Gnessje mit mir in der Küche schläft . . .«

»Wie?« fragte Gitl, deren Gedanken auf ganz andere, viel wichtigere Dinge gerichtet waren. »Was möchtest du sagen?«

»Ich möchte sagen, Herrin, daß es nicht recht ist, daß unser Mädchen mit mir in der Küche schläft«, wiederholte die Magd.

»Daß sie in der Küche schläft, sagst du? Wo soll sie denn sonst schlafen? Im Wohnzimmer?«

»Nein, das meine ich nicht . . . Ich sage nur . . .« Die Küchenmagd begann zu stottern und wußte nicht, wie sie anfangen sollte.

»Warum denn plötzlich? Was ist denn passiert?« fragte Gitl in einem Ton, als wollte sie ihr helfen, den verlorenen Faden wiederzufinden.

»Folgendes ist passiert, Herrin: Alter, unser Alter, scharwenzelt nachts neuerdings zuviel in der Küche herum . . . Aber bestimmt nicht meinetwegen. Ohne Zweifel ihretwegen, wegen Gnessje . . .«

»Was?«

Gitl ließ einen Ausruf hören, sprang heftig auf und warf dem Dienstmädchen einen so blitzenden, strafenden Blick zu, daß deren Hände zu zittern begannen und sie fast schon bereute, das Gebot ihres Gewissens nicht tief in ihrer Brust begraben zu haben.

»Ja, Herrin«, fuhr sie fort, da sie nun einmal angefangen hatte, »ich mußte es Ihnen einfach sagen. Sie sind seine Verwandte. Sie müssen es wissen, wenn etwas passiert, etwas, was sich nicht schickt.«

Gitl begriff, daß es die Küchenmagd erhebliche Überwindung gekostet haben mußte, sich so zu äußern, und daß sie lange mit der Entscheidung gerungen hatte. Ihr war klar, daß das Mädchen nichts erfunden hatte, daß es keine Vermutung war, sondern eine

Tatsache, deren sie vielleicht Zeuge geworden war. Obwohl es höchst peinlich war, solche Dinge von einer Fremden, einem Dienstmädchen, zu vernehmen, nahm Gitl es auf sich, hörte sich alles an, jedoch mit schamhaft gesenktem Blick, da sie dem Küchenmädchen nicht offen in die Augen blicken konnte, als diese erzählte; ob sie wollte oder nicht, ihre Ohren bekamen all das zu hören, was zum Verständnis des Sachverhalts nötig war, bis zum Ende, bis sie überzeugt war, daß alles stimmte. Nein! Das war keine Verleumdung, keine Erfindung; es war, wie man sehen konnte, die reine und simple Wahrheit.

Die Magd fuhr dann in ihrer Küchenfee-Sprache fort, vertraulich und von Frau zu Frau unangenehme Details wiederzugeben, die Gitl den Blick noch mehr senken ließen. Als sie alles erfahren und über den Wahrheitsgehalt des Berichts keinerlei Zweifel mehr hegen konnte, erhob sie sich nochmals und sagte schnell und in aller Hast, damit die andere ihre Verwirrung und Bestürzung nicht bemerkte:

»Gut, gut . . . Geh jetzt, wir werden alles Nötige tun . . .«

»Ja«, fügte Gitl hinzu, »und vergiß nicht: Kein Wort darüber, zu niemandem, darüber darf nicht gesprochen werden . . . Hast du verstanden?«

»Natürlich habe ich verstanden! Als ob ich das nicht verstünde! Ich sage ja nur, daß das Mädchen nicht in der Küche schlafen sollte«, wiederholte die Magd ihre Warnung. »Sie könnte im Eßzimmer schlafen oder sonstwo«, fuhr sie jetzt schon etwas fester und selbstsicherer fort; sie wagte sich auch etwas weiter vor, um Gitl zu beruhigen, denn sie sah, daß ihre Auskünfte Gitl peinlich waren.

»Gut, gut«, sagte Gitl zerstreut, »geh, geh jetzt, wir werden überlegen, was zu tun ist.«

Diesmal zögerte Gitl nicht, ihren Mosche auf die Vorfälle anzusprechen, obwohl sie keinerlei Lust hatte, den Schwierigkeiten, mit denen er sich herumschlug, noch eine, dazu eine solch heikler Art hinzuzufügen. Sie sagte es ihm und blickte ihn dabei besorgt und ängstlich an.

Noch am selben Tag, kaum war Mosche nach Hause gekommen, bat sie ihn zu sich ins Schlafzimmer. Als sie allein waren, setzte sie ihn ins Bild und betrachtete ihn dabei unruhig, um dabei herauszufinden, wie er reagieren würde, was er ihr zu tun raten oder gar selbst unternehmen würde.

Als Mosche aufging, was sie sagte, sprang er auf, als hätte er sich verbrüht. Und wie bei allem, was er in letzter Zeit getan hatte, von dem nichts jenen Stempel von Überlegung und Schicklichkeit trug, wie man es von einem Mann wie Mosche hätte erwarten können, so erwiderte er auch jetzt sogleich überhastet: »Wir müssen einen Heiratsvermittler kommen lassen.«

»Was für einen Heiratsvermittler? Einen Heiratsvermittler für wen?« entgegnete Gitl verblüfft.

»Was soll das heißen, ›für wen‹? Natürlich für Alter. Für wen denn sonst, wenn nicht für ihn?«

»Und mit wem soll er ihn verheiraten, der Heiratsvermittler?«

»Mit wem? Wir werden sehen. Wir werden es untereinander besprechen, aber natürlich auch mit Alter. Und in der Zwischenzeit«, fügte Mosche hinzu, als er sich erinnerte, was das Küchenmädchen vorgeschlagen hatte, »in der Zwischenzeit können wir im Eßzimmer ein Bett für sie herrichten. Im Eßzimmer«, sagte er mit Nachdruck, und damit war das Gespräch beendet.

Während er Gitls Bericht lauschte, schossen ihm mehrere Gedanken durch den Kopf. Zunächst einmal: dieses Paar; er hatte sie gesehen, sie hatte ihm gefallen, vielleicht war sie für ihn bestimmt? Zweitens: Der Gedanke war nicht schlecht. Denn wer sonst wäre bereit, jemanden wie Alter zum Mann zu nehmen? Wohl niemand. Seine Krankengeschichte war allgemein bekannt, niemand wußte, was morgen sein würde. Wer sonst wäre bereit, das Schicksal eines solchen Mannes zu teilen? Und plötzlich schoß Mosche ein dritter Gedanke durch den Kopf: Es mußte unverzüglich gehandelt, die Heirat schnellstens vereinbart und auch möglichst bald gefeiert werden ... Mosche sah ja, was um ihn herum vorging, wie das Unglück von allen Seiten über ihn hereinbrach. Vielleicht würde die Verheiratung eines schon älteren Junggesellen, vor allem dann, wenn es sich um einen Verwandten handelte, das Unheil abwenden, das Feuer eindämmen oder die schwere Hand von seinem Haupt ablenken, die so sehr auf ihm lastete. Und viertens erinnerte sich Mosche an das, was Lusi ihm gesagt hatte, wie er ihn gewarnt und zur Eile gedrängt hatte. Fünftens dachte er an das, was Alter selbst ihm gesagt hatte, der bei ihrem denkwürdigen Gespräch von seinem Zustand gesprochen und ihn ohne falsche Scham und in klaren Worten gebeten hatte, ihn zu verheiraten. Warum also noch lange überlegen, warum ausweichen, wenn dies doch schnellstens erledigt werden mußte?

Solche und ähnliche Gedanken schwirrten ihm wie ein Sturm im Kopf herum, und von diesem ganzen Durcheinander bekam er nur einen rettenden Strohhalm zu fassen, an den er sich sogleich klammerte wie an einen Rettungsring: Nämlich das, was er Gitl gesagt hatte. Er handelte entsprechend und ließ kurz darauf den Heiratsvermittler Meschulam kommen.

Meschulam war ein kleiner Mann mit einem geröteten Gesicht und einem ergrauenden Bart. Er trug eine schäbige Pelzmütze und darunter eine Samtkappe in verschossenem Blaßgrün. Wenn er ein Haus betritt, besteht seine erste Bewegung darin, die Pelzmütze abzunehmen und nur sein Jarmulke, das Käppi, auf dem Kopf zu behalten. Das war gar nicht so leicht, denn die Pelzmütze ließ sich nicht leicht vom Käppi trennen, da alle beide durch den langen Gebrauch so speckig geworden waren, daß sie aneinander zu kleben schienen. Aber nach langer Praxis und mit einer geschickten Handbewegung schaffte er es, sie zu trennen. Das Ganze war ein alberner Heiratsvermittler-Trick, mit dem er Leuten, denen er eine Eheschließung vorzuschlagen gedachte, zeigen wollte, daß er sich bei ihnen frei und ungezwungen und wie zu Hause fühlte und daß man ihm vertrauen konnte.

Er arrangierte vor allem Ehen von Leuten in einem bestimmten Alter, von Fünfzigjährigen, Hausangestellten, Dienern und armen kleinen Handwerkern. Bei jungen Leuten, vor allem in einer Familie vom Rang eines Mosche Maschber, hätte man sich nie seiner bedient, wenn es nicht um jemanden wie Alter gegangen wäre. Für solche Häuser gab es Heiratsvermittler eines ganz anderen Kalibers, die geachteter waren und in einem besseren Ruf standen, wie etwa Nachum-Leib Pschotter, ein Mann, der zudem wußte, wie man sich in solchen Häusern zu benehmen hatte, nämlich mit viel Takt und Zurückhaltung, der auch wußte, was er wem vorschlagen durfte, und sich dadurch Achtung und Wertschätzung verschaffte. Das aber war nicht Meschulams Stärke. Er kannte nur eins: männlich und weiblich. Für ihn spielte es keine Rolle, ob eine Junge mit einem Alten oder ein Alter mit einer Alten verheiratet werden sollte, solange es nur etwas zu vermitteln gab. Ein Mann wie er – wir haben dies bereits gesagt – wäre in einem Haus wie dem Mosche Maschbers nie über die Schwelle gelassen worden und hätte es nie gewagt, dessen Hausherrn unter die Augen zu treten, um ihm eine Partie vorzuschlagen, wenn es nicht um jemanden wie Alter gegangen wäre.

Um diese ungewöhnliche Heirat zustande zu bringen, mußte sich Mosche natürlich nicht an einen Mann wie Nachum-Leib wenden, sondern gerade an einen Meschulam, einen demütigen, dummen Burschen, dessen Fähigkeiten für ein Dienstmädchen ausreichten. Was Alters Interessen betraf, wollte sich Mosche Maschber selbst darum kümmern.

Es war eine delikate Angelegenheit. Als Meschulam erschien, dachte er nicht daran, es sich bequem zu machen, das heißt seine Pelzmütze abzunehmen und sie von dem Käppi zu trennen, und zwar aus Respekt vor dem reichen Mann und weil er sich in einem solchen Haus unbehaglich fühlte. Mosche und Gitl, die ihn empfingen, hatten ihm auch gar nicht die Zeit dazu gelassen, denn sie zerrten ihn sofort in ihr Zimmer. Sie ließen ihn sogleich wissen, daß er es unterlassen solle, sich in Szene zu setzen, daß er nur eine halbe Mission zu erfüllen habe, nämlich im Namen der Braut zu verhandeln – der Rest gehe ihn nichts an; da habe er sich nicht einzumischen, das werde man ohne ihn erledigen.

Mosche und Gitl wollten ihn nicht einmal Alter vorstellen. Sie wußten, daß die Angelegenheit zu delikat war und daß ein Tölpel wie Meschulam das feine Gespinst der Eheverhandlungen mit seinen ungeschickten Fingern zerreißen konnte. So schickten sie ihn nur zur Braut.

467

Das läßt sich leicht sagen, »zur Braut«. Wie niedergeschlagen Mosche Maschber auch sein mochte, wie sehr ihm die Sorgen auch zusetzten, so blieb ihm doch noch genügend brüderliche Zuneigung zu Alter, sich von Zeit zu Zeit um ihn Gedanken zu machen ... Im Grunde gar nicht um Alter, sondern um sich selbst, denn die Affäre »Alter« und die geplante Heirat hingen eng mit seiner eigenen Lage zusammen. Unter anderen Umständen hätte man eine solche Angelegenheit – die Verheiratung Alters – anders geregelt. Man hätte sich nicht an das erste beste Mädchen geklammert, ein Dienstmädchen, dazu noch eins, das bei ihm selbst, bei Mosche, diente. Unter anderen Umständen wäre man nicht mit solch unziemlicher Hast vorgegangen, man hätte dieser Heirat mehr Sorgfalt, mehr Aufmerksamkeit gewidmet, mehr auf Anstand und Schicklichkeit geachtet und sie besser arrangiert, nämlich vor aller Augen und mit Wissen Alters.

Mosche wurde von den übereilten Überlegungen getrieben, die ihm gekommen waren, als er von Alters nächtlichen Exkursionen erfahren hatte. Vielleicht würden die beiden tatsächlich ein gutes Paar abgeben? Und vielleicht wäre es für Mosche ein gutes Werk, das schnell vollbracht werden mußte, vor allem in einem solchen Moment, in dem man nicht wußte, was morgen sein würde.

Es ist aber auch gut möglich, daß Mosche sich in der Zwischenzeit mit Lusi verständigt hatte, nämlich in der Zeit zwischen der Entstehung der Idee und ihrer Ausführung, und daß Lusi Mosches Vorschlag gebilligt hatte. Obwohl der Heiratsvermittler Meschulam in Mosches Schlafzimmer kühl empfangen worden war, obwohl man ihm nicht dabei geholfen hatte, über seine Verlegenheit hinwegzukommen, wurde er dennoch beauftragt, mit der Braut, dem Dienstmädchen Gnessje, zu verhandeln. Meschulam machte sich noch am selben Abend ans Werk, ging von Mosches Schlafzimmer ins Eßzimmer und von dort in die Küche.

Wie er sich seines Auftrags entledigte, interessiert uns nicht. Natürlich begann er damit, mit leiser Stimme mit dem älteren

Dienstmädchen zu sprechen, dem er sich leichter nähern konnte, da viele seiner Klienten in ihrem Alter waren. Sie hatte zunächst geglaubt, daß er sie im Auge hatte, daß er ihr eine Partie vorschlagen wollte. Folglich legte sie in aller Hast in einer Ecke ihr Alltagskopftuch ab, um es gegen das Sabbat-Tuch zu tauschen. Nach langen Vorreden und einem endlosen Palaver mit dem Heiratsvermittler, in deren Verlauf sie sich immer wieder die Lippen betupfte, ging ihr auf, worauf er hinauswollte und daß dieser Besuch nicht ihr, sondern Gnessje galt. Als er ihr sagte, mit wem man diese verheiraten wolle, war sie zunächst wie vor den Kopf geschlagen, faßte sich aber schnell und rief aus:

»Was sagen Sie da, Reb Meschulam? Tatsächlich?«

»Weh mir!« fuhr sie fort und ließ neue Rufe hören. »Was sagen Sie da? Das wäre mir nie in den Sinn gekommen! Man stelle sich vor! Du meine Güte! Darauf kann doch nur ein Heiratsvermittler kommen! . . .«

»Sagen Sie mir, Reb Meschulam«, hakte sie nach, »und die da unten im Haus, wissen die Bescheid? Hat man schon mit ihnen darüber gesprochen, stimmen sie zu?«

»Natürlich wissen sie Bescheid; wäre ich denn gekommen, wenn man mich nicht geholt hätte? Hätte ich mir das ausdenken können? Natürlich wissen sie Bescheid!«

Damit hatte Meschulam in der Küche schon eine Komplizin, eine Verbündete. Wir wissen nicht, ob er dem älteren Dienstmädchen auch einen kleinen Anteil an seinem Honorar versprochen hatte oder ob sie sich freiwillig bereit erklärte, ihm zu helfen, wie es alle älteren Frauen tun, die es lieben, andere zu verkuppeln, und die es zum Vergnügen, aus Liebe zur Sache und ohne jede Gegenleistung tun.

Als Gnessje selbst den Antrag erhielt, wäre sie am liebsten im Erdboden versunken. Sie knöpfte immer wieder nur ihr Mieder auf und zu, das sie jetzt beengte, und zog damit ständig die Blicke Kateruches und vieler anderer auf sich, die sich einiges davon versprachen . . . Sie hielt den Kopf gesenkt und wagte weder den Heiratsvermittler noch das ältere Küchenmädchen anzusehen, mit der sie doch schon so lange in derselben Küche zusammenarbeitete. Dann begann sie plötzlich zu weinen; einmal weil der Antrag so überraschend gekommen war, zugleich aber wegen der Absonderlichkeit und Unmöglichkeit einer Sache, die ihr einerseits zu erhaben und schwindelerregend erschien, gleichzeitig aber auch zu abgeschmackt und empörend. Wie das, sie und Alter, Verlobte, Mann und Frau? . . . Er, der noch vor kurzem in seiner Dachkammer so wild geschrien hatte, und sie, die vor Gesundheit strotzte, die ihr Mieder prall ausfüllte, sie, deren kleinste Berührung bei Kateruche und seinesgleichen eine Welle der Begierde auslöste . . . Und selbst unter der Voraussetzung, daß Alter vollständig genas: Wie sollte sie, das Mädchen Gnessje, das schon seit Jahren in der Küche diente, sich einen so unvermuteten Aufstieg, einen so plötzlichen Eintritt in den engsten Familienkreis und die Gleichstellung mit den Herrschaften vorstellen können? Schwägerin von Herr und Herrin werden, dem Rest der Familie gleichgestellt sein? Niemand würde sie mehr herumkommandieren können, und man müßte sie sogar bedienen? . . . Absurde Vorstellung . . . absurd . . .

Sie weinte, weil sie sich überrumpelt fühlte und zunächst meinte, man mache sich über sie lustig. Und wenn es wirklich ernst war, weinte sie, wie sollte sie denn nur mit einem Mann wie Alter zusammenleben? Und wenn es dazu kam, wie sollte sie sich verhalten, und was sollte zum Beispiel ein Bursche wie Kateruche von ihr halten, der sie, wenn er ihr in einem dunklen Hauseingang begegnet war, mehr als nur einmal gegen die Wand gepreßt und mit ihr auf eine bestimmte Art und Weise gespielt hatte, wie es eben Männer mit Mädchen zu tun pflegen . . .

Gnessje hatte recht; das Ganze war völlig absurd. Diese Idee hatte nur dem vorübergehend verwirrten Kopf Mosche Maschbers entspringen können. Wenn man allein nach diesem Vorhaben urteilte, konnte man leicht zu dem Schluß gelangen, daß in Mosche ein Teil von Alter lebte, ein unerwarteter Teil von Narrheit, von dem niemand etwas wußte und der sich zu normalen Zeiten kaum bemerkbar machte, der sich aber jetzt, in der Stunde des Unglücks, gezeigt hatte.

Und tatsächlich durfte Mosche Maschber nicht auf die Zustimmung auch nur eines seiner Familienangehörigen hoffen, abgesehen von der seiner Frau Gitl und vielleicht seines Bruders Lusi. Aus diesem Grund bat er außer diesen beiden auch niemanden um Rat.

Am Ende gab Gnessje nach. Es verging ein Tag, ein zweiter, Gnessje hatte sich gründlich ausgeweint, und am Ende gab sie ihre Zustimmung. Das war nicht so sehr das Werk Meschulams, denn er kannte Gnessje nicht und hätte sich schon mächtig ins Zeug legen müssen, wenn er ihr mit seinem Vorschlag gekommen wäre, aber selbst dann ist zweifelhaft, ob seine Mühe zu einem Ergebnis geführt hätte. Nein, der Erfolg dieses Unternehmens war weitgehend dem älteren Küchenmädchen zu verdanken, das genügend Einfluß auf Gnessje besaß, um sie zu überzeugen, und das sie immer wieder anflehte: »Was, Mädchen, du kannst dich noch immer nicht entscheiden? Was glaubst du wohl, wer du bist? Daß du etwas hast, was andere Mädchen nicht haben? Das Ganze paßt dir nicht? Hast du dir schon mal überlegt, in was für ein Schlaraffenland du kommst? Hast du dir das je erträumen können? Du weinst? Aha, Kateruche wäre dir lieber, dieser Zwei-Groschen-Knecht, der dir gratis die Brust betatscht und dich in dunklen Hauseingängen oder am Brunnen abknutscht? Na? Ist Kateruche etwa besser?«

Und doch hätte dieses ältere Küchenmädchen unter anderen Umständen vielleicht zu ganz anderen Ausdrücken gegriffen, wenn man sie um ihren Rat gebeten hätte, und hätte die Lage ganz anders eingeschätzt, wenn irgendein reicher alter Mann oder ein verkommenes Bürgersöhnchen ein nettes junges Mädchen hätte heiraten wollen. Sie hätte sich eines anderen Vokabulars bedient:

»Scheiße! Sollen sie sich die doch hinstecken, wohin sie wollen! Ein Goldklumpen wie du auf dem Müllhaufen! Hat man so etwas schon gehört!«

Ja, so hätte sie sich in anderen Fällen geäußert. Aber jetzt – und wir wissen nicht, warum – war sie von dem Gedanken besessen, eine Ehe zu stiften. Lag es daran, daß die Aussicht auf diese Heirat sie wirklich begeisterte und daß sie für Gnessje nur das

Beste wünschte? Oder wollte sie einen langgehegten Groll befriedigen, als sie sah, daß ihre Herrschaften gezwungen waren,
auf die Küche zurückzugreifen und von der Höhe ihrer gesellschaftlichen Stellung aus eine einfache Magd um einen Gunstbeweis zu bitten – wie es sich jedes Dienstmädchen insgeheim
wünscht? Wie auch immer: Die ältere Küchenmagd erreichte
einen Erfolg, nachdem sie lange und beharrlich gedrängt hatte,
zunächst ganz allein bei Gnessje, dann mit Hilfe des Heiratsvermittlers Meschulam, der keine Mühe scheute und in den letzten
Tagen immer wieder in der Küche auftauchte. Nach langem
Palaver und vielen Tränen erlangten sie endlich die Zustimmung
Gnessjes; sie ließ sich überreden und sagte ja.

Jedesmal, wenn Alter danach aus seiner Dachkammer herunterkam und die Küche durchqueren mußte, hielt sich Gnessje
abseits, errötete, fuhr sich mit der Hand über ihr Mieder oder
durch die Haare, um ihr Mieder zuzuknöpfen oder das Haar zu
ordnen.

Seitdem hatte Gnessje das Gefühl, als hätte sie einen Schritt
aus der Küche in die Zimmer der Herrschaften getan. In einem
gewissen Sinn war sie nicht mehr Küchenmädchen, hatte sich
aber andererseits auch noch nicht von der Küche gelöst. Obwohl
sie nicht mehr dort schlief, da man ihr Bett in ein abgelegenes
Zimmer gebracht hatte; aber im Haus wußte nur Gitl über diese
Veränderung Bescheid. Der erste Besuch des Heiratsvermittlers
Meschulam war nämlich ebenso unbemerkt geblieben wie seine
späteren Visiten. So wartete Gnessje selbst nach ihrer Zustimmung darauf, daß die ganze Sache ans Licht käme, und tat
weiterhin so, als wäre sie ein Dienstmädchen ... In der Zwischenzeit beschränkte sie sich darauf zu erröten, wenn Alter in
die Küche kam, und wälzte sich auf ihrem Bett, das nun nicht
mehr in der Küche stand, vor dem Einschlafen mehr herum, als
ihr guttat; sie war es nicht gewohnt, allein zu sein, und wurde so
eine Beute der Gedanken, die ihr neuerdings kamen ...

Was Gnessje betraf, war die Angelegenheit jedenfalls geregelt,
und was Alter anging, hatte sich kein Heiratsvermittler wie
Meschulam einzumischen; das nahm Mosche Maschber selbst

auf sich, wie wir schon wissen, der eines schönen Abends in den sauren Apfel biß.

An diesem Abend, da er allein in seinem Zimmer war, durchmaß Alter nervös und mit großen Schritten seine Dachkammer. Er spürte, wie das Blut in ihm brodelte, ihm zu Kopf stieg und in den Schläfen pochte; er hatte das Gefühl, mit dem Kopf in einem Schraubstock zu stecken.

Wie in letzter Zeit schon mehrmals, versuchte er sich auch jetzt Erleichterung zu verschaffen, indem er sich mit dem Rükken an die Wand lehnte und zu Boden gleiten ließ, bis er auf den Knien hockte, aber das brachte ihm keinerlei Trost; ganz im Gegenteil, es steigerte nur noch seine Nervosität.

Er ähnelte einem Tier im Käfig, das zunächst rastlos auf und ab geht, von einer Seite zur anderen, sich dann erschöpft hinlegt und sich nach Ruhe sehnt, aber gleich wieder aufspringt, als hätte es sich irgendwo versengt, als würde es von einer quälenden Erinnerung getrieben, um darauf aufs neue in noch größerer Erregung auf und ab zu laufen.

Irgend etwas war Alter heute widerfahren: War es ein Rest seiner alten Krankheit, der ihn seine Leiden sonst mit lauter Stimme hinausschreien ließ? Oder vielleicht eine Folgeerscheinung seiner vor kurzem wieder ausgebrochenen Krankheit, der Epilepsie, die ihn nach Meinung der Ärzte von seiner früheren Krankheit geheilt habe, die ihn aber von Zeit zu Zeit wieder heimsuchen könne? Vielleicht stand er wieder kurz vor einem dieser Anfälle – alles ist möglich . . .

Das Atmen fiel ihm sichtlich schwer, als stöhnte er unter einer schweren Last, als drückte ihm jemand die Kehle zu. Um Luft zu bekommen, knöpfte Alter nicht nur den Hemdkragen auf, sondern alles, was sich aufknöpfen ließ. Wer ihn jetzt gesehen hätte, hätte bemerkt, daß sein Blick umherirrte, daß er vor lauter Nervosität ganz Ohr war, in sich hineinlauschte, in seine Eingeweide, und auf etwas wartete, was sich entweder gleich oder ein paar Stunden später ereignen mußte.

Weil er so nervös war und nicht wußte, was er anfangen sollte, kam Alter auf den Einfall, sich Papier zu nehmen und Briefe zu schreiben, um sich von dem zu befreien, was ihn zu überwältigen drohte. Er hätte von dem erzählen wollen, was in ihm brodelte, von seiner unterdrückten Begierde, die ihn selbst am Tag nicht verließ, ohne daß jemand da war, auf den er seinen Blick richten konnte, und die ihn nachts dazu trieb, zwischen den Betten der beiden Küchenmädchen auf und ab zu gehen, wo das einzige Vergnügen, das er erwarten durfte, in einer leichten Berührung der Frau bestand, zu der es ihn hinzog. Selbst das mußte er seit kurzem entbehren, ebenso wie das kindliche Geplapper Mayerls, denn ein bestimmtes Bett, um das seine Gedanken kreisten, war entfernt worden. Das Verschwinden des Betts war der erste Grund für Alters Unruhe. Der zweite waren die Ereignisse im Haus, unter denen er herumtappte wie ein Blinder, der sich an der Wand entlangtastet; sie kamen entstellt und bis zur Unkenntlichkeit verändert in seiner Dachkammer an, sei es in Gestalt von Mayerls kindlichem Geplapper oder in Form von Gitls Darstellung, die ihn behandelt hatte, als wäre er ein Golem. Sie hatte gesagt, was sie zu sagen hatte, und war dann verschwunden, hatte ihn einfach stehen lassen wie ein Kind, das keine eigene Meinung und kein Urteilsvermögen hat.

»Sorgen umkreisen mich wie Raben«, meinte er zu schreiben, »sie scharen sich vor meinen Augen und über meinem Körper zusammen, picken an mir herum und zerfetzen mich.«

»Weh mir!« rief er in dem imaginären Brief verzweifelt aus. »Der Strohhalm, an den ich mich beim Ertrinken klammerte und von dem ich meinte, er sei fester Boden unter den Füßen, hat mich getäuscht. Ich habe weder einen Strohhalm noch festen Boden unter den Füßen und bin von neuem verloren und ohne jede Hoffnung. Ich stehe mitten im Zimmer und glaube zu sitzen. Ich betrachte die Lampe und kann ihr Licht nicht sehen . . . Meine Einsamkeit und meine Krankheit werden mir schmerzhaft bewußt, und wie einem Mann, der bis zum Hals im Sumpf steckt, bleibt mir kein anderer Ausweg, als die Arme zum Himmel auszustrecken und den Himmel oder wen auch immer um Hilfe anzuflehen, jeden, der meinen ausgestreckten Arm wahrnehmen würde. Ich versinke, ich spüre, daß etwas geschehen wird, heute oder morgen, gleich oder später, etwas, das mich lange Zeit in Frieden gelassen hat und mich jetzt in einen noch traurigeren, noch aussichtsloseren Zustand der Leere zurückverfallen lassen könnte.

Weh mir und weh meiner Seele!«, fuhr er in seinem vermeintlichen Brief fort, »ich habe in letzter Zeit oft den Eindruck, daß eine Wolke auf dem Haus lastet, die durch alle Türen, Fenster und Ritzen dringt, ja daß sie uns bis ins Herz und mir bis ins Gehirn vordringt. Die Wolke wird immer dichter und dichter, immer düsterer, es gibt kein Licht mehr, nur zwei flackernde Kerzen in der Ferne, und das sind meine Brüder, die mir als einziger Rückhalt geblieben sind; sie sind mein einziger Trost, nur an sie kann ich mich noch klammern, an Lusi und an Mosche. Aber der eine von ihnen, Lusi, ist nicht bei mir, und der andere, Mosche, gleitet mir aus den Händen und entfernt sich immer mehr von mir.«

Als Alter so mitten im Zimmer stand und seinen krankhaften Gedanken nachhing, wurde ihm mit einem Mal wirr im Kopf. Er hatte tatsächlich keinerlei Stütze. Er hatte das Gefühl, mit dem Kopf nach unten zwischen Himmel und Erde zu hängen, so daß auch sein ganzes Zimmer mit sämtlichen Gegenständen darin auf dem Kopf stand. Der Tisch mit der Lampe befand sich oben und die Decke unten. Er spürte, daß er jeden Moment hinstürzen würde ...

Ja. Um ein Haar wäre es dazu gekommen. Im selben Augenblick jedoch ging plötzlich die Tür auf, und sein Bruder erschien auf der Schwelle.

Alter hielt ihn zunächst für einen Geist, für eines jener Trugbilder, die ihm gerade durch den Kopf schossen. Er rieb sich die Augen, um sich zu vergewissern, daß er richtig sah. Nach der ersten Überraschung jedoch, nachdem er das »Guten Abend« seines Bruders gehört hatte, kam er wieder zu sich, erwachte aus seinen Träumereien, ordnete seine Gedanken und fand wieder so etwas wie festen Boden unter den Füßen. Er sprang auf und lief seinem Bruder entgegen.

Mosche Maschber sah, daß er einen verstörten Alter überrascht hatte, daß sich Alter in einem Zustand befand, in dem jede
Überraschung einen Schock auslösen mußte. Darum kam Mosche nicht gleich auf die Angelegenheit zu sprechen, um derentwillen er gekommen war. Nachdem er sich an den Tisch gesetzt
hatte, plauderte er eine Zeitlang mit Alter über harmlose Dinge,
und als er feststellte, daß Alter eine gewisse Ruhe wiedergewon-
nen hatte, die ihn in die Lage versetzte, sich mit ernsthafteren
Dingen zu beschäftigen, begann er, sich ganz behutsam seinem
eigentlichen Anliegen zu nähern.

»Weißt du, Alter, warum ich nun zu dir gekommen bin? Ich
bin gekommen, um mit dir über das zu sprechen, worum du
mich vor einiger Zeit, wie du dich erinnerst, gebeten hast . . . Ich
habe die ganze Zeit daran gedacht, aber da ich im Augenblick zu
sehr mit eigenen Angelegenheiten beschäftigt war und mir wegen Nechamkes Krankheit große Sorgen gemacht habe, wie du
weißt, habe ich die Angelegenheit bis zum heutigen Tag aufschieben müssen. Es sieht jetzt so aus:

Ich habe lange nachgedacht, habe Nachforschungen angestellt
und glaube jetzt, eine passende Braut für dich gefunden zu
haben.«

Mosche hatte eine schwere Aufgabe auf sich genommen: Wie
sollte er vor Alter rechtfertigen, wie ihm erklären und verständlich machen, daß die Braut, die er ihm nun vorschlug, auf den
ersten Blick kaum standesgemäß erscheinen konnte. Wäre Alter
ein anderer Mensch gewesen, wäre niemand auf den abge-
schmackten Einfall gekommen, ihm einen solchen Vorschlag zu
machen. Aber so, wie Alter nun mal war, blieb keine Wahl, es bot
sich keine andere Lösung an, und Alter mußte ihr zustimmen
wie Mosche auch, wie alle Mitglieder der Familie, mit denen er
darüber gesprochen hatte, die sich untereinander verständigt und
dem Vorhaben zugestimmt hatten.

Mosche sagte:

»Sie ist eine ehrbare Tochter Israels, wir haben uns erkundigt . . . Im Grunde war das nicht nötig, denn wir kennen sie. Sie
gehört zum Haushalt, man könnte fast sagen, sie sei eine von

uns. Sie arbeitet seit mehreren Jahren bei uns. Sie ist zwar von etwas niedriger Herkunft, aber wie du weißt und dich erinnerst, Alter, ist das keineswegs ehrenrührig, ganz im Gegenteil, es steht geschrieben, daß sich erniedrigen soll, wer sich ein Weib nimmt.

Die Hauptsache aber ist«, fügte Mosche hinzu, »daß Charakter Charakter ist und ein Mensch ein Mensch. Wenn sie erst mal zur Familie gehört, zu Kindern und Eltern, werden wir ein junges Mädchen wie sie zu einer tüchtigen Hausfrau machen. Das wird übrigens vielleicht gar nicht nötig sein, denn allem Anschein nach ist sie ein anständiges Mädchen.

Und nun«, fuhr Mosche vorsichtig fort, »muß ich dir sagen, Alter, was du schon weißt und worüber du dir sicher klar bist, nämlich daß du selbst keine sehr gute Partie bist ... Wie vornehm deine Abstammung auch sein mag und wie liebenswert du selbst, so weiß doch jeder über deine Krankheit Bescheid. Nur Mädchen aus einer niedrigen Schicht wären bereit, dein Leben mit dir zu teilen. Wenn es also nicht die ist, die ich dir jetzt vorschlage, müßtest du eine andere wie sie wählen, denn eine Bessere wird sich nicht finden lassen.

Und außerdem«, fügte Mosche halblaut hinzu, als vertraute er seinem Bruder flüsternd ein Geheimnis an, »solltest du wissen, daß ich mich jetzt geschäftlich in einer prekären Lage befinde; wenn wir eine angemessenere Kandidatin hätten, würde ihre Familie vielleicht Sicherheiten fordern wie in solchen Fällen üblich und ihre Zustimmung von einer beträchtlichen Mitgift oder einer großen Aussteuer abhängig machen. In diesem Fall wäre ich außerstande, solche Forderungen zu akzeptieren oder gar zu erfüllen. Das ist jetzt völlig ausgeschlossen, selbst beim allerbesten Willen. Mir bleibt nur die Hoffnung, dir und deiner künftigen Frau später, wenn ich meine Schwierigkeiten mit Gottes Hilfe überwunden habe, die Zukunft zu sichern ... Und außerdem sollten wir die Heirat nicht auf die lange Bank schieben; mir genügt es, daß du mich darum gebeten hast. Wir dürfen die Sache nicht aufschieben, sondern sollten schnellstens zu einer Entscheidung kommen. Ich hoffe, daß du einverstanden bist und ja sagst und daß wir schon in naher Zukunft diese Hochzeit feiern können, wie es sich nach Gesetz und Sitte gehört. Denn mit der Braut ist alles schon geregelt: Sie ist einverstanden und hat keine Einwände.

Und auch die Familie«, ergänzte Mosche, »ist einverstanden. Ich habe auch mit Lusi darüber gesprochen, und der Gedanke hat ihm gefallen.«

»Lusi?«

Nachdem er sich Mosches ganze Ansprache angehört hatte, klammerte sich Alter an dessen letzten Worten fest und schrie fast auf vor Erstaunen.

»Lusi?« wiederholte Alter, als hätte er in seinem verdüsterten und verwirrten Hirn ein fernes Licht wahrgenommen und hielte sich an diesem Namen fest, als wollte er ihn mit der Hand berühren.

Von allem, was Mosche gesagt hatte, hatte er folgendes verstanden: erstens, daß man ihm eine Heirat vorschlug; zweitens, daß man ihn mit der verheiraten wollte, deren Namen Mosche ihm nicht genannt hatte, die er aber sehr gut kannte, denn es war die, um die er nachts herumstrich; drittens, daß es nicht möglich war, eine andere Frau zu finden, entweder seinetwegen oder aus anderen Gründen; viertens, daß sie schon zugestimmt hatte und daß es jetzt an ihm lag, ja zu sagen; und schließlich: daß schon alle Bescheid wußten und zugestimmt hatten. Auch Lusi, der sich offenbar irgendwo in der Stadt befand, der entweder auf der Durchreise war oder hier wohnte. Und er, Alter, hatte nichts davon gewußt. All das ging ihm jetzt im Kopf herum; und als sein Bruder ihm die Frage stellte, ob ja oder nein, ob er mit dem einverstanden sei, was er ihm gerade dargelegt habe, fiel ihm zunächst nichts weiter ein, als sich zu wundern und sich an dem ersten Wort festzuklammern, das ihm in den Sinn kam. Er fragte:

»Ah! Lusi?«

Mosche begriff, in welchem Zustand sich sein Bruder befand. Er erklärte sich dessen jetzige Verwirrung und seine Unfähigkeit, auch nur ein Wort zu äußern, mit der Tatsache, daß Alter jetzt eine Entscheidung treffen sollte, die selbst einem Mann im

478

Vollbesitz seiner geistigen Kräfte schwergefallen wäre. Niemand hatte das Recht, einem Menschen in Alters Zustand die Pistole auf die Brust zu setzen und eine sofortige Entscheidung von ihm zu fordern. Es wäre besser, ihm etwas Zeit zu lassen, damit er das Für und Wider in aller Ruhe abwägen konnte. Und das tat Mosche nun auch.

»Denk darüber nach, Alter. Laß es dir durch den Kopf gehen, du hast Zeit, und an einem der nächsten Tage komme ich wieder, um deine Entscheidung zu erfahren.«

Wenn Mosche Alter aufmerksamer und verständnisvoller betrachtet hätte, wäre er nicht so schnell aufgestanden und hätte das Zimmer nicht so rasch verlassen. Es war Alter deutlich anzumerken, daß das, was Mosche ihm vorgetragen hatte, nicht nur sein Urteilsvermögen getrübt hatte, sondern auf einen schon seit jeher kranken und nervösen Boden gefallen war und nun so wirkte, als würde man Öl auf glühendes Eisen gießen.

Alter fand nicht die Zeit, sich zur Hauptfrage zu äußern, da die Angelegenheit, wie Mosche sehr richtig erkannt hatte, nicht so geartet war, daß man auf einen solchen Vorschlag sofort antworten konnte. Und da war noch etwas, das Mosche nicht begriffen hatte: nämlich daß Alters Kopf schon vor Mosches Besuch mit einer Fülle von Dingen vollgestopft war und er sich jetzt in einer Angelegenheit entscheiden sollte, die Verstand und Scharfblick erforderte, von denen Alter in diesem Moment jedoch nicht die Spur besaß.

In Wahrheit aber hatte sich Alter schon entschieden; in Wahrheit gab es für ihn nichts mehr zu überlegen, und seine Antwort stand von vornherein fest. Sie lautete »ja«, er gab seine Zustimmung. Wußte er denn nicht selbst, daß er keine begehrenswerte Partie war und daß er auf keine vorteilhaftere Heirat hoffen durfte als auf die, die man ihm vorgeschlagen hatte, und daß es für ihn keinerlei Grund gab, den Hochmütigen zu spielen? Er wußte auch, daß dies zu nichts führen würde, denn die Situation war wahrlich ungünstig. Wie er zunächst von Mayerl und dann von Gitl erfahren hatte und wie es ihm von Mosche bestätigt worden war, hatte die verzweifelte Lage der Familie sie alle gezwungen, eine Ehe zu akzeptieren, von der er sehr wohl wußte, daß ein Mosche ihr unter anderen Umständen niemals zugestimmt hätte.

Gewiß, Alter war einverstanden; und zu allen Erschütterungen des Tages kamen noch seine Phantasien hinzu, die ihn in jüngster Zeit nachts durch die Küche streichen ließen, um seine Leidenschaften ein wenig abzukühlen, was sie in Wahrheit aber nur noch steigerte.

Mosche ging, und Alter hörte ihn nicht einmal mehr »Gute Nacht« sagen, denn sein Blut brodelte schon wieder ... Und sofern ein so ausgehungerter Mann wie Alter seiner Vorstellung von einer Heirat überhaupt freien Lauf lassen konnte, tat er es und ließ sich davon mitreißen. Es hätte nicht viel gefehlt, ja, um ein Haar wäre es geschehen, da hätte er, von Gefühlen und Überraschung überwältigt, wie am Vorabend des Sabbat zu einem Gebetbuch gegriffen und eine Art Lobgesang angestimmt, ein Hohelied zu Ehren seines Blutes, das ihn an ein Bett trieb, das sich nicht mehr in der Küche befand und dem er sich auch unter tausend Vorwänden nicht mehr heimlich nähern konnte, zu einem Bett wie dem des Königs Salomon, des Liebenden aus dem Lied der Lieder, den seine Geliebte völlig nackt erwartet, um ihn zu lieben ...

Und jetzt schwirrte Alter nur noch der Kopf. Er wußte nicht mehr, ob die Lampe ausgegangen war oder statt dessen brannte und das ganze Zimmer in Flammen gesetzt hatte. Er wußte nicht mehr, ob er in dem Zimmer, in dem sein Bruder ihn zurückgelassen hatte, stand oder saß oder ob er das Zimmer verlassen hatte, um sich in die Lüfte zu erheben. Er fühlte sich in seinem Zimmer eingeengt, die Wände dehnten sich aus, und er erhob sich in die Luft, um sich abzukühlen und unter den Wolken hindurchzuschweben ... Er wußte nichts davon ... Er wußte nur, daß eine Musik wie von Tausenden von Stimmen in seinem Kopf brodelte, und plötzlich wurde alles um ihn herum strahlend hell und dunkel zugleich. Er fiel wie aus großer Höhe auf den Fußboden und blieb dort eine Zeitlang wie gelähmt und gefesselt liegen.

Das ältere Küchenmädchen hätte schwören können, an diesem Abend vor dem Einschlafen gehört zu haben, daß sich Alter unruhiger und länger als gewohnt herumgewälzt habe ... Sie konnte sich jedoch niemandem anvertrauen, da die jüngere Magd, wie wir wissen, nicht mehr in der Küche schlief, sondern irgendwo anders im Haus. Sie war folglich ganz allein und hörte plötzlich über ihrem Kopf, an der Decke, vom Fußboden von Alters Zimmer her, ein Geräusch wie von einem Fall, als hätte jemand einen Tisch oder eine Bank umgestürzt – genau wußte sie es nicht zu sagen.

Da nach dem Fall von oben kein Geräusch mehr zu hören war, schlief sie ein.

Das war also Alters zweiter Sturz nach dem, den er im Eßzimmer seines Bruders Mosche vor aller Augen erlebt hatte. Diesmal hatte es keine Zeugen gegeben. Er war ganz allein gestürzt und ebenso allein aufgestanden und wieder zu sich gekommen. Äußerlich hatte der Sturz bei ihm keine Spuren hinterlassen, aber innerlich war Alter zutiefst erschöpft. Ihm taten alle Knochen weh, als hätte er sie sich gebrochen.

ZWEITES BUCH

I
Und da begab es sich ...

Wir wissen nicht, ob Michl Bukjer sein geplantes Vorhaben, sich in das ferne Litauen zu den Dessauern[1] zu begeben, hatte aufgeben müssen, weil er einfach kein Geld dafür besaß oder weil für ihn das, was er dort zu finden hoffte, auch zu Hause, in seiner Stadt, zu finden war. Wozu dann noch Reisen machen und Geld ausgeben?

Wie auch immer: Es bleibt die Tatsache, daß sich Michl Bukjer eines schönen Tages auf die Suche nach dem Gründer des Kreises örtlicher Abtrünniger begab, Jossele Brillant oder, wie er wegen seiner Freigeisterei genannt wurde, »Jossele, die Pest«.

Nicht ohne Mühe fand Michl Josseles Adresse heraus, der irgendwo in einem nichtjüdischen Viertel voller Gärten, Hunde und hoher Zäune wohnte, in dem sich begüterte Kranke im Sommer gelegentlich ein Zimmer mieteten, um ihre asthmatischen Lungen dort an der frischen Luft spazierenzuführen.

Dort, am hinteren Ende eines Hofs, fern vom Lärm der Stadt und dem Geschrei der Kaufleute, bewohnte Jossele ein Häuschen, das nichts Jüdisches an sich hatte und vor den unerwünschten Blicken Fremder und auch vor feindseligen Zungen geschützt war, die jederzeit bereit waren, zu tratschen und zu verleumden.

An dieser Stelle müssen wir noch etwas mehr über Jossele sagen.

Wer ist er eigentlich? Um die Wahrheit zu sagen, bereitete er nach seinem Ausschluß aus der Gemeinde allen große Probleme: Er hatte einen hellen Kopf und lernte schnell. Über-

[1] Schüler des in Dessau geborenen Moses Mendelssohn.

dies stammte er aus einer guten Familie – er war der Sohn Mottl Brillants, eines ruhigen, eher frommen denn gelehrten Mannes, der ein stilles Leben führte, still seinen Geschäften nachging und niemandem zu nahe trat. Er stritt sich nur mit seinem Sohn herum, mit dem er sich bereits seit dessen Kindheit nicht verstand.

Der mit allen Wassern gewaschene Jossele stellte seinem Vater Fragen, auf die dieser nicht immer eine Antwort fand. Das ärgerte ihn. Solange Jossele noch sehr jung war, gelang es dem Vater recht und schlecht, damit fertig zu werden. Aber je mehr Jossele heranwuchs, je mehr er seine Lernfähigkeit bewies, um so öfter kam es vor, daß der Vater auf solche Fragen sprachlos blieb und mit offenem Mund und aufgerissenen Augen dastand.

Später, als er noch etwas älter geworden war, begann Jossele in höheren Sphären zu schweben und sich Problemen wie der Vorsehung und dem freien Willen, Fragen wie Strafe und Belohnung zuzuwenden, sowie zahlreichen anderen Dingen, in denen er sich frei bewegte, als schwämme er in einem Fluß, die aber für den Kopf seines Vaters Mottl Brillant nicht geschaffen waren, denn dieser lebte still vor sich hin, ging ebenso still seinen Geschäften nach und hing noch stiller seinem Glauben an. Auf ihn stürzten all diese Überlegungen ein wie ein Sturm, der ihn zu entwurzeln und, wie es ihm erschien, die Ruhe seines Lebens zu zerstören drohte.

Wie wir schon wissen, artete dies in Streitigkeiten aus. Anfänglich ging es nur um Fragen, die sich noch in den Grenzen des Glaubens hielten, wie wir sie in den berühmten Werken der frommen und großen jüdischen Geister finden, über die zu sprechen man durchaus ein Recht hat. Aber später überschritt Jossele diese Grenzen.

Es ist nicht bekannt, ob er ganz allein oder durch fremden Einfluß darauf gekommen war; ob es ein Freund oder sonst jemand gewesen war, der ihn auf diesen Weg gebracht hatte, oder ob er auf einen Schmöker eines dieser berühmten Männer der Aufklärung gestoßen war, der ihn in seinen Bann gezogen hatte. Wie dem auch sei: Eines schönen Tages, bei einer Auseinander-

486

setzung zwischen Vater und Sohn, ging Mottl Brillant auf, daß sein Sohn vor dem Abgrund stand, daß er schon eine tüchtige Strecke zurückgelegt hatte und daß man schon bald, wie Mottl annahm, am Hals seines Sohnes ein Kreuz hängen sehen würde, wie bei allen »Gojim« und christlichen Jungen seines Alters. Mottl Brillant war entsetzt. Er unterbrach die Unterhaltung und verhielt sich ruhig. Er begann mit gewohnter Sanftheit zu überlegen: Sollte er sein Unglück sofort und auf der Stelle, vor aller Welt, vor der ganzen Gemeinde hinausschreien oder lieber das Gegenteil tun: schweigen, abwarten, bis sich das hitzige Blut seines Sohnes beruhigte, ihm Zeit zum Nachdenken lassen und darauf warten, daß dieser mit Gottes Hilfe auf den richtigen Weg zurückfand?

Er ließ seinen Sohn eine Zeitlang in Ruhe. Aber gerade um diese Zeit brach ein anderes Unglück über Mottl Brillant herein: Seine Frau starb. Jossele war sein einziger Sohn. Es schmerzte ihn tief, seine Mutter verloren zu haben, und so behandelte ihn sein Vater schonend und sanft, weil er dachte, das Unglück könne seinen Sohn vielleicht auf andere Gedanken bringen und ihm wie eine Fügung Gottes erscheinen.

Dazu kam es jedoch nicht, und Mottl spürte, wie ihm sein Sohn entglitt. Zuvor war es der Mutter immer wieder gelungen, die Einheit der Familie zu bewahren und die Streitigkeiten in Grenzen zu halten. Nach ihrem Hinscheiden war das Band zerschnitten, und es war niemand mehr da, der Vater und Sohn miteinander hätte versöhnen können.

Überdies war Mottl ein tief gläubiger Mann, und das jüdische Gesetz verbot es ihm, allein zu bleiben und ohne Frau zu leben. Also heiratete er wieder, was für seinen Sohn ein weiterer Grund war, sich von ihm zu entfernen, und für ihn selbst, sich seinem Sohn zu entfremden.

Um diese Zeit war Mottl Brillant auch gezwungen, sich einen neuen Broterwerb zu suchen. Bis jetzt war er Geldwechsler gewesen, hatte auf dem Markt vor einem kleinen Tisch gesessen und große Geldscheine gegen kleine gewechselt oder gegen Münzen, oder kleine Geldscheine gegen große, Münzen gegen

Scheine und Scheine gegen Münzen. Die Krankheit seiner ersten Frau war ihm teuer zu stehen gekommen, und wie es sich gehört, hatte er auch nicht wenig Geld für die Installierung seiner zweiten in ihrem Heim ausgegeben. So legte er sich ein zweites Standbein zu: Neben dem Geldwechsel verlieh er jetzt auch Geld gegen Zinsen.

Das blieb für seinen im Grunde sanften Charakter nicht ohne Folgen: Er wurde hartherziger und legte sich ein dickeres Fell zu, wie es bei Wucherern üblich ist, deren Beruf und Verpflichtung es ist, sich mit Zinsen zu beschäftigen.

Jossele bemerkte die Veränderung sofort. Da er ohnehin schon leicht erregbar war und sich die Kluft zwischen Vater und Sohn wegen des Todes der Mutter und des Auftauchens der Stiefmutter immer mehr vertiefte, bedurfte es nur des geringsten Anlasses, um die Meinungsverschiedenheiten zwischen Vater und Sohn wieder aufleben zu lassen und sie beide davon zu überzeugen, daß sie sich trennen mußten, weil sie es nicht mehr ertragen konnten, unter einem Dach zu leben.

Diese Gelegenheit ließ nicht lange auf sich warten. Der Zufall wollte es, daß wiederum Streit zwischen ihnen ausbrach. Und weswegen? Ausgerechnet wegen Mottl Brillants neuem Beruf, der ihm eine neue Vitalität verliehen zu haben schien. Als er seinen Schatz so schnell anwachsen sah, rieb er sich die Hände und veranstaltete zu Ehren Gottes, der ihn so gut beraten hatte, im Geiste einen frommen Tanz. Jossele hingegen war entsetzt und zürnte seinem Vater.

Er konnte den Anblick all dieser bedrückten, demütigen und ergebenen kleinen Handwerker und armen Kaufleute – der Kunden seines Vaters – nicht mehr ertragen, wenn sie verschüchtert erschienen, um einen schäbigen Geldbetrag von ihm zu leihen, als wären sie gekommen, um etwas zu erbetteln oder gegen ihren Willen einen Diebstahl zu begehen; auch der Anblick des ruhigen Gesichts seines Vaters setzte ihm zu, auf dem sich eine gewisse Habgier abzeichnete, wenn er nach sorgfältiger Prüfung des Wechsels oder des Pfandes die Geldscheine aushändigte und dabei im Geiste schon seinen Gewinn errechnete; der

Anblick all dessen begann Jossele zu erbittern, und die häusliche Atmosphäre wurde ihm unerträglich. Sie war gesättigt mit dem Schweiß anderer, mit der harten Arbeit der Armen, ein Duft, der jedoch, wie er hatte feststellen können, der Nase seines Vaters überaus angenehm war, etwa wie der Duft eines guten Weins für einen Weinhändler.

Daran entzündeten sich die Feindseligkeiten, und eines Tages platzte Jossele aus einem nichtigen Anlaß heraus, da er sich nicht mehr enthalten konnte, seinem Vater mit lauter Stimme ins Gesicht zu schleudern:

»Was tust du, Vater? Du saugst den Leuten doch das Blut aus!«

»Was sagst du, Bürschchen? Wem tu ich denn ein Leid an?«

»Was soll das heißen, wem? Dem, von dem du nimmst, was zu nehmen verboten ist. Denn es steht geschrieben: ›Du sollst nicht nehmen Zins noch Wucher‹.«

»Aha, und wo steht geschrieben: ›Es ist erlaubt, Zinsen zu nehmen‹? Und: ›Es ist erlaubt zum Wohle derer, die bedürftig sind‹? Und: ›Wer sein Vermögen durch Zins und Profit nährt, der sammelt es für den, der sich der Geringen erbarmt‹?«

»Ein schöner Dienst! Zu einem Zinssatz, der es ihnen unmöglich macht, die Schuld je zurückzuzahlen. Du häutest sie bei lebendigem Leibe ... Und du nimmst Pfänder, auf die sie nicht verzichten können und über die geschrieben steht: ›Wenn du von deinem nächsten ein Kleid zum Pfande nimmst, sollst du es ihm wiedergeben, ehe die Sonne untergeht; denn sein Kleid ist die einzige Decke seiner Haut, darin er schläft.‹ Aber bei dir häufen sich Decken und Kissen in den Schränken, und deinetwegen müssen arme Leute auf dem nackten Boden schlafen ...«

»Na und, was willst du?« rief Brillant plötzlich aus. »Bist du etwa schlauer als die Rabbiner? Verstehst du mehr davon als sie, weißt du mehr?«

»Laß mich in Ruhe mit deinen Rabbinern! Ich pfeife auf sie!«

»Weh mir! Hört, gute Leute, wohin es mit einem aufsässigen und verdorbenen Sohn kommen kann!«

Als Mottl Brillant die Worte seines Sohnes vernahm, war er

wie vor den Kopf geschlagen, als hätte er einen von einem Dybbuk Besessenen vor sich, der aus ihm mit dessen Stimme sprach ... Er sah ihn einen Augenblick an, als hätte er einen leidenden Menschen vor sich, und rief dann ernst, fromm und mit einem feierlichen Aberglauben, wie es bei einer Teufelsaustreibung üblich ist:

»Geist des Bösen, verlasse meinen Sohn!«

Jossele lachte laut heraus. Er hatte verstanden, was sein Vater wollte, und erwiderte im gleichen Tonfall und mit fast den gleichen Worten:

»Schwachsinn, verlasse meinen Vater!«

Nein, er hatte nicht »Schwachsinn« gesagt. Er hatte einen unflätigen Fluch verwendet, und die Scham verbietet uns, ihn hier wiederzugeben. Als Mottl Brillant dieses Wort hörte, spürte er, daß alle Bande zwischen ihm und seinem Sohn zerrissen waren – und das nicht nur zwischen seinem Sohn und ihm, sondern auch die Bande zur gesamten jüdischen Gemeinde, und das für immer.

Mottl Brillant bekam zu spüren, was es heißt, nie einen Sohn gehabt zu haben, oder als wäre dieser gerade gestorben oder zum christlichen Glauben übergetreten, was noch schlimmer ist als der Tod.

Mottl zog sich die Schuhe aus, legte ein Kissen auf den Fußboden und ließ sich darauffallen, wie es ein Trauernder tut, danach ließ er sich einen Pflasterstein bringen und verbrachte den ganzen Tag damit, diesen anzustarren.

Das bedeutete, daß das Unglück über ihn hereingebrochen war. Er hatte verloren, was er besessen hatte. Was der Herr ihm in der Ehe mit seiner ersten Frau gegeben hatte, hatte Er ihm wieder genommen. Von da an konnte er nur darauf hoffen, daß ihm seine zweite Frau einen Sohn und Erben schenkte, der eines Tages ein »Kaddisch« für ihn sprechen würde. Jossele hatte er aus seinem Gedächtnis gelöscht, das war beendet. Jossele hatte, wie man damals sagte, einen schlechten Weg gewählt, den Weg der Liederlichkeit und Sittenlosigkeit, der ihn der gesellschaftlichen Ächtung anheimfallen ließ und bewirkte, daß die Familie sich seiner schämte und es vermied, von ihm zu sprechen, als handelte es sich um einen Bastard oder etwas Ähnliches gehandelt. Wir wissen nicht, wie Jossele damals lebte, wie er es ohne Hilfe des Vaters auf eigene Faust schaffte. Es ist nicht ausgeschlossen, daß er beim Verlassen des Hauses etwas Geld oder einige Wertgegenstände hatte mitgehen lassen, was ihm erlaubte, die erste Zeit zu überstehen. Es ist aber auch möglich, daß ihm barmherzige Verwandte unter die Arme griffen. Vielleicht hatte sein Vater sich sogar aus Furcht, sein Sohn könnte aus Not auf die schiefe Bahn geraten, blind gestellt, als seine zweite Frau, Josseles Stiefmutter, seinem Sohn heimlich etwas zusteckte und ihn mit allem Nötigen versorgte.

Wir wissen also nicht, wie Jossele damals lebte, aber in der Zeit, von der wir hier sprechen, war Jossele mit allem versorgt und brauchte keine Hilfe mehr: Er war hier, in N., bei einem nichtjüdischen Unternehmen angestellt. Schon nach kurzer Zeit hatte er sich den Ruf erworben, weitverzweigte Verbindungen zu haben, sowohl bei Juden – die er vor dem Verlassen des Elternhauses geknüpft hatte – als auch ganz allgemein, und diese hatte er sich in der Zeit seiner Unabhängigkeit verschafft. Überdies besaß Jossele schon jetzt eine scharfe Feder, und immer dann, wenn er etwas zu sagen oder jemandem etwas vorzuwerfen hatte, standen ihm die Spalten der Presse offen. Er war dort ein häufiger Gast und immer gern gesehen, und wie jeder weiß, achten und fürchten die Leute zu jeder Zeit nichts mehr als die Presse, vor allem die, die Grund dazu haben.

Ja, wenn es ihm nötig schien, geißelte er Mißstände scharf, ohne Ansehen der Person, und schonte nicht mal einen so reichen und geachteten Mann wie den Bankier Jakob-Jossi Eilbirten, der in der ganzen Gegend und weit darüber hinaus für seinen großen Reichtum ebenso berühmt war wie für seinen Einfluß bei den Behörden, die sich oft seiner Hilfe bedienten, was den Erfolg ihrer Bemühungen garantierte. Selbst ihm, dem mächtigen Bankier, stopfte Jossele das Maul, wenn es dazu Grund gab, und das öffentlich und ohne etwas zu verschweigen. Das mißfiel dem Bankier natürlich, der Jossele sorgfältig im

Auge behielt. Es ist sogar denkbar, daß der Bankier sich die Dienste einer gewissen Person sicherte, um Jossele überwachen zu lassen, um zu sehen, was dieser tat und mit wem er verkehrte. Er hoffte, daß sich Jossele eines Tages durch respektlose Äußerungen über die Behörden verraten würde. Bei dieser Gelegenheit würde man sich auch seiner Mißachtung der Religion erinnern und alles weitere veranlassen, was vielleicht zur Folge haben würde, daß man ihn aus der Stadt jagte und sie so von einem schlechten Vorbild befreite.

Und es verhielt sich tatsächlich so: Die Person, deren Dienste der Bankier bezahlte, spionierte hinter Jossele her. Der Bankier hatte ihm zu diesem Zweck ein besonderes Konto eingerichtet. Der gute Mann kam oft zu ihm und flüsterte dem ohnehin schon Vielbeschäftigten etwa ins Ohr:

»Er ißt! ...«

»Wer? Was?« rief der Bankier aus und sprang überrascht auf, da er nicht sogleich begriff, von wem die Rede war.

»Jossele«, stotterte der Spion, sich über das Ohr des Bankiers beugend. »Jossele, die Pest, ißt unreines Schweinefleisch, Krebse und alle möglichen anderen streng verbotenen Dinge.«

Ja, der Spion war sich seiner Sache ganz gewiß. Er hatte sich große Mühe gegeben, sich an Jossele heranzumachen und sich in sein Vertrauen einzuschleichen. Dieser hatte ihn aber schon bald durchschaut und setzte ihn vor die Tür. Der »Spion« fand andere Mittel. Manchmal schickte er einen Straßenbengel los, der in Erfahrung bringen sollte, was bei Jossele vorging, was man dort tat und wer ihn besuchte.

»Er raucht!« berichtete der Spion dem Bankier bei einer anderen Gelegenheit.

»Wer denn?«

»Jossele! Der Herr ist mein Zeuge, ich habe mit eigenen Augen Rauch aus seinem Fenster kommen sehen, und das an einem Sabbat.«

»Da gehen Dinge vor!« rief er ein anderes Mal entsetzt aus.

»Was für Dinge?«

»Frauen ... Mädchen ... Sie versammeln sich dort, setzen

sich, man verbringt die Zeit gemeinsam . . . Mögen meine Augen immer so klar sehen, was ich bei diesen Zusammenkünften mit eigenen Augen erblickt habe . . .«

Das alles genügte aber nicht, um Jossele bei den Behörden anzuschwärzen, denn man konnte ihm nichts weiter vorwerfen, als Frauen bei sich zu haben, daß er am Sabbat rauchte und sich von Krebsen ernährte. Und es ist nicht einmal ausgeschlossen, daß alle diese Dinge nur eingebildet waren. Und selbst wenn es sich um Tatsachen handelte, so hatte sich Jossele ohnehin schon den soliden Ruf eines jungen Mannes erworben, der es mit den Gesetzen und Vorschriften nicht so genau nahm und sogar seinem Glauben abgeschworen hatte: Der Weg zurück war ihm auf immer versperrt. Um ihn hatte sich schon ein Kreis von Anhängern gebildet, und es war ihm gelungen, junge Leute aus den frömmsten Familien für seine Gedanken zu gewinnen, und diese sahen ihn sogar als ihren Anführer an. Sein Einfluß auf die jungen Leute nahm immer mehr zu, und immer mehr von ihnen verließen den von ihren Eltern beschrittenen Weg, da sie sich von Jossele und seiner Freigeisterei angezogen fühlten. So kam es, daß immer mehr Eltern Jossele als Gegner und als Geißel ansahen. Sie gaben ihm den Beinamen »Die Pest«, womit sie sagen wollten, er sei ansteckend, und derjenige, der sich ihm auch nur auf vier Ellen nähere, drohe eines kläglichen Todes zu sterben.

Michl Bukjer hatte wie alle frommen Leute seiner Art die Gewohnheit, mitten in der Nacht aufzustehen, wenn in seinem Haus Stille herrschte und auf der Straße und in der ganzen Stadt kein Lärm und kein Laut zu hören war. Dann stand Michl auf, wusch sich flüchtig die Fingerspitzen, streute sich eine Handvoll Asche auf den Kopf, setzte sich auf die Türschwelle und begann zu klagen und zu weinen, gleichzeitig mit Gott, von dem die Legende sagt, er vergieße zu dieser Zeit zwei schwere, stille Tränen ins Meer, um die Zerstörung des Tempels zu beweinen.

»Wie lange noch Tränen in Zion und Trauer in Jerusalem?« und ähnliches.

Wer diese leisen Klagelaute gehört hätte, wäre dadurch mehr

gerührt worden als durch das Wehklagen von zehn Frauen zugleich.

Als Michls Frau im Schlaf das Klagen ihres Mannes vernahm, empfand sie darüber jedesmal Freude und Stolz, denn sie wußte, daß ihr Mann auserwählt war, Gott bei der Erfüllung dieser erhabenen Pflicht zu helfen, er, Michl dort unten im Zimmer, und Gott oben im Himmel.

Nach diesem Ritual legte sich Michl nicht wieder schlafen. Der Rest der Nacht war dem Thora-Studium gewidmet. Sommers wie winters war er meist der erste in der Stadt, der sich schon im Morgengrauen, beim ersten Licht der Morgensonne, zum Gottesdienst einfand – zum Morgengebet.

Seine Frau hatte nie gegen diese anstrengende Art zu leben protestiert, obwohl sie wußte, daß es auf die Gesundheit ihres Mannes nicht ohne Auswirkungen bleiben würde, wenn er so mehr als die Hälfte seiner Ruhezeit opferte, aber da Michl noch robust genug war und er unter dieser Gewohnheit, die ihm sozusagen zur zweiten Natur geworden war, nicht zu leiden schien, widersetzte sich seine Frau dem nicht.

In jüngster Zeit jedoch hatte seine Frau bei Michl bemerkt, daß er sich morgens nicht wohl fühlte, daß seine Augen bläulich umschattet waren und daß er sich wie ein Mann, der Schmerzen in den Beinen oder im Rücken hat, allzuoft hinsetzte. Sie machte ihn darauf aufmerksam und sagte ihm, wenn er sich nicht wohl fühle, müsse er sich darum kümmern, es müsse etwas geschehen. Michl tat diese Vorhaltungen mit einer Handbewegung ab: Das sind doch Dummheiten, weiter ist nichts ... Und da man in den Häusern solch armer Leute um Krankheiten kein Aufheben zu machen pflegt, da es genug andere Sorgen gab, vergaß seine Frau alles wieder, nachdem sie ihn ermahnt hatte.

Später konnte sie sich überzeugen, daß er tatsächlich nicht krank war. Sie bemerkte, daß er sich nachts anders verhielt als zuvor. Sie begann zu lauschen: Sie hörte ihn nicht mehr weinen. Sie sah genauer hin: Er saß nicht auf der Schwelle, sondern am Tisch, wo er mit niedergeschlagener Miene und über das Papier gesenktem Kopf schrieb. Und wenn er nicht am

Tisch saß, wanderte er im Zimmer auf und ab, als hätte er sich in seinen eigenen vier Wänden verlaufen.

Sie bemerkte Veränderungen, deren Sinn sie nicht verstehen konnte. Sie sah, daß er plötzlich aufgehört hatte, sich mit den Angehörigen seiner Sekte zu treffen, daß er weder am Sabbat noch an den Wochentagen im Betsaal seiner Sekte erschien. Sie wurde auch gewahr, daß er eins der Kinder mit einer Botschaft zur Sekte geschickt hatte und seitdem überhaupt nicht mehr hinging, als hätte er nie zu ihnen gehört, als verbände ihn nichts mehr mit den Bratslavern.

All das machte sie nachdenklich. Ihr war klar, daß etwas in ihm brodelte. Etwas ging in ihm vor. Sie spürte es, so wie sie jede seiner Gemütsschwankungen spürte, wenn er von einer seelischen Verfassung in eine andere und manchmal ins genaue Gegenteil verfiel.

Ja, jetzt durchlebte auch Michl eine schwere Krise . . .

Wir hätten hier ohne Zweifel etwas länger verweilen müssen, um die Gründe zu erklären, die Michl zu einer so schwerverständlichen Handlung getrieben hatten. Wir werden dies jedoch nicht tun, denn erstens haben wir auf diesen besonderen Charakterzug, von einem Extrem ins andere zu verfallen, schon hingewiesen. Zweitens gehen wir davon aus, daß der Leser sich im Verlauf der Ereignisse ein eigenes Bild machen wird, nämlich über das Wie und Warum und vor allem darüber, warum sich gerade bei Michl ein so seltsames Verhalten zeigte . . . Es konnte gar nicht anders kommen: Angesichts der Zeit und der Umstände ist es nur normal, daß jemand, der eine solch schwerwiegende spirituelle Krise durchmachte wie Michl, einem Mann glich, der aus der Hitze in die Kälte springt oder umgekehrt, was niemals ohne eine gewisse Unbeholfenheit und etliches Zähneknirschen abgeht.

Und dann . . .

Eines Freitagabends, als das Segnen der Kerzen schon erfolgt war und Michl seine Sabbatkleidung angelegt hatte und bereit war, sich zur Synagoge zu begeben, bemerkte seine Frau plötzlich, daß er wie eine Salzsäule dastand, nicht wußte, was er tun sollte, oder wie ein Mann wirkte, der unter stechenden Schmerzen leidet, die es ihm unmöglich machen, sich zu bewegen, da er kaum noch Luft bekommt. Seine Augen waren aufgerissen, und das Weiße im Auge schien viel größer als die Iris . . . Man hätte meinen können, daß er bloß so stehenblieb, bis jemand ihn weckte (falls er nur in Gedanken versunken war) oder ihn ins Bett brachte (falls er plötzlich krank geworden war).

Dieser Zustand hielt nicht lange an. Michl kam wieder zu sich, aber statt wie ursprünglich beabsichtigt zur Tür zu gehen, tat er einen Schritt auf die gesegneten Kerzen auf dem Tisch zu. Er blieb einen Augenblick vor ihnen stehen, beugte sich plötzlich über sie und – phh-phh – blies sie aus, eine nach der anderen, bis er auch die letzte gelöscht hatte.

»Was tust du da?« rief seine Frau entsetzt aus. »Weh mir!«

Michl zuckte zusammen. Er hatte den Gesichtsausdruck eines Mannes, der völlig unabsichtlich einen beschämenden Fehltritt begangen hat, den er wiedergutmachen will. Er hatte schon die Hand ausgestreckt, als wollte er die Kerzen wieder anzünden, überlegte es sich aber und tat nichts. Statt den Kerzen wandte er sich der Kommode zu, in der sich sein Gebetsschal und seine Gebetsriemen befanden. Er nahm sie heraus, steckte sie unter den Arm und ging zur Tür, ohne ein Wort zu sagen.

»Wohin gehst du mit dem Gebetsschal, Michl?« rief seine Frau mit einem neuen Klagelaut aus.

Wahnsinn! Denn am Freitagabend legt man keinen Gebetsschal an, und die verblüffte Erstarrung der Frau war genauso gerechtfertigt wie vorhin beim Ausblasen der Kerzen. Ihre Rufe erreichten Michl aber nicht mehr, da dieser bereits das Haus verlassen hatte.

Als er auf die Straße trat, war die kurze Herbstdämmerung längst angebrochen, und es wurde dunkel. Die meisten Bewohner dieser Straße befanden sich schon in der Synagoge. Nur einige verspätete Gläubige hasteten durch die Straße, um sie ebenfalls aufzusuchen.

Hinter allen Fenstern der ärmlichen, niedrigen Häuschen dieser Straße und der Nebenstraßen sah man geweihte Kerzen, die mit jenem sanften und feierlichen Licht strahlten, das an die Herzen der Frauen denken ließ, die sie angezündet hatten, von denen jede nach einer Woche anstrengender Arbeit das Gefühl hatte, nach einer stürmischen Reise an einer friedlichen Küste angekommen zu sein.

Als Michl sein Haus verlassen hatte, war er so verwirrt, daß er kaum wußte, wohin ihn die Beine trugen. Nach einem langen Fußmarsch brachten sie ihn in ein nichtjüdisches Viertel, in dem in den Fenstern keine brennende Kerze zu sehen war. Die Fenster führten übrigens nicht auf die Straße, sondern auf weitläufige Innenhöfe mit hohen Mauern, die Gärten umschlossen.

Michl, der seinen Gebetsschal unter dem Arm trug, gelangte schließlich zu einem dieser Höfe. Er machte das Gartentor auf, betrat den Innenhof und kam zu einem Häuschen, das ganz unjüdisch wirkte. Er stieg ein paar Treppenstufen hinauf und stand dann vor der Tür des Hauses, die er öffnete; dann kam eine zweite Tür, die er ebenfalls öffnete, und damit stand er in der Wohnung Josseles.

Wie in allen Häusern dieser Art roch es nach festgetretenem Lehmfußboden, nach weißgetünchten Wänden und Balken, und aus dem Garten duftete es nach schon verwelkenden Herbstblumen. Das Zimmer war sauber. Auf einem gewöhnlichen, mit einer Tischdecke bedeckten Tisch stand eine einfache Lampe. Nichts deutete darauf hin, daß Sabbat war. Jossele und einige seiner Freunde und Anhänger saßen um den Tisch. Jossele, bärtig, sommersprossig und mit blondem Haar, saß am Kopfende der Tafel. Manche der Anwesenden trugen eine Kopfbedeckung, andere waren barhäuptig. Eine Atmosphäre der Eintracht und Kameradschaft hüllte sie ein.

Das Eintreten eines unbekannten Mannes löste eine gewisse Überraschung aus. Die Unterhaltung verstummte, und alle Augen wandten sich Michl zu, als stellten sie die stumme Frage: Was hat dieser Mann hier zu suchen, dessen Platz in der Synagoge ist – hier, in dieser nichtjüdischen Straße bei Jossele und seinen Freunden?

Überdies fühlte jeder einen Verdacht in sich aufsteigen: Und wenn dies wieder ein von dem reichen Jakob-Jossi geschickter Spion war, der in bestimmter Absicht gekommen war? Man wollte ihn schon vor die Tür setzen, aber bei näherem Hinsehen wurde klar, daß er kaum wie ein Abgesandter des Bankiers wirkte und überdies über jeden Verdacht erhaben war, denn sein Gesicht war weder heuchlerisch demütig, noch zeigte es ein Verlangen, unverdientes Vertrauen zu gewinnen; im Gegenteil, sein Gesichtsausdruck war offen und ehrlich. Er machte den Eindruck, als wäre er hierher gekommen, um unter seinesgleichen zu sein.

»Was wünschen Sie?« fragte Jossele, nachdem er sich von dem ersten Schrecken und seinem anfänglichen Mißtrauen erholt hatte. Er betrachtete den Fremden jetzt mit einem gewissen Vertrauen und sogar Sympathie, denn seine Erscheinung war zwar ärmlich, aber sauber, Bart und Schläfenlocken waren nach der rituellen Waschung zu Ehren des Sabbat noch feucht, und unter den Ärmeln lugten weiße Manschetten hervor.

»Wen möchten Sie sprechen?«

»Sie . . . Sie sind doch Jossele Brillant?«

»Ja, und?«

»Ich habe Ihnen zu sagen, daß ich mich Ihrer Gruppe anschließen möchte. Ich glaube, daß ich zu Ihnen gehöre.«

»Wie das?« fragte Jossele verblüfft, und seine Freunde stimmten in die Frage ein.

»Was soll das heißen, ›zu Ihnen‹?«

»Was ist daran so erstaunlich?« entgegnete Michl leicht pikiert, da er sich abgewiesen glaubte und dachte, man wolle nichts von ihm wissen.

»Aber man wird doch noch fragen dürfen. Ich bin einfach nur erstaunt und durchaus nicht sicher, ob Sie überhaupt wissen, wo Sie sich befinden, und ob ich und meine Freunde tatsächlich das sind, was Sie suchen«, bemerkte Jossele und warf Michl einen weiteren Blick zu, als wollte er sich überzeugen, wenn schon keinen Spion, so doch zumindest keinen Schwärmer vor sich zu haben, bei dem es reine Zeitverschwendung wäre, mit ihm zu sprechen oder sich mit ihm zu befassen . . .

498

»Ich weiß sehr wohl, wo ich mich befinde«, sagte Michl, »bei
Ihnen, die Sie außerhalb der Gemeinde stehen und bei all ihren
Mitgliedern verschrien sind, weil Sie sämtliche Schranken nie-
dergerissen haben.«

»Na und?«

»Ich bin einverstanden. Ich stehe auf Ihrer Seite.«

»Sie?«

»Ja. Seien Sie aber nicht erstaunt. Sie sollten nicht glauben, ich
sei leichtfertig, weit gefehlt. Wie Sie sehen können, bin ich weder
ein Luftikus noch ein Schwindler. Ich habe mich zwar entschlossen, den Schritt zu vollziehen, aber er hat mich einiges gekostet,
denn ich mußte schwere Ängste und einen bitteren inneren
Kampf überstehen.

Warum?« fuhr er fort. »Ich habe mir diese Frage schon selbst
gestellt, denn wie Sie selbst sehen können, bin ich kein hergelau-
fener Landstreicher. Ich habe etwas zurückgelassen, habe ein
Ziel, bin kein Bettler, der von Haus zu Haus geht, und es kann
sogar sein, daß ich vor Ihrer Tür ein großes Vermögen zurückgelassen habe.«

»Ein Vermögen?« Jossele und seine Freunde fühlten sich
versucht zu lächeln, aber Michl unterbrach sie und hinderte sie
daran.

»Aber ja«, sagte Michl, der schon ein wenig ungeduldig wurde, »Sie sollten doch wissen, daß es keine Kleinigkeit ist, dieses
Erbteil eines Mannes, der über Jahre hinweg einen Schöpfer
besessen hat, einen Herrn und Meister über alle geistlichen
Güter, dem er gedient hat, wann immer dieser es wünschte, so
wie ein Leibeigener seinem Herrn dient, der ihn liebt, wann
immer jener es wünscht, so wie ein Kind seinen Vater liebt; ich
habe diesen Besitz als fremden angesehen, wenn er es wünschte,
oder als den meinigen, als mein Erbteil . . .

Und ich habe mich diesen Leibeigenen oder Kindern oder
allen beiden zugehörig gefühlt, bis es mich kaum noch gab. Und
Sie müssen verstehen, daß es schwerfällt, all das aufzugeben,
nackt dazustehen, nichts zu behalten, bis man sein eigener Herr
und Meister und sein eigener Vater werden kann . . .

Man darf überdies nicht vergessen, worauf und zu welcher Zeit ich verzichtet habe, und bedenken Sie auch, daß ich in meinem Glauben tief verwurzelt war; das ist mir erst spät in meinem Leben widerfahren, zu einer Zeit, in der man zögert, alles zu verlieren, was man im Lauf des Lebens erworben hat; wo es einem schwerfällt, sich von allem loszureißen, und man sich unzählige Male umdreht, wenn man gerade dabei ist, alles aufzugeben. Wie ein Kind, das weint, weil seine Eltern es allein lassen, weil es wünscht, daß man es in die Arme nimmt, denn es kann nicht ganz allein weiterlaufen und hat Angst, zurückzubleiben.«

»Und?« fragten Jossele und seine Freunde, die darauf warteten, daß Michl fortfuhr.

»Und dennoch«, erklärte dieser, »habe ich den Mut gefunden, all dem den Rücken zu kehren . . . Der Verlust ist, wie man weiß, häufig die Vorbedingung für den Gewinn, und wenn man eine bestimmte Höhe erreichen will, muß man sich manchmal sehr weit unten fühlen. Darüber gäbe es noch viel zu sagen. Die Dinge ereignen sich nicht so schnell, wie sie sich beschreiben lassen . . . Ich mußte zahlreiche Hindernisse und Widerstände überwinden, bis die kostbaren Steine von einst in meinen Augen zu Scherben wurden, bis die Tränen um das, was ich zu verlieren drohte, mir nicht mehr den Blick verschleierten.

Aber nach gründlicher Selbstprüfung habe ich mich trotzdem entschlossen. Dabei hat mir meine Fähigkeit geholfen, mich an das zu klammern, was mir teuer ist, bis das Blut unter den Fingernägeln austritt, und andererseits alles fallenlassen zu können, was sich als nutzlos erwiesen hat – ebenso wie man die Luft durch die geballte Faust strömen läßt. Mir haben auch die großen Werke berühmter Schriftsteller geholfen, die mich oft bereichert haben, und sogar – ich schäme mich, es einzugestehen – meine krankhafte Neigung zu Träumereien, die mir diesmal aber sehr geholfen hat.«

»Träume!«

»Ja, Träume, die meine fromme Welt bedrohten. Alles, was ich am Tag durch unablässige Arbeit erreicht und erworben hatte, haben sie mir danach nachts auf den Kopf gestellt, erschüttert und durcheinandergebracht. Was ich am Tag mit einem Knüppel verjagte, mußte ich nachts erdulden. Das, was ich auf Abstand hielt, suchte mich nachts im Bett heim und verursachte mir schwere Schweißausbrüche ...

Es gibt nicht genug Tage und Nächte, um ausführlich davon zu berichten, aber wenn Sie und Ihre Freunde es wünschen, werde ich Ihnen von meinem letzten Traum erzählen, dem Traum, der mich endgültig zu dem machte, was ich jetzt bin.«

»Natürlich wollen wir das hören«, versicherten Jossele und seine Freunde, die untereinander Blicke austauschten. Zunächst nur aus reiner Neugier und dann, um einen Zugang, einen Schlüssel zu diesem Michl zu gewinnen.

»Ja, bitte erzählen Sie«, wurde er bestürmt. Und da Michl bereits in seinen zwanghaften Geständnisdrang verfallen war und ihm die Worte nun viel leichter über die Lippen kamen, begann er sogleich zu erzählen, ohne innezuhalten:

»Einmal begegnete mir im Traum der Böse. Er war hochgewachsen, lang und mager, mit knochigen Beinen, die, wie es mir erschien, die Hufe eines Ziegenbocks hatten. Sein Gesicht glühte, als hätte er eine brennende Laterne unter der Haut. Die engstehenden, länglichen Augen mit den scharfen Konturen und den tiefliegenden Augenwinkeln wirkten wie zwei Schlitze.

Er bedeutete mir, ihm zu folgen. Ohne ein Wort zu äußern, gab er mir durch eine kurze Bewegung eines jener Augenschlitze zu verstehen, was er von mir wollte. Ich tat zunächst, als hätte ich nichts gesehen, aber dann berührte mich der Teufel mit einem Finger. Diese Berührung kam mir eisig vor; sie ging durch mich hindurch wie Stahl und versengte mich wie ein brennender Gegenstand, der heißer war als die Flamme. Mir ging auf, daß es keinen Sinn hatte, mich zu widersetzen, da ich ihm letztlich doch gehorchen mußte. So erhob ich mich von dem Platz, an dem ich saß oder lag – ich weiß es nicht mehr –, und folgte ihm.

Der Böse brachte mich zu einem hohen Gebäude, das einem Tempel glich und bei jedem Schritt hohl widerhallte, als wäre es nie bewohnt gewesen. Dieses Bauwerk war tatsächlich der Leere geweiht. Und dort erst erkannte ich, von welch unglaublich hohem Wuchs dieser Teufel war. Als er dort eintrat, hatte er erst die Hälfte seiner ganzen Länge erreicht, aber allmählich erhob sich sein Kopf bis zur Decke, und von dort oben hörte ich eine Stimme einen Befehl erteilen, und plötzlich tauchten Teufelchen auf, Spinnen, Fliegen und Fledermäuse, die an den Wänden herumflogen und – krabbelten, vom Fußboden und an den Wänden bis zur Decke, die sie in dichtgedrängten Massen überzogen, über- und untereinander. Und als sie das leuchtende Gesicht des Teufels entdeckten, wollten sie alle auf ihn zukrabbeln oder zu ihm hinfliegen wie Kinder zu ihrem Vater, wie ein Kammerdiener zu seinem Dienstherrn, und forderten väterliche Liebe: ›O unser Herr, unser Vater . . .‹

Und plötzlich spürte auch ich den Wunsch, vom Teufel geliebt zu werden. Auch mich drängte es, mich vor ihm auf die Knie zu werfen und zu ihm hinzukriechen. Und ich ließ mich tatsächlich – o weh, weh mir – auf die Knie fallen, und zugleich mit der brausenden teuflischen Brut streckte ich ihm die Arme entgegen.

Und dann ließ sich die Stimme des Bösen noch einmal vernehmen:

›Erhebe dich, du armer Unschuldiger. Du darfst dich glücklich schätzen, weil du den Wunsch hattest . . . Zur Belohnung wirst du nun sehen dürfen, daß du mich nicht umsonst zuerst gefürchtet und dann geliebt hast.‹

Dann stampfte der Teufel mit dem Fuß auf. Und die Decke des Gebäudes erhob sich in eine solche Höhe, daß das Auge nicht mehr folgen konnte. Aber ich warf den Kopf zurück und schaffte es dennoch mit großer Mühe, einen Blick darauf zu erhaschen. Ich sah, wie der Böse mit dem Kopf an die Decke stieß, und über seinem Kopf sah ich einen Halbkreis aus Feuer, wie eine Flammenkrone, in der brennende Buchstaben leuchteten. Ich versuchte, sie zu entziffern, und las: ›Ich bin Gott dein Herr.‹

Ich strengte mich noch mehr an und sah in Klammern ein weiteres Wort, das in Verbindung mit den anderen ergab: ›Ich (Samael) bin Gott dein Herr.‹

Und dann erwachte ich schweißgebadet und voller Entsetzen ... Ich schlief aber wieder ein und erblickte im Traum von neuem den Bösen, der sich nicht mehr in dem der Leere geweihten Tempel befand, sondern auf einem hohen, gezackten Felsen an der Küste saß, den Kopf auf das angewinkelte Knie gelegt. Er wirkte wie ein Mann, dessen Welt gerade zusammengebrochen ist und der sich jeden Moment von der Höhe seines Felsens in die Fluten stürzen könnte, oder wie ein mit Erfahrung beladener Weiser, ein melancholischer Gesetzgeber, der von sich glaubt, die Zukunft des gesamten Weltalls für alle Zeiten sichern zu können, für alle Zeiten, wie er sie vorhersieht, nämlich durch die besten, erlesensten, angemessensten Gesetze, deren Quintessenz in kurze, in Stein gehauene Gebote gefaßt ist.

Als ich mich dem Bösen näherte, hörte ich ihn sagen: ›Ich bin Gott dein Herr ... Ich sitze schon lange hier und denke über das Gebot aller Gebote nach, das erste, das wichtigste, das allen Religionen zugrunde liegt. Ich denke: Wer kann sagen ‚Ich der Herr, der Allmächtige, Herrscher meiner selbst und aller Lebenden‘? Ist es nicht der, von dem es heißt, Er allein habe alles geschaffen und dulde niemanden neben sich? Vielleicht ist es aber auch der, den ich vor kurzem gesehen habe, der von sich glaubt, er sei an der Schöpfung beteiligt gewesen, und der die gleichen Rechte zu besitzen meint wie der, den er bekämpft, von dessen Macht er einen Teil beansprucht? Vielleicht haben sogar alle die gleichen Rechte, alle Mächtigen, da niemand einen anderen erschaffen hat, da jeder durch Urzeugung erschaffen worden ist, sofern er existiert und einen Willen hat sowie die Fähigkeit, sich auszudrücken und zu sagen: Ich bin ich, wer ich auch sei, ob groß, klein oder winzig ... Ich bin mein eigener Schöpfer, mein Gott, mein Herr, mein Widersacher, mein Zerstörer und mein eigener Gesetzgeber.‹

Er fuhr fort: ›Du mußt wissen, daß ich nach langem Kampf vor kurzem zu dieser Erkenntnis gekommen bin. Ich möchte sie mit allen teilen und sie zum Wohl aller einsetzen. Und da du nun mal da bist, Michl, und ich sehe, daß du sie akzeptierst und bereit bist, sie allen zu predigen, habe ich hier nichts mehr zu suchen. Meine Augen sind vom Schauen erschöpft, mein Gesäß vom Sitzen, und ich werde diesen Ort verlassen ... Und nun ...‹

Und damit stürzte sich der Andere plötzlich vom Felsen kopfüber ins Meer. Sein Schwanz wirbelte kurz das Wasser auf wie ein Fisch, und dann war er verschwunden ...

Als ich aufwachte«, fuhr Michl fort, »krampfte sich mir das Herz zusammen. Ich blieb wie gelähmt liegen, und obwohl ich wußte, daß ein Traum nichts weiter ist als ein Traum, quälten mich meine Gedanken weiter.

In der nächsten Zeit zitterte ich schon bei dem bloßen Gedanken, allein zu sein, ohne einen Herrn und Meister, ohne die Vorsehung. Aber andererseits erinnerte ich mich daran, wie glücklich der ist, der sagen kann: ›Du bist dein eigener Schöpfer‹. Mir kam auch in den Sinn, daß der, der mir diesen Gedanken eingegeben hatte, keineswegs einzigartig war, daß ich selbst schon hier und da in Büchern und in Werken großer nichtjüdischer Schriftsteller und auch von Juden auf diesen Gedanken gestoßen war. Dort hieß es, der Schöpfer und die Schöpfung seien ein und dasselbe, das heißt, alles Erschaffene und der Schöpfer sind ein und dasselbe; und wenn dem so ist, kann jeder alles, was Gott zugeschrieben und auf seine Größe und seine Wunder zurückgeführt wird, auch sich selbst zuschreiben und zugute halten, da er selbst ein Wunder ist.«

Michl fuhr fort: »Ja, an diesen Gedanken habe ich mich geklammert. Und ich habe nicht nur gespürt, daß er mich voll und ganz erfüllte, sondern daß ich auch die Kraft besitze, die Wahrheit dieses Glaubens den anderen zu vermitteln.

Ich habe versucht, all das in einem Buch zu erklären, das ich gerade schreibe. Es trägt den Titel *Streitschrift gegen Maimonides.* Ich wende mich darin gegen Maimonides, der Aristoteles die Behauptung vorwirft, das Weltall bestehe seit undenklichen Zeiten; was heißen soll, daß es nicht erschaffen worden sei, sondern seit Ewigkeiten lebe und bestehe, seit undenklichen Zeiten ... Das ist eine unumstößliche Wahrheit, und wenn es mir nur gelingt zu beweisen, daß Aristoteles recht gesehen hat (und ich bin sicher, daß es mir gelingen wird), wird dieses ganze Kartenhaus aus sogenannten Geboten und Verboten, guten Taten und Sünden, Belohnungen und Strafen von ganz allein einstürzen. Dann wird man sich auch nicht mehr soviel Mühe damit geben müssen, all diese Widersprüche miteinander in Einklang zu bringen, die dem fehlerhaften, bis jetzt gültigen Postulat entspringen, das sich mit der aristotelischen Vorstellung von Erkenntnis und freiem Willen nicht vereinbaren läßt. Mehr als nur eine geistige Fliege hat sich in diesem Spinnengewebe verfangen, ist dort vernichtet und gefressen worden, mehr als ein wertvoller Kopf hat die quälende Erfahrung machen müssen, an diesen Mauern von Widersprüchen zu scheitern . . . Es mußte damit ein Ende haben!«

Michl fuhr fort: »Ich habe mich ernsthaft der Arbeit an diesem Buch gewidmet. Ich arbeite schon lange daran und habe gute Fortschritte gemacht. Ich hoffe, auf dem richtigen Weg zu sein, um etwas Gutes für das Allgemeinwohl und unsere geistige Genesung zu tun. Amen, so sei es . . .« Mit diesen Worten endete er. Er trug eine gewisse Bescheidenheit zur Schau, aber auch ein sieghaftes Lächeln, nicht wenig stolz darauf, daß es ihm gelungen war, sich diesen Leuten anzuschließen, zu denen er sich hingezogen fühlte, um ihnen jene Gedanken darzubringen, die er schon so lange in sich verborgen gehalten hatte . . .

Michls Siegeszuversicht übertrug sich auf Jossele und dessen Freunde. Sie führten sie zu einem Teil auf sich zurück, weil sie die Fackel der Aufklärung hochhielten. Gutgelaunt traten die jungen Leute an ihn heran und begannen ihn auszufragen, als wäre er einer von ihnen. Sie wollten wissen, was er jetzt war, was er zuvor getan hatte, welchen Beruf er ausübte. Auf alle diese Fragen antwortete Michl bescheiden und mit einem leichten Achselzucken, als hätte all das nichts mit dem Wesentlichen zu tun:

»Was hat das schon zu bedeuten? Ich bin Schulmeister, unterrichte Kinder, kann mir damit aber nicht mein täglich Brot verdienen. Ich lebe in ärmlichen Verhältnissen, denn ich habe schon seit langem einen schlechten Ruf, und die Leute mögen mich nicht, vor allem in letzter Zeit, seitdem ich so etwas wie das geistliche Oberhaupt der Bratslaver geworden bin . . . Aber was macht das schon? . . . Man schlägt sich durch und gibt sich mit wenig zufrieden. Das ist aber nicht die Hauptsache. Worauf es ankommt, ist, daß ich jetzt hier bin, daß ich mich von einer viel unerträglicheren Not befreit fühle . . .«

Damit hob Michl die Augen und betrachtete das nichtjüdisch wirkende Zimmer. Man sah ihm an, daß es ihm gefiel, den Geruch des festgestampften Lehmfußbodens einzuatmen, den Geruch der ausgebleichten Wände und Deckenbalken und auch den Duft der halbverwelkten Bauernblumen. Man sah auch, daß Jossele und seine Freunde sich über seinen Besuch freuten und daß ihre Jugend auch ihn zu verjüngen schien, als hätte er die Last von Jahren abgeschüttelt.

Als man ihn bat, Platz zu nehmen, sagte er: »Nein, ich habe noch etwas zu erledigen.« Da blickten sie ihn an und entdeckten, daß er mit seinem Gebetsschal unter dem Arm dastand; und als sie ihn fragten: »Wozu den Gebetsschal? Gewiß doch nicht für hier, und in die Synagoge bist du auch nicht gegangen, und wenn ja, weißt du denn nicht, daß man ihn am Sabbat in der Synagoge nicht braucht?«

Er blickte auf das, was er unter dem Arm trug, als hätte er es bis jetzt nicht bemerkt, und erwiderte:

»Ach, der Schal? Ja, den brauche ich noch bei dem, was ich jetzt vorhabe . . .«

»Was du vorhast?« wurde er von neuem gefragt.

»Was ich vorhabe?« wiederholte er lächelnd, und man sah ihm an, daß er nicht alles sagen wollte, daß es um etwas Bestimmtes ging, was Jossele und seine Freunde vielleicht hinterher erfahren würden, und falls nicht, würde das auch nichts machen. Mit einem Wort: Er brauchte den Gebetsschal noch . . .

Wir werden nicht erzählen, wie lange Michl sich noch bei Jossele aufhielt und worum ihre Gespräche kreisten. Wir sagen nur, daß Michl sich nach der Unterhaltung zum Gehen bereitmachte und daß alle Anwesenden sich erhoben, um ihn zur Tür zu begleiten; Jossele verließ mit ihm das Haus und überquerte mit ihm zusammen den Hof, damit die Hunde, die nachts frei herumliefen, sich nicht auf ihn stürzten. Als sie das Gartentor erreichten, bat Jossele Michl vor dem Abschied, ihn möglichst oft zu besuchen. Seine Tür sei stets für ihn geöffnet, und er, Jossele, werde Michl immer mit Vergnügen empfangen.

Wir werden auch nicht erzählen, wie Michls Frau den ganzen Freitagabend auf ihn wartete, nachdem er vor dem Verlassen des Hauses das Unerhörte getan und die gesegneten Kerzen ausgeblasen hatte. Wir sagen auch diesmal nur, daß es schon recht dunkel war, als Michl Josseles Haus verließ, nicht nur in den Straßen der Christen, von denen er kam, sondern auch in den belebteren, von Juden bewohnten Straßen.

Die Leute hatten schon längst ihre Gebete beendet und die Synagogen verlassen. Durch die Fenster, deren Läden nicht geschlossen waren, konnte man sehen, daß die Sabbatkerzen schon halb heruntergebrannt waren, und dort, wo man die Fensterläden bereits geschlossen hatte, drang Kerzenlicht durch die Ritzen.

Alles war ruhig. Nur selten war ein Passant zu sehen. Michl durchquerte diese stillen Viertel mit seinem Gebetsschal unter dem Arm und lenkte seine Schritte auf die Stadtmitte zu, wo sich die Mehrheit der Synagogen und Betsäle befand, unter ihnen auch die »Offene Synagoge«. Ihr gegenüber auf demselben Platz erhob sich das zweistöckige gemauerte Häuschen des Reb Dudi. Das Erdgeschoß, fast ein Souterrain, war für den Langen Meilach reserviert, Reb Dudis Schammes, der ihm auch den Haushalt führte, während Reb Dudi selbst das Obergeschoß mit den geräumigeren und helleren Zimmern bewohnte.

An dieser Stelle muß erwähnt werden, daß Reb Dudi fast allein so etwas wie ein »Staat« war; einmal weil er der ranghöchste Rabbiner einer so großen und bedeutenden Stadt wie N. war; überdies war er der Vertreter einer bestimmten chassidischen Sekte, die einen Rabbi aus Galizien, aus dem fernen Tschorkow, zu ihrem Oberhaupt erwählt hatte, da sie sich mit Rabbinern vom Land nicht zufriedengeben mochte. Nur sehr reiche Leute konnten sich die Zugehörigkeit zu dieser Sekte erkaufen oder

Leute wie Reb Dudi, denn um nach Tschorkow zu kommen, mußte man einen Reisepaß besitzen, den sich bei weitem nicht jeder leisten konnte. Und da dieser Rabbi weit weg wohnte und es selbst seinen Anhängern schwerfiel, oft zu ihm zu reisen, nahm Reb Dudi in der Stadt N. als eine Art Bevollmächtigter seine Stelle ein; wenn jemand einen Ratschlag wollte, einen Antrag stellte, Spendengelder überreichte, eine Art chassidischer Steuer, war Reb Dudi die richtige Adresse.

Den Sabbat feierte Reb Dudi nicht nur allein oder mit seinem Haushalt, sondern es fand sich stets ein Minjan ein, gelegentlich mehr, niemals weniger. Diese Gruppe bestand aus Chassiden aus der Stadt, aber auch aus Rabbinern aus Städten und Dörfern der Gegend, alten wie jungen, die mit ihren verschiedenen Problemen zu ihm kamen, da sie diese nicht allein lösen wollten. Sie zogen es vor, den Rat eines so alten und erfahrenen Mannes wie Reb Dudi einzuholen.

An der Sabbat-Tafel wie am Sabbat überhaupt trug Reb Dudi eine mit Zobel besetzte Mütze. Die anderen hatten Samtmützen, die ebenfalls mit Pelz verbrämt waren, aber nicht mit Zobel, sondern mit Fuchspelz.

Für das Mahl am Freitagabend hatte man wie immer den Tisch ausgezogen, so daß er fast den ganzen Raum ausfüllte und von einer Wand zur anderen reichte. Reb Dudi saß auf dem Ehrenplatz, ihm gegenüber seine Frau und beider Schwiegertochter. Außer den Dienstmädchen und der Frau des Rabbiners bediente auch der Lange Meilach, Reb Dudis Diener.

Auch diesmal hatte wieder ein ganzer Minjan an Reb Dudis Tafel Platz gefunden. Sogar ein paar von weither herbeigereiste Rabbiner saßen am Tisch. Die Gesellschaft war lebhaft, munter und fröhlich.

Bei den Mahlzeiten sprach Reb Dudi nur wenig, vor allem am Sabbat, und aus Achtung vor ihm hielten sich auch die anderen mit Gesprächen zurück. Die Tafel wurde von hohen Kandelabern mit gesegneten Kerzen erleuchtet sowie von einem Kronleuchter, wie es sich am Sabbat bei einem Mann wie Reb Dudi gehört.

Die Vorspeisen waren bereits gegessen, als aus der Küche, in die die Haustür führte, der Lärm streitender Stimmen zu hören war: die des Langen Meilach, die der Dienstmädchen und, wie es schien, auch eine dritte, unbekannte Stimme ... Sie gehörte Michl Bukjer, der die in die Küche führende Haustür geöffnet hatte. Meilach, der sich in Ausübung seiner Dienste gerade in der Küche aufhielt, ging Michl entgegen und fragte ihn, was er wolle. Als er zur Antwort erhielt, er, Michl, habe etwas mit Reb Dudi zu besprechen, verstellte Meilach dem Fremden den Weg, stieß ihn zurück und rief:

»Es ist Sabbat. Der Rabbi ist beschäftigt! Der Rabbi sitzt bei Tisch! Verlassen Sie das Haus und kommen Sie ein andermal wieder.«

Man muß aber davon ausgehen, daß die Proteste des Schammes ergebnislos blieben, denn der Mann, der in die Küche eingedrungen war, schob den Diener einfach beiseite – ob aus Unverschämtheit oder Dickköpfigkeit oder aus beidem gleichzeitig – und näherte sich gegen den Willen des Dieners der Tür zum Eßzimmer.

»Guten Abend!« ließ sich auf der Schwelle eine Stimme vernehmen. Alle am Tisch, auch Reb Dudi, drehten sich um und blickten auf den Mann, der gesprochen hatte.

»Guten Abend?« fragten alle erstaunt beim Anblick eines Juden mit einem Gebetsschal unter dem Arm. »Sie meinen wohl ... guten Sabbat!« korrigierten ihn die Anwesenden, da sie davon ausgingen, daß der Fremde es vergessen, sich geirrt oder sich einfach nur unglücklich ausgedrückt hatte.

»Guten Sabbat«, flüsterten ihm einige ältere Rabbiner mit einer alten Sabbatformel vor.

»Guten Abend!« ließ sich Michl erneut vernehmen. Da ging allen auf, daß es kein Versehen war, sondern eine absichtliche, kalte Provokation. Keiner der Anwesenden konnte sich zunächst vorstellen, wie ein Jude sich so etwas ausdenken konnte, ein Mann mit einem Gebetsschal unter dem Arm, und dann noch bei einer Sabbatmahlzeit im Hause eines Rabbiners und gar eines Rabbiners wie Reb Dudi.

»Er hat getrunken!«

»Er ist verrückt!«

»Er ist nicht bei Sinnen.«

»Ein Sünder.«

So ertönte es von allen, die am Tisch saßen und an der Mahlzeit teilnahmen.

»Was wünschen Sie eigentlich?« verlangte die Frau des Rabbiners zu wissen. Sie erhob sich und ging auf Michl zu, denn sie sah, daß es keiner der gewohnten Besucher war und daß er vielleicht betrunken oder, wie einige gemeint hatten, verrückt war.

»Ich möchte den Rabbiner sprechen, Reb Dudi.«

»Jetzt? Am Sabbat? Beim Essen?« fragte die Frau des Rabbiners bestürzt.

»Es gibt Leute, für die Sabbat ist, und andere, für die es nicht Sabbat ist«, erwiderte Michl.

»Was? Was haben wir denn heute? Einen Feiertag? Oder vielleicht einen Wochentag?«

»Was will er denn?« ließ sich am anderen Ende des Tisches die schwache Stimme Reb Dudis vernehmen. »Frag ihn, was er will, warum er hergekommen ist.«

In diesem Moment löste sich Michl von der Türschwelle, trat ins Zimmer und ging immer näher an den Ehrenplatz Reb Dudis heran. Als er vor ihm stand, wandte er sich direkt an den Rabbi und an niemanden sonst:

»Ich bin gekommen, um Ihnen zu sagen, daß ich die Gemeinde verlasse.«

»Welche Gemeinde?«

»Ihre und die aller, die hier am Tisch sitzen, welche es auch sein mag . . . Und ich habe meinen Gebetsschal mitgebracht, dem ich sowohl für das Leben als auch für den Tod entsage. Damit will ich sagen, daß ich nach meinem Tod nicht darin begraben werden will . . .«

Es war, als hätte ein Blitz eingeschlagen . . . Ja, ein Blitz aus heiterem Himmel hätte weniger überrascht als die Worte, die dieser Mann vor einem Rabbiner gesprochen hatte, vor allem vor einem Rabbiner vom Rang Reb Dudis, dazu noch an einem Freitagabend bei einem feierlichen Essen und vor einer solchen Versammlung von Juden und vor den gesegneten Sabbatkerzen ...

»Wie? Was? Was hat er gesagt?« wiederholte Reb Dudi, als hätte er die Worte des Eindringlings nicht vernommen oder verstanden.

»Halunke!« rief ein zorniger alter Rabbi aus.

»Weh den Ohren, die so etwas zu hören bekommen!« rief ein anderer.

»Ich sollte meine Kleidung zerreißen!«[1] schrie ein dritter.

»Ein Verrückter! Ein Wahnsinniger!« ein vierter.

»Jeroboam, Sohn Nabats, Unruhestifter Israels! Fluch über ihn wie über eine Schlange!« ertönte es von allen Seiten. Worte, die man nur selten hört, vor allem an einem Sabbat.

»Oj, oj, was geht hier vor? Wer hat ihn ins Haus gelassen?« rief die Schwiegertochter des Rabbiners zornig aus. »Meilach! Wo ist Meilach? Wirf ihn raus!«

»Raus! Raus mit ihm! Womit haben wir es verdient, daß er uns den Sabbat zerstört?« rief die Frau des Rabbiners.

Meilach, dem es eben noch in der Küche nicht gelungen war, Michl aufzuhalten, fühlte sich jetzt sowohl als Schammes wie als Diener gefordert. Er stürzte zu Michl hin und wollte ihn am Ärmel oder am Kragen packen und zur Tür zerren. Aber Michl ließ es nicht zu. Er warf Michl einen so vernichtenden Blick zu, daß dessen Arm wie erstarrt in der Bewegung innehielt. Bevor Michl selbst den Moment für gekommen hielt, das Haus zu verlassen, ergriff er seinen Gebetsschal und legte ihn auf einen freien Platz auf dem Tisch. Erst dann gab er Fersengeld, ging auf die Küche zu und verschwand, verfolgt von den entsetzten Blicken aller, die am Tisch saßen ...

Wir werden hier nicht erzählen, wie das Festessen am Freitagabend zu Ende ging, und auch nicht verraten, wie sehr alle Anwesenden den Appetit verloren hatten und nur zu Ehren des

[1] Ein Zeichen der Trauer.

Sabbat so taten, als würden sie essen, wobei sie das Gefühl hatten, als würden Kieselsteine auf ihren Zungen lasten. Wir werden auch nicht näher darauf eingehen, wie Michl Bukjer die Straße überquerte, in der die Synagoge lag, um dann nach Hause zu gehen, zu seiner Straße, in der er nicht mehr Gefahr lief, jemandem zu begegnen. Wir werden auch nicht sagen, wie er zu Hause ankam und seinen Hausflur betrat, dessen Tür er geöffnet vorfand. Auf dem Tisch flackerte eine kleine Lampe, aber keine gesegnete Kerze. Wir werden nicht darauf eingehen, welch eine gedrückte Stimmung im ganzen Haus herrschte, ebensowenig darauf, daß Michls Rückkehr unbemerkt blieb, denn alle Hausbewohner hatten sich in irgendeiner Ecke schlafen gelegt, hier und da, mit getrockneten Tränen in den Augen . . . Wir werden das nicht erzählen, denn das kann sich jeder selbst ausmalen. Wir werden nur über die Ereignisse des nächsten Tages berichten und erzählen, was sich am Sonnabend bei Reb Dudi zutrug, wie die Ereignisse des Vortags besprochen wurden und was darüber geäußert wurde.

Am Samstag hatten sich abends bei Reb Dudi wie gewohnt zahlreiche Besucher eingefunden. Außer den von weit her angereisten Gästen – Rabbinern von außerhalb – hatten sich auch Leute aus der Stadt eingefunden, Schächter, Fleischbeschauer und andere Inhaber religiöser Ämter wie etwa Synagogenverwalter, Gemeindesteuer-Einnehmer und zahlreiche andere.

Anwesend war auch der große reiche Mann der Stadt, Jakob-Jossi Eilbirten, der nach dem Gebet am Samstag abend den Befehl gab, eine kleine Kutsche mit erhöhtem Sitz anzuspannen, und der sich gelegentlich zu Reb Dudi fahren ließ, um dringende Geschäfte zu besprechen oder um sich rabbinische Gespräche anzuhören, die für ihn auf einer Ebene mit der Thora standen.

Im Haus herrschte großer Lärm. Die Frau des Rabbiners, für die das Fest zu Ende war, machte sich in der Küche zu schaffen und bereitete den »Borschtsch«[1] und zahlreiche andere Gerichte

[1] Eintopf mit Kohl oder Rüben.

zu, wie es sich gehört. Da sich Reb Dudi nach dem gestrigen Abend, der ihn erschöpft hatte, nicht sehr wohl fühlte und sich auch nach seinem gewohnten Mittagsschläfchen nicht erholt hatte, war er in seinem Zimmer geblieben, um im Bett zu ruhen. Das störte aber niemanden: Im Laufe des Abends trafen immer mehr Besucher ein, darunter auch Jakob-Jossi Eilbirten in seiner kleinen Kutsche mit dem erhöhten Sitz, der fast gleichzeitig mit den Rabbinern, den Schächtern und vielen anderen gekommen war. In der Menge konnte man auch bestimmte Männer wie etwa die Kneipwirte Jonas und Zacharias erblicken, Leute, die niemand sonderlich gern sah, aber das Haus eines Rabbiners war in einem gewissen Sinn ein öffentlicher Ort, der allen offenstand. So gab es keinen plausiblen Grund, solche Leute auszuschließen.

Ein paar Worte zu den beiden letztgenannten:

Zacharias führte eine Schenke auf dem Fleischmarkt, in der Schlachter, Schlachtergesellen, Dienstmänner und Angehörige ähnlicher Berufe verkehrten. Er war ein sehr gewitzter Kaufmann: Unter seiner Theke stach er rasch ein Faß an, füllte ein Glas Wodka, reichte die »Sakuska«, die Vorspeisen, herum, rechnete im Kopf schnell die Gesamtsumme aus, kassierte schnell, was man ihm schuldete, verstaute das Geld ebensoschnell in der Kassenschublade und gab, falls nötig, das Wechselgeld heraus.

Bei Auseinandersetzungen oder Streitigkeiten ging er ebenso geschickt und umsichtig vor. Bevor sein Widersacher, irgendein Dummkopf, auch nur die Zeit gefunden hatte, sich umzudrehen, hatte der Wirt ihm schon eine Ohrfeige versetzt, die den anderen ganz benommen machte ... Und wenn der andere gerissen und nicht auf den Kopf gefallen war und Zacharias gerade ein paar Ohrfeigen oder Faustschläge versetzen wollte, stürzte sich dieser als erster auf ihn und schlug ihm mit solcher Heftigkeit auf die Brust, daß der andere das Gleichgewicht verlor und besiegt zu Boden taumelte.

Soweit Zacharias.

Der zweite, Jonas, ist bedächtiger und ausgeglichener. Er ist schon über sechzig, gewiß zehn Jahre älter als Zacharias, aber sein von einem weißen Bart umrahmtes Gesicht hat eine kräftige rote Gesichtsfarbe, er ist wohlgenährt und gesund, und man kann sehen, daß er in seinem Leben noch nie krank gewesen ist.

Seine Kneipe lag in einiger Entfernung an der Straße, die zum Friedhof führte. Sie war, vor allem abends, Treffpunkt von Leuten mit wenig Geld, von Taugenichtsen, Strauchdieben, Kartenspielern, von wirklichen oder vermeintlichen Dieben sowie Zuhältern. Sie fühlten sich dort wie zu Hause, ergingen sich in gemeinen Gesprächen, die sich um ihre zwielichtigen Geschäfte drehten oder auch, in weniger gewählten Worten, um perverse Lieben, um Mädchen, die kurz vor der Entbindung standen, um verschiedene Liebeselixiere und andere Wässerchen, welche die Liebesfähigkeit steigerten; oder auch darum, wie man einen Nebenbuhler – »sie« oder »ihn« – auf passende Weise in Jenseits befördern konnte.

Bei diesem Jonas, so sagte man sich in der Stadt, gehe es nicht sehr katholisch zu. Man konnte ihm jeden gestohlenen Gegenstand anvertrauen, ohne daß jemand davon erfuhr, denn Jonas verfügte über die allerbesten Beziehungen: Bei niedrigen Beamten war es nicht mal nötig, sie zu bestechen; ein Glas Wodka oder eine kleine »Sakuska« genügten schon. Bei höheren Beamten sah es anders aus: Denen mußte man schon ein rundes Sümmchen zustecken.

Jonas' Kneipe war einst wegen der Eigentümerin, seiner Frau, berühmt gewesen. Obwohl sie von mehr als zweifelhafter Herkunft war, ließ ihr Körper nichts zu wünschen übrig, und wenn sie auf ihren wie gedrechselten Beinen durch das Lokal ging, schlugen die Herzen zahlreicher Männer höher, und sie ließen ein schweres Seufzen hören ... Inzwischen war sie gealtert, benahm sich züchtig und hielt sich abseits, aber wer es wollte, konnte sich auch jetzt noch ihre bewegte Jugend sehr wohl vorstellen. Und immerhin hatte sie es geschafft, einen Mann wie Jonas zu heiraten! Sie hatte ihm nur einen einzigen Sohn geschenkt, der zu der Zeit, von der wir sprechen, schon ein hochgewachsener junger Mann Anfang zwanzig war und seiner

Mutter sehr ähnlich sah; er machte seinen Eltern jedoch nur wenig Freude. Er war nämlich mit einer Krankheit auf die Welt gekommen, die er vielleicht von seiner Mutter geerbt hatte, und vielleicht hatte nur das gesunde Blut seines Vaters verhindert, daß seine Krankheit vor Erreichung des zwanzigsten Lebensjahrs ausbrach. Es ist jedoch ebensogut denkbar, daß sich der junge Mann die Krankheit selbst zugezogen hatte, seitdem er erwachsen geworden war und begonnen hatte, sich mit Huren einzulassen ... Wie dem auch sei: Der Bursche tobte sich aus, wie es hieß, und die Nachbarn, mit denen man den Hof teilte, erkannten an sicheren Anzeichen, daß er die Syphilis hatte, und prophezeiten flüsternd, er werde bald seine Nase verlieren ...

Kurz: Jonas hatte einen Namen. Überdies war er in der Stadt nicht nur Gastwirt, sondern auch so etwas wie ein Starosta; Zunftangehörige und Handwerker kamen ständig mit Bitten zu ihm, für deren Erfüllung er eine Gebühr verlangte. Es war ein köstlicher Anblick, ein junges Paar zu ihm kommen zu sehen, sagen wir einen Handwerker und ein Dienstmädchen, und den jungen Burschen sagen zu hören: »Reb Jonas, wir wollen heiraten. Wir brauchen eine Urkunde für den Rabbi.« Dann pflanzte sich Jonas, die Hände in die Hüften gestemmt, vor den jungen Leuten auf, musterte das junge Mädchen von oben bis unten, ohne auch nur eins seiner Gliedmaßen und körperlichen Attribute zu vergessen, und sagte schließlich:

»Na und? Ihr habt es wohl sehr eilig, was? Euch sticht wohl der Hafer? Zum Heiraten habt ihr immer noch Zeit ...« Und er schloß mit einigen Bemerkungen, die das junge Mädchen nicht nur tief erröten ließen, sondern auch den jungen Mann dazu brachten, den Blick zu senken und angestrengt seine Schuhspitzen zu betrachten ... Jonas wollte sagen, bevor man an das Vergnügen denken könne, müsse man seine Pflicht gegenüber dem Rabbiner, dem Kantor und dem Schammes erfüllen.

Überdies war Jonas Steuereinnehmer für verschiedene öffentliche und wohltätige Einrichtungen wie etwa das Krankenhaus, das Waisenhaus, die Schule, und so weiter. Dort hatte er bei allem ein Wörtchen mitzureden, denn einige bestochene Männer, die er völlig in der Hand hatte, bürgten dafür, daß er seinen Willen durchsetzte. Für Jonas taten sie alles, und ihr Geschrei bewirkte, daß er immer das letzte Wort behielt.

Für manche Mitglieder der Gemeinde war Jonas ein nützlicher Mann; so kam es, daß man ihn auch in Häusern aufnahm, in die er nie einen Fuß hätte setzen können, wenn man ihn nicht gebraucht hätte.

In diesen Häusern benahm er sich stets äußerst korrekt, trug seinen Sabbatkaftan bis obenhin zugeknöpft, selbst an Wochentagen; sobald er die schickliche Atmosphäre geschnuppert hatte und die wohlgesetzten Worte dieser Familien vernahm, hatte er schon eine sehr klare Vorstellung davon, weswegen man ihn hatte kommen lassen; denn er gehörte nicht zu denen, denen man alles des langen und breiten erklären muß.

Man nutzte seine Dienste auf mancherlei Weise: nicht nur im Kampf gegen einen Steuereinnehmer, der übers Ziel hinausgeschossen war, oder gegen einen erklärten Taugenichts von Verwaltungsbeamten, sondern auch gegen all die, die der jüdischen Gemeinde Schwierigkeiten machten und die man unbedingt loswerden wollte, zum Beispiel Jossele die Pest, mit dem Jonas schon einmal zusammengestoßen war ... Aber damals war es für Jonas übel ausgegangen, denn wie wir schon wissen, besaß Jossele eine scharfe Feder, und das nicht nur, wenn er für die Presse schrieb, sondern auch dann, wenn er an die staatlichen Behörden schrieb, vor denen die jüdische Gemeinde mit gutem Recht zitterte. ... Bei Jossele verfingen daher Jonas' Einschüchterungsversuche nicht; aber bei einem anderen, weniger gefährlichen Mann, etwa bei Michl, sah es ganz anders aus. Michl, das war ein ganz anderes Paar Stiefel! Mit solchen Leuten hatte Jonas keinerlei Mühe, selbst wenn er es mit einem Dutzend solcher Typen zu tun gehabt hätte. Mit denen wurde er im Handumdrehen und auf mancherlei Weise fertig: Er konnte sie in Verruf bringen, ihnen ihren Broterwerb rauben und, wenn nötig, sich in irgendeiner fernen, dunklen Gasse auf sie stürzen und sie windelweich prügeln ...

Jonas war entrüstet, als er die Geschichte von Michl erfuhr.

Erstens wegen Reb Dudi, der so etwas wie der Mittelpunkt der Stadt war und vor dem sich ein Taugenichts – möge der Teufel ihn holen – einen Streich erlaubt hatte, der es verdiente, mit einer Prügelstrafe geahndet zu werden; zweitens um der Sache selbst willen: wegen des Judentums. Jonas war zwar alles andere als ein frommer Mann, denn immerhin, wenn ein Gegenstand versteckt werden mußte, der nicht aufgefunden werden durfte, wußte jedermann, daß es kein besseres Versteck gab als bei Jonas. Aber wenn auch Jonas in dieser Hinsicht keineswegs stets eine saubere Weste hatte, traf ihn doch die Geschichte mit Michl bis ins Mark. Man stelle sich vor! Das gehört sich doch nicht! Wer so etwas tut, versündigt sich an den althergebrachten Sitten und Gebräuchen! . . . Jonas wußte sehr wohl, daß ein solcher Vorfall unentschuldbar war und daß man ihn nicht vergessen würde. Er wußte auch, daß die Gemeinde versuchen würde, Michl für dieses unerhörte Verhalten zu bestrafen, und dazu würde man »Hände« brauchen, das heißt Männer, die diese Aufgabe auf sich nahmen und sich ihrer entledigten. Daher hielt es Jonas für angebracht, sich zum Tatort zu begeben, also zu Reb Dudi. Er war sicher, daß man die Angelegenheit an diesem Abend regeln würde, nachdem man sie von allen Seiten beleuchtet hatte. Und so legte Jonas seinen Sabbat-Kaftan an. Als er in der Absicht, sich zum Rabbi zu begeben, das Haus verließ, kreuzte er die Arme auf dem Rücken – ein Vorgriff auf die ehrerbietige Haltung, die er vor dem Rabbiner wahren wollte, wie immer, wenn er es mit ranghöheren Menschen von feinerer Lebensart zu tun hatte, als sie ihm eigen war . . .

Unterwegs ging er bei Zacharias vorbei und nahm ihn mit, um Gesellschaft zu haben. Und so kam es, daß unter all diesen ehrbaren und geachteten Leuten auch Zacharias und Jonas auftauchten.

Der Rabbi ruhte noch immer in seinem angrenzenden Zimmer; aus diesem Grund herrschte im Eßzimmer noch Stille. Man stand in kleinen Kreisen zusammen, und natürlich drehten sich die Gespräche, wie nicht anders zu erwarten, um das Ereignis vom Vortag, das mehrere der Anwesenden selbst miterlebt hatten. Jetzt, nach dem Ende des Sabbats, nach dem Gebet, als sie Tee tranken und rauchten, berichteten sie davon, wobei sie nicht das kleinste Detail ausließen. Zuhörer waren diejenigen, die nicht dabeigewesen waren und jetzt begierig die Ohren spitzten. Der Kneipwirt Zacharias stand mit gesenktem Kopf in einem Kreis von Zuhörern und sog jedes Wort förmlich ein. Er selbst schwieg, aber man konnte ihm ansehen, daß er sich sofort auf diesen unglückseligen Michl gestürzt hätte, wenn er jetzt vor ihm gestanden hätte. Dieser auf die Brust gesenkte Kopf hätte Michl einen Stoß gegen die Brust versetzt, wie Zacharias es immer tat, wenn er ein solches Individuum vor sich hatte, bei dem Ohrfeigen oder ein paar Faustschläge nicht genügten, um ihn von den Beinen zu bringen.

Jonas stand ebenfalls in diesem Kreis. Er war jedoch ruhiger als Zacharias. Er stand da, das Gesicht gerötet von all den fetten Speisen, die er das ganze Jahr über, Tag für Tag zu sich nahm, vor allem am Sabbat; zu seiner Gesichtsfarbe hatten auch die köstlichen Mittagsschläfchen beigetragen, die er sich nach dem Essen gönnte, und vor allem der gute Branntwein, den er sich zu jeder Mahlzeit und vor allem am Sabbat einschenkte und der sein Gesicht und seinen fleischigen Stiernacken rot färbte.

Jonas verhielt sich ruhig und gesittet, stand mit auf dem Rücken gekreuzten Armen da, ohne ein Wort über das zu verlieren, was in dieser Gruppe gesagt wurde. Wenn man jedoch seinen Rücken betrachtet hätte, hätte man gesehen, daß seine Hände keine Ruhe fanden, sondern daß er sie mal zu Fäusten ballte, mal löste, je nachdem, was der Erzähler berichtete.

In dieser Gruppe war der Erzähler ein frommer junger Rabbiner von außerhalb, der an seiner Gottesfurcht schier erstickte. Nachdem er die Tatsachen wiedergegeben hatte, denen er beigewohnt hatte, begann er nach den Gründen zu forschen, die zu solchen »Geschichten« führen konnten, zu derart wilden Exzessen. Er verbreitete sich über die Bratslaver, zu denen dieser Michl offenbar gehöre und von denen man alles erwarten könne, denn sie wurzelten in Gift und seien bitter wie Galle ... Damit meine er ihren Rabbi, Reb Nachman, von dem man sich

erzähle, daß er sich nach der Rückkehr aus dem Heiligen Land
bei dem Rabbiner von Berditschew vorgestellt habe. Beim Anblick dieses Besuchers habe der Rabbi ausgerufen: »Weh! Weh!
Was ist aus deinem Bild von Gott geworden? . . .« Und die Frau
des Rabbiners, die ihren Mann gehört habe, habe den Reisenden
sofort beim Ärmel seines Mantels gepackt und gesagt: »Gehen
Sie, gehen Sie, Reb Nachman, der Rabbi von Berditschew will
Sie nicht sehen und nicht bei sich empfangen . . .« Und all das, so
fuhr der fromme kleine Rabbiner fort, weil Reb Nachman, wie
man sich erzähle, im Heiligen Land vor dem Grab des Gekreuzigten gekniet und gebetet habe. Schlimmer noch: Wie es heiße,
habe er zu denen gehört, die auf den Götzen Steine würfen . . .

»Was?« fielen der Gastwirt Zacharias und kurz darauf Jonas
ein, denn sie hatten die Worte des frommen kleinen Rabbiners
nicht verstanden und verlangten zu wissen:

»Was bedeutet das? Was soll das heißen?«

»Das soll heißen, daß es sich um Abgötterei handelt, bei der
man ein Götzenbild anbetet, indem man einen Stein darauf
wirft.«

»Einen Stein?« Die beiden Schankwirte wechselten einen
Blick. Sie verstanden nichts.

»Ja.«

»Man darf sich also nicht wundern«, fuhr der fromme kleine
Rabbiner fort, »daß solche Dinge solche Konsequenzen haben.
Wer so etwas tut, ist zu allem fähig, zu jeder Art von Sittenlosig-
keit bis hin zur Taufe, was weiß ich?«

»Rabbi!« ließ sich der Kneipwirt Zacharias entfahren, dessen
Blut kochte und dessen Halsadern sich schon blähten, als hätte er
den Widersacher, auf den er sich stürzen mußte, bereits vor
Augen: »Rabbi, worauf warten wir noch, wenn es so ist? Wir
müssen sie doch ausrotten, dieses ganze Ungeziefer, diese Götzenanbeter mit ihren Steinen! Worauf warten wir noch?« Und
mit diesen Worten trat er heftig in die Mitte der Gruppe, vor der
er stand. »Warum lassen wir so etwas zu? Laßt uns nur machen,
mich und Jonas.«

»Nicht wahr, Jonas?« mit diesen Worten wandte er sich zu

seinem Begleiter um, als wollte er ihn zum Zeugen dafür aufrufen, daß sie beide das schon erledigen würden, wenn man sie nur gewähren ließe.

Aber Jonas schwieg. Und in dem Moment, in dem Zacharias Jonas' Zustimmung erwartete, machte dieser nur ein Zeichen zur Tür: »Leiser, leiser, Reb Dudi . . .«

Tatsächlich verstummten in diesem Moment alle Anwesenden auf einmal, denn auf der Schwelle zu seinem Zimmer erschien Reb Dudi, der sich ein wenig ausgeruht hatte und nun für den Sabbat-Empfang bereit war.

Wie jeden Sonnabend trug er einen Schlafrock und kniff nach seinem Schläfchen die Augen zusammen, die sich noch nicht wieder an das Licht der Lampen und an den Anblick der im Eßzimmer versammelten Menschenmenge gewöhnt hatten. Reb Dudi blickte auf die Anwesenden, um die weniger wichtigen Leute – an denen man vorbeigehen konnte, ohne stehenzubleiben – von seinen vertrauten Freunden und wichtigen Personen zu trennen, wie etwa ein Jakob-Jossi, den er als ersten zu begrüßen beschloß . . .

»Eine gute Woche!« wünschte er allen Anwesenden mit leiser Stimme.

»Eine gute Woche!« wurde ihm inbrünstig erwidert.

Reb Dudi ging zum Ehrenplatz am Kopfende des Tischs, seinem gewohnten Platz, neben dem schon lange der reiche Jakob-Jossi auf ihn wartete, der bei seinem Anblick ehrerbietig von seinem Stuhl aufstand und eine Bewegung andeutete, als wolle er dem Rabbi entgegengehen.

Als Reb Dudi seinen Platz einnahm, verstummten urplötzlich alle Gespräche, und die Blicke aller richteten sich auf den, den man als den Hauptredner erwartet hatte.

»Worüber wird gesprochen?« erkundigte er sich, obwohl er es sehr wohl wußte.

»Worüber könnten wir sprechen, wenn nicht über das, was gestern hier vorgefallen ist? Vor allem über dieses Individuum und auch über die Hintergründe, die zu solchen Verirrungen führen?«

»Richtig«, ließ sich Reb Dudi vernehmen, »darüber und über nichts anderes müssen wir sprechen: über die Wurzeln solchen Verhaltens, denn dieser Unglückliche ist nicht schuldiger als das Feuer, das jemand entzündet hat. Die Schuld liegt beim Brandstifter.«

»Wer? Was? Von wem ist die Rede?« hörte man von allen Seiten. Alle spitzten die Ohren.

»Von wem? Natürlich von ihrem Anführer, der selbst am Rand des Abgrunds steht und niemanden davon abhält, sich ihm zu nähern, sondern im Gegenteil jeden hinabstößt.«

»Natürlich, natürlich«, riefen einige aus, welche die Worte des Rabbiners begierig aufgriffen und noch zu übertrumpfen suchten. »Wir hätten es schon längst merken müssen. Wir haben zwar schon mehr als einmal versucht, mit seinem Bruder Mosche Maschber zu sprechen, aber der wollte nichts davon wissen, wollte nicht hineingezogen werden, als ginge ihn das alles nichts an.«

»Natürlich ... Ein Bruder ...«, meinten andere, die auch etwas sagen wollten, »ein Bruder ist nicht derjenige, an den wir uns wenden müssen.«

»An wen dann?« wurde gefragt.

»An ihn selbst, natürlich; wir müssen ihn warnen und ihm klarmachen, daß er selbst verführt worden ist und andere verführt.«

»Das kann nur Reb Dudi tun«, sagte einer der Beherzteren unter ihnen, als sei er es Reb Dudi schuldig, als läge es nunmehr nur an diesem zu handeln, an ihm, dem geachtetsten ersten Rabbiner der Stadt, dessen Wort nicht auf taube Ohren stoßen durfte und dessen Urteil unfehlbar war.

»Ich?« sagte Reb Dudi in einem Ton, als wollte er sich gegen eine Pflicht wehren, »ich? ...« Aber in dem Moment, in dem er ein zweites Wort äußern wollte, vernahm man plötzlich die laute Stimme des Langen Meilach, der sich ebenfalls im Eßzimmer befand: »Seht! Da ist er wieder!«

Die Stimme hörte sich an, als hätte Meilach in einer menschlichen Behausung plötzlich ein wildes Tier auftauchen sehen.

»Wer? Was?« alle Anwesenden wandten den Blick in die Richtung, aus der die Stimme gekommen war.

Mit seinem Ausruf hatte der Lange Meilach auf den Mann aufmerksam gemacht, von dem keine Menschenseele hätte annehmen können, daß er sich nach dem gestrigen Vorfall wieder hierher wagen würde, vor die gleichen Leute.

Es war Michl Bukjer.

Blitz und Donner! . . . Nein, wenn zehn Blitze aus heiterem Himmel eingeschlagen wären, hätten sie nicht einen so verheerenden Eindruck machen können wie diese wiedererstandene Erscheinung, wie die Rückkehr dieses Michl. Dafür konnte es nur eine Erklärung geben: Entweder war er tatsächlich verrückt oder aber ein Mann, der es liebte, mit dem Feuer zu spielen, der es genoß, das Messer an der Kehle und die Schlinge um den Hals zu spüren. Es gab noch eine letzte Möglichkeit: Vielleicht hatte Michl mit seiner schwankenden Natur die gestern begangene Tat bereut, vielleicht war er an den Ort seiner Sünde zurückgekehrt, um seine Schuld vor den gleichen Ohren zu bekennen, die seine schreckliche Blasphemie mit angehört hatten, und den lebenden Gott, der alles verzeiht, um Vergebung zu bitten.

Eine dieser Vermutungen war ohne jeden Zweifel die richtige, aber wie auch immer, Michl glich einem Sterbenden – einem Mann, der sich dem Tod nähert. Wenn es im ersten Moment, in dem Augenblick, in dem der Ausruf des Schammes ertönte, noch möglich gewesen wäre, Michl für ein wildes Tier zu halten, das sich unter Menschen verirrt hatte, war eine Minute später das Gegenteil der Fall, als die Anwesenden Michl sahen, der einige Schritte vortrat, um ins Zimmer zu gelangen. Es war nicht er, der einem wilden Tier ähnelte: Er schien jetzt das einzige menschliche Wesen zu sein, das ohne Waffen unbeholfen in einen Käfig voller wilder Bestien gefallen und dessen Leben sofort bedroht war, dem nur ein einziger Ausweg blieb, nämlich mit blutleeren Lippen die Beichte zu äußern, die man auf dem Totenbett spricht . . .

»Ha! Er ist es! Er ist es tatsächlich!« ertönte es aus allen Mündern, und Michl wurde von bösen Blicken durchbohrt.

Einen Augenblick lang herrschte Stille. Die Blicke aller wanderten von ihm zu Reb Dudi und dann wieder zu ihm zurück. Niemand wagte, etwas zu unternehmen, ohne von Reb Dudi dazu ermächtigt worden zu sein, dem ältesten und verehrtesten von allen, dem Hausherrn. Niemand wagte, etwas zu sagen, Michl anzuschreien, ihn anzugreifen oder gar in Stücke zu reißen, wie sich manche vorgenommen hatten, unter ihnen auch Zacharias und Jonas.

»Laßt ihn eintreten!« sagte Reb Dudi mit leiser Stimme. Das war erstens eine Erlaubnis für Michl, einzutreten, und zweitens ein Verbot, ihn anzurühren, ihm etwas anzutun, bevor Reb Dudi die Lage geklärt und sich die Gründe angehört hatte, die Michl dazu getrieben hatten, wieder herzukommen.

»Also, was wünschen Sie?« fragte Reb Dudi, als Michl nähergetreten war.

»Ich möchte das wiederholen, was ich gestern gesagt habe«, erwiderte Michl. Alle waren wie vor den Kopf geschlagen, vor allem Reb Dudi, dessen Beine in letzter Zeit schon vor Altersschwäche nachgaben und ihn kaum noch trugen, selbst zu normalen Zeiten, wenn es um weniger aufregende Dinge ging. Um so mehr versagten seine Beine ihm jetzt den Dienst, als er sich in höchster Erregung von seinem Platz erhob, nachdem er Michl die gleichen Worte wie am Tag zuvor hatte äußern hören.

Reb Dudi spürte eine Schwäche in den Knien und stützte sich mit den Händen auf dem Tisch ab, um Halt zu haben, und stehend wandte er sich nochmals an Michl, aber nicht wie ein einfacher Untersuchungsrichter, dem das Schicksal des Angeklagten völlig gleichgültig ist, sondern wie ein wohlwollender Richter, der nichts mehr wünscht, als daß der Angeklagte sich von jeder Schuld reinwäscht, damit kein Makel, kein Schandfleck zurückbleibt; aus diesem Grund flüstert er ihm etwas zu und öffnet ihm die Tür zur Reue, tut alles, um ihn von seiner Schandtat zu erlösen.

»Und in welcher Absicht wollen Sie es wiederholen?« wollte Reb Dudi wissen.

»Damit niemand denkt, ich hätte das, was ich gestern gesagt

habe, in einem Augenblick geistiger Verwirrung geäußert, entweder aus Trunkenheit oder Wahnsinn.«

»Und wenn es so war, Ben[1] ...« sagte Reb Dudi in der Art eines Rabbiners bei einem Levirat oder einer Scheidung, wenn er den Namen der Person, an die er sich wendet, und den Namen von dessen Mutter erfahren muß.

»Sohn von Sarah-Feigel«, flüsterte Michl.

»Also, überlegen Sie gut, Michl, Sohn von Sarah-Feigel, wenn es tatsächlich in einem Moment der geistigen Verwirrung geschah, aus Ärger, aus Erregung, dann trägt der Mann in einem solchen Fall keine Verantwortung.«

»Nein«, entgegnete Michl, »ich habe es im Vollbesitz meiner geistigen Kräfte geäußert.«

»Sie erhalten also aufrecht, was Sie gestern gesagt haben?«

»Ja«, bestätigte Michl.

»Also keine Bußfertigkeit, keine Reue?«

»Nein.«

»Und Sie fürchten weder das Urteil dieser Welt noch das der nächsten?«

»Nein, denn es gibt weder Gesetz noch Richter.«

»Wenn das so ist ... im Namen des Herrn und der Gemeinde ... du bist ein Sünder an Israel ... Abtrünniger ... du hast gesündigt und verführst zur Sünde ...«

»Rabbi!« hörte man einen Ausruf, nein, keinen Ausruf, sondern viele Rufe, die alle an Reb Dudi gerichtet waren, aber der lauteste Ruf entfuhr dem Kneipwirt Zacharias, der wie ein wildgewordener Büffel aufsprang: »Rabbi, nur ein Wort, und ich schlage ihn zu Brei.«

»Zu Brei!« Jonas eilte Zacharias zu Hilfe. Mit den Armen, die er bisher auf dem Rücken gekreuzt gehalten hatte, bahnte er sich einen Weg durch die Menge, um sich mit einer Miene, die nichts Friedfertiges an sich hatte, auf Michl zu stürzen.

»Nein!« wehrte Reb Dudi mit einer an alle gerichteten schwachen Handbewegung ab. Er wollte vor allem den beiden Schank-

---

[1] Sohn.

wirten Einhalt gebieten, die ihm hatten zu Hilfe kommen und die ihm angetane Unbill rächen wollen. Wenn er es ihnen nur erlaubt hätte, hätten sie Wort gehalten, wie man ihren zornigen Gesichtern ansehen konnte, und Michl wie versprochen zu Brei geschlagen.

»Nein! Keine Hand darf ihn anrühren. Das ist Sache des Herrn!« ermahnte Reb Dudi seine Anhänger. Niemand legte Hand an Michl, der so unbehelligt das Haus verlassen konnte.

»Das ist Sache des Herrn, der Herr soll ihn zur Rechenschaft ziehen.«

»Nein, Rabbi, das ist unsere Sache! Wir werden ihn zur Rechenschaft ziehen«, riefen Zacharias und Jonas, »wir!«

Die Diskussion hielt den ganzen Abend unvermindert heftig an und kreiste um das gleiche Thema. Man ereiferte sich, ließ sich hinreißen, klagte an, nicht nur Michl, sondern auch die Sekte, der er angehörte, und vor allem deren Anführer und geistliches Oberhaupt, den Mann, der für alles verantwortlich sei, Lusi . . .

In der hitzigen Diskussion wurde gefragt, welche Maßnahmen zu ergreifen seien.

»Das Übel mit Stumpf und Stiel ausrotten!« empfahl der eine.

»Das Nest zerstören!« ein anderer.

»Wir dürfen es in keinem jüdischen Haus mehr dulden!« rief ein dritter aus.

»Es ist noch schlimmer als mit Jossele der Pest. Der hat die Gemeinde zumindest selbst verlassen, aber die hier sind wie Würmer in unserem Bauch!« schrie man von allen Seiten.

Es versteht sich von selbst, daß man an jenem Abend zu einer Entscheidung kam. Die Empörung machte sich zwar im Hause Reb Dudis Luft, war aber zugleich in der ganzen Stadt zu hören. Ebenso selbstverständlich war, daß man sich zunächst an Michl hielt, da man im Moment nicht aller Schuldigen habhaft werden konnte. Die Zahl seiner Schüler wurde Tag für Tag geringer, bis eines Tages nur noch ein einziger übrigblieb, und dieser, ein sehr armer Junge, war völlig außerstande, Unterrichtsgeld zu zahlen. Und am nächsten Tag ließ sich selbst dieser Schüler nicht mehr blicken.

Das Ganze sah nach einem stillschweigenden Bannfluch aus. Michl, seine Frau und seine Kinder bekamen die Folgen schon bald zu spüren. In Michls Haus nistete sich der Hunger ein. Hinzu kam ein Zufall, ein unglücklicher und mißlicher Zufall, in dem die frommen Mitmenschen einen Fingerzeig Gottes zu sehen meinten, der auf bestimmte Taten sofort die Strafe folgen lasse, während es in Wahrheit sie selbst waren, diese frommen Mitmenschen, denen die Strafe zu verdanken war ...

In der Zwischenzeit war der Winter hereingebrochen, und in Michls Haus gab es nichts zum Heizen. Überdies kam um diese Zeit eine Krankheit auf, die stets mit dem Herbstanfang ausbrach und vor allem die Häuser der Armen heimsuchte oder dort wütete, wo sie den günstigsten Nährboden fand.

Sie klopfte auch bei Michl an. Der erste, der von ihr niedergestreckt wurde, war der älteste Sohn, Berl, der kränklich war und von seiner Scherenschleifer-Arbeit ständig geschwollene Beine hatte. Es gab keinen Arzt, kein Heilmittel, keine Rettung; der Wind wehte durch die schadhaften Fenster bis zum Bett des Kranken; der siechte immer mehr dahin, verlor alle Widerstandskraft und starb.

Es war kein Geld da, um ihn zu beerdigen; Michl Bukjer mußte lange mit der Bestattungsbruderschaft und später mit deren Verwalter handeln, zu dem er immer wieder lief, der Michl aber mit der Bemerkung auf Distanz hielt, es gebe schon genug Tote, die Vorrang hätten, und Michl müsse warten, bis sein Sohn an der Reihe war. Erst zwei Tage später wurde der Junge abends abgeholt.

Um das Maß des Unglücks vollzumachen, wurde auch Michls zweiter Sohn Jankele angesteckt, der Junge, der bei einem Buchbinder arbeitete. Man hatte kaum Zeit gehabt, den Älteren aus dem Haus zu schaffen, als Jankele erkrankte und in das Bett gelegt wurde, das kaum erkaltet war ...

Nach kurzer Zeit starb auch der zweite Sohn Jankele wie sein Bruder Berl, und Michl sah sich erneut genötigt, bei der Bestattungs-Bruderschaft vorstellig zu werden, die ihm den Dienst erweisen sollte, auch den zweiten Sohn zu beerdigen.

Da jetzt schon das zweite Kind dahingerafft worden war, raufte sich Michls Frau in ihrem tiefen Schmerz die Haare. In ihrer Verzweiflung hatte sich bei ihr die Vorstellung festgesetzt, daß die Kinder keines natürlichen Todes gestorben seien, sondern daß diese Todesfälle eine von Gott gesandte Strafe für deren Vater sei, die ihm wegen seiner in letzter Zeit begangenen bösen Taten auferlegt worden war. Mehr noch, als sie um ihre toten Kinder weinte, wütete sie gegen den lebenden Michl:

»Weh mir! Schurke! Mörder! Todesengel deiner Kinder! Geh, lauf zu deinen Leuten, zu der Gemeinde, geh zum Rabbiner, damit das Unglück aufhört. Flehe um Gnade!«

Darauf fand Michl keine Antwort. Er blieb wie erstarrt stehen, ohne den Blick von dem Toten abwenden zu können, den man auf dem Fußboden armselig auf Stroh gebettet hatte. Neben dem Kopf des Jungen standen zwei schäbige Kerzenhalter mit brennenden Kerzen. Jedesmal, wenn Michls Frau einen Schrei ausstieß oder ihm Vorwürfe machte, erweckte er den Eindruck, als wollte er sich dem Toten nähern, um die Totenkerzen auszublasen. Aber am Ende tat er es nicht, er stand nur da wie erstarrt . . .

Das sei die erste Strafe Gottes, hieß es in der Stadt, und manche Gläubige empfanden insgeheim ein frommes Vergnügen daran zu sehen, daß der Herr so schnell und ohne Verzögerung handelte . . . Und das, was danach passierte, wie manche Leute es denen, die ihrer Meinung nach eine Strafe verdient hatten, selbst heimzahlten und mit ihnen abzurechnen suchten, werden wir später sehen und an geeigneter Stelle davon berichten.

Wie wir uns erinnern, war an einem bestimmten Abend im Hause Lusis vereinbart worden, daß Mosche Maschbers Haus aus einem bestimmten Grund Sruli überschrieben werden sollte. Mosche Maschbers Vertrauter, šein Anwalt Itzikl Silburg, entledigte sich dieser Aufgabe unter Einsatz seiner Spezialkenntnisse, damit der Vertrag auch nicht die kleinste Lücke offenließ, die es irgendeinem Gläubiger ermöglichen würde, wie auch immer geartete Ansprüchen auf das Haus anzumelden.

In der Vereinbarung hieß es: An dem und dem Tag in dem und dem Monat in dem und dem Jahr geht das Haus Mosche Maschbers mit dem Boden, auf dem es steht, einschließlich von Hof, Garten und sämtlichen Gebäuden und Nebengebäuden, wie etwa Lagerhäusern, Ställen und so weiter, in die Verfügungsgewalt des neuen Eigentümers Sruli Gol über, gegen Zahlung einer Summe von … (an dieser Stelle war die Summe eingesetzt), die der neue Eigentümer, Sruli Gol, dem früheren Eigentümer, Mosche Maschber, gezahlt hat … Unterzeichnet von dem Letztgenannten, beurkundet von einem Notar und mit dessen Siegel versehen. Änderungen und Einschränkungen dieses Vertrags bedürfen der Zustimmung des Vertragspartners, des neuen Eigentümers Sruli Gol.

Und damit nahm Sruli Gol die von Itzikl Silburgs fachkundiger Hand aufgesetzte Urkunde an sich. In der Zeit, da er sich mit dem Notar beschäftigte, hatte der Anwalt nicht ein einziges Mal den Blick zu Sruli und noch weniger zu Mosche Maschber heben können, der düster und enttäuscht dastand. Als Sruli endlich dieses Dokument in der Hand hielt, kam es ihm im ersten Moment so vor, als spürte er dort ein wenig Feuchtigkeit – vielleicht eine Träne, die Mosche Maschber auf das Papier vergossen hatte. Denn die Träne, da war Sruli sicher, hatte er in Mosches Auge gesehen.

Sruli hatte dies vorausgeahnt und sich darauf eingestellt, aber als er das Papier in Händen hielt, wandte er den Blick von Mosche Maschber und sogar von Itzikl Silburg ab, und wortlos und ohne auch nur zu grüßen, verließ er das Haus des Notars und wandte den Zurückbleibenden nur seinen stummen Rücken zu. Dann begab er sich zum zweitenmal, seitdem wir ihn kennen, in eine Kneipe.

Diesmal ging er aber nicht zu Scholem-Aron, denn dessen Lokal hatte er seit dem ersten Mal in schlechter Erinnerung, da dieser sich damals unehrlich verhalten hatte. Er ging auch nicht in das Lokal des Zacharias, denn das war eine Stehkneipe, in der es so eng war, daß man nicht lange bleiben konnte. So begab sich Sruli zu Jonas. Der Weg dorthin war lang, und so hatte er unterwegs die Zeit, an Mosche Maschber zu denken und sich an dessen Miene beim Notar zu erinnern, als der Vertrag aufgesetzt wurde, und sich auszumalen, wie es Mosche jetzt wohl erging. Sruli stellte sich vor, daß Mosche unter anderem auch an Tsali Derbaremdiker dachte. Von diesem erzählte man sich, daß er plötzlich an die Tür klopfte, wenn jemand dabei war, einen Konkurs vorzubereiten und zu überlegen, wem er ein Warenlager oder ein anderes Geschäft überschreiben könnte (Dinge, die man nachts und in aller Heimlichkeit erledigte, wenn niemand etwas sehen konnte, wenn man die Handelswaren im Licht einer Lampe oder einer Kerze verpackte, wog, maß und zählte, bevor sie dem neuen Eigentümer übergeben wurden). Wenn es also plötzlich an der Tür klopfte, bekam man es zunächst mit der Angst, erkannte aber schnell, daß es nur dieser Mann sein konnte, der sich zu einer solchen Stunde einfand, Tsali nämlich, der kam, um seinen Anteil an der geheimen Transaktion einzustreichen. Wenn man ihm den verweigerte, drohte er damit, alles zu erzählen und öffentlich zu machen und sämtliche Gläubiger zusammenzutrommeln, ja, er war sogar dazu fähig, die ganze Stadt aufzuwecken und einen Menschenauflauf auszulösen ... Das weiß jeder in der Stadt, und wenn es klopft und man ihm aufmacht, tritt er nicht ein, sondern streckt die Hand durch den Türspalt, und damit weiß man genau, was diese Hand fordert: Geld, »damit der Hund nicht bellt«. Man steckt ihm einen Betrag zu, den man für ausreichend hält, aber Tsali wirft durch den Türspalt nur einen Blick auf das, was man ihm gegeben hat, und sagt: »Das ist nicht genug ...« Dann weiß man, daß man noch etwas dazulegen muß, denn wenn nicht, wird er nicht gehen. Es kann sein, daß er lange Zeit mit ausgestreckter Hand stehenbleibt, was nachts, wenn nur eine einzige Lampe oder Kerze im Lagerhaus brennt, ziemlich unheimlich ist.

Ja. Mosche Maschber muß in diesem Augenblick die ausgestreckte Hand Tsali Derbaremdikers vor sich sehen. Und gewiß auch Scholem Schmarjon. Obwohl dieser nicht die Hand ausstreckt, sondern lieber seinen unterwürfigen und gerissenen kleinen Kopf zwischen den Schultern versteckt, steht er Tsali in nichts nach. Und im jetzigen Fall, dem Mosche Maschbers, hält er dessen Büro ständig scharf im Auge; wenn dort etwas geschieht, will er mit von der Partie sein, darf nicht zu spät kommen, damit er den Moment nicht verpaßt . . .

Mosche Maschber – so überlegte Sruli weiter – weiß bestimmt schon, daß in letzter Zeit Typen wie »das Kätzchen« um sein Haus und sein Büro herumstreichen, um die Beute nicht zu verpassen und im richtigen Moment zur Stelle zu sein . . . Entweder hielten sie selbst die Augen offen oder versicherten sich dafür der Dienste von Individuen vom Schlage Schmulikls der Faust; und wenn Mosche Maschber von seinem Büro nach Hause geht (oder umgekehrt), dreht er sich ständig um, als könnte ihm jemand hinter seinem Rücken eine Beleidigung nachschreien oder gar Schlimmeres antun.

Als Sruli endlich bei Jonas' Kneipe ankam, bestellte er Getränke für zwei: einmal für sich und einmal für Mosche, als stünde dieser leibhaftig neben ihm oder als trüge er nicht nur seinen eigenen, sondern auch dessen Kopf auf den Schultern.

Nun war Jonas Srulis Position in der Stadt wohlbekannt, und er wußte auch, wie er zu Lusi stand . . . Als er sah, daß Sruli unter seinem Dach trank, war er zufrieden, obwohl er nicht genau wußte, was er daraus machen sollte und wann der günstigste Moment gekommen war. Er kostete das Vorgefühl eines Jägers, der die Beute auf die Falle zulaufen sieht . . .

Nachdem Sruli ein paar Gläser getrunken hatte, begann er wie damals bei Scholem-Aron mit seinem Glas Zwiesprache zu halten . . . Er sprach, und Jonas gab der einzigen Person, die sich sonst noch im Lokal aufhielt, ein Zeichen, Sruli zu belauschen und nach Möglichkeit alles aufzuschnappen, was dieser sagte.

Jener Mensch, ein Tagedieb und Taugenichts mit hochgezogenen Schultern und einem hinterhältigen Blick unter dem tiefsitzenden Mützenschirm, machte sich auf Befehl Jonas' auf leisen Sohlen an Sruli heran. Der Taugenichts zwinkerte nun seinerseits Jonas zu und versicherte ihm so, er könne ganz unbesorgt sein: Der Fisch ist am Haken, und die Worte, die er von sich geben wird, werden meinen Ohren nicht verborgen bleiben.

Da Sruli schon seit langem nichts mehr getrunken hatte und überdies zwei Köpfe auf den Schultern fühlte – seinen und den von Mosche Maschber –, brachte er die beiden Köpfe schon nach den ersten Gläsern durcheinander. Da er aber nur eine Zunge und einen Mund besaß, konnte er die beiden nicht mehr auseinanderhalten und stürzte sich so in eine halbtrunkene Unterhaltung.

»Weißt du, warum ich diese ganze Geschichte brauchte? Es gibt Leute, die mich für einen Totschläger und Wegelagerer halten, der erst dann Ruhe gibt, wenn er das Blut eines anderen vergießt, oder der seinen Haß noch immer nicht vergessen kann, weil man ihn einmal beleidigt hat; sie halten mich für einen Mann, der nicht vergeben kann... Nichts davon! Gar nichts!... Nein, ich bin kein Bösewicht, und die Beleidigung spielt hierbei keine Rolle. Ich schwöre bei dem Branntwein, den ich gerade trinke, daß das nicht der Grund ist. Der Grund ist vielleicht ganz woanders zu suchen. Vielleicht hat man mich dort oben dazu ausersehen, ein strafendes Werkzeug zu sein wie die Peitsche in der Hand des Scharfrichters. Ich bin die Peitsche der Vorsehung, und wenn das so ist, schwöre ich erneut bei diesem Branntwein, daß es damit vielleicht genug sein sollte... Ah? Ich habe Mosche einmal im Haus seines Bruders in einer unangenehmen Situation gesehen und kann mir auch vorstellen, wie es beim Besuch Schmulikls der Faust zuging. Der hat mir einmal erzählt, daß er sich vor diesem Besuch habe Mut antrinken müssen, um überhaupt zu wagen, die Botschaft des ›Kätzchens‹ zu überbringen. Er hatte sich im Hause Mosche Maschbers zusammengenommen und sich ganz sanft und behutsam verhalten, und trotzdem ließ sein Faustschlag alles erzittern, was auf dem Tisch stand, die Gläser in den Wandschränken und die Fensterscheiben. Dieser Vertrag, den ich jetzt in der Tasche habe, dieser Vertrag, von dem ich das Gefühl habe, daß er von einer Träne angefeuchtet ist, die – wer weiß? – aus dem Auge Mosches darauf gefallen ist, ja, ich bin sicher, sie in Mosches Auge gesehen zu haben, diese Träne... Und wenn es so ist, wäre es nicht dann an der Zeit für mich, damit aufzuhören, die Peitsche zu spielen? Es sieht ganz so aus, als hättest du dein Gläschen schon bis zur Neige geleert? Sollte man dir nicht zum Trost noch eins anbieten?«

»Nicht wahr?« Damit wandte sich Sruli an Mosche Maschber, als wollte er um dessen Zustimmung bitten.

»Ja«, schien die Antwort zu lauten; und er wandte sich zu der Person um, die hinter ihm saß. Er hielt sie irrtümlich für einen Kellner und bat den Burschen um die Freundlichkeit, ihm ein neues Glas zu bringen: er habe die Absicht, es einem ihm nahestehenden Menschen anzubieten.

»Nun? Was redet der Kerl zusammen?« wollte Jonas wissen, als der Taugenichts mit der Bestellung kam.

»Ich begreife kein Wort, er will noch ein Glas«, erwiderte der Tagedieb mit einem Augenzwinkern; er zeigte mit einem Finger auf die rechte Seite der Kehle und deutete damit an, Sruli sei »voll bis zum Hals« . . .

»Los, bring ihm das Glas und lausche weiter.«

»Wozu?«

»Ich habe meine Gründe. Tu, was ich dir sage.«

Als der Tagedieb Sruli das bestellte Glas gebracht hatte, musterte er ihn zunächst mit einem erstaunten Blick; er hatte schon vergessen, was er bestellt hatte. Als der andere ihm sagte: »Ein Glas . . . Sie haben ein Glas bestellt . . .«, erinnerte sich Sruli: »Ja . . . tatsächlich . . . .« Und mit Tränen in den Augen goß er dem anderen, Mosche Maschber, den er eben noch fast vergessen hatte, das Glas bis zum Rand voll.

In dem Lokal herrschte nachmittägliche Stille. Außer Jonas, der in Hemdsärmeln hinter seinem Tresen stand, und dem Burschen aus der Unterwelt war sonst niemand anwesend. Und Sruli, der schon einigermaßen beschwipst war und immer wieder mit einem Finger der rechten Hand vor den Augen herumwedelte, als wollte er sich wegen etwas ermahnen, was leicht in Vergessenheit geraten konnte, füllte Sruli also das von Jonas' Mitarbeiter gebrachte Glas für Mosche, der ihm, wie es ihm vorkam, auf einem Stuhl gegenübersaß. Er forderte ihn zum Trinken auf und hielt ihm die folgende Ansprache:

»Sie sollten trinken und nicht weinen, Mosche Maschber, denn der Scharfrichter hat nicht Sie persönlich im Auge gehabt, sondern alle Leute Ihres Schlages in Ihrer Gestalt; das ist so etwas wie eine Anspielung auf die Tatsache, daß jeder Hochgestellte tief fallen kann und daß jemand, der ganz unten ist, sehr hoch steigen kann. Was mich betrifft, die Peitsche des Scharfrichters, so wissen Sie sehr wohl, Mosche, daß es für mich keine Ehre ist, als Rute zu dienen und auf unehrenhafte Gegner einprügeln zu müssen, ganz zu schweigen von einem ehrbaren Mann wie Ihnen ... Das gefällt mir ganz und gar nicht, und ich finde auch nicht das geringste Vergnügen daran. Und wenn Sie wissen wollen, Mosche Maschber, wer das alles getan hat: Ich bin's gewesen, ich, Sruli. Ich habe mich gegen meine Bestimmung aufgelehnt und dem Scharfrichter die Rute entrissen, das heißt der Vorsehung, gegen die ich ankämpfe, seit ich denken kann. Denn ich habe mit ansehen müssen, wie sie die einen erhebt, die es nicht verdienen, und die anderen ins Unglück stürzt. Und so habe ich ihr wenigstens einmal in meinem Leben ein Schnippchen geschlagen, mich einmal dem unabwendbaren Verhängnis und der Willkür widersetzen wollen ... Und vielleicht habe ich es nicht für Sie getan, Mosche, sondern für Ihren Bruder Lusi, der mir (das sage ich Ihnen ganz im Vertrauen) sehr, sehr nahesteht ... He?«

»Was faselt er da hinten?« fragte Jonas und gab seinem Lauscher ein Zeichen. Er begnügte sich nicht mit diesem Zeichen, sondern kam in Hemdsärmeln hinter seinem Tresen hervor und ging auf den trinkenden und Selbstgespräche führenden Sruli zu.

»Ich begreife kein Wort. Er scheint sich mit einem gewissen Mosche Maschber zu unterhalten. Er spricht von einem Geheimnis, einem Loch, einer Peitsche, von Ruten, Schlägen, weiß der Teufel, wovon sonst noch.«

»Du verstehst nicht? Dann laß mich machen«, sagte Jonas und nahm die Stelle des Tagediebs ein. Er setzte sich hin und spitzte die Ohren.

»Ich will also sagen«, fuhr Sruli fort, ohne auf das zu achten, was hinter seinem Rücken vorging, »daß es mir nicht zur Ehre gereicht, eine Rute zu sein, in wessen Händen auch immer. Und Sie sollen wissen, Mosche Maschber, daß es nicht meine Absicht war, Sie zu demütigen oder herauszufordern, sondern ich habe nur das getan, was im Hause Lusis vereinbart worden ist . . . Für Sie ist das eine Demütigung, eine Erniedrigung, und Sie fragen sich, was die Welt dazu sagen wird, und jetzt finden Sie keine Worte mehr, um Ihre Gefühle auszudrücken, und haben nichts als Tränen; das wird aber nicht lange dauern. Die Welt hat schon Schlimmeres gesehen. Man hat es bei Menschen gesehen, die nichts mehr zu verlieren hatten, und bei anderen, die aus weit größerer Höhe gefallen sind, als Sie, Mosche, es jetzt erleben. Wie dem auch sei: Für Leute wie mich sind solche Dinge ein Gebet wert; und ich verspreche Ihnen eins – obwohl ich nicht Gott bin –, nämlich daß Ihr Weinen irgendwo erhört werden wird . . .

Was? Sie weinen schon wieder? Das zeigt, wie betrunken Sie sind, daß Sie schon ganz wirr im Kopf sind und sich ausruhen müssen, Mosche . . . Nein, nicht Sie, Mosche, sondern ich, Sruli, denn sonst könnte man mich hier, in diesem Lokal, für einen Trunkenbold halten und schlecht von mir denken.«

Sruli fuhr herum und entdeckte hinter sich die beiden Gestalten. »Was ist los? Also, meine Herren, was würden Sie zu einem kleinen Schläfchen sagen? Hier, in diesem Haus, denn ich fühle mich nicht in der Lage, nach Hause zu gehen.«

»Warum nicht?« bemerkte Jonas, »wenn Sie nur Geld für die Übernachtung haben.«

»Habe ich, habe ich. Natürlich habe ich Geld. Da haben Sie's!« sagte Sruli und begann zu zahlen, erst für seinen Verzehr und dann für das Bett, das man ihm gleich anbieten wollte.

Er zahlte. Natürlich zahlte er ein wenig zuviel. Und selbst nachdem er zuviel auf den Tisch gelegt hatte, blieb ihm immer noch genug Geld, um die Augen des jungen Tagediebs wie bei einer Katze in der Dunkelheit glitzern zu lassen. Wenn es sich risikolos hätte machen lassen, hätte er Srulis Geld liebend gern selbst eingesteckt, denn Geld kriegte er nie genug.

»Bring ihn zu Brocha«, wies Jonas den Burschen an. Der

junge Tagedieb nahm Sruli bei der Hand, denn dieser hatte vergeblich versucht, sich aus seinem Stuhl zu erheben, war aber dann kraftlos, und weil er das Gleichgewicht nicht halten konnte, wieder auf den Sitz zurückgefallen.

»Mach mit ihm, was du willst, nimm ihm ab, was du für richtig hältst, aber sorge dafür, daß ihm was geboten wird«, empfahl Jonas seinem Laufburschen, halb mit Worten und halb mit Zeichen, die der andere, wie man sagen könnte, sofort verstand . . .

Brocha wohnte nicht fern von dem Lokal am Ende des dritten Rings in einer Nebenstraße, in der man die Häuser auf großen Höfen gebaut hatte, die weitläufigen leeren Flächen ähnelten. Wer außerhalb der hohen Zäune stand, hätte kaum glauben können, daß sich Leute gefunden hatten, die dort ihr Haus oder irgendein Bauwerk hatten errichten wollen.

Dieser versteckte Winkel war für Leute wie Perele oder Ilioveche, die wir schon kennen, eine Art Zufluchtsort. Menschen dieses Schlages verrichten ihre Geschäfte im Dunkeln, fern von den Blicken der anderen. Dort wurden die schwangeren jungen Mädchen bis zu ihrer Niederkunft versteckt. Hier hatte Ilioveche eine Heimstatt, in der sie ihre Säuglinge und kleinen Bastarde loswerden konnte, indem sie sie nämlich so ernährte, daß sie schnell grün und gelb wurden und möglichst rasch ihren Geist aufgaben, um so ihre Bettchen für andere frei zu machen.

Und hier lebte auch Brocha, Brocha die Küferin, wie man sie nannte, aber nicht weil ihr Ehemann Küfer war. Es war ein ehrenrühriger Spitzname, den sie ihrem schändlichen Gewerbe verdankte, aber die wahre Bedeutung des Worts werden wir aus bestimmten Gründen hier nicht enthüllen.

Kurz, Brocha besaß ein »Haus«, in dem vor allem sonnabends oder an Feiertagen junge Handwerker entweder einzeln oder in Gruppen erschienen, für die man ständig ein paar »junge Mädchen« bereithielt, die dort Kost und Logis erhielten. Wenn die Stammbesetzung des Hauses nicht ausreichte, konnte Brocha auf die Ammen oder künftigen Ammen Pereles und Ilioveches zurückgreifen, die ihr gegen eine unbedeutende Summe zu Hilfe kamen . . .

Im Vorderzimmer roch es nach Schimmel wie in einer von ihrem Wirt aufgegebenen Kneipe; die Wände waren entweder unverputzt, oder der Putz war schon seit langem abgebröckelt; die Decke war niedrig, die Fußbodendielen hatten sich verzogen und waren voller Risse; außer einem schlecht zusammengezimmerten Tisch und ein paar Bänken gleicher Güte sowie ein paar Bildern an den Wänden, die Besuchern die Wartezeit verkürzen sollten, war das Zimmer nicht möbliert.

Bild Nummer eins: ein tapferer russischer Kaiser mit Degen und Achselschnüren und einem milchweißen Gesicht wie ein Engel auf einer Farblithographie; in der einen Hand hält er den Tschako und einen Handschuh und stellt das eine Bein vor wie ein Kavallerist . . .

Bild Nummer zwei: Ein Türke mit grünen Pluderhosen starrt eine nackte Frau an, die gerade dem Bad entsteigt. Dieses Bild war der bevorzugte Blickfang von Brochas Gästen, wenn sie warten mußten.

Brocha war dreißig Jahre alt, hochgewachsen und von heiterem Gemüt. Wenn sie sah, daß ein Besucher von diesem Bild fasziniert war, trat sie zu ihm, versetzte ihm einen leichten Klaps auf den Rücken und sagte sanft und freundschaftlich:

»Warum nur ansehen?« Meist fügte sie die Worte hinzu: »Ansehen, das läßt einem doch nur das Wasser im Mund zusammenlaufen . . . Sie wird gleich frei sein . . .« Damit wies sie auf die Tür, die zu dem zweiten Zimmer führte. Der Kunde hatte keinerlei Erklärungen Brochas nötig, sondern wartete nur ungeduldig darauf, daß die Tür aufging.

Dort, in dem zweiten Zimmer, empfing eine bestimmte Art Frau ihre Kunden auf einem zweckdienlichen Bett. Die Luft war stickig, und es roch nach nicht übertrieben sauberer Wäsche und Kleidung. Die Frauen selbst rochen nach einfachen, stark gewürzten und billigen Speisen.

Wenn sich die Besucher an einem Wochentag gelegentlich rar machten, erlaubten es sich die Frauen, mit einem Kunden etwas länger zu verweilen: zunächst im vorderen Zimmer, wo sie einen nackten Arm um den Hals des Mannes schlangen, dann im zweiten Zimmer, wo sie ihm ein wenig mehr Zeit widmeten als üblich . . .

Als Jonas' Abgesandter mit Sruli am hellichten Tag bei Brocha eintrat, war niemand von der Stammbesatzung da. Der Taugenichts gab Brocha mit einem Augenzwinkern zu erkennen, was für einen Mann er ihr gebracht hatte und was von ihr erwartet wurde. Sie lief sofort zu einem der benachbarten Häuser, zu Perele oder Ilioveche, um dort eines von deren Mädchen »auszuleihen«. Sobald sie eins gefunden und mitgebracht hatte, rannte sie atemlos zu Sruli. Sie verbreitete einen üblen Geruch von irgendeiner ungenießbaren Speise – sie hatte gerade gegessen – und fragte Sruli: »Was kann ich für dich tun, Schätzchen? Wonach steht dir der Sinn?«

»Du? Nichts!« entgegnete Sruli mit einem verwunderten Blick auf das Ohrgehänge der Frau mit großen und kleinen Ringen, die wie Faßbänder wirkten. Er verstand nicht, was sie von ihm wollte: »Ein Bett. Ich will schlafen.«

»Also pennen? Mit oder ohne . . .?« fragte die Frau dreist, wobei sie Sruli die Hand auf den Nacken zu legen versuchte und ihm ins Weiße der Augen blickte. Als Sruli der ausgestreckten Hand geschickt auswich, flüsterte die Frau ihm etwas ins Ohr, so daß Sruli, wie betrunken und derlei Dingen entwöhnt er auch sein mochte, sich plötzlich für einen Augenblick fast ernüchtert und zugleich von etwas anderem trunken fühlte.

»Also?« wiederholte die Dirne und näherte sich nochmals, um Sruli etwas ins Ohr zu flüstern. Für einen Moment sahen Srulis Augen klar. Er sah sich im Zimmer um und spürte, daß er sich am falschen Ort befand, daß der Ort sehr unbehaglich wirkte und daß er hier vielleicht eine böse Überraschung erleben würde. Dieser hellsichtige Moment war jedoch von kurzer Dauer, dann wurde ihm wieder ganz wirr im Kopf. An das, was anschließend geschah, erinnerte er sich nur schwach und verwirrt, ohne sicher zu sein, was eigentlich vorgefallen war.

Es kam ihm vor, als läge er auf einem Bett, neben der Frau, die ihn atemlos begrüßt und ihm Albernheiten ins Ohr geflüstert hatte. Außerdem kam es ihm vor, als stünde ein Mann neben dem Bett, nämlich der Bursche, der ihn von Jonas' Kneipe zu Brocha gebracht hatte. Sruli hatte das Gefühl, daß dieser Mann mit Brocha ein paar rätselhafte Worte geflüstert hatte, als er selbst sich auf das Bett zubewegte: Er hatte der Dirne auch mancherlei Zeichen und Verhaltensmaßregeln gegeben, wie sie mit Sruli verfahren solle.

Außerdem hatte Sruli das Gefühl, daß Jonas' Abgesandter ihn wie einen Holzklotz brutal von einer Seite zur andern herumgedreht und in seinen Taschen gewühlt hatte. Fast schämte Sruli sich, es sich einzugestehen, aber ihm war auch, als hätte der andere ihm nicht nur das Geld aus der Tasche genommen, das ihm nach dem Bezahlen der Zeche bei Jonas geblieben war, sondern als hätte der Bursche ihn auch ohne viel Federlesens aus dem Bett geworfen und seinen Platz neben dem Mädchen eingenommen. Und was dann zwischen den beiden vorgegangen war, daran wagte sich Sruli vor Scham kaum zu erinnern . . .

Er hatte ferner das Gefühl, als hätte er eine Zeitlang auf dem Fußboden gelegen, nachdem ihn der Bursche aus dem Bett geworfen hatte, und als hätte ihn die Berührung mit dem kalten Fußboden ein wenig ernüchtert. Er hatte auch bemerkt, daß sich das Zimmer mit zwielichtigen Gestalten gefüllt hatte, die von der Straße oder von weit her gekommen waren. Sie alle sahen so aus wie der Mann, der ihn hierhergebracht hatte; auch Brochas Dirnen hatten sich in großer Zahl eingefunden. Sie trugen schlechtsitzende Kleider, tief ausgeschnittene, aufgeknöpfte Blusen und Ohrringe, die so groß waren wie Faßbänder . . . Brocha und die Dirnen kniffen sich in den Bauch und lachten sich halb tot, und als sie Sruli auf dem Fußboden ausgestreckt sahen, überschütteten sie ihn mit unflätigen Schimpfworten . . . Dann richteten ihn ein paar Männer auf und begannen, ihn anzuziehen, setzten ihm die Mütze verkehrt herum auf, so daß der Schirm in den Nacken zeigte, und brachten ihn zur Tür . . . Dann begannen die Frauen, all diese Brochas, laut zu schreien, als wären sie wütend und erregt, damit die gesamte Straße und alle Nachbarstraßen es hören konnten:

»Lüstling! Hurenbock! Am hellichten Tag zu den Frauen zu gehen! . . .«

»Sie haben ihn bei einer Frau erwischt«, riefen andere, die von der Straße hereingelaufen waren, »zieht ihm die Hosen herunter! Man sollte ihn zum Rabbiner bringen, diesen alten Sünder!«

O ja, er schämte sich . . . Sruli konnte noch von Glück sagen, daß der Tagedieb, der ihm die Taschen geleert hatte, den Vertrag nicht entdeckt hatte, den er bei sich trug. Der Bursche hatte ihn zwar in der Hand gehabt, aber da er nichts von dessen Wert und Bedeutung begriff, hatte er ihn wieder in die Tasche gesteckt. Sruli konnte sich auch glücklich schätzen, daß sich keine Hitzköpfe gefunden hatten, die ihn in seiner Trunkenheit in die Innenstadt geschleppt und einen Menschenauflauf verursacht hatten, einen Menschenauflauf, der noch größer war als bei einer Heirat reicher Leute oder einer großen Beerdigung. Es war ein weiteres Glück für Sruli, daß man ihm nicht noch schimpflichere Dinge antat, wie es in solchen Häusern manchmal vorkommt. Sie hätten ihm etwa die Hosen herunterziehen oder seinen Kaftan umkrempeln oder ihm ein mit Federn geschmücktes Sieb auf den Kopf setzen können . . .

Ja, das hätte passieren können . . . Aber mochte sich Sruli auch einigermaßen aus der Affäre gezogen haben, ein Schankwirt wie Jonas hätte sich trotzdem befriedigt zeigen können, wenn er Sruli so gesehen hätte: Denn selbst bei einer mittelgroßen Menschenmenge hätte es gereicht, ihn mit verkehrt herum sitzendem Mützenschirm zu sehen. Schon dieses Bild wäre demütigend genug gewesen, wie Sruli schaudernd aufging, als er wieder nüchtern war.

Er erinnerte sich, daß er sich inmitten des Geschreis kaum aufrecht halten konnte, daß seine Beine nachgaben und er das Gefühl verspürt hatte, über einen Stein zu stolpern, so daß es ihm nur mit großer Mühe gelungen war, einen Sturz zu vermeiden. Wie er sich zu erinnern meinte, war er tatsächlich mehrmals hingefallen, aber die Schreie der Umstehenden hatten ihn wieder in die Wirklichkeit zurückgeholt und auf die Beine gebracht, aber er war trotzdem wieder gestolpert und hingefallen.

Er hätte auch schwören mögen, daß er sich bei der Rückkehr in die Straße, in der sein Haus stand, nicht mehr bis nach Hause schleppen konnte und erschöpft neben einem Zaun zusammengebrochen war. Und in jedem Moment erschien ein neuer Bekannter, um sich dem Kreis der Umstehenden anzuschließen und ihm die Hand hinzuhalten, um ihm beim Aufstehen behilflich zu sein; aber da er zu schwer und zu schwach war, erkannte der andere, daß es unmöglich sein würde, ihn von der Stelle zu bewegen; und so versuchte er wenigstens, die Menge der Neugierigen und Müßiggänger zu vertreiben, die sich um Sruli versammelt hatten.

»Was habt ihr hier zu suchen, ihr Gaffer? Habt ihr so etwas noch nie gesehen? Los, verschwindet!« rief der Freund oder Bekannte der Menge zu. Sruli glaubte immer, die Stimme des Freundes wiederzuerkennen und daß es ihm auch gelingen würde, ihn bei seinem Namen zu nennen, aber seine Trunkenheit hinderte ihn daran, und wenn er es gekonnt hätte, hätte er sich zu sehr geschämt, den Namen auszusprechen.

Es waren ein paar Anhänger Lusis, die wohl zufällig vorbeikamen. Manchmal schien es Sruli, als hätte sich – oj weh! oj weh! – Lusi selbst über ihn gebeugt und ihn mit leichter Hand berührt, und das beschämte ihn sehr und ließ ihn den Kopf abwenden, damit Lusi ihn nicht in diesem Zustand sah.

Mit einem Wort: Sruli erinnerte sich zwar an die Stunden seiner Trunkenheit, jedoch nur äußerst vage. Er erinnerte sich an das, was tatsächlich passiert war, aber auch an das, was nur möglich war: Etwa daran, daß er mit Brochas Dirne durchaus nicht in aller Unschuld auf dem Bett gelegen hatte.

Ein paar Stunden später erfuhr Lusi von dieser Geschichte . . . Von wem? Von Sruli selbst, der nicht wünschte, daß Lusi sie von anderer Seite erfuhr. Sruli erzählte alles, ohne etwas auszulassen und ohne auch nur die kleinste Einzelheit zu verschweigen. Er versuchte nicht einmal, sich von seiner zweifelhaften Schuld reinzuwaschen, nämlich der Intimität mit Brochas Dirne, an die er selbst, wie wir wissen, allerdings nur wenig glaubte.

Lusi war sprachlos, als er alles gehört hatte, sagte aber nichts. Trotzdem wußte er sehr gut, daß die Stadt wegen der Affäre mit Michl ohnehin schon genug gegen ihn und seine Anhänger aufgebracht war und daß eine ähnliche Geschichte nur weiteres Wasser auf die Mühlen seiner Gegner sein würde. Obgleich er das alles sehr wohl wußte, sagte Lusi kein Wort und machte Sruli keinerlei Vorwurf. Er war sich zwar sicher, daß man Sruli nichts vorwerfen konnte, denn er hatte dessen Worten entnommen, daß er sich nicht aus eigenem Antrieb zu Brocha verirrt hatte. Es war vielmehr eine fremde Hand gewesen, die Hand des Kneipenwirts Jonas, der Sruli aus unerfindlichen Gründen auch dazu verleitet hatte, sich zu betrinken. Ja, das stand fest, aber ein anderer an Lusis Stelle wäre in Vorwürfe und Vorhaltungen ausgebrochen, einmal wegen des Trinkens ganz allgemein, dazu noch bei einem Burschen wie Jonas. Denn dieser Jonas, den Sruli erwähnt hatte, gehörte nicht gerade zu denen, mit denen ein anständiger Mann etwas zu tun hat; man durfte nicht einmal seine Schwelle überschreiten ... Wozu sich dann in die Höhle des Löwen begeben?

Nein, Lusi sagte kein Wort. Nachdem er sich die Geschichte angehört hatte, senkte er den Blick, um Sruli nicht noch mehr zu beschämen. Um nicht länger als unbedingt nötig bei ihm zu bleiben, drehte er sich rasch um und betrat das zweite Zimmer, sein Schlafzimmer.

Dieser Raum war klein und wurde durch ein einziges Fenster erhellt, das nur wenig Tageslicht einließ. Überdies verhinderte ein Vorhang, daß neugierige Augen einen Blick ins Haus warfen, wie es sonst in jenem Teil der Stadt üblich war ... In der bescheidenen Kammer befand sich nichts als ein Tisch, ein paar Stühle, eine Schlafbank, und auf dem Fußboden lag ein einfacher Teppich. Nur eine Ecke des Raums blieb frei und ohne Möbel. Lusi hatte sie dem Gebet und seinen einsamen Meditationen vorbehalten.

Sobald er zu Hause war, schloß er die Tür hinter sich und

sicherte sie mit einer Kette. Das war ein Hinweis darauf, daß er ungestört bleiben wollte, und Sruli hielt sich strikt an diesen Wunsch. Er störte Lusi in diesen Stunden nie und achtete darauf, daß es auch kein anderer tat.

Hätte jemand in einem solchen Moment durch ein Fenster oder eine Tür einen Blick auf Lusi geworfen, hätte er ihn mit dem Gesicht zur Wand in der Ecke stehen sehen, als würde sich gleich eine Tür vor ihm auftun und ihm Durchlaß gewähren . . . Das war die Stunde, in der Lusi betete. Er rezitierte die Gebete nicht auf traditionelle Weise, indem er die Worte des vorgeschriebenen Gebetbuchs wiederholte, sondern in seiner Muttersprache, dem Jiddischen, wie es Rabbi Nachman von Bratslav seinen Anhängern empfohlen hatte, wenn das Herz überquillt.

»Vater im Himmel«, sprach Lusi vor der Wand, die er als lebendig empfand, als strahlte sie eine süße Wärme aus. »Du, der Du das Gewicht und die Masse Deiner dreihundertzehn Welten mit ihren Sonnen, Monden und Sternen trägst, die ihr Dasein allein der Gnade Deines heiligen Atems verdanken, der ihnen Leben und Rechtfertigung verleiht . . . Vergib Deinen niedrigen Geschöpfen, die nichts als Staub der Erde sind und von denen man nichts fordern darf . . .«

Lusi fuhr mit dem Gebet fort: »Vergib unter anderem einem Michl Bukjer, der es in seiner ganzen Nichtigkeit wagt, sich Dir zu widersetzen. Aber was kann der Widerspruch eines Wesens wert sein, das vor Dir wie weicher Ton in der Hand eines Töpfers ist? Liegt es denn nicht in Deiner Hand zu entscheiden, ob er sein soll oder nicht, vergleichbar dem Wind, der bald da ist, bald verschwindet . . . Und, o Herr, vergibt auch Sruli Gol, von dem ich gerade vernommen habe – o Herr, was habe ich vernommen –, und wenn er nicht begangen hat, was man vermuten könnte, wird alles gut sein, und hat er es doch getan, wird dadurch auch nicht der geringste Schatten auf die Ehre des Herrn fallen, nicht der kleinste Fleck wird sein Gewand beschmutzen.

Ich bete für sie, ebenso wie ich für mich selbst beten würde; als wäre ich an ihrer Stelle, und wenn es so wäre – da bin ich mir sicher –, hätte ich wie sie gehandelt, und sie hätten sich vielleicht genauso vor die Wand gestellt und für mich gebetet . . . Es steht geschrieben, daß die Welt erschaffen worden ist, damit einer für den anderen einsteht und sich im Guten wie im Bösen als dessen Gefährte empfindet, denn was würde sonst aus der Menschheit werden, Vater im Himmel, die Du für die Mühsal und die Plage erschaffen hast . . .

Vergib und verzeih«, sagte Lusi und blieb lange vor der Wand stehen, denn sein Herz war voll all der Dinge, die er in seiner religiösen Glut äußern wollte. Eine Süße entströmte seinem Mund, und er war wie ein Mann, der zwar selbst in Not, aber dennoch voller Mitgefühl für das Unglück seiner Nächsten ist.

Er blieb lange Zeit schweigend vor der Wand stehen. Und er konnte sich auch nicht entschließen, sie zu verlassen, als wäre sie ein Teil seiner selbst geworden. Wir wissen nicht, wie lange sein Gebet noch währte . . . Aber als Lusi in das Vorderzimmer zurückkehrte, in dem sich Sruli während seiner Abwesenheit aufhielt, glich er einem Mann, der sich durch Eintauchen in Heiliges Wasser gereinigt hat. Sein Gesicht wirkte feucht, war zweifellos in Tränen gebadet, aber seine fröhlichen Augen drückten die Zufriedenheit eines Menschen aus, der von einem Ort zurückkehrt, an dem er für sich oder für einen anderen etwas erlangt hat, nachdem er lange Zeit an ein hohes Portal geklopft hat . . .

In diesem Moment trat Sruli plötzlich an Lusi heran; es war eine seltsame und unerwartete Annäherung, deren Zweck man noch vor einer Minute kaum hätte ahnen können. Er näherte sich also Lusi, hielt ihm ein Blatt Papier hin und bat ihn, es an sich zu nehmen.

»Was ist das?« fragte Lusi.

»Das ist der Vertrag, den ich mit deinem Bruder Mosche Maschber geschlossen habe, der mir sein Haus überschrieben hat.«

»Und?«

»Ich will ihn nicht bei mir haben.«

»Warum?«

»Weil ich ihn schon einmal um ein Haar verloren hätte oder

Gefahr lief, daß er in die falschen Hände geriet, nämlich als ich in diesem gewissen Haus landete, von dem ich dir heute erzählt habe. Ich habe Angst, das könnte mir ein zweites Mal passieren.«

»Ein zweites Mal?« fragte Lusi, über dessen Stirn ein Schatten huschte wie eine Wolke. »Dann laß den Vertrag doch zu Haus.«

»Nein, ich halte es nicht für sicher, ihn im Haus zu lassen. Ich könnte in Versuchung kommen, mich seiner zu bedienen.«

»Um was zu tun?« hakte Lusi nach.

»Es könnte sein, daß ich ihn beleihen möchte, wenn ich Geld brauche, und das würde deinem Bruder großen Schaden zufügen, und sei es nur, daß andere Gläubiger vorzeitig davon erfahren oder alle auf einmal angestürzt kommen und ihm die letzte Möglichkeit rauben, wieder auf die Beine zu kommen. Und dafür hast du dich verbürgt. Du hast deinem Bruder versichert, daß der Vertrag in sicheren Händen sei und daß keinerlei Mißbrauch damit getrieben werde, bis Mosches Lage sich gebessert hat.«

An dieser Stelle muß gesagt werden, daß Sruli Lusi nur auf die Probe stellen und sehen wollte, wie groß dessen Vertrauen zu ihm war, das heißt, er wollte in Erfahrung bringen, inwieweit Lusi ihn für fähig oder nicht fähig hielt, Wort zu halten oder das Versprechen zu brechen, dem Lusi vertraute.

Wir müssen hinzufügen, daß Lusi zunächst nicht verstand, sich dann aber vergewisserte, daß Srulis Schwäche, deren er sich beschuldigte, nur eingebildet war, denn in Wahrheit besaß er in dieser Hinsicht genug Festigkeit und Beharrlichkeit.

»Nein!« erklärte Lusi mit einer Handbewegung und wies das Blatt zurück, das Sruli ihm hinhielt. »Ich nehme es nicht, ich habe Vertrauen zu dir.«

»Was aber geschehen muß, wenn bei mir Gut und Böse durcheinandergeraten und eine Situation entsteht, in der ich den Wunsch verspüren könnte, einem Bedürftigen wie etwa Michl Bukjer zu helfen? Wie du weißt, hat sich alle Welt von ihm abgewandt, und er steht ohne Broterwerb da. Außer dem Unglück, das ihn schon getroffen hat, dem Tod seiner Kinder, läuft er jetzt auch noch Gefahr, den Rest seiner Familie zu verlieren, seine Frau und die Kinder, die ihm noch geblieben sind. Und sollte ich den Wunsch haben, ihm zu Hilfe zu kommen, brauche ich Geld, das ich vielleicht gar nicht besitze, denn in diesem Augenblick habe ich nichts weiter in der Hand als diesen Vertrag: Bevor dein Bruder ihn nicht zurückkauft, kann ich folglich nichts unternehmen. Was soll ich also tun? ...«

»Du sollst tun«, entgegnet Lusi, »was du für richtig hältst. Du hast genug Urteilsvermögen, um selbst zu wissen, was du in einer solchen Situation zu tun hast.«

Als Sruli sein letztes Argument vorbrachte und dabei Michl Bukjer erwähnte, war Lusi klar, daß Sruli es nicht ernst gemeint hatte, sondern ihn nur hatte auf die Probe stellen wollen.

»Nein«, sagte er, »ich will den Vertrag nicht haben.«

Sruli steckte also den Vertrag scheinbar leicht ärgerlich wieder ein, aber seine Augen glitzerten, als er ein befriedigtes Lächeln unterdrückte. Er spürte, daß Lusi seine Beharrlichkeit und Gewissenhaftigkeit nicht anzweifelte. Dennoch hatte er alles getan, um in Lusi Zweifel zu wecken ... Dadurch fühlte er sich noch mehr zu Lusi hingezogen ... Sruli war feierlich zumute. Und da er vorhin in seinem Gespräch mit Lusi Michl Bukjer erwähnt hatte, wünschte er diesen jetzt herbei. Es durchlief ihn wie ein Prickeln: Er wollte sofort, auf der Stelle, das erledigen, was er sich vorgestellt hatte: nämlich Michl zu helfen. So hielt Sruli es immer, wenn ihm plötzlich ein Einfall kam ...

Aber als er sich in der Absicht, etwas für Michl zu tun, zu Lusi umwandte, hörte er, wie die Küchentür aufging: Auf der Schwelle des Vorderzimmers erschien ... niemand anders als Michl.

»Michl?«

»Ja.«

Es war die Zeit, in der Michl noch um seinen zweiten Sohn trauerte. Er trug eine schäbige Pelerine ohne jedes Futter, die ihn nur schlecht vor der Kälte schützte und ihn die Schultern fröstelnd hochziehen ließ.

Michl trat ein. Er war blaugefroren vor Kälte. Sein einst

rötlicher Bart hatte inzwischen eine schmutziggraue Farbe angenommen. Seine Falten hatten sich noch tiefer ins Gesicht eingegraben und wirkten wie mit Lehm gefüllt.

Er hatte gerade sein Haus verlassen. In einem der Fenster hing
neben einem Glas Wasser, das mit einem Tuch zugedeckt war,
eine kleine Lampe, die einen flackernden Lichtschein abgab,
wie es bei einer Stätte der Trauer üblich ist. Davor saß Michls
Frau auf einem Kopfkissen ohne Bezug auf dem Fußboden,
umgeben von den ihr noch verbliebenen Kindern, die jetzt in
dem kalten, ungeheizten Zimmer untätig und kraftlos umherlie-
fen und beinahe selbst schon wie Halbtote aussahen.

Während der Trauerzeit wanderte Michl schweigend und
rastlos von einem Zimmer zum anderen, von einer Wand zur
anderen . . . Und plötzlich hielt er inne, zog sich seinen Umhang
über die Schultern und verließ das Haus, ohne selbst zu wissen,
wohin seine Schritte gerichtet waren.

Wir wissen nicht, warum er zu Lusi ging und nicht zu Jossele
der Pest, mit dem er sich angefreundet hatte, wie wir uns sehr
wohl erinnern. Vielleicht lag es daran, daß Lusi nicht weit von
ihm wohnte, vielleicht daran, daß ihm der Weg zu Jossele weniger vertraut war und er sich dort unbehaglich fühlen würde. Wie
dem auch sei: Er verließ das Haus und wurde von einem eisigen
Wind empfangen, der den erstarrten Schlamm hier und da mit
feinem Staub bestäubte; und ohne lange zu überlegen, fiel ihm
ein, wie nahe Lusis Haus war, und so machte er sich auf den Weg
zum »Fluch«, wo sich Lusis Haus befand.

Bei seinem Eintreten wurde er weder von Lusi noch von Sruli
mit einem »Schalom« begrüßt, denn die Sitte verbietet, einen
Mann zu grüßen, der Trauer trägt. Lusi saß zufällig am Kopfende
des Tisches und Sruli an einer der Seiten. Ohne eine Aufforderung abzuwarten, nahm Michl Sruli gegenüber an der anderen
Seite des Tisches Platz.

Es entstand zunächst tiefes Schweigen, das keiner der Anwesenden auch nur mit einem Wort unterbrach. Lusi sah schweigend Michl an. Dieser senkte die Augen, und allein Sruli trug aus
unerfindlichen Gründen ein Lächeln zur Schau.

Ehe Lusi und Michl Zeit gefunden hatten, ein Wort zu wechseln, erhob sich Sruli und ließ die beiden allein. Er verließ das Haus durch die Tür, durch die Michl soeben eingetreten war.

Und damit begann einer von Srulis verrückten Tagen, an denen er von einer Idee voll und ganz besessen war und daher in einer Stunde mehr erledigte als andere in zehn Tagen. Er begab sich zum Markt mit seinen Karren voller Holz. Er kaufte eine Wagenladung und beauftragte einen Holzhacker, das Holz zu hacken, und fuhr dann mit dem Mann zu Michls Haus.

Er betrat die Kammer, in der die Kälte herrschte und der traurige, schwache Lichtschein der Nachtlampe vor dem Fenster. Unter einem Vorwand brachte er Michls Frau dazu, das Holz anzunehmen, das wie vom Himmel gefallen war ... Er erkannte, daß Michls Frau zu niedergeschlagen war, um das Holz zu hacken und alles Notwendige zu verrichten. So begab er sich nach draußen zum Verschlag, und kaum hatte der Holzfäller ein paar Holzscheite gehackt, sammelte Sruli sie auf, kehrte ins Zimmer zurück und machte Feuer im Ofen. Er sagte, ihm sei kalt und er liebe es, ein Feuer im Ofen zu sehen.

Um die Holzlieferung zu erklären, hatte er der Frau gesagt, gute Freunde Michls, die auch er, Sruli, gut kenne, hätten ihn beauftragt, das Holz zu bringen, und er wisse, daß sie selbst nicht die Zeit dazu hätten. Dann steckte er der Frau etwas Geld zu, um ihr unter die Arme zu greifen, damit sie etwas für die Kinder kaufen konnte, die sich indessen um den Ofen versammelt hatten. Sie hatten schon lange weder ein Feuer gesehen noch den Duft von Suppenfleisch gespürt.

Er machte sich noch ein wenig im Haushalt zu schaffen, und vor dem Aufbrechen flüsterte er Michls Frau ins Ohr, sie solle sich nach dem Sabbat, wenn es an der Zeit sei, die Gräber der Kinder »zu schließen«, zum »Feld« begeben und sich direkt an den Friedhofsdiener wenden. Es sei schon alles arrangiert, die Einfriedungen im voraus bezahlt, denn, so fügte Sruli hinzu, dieselben guten Freunde hätten auch daran gedacht.

Nachdem er wie geplant alles erledigt hatte, verließ er Michls Haus. Auf dem Rückweg begegnete er Schmulikl der Faust.

Dessen feucht schimmerndes Auge mit dem Katarakt wirkte jetzt schläfrig und halb geschlossen, während das gesunde Auge leuchtete, was sichtlich einem Gläschen zu verdanken war, das sich Schmulikl soeben genehmigt haben mußte.

Als Sruli ihn erblickte, rief er aus:

»Sieh mal einer an, Schmulikl, wie gut, daß ich dich treffe.«

»Wieso?« erwiderte Schmulikl mit seiner Säuferstimme.

»Erstens um dich zu fragen, warum du dich so lange nicht hast blicken lassen. Heute gibt es bei Lusi nämlich ein Festessen, und da solltest du nicht fehlen. Du wirst willkommen sein. Zweitens . . .«, damit senkte Sruli die Stimme und blickte um sich, als befürchtete er, Unbefugte könnten mithören, »zweitens möchte ich dich an etwas erinnern, Schmulikl: Sollte ›Kätzchen‹ sich erneut deiner Dienste versichern und dich mit dem bekannten Auftrag zu Mosche Maschber schicken, wenn dieser kurz vor dem Bankrott steht, so denke daran, daß ich dir das Doppelte zahle, wenn du den Auftrag nicht ausführst. Außerdem rate ich auch jedem anderen dringend davon ab, den Auftrag zu übernehmen. Hast du mich verstanden, Schmulikl?«

»Natürlich verstehe ich. Hältst du mich für dumm? Natürlich werde ich nicht gehen. Selbst wenn ›Kätzchen‹ mich mit Gold bedecken würde . . .«

»Gut. Also, vergiß nicht das Fest heute abend«, sagte Sruli, der es eilig hatte zu gehen, denn er hatte noch etwas Wichtiges zu erledigen, bevor er sich der Vorbereitung der Mahlzeit widmen konnte, die tatsächlich bei Lusi stattfinden sollte, nämlich anläßlich eines Ehrentages, des Geburtstags eines Rabbi, wenn ihn sein Gedächtnis nicht trog . . .

Dann machte er sich auf den Weg zu Brocha.

Zu Brocha?

Ja, und obwohl er sich kaum noch erinnerte, wo sie wohnte, denn in seiner Betrunkenheit hatte er versäumt, sich den Weg zu merken, fand er sie schließlich, nachdem er die Straße lange und aufmerksam abgesucht hatte.

Als er eintrat, war wie beim erstenmal kein Mädchen der »Stammbesatzung« anwesend. Sruli musterte Brocha einen

Augenblick, als würde er sie nicht wiedererkennen, dann sagte er ihr freundschaftlich, als wäre sie eine alte Bekannte:

»Ah, die Mutter der ›Kinder‹[1]?«

»Welcher Kinder?« fragte Brocha erstaunt und ein wenig erschrocken.

Sie hatte Sruli sogleich wiedererkannt, und da sie sehr wohl wußte, was ihm bei seinem ersten Besuch widerfahren war und daß man ihn nicht nur gedemütigt, sondern ihm auch sein Geld abgenommen hatte, fürchtete sie, daß er nun zurückgekommen war, um eine alte Rechnung zu begleichen und sein Geld zurückzufordern . . . Sie wußte auch, daß ein Mann, den man in ein Haus wie das ihre geschleppt oder gelockt hatte und dem dort soviel Ungemach angetan worden war, sich gehütet hätte, an dieser Straße auch nur vorbeizugehen, geschweige denn die Nase hineinzustecken . . . Wenn dieser Bursche sich jetzt also wieder hier blicken ließ, konnte das nichts anderes bedeuten, als daß er sich stark genug fühlte, ihr das zu entreißen, was man ihm damals weggenommen hatte, notfalls mit Klauen und Zähnen, ohne daß er befürchtete, noch mehr Federn als beim ersten Mal lassen zu müssen. Entweder fühlte sich dieser Bursche allein stark genug, oder er hatte jemanden mitgebracht, auf den er zählen konnte.

»Welche Kinder?« wiederholte sie erstaunt und mit etwas unsicherer Stimme.

»Sieh einer an, ein unschuldiges Kind, das nicht weiß, wovon die Rede ist«, bemerkte Sruli mit noch größerer Vertraulichkeit; Sprache und Ton klangen so, als stünde er mit der Bordellwirtin auf du und du.

»Stell dich nicht dumm«, sagte Sruli, »und bring her, was ich haben will.«

»Was? Wen?«

»Ein Mädchen!«

»Was wollen Sie eigentlich, guter Mann?« rief Brocha mit

---

[1] Spitzname für Prostituierte.

lauter Stimme aus, als wollte sie von den Nachbarn gehört werden, damit sie ihr eventuell zu Hilfe kommen könnten.

»Ich zahle für zwei«, versetzte Sruli, und als Brocha ihn näher ansah, begriff sie, daß sie es nicht mit einem »Dummkopf« zu tun hatte, wie sie diejenigen zu nennen beliebte, die ihr Haus noch nie betreten hatten.

Als Sruli ihr Geld zeigte, wurde Brocha sichtlich sanfter.

»Also was nun?« fragte sie, »ist das ernst gemeint?«

»Nein, ich will kein Mädchen, sondern dich.«

»Mich? Was sagen Sie da, guter Mann?« stammelte Brocha eingeschüchtert. Sie knöpfte unbewußt ihre Bluse zu, rückte das Kopftuch zurecht und errötete sogar ein wenig. »Nicht dafür«, versicherte ihr Sruli. »Ich brauche dich für eine Zeugenaussage.«

»Eine Zeugenaussage? Wofür?«

»Falls man dich heute oder morgen fragen sollte, wie ich zum erstenmal zu dir gekommen bin, sollst du alles erzählen, was du weißt, und wie es sich in Wahrheit zugetragen hat: daß ich nämlich sturzbetrunken, bewußtlos und willenlos war.«

»Natürlich werde ich das sagen. Was denn sonst?« versicherte Brocha, als Sruli ihr das Geld hinzählte. Sie akzeptierte Srulis Vorschlag nicht nur wegen des guten Preises, den er ihr in klingender Münze zahlte, sondern auch aus Angst. Wenn dieser Mann, der da vor ihr stand, tatsächlich mächtig war, wie sie befürchten mußte, und sie ihm nicht gehorchte, konnte alles mit einem ungeheuren Skandal, mit Geschrei und einem Menschenauflauf enden, der in einem Haus wie dem ihren alles andere als wünschenswert war.

»Aber natürlich werde ich das aussagen. Wie denn anders! Sie haben mein Haus tatsächlich betrunken betreten und es genauso verlassen ... Und mit dem Mädchen haben Sie nichts zu tun gehabt ... Das werde ich beschwören ... Das Mädchen hat Sie völlig kalt gelassen ...«

»Gut. Genau das hast du zu sagen, vergiß das nicht«, wiederholte Sruli nochmals, »wenn man dich heute oder morgen kommen läßt, um dich zu verhören.«

»Selbstverständlich, natürlich«, versicherte Brocha, und nach diesem kurzen Meinungaustausch ging Sruli ohne ein Wort des Abschieds aus dem Haus.

Er fühlte sich erleichtert. Als er Brochas Hof verlassen hatte und wieder auf der Straße stand, sah er sich aufmerksam nach allen Seiten um, um sich die Örtlichkeit einzuprägen, damit er sich nicht verlief, falls er am Abend wiederkommen mußte. Dann lief er in die Stadt, um seine Einkäufe für das Festessen zu besorgen, das an diesem Abend bei Lusi stattfinden sollte. Unterwegs trieb er irgendwo einen Korb auf, und auf dem Heimweg sah man ihn einen übervollen Korb schleppen. Seine Arme waren voller Pakete, und selbst die Taschen quollen über.

In der Zeit, in der Sruli seine Gänge erledigt hatte, zunächst bei Michl Bukjer, dann die Unterhaltung mit Schmulikl der Faust und den Besuch bei Brocha, fand zwischen Lusi und Michl Bukjer die wortlose Begegnung statt, die wir vorhin mit Schweigen übergangen haben und der wir jetzt ein paar Worte widmen wollen.

Als Michl mit Lusi allein war, ließ er seinen bisher unterdrückten Gefühlen freien Lauf. Er erzählte, wie es um ihn stehe, daß er von allen geschnitten werde und daß er, seine Frau und seine Kinder nur noch für einen Tag zu essen hätten. »Bei mir mag's ja noch angehen«, sagte er, »aber wessen hat sich meine Familie denn schuldig gemacht?«

Er erklärte unter anderem, er zumindest wisse sehr wohl, wer seine Gegner seien, nämlich Leute, die Gott all die niedrigen Eigenschaften zuschrieben, mit denen sie sozusagen selbst gesegnet seien, etwa Neid, Haß und so weiter, was schon die großen frommen Männer der Vergangenheit angeprangert hatten. All jene, die jetzt der Meinung gewesen seien, daß nicht nur die allgemein herrschenden Sitten, sondern auch die größten menschlichen Ehrentitel und Verherrlichungen, mit denen man den Herrn der Erde bedenke, dessen Größe verringerten, denn es sei nicht statthaft, denjenigen, der über allem Irdischen stehe, mit der menschlichen Elle zu messen. Und all jene, deren Namen Michl nicht nennen wollte, zögen den Himmel zur Erde hinunter, zögen ihn in ihren eigenen Schmutz, nämlich durch die

Tatsache, daß sie sich den Gegenstand ihrer Verehrung nach ihren elenden, nichtswürdigen Vorstellungen als irgendeinen Hans oder Franz vorstellten, der bereit sei, jeden zu vernichten, der seine Grenzen überschreite oder dem Verehrten schade.

»Sie glauben«, fuhr Michl fort, »daß der Verlust meiner Kinder die gerechte Strafe des Geheiligten Namens dafür sei, daß ich Sein Joch abgeworfen und mich himmelweit von Ihm entfernt habe ... Sie sagen, es stehe geschrieben, daß die Kinder für die Sünden ihrer Väter bestraft würden. Sie vergessen aber, was später geschrieben worden ist: daß es nämlich notwendig sei, die Thora in der Sprache des Menschensohns[1] zu erklären, damit sie von einfachen Menschen, von der Masse sozusagen, verstanden würde, denn wenn es wahr wäre, was in diesem Vers gesagt wird, wäre das die schlimmste Grausamkeit ...«

In diesem Geist sprach Michl Bukjer weiter. Er vertraute sich Lusi immer mehr an, und dieser wahrte beim Zuhören erstauntes Schweigen. Das war unerhört; niemand sonst hätte solche Worte auch nur an sein Ohr dringen lassen, denn sie sind den Frommen verboten.

Falls man etwa meinen sollte, daß Lusi Michl vielleicht für einen Kranken hielt, der für sein Tun nicht verantwortlich war, wäre das ein Irrtum. Es war wohl eher so, daß Lusi Michls Bruch mit der Gemeinde zu dieser Zeit und unter diesen Umständen als ein außergewöhnliches Ereignis ansah; und Lusi selbst war wiederum eine außergewöhnliche Persönlichkeit ... In klaren Worten: Es war keineswegs, weil Lusi weniger fromm war, als es sich für einen Mann wie ihn gehörte, daß er Michl mit unendlicher Geduld zuhörte. Nein, es lag vielmehr ganz im Gegenteil daran, daß Lusi einer besonders frommen Sekte angehörte, und auch daran, daß er selbst, wie wir gerade sagten, in seiner eigenen Sekte eine Art Ausnahme darstellte ...

Es wäre eine ganze Abhandlung nötig, um zu erklären, warum ein Mann wie Lusi sich erlauben konnte, seine Tür für solche Individuen zu öffnen wie etwa Schmulikl die Faust, dessen

[1] Jesus.

schändliches Verhalten und dessen »schlagende« Tätigkeit uns bereits bekannt sind . . . Sagen wir gleichwohl, daß es ungewöhnlich war, seltsam und wenig verständlich, daß Lusi einen Schmulikl bei sich empfing, dessen Hände vom Blut Schuldiger wie Unschuldiger rot waren – und dies nur für Geld . . . Es war unglaublich! Manche hätten einen solchen Menschen nicht einmal unter ihre Augen treten lassen. Aber gerade der ging hier bei Lusi ein und aus.

Es war nämlich – und dies sollte man unbedingt wissen – schon mehr als einmal vorgekommen, daß, wenn die Sekte jemanden wie Schmulikl, der gesellschaftlich fast geächtet war und von dem sich die ganze Stadt voller Angst und Widerwillen distanzierte, in ihren Kreis aufgenommen und ihm somit das Gefühl vermittelt hatte, die »Tore der Sühne seien ihm nicht verschlossen«, sich selbst ein solcher Mensch mit so tiefer Reue von seiner Vergangenheit abgewandt hatte, daß er eines schönen Tages vor ihren Mitgliedern, bei denen er zuvor nichts weiter gewesen war als ein geduldeter Gast, in Tränen ausgebrochen war und darum gefleht hatte, man möge ihn als einen der Ihren bei sich aufnehmen . . . Und das war nicht nur das Werk der Gruppe, die selbst gläubig war, der Gruppe, an die er herangetreten war, sondern vor allem das Werk ihres geistlichen Anführers, der ihm die Möglichkeit zur Reinigung und Vervollkommnung gegeben hatte.

So war es bei einem Schmulikl gewesen, und so war es jetzt mit Michl. Vielleicht hörte er sich aus dem gleichen Grund so geduldig die bitteren Abtrünnigen-Worte Michls an, ohne ihn zu unterbrechen, und folgte aufmerksam seinen Äußerungen, die jeder andere in einer ähnlichen Situation als höchst beleidigend empfunden hätte.

Nein, Lusi hörte aufmerksam zu: Mehr noch – und das mochte auf den ersten Blick verblüffen –, er schien mit Michl fast einer Meinung zu sein; überdies schien er dessen Worten mit einem amüsierten Lächeln zu lauschen, und das war nun wahrhaft erstaunlich.

Dieser letzte Umstand ließ sich jedoch mit der Tatsache erklären, daß Lusi angesichts von Michls Verzweiflung nicht über seine Äußerungen lachte, sondern sich daran erinnerte, daß Sruli vor Michls Ankunft dessen Namen erwähnt hatte, und zwar im Zusammenhang mit dem Dokument, das Lusi für Sruli hatte aufbewahren sollen. Falls ich jemals Geld brauchen sollte, hatte er gesagt, um etwa jemandem wie Michl zu helfen . . . Lusi wußte sehr wohl, daß Sruli nicht lockerlassen würde, wenn er sich etwas in den Kopf gesetzt hatte, bis er sein Ziel erreicht hatte. Und gewiß – überlegte Lusi – bewies die Tatsache, daß Sruli sich gleich nach Michls Ankunft aus dem Staub gemacht hatte, daß er Michls Abwesenheit von zu Hause ausnutzen wollte, um ihm zu helfen, ohne ihn in Verlegenheit zu bringen.

Und wie wir wissen, war es genauso geschehen . . . Und nachdem Michl die ganze Bitternis seines Herzens offenbart hatte, fügte er noch hinzu, er sei nicht gekommen, um Trost zu suchen, denn er wisse, daß der Mensch Staub sei, ebenso wie sein Trost; er sei gekommen, weil er das Leiden seiner Frau und seiner Kinder nicht mehr mit ansehen könne. Nachdem Michl dies geäußert und Lusi kein einziges Wort erwidert hatte, sah man Michl an, daß er getröstet war, und sei es nur durch die Tatsache, daß er offen und frei hatte sprechen können . . .

Hinzu kam, daß Lusis Haus gut geheizt war, und diese süße Wärme wirkte auf Michl ebenfalls beruhigend. Er entspannte sich . . . Und als Sruli Gol nach Erledigung seiner Besorgungen in der Stadt mit einem gefüllten Korb, mit Päckchen und allen Taschen voller Lebensmittel und Branntwein zurückkehrte, all den Dingen, die für das Fest am Abend gedacht waren, forderte er Michl auf, sich die Hände zu waschen und von allem zu kosten. Dieser ließ sich nicht lange bitten. Er wusch sich die Hände und setzte sich an den Tisch, wo man ihm von allem servierte, was vorbereitet worden war, und man sah ihm an, daß er sich nicht nur über die Speisen freute, sondern auch darüber, mit welcher Herzensgüte man ihm all diese Dinge angeboten hatte.

Weder Lusi noch Sruli sahen ihm beim Essen zu. Während Michl seinen Hunger stillte, wandten beide die Augen ab, als wären sie mit etwas anderem beschäftigt . . . Michl beendete die

Mahlzeit und verließ Lusi dann friedlich, ohne jeden Streit, sondern vielmehr mit dem Gefühl, daß Lusis Tür ihm jetzt wie früher offenstehen würde, als hätte sich nichts geändert . . . In diesem Moment war Sruli wahrhaft feierlich zumute. Man sah ihm an, daß er zufrieden und guter Laune war, weil er nicht nur alle seine Besorgungen erledigt hatte, sondern auch wegen des Empfangs, den Lusi Michl hatte zuteil werden lassen. Sruli machte sich mit viel Hingabe und Energie an die Vorbereitung des Essens, als wäre es seine erste Arbeit an jenem Tag.

Er brachte alle Tische des Hauses in das Vorderzimmer, in dem das Essen stattfinden sollte, und stellte sie zu einem einzigen zusammen, der von einer Wand zur anderen reichte. Dann brachte er die Bänke und breitete auf dem Tisch sämtliche Tischtücher aus, die Lusi besaß. Dann deckte er den Tisch: Teller, Messer, Löffel, Gabeln, überall, wo ein Gast sitzen sollte. Er deckte großzügig und nicht so, wie es bei solchen Gelegenheiten in armen Häusern üblich ist, wo ein einziges Messer für einen ganzen Tisch ausreichen muß und wo oft sogar Teller und Bestecke fehlen; hier war das nicht der Fall: Alles war sorgfältig bedacht worden.

Heute hatte Sruli nicht nur Speisen und Branntwein besorgt, sondern sich auch um den äußeren Rahmen gekümmert. Er hatte alles an Lampen zusammengetragen, was sich im Haus befand, und sie auf den Tisch gestellt, damit er heller erleuchtet war als sonst. Als alles bereit war, warf er noch einen prüfenden Blick auf den Tisch, den Blick eines erfahrenen Gastgebers, und als er entdeckte, daß hier und da etwas fehlte, was Lusi nicht beschaffen konnte, lief er zu den Nachbarn, um sich die Dinge zu leihen, die ihm fehlten.

Es ist auch nicht ausgeschlossen, daß er noch einmal in die Stadt ging, um Nachschub zu kaufen, als er entdeckte, daß der Vorrat an Branntwein nicht genügte.

Und als sich abends nach dem Gebet die ersten Gäste einfanden und sie auf dem Tisch statt einer Lampe drei auf einmal entdeckten, als Lusis Anhänger die Augen zukniffen, da sie weder eine solche Lichterfülle noch eine so ungewöhnlich reich gedeckte Tafel kannten, ließ sich Sruli Gol nach einem Tag voller Arbeit und Besorgungen müde und erschöpft in einer Ecke nieder, als ginge ihn all das, was getan und vorbereitet worden war, nichts an, als verdankte man nicht ihm diese Lichterfülle, diese lange, mit weißen Tischtüchern gedeckte und mit Geschirr, Speisen und Branntwein überladene Tafel, als hätte er all diese Dinge nie berührt. Er ließ sich in einer Ecke nieder und wartete, bis die Gäste Platz genommen hatten, jederzeit bereit, das zu bringen, was auf dem Tisch nicht mehr zu finden war . . . Aber er setzte sich auch jetzt nicht zu den Gästen, wie man hätte meinen können, sondern hielt sich an seine Rolle als Servierer, wie es auch manche Gastgeber tun, die keinen Bissen von dem anrühren, was sie zubereitet haben, und die ihr Vergnügen darin finden, andere zu bedienen . . .

Und das war tatsächlich der Fall. Als die Gäste endlich alle saßen, behielt Sruli alles im Auge, brachte das, was fehlte, damit sich jeder wohl und niemand vernachlässigt fühlte, nicht einmal die, die am Tisch keinen Platz mehr gefunden hatten und stehen mußten.

Dies waren einige Bewohner des »Fluchs«, die in Lusis Haus ungewohnt helles Licht entdeckt und sich unaufgefordert eingefunden hatten, nämlich in der freudigen Erwartung eines Fests. Sruli gab sich alle Mühe, diese Leute nicht zu enttäuschen . . . Er ließ auch ohne weiteres die Krüppel und Geistesschwachen ein, Leute wie »Mittwoch« und »Zehn-Groschen-Puschke«, die ebenfalls durch das helle Licht angelockt worden waren. Sie traten leise und auf Zehenspitzen ein, drängten sich in die Küche, von wo sie gierige Blicke in das Vorderzimmer warfen, um sich an dem Fest satt zu sehen, von dem vielleicht einige Brosamen für sie abfallen würden.

An der Tafel hatten alle Anhänger Lusis Platz gefunden, die wir schon kennen, etwa Avreml der Schneider, »Doppelmeter«, der Mann mit dem mageren Hals und dem vorstehenden Adamsapfel, Menachem der Färber mit der Hasenscharte, Jankl die Sonnenfinsternis, das Paar und viele andere, die wir hier nicht aufzählen wollen, da wir sie schon seit langem kennen. Diesen

556

schloß sich noch eine kleine Zahl von Anhängern jüngeren Datums an, die sich in dieser Runde noch nicht ganz zu Hause fühlten. Auch diesmal wieder konnte man die Anwesenheit von Schmulikl der Faust feststellen, der sich an die Einladung erinnert und nicht lange hatte bitten lassen.

Die Gäste hatten sich schon die Speisen munden lassen und auch dem Branntwein zugesprochen, den Sruli heute in seinem Korb und seinen Taschen vom Markt mitgebracht hatte und dessen Vorrat er noch am Abend aufgefüllt hatte, als ihm die Menge nicht ausreichend erschienen war.

Bei den ausgehungerten Anhängern Lusis färbten sich die fahlen Wangen rot, nachdem sie soviel gegessen und getrunken hatten. Kurz darauf begannen sie zu singen. Auf den Gesang folgte unweigerlich der Tanz, mitten in der Mahlzeit, wie immer, wenn alle selbstvergessen sind und tanzen, bis sie völlig außer Atem und die Hemden schweißnaß sind.

Aber in dem Moment, in dem sich alle zu dem Sänger umblickten, der gerade mit dem ersten Stück begann, hörte man plötzlich einen ganz anderen Laut, den Ton eines Instruments, der aus einer unerwarteten Ecke kam.

»Was ist das?« Alle blickten auf die Seite des Zimmers, wo die Bewohner des »Fluchs« standen, da es nicht genug Stühle gab.

Dort tauchte plötzlich Sruli mit einer Flöte im Mund auf, der Flöte, mit der er Jungverheiratete zu erfreuen pflegte, wie wir schon erzählt haben ... Die Blicke aller Anwesenden wandten sich mit der unausgesprochenen Frage an Lusi: War es schicklich, daß Sruli ganz gegen alle Sitte mit einer Flöte erschien, einem Instrument, das rein gar nichts Jüdisches an sich hatte? Schickte sich das, hatten sie das Recht, ihm zuzuhören?

Aber sie lasen an Lusis stummen Lippen nur wohlwollendes Einverständnis ab, von einem Lächeln begleitet, mit dem er ausdrücken wollte, daß ihm das Flötenspiel zwar ebenfalls seltsam erscheine, er aber dennoch ein wenig neugierig sei zu hören, was Sruli mit seinem Instrument ausdrücken wolle.

Alle wurden sofort von der Musik ergriffen, diejenigen, die an der Tafel saßen, ebenso wie die, die standen, auch »Mittwoch«, »Zehn-Groschen-Puschke« und all die anderen, die sich in der Küche drängten und die bei den Tönen der Hirtenpfeife zur Tür geeilt waren, um zuzuhören. Sie reckten Köpfe und Hälse, um Sruli zu sehen.

Diesmal wuchs Sruli über sich hinaus. Sein Ton war so rein, und er brachte Klänge hervor, welche die Anwesenden ihren wahren Zustand vergessen ließen, ihre ewige Armut ... Er führte sie mit seiner Musik zu einem in luftiger Höhe gelegenen wunderschönen Palast, der sich in einer für ein solches Bauwerk angemessenen Umgebung befand – inmitten einer lieblichen Landschaft. Das Portal blieb all denen verschlossen, die unerwünscht waren oder unwürdig, dort einzutreten.

Und dort postierte sich Sruli mit einer Hirtenpfeife und all den Gästen, die er mitgebracht hatte. Und mit seinem Spiel schien er von dem Portal zu verlangen, sich denen zu öffnen, die er dieser Ehre für würdig hielt.

»Sie sind dessen würdig«, schien seine Flöte zu sagen, »mögen sie auch arm und enttäuscht sein, aber wer weiß schon, was morgen ist und wer übermorgen die Welt erben wird?«

Und damit tut sich das Tor auf. Sruli und sein Gefolge treten ein, und man erkennt, daß sie sich zunächst unbehaglich fühlen, ja sogar ein wenig verlegen bei der Vorstellung, an einen Ort geraten zu sein, der ihnen nicht zusteht, und daß sie zufrieden wären, ihn möglichst schnell wieder zu verlassen ...

Aber Sruli erlaubt ihnen nicht, verlegen zu sein. Er ermutigt und bestärkt sie, indem er allen vorausgeht und ihnen zur Begrüßung aufspielt, als wären sie hocherwünschte Gäste, die man gern in einen Palast einlädt.

Und damit treten sie in reichgeschmückte Säle ein, in Säle mit Tischen voller Speisen, an denen schon zahlreiche Gäste Platz genommen haben, die denen gleichen, die Sruli mitgebracht hat. Sie sind ebenso ärmlich gekleidet wie sie, ebenso armselig, fühlen sich aber schon wie zu Hause und machen den Neuankömmlingen munter und bereitwillig Platz, ihnen durch ihr Beispiel zeigend, wie man seine Scheu ablegt.

Kurz darauf erscheinen die Eigentümer des Palasts – gutge-
kleidete Menschen, die den Eindruck erwecken, als hätten sie
mit Leuten, wie Sruli sie mitgebracht hat, noch nie das geringste
zu tun gehabt, als hätten sie sich niemals auch nur in der Nähe
solcher Leute befunden; und trotzdem mischen sie sich unter sie,
setzen sich in ihre Mitte. Man könnte sagen, sie essen vom
gleichen Teller und trinken aus dem gleichen Glas; und als die
neuen Gäste zu tanzen beginnen, nachdem sie gegessen und ihre
randvollen Gläser geleert haben, tanzen die Eigentümer des
Palasts mit ihnen, und zwar so heftig, daß sie die anderen mitreißen, daß die Decke in der allgemeinen Ausgelassenheit erzittert
und alle ausrufen:»Möge die Welt sich freuen! Mögen alle, die es
wünschen, herkommen und unsere Freude mit uns teilen! Jeder,
hoch und niedrig, die Weisen ebenso wie die, die arm im Geiste
sind und nicht für einen Groschen Verstand haben . . . Alle!
Alle!« rufen sie,»und nicht nur die Menschen sollen kommen,
sondern auch die Tiere des Waldes und das Vieh auf der Weide
sind willkommen!«

Und dann hebt sich plötzlich die Decke . . . Man sieht, daß es
Nacht ist, kalt, düster, man sieht den Himmel voller Sterne . . .
und plötzlich taucht aus der Kälte eine Gruppe alter Menschen
auf. Sie sind wunderlich gekleidet, tragen Kerzen, wie es bei einer
Hochzeit üblich ist, und hinter den Alten erscheint eine neue
Gruppe von Pilgern mit Wanderstöcken aus Walnußholz und
Bettelsäcken, Heimatlose, die noch nie in ihrem Leben ein Dach
über dem Kopf gehabt haben . . . Und hinter ihnen wiederum –
man stelle sich das mal vor! – erscheinen Tiere von den Feldern,
nein, nicht von den Feldern, sondern aus erbärmlichen Ställen,
die schlecht gegen die Kälte geschützt sind, Tiere mit Rauhreif
auf der Haut, die so aussehen, als wären sie auf der Suche nach
einem warmen Ort zum Kalben, an dem sie sich von ihrer Bürde
befreien können.

Und tatsächlich, so geschieht es. Man hört ein schwaches
Muhen von Kühen, ein Meckern von Ziegen und Mutterscha-
fen, und sie kalben und werfen unter den Augen all derer, die sich
im Palast versammelt haben, im Lichtschein der Kerzen der

Alten, welche die Tiere unter feierlichem Schweigen erleuchten... Und dann, als die neugeborenen Geschöpfe den Mutterleib verlassen haben, wenden sich die Alten und Heimatlosen ihnen zu und wünschen ihnen: »Viel Glück für euch! Viel Glück der Welt! ...« In der Kühle der Nacht erscheinen an dem dunklen Nachthimmel über den Köpfen der Menschen, die diesen Geburten beigewohnt haben, Sterne von grün-goldener Farbe.

»Bäh, bäh ...«

»Viel Glück! Alles Gute! ...«

Und urplötzlich hörte Sruli wie immer mitten im Spiel auf, wobei er alle Anwesenden in der Illusion beließ, daß die Musik weitergehe, daß er die Flöte immer noch im Mund habe, während in Wahrheit alles schon zu Ende war und die Hirtenflöte längst wieder in seiner Tasche ruhte.

Sruli hatte eine Art Hirtenlied gespielt, das alle dermaßen verzauberte, daß diejenigen, die am Tisch saßen, immer noch mit offenen Mündern starrten; die Stehenden spürten nicht, daß sie standen; die Krüppel und Halbverrückten, die Leute aus dem »Fluch«, alle die »Mittwochs« und »Zehn-Groschen-Puschkes«, die in der Küche die Hälse reckten und sich gegenseitig auf die Füße traten, um einen Blick ins Vorderzimmer zu erhaschen, hörten hingerissen zu. Bei ihnen löste Srulis Musik bald ein stilles Lächeln aus, bald begeisterte Rufe ...

Sie wurden selbst dann noch von der Musik beherrscht und verzaubert, als Sruli längst geendet hatte. Sie hatten noch vor Augen, was Sruli vor ihnen hatte auferstehen lassen: die Trauer, um derentwillen er zu Ehren all jener gespielt hatte, die ihm gefolgt waren; das freudige Zusammentreffen mit den Eigentümern des Palasts; die Alten mit den Kerzen in den Händen und die Tiere, die gekalbt und geworfen hatten – bäh, bäh – herzlichen Glückwunsch. In all dem hatten die Menschen ein wenig von ihrem eigenen Schicksal wiedererkannt, dazu noch so poetisch ausgedrückt ...

Die Augen aller waren noch immer auf Sruli gerichtet, als wollten sie noch mehr hören ... Aber plötzlich vernahm man ein: »Still, still.« Was war das? Lusi hatte begonnen, »einen Vortrag zu halten«, was selten genug vorkam, denn er geizte mit seinen Worten und beauftragte meist jemanden aus der Gruppe, an seiner Stelle das zu sagen, was seinen Anhängern gesagt werden mußte. Jetzt ergriff er aus eigenem Antrieb das Wort, ohne daß ihn jemand darum gebeten hatte, ein Zeichen, daß auch er tief bewegt war . . .

Ja, auch Lusi hatte heute einen schweren Tag hinter sich: Erst hatte er von Sruli gehört, was vorgefallen war, dann hatte er sich in seine Kammer zurückgezogen, um zu schlafen, an der Wand zu beten und für den um Vergebung zu bitten, der hinter der Wand stand, für Sruli, aber auch für Michl, der gleich nach dem Gebet auftauchte und lange genug blieb, wie wir uns erinnern. Dann folgten die Vorbereitungen für das Fest, das er Sruli hatte vorbereiten sehen, als wäre es sein eigenes, der dafür gearbeitet hatte, daß alles seine Ordnung hatte, und der anschließend zur Flöte gegriffen und gespielt hatte – all das hatte Lusis gewohnte Ordnung sichtlich durcheinandergebracht, und als er diese Menschenmenge mit gespitzten Ohren vor sich sah, die noch immer unter dem Bann von Srulis Spiel stand, ergriff ihn ein Drang, ihre Glut am Leben zu erhalten und auch seinerseits ein Saatkorn in den Boden zu säen, den Sruli für ihn bereitet hatte, in den Seelen der Zuhörer.

»Vielgeliebt ist Israel«, begann Lusi mit gleichmütiger Stimme und abgehackten kurzen Sätzen, »Israel ist vielgeliebt. Weder die Tatsache, daß es vom Tisch seines Vaters verjagt worden ist, noch die anhaltenden Leiden des Exils hindern es daran, sich als Kind Gottes zu fühlen, als ausgewählt für das kommende Königreich . . .«

Er fuhr fort: »Die Völker der Erde sollen sich nicht des reichen Anteils erfreuen, der ihnen gehört; mögen sie Israel nicht verachten, dessen Elend so schwarz ist wie die Zelte der Wüste . . . Ja, es ist wahr, daß Israel es schlecht getroffen hat und der Willkür der Schwerter überlassen ist, die über seinem Kopf hängen und es zwingen, sein tägliches Brot bei Henkern und Mördern zu erbetteln; mögen sich die Völker nicht daran erfreuen, mögen sie

Israel nicht zum Gegenstand ihrer Verachtung machen, weil es fremdartig wirkt, weil es zerstreut ist, weil es unter allen Völkern zerstreut und verloren ist; der Fluch Israels ist vorübergehend, möge er auch noch lange andauern, aber der Tag wird kommen, an dem man dem auf verfluchten Wegen unglücklich bettelnden Israel seine Ehre wiedergeben wird . . .

Das Licht wird kommen und damit die Erlösung, wie es die Propheten für später geweissagt haben. Aber zu allen Zeiten, auch in unseren Tagen, werden in allen Generationen Gerechte geboren. Und wenn Israel Prüfungen und Widrigkeiten zu bestehen hat, werden Gerechte es auf sich nehmen, sein Schicksal zu deuten und das Volk auf seinem dornenvollen Weg zu begleiten. Mit Augen voller Liebe und Herzen voller Mitgefühl werden diese Gerechten die Israel zugedachten Pfeile auf sich nehmen . . . Dies ist auch der Wunsch derer, die den Gerechten nahestehen, die erfüllt sind von der Gnade, diese erhabene Trauer Israels zu spüren, dieses verhöhnte Herz der Menschheit, das für sie sühnt und leidet.

Israel wird wegen seiner Standhaftigkeit geliebt, von der es der Welt ein Beispiel gibt und ihr zeigt, wie man selbst mit dem Messer an der Kehle unbeugsam überleben kann . . . Israel wird geliebt, und in seinen verdüsterten Augen bleibt ihm noch ein kleiner Schlitz, um zu sehen, ob die Erlösung nahe ist. Erlösung nicht nur für sich selbst, sondern für all die, für die es sühnt, woran die berühmte Prophezeiung erinnert: ›Es wird eine Zeit kommen, in der die Tränen aller getrocknet werden.‹

Die Zeit wird kommen«, fuhr Lusi fort, mitgerissen von seinen eigenen Worten, »die voller Hoffnung sein wird. Eine Zeit, in der auf dem Heiligen Berg ein Hochzeitsbaldachin errichtet wird . . . Die Weisen der ganzen Welt und die Gerechten mit ihren Kronen auf dem Kopf und den Kerzen in den Händen werden den Gesalbten in ihre Mitte nehmen, und die ganze Welt wird ihrem Beispiel nacheifern, Männer, Frauen, Kinder, aber nicht nur Menschen, sondern auch Tiere, Vieh und Vögel werden an diesem Freudentag, an diesem Tag des Glücks für alle, aufstehen und von Gewißheit erfüllt sein. Jeder Weise mit seinen

Anhängern und Bewunderern, jeder Prophet mit seinen Schülern, jeder Gerechte mit seinem Gefolge, der sich von seinem reinen Wort und seinen Lehren ernährt, sie alle werden gegen alle Widerstände das Heilige Feuer bewahren, damit es nicht in der Nacht erlischt.

Bewahrt auch ihr, meine Brüder, Männer unseres Glaubens, das Licht, das wir bis zum heutigen Tag ererbt haben, bis zur Ankunft des Messias, wenn sich die Knie aller vor dem Erlöser beugen werden. Und auch die Köpfe aller werden sich beugen, um den Segen zu erflehen, alle Menschen und all jene Kreaturen, die eine lebende Seele besitzen . . .

Wacht über das Feuer, meine Brüder, Männer meines Glaubens« – Lusi ereiferte sich immer mehr, und seine Zuhörer starrten ihn mit offenem Mund an, begierig, immer mehr und mehr Worte des Trostes zu hören, etwas über die erhabene Mission zu vernehmen, die jedem bestimmt war, der zum Gefolge des Gerechten gehörte.

»Ah, ah!« stöhnten die Zuhörer, außer sich vor Entzücken über die Vision von einem Ende der großen Prüfung, der Prüfung nicht nur des Volkes im allgemeinen, sondern auch jedes einzelnen Zuhörers.

»Ah, ah, ah!« stöhnten sie in frommem Jubel, glücklich, dieses Licht bis zur Ankunft des Messias in sich zu tragen, ohne daß es je erlosch, wie es ihnen der Rabbi Reb Nachman verheißen hatte . . .

»Ah, ah! . . .«

Die Zuhörer waren noch ganz verzaubert, als im Vorderzimmer, in dem das Fest stattfand, ein Stein die Fensterscheibe durchschlug. Die Scheibe zerbrach krachend, und um ein Haar hätte er einem der Anwesenden den Schädel zertrümmert, vielleicht sogar den Lusis (dem der Steinwurf gegolten haben mochte) . . .

Alle sprangen abrupt auf. Die Krüppel in der Küche wichen entsetzt von der Tür zum Vorderzimmer zurück, in der sie zuvor die Hälse gereckt hatten, zogen sich langsam und behutsam zurück und verließen das Haus; wer bei Tisch keinen Platz gefunden hatte und stehend zunächst Sruli und dann Lusi gelauscht hatte, geriet ebenso in Aufruhr wie die Sitzenden, aber allein Sruli erfaßte sofort, was vorging und jetzt getan werden mußte.

Er gab Schmulikl der Faust, der am Tisch saß, ein Zeichen, er solle mit ihm hinausgehen. Sie wollten versuchen, den Burschen zu erwischen, der den Stein geworfen hatte, um es ihm mit gleicher Münze heimzuzahlen.

Sruli hatte begriffen, daß dieser Stein sozusagen die Folge dessen war, was er in Brochas Haus hatte erdulden müssen, als er sich dort betrunken wiederfand. Er begriff auch, daß dies eine Art Vorzeichen künftiger Ereignisse sein konnte, die von bestimmten Leuten gesteuert wurden ...

Mit Schmulikl im Gefolge bahnte er sich einen Weg durch die Menge und verließ das Haus. Sie sahen sich aufmerksam nach allen Seiten um und versuchten, eine wenn auch noch so kleine Spur von dem Mann zu finden, der den Stein geworfen hatte. Sie fanden nichts, obwohl sie wie Spürhunde die gesamte Umgebung absuchten. So waren sie gezwungen, unverrichteterdinge wieder zurückzukehren, ohne es dem Schuldigen heimzahlen zu können. Als sie wieder vor Lusis Haustür standen, stießen sie mit einem hochgewachsenen Mann zusammen, dessen Gesicht sie in der Dunkelheit nicht zu erkennen vermochten und der sie fragte: »Wohnt hier Lusi Maschber?«

»Ja. Worum geht es? Was wollen Sie von ihm?«

»Reb Dudi«, erwiderte der Mann, »hat mich mit einer Nachricht geschickt.«

Die drei Männer gingen zunächst in die Küche und dann in das Vorderzimmer, das noch voller Menschen war, die standen oder saßen, immer noch wie vom Donner gerührt durch das, was passiert war. Der Bote warf einen Blick ans Kopfende des Tischs, wo er sogleich den Mann erkannte, dem er seine Nachricht zu überbringen hatte – Lusi. Um sicherzugehen, fragte er ihn:

»Sie sind Lusi Maschber?«

»Ja, ich bin es.«

»Reb Dudi, der Talmud-Gelehrte und Rabbiner, schickt mich. Er bittet Sie, ihn unverzüglich, noch heute, in einer wichtigen Angelegenheit aufzusuchen.«

Der hochgewachsene Mann war der Lange Meilach, Reb Dudis Diener. Nachdem er seine Botschaft übermittelt hatte, blieb er einen Augenblick sprachlos stehen, verblüfft über die seltsame Atmosphäre des Fests, die er spürte, aber auch, weil er auf den Gesichtern der Anwesenden eine gewisse Verwirrung las, deren Ursache er sich nicht erklären konnte. So blieb er also stehen, und da er nichts mehr zu sagen hatte, wartete er Lusis Antwort ab.

»Gut«, bemerkte Lusi. »Sie können gehen, Meilach, aber Sie müssen verstehen ... Wie Sie sehen können, feiern wir gerade ein Fest ... Ich werde gleich kommen, sobald wir fertig sind und das Gebet gesprochen haben.«

Kurze Zeit später, als die Anwesenden die vorhin so brutal unterbrochene Mahlzeit und auch ihre Gebete beendet hatten, versammelten sie sich, noch immer verstört durch den Steinwurf und zugleich auch beunruhigt wegen Reb Dudis Nachricht, dem sie ein wenig mißtrauten, um Lusi, verabschiedeten sich von ihm und wünschten ihm leicht zitternd, er möge dort, wohin er sich begebe, vor Unheil bewahrt werden ...

Nach und nach, allein oder in kleinen Gruppen, verließen die Gäste das Haus; am Ende waren nur noch Sruli, Lusi und Schmulikl die Faust anwesend, dem Sruli bedeutet hatte, er solle bleiben ... Und als Lusi sich zum Gehen bereitmachte, zog auch Sruli seinen Mantel an und sagte:

»Ich gehe auch. Und Schmulikl kommt mit.«

»Warum? Du bist doch nicht gerufen worden.«

»Das macht nichts. Ich gehe unaufgefordert.«

Die drei Männer verließen das Haus. Sruli und Schmulikl nahmen Lusi in die Mitte. Sie durchschritten unter Wahrung von mancherlei Vorsichtsmaßnahmen die Gassen des Viertels, in dem Lusi wohnte und in dem man nur selten einer Menschenseele begegnete; vielleicht fürchteten sich die Leute vor einem Angriff, wie er Lusi heute widerfahren war. Und als sie zu heller erleuchteten und belebteren Straßen gelangten, in denen man sich sicherer fühlen konnte, blieb Sruli plötzlich stehen und sagte, er habe unterwegs noch etwas zu erledigen . . . Gleichzeitig gab er Schmulikl ein Zeichen, er dürfe Lusi nicht allein lassen. Er erklärte, er dürfe keinen Fußbreit von ihm weichen und müsse ihn bis zum Haus Reb Dudis begleiten. Und auch dort, fügte er hinzu, müsse er bei ihm bleiben, bis er, Sruli, nachkomme.

Mit diesen Worten ging er. Er begab sich zu Brochas Haus. Er hatte sich am Tage zwar ein paar Erkennungszeichen gemerkt, die ihn zu ihrem Haus führen sollten, irrte aber trotzdem eine Weile umher, bis er es im Dunkeln wiederfand.

Als er endlich bei Brocha eintrat, stieß er dort auf nur wenige Besucher, wie es an einem Wochentag meist der Fall war, die sich vor ihm genierten und nach Möglichkeit nicht gesehen werden wollten. Sruli wandte sich an Brocha und flüsterte ihr ins Ohr:

»Ich brauche dich, jetzt gleich. Du mußt jetzt mitkommen, wie wir es vereinbart haben.«

»Wohin denn?« wollte sie wissen.

»Zum Rabbiner«, erwiderte Sruli.

»Oj, oj! Zum Rabbiner?«

»Aber ja. Hast du etwa Angst?«

»Natürlich habe ich Angst.«

»Dann steck die Hand dorthin, wohin du sie steckst, wenn du Angst hast . . .«

Diese Antwort brachte Brocha zum Lächeln. Ihr ging auf, daß dieser Unbekannte sich mit Frauen auskannte, sogar mit Frauen wie ihr selbst. An diesem Tag konnte sie sich schon zum zweitenmal davon überzeugen, daß dieser gewitzte Teufel über Mittel und Wege verfügte, seinen Willen durchzusetzen. Wenn er etwas befohlen hatte, mußte man es tun, ob man wollte oder nicht. Sie spürte, daß dieser Unbekannte Sruli fähig war, einen Skandal auszulösen und ihr eine furchtbare Szene zu machen, falls sie versuchte, ihre Zusage zu brechen, und das würde ihrer beruflichen Tätigkeit großen Schaden zufügen, da sie ohnehin nicht im Geruch der Heiligkeit stand und überflüssige Neugier fürchten mußte.

So gab sie seinem Verlangen nach, obwohl sie nicht genau wußte, welche Rolle sie vor dem Rabbiner spielen sollte; und obwohl sie allen Grund hatte zu fürchten, daß ihre Aussage den Interessen Jonas' zuwiderlaufen konnte, mit dem sie offensichtlich auf vertrautem Fuß stand und der, wie sie sehr wohl wußte, diese ganze Affäre nur zu dem Zweck inszeniert hatte, ihr diesen Unbekannten in einer bestimmten Absicht ins Haus zu bringen; aber da Jonas nicht zur Stelle war, um ihr zu helfen und beizustehen, falls sie mit Sruli in Streit geriet, und da sie am Tag überdies von dem Mann, der jetzt vor ihr stand und die Gegenleistung einforderte, üppig bezahlt worden und sich überdies sicher war, wie wir schon gesagt haben, daß Sruli genau wußte, was er wollte, und sich in ihrem Haus gewiß nicht zum zweitenmal übertölpeln lassen würde, gab sie nach . . . Sie sagte nur: »Also schön, ich komme gleich mit«, zog sich tatsächlich einen Wintermantel an und band sich ein Kopftuch um. Schon halb im Gehen erklärte sie:

»Ich komme mit. Versprochen ist versprochen. Wenn man mich fragt, werde ich alles sagen, was ich weiß.«

Als Lusi an jenem Abend Reb Dudis Haus betrat, fand er nur eine geringe Zahl von Besuchern vor. Ganz anders als am Sonnabend waren nur wenige Personen anwesend, und die waren nicht zufällig da. Man sah ihnen an, daß man sie gerufen hatte, denn als sich Reb Dudi bei Lusis Anblick ein wenig von seinem Stuhl erhob, als wollte er ihm die Ehre erweisen, ihm zur Begrüßung entgegenzugehen, warfen alle Anwesenden Lusi einen Blick zu, aus dem sich leicht schließen ließ, daß man eben noch von ihm gesprochen und die Unterhaltung erst bei seinem Erscheinen unterbrochen hatte. Außer einigen Rabbinern befanden sich noch ein paar Notabeln aus der Stadt bei Reb Dudi sowie – kaum zu glauben, aber wahr – Leute wie der Kneipwirt Jonas, der wie gewohnt mit verschränkten Armen hinter dem Stuhl eines Notabeln stand, da er es nicht wagte, sich neben einen der Männer zu setzen, die bedeutender waren als er.

Jonas hatte auch Schmulikl die Faust entdeckt, der Lusi auf

den Fersen folgte und diesen auf Anweisung Srulis bis ins Haus des Rabbiners begleitet hatte. Jonas bemerkte auch, daß Schmulikl beim Eintreten mit seinem getrübten Auge hilflos um sich blickte und nicht wußte, wohin er sich wenden, ob er stehenbleiben oder sich setzen sollte; da er jedoch der gleichen Klasse angehörte wie Jonas, der sich in dieser Umgebung und in Gegenwart eines Rabbiners wie Reb Dudi ein wenig eingeschüchtert zu fühlen schien, entschloß sich Schmulikl, in einiger Entfernung von den anderen stehenzubleiben, als wäre er nicht gleichberechtigt, als paßte er nicht in diese Gesellschaft.

»Wer ist dieser Mann?« fragten einige beim Anblick dieses Unbekannten, denn sie wußten, daß man ihn nicht gerufen hatte.

»Ah! Schmulikl!« murmelten andere, die ihn und sein handgreifliches Gewerbe kannten. Sie waren sichtlich mißvergnügt, ihn hier zu sehen.

»Ah, Schmulikl!« rief auch Jonas aus, als begrüßte er einen alten Bekannten. Man sah, daß sich beide gut kannten; so konnten diejenigen, die Schmulikls Anwesenheit störte, nicht dagegen protestieren, denn wenn Jonas als Zeuge einer der beiden Parteien zugelassen worden war, hatte auch die Gegenpartei das Recht, sich eines Schmulikl zu bedienen. Damit waren beide Seiten quitt, und keiner schuldete dem anderen etwas . . .

Und tatsächlich, so geschah es auch. Jonas blieb hinter dem Stuhl des sitzenden Notabeln stehen, und Schmulikl verharrte dort, wo er Platz gefunden hatte: in einiger Entfernung und ein wenig abseits . . .

Und nachdem der Rabbi und Lusi wie üblich ein paar Höflichkeiten ausgetauscht hatten, kamen sie gleich zur Sache, um derentwillen Lusi hergebeten worden war.

Ein paar Worte über die Begegnung dieser beiden:

Auf den ersten Blick hätte man meinen können, beide seien aus dem gleichen Holz geschnitzt, denn sie glaubten mit der gleichen Inbrunst an den gleichen Gott und gehörten fast der gleichen Glaubensrichtung an, aber sie waren trotzdem grundverschieden, einmal wegen ihrer persönlichen Eigenschaften, vor allem aber wegen ihrer Stellung in der Gemeinde.

Der Talmud-Gelehrte Reb Dudi, der wegen seiner großen Gelehrsamkeit Oberrabbiner einer Stadt wie N. geworden war, in der man ihm hohe Wertschätzung entgegenbrachte und in der sein Wort geachtet wurde, als käme es von Gott selbst – Reb Dudi, der die ganze Stadt hinter sich wußte, die seinem souveränen Willen unterworfen war, als wäre er ihr Herr und Meister; dieser Reb Dudi hatte die Gewohnheit, wie wir schon erzählt haben, an jedem Sommermorgen als erster auf seine Veranda hinauszutreten, die Augen mit der Hand vor der Sonne zu schützen und einen prüfenden Blick auf die Stadt zu werfen, als sorgte er sich um ihr Wohl, wie es sich für einen Besitzer gehört.

Lusi war das genaue Gegenteil davon. Ein Einzelgänger, der lange Jahre in einem kleinen Dorf nahe der Grenze verbracht hatte, weit weg von der Gemeinde. Trotz seiner großen Gelehrsamkeit hatte die Macht keinerlei Reiz für ihn, für ihn zählte nur das Gefühl. Er war nicht nur kein stolzer Mann, sondern trug auch einen geheimen Kummer mit sich herum. Wie der Leser schon weiß, konnte man ihn oft auf den Straßen umherirren sehen, in Träumereien verloren, wobei er manchmal stehenblieb und einen Finger auf die rechte Augenbraue legte wie ein Mann, der den Kopf voll brodelnder Gedanken hat und diese beruhigen und besänftigen möchte; wie ein Gefäß, das lange Zeit vibriert, bis die Flüssigkeit, die es enthält, zur Ruhe kommt. So war er in seiner Jugend gewesen, und so war er bis zu jenem Tag geblieben, an dem er sich nach einem langen Prozeß des inneren Wandels jener Sekte angeschlossen hatte, der er jetzt angehörte, und selbst dort (wir erlauben uns diese Unterstellung) war er keineswegs sicher, daß er bis zum Ende bei ihr bleiben würde. Das also war Lusi.

Aber kehren wir zu der Angelegenheit zurück, um die es hier ging.

Als Reb Dudi Lusi auftauchen sah, wandte er sich nach den üblichen Höflichkeiten mit folgender Frage an ihn: »Sind Sie sich bewußt, daß die ganze Stadt gegen Sie aufgebracht ist und daß ich, Reb Dudi, ihr geistlicher Anführer, Sie verwarnen muß?«

»Ja, das weiß ich«, erwiderte Lusi sanft und in einem Tonfall, in dem sich Trauer und unterdrückte Ironie mischten, ja, er zeigte sogar ein kleines Lächeln: »Ich habe heute nämlich schon einmal eine Warnung erhalten.«

»Von wem?« fragte Reb Dudi.

»Von einem Stein, den mir jemand vorhin durchs Fenster geworfen hat.«

»Einem Stein?« fragte Reb Dudi verwundert. Er tat die kaum verhüllte Anspielung Lusis, Reb Dudi könne damit etwas zu tun gehabt haben, mit einem Achselzucken ab.

»Ich weiß nichts davon, und alle, die sich hier befinden, die hier an meinem Tisch sitzen, wissen gewiß auch nichts davon. Oder?« wandte er sich an seine Gäste, als wollte er sie zu Zeugen ihrer aller Unschuld aufrufen.

»Nein, wir wissen nichts davon«, erwiderten sie und wiesen damit den Verdacht zurück. Sie bestätigten, sie hätten keine Ahnung von dem, was vorgefallen sei.

Ja, niemand . . . außer Jonas. Wenn jemand ihn jetzt aufmerksam betrachtet hätte, hätte er gesehen, daß dieser Mann Bescheid wußte und eine bestimmte Absicht verfolgte . . .

Als Lusi nämlich den Stein erwähnte, wandte Jonas ein wenig den Kopf ab, und seine verschränkten Arme zitterten.

»Wie bedauerlich«, sagte Lusi in einem Ton, als wollte er seine halb traurige, halb ironische Anspielung wiederholen. »Und welche Ermahnung wollen Sie mir geben, Reb Dudi?«

»Ich möchte Sie darauf aufmerksam machen, daß sich unter Ihren Fittichen Leute verbergen, die die Exkommunikation oder sogar noch Schlimmeres verdient hätten, wenn der Arm Israels die Macht dazu besäße.«

Und dann gab Reb Dudi Michls Geschichte wieder, wie sie sich in seinem Haus, an dieser Stelle, an diesem Tisch abgespielt hatte, an dem jetzt Lusi und die anderen Gäste saßen: Er, Reb Dudi, habe zuerst vor einer ganzen Gemeinde von Juden gesagt und wiederholt, das, was Michl getan habe, sei vielleicht auf Trunkenheit, Irrsinn, Krankheit oder sonst etwas zurückzuführen, was Michls Schuld verringern könne. Aber nein, er sei bei klarem Verstand und im Vollbesitz all seiner geistigen Kräfte gewesen.

»Folglich kann keine Rede davon sein«, erklärte Reb Dudi, »irgendwelche Entschuldigungen für ihn zu finden, da er nicht von dem abrücken will, was er gesagt hat. Niemand hat das Recht, einen Mann zu beschützen und zu verteidigen, der offen den Glauben leugnet, seinem Glauben abschwört und den die volle Schwere des Gesetzes treffen muß . . . Niemand darf sich für ihn verwenden. Aber das genügt noch keineswegs. Wir müssen auch die Wurzeln ausreißen, welche die Saat derart ungeheuerlicher Pflanzen wie dieser nähren und wachsen lassen . . . Ich meine die Gedankenschule, zu der sich dieser Mann, von dem hier die Rede ist, bis zu seinem zutiefst bedauerlichen Sturz bekennt . . . Ich meine die Lehre, die auch die Ihre ist, Lusi, und die von dem wohlbekannten Gesetzesübertreter Reb Nachman von Bratslav gepredigt und von allen großen Geistern der damaligen Zeit angegriffen wurde; wenn man damals nicht auf das Andenken seines heiligen Vorfahren, des heiligen Baal-Schem, Rücksicht genommen hätte, wäre er gewiß exkommuniziert worden.

Daraus folgt, daß man keinem Anhänger irgendeiner anderen Lehre derlei durchgehen lassen darf. Daraus folgt ferner« – damit zog Reb Dudi die Konsequenz aus seinen Worten –, »daß der Übeltäter nicht allein schuldig ist; schuldig sind auch die, die ihn in die Irre geführt haben. Wer weiß, ob sie nicht schon heute oder morgen genauso handeln, da sie durch den Irrglauben ihrer Lehre darauf vorbereitet sind, diese verwüstete Ruine, in der Teufel und böse Geister tanzen, diese Lehre, die Menschen zu einem Irrweg verführt . . .

Und in dieser Hinsicht möchte ich Sie ermahnen: Ich stelle Sie vor die Alternative, sich entweder von dieser dem Untergang geweihten Sekte zu trennen und mitzuhelfen, das Nest zu zerstören, oder andernfalls, falls Sie nicht einverstanden sind, werden andere es tun, und zwar im Namen Gottes und der Gemeinde, denn ihre Geduld ist grenzenlos gewesen. Es ist eine himmelschreiende Ungerechtigkeit, bis jetzt alles toleriert und keine Maßnahmen ergriffen zu haben, um dem Übel Einhalt zu gebieten . . .

Nehmen Sie sich also in acht, Lusi«, sagte Reb Dudi, »lassen Sie sich alles durch den Kopf gehen . . . Und wenn Sie etwas zu sagen haben, um sich zu rechtfertigen, bin ich bereit, Ihnen zuzuhören.«

Um die Wahrheit zu sagen, hatte Lusi zum Kern der Anschuldigung nichts zu erwidern; seine Schultern waren nicht breit genug, um die Last eines so scheußlichen Vergehens, wie Michl es begangen hatte, auf sich zu nehmen, eines Vergehens, das von allen frommen und gottesfürchtigen Männern schon im voraus verurteilt worden war (und zu diesen gehörte auch Lusi) . . . Warum hatte er dann an der Wand seines Schlafzimmers für Michl gebetet, wie wir uns erinnern? Er hatte es auf eigene Verantwortung getan und damit das Gesetz übertreten, wenn auch nur geringfügig, und zwar den Buchstaben des Gesetzes, als er des Satzes gedachte, daß Gottes Gnade für alle Geschöpfe da sei, wer sie auch sein mochten und welche Schuld auch immer sie auf sich geladen hätten . . . Ja, er hatte aus Mitleid für ihn gebetet. Von Reb Dudi durfte er das jedoch nicht erwarten, von Reb Dudi, dem Hüter und Beschützer des Gesetzes, dem Führer und Bannerträger der Gemeinde. In diesem Fall hätte Reb Dudi mit Recht antworten können, wenn man für diejenigen, die sich über das Gesetz hinwegsetzten, jedesmal eine Ausnahme mache, würde dieser Garten Gottes mit seinen Geboten und Verboten schnell zertrampelt und die Welt samt ihrer althergebrachten Ordnung in ihren Grundfesten erschüttert.

Als Lusi Maschber also nun so vor Reb Dudi saß und hörte, was dieser gegen Michl vorzubringen hatte, hatte er nicht die Möglichkeit, diesen offen zu verteidigen, und sah sich genötigt, es auf Umwegen und mit Vorwänden zu tun . . .

Er sagte: »Soweit ich beurteilen kann, ist Michl ein wenig gefestigter Charakter . . . Er steckt voller Angst, besitzt aber auch Verstand. Die Angst führt ihn auf den rechten Weg, der Verstand auf den falschen. Ich weiß, daß er seit seiner Jugend unaufhörlich von Zweifeln gepeinigt wird . . . Während andere, denen solches widerfährt, wissen, daß dies auf die Versuchungen durch den Bösen zurückzuführen ist, den es zu bekämpfen gilt, die jedoch dennoch als Leiter dienen können, um sich in die Höhe zu erheben, hat Michl, dem die Zweifel in ungeheurer Zahl zugesetzt haben und von denen er sich nicht hat befreien können, sie falsch gedeutet. Er hat sich gesagt: Von dem Augenblick an, in dem diese Zweifel auftauchten, ist es so, als wären sie gerechtfertigt, als verdienten sie, Seite an Seite mit der höchsten Wahrheit, die über jeden Zweifel erhaben ist, zu bestehen.«

Lusi fuhr fort: »Und wenn es so ist, könnte das nicht als Rechtfertigung für jemanden dienen, der zu weit gegangen ist, aber nicht aus Eitelkeit, sondern weil er die wahre Grundlage des Glaubens verkannt hat, weil er stets Angst gehabt hat, selbst das zu leugnen, was dem Glauben widerspricht, da alle beide, sagt er, von der Hand ein und desselben Gottes geschaffen worden sind. Der Herr hat das Gute und das Böse erschaffen, und Michl hat das in einem schlechten Sinn gedeutet und allzu wörtlich genommen. So etwas kommt vor. Muß man denn einen Mann, der, weil er Angst vor dem Messer hat, dieses in der Hand hält, damit spielt und sich damit gefällt, nicht allen Ernstes für krank halten? . . .

Wäre es nicht besser abzuwarten, statt einen Mann, dessen Abweichen vom rechten Weg, wie seltsam dies auch erscheinen mag, auf gute Absicht zurückzuführen ist, übereilt zu verdammen . . .? So wie es vorkommt, daß man sich in erhabenen Gedankengängen der Meditation verliert, die einen vom rechten Weg abbringen. Es ist möglich, daß er heute oder morgen ganz von alleine von seinem Irrweg abläßt. Möglich, daß hier ein Zeichen von oben nötig gewesen wäre, ein Lichtzeichen von oben, das ihn auf den rechten Weg zurückgeführt hätte, auf den Weg, den er zuvor beschritten hat, bevor ihn eine Art Verfinsterung davon abbrachte.

Auf jeden Fall hätte man mit einem Mann wie ihm anders umspringen müssen: Man hätte ihn nicht aufregen, sondern beruhigen müssen, wie es wahre Heilkundige und Ärzte tun, wenn sie die Krankheit vertreiben wollen, und zwar nicht, weil es sich um eine Krankheit handelt, sondern um dem Kranken Erleichterung zu verschaffen . . . Denn hier geht es nicht um die

Sünde, sondern um einen Sünder, den man von seiner Sünde befreien will. Hier ist aber so verfahren worden, als hätte man einen Kranken heilen wollen, indem man ihm siedendes Blei über den Kopf gießt ... Kurz, ich bin der Meinung, daß all die strengen Maßnahmen, welche die Stadt gegen Michl ergriffen hat, indem sie ihn verdammte, ohne ihm die Zeit zu geben, sein Verhalten zu überdenken, falsch sind. Es ist etwa so, als wollte man eine Krankheit durch Stockschläge heilen. So ist man bei ihm verfahren. Man hat ihm das tägliche Brot genommen, was zur Folge hatte, daß er wegen Krankheit und Armut seine Kinder verloren hat. Und mehr noch aus dem ersten Grund als aus dem zweiten hat man geglaubt, darin die Hand des Himmels zu sehen, die Strafe des Geheiligten Namens ...«

»Es war ohne jeden Zweifel die Hand des Himmels, die Strafe des Geheiligten Namens, ganz gewiß«, unterbrachen Lusi einige von Reb Dudis Gästen und sprangen von ihren Stühlen auf. »Natürlich war es die Hand des Himmels. Was denn sonst?«

»Nein«, widersprach Lusi mit gefestigterer Stimme. »Natürlich habe ich weder das Recht noch den Mut, den Willen des Herrn der Welt zu deuten, aber gerade weil der Mensch denken kann, bin ich der Meinung, daß der Herr anders gehandelt hätte als die Stadt. ›Der Herr ist großmütig‹, heißt es; ich glaube, daß Er gewiß mehr Geduld gezeigt hätte.«

»Das ist also Ihre Meinung?« brauste Reb Dudi zornig auf. »Woher diese Großzügigkeit auf Kosten anderer, auf Kosten der Geduld oder Ungeduld des Herrn, wenn es um jemanden geht, bei dem kein vernünftiger Mann der Ansicht sein kann, daß ihm Gnade oder Vergebung gewährt werden könne ... ›Wer Gott verflucht, ist des Todes‹. Wir sehen sehr wohl, Lusi, daß Sie fast bereit sind, diesen Mann zu rehabilitieren und von seiner Schuld freizusprechen. Damit stellt sich die Frage: Wer gibt Ihnen das Recht und die Vollmacht dazu? Welcher große Mann, welcher Talmud-Gelehrte?«

»Ich habe weder ein Recht noch eine Vollmacht«, entgegnete Lusi. »Aber da es um einen Menschen geht, dessen Seele sich verirrt hat und der das Tor zur Buße wiederfinden muß, das Tor des Heils, bin ich der Meinung, daß dies kein Vergehen ist und daß ich kein großer Mann sein muß, um ihm dabei zu helfen. Soweit also das, was besagten Michl angeht. Was die Lehre betrifft, der Reb Dudi vorwirft, Michl zur Sünde ermuntert zu haben, während er zugleich behauptet, alle anderen Lehren hätten sich davon frei gehalten, so bitte ich, mir zu vergeben, wenn ich sage, daß Sie sich irren, Reb Dudi . . . Kürzlich ist diese Geschichte mit dem Rabbi von Lemberg passiert, der schließlich kein Niemand ist, sondern ein großer Mann Israels, Sohn und Bruder großer Männer, der ähnlich gehandelt und bei den Tschernowitzern[1] Zuflucht gesucht hat, sehr zu deren Freude, wie man weiß. Sie gaben ihm Asyl und Schutz, um ihre frommen Widersacher zu ärgern. Jeder kennt diese Geschichte, trotz der Bemühungen seiner Freunde, Eltern und Brüder, die Sache geheimzuhalten, trotz all der gemeinen Intrigen, mit denen sie ihn zur Umkehr zu bewegen suchten . . .

Es gelang ihnen aber nicht. Daraus kann man also den Schluß ziehen, daß niemand gegen Irrlehren gefeit ist, denn es steht geschrieben, daß alles in den Händen des Himmels liege außer der Angst vor dem Himmel. Jeder Mensch hat die Wahl, aber niemand ist für seinen Nächsten verantwortlich, weder der Vater für das Kind noch das Kind für den Vater, auch keine religiöse Gruppe für die Handlungen eines ihrer Mitglieder . . .«

»Ja«, unterbrach Reb Dudi, den Lusis letzte Bemerkung geärgert hatte, ein Widerspruch gegen seine, Reb Dudis, Feststellung, nämlich die Geschichte des Rabbi von Lemberg, der seinen Anhängern, Eltern und Brüdern große Probleme bereitet hatte, denn ihre gottlosen Widersacher hatten aus seinem Abfallen ein goldenes Banner ihres Sieges gemacht, ein Zeichen dafür, daß das Recht auf ihrer Seite war. »Von diesem Moment an kommen die Überläufer aus dem Lager der Gottesfürchtigen zu uns«, sagten sie.

---

[1] Eine jüdische Gemeinde, die um diese Zeit als sehr liberal galt. Der »Lemberger« ist Reb Nachum-Ber Fridman, Sohn des Rabbi von Sadagora, der kurz vor seinem Tod Mitte des neunzehnten Jahrhunderts seine Irrlehre bereute.

»Ja«, wiederholte Reb Dudi, und man sah ihm erneut an, daß er es vorgezogen hätte, diese Dinge stillschweigend zu übergehen, die alle Gläubigen dieser Zeit tief bewegt hatten und Reb Dudi spüren ließen, wie schwach seine Argumente gegen Lusi waren.

»Ja«, bemerkte er und kramte im Gedächtnis nach einem Argument, das stark genug war, Lusi aus dem Gleichgewicht zu bringen und den Eindruck abzuschwächen, den dieser mit seiner letzten Behauptung sowohl auf Reb Dudi wie auf alle Anwesenden gemacht hatte.

»Sie haben also schon eine Ausrede für Ihren Schützling gefunden. Für die Sekte ebenso . . . Aber was sagen Sie dazu, daß sich einer Ihrer Anhänger, wie man sich erzählt, an einen Ort verirrt hat, den ich hier nicht erwähnen möchte, um meine Lippen nicht zu beschmutzen, den ich aber trotzdem nennen muß, nämlich ein Freudenhaus, aus dem man ihn mit Schimpf und Schande verjagte, worauf er sturzbetrunken auf den Straßen herumirrte. Was sagen Sie dazu, Lusi?«

Reb Dudi fuhr fort: »Da ist ein Zeuge.« Damit wies er auf Jonas, der nach wie vor hinter dem Stuhl des Notabeln stand und darauf zu warten schien, daß man sich seiner erinnerte und zu dem aufforderte, worauf er sich sichtlich vorbereitet hatte, nämlich als Hauptzeuge für die Schande von Lusis Anhängern zu fungieren.

»Da steht ein Mann«, fuhr Reb Dudi fort, indem er auf Jonas zeigte, »der es mit eigenen Augen gesehen oder von anderen gehört hat, was keinen Unterschied macht . . .«

»Ja, was sagen Sie dazu?« fragten die Gäste und warfen Lusi einen besorgten Blick zu, als müßten sie sich von ihm fernhalten wie von einem gefährlichen Mann, oder als verbreitete er um sich eine Art Pesthauch.

»Dazu?« Lusi war bereit, auch zur Verteidigung des zweiten Angeschuldigten, Sruli, das Wort zu ergreifen.

»Dazu?« sprang ihm plötzlich Schmulikl die Faust bei, der mitten im Zimmer stand und sich bislang natürlich nicht in die Unterhaltung eingemischt hatte, da er nicht verstand, worüber

Reb Dudi und Lusi so bedeutende Worte wechselten . . . Aber
als er jetzt aus Reb Dudis Mund ein Wort vernahm, das seinem
Vokabular entsprach – »Freudenhaus« –, mit dem ein Anhänger
Lusis beschuldigt wurde (obwohl er nicht wußte, um wen es sich
handelte), für den dieser verantwortlich zu sein schien, wünschte
er sich von ganzem Herzen, Lusi möge recht behalten. Und als
Lusi Reb Dudi antworten wollte, begann Schmulikl voller Mitgefühl Lusis Worte nachzuplappern, damit Lusi auch aus diesem
zweiten Wortwechsel als Sieger hervorging, so wie er auch aus
dem ersten siegreich hervorgegangen zu sein schien . . .

»Dazu . . .«, wollte Lusi fortfahren, aber im selben Moment,
in dem er ein weiteres Wort äußern wollte, erschienen zwei
Personen auf der Schwelle des Eßzimmers: eine Frau mit einem
Wintermantel und einem Kopftuch, dahinter ein Mann, der ihr
auf den Fersen folgte und scheinbar darauf achtete, daß sie nicht
stehenblieb und sich nicht umdrehte, damit sie ihr Kommen
nicht bereute und sich nicht aus der Affäre ziehen konnte.

Das waren Brocha und Sruli, die genau im richtigen Moment
auftauchten, als nämlich Srulis Name fiel, wie in einem Märchen,
in dem der Held immer im kritischen Moment auftaucht . . .

»Los, tritt ein . . . Geh zum Tisch«, sagte Sruli hinter Brochas
Rücken, als wollte er sie vorwärtsschieben.

Brocha trat ein: die einmal Reb Dudis Haus ganz im allgemeinen verwirrte, zum anderen die ungewohnte rabbinische Aura,
vor allem aber brachte es sie durcheinander, daß sie unter den
Anwesenden auch den Kneipwirt Jonas entdeckte und spürte,
daß sie – ob sie wollte oder nicht – gezwungen sein würde, gegen
ihn auszusagen, was ihr ganz und gar nicht paßte.

»Ah! Brocha!« entfuhr es Jonas unwillkürlich beim Anblick
dieser alten Bekannten . . . Er war der Meinung, es genügte
schon, ihren Namen auszusprechen, um ihr begreiflich zu machen, wie sie sich im gemeinsamen Interesse beider zu verhalten
hatte.

»Ah! Jonas!« rief auch Brocha mit der Freude eines Menschen
aus, der unter lauter Unbekannten, in deren Mitte er sich eingeschüchtert und unwohl fühlt, plötzlich einen Freund entdeckt.

Sie trat einen Schritt auf ihn zu, als wäre er in dieser feindseligen Umgebung ihr einziger Freund. Sie beherrschte sich aber gerade noch rechtzeitig, denn Reb Dudi wandte sich plötzlich an sie, nein, nicht an sie, er blickte vielmehr über ihren Kopf hinweg und stellte die Frage:

»Was will diese Frau hier?«

»Ja, was hat sie hier zu suchen?« sekundierten ihm die Gäste am Tisch, aber nicht mit Worten, sondern mit ihren Blicken. Brocha war sprachlos . . .

»Ich bin eine ehrbare Frau«, war das einzige, was sie hervorbrachte, und nach dem Wort »ehrbar« schnürte sich ihr die Kehle zu, so daß kein Wort mehr aus ihr herauskam.

»Also, was wünschen Sie? Und wozu hat man Sie hergebracht?« fragte Reb Dudi und schaute dabei Sruli an, der hinter ihr stand: Man sah den beiden an, daß sie in der gleichen Angelegenheit gekommen waren.

Da mischte sich Jonas in die Unterhaltung ein und ergriff statt Brocha das Wort, die keinen klaren Gedanken fassen konnte: »Rabbi, dies ist die Frau, in deren Haus sich der Mann befand, von dem wir gerade sprechen. Sie betreibt das Haus, und da ist dieser Bursche«, sagte er und zeigte auf Sruli.

»Ja, ich!« Zum Erstaunen aller schien Sruli nicht im mindesten verlegen. »Und ich habe sie hierher gebracht, damit sie erzählt, wie es dazu kam, und um zu erklären, welche Rolle Leute wie der da gespielt haben.« Und damit wies er auf Jonas.

»Er?« fragte Reb Dudi mit einem besorgten Blick auf Jonas.

»Ja, dieser Jonas und diese Hure!« rief Sruli aus. Er verwendete ganz bewußt ein höchst unpassendes Wort, um die Anwesenden vor den Kopf zu stoßen.

»Was geht hier vor?« rief Reb Dudi entrüstet und mit all der Autorität aus, die ihm sein rabbinisches Alter erlaubte.

»Wer ist dieser Mann?« wandte er sich in seiner Verwirrung an Lusi.

»Das ist der Mann, von dem Sie gerade gesprochen haben und der eine Zeugin mitgebracht hat, um seine Unschuld zu beweisen.«

»Brocha!« ließ sich plötzlich Schmulikl die Faust vernehmen, der sich die ganze Zeit schweigend abseits gehalten hatte. Er hatte zunächst Reb Dudis Anklage gehört und dann beim Auftauchen Brochas und Srulis begriffen, daß dieser der Beschuldigte war; als er jedoch Srulis Festigkeit und Entschlossenheit bemerkte und sah, daß Brocha, die dieser mitgebracht hatte, neben ihm stand, zum Zeichen, daß er jeden Verdacht entkräften zu können meinte, rief er in der Befürchtung, daß Jonas, der die Frau gut kannte, sie mit der Drohung einschüchtern würde, später mit ihr abzurechnen, falls sie gegen ihn Partei ergreife, daher nun aus: »Sag die Wahrheit, Brocha! Die Wahrheit . . . Du hast nichts zu befürchten . . . Das sage ich dir, ich, Schmulikl die Faust!«

»Ich bin eine ehrbare Frau«, wiederholte Brocha unter Tränen, denn sie sah sich zwischen mehreren Feuern: ihrem alten Bekannten Jonas und dem Fremden Sruli, zu denen noch Schmulikl hinzukam, den sie ebenfalls gut zu kennen schien und dessen Kraft ihr bewußt war. Sie wußte, wozu er fähig war, wenn er sich im Guten wie im Bösen für jemanden einsetzte.

»Ich bin eine ehrbare Frau, Rabbi . . . Das ist nur mein Lebensunterhalt . . . Ich sage die Wahrheit . . . Dieser Mann da«, sagte sie und zeigte auf Sruli, »ist aus Jonas' Kneipe zu mir gekommen.« Dabei warf sie einen furchtsamen Blick auf den Mann, dessen Namen sie eben ausgesprochen hatte.

»Ha!« wetterte Jonas wütend, da Brocha seine Warnung nicht begriffen oder absichtlich mißverstanden hatte und seinen Namen in einer so unangenehmen Angelegenheit erwähnt hatte.

Einen Moment lang schien er sich auf sie stürzen zu wollen, und zutiefst erschrocken zog sie den Kopf zwischen die Schultern ein.

Ja, sie saß tatsächlich zwischen mehreren Feuern: einmal dadurch, daß sie vor dem Rabbiner stand, unter lauter Leuten, die Gott nahestanden, den sie fürchtete, obwohl ihr Beruf alles andere als göttlich war. Zweitens fürchtete sie sich vor Jonas, dem sie offensichtlich ein paar hübsche Geschäfte verdankte (umgekehrt wohl auch) und dem sie auf keinen Fall in die Quere kommen wollte; und was sollte sie schließlich mit Schmulikl anfangen, der gewiß für einen anderen Partei ergriffen hatte, der gegen Jonas war und der ebenfalls gute Dienste leisten konnte, aber auch zu bösen Streichen fähig war? . . . Und dann noch dieser Sruli, der sie heute schon zweimal besucht, ihr Geld gegeben und auch zweimal von ihr verlangt hatte, die Wahrheit zu sagen. Wenn sie seiner Forderung nicht nachkam, konnte auch er es ihr heimzahlen, denn allem Anschein nach war er dazu mächtig genug. All das wirbelte ihr im Kopf herum. Sie blickte verloren in alle Himmelsrichtungen und sah keinen anderen Ausweg, als das zu sagen, was ihr am leichtesten fiel, die Wahrheit nämlich, die ganz mühelos, natürlich und unverhüllt zu äußern war, ohne daß sie etwas verbergen mußte.

»Rabbi!« rief sie aus, »mit dem Mädchen hat er nichts gehabt, denn er war blau . . . Er hat sie nicht angerührt . . . Er hat sie in Ruhe gelassen . . .«

»Meilach!« rief Reb Dudi, außer sich vor Zorn, seinen Diener, herbei. »Meilach, hilf mir!« wiederholte er bei Brochas letzten Worten. Er schüttelte sich, als kröchen Reptilien auf ihm herum.

»Welch eine Schande!« sagte er und ließ hilflos die Arme sinken.

»Was geht hier vor?« rief er erneut aus.

»Ja, was geht hier vor?« sekundierten ihm die Anwesenden, die ebenso außer sich waren wie er.

»Ist mein Haus denn zur Räuberhöhle geworden?« kreischte Reb Dudi schließlich. »Raus mit euch!« fügte er voller Abscheu hinzu, auf Brocha, Schmulikl, Sruli und auch Jonas weisend, der ihm zwar vertrauter war, aber sein Vertrauen verloren hatte, da er sich an der Schande, die Reb Dudis Haus betroffen hatte, mitschuldig gemacht hatte.

»Sehen Sie!« sagte er zu Lusi, der an seinem Platz sitzen geblieben war, zutiefst gedemütigt und verwirrt durch die unwürdige Angelegenheit, in die man ihn hineingezogen hatte.

»Sehen Sie, wohin Sie das gebracht hat: zur Schande, zu Huren, zu Männern, die man für ihr Tun nicht verantwortlich machen kann, sondern nur die, die sie anführen . . . Sie also, Sie also, Lusi Maschber . . . Und wir, all die, die hier sind, und auch ich, wir teilen Ihnen hiermit mit, daß die Gemeinde wissen wird, wie sie darauf zu reagieren hat, daß sie ohne Ansehen der Person handeln wird, wer immer der Schuldige auch sein mag, welchen Rang er einnehmen und welcher Familie er auch angehören mag. Es ist ein Brand entstanden, den es mit allen Mitteln zu löschen gilt: Der Brandstifter muß aus der Stadt gejagt, vielleicht den Christen ausgeliefert und – wenn nötig – muß sogar sein Blut vergossen werden!« schrie Reb Dudi mit sich überschlagender Stimme.

»Ja, vielleicht muß sogar Blut vergossen werden!« wiederholten die Männer am Tisch und vor allem Jonas, dem diese letzten Worte so recht zu Herzen gingen ...

»Jonas!« ließ sich erneut die Stimme Schmulikls der Faust vernehmen, der den Sinn dieser Worte erfaßt und auch begriffen hatte, daß damit die Anhänger Lusis gemeint waren. Sein getrübtes Auge glitzerte wild, als wollte er sich gleich auf den Mann stürzen, dessen Namen er soeben ausgesprochen hatte.

»Jonas, ich bin noch nicht tot, ich, Schmulikl! ... Du wirst es mit mir zu tun haben! ...«

»Schweig!« Jonas sah aus, als wollte er Schmulikls Bedeutung, dessen Stellung und Kraft mit einer Handbewegung abtun.

»Geht! Geht!« schrie Reb Dudi schließlich, womit er nicht nur Jonas meinte, der auf seiner Seite zu stehen schien, sondern auch seinen Widersacher Schmulikl, aber auch Brocha und Sruli, damit sie sich endlich aus dem Staub machten und sein durch sie beflecktes Haus verließen.

»Und nun zu Ihnen, Lusi Maschber.« Reb Dudi, den schon die erste, ruhige Unterhaltung mit Lusi erschöpft hatte, war jetzt durch sein erregtes Geschrei fast am Ende seiner Kräfte angelangt. »Im Namen der Gemeinde verwarne ich Sie nochmals: Denken Sie daran, daß sie solche Dinge nicht durchgehen lassen und Ordnung schaffen wird.«

»Was für eine Ordnung?« fragte Lusi, der darauf brannte, sich zu wehren. Er wies auf Sruli und sagte: »Er hat Zeugen.«

»Zeugen?« entrüstete sich Reb Dudi, »solche etwa?« Er zeigte auf Brocha: »Deren Aussage ist unglaubwürdig. Sie sind eine

Schande Israels, und nur Ihre Anhänger und vielleicht auch Sie selbst können sich erlauben, mit solchen Leuten umzugehen.« »Was?« stammelte Lusi. »Was hat Reb Dudi gesagt?« rief Sruli aus und sprang auf, als hätte er sich verbrüht. Man sah ihm an, daß er, wenn ihn jetzt niemand zurückhielt, Reb Dudi Dinge sagen würde, die nicht nur diesen, sondern auch all seine Gäste und sogar die Wände vor Scham in den Boden sinken lassen würden . . .

Ja, soweit war es gekommen: Es konnte jeden Moment geschehen. Aber in diesem Augenblick erschienen zwei Frauen in Wintermänteln und mit Kopftüchern in der Tür. Ein Blick auf ihre Kleidung genügte, um ihren Rang einzuschätzen: Es waren reiche, sehr reiche Frauen . . .

Die beiden waren Gitl Maschber und ihre Tochter Judith, die uns schon längst bekannt sind. Sie waren in einem Landauer gekommen, aber nicht von zu Hause, sondern vom »Fluch«, wo Lusi wohnte. Dort hatten sie ihn nicht angetroffen und erfahren, daß er zum Rabbiner gerufen worden war. Darauf kehrten sie um und ließen sich zum Rabbiner fahren.

Mosche Maschber hatte in dieser Zeit schwere Tage zu bestehen, nachdem er nicht nur mit Sruli Gol, sondern auch mit anderen geheime Abmachungen getroffen hatte, für die hier kein Platz ist; vor allem aber war nach den Arztbesuchen und mehreren Konsultationen klargeworden, daß der Zustand seiner Tochter hoffnungslos war und daß ihre Tage, vielleicht sogar ihre Stunden gezählt waren . . .

Gitl, Mosche Maschbers Frau, vor Kummer völlig verstört, vermied es oft, das Zimmer ihrer Tochter zu betreten. Aus dem gleichen Grund wollte auch Mosche es gleich wieder verlassen, kaum daß er hineingegangen war, aber das erwies sich als unmöglich, da seine Tochter ihn zurückhielt. Sie ließ seine Hand nicht los und wiederholte immer wieder die gleichen Worte: »Vater, laß mich nicht allein . . . Bleib bei mir sitzen, bleib bei mir.« Und immer wenn Mosche diese Worte hörte, traten ihm Tränen in die Augen, und sein unterdrücktes Schluchzen schnürte ihm die Kehle zu.

An diesem Abend, von dem wir soeben gesprochen haben, nahm Gitl ihre älteste Tochter Judith beiseite und flüsterte ihr einige Worte ins Ohr . . . Kurz darauf zogen sie ihre Wintermäntel an, bestiegen eine vor der Haustür wartende Kutsche und ließen sich zu einer bestimmten Adresse im »Fluch« fahren.

Lusis Adresse hatte sie von ihrem Mann Mosche erfahren, der ihr bei einem eilig heruntergeschlungenen Essen auch erzählt hatte, daß er Lusi in seiner Verzweiflung jüngst mehrmals besucht und sich mit ihm versöhnt habe. Soweit sie überhaupt noch dazu fähig war, sich zu freuen, empfand sie Freude darüber. Sie verspürte ein unabweisbares Bedürfnis nach Trost und wünschte sich inbrünstig einen Menschen herbei, bei dem sie ihr beklommenes Herz ausschütten konnte. Und wer war dazu besser geeignet als Lusi? Wenn sie ihn jetzt bei sich gehabt hätte, hätte sie das sofort von einer schweren Last befreit. Ja, wer denn sonst? . . . Und trotzdem hatte sie seinen Namen bis jetzt nicht erwähnt, denn von dem Moment an, in dem ihr Mann sich mit ihm überworfen hatte, war ihr klar, daß sie sich nicht einmischen und keinen Versuch unternehmen durfte, die beiden zu versöhnen.

Aber da sie jetzt wußte, daß das Band zwischen den Brüdern neu geknüpft worden war, als der Tod schon an der Schwelle ihrer Tochter lauerte und sie schon alles getan hatte, was eine Mutter für ihr Kind tun kann, wenn auch ohne Ergebnis, und da sie überdies das Hab und Gut ihrer Tochter, Kleider, Schuhe, und so weiter unter die Bedürftigen verteilt und allen in Frage kommenden Synagogen und Bethäusern Geld für Kerzen und Branntwein gespendet hatte, damit die Gläubigen für die Gesundheit ihrer Tochter beteten, als sie sogar schon die Gräber auf dem Friedhof hatte vermessen lassen und den Namen der Kranken geändert[1], was aber nichts geholfen hatte . . . da erinnerte sich Gitl an ihre letzte Zuflucht, an Lusi . . . Sie glaubte zwar nicht, daß er ein Wunder vollbringen oder daß sein Gebet mehr bewirken konnte als ihres oder das anderer Menschen, aber sie

---

[1] Um den Todesengel zu täuschen.

spürte einfach, daß sie einen Menschen brauchte, vor dem sie ihren Kummer ausbreiten konnte, so wie sich ein Kind an der Brust seines Vaters ausweint.

Nun war sie in dem Augenblick bei Reb Dudi erschienen, in dem dieser nach einem heftigen Wutausbruch nicht davor zurückgeschreckt war, Lusi zu demütigen, wie wir schon wissen. Als sie in Begleitung ihrer Tochter auf der Schwelle stand, verstummten alle Anwesenden: Reb Dudi, der erneut aufbrausen wollte, Lusi, dem die Frage, die er stellen wollte, noch auf den Lippen lag, Sruli, immer noch bereit, sich auf Reb Dudi zu stürzen, sowie alle anderen, die entweder am Tisch saßen oder hier und da herumstanden . . . Sie alle waren wie erstarrt und völlig verstummt . . . Als Gitl aus der Dunkelheit draußen hereintrat und im Licht der Lampe den Mann erkannte, um dessentwillen sie gekommen war, Lusi, ging sie mit raschen Schritten auf ihn zu. Aber bevor sie ihn erreicht hatte, besann sie sich anders und wandte sich dem Kopfende des Tischs, an dem Reb Dudi thronte, und auch den anderen Gästen zu, die gleichfalls geachtete Rabbiner zu sein schienen, und rief aus:

»Meine Herren!«

»Lusi!« unterbrach sie sich fast im selben Moment und richtete das Wort an den Bruder ihres Mannes.

Man brachte ihr einen Stuhl, da man ihr ansah, daß sie zu erschöpft war, um vor dem Rabbiner zu stehen, wie die Sitte es verlangt . . . Gitl stieß jedoch den Stuhl mit der Hand zurück.

»Lusi, mein Lieber«, rief sie aus. »Der Zorn Gottes ist über uns gekommen. Nechamke, dieser junge Baum, droht gefällt zu werden . . . Juden, Rabbiner, betet für mich, betet für Mosche Maschbers Tochter, die schwer erkrankt ist . . .«

Die Gesichter aller wurden ernst. Jeder wußte, wer sie war – Mosche Maschbers Frau – und welches Unglück sie heimgesucht hatte. Einige der Gäste senkten voller Mitgefühl den Blick und murmelten: »Oj, oj! Die Tochter Mosche Maschbers . . . Möge der Herr ihr beistehen . . .«

»Lusi!« Ohne die anderen zu beachten, wandte sich Gitl wieder an ihn, als wären sie allein im Zimmer . . . »Du mußt mit mir kommen. Draußen wartet eine Kutsche. Und das Unrecht« – sie erinnerte sich plötzlich an den alten Streit zwischen Lusi und ihrem Mosche, den wir schon kennen – ». . . du mußt das Unrecht vergessen, das Mosche dir angetan hat, dich trifft keine Schuld, nicht die geringste. Lusi«, fügte sie dann hinzu, als spürte sie plötzlich, daß jemand den Bruder ihres Mannes kurz vor ihrem Erscheinen grundlos schwer beleidigt hatte.

»Ja, Gitl, ich komme . . . Natürlich komme ich mit«, sagte Lusi. Alle Anwesenden, selbst Reb Dudi, stellten mit Erstaunen fest, welche Ehrfurcht Gitl Lusi entgegenbrachte. Obwohl sie eine nahe Verwandte war, schien sie sich vor ihm zu verneigen.

Die Schmach, die Reb Dudi Lusi angetan hatte, indem er ihm Dinge vorwarf, die man nicht mal seinem schlimmsten Feind vorhält, verblaßte angesichts der Ehrerbietung, die Gitl Lusi bezeigte; und, wie Gitl schon gesagt hatte: All das konnte ihm nichts anhaben . . .

Reb Dudi war nicht der einzige, dem unbehaglich zumute war und der sich vor Lusi jetzt verwirrt und ein wenig schuldbewußt fühlte, nein, auch alle Anhänger des Rabbi teilten jetzt dieses Gefühl. Selbst ein Jonas ließ die Arme sinken, und die Lust, sich auf Lusi zu stürzen, verging ihm, obwohl er dazu aufgefordert worden war . . . Ja, soweit so ein Bursche überhaupt jemanden achten kann, den er eben noch angegriffen hat, achtete Jonas Lusi mehr als sich selbst.

All jene, die nicht unmittelbar betroffen waren, begannen nun das Haus zu verlassen: erst Brocha, die sich grußlos davonstahl und unbemerkt verschwand; dann Schmulikl, dem Sruli mit einer Handbewegung bedeutet hatte, er könne sich aus dem Staub machen, seine Mission sei beendet, und der sich seinerseits überzeugt hatte, daß sich Jonas nach der kurzen Szene, die sich vorhin abgespielt hatte, im Zaum hielt. Auch Srulis Kampfeslust hatte sich inzwischen abgekühlt.

Er ging. Und nachdem Lusi aufgestanden war und sich recht und schlecht von Reb Dudi und dessen Anhängern verabschiedet hatte, verließ er in Begleitung Gitls und deren Tochter das Haus. Sruli folgte ihnen. Draußen gingen sie auf die wartende

Kutsche zu. Als Lusi und die Frauen darin Platz genommen hatten, gab Lusi Sruli ein Zeichen, er solle mitkommen.

Und so geschah es, daß Lusi nach langer Abwesenheit wieder das Haus seines Bruders betrat ... Und soweit man sich in diesem Haus überhaupt noch freuen konnte, freute man sich über das Erscheinen Lusis ... Man führte ihn sofort zu der Kranken, bei der sich die ganze Familie versammelt hatte, als erwartete man von Lusi Hilfe und Heilung.

Als er den verzweifelten Zustand der Kranken sah, ihr verändertes Gesicht, ihre hervortretenden Wangenknochen, die bleiche Nase, als er ihren röchelnden Atem bemerkte und sah, wie seine Nichte manchmal nach Luft schnappte wie ein Fisch auf dem trockenen, tat er, was die Leute gewöhnlich in solchen Fällen tun: Er ließ keinerlei Anzeichen von Besorgnis erkennen, sondern tat ganz im Gegenteil so, als sähe er zwischen der Kranken und den anderen keinerlei Unterschied, als sei er über nichts erstaunt.

Eine Zeitlang hatte Lusis Verhalten eine wohltuende Wirkung auf die Kranke. Obgleich ihr die schwere Last der letzten Tage fast den Atem nahm, heiterte Lusis Anblick sie auf, da sein Auftauchen im Haus ihres Vaters immer eine festliche Stimmung erzeugt hatte. Sie vergaß ihre Krankheit und die Tatsache, daß ein normaler Atemzug für sie selten und ungewöhnlich war.

Die Familie hielt sich so lange wie möglich bei der Kranken auf, vielleicht sogar ein wenig länger. Um die Kranke über ihren Zustand hinwegzutäuschen, unterhielten sie sich sogar über deren Krankheit, sprachen aber auch über Nebensächlichkeiten, um sie abzulenken und keine sorgenvolle Stimmung aufkommen zu lassen.

Während Lusi im Krankenzimmer war, wartete Sruli im Eßzimmer auf ihn. Es war dasselbe Eßzimmer, in dem Sruli einst ein häufiger Gast gewesen war, das er besucht hatte, wann immer er dazu Lust verspürte, das er aber auch gemieden hatte, wenn ihm danach war. Wir erinnern uns, daß er beim letztenmal, nach der Rückkehr von seiner großen Sommerwanderung, sein Bündel in einer Ecke abgestellt hatte; aus diesem Zimmer war er von

Mosche Maschber hinausgejagt worden, als die beiden Brüder sich stritten, und in dieser Ecke des Zimmers hatte er damals sein Bündel geschnürt und war gegangen.

Als er jetzt hier saß, betrachtete er diese Ecke ... Er besah sich das ganze Eßzimmer und auch die anderen Räume, soweit man sie durch die offenen Türen erkennen konnte.

Wäre Sruli nicht der Mensch gewesen, der er war, wären ihm merkwürdige Gedanken gekommen, unter anderem dieser: daß er, den man einmal aus dem Haus gejagt hatte, jetzt der Eigentümer dieses Eßzimmers war, aber nicht nur des Eßzimmers, sondern aller Räume, des ganzen Hofs mit seinem Garten, des gesamten Anwesens, der Besitzer von allem, was Mosche Maschber gehörte ... Ja, wenn Sruli nicht Sruli gewesen wäre ... Um sich in dieser Vorstellung zu bestärken, hätte es genügt, die Brieftasche zu berühren, die den Vertrag enthielt, den er vor kurzem mit Mosche Maschber geschlossen hatte ... Er hätte die Brieftasche nur zu berühren brauchen, um sich zu sagen, ja, ich bin der Eigentümer.

Wir sind aber nicht sicher, ob er dies tat oder dachte. Wahrscheinlich nicht, denn als Mosche Maschber ihn jetzt im Kielwasser seines Bruders auftauchen sah, glitt sein Blick über ihn hinweg, als wäre er ein Mann ohne jede Bedeutung, ohne jedes Gewicht; er hätte gewiß anders gehandelt, wenn Sruli ihm nicht erlaubt hätte zu vergessen, daß er, Sruli, doch ein Mann von einiger Wichtigkeit war, da sich ein großer Teil von Mosche Maschbers Eigentum jetzt in seiner Hand befand ... Sruli war jedoch anders; er war nicht der Mann, der Glück oder Unglück eines anderen ausnutzte, der sich der Niederlage eines anderen rühmte und sie hinaustrompetete, vor allem jetzt nicht, wo er wußte, was im Hause Mosche Maschbers geschah ...

Es ist möglich, daß er, während er so allein im Eßzimmer saß, nichts weiter tat, als dem zu lauschen, was draußen in der nächtlichen Kälte vor sich ging. Auf der Herfahrt in der Kutsche mit Lusi, Gitl und Judith hatte er in dem schwachen Lichtschein einer Straßenlaterne bemerkt, daß leichte Schneeflocken von dem dunklen Nachthimmel fielen, einer jener Schneefälle, die zu

Winteranfang die hartgefrorene Erde weiß überpudern; es kann aber auch vorkommen, daß dieser feine neue Schnee über Nacht zu einem dicken Teppich wird, so daß man am Morgen die Türen der niedrigen Häuser und selbst die größerer nicht öffnen kann ...

Als er allein im Eßzimmer saß, dachte er vielleicht auch an den senilen Nachtwächter Mosche Maschbers, Michalko, dessen kleine Holzhütte gegenüber der Küchentür stand. Als er näher hinsah, bemerkte Sruli einen schwachen Lichtschein, der durch eine staubbedeckte Fensterscheibe nach draußen drang ...

Sruli erinnerte sich an seinen letzten Besuch in Mosche Maschbers Haus: an dem Tag, da er morgens Lusi kennengelernt und abends das erste Gespräch mit ihm geführt hatte. An diesem selben Tag hatte er den Vormittag in Michalkos Hütte zugebracht, wo er auf dessen hölzerner Schlafpritsche den Schlaf des Gerechten geschlafen hatte. Und es ist nicht ausgeschlossen, daß er nach diesem langen, anstrengenden Tag, den er hinter sich hatte, auch jetzt Lust verspürte, sich dort auszustrecken ...

Aber in diesem Augenblick erschienen die Mitglieder der Familie Maschber aus dem Krankenzimmer, unter ihnen auch Lusi, Gitl und Mosche selbst. Sie verabschiedeten sich von Lusi und baten ihn, oft wiederzukommen, damit er selbst sehen könne, wie es stehe ... Dann trat Lusi in Begleitung seines Bruders Mosche und Srulis, der diesem auf den Fersen folgte, auf den Hof hinaus, wo sie Michalko begegneten, den die beiden Brüder kaum wahrnahmen, den Sruli aber bemerkte. Als der abgearbeitete und erschöpfte alte Michalko, der draußen auf dem Hof noch eine späte Arbeit erledigt hatte, seinen Herrn in Begleitung seines hochgewachsenen, ein wenig fremdartig wirkenden und achtunggebietenden Bruders entdeckte, stieß er ein mißvergnügtes Grunzen aus ... Er trat beiseite, um seinem Herrn und Lusi, die auf ihn zukamen, den Weg zum Gartentor freizugeben. Er ließ Lusi nicht aus den Augen, dem er offensichtlich mißtraute und der ihm Angst machte ...

Der Anblick Lusis ließ Michalko erschauern wie im letzten Sommer, als Lusi einmal zu Besuch gewesen war. Damals hatte

Michalko ihn öfter nachts einsam draußen auf dem Hof gesehen: Lusi hatte zum Mond hinaufgeblickt, wenn er am Himmel stand, und wenn nicht, hatte er zum Sternenhimmel emporgeblickt . . . »Der Mann ist ein Hexenmeister«, hatte sich Michalko damals gesagt, »der nichts Gutes bringt, niemandem . . .«

Ja, tatsächlich. Michalko glaubte, seine Prophezeiungen vom Sommer hätten sich schon zum Teil erfüllt. Lusi war damals aus seinem Blickfeld verschwunden, und da er nichts von dem Streit zwischen Lusi und seinem Bruder wußte, wußte er auch nicht, was aus Lusi geworden war; dennoch, so meinte Michalko, mußte Lusis Hexerei Spuren hinterlassen haben. Wenn er auch alt, hinfällig und sein Blick erloschen war, sah Michalko seinem Herrn und dessen Familie doch sehr wohl an, daß nicht alles zum besten stand . . . Er erkannte das an den knappen Portionen, die in der Küche verteilt wurden und jetzt viel knauseriger ausfielen als früher . . . Das Glücksrad drehte sich nicht mehr . . . Michalko wußte auch, daß die jüngste Tochter seines Herrn schwerkrank im Bett lag und wahrscheinlich nicht wieder genesen würde . . . Michalko erkannte es auch an den zahlreichen Ärzten, die immer öfter ins Haus kamen und immer neue Medikamente verschrieben, vor allem aber an der bedrückten Haltung aller, die nicht einmal mehr die Zeit fanden, mit ihm, Michalko, ein Wort zu wechseln . . .

Ja, so war es. Schlimmer aber war, daß Michalko in letzter Zeit oft davon träumte, daß sich ganze Schwärme von Bienen auf seiner Brust niederließen und eine Stelle suchten, wo sie ihn bis aufs Mark aussaugen konnten, als wäre er eine Blume.

»Nein, das ist kein gutes Vorzeichen«, sagte sich der altersschwache Michalko, als er Lusi zusammen mit seinem Herrn erblickte. Er wandte sich ab, um Lusi nicht ansehen zu müssen, und nahm sich vor, sich vor dem Schlafengehen in seiner Hütte mehrmals vor der staubbedeckten und mit Spinnweben überzogenen Ikone in der Ecke seiner Behausung zu bekreuzigen.

»Ja, ich werde mich oft bekreuzigen«, beschloß er. Er konnte sich nicht zurückhalten und warf Lusi einen verstohlenen, ängstlichen Blick nach.

II
Zwei Todesfälle, eine Heirat

Es dauerte nicht lange, da erfüllte sich Michalkos Prophezeiung –
vor allem für ihn selbst.

Wie Sruli an dem Abend, da er mit Lusi Mosche Maschber
besuchte, bereits geahnt hatte, schneite es in der Nacht so heftig,
daß man am frühen Morgen kaum etwas wiedererkannte, da
alles unter einer blendendweißen Schneedecke verschwunden
war ... Die Bäume im Garten steckten knietief im Schnee,
ebenso der Garten, die Treppenstufen zur Küche und zum
Haupteingang des Hauses; ganz zu schweigen vom Hausdach
und den Dächern der Nebengebäude sowie den Dächern aller
Häuser der Straße, die nicht mehr zu sehen waren ... Von den
Straßen gar nicht zu reden, die bis zum Bauch verschneit zu sein
schienen!

Als Michalko an diesem Morgen aufstand, erwarteten ihn
zahlreiche Pflichten. Erst mußte er versuchen, die Tür seiner Hütte zu öffnen, die dem Druck seiner schwachen Arme nicht nach-
geben wollte; zuviel Schnee hatte sich draußen aufgetürmt ...
Anschließend mußte er von seiner Hütte bis zum Küchen-
eingang und von dort zum Haupteingang einen Weg schaufeln,
denn sonst hätte man das Haus weder betreten noch verlassen
können. Dann mußte er Wasser aus dem Brunnen pumpen und
es ins Haus bringen, was ihm an diesem Morgen weit schwerer
fiel als sonst; einmal weil er schon den Schnee hatte wegräumen
müssen, zum andern wegen des Wetterumschlags: Die vorher
trockene Luft war feucht geworden, was ihm das Atmen schwer-
machte. Das Hereintragen des Brennholzes strengte ihn ebenfalls
mehr an als sonst, da ja wegen des frühen Wintereinbruchs die
Öfen im Haus stärker geheizt werden mußten.

Taschenuhr, der stimmlose Hund mit dem durchhängenden Bauch, folgte seinem Herrn Michalko wie gewohnt den ganzen Morgen auf Schritt und Tritt: Wenn er stehenblieb, hielt auch der Hund inne und beobachtete ihn aus einiger Entfernung, und ging sein Herr langsam weiter, trottete der Hund neben ihm her. Aber diesmal behielt Taschenuhr Michalko besonders sorgenvoll im Auge wie einen Gegenstand, bei dem man ständig aufpassen muß, um ihn nicht plötzlich zu verlieren.

Taschenuhr hat gesehen, daß Michalko beim Hereintragen des Holzes und des Wassers jedesmal auf halbem Weg stehenbleibt, als habe er an der Stelle, wo er mit seiner Last aufbrach, etwas vergessen, als wolle er dorthin zurückkehren, während es ihm in Wahrheit nur an Luft mangelt. Er macht den Eindruck, als wolle er jeden Moment seine Last fallen lassen und reglos und keuchend mit leeren Händen stehenbleiben.

Der Hund hat auch bemerkt, daß sein Herr sich anders als sonst nicht für das Frühstück interessiert, das man ihm in der Küche hingestellt hat, ja daß er nicht einmal einen neugierigen Blick in die Schüssel wirft, sich auch nicht den Schweiß aus Stirn und Nacken wischt und die Schüssel auch nicht bis zum letzten Rest auslöffelt, in der er sonst nichts zurückläßt, nicht mal einen Krümel ... Nein, diesmal rührt er sein Essen kaum an und überläßt den größten Teil davon, weit mehr als sonst, seinem Hund ...

Der Hund hat auch gesehen, daß Michalko nachmittags in seine Hütte zurückgekehrt ist, um in seinem Ofen Feuer zu machen, nachdem er alle Arbeiten in der Küche, im Haus und auf dem Hof seines Herrn erledigt hat; und als Michalko wie gewohnt vor dem Ofen kniet und von Zeit zu Zeit einen Blick auf sein Feuer wirft, scheint er sich plötzlich ein paar Augenblicke lang zu vergessen und hält inne, als wäre er eingeschlafen. Und als er wieder zu sich kommt, versucht er aufzustehen, aber es gelingt ihm nicht. Er fällt ungeschickt aufs Hinterteil und krabbelt mühsam hoch wie ein Kleinkind, wobei er sich auf die Hände stützt.

Ganz anders als sonst nach einem schweren Schneefall setzte

an diesem Tag starker Frost ein. Gegen Abend, als in den Häusern die Lichter angezündet wurden, spürte auch Michalko die Kälte und kehrte nochmals auf den Hof zurück, um eine Kleinigkeit zu erledigen. Als er die kalte Abendluft einatmete, befürchtete er, sein Ofen könnte nachts ausgehen, und legte noch mehr Holz nach. Er hatte die Holzscheite nicht gezählt und zweifellos mehr nachgelegt als nötig, denn in seinem Zimmer war es so heiß geworden, daß er schwer atmete und sich sein Hemd aufknöpfen mußte

Ihm wurde schwindelig, und er mußte sich auf seine Pritsche setzen. Er verspürte eine große Schwäche in seinen Armen und Beinen, und ihm war, als bekäme er durch den stickigen Rauch des Ofens keine Luft mehr. Er schleppte sich zu seiner Pritsche, wo er sich zunächst wie gewohnt auf den Rand setzte, aber als ihm der Rauch immer mehr zu schaffen machte, rückte er weiter in die Mitte des Betts, um Rücken und Kopf an die Wand zu lehnen. Das Zimmer schien sich zu drehen; leuchtende Punkte tanzten ihm vor den Augen, die nach und nach die Gestalt einer Vision annahmen.

Er nickte ein und sah folgendes:

Es ist nicht Winter, sondern Sommer. Es ist Nacht. Alle im Haus schlafen; nur er ist noch wach. Da sieht er plötzlich auf dem Dach des Hauses neben dem Schornstein einen hochgewachsenen Mann stehen, der wie Lusi aussieht und anscheinend Hexerei betreibt, wobei er sich in der Sommernacht an den Himmel wendet.

Michalko versucht sich entsetzt zurückzuziehen, damit der andere auf dem Dach seine Gegenwart auf dem Hof nicht bemerkt, aber es gelingt ihm nicht: Der andere entdeckt ihn, ruft ihn, und ohne daß er recht weiß warum, fühlt sich Michalko gezwungen, dem Ruf zu folgen und zu dem anderen aufs Dach zu klettern ... und dann fühlt er aus dem Schornstein eine Art Rauch aufsteigen, der zwar unsichtbar ist, den jedoch der andere, der lange Lusi, durch eine Art Zauberei spürbar werden läßt, wie sie Hexenmeister in ruhigen Sommernächten neben Schornsteinen treiben ... Michalko will den Kopf abwenden, um den

Rauch nicht einzuatmen, aber der andere verbietet es ihm. So muß Michalko weiter den Rauch einatmen, bis sich alles vor seinen Augen dreht und er, halb ohnmächtig, fast vom Dach auf den Hof hinunterfällt, wo er sich auf dem Pflaster bestimmt Schädel und Knochen gebrochen hätte.

In diesem Augenblick wacht Michalko, am ganzen Körper zitternd, auf und entdeckt, daß er neben dem überheizten Ofen auf der Pritsche seiner Hütte sitzt. Er spürt, daß er jetzt etwas tun, etwas unternehmen muß, aufstehen, die Tür öffnen, um die frische Luft hereinzulassen, oder mit seinem Hund auf den Hof hinaustreten ... Aber seine Gliedmaßen sind wie gelähmt, und zwischen Vorsatz und Tat, zwischen Wille und Ausführung tut sich ein langer Weg auf, den zurückzulegen er nicht den Mut findet.

Dann nickt er wieder ein. Er spürt, daß sich Taschenuhr vor ihm auf den Hinterpfoten aufrichtet und ihn mit den Vorderpfoten zu wecken versucht, da es dem Hund angst macht, daß Michalkos schwacher alter Kopf so seltsam zur Seite geneigt ist und seine Arme so schlaff an ihm herabhängen, als gehörten sie ihm gar nicht ...

Michalko erscheint es, als bemühe sich der Hund jetzt, irgendwelche Laute aus seiner zugeschnürten Kehle hervorzubringen, da es ihm nicht gelungen ist, ihn mit den Pfoten zu wecken, und daß er, wenn es in seiner Macht stünde, wenn er eine Stimme besäße, er seine große Unruhe mit einem lauten Bellen hinauskläffen würde.

Michalko bekreuzigt sich im Geiste und spürt, daß sein Kopf immer schwerer wird und gegen seinen Willen immer tiefer hinabsinkt ...

Er schläft ein und sieht auf dem Dach wieder die hochgewachsene Gestalt Lusis, der ihn auffordert, zu ihm hinaufzukommen. Eine unsichtbare Kraft treibt Michalko vorwärts; aber diesmal ist er dort oben nicht mit Lusi allein, sondern sie sind von der ganzen Familie seines Dienstherrn umgeben. Alle beobachten mit ernsten Gesichtern Lusis Hexerei ... Sie stehen schweigend da, können sich weder rühren noch ein Wort hervorbringen und sind obendrein gezwungen, diesen seltsamen Rauch einzuatmen, der aus dem Schornstein quillt und bei allen Schwindel und Übelkeit auslöst, vor allem aber bei Michalko und der jüngsten Tochter seines Herrn, die schon seit langem krank und bettlägerig ist, sichtlich ohne jede Hoffnung auf Genesung ... Alle fühlen sich unwohl, und während sie noch reglos, schweigend und starr dastehen, hört man plötzlich aus den Mündern aller ein wildes Geheul, als zwei von ihnen – Michalko und die Tochter seines Herrn – vom Dach herunterfallen und sich auf dem Hof zu Tode stürzen ...

Und dann wurde Michalko auf dem Hof zweier Trauerzüge gewahr, die gerade im Begriff waren, sich in Bewegung zu setzen: ein christlicher – sein eigener ... er lag mit unbedecktem Gesicht in einem Sarg; der zweite war ein jüdischer Trauerzug – der der Tochter seines Herrn ... sie lag mit bedecktem Gesicht auf einer Tragbahre.

In seiner Erstarrung nahm Michalko plötzlich einen Klagelaut wahr, von dem er nicht wußte, woher er kam: ob es eine Anstrengung des Hundes war, ein Bellen zustande zu bringen, um ihn aus seinem bösen Traum zu reißen, oder ob der Laut aus dem gegenüberliegenden Haus seines Herrn kam, von wo er die Stille der Nacht durchbrach und in Michalkos Hütte drang; es war ein Klagelaut, wie man ihn oft vom Bett eines Todkranken vernimmt, dessen Angehörige das Ende abzuwenden suchen.

Dann durchlief Michalko ein Zittern, und er ließ zum letztenmal den Kopf sinken, wie ein Gewicht, das er nicht mehr zu tragen vermochte, und blieb wie erstarrt sitzen.

Der Hund hielt noch lange bei ihm Wache; er stand mit den Hinterpfoten auf dem Fußboden, legte die Vorderpfoten auf die Beine seines Herrn und verharrte starr in dieser Stellung.

Die Nachtlampe warf einen schwachen Lichtschein auf die beiden reglosen Körper. Taschenuhr ließ Michalko die ganze Nacht bis zur Morgendämmerung nicht aus den Augen. Und als der Hund einen letzten Blick auf ihn warf und sich vergewisserte, daß sein Herr das letzte Erlebnis seines Lebens hinter sich hatte und daß seine Reglosigkeit weder auf Schlaf noch auf Trunkenheit zurückzuführen war, beschnupperte der Hund die kalten, starren Hände Michalkos zum letztenmal und spürte, daß er von ihnen nichts mehr zu erwarten hatte; wäre jemand in diesem Augenblick an Michalkos Hütte vorbeigegangen, hätte er die Stimme eines Hundes vernommen, der erst ein leises Jaulen und dann ein letztes gequältes Aufheulen hören ließ . . .

Ja, Taschenuhr hatte für einen Augenblick seine Stimme wiedergefunden . . . Und als man im Hause Mosche Maschbers nach einer quälenden Nachtwache bei dessen schwerkranker Tochter, für die es keine Hoffnung mehr zu geben scheint, aufsteht, als das Dienstmädchen mit seiner täglichen Arbeit beginnt, für die es wie immer auch Michalkos Hilfe benötigt, sei es, weil dieser Holz oder Wasser bringen oder etwas anderes erledigen soll, ruft sie nach ihm; und da er auf ihre wiederholten Rufe keine Antwort gibt, wirft das erstaunte Dienstmädchen einen Blick auf die geschlossene Tür seiner Hütte, hinter der sie ein ungewohntes Kratzen und ein leises Jaulen vernimmt; sie geht hinüber und öffnet die Tür; das Bild, das sich ihren Augen bietet, ist beredt genug, um zu erklären, was Michalko in der Nacht widerfahren ist: Er sitzt tot auf der Pritsche und lehnt vornübergebeugt an der Wand . . . Und der Hund Taschenuhr, der bald Michalko, bald das Dienstmädchen auf der Türschwelle anblickt, kündet mit leisem Jaulen von dem Leid, das ihm in der Nacht widerfahren ist.

Die Nachricht vom Tod Michalkos hatte in dem Chaos, das in Mosche Maschbers Haus ohnehin schon herrschte, gerade noch gefehlt! Als hätte das Haus nicht schon genug Leid zu tragen! Schon heute oder morgen konnte es zu der Katastrophe kommen, die selbst die jüngsten Kinder Nechamkes und Nachum Lentschers herannahen fühlten und auf ihre kindliche Weise deuteten: Sie spürten, daß ihre Mutter nur noch wenige Tage bei ihnen bleiben würde und daß ihr junges Leben von einem namenlosen Unheil bedroht war.

Sie erkannten es auch daran, daß sich ihre Mutter nicht mehr mit ihnen befaßte, daß sie sie weder an- noch auszog, ihnen weder zu essen gab noch sie ins Bett brachte. Das taten andere anstelle der Kranken: manchmal Großmutter Gitl mit zornigen Rufen, manchmal Judith, die zwischen ihren eigenen Kindern und denen ihrer Schwester keinen Unterschied machte, manchmal sogar ihr Vater, dem Frauenarbeit ungewohnt war und der sich seiner Aufgabe – wie bei Männern üblich – eher schlecht als recht entledigte.

Aber all das war noch gar nichts, und die Kinder spürten es wohl. Es kam nicht selten vor, daß Mama krank wurde, aber da konnte man sie immer noch in ihrem Zimmer besuchen, ihr von den kleinen Freuden und Kümmernissen erzählen und ein gutes Wort oder einen mütterlichen Blick von ihr erhalten. Aber jetzt hielt man die Kinder vom Zimmer der Kranken fern. Nur selten durften sie noch bei ihr eintreten, und das auch nur für einen kurzen Moment, und dabei mußten sie auf der Schwelle bleiben. Und die Kinder spürten jedesmal, daß sich die Mutter immer mehr von ihnen entfernte, daß sie nicht mehr sie selbst war, daß ihr Blick immer fremdartiger wurde. Und wenn sie zufällig einen Blick auf ihre Kinder warf, wenn diese sich in der Tür zeigten, wandte sie sich schnell ab, besonders wenn sie mit ihrem Vater Nachum Lentscher kamen.

So war es bis jetzt gewesen. Aber seit ein paar Tagen waren den Kindern auch diese kurzen Besuche an der Tür verboten, und für den Fall, daß man sie zu Verwandten oder Freunden bringen mußte, hatte man schon ihre kleinen Mäntel bereitgelegt, denn man hielt es nicht für passend, daß sie den tragischen Augenblick miterlebten.

Man hatte sie schon in der vergangenen Nacht aus dem Haus bringen wollen, sich im letzten Moment aber anders besonnen und sie bleiben lassen . . . Und am Tag, das hätten sie schwören können, ließen wilde Schreie sie während ihres Mittagsschlafs zusammenfahren, Schreie von Mitgliedern der Familie, von Verwandten und Freunden, die wegen ihrer Mutter die ganze Nacht hier verbracht hatten und nun in Wehgeschrei und Klagelaute ausbrachen. Die Kinder wachten auf und sahen an ihren Betten Familienmitglieder stehen, die gekommen waren, um sie zu beruhigen, aber die Kinder glaubten auch eine weniger bekannte Gestalt zu erkennen. Das war Großmutter Scheinczi, die Mutter ihres Vaters, die nachts mit einem Spätzug angekommen sein mußte, als die Kinder schliefen.

Ja, es war tatsächlich Großmutter Scheinczi, die Mutter ihres Vaters Nachum Lentscher. Als sie von dem Leid erfuhr, das ihrem Sohn bevorstand, hatte sie sich aus dem fernen Podolien aus ihrer Heimatstadt Kamenez auf den Weg gemacht und war, in dicke Pelze gehüllt, hier angekommen.

Sie hatte sich sogleich zu der Kranken, zu Nechamke begeben. Diese erkannte sie kaum wieder. Aber selbst wenn sie sie erkannt hatte, so berührte sie diese Frau nicht mehr, die mit kalten, stummen Tränen neben ihrem Bett stand.

Nechamke bemerkte, daß ihre Schwiegermutter zunächst verstohlen weinte und dann ihren Sohn Nachum beiseite nahm, um auf ihn einzureden und ihn zu trösten, gewiß mit den üblichen Redewendungen. Erstens könne Gott noch alles abwenden, und zweitens dürfe er sich nicht so gehenlassen, was geschehen solle, geschehe, man könne nichts mehr tun.

Ja, tatsächlich: Als sie sah, wie die Dinge standen und daß das Ende nahte, bemühte sich Großmutter Scheinczi vor allem darum, ihren Sohn Nachum möglichst vom Krankenbett fernzuhalten und ihm die Sache mit allen Mitteln leichter zu machen: Er solle an sich denken, wieder zur Vernunft kommen und sich auf alles gefaßt machen.

»Du bist Vater, ein junger Vater. Du hast Kinder. Du hast nicht das Recht zu verzweifeln.«

»Was sagst du da?« sagte Nachum, der immer ein gleichgültiger und kalter Ehemann gewesen war, mit tränenerstickter Stimme. »Nechamke«, schluchzte er, »du verläßt mich, mich und die Kinder.«

»Mein Sohn!« tröstete ihn Großmutter Scheinczi, »Gott ist ein Vater für alle und auch für die Waisen.«

Ja, selbst in dieser extremen Situation gewannen Hartherzigkeit und Selbstsucht bei Nachums Familie die Oberhand; sie zeigten sich gegenwärtig zwar nicht bei Nachum, der sich seinem

Kummer hingab, dafür jedoch um so deutlicher bei seiner Mutter Scheinczi, die erst in letzter Minute erschienen war und sich so aufführte, daß die ganze Familie den Blick abwandte und sie fast als einen Eindringling empfand. Aber sie kümmerte sich nicht darum und verhielt sich, als ginge sie das Unglück, das die Familie getroffen hatte, kaum etwas an, als sei sie etwa auf seiten des Bräutigams zu einer Hochzeit gekommen.

Selbst in den traurigsten Minuten (eine Schande, es sagen zu müssen) ging sie daran, Kleiderschränke und Kommoden zu öffnen, als wollte sie deren Inhalt taxieren oder die Kleidungsstücke ihres Sohns Nachum von denen seiner Frau trennen, als stünde eine Scheidung bevor, bei der Mann und Frau all das, was sie gemeinsam erworben haben, zählen und zusammenrechnen, um das zu bestimmen, was jeder nach der Trennung erhält.

Natürlich hätte die Familie, die sich ihrem Kummer hingab, eigentlich nichts bemerken sollen; doch wie es Momente gibt, in denen man mit ernsten Dingen befaßt ist, aber gleichwohl bedeutungslose Nichtigkeiten wahrzunehmen vermag, während wichtige Dinge einem unbewußt entgleiten, bemerkte man es dennoch; und man kann sich leicht vorstellen, welche Gefühle das bei den Mitgliedern der Familie auslöste. Man sagte sich: Traurig, daß Großmutter Scheinczi so ist, daß sie in diesen Stunden an solche Dinge denken kann ... Wer kann jetzt an Kleiderschränke und an deren Inhalt denken?

Es war ein Morgen nach einer besonders schweren Nacht bei Nechamke, in der man sie schon dahingeschieden glaubte, eine Nacht, in der selbst Großmutter Scheinczi in den Chor der Klagelaute von Verwandten und Freunden eingestimmt hatte, welche die Nacht an Nechamkes Bett verbrachten.

Bis auf die kleinen Kinder hatten alle eine schlaflose Nacht hinter sich. Sie sahen bleich, hohlwangig und erschöpft aus. Sie wußten, daß die Nacht, die soeben zu Ende gegangen war, keine Ausnahme von der Regel war, sondern vielmehr ein Anfang, dessen schreckliche Fortsetzung bereits an diesem Tag oder in der nächsten Nacht folgen konnte.

Sie warteten auf die Ankunft der Ärzte, die sie nach dieser schweren Nacht hatten rufen lassen, obgleich sie wußten, daß deren Besuche keine Besserung bringen würden. Vielleicht konnten sie aber noch der Kranken ein letztes Medikament wie etwa Kampfer geben.

Eisig kaltes Tageslicht drang durch die mit Frost überzogenen Fensterscheiben, in die der Rauhreif der Morgendämmerung unheilvolle Muster gezeichnet und so die Helligkeit in den Zimmern stark verringert hatte.

Im Zimmer herrschte eine gedrückte Stimmung, die den Anwesenden sogar die Lust nahm, auch nur den Mund aufzutun. In diesem Moment erfuhren alle, was Michalko zugestoßen war. Das ältere der Dienstmädchen, das ihn lange und vergeblich gerufen hatte, hatte sich entschlossen, zu ihm hinüberzugehen, hatte seine Tür geöffnet und ihn in dem Zustand vorgefunden, den wir bereits kennen. Die Magd lief schnell ins Haus zurück und steigerte die allgemeine Niedergeschlagenheit noch, indem sie sagte: »Jemand sollte nach Michalko sehen ... Ich glaube, Michalko ist tot.«

»Tot? Wie das? Wie ist es passiert?«

»Ich weiß nicht, aber ich glaube, er ist wirklich tot ...«

Einige der Anwesenden erhoben sich und gingen zu Michalkos Hütte hinüber. Bei ihrer Rückkehr bestätigten sie, was das Dienstmädchen gesagt hatte, und die Anwesenden nahmen die Nachricht fassungslos auf.

»Wir müssen etwas tun, müssen es bekanntgeben, den Leichnam abholen lassen«, sagte einer der Familienangehörigen mit besorgter Miene.

»Hat er nicht irgendwo eine Tochter?« fragte ein anderer.

Einer ging hinaus, um für Michalko alles Nötige zu veranlassen. Es war einer der Angestellten des Lagers, Eljokum oder Kateruche, welche die Nacht ebenfalls im Haus verbracht hatten, am Krankenbett, um der Familie zur Hand zu gehen.

Die anderen – zumindest einige von ihnen – tranken ihren Morgentee, ohne daran Geschmack zu finden.

Großmutter Scheinczi, die am Vorabend nach einer langen

anstrengenden Reise aus Kamenez gekommen war und eine ebenso anstrengende Nacht am Krankenbett ihrer Schwiegertochter verbracht hatte, hatte sich auf einem Kanapee zur Ruhe begeben, um ein Schläfchen zu halten. Obwohl sie noch ihre Reisekleidung trug und ihren Schleier, schlief sie sogleich ein. Sie war unbemerkt verschwunden; niemand war ihr mit den Blikken gefolgt, als wäre von ihr nichts zu erwarten und als hätte sie nicht unter einem Unglück zu leiden, das sie nichts anging.

Die am frühen Morgen herbeigerufenen Ärzte trafen jetzt eher lustlos ein; sie waren unausgeschlafen und hatten vor der gewohnten Stunde aufstehen müssen. Sie erweckten den Eindruck, als wären sie nur anstandshalber gekommen, als wären sie das einem Hause schuldig, dem sie schon zahlreiche Besuche abgestattet hatten, wobei sie seinen Bewohnern nicht im geringsten geholfen, dafür aber viel Geld verdient hatten ... Sie konnten jetzt nicht mehr tun, als ein weiteres Medikament zu verschreiben, und genau das taten sie auch.

Diesmal ließen sie sich nur ungern zur Tür begleiten, und als man darauf bestand, ihnen zu folgen und sie über den Zustand der Kranken zu befragen, gaben sie nur die Antwort, die man in solchen Fällen zu geben pflegt: »Alles liegt in Gottes Hand«, was sich aus dem Mund eines Arztes kalt und unehrlich anhört und erkennen läßt, daß es keine Hoffnung mehr gibt und daß es zwecklos ist, weitere Fragen zu stellen.

Keiner der Männer begab sich in die Stadt, um seinen Geschäften nachzugehen. Ganz im Gegenteil. Wer einen vertrauenswürdigen Angestellten hatte, einen Buchhalter etwa, den man einen Tag lang entbehren konnte, ließ ihn kommen, oder dieser erschien selbst, um seine Dienst anzubieten, für den Fall, daß man jemanden brauchte.

Immer wieder ging die Tür auf, um Neuankömmlinge einzulassen. Sie traten ein, ohne guten Tag zu sagen, ohne ein: »Wie geht's?«. Sie erfaßten die Situation mit einem Blick und schlossen sich einer Gruppe von ihresgleichen an, um den anderen beim Sprechen zuzuhören oder sich mit einem vorsichtigen Murmeln an dem Gespräch zu beteiligen.

600

Mosche Maschber, der nicht mehr wußte, was er tun sollte, hatte plötzlich den Einfall, ein Gebet zu sprechen. Er stand mitten im Eßzimmer und legte den Gebetsschal und die Tefillin an. Man könnte sagen, daß er sich mehr beeilte als sonst, als befürchtete er, durch irgendeine Nachricht aus dem Zimmer der Kranken unterbrochen zu werden, als würde sie ihm nicht mehr die Zeit lassen, das Gebet zu Ende zu sprechen ...

Er betete zwar mit Inbrunst, aber zugleich auch ohne den Sinn der Worte zu überlegen, denn er lief immer wieder zum Zimmer seiner Tochter, um einen Blick hineinzuwerfen und zu sehen, wie es ihr ging. Einmal trat er sogar in dem Moment über die Schwelle, da seine Tochter, die mit geschlossenen Augen inmitten von Verwandten ruhte, die über ihre Seele wachten, plötzlich die Augen aufschlug; sie blickte zu der geöffneten Tür und sah dort ihren Vater in Gebetsschal und Tefillin stehen. Sie erschrak zutiefst. Sie erkannte ihn nicht und hielt ihn für einen Fremden oder gar für eine Vision, als stünde dort der Todesengel mit einem Gebetsschal.

»Oi! Vater ...« sagte sie, nachdem sie zu sich gekommen war, und gab ihm ein Zeichen, näherzutreten. Sie ergriff seine Hand und ließ sie nicht mehr los, wie sie es in letzter Zeit immer tat, wenn sie ihren Vater bei sich behalten wollte. Wenn sie seine Hand hielt, fühlte sie sich besser und geborgener.

Als sie von neuem die Augen schloß und sich in eine Art Halbschlaf fallen ließ, machte Mosche Maschber sanft seine Hand frei und verließ das Zimmer.

In diesem Moment kehrte Eljokum oder Kateruche zurück, der es auf sich genommen hatte, alles Nötige für Michalko zu veranlassen, dessen Tochter aufzusuchen und ihr die Nachricht zu überbringen. Der Bedienstete teilte mit, er habe die Tochter mitgebracht.

Die befand sich in diesem Augenblick schon in der Hütte ihres Vaters. Beim Eintreten entdeckte sie ihn in seiner gekrümmten Haltung, den Kopf an die Wand gelehnt. Sie stimmte eine so laute Klage an, daß es selbst im Eßzimmer von Mosche Maschbers Haus zu hören war.

Mosche, der in Gebetsschal und Tefillin am Fenster stand, erschauerte bei diesen Lauten.

Aber sie, die Tochter, verstummte bald darauf, offensichtlich damit beschäftigt, den Leichnam ihres Vaters Michalko zurechtzulegen, ihn zu entkleiden und für die Bestattung vorzubereiten. Kurze Zeit später erschienen Leute – Verwandte oder Männer, die man zu diesem Zweck bestellt hatte – mit einem Sarg und einem Karren. Man brachte Michalko behutsam aus der Hütte, legte ihn auf den Karren und fuhr mit ihm davon. Nachdem das Gefährt verschwunden war, dachte niemand daran, das Gartentor wieder zu schließen ... Und durch dieses Gartentor wurde am nächsten Tag, um die gleiche Stunde, auch der Leichnam Nechamkes, der Tochter Mosche Maschbers, davongefahren.

Für diese letzte Nacht hatte man, ohne lange darüber zu diskutieren, Nechamkes Kinder aus dem Haus gebracht. Am Abend zog man den weinenden Kindern ihre Mäntel an, die sorgfältig zugeknöpft wurden. Man wickelte sie in warme Schals ein und schickte sie über Nacht an einen angemessenen Ort, an dem es für die Kinder besser und ruhiger sein würde.

In dieser Nacht tat niemand ein Auge zu, nicht einmal Großmutter Scheinczi. Mehr als einmal waren laute Schluchzer zu hören, und jedesmal, wenn der Lärm sie weckte, blickte sie völlig verwirrt um sich, als käme sie von weither, aus einer anderen Welt.

Alle hatten sich im Zimmer der Kranken versammelt, das sie nicht mehr verließen. Es war, als befürchteten sie nicht mehr, der Kranken mit ihrem Kummer Angst zu machen, was man vermeidet, wenn noch ein Fünkchen Hoffnung besteht und es einem noch am Herzen liegt, einen Kranken über seine Situation im unklaren zu lassen. Dort hielten sich auch alle Angestellten des Lagerhauses und des Büros auf, die dort ebenfalls die Nacht zubrachten und wachten, mochte ihr Beistand auch inzwischen nutzlos sein, denn es gab jetzt nichts mehr zu helfen.

So verging die Nacht bis zum Morgengrauen. An den mit

Rauhreif bedeckten Fensterscheiben konnte man erkennen, daß ein bitterkalter Tag anbrach ... Da erhob sich plötzlich die Stimme der Kranken, der es gerade in diesem Augenblick besser ging und die bei vollem Bewußtsein war. Sie rief aus: »Wie dunkel es ist! Oh, wie dunkel! Wo bist du, Vater?«

»Mein Kind!« Mosche eilte zu ihr. Er beugte sich über sie und wischte ihr den kalten Schweiß der Agonie von der Stirn.

»Licht! Macht Licht!« rief sie in einer letzten Zuckung aus.

»Mein Kind!« Mosche Maschber konnte die Tränen nicht mehr zurückhalten. In seiner Verzweiflung sagte er zu seiner Tochter: »Mein Kind, es ist nicht dunkel ... Es gibt nur dich ... deine dunkle Welt ...«

Und damit begann der Todeskampf mit Röcheln, Zuckungen und Stöhnen.

Jemand reichte Mosche Maschber ein Gebetbuch, das an einer bestimmten Stelle aufgeschlagen war und das er wohl für diesen Augenblick vorbereitet hatte. Mosche Maschber beugte sich mit dem Buch in der Hand über die Sterbende und sagte tief bekümmert: »Sprich mir nach, mein Kind«, und begann, wie es sich gehört, das Beichtgebet zu sprechen: »Ich danke dir, mein Gott und Gott meiner Väter, meine Heilung liegt in deiner Hand, wie auch mein Tod in deiner Hand liegt.« Als sie dieses hörte, verstummten ohne Ausnahme sämtliche Mitglieder der Familie, die Verwandten, die Angestellten, die sich im Zimmer der Kranken versammelt hatten. Alle, selbst die Stärksten, hatten Tränen in den Augen und eine trockene Kehle, aber sie bewahrten eine feierliche, würdige Haltung, und kein Schluchzen durchbrach die Stille.

Nach und nach wurde der Atem der Kranken schwächer, bis er kaum noch wahrnehmbar war. Man hätte glauben können, sie sei geheilt eingeschlafen, während es in Wahrheit kein Schlaf war, sondern das unwiderrufliche Ende: der Tod und das letzte Erstarren.

Diejenigen, die in diesen Dingen einige Erfahrung hatten, erkannten es sofort, und nach einem Blick auf das Gesicht der Toten beeilten sie sich, die nächsten Angehörigen wegzubringen:

Gitl, die wie ein verwundetes Tier auf ihre Tochter zulief und laut klagte; Judith, die sich den Kopf hielt und in die Klage ihrer Mutter einstimmte ... auch Mosche Maschber, der einen Augenblick wie erstarrt war, bis ihn jemand mit ein paar sanft geflüsterten Worten aus seiner Trance aufweckte und ihm das Gebetbuch zeigte. Und Mosche fand in dem Band, aus dem er seiner Tochter das Beichtgebet vorgelesen hatte, das Gebet, welches das göttliche Gesetz rechtfertigt:

»Ihr, die ihr in euren Häusern aus Lehm weint ... Der Herr hat's gegeben, der Herr hat's genommen, geheiligt sei der Name des Herrn.«

Danach verließ auch Mosche das Zimmer.

Dann betrat ein anderer die Szene, wie es in solchen Augenblicken üblich ist, ein nicht allzu naher Verwandter, der die Gebräuche kannte und mit dem Tod Erfahrung hatte.

Diesmal war es Esther-Rachel – die man »die Lederheilige« nannte, eine entfernte Verwandte Mosche Maschbers, die ihr ganzes Leben in Armut und Frömmigkeit zugebracht hatte, ein Ergebnis des doppelten Berufs ihres Mannes, der in der Woche Buchbinder und am Wochenende Schammes eines kleinen, armen Betsaals von Handwerkern war. Sie hatte sich noch nie in ihrem Leben sattgegessen, aber nie darüber geklagt, nicht einmal vor Mosche Maschber, und hatte nie um etwas anderes gebeten als vielleicht um etwas Rübensaft für das Passah-Fest; und wenn man sie fragte: »Wie geht es dir, Esther-Rachel«, erwiderte sie: »Danke ... es geht ... Mosche der Buchbinder (ihr Mann) und Gott der Herr werden mich nicht im Stich lassen. Man schlägt sich durch.« So entmutigte sie jeden, der sie bedauern wollte, selbst wenn ihr Gesicht genug von der großen Entbehrung verriet, die ihre Haut lederhart gemacht hatte, und keine Spur von Fröhlichkeit mehr zeigen konnte.

Wohlhabende Verwandte beschäftigten sie bei Hochzeiten, wo sie die Vorbereitung der Speisen überwachte, das Backen des Kuchens sowie die Dienerschaft; oder bei einer Niederkunft oder auch um an einem Krankenbett Wache zu halten, wie jetzt auch im Hause Mosche Maschbers.

Jetzt also betrat Esther-Rachel die Szene. Nachdem man die nächsten Angehörigen – Gitl, Judith und deren Männer – aus dem Zimmer geführt hatte, näherte sie sich dem Totenbett, beugte sich über die Tote und sprach, als würde sie sich an eine Lebende wenden, die noch hören und sich nach ihren Worten richten konnte:

»Heilige Seele Nechamas, Tochter Mosches, kehre dorthin zurück, woher du gekommen bist; möge dir deine fleischliche Hülle bis dahin dienen.« Und damit schloß sie der Toten die Augen, streckte deren Arme und Beine aus, zog ihr das Kissen unter dem Kopf hervor und bedeckte ihr Gesicht.

Nachdem sie all das getan hatte, trat sie an den an der Wand befestigten Spiegel, bedeckte diesen ebenfalls und sagte zu den Umstehenden:

»Gießt Wasser aus . . .«

Kurz darauf schritt man zu dem gewohnten Totenritual: Man hob den Leichnam auf, legte ihn auf den Fußboden und stellte am Kopfende brennende Kerzen auf.

Aber das wurde schon von anderen Händen erledigt, von Männern. Gleichzeitig trat man an Mosche Maschber, an Gitl, Judith und auch an Nachum Lentscher heran und zerriß ihre Kleidung: Mosche Maschber und Nachum schnitt man mit einem Messer die Aufschläge des Kaftans auf, den man anschließend mit den Händen zerriß, so daß die Enden herabhingen, und bei Gitl und Judith machte man tiefe Einschnitte in ihre Blusen.

Wir werden nicht erzählen, was sich anschließend abspielte, wie etwa die nahen Verwandten und Freunde um den Leichnam herum Platz nahmen und ihn beweinten; wir werden auch nicht davon sprechen, wie Gitl von Zimmer zu Zimmer irrte, ohne sich hinzusetzen, von einer Wand zur anderen, als erwartete sie, daß jemand aus dem Totenzimmer kam, um ihr zu verkünden, daß sich das Unmögliche ereignet habe, daß ihre Tochter wieder lebendig geworden sei . . .

So wanderte sie ruhelos auf und ab, bis zu der Stunde, in der sich die Mitglieder der Heiligen Bruderschaft einfanden; bis zu der Stunde, in der das Gartentor, durch das man gestern Michalko hinausgetragen hatte und das zu schließen niemandem eingefallen war, einigen ärmlich gekleideten Frauen mit seltsam geformten Töpfen Durchlaß bot, Töpfen, die lange nicht gescheuert worden waren, sowie langen Kanistern, die für die Totenwäsche bestimmt waren. Ihnen folgten die Leichenträger; einer trug drei Stangen unter den Armen, ein zweiter ein noch zusammengefaltetes schwarzes Tuch und der dritte ein Strohbündel, das später auf der Totenbahre ausgebreitet werden sollte.

Als in der Küche und im Vorzimmer die Samoware zu kochen begannen und die kundigen Frauen, welche die Totenwäsche vornehmen sollten, sie vorsichtig in das Zimmer trugen, in der die Tote auf mehreren zusammengeschobenen Tischen aufgebahrt lag, unterbrach Gitl die Vorbereitungen, da sie wie eine Tigerin in das Zimmer eindrang, in dem nur Personen zugelassen waren, die stark und fest genug waren, sich zu beherrschen, Frauen wie etwa Esther-Rachel.

Esther-Rachel erkannte, in welchem Zustand sich Gitl befand, und eilte ihr entgegen. Gitl stieß einen kurzen Schrei aus, verstummte dann sofort wieder und fragte, halb wahnsinnig vor Trauer, in einem seltsam nachgiebigen Tonfall:

»Bitte sag mir, meine liebe Esther-Rachel, nur eines: Ist es wahr, was meine Augen sehen?«

»Ja«, erwiderte die andere ohne Umschweife, »und behindere nicht unsere Pflichten gegenüber einer Tochter Israels. Geh jetzt. Du darfst nicht hierbleiben, Gitl.«

Esther-Rachel hatte in einem so harten Ton mit Gitl gesprochen, um sie wieder zur Vernunft zu bringen, die diese vollständig verloren zu haben schien.

Natürlich wurde alles getan, was nötig war. Man wusch die Tote in heißem Wasser, kleidete sie in ein Totenhemd, setzte ihr eine Haube auf, wie es sich für eine fromme Frau gehört, wozu die passenden Verse gesprochen wurden wie etwa »Ich werde dich mit reinem Wasser benetzen«, und so weiter.

Während dieser Zeit hatte man auf dem Hof die Totenbahre vorbereitet. Einer der Leichenträger lehnte zwei Stäbe gegen einen Küchenstuhl, befestigte sie und verband sie mit einer Schnur. Er nahm ein wenig von dem Stroh, das man ihm gebracht hatte, kaum mehr als eine Handvoll, und so wie man eine Getreidegarbe zusammenbindet, stellte er daraus geschickt eine Art Kissen für das Kopfende her. Eine zweite Handvoll diente dazu, eine Fußstütze anzufertigen. Was noch an Stroh übrigblieb, wurde auf der Totenbahre ausgebreitet. Anschließend brachten zwei weitere Träger den Leichnam, der in ein weißes Tuch gehüllt war. Der eine hielt ihn am Fußende, der andere am Kopfende gefaßt, und so, unter der Last schwankend, trugen sie ihre schwere Bürde zur Totenbahre.

Dann näherten sich die weiblichen Mitglieder der Familie, Verwandte, Nachbarn, die der Familie Mosche Maschbers mehr oder weniger nahestanden, der Totenbahre und umgaben sie; und aus diesem engen Kreis, aus der furchtsamen und verängstigten Menge, die sich um die Träger gebildet hatte, welche die Tote eilig zurechtlegten und zudeckten, ertönte ein vielstimmiges lautes Wehgeschrei:

»Mögen gute Engel dich begrüßen ...«

»Mögen sich dir die Tore des Himmels öffnen ...«

»Oj weh, ein so junger Baum! ...«

»Leg Fürbitte für uns ein ...«

Und Gitl blieb reglos auf der Schwelle stehen, über die der Leichnam soeben hinausgetragen worden war. Sie ging nicht zur Totenbahre hinunter; halbverrückt vor Trauer starrte sie die Menschenmenge an, und in der ganzen Zeit, in der die anderen wehklagten, hörte sie nicht auf, die Frage zu stellen, die sie vorhin an Esther-Rachel gerichtet hatte:

»Ist es wirklich wahr, was meine Augen sehen?«

Kurz darauf setzte sich der Trauerzug in Bewegung; man vernahm den düsteren Klang des Opferstocks in der Hand eines Schammes der »Heiligen Bruderschaft«. Der Trauerzug verließ den Hof durch das Gartentor, durch das gestern auch der Leichnam Michalkos hinausgetragen worden war und das man zu schließen vergessen hatte. Auch diesmal wurde es nicht wieder verschlossen.

Kurze Zeit darauf, als der Trauerzug verschwunden und die zahlreichen Menschen, die gekommen waren, um Mosche Maschber ihr Beileid zu bekunden, Leute vom Markt, der Synagoge und andere, außer Sichtweite waren, konnte man draußen auf der Straße neben dem Gartentor einen Mann stehen sehen ...

Es war Alter, den in den letzten Tagen niemand beachtet hatte, weder im Haus noch sonstwo. Man hatte ihn vergessen. Man hatte nicht einmal bemerkt, daß er in jener dramatischen Nacht, in der man geglaubt hatte, Nechamke werde sterben, mitten unter ihnen gewacht hatte. Man hatte seine Anwesenheit in jener tragischen Nacht nicht bemerkt, in der er mit ihnen allen wie ein Schatten durchs Haus wanderte, und auch heute nicht, als man die Verstorbene für die Beisetzung vorbereitete. Alter hatte im Eßzimmer mit dem Gesicht zur Wand gestanden und still vor sich hin geweint, ohne den anderen seinen Kummer mitzuteilen und ohne von irgend jemandem getröstet zu werden. Da er den Umgang mit Menschen nicht gewohnt war, hatte er nicht daran gedacht, sich dem Trauerzug anzuschließen; er ging einfach auf die Straße hinaus und blickte ihm in der Richtung nach, in die er verschwunden war.

Dort blieb er stehen, verschüchtert wie ein Tier, das sich verlaufen hat ... Und kurz darauf konnte man sehen, daß der Hund Taschenuhr zu ihm ging, um ihn zu trösten. Der Hund, der gestern sein Herrchen verloren hatte und der ebenso unbeachtet geblieben war wie Alter. Und alle beide – Alter ebenso wie Taschenuhr – blickten in dieselbe Richtung, in die Richtung, in die man die Verstorbene gefahren hatte.

Alter wäre noch lange dort stehengeblieben, vielleicht bis zum Anbruch der Nacht, bis ihn die Kälte eingehüllt hätte, wäre nicht Gnessje aus dem Haus gekommen, das Dienstmädchen, das ihm in aller Heimlichkeit versprochen worden war. Sie entdeckte ihn zufällig, trat zu ihm, riß ihn aus seiner Apathie und forderte ihn auf, mit ins Haus zu kommen.

Das Haus sah aus wie alle Häuser, aus denen man gerade einen Leichnam hinausgetragen hat: in allen Zimmern offene Türen, nasse Flecken nach der Leichenwäsche, zahlreiche Fußabdrücke der Menschen, die sich durch die offenen Türen in alle Himmelsrichtungen zerstreut hatten.

Und draußen auf dem »Feld«, das der Trauerzug wegen der Entfernung zur Stadt erst recht spät erreichte, gegen Abend, folgte das übliche Ritual: Im Haus der Toten gingen die Trauernden siebenmal um die Tote herum und sprachen anschließend das »Ziduk Hadin«, das Trauergebet, dann trug man die Tote zum Grab, das noch nicht ganz ausgehoben war, denn der strenge Frost erschwerte die Arbeiten sehr. So mußte man warten, und als man die Tote endlich in die Erde senken konnte, war es schon Nacht geworden, so daß es im Schein einer Laterne geschah.

Wie immer bei der Beisetzung eines geachteten Menschen wohnte Hirschl Liever persönlich der Zeremonie bei. Zunächst stand er am Kopfende des Grabs, wo er die Laterne hielt und den Lichtstrahl auf das offene Grab richtete und Befehle erteilte, damit alles so geschah, wie es sich gehört und das Ritual gebietet.

»Enthülle ihr Gesicht«, rief Hirschl Liever der Frau des Friedhofsdieners zu, die sich an der Toten zu schaffen machte.

»Die Tonscherben . . . die Gabe«, fuhr er fort, als es Zeit war, die Augen der Toten zu bedecken und ihr einen wie eine Gabel geformten Zweig in die Hand zu geben, wie es das Ritual verlangte.

Anschließend sprach Mosche Maschber selbst das »Kaddisch«, das Totengebet, da die Verstorbene keinen erwachsenen Sohn hinterlassen hatte.[1] Aber schon das erste Wort, *Jisgadal*, »Erhabener«, wurde von einem Schluchzer entstellt, und auch alle anderen Worte erstickten in Schluchzern, die Bart und Lippen erzittern ließen.

Die Trauergäste sprachen der Familie ihr Beileid aus, wie es sich gehört. Aber als die Zeremonie zu Ende war und die Trauergäste das Grab zu verlassen begannen, blieb Mosche Maschber neben dem zugeschütteten Grab stehen. Die Worte

[1] Dem es obliegt, das Totengebet zu sprechen.

des »Kaddisch« waren dem völlig gebrochenen Mosche im Mund steckengeblieben, als wäre auch sein Leben neben diesem Grabhügel zu Ende gegangen. Und als Lusi, der offensichtlich an dem Trauerzug teilgenommen hatte, zu ihm trat, um seine Trauer ein wenig zu lindern, sah Mosche ihn erstaunt an, als wäre er ein Fremder und kein Bruder, und sprach mit gebrochener Stimme, als kehrte er aus einer anderen Welt zurück:

»Ah ... Lusi ... eine Hälfte meiner Welt ist schon hier«, sagte er und zeigte auf das Grab, »und die andere wird auch bald hier liegen.«

»Was sagst du da?«

»Ja«, erwiderte Mosche, »jetzt bin ich an der Reihe, ich, Mosche Maschber.«

Und Mosche Maschber begann, seine eigene Beerdigung vorzubereiten. Kaum war die siebentägige Trauerzeit beendet, die Dreißig-Tage-Trauer wenn auch noch nicht, nahm er Gitl beiseite und sagte ihr: »Unsere Welt, Gitl, wird bald untergehen, und es ist Zeit, an *die andere* zu denken.«

»Was?« schluchzte Gitl, die schon genug geprüft war und jetzt ein neues Unglück ahnte. Sie bat ihren Mann um eine Erklärung. »Was willst du damit sagen?«

»Ich wollte sagen, daß es hier oben nichts mehr zu erwarten gibt und daß wir uns für dort unten vorbereiten müssen, soweit es in unserer Macht steht.«

»Ja, aber was möchtest du?«

»Ich denke an Alter. Ich möchte, daß Alter heiratet.«

»Alter? ... Jetzt, in einem solchen Augenblick?«

»Ja, genau. Die Zeit bleibt nicht stehen, und unser Schicksal hängt an einem seidenen Faden. Und Alters Schicksal hängt von unserem ab. Wer soll sich um ihn kümmern, wenn nicht wir, und wann, wenn nicht jetzt?«

»Aber warum diese Eile?« fragte Gitl, der von neuem Tränen in die Augen traten.

»Es ist ein gutes Werk, und eine Heirat verschiebt man nicht! Vor allem keine Heirat wie die Alters.«

Es ist seltsam, aber wahr: Manche Menschen, denen das Schicksal einmal oder mehrmals hart mitgespielt hat, haben nicht die Kraft, das wieder aufzubauen, was zerstört worden ist. Sie geben alles auf, und von allem, was sie besitzen und erworben haben, nehmen sie für das letzte Ende des armseligen und jämmerlichen Wegs, der vor ihnen liegt, nur ein kleines Päckchen mit. Wenn es nämlich an der Zeit ist, die einstige Herrlichkeit zu verlassen.

Es war erstaunlich, könnten wir sagen, daß sich Mosche Maschber nicht mehr um seine Geschäfte zu kümmern schien, als hätte er schon mit allem abgeschlossen, während ein anderer an seiner Stelle versucht hätte, etwas zu unternehmen, und wenigstens wie ein Fisch auf dem trockenen oder ein halberdrosseltes Stück Geflügel gezappelt hätte, oder sich wenigstens bemüht hätte, einen Partner oder irgendwo Hilfe zu finden.

Nein, Mosche Maschber waren seine Geschäfte völlig gleichgültig geworden, und die einzige Sorge, die ihn nach dem Tod seiner Tochter noch beherrschte, war Alter ... Während der Trauerzeit hatte er einmal gesehen, wie Alter beim Betreten des Eßzimmers sich seiner versprochenen Gnessje zu Füßen geworfen hatte, und er hatte beobachtet, wie die beiden einen Blick wechselten. Und trotz der Trauer im Haus hatten sich die beiden, wie es schien, stumm an ihn, Mosche Maschber, gewandt, ihn an das erinnert, was er ihnen versprochen hatte.

Das hatte sich Mosche Maschber ins Gedächtnis eingegraben, und es ist nicht ausgeschlossen, daß er während der Trauerzeit mit Lusi darüber ein Gespräch führte, als dieser zu ihm gekommen war, um ihm sein Beileid auszusprechen. Eine diskrete Unterhaltung, die anderen nicht zu Ohren gekommen war. Denkbar, daß einer von ihnen den leise geflüsterten Satz gesprochen hatte: »Beerdigungen gehen Hochzeiten vor«, was bedeuten sollte, daß der Tod eines nahen Angehörigen einer bereits geplanten Hochzeit kein Hindernis in den Weg legte und daß man trotz der gegebenen Umstände nach dem Gesetz und der jeweils gegebenen Situation die Hochzeit nach Möglichkeit vorantreiben sollte.

Und Mosche Maschber entschloß sich, rasch zu handeln, als stünde jemand hinter ihm, als stieße ihm jemand in den Rücken. Er begann, Gnessje zu beobachten, und allein schon ihr draller Körper, der ihr Kleid zu sprengen drohte, machte ihm klar, daß sie inzwischen herangereift war, und wenn er sie nicht schon seinem Bruder Alter versprochen hätte, hätte er genügend andere Männer ihres Standes gefunden, etwa einen vom Schlage Kateruches oder andere.

Was Gnessje betraf, hatte Mosche Maschber recht. Wenn sie auf dem Markt erschien und sich unter den Schlachtern und Obst- und Gemüsehändlern bewegte, war es mehr als einmal vorgekommen, daß sie bei jungen Männern, die sich in fröhlicher Gesellschaft befanden, begehrliche Blicke auslöste. Die jungen Leute stießen sich vor ihren Augen in die Rippen und schnalzten mit der Zunge, was in der Schlachtersprache soviel heißen soll wie: »Da, sieh dir die mal an, was für ein Mädchen . . .«

Es ist möglich, daß selbst ein Mascheve, der Schlachterlehrling, den wir schon kennen, der bekannte Herzensbrecher, der bei Meyer Blass das Fleisch zerlegte, sich bei ihrem Anblick in lustvoller Vorfreude mehr als einmal die Hände gerieben hatte.

Ja, es war sehr wohl möglich, daß sie schon auf der Liste seiner künftigen Eroberungen stand; er dachte oft an sie und nahm sich vor, sich an sie heranzumachen, um sie näher kennenzulernen.

Tatsache ist, daß er sich heftig ärgerte, als er vor kurzem von Kateruche oder irgendeinem anderen erfahren hatte, daß dieses Mädchen, Gnessje, seinen Rang vergessen und sich mit einem unglücklichen reichen Kranken verlobt hatte. Er ärgerte sich erstens, weil er eine solche Gelegenheit verpaßt hatte, und dann – wenn er sie schon nicht haben konnte –, weil er es lieber gesehen hätte, sie hätte sich mit einem Mann seines Standes verlobt, einem Handwerker oder einem Schlachterlehrling. Da er jetzt wußte, wie die Dinge standen, war er ihr einmal gefolgt, nachdem er sie auf dem Markt gesehen hatte. Er ließ sie nicht aus den Augen, und als sie den Markt verließ und sich auf den Heimweg machte, sah sie in einem verlassenen Hauseingang einer Nebenstraße plötzlich Mascheve vor sich auftauchen.

Natürlich wußte sie, wer er war, denn welches Dienstmädchen oder Kammerkätzchen hatte noch nicht ein Auge auf Mascheve geworfen und sich bei seinem Anblick nicht die trockenen Lippen geleckt? Aber als sie ihm jetzt von Angesicht zu Angesicht gegenüberstand, fuhr sie ängstlich zusammen, um so mehr, als Mascheve sie gleich in den Hauseingang zog und sie unfähig war, sich zu widersetzen ... Sie fühlte sich wie ein Vogel, der von dem Blick einer Schlange gelähmt wird ... Sie versuchte, den Blick zu senken, und schaffte es nicht, versuchte, die Arme zu heben, um das Gesicht zu bedecken, und wagte es nicht; die furchteinflößende Nähe des Mannes ließ in ihr über den Knien, in den Schenkeln, eine Hitze aufsteigen; in die Enge getrieben, wartete sie ab, daß er als erster das Wort ergriff. Sie fühlte sich ihm auf Gnade und Ungnade ausgeliefert: Es war unmöglich, wegzulaufen, noch undenkbarer zu schreien, vor allem aber war es diese Hitze in den Schenkeln, die ihr angst machte und zugleich sehr angenehm war.

»Du bist Dienstmädchen?« fragte sie Mascheve.

»Ja«, erwiderte Gnessje. Und plötzlich erschrak sie bei dem Gedanken, *wo* sie diente und mit *wem* sie sich verbinden sollte ... Und angesichts dieser Familie und dieser Verbindung hinter einer Eingangstür in einer menschenleeren Straße von einem Mann wie Mascheve attackiert zu werden ...

»Was willst du?« fragte sie verängstigt.

»Nichts, ich will nur etwas wissen: Ich habe nämlich gehört, daß du einen reichen Dummkopf heiraten wirst, und du glaubst, daß der dich glücklich machen wird; du solltest dir das lieber überlegen, denn diese Leute haben keine Ahnung ...«

»Was für eine Ahnung?« wiederholte Gnessje verlegen, bloß um etwas zu sagen, denn sie begriff nichts.

»Diese hier ...« entgegnete er und gab ihr eine unausgesprochene, aber nachdrückliche Erklärung, indem er seine harte Männlichkeit gegen sie preßte.

»Laß mich!« Sie wandte sich fast unwillkürlich ab, um seiner allzu intimen körperlichen Nähe zu entgehen, die sie erstickte und ihr den Atem raubte. »Laß mich, oder ich schreie.«

»Schreien! Bei uns gibt's dafür eins auf die Schnauze oder sonstwohin«, sagte Mascheve; aber als er erkannte, daß er mit Gewalt in diesem Hausflur nichts erreichen würde, denn er fürchtete die Passanten, machte er Anstalten, sie loszulassen, und tat, als wollte er ihr Bestes.

»Geh«, sagte er. »Überleg es dir gut. Und hüte dich, etwas zu tun, was dir hinterher leid tun könnte.«

Als Gnessje nach Hause kam, war sie blaß und verängstigt. Einmal wegen ihrer Begegnung mit Mascheve und dessen Warnung, an die sie sich kaum noch erinnerte, so verwirrt war sie; vor allem aber hatte sie seine körperliche Nähe beeindruckt, die sie immer noch in den Schenkeln spürte, was ihr die Knie weich werden ließ; sie wirkte wie ein Huhn, das von einem Hahn verfolgt wird, der ihr den Weg versperrt . . .

Nach der Rückkehr vom Markt ließ sie sich in der Küche auf einen Stuhl fallen. Das ältere Dienstmädchen, das in ihrem Gesicht lesen konnte wie in einem offenen Buch, erkannte sofort, daß Gnessje etwas Ungewöhnliches zugestoßen sein mußte.

»Was ist los? Was ist passiert? Warum bist du so blaß? Und warum setzt du dich hin?«

»Es ist nichts«, erwiderte Gnessje, die es nicht wagte, von ihrer Begegnung mit Mascheve zu sprechen, nicht mal vor dem Menschen, der ihr am nächsten stand, ihrer älteren Kollegin, vor der sie sonst keine Geheimnisse hatte.

»Aber es muß doch was passiert sein? Los, sag's mir, mach mir nichts vor . . . Du hast bestimmt jemanden getroffen . . . Einen Mann . . . Los, sag's mir . . .«

Gnessje senkte den Kopf. Sie konnte weder leugnen, noch wollte sie verraten, was vorgefallen war, und die Ältere, die Verständnis hatte und ihr kein Geständnis entlocken wollte, versuchte sie zu trösten und zu beruhigen, ihr zu versichern, es sei nichts, sie solle in aller Ruhe abwarten, die Herrschaften hätten jetzt, wie Gnessje sehr wohl wisse, in ihrem großen Kummer andere Sorgen, aber sie hätten ihr Wort gegeben, Gnessje sei jetzt verlobt, und die Hochzeit werde zweifellos bald stattfinden.

»Es ist höchste Zeit«, sagte die Ältere, die sich voller Mitleid und mit mütterlicher Hingabe über Gnessje beugte. »Natürlich ist es höchste Zeit. Du strömst über . . . Die Bänder halten das Faß nicht mehr und die Kleider nicht mehr den Körper. Aber warte nur ein bißchen, deine Zeit wird kommen.«

Diese Begegnung Gnessjes mit Mascheve und die tröstenden Worte, mit denen das ältere Dienstmädchen sie überhäuft hatte, trafen zeitlich damit zusammen, daß Mosche Maschber beobachtete, was zwischen Alter und Gnessje vorging, wie wir schon wissen, und so führte er mit Gitl jenes Gespräch, über das wir schon an anderer Stelle berichtet haben.

Gitl, die sich ganz ihrer Trauer hingab, wollte zunächst nichts davon hören. Aber als ihr Mann, dem sie in allem gehorchte, ihr von ewigen Dingen erzählte, von erhabenen Wegen, von guten Werken, die keinen Aufschub duldeten, gab sie nach. Die Angelegenheit, die ihr so unerhört vorkam – der Gedanke an eine Heirat gleich nach der Trauer und inmitten der dreißig Tage –, begann ihr recht und billig zu erscheinen, nachdem ihr Mann, von dem sie sich nicht distanzieren wollte, ihr seinen Entschluß verkündet hatte.

»Wir müssen«, sagte Mosche Maschber nach seiner ersten Unterhaltung mit Gitl über dieses Thema, »wir müssen sie in unsere Familie aufnehmen, damit sie sich bei uns zu Hause fühlt.«

Es dauerte nicht lange, da bat Gitl, die sich die Angelegenheit jetzt zu Herzen genommen hatte, Gnessje in Anwesenheit Mosches ins Schlafzimmer. Nach einigen tastenden Anläufen, nachdem es ihr mit viel Mühe gelungen war, die Worte zu finden, die bei einem Menschen angemessen sind, der auf der gesellschaftlichen Leiter mehrere Stufen tiefer steht, den man aber aus bestimmten Gründen in den Schoß der Familie aufnehmen muß, richtete Gitl im Einvernehmen mit ihrem Mann folgende Worte an Gnessje:

»Wie du weißt, haben wir bis jetzt nicht an die Hochzeit denken können, aber jetzt ist es Zeit, daß du dich bereit

machst ... Bleib auf dem rechten Weg ... Du wirst für uns
wie ein eigenes Kind sein. Geh jetzt, Gnessje, wir gedenken
deine Hochzeit schon bald zu feiern.«

Nach dieser Unterhaltung mit Gitl und Mosche Maschber
verließ Gnessje das Zimmer mit rotem Kopf und verwirrtem
Herzen. Sie preßte die Hände gegen die Bluse, als fürchtete sie,
etwas fallen zu lassen. Und als sie wieder in die Küche kam, warf
sie sich dem älteren Dienstmädchen in die Arme und schluchzte:
»Mein teures Herz!«

»Was ist denn los? Was ist passiert? Was hat man dir angetan?«

Da erzählte ihr Gnessje, was Mosche Maschber und Gitl ihr
soeben im Schlafzimmer gesagt hatten; zwischendurch mußte
sie immer wieder weinen und schluchzen, als durchlebte sie
noch einmal die Geschichte ihrer Verlobung.

Sie hatte aber auch geweint, als sie zum erstenmal eine Entscheidung hatte fällen müssen. Und jetzt weinte sie, weil ihre
Heirat unmittelbar bevorstand, wie ihr im Zimmer der Herrschaften mitgeteilt worden war. Und dabei wußte sie immer
noch nicht, was für ein Mann Alter war und wie sie mit ihm bis
ans Ende ihrer Tage zusammenleben sollte.

Sie hatte schon einmal ein quälendes Gefühl verspürt, als die
ältere Magd, wie wir uns erinnern, sie hatte überzeugen wollen,
den Antrag anzunehmen. Sie hatte sich überreden lassen, denn
die Aussicht, Schwägerin ihrer Herrschaft zu werden, kam ihr
vor wie der Eintritt ins Schlaraffenland, und davon hatte sie sich
ganz und gar blenden lassen. Aber damals wie heute spürte sie
Angst im Herzen, denn sie wußte, wie Alter vorher gewesen und
wie er auch jetzt noch war, in letzter Zeit, als man ihn für geheilt
erklärte.

»Meine Freundin! Meine Freundin!« schluchzte sie vor der
Älteren, »ich habe Angst! Ich weiß nicht mehr, woran ich bin ...
Wohin ich gehe und was ich tue ...«

Aber es war schon zu spät. Was half es, daß die ältere Magd
jetzt Gewissensbisse spürte, als sie überlegte und sich fragte, ob es
nicht eine Dummheit gewesen war, Gnessje zu raten, diese

Heirat zu akzeptieren; aber verlobt ist verlobt, und es war zu spät, die Zusage zurückzunehmen. Da sie aber eine reifere Frau war, sich ein wenig schuldig fühlte und keineswegs ihrer Sache sicher war, faßte sie sich ein Herz:

»Sei nicht albern«, sagte sie in einem Ton, als wollte sie Gnessje tadeln. »Du hast keinen Grund zu heulen. Will man dich etwa zur Schlachtbank führen? Man will dich verheiraten! Oder willst du nicht mehr?«

»Nein, ja«, erwiderte Gnessje unter Tränen, »aber ich habe Angst.«

»Angst? Dann sprich dein Gebet. Wovor hast du Angst? Daß ein Prinz dich entführen könnte oder daß die Schlachterhunde dir dein Seidenkleid zerreißen? . . .«

Sie hatte Gnessje so hart angefahren, weil sie ihr erstens die düsteren Gedanken aus dem Kopf vertreiben wollte, aber auch, um die Stimme ihres eigenen Gewissens zu beruhigen, das sie quälte und dazu drängte, sich das Ganze noch einmal zu überlegen.

Langsam, ganz langsam fand Gnessje ihre Ruhe wieder. Nach dem Gespräch mit Mosche Maschber und Gitl in deren Schlafzimmer bat Judith, Mosche Maschbers älteste Tochter, sie in ihr Zimmer. Judith behandelte sie, als gehörte sie zur Familie, und sagte ihr, wie sie sich auf den Besuch des Schneiders vorbereiten sollte, der in den nächsten Tagen kommen werde, um für das Hochzeitskleid Maß zu nehmen.

Gnessje ließ es sich gefallen, wobei sie heftigst errötete und sich mit den Händen an ihrem Mieder festklammerte, denn ihr war bei Judith nicht ganz wohl, und deren Ratschläge schienen ihr von der Höhe einer Leiter zu kommen, wie sehr sich Judith auch Mühe gab, mit ihr von gleich zu gleich zu sprechen.

Ja, Judith gab sich viel Mühe und tat aus Liebe zu ihren Eltern alles, was sie vermochte; auch sie hielt die Hochzeit für notwendig. Ihr war klar, daß die Familie um Alters willen, für einen Mann in seiner Lage, ihre gesellschaftliche Stellung vergessen und sich sogar mit einer Gnessje auf eine Stufe begeben mußte, daß sie das Mädchen zutraulich machen, ihr den Eintritt in die Familie erleichtern und sie zu sich emporheben mußte. So gab sich Judith alle Mühe, ebenso wie die anderen Familienmitglieder, selbst die Schwiegersöhne, die vor einigen Tagen erfahren hatten, daß die Heirat unmittelbar bevorstand. Sie begannen, Gnessje mit mehr Nachsicht zu behandeln, sozusagen als Verwandte, und nicht mehr die große Distanz zu zeigen, die sie bislang von ihr, der Hausangestellten, getrennt hatte.

Ja, alle. Ohne einen Gedanken an die inzwischen knapp bemessenen Mittel knauserte die Familie nicht mehr mit dem, was noch vorhanden ꞌwar, und spendierte alles, was für die Vorbereitung der Hochzeit nötig war. An den Tagen nach Mosche Maschbers Gespräch mit Gitl und beider Unterhaltung mit Gnessje ließ man einen Herren- und einen Damenschneider kommen. Nachdem man ihnen die für diesen Anlaß gekauften Stoffe gezeigt und die Bedingung gestellt hatte, daß der Auftrag möglichst schnell auszuführen sei, wurde bei den Verlobten Maß genommen. Das Maßnehmen fand in zwei getrennten Zimmern statt: bei der Verlobten Gnessje in einem, und bei dem Bräutigam Alter in einem anderen.

Für Gnessje ließ man Joschua den Chassiden kommen, einen äußerst frommen Schneider mit einen sorgfältig gestutzten Bart, der stets seinen Sabbat-Kaftan und seinen Sabbat-Hut trug, jedoch nie selbst Maß nahm, nicht nur aus Scheu, eine Frau zu berühren, sondern auch aus Angst, einen unpassenden Blick auf sie zu werfen, wenn sie sich ein wenig entblößter zeigte als üblich, was beim Maßnehmen manchmal unumgänglich ist. Aus diesem Grund kam er nie allein, um Maß zu nehmen, sondern ließ sich von einem Schneidergesellen gesetzten Alters begleiten, einem Spezialisten, der die Maße nahm, während Joschua sich damit begnügte, das Tun seines Gesellen mit einem verstohlenen Blick zu überwachen, wobei er mit den Herrschaften, seinen Kunden, eine höfliche Unterhaltung führte und in seinem Notizbuch die Längen- und Breitenmaße etc. der Kleidungsstücke festhielt, um nichts zu vergessen.

Auch diesmal kam Joschua nicht allein, sondern in Begleitung eines Gesellen. Dieser wußte, was in diesem Haushalt vorging, und kannte auch die gesellschaftliche Stellung der Verlobten. Als er bei Gnessje Maß nahm, gestattete er sich daher einige Freiheiten, die sich bei einer Tochter aus gutem Haus nicht geziemt hätten, bei der es verboten gewesen wäre, ihren Körper auch nur zu berühren ... Nein, diesmal erlaubte sich der Geselle, seine Hand ein wenig länger verweilen zu lassen und Gnessje leicht zu liebkosen, wenn er die Arme senkte, um ihr in der Leiste oder an den prallen Brüsten Maß zu nehmen, oder auch an den Schultern oder ihrem Rücken, und tat so, als wäre dies für seine Arbeit sozusagen unerläßlich. In Wahrheit jedoch hatte er nur die Absicht, sich bei der Rückkehr ins Atelier vor den anderen Gesellen mit seiner Dreistigkeit zu brüsten ...

Gnessje war während dieser Handgriffe, denen Gitl und die ältere Magd beiwohnten, unbehaglich zumute; sie war verlegen und verwirrt, und sie hatte Tränen in den Augen ... Bei jeder Berührung, die sich Joschuas Geselle erlaubte, fuhr ihre Hand zum Mieder hoch, und sie zitterte bei dem Gedanken, daß dies niemand anderer als Mascheve war, der ihr etwas Unanständiges antun wollte ... Ihr Blick war wie verschleiert, sie erkannte niemanden, weder Gitl noch ihre ältere Kollegin, die doch ihre intimste Freundin war; aber als sie so kaum angekleidet dastand und sich ihrer Nacktheit schämte, sah sie wie durch einen feinen Schleier diesen Burschen Mascheve vor sich, der sie hinter jenen einsamen Hauseingang gelockt hatte.

Während sich der Schneidergeselle an Gnessje zu schaffen machte, blickte Gitl nicht zu ihr hin, denn es war selbst für eine Frau unschicklich, ein dralles und blutvolles junges Mädchen anzusehen, das aus den Nähten zu platzen drohte ... Sie wandte den Blick ab und unterhielt sich mit dem Schneidermeister Joschua über verschiedene Moden sowie über die Kleidungsstücke, die sie bei ihm in Auftrag gegeben hatte. Joschua versprach alles, was sie verlangte, und ohne den Frauen einen einzigen Blick zuzuwerfen, notierte er in seinem Büchlein, was sein Geselle ihm an Maßen diktierte. Und so wurden in einem der Zimmer Gnessje die Maße genommen, während am selben Tag, in einem anderen Zimmer, das gleiche mit Alter geschah.

Dort ging Gerschon der Litauer, den man auch Gerschon Stoglitz nannte, seinem Handwerk nach. Ein kleines Nichts von Schneider, schon vorgerückten Alters, halb naiv, halb dumm, ein Mann mit schwachen, geröteten Augen und einer schrillen Stimme, der sämtliche sch-Laute wie »s« aussprach.

Er hatte noch nie Aufträge von reichen und achtbaren Leuten erhalten, aber das machte ihm nichts aus; er war überzeugt, er, Gerschon, verstünde sein Handwerk ebensogut wie jeder beliebige große Schneider, der für die Reichen arbeitete, daß er aber »stoglitz« arbeite. Was dieses »stoglitz« bedeutete, wußte niemand zu sagen, er selbst nicht mehr als andere, aber für ihn bedeutete dieses Wort zweifelsohne soviel wie »erstklassige Arbeit« und »letzter Schrei der Mode«.

Er arbeitete tatsächlich »stoglitz«, aber es kam trotzdem oft vor, daß ein Kragen zu weit herausragte oder sozusagen zu weit den Hals hinaufkroch. Manchmal war die Vorderseite eines Kaftans oder eines Mantels länger als die Rückseite, oder die vordere Partie geriet umgekehrt wiederum zu kurz. Aber das war kein Unglück. Für Alter war Gerschon gut genug. Er hatte nur schnell und preiswert zu arbeiten und sollte sich vor allem nicht am Beispiel renommierterer Schneider orientieren, die verrückte Preise verlangten und ihre Termine nicht hielten.

In dem Zimmer, in dem bei Alter Maß genommen wurde, hielt sich außer ihm nur noch Mosche Maschber auf. Er sah mal aufmerksam, mal zerstreut zu, wie der Schneider Alter nach allen Seiten herumdrehte, ihn aufstehen und in die Knie gehen ließ; er sah, wie ihm sein altes Blut zu Kopf stieg und in die geröteten Augen; er sah, wie Gerschon mit seiner krakeligen Handschrift die notwendigen Angaben in sein Notizbuch schrieb, Angaben, die er zu Hause sofort wieder vergessen würde und deren er gar nicht bedurfte.

Während er Gerschons Arbeit beobachtete, unterhielt sich Mosche Maschber fast ernsthaft mit ihm und lächelte ihm sogar zu. Dann, als der Schneider mit seinen Künsten fast fertig war, bestand Mosche darauf, daß die Arbeit schnellstens geliefert werden sollte, worauf ihm Gerschon mit seinem unnachahm-

lichen litauischen Akzent, bei dem er die Sch-Laute wie »s«
aussprach, erwiderte:

»Aber ja, natürlich. Überflüssig, es mir zu sagen. Das vers-teht
sich doch von selbst. Stoglitz und snellstens.«

Und damit begann die Arbeit. Beide Schneider taten ihr Bestes, und ein paar Tage später brachten sie die Kleidungsstücke,
so daß man zur ersten Anprobe schreiten konnte, sowohl bei der
Braut wie bei dem Bräutigam. Alle beide, jeder in seinem Zimmer, waren wie benommen. Es war Eile geboten, und während
der Anprobe wurden die Schneider gedrängt, ihr Möglichstes zu
tun, Joschua der Chasside von Gitl und Gerschon der Litauer
von Mosche Maschber.

Man tat noch mehr. Außer um die Schneider mußte man sich
noch um viele andere Dinge kümmern: Etwa um einen Gebetsschal für Alter. Man ließ Ocher den Talesnik[1] kommen, der
einen schrecklichen Geruch nach Essig und schimmeligem Käse
hinter sich herzog, der ihm aus allen Poren quoll und den man
auch an dem Paket mit schneeweißen Gebetsschals wiederfand,
die er im Wohnzimmer vorführte.

Als der Tag der Hochzeit näherrückte und alles fertig war,
Wäsche, Kleidung und alles andere, stellte man der Verlobten,
Gnessje, die kaum lesen konnte und sich nur mit Mühe durch
das Gebetbuch buchstabierte, Esther-Rachel an die Seite, diese
fromme Anverwandte, die wir weiter oben schon erwähnt haben. Diese sollte Gnessje die verschiedenen für Frauen bestimmten Vorschriften beibringen, die jede Tochter Israels kennen
muß, wenn sie sich auf das Eingehen einer vorschriftsmäßigen
Ehe vorbereitet.

Esther-Rachel brachte Gnessje zunächst bei, wie man die
Sabbat-Kerzen und den Brotteig segnet. Dann schloß sie sich mit
ihr in einem Zimmer ein, nahm das »Korban-Mincha« zur
Hand, eine für Frauen bestimmte Sammlung heiliger Texte,
schlug die Seite mit der »reinen Quelle« auf und las ihr mit lauter
Stimme die Vorschriften und Gebote vor, die eine Frau sowohl

---

[1] Hersteller von Gebetsschals (Tallith).

beim Zusammenleben mit ihrem Mann einhalten muß wie auch dann, wenn sie von ihm getrennt ist ... Esther-Rachel sprach alles aus und nannte die Dinge beim Namen, so daß Gnessje nur verängstigt um sich blickte, damit ja niemand sie sah oder zuhörte, und während sie sich all das anhörte, errötete sie und rutschte unruhig auf dem Stuhl hin und her.

Eines Abends, wenige Tage vor der Hochzeit, wurde in Anwesenheit nur weniger Leute, meist Familienangehöriger, der Ehevertrag aufgesetzt und unterschrieben, wenngleich ohne den gewohnten Lärm und Aufwand.

Und dann war der Hochzeitstag gekommen.

Am vorhergehenden Tag war die Braut wieder Esther-Rachel und der älteren Magd anvertraut worden, die sie den für jüdische Bräute vorgeschriebenen Riten unterzogen: Sie führten sie ins Badehaus zum rituellen Bad, wo sie sie den Aufseherinnen übergaben, welche die Waschung vornahmen. Diese Frauen schnitten Gnessje die Finger- und Fußnägel, tauchten sie ins rituelle Bad und riefen: »Koscher! Koscher! Koscher!« Dafür erwarteten sie eine bestimmte Geldsumme. Aber vom Geld einmal abgesehen, bewunderten sie auch Gnessjes weißen und üppigen Körper, und als diese ins Bad stieg und wieder herauskam, warfen sie sich wissende weibliche Blicke zu, was etwa heißen sollte: »Glücklich der Mann, der ein solches Glück, einen solchen Schatz genießen kann!« Gnessje ließ alles geduldig über sich ergehen, was mit einer Braut zu geschehen hat, ohne jede Ausnahme, aber als sie ihren nackten, frisch gewaschenen und gereinigten Körper ansah, verdrehte ihr seine Schönheit fast den Kopf.

Ähnlich wurde einen Tag später mit Alter verfahren, dem Bräutigam, der am Hochzeitstag das gleiche Ritual über sich ergehen ließ. Mosche Maschber selbst führte ihn ins Bad, was er für seine brüderliche Pflicht hielt.

Am Hochzeitstag fasteten die Brautleute, wie die Sitte es vorschreibt. Gnessje ließ sich von Esther-Rachel und der älteren Magd ankleiden und schmücken, während Alter von seinem Bruder Mosche in ein getrenntes Zimmer geführt wurde. Nach-

dem er das Beicht-Gebet gesprochen und sein bisher so trauriges
Schicksal beweint hatte, nachdem er seine verstorbenen Eltern
mit vorherbestimmten Gebeten zu seiner Hochzeit eingeladen
hatte, nach all dem schloß sich Mosche nochmals mit ihm ein,
um ihm kurz, aber in ausreichend verhüllten Wendungen das
mitzuteilen, was Esther-Rachel aus dem Gebetbuch vorgelesen
hatte, nämlich die »für den Mann und seine Frau entsprechend
geltenden Vorschriften«, das heißt, er klärte Alter darüber auf,
wie man sich zu verhalten hat, wenn man sich mit einer Frau
verbindet, und wie man sich von ihr trennt.

Während Mosche sprach, war Alter schrecklich blaß, einmal
wegen seiner Krankheit, aber auch wegen des Fastens, und er
begriff kaum die Worte, die sein Bruder an ihn richtete. Man half
ihm, seine Hochzeitskleidung anzulegen, und ließ ihn außerdem
einen weißen Kittel überstreifen, der einem Hemd mit weiten
Ärmeln ähnelte, was ihn noch blasser und fast wie einen Toten
aussehen ließ.

Er warf sich seinem Bruder Mosche und dann Lusi in die
Arme, der der Zeremonie des Ankleidens gleichfalls beiwohnte
und wortlos mit seinem bleichen und unbeweglichen Gesicht
dabeistand. Von Gefühlen überwältigt, konnte Alter seinen Brüdern nichts weiter sagen als: »Lusi . . . Mosche . . . meine Brüder . . .« Hätte ein Außenstehender dieser kurzen stummen Szene
beigewohnt, hätte er bemerken können, daß der Bräutigam sich
keine Hoffnung auf künftige Freuden zu machen schien, aber
auch die Umstehenden nicht, die ihm wenigstens ein wenig
Glück verschaffen wollten . . .

In dem anderen Zimmer ging es ähnlich zu. Esther-Rachel
und die ältere Magd, welche die Braut herrichteten, hatten dabei
ständig Tränen in den Augen, und als die Braut, Gnessje, sich in
ihrer ganzen Herrlichkeit für die Zeremonie bereit sah, warf sie
sich der älteren Magd an die Brust und seufzte: »Mein Mütter-
chen, mein Herzchen!« Sie erklärte auch, sie sei völlig durcheinander und wisse nicht, was die Zukunft ihr bringen werde.

Wie immer in Familien, in denen es aus diesem oder jenem
Grund nicht möglich ist, die Heirat öffentlich, in einem Saal, zu

feiern, da man kein unnötiges Aufsehen erregen will, fand die Hochzeitszeremonie im Hause statt.

Man hatte nur eine begrenzte Zahl von Gästen eingeladen, überdies nicht einmal solche, die der Familie nahestanden: Keine Händler vom Markt, keine Mitglieder der Synagoge, in der Mosche Maschber betete; es hatte sich nur ein kleiner »Minjan« oder ein paar Leute mehr eingefunden, Fremde, die seltsamerweise nichts mit Mosche Maschber und seiner Familie zu tun hatten und überdies zu Lusis Sekte gehörten.

Gitl und die Ihren verhielten sich wie Gastgeber und Trauernde zugleich, vor allem Gitl und Judith, die vor dem Ankleiden für die Hochzeit ihre schwarzen Schürzen hatten ablegen müssen, die sie gleich nach Ende der Feierlichkeiten wieder anlegen würden.

Die »dreißig Tage« gingen schließlich zu Ende. Natürlich verriet kein Gesicht übermäßige Freude, auch das von Mosche Maschber nicht, der wie in einem Traum die Dinge beschleunigt hatte; er beschleunigte sie auch jetzt noch, indem er etwa den eingeladenen Spaßmacher daran hinderte, sein volles Programm zu absolvieren, nämlich im Moment der »Einführung« der beiden Brautleute. Er ließ nicht einmal den Musikern – man hatte eine kleine, jämmerliche Kapelle engagiert – die Zeit, ihr ganzes Repertoire herunterzuspielen. Sie mußten sich auf die notwendigsten Stücke beschränken. Dem Schammes gab Mosche Befehl, den Hochzeitsbaldachin zu errichten, und dem Kantor befahl er, möglichst schnell mit der Hochzeitszeremonie zu beginnen.

Man fügte sich seinen Wünschen. Anschließend fand das Hochzeitsessen statt, dem auch der Heiratsvermittler Meschulam beiwohnte, den man nicht übergehen konnte, da er es gewesen war, der die Heirat arrangiert hatte.

Der fühlte sich diesmal im Hause Mosche Maschbers sehr wohl, denn die junge Braut besaß weder Vater noch Mutter, weder Verwandte noch nahe Freunde oder Freundinnen mit Ausnahme der älteren Magd, so daß sich Meschulam wie ein Mann gebärdete, der Vater und Mutter ersetzt.

Um diesem Wohlbefinden Ehre zu machen, stürzte er ein Glas Branntwein zuviel hinunter, was sein ohnehin rosiges Gesichtchen noch mehr rötete und bewirkte, daß sich sein weißer Kinnbart noch weißer abhob. Seine Pelzmütze war von Schweiß durchtränkt, und als er sie ablegen wollte, um wie gewohnt nur sein Käppi aufzubehalten, erwies es sich als viel mühseliger als sonst, die beiden Kopfbedeckungen voneinander zu trennen. Aber als es ihm endlich gelang, begann er zu tanzen, wegen seiner Trunkenheit aber sehr linkisch. Hätte man ihn bei einer anderen Gelegenheit, in einer fröhlichen Gesellschaft, so tanzen sehen, wären alle in lautes Gelächter ausgebrochen, man hätte ihn beiseite genommen und ihn aufgefordert, sich hinzusetzen ...

Aber jetzt ließ man ihn in Ruhe. Aber gleichwohl wirkte Meschulams Tanz höchst seltsam. Er tanzte mit geschlossenen Augen wie im Halbschlaf, grimassierte und hüpfte herum wie ein Ziegenbock. Ebenso seltsam wie diese ganze Hochzeit wirkte auch das Hochzeitspaar, das man nach der Zeremonie zusammengesetzt hatte und das jetzt aß, was man ihm nach dem Fasten vorsetzte, ohne dabei ein Wort zu wechseln. Beide blickten in verschiedene Richtungen und erweckten den Eindruck, als würden sie an den Speisen ersticken.

Ebenso seltsam war, daß Gitl an ihrer Seite die ältere Magd hatte plazieren lassen, die Freundin der Braut; seltsam auch diese kleine Hochzeitsgesellschaft, die aus fünfzehn Anhängern Lusis bestand, die Mosche durch diesen hatte einladen lassen, denn die engsten und intimsten Freunde der Familie, die sonst an allen Festen des Hauses Maschber teilnahmen, wollte man heute nicht bei sich haben, gerade weil sie die engsten und vertrautesten Freunde waren, damit kein Freundesauge Gelegenheit erhielt, diese ungewöhnliche Hochzeit mitzuerleben.

Ungewöhnlich war auch, daß Lusis Anhänger zu tanzen begannen, da sie den jungen Ehegatten eine Freude machen wollten – es war ein Tanz, wie ihn die Wände von Mosches Haus noch nie erlebt hatten. Sie drängten sich gegeneinander, reckten die Köpfe in die Höhe oder senkten sie tief auf den Fußboden, als wollten sie Himmel und Erde mit der Macht ihrer Blicke zusammenschweißen.

Ebenso ungewöhnlich war, daß Mosche Maschber und Lusi zu tanzen begannen, nachdem Lusis Anhänger damit aufgehört hatten. Trotz seiner Trauer wollte Mosche Alter eine Freude machen, und Lusi wollte ihn nicht im Stich lassen und beschloß, es seinem Bruder gleichzutun . . .

Es war ein seltsames Schauspiel, die beiden Brüder herumwirbeln zu sehen; erst führte Mosche den kleinen Reigen an, so daß Lusi hinter ihm blieb, dann Lusi, dem Mosche folgte, so daß sie manchmal fast zusammenstießen.

Ebenso eigenartig war es, nach diesen beiden auch Gitl und die ältere Magd wie zwei gleichgestellte Frauen tanzen zu sehen. Gitl behandelte ihre Partnerin von gleich zu gleich, tanzte ihr entgegen, ohne dabei auch nur den kleinsten Standesdünkel zu zeigen, was die Magd vor Hitze und Freude erröten ließ. Immer wieder betupfte sie die Oberlippe mit ihrem Taschentuch, das sie nur bei besonderen Anlässen bei sich trug . . .

Anschließend tanzten auch Esther-Rachel und Judith . . . Esther-Rachel mit ihrem nach langem Elend lederhart gewordenen Gesicht, das sie auch ihrem Hunger und der Tatsache zu verdanken hatte, daß sie immer dann einspringen mußte, wenn jemand – Gott behüte – krank wurde, Esther-Rachel, die schon oft Totenwache hatte halten oder bei Hochzeiten aushelfen müssen, meist um die Dienerschaft zu überwachen; aber in solch ungewöhnlichen Fällen wie heute durfte sie eine aktivere Rolle spielen und der Braut die Pflichten einer Frau erklären, sie ins rituelle Bad führen und später, an der Festtafel, mit einer Verwandten höheren Rangs tanzen wie jetzt mit Judith. Sie tanzte schweigend; die Äderchen ihres lederharten Gesichts zitterten, als könnte kein Freudenstrahl mehr in ihr Innerstes eindringen, aber trotzdem war auch sie auf ihre Art fröhlich. Das drückte sich in ihrer natürlichen Schweigsamkeit aus, die vielleicht eine erhabenere und bezeichnendere Gefühlsäußerung war als heftige Freudenausbrüche.

Danach war ihr Mann an der Reihe, Mosche Einbinder[1], den

man nie zu einer Hochzeit einlud, aber wenn man es doch tat, ging er nicht hin; er nahm keine Einladung an, weil er der festen Überzeugung war, daß niemand es nötig habe, ihn an seiner Freude teilhaben zu lassen. Aber diesmal war er eingeladen worden und auch gekommen, denn diesmal fühlte er sich der Familie näher und würdiger, bei einer solchen Festlichkeit dabeizusein, ohne sich schämen und in einer Ecke verstecken zu müssen, wie er es sonst seines kleinen Körperwuchses, seines armseligen, lächelnden Gesichts und seiner ewig mit Leim verklebten Hände wegen tat, die er nie richtig sauber bekam.

Er tanzte mit Meschulam. Der tanzte nur mit seinem Käppi und ohne seine Mütze. Er hatte sich erlaubt, sie abzulegen: vielleicht aus Heiratsvermittler-Stolz oder weil er getrunken oder gar zuviel getrunken hatte. Jedenfalls fühlte er sich jetzt wie zu Hause, und ihm gegenüber tanzte Mosche Einbinder mit seiner Pelzmütze, die ein anderer nur in der Woche getragen hätte, während er sie am Sabbat, an Feiertagen oder bei Hochzeiten trug, zu denen man ihn nie einlud.

In seiner Trunkenheit vollführte Meschulam fast groteske Freudensprünge, während Mosche Einbinder ruhig und sittsam und so schüchtern tanzte, daß man hätte glauben können, er fürchte sich davor, seine Beine, die Beine eines armen Teufels, auf den Fußboden zu setzen.

Dann tanzte Lusi in seiner Eigenschaft als ältester Bruder mit der Braut »à la Polonaise«. Gnessje hielt das eine Ende ihres roten Taschentuchs und Lusi das andere. Er führte. Alle Anwesenden bildeten einen Kreis um sie. Es wäre Lusi leichtgefallen, seine Meisterschaft in einem solchen Tanz zu demonstrieren, aber auf einen Wink seines Bruders Mosche hin hielt er sich im letzten Moment zurück.

Alles andere, was nach alter Sitte sonst bei einer Hochzeit üblich ist, wurde auf ein Mindestmaß reduziert.

So wurden beispielsweise keine Hochzeitsgeschenke aufgezählt, da nur die Brüder des Ehemanns anwesend waren, wäh-

---

[1] Buchbinder.

rend die Ehefrau nur durch die ältere Magd vertreten war. Auch andere Dinge kamen nicht in Frage, wie etwa Hochrufe und besondere Tänze für die Verwandtschaft . . . Das alles verbot sich jetzt von selbst, und um die engsten Freunde der jungen Frau nicht zu demütigen, erwies man auch denen des Ehemanns keine größere Ehre. Die Musiker und diejenigen, welche die Riten vorgenommen hatten, etwa der Schammes und der Kantor, die man für die Zeremonie gebraucht hatte, wurden diskret und ohne viel Aufhebens bezahlt.

Und auf die gleiche Weise fand auch das Fest ein Ende. Die Gäste, Lusis Anhänger, verabschiedeten sich still und gingen früh. Es blieben nur die Verwandten, denen man gleichfalls bedeutete, es sei für alle Zeit, sich zurückzuziehen.

Unterdessen hatten Esther-Rachel und die ältere Magd in einem der Schlafzimmer ein Bett hergerichtet und dabei über den Kopfkissen Gebete und Zaubersprüche gesprochen, wie es bei einem jungen Ehepaar üblich ist.

Und dann wurde es still im Haus, das schlafen ging . . . Und an dieser Stelle sollten wir eigentlich, wie man so sagt, den Vorhang senken und nichts mehr sagen.

Aber da wir es hier mit einem ungewöhnlichen Fall zu tun haben, dem Fall Alter, fühlen wir uns verpflichtet, auf etwas hinzuweisen, was wir sonst mit Schweigen übergehen würden. Nämlich darauf, daß in jener Nacht zwischen den beiden jungen Leuten in ihrem abgelegenen Zimmer etwas ganz Ungewöhnliches vorgefallen sein mußte. Wir wollen dazu aber nur folgendes sagen: daß man bei Alter auf alles gefaßt sein mußte . . .

So auch diesmal. Am frühen Morgen, als das ganze Haus noch schlief – der Tag war kaum angebrochen –, stand Gnessje auf, zog sich an und lief im Zimmer auf und ab, um ihre Habe zusammenzusuchen und zu einem Bündel zu schnüren; und wäre die ältere Magd, die wie gewohnt in der Küche schlief, nach dem anstrengenden gestrigen Tag nicht so erschöpft gewesen, hätte sie gewiß gehört, daß jemand in die Küche gekommen war, sich dort ein wenig zu schaffen machte, um danach leise die Tür zu öffnen und zu verschwinden.

628

Es war Gnessje. Wir wissen nicht, wohin sie sich voll angekleidet aus dem Haus Mosche Maschbers flüchtete. War sie zu
Freunden gegangen, zu einem Vermittlungsbüro für Hausangestellte, oder irrte sie ziellos umher? Wir wissen es nicht. Wir
kennen aber den Eindruck, den ihre Flucht aus dem Haus
Mosche Maschbers am Morgen nach der Hochzeit hinterließ,
und wollen ein paar Worte dazu sagen.

Als die Familie später am Morgen das Auftauchen des jungen
Paars erwartete, die beiden sich jedoch nicht blicken ließen,
wurde Esther-Rachel verschämt bedeutet, sie solle bei den jungen Leuten an die Tür klopfen und sie daran erinnern, daß es
Zeit sei aufzustehen . . . Man hatte Esther-Rachel im Haus übernachten lassen, damit sie sich aus bestimmten Gründen, die mit
der Heirat zusammenhingen, bereithielt. Und als Esther-Rachels Klopfen ohne Antwort blieb, versuchte sie, die Tür ein
wenig zu öffnen. Sie fand sie offen, trat ein und sah Alter, bereits
angekleidet, mitten im Raum stehen. Sie erfaßte mit einem Blick,
daß etwas passiert sein mußte, etwas, was nur äußerst selten
vorkommt.

Ob Alter nun geschlafen und Gnessjes Fluchtvorbereitungen
nicht bemerkt hatte oder ob er alles gesehen und sich nur wie
schlafend gestellt hatte, er mußte jedenfalls schon lange so im
Zimmer gestanden haben. Er wirkte bleich und verloren, als
hätte er soeben einen Anfall seiner Krankheit erlitten, oder als
stünde dieser *unmittelbar bevor* . . .

Esther-Rachel fragte ihn nach Gnessje, erkannte aber mit
ihrem wissenden Auge, daß die Frage sinnlos war, denn Gnessje
war spurlos verschwunden, und selbst die Erinnerung an sie
schien sich in nichts aufgelöst zu haben.

Alter schien nicht verstanden zu haben, was Esther-Rachel ihn
fragte . . . So ging sie eilig hinaus und suchte Mosche Maschber
auf, dem sie etwas ins Ohr flüsterte. Kurz darauf zeichnete sich
auf den Gesichtern aller große Besorgnis ab, und sie fragten sich
gegenseitig: »Was ist los? Wo ist sie geblieben?« Man wandte sich
an die ältere Magd, fragte sie aus und wartete ungeduldig deren
Antwort ab; aber auch sie wußte nichts zu sagen.

Sie ist fort! . . . Konnte man an den betroffenen Gesichtern aller ablesen. Man dachte nicht einmal daran, Nachforschungen anzustellen. Wenn sich schon so etwas hatte ereignen können, das fühlten alle, würde es nichts nützen, nach Gnessje zu suchen. Die Schande, überall nach ihr zu suchen und bei den Leuten Erkundigungen einzuziehen, würde alles nur schlimmer machen.

Trotzdem muß man davon ausgehen, daß die Familie Nachforschungen anstellte, mit denen man insgeheim das ältere Dienstmädchen und Esther-Rachel beauftragt hatte, die sich in der Stadt erkundigen sollten, um Gnessje wenn möglich ausfindig zu machen und sie zur Rückkehr zu bewegen.

Gewiß wandte man sich zu diesem Zweck auch an einige »Wahrsager« und Hellseher, die man nach einem Diebstahl oder dem Verlust eines wertvollen Gegenstandes um Rat zu fragen pflegte, aber keiner von ihnen wußte, wohin Gnessje verschwunden war. Sie konnten nur versprechen, der Sache nachzugehen; und dafür forderten sie schon jetzt ein dickes Honorar.

Aber all das führte zu nichts. Gnessje blieb für immer verschwunden, ohne auch nur die geringste Spur zu hinterlassen. Sie hatte nur ihr Hochzeitskleid zurückgelassen (»Immerhin eine schöne Geste von ihr«, wie die Familie sagte). Sie hatte sich mit ihrer eigenen Habe begnügt, den Dingen, die sie von ihrem Lohn bezahlt hatte, aber auch da hatte sie nicht alles mitgenommen . . . Aber sie ließ vor allem auch Alter zurück, einen Ehemann ohne Frau, der jetzt mit einem Gebetsschal ausgestattet war, dem Attribut eines verheirateten Mannes, das er von diesem Tag an beim Gebet anlegen mußte . . . Und für Mosche Maschber hatte sie einen weiteren Schicksalsschlag zurückgelassen: eine weitere Erniedrigung, da er es offenbar nicht verdient hatte, sich seines guten Werks, der Verheiratung seines kranken Bruders, zu erfreuen.

Ja, wer Mosche Maschber in diesen Tagen gesehen und ihn aufmerksam beobachtet hätte, hätte bemerkt, daß seine blonden Kopf- und Barthaare dunkler geworden und ergraut waren; daß sich seine Schultern kaum merklich krümmten und daß diese kaum wahrnehmbare Krümmung ihn viel kleiner erscheinen ließ. Er erinnerte jetzt an ein Haus, das einzustürzen droht.

III

Bankrott

Um die Wahrheit zu sagen, war der Baum Mosche Maschbers schon jetzt ohne jede Lebenskraft; der kleinste Anstoß hätte genügt, um ihn krachend zu Boden stürzen zu lassen . . . Aber er wurde noch geschont.

Von wem?

Selbst von Leuten wie Tsali Derbaremdiker und Scholem Schmarjon, die sich seine Zahlungsunfähigkeit ebenso hätten zunutze machen können wie jede andere Insolvenz.

Ja, mochte es auch ihre Profession und ihre Arbeit sein, den Mächtigen dieser Welt wie Schakale zu folgen, solange diese noch stark und einflußreich waren und ihnen vielleicht einen Knochen zum Nagen hinwerfen konnten, so waren sie doch auch jederzeit bereit, sich auf sie zu stürzen, wenn diese Menschen, selbst schwach geworden, noch mächtigeren Gegnern zum Opfer gefallen waren, um sie dann mitleidlos in Stücke zu reißen – aber obgleich dies die Bestimmung der Tsalis und Schmarjons war, unternahmen sie diesmal nichts.

Warum?

Erstens hatten sie selbst bedeutende Summen in Mosches Geschäfte investiert; und da sie die Risiken kannten, die jeder Bankrott mit sich bringt, hatten sie allen Anlaß zu bezweifeln, daß es ihnen gelingen würde, ihr Geld zu retten; zweitens, mochten sie auch Aasgeier sein, so hatte sie doch die Härte der vom Himmel auf Mosche Maschber herabgesandten Schicksalsschläge nicht unbeeindruckt gelassen: erst der Tod seiner Tochter, dann die unerwartete Heirat seines Bruders mit einem Mädchen von niedriger Herkunft, seinem eigenem Hausmädchen, das jedoch Alter, wie jedermann wußte, schon in der Hochzeitsnacht hatte sitzen lassen, was Mosches Unglück noch vergrößerte und ihn zwang, vor Scham den Blick zu senken. Und schließlich seine Geschäfte, die ihn schon an den Rand des Abgrunds gebracht hatten, all das, so meinen wir, konnte selbst in den Herzen eines Tsali oder eines Scholem Schmarjon so etwas wie Mitleid geweckt haben.

Und ... Geben wir zu, daß Tsali Derbaremdiker, als er mit vielen anderen dem Trauerzug der Tochter Mosche Maschbers bis zum Friedhof gefolgt war und die Trauergäste mit Worten des Beileids an die Familie herangetreten waren, wie die Sitte es gebietet, und er, Tsali, die Beileidsformel »Mögest du jetzt vor Kummer bewahrt bleiben, Mosche Maschber« gesprochen hatte, daß ihn Rührung überkommen hatte, als er sah, wie der andere einen Teil seines Lebens unter dem frisch aufgeworfenen Erdhügel begraben mußte.

Gestehen wir dies einem Tsali und mehr noch all den anderen zu, die menschlicher waren als er. Denn um diese Zeit lebte man noch nach den Regeln eines altehrwürdigen Anstands, selbst in der Welt des Handels; erst später prägte man den Ausdruck »Der Handel kennt keine Brüderlichkeit«, erst später konnte im Geschäftsleben von Mitleid keine Rede mehr sein ...

Nein, in jener Zeit und an jenem Ort wurde in Fällen wie dem Mosche Maschbers mehr Mitgefühl empfunden, die Menschen waren rücksichtsvoller und zeigten mehr Mitleid.

Und so kam es, daß man abwartete. Nicht nur die wohlhabenden Leute, die abwarten konnten, sondern auch die, denen es kaum möglich war, die ihm ihr mühsam erspartes Geld gebracht hatten, wie wir schon an anderer Stelle gesagt haben, und die es jetzt, in einer so kritischen Zeit, verzweifelt brauchten.

Ja, es waren harte Zeiten, ein Jahr mit einer schlechten Ernte. Die Möglichkeiten der Bauern der Region, etwas zu kaufen oder zu verkaufen, waren gleich Null, und selbst die großen Händler gingen mit gesenktem Kopf herum, ganz zu schweigen von den kleinen Leuten, deren letzte Groschen immer knapper wurden.

Es verstand sich von selbst, daß diejenigen unter den letztgenannten, die es geschafft hatten, wenn auch noch so wenig für schlechte Zeiten auf die hohe Kante zu legen, jetzt gezwungen waren, ihr Geld aus dem Versteck zu holen oder es von dem reichen Mann zurückzufordern, dem sie es anvertraut hatten.

Diese Leute hatten doppeltes Pech: Davon abgesehen, daß sie keinen Groschen mehr verdienten, denn es gab nichts mehr, womit sich etwas verdienen ließ, war auch das Leben immer teurer geworden, und vor den Läden, in denen Mehl verkauft wurde, konnte man an einem Sonntag oder am Vorabend eines Fests die sorgenvollen Gesichter der Frauen sehen, die für die Woche Schwarzbrot oder für den Sabbat Weißbrot backen wollten. Sie waren mit ein paar abgezählten Groschen, zusammengeknotet in einem armseligen Taschentuch, hergekommen und mußten jetzt erleben, daß dieses Geld nicht genügte, um das Mehl zu bezahlen, das sie so dringend brauchten.

In den Schlachtereien konnte man das gleiche beobachten; bei den Metzgern mußten diese Frauen auf das frische Fleisch des Tages verzichten, da es für sie unerschwinglich war. Sie mußten sich mit den Resten vom Vortag zufriedengeben, mit schwärzlichen, ausgetrockneten Fleischstücken, einer bläulichen Milz oder unappetitlichen Innereien. Und selbst am Sabbat waren die guten Stücke unerschwinglich, und sie mußten sich mit billigerem Fleisch begnügen.

Das gleiche Bild in den Läden, in denen Grütze verkauft wurde, in denen dieselben Frauen stehenblieben, die Ware betrachteten, seufzten und sich außerstande sahen, irgend etwas Nahrhaftes zu kaufen, es sei denn ein wenig Hirse voller Getreidebrand oder etwas Buchweizen voller Kleie.

Es war Winter. Und man mußte diese Frauen sehen, wie sie vor einem Holzlager der Gemeinde standen, das die jüdische Händlerin gegründet hatte, um die armen Gemeindemitglieder mit Feuerholz zu versorgen: Welches Holz und wieviel auch immer eine solche Frau davon wegtragen mochte, manchmal allein, manchmal mit der Hilfe eines kleinen Kindes – einen Armvoll oder ein Bündel, manchmal zwei –, es reichte gewiß nie, um richtig zu heizen ...

Es lohnte sich auch, den Unterhaltungen etwa der Schuhmacher zuzuhören, wenn sie an einem Freitagabend bei dem Kneipwirt Scholem-Aron zusammenkamen, eine Gewohnheit aus besseren Tagen, in denen die Aufträge häufiger waren und man nach einer Lieferung in die Schenke ging, um ein Gläschen zu trinken. Aber jetzt, als die Aufträge selten waren und nur wenige Glückliche genug Groschen besaßen, um sich ein wenig Wodka zu kaufen, fanden sich selbst die Pechvögel hier ein. Vielleicht hofften sie, daß die Glücklicheren unter ihnen sie einladen würden oder daß Scholem-Aron ihnen Kredit einräumte, denn jetzt, in der Zeit der mageren Kühe, drohte der »Vymorosek« – das Lieblingsgetränk der nunmehr arbeitslosen Schuhmacher – schimmlig zu werden.

Hörenswert waren auch das Gerede und Geschrei der Schuster, bevor sie in der Trunkenheit versanken, und vor allem danach, wenn ihre Augen blitzten und sich ihre Zungen lösten. Der Suff half ihnen, wenn sie voller Schrecken an die Frauen dachten, zu denen sie gedemütigt und mit leeren Händen zurückkehren würden und denen sie nichts mitbringen konnten, um den Sabbat vorzubereiten.

»Der böse Geist im Schädel eurer krepierten Großmutter!« ließ sich plötzlich eine Stimme vernehmen, die lauter war als alle anderen.

»Ihr wollt Schuhmacher sein? Stuhlflechter und Gelehrte, das wollt ihr sein! Ihr näht Schuhe und Filzpantoffeln? Sollen sie doch alle barfuß laufen! Soll die ganze Stadt barfuß laufen! Na und? Nicht mal der große Reb Dudi ist imstande, den Mund aufzumachen und für arme Teufel ein gutes Wort einzulegen, und Jakob-Jossi Eilbirten ist zu schwach, um seinen Geldbeutel zu öffnen!«

»Richtig«, sekundierten einige der Trinkenden dem Schreihals, aber man sah ihnen an, daß sie über dieses »richtig« nicht weiter hinausgehen und hier sitzen bleiben würden, niedergedrückt von ihrem Elend, und daß sie keinen anderen Ausweg sahen, als bei Scholem-Aron ihren »Vymorosek« gegen bar oder auf Kredit zu trinken ...

634

So war also die Lage der Schuhmacher, aber bei den anderen Innungen und nicht-handwerklichen Berufen stand es ähnlich: all den kleinen Kolonialwarenhändlern und Ladenbesitzern, die allesamt vom Land abhängig waren, aber das Land war tot, und in der Stadt ließ sich nicht einmal mehr der Fuß eines Bauern blicken . . .

So, wiederholen wir nochmals, war es mehr als selbstverständlich, daß es jetzt jedem, der für schlechte Zeiten etwas aufgespart und sein Geld reichen Männern anvertraut hatte, sehr am Herzen lag, wieder in den Besitz seines Schatzes zu kommen.

Ebenso selbstverständlich war, daß im Büro Mosche Maschbers neuerdings arme und demütige Gläubiger auftauchten; wenn ihre Wechsel inzwischen fällig waren, um so besser, dann hatten sie ein Recht dazu, und wenn nicht, fragten sie bescheiden, ob man ihnen ihr Geld nicht vorzeitig zurückzahlen könne, und wenn nicht die ganze Summe, dann zumindest einen Teil?

Aber während der Krankheit von Mosche Maschbers Tochter hatten diese Gläubiger im Büro weder ihn selbst noch seinen Schwiegersohn Nachum Lentscher angetroffen, und die Angestellten schickten die Leute wieder fort und baten sie, sich zu gedulden: »Ihr seht doch selbst . . . das ist nicht der richtige Augenblick . . . die haben jetzt andere Dinge im Kopf . . .« Und dann, nach dem Tod von Mosches Tochter, wenn die Gläubiger wieder im Büro anklopften und es verschlossen fanden, gingen sie wieder weg und sagten sich: »Natürlich, der Schicksalsschlag . . .« Dann kam die dreißigtägige Trauerzeit, in der sich Mosche Maschber und sein Schwiegersohn nur selten kurz im Büro blicken ließen; das war ein weiterer Vorwand, um zu wiederholen, man dürfe sie jetzt nicht mit allzu hartnäckigen Forderungen belästigen.

Kurze Zeit später jedoch, als der Trauermonat abgelaufen war, gab es keinerlei Vorwand mehr, um den bedrängten Gläubigern auszuweichen, denen die Not im Nacken saß und die sich daher in großer Zahl einzufinden begannen. Wenn sie Mosche Maschber in seinem Büro nicht antrafen, warteten sie stunden-

lang auf ihn. Und wenn er da war, belagerten sie ihn und weigerten sich zu gehen. Diejenigen, deren Forderungen fällig waren,
ließen nicht locker, und die, bei denen dies noch nicht zutraf, baten und flehten inständig um ihr Geld ... Da nahm Nachum
Lentscher seinen Schwiegervater Mosche Maschber beiseite und
sagte ihm, sie seien am Ende, es bliebe ihnen nun kein anderer
Ausweg mehr, als sich an Jakob-Jossi Eilbirten zu wenden und
ihn um Hilfe zu bitten ...

Das ließ sich so leicht sagen: an Jakob-Jossi Eilbirten wenden ...

Ein kurz skizziertes Porträt von Jakob-Jossi:
Wie sieht er aus?
Wie ist er?
Schon über sechzig, ein Mann mit breiten, mächtigen Schul-
tern, einem weißen, gepflegten, eher kurzen Bart; während der
Woche trug er einen schwarzen Kaftan aus feinem englischem
Tuch und am Sabbat einen Satin-Kaftan. Er war sehr reich, der
reichste Mann der Stadt, und besaß nicht nur das größte Kredit-
büro, sondern noch zahlreiche andere Geschäfte.

Obwohl äußerlich ruhig und bescheiden, mangelte es ihm
trotzdem nicht an einigen exzentrischen Launen, wie sie reichen
Männern oft zu eigen sind.

Er besaß einen erlesenen Geschmack und sammelte kostbare
Bücher in schönen Einbänden mit goldgeprägten Lettern auf
Rücken und Buchdeckeln. Er besaß auch eine Vorliebe für
schöne religiöse und Kultgegenstände und besaß beispielsweise
eine große goldene Schatulle für die Frucht des Zedratbaums,
die beim Laubhüttenfest die Ernte symbolisierte; jüdische Künstler, die er eigens beauftragt hatte, hatten Landschaften eingraviert
wie etwa den Berg Zion und Jerusalem. Er besaß auch einen
Chanukka-Leuchter, der mit seinem schweren silbernen Sockel
und den gleichfalls silbernen großen Armen, die wie ein Hirsch-
geweih geformt waren, eine halbe Wand bedeckte.

Daneben besaß er eine große Neigung für den Gesang ...
Nachdem er am Sabbat oder einem Feiertag in seinem kleinen

636

Betsaal in Anwesenheit eines ausgewählten Minjan seine Gebete gesprochen hatte, in der behaglichen Abgeschiedenheit eines reichen Mannes, brach er zu der Großen Synagoge auf, in der ein berühmter Kantor sang, der Große Jeruchim; dort nahm er einen Platz an der Westwand ein und weigerte sich, auf die Ostseite zu kommen, wozu ihn der Synagogendiener und die Synagogenverwaltung aufforderten. Da lehnte er sich gegen eine Wand oder ein Pult und lauschte mit geschlossenen Augen aufmerksam dem Gesang des Kantors, der mal allein, mal in Begleitung des Chors sang; dabei hatte er sich nur einen Ärmel seines Satin-Kaftans übergestreift, während der andere leer herabhing – zweifellos die Marotte eines reichen Mannes.

Es mangelte ihm auch nicht an Gelehrsamkeit, die ihm nicht nur bei den Rabbinern von geringerem Ruf von Vorteil war, sondern selbst bei Reb Dudi – soviel Wissen besaß er. Er konnte auch ein normales rituelles Problem entwirren und wußte ganze Kapitel des »Choschen Mischpot« und des »Jore Dea« auswendig.[1] Er kannte sich auch in mancherlei Dingen aus, in denen Rabbiner weniger bewandert sind, etwa in der Astronomie und der Geometrie. Er bezahlte ein paar gelehrte Hungerleider dafür, daß sie mit ihm über diese Dinge diskutierten.

Er kam aus einer vornehmen Familie und stammte nicht von irgendwem ab. In seiner Familie ging man keine leichtfertigen Ehen ein, nur mit Menschen von vornehmer Geburt, geachteten Leuten von hier oder aus Rachimisterivke oder Karlin[2] oder aus dem fernen Sadagora oder Schtifinescht.

Natürlich wurde er von aller Welt beneidet, und wenn man ihn an einem Sonnabend oder Feiertag an der Westwand der alten Synagoge in seinem Satin-Kaftan stehen sah, von dem er nur einen Ärmel übergestreift hatte, sich weigernd, zur Ostwand hinüberzugehen, waren die Augen vieler auf seine breiten Schultern gerichtet und auch auf seine weiße Gelehrtenstirn, die bei dem Vergnügen glänzte, den heiligen Gesängen zu lauschen.

[1] Juristische Bücher.
[2] In Weißrußland.

Vor allem aber neidete man ihm sein Vermögen, das man auf viele tausend Rubel schätzte, die er sowohl in Form klingender Münze wie verschiedener Geschäfte besaß, die zum Teil ihm gehörten, zum Teil mit Partnern betrieben wurden. Außer einigen Adelsgütern, die ihm verpfändet worden waren, Häusern aus Quadersteinen, Ländereien, Wohnungen von Stadtbewohnern, die sie ihm überschrieben hatten, besaß er in der Stadt noch ein mehrstöckiges Herrenhaus, das er für sich und seine Familie hatte bauen lassen. Jedes seiner verheirateten Kinder besaß ein Stockwerk für sich, woran sie sich bei ihren reichen Verwandten, den Wunderrabbis, gewöhnt hatten.

Er erlaubte sich sogar, zwei Kutschen zu halten: Eine kleine mit einem erhöhten Sitz, eine Art Cabriolet, für seinen eigenen Gebrauch und eine zweite, tiefere und geräumigere, die mit einem weißen, sehr kostbaren Stoff ausgeschlagen war und die er nur selten benutzte, etwa wenn eine junge Schwiegertochter von außerhalb den Wunsch verspürte, eine abendliche Ausfahrt zu machen; oder wenn ein großer Wunderrabbi erschien und dessen Anhänger ihm einen schönen Empfang bereiten wollten; manchmal lieh sich auch die Stadtverwaltung diese Kutsche aus, um einen Gouverneur, einen Bischof oder einen Metropoliten zu empfangen, wenn diese eine der christlichen Gemeinden besuchen wollten.

Kurz: Man hatte Grund, ihn zu beneiden. Thora und Vermögen vereinigten sich bei ihm in einer Hand, wie es hieß, und es gab viele in der Stadt, die zu seinem Wohlergehen aufblickten, wobei viele Münder den Wunsch äußerten, wenigstens ein Zehntel oder auch nur ein Hundertstel seines Vermögens zu besitzen.

Ja, das alles war wahr . . . Aber außer seinem Vermögen, seiner Gelehrsamkeit und seiner vornehmen Abstammung besaß er noch eine weitere, weniger glänzende Eigenschaft, derentwegen ihn die gleichen Leute, die ihn beneideten, manchmal – was sie sich nur zuzuflüstern wagten – einen kalten Halsabschneider nannten . . . Und wie läßt sich das vereinbaren? flüsterte man insgeheim. Ja, er war so etwas wie ein Schreckgespenst; für eine bestimmte Art von Süßwasserfischen so etwas wie ein Hecht mit scharfen Zähnen, das heißt für all die, die das Pech hatten, ihm zwischen die Zähne zu geraten . . .

Solange alles gut lief, hatten sie nichts zu befürchten! Dann ging alles sanft zu, es gab kein lautes Wort; aber wenn jemand Geld brauchte und Jakob-Jossi davon erfuhr, denn er hatte Informanten, die ihn über alles auf dem laufenden hielten, was er wissen wollte, sah man, wie sich seine breiten Schultern unter dem Kaftan strafften; sein Gesicht veränderte sich nur wenig, aber die braunen Augen unter der hohen weißen Stirn begannen sich zu verschleiern und in alle Richtungen zu blicken, während er im Geiste schon zu zählen begann. Aha, schienen diese umherirrenden verschleierten Augen zu sagen, das Geschäft ist der Mühe wert . . .

Ja, das war leicht dahingesagt, »sich an Jakob-Jossi wenden« . . . Wer aber die Rolle kannte, die Jakob-Jossi in der Stadt und in der ganzen Region spielte, kannte auch seine schwere Hand. Senkte sie sich auf jemanden herab, war es schwerer, sich von ihr zu befreien, als von einer eisernen Zange.

Er verlieh sein Geld bereitwillig, half freigebig aus, wenn jemand in der Klemme war, ja sogar noch bereitwilliger, wenn der andere schon die Schlinge um den Hals hatte und zu röcheln begann. In diesem Moment war er zur Stelle und bot seine Hilfe an. Kein Wunder, daß der schon halb Erdrosselte voller Dankbarkeit und nur zu gern bereit war, sich aus purer »Dankbarkeit« ein gehöriges Stück seiner Haut vom Leib reißen zu lassen!

So verfuhr er mit den adligen Grundherren, wenn er wußte, daß sie kurz vor dem Ende standen . . . Ebenso mit Beamten, die beim Kartenspiel alles verloren oder über ihre Verhältnisse gelebt und dabei öffentliche Gelder veruntreut hatten; ebenso mit den Händlern der Stadt, wenn sie im Schlamassel saßen und keinen Ausweg mehr wußten. Dann spielte er den Retter und verlangte als Gegenleistung einen erheblichen Anteil am Geschäft oder ließ es sich ganz überschreiben, zahlte dem Eigentümer eine lächerliche Summe aus und eignete sich eiskalt die gesamte Firma an. Genauso verfuhr er mit den Kreditbüros und entledigte sich so einer lästigen Konkurrenz. Nicht besser erging es Großgrundbesitzern, die bis zum Hals in Schulden steckten und den Bankrott schon vor Augen hatten. Dann konnte er ihnen ihre Ländereien für die Hälfte ihres Werts entreißen, zu mehr als günstigen Bedingungen; ebenso bei hohen Beamten: Bei denen ging es zwar nicht darum, ihnen ihr Erbteil abzuknöpfen, sondern darum, ihnen die Daumenschrauben anzulegen und bei Bedarf davon zu profitieren, entweder zu seinem eigenen Nutzen oder dem der Gemeinde.

Er hatte sich schon mehr als eine Erbschaft einverleibt; mehr als nur ein berühmter Name hatte durch seine Schuld den guten Klang verloren und war der Demütigung anheimgefallen. Die Menschen wußten das und hüteten sich vor seiner »Hilfe«. Man wandte sich nur dann an ihn, wenn es keine andere Möglichkeit mehr gab; und jedesmal, wenn sich ein neues Opfer von ihm zermalmt fühlte, ohne jede Hoffnung auf Rettung, flehte es ihn mit erstickter Stimme an, die Notlage nicht auszunutzen und ihm nicht den Todesstoß zu versetzen, mit kaum hörbarer Stimme wiederholend:

»Wie, Reb Jakob-Jossi? Ein Mann wie Sie . . . Aber Sie schneiden mir die Kehle ohne Messer durch . . . Sind Sie denn kein Jude? Wo bleibt denn Ihre Menschlichkeit?«

In solchen Momenten hatte es sich Jakob-Jossi zur Gewohnheit gemacht, von dem Stuhl aufzustehen, auf dem er während der Verhandlungen mit seinem Kunden oder nun vielmehr Opfer saß, und in eisigem Tonfall zu äußern, als ginge ihn die Angelegenheit gar nichts an, als sei sie ihm völlig gleichgültig:

»Das paßt Ihnen nicht? Wie bedauerlich . . . Es ist Ihnen nicht recht? Dann lassen wir es doch . . . Und was das Judentum angeht, sollten Sie es im ›Jad-Hachasoka‹ suchen, und wenn Sie Menschlichkeit wollen, müssen Sie zu mir nach Hause kommen, denn hier im Büro, wo es um Geschäfte geht, bin ich ein Räuber; ja, in der Tat, wenn es denn Raub ist, jemandem dienstbar zu sein und Kredit zu geben, der nicht mehr zahlungsfähig ist, und wenn es denn Mord ist, jemanden aus einer mißlichen Lage zu befreien, soll man mich gern einen Mörder nennen, der anderen die Kehle durchschneidet, ob nun mit oder ohne Messer . . .«

Es blieb nichts weiter übrig, als seine Bedingungen zu akzeptieren und sich von ihm sozusagen »retten« zu lassen. Wer verzweifelt zu ihm ins Büro kam, war noch immer Eigentümer seines Geschäfts und trug immer noch den Kopf hoch, und sei es noch so wenig; wenn er aber das Büro verließ, war er urplötzlich kleiner geworden, besaß nichts mehr und blickte mit gesenktem Kopf auf seine Fußspitzen.

Und diesen Jakob-Jossi hatte Nachum Lentscher seinem Schwiegervater Mosche Maschber als den Mann genannt, an den man sich um Hilfe wenden müsse.

Ja, das ließ sich leicht sagen ... Mosche Maschber war bei Jakob-Jossi schon jetzt verschuldet wie alle kleineren Geldverleiher, die selbst zu besseren Zeiten gezwungen waren, sich bei größeren und reicheren Kreditgebern Geld zu leihen. Aber wenn er jetzt käme, um ein neues Darlehen zu erbitten, jetzt, wo er wußte, daß er nicht mal die geringen Summen zurückzahlen konnte, die ihm kleine Handwerker anvertraut hatten, jetzt konnte sein Besuch nur so gedeutet werden, daß er am Ende war: daß er bereit war, sich von allem zu trennen oder sein Geschäft auf die eine oder andere Weise zu liquidieren oder sich mit einem Partner zusammenzutun, der über ein großes Vermögen verfügte, um sich dann zurückzuziehen und mit einer bescheidenen Stellung zufriedenzugeben, als eine Art Angestellter mit einem kleinen Anteil ohne jeden Einfluß.

Ja, und trotzdem war Mosche Maschber entschlossen, es mit dieser letzten Möglichkeit zu versuchen. Er tat es aber nicht aus freiem Willen wie ein Mann, der sich um jeden Preis und mit allen Mitteln, ob guten oder schlechten, retten will, die man ihm vorschlagen würde: Nein, er tat es aus Willenlosigkeit heraus, ließ sich einfach gehen wie ein Mann, dem alles gleichgültig geworden ist und der sich anschickt, jemanden aufzusuchen, der sowohl sein Retter wie sein Henker werden kann.

»Ah, zu Jakob-Jossi?« fragte er. »Gut, gehen wir.«

An dieser Stelle muß gesagt werden, daß Mosche Maschber um diese Zeit den Eindruck eines Mannes erweckte, in dem etwas zerbrochen ist und der gegenüber allem, was um ihn herum vorging, gleichgültig blieb, denn seine Empfindsamkeit war vollkommen abgestumpft.

Man sah es an seinem Verhalten bei sich zu Hause, wo er seit einiger Zeit an niemanden mehr das Wort gerichtet hatte, nicht mal an seine Frau Gitl. Man hätte sagen können, er hatte die Gabe des Sprechens verloren. Statt zu reden, lief er nun unaufhörlich an den Wänden entlang, bald an der einen, bald an der anderen . . .

Man konnte in jüngster Zeit auch sehen, wie er sich ins Wohnzimmer stahl, in dem man die Gäste empfing. An einer der Wände des Raums hing ein mannshoher Spiegel, und wann immer Mosche an dem Spiegel vorbeikam, blieb er plötzlich stehen und betrachtete sich darin, und da er sich nicht wiedererkannte, schrak er zusammen . . . Er betrachtete sich im Spiegel, als hätte er einen Fremden vor sich, der aus *Olam Hafohu*, der Welt des Chaos, aufgetaucht war. Halb abwesend, halb ohnmächtig blickte er auf sein Abbild im Spiegel, bis er ganz allmählich aufhörte hineinzusehen und, in Gedanken vertieft, weiterging. Dann kehrte er zurück, betrachtete sich von neuem und fuhr wiederum erschrocken zusammen.

Ein überraschender Anblick war auch, wie er sich seit kurzem gegenüber seinen Enkelkindern verhielt, vor allem gegenüber dem ältesten Enkelsohn Mayerl, wenn er diesem zufällig begegnete.

Er hing sehr an Mayerl und spürte, daß dieser schmerzlich all das miterlebte, was bis jetzt im Haus vorgegangen war und noch geschehen konnte. Dies erkannte er daran, daß Mayerl jedesmal den Blick abwandte, wenn er ihm über den Weg lief.

Gelegentlich fing Mosche Maschber den Jungen ab, als wollte er ihm etwas sagen. Der Kleine blieb stehen, sah seinen Großvater an, aber das endete immer mit einem: »Nein, es ist nichts . . . Ach, du bist es, Mayerl?«, gesprochen in einem zerstreuten Ton, als hätte Mosche ihn nicht wiedererkannt, und wenn er ihn wiedererkannt hatte, streichelte er ihm nur kurz über die Wange und sagte ein paar leere Worte.

642

Genauso verhielt er sich Alter gegenüber, der sich in jüngster Zeit, seit der Hochzeit, von neuem in seine Mansarde zurückgezogen hatte und sich nur selten zeigte. Mosche Maschber ging oft zu ihm hinauf, blieb aber nur kurz, ohne sich lange aufzuhalten. Ob er hinaufging oder herunterkam – er wirkte verstört, als wüßte er nicht, warum er seinen Bruder hatte aufsuchen wollen.

Ebenso im Haus und im Büro. Er erschien nicht mehr wie ein Patron, nämlich regelmäßig und zu festgesetzten Stunden, sondern tauchte gelegentlich unerwartet auf und richtete jedesmal eine Frage an einen anderen Angestellten. Bevor dieser überhaupt Zeit gehabt hatte zu antworten, hatte sich Mosche schon wieder abgewandt und ließ den Angestellten einfach stehen.

Mosche war nervös, sehr nervös. Sogar so sehr, daß er in seinem Büro nicht an seinem Platz blieb; er ging zwischen seinem Zimmer und dem der Angestellten auf und ab, ziellos und ohne daß eine Notwendigkeit dazu bestand; er war sogar so durcheinander, daß er nicht mehr die gewohnte Ausgangstür fand, sondern immer wieder gegen den verschlossenen Notausgang stieß, die Hintertür, so daß die Angestellten gezwungen waren, ihm zu sagen: »Nicht hier, Chef.« Dann erschrak er und stammelte: »Aber ja, natürlich, nicht hier.« Trotzdem ließ er die Türklinke nicht los. Und wenn er die Tür durch die Kette verriegelt fand, löste er sie und verließ das Haus durch den Hintereingang, den sonst niemand benutzte . . .

Ja, er war nervös . . . Sehr nervös . . . Und in diesem Zustand folgte er dem Rat seines Schwiegersohns und ging zu Jakob-Jossi. Man kann sich vorstellen, welcher Erfolg seines Bittgangs dort auf ihn wartete.

Man muß sich nur vorstellen, wie sich selbst ein ruhigerer und besonnenerer Mann gefühlt hätte, selbst wenn er statt eines Kopfes zwei Köpfe gehabt hätte. Jakob-Jossi hätte sofort erraten, zu welchem Zweck man ihn aufsuchte, und gesehen, wo der Schuh drückte . . . Um so mehr in einem Fall, wo schon ein einziger Blick auf Mosche Maschber genügte, um zu erkennen, wie verzweifelt dessen Lage geworden war.

Kaum hatte Mosche Maschber Jakob-Jossis Büro betreten,

erklärte er ihm, er wünsche ein Gespräch unter vier Augen, und bat ihn, die Tür zu verschließen und keinen Besucher einzulassen, damit sie nicht gestört würden. Jakob-Jossi entsprach Mosches Wunsch und schloß die Tür selbst. Als Mosche Jakob-Jossi auf einem Stuhl gegenübersaß, begann er in seinen Taschen zu kramen . . .

Ob er plötzlich sein Taschentuch brauchte, bevor er sein Anliegen vorbrachte, oder ob er nach einem Papier suchte, vielleicht einer Kopie seiner Bilanz, die er Jakob-Jossi zeigen wollte und die ihm – gelobt sei Gott! – beweisen würde, daß seine Geschäfte geordnet seien, daß seine Position nichts zu wünschen übrig lasse, daß es für ihn, wären da nicht die schwierigen Zeiten, keinerlei Anlaß gäbe, als Bittsteller aufzutreten; was immer es war, Mosche begann in den Taschen zu kramen, erst in der Brusttasche, dann in den Hosentaschen, in die er nie etwas hineinsteckte; er stand sogar von seinem Stuhl auf, um nachzusehen, ob er nicht dort hatte liegen lassen, was er suchte.

Er verlor schnell die Fassung, als er bemerkte, daß Jakob-Jossi ihn schon von Beginn ihrer Begegnung an mit einem Anflug von demütigendem Mitleid betrachtete, als wäre Mosche ein Mann, der seine Würde wahren und nicht verraten will, wie es um ihn steht, und der, als ihm dies nicht gelingt, noch mehr aus der Fassung gerät und sich kaum noch zu beherrschen weiß.

Mosche Maschbers Verwirrung wurde schon bald offenkundig, als er Jakob-Jossi stotternd darzulegen begann, warum er gekommen sei.

Er sei gekommen, um für sehr kurze Zeit eine bestimmte Summe zu erbitten, falls dies möglich sei, bis seine Geschäfte bessergingen und er in der Lage sei, neben seiner alten Schuld auch die neue zu begleichen, die er jetzt vereinbaren wolle. Er sei dessen sicher. Es gebe keinen Zweifel . . . Ja, er wolle noch hinzufügen, daß er jetzt nicht vom Zinssatz spreche . . . Darüber wolle er gar nicht reden . . . Der Zinssatz sei kein Hinderungsgrund, und das bedeute, daß er zahlen werde, was Jakob-Jossi verlange, falls er einverstanden sei und das Geschäft ihn interessiere . . .

644

Natürlich hatte Mosche Maschber eine kapitale Dummheit begangen, als er erklärte, über den Zinssatz wolle er nicht diskutieren. Das sind Dinge, die einem seriösen Kaufmann nicht unterlaufen dürfen, schon gar nicht, wenn man es mit einem so ausgekochten Mann wie Jakob-Jossi zu tun hat. Denn wie jedermann weiß, wird der, der geschäftlich tatsächlich auf der Höhe ist und den nirgends der Schuh drückt, niemals einverstanden sein, einen höheren als den üblichen Zinssatz zu zahlen ... Man lockt die Hunde nicht mit Würstchen an, und wenn man nicht gerade ein Gauner ist oder kurz vor dem Bankrott steht, feilscht man und handelt, man bleibt hart, denn wenn man sich hier nicht handelseinig wird, findet man schon einen anderen, der einem die Summe vorstreckt.

»Nein, hier geht es nicht um den Zinssatz, sondern um die Darlehenssumme ...« unterbrach Jakob-Jossi sein Gegenüber mitten im Satz mit einer beiläufigen Bemerkung.

»Um die Darlehenssumme? Natürlich um die Darlehenssumme! Worum denn sonst? Zweifeln Sie etwa an mir, Jakob-Jossi? Immerhin unterhalten wir seit langer Zeit Geschäftsbeziehungen miteinander. Wissen Sie denn nicht, daß ich bis jetzt – gelobt sei Gott! – noch mit niemandem Schwierigkeiten hatte?«

»Nein«, unterbrach ihn Jakob-Jossi erneut. »Ich versichere Ihnen, daß ich mir nichts Böses gedacht habe und keinerlei Zweifel hege. Ich denke nur, daß der Zinssatz keinerlei Rolle spielt und daß selbst ein Mann von untadeligem Ruf keine Sicherheit bietet. Selbst ein Mann, dem man bisher von allen Seiten Geld angetragen hat, dem man vertraut, ja, den man geradezu angefleht hat, Geld anzunehmen, dessen Wechsel wie Bargeld zirkulierten, muß jetzt erleben, daß der Geldstrom versiegt. Geld ist zu teuer geworden, man gibt es nicht mehr aus der Hand, man gibt keinen Kredit mehr, denn das ist zu unsicher geworden.«

»Was sagen Sie da, Reb Jakob-Jossi?« fragte Mosche Maschber erstaunt und sprang nervös von seinem Stuhl auf.

»Damit habe ich natürlich nicht Sie gemeint. Es geht um die Lage ganz allgemein ... Und was mich selbst betrifft, stecke ich ebenfalls in der Klemme. Ich mache keine Geschäfte mehr. Und wenn es ausnahmsweise einmal dazu kommt, dann nur unter einer Bedingung: Daß man mir gute Sicherheiten bietet.«

»Welche etwa?« fragte Mosche Maschber, der trotz seiner Verwirrung begriffen hatte, worauf der andere hinauswollte.

»Ich muß wissen, wofür das Darlehen verwendet wird und wem es dient.«

»Was wollen Sie damit sagen?«

»Das soll folgendes heißen: Wenn das Darlehen dazu bestimmt ist, dem Kreditnehmer zu helfen, ohne daß der Darlehensgeber davon einen Nachteil hat, ist das eine Sache. Wenn nicht, muß der Kreditgeber, vor allem in der jetzigen Zeit, geistesgestört sein. Sie wissen sehr wohl, Mosche Maschber, daß es Kredite gibt, die in einem Faß ohne Boden verschwinden: Das Loch ist zu groß, um gestopft werden zu können . . . Damit ist weder dem einen noch dem anderen gedient.«

»Und welche Sicherheiten stellen sie sich vor?«

»Ich möchte mich vor allem mit Ihren Geschäften vertraut machen, um selbst beurteilen zu können, wieviel der Eigentümer investiert hat und wie tief er in den roten Zahlen steckt. Und falls die Sache lohnend erscheint, könnte ich bei Ihnen als Partner eintreten.«

»Nein, das nicht!« rief Mosche Maschber erschrocken aus. Dieser Vorschlag hatte ihn in die Wirklichkeit zurückgeholt.

»Und warum nicht?«

»Die Partnerschaft . . . Ein Mann ist Partner seiner Frau und seiner Kinder, letztlich wohl auch mit Gott verbunden, aber mit niemandem sonst. Nein, das kommt nicht in Frage.«

»Also gut, dann lassen wir es«, erwiderte Jakob-Jossi. Beide Männer standen auf. Damit war die Verhandlung beendet, bevor sie überhaupt begonnen hatte . . .

Tsali Derbaremdiker war ein Grobian, der einen üblen Ruf genoß, weil er mit kleinen Leuten, die sich gegen enorme Zinsen bei ihm kleine Summen liehen, bedenkenlos umsprang; und da er überdies in allen Dingen, die nichts mit Geld zu tun hatten, ein total ungebildeter Mann war, der kaum zwischen einem A und einem O unterscheiden konnte, hatte er zu Häusern wie etwa dem Jakob-Jossis noch nie Zugang gehabt. Im Gegenteil: Wenn es um finanzielle Transaktionen ging, um Kurse, Papiere, Zinssätze oder Aktien, empfing man ihn zwar im Büro, aber im Haus Jakob-Jossis war er noch nie erschienen, da er sich seiner Mittelmäßigkeit bewußt war.

Wenn er sich also an einem schönen Morgen, nur wenige Stunden nach dem Besuch Mosche Maschbers bei Jakob-Jossi, trotzdem erlaubte, die Schwelle dieses Hauses zu übertreten, muß man davon ausgehen, daß ihn ein Ereignis von höchster Dringlichkeit dazu getrieben hatte.

Wie immer um diese Stunde trug Jakob-Jossi seinen Morgenrock aus blauem Flanell, der leicht geöffnet und dessen Gürtel gelöst war. Er saß in seinem Eßzimmer, das so groß war wie ein Feld. Dieses Eßzimmer war auch eine seiner Launen gewesen. Er hatte es zunächst auf dem Papier entworfen, und dann, während des Baus, hatte er den Raum immer wieder nach allen Richtungen abgeschritten, hatte nachgemessen und den Maurern erklärt, was ihm vorschwebte. Die anderen Zimmer hatten nichts Ungewöhnliches an sich, aber das Eßzimmer sollte nach seinem Willen einzigartig und nur für ihn, seine Gäste und Festlichkeiten dasein. Und passend zu den Ausmaßen des Zimmers bestellte er bei seinem Tischler einen Eichentisch, der an normalen Tagen an den Kopfenden zehn bis zwölf Personen und an den Längsseiten dreißig Menschen Platz bot, während man ihn für eine Festlichkeit fast auf das Doppelte verlängern konnte.

Jakob-Jossi saß an diesem Tisch, an dem man rufen mußte, um am anderen Ende gehört zu werden. Vor ihm stand ein kochender Samowar, einer von dreien, die man zu verschiedenen Zeiten benutzte. Der eine war aus Messing und von der Größe, wie man sie auf Bahnhöfen findet; den gebrauchte man täglich. Der zweite, gleich groß und ebenfalls aus Messing, war dem Passah-Fest vorbehalten, und ein dritter, etwas kleiner und aus Silber, wurde nur bei besonderen Anlässen verwendet, um Glühwein zuzubereiten.

Er war allein, denn seine Familie pflegte spät aufzustehen. Man brachte ihnen das Frühstück meist auf Tabletts in ihre jeweiligen Wohnungen. Jeder hatte eine Teekanne für sich. Außer Jakob-Jossi hielt sich nur noch sein Diener im Eßzimmer auf, um ihm seine Tabakdose oder seinen Tee zu reichen, einen Schemel unter die Füße zu schieben, oder zu anderen Dienstleistungen.

Als sich Tsali Derbaremdiker anschickte, Jakob-Jossis Haus zu betreten, war ihm unbehaglich zumute. Er blieb einen Augenblick vor der Tür stehen und warf einen prüfenden Blick auf seine Kleidung und seine Schuhe. Er räusperte sich sogar, ehe er die Tür öffnete.

Er zögerte auch jetzt noch, so wie er lange gezögert hatte, bevor er sich zu diesem Gang entschloß. Aber es war nötig, eine Entscheidung zu treffen.

Worum ging es?

Tsali waren Gerüchte zu Ohren gekommen, denen zufolge Mosche Maschber seit einiger Zeit insgeheim damit begonnen hatte, alle seine Geschäfte auf die Namen seiner Kinder und Verwandten zu überschreiben ...

Man wußte noch nicht genau, ob dies auch zutraf, aber für einen Tsali genügte schon das Gerücht. Es brachte ihn völlig durcheinander und ließ ihn fast aus der Haut fahren.

Urteilen Sie selbst: Er, Tsali, der von jedem Bankrott profitierte, selbst wenn er nichts damit zu tun hatte, war dermaßen hereingelegt und hinters Licht geführt worden, daß er nicht nur keine Zeit gehabt hatte, das Geld der kleinen Leute zu retten, die er überredet hatte, es Mosche Maschber anzuvertrauen, sondern zudem riskierte, auch sein eigenes Geld zu verlieren. Er war in eine Falle geraten, aus der er sich nicht befreien konnte.

»Puuh!« sagte er sich und stieß einen Strom von Flüchen aus. »Das ist etwas für andere, aber nicht für mich, Tsali. Seit ich auf der Welt bin, ist mir so etwas nicht passiert. So etwas hätte mir auch nicht passieren dürfen.«

Sein Zorn raubte ihm den Schlaf. Er blieb ganze Nächte wach, ohne ein Auge zuzutun, stöhnte oft leise vor sich hin, als wäre er plötzlich gebissen worden.

»Was ist los? Was hast du?« fragte ihn besorgt seine Frau. Die Geräusche hatten sie aus dem Schlaf gerissen. »Hat jemand geläutet? Feuer?«

»Was für ein Feuer? Es gibt kein Feuer!«

»Warum schreist du dann so?«

»*Ich* glühe.«

»Wie? Was?«

»Schlaf weiter, es hat nichts mit dir zu tun und geht dich nichts an«, sagte Tsali, der seine Frau nicht nur beruhigen, sondern auch davon abhalten wollte, sich in seine Angelegenheiten einzumischen. Danach blieb er auch weiterhin wach, halb liegend, halb sitzend, und von Zeit zu Zeit entfuhr seiner Kehle ein heiserer Schrei.

So war es nachts. Am Tage sah er alles schwarz in schwarz, hielt den Mund hartnäckig verschlossen und hütete sich sogar, mit seinen Kollegen wie etwa Scholem Schmarjon über die Angelegenheit zu sprechen, denn er hatte Angst, sich ihnen anzuvertrauen. Nach langem Überlegen faßte er sich schließlich ein Herz und machte sich auf den Weg zu Jakob-Jossi, um ihn um Rat zu bitten.

Tsali wollte zunächst herausfinden, ob Jakob-Jossi von den Gerüchten gehört hatte; zweitens, ob er ihnen Glauben schenkte, falls sie ihm zu Ohren gekommen waren. Und drittens, wenn ja, was er denn darüber dachte. Wäre es besser, wenn Mosche Maschber *sich selbst* für bankrott erklärte, und zwar zu einem ihm genehmen Zeitpunkt, oder sollte man ihm zuvorkommen und ihn *zwingen*, sich in einem für die Gläubiger günstigen Moment für zahlungsunfähig zu erklären? In beiden Fällen gab es genug Mittel und Wege, dem nichtsahnenden Mosche den Gnadenstoß zu versetzen.

»Guten Tag«, sagte Tsali, als er schließlich das berühmte Eßzimmer betrat, in dem Jakob-Jossi am Kopfende des Tisches vor dem Samowar thronte. Es ist wahrscheinlich, daß er sein »Guten Tag« wiederholen mußte. Beim erstenmal war es vielleicht mit viel Ehrerbietung gesprochen worden, als er die Schwelle betrat; aber vielleicht hatte Jakob-Jossi ihn nicht gehört, denn das Zimmer war so groß und das Kopfende des Tisches so weit entfernt, und der Platz, an dem Jakob-Jossi saß, war fast außer Rufweite. Das zweite Mal grüßte er dann, als er sich Jakob-Jossi schon genähert hatte.

»Guten Tag«, erwiderte Jakob-Jossi, der mit seinem Tee und einem alten Buch beschäftigt war, das vor ihm lag und in dem er blätterte. »Was haben Sie mir so früh am Morgen zu sagen?« Dann wandte er sich an seinen Diener, einen halbblinden Tolpatsch, der die rechte Körperseite zur linken neigte wie ein gekrümmtes Joch. »Schepsl! Gieß uns Tee ein, Schepsl.«

»Nein danke . . . Ich hab schon Tee getrunken . . .« lehnte Tsali, den Jakob-Jossis Haus einschüchterte, höflich ab. »Ich bin in Geschäften gekommen . . .« fuhr er danach fort und warf dem Diener einen argwöhnischen Blick zu. »Ich hatte an ein Gespräch unter vier Augen gedacht, falls Sie einverstanden sind.« Er wollte herausfinden, ob Jakob-Jossi seinem Diener vertraute oder ob man sich in dessen Gegenwart in acht nehmen mußte.

»Nein«, bemerkte Jakob-Jossi beiläufig, der sofort erriet, was in Tsali vorging. Er wandte sich verächtlich von seinem Diener ab, als wäre dieser ein stummes Tier, vor dem man ohne jede Furcht alles sagen konnte.

»Ich wollte Sie fragen«, sagte Tsali, diesmal ohne Besorgnis, »ob Sie mir vielleicht die Schuldscheine eines Ihrer Schuldner verkaufen würden, der sich in einer unangenehmen Lage befindet und von dem es heißt, er könne jeden Tag zahlungsunfähig werden . . . Natürlich«, fügte er hinzu, »müßten die Schuldscheine angesichts des Risikos mit einem erheblichen Abschlag auf den Nennwert verkauft werden.«

»Und wer ist dieser Schulder, und wer ist bereit, die Schuldscheine zu kaufen?«

»Der Schuldner ist Mosche Maschber, und der Käufer wäre ich.«

»Und aus welchem Grund würden Sie das tun?«

»Was meinen Sie damit: Aus welchem Grund? Um ein Geschäft zu machen! Über Mosche Maschber sind sehr schlechte Gerüchte im Umlauf . . .«

»Und? Wo liegt da das Geschäft?«

»Ich bin bereit, das Risiko einzugehen.«

»Was wollen Sie damit sagen?«

»Damit will ich folgendes sagen: Wenn sich herausstellt, daß die Gerüchte unbegründet sind, werde ich die Differenz zwischen dem Nominalwert der Schuldscheine und dem verdienen, was ich bezahlt habe . . . Wenn sich die Gerüchte aber als wahr erweisen sollten, gehe ich dabei wie immer im Geschäftsleben ein ganz normales Risiko ein wie etwa beim Kartenspiel.«

»Ja«, erwiderte Jakob-Jossi, »aber wie kommen Sie darauf, daß ich weniger risikobereit sein könnte als Sie?«

»Natürlich sind Sie das. Natürlich können Sie das . . . Ich habe mir nur gedacht, daß dieses Geschäft Sie nicht interessieren würde . . . Vielleicht ist es nichts für Sie. Vielleicht wollen Sie lieber sichergehen und sich nicht mit einem Mann verbinden, von dem man schon sagt, daß er seine Geschäfte insgeheim auf andere überschrieben und Vorsichtsmaßnahmen ergriffen hat, damit seine Gläubiger bei seinem Bankrott kein Haar und keinen Faden mehr bekommen.«

»Ach, tatsächlich, das erzählt man sich?« fragte Jakob-Jossi verblüfft und erhob sich unruhig von seinem Sitz. »Tatsächlich?« Man sah ihm an, daß diese Neuigkeit über Mosche Maschber seine frühmorgendliche Heiterkeit verjagt und ihn sogar vom Stuhl gerissen hatte.

»Schepsl!« befahl er plötzlich seinem Dummkopf von Diener, der schläfrig und geistesabwesend dastand und den die Unterhaltung zwischen Jakob-Jossi und Tsali nicht mehr interessierte als das Summen von Fliegen. »Schepsl«, sagte Jakob-Jossi, auf sein halbleeres Glas mit dem schon kalt gewordenen Tee weisend. »Gieß nach . . . Und wärm mir den da wieder auf . . .«

Wahrscheinlich kannte Jakob-Jossi schon einen großen Teil dessen, was Tsali ihm erzählt hatte. Er hatte es sich gewiß schon zusammenreimen können, nachdem Mosche Maschber ihn verlassen hatte. Vermutlich war er zu dem Schluß gelangt: Ja, er steht kurz vor dem Ende . . . Aber da gab es auch ein paar unbekannte Dinge: Daß Mosche Maschber zu unredlichen Mitteln gegriffen haben sollte, um seine Gläubiger zu täuschen und um ihr Geld zu bringen, das hatte er nicht gewußt. Das erschütterte ihn und raubte ihm sein inneres Gleichgewicht. Er mußte aufstehen und ein paar Schritte am Kopfende des Tisches entlanggehen, neben dem Ehrenplatz. Und diese Nachricht veranlaßte ihn auch, seinen Diener Schepsl anzuweisen, ihm Tee nachzuschenken und das Glas zu füllen, obwohl er in Wahrheit keinen Gedanken an den Tee verschwendete, sondern nur an das, was sein Blut in Wallung gebracht hatte und ihn die folgenden Worte äußern ließ, die aber mehr an ihn selbst als an Tsali gerichtet waren:

»Nein«, sagte er, »der Bursche irrt sich, wenn er glaubt, sich mit solchen Kniffen aus der Affäre zu ziehen und dann noch als ehrlicher Mann gelten zu können ... Nein, wenn man sich gütlich einigt ... Wenn ein Schuldner in Schwierigkeiten ist und einen bittet, ihn nicht zu unbarmherzig zu behandeln, ihm nicht seine gesellschaftliche Stellung zu nehmen – dann ist das eine gute Tat, und man tut es freiwillig. Aber so zu handeln! Diese Gaunerei, dieses hinterhältige Vorgehen, dieser Versuch, noch das Letzte herauszuholen – dafür gibt es ein Gesetz, einen rabbinischen Richter und letztlich auch ein staatliches Gericht. Ich habe derlei schon erlebt und weiß, was ich in einem solchen Fall zu tun habe ... Nein.«

»Ja«, unterbrach Tsali, »aber wie kann man das vor Gericht beweisen? Wie soll man beweisen, daß die Schuldscheine, die ohne jedes Recht auf die Namen derer ausgestellt sind, denen er all seine Geschäfte überschrieben hat, nicht älter sind als die seiner anderen Gläubiger, wie er behaupten wird? Wie kann man beweisen, daß es diese zurückdatierten Schuldscheine gar nicht gibt und daß diese ganze Überschreibung der Habe nichts weiter ist als ein schmutziger Trick und ein Schwindel?«

»Wie man das anstellen soll?« entgegnete Jakob-Jossi. »Das weiß ich sehr wohl. So was ist schon mehr als einmal vorgekommen. Mosche Maschber wäre nicht der erste, mit dem es ein böses Ende nimmt und der schließlich beim Zaren Kost und Logis erhält ...«

»Ah!« Tsali pfiff durch die Zähne. Er war höchst zufrieden zu sehen, daß Jakob-Jossi großes Interesse an der Angelegenheit nahm und bereit war, sich dem geplanten Vorgehen Mosche Maschbers mit aller Macht zu widersetzen – und er verfügte über große Macht. Tsali fuhr fort: »Sie sind also der Meinung, daß man es beweisen kann . . . Wenn das so ist, möchte ich Ihnen noch eine Frage stellen: Glauben Sie, daß man noch abwarten sollte, falls Mosche es sich noch mal überlegt und auf den Plan verzichtet, den er sich vielleicht zurechtgelegt hat, vielleicht aber auch nicht, wer weiß das schon . . . Genügen denn einfache Gerüchte, um den Gläubigern ein solches Vorgehen zu ermöglichen? Ich frage mich, ob es nicht gegen das Gesetz und mit kaufmännischen Grundsätzen unvereinbar ist, jemanden in den Bankrott zu treiben, bevor er sich selbst für zahlungsunfähig erklärt, und ihn an dem zu hindern, was Männer in dieser Lage oft tun, um den Schaden von sich auf andere abzuwälzen, wie Sie vorhin sagten? Nun? Was meinen Sie?«

»Natürlich ist das nicht gegen das Gesetz! Natürlich ist es mit kaufmännischen Usancen vereinbar! Natürlich kann man das und hat auch das Recht dazu, denn es steht nirgends geschrieben, daß du dich als erster beugen sollst, wenn jemand mit dir Streit sucht . . . Im Gegenteil: ›Wenn jemand dich töten will, töte ihn zuerst.‹ So steht es geschrieben. Und in diesem Fall gibt es keinen Grund, Mitleid zu haben. Im Gegenteil, das größte Mitgefühl, das man ihm erweisen kann, besteht darin, *kein* Mitleid mit ihm zu zeigen. Es spielt keine große Rolle«, erläuterte er seine letzten Worte, »daß es nur ein Gerücht ist. Denn hört man nämlich die Glocken läuten, ist es meist schon zu spät . . . Und es ist nicht ausgeschlossen, daß Mosche selbst dieses Gerücht in Umlauf gebracht hat, um sein schlechtes Gewissen zu erleichtern und sich sagen zu können: Warum soll ich tatsächlich nicht betrügen, wenn mein Ruf ohnehin in Gefahr und mein Name befleckt ist, wenn man mich für fähig hält, solche Gaunereien zu begehen . . . Wenn die Gläubiger das, was getan werden muß, zur rechten Zeit tun, wenn sie dem Schuldner zuvorkommen und ihn daran hindern, sein übles Vorhaben in die Tat umzusetzen, retten sie

erstens sich selbst, vor allem aber auch den anderen, den Betroffenen, bevor sich alles gegen ihn wendet. So geschieht dies also
nur zu seinem eigenen Besten . . .«

»Ja, so ist es!« Tsali erfaßte Jakob-Jossis brillanten Einfall
sofort: Daß man ein gutes Werk vollbrachte und dem anderen
sogar einen Gefallen erwies, indem man ihn in den Abgrund stieß
und so verhinderte, daß er selbst sprang. »In der Tat . . .«

»Ja, es ist sowohl nach den Gesetzen Israels wie denen des
Staates erlaubt; man muß es tun, und gerecht ist es auch«, sagte
Jakob-Jossi mit fester Stimme, zufrieden, für etwas eine Rechtfertigung gefunden zu haben, was auf den ersten Blick als böse Tat
an der Grenze zum Verbrechen erscheinen mochte . . .

Er war sogar so zufrieden, daß er aufhörte, am Kopfende des
Tisches auf und ab zu gehen. Als er sich wieder setzte und sein
inzwischen aufgefülltes und aufgewärmtes Teeglas in die Hand
nahm, das ihm sein Diener Schepsl hingestellt hatte, sagte er
mehr zu sich selbst als zu Tsali:

»Natürlich kann man es tun . . . Nach übereinstimmender
Meinung.«

Keiner der beiden, weder Tsali noch Jakob-Jossi, dachte jetzt
mehr an die Schuldscheine; der erste hatte keinerlei Absicht, sie
zu erstehen, und der zweite dachte nicht daran, sie zu verkaufen.
Beide waren zufrieden: Jakob-Jossi, weil er, ohne einen Finger zu
rühren, eine wichtige Information erhalten hatte; so war er auf
dem laufenden und brauchte nicht untätig zu bleiben, und zweitens, falls die Nachricht sich als zutreffend erwies, konnte er nun
die notwendigen Maßnahmen ergreifen. Tsali wiederum war zufrieden, weil er als gekränkter und sorgenvoller Mann hergekommen war, der nicht wußte, wie er gegen die Person vorgehen
sollte, die seine langjährige Erfahrung als Wucherer getäuscht
hatte. Tsali hatte nicht mehr gewußt, ob seine Machenschaften
sinnvoll sein würden. Aber jetzt, da er sich der Zustimmung
Jakob-Jossis sicher war, fühlte er sich Seite an Seite mit einem
Mann vom Format Jakob-Jossis, der ihm – in welcher Form auch
immer – sein Einverständnis gegeben und seine Unterstützung
angeboten hatte, was einen sicheren Erfolg versprach.

Jakob-Jossi hatte unterdessen wieder seinen Platz am Tisch eingenommen und wollte mit dem fortfahren, was er vor Tsalis Ankunft getan hatte – er wollte seinen Tee trinken und weiter in seinem Buch blättern. Damit gab er Tsali zu verstehen, daß die Unterhaltung beendet und es für ihn Zeit war, sich aus dem Staub zu machen. Tsali hatte begriffen: Er stand auf, verabschiedete sich und verließ das Zimmer. Aber in diesem Moment ging die Tür auf und ließ einen zweiten schweigenden Besucher ein. Es war Sruli Gol.

Es war lange her, daß Sruli das Haus eines reichen Mannes besucht hatte. Seit Beginn seiner Freundschaft mit Lusi hatte er bei keinem mehr die Schwelle übertreten. Und wenn er es jetzt tat, mußte es einen zwingenden Grund geben.

Sruli kannte Jakob-Jossis Macht in der Stadt; er wußte auch um dessen mächtige Hand, die in geschäftlichen Dingen schwer wog und Angst und Schrecken verbreiten konnte; Sruli wußte auch, daß Jakob-Jossi einer von denen war, denen Mosche Maschber viel Geld schuldete, und wollte in Erfahrung bringen, wie sich Jakob-Jossi als Betroffener verhalten würde: Ob er Mosche sofort vernichten oder abwarten und anderen das gleiche raten würde?

Als Sruli die Tür zu Jakob-Jossis Eßzimmer öffnete, verweilte er einen Augenblick auf der Schwelle, als zögerte er, plötzlich von Zweifeln befallen. Dann entschied er sich und trat mit einem langen Schritt ein, wie er es immer bei Leuten machte, bei denen er nicht sehr willkommen war. Sein langer Schritt sollte erkennen lassen, daß es ihm nicht um das Vergnügen oder das Mißvergnügen anderer zu tun war, sondern daß er nur seiner Eingebung folgte.

Wie gewohnt trat er an den Tisch, ohne guten Tag zu sagen, und bevor der Hausherr Jakob-Jossi und dessen Gast Tsali, der gerade gehen wollte, überhaupt begriffen, was geschah, ging Sruli zum Samowar und goß sich eine Tasse Tee ein, ohne abzuwarten, daß man ihm eine anbot.

Er sprach kein Wort. Obgleich er die beiden Männer gar nicht zu beachten schien, behielt er sie doch unter seinem in die Stirn gezogenen Mützenschirm aufmerksam im Auge. Sein Gespür sagte ihm, daß diese beiden Spitzbuben soeben etwas ausgekocht hatten, was beide sehr zufrieden stimmte.

»Ah, wir haben Besuch«, sagte Jakob-Jossi beim Anblick Srulis ironisch, als wollte er ihm beweisen, wie wenig Interesse und Wertschätzung er ihm entgegenbrachte.

»Sie hab ich aber lange nicht mehr gesehen«, fügte er hinzu, da Sruli seine ersten Worte nicht gehört zu haben schien oder nur so tat.

»Warum gleich wütend werden?« hob Jakob-Jossi zum drittenmal an, als er sah, daß sich Sruli immer noch taub stellte.

»Na, und wenn schon? Das wird einem reichen Mann kaum die Verdauung verderben, oder?«

»O nein, durchaus nicht«, erwiderte Jakob-Jossi mit einem breiten Lächeln, zufrieden, weil es ihm gelungen war, den mürrischen Sruli aus dem Gleichgewicht zu bringen. Er war bester Laune und wollte fortfahren:

»Trotzdem, wozu dieser Zorn?«

»Ich bin auf niemanden zornig, nur auf mich selbst«, murmelte Sruli widerwillig aus dem Mundwinkel.

»Warum?«

»Ich wäre um ein Haar ein reicher Mann geworden, aber da hat es jemand gesehen und ist dazwischen getreten.«

»Wer denn?«

»Er!« sagte Sruli und hob die Hand zum Himmel. »Gott. Er, der seine Zeit damit verbringt, hinunterzublicken und zu sehen; wenn ein Mann wie Jakob-Jossi Geld hat, bitte, soll er es behalten, möge das Geld fruchtbar sein und sich mehren ... Aber wenn es sich bei einem Sruli befindet, dann pfui! Möge es den Weg gehen, auf dem es gekommen ist, von einem reichen Mann zum nächsten.«

»Was wollen Sie damit sagen?« fragte Jakob-Jossi.

»Hier ist mein Zeuge«, sagte Sruli, auf Tsali weisend.

»Was sagen Sie da: Sie haben Geld gehabt?«

»Das hat er«, bestätigte Tsali.

»Ja«, sagte jetzt auch Jakob-Jossi mit einem Lächeln. »Ich habe auch schon etwas von Geld läuten hören . . .«

»Und ich habe es bei einem vertrauenswürdigen Mann deponiert?« fuhr Sruli fort, immer noch an Tsali gewandt, ohne dabei Jakob-Jossi anzusehen.

»Ja«, bestätigte Tsali nochmals.

»Bei Mosche Maschber?«

»Das stimmt«, bestätigte Tsali.

»Und jetzt, wo Mosche Maschber im Eimer ist, sollen auch alle anderen, die ihm vertraut haben, den gleichen Weg gehen, ist das so?«

»Das stimmt«, sagte Tsali, bremste sich aber noch rechtzeitig und warf einen Blick auf Jakob-Jossi, um zu sehen, ob es richtig gewesen war, Sruli etwas von dem anzuvertrauen, worüber sie vorhin unter vier Augen gesprochen hatten.

»Wenn das so ist«, sagte Jakob-Jossi, »haben Sie allen Grund, wütend zu sein, denn man hat Sie hereingelegt.«

»Hereingelegt, sagten Sie?« erkundigte sich Sruli.

»Ja.«

»Und was raten Sie mir zu tun?«

»Sie können gar nichts tun, es sei denn . . .« sagte Jakob-Jossi, als wollte er Sruli mit einem Scherz trösten.

»Es sei denn was?« fragte Sruli.

»Es sei denn, daß Mosche Maschber die Güte gehabt hat, Ihnen seinen Petroleum- und Ölhandel zu überschreiben, sein Kreditbüro oder sein Haus, das er in den fetten Jahren gekauft hat.«

»Wenn er das getan hätte, wäre ich demzufolge also fein heraus?«

»Ja.«

»Nun gut: Das hat er tatsächlich getan . . .«

Sruli griff in eine Brusttasche und zog ein gestempeltes, doppelt gefaltetes Papier heraus. »Da, bitte.« Er faltete es auseinander und zeigte Jakob-Jossi und Tsali sofort den vorschriftsmäßig geschriebenen, unterzeichneten, gestempelten und registrierten Text. Als Jakob-Jossi und Tsali dieses Dokument sahen, waren ihre Zweifel verflogen; was sie befürchtet hatten, war eine Tatsache.

Warum hatte Sruli dieses Dokument hervorgeholt, das er meist vor den Blicken aller verborgen hielt? Das ist etwas unklar. Wollte er Jakob-Jossi für dessen verächtliches Verhalten mit gleicher Münze heimzahlen oder seinen Zorn erregen? Glaubte er ernsthaft, daß Jakob-Jossi und Tsali darauf verzichten würden, Mosche in den Konkurs zu treiben, und statt dessen alles daran setzen, um diesen Sturz zu vermeiden, weil sie sich selbst schon genug geschadet hatten und alles verlieren würden, was sie bei Mosche investiert hatten – und dies aus dem einzigen Grund, weil sie sich jetzt hatten überzeugen können, daß Mosche Maschber sie hereingelegt hatte, indem er ihnen zuvorgekommen war und alle Vorkehrungen getroffen hatte, damit seine Gläubiger nach seiner Bankrotterklärung nicht an sein Vermögen herankamen?

Wir können nur wiederholen, daß wir nicht wissen, warum Sruli ihnen die Verkaufsurkunde gezeigt hatte. Als Jakob-Jossi und Tsali sie sahen, verlor der erste seinen scherzhaften Ton, und der zweite war sprachlos, unfähig, auch nur ein Wort zu äußern. Sie wechselten zunächst einen Blick und starrten dann schweigend Sruli an.

»Warum starren Sie mich so an?« fragte Sruli ironisch und mit boshafter Freude. »Was ist los? Es paßt Ihnen wohl nicht, daß ich ein reicher Mann bin? Oder halten Sie die Urkunde etwa für unecht und die Unterschrift für gefälscht? Wenn das so ist, zeige ich sie Ihnen gern noch einmal ... Oder sind Sie vielleicht der Meinung, ein anderer hätte mir zuvorkommen und sich die Urkunde *vor* mir sichern sollen? Oder sind Sie vielleicht der Ansicht, so etwas schicke sich nicht, und wenn Ihnen einer diesen Vorschlag gemacht hätte, daß Sie nichts davon hätten wissen wollen, daß Sie Ihre koscheren Hände in Unschuld gewaschen und sie an Ihren koscheren Rockschößen abgewischt hätten? He?«

»Ja, so ist es.« Jakob-Jossi schob energisch den Stuhl zur Seite, auf den er sich nach der Unterhaltung mit Tsali gesetzt hatte. Er wandte sich an Tsali, ohne Sruli eines Blickes zu würdigen, als hätte er vergessen, daß dieser vor dem Tisch neben ihm stand.

»Vergessen Sie nicht, Tsali«, sagte Jakob-Jossi, durch Sruli hindurchstarrend, als hätte dieser nicht verdient, daß seine Worte dessen Ohr erreichten. »Merken Sie sich eins: Von nun an wird Mosche Maschber nicht mehr der einzige sein, der sich dafür zu verantworten hat, auch der hier wird sich verantworten müssen.« Damit wandte sich Jakob-Jossi plötzlich zu Sruli um und zeigte mit dem Finger auf ihn: »Das ist doch alles eine abgekartete Sache; das ist doch einfach kindisch! Woher hat denn *der da* Geld?« fuhr Jakob-Jossi fort, noch immer mit dem Zeigefinger auf Sruli weisend, ohne seinen Namen zu nennen. »Hat er es etwa geerbt? Von wem? Es ist doch sonnenklar, daß die ganze Geschichte von Anfang bis Ende erfunden ist. Daß *der eine* nichts zu geben und *der andere* nichts zu nehmen hat . . . Es ist alles nichts als Lug und Trug, und gewiß hat da auch dieser famose Bruder Mosche Maschbers seine Hand im Spiel, dieser Anhänger von Schabbatai Zvi[1], aber auch alle anderen, die dieser Schule angehören, und auch der da« – er zeigte nochmals auf Sruli –, »man sollte ihn schütteln und nachsehen, ob er Geld hat, und wenn er welches hat, sollte man in Erfahrung bringen, woher er es hat. Entweder gehört es ihm gar nicht, oder er hat es auf unredliche Weise verdient . . .«

»Sachte, sachte!« unterbrach Sruli Jakob-Jossi mitten in dessen Redeschwall. »Sie!« rief er aus, zuerst auf Tsali, dann auf Jakob-Jossi weisend. »Sie sprechen von Redlichkeit und Unredlichkeit, ausgerechnet Sie!«

»Raus hier! Raus! Was will der hier?« schrie Jakob-Jossi entrüstet, als wollte er die Wände des Zimmers zu Zeugen für Srulis Unverschämtheit aufrufen, aber sie reagierten nicht, hatten nichts zu antworten und blieben stumm.

»Was will der hier?« wiederholte Jakob-Jossi, als ihm plötzlich sein Diener Schepsl einfiel. Er schrie ihn an: »Was stehst du

---

[1] Ein falscher Messias des siebzehnten Jahrhunderts, der zu seiner Zeit ungeheures Aufsehen erregte und am Ende zum Islam konvertierte.

da wie ein Idiot herum? Warum tust du nichts? Lauf los, such sie, bring sie her, ruf sie her«, schrie er, ohne sich an die Namen derer zu erinnern, die er herbeizuholen wünschte.

»Hol den Kutscher ... den Schutzmann ...« erinnerte er sich, und um ein Haar hätte er noch hinzugefügt: »Hol den Polizeichef ... den Gouverneur ...«

»Legt ihn in Eisen! Werft ihn ins Gefängnis!« schrie er außer sich vor Wut, mit dem Finger auf Sruli zeigend. Man hätte meinen können, daß es in seiner Macht stand, Sruli mit diesem Finger in Asche oder in einen Knochenhaufen zu verwandeln.

»Nicht so laut! Was fällt Ihnen ein, so herumzubrüllen? Was ist mit Ihnen los? Hat man Ihnen etwa auf die Hühneraugen getreten?«

»Raus, ins Gefängnis mit ihm, nehmt ihn fest!« schrie Jakob-Jossi erneut.

»*Schalom*! Ich gehe freiwillig«, sagte Sruli und machte Anstalten aufzustehen, sich umzudrehen und zur Tür zu gehen, aber ... Kaum wollte er es tun, entdeckte er plötzlich einen Menschen, den während Jakob-Jossis Wutanfall keiner bemerkt hatte. Dieses Geschöpf hatte behutsam die Eßzimmertür geöffnet und war still eingetreten.

Es war eine Frau: Mosche Maschbers Frau Gitl. Als Sruli sie in der Tür entdeckte, wiederholte er fast unwillkürlich den Satz »nicht so laut«, der ihm noch auf den Lippen lag:

»Nicht so laut ... Mosche Maschbers Frau, Gitl.«

Die beiden anderen fuhren herum.

Ja, sie war es. Sie war gekleidet wie an einem Feiertag, trug ihren besten Pelzmantel, dessen Kragen, Ärmel und Saum mit kostbarem Zobel besetzt waren.

Sie trat schweigend ein; keiner hatte gehört, daß sie die Tür öffnete. Sie blieb schweigend stehen, platzte in diese hitzige Szene hinein, zu diesen Männern, die sie kaum kannte.

»Was wünschen Sie?«

»Ich komme in einer geschäftlichen Angelegenheit.«

»Sie?«

»Ja. Es mag Ihnen seltsam vorkommen, aber es stimmt. Ich

bin eine Frau und habe mich noch nie in die Angelegenheiten meines Mannes eingemischt. Niemand hat mich geschickt. Ich bin gekommen, um mich mit Ihnen über eine bestimmte Angelegenheit zu unterhalten. Ich weiß, daß selbst sehr tüchtige Frauen oder gar Geschäftsfrauen nur selten so etwas unternehmen . . .«

An dieser Stelle muß gesagt werden, daß Gitl diesen Gang zu Jakob-Jossi nicht in einem Übermaß von Mut angetreten hatte, wie es etwa bei einem Brand vorkommt, wenn die Kräfte eines Menschen sich verhundertfachen und er mehr Dinge aus dem Feuer reißt, als er tragen kann. Nein, sie handelte vielmehr wie ein Mensch, der sich in einem Zustand befindet, in dem es ihm gleichgültig ist, ob ihm Wasser oder Feuer aufs Haupt regnet . . . In dieser Hinsicht glich sie ihrem Mann Mosche Maschber, der äußerlich zwar noch derselbe war, dem man in Wahrheit aber schon einen anderen Namen hätte geben müssen . . .

Auch Gitl war zutiefst besorgt; immer wieder traten ihr Tränen in die Augen, kalte Tränen, die nicht von ihr zu stammen schienen, die wie von allein gekommen waren.

Gitl, die in den Augen aller Frauen der Stadt schon fromm genug war, wurde es nach dem tragischen Tod ihrer Tochter noch weit mehr. Nein, nicht frömmer, es war vielmehr so, daß sie nicht mehr zu dieser Welt zu gehören schien, die sie nichts mehr anging.

In jüngster Zeit erschien sie nur noch selten im Eßzimmer, und im Haushalt war ihre Hand kaum noch spürbar. Sie verließ sich ganz auf die ältere Magd, die ihr als einzige geblieben war. Diese mußte einkaufen und sich auch um alle anderen Angelegenheiten des Haushalts kümmern.

Gitl saß meist allein in ihrem Zimmer und las im »Teitsch Chumesch«[1], sogar mitten in der Woche . . . Sie las ein paar Zeilen, um dann über das Gelesene nachzudenken, zu versuchen, dessen Sinn zu begreifen, zu deuten, was sie gelesen hatte.

»Als die Kinder Israels auf Befehl Nebukadnezars aus dem

---

[1] Eine jiddische Übersetzung des Pentateuch für Frauen.

Land vertrieben wurden, gingen sie ihres Weges. Da entstieg Rachel ihrem Grab und betete zu Gott, und Gott erhörte ihr Gebet.«

Sie stellte sich die Juden vor, die in Ketten vor dem Grab unserer Mutter Rachel vorbeigetrieben wurden, dort stehenblieben und sich weigerten, weiterzugehen, damit sie ihrem Grab entstieg und für sie betete.

Sie stellte sich unsere Mutter Rachel vor, wie sie manchmal vor und manchmal hinter den Verbannten herging, wobei sie stets die Hände zum Himmel hob. Und nicht nur ihre Hände, auch sie selbst wurde größer, wuchs immer mehr in die Höhe, bis zum Himmel empor, und da erhob sich laut ihre Stimme, und sie beweinte ihre Kinder ...

Wovon Gitl am Tag gelesen hatte, träumte sie bei Nacht, etwa hiervon: Ihre tote Tochter entstieg ihrem Grab und erschien vor ihr, und Gitl fragte sie begierig, wie es ihr gehe. Und die andere klagte nicht, weinte nicht, aber da sie eine gute Tochter war und ihrer Familie treu ergeben, kam sie immer wieder zu Gitl, um ihr zu sagen:»Paß gut auf Papa auf, Mama, ich glaube, daß auch er verfolgt wird ...« Und Gitl fuhr dabei jedesmal verängstigt aus dem Schlaf und wurde gewahr, daß der im Ehebett neben ihr liegende Mosche auch keinen Schlaf fand. Oft hörte sie ihn zu sich selbst sprechen oder leise stöhnen.

So waren viele Nächte vergangen, und eines Abends hatte er ihr im Dunkeln, als er in seinem Bett lag, von seinem letzten Besuch bei Jakob-Jossi erzählt, den er auf den Rat ihres Schwiegersohns Nachum Lentscher unternommen habe: Wie er gekommen sei, wie der andere ihn empfangen, was er von ihm gefordert habe, und was das Ergebnis dieser Unterredung gewesen sei: Null.

Nach diesem Bericht hatte Gitl in jener Nacht kein Auge mehr zugetan. Mit größter Ungeduld sah sie dem Morgen entgegen. Sie wartete, bis alle aufgestanden waren, ihr Frühstück eingenommen und sich zerstreut hatten, jeder zu seiner Arbeit. Dann kehrte sie in ihr Zimmer zurück, wählte das Schönste aus, was sie besaß, die schönsten Stücke ihrer Garderobe, kleidete sich an, ging in die Stadt, ohne jemandem Bescheid zu sagen, und begab sich zum Haus Jakob-Jossi Eilbirtens.

Sie kam in einem ungünstigen Augenblick und war so gezwungen, der Szene beizuwohnen, die sich zwischen dem vor Zorn bebenden Jakob-Jossi, der sich durch die unehrerbietigen Antworten Srulis provoziert fühlte, und diesem abspielte, der es seinem Widersacher mit gleicher Münze heimzahlen wollte.

Es wäre gewiß nur natürlich gewesen, wenn Jakob-Jossi beim Anblick der Frau des Mannes, um den man eben noch so hitzig debattiert hatte, diese nicht hätte eintreten lassen, wenn er sie nicht hätte sehen wollen, ja, wenn er sie grob angefahren oder sogar hinausgejagt hätte, wie er es mit Sruli getan hatte.

Aber dazu kam es nicht. Es geschah – o Wunder – das genaue Gegenteil. Als Jakob-Jossi Srulis Ausruf hörte: »Nicht so laut, die Frau Mosche Maschbers, Gitl!«, handelte er keineswegs so, wie wir vermutet haben, sondern beruhigte sich sogleich und empfing sie ehrerbietig und höflich.

Soweit Jakob-Jossi . . . Was Gitl angeht, so widerfuhr auch ihr etwas gelinde gesagt Überraschendes: Statt außer Fassung zu geraten wie bei ihrem Aufbruch zu Hause, fühlte sie sich plötzlich hellwach, als wäre sie soeben nach einem leichten Sturz aufgestanden und hätte gerade den Staub abgeschüttelt, mit dem sie kaum in Berührung gekommen war . . .

Von der Tür des riesigen Eßzimmers bis zum Ehrenplatz am Tisch, den Jakob-Jossi einnahm, mußte sie zahlreiche Schritte zurücklegen . . . Und trotzdem machten sie die Blicke all dieser Männer, die ihr folgten, nicht im mindestens verlegen . . . Sie nahm sie kaum wahr, und als sie sich Jakob-Jossi näherte, bevor er ihr eine erste Höflichkeitsbezeigung erweisen und ihr einen Platz anbieten konnte, kam ihm Gitl mit einer ablehnenden Handbewegung zuvor und begann ohne jede Verlegenheit zu sprechen.

Sie sagte: »Bitte wundern Sie sich nicht, Jakob-Jossi, daß ich, eine Frau, die noch nie etwas mit Geschäften zu tun gehabt hat, auf den Einfall gekommen ist, die Interessen ihres Mannes zu vertreten, der mich nicht dazu ermächtigt hat und der es mir sehr übelgenommen und sich dem widersetzt hätte, wenn er gewußt hätte, was ich ohne seine Einwilligung unternommen habe: Also seien Sie nicht allzu erstaunt, Jakob-Jossi.

Seien Sie bitte auch nicht erstaunt, daß ich mich seit dem Augenblick, in dem ich mich zu diesem Schritt entschlossen habe, verpflichtet fühle, Sie um ein Gespräch unter vier Augen und nicht in Gegenwart von Fremden zu bitten, damit die Angelegenheit vertraulich bleibt; bitte seien Sie darüber nicht erstaunt . . .

Denn ich möchte es Ihnen offen sagen: Für meinen Mann ist es nämlich fünf vor zwölf, er steht vor dem Tag des Urteils, und seine ganze Welt und sein Wohlbefinden stehen auf dem Spiel. Das eine oder das andere, Strafe oder Rettung, Vernichtung oder Gnade. Und in einem solchen Augenblick, da man handeln muß, wirft man, wie man so sagt, alle Bedenken über Bord; da wird auch ein Knüppel, wie man ebenfalls sagt, zum Messer, und die Stummen sprechen, so wie auch ich, Gitl, in solchen Dingen noch nie ein Wort geäußert habe . . .

Ich sage Ihnen ferner in aller Offenheit: Ich bin gekommen, um meinen Mann zu retten. Wenn ich es nicht tue, erwartet ihn der vollständige Ruin, er wird im bloßen Hemd dastehen . . . Dabei gibt es nichts, wessen er sich schämen müßte: Das ist schon manchem widerfahren; manchmal verdient, oft unverdient, und ich glaube, daß mein Mann Mosche Maschber zur letzten Kategorie gehört.

Es ist möglich, daß Sie, Jakob-Jossi, oder andere der Meinung sind, daß mein Mann nur deshalb in eine solche Lage geraten ist, weil er seine Geschäfte nicht ordnungsgemäß geführt oder über seine Verhältnisse gelebt hat . . . Das stimmt nicht, und merken Sie sich eins: Ich bin sowohl in dieser wie in der künftigen Welt die Frau Mosche Maschbers, hier vor den Menschen und dort vor dem Schöpfer. Und wenn ich nach einhundertzwanzig Jahren, wie man weiß, Zeugnis ablegen muß, werde ich als Tochter Israels mit reinem Gewissen sagen können: Nein! Es ist nicht wahr; mein Mann, Mosche Maschber, ist kein Glücksspieler; er hat sein Geld nicht vergeudet, hat niemals über seine Verhält-

664

nisse gelebt, ist unverschuldet in Not geraten und braucht sich desen nicht zu schämen.

Ganz im Gegenteil, ich glaube, daß mein Mann es verdient hat, daß man ihm zu Hilfe kommt und ihm nicht das Messer an die Kehle setzt . . . Ich glaube, daß es die Pflicht all derer ist, die seit Jahren mit *ihm* Geschäfte machen und Geld verdienen, so wie er mit *ihnen* verdient hat, und an allererster Stelle Ihre Pflicht, Jakob-Jossi, dem ich diese Bitte unterbreite.

Es wird Ihnen nicht schaden«, fuhr sie fort. »Sie werden nichts dabei verlieren, Jakob-Jossi. Ihre Hilfe, die jetzt lebensnotwendig ist, wird sich in besseren Zeiten vielfach bezahlt machen. Man wird Ihnen alles mit größter Dankbarkeit und mit den gewohnten Zinsen zurückzahlen. Außerdem könnten zahlreiche andere, kleinere Geldgeber, die weniger Geld eingesetzt haben, ohne Schaden davonkommen. Vor allem aber wird ein integrer Mann von untadeligem Ruf, ein Kaufmann, in seine frühere Lage zurückversetzt werden, ein Mann, von dem jedermann weiß – und Gott ist mein Zeuge –, daß er nie das Gut eines anderen begehrt hat und sich nie durch unerlaubte Machenschaften hat bereichern wollen . . .

Ich sage es in aller Aufrichtigkeit wie vor Gott selbst und möchte Sie auch daran erinnern, von wem mein Mann, Mosche Maschber, abstammt, und hervorheben, daß er von seinen Vorfahren alles andere als Unredlichkeit geerbt hat und daß er weder seiner Natur noch seinem Charakter nach auch nur die geringste böse Absicht verfolgt noch den Wunsch hat, einem anderen zu schaden . . . Möge Gott mich behüten und all die, die mir teuer sind . . .«

Gitl hatte all das, wie sie in ihrem Gehpelz mit dem breiten, heruntergeschlagenen Kragen vor Jakob-Jossi stand, mit einer solchen Leichtigkeit vorgetragen, als hätte sie ihr Leben lang nichts anderes getan, als weitschweifige Vorträge zu halten, ohne sich auch nur im geringsten anzustrengen . . .

Es ist vielleicht erstaunlich, wie stillschweigend sich Jakob-Jossi das alles angehört hatte, als ginge es nicht um den, um dessentwillen er vorhin aus der Haut gefahren war; erstaunlich auch, daß er nicht von seinem Stuhl aufsprang oder auf den Gedanken kam, Gitl, wie vorhin Sruli, aus dem Haus zu jagen. Erstaunlich, aber so war es ... Tatsache ist, daß Jakob-Jossi, während er Gitl zuhörte und dabei den Blick von ihr abwandte, wie es die fromme Sitte gebietet, derzufolge es verboten ist, die Frau eines anderen anzuschauen, dabei unablässig ihren Zobelkragen betrachtete, die mit dem gleichen Pelzwerk verbrämten Ärmel, das sogar den Saum ihres Mantels schmückte ...

Dieser Anblick hatte ihn sichtlich besänftigt, als hätte er einen Anflug von Sinnlichkeit durchlebt, der ihn weich und versöhnlich gestimmt hatte ... Aber er fing sich schnell ... Und als Gitl, die sich dem Ende ihres Vortrags näherte, Jakob-Jossi versicherte, daß – Gott behüte! – es völlig ausgeschlossen sei, daß ihr Mann vorgehabt habe, irgend jemanden zu täuschen, als sie somit an diesem Punkt ihrer Rede angelangt war, erinnerte sich Jakob-Jossi plötzlich an das, was vorhin geschehen war ... Sein Blick fiel auf Tsali, mit dem er vereinbart hatte, was mit dem Bankrotteur Mosche Maschber zu geschehen habe; dann auf Sruli, an dem er seine Wut noch nicht hatte auslassen können; und danach nochmals auf Gitl, die ihm trotz ihrer sanften Weiblichkeit gerissen und heuchlerisch vorkam; er sagte sich, dies sei ein zwischen ihr und ihrem Mann verabredeter Kniff, damit sie in ihrer Eigenschaft als Frau sein Mitleid errege. Jakob-Jossi sprang daher von seinem Stuhl auf und widersprach Gitls letzten Worten wütend und voller Verachtung:

»Wie bitte? Gott behüte, sagen Sie? Ihr Mann Mosche Maschber ist ein Lämmchen, das kein Wässerchen trüben und nicht mal blöken kann ... Kein Betrug, sagen Sie? Sind Sie bereit, das zu beschwören? Und Sie verlangen noch, daß man ihm im Namen seiner Ehrsamkeit beispringt und ihm hilft, seine Haut zu retten? Wie kommt es dann, daß Sie nicht auch an das Unglück anderer denken? Warum denken Sie nur an sich selbst und nicht an andere? Können Sie mir sagen, wer so handelt?«

»Wer?« wiederholte Gitl, die nichts begriffen hatte und wegen der schneidenden Worte Jakob-Jossis ganz durcheinandergeraten war.

»Wer? Er! Ihr Mann!«

»Was sagen Sie da, Jakob-Jossi? Wen soll ich retten? Wovor? Ich weiß überhaupt nicht, wovon Sie sprechen!«

»Ach, Sie wissen nicht, wovon ich spreche; aber er, Ihr Mann, weiß es sehr wohl. Pfui! So etwas tut man doch nicht!«

»Was denn?« stammelte Gitl.

»Wie der da!« Und damit wies Jakob-Jossi auf Sruli, der sich während Gitls Ansprache wie erstarrt ein wenig abseits gehalten hatte und jetzt, unter seinem in die Stirn gezogenen Mützenschirm, Jakob-Jossis Vorwürfen lauschte.

»Wie der da!« Jakob-Jossi zog sogleich angeekelt seinen Finger zurück. »Mit seiner Hilfe wollte Ihr Mann alle Leute prellen, indem er ihm sein Haus oder einen anderen Teil seines Vermögens überschrieb, um die anderen daran zu hindern, sich aus dem Vermögen zu befriedigen, falls sich seine Lage verschlechtern und der Pleite nähern würde. Pfui! ... So etwas tut man nicht. Kein Kaufmann, kein Jude ... Vor allem dann nicht, wenn Ihr Mann, wie Sie sagen, von ehrwürdigen Vorfahren abstammt.«

Er wurde immer lauter: »Wir werden ja sehen, wohin das führt! Vergessen Sie nicht: Es wird ihm schwerfallen, den Kopf aus der Schlinge zu ziehen! ...«

»Gehen Sie in Frieden!« sagte Jakob-Jossi, um der Sache ein Ende zu machen und Gitl loszuwerden. Er wollte sich kein Wort mehr zur Verteidigung ihres Mannes anhören. »Gehen Sie in Frieden, und wenn Sie Ihrem Mann einen Gefallen tun wollen, dann sagen Sie ihm, daß er die Angelegenheit nicht auf die leichte Schulter nehmen und sich mit niemandem überwerfen soll, denn sonst wird es sehr böse enden.«

»Hunde! Taschendiebe!« knurrte Sruli, der ein wenig abseits stand, leise, aber doch laut genug, daß diejenigen, die am Tisch saßen, es hören mußten.

Und tatsächlich: Plötzlich war ein letzter Schrei Jakob-Jossis zu hören: »Schepsl!« Und es blieb auch jetzt keinerlei Zweifel mehr, daß es diesmal ernst werden würde ...

Sruli lenkte unverzüglich seine Schritte zur Tür, gefolgt von Tsali, dessen Anliegen bei Jakob-Jossi längst erledigt war. Und nach Tsali und Sruli war Gitl an der Reihe, die sich von Jakob-Jossis Tisch abwandte, ohne auf Wiedersehen zu sagen; und wer sie in diesem Moment gesehen hätte, wie sie zur Tür ging, hätte auch gesehen, daß ihr Tränen über die Wangen liefen und daß sie still, gedemütigt und ihrer Tränen nicht achtend den Kopf tief in dem üppigen Zobelkragen verbarg.

Und es kam, wie es kommen mußte . . . Für Mosche Maschber brach ein Tag an, wie man ihn keinem Menschen wünschen sollte.

Er spürte, daß dies das Ende war. Am liebsten wäre er gar nicht ins Büro gegangen, aber sein Pflichtgefühl war stärker als er. Was sollte er im Hause auch anfangen, wo die Angst vor dem drohenden Konkurs schon in allen Ecken und Winkeln lauerte? Und überdies war seine Anwesenheit im Büro noch immer nötig, um die Gläubiger zu beruhigen, die das Geschäft belagerten, und ihnen weiszumachen, daß man ihnen demnächst, heute, morgen oder später ihr Geld zurückerstatten werde.

Er mußte sich also zeigen. Aber was für einen traurigen Anblick er bot! Wer gesehen hätte, wie er gebeugt, den Kopf halb im hochgeschlagenen Kragen seines Wintermantels verborgen, zu seinem Büro ging, hätte ihn für seinen eigenen Schatten oder eine Erinnerung an sein früheres Ich gehalten. Besonders in dem Augenblick, da er das Büro betrat, wo er sich, kaum hatte er die Schwelle überschritten, gegen all seine Gläubiger verteidigen mußte, die ihn sogleich umringten und um ein beruhigendes Wort baten, das er trotz seiner Niedergeschlagenheit hervorstammelte, wohl wissend, daß er log.

O ja, es gab nichts mehr, worum man ihn beneiden konnte . . . Er hielt sich nicht lange in seinem Büro auf, und kaum hatte er die Gläubiger abgefertigt, denen er falsche Hoffnungen machte, die sich aber auch von ihm täuschen ließen, verließ er das Kontor wieder mit vor Scham gesenktem Kopf, weil er unwahre Worte gesprochen hatte, die ihm fast im Hals steckengeblieben waren.

Aber an einem anderen Tag . . . Mosche hatte sich schon ein wenig verspätet. Draußen fror es, und er hatte Rauhreif an

Augen, Brauen und Wimpern . . . Im ersten Moment sah er
nichts von dem, was um ihn herum vorging, nicht allein wegen
seiner behinderten Sicht, sondern weil er auf seinem Weg auch so
sorgenvoll und durcheinander war, daß ihm das, was er im Büro
vorfand, keinerlei Beziehung zu ihm selbst zu haben schien. Das
Büro war überfüllt mit Männern, Frauen und jungen Mädchen,
alle in dicke Winterkleidung gehüllt und vermummt, so daß
jeder von ihnen viel mehr Platz einnahm als sonst. Der Lärm, die
Enge, die verschiedenen Gruppen, die sich voneinander fernhiel-
ten, all das trug dazu bei, ein Chaos zu schaffen, das durch die
dichten Wolken von Tabakqualm noch drückender wurde . . .

Mosche Maschber erzitterte bei diesem Anblick. Vor Angst
wäre er am liebsten auf der Stelle umgekehrt, aber bevor ihm
überhaupt Zeit dazu blieb, hatte ihn die Menge entdeckt und
machte ihm stillschweigend und wie auf Verabredung Platz, was
manche sogleich ausnutzten, um ihn zu umringen.

Zunächst schwiegen alle, aber schon bald ergriff ein Mann im
Namen aller das Wort, als hätte man ihm dazu Vollmacht erteilt,
und sagte mit ruhiger und besonnener Stimme:

»Es ist Zeit, Reb Mosche! Wie lange noch? Wir warten schon
seit Monaten . . . Wir können nicht mehr, haben nicht mehr die
Kraft . . . Und vergessen Sie nicht, Mosche Maschber, mit wem
Sie es hier zu tun haben: Dies sind keine Geldverleiher, die davon
leben und sich daran bereichern, sondern arme Leute, die Ihnen
ihr Geld anvertraut haben, als hätten sie es in einen Geldschrank
gesteckt, kleine Händler, alte Menschen, die für ihre alten Tage
Groschen auf Groschen gelegt haben, Dienstmädchen, die für
eine kleine Aussteuer gespart haben, Witwen mit ihren allerletzten Groschen . . .«

»Unsere letzten Groschen . . .« wiederholte die Menge.

»Wir wollen jetzt wiederhaben, was Sie uns schulden.«

»Unser Geld!« ließen sich weniger schüchterne Leute vernehmen; sie nannten die Sache beim Namen und drängten sich
immer näher an Mosche Maschber heran.

Dann trat ein kleiner Mann aus der Menge vor. Er trug einen
Allwettermantel ohne Knöpfe und hatte sich statt eines Gürtels

eine Schnur um den Leib gebunden. Das war »Kätzchen«, der sich als weiterer Schmuck einen Verband aus einem roten Taschentuch um die Wange gewickelt hatte, ob gegen Zahnschmerzen oder die Kälte, wissen wir nicht.

»Natürlich ist die Zeit gekommen, Reb Mosche«, beharrte »Kätzchen« mit seiner heiseren, piepsigen Stimme, als spräche er für alle. »Alle unsere Gelder sind fällig . . . Wo bleibt die Gerechtigkeit? Nicht einmal Gott würde noch länger warten.«

»Ja, alle Gelder sind fällig«, wiederholten die anderen.

Da er unsicher war und nicht wußte, was er seinen Belagerern sagen sollte, versuchte Mosche Maschber zur Vorzimmertür vorzudringen, durch die er soeben eingetreten war. Gleichzeitig entdeckte er in dem zweiten Raum, dem Empfangszimmer, seinen Schwiegersohn Nachum Lentscher, der ihm offenbar zu Hilfe kommen und ihn aus der Belagerung befreien wollte.

»Was fällt Ihnen ein, uns hier so zu bedrängen? Was soll dieser Lärm?« Mit diesen Worten wandte sich Nachum Lentscher mit lauter Stimme an die Menge. Er tat, als wüßte er nicht, warum und in welcher Absicht man seinen Schwiegervater Mosche Maschber so umringte. Sein plötzliches Auftauchen ließ alle herumfahren, so daß sie Mosche für einen Moment aus den Augen verloren . . .

Wie bedrückt Mosche Maschber auch sein mochte und wie wenig er in letzter Zeit auch er selbst gewesen war, so begriff er jetzt doch, daß es ein idealer Moment war, um sich aus dem Staub zu machen und die ganze Wut der Belagerer auf seinen Schwiegersohn Nachum Lentscher herabregnen zu lassen.

Und genau das tat er auch . . . Er verdrückte sich rasch in dem Augenblick, in dem sich alle von ihm abgewandt hatten. Da er wußte, daß dieser Moment nicht lange dauern konnte, daß man sein Verschwinden gleich bemerken und sich sofort auf die Suche nach ihm machen würde, ja daß man ihn vielleicht sogar verfolgen und festnehmen lassen würde, ging er nicht zum Hauptausgang, sondern zu einer kleinen Nebentür, durch die man seine Spur, das hoffte er jedenfalls, weniger leicht würde verfolgen können!

Als er in aller Hast die Tür erreichte, fiel Mosche Maschber ein, daß sein Schwiegersohn, der allein zurückblieb und der erregten Menge von Angesicht zu Angesicht gegenüberstand, ein gewisses Risiko einging. Nach ein paar Minuten würde man ihn gewiß nicht mit Samthandschuhen anfassen, und wer weiß, was dann noch passieren könnte . . . Noch schlimmer wäre aber, wenn die Menge von seinem Schwiegersohn abließ, da sie in ihm nicht den wahren Schuldigen sah, und sich daranmachte, ihn, Mosche zu verfolgen, vielleicht sogar bis nach Hause, wo die Leute laut schreiend und fluchend eindringen, mit der Faust auf den Tisch schlagen und die Fensterscheiben einwerfen würden, wie es in solchen Fällen schon vorgekommen war.

Trotzdem sah er keinen anderen Ausweg und beeilte sich, davonzukommen. Er hatte den Kopf in dem hochgeschlagenen Mantelkragen versteckt und wirkte so niedergedrückt und bekümmert, daß ein Fremder, der ihn jetzt gesehen hätte, ihn für ein gehetztes Wild gehalten hätte, das um sein Leben läuft, um den Jägern zu entkommen . . .

»Sie wollen wissen, warum wir solchen Lärm machen?« erwiderte einer aus der Menge Mosches Schwiegersohn Nachum Lentscher. »Wir wüßten gern, wie Sie sich verhalten hätten, wenn man Sie so behandelt hätte, wie Ihr Schwiegervater schon lange all die behandelt, die sich jetzt hier versammelt haben. Hätten auch Sie noch länger gewartet, hätten Sie noch Geduld mit denen gehabt, die Ihnen Geld schuldeten, wenn Sie in ihrer Lage gewesen wären?« sagte der Mann, der für alle sprach und mit einem Finger auf die Menge zeigte. Im selben Moment wurde er ebenso wie alle anderen gewahr, daß der Mann, dem sie eben noch ihr Leid geklagt hatten, verschwunden war.

»Was haben wir mit dem da zu reden?« rief ein anderer.

»Das ist nicht der Mann, dem wir Geld geliehen haben. Nicht er hat uns die Schuldscheine unterschrieben. Wo ist der andere? Wo ist Mosche Maschber? Ihr Schwiegervater, wo steckt er?«

»Er ist nicht da«, bemerkte jemand.

»Weggelaufen!« ein zweiter.

»Hat sich in Sicherheit gebracht!« ein dritter.

Dann wurden in der dichten Menschentraube Stimmen laut; es ertönten Rufe:

»Wo ist er hin?«

»Hat sich irgendwo versteckt!«

»Das wird ihm nichts nützen!«

»Wir wissen, wo er wohnt.«

»Wir werden ihn zu Hause aufstöbern.«

»Bei ihm zu Hause … Hört, ihr Männer und Frauen, ihr solltet nicht hierbleiben. Laufen wir los, schnappen wir ihn uns, er ist gerade erst gegangen und kann noch nicht weit sein.«

»Bankrott machen. Ist es das, was er vorhat?«

»Stehlen?«

»Von wem?«

»Von uns?«

»Unser mit Schweiß und Blut verdientes Geld!« kreischte die Menge. Da die Leute den Mann nicht vor sich hatten, dem sie ihre Wut hätten entgegenschreien können, brüllten sie sich jetzt voreinander heiser und verwünschten nicht nur Mosche Maschber, sondern auch Nachum Lentscher und alle Angestellten, sogar die Leute, die den Tumult im Büro gehört hatten und neugierig von der Straße und aus den Nachbarläden hereingekommen waren und jetzt hilflos und verblüfft dastanden, als wäre ein schwerer Hagelschauer auf sie niedergegangen.

»Gehen wir zu ihm!« schrie jemand, und die Menge folgte dem Aufruf sofort. Wie eng das Büro auch erscheinen mochte, so stürzte sich diese ganze dichtgedrängte Menschenmasse dennoch, wie von einem einzigen Willen getrieben, zur Tür. »Weh mir!« stöhnten einige der Älteren, die, zurückgeblieben, in dem Gewühl fast erdrückt worden wären.

»Unser Geld!« schrien andere.

»Unser sauer verdientes Geld!«

Dann war das Büro plötzlich leer, und die Leute rannten los – zunächst alle gemeinsam, aber bald setzten sich die Jüngeren ab, während die Älteren und Schwächeren, die zurückgefallen waren, keuchend hinterherrannten, als fürchteten sie, zu spät zu kommen.

Mosche Maschber war tatsächlich nach Hause gegangen. Er war erst vor kurzem angekommen, da machte sich die Menge schon auf den Weg zu ihm ...

Als er das Eßzimmer betrat, fand er dort niemanden vor, denn Gitl saß in ihrem Zimmer und las in ihrer Frauen-Bibel, wie es jetzt ihre Gewohnheit war. Mosche ließ alle Zimmer vor seinem geistigen Auge passieren und fragte sich, in welchem er sich verstecken konnte. Aber dann sah er, wie Mayerl ihm entgegenrannte, und sagte ihm, ohne zu überlegen:

»Mayerl, geh in dein Zimmer ... und schließ die Tür ab.«

»Was ist los, Großvater?« wollte Mayerl wissen, als er seinen Großvater so aufgelöst sah; er wirkte wie ein Mann, der soeben einer Bande von Räubern entronnen ist und sich aus mühsam unterdrückter Angst sogar an ein Kind um Hilfe und Beistand wendet.

Und so kam es auch gleich: Mosche Maschber nahm Mayerl bei der Hand, aber nicht in der Absicht, den Kleinen zu führen, sondern sich von ihm in das Kinderzimmer bringen zu lassen, wo der Kleine für gewöhnlich las und sich die Zeit vertrieb.

»Schließ ab«, sagte Mosche Maschber hastig, als sie sich im Kinderzimmer befanden, fern von den anderen bewohnten Zimmern.

»Ah, Mayerl«, seufzte Mosche Maschber, als er mit seinem Enkel allein war. Es war ein Ausruf ohne jeden Sinn, der mehr an ihn selbst als an den Kleinen gerichtet war, der gesehen hatte, wie dem Großvater dabei die Lippen gezittert hatten.

»Ah!« sagte Mosche nochmals.

Und dann vernahm Mayerl aus dem Eßzimmer plötzlich Stimmengewirr, die Stimmen vieler Menschen, die offenbar ein wenig ängstlich eingetreten waren, die aber dann, einmal ins Haus eingedrungen, den Mut gefunden hatten, unterdrückte Klagen auszustoßen, wenn sie auch nicht genug Mut aufbrachten, laut zu schreien.

»Weh mir!« hörte man. »Was für ein Pech!«

»Wer hätte das ahnen können?«

»Wer hätte es vorhersehen können?«

»Ein Mann, den Gott und die Menschen hätten beneiden können . . .«

Aber kurze Zeit darauf, als die Menschenmenge im Eßzimmer immer mehr anschwoll, wurden die Besucher kühner; da sie sich inzwischen an die Atmosphäre des Hauses gewöhnt hatten und sich zudem gegenseitig den Rücken stärkten, legten sie ihre bisherige Zurückhaltung ab, ohne große Rücksicht auf diese für sie fremde Welt, deren üppige Einrichtung ihnen Unbehagen einflößte.

»Wo hat er sich versteckt?«

»Er wird uns nicht entwischen!«

»Wir gehen erst dann, wenn er uns bis auf den letzten Heller alles bezahlt hat, und zwar hier und jetzt!«

»Wir bleiben Tag und Nacht, so lange, wie es nötig ist.«

»Wir schlagen alles kurz und klein.«

»Wo ist er? Er soll rauskommen! Er soll herkommen!« rief die zusammengeströmte Menge, als sie niemanden fand, dem sie ihre Forderungen vortragen konnte. So schrien die Leute die Wände an, die Decke, die Türen, die zu den anderen Zimmern führten, in denen sich jetzt niemand zeigte.

»Pst!« sagte Mosche Maschber zu dem erschrockenen Mayerl, der zu begreifen begann, was vorging und warum sein Großvater sich so eilig bei ihm, in seinem Zimmer, versteckt hatte.

»Still!« Mosche Maschber tröstete den Kleinen und wischte ihm die Tränen ab, die ihm vor Angst über die Wangen liefen, aus lauter Mitleid mit sich selbst und der ganzen Familie, vor allem aber mit seinem Großvater.

»Weine nicht!« sagte Mosche Maschber zu seinem Enkel, wobei er aber selbst vor dem zitterte, was seine Ohren vernahmen.

»Das ist das Ende der Welt!« schrie man dort unten weiter.

»Das ist schlimmer als in Sodom!«

»Es gibt kein Vertrauen mehr!«

»Als wären wir unter die Räuber geraten.«

»Was tun, was tun?«

»O weh! . . .«

»Wasser ... gebt mir Wasser ... Mir ist nicht wohl ...« riefen einige und baten um Hilfe. Sie stießen durchdringende Schreie aus, als würden sie gleich in Ohnmacht fallen.

Plötzlich wurde es still im Raum. Gitl, die sich zu Beginn des Menschenauflaufs in ihrem Zimmer aufgehalten und sich wie gewohnt über ihre Frauen-Bibel gebeugt hatte, war langsam aufgestanden, als sie hörte, was sich im Eßzimmer abspielte. Sie ging ruhig auf das Zimmer zu, betrat die Schwelle, um nachzusehen, ob diese Stimmen wirklich waren oder ob sie sich alles nur eingebildet hatte ...

Sie hatte es nicht eilig. Sie war von einer tiefen Gleichgültigkeit durchdrungen, die sie seit all den Unglücksfällen, die sie und ihr Mann Mosche in letzter Zeit erlitten hatten, befallen hatte; vor allem seit ihrem unglücklichen, ergebnislosen Besuch bei Jakob-Jossi war sie der Meinung, daß jetzt nichts mehr sie überraschen oder ihr Gleichgewicht erschüttern könne.

Sie trat ein, und noch auf der Schwelle ging ihr auf, was dies für Leute waren und was sie hergebracht hatte ... Sie hielt wie betäubt inne, fing sich aber wieder, beherrschte sich und versuchte sich Mut zu machen. Sie wußte, daß es der Himmel war, der ihnen diese Prüfung geschickt hatte, daß Widerstand zwecklos war und daß sie diese Prüfung freudig auf sich nehmen mußte ...

Aus diesem Grund war sie auf alles gefaßt, vor allem als sie sich allein im Zimmer sah, ohne Mosche, ohne ihre Kinder, ohne irgend jemanden, der ihr helfen konnte. So entschloß sie sich, die Demütigung, die sie erwartete, ohne ein Wort der Klage auf sich zu nehmen, wie es dem zukommt, den Gott ausgewählt hat, um ihn der Prüfung zu unterwerfen, wie sie in ihrer Frauen-Bibel gelesen hatte.

Sie blieb stehen, und im ersten Augenblick nahm sie äußerlich ruhig, von allen unbemerkt, das Geschrei der Menge in sich auf und betrachtete die Unordnung, welche die Fremden im Haus angerichtet hatten, atmete den Geruch des Elends ein, betrachtete den Schlamm und den Schnee, welche die Leute mit ihren schiefgetretenen Sohlen ins Haus getragen hatten.

Aber bald sah man sie, und die Menge wurde für einen Moment still, aber nur für einen Augenblick. Hatte sie die Ruhe beeindruckt, mit der sie sie von der Tür aus betrachtete? Einen Augenblick blieben sie stumm, ein wenig aus Respekt vor ihrer würdigen Haltung, ein wenig auch aus Befriedigung darüber, daß sie endlich einen Menschen vor sich hatten, der Mosche Maschber nahestand, an den sie sich im Guten wie im Bösen wenden konnten, als wäre es Mosche Maschber selbst.

Und genauso kam es.

Kurz darauf löste sich »Kätzchen« in seinem Allwettermantel schweigend aus der Menge, ging mit geballter Faust auf den Tisch zu, postierte sich am Ehrenplatz und rief:

»Mein Geld!«

»Geld!« riefen von allen Seiten Frauen und zerzauste junge Mädchen, deren Haare unter den Schals und Kopftüchern hervorlugten und ihnen ein wild entschlossenes Aussehen verliehen.

»Gute Leute!« Gitl wandte sich ruhig an die Horde, die sich mit ihren Forderungen auf sie stürzte. »Nehmen Sie, was Sie wollen, nehmen Sie, was Ihnen unter die Augen kommt ... Nichts davon gehört mir, alles gehört Gott und Ihnen ...«

»Und ob wir es uns nehmen!« Ihre Worte wurden sofort befolgt. »Natürlich nehmen wir ... Nehmt, gute Leute!«

Und die Menge zerstreute sich in alle Zimmer, getrennt, in Gruppen, und von dem eigenen Ungestüm fortgerissen, rafften die Leute alles an sich, was sie finden konnte, alles, was ihnen in die Hände fiel, Bettücher, die Kleider in den Kleiderschränken ebenso wie Gegenstände aller Art: Geschirr, Gläser, Tischtücher, Servietten, und so weiter.

In ihrem Fieber warfen manche Gegenstände in aller Hast in Bettlaken und knoteten sie zusammen wie bei einem Feuer. Noch beim Plündern empfanden sie ein gewisses Schamgefühl, rechtfertigten sich aber mit ihrer Not, die sie dazu zwang.

»Weh mir!« stöhnten einige selbst beim Zusammenraffen von Gegenständen. »Soweit ist es mit uns gekommen: die Habe anderer zu nehmen ...«

Es spielten sich groteske Szenen ab, als sich zwei Personen

zugleich um ein und denselben Gegenstand zankten, der ihnen in die Augen gestochen hatte, als jeder diesen Gegenstand an einem Ende hielt und daran zerrte, um ihn dem anderen aus der Hand zu reißen; man hätte meinen können, sie würden sich darum noch prügeln.

Während die Leute noch mit dem Plündern befaßt waren, ging Gitl von Gruppe zu Gruppe, von einem Eindringling zum nächsten, wobei sie alle beruhigte und ihnen Ratschläge erteilte. »Zanken Sie sich nicht«, sagte sie. »Es gibt genug für alle. Nehmen Sie in Frieden und bedienen Sie sich in Frieden . . .«

Es hatte den Anschein, als wären das nicht ihre Worte, sondern als spräche jemand anderer aus ihr, jemand, der Gezüchtigter und Züchtiger zugleich war, Verurteilter und Vollstrecker des Urteils.

Und nachdem sie bei allen Gruppen und bei jedem einzelnen gewesen war, hätte man sie wenig später sehen können, wie sie in einem der Zimmer stand, die Hände über den Augen, als wollte sie die Sabbat-Kerzen segnen, und immer wieder mit sanfter Stimme, ohne zu weinen und mit trockenen Augen die Worte sprach:

»Warum, Herr?«

Es war quälend mitanzusehen, wie Gitl mitten im Zimmer stand und sich mit den Händen die Augen bedeckte; aber noch quälender war der Anblick Mosche Maschbers, der sich im Kinderzimmer mit seinem Enkel eingeschlossen hatte, sich an dem Kind festklammerte, an ihm festhielt, als suchte er Hilfe bei ihm . . .

Noch schlimmer war es, nachdem die armen Gläubiger das Haus gestürmt und die Wohnung geplündert hatten, nachdem sie alles zu Bündeln verschnürt und wie in Panik alle erreichbaren Gegenstände an sich gerafft hatten. Da erschienen die ernster zu nehmenden Gläubiger, die weniger Lärm machten und weniger Ungeduld zeigten, die aber größeres Gewicht besaßen und höhere Forderungen erhoben. Auch sie wandten sich zunächst an Gitl und redeten sanft, aber hartnäckig auf sie ein: »Wie kann ein Mann wie Ihr Gatte, ein Mann wie Mosche Maschber, sich an

dem Eigentum anderer vergreifen?« Und Gitl rang die Hände
und wiederholte immer wieder: »Gute Leute, tun Sie, was Sie
wollen, nehmen Sie, was Sie sehen, wie es alle tun . . .« Und diese
antworteten: »Was sagen Sie da, was soll uns das einbringen?
Glauben Sie wirklich, daß Sie uns mit etwas Geschirr oder
Haushaltsgegenständen abspeisen können? Nein, davon wollen
wir nichts wissen . . . Außerdem haben nicht Sie, Gitl, uns Geld
geliehen, und wir verlangen nichts von Ihnen; wir wollen nur mit
Ihrem Mann Mosche sprechen, der es gewiß nicht wagen wird,
uns das gleiche vorzuschlagen wie Sie, die Sie nichts von diesen
Dingen verstehen.«
    »Ihr Mann, wo ist er?« beharrten sie. »Er soll sich zeigen!«
Und all die, die schon verschnürte Bündel sowie verschiedene
Gegenstände in den Händen hielten, unterstützten sie und schlossen sich ihren Forderungen an:
    »Warum versteckt er sich, wir wollen ihn sehen, er soll sich
zeigen . . .«
    Und all das wurde von der Stimme Tsali Derbaremdikers
übertönt, der gleichfalls anwesend war, sich mit seinem mächtigen Leib einen Weg gebahnt und mit seinem bleichen, verstörten
Gesicht vor Gitl aufgepflanzt hatte und ihr ins Gesicht schrie:
    »Was stellen Sie sich eigentlich vor? Daß man seine Schulden
so leicht los wird? O nein. Ich werde hierbleiben und dieses Haus
nicht verlassen, ich werde hier schlafen, im Bett Ihres Mosche, in
Ihrem eigenen Bett . . . Einem Tsali ist noch niemand etwas
schuldig geblieben. Und auch Ihr Mann wird das nicht schaffen.
Ich werde alles an mich reißen . . .«
    Aber da zerbrach inmitten dieses Tohuwabohus irgendein
Stück Glas auf der Anrichte, das irgendeiner der kleinen Gläubiger aus einer Glasvitrine herausgenommen und entweder aus
Unachtsamkeit oder aus mangelnder Vorsicht hatte fallen lassen,
und die Menge glaubte, jemand habe begonnen, die Fensterscheiben einzuschlagen.
    »Ja, das ist eine gute Idee!« riefen die Eindringlinge und gaben
dem Übeltäter recht.
    »Gut gemacht!«

»Das haben sie verdient!«

»Schlagt die Fensterscheiben ein, verwüstet das Haus.«

Da erbebte Gitl. Sie hatte einen Anfall von diesem Zittern, dem oft ein durchdringender Schrei oder Schweigen, manchmal sogar ein Sturz folgt, von dem man sich nicht wieder erheben kann.

In diesem Moment drangen Mosche Maschber die Beschimpfungen ans Ohr, mit denen man ihn belegte und hervorlocken wollte, um mit ihm abzurechnen. In diesem Augenblick, ohne recht zu wissen, warum, war er bereit, Mayerl allein zu lassen, zur Tür zu gehen, den Schlüssel im Schloß herumzudrehen, hinauszutreten und vor den versammelten Eindringlingen zu erscheinen.

Aber ... In diesem Moment wurde es von neuem still, als wäre unerwartet ein Neuankömmling aufgetaucht, jemand, dessen Anblick all die schreienden Münder gleichzeitig zum Schweigen gebracht hatte.

Und tatsächlich: Als sich alle um Gitl versammelt hatten, sowohl die mit Bündeln als auch die mit leeren Händen, und auf sie einredeten, sie solle ihren Mann Mosche holen, tauchte in der Eßzimmertür ein Gerichtsvollzieher in vorschriftsmäßiger Uniform auf, wie immer von einem Schutzmann begleitet, der ihm assistieren sollte, und dahinter von Sruli Gol und Schmulikl der Faust flankiert.

»Halt!« rief der Gerichtsvollzieher aus, der mitten in das Getümmel hineinplatzte und sofort erfaßte, was vorgefallen war, als er die mit Beute beladenen Plünderer sah.

»Halt!« sagte er, trat ans Kopfende des Tischs und zog ein Papier aus der Tasche, das er mit lauter Stimme verlas.

Es war keine lange Lektüre, und wer ein paar Wortfetzen[1] verstanden hatte und sich ein wenig in Gerichtsverfahren auskannte, erriet sofort, worum es ging: daß es gesetzlich verboten sei, eigenmächtig über das Eigentum Mosche Maschbers zu verfügen, denn es gehöre nicht mehr Mosche Maschber, sondern

[1] Wortfetzen der Amtssprache Russisch.

dem, dem er sein Haus, sein Eigentum überschrieben habe, samt
allem, was sich darin befinde.

»Wie?« konnte man die erstaunten Ausrufe derer vernehmen, die den kurzen Vortrag verstanden hatten, als sie den
Namen des Mannes hörten, dem Mosche seine Habe überschrieben hatte. »Sruli Gol?«

»Ja«, erwiderte der Gerichtsvollzieher. Und er fügte hinzu,
von nun an werde sich jeder voll vor dem Gesetz verantworten
müssen, der im Hause auch nur die geringste Kleinigkeit anrüh-
re, denn jetzt stehe alles unter dem Schutz des Gesetzes.

»Welches Gesetzes? Was redet der da zusammen?« fragten
alle, die nichts verstanden hatten, das heißt die Mehrheit, und
auch die wenigen, die etwas begriffen hatten und jetzt zutiefst
konsterniert waren, weil sie die schwere Hand einer fremden
Macht gespürt hatten, die sich eingemischt und sie daran gehindert hatte, sich zu nehmen, was ihnen zustand.

»Es gehört einem anderen, wie er sagt . . . Wir dürfen nichts
anrühren.«

»Wem denn?«

»Dem da«, sagten einige und zeigten auf Sruli, der mit unbe-
weglichem Gesicht neben dem Gerichtsvollzieher stand, wie
gelähmt, weil er zwar alles hatte mit ansehen müssen, aber nichts
dazu sagen durfte.

»Auf wen ist es überschrieben?«

»Wer ist er?«

»Was hat er investiert? Und was hat er mit der Sache zu tun?«
fragten mehrere, die nicht begriffen, worum es ging.

»Pani[1] . . . Hospodar[2] . . .« wiederholten einige Männer und
Frauen aus der Menge, die sich auf den Gerichtsvollzieher stürzten, weil sie ihm etwas sagen und einiges erklären wollten, die
sich aber nun nicht mehr artikulieren konnten, da sie die fremde
Sprache nicht beherrschten.

»Was für ein Pech!« stöhnten alle, die schon einzelne Gegen-

---

[1] »Herr« auf polnisch.
[2] »Herr« auf ukrainisch.

stände oder ganze Bündel an sich gerafft hatten, die sie bereits für ihr Eigentum gehalten hatten und auf Befehl des Gerichtsdieners wieder zurücklegen mußten.

»Täuschung und Lügen!« hörte man diejenigen schreien, die sich durch die Hausratsgegenstände nicht hatten in Versuchung bringen lassen, da man ihnen mehr schuldete und sie sich nicht mit Kleinigkeiten abspeisen lassen wollten. Das völlig vernichtete »Kätzchen« bewegte sich mit schlaff herabhängenden Armen still und voller Verzweiflung auf Schmulikl die Faust zu, den er in den letzten Tagen gesucht hatte, um ihn mit der Wahrung seiner Interessen zu beauftragen, den er aber nirgends gefunden hatte. Er spürte dunkel, daß der andere ihm aus dem Weg ging, an dieser Sache nichts verdienen und eine solche Mission auch gar nicht auf sich nehmen wollte.

»Weh mir!« klagte jetzt »Kätzchen« in einem weinerlichen Singsang Schmulikl der Faust sein Leid. »Warum hast du dich versteckt? Hast du bei mir nicht genug verdient? Oder hat dir ein anderer mehr gegeben? Räuber! Verbrecher! Warum hast du mir nichts gesagt? Möge der Teufel die Seele deines Großvaters holen . . .«

»Was für eine Welt, was für Geschehnisse!« klagten die Alten und Schwachen.

»Er hat den Untergang verdient! . . .«

»Los, auseinander, sage ich euch!« rief der Gerichtsvollzieher mit noch lauterer Stimme, als die Menge zögerte und sich von einer Ecke zur nächsten schob, offensichtlich nicht bereit, das Haus zu verlassen.

Am Ende gaben sie nach. Erst diejenigen, welche die Amtssprache nicht verstanden und vor jedem »Knopf«[1] zitterten, dann diejenigen, die wie Tsali weniger Angst hatten, für die ein Befehl aber trotzdem ein Befehl war, den man befolgen mußte.

»Wir werden ja sehen!« sagte Tsali im Hinausgehen und wandte sich noch einmal zum Eßzimmer um. In der Tür blieb er

---

[1] Uniformknopf: Alles, was im damaligen Rußland die Staatsmacht vertrat, trug Uniform.

stehen und drohte: »Man darf sich nicht alles erlauben, und ich, Tsali, bin nicht der einzige Betroffene, und ich werde alles tun, um diese Gaunerei zu entlarven.«

»Genug, genug!« schnauzte der »Budotschnik« Tsali an und schob ihn zur Tür, und so mußte auch dieser mit leeren Händen das Haus verlassen, genauso wie alle anderen, die jetzt mit einem Chor von Flüchen und Verwünschungen im Mund hinausgingen.

Nur einem, »Kätzchen«, war es wegen seiner geringen Körpergröße und seines jämmerlichen Aussehens gelungen, zurückzubleiben; immer noch starrte er Schmulikl der Faust von unten herauf ins Gesicht, als wollte er auf einer Leiter zu ihm hinaufklettern, wobei er laute Verwünschungen ausstieß:

»Der Teufel hole die Seele deines Großvaters ... Warum wolltest du mir nicht gehorchen? Und wo hast du in der letzten Zeit gesteckt, als ich dich überall suchte und dich so dringend brauchte ...«

Aber bevor wir in dieser Angelegenheit zum Ende kommen, noch ein paar Einzelheiten: Erstens muß man sich vorstellen, wie Sruli bei dieser Szene zumute war, als er erschienen war, um einen Mann zu verteidigen, den er, wie wir wissen, nur wenig schätzte, vor allem wenn wir bedenken, daß sich diese Verteidigung gegen diejenigen richtete, die ihm am Herzen lagen und deren ohnehin elendes Los er nicht noch verschlimmern wollte.

Ja, da bestand ein Widerspruch, der es verdient hätte, daß wir etwas ausführlicher auf ihn eingehen, aber dazu fehlt uns die Zeit. Das war der erste Punkt, und der zweite ist eine Szene, die wir kurz erwähnen müssen, besonders aber das, was ihr folgte.

Kaum hatte die Menge Mosches Haus verlassen, auch das »Kätzchen«, der Gerichtsdiener, Sruli und alle anderen, blieb Gitl allein in ihrem Eßzimmer zurück. Sie fühlte sich irgendwie getröstet, daß die zahlreichen Gläubiger gezwungen gewesen waren, das Haus mit leeren Händen zu verlassen. Kurze Zeit später verließen Mosche Maschber und Mayerl leise das Kinderzimmer und erschienen im Eßzimmer. Sie hielten sich bei den

Händen – und zwar nicht etwa so, daß Mosche Mayerl bei der Hand hielt, sondern vielmehr umgekehrt: Mayerl führte Mosche, als wiese er einem Blinden den Weg ... Als sie das Eßzimmer betraten und dort Gitl entdeckten, die mitten im Raum stand, gingen sie wortlos auf sie zu. Es war das erste Mal, daß Mosche seiner Frau unter den Augen eines anderen so nahe gekommen war, und Gitl ließ es geschehen wie ein Kind oder eine Kranke ... Und als Mayerl zwischen ihnen stand, nahm er die Hand seines Großvaters und legte sie in die Gitls und vereinte sie so in ihrer stummen, wortlosen Trauer.

IV
Betrügerischer Bankrott

Als man in der Stadt von Mosche Maschbers Konkurs erfuhr, als
bekannt wurde, welche Szenen sich in seinem Haus abgespielt
hatten – daß sich die armen Gläubiger auf alle Gegenstände
gestürzt hatten, die ihnen in die Hände fielen, und daß sie
anschließend von einem Vertreter des Gesetzes und von Sruli
Gol, den der Gerichtsvollzieher zum Eigentümer der ehemali-
gen Habe Mosche Maschbers erklärt hatte, im letzten Moment
daran gehindert worden waren, diese mitzunehmen –, als man
all das erfuhr, fand im Haus Jakob-Jossi Eilbirtens eine geheime
Zusammenkunft statt. Er beriet sich zunächst mit seinem Anwalt, der seine Interessen vor Gericht vertrat. Anschließend
nahmen noch einige Gläubiger Mosches daran teil. Nach langen
Diskussionen kam man zu einer Entscheidung, von der ein Teil
sofort in die Tat umgesetzt wurde: Man gab den Behörden einen
diskreten Wink, worauf Sruli Gol alsbald von der Polizei festgenommen und dem Untersuchungsrichter vorgeführt wurde, der
viele Dinge wissen wollte: erstens, wer er sei und welcher Wind
ihn in diese Gegend geweht habe; und zweitens, woher er dieses
Geld habe, dazu noch ein Mann wie er.

Sruli stand barhäuptig da, wie es sich vor einer Amtsperson
geziemt, und versuchte zunächst, sich mit Scherzen herauszure-
den, als hätte ihm ein alter Freund diese Frage gestellt.

»Das Geld? Woher ich das Geld habe? . . . Aus einem Kloster,
dem Lawra-Kloster von Kiew oder dem von Potschajew, wo ich
es gestohlen habe.«

Aber als er dann entdeckte, daß seine Albernheiten unpassend
waren, begann er gewissenhaft, präzise und sachlich auf die ihm
gestellten Fragen zu antworten. So daß der Untersuchungsrich-

ter bald mit seinem fachmännischen Auge erkannte, daß die Denunzianten, die Sruli angeschwärzt hatten, keinerlei Grund hatten, ihn irgendwelcher Straftaten zu verdächtigen, und schon nach dem ersten Verhör bereit war, Sruli auf freien Fuß zu setzen.

Dennoch zögerte er, es zu tun, denn er fragte sich, ob er es nicht mit einem besonders schlauen Burschen zu tun hatte, der ihn hinters Licht führen wollte, wie es gelegentlich vorkommt ... Er ließ ihn also weiter bewachen und noch ein zweites und drittes Mal vorführen. Er begnügte sich nicht damit, ihn zu verhören, sondern setzte sich von allem Anfang an mit den Geheimdiensten all der Orte in Verbindung, die Sruli genannt hatte, wo man bezeugen konnte, daß alles, was er gesagt hatte, den Tatsachen entsprach. Die Nachforschungen dieser Organe ergaben, daß sämtliche Angaben Srulis stimmten, so daß der Untersuchungsrichter nicht mehr an Srulis Unschuld zweifelte und nach dem Gesetz keinen Grund mehr hatte, ihn noch länger in Haft zu halten.

Er wurde tatsächlich auf freien Fuß gesetzt, und damit wurde eins der Ziele zunichte, auf die Mosche Maschbers Gläubiger gehofft hatten, nämlich Beweise für den Betrugsverdacht zu sammeln, indem sie aufzeigten, daß einer von denen, mit denen Mosche Maschber sein Manöver getätigt hatte, selbst ein Betrüger sei. Dieses Vorhaben endete also mit einem Fehlschlag. Aber das zweite Ziel – der entscheidende Teil ihres Kalküls – bestand darin zu beweisen, daß Mosche Maschber nicht wie ein ehrbarer Kaufmann gehandelt, sondern fiktive vorrangige Gläubiger erfunden habe, denen er angeblich früher als anderen Geld geliehen habe und die er vor den anderen befriedigen müsse; dieser Teil des gemeinsam gefaßten Entschlusses wurde aufrechterhalten.

Es war nicht schwierig, das zu beweisen, denn wie sich herausstellte, hatte er nicht nur das Haus auf den Namen Sruli Gols eintragen lassen, sondern war mit seinen Geschäften ebenso verfahren: Das Petroleum- und Ölgeschäft war einem seiner Schwiegersöhne, Jankele Grodsztain, überschrieben worden und das Kreditbüro dem zweiten Schwiegersohn Nachum Lentscher.

Pfui! Es war unerhört: Leuten, die nicht zur Familie gehörten, nicht die geringste Möglichkeit zu lassen, auch nur einen kleinen Teil ihres Geldes, einen Teil dessen, was sie investiert und verloren hatten, zurückzuerlangen.

Das versetzte alle in Wut, vor allem Leute wie Jakob-Jossi, der es nicht ertragen konnte, daß sich andere dieses Beispiel vielleicht zum Vorbild nahmen ... Und einige der geachtetsten und betroffensten unter Mosche Maschbers Gläubigern gaben den Behörden erneut einen Wink und erreichten tatsächlich, daß derselbe Untersuchungsrichter, der Sruli Gol ausgefragt hatte, sich auch mit Mosche Maschber beschäftigte und genügend Beweise sammelte, die eine Festnahme Mosche Maschbers und seine Inhaftierung für die Zeit der gerichtlichen Untersuchung und der endgültigen Klärung vor Gericht rechtfertigten.

Aber da, als es schon um die Frage der unmittelbar bevorstehenden Festnahme Mosche Maschbers ging, konnte man noch zu einem letzten Mittel greifen, um ihm aus der Patsche zu helfen: Man brauchte nur eine bestimmte Summe Geldes oder statt Geldes die Bürgschaft eines in der Stadt sehr geachteten Mannes beizubringen, der durch seine Unterschrift dafür einstand, daß Mosche die Stadt vor der Gerichtsverhandlung nicht verließ.

Nachdem sich ein solcher Bürge gefunden hatte, blieb Mosche Maschber bis auf weiteres auf freiem Fuß ... Und seine Familie nutzte diese Zeit, um Itzikl Zilburg, Mosches Vertrauten, zu den Gläubigern zu schicken, die am meisten gegen ihn aufgebracht waren, um sie zu überzeugen, daß sie mit ihrer Annahme unrecht hätten, Mosche habe böswillig gehandelt. In Wahrheit habe er etwas ganz anderes gewollt: Er habe den Ruin seiner Unternehmen verhindern wollen, da er vorhergesehen habe, daß sich alle Gläubiger gleichzeitig auf ihn stürzen würden, um zu retten, was zu retten war, wie es bei einer Feuersbrunst geschieht; dann würde alles in Trümmern liegen, und alle wären geschädigt. Mosche Maschber habe sich aber gedacht, daß es besser wäre, die Geschäfte vorläufig in den Händen der Familie zu lassen, damit er später, wenn sich die Dinge klärten und er in der Lage sei, die Gelder zurückzuerlangen, die andere ihm schuldeten, imstande wäre, alles zurückzuzahlen, was er seinen Gläubigern schuldig sei.

Das versicherte Itzikl Zilburg immer wieder allen Gläubigern, die er nacheinander aufsuchte.

»Nein«, entgegneten sie, »wer kann jetzt noch auf das Wort eines Mosche Maschber vertrauen, nachdem er so gehandelt hat? Denn wenn er wirklich so gedacht hätte, wie Sie soeben gesagt haben, hätte er sich mit den Betroffenen im voraus verständigen und ihnen in aller Offenheit erklären müssen, wie es um ihn steht. Dann hätten wir ihn gewiß nicht in die Enge getrieben. Wir hätten ihm vielleicht einen Zahlungsaufschub gewährt, bis er wieder auf die Beine kommt und seine alten Verhältnisse erreicht hat.«

»Nein.« (Keiner der Gläubiger wollte Itzikls Vorschlag zustimmen, weiter abzuwarten.) »Jetzt ist es zu spät, jetzt muß Mosche Maschber bares Geld auf den Tisch legen oder vor Gericht erscheinen, und dessen Urteil läßt sich leicht vorhersehen.«

Kurz: Itzikl erreichte nichts. Und als die Dinge so weit gediehen waren, daß Mosche Maschber ein Vergleich mit seinen Gläubigern, selbst mit denen, die mit einem kleinen Prozentsatz ihrer Forderung zufrieden wären, nicht mehr möglich war, blieb ihm nur noch eins: auf das Unvermeidliche zu warten . . .

Der Prozeß rückte näher. Seit seinem Konkurs hatte Mosche weder das Haus verlassen noch die Nase aus der Tür gesteckt. Er blieb im Haus, und sein Verhalten war so, wie wir es beschrieben haben: Er strich an den Wänden entlang, als zögen sie ihn an . . .

Es kam nur selten vor, daß er anschließend mit jemandem sprach, und wenn es überhaupt vorkam, verlor er sogleich den Faden und wußte nicht mehr, wo er sich befand; ebenso vergaß er, Nahrung zu sich zu nehmen, und man mußte ihn dazu nötigen. Und wenn er etwas aß, behielt er oft etwas im Mund, ohne es zu kauen oder herunterzuschlucken.

Manchmal fuhr er zusammen, als wäre ihm kalt oder als zupfte ihn jemand am Ärmel . . . Es kam vor, daß er den Kopf mal schnell nach rechts, mal nach links drehte, als hätte jemand hinter ihm gestanden und seinen Namen gerufen . . .

Er sprach mit niemandem. Nur sehr, sehr selten hörte man ihn kurze und merkwürdige Selbstgespräche führen, in schneidendem Tonfall, als spräche er zu jemandem, der ihm folgte und nicht von ihm ablassen wollte.

Alle waren ihm gleichgültig geworden. Und dennoch, kurze Zeit vor dem Prozeß, als sich alle Aussichten zerschlagen hatten, mit den Gläubigern zu irgendeiner Einigung zu gelangen, als sich alle Hoffnungen – seine, die seiner Familie und auch die seines Vertrauten Itzikl Zilburg, der sich in dieser Angelegenheit bemühte, als ginge es um ihn selbst – als vergeblich erwiesen hatten und Mosche Maschber schon die Schneide des Schwerts über seinem Kopf spürte und nirgendwo Hilfe oder guter Rat zu finden war, als sogar Mosches Frau Gitl weder für ihren Mann noch für sonst jemanden ein tröstendes Wort fand, wie man es von einer Ehefrau und Mutter verlangen kann, denn auch sie wußte nicht, wo sie Trost hernehmen sollte, ergab es sich, daß Mosche Maschber seinen Bruder Lusi kommen ließ. Er ließ ihm ausrichten, er fühle sich nicht wohl und habe mit ihm eine wichtige Angelegenheit zu besprechen, und bat seinen Bruder, sich die Mühe zu machen, zu ihm zu kommen, in sein Haus.

Lusi kam. Kaum war er eingetreten, führte Mosche ihn in den Salon, das Empfangszimmer, in dem sich niemand aufhielt. Er bat ihn, Platz zu nehmen, setzte sich ebenfalls und sagte:

»Weißt du, warum ich dich habe kommen lassen? Nein? Ich möchte mich von dir verabschieden . . . Du weißt sicher, was mir in allernächster Zukunft bevorsteht . . . Ein Prozeß und wohl auch ein Urteil, das manche erfreuen und meiner Familie Kummer bringen wird.

Was mich betrifft, habe ich es schon verwunden und betrachte es als verdient . . . Unser Vater – möge er in Frieden ruhen – hat uns immer davor gewarnt, wie du sicher noch weißt, Reichtümern nachzujagen . . . Warum habe ich nicht auf ihn gehört? Obwohl ich, um die Wahrheit zu sagen, nie zu denen gehört habe, die Himmel und Erde in Bewegung setzten, um zu Geld zu kommen, wie so viele andere. Aber so ist die Natur der Dinge: Womit auch immer ein Mann sich beschäftigt, er möchte vorwärtskommen und mehr erreichen, ob mit guten Taten oder im Geschäftsleben, und da man sich im Geschäftsleben meist auf schlüpfrigem Boden bewegt, sinkt man um so tiefer ein, je mehr man sich anstrengt . . . Und natürlich kränkt es mich, natürlich leide ich darunter, daß ich mir mit ungedeckten Schulden die Hände schmutzig gemacht und so mein Gesicht verloren habe – und was für Schulden das sind!

Ich hatte zunächst geglaubt, ich hätte vor Gott zumindest verdient, mit meiner Schande und meinem Leiden im Diesseits die Vergebung meiner Sünden in der anderen Welt verdient zu haben, mußte aber erkennen, daß es nicht so war; mir scheint, es genügt immer noch nicht.

Meine Familie wird sich gewiß bei dir beklagen, Lusi, daß ich allem und allen aus dem Weg gegangen bin, daß ich nichts unternommen, mit niemandem gesprochen habe, wie es Menschen in meiner Lage tun, die Ratschläge einholen, wie man die Dinge zum Besseren wenden und sich aus der Klemme befreien kann. So war es bei mir nicht. Für mich ging es nicht mehr darum, eine unrettbar verlorene Situation wiederherzustellen; vor allem bringe ich es nicht über mich, ihnen die Hauptsache zu sagen: Nicht nur mein guter Ruf ist dahin, sondern auch ich selbst. Ich habe das Gefühl, nicht mehr von dieser Welt zu sein. Ich habe das Gefühl, an der äußersten Grenze einer Welt zu stehen, dann ein Schritt noch, und ich bin auf der anderen Seite . . .

Du erinnerst dich gewiß, daß im Buch der Chassidim geschrieben steht: ›Wenn die Stunde des Schicksals gekommen ist und der Mensch sterben muß, verläßt ihn sein Glück, noch in derselben Nacht, noch am selben Tag, und sein Mund und seine Augen schließen sich.‹ In jüngster Zeit sehe und höre ich nichts mehr, wenn ich wach und unter Menschen bin; wenn ich aber allein bin, in der Nacht, schärfen sich im Traum meine Sinne. Ich höre gedämpfte Schritte näher kommen, manchmal die eines und manchmal die mehrerer Menschen. Wenn ich genauer hinsehe, erkenne ich unseren Vater, unsere Mutter und viele verstorbene Verwandte, die mir unter die Augen treten und sich in eine

Reihe stellen. Und, verstehst du, dabei kommt es mir jedesmal vor, daß zwischen ihnen eine Lücke ist, als wäre da ein Platz, der für mich bestimmt ist, als sollte ich mich unter sie einreihen . . . Ja, ich bin sicher, daß dieser Platz für mich bestimmt ist . . . Ich habe es noch niemandem erzählt, wozu auch? Ich habe es nur dir gesagt, Lusi, und zu diesem Zweck habe ich dich hergebeten.

Ich weiß nicht, wann es soweit ist, ob während meiner Haft oder später; aber wann der Moment auch kommen mag, so bitte ich dich, Lusi, jedenfalls so lange, wie du dich in N. aufzuhalten gedenkst, dich um meine Familie zu kümmern und ein Auge auf sie zu haben. Du weißt, Lusi, wie sehr sie dich lieben und welches Gewicht jedes deiner Worte für jeden von ihnen hat, und vergiß nicht, daß ich, Mosche, nicht mehr dasein werde und daß meine Familie dich brauchen wird.«

Mosche Maschber, der seinem Bruder Lusi gegenübersaß, hatte diese Worte, die wir soeben wiederholt haben, so ruhig und so bedächtig geäußert, als ginge es nicht um ihn selbst, sondern um jemand anderen, um den er sich Sorgen machte. Obwohl Mosche Maschber unter vier Augen mit seinem Bruder über letzte Dinge sprach, war sein Blick klar, weder verschleiert noch besorgt wie in jüngster Zeit, als er ruhelos an den Wänden entlangstrich, ohne ein Wort zu äußern.

Lusi unterbrach ihn natürlich. Er begann ihn zu ermahnen, er solle sich seiner bösen Gedanken schämen: »Wie kannst du dem Unglück so vorgreifen? In der Stunde des Unglücks ist immer noch Zeit genug, sich Sorgen zu machen . . . Und wer hat das Recht, die Zukunft vorherzusehen, die dem Blick des Menschen entzogen ist, das Ende allen menschlichen Lebens, und wie kannst du an Zeichen und Träume glauben und dich vor ihnen fürchten, denn es steht doch geschrieben: ›Habt keine Angst vor den Zeichen des Himmels, die Sprache der Träume ist falsch.‹«

Nach Lusis Antwort und dem Gespräch mit seinem Bruder verschleierte sich Mosches Blick erneut, als hätte er seinem Bruder überhaupt nicht zugehört, als wären seine Gedanken ganz woanders gewesen und Lusis Vorwürfe gar nicht an sein Ohr gedrungen.

Wir wissen nicht, ob sich Lusi dessen bewußt war oder nicht, aber als er sich nach dem Ende der Unterhaltung erhob, um sich zu verabschieden, und die beiden Brüder durch die Tür des Salons traten, die in ein anderes Zimmer führte, geschah etwas Überraschendes: Mosche Maschber, der neben seinem Bruder herging, legte Lusi plötzlich den Kopf auf die Schulter, ohne ein Wort zu sagen. Es ist nicht ausgeschlossen, daß Mosche dabei ein kurzes Schluchzen vernehmen ließ und seinen Bruder fragte: »Und was wird aus Alter werden, Lusi, wenn ich nicht mehr bin?« Es ist möglich, daß der ebenso bewegte Lusi keinen anderen Trost fand, als leise zu murmeln: »Gott wird Mitleid haben«, und ebenso möglich ist, daß er plötzlich einen Kloß im Hals hatte, der ihn zu ersticken drohte und daran hinderte, ein Wort zu sagen. Er wandte den Kopf ab.

Als die beiden Brüder das Eßzimmer betraten, in dem sich die Familie aufhielt, die Lusi bedrängte, bei ihnen zu bleiben, da sie hoffte, von ihm ein Wort des Trostes zu hören, da erklärte Mosche Maschber, Lusi sei sehr beschäftigt und sei nur seinetwegen gekommen, und da sie ihr Gespräch jetzt beendet hätten, habe er es eilig zu gehen, und man dürfe ihn nicht aufhalten.

Tatsächlich hielt sich Lusi nicht länger auf, denn er hatte keine Lust, sich zu einem Thema zu äußern, das Mosche, der in seinen Augen schon völlig resigniert hatte, so wenig zusagte. Lusi verabschiedete sich und ging. Mosche Maschber hatte recht gehabt: Lusi hatte in der Tat den Grund der Resignation erkannt.

Der Prozeß begann. Schon vom ersten Tag an war erkennbar, worauf der Richter hinauswollte und wessen Partei er ergreifen würde, nämlich die Partei der Prozeßgegner Mosche Maschbers und nicht die des unglücklichen Bankrotteurs. Die Angelegenheit sprach für sich selbst, und wann immer Mosche Maschbers Anwalt das Wort ergriff, um ihn zu verteidigen, sah man ihm deutlich an, daß er keineswegs überzeugt war, daß sein Mandant recht habe. Das Gericht sowie alle, die dem Prozeß beiwohnten, empfingen den Verteidiger mit Mißtrauen und schenkten dessen Erklärungen zunächst keinerlei Glauben.

Der Prozeß dauerte mehrere Tage. Jeden Morgen, wenn sich Mosche Maschber durch die Menge der Zuschauer, die sich im Gericht und auf der Straße versammelt hatte, einen Weg bahnen mußte, mußte er den Blicken derer begegnen, die bei seinem Anblick widersprüchliche Gefühle zeigten. Aus diesem Grund ging er mit gesenktem Kopf an ihnen vorbei.

Und als er zu seiner Verteidigung das Wort ergreifen mußte, bewegte er kaum die Lippen, stotterte herum, als hätte er keinerlei Hoffnung, den Richter umzustimmen oder für sich einzunehmen. Nicht nur er hatte jede Hoffnung aufgegeben, sondern auch sein Vertrauter Itzikl Zilburg, ebenso wie der Anwalt, den er mit der Wahrung seiner Interessen beauftragt hatte. Denn alle beide hatten während des Prozesses auch nicht einmal erkennen lassen, daß das Urteil anders ausfallen könnte, als er es erwartete.

Gegen Ende des Prozesses erwähnte der Gegenanwalt in seinem Schlußplädoyer unter anderem, Mosche Maschbers schlechtes Beispiel zitierend, daß es bei einem Freispruch oder auch nur einer Strafaussetzung dazu kommen werde, daß andere diesem schlechten Beispiel folgten, und das könnte nur dazu führen, daß die Grundlagen des freien Handels und damit das Eigentumsrecht aufgehoben würden, auf denen der Staat beruhe ...

Es war klar, daß sich Mosche Maschber in einer ausweglosen Lage befand und daß von einem Freispruch keine Rede sein konnte.

Er wurde tatsächlich verurteilt. Mosche hatte es von Anfang an gewußt und sich darauf eingestellt. Und am letzten Tag, als der Urteilsspruch erfolgen sollte, nahm er von seiner Familie Abschied, einen Abschied, wie ihn sich nur seine Feinde wünschen konnten, bevor er sich zum Gericht begab. Er war nämlich sicher, daß er von dort nicht nach Hause zurückkehren, sondern sofort dorthin gebracht werden würde, wo sein Schicksal auf ihn wartete – ins Gefängnis.

Bevor er aufbrach, ließ er sich den Beutel mit seinem Gebetsschal geben und begann noch mehr hineinzustopfen, als der Beutel fassen konnte: ein Gebetbuch, eine Bibel, ein Exemplar des jüdischen Gesetzes und »Die Überquerung des Jabbuk«, ein Werk, das er schweigend aus irgendeinem Bücherschrank nahm. Es war offenkundig, daß er das Buch schon vorher ausgewählt hatte. Das letzte Buch ging jedoch nicht mehr in den Beutel hinein, aber Mosche Maschber versuchte trotzdem mit zitternden Händen, es hineinzustopfen, aber es gelang ihm nicht. Seine Hände gehorchten ihm nicht mehr. So mußte er das Buch beiseite legen, und zum Erstaunen aller sagte er leise: »Vielleicht ist die Zeit nocht nicht gekommen, wie Lusi es gesagt hat . . .« Während er mit dem Beutel hantierte, hatte die ganze Familie um ihn einen Kreis gebildet, aber keiner bot ihm seine Hilfe an. Man ließ ihn aus unerfindlichen Gründen gewähren, ohne ihm zu helfen, ohne sich dessen zu schämen, und man hätte meinen können, daß sie alle in diesem Moment einem Mann zusahen, der dabei war, sein eigenes Grab auszuheben.

Das ältere Dienstmädchen, das jetzt die einzige Hausangestellte war, war ebenfalls anwesend. Ohne jemanden um Erlaubnis zu fragen, hatte sie ihre Arbeit in der Küche verlassen, um dem Abschied beizuwohnen. Sie stand mitten unter den anderen und weinte. Dann trocknete sie sich die Tränen und putzte sich die Nase mit einem Zipfel ihres Kopftuchs.

Bei Gitl sah man keine Tränen, auch nicht bei Judith, Mosche Maschbers ältester Tochter, denn Judith behielt ihre Mutter Gitl im Auge, die bei Mosches Vorbereitungen vielleicht in Wehklagen ausbrechen oder auch ohnmächtig werden konnte; aber dazu kam es nicht. Gitl blieb gefaßt, da sie ihrem Mann nicht noch mehr Kummer bereiten wollte, denn dieser war schon genug geprüft, und sie wollte das Faß nicht zum Überlaufen bringen.

So kam es also, daß weder die eine noch die andere eine Träne vergoß. Auch Mosches Schwiegersöhne betrachteten ihren Schwiegervater schweigend, unfähig, auch nur ein Wort zu sagen.

Anwesend waren auch alle Angestellten aus dem Büro und dem Petroleum- und Öllager, die Mosche Maschber hatte holen lassen, vielleicht um seine Demut zu zeigen; damit sie sahen, wie es um ihren Herrn und Meister stand, bevor er das Haus verließ ... Wie alle anderen standen auch sie schweigsam und wie erstarrt da und betrachteten, was sich vor ihren Augen abspielte, als stünden sie um das Bett eines Sterbenden herum.

Als Mosche Maschber schließlich mit seinem Beutel fertig war, begann er, sich zu verabschieden. Er ging zunächst zu jedem seiner Angestellten und Diener. Was er mit Worten nicht ausdrücken konnte, sagte er ihnen mit Blicken; man hätte meinen können, daß er sie um Vergebung bat, falls er je einen von ihnen gekränkt oder ihm ein Unrecht angetan haben sollte ...

Die Kinder, die dabeistanden, begriffen nicht, warum ihr Großvater seine Siebensachen packte, noch warum er sich jetzt verabschiedete. Eines begriffen sie aber: daß alle sehr traurig waren und daß sie sich still verhalten und jeden Lärm vermeiden mußten.

Dann trat Mosche zu Judith, seiner Tochter, und sprach mit leiser Stimme eine Art Segen. Darauf zu Gitl, bei der er ein undeutliches Murmeln hören ließ, und zuletzt zu Mayerl, seinem ältesten Enkelkind, der sehr wohl begriff, was hier vorging, und der sich deshalb abgewandt und seine Hand aus der seines Großvaters befreit hatte ...

Dann näherte sich als letzter Alter, der unbemerkt aus seiner Dachkammer heruntergekommen war. Und da konnte er sich ebensowenig beherrschen wie Mosche Maschber. Beide brachen in Tränen aus.

Mosche wollte den Abschied schnell hinter sich bringen. Er sah sich ein letztes Mal um, betrachtete die Wände und alle Anwesenden, riß sich dann mit Gewalt los und ging zur Tür. Bevor er die Schwelle überschritt, hob er die Augen zur Mesusa, die am Türrahmen befestigt war, berührte sie kurz mit der Hand, die er küßte, nachdem er sie zurückgezogen hatte ...

Diejenigen, die ihn zum Gerichtsgebäude begleiten sollten, Verwandte und Angestellte, folgten ihm, während die anderen im Haus zurückblieben, darunter auch Gitl, der alle abgeraten hatten, mitzukommen; aber sie hatte selbst keine allzu große Lust dazu verspürt ...

694

Und an diesem selben Tag, als das Urteil gesprochen und vollstreckt wurde, wurde Mosche Maschber der Staatsmacht übergeben, der er von nun an unterstellt war. Man vertraute ihn einer guten Obhut an, die ihn zu dem Ort brachte, zu dem man alle Verurteilten für die ihnen zugemessene Zeit bringt, ins Gefängnis.

An diesem Tag hatte sich eine große Menschenmenge vor dem Gerichtsgebäude versammelt; die Menschen standen in Gruppen zusammen und warteten geduldig auf das Ende der Sitzung, um mit anzusehen, wie Mosche Maschber mit gezogenen Säbeln abgeführt wurde . . .

Und dann geschah es. Einige, Mosche Maschbers nächste Angehörige, fielen in Ohnmacht; andere, die ihm weniger nahestanden, weinten, und selbst seine Gegner, die soviel dazu beigetragen hatten, daß man ihn der Gewalt der Säbel überantwortete, konnten sich nicht über ihren Sieg freuen, wandten sich ab und entfernten sich, um unbemerkt zu bleiben.

Ein großer Teil des Publikums folgte eine Zeitlang der Patrouille, die Mosche Maschber wegbrachte; manche blieben zurück wie bei einer Beerdigung, andere, neugierige Müßiggänger, wollten Mosche Maschbers Gesicht sehen und liefen ihm voraus. Schließlich verlief sich die Menge, zerstreute sich, und übrig blieben nur der Verurteilte und seine Bewacher: Mosche in der Mitte, einer der Bewacher mit gezogenem Säbel davor, ein zweiter dahinter.

Mosche Maschber, der mit seinem Beutel mit dem Gebetsschal und den Tefillin dahinging, hob während des ganzen Wegs nicht die Augen, und auch später nicht, als sie die Stadt verlassen hatten und man ihn zum Gefängnis führte, das abgeschieden draußen auf dem Land lag. Erst danach, als die kleine Gruppe vor dem Gefängnistor ankam und man ihnen die kleine Tür zum Gefängnishof öffnete, und er sich urplötzlich erinnerte, wohin er ging, hob Mosche die Augen und warf einen Blick auf den Türrahmen, als suchte er dort eine Mesusa . . . Aber da rief ihn einer seiner Wärter heftig zur Ordnung, um ihn anzutreiben, und so riß er sich zusammen und überschritt die Schwelle.

Und an dieser Stelle werden wir Mosche vorübergehend verlassen, um zu erzählen, was bei ihm zu Hause vorging, nachdem die Angehörigen seiner Familie, die ihn zum Gericht begleitet hatten, nach Hause zurückgekehrt waren.

Als Gitl, Mosche Maschbers Ehefrau, sie zurückkommen sah, erst die Schwiegersöhne, fahl im Gesicht wie nach einer langen Fastenzeit, dann seine Tochter Judith, deren Augen mit Tränen gefüllt waren, ging ihr auf, daß ihre schlimmsten Befürchtungen sich bewahrheitet hatten. Sie tat einen Schritt auf ihre Tochter Judith zu, als hoffte sie, von ihr die letzten Worte zu hören, die sie nicht auszusprechen wagte; aber dann, als hätte sie es sich anders überlegt, hielt sie plötzlich inne und sagte nur mit leiser Stimme: »Halt mich, Judith, ich falle . . .«

Judith eilte verängstigt zu ihr und nahm sie in die Arme. Gitl sank ganz in sich zusammen und wurde so schwer, daß Judith gezwungen war, um Hilfe zu bitten, denn ihre Kräfte reichten nicht aus, sie zu halten.

Erst liefen die Schwiegersöhne Mosches zusammen, dann noch andere, die vom Justizpalast zurückgekehrt waren, und mit deren Hilfe brachte man die ohnmächtige Gitl in ihr Zimmer und legte sie aufs Bett.

Ja, nach langen Qualen, die sie für sich behalten hatte, ohne sie durch Tränen oder Wehklagen zu äußern, wurde sie jetzt von dieser Krankheit überwältigt, die den Menschen zu einem halbblöden Wesen macht, das kein Glied mehr bewegen und nicht mehr blinzeln kann und, was am schlimmsten ist, nicht mehr fähig ist, auch nur die Zunge zu bewegen.

Nachdem man die Kranke zu Bett gebracht hatte, hatte man in aller Eile Ärzte geholt, die einer Meinung gewesen waren; nach kurzer Untersuchung und Beratung hatten sie sich der Ansicht angeschlossen, die wir schon geäußert haben. Ihren letzten Worten ließ sich eindeutig entnehmen, daß es schlecht um Gitl stand und daß es kaum noch Hoffnung für sie gab, es sei denn, ihr Zustand bliebe unverändert, dann könnten ihr noch Tage, Wochen, vielleicht auch Monate oder Jahre geschenkt werden, wer weiß?

Gitl ruhte still in ihrem Bett, ohne zu stöhnen, und ließ meist keinen Laut hören; sie fixierte nur stumpfsinnig einen bestimmten Punkt in der Luft, als wäre sie eine Wachsfigur.

Es war schon ein großes Glück, könnte man sagen, daß man sie für würdig befunden hatte, im eigenen Bett liegen zu bleiben, im eigenen Haus, ihr eigenes Dach über dem Kopf zu haben, dessen man sie jetzt leicht berauben konnte, indem man es einem von Mosche Maschbers Gläubigern zusprach. Es kam jedoch nicht dazu, denn das Gericht erkannte die Transaktion mit Sruli als legal an; Sruli, der Käufer, hatte folglich das Recht, das zu behalten, was er ehrlich erworben hatte.

Ein ebenso großer Glücksfall war, daß die Familie auch weiterhin über das Haus verfügen konnte und daß Gitl, die frühere Eigentümerin, sich auch weiterhin darin aufhalten durfte, als wäre es immer noch ihr eigenes; denn es gab nur eins, was Gitls ältere Tochter Judith tun konnte, um das Leiden ihrer unglücklichen und bettlägerigen Mutter zu lindern, nämlich sie auch weiterhin als Herrin des Hauses zu behandeln. Judith vergoß darüber insgeheim viele Tränen, wenn sie sich den Anschein gab, sie brauche einen Rat, oder wenn sie angesichts des steinernen Gesichts der Mutter erklärte, was sie im Haus zu tun oder nicht zu tun gedenke. Und ungeachtet der Tatsache, daß es nicht mehr möglich war, bei Gitl auch nur die kleinste Reaktion auszulösen, hielt es Judith für ihre Pflicht, so weiterzumachen wie bisher, und die Vorstellung, ihre Mutter sei noch Herrin des Hauses wie zuvor, tat ihr gut.

Natürlich war es ein großer Gunstbeweis, daß die Familie weiterhin über das Haus verfügen durfte. Und natürlich erinnerte sich Mosches Bruder Lusi an das Versprechen, das er seinem Bruder vor der Gerichtsverhandlung bei ihrem Abschied im Salon gegeben hatte; und jetzt, als Mosche Maschber nicht mehr da und das Unglück über Gitl hereingebrochen war, kam Lusi oft ins Haus, um seinen Verwandten mit einem tröstenden Wort beizustehen.

All das war gut und schön, aber trotz dieser »Summe von Wohltaten« war Mosches Familie alles andere als glücklich.

Ziehen wir Bilanz: Mosche Maschber im Gefängnis, Gitl halbtot in ihrem Bett, die Geschäfte gleich Null ... Einige der Gläubiger hatten unterdessen versucht, sich zusammenzutun, um sie wieder in Gang zu bringen, und die erfahrensten Männer, die zudem finanzielle Interessen an Mosches Unternehmungen hatten, an ihre Spitze gesetzt, aber das führte zu nichts. Warum? Weil die Geschäfte ohne ihre alten Chefs, Mosche Maschber und seine Schwiegersöhne, nicht mehr liefen; ihre alten Käufer und Kunden, die viel auf Kredit gekauft hatten und Mosche daher viel Geld schuldeten, versuchten aus Mosche Maschbers Konkurs Nutzen zu ziehen, um nicht selbst bankrott zu werden, und so zahlten sie nichts ... Schlechte Kunden sagten einfach: »Wenn er nicht zahlt, zahlen auch wir nicht.« Was will man da machen? ... Andere, Anständigere, brachten passendere Argumente vor, zahlten aber gleichfalls nicht. Wer also all das Geld einkassieren wollte, das Mosche Maschber von seinen Kunden zu fordern hatte, hätte dazu irrsinnig viel Zeit und langes Feilschen gebraucht, und das Ergebnis wäre trotzdem gleich Null gewesen.

So kam es schließlich, daß die Bemühungen, Mosche Maschber in den Ruin zu treiben, so gut wie nichts eingebracht hatten. Genützt hatte es nur bestimmten Gläubigern, die ähnliche Geschäfte hatten wie er und die seine Kunden an sich zu binden versuchten, nämlich in der Hoffnung, im Lauf der Zeit an ihnen zu verdienen, was sie bei Mosche Maschber verloren hatten; ein weiteres Ergebnis war, daß die kleinen Gläubiger sahen, wie sich ihre mageren Ersparnisse in Luft auflösten, ohne jede Hoffnung auf Rückzahlung ... Und diejenigen Gläubiger schließlich, die keinen Handel trieben und nicht darauf hoffen konnten, an den Kunden Mosche Maschbers auch nur einen Heller zu verdienen, auf welche Weise auch immer, standen genauso mit leeren Händen da wie die Armen – sie hatten nichts als wertlose Schuldscheine in der Hand und vielleicht den Trost, daß es ihr Verdienst war, daß man Mosche Maschber ins Gefängnis geworfen hatte ... Und diesen Trost wollen wir ihnen gerne gönnen.

Kehren wir zu Mosche Maschber zurück. Als er das Tor des Gefängnishofs durchschritten hatte und ins Büro gebracht wurde, übergab man ihn dem Gefängnisdirektor, der ihn in die Liste der ihm unterstellten Häftlinge aufnehmen sollte. So geschah es ... Man nahm ihm seine Zivilkleidung ab und gab ihm eine Häftlingsuniform, und so gekleidet wurde er in einen Flügel des Gefängnisses gebracht, der für Strafgefangene reserviert war. Als seine Begleiter mit ihm vor einer Zellentür standen, schlossen sie auf, ließen ihn eintreten und schlossen wieder zu.

Er kam wie alle Strafgefangenen mit leeren Händen in die Zelle, mit nichts als dem Beutel mit dem Gebetsschal und den Tefillin, die er als Kultgegenstände von Gesetzes wegen behalten durfte. Er blieb mit seinem Beutel wie angewurzelt an der Tür stehen und erweckte den Eindruck, als hätte er soeben zum erstenmal eine unbekannte Synagoge betreten. In seiner Verwirrung suchte er mit den Blicken die Türfüllung ab, als wollte er dort eine »Mesusa« finden, um sie zu küssen.

Statt einer »Mesusa« sah er einen Mann, der aus einem Kreis von Mitgefangenen herausgetreten war und nun auf ihn zukam. Ein Blick auf ihn genügte, um nicht nur jeden Gedanken an eine Mesusa zu vergessen, sondern sogar den eigenen Namen ... Es war ein kleinwüchsiger, stämmiger Sträfling, mit zur Hälfte glattrasiertem Schädel und einem gelblichen Gesicht, wie man es bei allen Häftlingen findet, die lange Zeit ohne frische Luft haben auskommen müssen; dazu ein gewellter, gestutzter Bart und eine scheußlich rasierte Oberlippe, die fast blau wirkte.

Es war ein zu einer langjährigen Strafe verurteilter Häftling, der zusammen mit anderen Sträflingen in Etappen zu dem Ort marschierte, den man ihm zugedacht hatte. Inzwischen war er im Gefängnis von N. angekommen, wo er darauf wartete, daß man sich seiner erinnerte und ihn weiterbeförderte.[1] Er trat ganz dicht an Mosche Maschber heran. Da stand er nun, dieser kleinwüchsige Mann mit seiner schirmlosen Sträflingsmütze aus

[1] Es war in Rußland üblich, sowohl Strafgefangene wie politische Häftlinge zu Fuß nach Sibirien marschieren zu lassen.

grauem Drillich, seiner kurzen Drillichjacke mit der Häftlings-
nummer auf den Schultern und Hosen aus dem gleichen Stoff.
Ohne ein Wort zu sagen, nahm er Mosche Maschber den Beutel
mit dem Gebetsschal weg.

»Was ist das?« fragte er.

»Dinge zum Beten«, erwiderte Mosche Maschber, der aus
dem Gedächtnis ein paar russische Brocken hervorgekramt hatte, um dem Sträfling zu antworten und ihm klarzumachen, was
dieser in der Hand hielt und wie er damit umgehen mußte.

»Und das, was ist das?« sagte der Sträfling und zog die Bücher
aus dem Beutel, die Mosche vor dem Verlassen des Hauses
eingepackt hatte. »Das gleiche«, erwiderte Mosche Maschber.

»Und du, wer bist du?«

»Kaufmann«, stotterte Mosche.

»Und Geld, hast du Geld?«

»Nein«, und scherzhaft (falls man das einen Scherz nennen
kann) fügte er hinzu: »Aus diesem Grund bin ich hier.« Erst jetzt
sah er die anderen Häftlinge, die ihn umringten, ihn musterten
und auf seinen Mund starrten.

Dann nahm der stämmige Bursche, der als erster auf Mosche
zugekommen war und der Starosta[1] der Zelle zu sein schien, den
Gebetsschal an sich, den Mosche Maschber mitgebracht hatte.
Mit ungeschickten, klobigen Händen versuchte er, ihn anzulegen und sich darin einzuhüllen. Ähnlich unbeholfen versuchte er
irgend etwas mit den Tefillin zu machen, ging dabei aber zugleich
behutsam und mit einer Art Achtung vor, als hielte er Gegenstände in der Hand, die er früher einmal gekannt hatte, von
denen er aber nicht mehr wußte, wozu sie da sind.

Mosche Maschber war ein wenig blaß geworden, als er den
anderen mit diesen Dingen hantieren sah. Er befürchtete, die
Sträflinge, die ihn umringten, könnten die Sachen profanieren.
Als sie sahen, was ihr Zellengenosse tat, fingen sie an zu lachen
und konnten sich kaum beruhigen.

»Lacht nicht!« sagte plötzlich der Starosta streng, der Chef der

---

[1] Chef.

Zelle, der mit dem gewellten Bart und der scheußlich rasierten Oberlippe. »Dies sind Dinge, die *meinem* und *seinem* Gott gehören«, sagte er und zeigte auf Mosche Maschber, den die Umgebung und das Lachen der Sträflinge bedrückte, aber auch die Tatsache, daß er es mit dem Starosta zu tun hatte, der jetzt an Mosches Schal und seinen Tefillin herumfingerte, um sich darüber lustig zu machen, wie Mosche dachte.

Das war jedoch nicht der Fall. Der andere war Jude ... Und was für ein Jude: im Ohr ein Ohrring aus Zinn, die niedrige Stirn eines Bullen, Hände wie Dreschflegel, jederzeit bereit, sich zu prügeln, und man sah ihm an, daß es ihm nichts ausmachen würde, einen Menschen wie ein Kätzchen zu erdrosseln.

Man nannte ihn »den Mann aus Noworossijsk«. Er stammte aus dem erst vor kurzem besetzten Nord-Kaukasus mit seinen weiten leeren Regionen, wo man selbst in der Woche Weißbrot aß und wo die Juden verroht waren und das »R« rollten ...

Seine Geschichte hatte nichts Erhabenes an sich. Sein »Beruf« bestand darin, Pferde zu stehlen und sie auf fernen Märkten zu verkaufen. Wenn er mit dem Diebstahl durchkam, gut und schön. Wenn nicht, wenn er auf Widerstand stieß, schreckte er nicht vor einem Verbrechen zurück, was ihm mehr als einmal widerfahren war. Wenn er gezwungen war, in die Steppe zu flüchten und zu hungern, schnappte er sich den »Kopf« einer Herde, um ihn zu töten und ihn roh zu verspeisen ... Man erzählte sich, daß er selbst hier, im Gefängnis, nicht vor rohem Fleisch zurückschreckte, wenn man ihn in die Küche schickte, um die Essensrationen seiner Zellengenossen zu holen oder dem Koch zu helfen.

Kurz, dieses Waisenkind, das irgendwo in einem abgelegenen Dorf ausgesetzt worden war, hatte sich einen gewissen Namen gemacht. Er war lange Zeit Laufbursche gewesen und hatte dann für einen miserablen Lohn als Stallknecht gearbeitet. Man hatte ihn zweifellos nicht gut behandelt; wenn er zu einer Diebesbande stieß, kamen daher seine Erfahrung als Pferdestriegler und seine Kenntnis der Steppe dem »Sachverstand« seiner neuen Kumpane zugute.

Er erinnerte sich kaum noch, wann das alles gewesen war. Die Geschichte seiner Jugend hatte er längst kaum noch im Kopf. Das einzige, was ihm davon geblieben war und was ihn noch mit seiner Herkunft verband, war die Tatsache, daß er es nicht ertrug, eine Kränkung mit anzusehen; er ergriff immer Partei für den Gekränkten.

Ja, Mosche Maschber hatte noch Glück gehabt, auf diesen Burschen zu treffen, denn sonst wäre ihm wohl die Behandlung zuteil geworden, die jeder Neuankömmling in einer Zelle über sich ergehen lassen muß, wo man ihn nach einem Sträflings-Ritus in die Gesellschaft aufnimmt: Schläge, trockene wie nasse. Kein Neuankömmling und gewiß kein Mosche Maschber wäre da mit heilen Gliedern davongekommen.

Ja, natürlich war es ein glücklicher Zufall, daß die Hülle des Gebetsschals und der Tefillin den Respekt des Starosta erweckt hatte, dieses Sträflings, der von der ersten Minute an Mosches Beschützer wurde, sobald dieser die Zellentür durchschritten hatte.

Aber was für ein zweifelhaftes Glück! Mosche wurde sich dessen schmerzlich bewußt, als er sich diesen schillernden Burschen etwas näher ansah, diesen Sträfling mit seinem Ohrring aus Zinn, seiner abgestumpften Stirn, seinen kurzen Armen, die in Dreschflegeln von Händen endeten, was ihn mehr noch als die anderen wie einen Mörder aussehen ließ. Das war zweifellos der Grund, warum man ihn Starosta genannt hatte: Er sollte über die Disziplin, aber auch über die Interessen der Häftlinge wachen, für die er sein Leben aufs Spiel setzte, ohne dabei das Leben seiner Schutzbefohlenen zu schonen, die er mit seinem Messer in Schach hielt, das er trotz aller Verbote des Strafvollzugs hatte hereinschmuggeln können und stets bei sich trug . . .

Ein zweifelhaftes Glück, dessen wurde sich Mosche Maschber nur zu schmerzlich bewußt, als er dieses Gesicht mit der blauen, scheußlich rasierten Oberlippe näher kennenlernte, auf der von Zeit zu Zeit ein Schweißtropfen erschien, wenn der Bursche wütend wurde und mit einem der Mithäftlinge abrechnen wollte . . .

»O Herr«, sprach Mosche Maschber mit leiser Stimme, als es ihm gelungen war, sich aus dem Kreis der Mithäftlinge zu lösen, die ihn nach seinem Eintreten umringt hatten. »Wohin hast Du mich geführt? Wo bin ich hier?«

Er hatte Angst, noch mehr zu sagen, um nicht die Aufmerksamkeit der anderen auf sich zu lenken. Er schloß die Lippen und kam zu dem Schluß, der jetzige Moment sei schlecht gewählt, aber später, am Abend, wenn alle anderen schliefen und er allein wachte, werde er das zu Ende sprechen können, was er jetzt nicht zu sagen wagte.

Und so geschah es auch. Nachdem er aus dem Kreis der Mithäftlinge herausgetreten war, wies man ihm einen Platz auf einer Pritsche an, wo er am Tage seine armselige Habe ablegen und nachts schlafen könnte. Er richtete sich ein, so gut es ging, wobei er sich bemühte, sich von den anderen fernzuhalten und sich in nichts einzumischen. Am frühen Abend gab man ihm seine Essensportion, die er unter dem Vorwand verweigerte, er habe jetzt keinen Appetit. Wer von den anderen sie haben wolle oder nötig habe, könne sie gerne kriegen. Dann inspizierte er sein Nachtlager, das durch den langjährigen Gebrauch so vieler Körper, die sich dort herumgewälzt hatten, ganz blank poliert war. Gleichzeitig warf er einen Blick auf den Abtritteimer, dem er bisher mit den Blicken ausgewichen war, und auf seine Mithäftlinge, die dort ohne jede Scham ihr kleines Geschäft verrichteten, da sie daran gewöhnt waren.

Schließlich kam der Moment, in dem sich seine Mithäftlinge schlafen legten. Eine kleine, in die Wand eingelassene Nachtlampe warf einen schwachen Lichtschein auf die Zelle und ihre Bewohner, deren graue Kleidung ihre Farbe verloren hatte und deren fahle Gesichter in der Dunkelheit nicht mehr zu unterscheiden waren.

Dann lagen alle auf ihren Pritschen. Mosche Maschber mußte jetzt seine Gefängnispritsche einweihen. Er tat es. Und dann, als die Häftlinge nach einigem Herumwälzen versucht hatten, sich bequem hinzulegen, und einzuschlafen begannen, kam für Mosche endlich die so ersehnte Stunde, in der er nachdenken und sich über seine Lage Klarheit verschaffen konnte . . . Und wer ihn jetzt in dem schwachen Lichtschein der Nachtlampe auf der Pritsche ausgestreckt gesehen hätte, mitten unter den Sträflingen, hätte auch gesehen, daß sein Gesicht voller Tränen war, die ihm nicht aus den Augen zu fließen schienen, sondern aus einer Quelle tief in seinem Innersten.

Mosche, der auf seiner glatten, blank polierten Pritsche ohne jede Bettwäsche lag, war sich nicht bewußt, daß er weinte, und später ebensowenig, daß er aufgehört hatte zu weinen und leicht eingeschlummert war; so leicht, daß vor seinen offenen oder vielleicht auch geschlossenen Augen das Bild seines Vaters erschienen war.

Dieser trug ein weißes Leinengewand, und im Gürtel steckten mehrere Widderhörner wie bei jenen vorsorglichen Schofar-Bläsern, die sich gleich mehrere Widderhörner einstecken, da sie nicht sicher sind, ob sie einem allein die gewünschten Töne entlocken können . . .

»Was ist, Vater? Ist heute Rosch Haschana[1]?« fragte Mosche Maschber erstaunt.

»Nein, mein Sohn, es handelt sich um einen Bannfluch.«

»Gegen wen?«

»Schau dich um«, erwiderte der Vater.

Und Mosche Maschber sah sich plötzlich in einer großen Synagoge, einer von denen, in denen alle volkstümlichen Feste stattfinden, Freudenfeste, aber auch – oj weh! – das Gegenteil . . . Mosche stand abseits wie ein Verdammter, dem man einen besonderen Platz zugewiesen hat, damit nichts, was ihm widerfährt, einem anderen zum Schaden gereichen kann.

Mosche sah seinen Vater mit einigen anderen angesehenen Männern, genauso geachtet wie er, inmitten einer Fülle brennender Lampen am Vorlesepult stehen . . . Eine große, in ehrfürchtigem Schweigen erstarrte Menge schien auf ein unmittelbar bevorstehendes Ereignis zu warten . . . Die Synagoge, die Gesichter, die Köpfe der Anwesenden wurden durch das starke Licht der

[1] Neujahr

Kronleuchter an der Decke und der Lampen auf dem Vorlesepult hell angestrahlt. Der Vorhang ist geöffnet, die Türen der
Bundeslade stehen offen, und auch die Thorarollen scheinen auf
das zu warten, was da kommen soll.

Plötzlich hört Mosche den Ton des Widderhorns, das alle
erzittern läßt, vor allem aber ihn, Mosche. Er erwacht, steht
allein, etwas abseits da, und das Widderhorn hat kein anderer als
sein Vater an den Mund gesetzt, der der Gemeinde verkündet,
sein Sohn sei von den übrigen Schäfchen abgesondert.

»Er sei verflucht«, hört man dann eine Stimme sagen, »den
Bannfluch über ihn, die Strafe des Josua, Nuns Sohn, und all der
anderen soll auf das Haupt des Mannes herabkommen, der hier
steht und den Weg der Abtrünnigkeit, der Schande und der
Falschheit beschritten hat . . .«

»Er sei verflucht«, ruft die Stimme aus. »Wo er geht und steht,
zu Hause und überall, in der Stadt oder auf dem Land.«

»Er sei verflucht!« Und die Menge wiederholt mit leiser Stimme jedes Wort des Mannes, der den Bannfluch verkündet.

Und Mosche Maschber hebt die Augen und sieht und erkennt
zahlreiche arme Gläubiger, von denen er Geld geliehen hatte und
die in jüngster Zeit sein Büro belagert und sich demütig an ihn
gewandt hatten, denen er jedoch beim letztenmal ausgewichen
war, um einfach durch eine Hintertür zu verschwinden. Er war
nach Hause gegangen, und die Menge war ihm gefolgt und hatte
sein Eßzimmer gestürmt und dabei Schreie und Verwünschungen ausgestoßen, bevor sie durch einen russischen Beamten aus
dem Haus gejagt worden war.

Ja, Mosche Maschber stand einsam und verlassen abseits und
mußte den Bannfluch über sich ergehen lassen, der auf ihn
herniederprasselte wie ein Hagelschauer. Mit gesenktem Kopf
stand er da, voll brennender Scham, verflucht von der Gemeinde
und seinem Vater, der mit seinesgleichen am Vorlesepult stand
und mit eigenen Lippen den Bannfluch mitsprechen und wiederholen mußte, als wäre es auch zu seiner Schande. Mosche
Maschber nahm das alles auf sich, hielt es für gerecht und
wünschte, der Tod möge ihn holen . . .

Aber plötzlich verschwindet die Vision: Die Synagoge, das Vorlesepult, die Bundeslade, die Menschenmenge, die sich dort versammelt hatte; nur Mosche und sein Vater bleiben allein zurück, sie stehen sich gegenüber, und der Vater, der auf ihn zugeht (das Herz eines Vaters läßt sich nicht verleugnen), wie man auf einen Menschen zugeht, der auf alles gefaßt ist, nähert sich ihm in demselben weißen Leinengewand und zeigt dem Sohn Länge und Breite des Kleidungsstücks, erklärt ihm, daß es für sie beide reiche, daß sich auch Mosche darin einhüllen könne, um dann dorthin gebracht zu werden, woher der Vater zurückgekehrt war, der im Jenseits ruht ... Mosche Maschber ist schon bereit, sich an seinen Vater zu klammern und sich mittragen zu lassen, wie sein Vater es wünscht ...

Aber da erwachte er plötzlich und sah im schwachen Lichtschein der Nachtlampe, wo er lag: auf der Pritsche inmitten der graugekleideten Sträflinge, die sich ihre Häftlingsmäntel über die Köpfe gezogen hatten. Da er sich soeben entschlossen hatte, den Schritt von dieser Welt in die nächste zu tun, machte ihm die Rückkehr in die harte Wirklichkeit, die ihm der schwache Lichtschein der Lampe enthüllte, jetzt weniger aus.

Nach dem Aufwachen blieb er noch lange mit offenen Augen auf der Pritsche liegen. Es war noch früh, nicht später als Mitternacht, und Mosche, der schon wieder halb eingeschlafen war, versetzte sich in Gedanken in die Stadt. Er stellte sich vor, daß er dort stand, um dem zu lauschen, was auf dem Markt bei den verschiedenen Gruppen gesprochen wurde, wo manche sein Schicksal bedauerten, während andere der Meinung waren, er habe es verdient, es sei gerecht.

Dann kam er in Gedanken bei seinem eigenen Haus an. Ihm schien, als irrte er wie ein Fremder auf dem nachtdunklen Hof herum, ohne den Mut zu haben, die eigene Schwelle zu betreten. Nachdem er sich aufgerafft hatte und ins Haus gegangen war, kam es ihm wieder vor, als irrte er heimlich und verstohlen von Zimmer zu Zimmer ... Zunächst betrachtet er seine schlafenden Enkel; dann geht er in das Zimmer seiner Tochter Judith; er sieht, daß sie nicht schläft und daß ihr Kissen von Tränen ganz durchnäßt ist, die ihr unablässig über die Wangen laufen; schließlich betritt er sein Zimmer, wo er sieht, daß sein Bett gemacht ist, daß aber niemand darin liegt, und im gegenüberliegenden Bett schläft seine Frau Gitl, aber sie hat etwas Seltsames an sich, sie schläft nicht, ist aber auch nicht wach, ihre glasigen Augen sind starr auf irgendeinen Punkt im Raum gerichtet, und ihre Reglosigkeit macht Mosche Angst. Er erschrickt, und ein Schrei steigt in seiner Kehle auf, als wäre er tatsächlich zu Hause, als hätte er Gitl wie zufällig erblickt. Er sieht sie so nah und so wirklich vor sich. Obwohl er nicht wissen kann, was im Haus vorgefallen ist, da er aus dem Gerichtsgebäude nicht zurückgekehrt ist, spürt er, daß etwas passiert sein muß, was dem ähnlich ist, was er jetzt sieht. Wieder möchte er am liebsten aufschreien, so wie man bei einem Unglück um Hilfe schreit.

Aber da erwachte er nochmals und erinnerte sich, wo er war: Nicht zu Hause, sondern fern von der Stadt im Gefängnis, es war Nacht, und er lag auf einer glatten, blankgewetzten Pritsche unter lauter Häftlingen – und ein Schrei würde ihm hier nichts nützen . . .

Er blieb die ganze Nacht auf seiner Pritsche ausgestreckt und tat kein Auge zu; in der Morgendämmerung, als alle Häftlinge noch schliefen und das schwache Morgenlicht kaum durch das hohe, vergitterte Fenster drang, konnte man Mosche Maschber mit seinem Gebetsschal und seinen Tefillin mit dem Gesicht zum Fenster dastehen sehen. Unter dem Gebetsschal, den er sich über den Kopf gezogen hatte, hob sich die scharfkantige Stirnkapsel der Tefillin lebhaft ab wie eine riesige Beule. Während des Gebets verharrte er reglos, ohne ein Glied zu bewegen. Als ein Häftling, der sich im Schlaf umdrehte, die Augen hob, um nach der Tageszeit zu sehen, und Mosche Maschber in dessen fremdartigem Morgenaufzug entdeckte, erschrak er, da er nicht wußte, was er sah – einen lebenden Menschen oder einen Geist, der keine Zeit gehabt hatte, rechtzeitig zu verschwinden.

An dieser Stelle werden wir Mosche Maschber eine Zeitlang in seinem Gefängnis allein lassen, bis wir ihn als gebrochenen, schon fast nicht mehr wiederzuerkennenden Mann nach Hause zurückkehren lassen.

Denn mochte es auch dank einiger Eingaben seiner Familie und selbst seiner böswilligen Gläubiger, die endlich begriffen hatten, was sie da angerichtet und *wen* sie *welchen* Händen ausgeliefert hatten, gelungen sein, für Mosche eine Vorzugsbehandlung zu erwirken, die darin bestand, daß man ihn nicht zu schweren Arbeiten in die Stadt schickte wie all die anderen, damit die Leute ihn nicht in seiner Schande und seiner Häftlingskleidung sahen, obwohl man sogar das Recht für ihn erwirkt hatte, sich am Sabbat und an Feiertagen koscher zu ernähren, wie das Gesetz es vorschreibt, und obwohl es sogar gelungen war – nämlich als man erfuhr, er wäre krank geworden, sei es vor Kummer, sei es als Folge des Gefängnisessens –, ihn ins Krankenrevier der Anstalt einweisen zu lassen, wo er bessere Nahrung erhielt und überdies der Aufsicht des Gefängnisarztes unterstand, den man für seine Bemühungen üppig bezahlt hatte; obwohl es also gelungen war, all das zu erreichen, genügte es weder, die Mosche zugefügte Wunde zu heilen, noch ihn von der Überzeugung abzubringen, daß es nach allem, was ihm auf dieser Welt widerfahren war, besser für ihn wäre, diese zu verlassen und die andere zu betreten, wie es ihm sein Vater vorgeschlagen hatte.

V

Zaudern und Zweifel Lusis

Aus erzählerischen Gründen kehren wir für einige Zeit in die Vergangenheit zurück.

An jenem denkwürdigen Abend, an dem man Lusi aus Reb Dudis Haus hatte holen lassen, damit er sich zu seinem Bruder Mosche Maschber begab, um nach dessen schwerkranker Nichte zu sehen, war er anschließend nach Hause gegangen. Dort hatte er sich zunächst von dem großen Kummer erholt, den nicht nur die Kranke ihm bereitete, sondern auch sein Bruder Mosche und dessen ganze Familie, um dann über diesen Abend bei Reb Dudi nachzudenken, vor allem über das, was dort vorgefallen war.

Er sah Reb Dudi wieder vor sich mit seinem weißen, glänzenden Bart, seinen halbgeschlossenen und doch so durchdringenden Augen, die Intelligenz verrieten und jeden Gesprächspartner beherrschten und für sich einnahmen. In dem Mann mit diesem Blick ahnte er einen großen Kenner der Thora, aber auch einen Mann, der sich mit Leuten vom Schlag des Kneipwirts Jonas umgab und sich von ihnen unterstützen ließ, einen Mann, dessen Rolle und Wesen Lusi an jenem Abend erfaßt hatte. Besonders erinnerte er sich an Jonas' Arme, die dieser ständig auf dem Rücken verschränkt hielt . . .

Lusi hatte in Reb Dudi einen jener Männer erkannt, von denen er sich enttäuscht abgewandt hatte, denn er hatte gesehen, wie sie ausgeruht und vollgestopft auf dem Kutschbock des Wagens saßen, vor den die Mehrheit des Volkes gespannt war; er hörte, wie sie das Gespann mit fröhlichem Zungenschnalzen antrieben; er sah sie, wie sie selbstgefällig und vom Gefühl ihrer Überlegenheit durchdrungen nicht im Traum daran dachten, einen Blick auf diejenigen zu werfen, die den Wagen zogen, um zu sehen, ob diese vielleicht stark genug dafür waren . . .

Lusi sah in Reb Dudi einen von denen, die nur allzuleicht vergessen, daß die Ladung der Kraft derer, die sie ziehen, entsprechen muß, denn wenn die Last zu schwer ist, kann man sie nicht halten und bricht unter ihr zusammen; denn all jene, die an die Wahrheit des Satzes glauben: »Der Glaube versetzt Berge«, die also der Meinung sind, daß das Gesetz nur deshalb heilig sei, weil es das Gesetz ist, und die es nicht nach seiner Nützlichkeit beurteilen, beurteilen auch den Menschen nicht nach den Umständen, die ihn zu einer bestimmten Tat getrieben haben.

Nehmen wir zum Beispiel Michl Bukjer. Einen Mann, für den Reb Dudi aller Wahrscheinlichkeit nach vor allem Mitgefühl und Verständnis hätte aufbringen müssen, statt zum Stock zu greifen und jemanden zu züchtigen, in dessen Haut er nie gesteckt hatte. Wer weiß, wie er selbst gehandelt, wie er sich selbst verhalten hätte, wenn er unter den gleichen Umständen an der Stelle des anderen gewesen wäre? Ein Mann wie Reb Dudi hätte sich an den Satz erinnern müssen: »Auch wenn Israel gesündigt hat, bleibt es Israel«, was heißen soll, daß auch der verstockteste Sünder ein Mensch bleibt und daß man nach den Ursachen seiner Verfehlungen forschen muß, bevor man ihn bestraft, bevor man ihn gleich zurückstößt und in dieser wie in der künftigen Welt aller Rechte beraubt.

Und jedesmal, wenn Lusi in jener Nacht solche Gedanken durch den Kopf gingen, dachte er auch an Michl Bukjer, und sein Bild war stets begleitet von dem des kleinen, grauen Reb Dudi, der Lusi starr anblickte, so als wollte er sagen, daß der Streit über Michl Bukjer, den er, Lusi, begonnen hatte, noch lange nicht beendet war.

Mehr noch: Kurz darauf ereignete sich etwas, was Lusi stark erregte und ihn außer sich geraten ließ. Es ging wieder um denselben Michl, der plötzlich erkrankt war. Sruli hatte den bereits Erkrankten eines Tages zu Lusi mitgebracht.

Wie das?

Es begab sich folgendes: Eines schönen Tages um die Mittagszeit ging Lusis Tür auf, und auf der Schwelle erschienen zwei Männer. Erst Sruli und hinter ihm ein anderer, den Sruli bei der Hand hielt und der scheinbar gegen seinen Willen mitgekommen war, denn Sruli zog ihn buchstäblich hinter sich her.

Es war Michl Bukjer, dessen rechte Körperhälfte ungestüm vorwärtsdrängte, während die zweite, die linke, sich wie ein fremder Körper dahinschleppte, den er sich nur geliehen zu haben schien. Als er hinter Sruli eintrat, zitterte und hüpfte er, als wäre er gelähmt, und während seine rechte Gesichtshälfte vor Freude strahlte und ein fast idiotisches Lächeln zur Schau trug, wirkte die andere tot, erstarrt, wie aus Holz.

Das war der Mann, den Sruli zu Lusis Tisch schleppte und mit den Worten vorstellte:

»Sieh dir an, was sie aus ihm gemacht haben!«

»Wer denn? Was?« fragte Lusi verblüfft.

»Die ehrbaren Bürger der Stadt und die geschickten Schmiede seines Unglücks, die ihn in diesen Zustand versetzt haben!«

»Ah, Lusi . . . Schalom . . .« sagte Michl und lächelte mit der einen Hälfte seines Gesichts. Dann streckte er Lusi plötzlich die gesunde rechte Hand entgegen, außerstande, etwas anderes zu sagen als »Schalom«.

Lusi krampfte sich bei diesem Anblick das Herz zusammen, und er bekam Angst. Er stand von dem Stuhl auf, auf dem er gesessen hatte, und erwiderte Michls Gruß mehr aus Höflichkeit; aber als ihm aufging, daß es vergebliche Liebesmühe war, von diesem Menschen etwas erfahren zu wollen, wandte er sich schnell ab und blickte Sruli an, als wäre der andere gar nicht anwesend, als ginge es gar nicht um ihm. Lusi fragte:

»Was ist los? Was ist passiert?«

Sruli konnte auch keine genaue Auskunft geben. Er konnte nur sagen, daß Michl, wie Lusi selbst sehen könne, nicht mehr er selbst sei, daß er körperlich und geistig am Ende sei, daß er, Sruli, ihm soeben begegnet sei. Michls Frau habe ihn unter Tränen zu den Eltern seiner alten Schüler gebracht, um ihn ihnen zu zeigen und das Mitleid der Leute zu wecken . . .

»Und ich weiß auch«, fügte Sruli hinzu, »daß Michl das dem Streit mit der Stadt verdankt, die ihm diese Erniedrigung angetan hat, und daß es gewiß noch schlimmer kommt. Ich glaube, daß Michl nicht mehr lange unter uns weilen wird.«

Was Michls Krankheit betraf, hatte Sruli tatsächlich recht. Das Ganze hatte sich, wie folgt, abgespielt:

Nach dem Tod seiner Kinder, nachdem man ihm die Schule genommen hatte und ihn ohne jeden Broterwerb ließ, dafür aber mit einem ruinierten Ruf (man verbreitete überall, man könne ihm keine neue Stellung anvertrauen, nicht einmal die eines Unter-Schammes in einem armen Betsaal, um die er sich bemühte und die man ihm verweigerte), nach all dem blieb Michl nichts weiter übrig, als sich überall dort, wo es möglich war, Geld zu leihen, um seine Frau und seine Kinder durchzubringen, die kaum noch das Nötigste hatten; und später, als es niemanden mehr gab, von dem er sich Geld leihen konnte, als der Küchenherd ebenso kalt blieb wie der Ofen im Wohnzimmer, da nichts mehr da war, um die Küche zu benutzen, konnte er nur noch bei einem Kolonialwarenhändler oder einem Nachbarn ein wenig Petroleum für seine billige Lampe erbetteln. So hatte er dafür gesorgt, daß er im Schein der Lampe sitzen und mit Eifer und Hingabe an seinem schon vor langer Zeit begonnenen Buch weiterarbeiten konnte, wenn seine Familie sich in ihre kalten Betten legte, ohne getrunken oder gegessen zu haben. In diesem Buch ging er hart mit Maimonides[1] ins Gericht, dessen Argumente er verwarf. Er hoffte, die neuentdeckte Wahrheit werde die mit Blindheit geschlagene Judenheit aufklären.

Eines Abends saß Michl unter der Lampe, in eine besonders schwierige Passage von Maimonides vertieft, eine Stelle, die wegen der Komplexität des Themas und auch der höchst unverständlichen und komprimierten Sprache selbst für einen Mann von klarem Verstand nur schwer zugänglich ist, und um wieviel

---

[1] Philosoph, Arzt, Astronom und Mathematiker (Geboren in Cordoba 1135, gestorben in Kairo 1204), der als einer der größten jüdischen Denker aller Zeiten verehrt wird.

mehr für einen Mann wie Michl, den zahlreiche Sorgen nieder-
drückten und der in letzter Zeit mit so wenig Nahrung hatte
auskommen müssen. Und als er so in seinen Text vertieft dasaß,
zerplatzte der Gedanke, mit dem er sich gerade beschäftigte, mit
einem Knall, als wäre in seinem Gehirn plötzlich eine gläserne
Vase in Stücke gesprungen. Er war wie geblendet und empfand
zugleich so etwas wie tiefe Dunkelheit, und dann spürte er auf
einmal auch die Hälfte seines Körpers nicht mehr. Speichel
tropfte ihm aus dem Mund, und wären seine Frau oder ein
anderer jetzt erwacht, hätten sie ihn als völlig gebrochenen Mann
dasitzen sehen; die eine Hälfte des Gesichts war lebendig und
zeigte ein süßliches, idiotisches Grinsen, die andere Hälfte wirkte
tot, erstarrt, kalt – ein Rätsel. Und wäre Michl jetzt allein oder
mit fremder Hilfe aufgestanden, hätte man sehen können, daß er
am Ende war und bereits alle Anzeichen jener Krankheit zeigte,
die wir bei unserer früheren Begegnung Michls mit Sruli im
Hause Lusis aufgezählt haben.

»Oj weh!« rief Lusi aus, als er von Sruli gehört hatte, was
vorgefallen war. Voller Mitgefühl wandte er sich an Michl.

»Weh wem?« fragte Sruli, zufrieden über Lusis Reaktion, aber
mit einem Anflug von Ironie, mit dem er sagen wollte, daß Lusi
schon längst zu diesem Schluß hätte kommen müssen.

»Weh denen, von denen du gesprochen und deren Namen du
genannt hast«, erwiderte Lusi.

»So sei es!«

Srulis Antwort war knapp und kalt, als wollte er sich nicht
länger bei diesem Thema aufhalten, und dann begann er, Einzelheiten über Michl zu erzählen: seit wann diesen das Unglück
getroffen habe, wie er in der Stadt zufällig Michl und dessen Frau
begegnet sei, wie sie ihren Mann weinend an der Hand geführt
und wie er, Sruli, ihren Platz eingenommen habe und mit Michl
allein geblieben sei, wie er mit ihm von Haus zu Haus, zu Bekannten wie Fremden, gegangen sei und für ihn gebettelt habe.

Während Sruli all das erzählte, würdigte er Michl, der bei der
Unterhaltung anwesend war, keines Blickes, als hörte dieser gar
nicht zu oder als wäre er unfähig, das Gehörte zu begreifen.

Und tatsächlich, seit Michl das Haus betreten, seit er Lusi seinen Gruß entboten hatte, in dieser ganzen Zeit, in der Sruli Michls Gesundheitszustand beschrieb, blieb dieser wie ein Fremder stehen, als wäre nicht von ihm die Rede, und hüpfte unruhig umher, während auf seiner gelähmten rechten Gesichtshälfte ein idiotisches Lächeln lag.

Natürlich tat Lusi alles, was man in solchen Fällen tut, nachdem er sich Srulis Bericht angehört hatte: Er gab Michl eine Kleinigkeit und nahm sich vor, ihn von nun an nicht mehr aus den Augen zu lassen.

Kurze Zeit später faßte Sruli Michl bei der Hand und geleitete ihn so hinaus, wie er ihn hergebracht hatte.

Nach diesem Besuch bei Lusi führte Sruli Michl bei passender Gelegenheit noch in viele andere Häuser.

Beim Anblick Srulis, wie er mit Michl von Haus zu Haus, von Schwelle zu Schwelle ging, ihn stützte, seine Kleidung zurechtrückte, die Michl infolge seiner Krankheit oft nicht selbst in Ordnung halten konnte, hätte man meinen können, Sruli sei ein naher Verwandter – ein Bruder vielleicht – oder sonst jemand, der es für Geld tat und sich damit eine Kleinigkeit verdiente. Aber nein, Sruli tat es nicht als Verwandter und natürlich auch nicht für Geld. Vermutlich tat er es, um hin und wieder ein Gespräch mit Lusi führen zu können, worauf er schon lange wartete.

Ja, und diese Gelegenheit bot sich bald.

Wenig später, nachdem er mit Michl von einem Gang in die Stadt zurückgekehrt war, erzählte er, daß Michl stehengeblieben sei und um nichts in der Welt habe weitergehen wollen, als sie an Reb Dudis Haus vorbeigekommen seien. Michl sei durch nichts zu bewegen gewesen, noch einen Schritt zu machen. Es war klar, daß Michl von Sruli kurzerhand in dieses Haus gebracht zu werden wünschte. Für andere Häuser, in denen Bekannte wohnten, hatte er sich nie interessiert. An denen ging er gleichgültig vorbei, aber diesmal, als sie sich Reb Dudis Haus näherten, war er eigensinnig und zeigte seinen Willen, hineingebracht zu werden, ohne Worte, nur durch Mienenspiel.

Sruli tat ihm den Gefallen. Sie traten ein und fanden Reb Dudi, der sich gerade mit einer rabbinischen Angelegenheit beschäftigte: Er war dabei, einen schwierigen Fall zu entwirren oder unterhielt sich einfach nur, wie gewohnt auf seinem Ehrenplatz sitzend, mit einigen Vertrauten. Kaum hatte er die Schwelle überschritten, riß Michl sich von Srulis Hand los, der ihn die ganze Zeit gehalten hatte, und ging einen Schritt auf Reb Dudi zu wie ein Mann, der etwas Entscheidendes sagen oder gar einen ganzen Vortrag halten will. Sein Mund äußerte gedämpfte, kaum hörbare Laute, er errötete und war ganz angespannt ... Aber da er nichts zu sagen hatte und noch unfähiger war, seinen Gedanken auszudrücken, verstummte er; in blinder Wut strömte ihm Speichel aus dem Mund, und mit dem gleichen ungeschickten Ungestüm, mit dem er auf Reb Dudis Tisch zugestolpert war, wandte er sich von diesem wieder ab. Und ebenso wie vorhin Sruli als ungebetener Gast hier eingetreten war, war es jetzt Michl, der seinen Gefährten bei der Hand nahm, da er das Haus auf dem schnellsten Weg verlassen wollte.

»Ja«, fügte Sruli hinzu, nachdem er all dies erzählt hatte, »ich bin sicher, daß ihm Reb Dudis Haus in Erinnerung geblieben ist, das Zimmer, in dem Reb Dudi an seinem Ehrenplatz saß und wo sich auch die Geschichte mit dem Gebetsschal abgespielt hat, und daß Michl mit diesem Besuch eine Art stummen Protests ausdrücken wollte.«

Sruli fuhr fort: »Reb Dudi sagte kein Wort, als er Michl sah. Vielleicht hatte er etwas sagen wollen, aber der Anblick Michls, dieses schwerkranken Mannes, der zu ihm an den Tisch trat und wieder wegging, verschloß ihm den Mund. Und nachdem Michl sich vom Tisch abgewandt hatte, hatte er es sehr eilig, hinauszukommen, und nahm mich bei der Hand, so daß Reb Dudi, selbst wenn er etwas hätte sagen wollen, keine Zeit mehr dazu gefunden hätte. Aber ich fand noch die Zeit dazu, bevor wir wieder an der Tür standen, obwohl mich Michl hin und her zerrte. Ich zeigte auf Michl und sagte:

›Sie können stolz auf sich sein, Reb Dudi. Sehen Sie, was Sie angerichtet haben. Das ist Ihr Werk.‹«

»Ja«, warf Lusi nach Srulis letzten Worten fast unwillkürlich ein.

»Nein«, sagte da Sruli, als wollte er Lusis Gedanken zurückweisen. »Es ist nicht allein Reb Dudis Schuld, sondern auch die all derer, die ihm auf die eine oder andere Weise ein solches Handeln überhaupt ermöglicht haben.«

»Was willst du damit sagen?« wollte Lusi wissen.

»Wenn man jemandem mit einem zweischneidigen Messer die Kehle durchschneiden will, kommt es kaum darauf an, welche Seite man benutzt.«

»Ich verstehe nicht, was du sagen willst.«

»Nein? Also gut: Wenn du etwa glaubst, du wärst in dieser Sache völlig unbeteiligt und hättest deine Hand nicht im Spiel gehabt, irrst du dich sehr.«

»Wieso beteiligt, welche Hand? Was sagst du da?«

»Ja, falls du etwa glauben solltest, du stündest nicht mitten auf diesem ruchlosen Marktplatz, weil du meinst, du hieltest dich abseits und riefst daher deine Ware nicht aus, bedeutet das noch lange nicht, daß sie dadurch wertvoller oder der Handel gerechter wird. Das wäre ein weiterer Irrtum.«

Lusi starrte Sruli erstaunt an, da er weder dessen Unverschämtheit noch die Gründe dafür begriff. Seit er ihn kannte, hatte dieser noch nie in einem solchen Ton und mit solchen Worten zu ihm gesprochen. Bis jetzt hatte Sruli sich immer so verhalten, als ginge ihn nichts, was Lusi betraf, etwas an, als hätte er nicht das geringste mit ihm zu tun. Jetzt aber mischte er sich ein und ging sogar soweit, gegen diesen Lusi Partei zu ergreifen, den er so verehrte ...

Sruli brachte das, was er auf dem Herzen hatte, zunächst in verhüllten Redewendungen und in Gestalt eines allgemeinen Vorwurfs vor. Aber als Lusi ihn auszufragen begann, um zu erfahren, worauf Sruli hinauswollte, und ihn bat, klar und deutlich zu sagen, worauf er anspielte, faßte Sruli Mut und ging mit offenem Visier zum Angriff über.

Auf Lusis Frage: »Beteiligt? Welche Hand?« entgegnete er: »Aber ja doch, was ist der Unterschied zwischen dir und denen, die du für deine Gegner hältst? Was ist der Unterschied zwischen deiner Glaubensform und der der anderen, wenn die Grundlage jeglicher Art von Glauben darin besteht, daß man die anderen für Staub hält, auf dem man ungestraft herumtrampeln kann?«

»Ist das vielleicht nicht so?« fragte Sruli, ohne einen Einwand abzuwarten. Er schien sich die Antwort selbst geben zu wollen. »Natürlich kannst du darüber lachen und mich fragen: Wie kannst du diejenigen, die den großen Rabbiner auf ihrer Seite haben, der die Macht, die er sich geschaffen hat, mit Zähnen und Klauen verteidigt und sich nicht schämt, all jene, die anders denken, durch Androhung von Gewalt, Schikanen und allerlei Mißhelligkeiten zu unterwerfen, wie kannst du sie mit denen vergleichen, die zwar klein an Zahl, aber stark im Glauben sind und nie die Absicht hatten, etwas mit Gewalt zu erzwingen und andere dazu zu bringen, das, was sie selbst lieben, mit der Peitsche und mit Gewalt durchzusetzen?

O nein, man kennt diese Leute. Sie scheinen unschuldige Lämmchen zu sein, die man für unfähig hält, jemanden anzufallen, sich auf ihn zu stürzen und ihn zu verfolgen, da sie das schon am eigenen Leib zu spüren bekommen haben; aber nein, der Unterschied zwischen diesen und jenen ist nur zahlenmäßig und nicht grundsätzlich. Man kann mehr oder weniger Macht haben, aber Macht bleibt Macht.

Und wenn auch Reb Dudi und seine Anhänger die Macht in Händen halten, so müssen sie sie vielleicht doch schon morgen an andere abtreten, das heißt an die, die heute Lämmchen zu sein scheinen, aber schon morgen Zähne und scharfe Krallen zeigen könnten.«

Sruli blickte Lusi hart und verbittert an: »Ja, es ist nicht einmal ausgeschlossen, daß selbst ein Mann wie du, Lusi, und deine Anhänger, die ihr im Augenblick noch klein an Zahl seid, eines Tages nicht doch auf den Gedanken kommt, eure Zahl zu vervielfachen und etwas mehr Macht an euch zu reißen.«

»Ich?« fragte Lusi mit einem Achselzucken und erwiderte Srulis Blick.

»Ja, auch du! . . . Das überrascht dich?« fuhr Sruli fort. »Wieso? Worin bist du besser? Und woher diese Selbstsicherheit, daß du dich für jemanden hältst, dem nichts Böses anhaften kann, während das Böse in Wahrheit unter demselben Dach wohnt wie du und sozusagen auch im selben Bett schläft wie du?«

»Wie?« fragte Lusi, als wiese er die letzten Worte Srulis mit Abscheu zurück, als wollte er sie ungehört machen.

»Ja«, sagte Sruli, der nicht mehr an sich halten konnte und von neuem anhob: »Im selben Bett wie du. Aber darüber wollte ich nicht mit dir sprechen, und was das soeben Gesagte betrifft, so ist das im Augenblick nichts weiter als eine Mutmaßung, mit der man einverstanden sein kann oder auch nicht. Im Augenblick sind deine Anhänger noch nicht sehr zahlreich, und sie haben auch noch keine Peitsche in der Hand. Und vielleicht wird Gott sie auch vor der Peitsche bewahren . . . Ich habe also keine Lust, über die Zukunft und über das zu sprechen, was geschehen kann, obwohl ich selbst zutiefst von all dem überzeugt bin, was ich gerade gesagt habe . . . Wenn du aber jetzt noch glaubst, daß dein Anteil an der Schuld, von der wir jetzt sprechen und von der später vielleicht noch mehr zu sprechen sein wird – nämlich was Michl betrifft –, kleiner ist als der eines Reb Dudi, täuschst du dich sehr. Ich habe mich so gut wie nie in deine Angelegenheiten eingemischt, aber jetzt, da wir schon davon sprechen, kann ich nicht umhin zu sagen, daß das, was du mit deinen Anhängern machst, die sich an deine Rockschöße klammern, die die Augen zu dir erheben und sich an jedem Wort aus deinem Mund erfreuen, daß das genauso verdammenswert ist wie das Handeln eines Mannes, der Blinde in eine Grube führt.

Ich meine die zweite Schneide des Messers, das ich vorhin erwähnt habe, mit dem du tötest, Lusi.

Sieht Michl denn nicht aus wie jemand, dem man die Kehle durchschneiden will und der sich um Haaresbreite vor dem Messer gerettet hat, und zwar nicht nur vor dem Messer Reb Dudis, sondern auch vor deinem und sogar seinem eigenen, dem er freiwillig den Hals entgegenstreckte und so die tödliche Wunde empfing?

Ich will es hier ganz offen sagen: Wer ist denn imstande, diese aufgeblasene Frömmigkeit zu ertragen, die wie der Aussatz ist, die sticht und zugleich ein angenehmes Prickeln auslöst, in Wahrheit aber nichts als Kot ist? Man muß jedem Menschen, dem man wohl will, den Rat geben, sich von der Krankheit und diesem Prickeln ebenso zu befreien wie von den sogenannten Freuden.

Ich mische mich ungern ein und habe noch nie darüber gesprochen, aber siehst du denn nicht selbst, wohin es mit den von dir geführten Anhängern schon gekommen ist und wohin es mit ihnen letztlich noch kommen wird? Ist dir denn nicht klar, welche Ängste und welche Schrecken alle deine Anhänger erwarten, die ihre gemarterten und erschöpften Körper opfern, von denen nur ein übler Gestank in den Himmel gelangen wird ...«

An dieser Stelle unterbrach sich Sruli und begann, von dem elenden Dasein der Anhänger Lusis Bilder zu malen, von denen eins schwärzer war als das andere: wie die von ihnen bewohnten Häuser aussahen, ihre Frauen und Kinder, die sich wie Fliegen im Herbst vor dem Krepieren schwach dahinschleppten, als wären sie am Ersticken, und das ganze Tage lang, ohne von ihren Männern und Vätern auch nur die kleinste Münze zu erhalten, mit der sie ein Geschäft betreten und irgendeine Kleinigkeit kaufen konnten.

»Ja«, sagte Sruli, »weißt du denn nicht, Lusi, wie kalt es im Winter in solchen Häusern sein kann, in denen die Wände schief und aufgequollen vor Feuchtigkeit sind, in denen die Fenster keine Scheiben haben und statt dessen mit Brettern zugenagelt oder mit armseligen Kopfkissen verstopft sind; weißt du denn nicht, wie die Kinder in diesen Häusern aussehen, selbst wenn sie noch gesund, um so mehr aber, wenn sie bereits krank sind, und wenn nicht nur eins dieser Kinder, sondern mehrere zugleich erkranken, wenn sie sich nicht mehr auf den Beinen halten können und sich alle im selben Bett wiederfinden, das weder Laken noch Decken hat, denn all das ist schon längst, vielleicht sogar schon seit der Hochzeit, im Leihhaus oder beim Wucherer verpfändet, ohne Aussicht, es je wiederzubekommen?

Ja«, fügte Sruli immer erregter hinzu, »und all das nur, weil die Männer dieser Familien ihre letzten Kräfte nicht ihren Familien, sondern sozusagen Gott geweiht haben. Wenn es Ihn gibt und Er sie von der Höhe seines Throns im Himmel aus betrachtet, müßte Er zu Tränen gerührt sein oder in lautes Gelächter ausbrechen angesichts solcher Opfer und eines solchen Lobs, das (möge man mir verzeihen) übelriechenden Mündern entströmt und niemandem von Nutzen ist.

Denn welchen Nutzen kann man von Leuten ziehen, die ganze Tage mit Gebeten in der Synagoge zubringen und die, da sie am Tag nicht genug Zeit haben, noch zusätzlich einen Teil der Nacht opfern, die sie mit den Toten draußen auf dem ›Feld‹ verbringen, und auch die Toten haben von ihnen nicht mehr als sie von den Toten . . .

Und wenn man dir sagte: Gut, aber wer hat das Recht, einem anderen vorzuschreiben, was für ihn gut oder schlecht sei, da doch ein jeder sein eigener Herr ist, Herr seines Körpers wie seiner Seele, und das Recht hat, nach seinem eigenen Geschmack zu wählen: nämlich das, von dem er meint, es sei für ihn das beste . . . Um es noch deutlicher zu sagen: einen anderen zu bemitleiden, wenn dieser andere dieses Mitleid nicht akzeptieren kann und sagt, bemitleidenswert sei nicht er, sondern vielmehr der andere, so wie deine Anhänger, Lusi, gewiß glauben, sie seien die einzigen, welche die Süße dessen spürten, weswegen die anderen sie bedauern.

Wenn man so zu dir spräche, würdest du antworten: Natürlich, jeder ist sein eigener Herr und frei, zu wählen, was ihm gefällt, aber es gibt auch kranke Herren dieser Art, etwa diese fiebernden Kranken, die sich in ihrer Verwirrung aus dem Bett stürzen und bei jedem Wetter, nur mit dem Nachthemd bekleidet, nach draußen laufen wollen. Wer über solche Kranke wachen muß, hat die Pflicht, sie davon abzuhalten, denn sie selbst sind nicht imstande, die Gefahr einzuschätzen, die sie bedroht.

Und wer also ist in diesem Fall am meisten verpflichtet, über sie zu wachen und sie daran zu hindern, das aufs Spiel zu setzen, was sie nicht aufs Spiel setzen dürfen, wenn nicht du, Lusi, dessen Ansehen bei ihnen so groß ist, den sie so hoch schätzen und der du fähig bist, ihnen jeden Weg zu weisen, den du für richtig hältst, wie man es von dir erwarten dürfte?

Also warum sagst du nichts, warum bringst du sie nicht von dieser Verirrung ab, die sich gegen Gott und all seine Lehren richtet?«

Und damit beendete Sruli seine lange Rede und erwartete mit vollem Recht eine Antwort seines Zuhörers.

Aber er wurde in dieser Erwartung enttäuscht. Lusi schwieg... Wie bequem es auch sein mag, solche Fragen nicht zu beantworten, von wem immer sie auch kommen mögen, welche Gefühle man dem anderen auch entgegenbringen mag – von dem Augenblick an, da diese Fragen ausgesprochen und vernommen wurden, ist man verpflichtet, auf die eine oder andere Weise zu reagieren, selbst mit Zorn, mit Geringschätzung oder Verachtung – aber man hat einfach irgend etwas zu erwidern... Und dennoch sprach Lusi kein Wort. Warum? Lag es daran, daß er es ganz allgemein für unerlaubt hielt, über solche Dinge zu reden? Oder lag es daran, daß er Sruli nicht für würdig befand, mit ihm über ein solches Thema zu diskutieren?

Um die Wahrheit zu sagen, erwartete Sruli gar keine Antwort mehr. Als er sah, daß Lusi ihm nicht zu antworten gedachte, fühlte er sich weder beleidigt noch verärgert.

Ganz im Gegenteil: Um Lusi aus dieser unangenehmen Situation herauszuhelfen und ihm einen Vorwand für sein Schweigen zu liefern, tat er so, als hätte er sich plötzlich, noch während seiner Rede, an eine dringende Angelegenheit erinnert, die schnellstens erledigt werden mußte; so hielt er inne und verließ das Zimmer, ohne Lusis Antwort abzuwarten. Er beeilte sich, das zweite Zimmer zu durchqueren und hinauszugehen. Obwohl Lusi keinen Wunsch hatte erkennen lassen, sich mit ihm auf eine lange Diskussion einzulassen, war Sruli doch äußerst zufrieden, daß er Lusi trotz allem dazu gebracht hatte, sich ein wenig von dem anzuhören, was er schon so lange mit sich herumtrug; er hoffte, seine Worte würden auf fruchtbaren Boden fallen und ihre Wirkung auf Lusi am Ende nicht verfehlen.

Wir werden später sehen, ob diese Hoffnung, soweit sie Lusi betraf, gerechtfertigt war; er war meist kein unempfindsamer und unzugänglicher Mann, der sich nach allen Seiten verschloß. Hätte statt Sruli ein anderer so zu ihm gesprochen, würde er auch ganz anders reagiert haben; er hätte sich Selbstvorwürfe gemacht, und das hätte bewiesen, daß ihn diese Worte trotz allem berührt und daß ihn bisher nicht wenige Zweifel geplagt hatten, von denen er auch in Zukunft nicht verschont bleiben würde.

Doch darauf werden wir später zurückkommen.

An einem sehr frühen Morgen, als es draußen Stein und Bein fror und Schnee durch die Luft wirbelte, der nur das spärliche Licht einer spät aufgegangenen winterlichen Sonne durchließ, war nicht nur die Stadt mit ihrem Gewirr von Straßen und gewundenen Gassen, in denen noch Dunkelheit herrschte, sondern auch die Umgebung der Stadt samt allen Straßen und Wegen in eine so dicke Schneedecke gehüllt, daß man kaum sehen konnte, was dort geschah. An diesem Morgen passierte ein Mann, der über die Landstraße gekommen war, nicht weit vor der Stadt eine Wegschranke und überschritt damit die Stadtgrenze. Dieser Mann war von hohem Wuchs und kräftigem Körperbau; er war noch jung, noch keine dreißig, und nach Art der frommen Juden der Zeit gekleidet. Er trug einen langen Wintermantel, unter dem ein noch längerer Kaftan hervorlugte, über den er unterwegs immer wieder stolperte.

Unter dem Arm trug er ein kleines Bündel, das ihn auf den ersten Blick wie einen beliebigen Bewohner der Stadt aussehen ließ, der mit seinem Gebetsschal und seinen Tefillin zur Synagoge unterwegs war; in Wahrheit kam dieser Mann von weit her, aus einem Dorf, einem Marktflecken oder irgend einem fernen gottverlassenen Weiler, und er hatte einen langen Weg zurücklegen müssen, über viele, viele Werst.

Seine Kleidung zeugte davon: Sein Mantel, seine Mütze, sogar seine Schuhe waren ebenso mit Rauhreif bedeckt wie die Luft und die Bäume, deren Äste man aus der Ferne kaum erkennen konnte. Auch sein Gesicht war von Rauhreif überzogen und gleichsam beschlagen, so daß seine dunklen, brennenden Augen und sein kurzer schwarzer Bart kaum zu erkennen waren.

Er lief viel schneller, als es von einem Mann zu erwarten ist, der schon ein gutes Stück Weges hinter sich gebracht hat; entweder war er ein heißblütiger Mann, den die kalte Luft und der lange Marsch in Wallung brachten, oder aber seine Gedanken hatten ihn schneller als üblich ausschreiten lassen und ihm nicht erlaubt, ein überlegteres, gemäßigteres Tempo einzuschlagen.

Tatsächlich war diesem Mann eine gewisse Zerstreutheit anzumerken, die sich auch darin ausdrückte, daß er trotz seiner kräftigen Schultern und seiner Stämmigkeit den Nacken gebeugt hielt und den Kopf vorstreckte, als sollte er dem Körper leitend vorangehen.

Als er den Schlagbaum passierte und die Präsenz der Stadt zu spüren begann – den Rauch aus den früh angezündeten Herden –, hob er die Augen und blickte um sich, um zu sehen, wo er war, und zu entscheiden, in welche Richtung und nach welcher Seite er jetzt seine Schritte lenken sollte.

Da er nicht wußte, wohin, erkundigte er sich bei Passanten, die ihm unterwegs begegneten. Und so ging er von Straße zu Straße, von Gasse zu Gasse, bis er endlich an seinem Ziel ankam – bei einem Bewohner des »Fluchs«, dessen Adresse er offensichtlich kannte. Kaum war er dort angelangt, bat er, zu Lusi gebracht zu werden, von dem er wußte, daß er sich in der Stadt, in N., aufhielt; aber wo und bei wem dieser wohnte, danach mußte er sich an Ort und Stelle erkundigen.

Der Mann hieß Avreml Lubliner. Er hatte diesen ganzen Weg nicht aus Geldmangel zu Fuß zurückgelegt, auch nicht, weil er etwa keine Kutsche gefunden hätte, sondern weil er *stets* zu Fuß ging. Hatte er einen Eid abgelegt oder einen Schwur getan, oder lag es vielleicht an etwas ganz anderem? Zu dieser Zeit war es jedenfalls keine Seltenheit und hatte nichts Ungewöhnliches an sich.

Er ging immer sehr schnell und verspürte nie so etwas wie Müdigkeit, denn erstens – wie wir schon erwähnt haben – wurde er von seinen ungestümen Gedanken getrieben, und zweitens fiel ihm bei seiner Jugend und Widerstandsfähigkeit keine körperliche Anstrengung schwer.

Als er, noch im Mantel, bei Lusi eintrat, grüßte er zunächst wie üblich mit »Schalom«. Aber dann, als er seinen Mantel abgelegt hatte und in seinem langen, bis zum Fußboden reichenden Kaftan dastand, konnte man ahnen, wie hochgewachsen er war, wenn man ihn mit dem gleichfalls mehr als mittelgroßen Lusi verglich, denn der Fremde reichte fast bis an die niedrige Decke.

Obwohl er den Kopf gebeugt hielt, als wäre er noch unterwegs, hätte man glauben können, daß jeder, der ihn zu sprechen wünschte, dabei zu ihm aufblicken mußte.

Er war ganz in Schwarz gekleidet. Sein Kaftan und auch die übrigen Kleidungsstücke waren aus feinem Tuch, und trotz des langen Wegs und der mehr als zweifelhaften Reinlichkeit der Orte, an denen er sich unterwegs aufgehalten hatte, sowie der Leute, mit denen er es zu tun gehabt hatte, gelang es ihm, ein Mindestmaß von Sauberkeit zu wahren; er war sehr viel sauberer als andere Leute seines Schlages.

Das war eine Folge seiner Herkunft; er war Sohn und Schwiegersohn reicher und sogar sehr reicher Leute aus der fernen polnischen Stadt Lublin, wo er geboren war und geheiratet hatte. Dennoch hatte er sich von seiner Familie abgewandt, sei es, weil ihn jemand dazu überredet hatte, sei es aus einer plötzlichen Eingebung heraus; er hatte Vater und Mutter, Schwiegervater und Schwiegermutter[1] sowie Frau und Kind verlassen und sich Lusis Sekte angeschlossen, in der er rasch zu einigem Ansehen gelangte.

Das hatte seinen Grund.

Es ging das Gerücht, daß er schon mehr als einmal Eretz-Israel[2] besucht habe. Man erzählte sich, er habe bei seinem ersten Besuch als noch ganz junger Mann gleich nach der Landung

---

[1] Damals war es üblich, daß ein junges Paar bei den Eltern der Frau lebte.

[2] Das damalige Palästina.

einen ersten Schritt auf dem Heiligen Land getan, sich auf die Erde geworfen, den Staub geküßt und so herzerweichend zu weinen begonnen, daß seine Reisebegleiter, die alle zur selben Sekte gehörten und denen dieses Land ebenso teuer war, wie vom Donner gerührt stehengeblieben seien, als sie ihn so hemmungslos weinen sahen, für sie hatte das schon an Hysterie gegrenzt. Sie erkannten, daß sie ihn in die Wirklichkeit zurückholen mußten, packten ihn unter den Armen und stellten ihn wieder auf die Beine. Sie sprachen mahnend auf ihn ein, versuchten, ihm gut zuzureden, denn sie befürchteten, sein Ende könnte sonst nahe sein.

Als es ihnen endlich gelungen war, ihn zu sich zu bringen, ging er ein kurzes Stück auf den Knien weiter, da er im Heiligen Land weder stehen noch die Erde mit seinen Füßen beschmutzen wollte.

Man erzählte sich auch, daß er mit viel Geld ins Land gekommen sei, das ihm seine reichen Eltern gegeben hätten. Da er das Land habe sehen und kreuz und quer durchstreifen wollen, wie es in den Schriften heißt, hatte er sich der Dienste eines nichtjüdischen Bewohners des Landes versichert, der ihn führen sollte, angefangen an dem Ort, wo er an Land gegangen war, bis zum Jordan, über die ganze Breite des Landes und dann der Länge nach von einem Ende zum andern.

Dieser Mann führte ihn; und einmal, in der Nähe des Jordan, entkam er mit knapper Not einer großen Gefahr: Ein fast vollständig vermummter Straßenräuber zu Pferde, ein Eingeborener des Landes, hatte ihn angegriffen und ihm die Spitze einer langen Lanze auf die Brust gesetzt, und um ein Haar hätte sein letztes Stündlein geschlagen. Zum Glück warf sich sein Reiseführer dazwischen, dem es gelang, ihn zu retten, sonst wäre er auf der Walstatt geblieben.

Man kann sich leicht vorstellen, daß ihn die Rettung teuer zu stehen kam: Sie kostete ihn sein ganzes Geld, alles, was er mitgebracht hatte, und sogar seine gesamte Kleidung, alles, was er am Leib trug, bis auf das Hemd, das ihm der Räuber gelassen hatte. Natürlich wurde ihm all das von den Eltern ersetzt. Sie schickten ihm neues Geld, von dem er einen großen Teil unter die Bedürftigen verteilte, aber am Ende ging er völlig mittellos aus der Sache hervor: An den Gräbern mancher heiliger Männer wie etwa dem des Reb Simeon Ben Jochai[1] oder des Reb Meïr Baal-haness[2] oder von anderen, wo sich ganze Haufen von Bettlern und Armen wie Fliegenschwärme auf ihn stürzten, gab er mit großzügiger Hand, was er besaß, so daß er immer wieder an seine Eltern schreiben mußte. So vergeudete er hohe Summen, fast ein Vermögen.

Ebenso erzählte man sich, daß er bei der Ankunft an der Klagemauer, als er die Mauer in Ruinen und die alten Steinquader mit Moos bedeckt vorfand, das gleiche wiederholen mußte wie nach der Landung, als er unter Weinkrämpfen fast seine Seele ausgehaucht hatte. Hier, vor der Mauer, stürzte er sich gegen einen Steinquader – erst mit der Stirn, dann mit dem ganzen Körper, und es war unmöglich, ihn loszureißen, denn er stürzte sich gegen die Mauer wie auf den Leichnam eines geliebten Toten, den er mit seinem Körper wiederbeleben und so ins Leben zurückholen wollte.

Er blieb lange im Heiligen Land, besuchte alle geheiligten Orte, die in den Heiligen Schriften erwähnt sind, und auch die bestehenden Bruderschaften, die man, wie er sich in seiner Frömmigkeit vorstellte, für würdig befunden hatte, die Bewachung des Heiligen Landes zu übernehmen und über die Tore des Himmels zu wachen. Wir wissen nicht, was diesen reichen jungen Mann zu einer so übertriebenen Frömmigkeit bewegt hatte. Ob es eine Sünde war, die er begangen hatte und für die er büßen wollte, oder ein anderer Grund, so spürte man doch, daß er allzeit bereit war, seinen kräftigen jungen Kopf gegen die Mauer zu stoßen, ohne etwas zu bereuen, bis zum letzten Krümel seiner Gehirnmasse.

[1] Lebte im zweiten Jahrhundert unserer Zeitrechnung. Mutmaßlicher Autor des »Sohar«. Sein (nicht mit letzter Sicherheit identifiziertes) Grab im galiläischen Meron ist noch heute ein Ziel von Pilgern.
[2] Ein Wundertäter.

Ferner erzählte man sich, er gehöre im Heiligen Land einer rätselhaften geheimen Sekte an, den »Zehn Brüdern«, wie man sie nannte. Sie hätten einen Bund geschlossen und geschworen, sich gegenseitig zu unterstützen und füreinander einzustehen. Also selbst dann, wenn einer in der anderen Welt vor das Himmlische Gericht gerufen und zur Hölle verurteilt würde – wovor uns Gott bewahren möge –, waren alle anderen verpflichtet, ihren Anteil an seiner Buße auf sich zu nehmen. Und diese Bedingung wie auch andere waren von den Zehn nicht etwa mit Tinte unterzeichnet worden, wie man es sonst tut, sondern mit Blut aus Hand und Finger, und aus diesem Grund nannte man sie »Blutsbrüder« . . .

Man erzählte sich noch viele weitere Geschichten über Avreml, wie er zum Beispiel einmal Rom besucht habe.

Rom?

Ja, wie alle »Bratslaver« hatte er etwas mit der Sekte der »Radziner« gemein. Sie verlangten von ihren Anhängern, in ihre rituellen Fransen einen hellblauen Faden einzuweben, was sich zu dieser Zeit sonst niemand erlaubte, denn man glaubte, daß der kleine Wurm, den man zur Färbung der Wolle benutzte, nach der Zerstörung des Tempels verschwunden und seitdem unauffindbar sei. Die Radziner aber glaubten, es gäbe ihn noch und sie besäßen ihn, und das war der Anlaß zu heftigen Streitigkeiten zwischen ihnen und anderen Gläubigen.

Um die Übereinstimmung der früheren Farbe mit der neuen festzustellen, schickten die Radziner ein paar Männer nach Rom, wo sich der Vorhang[1] befindet, den die Römer neben zahlreichen anderen geweihten Gegenständen aus dem Tempel geraubt hatten und der, wie ein Gerücht besagt, noch bis zum heutigen Tag in den Archiven des Vatikans aufbewahrt wird.

Wir wissen nicht, ob dieser Versuch erfolgreich war. Er dürfte fehlgeschlagen sein, hatte aber trotzdem viel Geld verschlungen, denn allein schon die Reisekosten waren sehr hoch. Avreml hatte

[1] Ritueller Vorhang aus blauer Wolle, der im Tempel vor dem Allerheiligsten hing.

sich mit einer beträchtlichen Summe daran beteiligt. Das und ähnliche Ausgaben hatte seine Eltern und Schwiegereltern in Armut, ja fast in Not gestürzt.

Aber das spielte keine große Rolle: Sie liebten ihren Sohn, ob sie nun reich oder arm waren. Selbst jetzt noch, als er den heimischen Herd, seine Frau, seine Kinder und seine Geschäfte verlassen hatte und als Anhänger der Sekte, die er sich gewählt hatte, von einem Ort zum anderen wanderte, ein wenig in der Rolle eines Aufsehers ihrer kleinen Gemeinde, die er von Zeit zu Zeit besuchte, selbst jetzt noch, als seine Eltern verarmt waren und fast schon in Not lebten, blieb ihnen noch genügend Liebe, Zuneigung und Opferbereitschaft, um an ihn zu denken und ihm mit dem auszuhelfen, was ihnen möglich war, nämlich mit den letzten Resten ihres einstigen großen Vermögens. So erhielt er noch immer generöse Unterstützung von ihnen, und das sah man auch seiner Kleidung an, die alles andere als billig und aus feinen Stoffen gemacht war, vor allem aber seinem kräftigen, gesunden Äußeren, das nichts von der mangelhaften Ernährung oder der Erschöpfung erkennen ließ, welche die Anhänger der Sekte sonst kennzeichneten.

Als Avreml zunächst im Mantel, wie wir gesagt haben, bei Lusi eintrat und danach, als er diesen abgelegt hatte, in seinem schwarzen Kaftan vor ihm stand, begrüßte ihn Lusi mit großer Freude, als sähe er sich selbst im Alter seines Besuchers wieder: voller Leben, mit feurigen, temperamentvollen Bewegungen, die nicht nur Kraft ahnen ließen, sondern auch eine Neigung, diese auf Grund seines Überschwangs und seiner Ausgelassenheit bereitwillig zu vergeuden.

Tatsächlich, als Avreml Lusis Haus betrat, brachte er einen Schwall frischer Luft mit, die eisige Luft des langen Weges, den er zurückgelegt hatte. Er brachte aber auch die ihm eigene Frische mit, mit der er die ganze Wohnung wie mit angenehmen Düften erfüllte.

Lusi gegenüber zeigte er sich freimütig und zugleich ehrerbietig, und man konnte sehen, daß Lusi ihn genauso behandelte:

Er verhielt sich ihm wie einem älteren, erfahrenen Mann gegenüber, zugleich aber auch wie ein Vater gegenüber seinem Sohn, von dem er nicht den gleichen Respekt erwartet wie von einem Fremden.

Zwischen beiden entspann sich sofort eine Unterhaltung, ein leichtes und lebhaftes Gespräch, bei dem sie vom Hundertsten ins Tausendste kamen; der Hauptteil des Gesprächs wurde von dem Jüngeren bestritten, von Avreml, dem Fremden, der lebhaft und mit übersprudelnder Freude von allem erzählte, was seine Augen im Lauf seiner Pilgerreisen bei den kleinen Gemeinden ihrer Sekte und auch anderswo gesehen hatten.

Lusi hörte ihm aufmerksam zu. Er wurde fröhlich, wenn es um fröhliche Dinge ging, und dabei verlor sein in letzter Zeit sorgenvolles Gesicht seinen Ernst und begann sich zu entspannen. Während er Avreml lauschte, hob Lusi den Kopf zu ihm empor, und da er ihn um Haupteslänge überragte, hing er fast an seinen Lippen, als wollte er nicht einen einzigen Tropfen des Vergnügens verlieren, das der andere allein durch seine *Art* zu erzählen, aber auch durch das, *was* er erzählte, bei ihm auslöste.

Dann war es Zeit für das Gebet, und dabei bewies Avreml vollauf, wie sehr er ihrer Sekte – der gleichen wie die Lusis – verbunden war und welchen Anteil er an ihren gemeinsamen Reichtümern besaß.

Er betete schon bei den ersten Segenssprüchen mit einem solchen Feuer, bewegte sich im Zimmer so lebhaft und ungestüm auf und ab, daß selbst Lusi, wie sehr er an solchen Elan auch gewöhnt sein mochte, nicht den Blick von ihm wenden konnte, von dem Schauspiel einer solchen Glut, die seinen Besucher beseelte, als er das Zimmer von einem Ende zum anderen durchmaß.

Da er zu sehr damit beschäftigt war, Avreml zu beobachten, fiel es Lusi schwer, sich auf sein eigenes Gebet zu konzentrieren. Er sah, daß dem anderen die vier Wände zu eng wurden, daß dessen junge Schultern sie am liebsten gesprengt hätten, um sich von der Enge zu befreien und mehr frische Luft zu atmen, was der Glut entsprach, die ihn beherrschte, so wie eine kleine

Flamme, der Luft zugeführt wird, plötzlich zu einem mächtigen Feuer wird.

Dann begaben sie sich zu Tisch. Lusi, der Gastgeber, saß am Kopfende, und Avreml, sein Gast, an seiner Seite. Sruli Gol hatte seinen gewohnten Platz Lusi gegenüber am anderen Ende des Tisches eingenommen. Sruli beobachtete Lusi während der Mahlzeit und sah, daß dieser Avreml mit einer Mischung aus Liebe und, wenn man das so sagen kann, ein wenig Neid betrachtete, der sich von Anfang an, seitdem Avreml die Tür durchschritten hatte, bei ihm bemerkbar gemacht hatte.

O ja! Avreml besaß einiges, worum man ihn beneiden konnte: Nach seinem inbrünstigen Gebet wandte er sich mit der gleichen Leidenschaft seinem Mahl zu. Es sah fast so aus, als wäre sein Mund viel zu klein für all das, was er zu sich nehmen wollte. Das lag natürlich weder an Gier noch an Gefräßigkeit, sondern an seinem ungestümen Charakter, der ihn mit der gleichen Leidenschaft an alles herangehen ließ, an das Wandern, an die Gespräche, das Gebet oder auch ans Essen. Als Lusi ihm so zusah, fühlte er sich an seine eigene Jugend erinnert. Er sah in dem anderen ein Spiegelbild seiner selbst und seines früheren Feuers. Jetzt war er alt und gleichgültig und betrachtete Avreml mit Beschützermiene, mit Liebe, wenn auch, wie Sruli bemerkt hatte, mit einem winzig kleinen Anflug von Neid. Es war, als könne er sich an dem anderen nicht satt sehen, wie jemand, der ein ihm nahestehendes geliebtes Wesen betrachtet, von dem er genau weiß, daß es einmal sein Erbe sein wird.

Sie beendeten das Gebet und begaben sich dann zur Ruhe, um anschließend die Abendgebete zu sprechen, wonach sie ihre Unterhaltung fortsetzten. Und so verging der erste Tag in brüderlicher geistiger Verbundenheit . . .

Einige Tage später, an einem Abend, als niemand bei Lusi war außer Sruli, der sich aus irgendeinem Grund in eine Ecke zurückgezogen hatte, fand zwischen Lusi und diesem Avreml eine vertrauliche Unterhaltung unter vier Augen statt, die sich nur mit der vergleichen läßt, die wir an anderer Stelle geschildert haben, als nämlich Michl Bukjer an einem bestimmten Abend Lusi in der »Lebenden« Synagoge gebeichtet und ihm einen Teil seines Innenlebens enthüllt hatte.

Obwohl es nicht die richtige Zeit war, denn der Monat Elul, in dem es bei den Angehörigen dieser Sekte üblich ist, einander zu beichten und sich gegenseitig die geheimsten Sorgen anzuvertrauen, war schon vorbei, spielte sich jetzt etwas Ähnliches ab. Der Gewissensrichter, der dem anderen zuhören und über ihn urteilen sollte, war diesmal nicht der ältere Lusi, dem der jüngere Avreml sich hätte anvertrauen müssen, sondern vielmehr war Avreml der Richter und Lusi der, dem der andere zuzuhören hatte.

Das hatte keiner von beiden erwartet, weder Avreml noch Lusi. Allein Sruli hatte es nach dem Auftauchen Avremls in Lusis Haus vermutet und eine solche Möglichkeit erwogen . . . Warum? Weil er seit einiger Zeit beobachtete, daß Lusi nicht er selbst war und mit sich selbst kämpfte . . . Den Beweis dafür sah er unter anderem darin, daß Lusi bei ihrer obenerwähnten Auseinandersetzung nichts auf seine Kritik erwidert hatte, was in Srulis Augen weder ein Zeichen von Festigkeit noch von übermäßiger Selbstsicherheit war, die es manchmal erlauben, die Argumente des anderen mit einer Handbewegung abzutun und sie nicht ernst zu nehmen; Lusi hielt Sruli gewiß nicht für einen ihm unterlegenen Mann, der es nicht verdient, daß man dem, was er zu sagen hat, gleichgültig zuhört und dabei ganz andere Dinge im Kopf hat. Nein, Sruli war sich bewußt, daß Lusi innerlich gespalten war, was dieser aber nicht zeigen wollte und in seinem Inneren verbarg. Vielleicht war er aber immer so gewesen, oder er erwartete, ein glücklicher Zufall möge ihm jemanden bringen, der besser zu ihm paßte und vor dem er enthüllen konnte, was er Sruli nicht sagen konnte.

Ja, als Sruli in diesen letzten Tagen sah, wie Lusi Avreml empfangen und aufgenommen hatte, und als er gleichfalls den kleinen Anflug von Neid bemerkte, den er in den Augen Lusis gelesen hatte, da war ihm klar, daß Avreml genau der Mann war, dem Lusi sein Herz ausschütten konnte, wie es jeder fromme Mann tut, dessen Pflicht es ist, sich gerade vor dem zu verneigen, dem gegenüber er Neid empfindet. Gerade vor ihm muß er alle seine Gedanken enthüllen, da er davon überzeugt ist, daß jeder Mann, der sein hohes geistiges Niveau wahren will, die Kraft aufbringen muß, dies mit Demut zu tun, um trotzdem siegreich aus diesem Kampf hervorzugehen.

Und dieser Mann war erschienen. Sruli hatte auf den ersehnten Moment gewartet.

Es war Nacht, niemand war zu Hause . . . Es ist unwichtig, ob an diesem Abend zufällig niemand kam, um Lusi zu sehen, oder ob Sruli es so eingerichtet hatte, daß niemand erschien, um Lusi zu stören, da dieser den Wunsch geäußert hatte, allein zu bleiben. Darauf kommt es nicht an . . . Was zählt, ist die Tatsache, daß alle beide, Lusi und Avreml, sich wieder in Lusis Zimmer an einem Tisch einfanden, in dem warmen Lichtschein einer brennenden Lampe. Die Tür zum Vorderzimmer war verriegelt; und da sehen wir jetzt Avreml sitzen, während Lusi von seinem Platz aufgestanden ist, aber noch bevor Lusi beginnen kann, zeichnet sich auf Avremls Gesicht schon große Überraschung ab.

Der Grund ist begreiflich: Allein schon die Tatsache, daß Lusi nach dem Betreten seines Zimmers die Tür verriegelt und eine Kette vorgelegt hatte, war für Avreml schon Beweis genug, daß ihm etwas Ernstes bevorstand, da er sich jetzt mit Lusi unter vier Augen befand, und vor allem als Lusi die ersten Worte ihres Gesprächs äußerte, denen Avreml Lusis Wunsch entnahm, sich ihm anzuvertrauen, ihm etwas Unerhörtes zu beichten. Da begriff er, daß er nicht ohne Grund zu einem Gespräch unter vier Augen gebeten worden war, und so kam es, daß Avreml, der sonst nie an einem Platz stillsitzen konnte, diesmal reglos sitzen blieb, als erwartete er etwas, das er nicht nur mit dem Gehör, sondern mit allen seinen Sinnen erfassen mußte.

Um das Bild, das Lusi und Avreml in Lusis Zimmer zeigt, noch ungewöhnlicher zu machen, wiederholen wir jetzt: Es ist ein ruhiger Winterabend in diesem verlassenen Teil der Stadt. Der Lärm der Stadt dringt selbst am Tag nicht hierher, geschweige denn am Abend. Draußen herrscht schneidende Kälte. Die

Straßen sind menschenleer, die Leute haben sich in ihre schneebedeckten Häuschen zurückgezogen, die von winzigen Lampen
oder Kerzenstümpfen schwach erleuchtet sind . . . Die entkräfte-
ten Bewohner dieses Teils der Stadt können nur noch an eines
denken: Wie sie ihre im Lauf des Tages ausgekühlten Glieder vor
den kaum beheizten Öfen aufwärmen können; ein anderes,
geistigeres Bedürfnis ist bei ihnen nicht vorhanden und berührt
sie auch kaum. Und gerade dort, inmitten dieser Häuschen, die
in tiefes Schweigen gehüllt, mit Schnee bedeckt und nur schwach
erleuchtet waren, gerade dort fand sich eine Ausnahme. Ein
Haus, aus dem ein strahlenderes Licht nach draußen drang und
in dem solch wohlige Wärme herrschte, daß dort, in einem
kleinen Zimmer, zwei Männer, fern von den Sorgen des Alltags,
imstande waren, sich ausschließlich mit geistigen Dingen zu
befassen . . .

Lusi hatte auf Umwegen begonnen und an den Vers erinnert:
»Der Mensch sieht nur das, was er vor Augen hat, Gott sieht auf
den Grund des Herzens.«

Er fuhr fort: »Manchmal sieht man einen Menschen, der einer
von denen scheint, denen das Glück lacht und die das Unglück
flieht. Es geht an ihm vorbei, ohne daß der geringste Makel oder
der kleinste Schatten auf ihn fällt. Aber die Wahrheit sieht ganz
anders aus: Schon die Berührung eines Fingers genügt, um zu
spüren, daß die Vase seines Glücks einen Sprung bekommen hat.
So ergeht es auch mir. Von außen betrachtet, könnten mich
viele Leute beneiden, da sie glauben, daß meine Beziehung zu
Gott den stillen Wassern kleiner Flüsse ähnelt, die nicht schnell
dahinströmen, sondern klar und durchsichtig sind; daß ich einer
von denen sei, dem sich vom Himmel her eine Hand entgegen-
streckt, die mir zeigt, wohin ich meine Schritte lenken muß, um
das zu finden, was ich liebe und was mir bestimmt ist . . . Aber
die Wahrheit sieht ganz anders aus: Da oben hat kein gütiges
Auge über mich gewacht, sondern man könnte sagen, daß mich
ein böswilliges Wesen im Auge behielt und sah, daß mein Baum
mehr Früchte trug als die Bäume anderer und mir daher Diebe
und Vandalen schickte, die über meine Zäune kletterten, um die

reifen Früchte vom Baum zu schütteln und mich meiner Ernte zu berauben.«

Und damit, vom Allgemeinen aufs Besondere kommend, begann Lusi im Detail zu erzählen, was wir schon einmal kurz erwähnt haben: wie er sich in seiner Jugend von seinem entsagungsvollen mönchischen Leben befreit habe, das gedroht habe, ihn auf kleiner Flamme umzubringen; wie der Rabbi, zu dem man ihn gebracht, ihm eine hilfreiche Hand entgegengestreckt und ihm den Weg gewiesen habe, wie man Gott freudig dienen könne.

Um diese Zeit, erklärte er, habe er geheiratet. Er sei damals noch jung und kräftig gewesen und mit seinen breiten Schultern fast aus den Nähten seines Kaftans geplatzt. »Und dann, ich weiß nicht warum – lag es daran, daß ich keine Kinder hatte, oder an einem anderen Grund –, kühlten sich meine Gefühle für meine Frau ab. Da ich in meiner Welt überaus geliebt und geachtet wurde, stieg mir meine eigene Beliebtheit zu Kopf, und meine Kraft suchte sich nicht nur im Rahmen des Erlaubten ein Ventil, sondern auch auf verbotenen Wegen . . .«

Und dann begann Lusi mit leiser Stimme, mehr durch Anspielungen als mit offenen Worten von den Beziehungen zwischen Mann und Frau zu sprechen . . . Wie er im Vollbesitz seiner männlichen Kraft bemerkt habe, daß seine Fußsohlen bei der geringsten Berührung mit einem Wesen des anderen Geschlechts gebrannt hätten, als züngelte eine Flamme an ihnen hoch . . . Am häufigsten – erklärte Lusi – sei das bei Festen vorgekommen, wenn alle nach einem Gläschen fröhlicher Stimmung gewesen seien, und die kleinste Berührung, ein flüchtiger Blick hätten schon genügt, um diese Begierde zu entflammen, die so viele Gefahren in sich berge.

Er werde, sagte Lusi, viele Fälle dieser Art übergehen und nur von einem einzigen erzählen.

Es sei bei einer Hochzeit passiert, die in einem sehr reichen Haus gefeiert worden sei, einem Haus mit zahlreichen Zimmern, mit Sälen zum Tanzen, Eßzimmern mit Tischen, die sich unter der Last der Speisen bogen, mit Ankleideräumen und

734

Schlafzimmern für die Kinder, die der Hochzeitslärm erschöpft habe.

Und bei dieser Hochzeit sei auch eine sehr fröhliche Frau dabeigewesen, die sich durch ihr munteres Verhalten, ihre Kleidung und vor allem durch ihre Lebhaftigkeit, die jedem sofort in die Augen sprang, von allen anderen abhob. Sie hielt sich viel in seiner Nähe, näherte sich ihm oft wie unabsichtlich, um ihn leicht zu berühren oder um ihm etwas anzubieten, und immer wieder, sei es bei Tisch oder beim Tanzen, tauchte sie unerwartet neben ihm auf und ließ ihn ihre Nähe und ihre festliche Erregung spüren.

Noch am selben Abend, als Lusi sich nach dem vielen Trinken erfrischen wollte, fand er sich plötzlich in einem abgelegenen Zimmer wieder, in dem die erschöpften Kinder in ihren Betten lagen und schliefen, und auch hier wieder tauchte die Frau vor ihm auf, erhitzt und erregt von der Hochzeitsstimmung. Er wußte nicht, wie sie ihm gefolgt war, aber sie begann vertraut und freundlich mit ihm zu sprechen.

Ob er nun etwas von ihr wußte oder nicht, plötzlich begann sie, von ihrem Mann zu sprechen. Man konnte ihren Worten entnehmen, daß ihr etwas an ihrem Mann nicht behagte. Zugleich gab sie Lusi zu verstehen, daß er ein Mann nach ihrem Herzen sei . . .

»Und da, ich weiß gar nicht wie, lag plötzlich ihr Kopf auf meiner Brust, und da wurde mir klar, warum sie sich von der Hochzeitsgesellschaft entfernt hatte.«

Er war jung, und sie war im gleichen Alter. Sie hielt ihre Augen auf Lusis Brust geheftet und hob sie nicht, und er spürte ihre Nähe . . . Mit einem Wort: Die beiden waren drauf und dran, in diesem abgelegenen, fernen Zimmer – Gott bewahre uns – die größte und brennendste aller Sünden zu begehen.

Aber ob nun zufällig ein Fremder vorbeikam und einen Blick ins Zimmer warf, oder ob sich ein Kind im Schlaf bewegte und schlaftrunken hochblickte – obwohl die beiden wie unabsichtlich ins Zimmer gekommen waren, verließen sie es verlegen, schämten sich, ohne sich in die Augen sehen zu können . . .

»Als ich dann zu meinem Rabbi ging, um mich ihm anzuvertrauen«, fuhr Lusi fort, »und ihm sagte, das ganze Übel entspringe vielleicht der Tatsache, daß ich des Segens des ›Seid fruchtbar und mehret euch‹ beraubt sei, daß ich wie ein steriler Baum sei, ohne Blüten und Blätter, ein Baum, in dem nicht einmal Vögel nisten, und daß ich vielleicht deshalb von unreinen Gedanken verfolgt würde – als ich mich so beklagte, zeigte mir der Rabbi natürlich sein Mitgefühl, bedauerte mich, gab mir gute Wünsche mit auf den Weg und riet mir zu Heilmitteln, etwa dem, ich solle in meinem Schlafzimmer das Bett von Nord nach Süd ausrichten und jeden Freitag die Bettwäsche mit den Federn schwarzer Hähne ausräuchern; außerdem solle ich den Sud einer Pflanze namens ›Raute‹ trinken, und so weiter.«

Aber nichts half. Im Verlauf der Tage der Ehrfurcht begab sich Lusi dann zu seinem Rabbi, bei dem er die Zeit der Feste[1] zu verbringen pflegte und seinen Aufenthalt manchmal bis spät in den Winter hinein, bis Chanukka[2], verlängerte. Als ihn der Rabbi eintreten sah, da Lusi sich nun, wie es die Sitte verlangt, auf Rosch Haschanah vorbereiten wollte, begann Lusi über das vergangene Jahr zu weinen. Der Rabbi blickte ihn an, als glaubte er selbst nicht an das, was er Lusi vorzuschlagen gedachte, wollte aber gleichwohl nichts unversucht lassen, wie ein Arzt, der bei einem Kranken zu einem letzten Mittel greift.

»Bleib über Jom Kippur[3]«, sagte er.

»Was soll das heißen?« fragte Lusi erstaunt. »Ich bleibe doch immer noch länger.«

»Nein. Diesmal«, sagte der Rabbi nachdenklich und traurig, »gibt es wichtigere Dinge zu bedenken als sonst . . .«

Dann kam die Nacht des »Kol Nidre«[4], die Nacht, in der die ganze Gemeinde wie in jedem Jahr in glühende Gebete vertieft ist . . . Und als es gegen Ende Zeit war, »Herr der Erde« zu beten,

---

[1] Der Zyklus der jüdischen Feiertage im Herbst.
[2] Fest der Säuberung des Tempels.
[3] Tag der Großen Vergebung.
[4] Gebet am Vorabend der Fastenzeit.

ein Gebet, das meist den ältesten und geachtetsten Gemeinde-
mitgliedern vorbehalten bleibt, makellosen Männern, die ein
untadeliges Leben geführt haben, war plötzlich ein Befehl des
Rabbi zu hören: »Lusi ... Diesmal wollen wir Lusi die Ehre
erweisen.«

Die Gemeinde konnte sich nicht genug darüber wundern: So
jung, noch so unerfahren, ein noch so heißblütiger Mann ...
Aber es war nichts zu machen: Befehl ist Befehl ... Die guten
Leute sagten sich jedoch, der Rabbi werde sich dabei schon etwas
gedacht haben ...

Lusi trat an das Vorlesepult und sprach mit zitternder Stimme
das erhabene Adon Olam vor der Gemeinde. Er fühlte sich nicht
würdig, diese Worte zu äußern, aber der zu Ehren des Kippur
frisch rasierte Rabbi, in seinem Gebetsschal, den auf spanische
Art bestickten Jarmulke auf dem Kopf, stand neben ihm am
Vorlesepult und warf ihm einen ermutigenden Blick zu, als
wollte er sagen: »Los, fang an ...«

Später, als der Gottesdienst beendet war, gingen die Jüngeren
wie gewohnt nach Hause, und nur einige geachtete Männer mit
dem Rabbi an der Spitze blieben in der Synagoge. Diese wachten
am Abend vor dem Tag des Gerichts, studierten und rezitierten
Psalmen.

Auch Lusi war geblieben. Wie die Sitte es verlangt, wurde die
Synagoge von der gleichen Zahl von Lampen und Kerzen er-
leuchtet wie zuvor während des Gottesdienstes; keine Lampe,
keine Kerze wurde gelöscht, weder am Vorlesepult noch auf der
Empore, nicht einmal die in den Fenstern und auf den langen
Tischen der Westseite, wo in mit Sand gefüllten Schachteln
Wachskerzen still vor sich hin flackerten.

Es war schon spät. Nach ihrer frommen Erregung am ganzen
Vortag von Jom Kippur, als sie die ganze Zeit zum rituellen
Bad gelaufen und voller Inbrunst gebetet und vor Beginn der
Fastenzeit noch gegessen und mit innerer Glut das Kol Nidre
gebetet hatten, waren alle vom Wachen, dem langen Studieren
und Psalmenlesen müde und erschöpft eingeschlafen, manche
auf den Bänken, die Köpfe gegen ein Pult gelehnt, andere sogar

auf dem Fußboden, der wie immer in dieser Nacht mit Stroh und Heu bedeckt war; selbst der Schammes, der sonst immer wacht und nie einschläft, schlief jetzt ... Allein der Rabbi, jetzt ohne Gebetsschal, aber in seinem weißen Gewand, die Jarmulke auf dem Kopf, ging wie gewohnt still zwischen den Bänken auf und ab ... Wozu? Um dem einen oder anderen der Schläfer, die sich auf den Bänken oder auf der Erde ausgestreckt hatten, ins Gesicht zu blicken und darüber zu wachen, daß sie nicht von bösen Geistern angegriffen wurden, wie das – Gott behüte! – passieren kann ... Er erkannte die Anzeichen sofort und weckte, wenn nötig, den Betreffenden mit einer harten Berührung seines Fingers. Auch Lusi war schon eingeschlafen. Und dann wurde er plötzlich durch die Berührung einer Hand aus dem Schlaf gerissen.

»Wer da?«

»Weh ...« Dann sah er plötzlich, daß sich der Rabbi über ihn beugte.

Voller Scham, Schuldbewußtsein und Kummer erwachte Lusi. Wie hatte er, soeben unter so vielen Männern ausgewählt und geehrt, noch in derselben Nacht, fast unmittelbar danach, beweisen können, daß ihm diese Ehre nicht gebührte, daß er noch immer so sehr von seinem heißen Blut beherrscht wurde, daß er nicht einmal die Würde aufgebracht hatte, an einem geheiligten Ort wach zu bleiben, und das am Tag des Gerichts und dazu noch unter den Augen eines Zeugen wie dem Rabbi persönlich.

Lange Zeit konnte er dem Rabbi nicht in die Augen blicken. Nach den Feiertagen, als er fast noch als einziger am »Hof« des Rabbi geblieben war, verabschiedete er sich schließlich von ihm. Er stand mit gesenktem Kopf vor ihm und wagte nicht zu sagen, was er auf dem Herzen hatte. Und der andere betrachtete ihn mit Bedauern, als wollte er sagen: »Du siehst es doch selbst ...«

»Prüfe deine Handlungen«, sagte er schließlich zu Lusi, der weinend vor ihm stand. »Suche und finde, was schlecht an dir ist ...«

»Selbstverständlich hatte er recht«, wandte sich Lusi nach kurzer Unterbrechung an Avreml. »Die Sünde ruft die Sünde herbei, und wie man weiß, zieht eine Sünde die andere nach sich, und als ich in mich hineinhorchte, fand ich bald heraus, daß ich mich nicht nur der schon erwähnten demütigenden Schändlichkeit schuldig gemacht hatte, und das nicht nur in meinen Augen, sondern auch in denen meines Rabbi, daß ich mich für unwürdig hielt, vor meinem Meister den Mund aufzumachen und ihn um das zu bitten, was ich mir so glühend wünschte. Als ich mich selbst prüfte, fand ich nicht nur diese Sache, nein, noch Schlimmeres, eine Neigung zur Sünde – möge Gott mich davor bewahren! Ich entdeckte, daß mein Großvater, der Anhänger Schabbatai Zvis, mir allzuoft im Traum erschien und daß diese Erscheinungen keinen Abscheu in mir erregten, was sie natürlich hätten tun sollen.

Zum Beispiel:

Es kam vor, daß ich meinen Vorfahren bettelnd auf einem Markt sitzen sah. Als ich an ihm vorbeigehen wollte, hielt er sich an meinen Rockschößen fest, zog daran und murmelte stammelnd wie ein Bettler: ›Sieh doch, Lusi, was aus mir geworden ist. Ich hocke auf einem Bündel gedroschenen Strohs und strecke die Hände nach den Vorübergehenden aus, ein Fremder auf einem fremden Markt.‹ Als ich ihn mir näher ansah, entdeckte ich, daß es tatsächlich ein Fremder war: Er war wie ein Türke gekleidet, trug grüne Pluderhosen, eine weite grüne Jacke und einen Fez; auch seine Sprache war die eines Fremden, halb Jiddisch, halb etwas anderes. Und seltsame Tränen rollten diesem alten Mann über die Wangen, Tränen, die nicht jüdisch zu sein schienen. So weint nämlich kein Jude unter seinesgleichen. Das machte ihn mir noch fremder und brachte mich dazu, mich nach allen Seiten umzusehen, ob jemand mich beobachtete und mich zufällig in der Nähe jenes Mannes entdeckte, mit dem ich um keinen Preis gesehen werden wollte . . .

›Jehudi‹, lallte der Alte immer wieder, diese uralten jüdischen Worte auf ungewohnte Weise aussprechend: ›Ich bin vom Samen Israels . . . In meinem Namen und im Namen deines Vaters . . . Ich bitte dich, für meine verwirrte Seele zu beten . . .‹ Bei diesen Worten rollten ihm wieder die kalten Tränen eines Greises über die Wangen, und um die Wahrheit zu sagen, erregten sie mein Mitleid.

So erschien er mir auf einem Markt, in Gestalt eines alten, abgetakelten Bettlers. Es kam aber auch vor, daß er sich in Gestalt eines jungen Mannes zeigte, auf der Höhe seines Irrwegs, zur Zeit seiner Zugehörigkeit zu der ›Sekte‹, als er sich vorgenommen hatte, hinter dem Kampfwagen herzulaufen.

Es war in einer großen Handels- und Schiffahrtsstadt vom Schlage Stambuls. Ich sah einen weitläufigen Platz vor einem Palast, auf dem sich eine riesige Menschenmenge versammelt hatte, in der ich neben vielen anderen auch meinen Großvater wiedererkannte. Alle waren großartig gekleidet. Männer und Frauen trugen kostbare Gewänder und standen mit den Gesichtern zum Palast gewandt, aus dem der verehrte Mann, den sie sehnsüchtig erwarteten, gleich erscheinen mußte, ihr Anführer, den sie freudig begrüßen wollten.

Und da erschien er, umgeben von seinen engsten Vertrauten, seinen sieben Jüngern, ›den sieben Stämmen einer Menorah‹[1], wie sie sich selbst nannten. Er zeigt sich, und plötzlich bricht die vor dem Palast versammelte Menge in Hochrufe aus: ›Unser Herr, Licht unserer Augen! Messias, Sohn Davids! Von Gott gesandter Erlöser! . . .‹ Und die Menge wirft sich auf den Boden, jeder küßt den Staub, wo er sich gerade befindet, da jeder glaubt, der Gegenstand seiner Verehrung habe schon seinen Fuß daraufgesetzt oder werde es eines Tages tun.

Und plötzlich verschwindet die Menge. Es verschwindet auch der, der aus dem Palast herausgetreten war, und ich sehe, wie mein Großvater einsam und allein dort auf dem Boden liegt, wo er sich hingeworfen hat. Er kniet, küßt die Erde, er kriecht auf dem ganzen Platz herum, der von so vielen Menschen zertrampelt worden ist, kriecht von einem Ort zum andern und kommt schließlich dort an, wo derjenige gestanden hatte, der aus dem Palast gekommen war; und dort bleibt er in demütiger Haltung liegen, ohne sich von dem in seinen Augen heiligen Staub losrei-

[1] Menorah: Siebenarmiger Leuchter.

ßen zu können. Als er sich endlich erhebt, wirkt er erschöpfter als ein Mann, der sich soeben aus einem Morast befreit hat.

Und jedesmal, wenn ich ihn in dieser beschämenden Haltung, immer noch ganz besudelt, daliegen sah, ehe ich auch nur ein Wort aus dem Mund meines Vorfahren vernahm, hatte ich plötzlich einen Wasserkrug in der Hand, den ich dem anderen zeigte, ohne ein Wort zu sagen. Als er mich sah, kam er näher, und ich goß ihm Wasser auf die Hände wie ein Levit einem *Cohen*, bevor er den Segen spricht . . . Das sollte bedeuten: Bevor ich überhaupt mit ihm zu sprechen begann, bevor ich ihm Vorwürfe machte oder ihn beschuldige, wollte ich ihn gründlich gereinigt sehen. In diesem Gefühl äußerte sich schon eine Neigung zur Vergebung, eine gewisse Nachsicht mit einem Wesen, dem gegenüber man keinerlei Nachsicht zeigen durfte und zu dem man ohne Mitleid alle Bande durchschneiden mußte. Weh, weh mir . . .«

Als Lusi seinem Rabbi später all das erzählt hatte, hatte ihm dieser nur mit einem schmerzerfüllten Blick und den folgenden Worten erwidern können:

»Und was bedeutet das? Daß du hinter dich blicken und sehen sollst, was für einen Gefährten du im Rücken hast.«

Lusi erzitterte und wandte sich um. Er hatte verstanden, was der Rabbi ihm sagen wollte . . . Und er brach in Tränen aus:

»Womit habe ich das verdient?« sagte er immer wieder unter Tränen. »In meiner Jugend bin ich umhergeirrt, war ein Mann ohne Weg und ohne Ziel; und später, dank dem, vor dem ich jetzt stehe, habe ich einen Weg gefunden, und jetzt bin ich von neuem dabei, ihn zu verlieren. Womit habe ich das verdient?«

Der andere entgegnete ihm: »Vielleicht trifft hier der Satz zu: Denjenigen, den man liebt, straft man um so mehr.«

»Was muß ich also tun, um weniger geliebt zu werden?« entfuhr es Lusi unbesonnen. »Ich will weder das Leiden noch die Belohnung dafür.«

»Ah!« rief der Rabbi entrüstet aus. »Dann mußt du tun, was Hiobs Frau ihrem Mann riet: Verfluche Gott, dann wirst du sterben und brauchst nicht zu leiden.«

Lusi war als gebrochener Mann aus diesem Gespräch hervorgegangen – wie ein Mann, für den es keine Möglichkeit mehr gibt, sein unglückliches Schicksal zu lindern. Nach einer kurzen Pause erzählte Lusi von einem Ereignis, das sichtlich auf ihm lastete. Um diese Zeit hatte er in einem kleinen Dorf, in dem er damals wohnte, einen gewissen Schmerl Bass aus Litauen kennengelernt: Er war ein großer Gelehrter, eine wahre Leuchte, die überdies eine umfangreiche Kenntnis der Welt besaß. In dem kleinen Dorf hatte er nicht seinesgleichen, außer dem Grundherrn, dem nicht nur die kleine Stadt, sondern auch zahlreiche Dörfer in der Umgebung gehörten. Neben seinem großen Reichtum besaß dieser auch Geschmack und Verständnis für geistige Dinge. So lud er manchmal einen Priester oder einen anderen gebildeten Mann ein, um darüber zu diskutieren. Er freundete sich mit Schmerl an, der dem Dorf übrigens mehr als einen Gefallen tat: Wenn es nötig war, vom Grundherrn etwas zu erbitten, schickte man Schmerl zu ihm, den der Adlige hochschätzte, Schmerl und keinen anderen, dem man vielleicht die Bitte hätte abschlagen können.

Soweit schön und gut. Und dennoch war dieser Schmerl in der kleinen Stadt nicht sonderlich beliebt, wenn er sich auch nicht anders benahm als alle anderen, ob bei sich zu Hause oder woanders, ob es nun um religiöse Dinge oder um menschliche Beziehungen ging, bei denen er jedem Bedürftigen gegenüber seine Großzügigkeit bewies; aber da er bestimmte Gebräuche nicht einhielt, die übrigens nicht bei allen Juden vorgeschrieben sind, betrachtete man ihn mit Argwohn; manche, die selbst nicht sonderlich fromm waren, sondern vielmehr verbitterte Fanatiker, machten ihn zur Zielscheibe ihres Klatsches und erzählten Dinge über ihn, die niemand nachprüfen konnte, von denen diese Leute aber behaupteten, sie hätten sie mit eigenen Augen gesehen. So behaupteten sie zum Beispiel, er sei einmal völlig nackt und ohne Kopfbedeckung bei dem adligen Grundherrn erschienen. Daß er überdies dort an Mahlzeiten teilnehme, bei denen alle Gäste Nicht-Juden seien, und daß die Speisen, die man dort serviere, sämtlich unrein seien, und so weiter.

Die Dinge waren schon so weit gediehen, daß an Feiertagen, wenn alle Welt der Völlerei gefrönt hatte und betrunken war, bei Schmerl Steine durch die Fensterscheiben flogen, geworfen von den Händen ganz bestimmter Leute.

Mehr noch: Obwohl er es nicht nötig hatte, die Bewohner des Dorfes um irgend etwas zu bitten, da seine Geschäfte mit dem adligen Grundherrn blühten, während die anderen vielmehr oft von ihm abhängig waren, wurde niemand abgewiesen, der sich hilfesuchend an ihn wandte und so seine Gutmütigkeit ausnutzte – was selbst diejenigen taten, die innerlich bereit waren, ihm einen Stein ins Fenster zu werfen; und obgleich Schmerl das wußte – oder ahnte –, tat er so, als wüßte er von nichts, um die Bittsteller nicht in ihrem Leid zu demütigen; Schmerls Verhalten hätte für viele als Beispiel dienen können; aber es war nicht so . . . Von ihm nehmen, ja, in einer schwierigen Stunde bei ihm Zuflucht suchen, ja, ob nun für sich selbst oder für das ganze Dorf, das war ganz selbstverständlich, aber wenn es darum ging, ihm bestimmte Verstöße gegen religiöse Vorschriften nachzusehen, denen diese Leute große Bedeutung zumaßen, dachten sie nicht daran, ihm zu vergeben.

Die Dinge waren schon so weit gediehen, daß man nichts mit ihm zu tun haben wollte, als er seinen einzigen Sohn zu verheiraten gedachte, den er zärtlich liebte und der diese Liebe ebenso zärtlich erwiderte. Es war also schon so weit gediehen, daß nicht nur die Leute aus dem Dorf sich nicht mit seiner Familie verbinden wollten, sie verbreiteten sogar seinen schlechten Ruf in der ganzen Umgebung, damit sich, ob nah oder fern, niemand bereit fand, seinen Sohn zu heiraten; und so war er gezwungen, eine Braut, eine Gattin für seinen Sohn, in weiterer Ferne und sogar im Ausland zu suchen.

Da machte sich Schmerl eines Tages auf den Weg zu Lusi, um ihm alles zu sagen und zu erklären, was er auf dem Herzen hatte, um ihn davon zu überzeugen, daß alles, was man gegen ihn vorbrachte, jeglicher Grundlage entbehrte und daß er mit seinen kleinen Abweichungen von der geraden Linie des allgemeinen Verhaltens die Religion nicht im mindesten verletzte, und wenn er es doch tat, dann war das nichts anderes, als wenn man aus Versehen gegen ein Spinnengewebe in irgendeiner dunklen Ecke stieße. Und dafür der Beweis: Die bekannten Autoritäten seien der gleichen Meinung wie er, denn in Wahrheit handle es sich nur um Kleinigkeiten, um Dinge, die man so oder so auslegen könne, um Dinge, die man keineswegs mit der Wurzel ausrotten müsse, wie etwa die Opferung eines Stücks Geflügel am Vorabend von Jom Kippur, eine Sitte, gegen die sich sogar ein Reb Schlomo Kluger ausspreche . . .

Um die Wahrheit zu sagen, hatte sich Lusi auf Schmerls Seite gestellt, was den Zorn mancher Leute erregte, die ihn daraufhin angriffen, als hätte er sich dem abtrünnigen Schmerl angeschlossen. Sie klagten: »Wie konntest du ihn nur über deine Schwelle lassen, wo doch schon sein Atem vergiftet ist?«

Als die Leute dann noch entdecken mußten, daß die Schwiegertochter, die dieser Schmerl von weit her hatte kommen lassen, nicht die Frau war, die sich den Gewohnheiten ihres Schwiegervaters und ihres Mannes widersetzen würde, daß sie gar nicht daran dachte, sie auf einen besseren Weg zu führen; als sie das sahen, entflammte es die Wut dieser Leute noch mehr, und sie klagten überall, das ganze Dorf laufe Gefahr – was Gott verhüten möge –, in dem von Schmerl entfachten Feuer umzukommen.

Da schlug das Schicksal zu. Kurz nach seiner Hochzeit erkrankte Schmerls Sohn und starb. Die »Heilige Bruderschaft« forderte einen hohen Betrag für seine Bestattung, wobei sie weniger das Geld im Auge hatte als den Wunsch, Schmerl zu demütigen. Wenn er die Demütigung spürte, würde er noch hartnäckiger bleiben, was die Demütigung noch vertiefen würde. Natürlich ging es dem Vater nicht um das Geld: Sein Sohn war für ihn das Leben und sein einziger Trost gewesen. Was ihn traf, war die Grausamkeit, mit der die Bruderschaft bereit war, den Tod seines Sohnes zu beschmutzen. Sie feilschten einen ganzen Tag und mehr. Es war Sommer, und schließlich erklärte sich Schmerl einverstanden. Aber das Ergebnis war, daß sein Herz sich verhärtete, vielleicht wegen der erlittenen Kränkungen. Als man aufs »Feld« kam und den Toten ins Grab senkte, als man den Vater aufforderte, das Totengebet zu sprechen, das »Kaddisch«, weigerte er sich. Man möchte meinen, daß es sein unermeßlicher Kummer war, der ihn daran hinderte, die Qual, sich des Kostbarsten zu entäußern, was er besaß. Er blieb stumm, und sein Mund öffnete sich nicht einmal, um die rituellen Worte zu sprechen, wie das manchmal vorkommt. Am Ende nahm es der Schammes der Bruderschaft auf sich.

Die Verzweiflung des Vaters war unermeßlich. Nachdem seine Schwiegertochter zu ihren Eltern zurückgekehrt und sein Haus leer geworden war, begann er, ganze Tage lang darin umherzuirren, von einem Zimmer zum anderen; schließlich beschränkte er sich auf ein einziges Zimmer, das er, unermüdlich auf und ab gehend, von einer Ecke zur nächsten durchquerte, ohne ein Wort zu sprechen, ohne etwas von Geschäften hören zu wollen, von irgendeinem Handel, von nichts, womit er sich vorher beschäftigt hatte . . . Und das Ende – der Herr möge uns davor bewahren! – war schrecklich: Eines Tages fand man ihn an einem Strick baumelnd in seiner Dachkammer . . .

Selbst dieser Tod konnte die Herzen der Eiferer im Glauben nicht besänftigen. »Natürlich ein Selbstmord«, sagten sie. »Er hat auch nicht mehr verdient als einen Haken an einem Balken . . . Das ist das einzige, was er verdient . . .« Und wie es scheint, war Lusi der einzige gewesen, der seinem Trauerzug folgte.

Als man ihn bei seinem Rabbi anschwärzte, er ihm jedoch selbst davon erzählte, da er nichts vor ihm verbergen wollte, behandelte ihn der Rabbi mit äußerster Strenge und sagte: »Aber ja, natürlich . . . Der Herr der Erde und Schmerl . . . Du hast deine Wahl getroffen . . .«

Um die Wahrheit zu sagen, berührte Lusi die Strenge des Rabbi diesmal kaum, denn seit er dessen Schüler und der andere sein geistlicher Führer war, waren sie zum erstenmal nicht einer Meinung.

Seitdem klebte Schmerls Schatten an ihm und begleitete ihn überallhin, als wäre es ein Strafurteil.

Ein paar Beispiele dafür. An einem Donnerstagabend hielt sich Lusi im Betsaal auf, um zu studieren, wie er es am Vorabend

des Freitags immer tat. Es war schon spät . . . Alle seine Gefährten schliefen schon, nur er bemühte sich, nicht den Kopf zu
verlieren. Um ihn herum war alles dunkel, aber plötzlich sah er
in der Tür des Betsaals zwei Männer erscheinen. Unmöglich, sie
zu erkennen. Man konnte nur sehen, daß sie von Westen nach
Osten gingen, und als sie vor der Bundeslade standen, beugte
sich einer von ihnen über den Vorhang und küßte ihn, während
der andere nichts tat.

Dann gingen sie auf Lusi zu, traten an sein Lesepult heran, und
derjenige, der den Vorhang nicht geküßt hatte, stellte sich ganz
dicht neben ihn und hielt ihm die Hand hin wie ein Gast, der von
weit her gekommen ist, und sagte: »Schalom.«

»Aleichem«, erwiderte Lusi, der das Gesicht des Fremden
noch immer nicht erkennen konnte.

Und plötzlich:

»Ach du bist es, Schmerl«, sagte er vertraulich mit einem
Anflug von Erstaunen.

»Ja«, erwiderte der andere, der hinter seinem Rücken noch
seinen Begleiter versteckte, den er mitgebracht hatte.

»Wie geht es dir? Und woher kommst du?« fragte Lusi.

»Was soll das heißen, woher? Von *da unten*«, erwiderte der
andere, und Lusi erfaßte sofort die Bedeutung dieses Wortes:
natürlich aus der anderen Welt. Es erstaunte ihn selbst, daß er
keine Angst hatte, als hätte er den anderen sagen hören, er sei aus
irgendeinem fremden Ort oder einer Straße derselben Stadt
gekommen.

»Gut, und wer ist der Mann, den du mitgebracht hast?« fragte
Lusi, ohne ein Wort zu äußern. Er wies bloß mit einer Handbewegung auf den zweiten Mann, der hinter Schmerls Rücken
nur halb zu sehen war.

»Sieh selbst«, sagte Schmerl und trat ein wenig zur Seite, damit
sein Begleiter besser zu sehen war.

»Schalom«, sagte auch dieser und streckte Lusi die Hand
entgegen.

»*Aleichem*«, erwiderte Lusi und nahm die Hand des anderen
in die seine. Diesmal bekam er es mit der Angst, als er den

Unbekannten näher betrachtete. Warum? Weil er sich selbst sah, seine eigene Gestalt, die genauso gekleidet war wie er und den gleichen Kaftan trug, das gleiche Käppi. Er war es selbst, bis ins kleinste Detail, sein Doppelgänger ...

»Was hat das zu bedeuten?« wollte Lusi wissen, jedoch weniger durch Worte als vielmehr durch eine an Schmerl gerichtete Bewegung, mit der er eine Erklärung forderte.

»Was du siehst«, sagte der andere lächelnd, als ginge es um etwas Alltägliches, das niemanden erstaunen konnte. »Warum wunderst du dich?« sagte er. »Haben du und ich nicht in Frieden gelebt? Wir haben uns in dieser Welt nie gestritten, haben uns nie etwas vorgeworfen. Hältst du es etwa für unpassend, daß wir auch *da unten* Freunde bleiben?«

»Nein«, erwiderte Lusi, halb willig, halb widerwillig.

»Nein? Dann werde ich bis zum Anbruch der neuen Ordnung mit deinem Doppelgänger *da unten* umherstreifen, solange du noch *hier* bist. Dein Doppelgänger ersetzt dich vollkommen: Ich bin mit ihm in allem einer Meinung, und bis auf ein paar kleine Differenzen sind wir ein Herz und eine Seele: So küßt der eine zum Beispiel den Vorhang des Allerheiligsten, ich, Schmerl, aber nicht, aber das kann doch niemandem weh tun, nicht wahr? Oder hast du etwas dagegen?«

»Nein.« Lusi gab nochmals die gleiche Antwort, seinen Doppelgänger mit einer Mischung aus Angst und Neugier betrachtend. Eben noch hatte er ihn deutlich vor sich gesehen, aber jetzt begann er sich wie ein leichter Nebel zu verflüchtigen.

»Wie geht es dir denn da unten?« fragte Lusi, indem er sich von seinem Doppelgänger abwandte und Schmerl anblickte.

»Genauso wie hier«, erwiderte dieser lächelnd.

»Tatsächlich?« bemerkte Lusi, den die Sorglosigkeit Schmerls angesteckt hatte. Und damit begann er, leichthin über Dinge zu sprechen, mit denen nicht zu scherzen ist. »Und was ist mit der Hölle, die dir deine Gegner wegen deines unwürdigen Verhaltens und deiner der Thora zuwiderlaufenden Handlungen prophezeit haben, Dinge, für die man dort unten nicht gerade mit Milch und Honig belohnt wird?«

»Die Hölle«, entgegnete der andere anzüglich, »ist leer, erloschen, brennt nicht, sengt nicht, brodelt nicht.«

»Ach nein?« entgegnete Lusi und spürte auf der Hand plötzlich einen brennenden Schmerz. Siedendes Wachs der Kerze, die das Buch auf seinem Pult beleuchtete, hatte ihm die Hand verbrüht ... Und damit schreckte er aus dem Schlaf hoch, der ihn genauso überwältigt hatte wie alle anderen, die mit ihm gelesen hatten. Er sah, daß sich die Kerze neigte und tropfte. Es fehlte nicht viel, und die Flamme würde das Buch erreichen und es in Brand setzen. Er rieb sich die Augen. Ja, natürlich waren die beiden verschwunden, sowohl Schmerl wie sein Doppelgänger. Und dann ein neues Wunder: Ihm war nach dieser Erscheinung an einem solchen Ort und in einem solchen Augenblick, in der Synagoge, nachts, während des Studiums, nicht nur keineswegs schwer ums Herz, nein, ganz im Gegenteil, das, was als böses Vorzeichen hätte gedeutet werden können, hatte bewirkt, daß er sich frisch und munter fühlte, als gäbe es in seinem Herzen auch nicht den kleinsten Winkel, in dem Schwermut oder bedrückende Gedanken nisten könnten ... Im Gegenteil, er machte sich nun mit neuer Glut an das Studium, wie nach einer glühend ersehnten Begegnung.

Und dann noch ein zweiter Fall, der letzte unter zahlreichen ähnlichen, die Lusi nicht aufzählen wollte, denn das würde viel zu weit führen.

Es geschah, als sein Rabbi, sein geistlicher Führer, schon krank darniederlag und auf sein Ende wartete: Das Ödem begann sich schon vom Bauch zum Herzen auszubreiten und ließ sein Gesicht gelb und gedunsen erscheinen.

Es war die Zeit der Feiertage, zu der Lusi sich eingefunden hatte, aber nicht nur er, sondern auch eine große Zahl seiner Anhänger und Vertrauten. Er war aber nicht nur wegen der religiösen Feste gekommen, sondern auch in der Absicht, sich von dem Rabbi zu verabschieden, von dem jedermann wußte, daß sein Ende nahe sei.

Der Versöhnungstag verging. Es verging auch das Laubhüttenfest, und dann kam das Wochenfest, das Fest der Verleihung der Thora. Plötzlich vernahm man in der brechend vollen Synagoge den Ruf: »Bildet ein Spalier!« Und dann wurde der Rabbi in die Synagoge getragen, den man in seinem Bett hertransportiert hatte, da er nicht mehr sitzen und nicht einmal mehr die Beine herabhängen lassen konnte.

Am Tag zuvor hatten die Leute viel getrunken, denn der Kranke selbst hatte es befohlen: »Beschäftigt euch mit nichts... Nur die Freude an der Thora... Alle Juden sollen feiern...«

Als man ihn in die Synagoge brachte, atmete er mit Mühe, hielt die Augen halb geschlossen, und seine Barthaare waren steif und drahtig... Die Gemeinde stimmte sogleich das Abendgebet an und ließ die Prozession in der Synagoge gleich folgen, da sie den Zustand des Kranken kannte und ihn nicht über Gebühr aufhalten wollte.

Und dann wurde die Bundeslade geöffnet; und der Schammes rief diejenigen auf, die mit dem Rundgang beehrt wurden.

»Unser großer und gelehrter Meister«, sagte der Schammes, der an erster Stelle natürlich den Rabbi aufrief. Man brachte ihm die erste Thorarolle aus der Bundeslade, obgleich jeder annahm, daß er wegen seines jämmerlichen Zustands an dem Rundgang nicht teilnehmen würde; man ging davon aus, daß er, auf seinem Bett sitzend, die Rolle in die Hand nehmen würde, um dann die Glückwünsche der Gemeinde zu empfangen, die er erwidern würde.

Es kam aber ganz anders. Kaum hatte man ihm die Thorarolle hingehalten, richtete er sich nicht nur in seinem Bett auf, sondern stellte auch die Füße auf den Fußboden und erhob sich mit ausgebreiteten Armen... Manche, ehrbare alte Männer, Vertraute, liefen herbei und sagten ihm immer wieder, es sei nicht richtig, er habe kein Recht dazu – sie fürchteten, ihm und der Thorarolle, die er in seinen zitternden Händen hielt, könne etwas passieren...

Aber er hörte nicht auf ihren Protest. »Was bin ich, wer bin ich«, sagte er, »soll ich an einem solchen Tag, an dem sich alle freuen, meine schwachen alten Beine schonen?«

Bitten und Überredungsversuche waren vergeblich. Und da nichts anderes übrigblieb, postierte sich der Kantor zu seiner Rechten und der Schammes zu seiner Linken. Alle drei hatten eine Thorarolle in der Hand, und der Kantor rief aus: »Steh uns bei, o Herr, laß uns glücklich sein, o Herr.« Und damit begannen sie wie gewohnt mit den Thorarollen um das erhöhte Pult herumzugehen.

Die Gemeindemitglieder, welche die Synagoge schon bis zum letzten Platz gefüllt hatten, sahen diesem Mann zu, der sich zwischen dem Synagogendiener und dem Kantor vorwärtstrieb, obgleich er so krank war, daß es fraglich war, ob er überhaupt noch einen Fuß vor den anderen setzen konnte . . .

Aber trotzdem ging er los. Mehr noch, niemand konnte sich vom Anblick seiner Beine losreißen, und plötzlich sahen alle, daß er tanzte. Die altehrwürdige und teure Gewohnheit, an diesem Tag, dem Tag der Verleihung der Thora, Freude zu bekunden, war in ihm erwacht, als er in der Synagoge die Runde machte; sie hatte ihn seinen Zustand vergessen lassen und ihm nicht nur die Kraft verliehen, sich selbst frei zu bewegen, sondern auch dazu, die anderen anzuregen, die ihn da gehen sahen und es ihm nachzutun versuchten: »Freut euch über den Tag der Thora«, las man ihm von den Lippen ab, und wie dichtgedrängt die Menschenmenge, wie überfüllt die Synagoge auch war, von einem Ende zum andern, von einer Wand zur anderen, in den Türen und auf den Fenstersimsen, wo sich die Menschen nur dadurch aufrecht hielten, daß sie sich aneinander festklammerten, so daß man hätte meinen können, selbst die Decke sei mit Menschen übersät, so fand doch jeder noch Platz zum Tanzen, wenn es ihm nur gelang, einen wenn auch noch so kleinen freien Raum zu finden, um seinen Körper zu bewegen.

Als der Rebbe dies sah, lächelte er und ermunterte die Menge; und mit dem Blick eines Kranken, dessen Tage gezählt sind, der aber trotzdem bei vollem Bewußtsein ist, segnete er die Menge und deren Freude, wobei er versicherte, es gehe ihm gut, man solle sich um ihn keine Sorgen machen, man brauche weder um ihn noch um die Thorarolle zu fürchten.

Es war ein erhebendes Schauspiel, diese zutiefst andächtige und zugleich jubilierende Menschenmenge zu sehen, welche die Synagoge füllte; die Menschen waren freudig erregt und gleichzeitig von Trauer erfüllt; und sie vergossen ohne Unterschied Tränen der Freude und des Leids.

Der Rabbi natürlich mußte noch an diesem Ort teuer für seinen Tanz bezahlen. Als er nach dem Rundgang zu seinem Bett zurückkehrte, mußte man ihm im letzten Moment die Thorarolle aus den Händen reißen und ihn, den völlig Erschöpften, mehr tot als lebendig auf sein Bett legen. Von neuem ertönte der Ruf: »Bildet ein Spalier!«, und dann brachte man ihn, der kaum noch atmete, von der Synagoge wieder in sein Haus.

Und an diesem Fest hatte auch Lusi teilgenommen; auch er hatte inmitten der dichtgedrängten Menschenmenge beim Tanzen geweint und hatte danach, der Aufforderung des Rabbi gehorchend, viel zuviel getrunken, als er plötzlich inmitten der Menge zwei Menschen gewahrte, genau wie in jener Nacht, in der er in der Synagoge gewacht hatte.

»Sieh an, Schmerl«, sagte er, da er ihn sofort erkannt hatte. Dieser trat zu ihm. »Welcher Wind hat euch hergeweht?«

»Wie bitte? Alle Juden feiern, und ich bin Jude wie alle anderen, ich habe das Recht dazu ...«

»Aha, und hast du gesehen, wie der Rebbe die Füße heute zum letztenmal auf den Boden gesetzt hat, als er mit uns allen tanzen wollte? Das wird sich gewiß nicht mehr wiederholen, denn er ist dabei, uns zu verlassen, und wird sich zu denen erheben, die er als aufgeklärter Führer geleitet hat. Hast du es gesehen?«

»Ja, ich habe es gesehen.«

»Und?«

»Nichts.«

»Was soll das heißen?«

»Das soll heißen, daß ich, Schmerl, nicht der Mann bin, der Hilfe braucht, von wem auch immer ... Ich fliege mit meinen eigenen Flügeln ... Nicht so wie all diese Leute, die hier versammelt sind, die meist einen schwachen Verstand und kindische

Gedanken haben, besonders heute, wo sie betrunken sind wie etwa der da«, sagte Schmerl, mit einem Lächeln auf den Mann zeigend, der ihn begleitet hatte und in dem Lusi sein Ebenbild erkannte, seinen Doppelgänger, der wie er selbst Festtagskleidung trug, einen Seidenkaftan, eine Mütze aus Samt und einen Festtagsgürtel.

Als Lusi ihn anblickte, sah er, daß auch der andere Mann, sein Doppelgänger, weinte und daß er Mühe hatte, den Kopf aufrecht zu halten, daß seine vom Trinken verschleierten Augen traurig waren, und es war klar, daß er ohnmächtig zu Boden gestürzt wäre, hätte ihn nicht von allen Seiten die Menschenmenge so bedrängt, daß er keinen Platz zum Fallen hatte.

»Schau hin«, sagte Schmerl und wies lächelnd auf den anderen: »Seine Tränen sind Tränen der Schwäche, ebenso wie seine Ehrfurcht vor dem Rebbe, denn wäre er wieder nüchtern und hätte einen klaren Kopf, würde er begreifen, daß er keinen Grund zum Weinen hat und daß er sich selbst die beste Hilfe ist.« Und damit unterstrich Schmerl auf eine gewisse Weise seine letzten Worte, denen er damit einen besonderen Sinn verlieh.

Und tatsächlich bemerkten auch andere die Schwäche des Doppelgängers, der hinzufallen drohte. Man nahm ihn bei der Hand, führte ihn durch die dichtgedrängte Menge auf den Vorhof hinaus und dann auf die Straße, an die frische Luft; anschließend brachte man ihn nach Hause, in seine Wohnung, und legte ihn aufs Bett, damit er ausschlief und wieder nüchtern wurde. So geschah es, und genau dort, in seinem Bett, fand sich Lusi am nächsten Morgen wieder.

»Ich werde mich nicht länger damit aufhalten«, sagte der vom Erzählen schon ein wenig erschöpfte Lusi mit schwacher Stimme, »denn das, was ich soeben gesagt habe, sollte schon genügen, um dir klarzumachen, daß ich nichts Falsches über mich berichtet und nicht behauptet habe, in mir gebe es etwas, was gar nicht da ist. In Wahrheit spürte ich im Magen eine Art Gewürm, das mich von innen zerfraß, ein Gewürm, das für jeden anderen nicht wahrnehmbar ist, aber sehr wohl für mich und für jeden, der sich mit solchem Gewürm auskennt.«

Und dann begann Lusi die verschiedenen Formen der Gottesfurcht zu beschreiben, von denen in den frommen Büchern die Rede ist.

»Es gibt«, sagte er, »die Furcht vor der Strafe: die Furcht vor einem elenden Dasein in dieser Welt und vor dem Höllenfeuer in der nächsten. Und dann gibt es noch die höhere Furcht vor dem Herrn der Welt, die man mit dem Verstand nicht fassen und mit keinem Gedanken erreichen kann . . . Die erste Furcht ist die von Kindern und von Menschen ganz allgemein, während man sich die zweite verdienen muß, und ich, Lusi, habe mich mehr als einmal glücklich gefühlt, Zugang zu ihr gefunden zu haben, aber ich bin auch oft schon von diesen Höhen heruntergestürzt . . .

Und obgleich ich sehr wohl weiß, daß allein schon der Sturz bedeutet, daß man eine gewisse Höhe erreicht hat, denn wer noch nie das schwindelerregende Gefühl gespürt hat, aus großer Höhe zu fallen, wird auch nicht das köstliche Gefühl der Erhebung erfahren, das Vergnügen, von dort oben die Welt betrachten zu können, die Welt mit ihren weiten Horizonten von Himmel und Erde, die einen gleichfalls ganz schwindelig werden lassen, jedoch vor einer ganz besonderen Freude . . . Obwohl ich all das weiß, quälen sie mich doch, dieses Aufsteigen, dieses Fallen und dieses Schwanken von einem Ende zum anderen, vom Herrn der Welt zu Schmerl; mein Rabbi hat es gut ausgedrückt und gesagt, es quäle ihn, am Rande des Abgrunds zu stehen, wo, wie man weiß, eine doppelte Gefahr auf einen lauert! Erstens zu fallen, und zweitens – Gott behüte! –, der Wunsch sich hinunterzustürzen . . .«

Und damit verfiel Lusi wieder in seinen erzählenden Ton, da er das, was er soeben gesagt hatte, rechtfertigen wollte: »Nehmen wir ein Beispiel. Es geschah, nachdem ich meinen Rabbi verloren und mich auf Reisen begeben hatte, als ich auf der Suche nach einem geistlichen Führer von ›Hof‹ zu ›Hof‹[1] ging. Schließlich hatte ich den Rabbi gefunden, dessen Schüler ich noch bin. Um diese Zeit kam ich nach N , um meinen dort wohnenden

---

[1] Wohnsitz eines chassidischen Rabbi.

Bruder Mosche Maschber zu besuchen. Ich fühlte mich verjüngt und munter und lernte diesen Sruli Gol kennen, mit dem ich mich anfreundete. Du hast ihn während deines Aufenthalts bei mir gewiß getroffen. Er ist weder Angestellter noch Diener, aber auch kein armer Teufel, den ich unterstütze. Im Gegenteil – und jetzt muß ich dir ein Geheimnis anvertrauen –, er ist ein reicher Mann, der seinen Reichtum nicht zur Schau stellen will. Es ist seltsam: Seine Herkunft ist ein wenig unklar, und er ist ein wenig mißtrauisch von Natur, aber mir gefällt er, denn ich sehe in ihm Tugenden, die andere nicht sehen und nicht erkennen wollen. Er fühlte sich zu mir hingezogen und ich zu ihm, und das sogar so sehr, daß ich mir nur schwer vorstellen kann, ohne ihn auszukommen, als wäre er ein naher Verwandter. Ich spürte, daß er mir diesen Schmerl ersetzte, dessen Aufgabe es war, meine Gedanken vorwegzunehmen, bevor ich mir ihrer selbst bewußt wurde.

Und dann, als die Feste des Jahresanfangs gekommen waren, brach ich nach Uman auf, um das Grab des Rabbi zu besuchen. Sruli begleitete mich auf dieser Reise, obgleich dies völlig unerwartet war, da er für gewöhnlich solchen Dingen keinerlei Bedeutung beizumessen pflegt.

Als ich bei der Gruft ankam, hatte sich dort eine große Menschenmenge versammelt. Es hatten sich zu viele eingefunden, die nicht alle gleichzeitig eingelassen werden konnten; und so wurden sie nacheinander in kleinen Gruppen hineingeführt.

Als ich an der Reihe war, machte ich mich wie alle anderen bereit, das notwendige Gebet zu sprechen. Ich hatte die Absicht, dem Rabbi auch zu bestimmten Dingen einige Fragen zu stellen, in denen ich seinen Rat erbitten wollte – ich war sicher, daß der Rabbi mir mit aller Kraft zuhören und daß seine Antwort hier, aus seinem Grab kommend, genauso lauten würde, als hätte er sie zu seinen Lebzeiten geäußert ... Bevor ich jedoch etwas sagen konnte, begann ein neben mir stehender Mann mit lauter Stimme zu klagen und zu weinen, und man sah ihm an, daß er, der Weinende, sich mit dem Kopf gegen die Wand gestürzt hätte, wenn er vor einer Wand gestanden hätte, wie ein Mann, der etwas Unmögliches erreichen will, etwa einen Toten ins Leben zurückzuholen.

Das machte mich verlegen. Einige waren mit ihren Gebeten schon fertig und machten sich auf den Weg zur Tür. Andere, die noch draußen standen und sahen, wie die anderen die Gruft verließen, stürzten jetzt hinein, um die freigewordenen Plätze zu besetzen. Und ich blieb immer noch schweigend stehen, ohne einen klaren Gedanken zu fassen, denn mein Nachbar hörte nicht auf, mich zu belästigen.

Das alles dauerte schon viel zu lange, denn ich hätte nun den draußen in Mengen wartenden Neuankömmlingen Platz machen müssen, die bereits den Kopf durch die Tür steckten, um zu sehen, ob sie endlich an der Reihe waren, und da beeilte ich mich ... Und plötzlich – oj weh, oj weh – kamen mir überraschend zwei Fragen in den Kopf, eine seltsamer als die andere:

Zunächst fragte ich mich: Ist es überhaupt gut, zu den Toten zu sprechen, das heißt, sie um etwas zu bitten, was man von einem Lebenden fordert? Und, wenn es gerechtfertigt ist, stellt sich eine zweite Frage: Werde ich meinen Glauben an den Rabbi, an Reb Nachman, noch lange bewahren, den ich nach so langen und quälenden Wanderungen erwählt habe? ...

Ich bekam Angst und sah mich verstohlen um, ob mir jemand meine Leichtfertigkeit an meinem Gesicht abgelesen hatte oder, was noch schlimmer wäre, sie mich sogar hatte äußern hören. Und plötzlich sah ich, daß dieser selbe Sruli, der die Gruft mit mir betreten haben mußte, mich musterte. Ich hätte schwören können, daß er wie jemand lächelte, der um sich blickt und genau weiß, was im Kopf und unter der Schädeldecke eines anderen vorgeht.

Als wir die Gruft verließen – ich als erster, Sruli hinter mir –, trat Sruli zu mir und sagte: »Nehmen wir einmal an, daß ich, soweit es mich betrifft, schon vorher wußte, daß ich umsonst Geld ausgegeben habe ... Aber wenn mich meine Augen nicht täuschen, sehe ich auch bei dir, daß du dich hier unter Fremden zu fühlen scheinst. Wenn das nicht so wäre, hätte der weinende Mann dich nicht gestört, und du hättest nicht diesen verwirrten und verlorenen Blick gehabt, und das nicht nur am Grab, sondern auch hier noch, hier draußen.«

Und er hatte recht: Selbst draußen noch schlug ich vor Scham die Augen nieder, da ich den selbstzufriedenen Ausdruck auf Srulis Gesicht nicht ertragen konnte, den Ausdruck eines Mannes, der den wunden Punkt eines anderen entdeckt hat und beharrlich, mit störender Offenheit, immer wieder zu demselben peinlichen Thema zurückzukehren sucht.

Lusi fuhr fort: »Du siehst also, nach allem, was ich dir gesagt habe, daß in meinem Leben nicht alles leicht gewesen ist . . . Daß ich viele Kämpfe habe ausfechten müssen und immer noch kämpfen muß . . . Und daß ich oft insgeheim weine – natürlich –, ja sogar so sehr, daß mich die Lust überkommt, mich bis aufs Hemd auszuziehen und durch die Lande zu ziehen, damit jeder meine Nacktheit sieht . . .

Es ist gut, daß du gekommen bist, Avreml«, sagte Lusi, erschöpft und zerschlagen nach dieser langen Rede, obwohl er nur einen kleinen Teil dessen erzählt hatte, was er in langen Jahren voller Qual erlitten hatte . . . »Es ist gut, daß du gekommen bist . . . Ich möchte mein Amt als Oberhaupt der Gemeinde abgeben und mich von dieser Last befreien, denn wie du sehen kannst, bin ich selbst betroffen und fühle mich im Bewußtsein meiner Unvollkommenheit nicht mehr dazu berufen, anderen Vollkommenheit zu predigen. Ich habe mich erst auf langes Drängen Michl Bukjers, des früheren Oberhaupts, hin damit einverstanden erklärt, die Sekte zu leiten. Und während deines Aufenthalts hier hast du bestimmt gehört, Avreml, was aus ihm geworden ist . . . Ich selbst bin auch zu alt, und ›alt ist nicht gut‹, wie Rabbi Reb Nachman zu sagen pflegte. Der Mensch sollte sich ständig ändern und erneuern . . . So habe ich beschlossen, mich nicht mehr um andere zu kümmern, da ich selbst Hilfe brauche, und so gedenke ich von zwei Dingen eins zu tun: Entweder kehre ich in mein Grenzdorf zurück, um dort meine letzten Jahre zu verbringen, oder aber die ganze Welt soll zu meiner Grenze werden, das heißt, daß ich mit Gottes Hilfe zu einer Pilgerfahrt in die Diaspora aufbreche . . . «

Damit hörte Lusi auf zu sprechen.

Und jetzt ist es an der Zeit, ein paar Worte darüber zu verlieren, wie Avreml Lusi zugehört hatte.

Er hörte sich Lusis Worte an, wie er es immer tat, wenn ein Mitglied der Sekte ihm beichtete und wie üblich nicht nur das erzählte, was er tatsächlich getan hatte, sondern auch das, was er zu tun gedachte. Avreml war mit den Verhaltensregeln der Sekte vertraut: Man erniedrigte sich, erklärte die eigene Bedeutung zu Staub und Asche und setzte auf die Liste der Verfehlungen auch all das, was unfreiwillig begangen worden war, als hätte man es bewußt und aus freien Stücken getan. So machte man aus der Selbsterniedrigung einen Fußschemel, um sich noch höher zu erheben ... Das ist die Regel, dachte Avreml, und war nicht übermäßig erstaunt.

Als Lusi aber am Ende seiner Rede daraus den Schluß zog, er müsse die geistliche Leitung seiner Schäfchen aufgeben, weil er nicht mehr dazu berufen sei, sondern sich vielmehr verpflichtet fühle, sich wegen seines fehlenden Muts, den er mit Tränen oder Heimatlosigkeit zu sühnen gedenke, in einer Ecke zu verkriechen, als also Avreml dies vernahm, sprang er auf, ging ein paar Schritte auf Lusi zu und sagte:

»Nein ... Dazu hast du kein Recht, Lusi ... Natürlich«, fügte er hinzu, »würde ich es nie wagen, dich von deinem Entschluß abzubringen, wie immer er ausfällt; aber da du nun einmal mich ausgewählt und dich mir anvertraut hast und da ich der erste bin, der deine Beichte angehört hat, nehme ich es mir heraus, dir zu widersprechen und in aller Offenheit zu sagen: Nein, du hast kein Recht dazu. Bitte verzeih mir, Lusi; ich, Avreml, bin vielleicht zu klein, zu jung, und vielleicht fehlt es mir auch an Erfahrung, aber manchmal steht es einem großen Mann sehr wohl an, der Stimme eines Geringeren zu lauschen, wenn es sowohl ihm selbst wie der Gemeinde zugute kommt. Denn wie dein Fall zeigt, Lusi, bist du bereit, dich selbst soweit zu erniedrigen, daß du nicht mehr siehst, daß du das schlechtmachst, was man nicht schlechtmachen darf, nämlich das Werk Gottes, bis du nicht mehr siehst, daß du den Schatten einer Sache für die Sache selbst hältst, das heißt die Angst vor dem, was hätte geschehen können – Gott behüte! –, als etwas ansiehst, was tatsächlich geschehen ist.

Soviel zu dem, was dich selbst angeht, Lusi. Und jetzt sollten wir von dem Übel sprechen, das für die Gemeinde daraus erwachsen kann, wenn du sie verläßt; du weißt sehr gut, daß ich dich nie ersetzen kann, und am Ende würde unsere Gemeinde als eine Herde ohne Hirten zurückbleiben oder wie Blinde, über die keine Sehenden mehr wachen.«

Bei diesen Worten hatte sich Avreml so sehr erregt, daß ihm Tränen in die Augen traten: Er hatte die Kühnheit besessen, einen Mann wie Lusi von etwas abzuhalten, was dieser hatte unternehmen wollen, und zwar nicht, wie man sich leicht denken kann, aus Leichtsinn, sondern nach reiflicher Überlegung.

Schon bevor Avreml Lusi überhaupt kennengelernt hatte, hatte er ihm große Verehrung entgegengebracht, die sich jetzt noch gesteigert hatte, als dieser ihm, seinem Gast, sein Herz geöffnet hatte. Jedes Wort Lusis, ja selbst dessen Blick, waren ihm so teuer, daß er sie aus freien Stücken in seinem kleinen Beutel versteckt hätte, den er unter seinem Hemd auf der Brust trug.

Man konnte Avreml noch mehr ansehen: Wenn es erlaubt gewesen wäre und zu seinen Gewohnheiten gehört hätte, hätte er sich jetzt, wo er vor Lusi stand und versuchte, ihn von seinem Plan abzubringen, während dieser nicht nachgab, auf die Knie geworfen, Kopf und Stirn vor Lusis Füßen verneigt und ihn bis zur Selbstaufgabe angefleht, auf sein Vorhaben zu verzichten.

All das zeigte jedoch keinerlei Wirkung. Wie teuer Avreml Lusi auch war und wie zufrieden er über die Nähe des jungen Mannes auch sein mochte, da dieser ihn an seine eigene Jugend erinnerte und für ihn so etwas wie ein Spiegelbild war, was ihn dazu verleitet hatte, ihm hier und jetzt in diesem einsamen Zimmer sein Herz zu öffnen, so genügte es nicht, um Lusi zu überzeugen und ihn dazu zu bringen, Avremls Ansichten zu folgen.

»Nein«, sagte Lusi mit einer Handbewegung, als wollte er sich

Avremls Argumente nicht anhören, die dieser vorzubringen hatte, um zu beweisen, daß es von Lusi unrecht sei, so zu handeln. »Nein, ich bleibe dabei . . .«

Wäre irgendein Fremder dabeigewesen, wäre er jetzt Zeuge einer Szene zwischen Avreml und Lusi geworden, wie man sie nur selten zu sehen bekommt. Avreml knöpfte seine Weste auf, dann sein Hemd und zog einen kleinen Beutel hervor, der irgend etwas enthielt . . . Es war ein Beutel voller Erde, Erde des Heiligen Landes, die er von einer seiner Reisen dorthin mitgebracht hatte. Er trug sie stets bei sich, außerdem ein Testament, in dem geschrieben stand, daß er im Fall seines plötzlichen Todes, gleichgültig, in welche Gemeinde man seinen Leichnam bringe, mit diesem Beutel voller Erde bestattet zu werden wünsche, den er durch eigenes Bemühen erworben habe, und nicht mit der üblichen Erde, die, wie jedermann weiß, von der »Heiligen Bruderschaft« zur Verfügung gestellt wird.

Als Avreml sah, daß Lusi ihm beim Hervorholen des Beutels zusah und nicht begriff, worauf er damit hinauswollte, trat Avreml zu ihm heran und sagte:

»Dies ist das Kostbarste, was ich auf dieser Welt besitze und was ich auch in der nächsten Welt bei mir haben möchte . . . Und ich beschwöre dich, Lusi, bei allem, was mir heilig ist, und bei allem, dessen man sich bedient, wenn der Tod nahe ist, es dir wenn möglich noch einmal zu überlegen und von deinem Entschluß abzurücken. Ich bitte dich, es im Namen des Heiligen Orts zu tun, des Heiligen Landes, aus dem diese Erde stammt.«

»Ah, nein«, sagte Lusi und wandte sich ab. Er weigerte sich, das anzusehen, was Avreml ihm hinhielt; man sah ihm an, daß er ungehalten war und Avreml sogar vorwarf, etwas ins Spiel gebracht zu haben, das er nicht als Druckmittel hätte einsetzen dürfen . . .

»Nein«, lehnte Lusi ab.

Hätte sich in diesem Moment im Nebenzimmer ein Fremder aufgehalten, hätte er gesehen, daß Sruli Gol das Ohr an die Tür zu Lusis Zimmer preßte und lauschte; und das nicht erst seit kurzem, sondern schon seit dem Augenblick, in dem sich Lusi und Avreml in das Zimmer zurückgezogen hatten. Er lauschte gebannt und voller Sorge, ihm könnte ein Wort oder auch nur eine halbe Silbe des Gesprächs zwischen Lusi und Avreml entgehen. Der Fremde hätte auch gesehen, wie Srulis Gesichtsausdruck wechselte, während er auf der Lauer lag, und immer zufriedener wurde, je weiter sich Lusi dem Ende des Zwiegesprächs näherte. Als Sruli schließlich Lusis Entscheidung vernahm und hörte, wie Avreml diesen von seinem Entschluß abzubringen suchte, während Lusi in nichts nachgab und sich weigerte, sich umstimmen zu lassen, hätte dieser Fremde im Nebenzimmer gesehen, wie sich auf Srulis Gesicht ein höchst zufriedenes Lächeln breitmachte, ein zunächst stilles Lächeln, das aber jederzeit in lautes Gelächter oder selbst in lärmende Ausrufe hätte übergehen können ... Es ist auch nicht ausgeschlossen, daß dieser Fremde gesehen hätte, daß sich Sruli, der schweigend hinter der Tür hockte, nicht mit einem Lachen begnügte, sondern zu tanzen begann; ebenso denkbar war, daß er bei Lusi anklopfen und um Einlaß bitten, und falls man ihm diesen gewährte, ohne ein Wort der Erklärung vor Lusi und Avreml zu tanzen beginnen würde.

Ja, es war kein Wunder, daß Sruli zufrieden war und voller Stolz ... Denn heute hatte er das große Glück gehabt, aus dem Munde Lusis das zu hören, was er schon so lange von ganzem Herzen erhoffte, seitdem er Lusi kennengelernt und mit ihm Freundschaft geschlossen hatte. Sruli hatte ihn seit jeher dazu gedrängt, vor allem in letzter Zeit, seit der Geschichte mit Michl, als Lusi wegen dessen Verfolgungen durch die Bürger der Stadt, die ihn dem Hunger und der Krankheit überantwortet hatten, ganz verstört gewesen war. Da begann Sruli das Feuer zu schüren, Öl in die Flammen zu gießen und Lusi zu ermahnen, sich im Streit mit den Bürgern der Stadt nicht allzu nachgiebig zu zeigen, denn er habe es mit Leuten zu tun, gegen die er keine Waffen besitze. Um diese Zeit bemerkte Sruli auch, daß zu Lusis Neigung, sich in die Einsamkeit zurückzuziehen, jetzt noch die Tatsache hinzukam, daß er sich plötzlich in eine Angelegenheit verwickelt sah, die ein böses Ende nehmen konnte, nicht nur für ihn selbst, sondern auch für die Sekte, deren Vertreter er war, und daß es daher besser wäre, seine Stellung als Sektenoberhaupt einem anderen zu überlassen, der ihn ersetzen konnte. Zu diesem Zweck gab sich Sruli hinter den Kulissen die größte Mühe, die Gründe, die Lusi zurückhielten, zu untergraben, und deshalb hatte er auch, wie wir schon erzählt haben, den kranken Michl Bukjer zu Lusi gebracht, damit dieser sich mit eigenen Augen davon überzeugen konnte, wie mächtig seine Gegner und wozu sie fähig waren und daß auch andere das gleiche Schicksal erleiden konnten, da man es mit Leuten zu tun hatte, die vor nichts zurückscheuten, wenn sie meinten, sich eines Gegners entledigen zu müssen.

So wie Avreml seinen Beutel mit Erde aus Palästina mit sich herumtrug, trug Sruli insgeheim die Hoffnung in seinem Herzen, daß es ihm am Ende gelingen werde, Lusi dahin zu bringen, wo er ihn haben wollte, nämlich dazu, die Stadt zu verlassen, sich von der Glaubensrichtung der Sekte zu befreien und einfach davonzugehen und sei es in ein abgelegenes Dorf; noch besser aber und noch wünschenswerter erschien es Sruli, die ganze Welt zu ihrer Wohnung zu machen und sie in Begleitung Lusis zu durchstreifen, von Zeit zu Zeit an irgendeinem Ort Rast zu halten und hier einen Tag und dort eine Nacht zu verbringen.

Diese Hoffnung hatte er schon lange mit sich herumgetragen. Und als er jetzt hörte, wie Lusi solche Absichten äußerte, zeigte sich auf seinem Gesicht hinter der Tür ein fröhliches Lächeln. Man könnte meinen, daß sein Inneres mit solch überströmender Freude erfüllt war, daß er sich nicht mehr mit einem Lächeln begnügen und vielleicht sogar ganz allein zu tanzen beginnen würde, wie wir bereits oben sagten, damit niemand ihn sah, oder aber, was wahrscheinlicher war, daß er bei Lusi anklopfen, das Zimmer betreten und Lusi und Avreml dieses Schauspiel bieten würde ...

Ja, das hätte geschehen können. Aber als er sich gerade bereit machte, bei Lusi einzutreten, ging plötzlich die Küchentür auf, und eine Frau betrat das Vorderzimmer, in dem Sruli sich zum Schlüsselloch hinunterbeugte. Diese Frau, die aus der Kälte hereinkam und in einen Schal gehüllt war, riß Sruli von der Tür los und Lusi und Avreml, die im Nebenzimmer saßen, aus ihrem Gespräch . . .

Es war Michl Bukjers Frau, eine hagere, hochgewachsene Frau, deren Schal sie noch länger und hagerer erscheinen ließ. Sie trat schweigend ein, aber man spürte, daß sie auf der Hut war wie jemand, der eine Zeitlang zurückzuhalten vermag, was ihn bedrängt, und nicht äußern will, was er vorhat, bevor er sein Ziel erreicht hat und vor den Leuten steht, für die seine Worte bestimmt sind. So war es auch bei Bukjers Frau. Sie hatte einen langen Weg hinter sich, seit sie von ihrer fernen Wohnung aufgebrochen war, und obwohl ihr die Angst das Herz zusammenpreßte, äußerte sei keinen Laut, da sie nicht wußte, wem sie ihr Leid klagen sollte. Aber als sie das hellerleuchtete Haus Lusis betreten hatte und einen Mann vor sich stehen sah – Sruli –, hatte sie nicht mehr die Kraft, sich zu beherrschen, und rief verzweifelt aus:

»Gute Leute, kommt mit, mein Michl liegt im Sterben . . . er stirbt.«

So war es tatsächlich. An diesem Abend bekam Michl einen zweiten und letzten Anfall . . . Ein vergnügtes Lächeln erhellte sein Gesicht, während ihm aus den beiden Mundwinkeln der Speichel troff. Dann lief er plötzlich blau an wie eine Milz. Er begann zu zittern, und als seine Frau ihn sah und herbeieilte, um ihn ins Bett zu bringen, war es fast schon zu spät, denn Michl war nicht mehr er selbst. Jetzt war er nicht mehr nur auf einer Seite, sondern am ganzen Körper gelähmt und schwer wie ein Baumstamm. Seine Frau legte ihn unterdessen auf sein Bett, so gut sie konnte, und begann ihn auszufragen: »Michl? Was hast du? Warum sagst du nichts, Michl? Sag doch etwas, Michl!« Aber trotz aller Anstrengungen und trotz allerbesten Willens vermochte Michl weder mit einem Wort noch mit einer Miene zu reagieren. Im ersten Augenblick lächelte er, aber sein Lächeln erlosch gleich wieder. Das einzige Lebenszeichen, das noch in ihm war, war der schwere Atem, der mit einem lauten Röcheln seine Brust hob . . .

»Michl!« schrie seine Frau, als sie ihn im Todeskampf daliegen sah. Wenn hier auch ein Arzt überflüssig war, so wollte sie zumindest Menschen um sich haben. Sie durfte nicht mit ihrer älteren Tochter Esther allein bleiben, die noch ein Kind war, und noch weniger konnte sie auf die Hilfe der kleineren Kinder zählen.

Darum raffte sie ihren Schal an sich, da sie Nachbarn herbeiholen wollte, aber dann erinnert sie sich, daß die Nachbarn sich seit der Geschichte, die Michl zugestoßen war, von ihnen abgewandt hatten ... Dann fiel ihr Lusi ein und seine Sekte, der Michl einmal angehört hatte, und ihr fiel auch wieder ein, daß Lusi im vergangenen Sommer nach N. gekommen war, daß er sie dort besucht und einen ganzen Sabbat-Tag bei ihnen zugebracht hatte; sie erinnerte sich auch an Sruli, der sie nach dem Tod ihrer Kinder aufgesucht und ihnen damals geholfen hatte: Er hatte ihnen Holz gebracht und Geld zum Leben und auch für die Bestattung der Kinder gegeben; sie wußte auch, daß dieser Sruli eng mit Lusi verbunden war und daß sie ihn vielleicht bei ihm antreffen würde. So lief sie also zu Lusi. Bevor sie das Haus verließ, schärfte sie ihrer ältesten Tochter Esther ein, am Bett des Vaters zu bleiben, denn man dürfe ihn nicht allein lassen, seine letzte Stunde sei gekommen.

Die verängstigten Kleinen drängten sich schutzsuchend um ihre große Schwester. Aber auch sie, die große Schwester, war von wilder Panik ergriffen, die es ihr unmöglich machte, näher an ihren Vater heranzutreten. Sie blieb am Kopfende des Bettes stehen, und als sie sah, daß der Atem ihres Vaters immer kürzer und stoßweise kam und aussetzte, rief sie aus:

»Stirb nicht, Vater ... Was soll aus uns werden ohne dich?«

Unterdessen eilte ihre Mutter, Michls Frau, dicht in ihren Schal vermummt, durch die Kälte. Als sie endlich in Lusis Haus angekommen war und Sruli sah, der ihr den Rücken zuwandte, brach sie in lautes Schluchzen und Klagerufe aus.

Sruli fuhr erschreckt und überrascht herum. Da ging auch die Tür zu dem zweiten Zimmer auf, in dem sich Lusi und Avreml unterhielten. Auf der Schwelle erschien zunächst Lusi und dann

Avreml, die wie aus einem Mund fragten, was denn passiert sei. Und als Michls Frau ihnen sagte, was sie zu sagen hatte, zogen sich alle drei an, erst Sruli, dann Lusi, und auch Avreml blieb nicht zurück und ging mit ihnen. Als sie bei Michl eintraten, fanden sie ihn in der Agonie. Es konnte keine Rede mehr davon sein, ihn noch etwas zu fragen, und so blieben sie stehen und warteten auf das nahe Ende – Michls Atem schien schon jetzt nicht mehr aus der Brust zu kommen, sondern nur noch aus der Kehle.

Und dann hauchte er sein Leben aus ... Sruli trat zu Michl und tat, was zu tun war: Er hielt ihm eine Feder unter die Nase und stellte fest, daß sie sich nicht bewegte. Dann schloß er dem Toten die Augen, streckte ihn aus und bedeckte sein Gesicht. Sruli brauchte nicht lange, um noch weitere Dinge zu erledigen und vor allem, um die Frau und die Kinder hinauszuführen, die sich heiser schrien und deren Schreie die niedrige Zimmerdecke fast zerspringen ließen, als sie Michl starr und mit verhülltem Gesicht daliegen sahen.

Später hoben Sruli und der junge starke Avreml (denn eine solche Arbeit überstieg Lusis Kräfte) den Toten aus dem Bett und legten ihn auf den Fußboden.

Dann suchte Sruli in Michls Bett oder im Haus nach einem Tuch, um den Toten zu bedecken. Im Bett fand er nichts dergleichen – und auch die Frau fand nichts Geeignetes in ihrer armseligen Habe, denn sie hatte noch nie viel besessen und war in jüngster Zeit, seitdem Michl erkrankt war, noch mehr verarmt. Alles, was sich dazu eignete, verkauft oder versetzt zu werden, war schon aus dem Haus verschwunden, in dem man kaum noch Lumpen auftreiben konnte.

So mußte man auf ein Leichentuch verzichten, das durch ein armseliges Stück Decke ersetzt wurde, die für den Toten nicht ausreichte und entweder den Kopf oder die Füße freiließ, und so beschloß Sruli, Michls Füße unbedeckt zu lassen. Dann bat er die Frau um ihre Sabbatleuchter, die nichts weiter waren als ausgetrockneter und verformter Ton. Sie brachte sie, hatte aber keine Kerze mehr im Haus, und so mußte sich Sruli mit der einzigen billigen Lampe begnügen, die mit ihrem heruntergedrehten Docht nur ein armseliges Licht hergab; diese Lampe hatte noch vor kurzem der Familie und Michl selbst, vor Ausbruch seiner Krankheit, Licht gegeben, als er an seinem umstrittenen Buch schrieb, von dem wir weiter oben schon gesprochen haben.

Man stellte ihm die Lampe ans Kopfende, was das Zimmer, in dem der Tote ruhte, noch düsterer erscheinen ließ, denn das wenige Licht genügte gerade, den Toten ein wenig zu erleuchten.

Und so blieb es die ganze Nacht. Sruli hatte der Frau und den Kindern verboten, das Zimmer zu betreten, in dem der Tote ruhte. In den ersten Stunden blieben nur Sruli, Avreml und Lusi bei ihm. Dann gab Sruli Avreml ein Zeichen, hinauszugehen und Lusi mitzunehmen, da es hier für sie nichts mehr zu tun gebe. Es würde genügen, wenn Sruli allein zurückblieb, um die Totenwache zu halten, wie die Sitte es verlangte.

Und so geschah es: Avreml und Lusi verließen schließlich das Zimmer und betraten das Nebenzimmer, gingen dann in die winzige Küche, von dort in den Hausflur, durch den sie auf die Straße hinaustraten und sich auf den Heimweg machten. Unterwegs schwieg Lusi, und in diesem Schweigen spürte Avreml eine Fortsetzung der Unterhaltung, die sie früher an diesem Abend geführt hatten. Und vor allem spürte er eine stumme Bestätigung der Entscheidung Lusis, die ihn so überrascht hatte!

Der Anblick von Michls Tod, seiner armseligen Umgebung, seiner Frau und Waisen, die jetzt noch in ihrem ärmlichen Häuschen wohnten, aber schon bald einer unbarmherzigen Welt auf Gnade oder Ungnade ausgeliefert sein würden und ihr Heil an fremden Türen und in fremden Häusern suchen müßten – wobei Avreml sehr wohl wußte, daß diese ganze Geschichte Michls vom Anfang bis zu ihrem traurigen Ende vielleicht der letzte Anstoß gewesen war und Lusi dazu gebracht hatte, den Konflikt mit der Stadt zu suchen ... Als Avreml all dies sah, verstummte er. Er, Avreml, der bislang so fest in seinem Glauben gewesen war, daß auch nicht der kleinste Hauch von Unglauben irgendwo in ihn hätte eindringen können.

Mit gesenktem Kopf ging er neben Lusi her, bis sie bei dessen

Haus ankamen. Als sie beide eingetreten waren, wechselte er mit Lusi kein einziges Wort mehr, und selbst als er im Bett lag, ließ er sich alles durch den Kopf gehen, was er an diesem Tag gehört und miterlebt hatte; er fand zu seinem Erstaunen keinerlei Grund mehr, Lusi, dessen Entscheidung ihm jetzt weniger unangemessen erschien, einen Vorwurf zu machen.

Sruli, der bei Michl im Zimmer geblieben war, in dem das schwache Licht kaum die Decke erreichte, sondern einen noch schwächeren Lichtschein auf den Toten warf, tat unterdessen nicht, was bei einer Totenwache üblich ist, denn er war kein frommer Mann: Er studierte nicht und rezitierte auch keine Psalmen. Er blieb eine Zeitlang reglos auf seinem Stuhl sitzen, und als er vom Sitzen genug hatte, begann er im Zimmer auf und ab zu gehen, soweit der knappe Raum dies zuließ, da er hoffte, die lange Winternacht würde so schneller vorübergehen. Und als er auch davon genug hatte, setzte er sich wieder auf seinen Stuhl, und ohne sich dessen bewußt zu werden, erschöpft durch die niederdrückende und lastende Stille, schloß er die Augen und schlummerte ein.

Er hatte einen Traum:

Lusi war Eigentümer eines großen, verschlossenen Gartens, der auf allen vier Seiten von einem Zaun umgeben war, und Michl war dessen Hüter. Man sah dem Zaun an, daß es kein gewöhnlicher Zaun war. Er ähnelte vielmehr einer Gefängnismauer, denn er war zu hoch, als daß ein Mann leicht hätte hinüberklettern können. Nirgends war auch nur die kleinste Ritze zu entdecken, durch die man in den Garten hätte blicken können... Und da gewahrte Sruli plötzlich Lusi, der nicht mehr Eigentümer dieses umschlossenen Orts ist, sondern dessen Gefangener... Er sieht es zu seinem lebhaften Verdruß, kann aber nicht eindringen und dem Gefangenen in nichts beistehen... Und plötzlich sieht er, wie die Einfriedung eingedrückt wird und nachgibt; sie knirscht und droht einzustürzen, und die tief in der Erde verankerten Pfeiler lösen sich aus ihrer Verankerung und lassen die ganze Mauer einstürzen... Und während die Einfriedung einstürzte, erschien plötzlich Michl mit einem glücklichen

766

Lächeln auf den Lippen im Garten, als hätte er den Einsturz der Einfriedung verursacht, und wenn nicht, so war er jedenfalls sehr damit zufrieden ... Und dann sieht Sruli, wie die Zufriedenheit von neuem aus Michls Gesicht verschwindet, der jetzt tiefe Qual erkennen läßt, die Pein eines Mannes, der seine Kräfte mißbraucht hat und sich erschöpft fühlt, weil er gegen allzu schwere Dinge angekämpft hat, um sie zu zerstören, und dabei selbst zerbrochen ist ... Sruli eilt voller Mitgefühl und, wie es scheint, auch mit einem Gefühl der Dankbarkeit zu ihm, weil er ihn hat befreien wollen: Und tatsächlich, er scheint der Täter zu sein ... Aber es ist zu spät. Denn Michls Gesicht verzieht sich, und obwohl er weder ein Stöhnen noch Klagelaute hören läßt, sieht man ihm trotzdem an, daß ihn ein so starker Schmerz plagt, daß er ihn kaum zu unterdrücken vermag und bald an ihm zugrunde gehen wird.

Und so geschieht es auch, und das ist Michls Ende ... Und da liegt er nun stumm auf der Erde ... Und Sruli sieht sich mit Lusi in ehrerbietigem Schweigen über ihn gebeugt, wie man es tut, wenn man jemandem die letzte Ehre erweist. Aber kurz darauf geben sie sich die Hand und schreiten über den Toten hinweg. Sie drehen sich von Zeit zu Zeit um, um ihn zu betrachten, aber schon bald sind sie fern von ihm und stehen inmitten eines offenen Felds, wo sie allein sind, auf einem einsamen Weg, vor dem sich auf allen Seiten die Horizonte von Himmel und Erde auftun ...

»Ah!« Sruli schreckte aus dem Schlaf hoch und sah, was in Michls Zimmer noch zu sehen war: Die billige kleine Lampe am Kopfende des Toten brannte schwach und war fast schon erloschen; das Licht war kaum noch wahrnehmbar, denn inzwischen drang schon der Schein der fahlen Morgendämmerung ins Zimmer.

Am nächsten Morgen, kurz nach der oben beschriebenen Nacht, hatte Sruli alle Hände voll zu tun: Er mußte zunächst zur »Heiligen Bruderschaft« laufen, den Todesfall melden und sich wegen der Bestattung und des Leichentuchs verständigen, obwohl Sruli für Michl keine kostenlose Bestattung verlangen wollte wie für einen völlig mittellosen Mann. Nein, er zahlte für alles und handelte auch nicht übermäßig, als ginge es um irgendeinen wohlhabenden Mann, der eine hübsche Erbschaft hinterlassen hat. Nachdem er mit der Bruderschaft alles besprochen hatte, machte er sich auf den Weg zu der nichtjüdischen Straße, in der Jossele die Pest wohnte, und ohne sich bei den Anwohnern der Straße nach dessen Wohnung zu erkundigen, fand er sogleich das Haus, als wäre er dort ein häufiger Besucher.

Woher er wußte, wo Jossele wohnte? Fragen Sie ihn doch!... Es ist nicht ausgeschlossen, daß er sich in der uneingestandenen Absicht, Jossele zu besuchen, nach dessen Wohnung erkundigt hatte, wer weiß schon, zu welchem Zweck, vielleicht aus schierer Neugier oder mit einer ernsthaften Absicht, was von einem Sruli durchaus zu erwarten war ... Wie dem auch sei: Bevor Jossele an diesem Morgen das Haus verließ, um seinen Geschäften nachzugehen, denn er war ein sehr wichtiger Angestellter, tauchte Sruli unerwartet bei ihm auf. Kaum hatte er die Schwelle überschritten, verkündete er Jossele die Nachricht:

»Du weißt sicher, von wem ich spreche«, sagte Sruli.

»Wirklich? Was sagst du da? Tot? Wie ist das passiert?«

»Wie bei allen Menschen. Und die Beerdigung, zu der du eingeladen bist, wird dann und dann stattfinden.«

Nachdem dies erledigt war, lief er zu einigen Anhängern Lusis, die er im eigenen wie im Namen Lusis bat, diejenigen zu benachrichtigen, die er selbst nicht aufsuchen könne, denn dazu fehle ihm die Zeit. Auch sie sollten dem Verstorbenen die letzte Ehre erweisen.

Es gab für ihn noch viel zu tun, einmal im Haus des Toten, dann mußte er von Nachbar zu Nachbar laufen, von Haus zu Haus, um sich Samoware zur Erwärmung des Wassers für die Totenwäsche auszuleihen. Gegenstände also, die es in Michls Haus nicht gab; außerdem mußte er sich Kerzen für die tönernen Kerzenhalter von Michls Frau besorgen und sie ans Kopfende des Toten stellen, dazu ein Leichentuch, etwas, das in Michls Haus gleichfalls nicht zu finden war.

All das mußte er ganz allein erledigen, denn außer Michls armer Familie ließ sich im Haus kein Freund oder Verwandter blicken, weder von denen, die er nach dem Austritt aus der Sekte zurückgelassen hatte, noch aus dem Kreis Josseles, dem er sich vor allzu kurzer Zeit angeschlossen hatte, um dort Freunde zu finden.

So war Sruli der einzige, der sich um alles kümmerte ... Dank seiner unermüdlichen Arbeit gelang es ihm, alles zum besten zu richten: Die Kerzen brannten neben dem Toten bis zur Reinigung, und während dieser Zeit brodelten die Samoware, und vor Michls Haus, auf dem Hof, versammelte sich eine beträchtliche Menschenmenge, sehr zur Überraschung von Michls Nachbarn, die nach allem, was ihm zugestoßen war, der Meinung waren, es werde sich niemand finden, um den Toten zur letzten Ruhe zu geleiten.

Es hatten sich zwei Arten von Leuten eingefunden: Frühere Freunde Michls wie der Schneider Avreml, genannt Doppelmeter, Menachem der Färber, Scholem der Dienstmann und zahlreiche andere von Lusis Anhängern, die sich mit gebeugtem Rücken in Gruppen abseits hielten und deren Gesichter vor Kälte eingefallen und ganz blau gefroren waren; daneben Josseles Freunde, die wohlgenährter wirkten und besser gekleidet waren als die erstgenannten.

Die Nachbarn kamen aus dem Staunen nicht heraus, als sie diese so unterschiedlichen Trauergäste sahen, die sich bei der Beisetzung zunächst getrennt hielten und sich nicht miteinander vermengten, als hätte jeder einzelne zu dem Toten eine ganz besondere Beziehung, die mit der des anderen nichts zu tun hatte. Trotz alledem bildeten sie einen einzigen Trauerzug und trugen den Toten gemeinsam, wenn einer den anderen ablösen und für jemanden einspringen mußte, der vom Tragen erschöpft war.

Ja, es war schon ein ungewöhnlicher Anblick zu sehen, wie ein Anhänger Lusis und einer Josseles sich gleichzeitig an der Totenbahre zu schaffen machten, wie sie so eng beieinander standen, daß es an einem anderen Ort unvorstellbar gewesen wäre.

Und so begab sich der Trauerzug mit dem Verstorbenen zum Friedhof. Unterwegs schloß sich zur Überraschung aller Anwesenden noch ein weiterer Mann an: Man konnte Sruli sehen, wie er dem Trauerzug folgte und ein unbekanntes, etwa fünf oder sechs Jahre altes Kind bei der Hand hielt, als wäre es sein eigenes. Es war der einzige überlebende Sohn Michl Bukjers. Das arme, zerlumpte Kind hinkte leicht, als hätte es einen Splitter im Fuß oder einen Nagel im Schuh.

Als sie schließlich am Friedhof angelangt waren, stellten sie den Leichnam im Haus der Toten ab und gingen, wie es die Sitte verlangt, siebenmal um den Verstorbenen herum . . . Aber gleich darauf, als man den Toten wieder aufheben und ihn durch den zweiten Ausgang des Totenhauses auf das »Feld« hinaustragen wollte, um zu der reservierten Grabstelle zu gelangen, die schon bereit sein mußte, da sah sich Sruli als erster und nach ihm noch andere, nämlich alle, die Augen im Kopf hatten und sich in den Angelegenheiten der Stadt ein wenig auskannten, einer neuen Überraschung gegenüber, die man sich bei der Beisetzung eines Mannes wie Michl nicht hätte vorstellen können.

Nämlich was?

Die Anwesenden sahen plötzlich Hirschl Liever auftauchen, den Friedhofsverwalter, der sich nur höchst selten blicken ließ, es sei denn, es ging um sehr reiche oder geachtete Leute . . . Und zusammen mit Hirschl erschien auch der Kneipwirt Jonas, der bei allem ein Wörtchen mitzureden hatte und den man immer dann vorschickte, wenn die Gemeinde ihn brauchte oder wenn er etwas erledigen sollte, was andere verabscheuten oder angesehenere Männer ablehnten.

»Was wollen die hier?« fragte Sruli, als er diese beiden entdeckte: Er spürte, daß etwas dahintersteckte, wenn sie sich die Mühe gemacht hatten, hierher zu kommen, und daß sie dies in geheimer Absicht getan hatten.

Was sie wirklich wollten, ließ nicht lange auf sich warten . . . Denn als die Träger den Leichnam hochgehoben hatten und auf das »Feld« hinausgegangen waren, wollten sie sich wie gewohnt auf dem kleinen, unebenen Pfad zu dem Ort begeben, an dem die meisten Gräber ausgehoben wurden, als man plötzlich einen Befehl des Friedhofsverwalters Hirschl vernahm.

»Nein, nicht hier, dort drüben an der Mauer«, sagte er und zeigte auf die dem Pfad gegenüberliegende Seite, wo ein paar frische Fußspuren in dem schmutzigen Schnee zu erkennen waren, Fußabdrücke, die vom heutigen Tag stammen mußten. Das bedeutete, an dem Ort, an dem niemand begraben wurde, es sei denn ein Kind von zweifelhafter Geburt oder irgendein namenloser Landstreicher, eine Frau von schlechtem Ruf oder ein stadtbekannter Dieb.

»Wie?« fragte Sruli und folgte mit dem Blick der Richtung, die Hirschls Hand gewiesen hatte. Er ließ die Hand des kleinen Jungen los, ging zu dem Friedhofsverwalter und fragte: »Und warum ausgerechnet dort?«

»So will es die Gemeinde«, verkündete Jonas der Kneipwirt mit kalter, ruhiger Stimme, wobei er die Hände auf dem Bauch faltete. Er ging auf die Leichenträger zu, um ihnen den Weg zu verstellen und es ihnen unmöglich zu machen, eine andere Richtung als die von Hirschl gewiesene einzuschlagen.

»Auf keinen Fall!« rief Sruli aus und baute sich vor den Leichenträgern auf. »Ihr tragt ihn nicht dorthin!« sagte er, auf Jonas und Hirschl weisend, die nebeneinander standen und sichtlich unter einer Decke steckten.

»Das ist ein Befehl!« erklärte Jonas den Trägern erneut mit kalter Stimme, und diese, die in ihrer Eigenschaft als Angestellte der Gemeinde gehalten waren zu gehorchen, und zwar niemand anderem als Hirschl und auch Jonas, der in der »Bruderschaft« ein Wörtchen mitzureden hatte und, wie sie sehr wohl wußten, immer sein Ziel erreichte.

»Das ist es nicht!« widersprach Sruli mit schneidender Stimme und hinderte die Leichenträger daran, den beiden zu gehorchen.

Da löste sich aus der zweiten Gruppe der Trauergäste – die zunächst nicht begriffen hatte, was Hirschl und Jonas wollten, denen aber endlich aufging, daß sie den Toten entehren wollten – Jossele die Pest.

Er war besser gekleidet als die anderen, was ihm seine Mittel als wohlbestallter Angestellter eines großen Handelshauses erlaubten. Allein sein gepflegtes Äußeres ermutigte ihn, sich Hirschl und Jonas zu widersetzen, und das um so mehr, als er – wie sich schnell herausstellte – nicht der Mann war, der sich herumschubsen ließ . . . So trat er an einen der beiden sauberen Burschen heran, an Jonas den Kneipwirt, musterte ihn von Kopf bis Fuß, als verachtete er ihn zutiefst, als machte dessen Arroganz nicht den geringsten Eindruck auf ihn, ganz im Gegenteil . . .

Das hatte zur Folge daß Jonas' Selbstbewußtsein sichtlich erschüttert wurde, und das um so mehr, als Jossele ganz dicht an ihn herankam und sagte:

»Sie sind, glaube ich, Reb Jonas der Kneipwirt, wenn ich nicht irre? Ja? Dann hören Sie mir gut zu. Tun Sie, was ich Ihnen sage. Ich gebe Ihnen einen guten Rat, und machen Sie weder mit mir noch mit den anderen, die zur Beerdigung hergekommen sind, irgendwelche Geschichten. Gehen Sie in Frieden und lassen Sie uns unseren Toten bestatten, wie es sich gehört und wie er es verdient hat. Wenn nicht, das sage ich Ihnen schon jetzt, wird es für Sie übel ausgehen. Man kennt Sie« – und damit beugte sich Jossele zu Jonas und flüsterte ihm die folgenden Worte ins Ohr, die als Warnung gedacht waren: »Sie handeln mit Branntwein, ohne Steuern zu zahlen? Sie sind Hehler und verstecken Diebesgut? Und«, fügte Jossele hinzu, »Sie sprechen auch kein Russisch? Und Sie haben Angst vor den Behörden? Wenn das so ist, wird derjenige, den das alles interessiert, schon morgen über all die guten Taten unterrichtet sein, die Sie in dieser Welt begangen haben und die Ihnen zweifellos auch zwanzig Jahre später in der nächsten Welt wieder angerechnet werden. Haben Sie verstanden, Reb Jonas? . . .«

Josseles letzte Worte hatten den Kneipwirt Jonas so erschüttert, daß er nichts zu erwidern wußte. Ihm fehlte jetzt nicht nur diese Redseligkeit, die ihm sonst, wenn er es mit einem Gegner zu tun hatte, unaufhörlich aus dem Mund strömte, sondern auch die gewöhnliche menschliche Sprache. Er blieb stumm und wich zurück wie ein geprügelter Hund, der mit dem Schwanz zwischen den Beinen davonrennt; und dabei wirkte er gedemütigt und lächerlich, und selbst seine Arme, die er sonst auf der Brust verschränkte, fielen jetzt wie vergessen herab.

Dann machte er sich aus dem Staub ... Der Befehl über die Leichenträger, die sich bis jetzt nicht von der Stelle gerührt hatten, fiel jetzt Jossele und Sruli zu, die den Leichnam draußen, vor dem Totenhaus, ablegen ließen, da es verboten ist, mit einem Leichnam den gleichen Weg zurückzugehen ... Kurz darauf befahlen sie Hirschl in herrischem Ton, am vereinbarten Ort ein neues Grab ausheben zu lassen, an einem Ort, an dem die Ehre des Verstorbenen gewahrt blieb.

Und so geschah es. Hirschl machte keine Umstände mehr, widersetzte sich nicht und gehorchte, da er gesehen hatte, daß selbst ein Mann wie der Kneipwirt Jonas den Mut verlor, als Jossele ihm sein Geheimnis ins Ohr flüsterte, als er selbst gesehen hatte, daß Jonas wie gelähmt dastand und sogar vergessen hatte, die Arme zu verschränken, und sie nur kraftlos herabhängen ließ. Er begriff, daß die Sache mißlungen war, seitdem sein Begleiter sich geschlagen gegeben hatte; und wenn schon Jonas nicht gewagt hatte, Jossele mit irgendeiner Unverschämtheit zu entgegnen, so bedeutete das, daß es ihm übel bekommen wäre und daß der Gegner schlagende Argumente besaß. So gab Hirschl nach und tat, was man von ihm verlangte.

Es dauerte einige Zeit, das neue Grab auszuheben, denn das nimmt stets viel Zeit in Anspruch, vor allem im Winter, wenn die Erde vom Frost hartgefroren ist. Die Wartezeit wurde lang, und Jonas der Kneipwirt verdrückte sich nach seinem mißlungenen Auftritt in Hirschl Lievers Häuschen, nahm den Weg in die Stadt und verschwand.

Die wartende Menge versammelte sich im Totenhaus, um sich vor der Kälte zu schützen, und bildete dort kleine Gruppen, in denen die Anhänger Lusis und die Josseles einander sorgfältig aus dem Weg gingen. Kurze Zeit später jedoch, als Jossele einen Blick in eine Ecke warf und dort Lusi an der Spitze einer Gruppe seiner Schüler entdeckte, verspürte er einen gewissen Zauber, der von Lusi ausging. Er sah, daß Lusi seinen Wintermantel nach rabbinischer Art aufgeknöpft trug und die Rockschöße mit den

Händen zurückhielt, daß er seine schwarze, glänzende Pelzmütze aufhatte, die seinem Gesicht ein bleiches und verfeinertes
Aussehen verlieh; er stand mitten unter seinen Anhängern, welche die Ohren spitzten und begierig nach jedem seiner Worte
schnappten und es verschlangen. Dieser Anblick fesselte Jossele,
und so ging er auf Lusi zu.

Als er näher kam, machten ihm seine Anhänger Platz, und
manche zogen sich zurück, da sie spürten, daß Jossele nur
Lusis wegen gekommen war, der auf ihn den gebührenden Eindruck gemacht haben mußte, was ihnen zutiefst schmeichelte . . .
Aus Achtung vor dem unbekannten und so gutgekleideten Jossele zogen sie sich zurück, da sie spürten, daß er jemand war, der
nicht zu ihnen gehörte. Einige hatten vielleicht Angst, neben
einem Mann von so schlechtem Ruf zu stehen, und andere,
Frömmere, empfanden so etwas wie Abscheu bei dem Gedanken, sich mit ihm auf so engem Raum zu befinden . . .

So war Lusi fast allein zurückgeblieben, und Jossele fand
schnell die Worte, die nötig sind, um eine Unterhaltung anzuknüpfen. Zunächst sprach er natürlich über diesen Michl, um
dessentwillen sich alle hier versammelt hatten. Jossele fragte, ob
Lusi den Grund dieses plötzlichen Endes kenne, denn noch vor
kurzem sei er doch völlig gesund erschienen . . . Und als ihre
Zungen sich lösten, erlaubte er sich eine zweite, persönlichere
Frage, nämlich diese: »Ich bitte um Verzeihung, Lusi, aber ich
würde zu gern wissen, wie es dazu gekommen ist, daß ihr euch
trotz Michls völligem Bruch mit der Sekte nicht von ihm abgewandt habt, wie ich sehe und wie es bei anderen frommen Sekten
Brauch ist . . .«

Bei diesen Worten blickte Jossele Lusi verstohlen und mit
einem klugen und forschenden Blick an, da er sich vergewissern
wollte, ob es nicht Lusi selbst war, der für dieses ungewöhnliche
Handeln verantwortlich war, das gewisse rechtgläubige Sekten
mit Sicherheit streng verurteilt hätten.

Auf die erste Frage erwiderte Lusi, was er über Michl wußte:
Die Schuld an seinem plötzlichen Hinscheiden trage die Stadt,
die ihn ausgestoßen, ihm sein tägliches Brot geraubt und ihn

sowohl materiell wie seelisch ruiniert habe. Was die zweite Frage anging, ließ Lusi sie so gut wie unbeantwortet. Er tat sie mit einer Handbewegung ab und ließ Jossele glauben, was er wollte. Soweit der Ort, an dem die Unterhaltung stattfand, es erlaubte, ließ Lusi ein feines Lächeln erkennen, aus dem Jossele den Schluß zog, daß der Verdacht, den er gegenüber Lusi hegte, zum Teil gerechtfertigt war . . .

Er spürte es auch an der Art, wie Lusi Michls Namen erwähnte, den er ohne erkennbaren Verdruß aussprach, vielmehr so, wie man von einem Freund spricht, mit dem man sich jahrelang einig gewesen ist und dem man sich trotz einiger bedauerlicher Meinungsverschiedenheiten, die manche noch schüren wollen, in Freundschaft verbunden weiß, die aber derjenige, der davon spricht, für kaum erwähnenswert hält und als Nichtigkeiten ansieht.

Mit seinem bescheidenen Auftreten fand Lusi in Josseles Augen Gnade. Während dieser zuhörte, betrachtete er ständig Lusis Mund, behielt aber auch dessen Haltung und Kleidung im Auge und ließ sich nicht eins seiner Worte entgehen, erlaubte sich aber auch nicht, ihn zu unterbrechen.

Die Unterhaltung dauerte recht lange, da die beiden Gruppen Lusi und Jossele allein gelassen hatten. Die anderen hielten sich zum Schutz vor der Kälte im Totenhaus auf, bis die Totengräber gegen Anbruch der Nacht verkündeten, daß ihre Arbeit beendet sei, und so hob man den Toten auf, um ihn zum Grab zu tragen. Auch diesmal führte Sruli Michls Sohn bei der Hand. Das Kind war durch das lange Warten völlig durchgefroren und durch die Menge von Fremden, unter denen es sich aufhielt, eingeschüchtert, verängstigt aber auch von dem Anblick des Vaters, der seit gestern mit einem Tuch zugedeckt war, während sich fremde Leute mit traurigen Gesichtern an ihm zu schaffen machten und der Vater sich das gefallen ließ. Als der Trauerzug am Grab ankam und das Kind sich vor der offenen Grube und den auf beiden Seiten aufgeworfenen Erdhügeln wiederfand, brach es in Tränen aus und wandte den Kopf zu Sruli wie zu einem nahen Verwandten, und Sruli nahm den Jungen tatsächlich in die Arme.

Die Menge verstummte. Die Totengräber machten sich noch einen kurzen Augenblick im Inneren des Grabs zu schaffen und legten letzte Hand an. Und dann, als man an beiden Enden das Tuch ergriff, das den Leichnam einhüllte, und diesen ins Grab senkte, hörte man aus der Menge ein lautes Schluchzen und das Weinen einer erwachsenen Stimme ... Es kam von niemand anderem als Avreml Lubliner, der natürlich mit den Anhängern Lusis zu der Beisetzung gekommen und jetzt in Tränen ausgebrochen war, wie es manchmal selbst einem robusten Mann passieren kann, den der Tod eines Menschen erschüttert hat. Vielleicht hatte ihn auch seine Unterhaltung vom Vortag, das Gespräch mit Lusi, tief bewegt, der ihn ein Unglück hatte vorausahnen lassen, das zu beklagen er bis jetzt nicht die Zeit gefunden hatte, weil Michls Tod ihr Gespräch unterbrochen hatte.

Dann brach Michls kleiner Sohn ein zweitesmal in Tränen aus. Als er das »Kaddisch« sprechen sollte und einer von Lusis Anhängern sich zu ihm wandte und sagte: »Wiederhole *Jisgadal*, ›Erhabener‹«, wurde Sruli ganz rot vor Zorn und rief: »Was willst du von ihm? Siehst du denn nicht, daß er nicht kann? Sprich es selbst ...«

Man begann nun, das Grab zuzuschütten. Lusi warf die erste Handvoll Erde ins Grab; danach waren seine Anhänger an der Reihe, gefolgt von Jossele und den Seinen.

Anschließend kehrten alle zu schon vorgerückter Stunde ins Totenhaus zurück und machten sich von dort auf den Weg in die Stadt. Auch auf dem Rückweg hielt Sruli den Kleinen bei der Hand, und als er sah, daß der Junge Mühe hatte, mit ihm Schritt zu halten, nahm er ihn auf den Arm. Lusi und Avreml kehrten in Lusis Haus zurück, und auch alle anderen gingen zu sich nach Haus. Alles war vorbei, und Michl Bukjers Name war von der Liste der Lebenden gestrichen.

An diesem Abend nach der Beerdigung Michl Bukjers konnte man im Zimmer Josseles der Pest in dem nichtjüdischen Stadtviertel am hinteren Ende eines Hofs durch einen Spalt in den Fensterläden bis tief in die Nacht hinein den Lichtschein einer

Lampe sehen. Jossele war noch aufgeblieben, um einen Bericht für die Zeitschrift zu schreiben, für die er regelmäßig arbeitete. Es war die damals wohlbekannte hebräische Zeitschrift »Hakol«, »Die Stimme«, die im Ausland erschien, in Königsberg, wenn ich mich recht erinnere.

Er schrieb in dem Stil, wie er damals bei allen fortschrittlichen Männern üblich war, mit höchst beredten Versen aus der Bibel, die ihr Arsenal war und ihnen jederzeit mächtige Waffen in die Hand gab: leidenschaftliche Ermahnungen, mit lautem Getöse verkündete Anklagen gegen die von schlechten Vertretern der früheren Generation und der früheren Gemeinde begangenen Sünden, die sie, die Männer des Fortschritts, ebenso bekämpften, wie es einst der Prophet Jesaja und andere Propheten zu ihrer Zeit mit schlechten Königen und falschen Propheten getan hatten, die viel Unheil angerichtet und das Volk bis aufs Blut gequält hatten.

»Weh den hartnäckigen Löschern des Lichts, weh den Dunkelmännern, die selbst irregeleitet sind und andere in die Irre führen wollen ... Weh: Die Herde Gottes hat sich in den Bergen verstreut, und niemand führt sie wieder zusammen ... pflichtvergessene Hirten schlafen, während ausgehungerte Wölfe aus der Wüste umherstreifen und auf ihre Stunde warten ...« In diesem Tonfall wetterte Jossele, als er sich an all das erinnerte, was er heute, bei Michl Bukjers Beisetzung, zu sehen bekommen hatte, nämlich einmal, aus welch elendem Haus man den Toten hinausgetragen hatte, wie ärmlich seine Frau und seine Kinder wirkten und wie andererseits die Handlanger der Gemeinde, dieser Hirschl Liever und dieser Kneipwirt Jonas, auf ein Zeichen von oben hin Michl hatten entehren wollen, indem sie ihn wie einen einfachen Esel unterm Zaun zu beerdigen beabsichtigten, weil dieser den Mut aufgebracht hatte, über den zu Anbeginn der Zeiten sozusagen von Gott errichteten Zaun hinwegzublicken, über diesen Zaun, der das Volk daran hindern sollte, auf das zuzugehen, was für die Menschen gut und wünschenswert ist.

»Oj weh, weh«, wiederholte Jossele, als er sich an das Bild

erinnerte, wie Michls kleiners Sohn mit seinem Splitter im Fuß hinter dem Trauerzug hergehumpelt und wie Sruli ihn anschließend bei der Hand geführt hatte, und wie der Kleine vor dem Grab in Tränen ausgebrochen war, als er von seinem verstorbenen Vater Abschied nahm, der ihn, seine Mutter und die anderen Kinder mittelos und ohne Zukunft zurückgelassen hatte.

»Weh denen, die das Volk in Elend und Unwissenheit halten, weh denen, welche die Linderung der Not verhindern und nicht nur diejenigen in Verzweiflung stürzen, die dringend der Hilfe bedürfen, sondern auch diejenigen, die diese Hilfe bringen wollen; diejenigen, für die der göttliche Geist atmet und deren Herz voll Mitleid ist und die mit ansehen müssen, daß ihr guter Wille zu nichts führt, daß er vergeblich ist, denn ihre Stimmen, welche die Menschen wachrütteln sollen, verhallen ungehört wie eine Stimme in der Wüste ...«

In seinem fernen Zimmer in dem nichtjüdischen Stadtviertel, im späten Lichtschein seiner Lampe, sah sich Jossele so, wie er war, als einer von seinesgleichen, den Verrufenen seiner Generation, die in alle Winde zerstreut, vereinsamt und verstoßen waren, die aber darauf hofften, mit denen eine gemeinsame Sprache zu finden, deren Sache sie wie eine schwere Last geschultert hatten; aber aus bestimmten Gründen hatte man sie nicht freudig und als Retter begrüßt, wie sie es verdienten, sondern ganz im Gegenteil als Fremde, als Männer mit bösen Absichten, als Feinde – denen man mit Haß begegnete und die man mit Steinen bewarf.

Wie immer, wenn Jossele mit einem solchen Artikel begann, fühlte er sich als nutzloses, überflüssiges Wesen, dessen kein Mensch bedurfte ... Aber je tiefer er zum Kern seines Themas vordrang, um so mehr fühlte er sich von Enthusiasmus beseelt, empfand er sich als Kämpfer auf einem Schlachtfeld, der mit einer kleinen Zahl von Männern, die vom gleichen Geist beseelt sind, gegen eine große Zahl von Gegnern kämpft, voller Hoffnung wie alle vom Volk auserwählten Vorkämpfer, die von der neuen Generation dazu ausersehen sind, gegen die verrottete alte Generation anzukämpfen, die schon zu lange an der Macht sitzt

778

und schließlich der Jugend weichen muß, deren Zukunft vorherbestimmt und wohlverdient ist.

Um sich zu trösten, dachte Jossele an die kleine Gruppe von ergebenen, entschlossenen Männern, die seine Überzeugungen vollauf teilten, aber auch an die, die sich noch abseits hielten, jedoch von Zeit zu Zeit den schüchternen Versuch machten, den Zaun zu überspringen, und von denen man sicher sein konnte, daß sie es eines Tages endgültig tun und ihm sämtliche Geheimnisse und Waffen der anderen Seite ausliefern würden.

Wie zum Beispiel dieser Michl, der heute gestorben war und gewiß sehr unter dem Bruch mit der Sekte gelitten hatte, denn er hatte sich ihr erst spät und in einem gewissen Alter angeschlossen, in dem es nicht mehr leichtfällt, seine Wurzeln aus der Erde zu reißen, in die sie gepflanzt worden sind ... Es konnte aber auch als weiterer Beweis dafür dienen, daß auf der anderen Seite nicht alles in der gewünschten Ordnung war, wenn ein Mann wie Michl die Kraft aufbringen konnte, gerade bei ihm, Jossele, eine neue geistige Zuflucht zu suchen ...

So getröstet, beschloß Jossele seinen Artikel mit der hochmütigen Prophezeiung, wie lang die Nacht auch währe, so sei ihre Macht gleichwohl gebrochen, denn sie habe Risse bekommen, in denen die fernen Anzeichen des unvermeidlich anbrechenden Tages zu erkennen wären, der schon da sei und nur einen Ort suche, an dem er anbrechen könne.

»Puuh«, sagte Jossele schließlich, glücklich über seine schwierige Aufgabe, die er allen Widerständen zum Trotz gleichwohl zu erfüllen begann. Er verglich sie mit einer Lichtsäule, die zunächst wie eine winzige Laterne in den Händen eines armseligen Dienstmanns ist, die sich aber jetzt, nachdem sie von so vielen einzelnen behütet wurde, die sie mit ihren Leibern vor dem Wind geschützt und für sie alles geopfert haben, was ihnen lieb und teuer ist, in eine schützende Fackel für alle verwandelt hat, die es verdient haben, sich zu den ersehnten Höhen zu erheben.

Jossele rieb sich vor Vergnügen die Hände. Vor allem wenn er an Lusi dachte, dessen Gesicht vor seinem geistigen Auge erschien und mit dem er gestern, beim Warten auf die Beisetzung Michls, im Totenhaus gesprochen hatte. Er stellte ihn sich in seiner schwarzen Pelzmütze und seinem Wintermantel nach rabbinischer Mode vor, die Rockschöße mit einer Hand zusammenhaltend, wie er vor ihm gestanden hatte, ein Fremder, aber gleichzeitig ein Mann, mit dem sich eine gemeinsame Sprache finden ließ ... Vor dem Schlafengehen ging Jossele noch lange in seinem Zimmer auf und ab, aber selbst als er schon im Bett lag, sah er Lusis Gesicht noch immer vor sich, was ihn vor Vergnügen lächeln ließ.

Ja, sagen wir und nehmen unsere Erzählung wieder auf, Jossele bewahrte Lusis Erscheinung im Gedächtnis. Einen oder zwei Tage – vielleicht auch länger – vergaß er ihn nicht, und erkundigte sich dann danach, wo Lusi wohnte. Als er es wußte, machte er sich zu ihm auf den Weg. Ohne jede Begleitung platzte er bei Lusi herein.

Seltsam! ... Was konnte ein Jossele wohl von einem Lusi wollen? Besonders seltsam erscheint es, wenn man sich die Zeit und die Umstände vor Augen führt, die Jossele tätig werden ließen, und wenn man weiß, daß jede Form von Annäherung bei so grundverschiedenen Charakteren ausgeschlossen ist.

Ja, es war seltsam, läßt sich aber gleichwohl erklären ... Wie? Weil er sich nicht damit begnügte, nur Vätern, Kindern und der Schuljugend das Licht zu predigen, die sich gelegentlich mit der Bitte an ihn wandten, ihnen bei der Vermeidung der »vier bindenden Ellen« des talmudischen Gesetzes zu helfen, wie man sie nennt, nein, er hoffte auch, die Massen zu erreichen.

Nach langer und schmerzlicher Erfahrung mußte er sich jedoch eingestehen, daß die Liebe zu der »himmlischen Tochter«, wie man die Aufklärung damals nannte, nur etwas für einige wenige war, welche die Zeit hatten, die Augen zu ihr zu erheben und sie hinter den Wolken zu suchen, während die durch ihre Arbeit völlig erschöpfte große Masse andere, materielle Dinge brauchte. Daß man sich ihr mit realen Dingen nähern mußte, daß man ihr Brot statt Spiele geben und sie in die

Lage versetzen mußte, alle Nuancen zu erfassen, die ihr jetzt noch entgingen, da sie dazu weder Zeit, Geduld noch Verstand besaß.

Jossele war klar, daß er und seine Anhänger nichts als eine winzige Insel in einem Meer des Elends und der Unwissenheit waren und daß es niederträchtig und kaltherzig wäre, sich mit der eigenen Überlegenheit zu brüsten und mit den eigenen, ganz persönlichen Erfolgen zufriedenzugeben.

Aus diesem Grund suchte er einen Zugang zu den Massen, der es ihm erlauben würde, ihnen das zu bringen, womit er beauftragt war. Denn er dachte, wenn es ihm erst einmal gelänge, die Massen dazu zu bewegen, das zu billigen und zu akzeptieren, was ihnen zugänglich und sofort verständlich war, würden sie anschließend selbst ein Gespür für das entwickeln, was ihnen jetzt noch verschlossen war.

Aus diesem Grund versuchte er die Massen nicht nur mit unerfüllbaren Forderungen und guten Absichten zu erreichen, die nur schwer verständlich sind, sondern mit praktischen, wohlüberlegten Vorhaben und Ratschlägen, wie in erster Linie die unmittelbare Not zu lindern sei.

Und hier ein erstes Vorhaben: Die Gründung von Spar- und Darlehenskassen auf Gegenseitigkeit, was soviel bedeutete, wie er erklärte, daß jeder das einzahle, was er in guten Jahren gespart habe, damit man von dem so angewachsenen Kapital kurz- und langfristige Kredite an die vergeben könne, die sie brauchten, bis sie in der Lage seien, wieder auf die Beine zu kommen und das Darlehen *mit* oder *ohne* Zinsen zurückzuerstatten.

Ein zweites Projekt: Die Gründung von Produktions- und Vertriebs-»Kartellen«[1], wie wir heute sagen würden, welche die Erzeugnisse der Handwerker aufkaufen würden, die jetzt Großhändlern und Unternehmern ausgeliefert waren, die an ihrer Mittlerstellung zwischen Erzeugern und Verbrauchern viel Geld verdienten. Jossele sagte es den Handwerkern immer wieder: »Ihr solltet *selbst* Unternehmer sein. Organisiert euch und han-

[1] Eine Art von Genossenschaften.

delt so, daß der ganze Gewinn in euren Händen bleibt und nicht in den Händen von Großhändlern, die nicht säen und nicht ernten, sondern von der Arbeit anderer leben . . .« Und daneben entwickelte er noch weitere Projekte.

Kurz, Jossele hatte es mehr als einmal unternommen, Handwerker verschiedener Berufe zusammenzubringen und ihnen anhand von Beweisen und Beispielen zu erklären, daß *er* recht habe und *sie* rückständig seien, wenn sie nicht begriffen, daß seine Vorschläge für sie vorteilhaft seien und nichts weiter als ihren Gewinn bezweckten.

Die Leute hörten ihm zunächst aufmerksam und mit grundsätzlichem Einverständnis zu: »Natürlich, eine glänzende Idee, die sehr vorteilhaft für uns wäre . . .« Aber wenn Jossele später vom Wort zur Tat schreiten wollte und versuchte, seine Ideen zu verwirklichen, erkalteten die Leute sichtlich und suchten sich mit Vorwänden aus der Affäre zu ziehen. Warum? Weil jeder das Gefühl hatte, man wolle ihn hintergehen, und so begann man einander zu mißtrauen, vor allem Jossele, und es kam zu einer Sprachverwirrung wie der von Babel. Keiner hörte mehr dem anderen zu, und jeder dachte, der andere wolle größeren Gewinn erzielen als er selbst, und so stritt man sich und ging auseinander, ohne daß es zu einem Ergebnis gekommen wäre. Jeder ging, wie er gekommen war – mit leeren Händen.

»Sehen Sie denn nicht«, sagte ihm da jemand, der immer wie gerufen kam und vorgab, ein wohlwollender guter Freund zu sein, der Josseles Bemühungen bedauerte. Er nahm ihn beiseite und redete wie ein treuer Ratgeber vertraulich auf ihn ein: »Sehen Sie denn nicht, daß mit unseren Brüdern nichts zu machen ist? Sie sind Holzköpfe, wahre Dickschädel . . .«

Ja, Jossele hatte schon mehrmals solche vergeblichen Anläufe unternommen. Er glaubte, die Schuld liege bei ihm, daß er nicht fähig sei, seine Ideen mündlich und mit Worten zu erklären, und so beschloß er, in einfacher und verständlicher Sprache eine kleine Schrift zu verfassen, an deren Niederschrift er lange arbeitete.

Als sie fertig war, brachte er sie zu dem örtlichen Drucker, Reb

Scheftl Katz, der in der Druckerei stets ein Jarmulke aus Seide trug, teils aus Selbstachtung, teils wegen der ehrwürdigen Natur seines Geschäfts, das eine vornehme Kundschaft mit so wichtigen Dingen versorgte wie dem Talmud, der Mischna[1], dem Ein-Jakob[2] und der Bibel mit zweiunddreißig Kommentaren, alles in schwarzen Lettern, die noch nach Druckerschwärze rochen, vorzüglich auf bestem Papier gedruckt, mit reichverzierten Frontispizen, den Porträts von Moses und Aaron auf beiden Seiten, der eine mit einer strahlenden Stirn, man könnte sagen mit Hörnern geziert, und der andere mit einem Brusttuch wie ein katholischer Pfarrer und einem an Kettchen befestigten Döschen, dem Weihrauchfäßchen.

Außer seinem seidenen Käppi trug dieser Scheftl Katz auch eine Brille auf der Nasenspitze. Er ging oft mit seiner Brille durch die Druckerei, um die Arbeit eines Setzers oder eines Korrektors zu prüfen, sah als Chef den Leuten auf die Finger, nörgelte, erteilte Ratschläge, warnte: »Paß auf, daß die Spalte nicht schief steht ... Paß auf, keine Druckfehler, bitte ...« Auch seine Kunden empfing er mit der Brille, durch die er hindurchblinzelte wie ein Hahn, mit einem freundlichen oder unfreundlichen Ausdruck, je nachdem, ob der Kunde die Mühe lohnte ...

Und als Jossele eintrat und den Druck seiner kleinen Schrift empfahl, betrachtete ihn Scheftl Katz mit einem Seitenblick, bevor er Josseles Produkt in die Hand nahm. Wie es schien, hatte er schon von Jossele und dessen Tätigkeit gehört. Scheftl Katz sah ihn an, als wäre es nicht empfehlenswert, mit einem solchen Mann Geschäfte zu machen. Als er das Manuskript aus reiner Höflichkeit schließlich in der Hand hielt, ließ er es geringschätzig einige Male von der linken in die rechte Hand wandern, als wollte er sich die Hände nicht damit schmutzig machen; dann gab er es zurück und sagte:

»Nein, nichts für mich.«

---

[1] Sammlung talmudischer Vorschriften.
[2] Poetischer und anekdotischer Teil des Talmud.

»Warum denn nicht, Reb Scheftl? Das ist doch Ihr Beruf. Haben Sie denn keine Druckerei?«

»Doch, aber nicht für diese Art von Schriften.«

»Welche Art?«

»Geplapper, Kauderwelsch, und man weiß nicht mal, was drin steht.«

»Sie können es ja sehen und lesen, daß daran – Gott behüte! – nichts Ungehöriges ist.«

»Nein, dieses Geschäft will ich nicht, ich will nichts damit zu tun haben. Kurzum, ich halte nichts davon.«

So bekam Jossele einen Korb und einen mißbilligenden Blick durch die Brille als Zugabe.

Wieder etwas, was Jossele vermasselt hatte ... Danach fühlte er sich verpflichtet, Plakate mit Aufrufen zu kleben, nämlich in den Synagogen, Bethäusern und anderen öffentlichen Gebäuden, soweit es ihm möglich war. Aber er wußte von dem Moment an, in dem es der Drucker Scheftl Katz abgelehnt hatte, seine Schrift zu drucken, und dies vor allem aus Angst, es könnte ihm bei seinem Geschäften schaden und er könnte bei jenen seinen Kredit verlieren, von denen er in ihrer Eigenschaft als Kunden abhängig war, daß der Arm der Herren über das Schicksal der Stadt lang genug war, um auch die Verwalter der Synagogen und Bethäuser zu erreichen, um ihnen ein Zeichen und den Befehl zu geben, die von Jossele geschriebenen Aufrufe sofort von den Wänden und Mauern herunterzureißen, sobald sie auftauchten.

Jossele versuchte noch, sich an die gemäßigteren Elemente des frommen Lagers zu wenden, da er glaubte, diese würden ihm vielleicht zuhören, wenn er ihnen bewies, daß er keineswegs die Absicht habe, auch nur im mindesten religiöse Gefühle zu verletzen, sondern allein den allzu zahlreichen Bedürftigen einen Dienst erweisen wolle, welche der Gemeinde zur Last fielen, die ihnen aber selbst beim besten Willen nicht helfen könne.

Aber auch das brachte keinerlei Ergebnis. Manche verboten ihm die Tür, als wäre er jemand, von dem man sich besser fernhält ... Andere hingegen empfingen ihn und gaben ihm zunächst

sogar recht und sagten: »Wirklich, das ist nicht schlecht ...
darüber kann man reden ...« Aber selbst sie bedauerten später,
mit ihm gesprochen zu haben, nachdem sie mit den fanatische-
ren Kollegen darüber gesprochen und sich mit ihnen beraten
hatten. Die Fanatiker machten ihnen Angst und rieten ihnen
davon ab, Jossele Hilfe zu gewähren. »Wer weiß, für welche
trüben Geschäfte er sie braucht?«

Und dann, als Jossele endlich auf Lusi stieß und ihm der
Gedanke kam, jemandem begegnet zu sein, der seinen nun
schon so lange verfolgten Absichten vielleicht Wohlwollen entgegenbringen würde, setzte er alle Hoffnungen auf ihn wie auf
einen letzten Rettungsanker, bevor sein guter Wille und seine
soziale Mission endgültig Schiffbruch erlitten.

Lusi war allein, als Jossele bei ihm eintrat. Er warf ihm zunächst
einen zerstreuten und erstaunten Blick zu, da er glaubte, Jossele
habe sich verlaufen und sei nur versehentlich gekommen. Als
Lusi sich von seinem Irrtum überzeugte, forderte er Jossele sehr
höflich auf, näherzutreten und sich an den Tisch zu setzen.

Jossele folgte der Aufforderung mit Vergnügen, und nachdem
die ersten Worte der Begrüßung gesprochen waren, schickte er
sich an, ihm die Gründe für seinen Besuch zu erklären.

Er sagte: »Es geht um eine Angelegenheit des Gemeinwohls,
für die ich mich Ihrer Zustimmung und Hilfe vergewissern
möchte.«

»Und die wäre?«

»Schon seit langem beschäftigt mich der Gedanke, für viele
von denen, die der Gemeinde zur Last fallen, eine festere Lebens-
grundlage zu schaffen. Sie fallen der Gemeinde nicht etwa zur
Last, weil sie keinen Beruf besäßen oder arbeitsscheu wären wie
die Bettler der Stadt, die von ihrer Bettelei leben; nein, es geht um
jene, die zufällig oder wegen einer Krankheit oder aus andern
Gründen, die von ihrem Willen unabhängig sind, ihre Arbeit
verloren haben, die aus der Bahn geworfen und gefallen sind und
es nie geschafft haben, ihren früheren Wohlstand wiederzugewinnen.«

»Was ist also zu tun?« wollte Lusi wissen.

»Einiges«, erwiderte Jossele und begann, ausführlich all die Projekte zu erläutern, die ihm am Herzen lagen. Das heißt, als die Unterhaltung über dieses Thema begann, zog er ein Notizbuch aus der Tasche und las mit lauter Stimme alle Zahlen und Beispiele vor, die er sich notiert hatte und die jeden überzeugen mußten, der einen klaren Kopf besaß, daß Jossele kein leeres Gerede vortrug und keine Luftschlösser baute, sondern daß alles, was er vorschlug, begründet war und mit der Wirklichkeit und der Vernunft in Einklang stand.

An diesem Punkt der Unterhaltung erlaubte sich Jossele sogar einen Scherz und sagte: » ›Der Arme wird nicht vom Antlitz der Erde verschwinden.‹ Das ist weder ein Gebot noch eine Verpflichtung, noch soll damit der Wunsch ausgedrückt werden, daß es auf dieser Erde immer Arme geben möge; nein, die Thora deutet vielmehr auf ein Unglück hin, und es wäre für die Thora besser gewesen, wenn sie diesen Vers gar nicht enthielte, selbst wenn die Armen verschwänden.«

»Einverstanden«, sagte Lusi lächelnd.

»Und deshalb bin ich zu Ihnen gekommen, Lusi, zu einem Mann, der auf die Menschen Einfluß hat, dem man gehorcht und dessen Wort geachtet wird, um Ihnen vorzuschlagen, sich an diesem Vorhaben zu beteiligen. Ich, Jossele, der ich mehr als einmal versucht habe, etwas zu *tun*, der ich mir viel Mühe gegeben habe, mir hört man nicht zu. Vielleicht fürchtet man mich, vielleicht mißtraut man mir, aber wie dem auch sei, man wendet sich jedesmal von mir ab, und ich stehe mit leeren Händen da . . .«

»Nein«, lehnte Lusi Josseles Angebot ab. »Das kann ich nicht. Der Gedanke gefällt mir. Es kann keine Rede davon sein, daß ich dagegen bin, und ich sehe – Gott bewahre! – nichts Schlechtes darin; was die Hilfe betrifft, die Sie von mir fordern, muß ich nein sagen, ich bin dazu nicht fähig, mir fehlt die Berufung dazu; selbst wenn ich wollte, wüßte ich nicht, wie man es anstellt. Nein«, wiederholte Lusi nochmals, was heißen sollte, daß er nicht annehmen konnte, was ihm vorgeschlagen wurde.

Jossele versuchte nicht, ihn von seinem Entschluß abzubringen. Er betrachtete Lusi, wie er vor ihm saß, diesen Mann mit seinen guten Manieren, den erhabene Gedanken bewegten, und behandelte ihn rücksichtsvoll wie einen Gegenstand, der nur Feiertagen vorbehalten ist und dessen man sich nur selten bedient. Er machte keinerlei Versuch, auf seinem Wunsch zu beharren. Er versuchte nicht, ihm etwas aufzudrängen, was schon nach seiner eigenen Aussage nicht zu seiner Natur paßte, das heißt ihn in Dinge zu verwickeln, von denen er sich für gewöhnlich fernhielt.

Jossele war nicht aufdringlich. Nachdem er von Lusi eine Absage erhalten hatte, beharrte er nicht mehr darauf, daß dieser sich zumindest an dem beteiligte, was Jossele für so nützlich hielt und Lusi nicht ablehnte ... Nein, nach dieser Absage hielt Jossele seinen Besuch bei Lusi für beendet; und wenn er nicht sogleich aufstand, um sich zu verabschieden und Lusis Haus zu verlassen, so lag es nicht daran, daß er noch hoffte, von diesem etwas zu erlangen, sondern einfach daran, daß er diesen Anschein von Vertrautheit mit Lusi ein wenig verlängern wollte, dessen Nähe er als die eines geliebten Vaters empfand, der einem nicht nur Gefühle der Liebe einflößt, sondern auch eine große Wertschätzung.

Ja, er hatte immer noch Lust, seinen Besuch mit allerlei Mitteln zu verlängern ... Er war schon im Begriff, sich einem anderen Thema zuzuwenden, das mit dem vorhergehenden nichts zu tun hatte, als Sruli Gol in der Tür des Zimmers erschien, in dem beide nebeneinander saßen.

Als Sruli das Zimmer betrat und Lusi und Jossele Seite an Seite dasitzen und so vertieft in ihre Unterhaltung sah, daß sie nicht einmal sein Erscheinen bemerkten, lächelte er breit, genauso wie er an jenem Abend vor Lusis Tür gelächelt hatte, als Lusi und Avreml Lubliner allein in einem Zimemr saßen und er gerade an jenem Punkt ihrer Unterhaltung eingetreten war, an dem Lusi erklärte, er habe beschlossen, sein Leben zu ändern, der Leitung der Sekte zu entsagen und vielleicht sogar die Stadt zu verlassen.

Ja, auch jetzt überkam Sruli eine ungewöhnliche Fröhlichkeit, als er das sah, was er offenbar zu sehen wünschte ... Er blieb einen Augenblick schweigend auf der Schwelle stehen wie jemand, der sich erlaubt, einen Blick in ein Zimmer zu werfen, in dem er von niemandem bemerkt wird, was einen schließlich zwingt, sich zu erkennen zu geben, und sei es auch nur aus Höflichkeit, damit man nicht der Absicht verdächtigt wird, man wolle lauschen.

Er verriet sich durch nichts. Und plötzlich, als er spürte, daß er nicht länger unbemerkt da stehenbleiben konnte, da einer der beiden am Tisch Sitzenden sich jeden Augenblick umdrehen, die Augen heben und ihn bemerken konnte, betrat er das Zimmer, und als er sich Lusi und Jossele näherte, rief er mit lauter Stimme, als säßen nicht nur zwei Männer am Tisch, sondern als wäre das ganze Zimmer voller Menschen:

»Masel-tov!«[1]

»Ah, was?« riefen die beiden Männer am Tisch aus und wandten sich um. Und der eine, Jossele, warf nur einen erstaunten Blick auf Sruli, während Lusi seiner Verblüffung mit Worten Ausdruck gab:

»Was ist passiert? Warum dieses plötzliche ›Masel-tov‹?«

»Es ist nichts, nichts.« Sruli besann sich noch rechtzeitig und entschuldigte sich für seinen Irrtum oder die alberne Unbedachtsamkeit, die ihm entschlüpft war. »Ein verrückter Einfall ... Die Katze hat geworfen ...« Und so weiter.

»Bist du verrückt geworden?«

»Aber nein ... denkt nur! ... das ist mir einfach nur so herausgerutscht.«

»Geh«, sagte Lusi voller Abscheu und musterte Sruli, als müßte er sich für ihn bei seinem Gast entschuldigen, als müßte er diesem erklären, man dürfe diesen Burschen nicht ganz ernst nehmen, seinen Worten sei nicht mehr Bedeutung beizumessen als denen eines Possenreißers.

Jossele begriff nicht, was hier geschah. Vor allem begriff er nicht, warum Lusi und Sruli eine so enge Beziehung hatten, ob-

---

[1] Etwa: Recht so! Das läßt sich hören!

wohl er sich durchaus vorstellen konnte, worum es dabei ging. Was ihn erstaunte, war die Tatsache, daß ein Mann wie Sruli sich erlauben konnte, auf so vertrauliche und zugleich alberne Art Scherze zu machen. Aber da Jossele hier nichts zu sagen hatte, mischte er sich nicht ein. Wie dem auch sei: Seine Unterhaltung mit Lusi wurde durch Srulis Erscheinen unterbrochen, und es war nicht mehr möglich, den Faden wiederaufzunehmen.

Er wartete noch ein wenig, um sich nicht anmerken zu lassen, daß Sruli ihn verlegen gemacht hatte. Aber sobald es ihm möglich schien, stand er auf und sagte, es sei für ihn Zeit zu gehen, und bevor er sich verabschiedete, bat er Lusi unter dem Vorwand, daß Lusi sich eines Tages vielleicht doch für die Angelegenheit interessieren werde, für die er ihn hatte gewinnen wollen, um die Erlaubnis, noch einmal wiederzukommen.

Jossele ging. Da trat Sruli noch näher an Lusi heran. Sein Gesicht, das eben noch in eitlem Stolz gestrahlt hatte, war wieder ernst geworden. Er betrachtete Lusi einen Augenblick, ohne ein Wort zu äußern, und sagte dann:

»Weißt du eigentlich, wer dich da eben besucht hat? Weißt du, daß er in der Stadt einen sehr schlechten Ruf hat?«

»Das weiß ich«, erwiderte Lusi.

»Und weißt du auch, daß die Tatsache, daß du während seines Besuchs keine Zeugen dabei hattest, von manchen Schnüfflern und Spürhunden als Anzeichen dafür gedeutet werden kann, daß du dich schon vorher mit ihm abgestimmt hast? Daß dafür schon die Tatsache genügt, daß du ihn unter vier Augen getroffen hast? Weißt du, daß dir diese Spione jetzt Worte in den Mund legen werden, die Wasser auf die Mühle deiner Gegner sein werden und von denen du dich nie wirst reinwaschen können, denn diese Verleumder werden sagen, sie hätten mit eigenen Ohren alles mit angehört, als sie vor deiner Tür lauerten und durchs Fenster ins Haus blickten?«

»Na und? Kein Mensch ist vor Verleumdern und Intriganten sicher, also wozu daran denken? Sollen sie doch sagen, was sie wollen«, erklärte Lusi und wandte sich brüsk ab, um Sruli daran zu hindern, mit seiner Warnung fortzufahren.

Sruli war darüber hochzufrieden wie vorhin, als er bei seinem Eintreten Lusi und Jossele nach einer freundschaftlichen Unterhaltung Seite an Seite am Tisch hatte sitzen sehen. Damit war Sruli klar, daß sich Lusi tatsächlich nichts aus den üblen Gerüchten machte, die in der Stadt umgingen, daß alle Bande, die ihn noch mit der Stadt verknüpften, aus mancherlei Gründen schon gelöst waren, und er glaubte, durch seine unermüdlichen Anstrengungen dazu beigetragen zu haben, daß Lusi der Stadt den Rücken kehrte ...

Dann trat Sruli noch näher an Lusi heran, und um sein Vergnügen noch zu steigern und sich noch mehr von dem zu überzeugen, wovon er längst überzeugt war, versuchte er, Lusi mit einer letzten Warnung aus seinen Träumereien zu reißen.

»Und trotzdem halte ich es für nötig, dich daran zu erinnern, daß du das nicht auf die leichte Schulter nehmen darfst, denn was die Stadt betrifft, ist dein Maß schon voll. Schlimmer braucht es nicht mehr zu kommen ...«

»Also gut, dann ist es eben nicht zu ändern«, erwiderte Lusi, brüsk aus seiner Träumerei erwacht. Er tat Srulis Warnung mit einer geringschätzigen Handbewegung ab, die etwa sagen sollte: »Das habe ich alles schon gehört; ich weiß Bescheid. Laß mich in Ruhe.«

VI

Briefe

Um diese Zeit erhielt Lusi aus dem Gefängnis einen Brief seines
Bruders Mosche, in dem unter anderem folgendes geschrieben
stand:

»Wenn Du wissen willst, Lusi, wo ich mich befinde, mußt Du
an den Satz denken: ›Du hast mich in die Grube hinuntergelegt,
in die Finsternis und in die Tiefe . . .‹ Wenn mich nicht ständig
fremde Augen beobachteten, würde ich tun, was alle tun, die am
Rand der Verzweiflung angelangt sind: Ich würde mit dem Kopf
gegen die Wand anrennen . . . Das geht manchmal so weit, daß
ich darüber fast den Glauben an die Gerechtigkeit und Güte der
Vorsehung verliere . . . Ich habe manchmal sogar den gesunden
Menschenverstand eingebüßt, der menschliches Denken und
Handeln verbindet und Ursache und Wirkung miteinander verknüpft, so wie ein Kettenglied mit dem nächsten verbunden ist;
bei mir ist die Kette zerbrochen, und die Kettenglieder sind
gesprungen. Ich möchte das nicht vertiefen, denn es würde nur
dazu führen – was Gott verhüten möge! –, daß ich den Schöpfer
aller Schicksale verleugne.

Stell Dir vor, Lusi, es ist schon so weit gekommen, daß ich das
Mitleid meiner schlimmsten Feinde erweckt habe, die mich mit
eigenen Händen in den Abgrund gestoßen haben . . . Ich spreche
von den hartnäckigen Gläubigern, deren Mitgefühl ich sogar
hinter Gefängnismauern spüre. Ich sehe es an den Vergünstigun-
gen und Erleichterungen, die man höheren Orts für mich erwirkt hat. So bin ich zum Beispiel von der Arbeit außerhalb des
Gefängnisses befreit, was sonst für alle Häftlinge obligatorisch ist,
und man zwingt mich nicht einmal, im Gefängnis selbst zu arbeiten wie die anderen, was über meine Kräfte gehen würde. So

brauche ich weder Holz, Wasser noch Abfallkübel zu schleppen. Man erlaubt mir auch koschere Speisen und Gerichte, die ich von zu Hause kommen lassen darf, denn sonst müßte ich ständig hungern. Das Gefängnisessen ist nicht nur ›unrein‹, sondern auch ungenießbar.«

An späterer Stelle schrieb Mosche Maschber: »Natürlich habe ich das Gott zu danken – geheiligt werde Sein Name –, der die Herzen all derer erweicht hat, die sich für mich eingesetzt haben; ich verdanke es auch der Tatsache, daß der Himmel für mich ein Wunder getan und mir einen jüdischen Mithäftling geschickt hat, in dem noch ein Rest von Judentum steckt; er ist der *Starosta* der Häftlinge, von dem vieles abhängt. Von dem Augenblick an, da ich das Gefängnis betrat, hat er mich unter seine Fittiche genommen und achtet darauf, daß mir nichts Böses von denen widerfährt, die unter seinem Befehl stehen. Es ist ein wahres Wunder, denn ich wüßte nicht, wie ich die Situation sonst hätte ertragen können. Aber jetzt hat es mein Beschützer so eingerichtet, daß alle anderen Gefangenen gut zu mir sind, mich anständig behandeln und weder böswillig noch neidisch sind, obwohl ich eine bessere Behandlung genieße als sie alle.

Dank Seinem geheiligten Namen, daß es mir gestattet ist, nach den religiösen Vorschriften zu leben, soweit es unter den gegebenen Umständen möglich ist.«

Und an dieser Stelle beschrieb Mosche Maschber, wie er die Wochentage verbrachte und den Sabbat feierte; wie er jeden Freitagabend die ungesäuerten Weißbrote auf seine Pritsche legte, Brot, das man ihm aus der Stadt geschickt hatte, wie er die Kerzen anzündete und betete; wie alle Mithäftlinge dabei einen feierlichen und schweigenden Kreis um ihn bildeten und ihm bei dem zusahen, was ein Jude tun muß; wie ihn die Mithäftlinge am Freitagabend sogar von selbst daran erinnerten: »Bete zu Gott, Mosche, heute ist Sabbat . . .« All das verdankte er dem schon erwähnten Mithäftling, der jedesmal anwesend war, wenn Mosche den Sabbat feierte, obwohl er sich ehrerbietig abseits hielt und mit vor Staunen offenem Mund dastand: Ohne Zweifel erinnerte er sich an die jüdische Art zu leben und die Sitten und

Gebräuche, die er vielleicht bei Fremden oder gar bei seinen Eltern einmal gesehen hatte.

»Ja, gelobt sei der Name des Herrn; aber wenn der Sabbat vorbei ist und der Abend anbricht, bemächtigt sich meiner eine solche Traurigkeit, daß mir das Hemd zu eng wird, und das einzige Mittel, mich davon zu erlösen, besteht darin, Briefe an meine Familie zu schreiben, so wie ich jetzt an Dich schreibe, Lusi.

Mein Brief an Dich trägt übrigens den Vermerk: ›bh'dr'g‹, was bedeutet, daß dieser Brief nur von dem gelesen werden darf, für den er bestimmt ist, also von Dir, aber von sonst niemandem, wem dieses Schreiben auch in die Hände fallen mag, denn ich wünsche nicht, daß meine Familie über das Bescheid weiß oder auch nur die kleinste Vorstellung davon hat, was in Kürze folgen wird.

Ja, denn ich bin schon am Ende meines Weges angelangt, wie ich es vorhergesehen und Dir erklärt habe, bevor ich mein Haus verließ.«

Und hier sprach Mosche Maschber in verschleierten Wendungen von einer Krankheit, die er sich vor kurzem zugezogen habe, als er schon im Gefängnis gewesen sei, eine Art Husten, der ihn Tag und Nacht plage, ja überhaupt nicht mehr zur Ruhe kommen lasse. So verbringe er nicht nur selbst schlaflose Nächte, sondern quäle sich auch damit, daß die anderen nicht zum Schlafen kämen.

Wie es scheine, sei er auf Grund von Eingaben geachteter Bürger der Stadt schon mehr als einmal ins Krankenrevier des Gefängnisses verlegt worden, wo einer der Ärzte, den man gewiß gut dafür bezahlt habe, sich für seinen Fall interessiert habe. Er habe ihn gründlich untersucht und ihm eine bessere Ernährung und Medikamente verschrieben, genau wie ein Hausarzt; aber wozu solle das führen, denn der Arzt sehe ihn – wie er sehr wohl bemerkt habe – bei jeder Visite mitleidig an, als wäre er ein Mensch, dem weder bessere Nahrung, eine bessere Behandlung noch neue Medikamente nützen würden ...

Und tatsächlich, als er sich im Krankenrevier einmal in einer

793

spiegelnden Glasscheibe gesehen habe, habe er Angst bekommen, denn er habe sich nicht wiedererkannt . . . Er habe erkannt, wie gelb, wie abgemagert er sei und daß sich sein Gesicht bis zur Unkenntlichkeit verändert habe, so daß er es für das Bild eines Fremden hätte halten können.

»Ja, Lusi, und ich bitte Dich, um Himmels willen meiner Familie kein Wort davon zu sagen, denn eine meiner größten Ängste besteht in jüngster Zeit darin, daß ich vielleicht dazu bestimmt bin, Gott sein Pfand, das heißt meine Seele, hier im Gefängnis zurückzugeben und nicht zu Hause in meinem eigenen Bett! . . .«

Ein wenig später schrieb Mosche: »Natürlich ist Gott voller Mitleid, aber soweit es in der Kraft eines Menschen steht, bitte ich Dich, Lusi, meine Familie zu trösten und vor allem meine Frau Gitl. Seitdem ich das Haus verlassen habe, habe ich gespürt, daß ihr etwas zugestoßen ist, daß sie zusammengebrochen ist . . . Ein Anzeichen dafür ist, daß ich von ihr auch nicht ein einziges Wort erhalten habe, seitdem ich hier bin . . . Trotz der Versicherungen der Kinder, die mir immer wieder sagen, meine Befürchtungen seien unbegründet, und wenn sie nicht schreibe, so liege das nur daran, daß ihr die Hand nicht mehr gehorche . . . Ich aber spüre, daß es einen anderen Grund hat, daß man mich einfach beruhigen und mir die Wahrheit vorenthalten will.«

Und damit beendete Mosche seinen Brief, und zwar unter Tränen, wie man an den dunklen Flecken auf dem Papier und auch an den unbeholfen hingekritzelten Buchstaben seiner Unterschrift erkennen konnte. Ihm war zweifellos schwindlig geworden, so daß er die Feder nicht mehr hatte halten können.

Wir möchten unsererseits hinzufügen, daß Mosche guten Grund hatte, über sein Schicksal und das seiner Frau zu klagen. Aber auch über das seines ganzen Haushalts, der inzwischen so heruntergekommen war, daß er seine Familie, hätte er sie jetzt gesehen, nicht wiedererkennen würde, ebenso wie er sich selbst in der Glasscheibe nicht wiedererkannt hatte, die sein Bild widerspiegelte . . .

Der Verfall war so offenkundig, daß es selbst eine Frau wie

Malke-Rive überraschte, die arme Verwandte Mosche Maschbers, mit der wir schon längst bekannt sind, die Mutter Zisjes, der während seines Dienstes als Buchhalter Mosches erkrankt und nach langen Wochen der Schwindsucht gestorben war, so wie alle Söhne Malke-Rives an der Familienkrankheit, der Tuberkulose, zugrunde gegangen waren.

Malke-Rive war gekommen, um den Lohn ihres Sohnes abzuholen, einen Rubel und fünfundzwanzig Kopeken pro Woche, die man ihr weiterhin zahlte, aber nicht etwa, weil sie ein Recht darauf hätte oder man sich dazu verpflichtet fühlte, sondern als eine Art Almosen, wie sie damals üblich waren, denn Zisjes Frau, seine Kinder sowie seine Mutter Malke-Rive waren nach seinem Tod mittellos zurückgeblieben und hätten sonst betteln gehen müssen.

Malke-Rive erschien jetzt anders als früher ohne Schleier und ohne ihre langen kupfernen Ohrringe, denn erstens trug sie Trauer, und zweitens hatte sie die Ohrringe, wie wenig sie auch wert sein mochten, während der Krankheit ihres Sohnes verkaufen und versuchen müssen, möglichst viel dafür herauszuschlagen.

Man kann sich vorstellen, daß sie nicht gerade aus einer luxuriösen Umgebung kam ... Aber als sie jetzt Mosche Maschbers Haus betrat, nach dem Tod seiner Tochter, nach dem Bankrott, nach seiner Einlieferung ins Gefängnis und nach dem Ausbruch von Gitls Krankheit, die sie ans Haus fesselte, vergaß Malke-Rive für einen kurzen Augenblick ihre eigenen Sorgen, als sie die fast feindseligen Wände, die sorgenvollen Gesichter der Erwachsenen sowie die Kinder sah, die einen großen Teil ihrer Lebenslust verloren hatten, denn ihre, Malke-Rives, Sorgen waren mit denen der Maschbers kaum zu vergleichen, soweit man Kummer überhaupt messen kann ...

Malke-Rive hielt sich nicht lange im Eßzimmer auf, das sie durchqueren mußte, sondern begab sich sogleich zu Gitl, die reglos auf ihrem Bett lag und stets auf den gleichen Punkt starrte; Malke-Rive trat ans Bett, beugte sich über Gitl und rief so laut, als spräche sie zu einer Taubstummen:

»Gott sei mit dir, Gitl! ... Erkennst du mich? Ich bin es, Malke-Rive!«

Als sie Gitl betrachtete, empfand Malke-Rive so etwas wie kleinlichen Neid auf die Spuren des Wohlstands, die Gitl geblieben waren: das Zimmer, das Bett, ein eigenes Dach über dem Kopf. Sie hatte Lust zu sagen: Natürlich hast du selbst noch im Unglück Glück gehabt ... Aber dann bekam sie schnell Gewissensbisse, und als sie sich klarmachte, daß Gitl kein Wort von dem verstand, was man ihr erzählte, sagte sie zu sich selbst, was ihr das schlechte Gewissen eingab: Da ist nichts, worum ich sie beneiden müßte ... Natürlich ist auch sie unglücklich, und es wäre verrückt, mit ihr tauschen zu wollen.

Sie hielt sich nur sehr kurz bei Gitl auf und ging wieder, sobald dies irgendwie möglich war. Als sie zum zweitenmal das Eßzimmer durchquerte, nachdem sie den kargen Lohn ihres Sohns erhalten hatte, was der Grund ihres Besuchs war, hatte sie es genauso eilig, wieder hinauszukommen und sich von dem Unbehagen zu befreien, das sie beherrschte und noch lange danach auf ihr lastete, als wäre es Staub, der ihr im Hause Mosche Maschbers auf die Schultern gefallen war und den sie nicht abschütteln konnte.

Es ist natürlich, daß Lusi einiges ertragen mußte, wenn er Mosches Familie besuchte, einmal weil er es selbst wollte, und zum andern, weil sein Bruder ihn darum gebeten hatte. Schon als er sich dem Haus näherte, ja, bevor er es überhaupt betrat, spürte er den Verfall. Ihm standen plötzlich Bilder vor Augen, die ihm noch einmal die friedliche Harmonie zeigten, die dieses Haus bis vor kurzem ausgezeichnet hatte; angefangen bei dem ruhigen, weitläufigen Grundstück, auf dem es gelegen war: fern von der Stadt, erreichbar nur über eine lange Holzbrücke über den Fluß, dessen beide Ufer dicht mit Schilf bewachsen waren, das im Sommer eine grüne Stille atmete und auch im Winter durch leises Rauschen an den Sommer erinnerte. Ganz zu schweigen vom Hof, vom Garten, in dem er in Gesellschaft seines Bruders am Tag wie am Abend so gern spazierengegangen war, wenn er

Mosches Familie besuchte, mal allein, mal indem er sich das Vergnügen gönnte, mit einem seiner Angehörigen einen Augenblick auf einer Bank oder in einer Gartenlaube zu verbringen . . .

Er erinnerte sich, wie wohl er sich im Haus seines Bruders gefühlt hatte, in den geräumigen Zimmern mit den hohen Decken, ihren mit Ölfarbe gestrichenen Wänden und gebohnerten Fußböden. Und vor allem in seinem Gästezimmer, das stets für eines der schönsten gehalten wurde; wie er im Sommer an einem Sabbat aus dem Fenster dieses Zimmers hinausgeblickt und zugesehen hatte, wie eine zufriedene und fröhliche Menschenmenge unter den Baumreihen spazierenging, die damals für alle offenstanden, die gekommen waren, um Wasser aus dem Brunnen zu trinken. Und wie diese Menschen damals mit Kennermiene und ohne Neid die Habe seines Bruders aufmerksam betrachtet hatten, alle Gebäude, die dazugehörten, den schönen Garten vor dem Haupteingang, von der geschickten Hand eines Gärtners angelegt, und auch jenen hinter dem Haus, der sich mit seinen Kieswegen, seinen Bänken unter den Bäumen, mit den von Gittern umschlossenen Lauben, die zum Vergnügen von groß und klein gedacht waren, ebenfalls sehen lassen konnte . . .

Da stellte sich Lusi wieder seinen Bruder vor, der trotz seines Reichtums nicht zu denen gehörte, die sich mit ihrem Besitz brüsten, bis sie vergessen, wer sie sind, woher sie stammen und daß es im Leben auch noch andere Ziele zu erreichen gilt; nein, mit diesen Leuten hatte sein Bruder keinerlei Ähnlichkeit.

Es ist wahr, daß er sich auch an den Streit erinnerte, der zwischen ihm und seinem Bruder zum Bruch geführt hatte, als er damals geglaubt hatte, den üblen Geruch reicher Überheblichkeit zu spüren und auch ein wenig von überflüssigem Fett, aber andererseits war Lusi überzeugt, daß das nur das Ergebnis eines Zufalls sein konnte; es kommt vor, daß jemand einen Fehler begeht, der durchaus nicht in seinem Charakter liegt, wenn dieser nämlich gar nicht so beschaffen ist, daß er ihn aus lauter Überheblichkeit nicht zwischen Gut und Böse unterscheiden läßt, so daß dieser Mann es nicht verdient, daß man ihn verteidigt, selbst wenn er einen einmaligen Fehler begangen hat und, sagen wir, sich als unfähig erwiesen hat, diesen Unterschied zu erkennen.

Lusi hatte es dem Verhalten seines Bruders vor dem Bankrott angemerkt und auch in der Zeit des finanziellen Zusammenbruchs, als er sah, daß sein Bruder alles in seiner Macht Stehende tat, um keinem anderen zu schaden, wobei er sich jedes erdenklichen Mittels bediente, um dies zu verhindern. Und jetzt nach dem Bankrott erkannte Lusi dies noch klarer, denn sein Bruder zeigte solch verzweifelte Schuldgefühle über den Konkurs, daß er allen Grund hatte zu fürchten, ihm könnte etwas Schreckliches zustoßen, was man auch aus seinem Brief aus dem Gefängnis schließen konnte, der ein Schrei aus tiefster Not war.

Aus diesem Grund beschloß Lusi, die Widrigkeiten des Haushalts außer acht zu lassen. Er hielt es für seine erste Pflicht, seinen Bruder zu beruhigen, ihn zu stützen und daran zu hindern, noch mehr in diese so schädliche Melancholie zu verfallen, die ihn am Ende körperlich und seelisch vernichten konnte.

»Friede und Segen meinem Bruder Mosche, und möge der Herr Dir beistehen«, schrieb Lusi. »Du darfst den Mut nicht verlieren und mußt Dir die Hoffnung auf die göttliche Barmherzigkeit bewahren. Um der Liebe Gottes willen, verzweifle nicht.

Und das Wesentliche: Vergiß nicht, daß nicht nur der gute Teil des menschlichen Schicksals eitel, hohl und vergänglich ist, sondern auch der schlechte Teil, wovor Gott uns bewahren möge; auch er ist nur von kurzer Dauer, vorübergehend und flüchtig wie alles, was der Vergänglichkeit anheimgegeben ist wie der Rauch. Auch er ist nur von kurzer Dauer, wie alles in unserer vergänglichen Welt.

Und darum mußt Du dem Versucher widerstehen, Mosche, der es sich zum Ziel gesetzt hat, den Menschen ihren Glauben zu nehmen, ihren Verstand zu verdüstern und sich gegen Ihn aufzulehnen, gegen den man sich nicht erheben darf, denn *Sein* Handeln ist unbegreiflich, und *Seine* Wege sind unerforschlich, denn in Wahrheit führen sie alle zum Guten und zum Glück, wie man weiß, mögen sie in den Augen der Menschen auch falsch und verworren erscheinen.

Und erstaune nicht, wenn ich Dir sage, daß Du allen Grund hast, darüber zufrieden zu sein, zu den Menschen zu gehören, die noch in dieser Welt zur Rechenschaft gezogen werden, damit es ihnen erspart bleibt, in der nächsten Rechenschaft ablegen zu müssen.

Ich glaube, daß Du genug weißt und hinreichend bewandert bist, um zu verstehen, daß es gewiß besser ist, hier auf dieser Welt für eine läßliche Sünde zu zahlen, als für wirkliche Missetaten verdient zu büßen.

Schließlich möchte ich Dir noch ins Gedächtnis zurückrufen (falls Du Ohren hast zu hören), daß Du der Sohn unseres Vaters bist – möge er in Frieden ruhen –, der häufig zu sagen pflegte, manchmal mit Neid, manchmal mit Bedauern, daß, wenn ein Mann in alten Zeiten zu Hause nicht genug litt, er sein Leiden draußen in der Welt, in der Diaspora suchte ...

Unser seliger Vater«, fügte Lusi hier ein wenig vage hinzu, »hatte diese Absicht, kam aber nicht dazu, da er diese Welt so früh verließ. Auch ich bin nicht weit davon entfernt, obwohl ich nicht weiß, ob mir die Zeit dazu bleibt ... Du solltest dich freuen, mein Bruder, daß Du für würdig befunden bist, dieses Geschenk des Leidens zu empfangen ...

Und damit beschließe ich meinen Brief«, schrieb Lusi, »und setze meine Unterschrift darunter: Ich, Dein Bruder Lusi, bete zum Herrn der Welt, dem Gott aller Hilfe, Er möge Dich vor Pein bewahren und Dich heil an Geist und Körper und in Frieden zu sich holen. Amen.«

Und damit kehren wir zu dem zurück, was sich Lusis Augen bei seinen Besuchen im Haus seines Bruders darbot.

Sobald er es betreten hatte, begab er sich zunächst natürlich in Gitls Zimmer, um sich nach ihrem Befinden zu erkundigen. Dort fand er jedesmal Esther-Rachel vor, die »Leder-Heilige«, die wir schon kennen, da wir ihr nach dem Tod von Mosche Maschbers Tochter in dessen Haus begegnet sind und danach bei Alters Hochzeit, und die sich jetzt wie eine hingebungsvolle Krankenpflegerin um Gitl kümmerte.

Esther-Rachel war so arm, daß sie kaum Zeit für ihren eigenen Haushalt benötigte, was ihr erlaubte, bei der kranken Gitl ganze Tage und Nächte zu verbringen, natürlich unentgeltlich, um ein frommes Werk zu tun; und zu den guten Werken gehörte in ihren Augen vor allem die Pflege von Kranken.

Sie kümmerte sich noch hingebungsvoller um Gitl als deren Tochter Judith. Sie las ihr jeden Wunsch von den Lippen ab, brachte ihr alles, was sie wünschte. Gitls Zustand war ihr vollkommen klar, das vermochte sie mit den Augen eines guten Arztes oder einer tüchtigen Krankenschwester zu beurteilen.

Als Lusi eintrat und zunächst einen Blick auf Gitl warf und danach Esther-Rachel fragte: »Wie geht es, und wie fühlt sie sich?«, erhielt er in Gegenwart der Kranken stets die gleiche Antwort: »Gut, es ist eine Besserung eingetreten.« Denn was wäre, wenn die Kranke zuhörte, wenn sie verstand? Aber wenn er sich verabschiedete und hinausging, ging Esther-Rachel mit ihm hinaus, und wenn sie in einem anderen Zimmer waren, wo sie sich freier fühlte, erzählte sie ganz offen alles, was sie verheimlicht hatte: die Wahrheit, daß es nämlich auch nicht den Schatten einer Besserung gebe, ganz im Gegenteil, Gitls Zustand verschlimmere sich immer mehr.

Wenn Lusi dann die Kinder seines Bruders aufsuchte, um Neues zu erfahren und zu sehen, wie es ihnen ganz allgemein ging und wie es um die Geschäfte stand, ob man sie wiedereröffnen könne oder nicht, erhielt er immer wenig aufmunternde Antworten, was die nahe oder ferne Zukunft betraf.

Wie unwissend Lusi in geschäftlichen Dingen und besonders in einer so komplizierten Angelegenheit wie einem Bankrott auch sein mochte, so konnte er dem, was seine Neffen erzählten, gleichwohl entnehmen, daß die Lage nach wie vor schlecht war, daß die Lagerhäuser auch weiterhin geschlossen blieben, denn wenn sie wieder geöffnet würden, müßte man die Gläubiger daran beteiligen, die in diesem Fall den Löwenanteil und soviel wie möglich an sich raffen würden, ohne sich weiter um ihre Partner, die Kinder Mosches, zu kümmern.

Übrigens hatte man fast schon beschlossen, die Lagerhäuser

wieder zu öffnen, und dies zu mehr oder weniger profitablen Bedingungen für Mosche Maschbers Gläubiger, aber so gut wie ohne jeden Gewinn für ihn; denn wie wir bereits hörten, hatten Mosches alte Kunden gleich nach dem Bankrott begonnen, sich von ihm abzuwenden; sie hatten ihre Klientel insgeheim seinen Konkurrenten zugeführt, um so ihre alten Schulden bei Mosche nicht mehr begleichen zu müssen, die in langen Jahren der Geschäftsbeziehungen entstanden waren, in denen er ihnen erhebliche Kredite zugestanden hatte. Natürlich ist es nicht schön zu sehen, wie sich die Leute die Freiheit nehmen, ihre Schulden nicht zu bezahlen, dazu noch unter dem Vorwand, er zahle ja ebenfalls nicht ... Natürlich ist es unehrlich, nichts von den Gründen wissen zu wollen, die den anderen in den Konkurs getrieben haben, um so von dem Moment zu profitieren, in dem sich eine unehrenhafte Gelegenheit bietet; aber was will man da tun, so sieht die Wirklichkeit eben aus, und so verhalten sich die Leute nun mal: Von einem Dieb zu stehlen ist erlaubt, sagen sie, und bewahren sich so ein reines Gewissen.

Das ist ungefähr alles, was Lusi von Mosche Maschbers Kindern in allen Einzelheiten erfuhr, in denen er sich zwar nicht auskannte, deren Kern er aber trotz seiner Unerfahrenheit in geschäftlichen Dingen sehr wohl erfaßte: daß das Haus seines Bruders im Verfall begriffen war, was zur Folge hatte, daß die familiären Bande sich lösten und daß seine Neffen, die noch zusammenhielten, als die Geschäfte gutgingen, jetzt damit begannen, sich voneinander abzuwenden und in verschiedene Richtungen zu blicken.

Nehmen wir zum Beispiel Nachum Lentscher, Mosches zweiten Schwiegersohn, den Witwer seiner früh gestorbenen jüngsten Tochter. Nach dem Bankrott und nach dem Haftantritt seines Schwiegervaters, der jetzt im Gefängnis saß, um seine Schuld zu büßen, hatte Nachum noch einmal seine Mutter Scheinczi herbeigerufen, die wir bereits kennen. Sie war gekommen, als ihre Schwiegertochter, Nachums Frau, schon auf den Tod darniederlag, und an ihr damaliges Verhalten erinnern wir uns nur allzugut. Es hatte sich inzwischen nicht gebessert ...

Alle im Haus spürten sehr wohl, daß sie ihrem Sohn Nachum immer wieder sagte, es sei sinnlos, wegen seines Schwiegervaters zu leiden, und es sei auch an der Zeit, endlich mit der Trauer um seine Frau aufzuhören und sich eine gute Partie zu suchen, natürlich mit einer guten Mitgift, was ihn einmal vom Joch der Kinder befreien und ihm zweitens erlauben würde, sich von neuem den Geschäften zu widmen, für die er sich als so begabt erwiesen habe, daß seine Fähigkeiten aber nachlassen würden, wenn er weiterhin untätig bleibe.

»Du hast zum Glück einen Kopf auf den Schultern, du bist noch jung; und ich, Mutter Scheinczi, wünsche mir noch so viele gute Jahre, wie du Heiratskandidatinnen finden mögest! Jungfrauen, junge Witwen oder geschiedene Frauen aus guter Familie und mit einer schönen Mitgift.«

Nach diesen Erklärungen anderer Familienmitglieder hatte Nachum begonnen, sich zurückzuziehen. Nachdem er sich, soweit es ihm seine Erfahrung in diesen Dingen erlaubte, um seine Kinder gekümmert hatte, begann er, in seinem Zimmer auf und ab zu laufen, von einer Wand zur nächsten oder quer durchs Zimmer, wobei er Zigarren rauchte, die er nicht zu Ende rauchte, sondern deren Glut er mit Speichel löschte, um sie dann in den Spucknapf in der Ecke des Raums zu schleudern. Zweifellos waren ihm die guten Ratschläge seiner Mutter Scheijnczi auf die Nerven gegangen.

Lusi bemerkte Nachums Gleichgültigkeit ebenfalls, besonders nach Mama Scheinczis Ankunft, die sich übrigens nur selten im Zimmer der kranken Gitl blicken ließ, womit sie sich als schlechte Verwandte erwies. Lusi bemerkte, daß Nachum von ihr beeinflußt war und den Kopf voll von Gedanken seiner Mutter hatte und offensichtlich bereit war, ihren Ratschlägen zu folgen, die von ihrem Egoismus und ihrer Kaltherzigkeit bestimmt waren.

Lusi sah auch, daß Judiths Augen ewig vom Weinen gerötet waren. Sie hatte allen Grund dazu. Denn neben allem Unglück, mit dem das Haus ihres Vaters geschlagen war, mußte sie auch noch darunter leiden, daß ihr Mann, Jankele Grodztain, der sich selbst in den besten Zeiten noch nie durch übermäßige

Begabung oder Gewandtheit in geschäftlichen Dingen hervorgetan hatte, sondern stets des fachkundigen Auges seines Schwiegervaters Mosche bedurft hatte, der immer wieder Jankeles Fehler hatte ausbügeln müssen, da dieser ein schlechter Schüler war.

Jankele war ein sehr treuherziger, fast naiver Mann von großer Frömmigkeit, der sich wie unser Stammvater Jakob mehr zu den Zelten der Hebräer als zu dem Lärm der lauten Märkte und den Fährnissen des Handels hingezogen fühlte. Wenn es ihm zufällig mal gelang, der Berührung mit der Welt der Händler und Geschäftsleute aus dem Weg zu gehen, so tat er es mit Vergnügen; da er den Markt nicht liebte und sich dort überdies fremd fühlte, fand er eine bessere Welt in den Büchern und in Gesellschaft Gleichgesinnter, junger Schwiegersöhne, begüterter und gutversorgter junger Leute, deren materielle Lage es ihnen erlaubte, sich der Wohltätigkeit zu widmen, wofür Jankele Grodztain zu allem bereit gewesen wäre und sein letztes Hemd hergegeben hätte.

Kurzum, ein »sanftes Lamm«, wie ihn Angestellte und ausgekochte Kleinhändler nannten, die ein solches Verhalten nicht begriffen. Ein Mensch, der aufgrund seiner vermeintlichen Geschäftsführung und seiner Unerfahrenheit in Gelddingen schon längst nackt dastehen mußte, wahrlich ohne ein Hemd auf dem Leib, wenn sein Schwiegervater Mosche es nicht immer wieder für nötig gehalten hätte, ihm ein wenig Hafer in den Futtertrog zu tun, das heißt, das wieder aufzufüllen und zu ergänzen, was Jankele durch seine lämmchenhafte Dummheit vergeudet hatte.

Ja, es ist in der Tat möglich, daß er nicht wußte, wie er sich anstellen sollte. Immer wieder fehlten in der Bilanz beträchtliche Summen, bei denen man sicher war, daß kein Mensch sie aus der Kasse genommen oder gestohlen hatte. Jankele Grodztain hatte sie einfach irgendeinem Bedürftigen zugesteckt oder für einige Zeit in Form eines Darlehens oder eines Almosens hergegeben, das auf Nimmer wiedersehen verschwand.

Aber damals, in den besseren Zeiten, hatte das keinerlei Bedeutung gehabt. Damals, als die Geschäfte noch solide waren und genügend Gewinn abwarfen, hatte Jankeles Schwiegervater

Mosche Maschber immer dann, wenn es nötig war, diese ärgerliche Freigebigkeit, die schon an Verschwendung grenzte, ohne ein Wort wieder ausgeglichen ... Aber jetzt, als alles drunter und drüber ging, als der Schwiegervater nicht mehr da war und die Geschäfte gleich Null waren, als das Familienleben aus dem Gleichgewicht und die Kasse derart leer war, daß die Familie sich jeden Tag von neuem fragte, woher sie das Geld für die täglichen Ausgaben nehmen sollte; jetzt, als dieser selbe Jankele Grodztain, der Ehemann von Mosche Maschbers ältester Tochter, sich als unfähig erwies, auch nur einen Finger zu rühren, um etwas zur Linderung der gemeinsamen Not beizutragen; als sich herausstellte, daß ihm auch ein Mindestmaß an gesundem Menschenverstand fehlte, um in einem solchen Moment zu erkennen, was nötig war, um Vorkehrungen zu treffen und zu sparen, da tat er immer noch das genaue Gegenteil davon und setzte seine alte Gewohnheit fort: alles, was er besaß, großmütig zu verschenken; kaum hatte er ein paar Groschen in der Kasse, hatte er auch schon einen Anwärter dafür, und wenn sich zufällig keiner fand, begab er sich zur Synagoge, um das Geld in den »blinden Opferstock« (für verschwiegene Hilfe) zu stecken. Und da Judith jetzt die einzige war, die sich noch um einen geordneten Haushalt kümmerte, stieß sie sich an den vermeintlichen »Tugenden« ihres Mannes und mußte sich davon überzeugen, daß er nicht nur unfähig war, den steckengebliebenen Karren aus dem Morast zu ziehen, sondern es sogar fertigbringen würde, ihn noch tiefer in den Dreck zu fahren. So blieb ihr nichts weiter übrig, als die Hände zu ringen, wenn niemand ihr zusah, und zu weinen, wo immer sie sich befand, ob ihr nun jemand zusah oder nicht.

Aber sie hatte nun niemanden mehr, dem sie ihr Herz ausschütten konnte. Warum? Weil viele der alten Freunde und Bekannten der Familie ihr Haus jetzt mieden. Die einzige, der gegenüber sie ein offenes Wort riskieren konnte, war Esther-Rachel, die hingebungsvolle arme Verwandte, die sich erboten hatte, Tag und Nacht für Gitl zu sorgen, ohne irgend etwas dafür zu verlangen. Sie tat mehr als Judith selbst. Diese brachte jedoch nicht den Mut auf, sich vor Esther-Rachel zu beklagen, für die die Armut eine Schwester und die Not eine Freundin war. Für sie stellte der Abstieg der Familie Mosche Maschbers nichts Schreckliches dar: Sie hatte schon Schlimmeres gesehen.

So blieb also nur Lusi übrig.

»Oh, Onkel«, rief Judith und warf sich Lusi fast an die Brust, als sie mit ihm allein war, nachdem er alles gesehen, alles gehört und die tiefe Angst, die im Haus seines Bruders herrschte, erfaßt hatte. Ihre Schultern zitterten, wie sie da so vor Lusi stand, und sie hielt während ihrer Unterredung ein Taschentuch an die Augen gepreßt.

Am Ende seiner Besuche stieg Lusi stets zu Alter hinauf, den die jüngsten Ereignisse wohl noch härter getroffen haben mußten als die anderen. Er zog sich noch mehr in seine Junggesellenkammer unterm Dach zurück, die er nur selten verließ. Lusi stieg zu ihm hinauf und fand ihn zu seinem Erstaunen nicht müßig oder träumend auf seinem Bett liegend vor, sondern vielmehr beharrlich vor einem Blatt Papier sitzend, Feder und Tinte zur Hand, womit er etwas auf dieses Blatt schrieb.

»Ah«, fuhr Alter zusammen, wenn er die Gegenwart eines anderen spürte, besonders, wenn er Lusi erkannte ... Er errötete vor Verlegenheit, bei dieser tintenklecksenden Beschäftigung überrascht worden zu sein; und wenn er aufstand, versuchte er jedesmal, das Blatt vor Lusi zu verbergen.

»Was machst du, und wie geht es dir?« erkundigte sich Lusi im Stehen, ohne sich die Zeit zu nehmen, sich hinzusetzen oder einen Augenblick bei Alter zu verweilen.

»Auf Wiedersehen ... Ich werde ein andermal wiederkommen«, sagte er kurz darauf, ehe er das Zimmer verließ.

Da ihn Lusis unerwarteter Besuch stets überraschte, vergaß Alter meist, ihn zur Tür zu begleiten, wie es die Höflichkeit erfordert; vielleicht vergaß er es auch nicht, sondern blieb wie angewurzelt auf seinem Stuhl sitzen, weil er allzu überrascht war, zu willenlos, um so etwas fertigzubringen.

Als er nach dem Vergnügen, das ihm das kurze Auftauchen seines Bruders bereitet hatte, wieder zu sich kam und Atem geschöpft hatte, blieb er dort, wo Lusi ihn zurückgelassen hatte, erstarrt und in Träumereien versunken sitzen . . . Manchmal trat er ans Fenster, durch das er den verschneiten Garten und die winterliche Landschaft betrachtete, wobei sich sein zermartertes Gehirn beruhigte. Dann fing er sich plötzlich wieder, erinnerte sich an etwas, riß sich vom Fenster los, kehrte an seinen Tisch zurück und begann erneut zu schreiben.

Ja, wenn die Familienmitglieder um diese Zeit ein paar Worte über Alter wechselten, hörte man sie sagen: »Jetzt hat ihn schon wieder der Schreibwahn befallen . . .«

Und hier nun die »Frucht« seiner Feder, eine Mischung aus den verworrenen Empfindungen eines Geisteskranken und krankhafter Ängste, bar jeglichen Sinns und Verstandes. Um sie dem Leser präsentieren zu können, fühlen wir uns verpflichtet, dort einzugreifen, wo es nötig ist, das heißt die wesentlichen Teile in korrekter Form wiederzugeben und den Rest wegzulassen.

Aber Alters Briefe waren diesmal nicht an alte Namen aus der Bibel gerichtet, etwa an Nebukadnezar, den König von Babylon, an die er früher schon geschrieben hatte, wie wir zu Beginn unseres Buches berichteten. Nein, jetzt schrieb er an vertrautere Leute, an die Angehörigen seiner Familie, vor allem an seine Brüder Mosche und Lusi, die ihm in jüngster Zeit anscheinend vor Augen standen wie zwei Lichter, von denen er den Blick nicht abwenden konnte.

Hier nun einer dieser Briefe:

»An meinen Bruder Mosche, meine Hilfe und meinen Beschützer . . . Ich weiß nicht«, schrieb Alter, »was ein Gefängnis ist, worüber im Haus soviel geflüstert wird . . . Wenn es aber bedeutet, daß man vom Umgang mit Menschen ausgeschlossen ist, daß man allein ist und eingesperrt wird, bin ich mit Dir; ich, Alter, bin seit meiner Jugend einsam und hinter den schweren Mauern meines Schicksals eingeschlossen, das sich auf der anderen Seite befindet und so tut, als hörte es nicht die langen und endlosen wilden Schreie, die ich ausstoße wie ein Tier, Schreie, die so schrecklich sind, daß ich müde und erschöpft daraus hervorgehe wie eine Frau nach der ersten Niederkunft.

Weh mir! Ich weiß nicht, wofür Du büßen mußt, wie ich ebensowenig weiß, wofür ich selbst gestraft bin. Denn urteilt man nach dem Handeln, also nach dem, was Du für mich getan hast, nämlich viel mehr, als man sonst für einen Bruder tut, hättest Du eine große Belohnung verdient, die Erhebung bis in den Himmel, zu den Sternen, bis in die Unendlichkeit . . .

O mein Bruder«, fuhr Alter fort, »ich bin immer bereit gewesen, denjenigen um Hilfe anzuflehen, der ihrer selbst nicht bedarf; und wenn ich, grundlos verdammt, keinen Groll darüber hege, in diese so unvollkommene Welt geschickt worden zu sein, liegt es einzig und allein daran, daß es mir vergönnt war, einen solchen Bruder wie Dich, Mosche, zu haben, der alles für mich getan hat, so daß ich nicht einmal den Mund zu öffnen brauchte, um mich zu beklagen; angefangen damit, daß Du mich nie fremden Händen und einer herzlosen Aufsicht überantwortet, sondern unter Deinem Dach aufgenommen hast, damit ich so mein halbverwüstetes Leben leben konnte, statt wie andere in solchen Fällen aus dem Haus und auf die Straße gejagt zu werden . . .

O Bruder, o mein guter und ergebener Bruder, Du wirst gewiß Deine Belohnung erhalten.
Und als Beweis dafür dient mir der Garten, den ich vor Augen habe und den ich unter einer blendend weißen Schneedecke sehe, als wäre er mit feinem Silber bestäubt, die Äste, die Bäume, die gesamte Umgebung, die – ob am Tage, am frühen Morgen oder bei Anbruch der Nacht – auf allen Seiten in einen bläulichen Nebel gehüllt ist, der diesen Garten in seiner stillen Majestät von den benachbarten Gärten unterscheidet.

Doch genug davon. Jedesmal, wenn ich den Garten aufmerksam betrachte, habe ich den Eindruck, Dich dort auftauchen zu sehen, Dich, meinen Bruder Mosche. Du stehst dort aufrecht, weiß, ruhig, gleichsam schwebend, so daß weder die Erde spürt, daß Du Dich von ihr trennst, noch die Luft, daß Du Dich in sie erhebst . . . Und siehe, auch ich beginne dann schwerelos zu schweben und nehme nicht wahr, daß ich aus dem Fenster schwebe, vor dem ich in meiner Mansarde stehe, und daß ich plötzlich neben Dir bin: Du bist über mir und ich unter Dir, Du schwebst über meinem Kopf, und ich bin zu Deinen Füßen. Du hältst nichts in den Händen, aber ich trage ein Bündel wie ein Diener für seinen Herrn . . . Wir erheben uns und steigen immer höher hinauf, so hoch, daß man uns von unten nicht mehr wahrnehmen kann, bis wir im Himmel an einem Ort ankommen, der sich uns auftut . . . Und siehst Du, mein Bruder, wir betreten einen weiten, stillen, ungeheuren Raum, in dessen Mitte der Herr Zebaoth sitzt, wie es scheint, in tiefer Stille, und am Ende des weiten, runden Raums sehe ich immer neue Reihen von Köpfen, eine höher als die andere, die schweigend den Mittelpunkt betrachten, wo sich zu Füßen des Allmächtigen eine Waage befindet, auf die wir zugehen, Du und ich, und wo man mich heißt, das Paket, das ich während unseres Aufstiegs für Dich getragen habe, darauf zu legen . . . Und kaum habe ich mein Bündel auf die Waage gelegt, hört man aus Tausenden und Abertausenden von Mündern einen Ausruf:

›Die Waage neigt sich . . . Die Waage neigt sich . . . zur guten Seite, zur barmherzigen Seite . . .‹

›Rein, rein, unnötig, ihn auf die Erde zurückzuschicken . . .‹

›Er ist eingeladen, hierzubleiben . . .‹

Und all diese Reihen von Köpfen, die den gesamten Raum um uns herum füllen, neigen sich zueinander und verkünden einander die heißersehnte Nachricht, daß jemand, einer ihresgleichen, gekommen ist, um sich ihrem Kreis anzuschließen . . .

Und an dieser Stelle, mein Bruder Mosche, erwache ich, in dem Moment, da Du in den Kreis aufgenommen worden bist, und ich bin von neuem in meiner Kammer, in der ich mich zuvor befand, ohne dessen gewahr zu werden. Sieh doch: Ob am frühen Morgen, am Tag oder am Abend, entdecke ich eine brennende Lampe vor mir, eine Kerze des Gedenkens, von der ich nicht weiß, wer sie angezündet hat: Bin ich es gewesen oder irgendein anderer? Und dann stehe ich vor einem aufgeschlagenen Band der Mischna, in dem ich drei Kapitel suche, die mit den

Buchstaben *mem, schin* und *heh* beginnen, den Buchstaben, die Deinen Namen bilden, und ich lese feurig und voller Glut um der Auferstehung Deiner Seele willen ...

Weh mir! Was sage ich?« (An dieser Stelle bekam sich Alter wieder in die Gewalt und unterbrach sich.) »Was habe ich gesagt? Möge diese Stunde nie kommen! Mosche ist unter uns und wird noch lange Jahre unter uns bleiben, und was ich soeben gesagt habe, ist nichts weiter als die Ausgeburt meines kranken Hirns, das Trugbild eines Kranken.

Ja, denn was mich betrifft, scheine ich wieder krank zu sein. Manchmal schwirren mir Gedanken im Kopf herum wie Wolken, die vom Wind gejagt werden. Und zu anderen Zeiten bin ich ruhig, leer wie eine stillstehende Mühle, ohne Arbeit, leer wie am Sabbat. Manchmal, wenn ich mich verflucht fühle, überkommt mich Lust, mein Hemd zu zerreißen, und in anderen Augenblicken fühle ich mich so ruhig wie ein kleiner Wurm unter einem Stein, der für sich tatsächlich nicht mehr verdient als dieses kleine Stück Erde unter dem Stein.

Wie zum Beispiel jetzt, wo es mich überkommt, mich in einer Ecke des Zimmers auf die Erde zu legen und dort wie ein kleines Pelztier liegenzubleiben, das nichts anderes will, als ruhig, zusammengerollt und verachtet liegenzubleiben, dem nur ein ganz klein wenig bewußt ist, daß es außer der dunklen Ecke, in die es sich verkrochen hat, noch eine andere Welt gibt, eine Welt mit ausgedehnten Weiten, in der sich glückliche Menschen bewegen.

Wie auch jetzt noch, wo ich mich mit meiner winzig kleinen Vorstellungskraft in Gestalt eines armseligen kleinen Vögelchens sehe, das sehr, sehr hoch um das Sonnenrad herumfliegt und eine Tür sucht, einen Eingang, um bis zum Mittelpunkt zu gelangen, zum Mittelpunkt der Strahlung, um sich dort alle Flügel und Federn zu verbrennen, um bis zum Äußersten zu gehen, bis zur Verzückung und zur Ekstase ...«

Und an dieser Stelle brechen wir die Lektüre von Alters Brief ab, denn wir sehen, daß er sich verirrt hat und so sehr von seinem Weg abgekommen ist, daß seine Epistel Gefahr läuft, unlesbar und unverbesserlich zu werden. Lassen wir es genug sein ...
Und hier ein weiterer Brief.

»*L'achi Lusi e'usi u m'usi.* An meinen Bruder Lusi, meine Kraft und meine Zuflucht«, begann Alter in einem feierlichen Tonfall, als befände er sich am Fuß eines Berges und würde jemandem zurufen, der auf dem Gipfel steht.

»Wenn ich an Dich denke, Lusi, bin ich stolz auf unsere Geburt ... Du mußt eines wissen: Wenn ich durch mein verdüstertes Wesen hindurchblicke wie mitten in der Nacht durch ein Fenster, sehe ich nur Dich, der du für so viele Menschen ein Trost bist, vor allem aber für mich, der ich keine anderen Geschenke empfangen habe, als von dem zu träumen, was ich nie erreichen werde ... Auch das sollst Du wissen: Wenn es mir möglich wäre, so zu sein wie alle anderen, wenn ich nicht verdammt und verfolgt wäre, würde ich nicht einen Schritt von Deiner Seite weichen, wie ein Kind, das jedem Schritt seiner Mutter folgt und sich nie von ihr entfernt ... Aber was soll's, man hat mich aller irdischen Freuden beraubt, und ich hege deswegen keinen Groll; weit schlimmer für mich ist, einen Bruder wie Dich zu haben und ihn dennoch nicht zu besitzen, so daß ich sozusagen nur das Titelblatt habe, aber nicht Dich selbst, nicht Dein Wesen, nicht den Kern Deines Seins.

Wenn Du manchmal zu mir heraufkommst, bleibe ich verwirrt zurück wie ein kleines Kind, dem ein allzu großes Glück widerfahren ist und dessen Herz zu klein ist, dieses Glück zu fassen, so daß es jeden Augenblick Gefahr läuft zu bersten. Meine Bewegung ist dann immer so groß, daß ich, statt mir zu wünschen, Du mögest noch möglich lange bei mir bleiben, wie man vermuten könnte, wünsche, Du mögest schnell wieder gehen, damit ich allein sein und die Reichtümer abschätzen kann, die ich besessen hätte, wenn Du bei mir geblieben wärst, und um zu sehen, was ich verlieren würde, wenn sich der Himmel meinem Wunsch widersetzt.

Wenn Du gehst, zerspringe ich fast vor Glück wegen Deines Besuchs, trete ans Fenster, um einen Blick auf den völlig verschneiten, winterlichen Garten zu werfen . . . Jedesmal kommt es mir vor, als würde ich Dich dort in Gestalt eines unter den Bäumen am hinteren Ende des Gartens versteckten brennenden Scheiterhaufens sehen, der nicht raucht und die Sonne nicht verdunkelt, dessen Feuer keinen rötlichen Widerschein gibt, sondern nur weiße kleine Funken bildet, so wie sich Seide leicht im Wind bewegt . . . Und mir gegenüber, hoch oben am Himmel, öffnet sich jedesmal ein kleines Fenster, durch das man den Scheiterhaufen und seine sanfte weiße Glut mit Wohlgefallen betrachtet und mit einem Segensspruch bedenkt.

Und wenn ich eine Weile auf dieses Feuer schaue, kommt es mir so vor, als würde auch ich in diesem heißen Lodern emporsteigen wie ein Blatt Papier in einer Feuersbrunst.

Ich fliege federleicht und pfeilschnell dahin wie eine Schwalbe . . .

Und während ich so durch die Luft fliege, lese ich, was über mich geschrieben steht, mich, Alter, den geringeren Bruder dessen, dank dem ich mich jetzt immer höher in den Himmel erhebe und ein Gesuch bei mir trage, das den da oben im Himmel betrifft, damit man auch mich einläßt, wenn man dort oben die Flamme meines Bruders empfängt, auch mich, Alter, mit einem zusätzlichen Akt der Gnade . . .«

Und hier unterbrechen wir unsere Erzählung erneut, denn wir sehen, wie sich Alter wiederum in einem solchen Gestrüpp zu verlieren beginnt, daß wir uns nicht verpflichtet fühlen, ihm dorthin zu folgen.

VII

Dunkle Stunden

An dieser Stelle müssen wir noch einmal wiederholen, was hier schon manches Mal gesagt worden ist: Es war ein Jahr mit einer schlechten Ernte. Die Bauern der umliegenden Dörfer hatten nichts zu verkaufen und konnten noch weniger selbst etwas kaufen. Die ersten, die darunter zu leiden hatten, waren die kleinen Marktflecken, welche die Dörfer mit ihren Verbrauchsgütern versorgten; sie konnten ihre Waren nicht mehr vertreiben, die sie von einem größeren Handelszentrum bezogen, und dieses Zentrum hatte ebenfalls zu leiden, zum Beispiel eine Stadt wie N., welche die Marktflecken der Umgebung versorgte.

In diesem Winter seufzten selbst die wohlhabenderen Händler insgeheim und gingen vor ihren Läden auf und ab, in denen sich keine Kunden mehr zeigten ... Die kleineren und ärmeren Händler stöhnten offen beim Anblick ihrer Regale, die sich nicht etwa durch den Verkauf geleert hatten wie in Zeiten der Blüte, wo man die leeren Räume gleich wieder auffüllen konnte, sondern in denen jetzt Leere herrschte, weil alles, was man verdiente, gleich wieder für den Lebensunterhalt ausgegeben wurde und weil es keinerlei Hoffnung auf den Erwerb neuer Waren gab, denn sie hatten bei den reicheren Händlern keinen Kredit mehr.

Soweit die Ladenbesitzer. Ganz zu schweigen von denen, die im Umfeld der Läden lebten: Dienstleute, Kommissionäre, Packer, und so weiter. Und was soll man von den einfachen Handwerkern sagen, die nur dann Aufträge erhielten, wenn die Geschäfte gutgingen, und wer konnte sich jetzt noch erlauben, außer für den Kauf von Lebensmitteln zusätzlich noch Geld für Schuhe, Kleidung und zur Befriedigung anderer Wünsche auszugeben?

Die Armut nahm in erschreckendem Maße zu. Wer für schlechte Zeiten ein wenig Geld beiseite gelegt hatte, war jetzt gezwungen, es auszugeben; aber wer unter den Handwerkern und ihresgleichen hatte denn selbst in den besten Zeiten die Möglichkeit gehabt, ein paar Groschen zu sparen?

Aus diesem Grund begannen in den Häusern der Handwerker die Laken zu fehlen, sowohl in den großen wie in den kleinen Betten; ebenso die Festtagskleidung, mit der man seit der Hochzeit sorgfältig umging und von der man niemals angenommen hatte, man werde sie durch neue ersetzen müssen; so begannen Geräte aus Kupfer und Messing zu fehlen: Samoware, große und kleine Töpfe sowie Pfannen, Trinkbecher und Sabbat-Kerzenhalter, die schamhaft verborgen und versteckt zu Wucherzinsen zu den Pfandleihern wanderten und lächerliche Summen einbrachten.

Der größte Teil dieser verarmten Leute war bereits gezwungen, die Hilfe der Wohlfahrtsorganisationen zu erbitten, deren Kassen dank der barmherzigen Hände, die dort tätig waren, stets leer waren; und besonders jetzt, als sich ihnen so viele Hände entgegenstreckten, um etwas Bargeld zu erhalten, und sei es auch eine noch so geringe Summe.

Um diese Zeit wurde am Morgen des Sabbat vor der Verlesung der Thora in verschiedenen Synagogen und Bethäusern der Aufruf der Wohlfahrtsorganisationen bekanntgemacht, den die Synagogendiener in weinerlichem Tonfall verkündeten: »Dies und das ... Barmherzige Männer, helft uns, die Not unserer bedürftigen Brüder zu lindern, deren Kinder vor Hunger, Kälte und Krankheit sterben ... Und zum Dank« – so endete der Aufruf – »wird der gerechte Erlöser kommen. Amen.« Man hörte es sich an und blieb eisern.

Und der Winter tat, was er konnte. Da es nichts mehr gab, um Feuerholz zu kaufen, waren die Häuser der Handwerker und anderer armer Leute eisig kalt, was zusammen mit dem Nahrungsmangel zu Tod und Krankheiten führte, und wer einmal bettlägerig geworden war, hatte kaum noch Hoffnung, je wieder auf die Beine zu kommen und gesund zu werden.

Für die Ärzte war dies wahrlich eine gute Zeit. Sie machten gute Geschäfte, selbst mit ihren Visiten bei armen Leuten, für die deren Angehörige alles taten, um sie am Leben zu erhalten, da sie glaubten, das Wesentliche sei der Arzt, und schon sein Kommen wäre genug, um einen Teil der Krankheit verschwinden zu lassen. Bei manchen bekannten Ärzten in der Stadt glänzten Augen und Wangen vor Fett dank der reichlich bemessenen Honorare, die ihnen in die Geldkatze fielen, allein schon wegen der bereits erwähnten Visiten, aber mehr noch aus einem anderen Grund: Nämlich wegen der Rückvergütungen der Apotheker, zu denen man die mit den Unterschriften der Ärzte versehenen Rezepte trug. So hatten auch die Apotheker keinen Grund zu klagen; und wenn sie vor ihren Tresen standen und in Porzellanmörsern die Heilmittel zusammenrührten, ganz behutsam, wie es sich gehört, konnte man ihnen ansehen, wie sie sich über ihre schönen Gewinne freuten.

Ärzte und Apotheker richteten jedoch nichts aus, denn außer Medikamenten hätten die Leute noch einiges andere gebraucht: Heizung, Nahrung, beste Fürsorge und so weiter, woran es eben gerade in den Häusern der Armen fehlte. So kam es, daß, wenn sich jemand zu Hause in sein eigenes Bett mit den verzogenen, wurmstichigen Brettern legte, er äußerste Mühe hatte, sich daraus wieder zu erheben, und derjenige, der nicht einmal das besaß und im jüdischen Krankenhaus Zuflucht suchen mußte, konnte sich schon in dem Augenblick, in dem er sich zu Bett legte, von seinem Zuhause und seiner »Mesusa« verabschieden ... Denn die kleinen Leute landeten dank der aufgeklärten Fürsorge des Krankenhauses rasch auf dem Friedhof; dort beerdigte man einen armen Teufel neben dem anderen, wobei man die Gräber nur durch kümmerliche, schmale Bretter voneinander abgrenzte, die der Zeit kaum standhielten und sich schon bald, zusammen mit der Erinnerung an den mittellosen Verstorbenen, der Erde zuneigten ...

Die Aufrufe am Sabbat, die sich in der Hoffnung, ihr Mitleid zu erwecken und sie dazu zu bringen, ihre Geldbörsen zu öffnen, an die wohlhabenden Leute richteten, fruchteten gleichfalls nichts ... Diese hörten zu, wandten dabei aber den Kopf ab, als spräche man nicht zu ihnen, und wenn man beharrte und versuchte, sie durch Worte zu beeindrucken, wehrten sie mit Händen und Füßen ab, schrien mit lauter Stimme und beklagten sich ihrerseits: »Was wollt ihr von uns, ausgerechnet von uns, den wenigen und einzigen, die auf jede nur erdenkliche Art spenden, und das immer auf eine Weise, die unsere Kräfte übersteigt, wir, die wir mehr ausgeben, als unsere Mittel erlauben? Warum verfolgt ihr uns? Wie können wir denn für eine ganze Stadt voll armer Teufel aufkommen, und das in einem Moment, in dem die Zeiten so hart sind?«

Und dabei blieb es. Die Geldbörsen der Reichen öffneten sich keineswegs, und das einzige Ergebnis, das die Hilferufe der Bedürftigen erbrachten, bestand darin, daß die Menschen guten Willens am Tag nach dem Sabbat mit seinen vergeblichen Appellen, denen man überdies mit Unmut begegnet war, Männer wie Frauen, sich zu zweit und zu dritt von Tür zu Tür begaben, um mit einem roten Taschentuch das einzusammeln, was man ihnen aus freien Stücken gab. Und wenn sie bei einer wohlhabenden Familie mehr erhielten als beim Nachbarn, schwitzten die Gesichter dieser guten Leute vor Aufregung angesichts ihres Erfolgs. »Möge Gott eure Wünsche erfüllen«, sagten dann die Sammler und Sammlerinnen zu den Reichen, um sie für ihr gutes Herz und ihre Großzügigkeit zu belohnen.

Dennoch war das Ergebnis beklagenswert: Diese »Gaben« waren nichts als ein Tropfen in einem Meer des Elends, und die Not wurde immer größer. Und die Not führte zur Krankheit, und die Krankheit, gerade in einer solchen Zeit und unter solchen Umständen, bedeutete, daß die Tür zur nächsten Welt schon zu drei Vierteln offenstand ...

Wie immer in solchen Zeiten sah man Wunderheiler auftauchen, die sich vor allem darauf verstanden, den Armen ihre letzten Groschen aus der Tasche zu ziehen, und sich auf sie stürzten wie Krähen auf Aas. Die ersten, die sich zeigten, waren von einem ganz besonderen Schlag. Diese erbärmlichen »Enkelkinder« von guter, aber heruntergekommener jüdischer Herkunft, die sich noch nie einen Namen gemacht hatten und noch nie in die Gesellschaft aufgestiegen waren, genossen in der Stadt, in der sie lebten, nur geringes Ansehen.

Sie, diese »Enkelkinder«, machten sich die Tatsache zunutze, daß sie von einem berühmten Großvater eine alte, fadenscheinige Zobelpelzmütze oder einen geflickten Gehpelz geerbt hatten, was ihnen vor allem bei einigen rückständigen Handwerkern, bescheidenen und vertrauensseligen Anhängern, zugute kam, die bei ihnen ein und aus gingen, um aus ihrem Mund ein religiöses Wort zu hören. Als Gegenleistung bot man ihnen am Sabbat, an einem Festtag und manchmal sogar an einem Wochentag, was man entbehren konnte: Man brachte ihnen gelegentlich etwas zu essen und zu trinken und hin und wieder sogar ein Geldstück.

Bei diesen »Enkelkindern« begannen die Geschäfte jetzt besser zu gehen als sonst, denn sie lebten nun mitten unter dem Volk, waren vertraute Gesichter, jederzeit erreichbar und mit Händen zu greifen; wer ihnen ein kleines Geldstück zusteckte, vernahm sofort ein erstes Wort des Trostes: »Verzweifelt nicht, der Herr wird euch beistehen; dank der Verdienste unserer Vorfahren – mögen sie uns immer beschützen! – wird dem, für den wir beten, schnell geholfen werden ...«

Sie, die »Enkelkinder«, die keine Assistenten hatten und an die man sich auch nicht schriftlich wenden oder wie bei den Wunderrabbis hinter verschlossenen Türen warten mußte, hatten auch ganz einfache Ehefrauen, die ihren Männern dabei halfen, zu den Bittstellerinnen gutnachbarliche Beziehungen zu unterhalten. Sie hörten sich zunächst deren Klagen an, begleiteten sie dann zu ihren Männern und halfen den Hilfesuchenden, beim Vorbringen ihrer Klagen die richtigen Worte zu finden.

Außer diesen falschen Wunderheilern schossen auch alle nur erdenklichen Wahrsager, Juden und Nichtjuden, wie Pilze aus der Erde, Leute, die aus allen Himmelsrichtungen zusammengeströmt waren, »Startzy« etwa, ewig flüsternde hundertjährige Ukrainer, zahlose, weißhaarige und senile Männer, schweigsame Tataren, die durch das Rollen eines Eies heilten, durch

Räuchern, mit Kräutern, durch das Betrachten von schmelzendem Wachs oder indem sie dem Kranken Wasser aus einem Glas zu trinken gaben, in dem man mit tatarischer Schrift bedeckte Talismane tagelang eingeweicht hatte.

Sehr gefragt waren auch die Wahrsagerinnen, die mit Hilfe eines alten Kartenspiels im Lichtschein einiger brennender Kerzen in Kerzenhaltern, die ständig auf dem Tisch standen, in einem engen Zimmer mit geschlossenen Fensterläden gute Einnahmen machten. Wenn sich ein Kunde zeigte, zündete man die Kerzen an, damit auf dem Tisch ein »Korban-Mincha«[1] zu sehen war und daneben ein kleines abgegriffenes Buch mit dem Titel »Die Weisheit der Hand«, dessen Frontispiz eine Hand mit allen Linien und Falten zeigte, die auf einer Hand zu finden sind, und bei der jede Linie oder Falte ein Ereignis versinnbildlicht, etwa »langes Leben«, »gutes oder schlimmes Schicksal«, »eine weite Reise«, »Krankheit«, »Tod«, und so weiter – all das, was den erwartet, der sich die Zukunft weissagen läßt.

Als ob das nicht schon genügte, hatte sich die Stadt auch mit zahlreichen anderen Freunden leicht verdienten Geldes gefüllt: mit Zauberern, Mesusa-Prüfern, Kabbalisten mit zusammengekniffenen Augen, im Sommer wie im Winter sämtlich mit Gehpelzen und Wollsocken bekleidet, die ihre Heilmittel und magischen Drogen aus schmutzigen Brusttaschen zogen . . . Außer all diesen Leuten begannen aus dem Ausland auch *wirkliche* Wunderrabbis nach N. zu strömen, von denen man schon so viel gehört hatte und die von dem Ruhm ihrer Vorfahren oder ihrem eigenen Ruf lebten . . . Männer, zu denen ihre zahlreichen Anhänger, versehen mit reichen Gaben, weite Pilgerfahrten zu unternehmen pflegten . . . Aber jetzt, als die Not des Volkes groß war, kamen die Wunderrabbis zu den Leuten, denn sie sagten sich, mochte der Beitrag jedes einzelnen auch gering sein, so waren der Menschen dafür sehr viele, und so würde ein Groschen zum anderen kommen, und diese vielen Groschen würden auch eine große Summe ergeben.

---

[1] Erbauliches Gebetbuch für Frauen.

Aber das genügte immer noch nicht: Seltsame Künder erschienen aus fernen Städten und Ländern mit ebenso seltsam klingenden Namen: aus Jerusalem und Safed, aus der Türkei und dem Jemen, aus Persien und anderen ungewöhnlichen Ländern, sogar aus Algerien und Marokko ... Manche von ihnen hatten einen weißen Turban statt eines Huts auf dem Kopf, andere Persianermützen; alle waren in bodenlange Kaftans gekleidet und hatten gekräuselte Schläfenlocken, die ihnen bis zum Gürtel reichten; andere hatten sich den Schädel rasiert und trugen einen Schnurrbart. Und alle radebrechten ein verstümmeltes Hebräisch, das eher dem Aramäischen glich, was diese Männer noch fremder erscheinen ließ, die Leute aber gleich dazu brachte, sie ein wenig zu fürchten und mit einem gewissen Respekt zu behandeln.

Sie kamen nicht allein; meist wurden sie von ihren Frauen begleitet, von denen man nicht sicher sein konnte, ob sie tatsächlich ihre Frauen oder einfach nur Partner beim Schnorren waren; und diese Frauen, die sich in türkische Schals gehüllt hatten und mehrere Kleider und Blusen übereinander trugen, waren üppig, dunkelhäutig, hatten meist ein Doppelkinn und pralle Brüste; sie wuschen sich ständig die Hände, während sie ihren Gefährten und Mit-Schnorrern halfen, wundersame Geschichten über die Länder zu erzählen, aus denen sie kamen, mochten die Geschichten nun wahr sein oder nicht.

Diese Frauen hingegen sprachen ein vertrautes Jiddisch, das mit Wörtern aus den »Klagen« durchsetzt war, dem vor allem für Frauen bestimmten Gebetbuch. Und sie erzählten immer die gleiche Geschichte, die stets die gleiche Form hatte und sich meist in der Stadt Jerusalem zutrug. Hier ein Beispiel: In jüngster Zeit habe man dort eine Höhle entdeckt, und als man in sie eingedrungen sei, habe man immer weitergehen müssen, bis man einen fernen Lichtschein gesehen habe. Und als man den Ort erreichte, von dem der Lichtschein herkam, sah man einen weißhaarigen alten Mann an einem Tisch sitzen, auf dem ein Buch lag. Es war sofort klar, wer dieser Mann war: »Der Prophet Elias«. Der Beweis: Neben ihm befand sich ein Widderhorn, in das er bei der Ankunft des Messias blasen würde, um alle Welt wissen zu lassen, daß die Stunde der Erlösung gekommen sei, damit die Juden sich im Lande Israel versammelten. Als man sich an ihn wandte, um ihn zu fragen: »Wann wird es soweit sein?«, hatte der alte Mann kurz geantwortet: »Wenn der Sabbat über die ganze Welt herrscht, im siebten Jahrtausend unserer Zeit.« Die Erzählerinnen fuhren fort: »Nun gut, und diese Zeit ist jetzt nicht mehr fern. Wir stehen im sechsten Jahrtausend, am Vorabend des Sabbat, und wenn man uns für würdig befindet« – fügten die frommen Erzählerinnen ganz offen hinzu – »und den Alltag mit dem geheiligten Tag gleichsetzt, wird der Sabbat schneller kommen als vorhergesehen, und dank der milden Gaben, die wir mit vollen Händen und freudigen Herzens austeilen, werden wir das Glück haben, den Ton des Widderhorns zu hören, in das dieser alte Mann bläst, der Tag für Tag auf das Erscheinen des Erlösers wartet, der in naher Zukunft erscheinen muß, noch zu unseren Lebzeiten.«

Das also erzählten diese Frauen in den Häusern, in denen sie Unterkunft gefunden hatten, und so machten die Geschichten in der ganzen Stadt die Runde. Danach war es für diese Frauen mit ihren türkischen Schals und die Männer in ihrem seltsamen Aufzug nur noch ein Spiel, von Tür zu Tür zu gehen. Sie brauchten ein Haus nur zu betreten, da bot man ihnen schon Geschenke an, denn die Leute wußten, wer sie waren und wen sie vertraten, und sie wußten auch, daß es sich um sehr enge Vertraute des Messias handelte und vielleicht sogar um dessen Vorboten.

Diesen Männern und Frauen haftete stets das Fluidum einer fremdartigen Ausdünstung an, und sie warfen durchdringende Blicke aus schmalen, orientalischen Augen; manchmal waren diese Augen auch bernsteingelb, was vielleicht eine Folge heftiger Fieberanfälle oder allzu langen Starrens auf den Wüstensand war, den sie in den riesigen, menschenleeren Weiten, aus denen sie kamen, bis zum Überdruß betrachtet hatten; manchmal rochen sie nach dem Salz der Meere, die sie überquert hatten. All das sicherte ihnen die Vorherrschaft über ihresgleichen aus der näheren Umgebung, so daß sie diese Leute fest im Griff hatten, die sich in dem Glauben, die Stunde sei für einen kleinen Gewinn günstig, ebenfalls auf die Stadt gestürzt hatten.

Alle diese Personen, diese »Onkel und Tanten aus Persien und Medea«, wie sie von den stets zu Scherzen aufgelegten und ironischen Freigeistern genannt wurden, hatten heilige Dinge mitgebracht, um damit Handel zu treiben, etwa Wachskerzen, Öl in Krügen und orientalisch geformten Fläschchen mit langen Hälsen, Fäden zur Vermessung von Gräbern, Handelswaren also, die bei den zahlreichen Abergläubischen großen Anklang fanden. Diese Waren aus fernen heiligen Stätten in der Diaspora dienten als greifbarer Beweis dafür, daß die Pilger tatsächlich aus dem Heiligen Land kamen . . .

Um die verwirrten Geister des Volkes in Furcht und Niedergeschlagenheit zu halten, schürten einige Leute, in deren Interesse es lag, natürlich das Feuer und erzählten noch mehr Schauermärchen und Greueltaten aus der Stadt, die jetzt mit offenen Ohren und pochenden Herzen angehört wurden und tiefen Eindruck machten.

Zum Beispiel: Geschichten von Dämonen, die in halbverfallenen Häusern in weit entfernten Gassen erschienen seien. Wer nachts dort vorbeikomme, so hieß es, könne sie mit den Zungen schnalzen hören und ihre Augen strahlen sehen, als wären es Laternen; es könne dazu kommen, daß sie einen verletzten, wenn sie etwa Tonscherben, ganz Töpfe oder Lehmklumpen auf die Passanten würfen, auf wen auch immer, auf Kinder, Erwachsene, Rabbiner oder Friseure. Oder sie erzählten Geschichten wie etwa von dem neugeborenen Kind, das die mütterliche Brust verweigere, wenn diese gewaschen worden sei, daß der Säugling das Morgengebet spreche und Prophezeiungen über ein Kalb mit zwei Köpfen äußere sowie von einem wilden Tier mit vier Pfoten auf dem Rücken; gleichzeitig machte man sich über den örtlichen Kabbalisten Jokton und dessen Neffen lustig, die zu zweit Hexerei trieben.

Damit meinten sie den kleinwüchsigen Jokton mit dem schwarzen Bart, der sommers wie winters seinen Gehpelz trug

und die linke Hand ständig auf das linke, ewig tränende Auge
hielt. Man wußte, daß dieses Auge nur deshalb tränte, weil es
etwas Verbotenes erblickt hatte … Dieser Jokton hielt sich
ständig in der »Offenen« Synagoge auf, wo auch viele Obdach-
lose wohnten, die kein eigenes Dach über dem Kopf hatten; und
mit ihm sein siebzehnjähriger Neffe, der wie sein Onkel klein
und untersetzt war und ebenfalls einen Umhang trug, der ihm
das ganze Jahr über diente. Der Neffe hatte überdies ein körperli-
ches Gebrechen, denn er trug den Kopf auf die Schulter geneigt.
Diese beiden, Jokton und sein Neffe, waren von Fanatikern der
Stadt mehrmals verprügelt worden, einmal wegen ihres Verhaltens und zweitens, weil sie Kranke mit Amuletten heilen wollten,
die sie selbst schrieben und zu erschwinglichen Preisen verkauften. Sie hatten sie stets bei sich und hielten sie in der Brusttasche
versteckt. Und immer wieder schworen die Schläger lauthals bei
allem, was ihnen heilig war, ihre Hände hätten dabei geschmerzt,
als hätten sie auf Stein oder Eisen eingeprügelt, wenn sie Jokton
und dessen Neffen eine Tracht Prügel verabreichten. Das sei die
reine Wahrheit. Das sei der Beweis, daß man es hier nicht mit
normalen Geschöpfen zu tun habe, sondern mit Figuren, die
man in keinem jüdischen Haus über die Schwelle lassen dürfe,
denn sie seien »Verbündete« von »denen da«, denen sie sehr
nahestünden. Und gerade darum ähnelten sie »denen da«, seien
ebenfalls kleinwüchsig, knochig und schmutzig, und auch aus
diesem Grund sehe man niemals, daß sie sich wüschen, und
essen täten sie auch nicht, als wären sie Engel, die keinen Magen
besäßen …

Und jetzt erzählte man sich von diesem Jokton, man habe in
letzter Zeit beobachtet, daß er und sein Neffe nachts nicht
schliefen; und wenn einer von denen, die mit ihnen die Nacht in
der offenen Synagoge verbrachten, während dieser Stunden wach
blieb, habe er gesehen, wie sich Onkel und Neffe am unteren
Ende eines Bücherschranks zu schaffen gemacht hätten, aus dem
sie ein paar verstaubte alte Papiere herauszogen, die sie bekümmert und ängstlich untersucht und mit denen sie sich lange
beschäftigt hätten; sie hätten sich aber schon bald wieder gefan-

gen, seien außer sich vor Glückseligkeit gewesen, als wäre gerade etwas Wunderbares geschehen und sie hätten durch diese alten Papiere etwas von ungeheurer Wichtigkeit erfahren. Sie standen freudestrahlend da und betrachteten sich lange Zeit wortlos, dann fielen sie sich in die Arme und küßten sich wie Mann und Frau – möge Gott uns vor solchen Dingen bewahren . . .

All diese Geschichten und zahlreiche ähnliche wurden von solchen Abenteurern nur dazu benutzt, den armen Leuten die letzten Groschen aus der Tasche zu ziehen. Sogar einfache Diebe bedienten sich ihrer, Leute, die ihrem Gewerbe gern im Dunkeln nachgehen.

So setzte man zum Beispiel ein Gerücht in die Welt, demzufolge jeden Abend in der Stadt ein junges Mädchen erscheine, das alle erdrossele, die ihm begegneten: groß und klein, jung und alt, Schwache und sogar die größten Hünen. Die Kinder gingen abends nicht mehr zur Schule. Händler schlossen ihre Läden, solange es noch heller Tag war, um rechtzeitig nach Hause zu kommen. Die Straßen leerten sich. Hebammen trauten sich abends nicht mehr aus dem Haus, um bei einer Entbindung zu helfen. Nachbarsfrauen ein und desselben Hofs hatten Angst davor, einander zu besuchen, und um nichts in der Welt hätten sie es gewagt, dazu die Straße zu überqueren.

Die Stadt ergriff Gegenmaßnahmen. Sie wandte sich an die Polizei, die sogenannten Ordnungshüter der Stadt, und baten sie, das junge Mädchen gegen eine gute Belohnung einzufangen, es festzunehmen und falls nötig ins Gefängnis einzuliefern. Die Ordnungshüter versprachen es; allein ihres Erfolges und der wohlverdienten Belohnung gewiß, spülten sie, noch ehe sie sich des Mädchens bemächtigt hatten, schon im voraus gründlich die Kehle mit Branntwein durch, aber mehr passierte nicht: Es blieb beim Versprechen und beim Suff.

Nacht für Nacht konnte man aus irgendeiner fernen Gasse herzzerreißende Schreie hören, die ohne Zweifel von einem tauben Menschen stammten, der die Geschichte von dem jungen Mädchen nicht gehört hatte, oder aber von jemandem, der sie zwar gehört hatte, aber dennoch genötigt gewesen war,

822

auf die Straße hinauszugehen. Wie dem auch sei: Es waren Schreie, die den Leuten das Blut in den Adern gefrieren ließen. Die Leute in der Stadt hörten es und zitterten. Die Ordnungshüter ebenfalls. Da sie zutiefst verängstigt waren und ihr Leben nicht aufs Spiel setzen wollten, versteckten sie sich trotz des gegebenen Versprechens in ihrem Schilderhäuschen und vergaßen sogar, daß sie bewaffnet waren und ein Gewehr besaßen. Sie stellten sich einfach taub.

Die Stadt versicherte sich auch der Dienste ihrer Schlachter und Abdecker und bat sie, sich mit ihren Hackbeilen und Messern zu bewaffnen und das Mädchen zu fangen. Die Männer nahmen das Angebot an, aber das Ergebnis war das gleiche wie bei den Ordnungshütern. Nein, es erging ihnen noch schlimmer, denn sie waren ihr tatsächlich begegnet. Und einer von ihnen, so erzählte man sich, war auf der Strecke geblieben, getötet durch die Hand des Mädchens, und die anderen hätten alle Mühe der Welt gehabt, trotz der Beherztheit der Schlachter und Abdecker, die fähig waren, einen frei herumlaufenden Stier bei den Hörnern zu packen und zu Boden zu werfen, mit dem Leben davonzukommen.

Mit einem Wort: Es ging übel aus, und die Geschichte zog sich den ganzen Winter hin. Und es kam, wie es kommen mußte: Wie sich herausstellte, hatte es nie ein junges Mädchen gegeben. Der angebliche Teufel in Mädchengestalt war in Wahrheit ein verkleideter Dieb. Die Diebe hatten sich das Ganze nur ausgedacht, um die Stadt in Angst und Schrecken zu versetzen, damit sie selbst unterdessen ihrem Metier nachgehen konnten: Sie taten, was Diebe gemeinhin tun, brachen Türen auf, schlugen Fensterscheiben ein, um so in ein Haus zu gelangen; und selbst wenn man den Dieb gehört hatte, wagte niemand, sich ihm entgegenzustellen oder auch nur um Hilfe zu rufen.

Für die Diebe war es, wie man sich später erzählte, eine gute Zeit. Die Armen hingegen wurden noch ärmer, während die Diebe in jenem Winter wie die Maden im Speck lebten. Sie verspeisten ganze Gänse und Braten, alles, was sich ihnen bot, in ihren Dachkammern und Kellern, nachdem ihre Unternehmungen ein gutes Ende gefunden hatten und fast ohne jedes Risiko abgelaufen waren.

Im übrigen ist nicht auszuschließen, daß die Diebe sich nicht nur die Bäuche vollgeschlagen hatten, sondern sich in diesem Winter auch so wohl fühlten, daß sie sich am Ende ihrer »Saison« eine neue Thora-Rolle schreiben ließen, was eine weitere Vermutung war – denn die Stadt wußte nicht, woher das Geld kam –, eine Thora-Rolle, die beim »Fest der Fertigstellung« mit Musik, unter Tänzen und anderen Lustbarkeiten zur Synagoge getragen wurde.

Auf diese Weise machten sich einfache Diebe die Situation zunutze, aber auch Gewaltmenschen wie der Kneipwirt Jonas; sie hatten sich eine Verleumdung gegen die Bratslaver und den Mann ausgedacht, der an ihrer Spitze stand, Lusi Maschber, nämlich daß sie einen kleinen Knochen von einer Leiche besäßen (den Bratslavern ist immerhin alles zuzutrauen: Haben sie nicht ständig mit Toten zu schaffen und verbringen sie nicht Tage und Nächte bei ihnen?); und mit diesem Knochen würden sie zahlreiche böse Handlungen begehen, die unter Juden unerhört seien: Sie klemmten den Knochen unter den Arm und befragten ihn nach der Zukunft, baten ihn, die Toten wiederaufzuerstehen zu lassen, und stellten noch weitere Dinge damit an wie zu den Zeiten der Götzenanbetung, in der Zeit der Patriarchen, wie es in der Bibel geschrieben steht . . .

»Weh, weh!« seufzten die Leute, denen man das erzählte, und bargen den Kopf in den Händen; die Jüngeren spien aus, während die Älteren sich mit Angst in den Augen abwandten und nur ein haßerfülltes Flüstern hören ließen, da ihnen die Worte fehlten, ihrer Entrüstung Ausdruck zu verleihen.

»Weh, weh!« riefen andere, die eher bereit waren, mit Fäusten und Schreien, mit Flüchen und Verwünschungen gegen das Unrecht vorzugehen. »Weh, weh; warum müssen Kinder, aber auch Erwachsene, infolge von Anfällen, Krankheiten oder sonstigem Unglück vor ihrer Zeit die Welt verlassen?«

Ja, man hörte damals nicht auf, von den Bratslavern zu sprechen, und um ein Haar wäre man über sie hergefallen, hätte ihre Häuser zerstört und sie zusammen mit ihren Frauen und Kindern gesteinigt oder aus der Stadt gejagt.

Tatsächlich war man nicht weit davon entfernt. Und vor allem an ihrem Oberhaupt wollte man sein Mütchen kühlen, an Lusi Maschber, von dem es hieß, er sei derjenige der den fraglichen Knochen aufbewahre und in einer Schublade verschlossen habe ... und natürlich war er es, für den die Verwünschungen des *Tochacha*[1] nicht genügten; er war derjenige, dem eine Stadt, die dieser Bezeichnung würdig war, nicht erlauben durfte, auch nur eine Nacht in ihren Mauern zu verbringen, denn sonst verdiente sie selbst den Untergang.

Ja, es ließ sich schon vorhersehen, daß sich eines Tages eine Gruppe von Juden in einer Synagoge oder einfach nur auf der Straße zusammenrotten und zu der Wohnung eines Lusi Maschber stürzen, dort eindringen, ihm hart zusetzen, ihn auf eine Fuhre Mist werfen und aus der Stadt jagen würde, und das unter dem Johlen und den Pfiffen aller Lümmel der Stadt.

Ja, es hätte nicht viel gefehlt, denn die Stadt war schon aufs höchste gereizt, einmal wegen der zunehmenden Armut, aber auch wegen der zahlreichen Todesfälle, denen niemand Einhalt gebieten konnte und die in so vielen Häusern zahlreiche leere Betten und viele zur Wand gedrehte Spiegel zurückgelassen hatten[2]. War es da nicht nötig, die Ursache all dieses Unglücks ausfindig zu machen und sich vor dem Herrn des Mitleids im Himmel zu rechtfertigen, dessen Urteil Unschuldige traf?

Und so fand man die Ursache allen Unheils: Den Kabbalisten Jokton, der in der »Offenen« Synagoge mit Hilfe alter Papiere Hexerei trieb und deshalb schon mehr als einmal Prügel bezogen hatte. Und auch diesmal versicherten diejenigen, die auf ihn einschlugen, daß ihre Hände weh täten, als hätten sie nicht auf einen Mann, sondern auf einen Stein eingeprügelt... Und da das nicht genügte, fand man einen anderen Grund: die Bratslaver

---

[1] Moses Androhung des Fluchs gegen die Ungläubigen (Levitikus [Drittes Buch Mose], Kapitel 26).

[2] Ein umgedrehter Spiegel ist ein Zeichen der Trauer.

mit ihrem Totenknochen. Allein schon die Entweihung eines Grabs, in dem man das Glied eines Toten ausgrub, war eine Todsünde, und es kam noch hinzu, daß sie die Geheimnisse der künftigen Welt kennenlernen wollten, die geheim und verschleiert bleiben müssen . . . Das war tatsächlich eine unerhörte Sache, auf die man nicht anders reagieren konnte, als daß man sich die Kleidung zerriß und die Schuldigen so schwer wie möglich bestrafte.

Ja, und die Strafe war jeden Augenblick zu erwarten, aber da die Männer zu sehr beschäftigt waren, um sich auf diese Art von Angriff zu verständigen, zog sich die Angelegenheit hin und wurde von ihnen nicht in die Tat umgesetzt. Statt dessen wurde sie von den Frauen vollstreckt (wenn auch, zugegebenermaßen, anfangs nicht mit voller Strenge), die sich leicht dazu entschlossen und denen unter bestimmten Umständen das Blut leicht in den Kopf steigt. Wenn sie ihrem Zorn freien Lauf lassen wollen, schrecken sie vor nichts zurück und legen ein Ungestüm an den Tag, das einen Deich brechen läßt wie bei einem Sturm.

Und es war Pesje, mit der alles begann – der Frau des Dienstmanns Scholem, der ebenfalls, wie wir schon an anderer Stelle erwähnten, den Bratslavern angehörte . . . Er war ein wahrer Riese von einem Mann, der fähig war, drei Suppentöpfe und drei dicke Laibe Brot auf einmal aufzuessen; ein Mann, der, bevor er sich mit den Bratslavern einließ, imstande war, mit seinesgleichen, den Trägern auf dem Markt, eine Wette einzugehen, daß er all das, was sich auf der Tafel des Kneipwirts Zacharias befand, auf einmal verschlingen könne: Gänseklein und Gänselebern, Innereien und Pasteten, bis der Tisch völlig abgeräumt war. »Wenn man mir nur etwas dafür zahlt, daß ich es beweise.« Die Anwesenden erklärten sich einverstanden, und Scholem hielt Wort. Während er seelenruhig vor dem Tisch stand und sich mit seinen Kumpanen unterhielt, verschlang er alles, was er auf Zacharias' Tellern ausgebreitet sah, bis zum letzten Bissen, bis der Tisch so aussah, als hätte man ihn für das Passah-Fest gesäubert . . .

So war er gewesen, dieser Scholem, ein Hüne, ein großer
Esser, der auf die Frage:»Was hättest du in der künftigen Welt
am liebsten?« erwiderte:»Es wäre mir am liebsten, wenn der
grüne Hügel draußen vor der Stadt ein Brötchen wäre und der
Fluß, der an seinem Fuß dahinfließt, ein Eintopf; dann würde ich
ein Stück Brot abreißen und es in die Sauce tunken und wieder
ein Stück Brot abreißen ...«

Scholem hatte also alles getan, was man von einem Dienstmann erwartet: Er rackerte sich ab und schleppte schwere Lasten. Und er lebte nach dem Gebot Gottes und dem Gesetz in
Frieden mit seiner Frau, der er – gelobt sei Gott! – einen Haufen
Kinder gemacht hatte, Mädchen und Jungen, die wie tapsige
junge Bären waren, breiter als lang, und die alle mit dem gleichen
Appetit gesegnet waren wie er, Scholem ...

Pesje war glücklich und zufrieden mit dem mächtigen Leib
ihres Mannes und mit seinem großen Dienstmannskittel, der
ihm vorn und hinten herabhing und den er mit einer Kordel
gegürtet hatte; zufrieden auch mit dem guten Verdienst ihres
Mannes, den dieser ihr, wie es sich für einen ehrlichen Mann
gehört, bis auf den letzten Groschen nach Hause brachte. Sie
wiederum tat all das, was man von der Frau eines Dienstmanns
verlangen kann: Die Gesundheit ihres Mannes hatte auf sie
abgefärbt, sie hatte breite Schultern und besaß genug Kraft, um
»zu tragen« und niederzukommen, um sich dann den Kindern
zu widmen, sie zu waschen, zu füttern, um ihre Wäsche zu
waschen, sie angemessen zu kleiden, wie es sich gehört ...

Aber das war inzwischen Vergangenheit. Denn in jüngster
Zeit, seitdem er seine Arbeit als Dienstmann aufgegeben und sein
Leben der Wohltätigkeit gewidmet hatte, war der häusliche
Friede gestört. Pesje hatte das Verhalten ihres Mannes zunächst
nicht begriffen; sie hielt ihn für krank, für vorübergehend krank,
wie das manchmal vorkommt ... Aber je mehr die Zeit verging,
um so klarer wurde ihr, daß er sich immer stärker in die Fröm
migkeit stürzte; die Einnahmequellen begannen zu versiegen,
und Pesje fiel es zunehmend schwerer, den Haushalt aufrechtzu-
erhalten ... Da begann sie zu murren. Wenn sie mit ihrem Mann

allein war, versuchte sie ihn behutsam zur Vernunft zu bringen, ihn zu ermahnen, hielt ihm Vorträge, erklärte ihm, er habe einen schlechten Weg gewählt, daß sich seine Kollegen, die anderen Dienstleute, über ihn lustig machten und daß seine Frau und seine Kinder unter seinen unvernünftigen Marotten zu leiden begännen, wie etwa heute, wo sie aus Geldmangel nicht habe einkaufen können; die Kinder hätten sich nicht satt essen können... Man schicke die Jungen jetzt sogar von der Schule wieder nach Hause, denn sie hätten schon seit langem keine Gebühren mehr bezahlt, und so weiter, und so weiter.

Scholem hörte sich all das schweigend an. Er war ein einfacher Mann, alles andere als gewitzt, und der neuen Lehre, der er sich verschrieben hatte, entnahm er völlig zu Recht die Schlußfolgerung, daß er auf die Bedürfnisse seines Körpers verzichten müsse, auf Essen, auf Trinken und sogar ein wenig auf seine Frau und die Kinder; diese Lehre versetzte ihn aber nicht in die Lage, andere – und schon gar nicht seine Frau – daran glauben zu machen und sie von der Richtigkeit seines Tuns zu überzeugen. Aus diesem Grund blieb er stumm. Und nach den ersten fruchtlosen Vorhaltungen drang seine Frau Pesje nicht weiter in ihn. Sie beschloß, ihn gewähren zu lassen, denn sie glaubte, daß er mit der Zeit wieder zur Vernunft gelangen, sein Verhalten bedauern und es ändern würde, wenn ihm der Verfall des Hauses aufging.

Aber so sollte es nicht kommen, und Pesje sah, daß er sich immer mehr in seine neue Frömmigkeit vertiefte, ja, mehr noch: Abgesehen davon, daß er immer weniger Geld nach Hause brachte, so daß sie kaum noch etwas einkaufen konnte, begann er sich auch von ihr, seiner Frau, zu entfernen und ein Verhalten an den Tag zu legen, wie es bei Männern nicht üblich ist... Den Grund dafür hatte sie zuächst natürlich nicht verstanden, denn sie glaubte immer noch, er sei krank, aber als sie später entdeckte, daß sie sich in dieser Hinsicht geirrt hatte, daß es seine religiöse Schrulle war, die ihm das auferlegte, sagte sie ihm einmal am Vorabend des Sabbat:

»Hör mal, Scholem, bist du ein Engel oder ein Priester, da du es nicht mehr nötig hast?«

»Nein, es liegt nicht daran, daß ich es nicht nötig hätte«, entgegnete er, »sondern daran, daß ich nicht begehren darf.«

»Was soll das heißen? Was soll dieses Gerede? Soll das ein Scherz sein, Scholem?« rief sie aus und fügte hinzu:

»Merk dir eins, Scholem, ich lasse mich nicht auf den Arm nehmen, ich werde nicht zulassen, daß man etwas anderes als einen Mann aus dir macht, einen Dienstmann, den Mann deiner Frau und Vater deiner Kinder . . . Ich werde es nicht zulassen . . . Ich werde loslaufen und schreien und all denen die Augen auskratzen, die dich vom rechten Weg abbringen. Hast du mich verstanden, Scholem?«

Und wieder hörte ihr Scholem schweigend zu. Es würde Schande über ihn bringen, wenn sie tat, was sie sagte. Tatsächlich hatte Pesje es schon einmal getan, wie wir uns erinnern, als sie nämlich zu Michl Bukjer gegangen war, als dieser noch Oberhaupt der Sekte war, der ihr Scholem sich angeschlossen hatte . . . Aber damals hatte sie es fast diskret getan, war allein gekommen, voller Ehrerbietung, und hatte dabei die Ruhe bewahrt, so wie man zu einem Rabbiner geht, dem man eine Frage vorlegt. Aber später, als ihr Mann Scholem von seinen neuen Gewohnheiten nicht lassen wollte, was seine Lage noch verschlimmerte, und als sich die anderen Lastträger offen über ihn lustig machten; als er wegen seiner schlechten Ernährung und seiner vielen guten Taten so sehr geschwächt war, daß er nicht mehr die Kraft hatte, die schweren Kisten, Säcke, Bündel, Fässer und andere Lasten zu tragen, die er früher so mühelos geschleppt hatte, als wäre es ein Kinderspiel für ihn, als sich Pesje eingestehen mußte, daß das Unglück an ihre Tür klopfte und sich das Elend bei ihr eingenistet hatte, als zudem ein harter Winter anbrach und selbst diejenigen, die vollkommen gesund waren und im Schweiß ihres Angesichts ihre Lasten schleppten, alle Mühe hatten, ihr Los zu tragen, da es für Dienstleute kaum noch etwas zu tun gab und noch weniger für Scholem, der seine Kräfte verloren hatte und sich nicht einmal mehr um Arbeit bemühte, so daß ihm immer ein anderer sie wegschnappte, wenn sich die Möglichkeit zu einem mageren Broterwerb bot, als Scholem dazu nicht einmal mehr etwas sagte und frohen Herzens hergab, was ihm zustand, obwohl er ein Recht darauf hatte; als Pesje also all das sah und ihr aufging, daß Scholem blaß und abgemagert war und daß auch ihr die Kleider um den Leib schlotterten, als sie sah, daß selbst das Allernötigste aus dem Haus zu verschwinden begann, wie zum Beispiel Sabbatkerzen, als sie entdeckte, daß ein Kopfkissen nach dem anderen verschwand, erst von ihrem Bett und dann von den Betten der Kinder, daß sich alles bei den Pfandleihern wiederfand, und als sie entdeckte, daß all ihre versetzten Gegenstände kaum so viel eingebracht hatten, daß sie einen Tag oder manchmal ein wenig länger leben konnten; als sie sah, daß es im ganzen Haus nichts mehr zu versetzen gab und daß sich keine gute Seele mehr fand, von der man auch die kleinste Kleinigkeit leihen konnte – denn selbst der kleine Kolonialwarenladen, in dem man ihr stets mit dem größten Vergnügen Kredit gewährt hatte, da sie die Frau eines kräftigen Dienstmanns war, der gutes Geld verdiente, gab ihr nichts mehr auf Kredit; man empfing sie dort jetzt kühl, nachdem man erfahren hatte, daß ihr Mann am Hungertuch nagte – als sich Pesje all das vergegenwärtigte, nachdem sie immer wieder versucht hatte, Scholem zur Vernunft zu bringen, mal sanft, mal grob, als sie ihm immer wieder ihre Not geklagt und ihn gefragt hatte, wohin denn das alles noch führen solle, und als Scholem auch darauf nichts zu erwidern wußte, als sich seine Augen verschleierten, als würde er ersticken, und als sich trotz allen guten Zuredens die Lage von Tag zu Tag verschlechterte und sich schließlich auch die Krankheiten einstellten, die nun Scholems Haus nicht mehr verschonten, als sich mehrere der Kinder gar zu Bett legten, da das Haus schlecht geheizt war und sie nichts Rechtes mehr zu essen hatten, da stieg im Herzen Pesjes unbändiger Zorn auf wie bei einer Löwin, die ihre Jungen von einer Gefahr bedroht sieht. Sie verspürte so etwas wie ein Grollen in den Eingeweiden, und dann stürzte sie los, bereit, alles umzustoßen, niederzutrampeln und zu zerstören, was sich ihr in den Weg stellte.

Pesje fiel über die her, die das Unglück ihres Mannes verschuldet hatten.

An diesem Abend war Lusi zu Hause und saß am Tisch, während Avreml Lubliner, der sich in N. aufgehalten hatte, im Zimmer auf und ab ging und Lusi zuhörte, der mal ein Wort, mal einen Satz hören ließ, den Avreml als guter Schüler sorgfältig in seinem Herzen bewahrte.

Sruli Gol war nicht im Haus. Er verschwand in jüngster Zeit für lange Stunden. Wenn er das Haus verließ, schnupperte er zunächst die Luft wie ein Tier, das überall Gefahr wittert; dann streifte er auf den Straßen umher, schloß sich mal dieser, mal jener Menschengruppe an und lauschte aufmerksam dem, was gesprochen wurde; manchmal ging er auf einen Sprung in eine Synagoge oder einen Betsaal, um sich anzuhören, was dort gesprochen wurde, als wollte er sich in irgendeiner Angelegenheit erkundigen ... Wenn er wieder nach Haus kam und sah, daß dort alles in Ordnung war, daß in seiner Abwesenheit nicht geschehen war, was er befürchtete, dann fühlte er sich fröhlich und gut aufgelegt und berichtete alles an Neuigkeiten aus der Stadt, was für Lusi interessant sein konnte.

So erzählte er einmal, der Possenreißer, von dem man in der Stadt so viel hatte reden hören, habe sich in der und der Straße in die Dachkammer eines verfallenen Hauses geschlichen und in der letzten Nacht einen Passanten mit einem Kübel voller Unrat begossen und einem anderen mit einem zusammengerollten Stück Leinwand eine Tracht Prügel verabreicht. Sruli lachte, als er diese Geschichte erzählte, und sagte, diese Dummköpfe hätten es nicht besser verdient.

Es kam auch vor, daß er andere Neuigkeiten mitbrachte, etwa die, daß die Stadt in Aufruhr sei und daß man die Schuldigen suche. Und den habe man gefunden: Jokton, den man heute schwer verprügelt habe. Während er dies erzählte, äffte Sruli Jokton nach, der den Kopf in seiner Kapuze versteckt und aus diesem Versteck heraus geschrien habe: »Hilfe, ich werde erdrosselt«, während sein Neffe, der zusah, wie sich die Leute auf seinen Onkel stürzten, ihn mit einem Spruch aus der Kabbala habe retten wollen: »Mein Freund ist mein, und ich bin sein«[1], worauf man auch ihm eine Tracht Prügel verabreicht habe.

Bei anderer Gelegenheit erzählte Sruli, die Stadt suche nach einem Ausweg aus ihrer Misere und so sei man auf die Idee verfallen, einen stummen Lumpensammler mit einer blinden alten Jungfer zu verheiraten. Sruli erzählte, wie es jeden amüsiert habe mit anzusehen, wie die blinde Braut unter den Hochzeitsbaldachin geführt wurde und wie der stumme Bräutigam mit den Lippen den geheiligten Ehespruch geformt habe. Sruli erwies sich als ein so guter Imitator, daß er selbst Lusi zum Lachen brachte.

Bei einer anderen Gelegenheit sprach Sruli etwas ausführlicher von dem Konvertiten Abraham und dessen Frau Anastasia, die nach ihrem Übertritt natürlich den Namen Sarah erhalten hatte, den sie aber nicht verdient habe, denn bis zum heutigen Tag wäre es besser gewesen, sie hätte ihren alten Namen weitergetragen, ihren Vornamen Anastasia.

Es ging hier um einen Konvertiten, den in der Stadt jeder kannte, ob groß oder klein: Um einen »Katzap«, wie die Russen damals einen Ukrainer nannten, einen kleinwüchsigen, untersetzten und kräftigen Mann, der in den Tagen Nikolaus' I. in der Armee Karriere machte und den Rang eines Obersten erreichte. Aus irgendeinem Grund gab er seinen Glauben auf und trat zum Judentum über.

Sein altes Auftreten als »Goj« war ihm geblieben: Er hatte einen geraden, kräftigen Rücken, eine mächtige, breite Brust, und man hätte meinen können, daß alle Kreuze und Auszeichnungen, die er während seines militärischen Dienstes verdient hatte, noch dort befestigt waren. Dafür blitzten seine klaren Augen schalkhaft, auf seiner weißen Stirn und auf seinem rosigen, gesunden Gesicht, das jung und alt zugleich war, spielte ein freundliches Lächeln wie von frisch erworbener Weisheit, das Lächeln eines Mannes, der das, was er an Güte besaß, für etwas

---

[1] Aus dem Hohelied Salomos, 2:16.

noch Besseres eingetauscht hatte, und wegen dieses Lächelns fühlten sich alle, vor allem aber die Kinder, zu ihm hingezogen. Trotz seines schlechten Jiddisch, trotz seines unjüdischen Ganges, seiner Art, unbeholfen wie ein Bär dahinzutapsen, und trotz seines üppigen weißen Barts, der zwar jüdisch hätte wirken können, es aber gleichwohl nicht tat – trotz alldem war er ein Teil der Gemeinde und wurde von ihr auch als solcher angesehen. Mochte er auch nichts als ein Konvertit sein, so war er es doch schon so lange, daß man sich die Stadt ohne ihn nicht mehr vorstellen konnte.

Er tat so manches gute Werk. So ging er etwa jeden Freitag mit einem Sack von Tür zu Tür, um Weißbrot für den »Wohlfahrtsverein« zu erbitten. Man konnte seine Stimme über mehrere Straßen hinweg hören. Beim Gehen sang er mit seiner hohen, meckernden Stimme ein selbstkomponiertes Lied: »Ihr kleinen, jüdischen Kinder, der teure, geheiligte Sabbat naht ...« Und so weiter. Wenn Kinder dieses Lied hörten, umringten sie ihn, als wäre er ein Zigeuner mit einem Affen. Sie folgten ihm auf Schritt und Tritt, sangen mit ihm, und er dachte gar nicht daran, sie wegzujagen, ganz im Gegenteil, er tätschelte ihnen den Kopf und war zufrieden, sie zu sehen, denn er hatte nie eigene Kinder gehabt.

Er wurde also allgemein geliebt. Dafür hatte man keine hohe Meinung von seiner Frau Anastasia, der man nach ihrer Konversion den Namen Sarah gegeben hatte. Es hatte den Anschein, als wäre ihr diese ganze Geschichte, das Verlassen des eigenen Volks und der Übertritt zu einem anderen, zutiefst zuwider. Vor allem als man sie während der Zeremonie der Aufnahme in das Judentum in das nicht gerade wohlriechende rituelle Bad führte, hatte sie sich einigermaßen angewidert gefühlt. Man könnte meinen, daß, wäre da nicht die Liebe zu ihrem Mann gewesen, dem Soldaten aus der Zeit Nikolaus' I., sie wohl nie in eine solche Sache eingewilligt hätte.

Und sie hatte sich in all diesen Jahren auch nicht geändert, seitdem sie den neuen Glauben angenommen und so lange in einer jüdischen Umgebung gelebt hatte. Sie hielt sich auch weiterhin abseits, und abgesehen von der Segnung der Sabbatkerzen, der Opferung von Weißbrot (wobei ein Stück Teig ins Feuer geworfen wird) und anderen streng weiblichen Pflichten, an die sie sich hielt, war sie sie selbst geblieben, so daß man sie fast nicht für eine Jüdin hielt. Ihre Nachbarinnen gingen ihr aus dem Weg und kamen nur selten, um sich etwas zu leihen oder um mit ihr ein paar Worte über Dinge von gemeinsamem Interesse zu wechseln.

Sie hatte keine Kinder, und auch das war seltsam und unterschied sie von den anderen ... Ihr Mann dagegen, der seinen neuen Glauben liebte und dessen höchster Wunsch es war, ein »Kaddisch« zurückzulassen, überredete seine Frau Sarah-Anastasia, ein Kind zu adoptieren, als er sah, daß er jede Hoffnung auf einen eigenen Sohn aufgeben mußte.

Sie fanden ohne jede Mühe ein Adoptivkind, einen Jungen namens Moschele mit einem betont jüdischen Gesicht, eine Vollwaise ohne Vater und Mutter. Sie schickten ihn zur Schule und erzogen den Jungen wie alle kleinen Kinder, mit dem einzigen Unterschied jedoch, daß Sarah-Anastasia, die Ehefrau des Konvertiten Abraham, den Kleinen viel sauberer hielt, als es bei seinen Schulkameraden üblich war.

Und dann, erzählte Sruli weiter, habe man Moscheles »Barmitzva« gefeiert, an der die Stadt lebhaften Anteil genommen habe. Der Rabbi dieses Stadtteils sei gekommen, ebenso der Schächter und alle frommen Männer der Synagoge, in der der Konvertit Abraham betete.

Der kleine Mosche war von seiner Ansprache, von der der Konvertit Abraham natürlich kein Wort verstanden hatte, zurückgekehrt; seine Frau Sarah hatte noch weniger begriffen. Es gab ein großes Fest mit allerlei Gerichten und verschiedenen Sorten Branntwein, je nach Wunsch. Alle Anwesenden tranken im Übermaß. Der Konvertit Abraham, der mitten unter den frommen Juden saß und mit ihnen trank, fühlte sich zunächst unbehaglich; aber schon bald, als der Schnaps ihn erwärmt hatte, begann er zu lallen: »Jude, der ich bin, möge ich lange genug leben, um die Ankunft des Messias mitzuerleben, des wahren

Messias, des jüdischen Messias . . .« Und seine Frau Sarah-
Anastasia, die bei der Bedienung der anderen anscheinend auch
zuviel getrunken hatte, hatte sich – zweifelsohne aus alter Gewohnheit – in eine Ecke zurückgezogen, um sich insgeheim zu
bekreuzigen . . .

Diese fremden Juden, der Rabbi, der Schächter und all die
anderen jagten ihr durch ihr Verhalten und durch ihre Kleidung
Angst ein, so daß sie sich in ihrem beschwipsten Zustand zu
ihrem alten Gott in eine Ecke geflüchtet hatte, um Ihn zu bitten,
sie vor ihren neuen Glaubensgenossen zu beschützen.

Sruli hatte noch weitere recht lustige Einzelheiten zu erzählen,
als wäre er selbst bei dem Fest dabeigewesen.

All das waren nichts als Scherze, die Sruli machte, wenn er gut
aufgelegt war. Aber wenn Sruli in jüngster Zeit von der Straße
zurückkam, wirkte er zunehmend ernst, nachdenklich und besorgt. Warum? Denn außer all den Gerüchten, die er aus der
Stadt mitbrachte, gab es noch eins, das ihn mehr als alles andere
beschäftigte und ihm Kummer bereitete: das Gerücht nämlich,
daß die Stadt Lusis Sekte die Schuld an dem zuschrieb, was ihr
widerfahren war, und daß man allen Ernstes die Absicht hatte, es
der Sekte heimzuzahlen.

So kam es, daß man Sruli an diesen letzten Tagen, wenn er von
seinen Besorgungen in der Stadt nach Hause zurückkehrte, Lusi
jedesmal schweigend betrachten sah, als hätte er ihn schon lange
nicht mehr zu Gesicht bekommen, oder als erblickte er hinter
Lusis Rücken einen Menschen, der diesem Böses wollte.

Als Lusi ihn eines Tages gefragt hatte: »Warum siehst du mich
so an?«, antwortete Sruli mit einer Gegenfrage: »Wer denn? Ich?
Nein, es ist nichts, ich habe nur geträumt.« In Wahrheit jedoch
war sein Blick voller Besorgnis, als sähe er eine Gefahr Gestalt
annehmen, die er schon bald bei ihrem Namen würde nennen
können.

Im Augenblick tat er es noch nicht, gab ihn keinen Namen,
aber jedesmal, wenn er das Haus verließ, blickte er besorgt um
sich, um zu sehen, ob jemand kam oder ob vielleicht irgendein
unerwünschter Fremder in der Nähe war. Wenn er aus dem

Haus ging, ergriff er jedesmal Vorsichtsmaßnahmen und sorgte dafür, daß Lusi nicht allein blieb, sondern stets irgendeinen Vertrauten bei sich hatte, der über ihn wachen konnte. In jüngster Zeit war dies meist Avreml Lubliner ... als Avreml ihn einmal fragte: »Wozu soll ich ihn bewachen und vor wem?«, erwiderte Sruli kurz angebunden: »Es ist notwendig ... Wenn ich es sage, darfst du sicher sein, daß ich meine Gründe habe.« Er fügte hinzu: »Lusi darf aber nichts davon merken ...« Als Avreml Sruli ansah, ging ihm auf, daß dieser es ernst meinte, und obgleich er nicht wußte, worum es ging, fügte er sich und nahm die Rolle des Hüters auf sich.

So verhielt es sich auch an dem Tag, von dem wir soeben gesprochen haben: Sruli war nicht da, und Avreml war mit Lusi allein zurückgeblieben. Lusi war gerade dabei, mit Avreml über Leiden zu sprechen.

»Es gibt«, sagte Lusi, »Leiden, die aus der Liebe zu Gott und dem Adel der Seele rühren, wenn es dem Menschen in seiner armen sterblichen Hülle zu eng wird und er danach strebt, die höchste Existenz zu erreichen, wie es ein gefangener Vogel hinter den Gitterstäben seines Bauers tut ... Man sagt, es käme manchmal vor, daß sich ein solcher Vogel den Kopf an den Gitterstäben einschlägt vor lauter Sehnsucht, nach seiner Vogelnatur leben zu können, deren man ihn beraubt hat; er möchte dem Schöpfer ein Lob singen und wendet sich voller Widerwillen von der Nahrung ab, dem kleinen Häufchen von Körnern, mit denen man ihn kaufen will; denn indem man ihn einsperrt, will man erreichen, daß er aus Zwang singt. Beim Menschen ist es ähnlich. Er strebt danach, zum reinsten Bild seines Schöpfers zu werden, dessen Abbild er ist, strebt danach, wie ein kleines Teilchen in einem großen Ganzen aufzugehen, dem er auf einer niedrigeren Ebene entsprungen ist, ohne es zu wollen oder zu wissen. Und wenn er diesem Mangel dadurch abhelfen will, daß er seiner ganzen Körperlichkeit entsagt, seinen zweihundertachtundvierzig Knochen und dreihundertfünfundsechzig Blutgefäßen, die er besitzt, die er spürt, die er berühren und betasten kann, tut er dies, um für würdig befunden zu werden, um zumindest wie ein winziger Hauch in die Luft zu entschweben, wie der Hauch, der den Nasenlöchern eines Neugeborenen entströmt, um sich über die geistigen Wasser und göttlichen Schöpferkräfte zu erheben, den Ursprung aller Schöpfung . . .

Es gibt noch andere Leiden, wenn der Mensch im Gegensatz dazu sich um nichts in der Welt von den engen Begrenzungen seines Körpers und seiner materiellen Substanz trennen will, die ihm so teuer und so natürlich sind, daß er am liebsten bis in alle Ewigkeit mit ihnen weiterleben und für immer seinem unwürdigen Gefäß aus Fleisch und Blut dienen möchte, ohne sich selbst in einem Jubeljahr davon befreien zu wollen, wie dieser Sklave, dem man mit einem Pfriemen durch sein Ohr bohren soll, wie es geschrieben steht[1] . . . Es ist zutiefst unwürdig, wenn ein Mann so tief fällt, daß selbst sein sogenannter Herr nichts als Verachtung für ihn hat, wie für einen Verkauften, und sagt: ›Sieh, was du für deine Käuflichkeit empfangen hast‹, und unter dem mißbilligenden Blick seines Herrn erwidert der Sklave: ›Ich habe geliebt . . . Ich liebe meinen Herrn . . . Ich will nicht frei sein . . . Der Dienst ist wesentlich für mich, die Sklaverei mein Vergnügen‹, und er zittert, zittert vor Angst, das Brot eines anderen zu essen, ohne Stecken und Stab zu bleiben und ohne den, zu dem er die Augen erheben und dem er die Schuhe lecken kann wie ein Hund.

Es gibt auch Leiden der Liebe, jedoch der Liebe zu falschen Göttern.

Es gibt«, fuhr Lusi fort, »auch die Leiden eines Hiob, wenn ein Mann auf die Probe gestellt wird, ohne zu wissen warum, und außerstande ist, die Gründe dafür zu begreifen, die gewiß von einer höheren Weisheit bestimmt sind, welche seinen Verstand übersteigt und von der man hoffen kann, daß ihr Sinn sich am Ende der Zeiten demjenigen offenbaren wird, der sich der Prüfung hat unterwerfen müssen . . .

Es gibt aber auch falsche und vergebliche Leiden.« Und hier

[1] Zweites Buch Mose, Kapitel 21, Vers 16.

begann Lusi, nachdem er die verschiedenen Kategorien des Leidens aufgezählt hatte, den Sinn der letzten zu erklären. Während Lusi so sprach, stand Avreml vor ihm und sog seine Worte ein. Manchmal, wenn er von der Bedeutung dessen durchdrungen war, was er soeben gehört hatte, sprang er von der Stelle auf, an der er stand, und tat ein paar Schritte durchs Zimmer, um seinen Gefühlen ein wenig Luft zu machen.

Es war die Zeit vor dem Gebet nach dem Frühstückstee. In solchen Augenblicken sind Menschen wie diese beiden stets gut aufgelegt und gewillt zu plaudern, da sie sich vom Schlaf der Nacht gut ausgeruht fühlen und nach der morgendlichen Wäsche ein Gefühl der Sauberkeit verspüren, was sie entspannt und so geneigter macht, sich offenen Herzens zu unterhalten.

Der Augenblick des Gebets war gekommen, aber sie zögerten, da sie zu sehr in ihre Unterhaltung vertieft waren. Lusi gab sich Mühe, die Frucht der Erfahrung seines Lebenswegs in überlegter und verständiger Form wiederzugeben, und Avreml, der viel jünger war als er, hörte begierig und mit Ehrerbietung jedem Wort zu, das aus dem Mund des Meisters kam, seiner moralischen und geistigen Nahrung, um sie sich anzueignen, sich daran zu erinnern und sie unter seinen teuersten Erinnerungen zu bewahren.

Im Haus, in der Umgebung des Hauses und in dem entlegenen Viertel der Stadt, in dem Lusis Haus stand, war alles ruhig, ruhig wie an jedem Wintermorgen, wenn die Frauen dieses armen Viertels hinter den geschlossenen Türen mit ihren einfachen häuslichen Arbeiten beschäftigt waren und die Männer hinter den gleichen Türen ihrer Arbeit nachgingen.

Und plötzlich, während Lusi und Avreml sich in dem stillen Haus in dem ruhigen Viertel unterhielten, vernahmen sie den aufgeregten Lärm einer fernen Menschenmenge, als würde plötzlich eine Schlägerei, ein Handgemenge oder irgendein anderes ungewohntes Ereignis ausbrechen.

Lusi, der auf seinem Platz sitzen blieb, hörte einfach nur hin, und Avreml trat ans Fenster, um zu sehen, was draußen vorging, und kurz darauf waren beide gewiß, daß sich die Menschenmenge ganz in ihrer Nähe befand und daß sie nicht an einem Ort stehen blieb, sondern sich Lusis Haus immer mehr näherte.

Es war eine Ansammlung von Männern und Frauen, der sich auch einige Arbeiter, müßiggehende Handwerker und auch einfach nur Tagediebe zugesellt hatten, die in diesem Teil der Stadt wie Unkraut wucherten.

»Was ist los?« fragte Lusi, überrascht, in seiner Unterhaltung mit Avreml unterbrochen zu werden.

Avreml wußte zunächst nicht, was er antworten sollte, aber als er die Menge immer näher kommen sah und instinktiv spürte, daß der Grund für deren Erregung nicht etwas war, was sich schon *ereignet hatte*, sondern etwas, das sich erst *ereignen würde*, als er gleichfalls spürte, daß das Ziel dieser Menschenmenge nichts anderes als das Haus war, in dem Lusi wohnte, denn er hatte bemerkt, daß die Blicke aller auf dieses Haus und ausschließlich auf dieses Haus gerichtet waren, als er das sah und sich ins Gedächtnis zurückgerufen hatte, was Sruli ihm vor dem Weggehen eingeschärft hatte, daß er vor allem Lusi nicht allein lassen dürfe, was er damals nicht verstanden hatte – und als er sich jetzt daran erinnerte, warf er Lusi einen besorgten Blick zu; und diesem Blick merkte Lusi an, daß ihm eine unmittelbare Gefahr drohte.

In der Zwischenzeit schwoll die Menschenmenge immer weiter an. Ihr Geschrei hörte sich in Lusis Zimmer bedrohlich an. Plötzlich wurde es still. Die Tür des Hauses ging auf, und auf der Schwelle erschienen zwei Wesen, die man ermuntert hatte, voranzugehen. Obwohl die Tür zu schmal war, beide gleichzeitig einzulassen, zwängten sie sich hindurch, ohne sich voneinander zu lösen.

Es waren erstens der Kneipwirt Jonas, sofort erkennbar an seinem puterroten Gesicht, seinem weißen Kinnbart und seinem watschelnden Gang, der dem einer Gans glich, und zweitens eine Frau, die sich von allen anderen durch ihren stämmigen Körperbau unterschied, eine Frau, aus der man mühelos anderthalb Frauen gängiger Größe hätte herausschneiden können und deren Körperbau notfalls beweisen konnte, daß sie einen Mann besaß, der sie häufig geschwängert und ihr so ermöglicht hatte, in die Breite zu wachsen.

Es war Pesje, die Frau des Dienstmanns Scholem. Sie und Jonas traten als erste ein, worauf ihnen nacheinander ein Mann auf eine Frau und eine Frau auf einen Mann folgten, eine bunt zusammengewürfelte Mischung aus jungen Handwerkern und Tagedieben, die ihre wattierten Jacken nachlässig über die Schulter geworfen hatten, und nachdem sie einmal eingetreten waren und Lusi vor sich sahen, der halb erstaunt und halb erschreckt von seinem Platz aufgestanden war, um sie zu begrüßen, blieben sie stumm stehen. Als sie sich einem Fremden gegenübersahen, schienen sie das Ungestüm, das sie eben noch angetrieben hatte, plötzlich verloren zu haben.

»Ist er das?« rief Pesje aus, anscheinend angetrieben von Jonas, der ihr nicht von der Seite wich.

»Was für eine Frage!« erwiderte er. »Natürlich ist er es ... Wer denn sonst?«

»Dann sind Sie es also, der den Leuten ihr täglich Brot raubt und Männer und Frauen auseinanderbringt? ...«

An dieser Stelle werden wir einen Augenblick innehalten, um zu erklären, was folgt: Natürlich ist es nicht einfach zu wissen, wie diese beiden, ein Jonas und eine Pesje, zueinander gefunden hatten, wie ein Jonas es angestellt hatte, Pesje dazu zu überreden, Lusi anzugreifen. Es ist möglich, daß ein Zufall die beiden zusammengeführt hatte. Möglich auch, daß es keineswegs ein Zufall war, sondern daran lag, daß Jonas und seine Anhänger, die in sämtlichen Vierteln der Stadt und vor allem in diesem zu finden waren, seit langem herumgeschnüffelt und sich umgehört hatten, um endlich die Frau aufzuspüren, die man für einen solchen Zweck einspannen konnte. Wie auch immer: Diese beiden, Jonas und Pesje, hatten eine gemeinsame Sprache gefunden, mit der sie sich verständigten und auf ein gemeinsames Ziel einigten, nämlich das, mit dem wir sie jetzt beschäftigt sehen.

Und dann unternahm Pesje den ersten Angriff. Lusi begriff zunächst nicht, was sie wollte oder welches Ziel sie im Auge hatte. Aber als er die dichtgedrängte Menschenmenge betrachtete, unter der er mürrische Gesichter, aber auch andere fand, die nichts als Neugier verrieten, während wieder andere aufrichtige Entrüstung ausdrückten, spürte er, daß es bei diesem erregten Haufen zu einem Ausbruch von Beleidigungen und Anschuldigungen kommen würde, sobald er nur den Mund aufmachte, um Pesje zu antworten.

Aus diesem Grund wartete er ab, während er um sich blickte und dabei ein verlegenes Schweigen bewahrte ... Avreml, der sich an seiner Seite hielt und der so etwas ebenfalls noch nicht miterlebt hatte – von einer Menschenmenge attackiert zu werden und weder zu wissen, wie man sie los wird, noch wie man sie besänftigen soll –, blieb gleichfalls stumm, da er nicht wußte, wie er sich verhalten sollte: Sollte er draußen Hilfe suchen oder lieber dableiben, um Lusi nicht allein zu lassen, da man nicht wissen konnte, was in der Zwischenzeit passieren würde, wenn dieser vor der brodelnden Menschenmenge allein und hilflos zurückblieb, einer Menge, von der man nicht wußte, wozu sie fähig war.

Er erwartete, daß einer von beiden oder beide gemeinsam ihren Kummer äußerten oder ihn hinausschrien, um zu wissen, was sie vorhatten und von Lusi zu fordern gedachten.

Er warf einen Blick auf die Menge und bemerkte, daß sie aus höchst unterschiedlichen Leuten bestand: Die meisten waren Neugierige, einfach nur Sensationslüsterne oder Leute, die sich liebend gern in Dinge einmischten, die sie nichts angingen; andere, ein Jonas zum Beispiel, hatten andere Gedanken im Hinterkopf, aber unter denen, die übrigblieben, gab es eine kleine Gruppe, unter ihnen etwa Pesje, der das Schicksal grausam mitgespielt und die anscheinend ihr Kummer hierher geführt hatte, denn man konnte an ihren Gesichtern leicht den Ausdruck tiefer Verbitterung ablesen.

»Was wünschen Sie?« fragte Lusi plötzlich, an Pesje gewandt, wobei er aber die Menschenansammlung im Auge behielt, die das ganze Zimmer ausfüllte und von der ein großer Teil, den das Zimmer nicht fassen konnt, in der Küche, im Hausflur und sogar draußen vor dem Haus geblieben war.

»Was wünschen Sie?« wandte er sich erschrocken an die fremden Leute, die sich unaufgefordert hier eingefunden hatten: Frauen, die aus ihren Küchen, und Männer, die aus ihren Werkstätten hierhergeeilt waren und die stark nach Papier, Klebstoff, nach Schuhleder, Sägemehl und den Gerüchen anderer Berufe rochen.

»Was wir wollen? Wasser für den Brei und Schnur für die Perlen«, ließ sich eine lachende Stimme vernehmen, anscheinend die eines Tagediebs, den ein bestimmter Teil der Menge mit lautem Gelächter zu unterstützen suchte.

»Was wir wollen?« fragte Pesje, die zum erstenmal das Wort ergriff und mit Jonas vor den anderen stand.

Sie stand vor Lusi wie vor jemandem, dem man Achtung schuldet, vor jemandem, dessen bloße Erscheinung es nicht zuläßt, daß man ihn unehrerbietig behandelt; aber auch wie vor jemandem, den sie als Hauptschuldigen an ihrem Unglück bezeichnet hatte, der sich so tief in ihr Leben als Frau eingemischt und ihr den Ernährer genommen und so sehr entfremdet hatte, daß die beiden Eheleute ihre gemeinsame Sprache verloren hatten, mit der sie sich so viele Jahre lang in Liebe und Seelenfrieden verständigt hatten.

»Was wir wollen?« sagte sie. »Wir wollen, daß Sie uns das nicht wegnehmen, was Gott uns gegeben hat.«

»Was wollen Sie damit sagen?«

»Unser Roggenbrot in der Woche und das Weißbrot für den Sabbat; wir wollen, daß Sie unseren Kindern ihre Väter zurückgeben, die zu Waisen geworden sind, obwohl ihre Väter noch leben. Oj weh, weh!« rief Pesje hilfesuchend in die Menge. »Was will man denn von uns, von unseren Männern? Was will man von Menschen wie meinem Scholem, die weder dazu geboren noch dazu erzogen worden sind, Rabbiner zu spielen, zu fasten, zu leiden und, ohne zu wissen warum, für irgendeine Sünde umzukommen, er und seine Familie? Was wollen Sie von ihm? Lassen Sie ihn doch Gott auf seine Weise dienen, indem er ehrlich das Brot für die verdient, die es nötig haben ... Wozu verführen Sie ihn? Wohin wollen Sie ihn bringen, zu den Teufeln in die Hölle?«

»Wer verführt denn?«

»Sie«, sagte Pesje, »Sie und Ihre Anhänger. Sie haben ihm seinen einfachen Kopf verdreht und ihn in Ihren frommen Hühnerstall verschleppt; Sie, die Sie offenbar Ihr Auskommen haben und es sich leisten können, zu beten und zu studieren, soviel Sie mögen; aber wir können das nicht, nicht Leute wie mein Scholem, der nicht die Kraft hat zu arbeiten, wenn er nichts in den Bauch bekommt; und wenn er nicht schuftet, verdient er nichts; und wenn er nichts verdient, gibt der Kaufmann keinen Kredit mehr, der Lehrer will die Kinder nicht mehr unterrichten, und die Kinder können dann nur noch faul herumlungern ... Ist es das, was Gott will? Dürfen Juden sich so verhalten?

»Welche Juden?« unterbrach der Kneipwirt Jonas, der seinerseits wie ein Prediger auf die Menge einzureden begann, wobei er mit lauter Stimme sprach und heftig gestikulierte. »Von welchen Juden reden Sie? Hören Sie mal, was man in der Stadt über sie sagt; was man sich über sie erzählt!« rief er aus, auf Lusi und Avreml weisend. »Heiden und Götzenanbeter, das ist es, was sie sind!«

»Götzenanbeter?« hörte man eine erschreckte Frauenstimme ausrufen.

»Ja«, fuhr Jonas mit dem gleichen Ungestüm fort. »Der da«, sagte er und zeigte nochmals auf Lusi, »der da vor euch steht, der lebt wie die Made im Speck. In Wahrheit ist er aber ein Heuchler und der Hauptschuldige am Unglück aller; und obendrein wird er von seinem Bruder Mosche Maschber unterstützt, dem Bankrotteur, der viele alte Leute ausgeraubt hat, Witwen und Waisen, die ihm ihre letzte Habe anvertraut hatten, ohne auch nur eine Quittung zu erhalten, da sie an seine Ehrlichkeit glaubten, und er hat alles angenommen und sie dann ihrem Schicksal überlassen ... O ja, natürlich, denn wenn es nicht so wäre, woher hat er dann wohl sein Geld? Er ist kein Rabbiner, wie man weiß, auch kein Rebbe, also wovon lebt er, wenn nicht vom Diebstahl seines Bruders, denn sonst müßte es ja tatsächlich so sein, wie man sich in der Stadt erzählt, daß er einen kleinen Knochen von einem Leichnam besitzt, mit dem er verbotene

Dinge treibt . . . Das muß aufhören! Wir müssen diese Leute mit Stumpf und Stiel ausrotten, mitsamt all ihren Übeltaten, die sie insgeheim, im Dunkeln begehen!« rief Jonas aufgebracht und mit vom Trinken gerötetem Gesicht aus. »In der Stadt scheuen sie sich, es zu tun, sie wollen sich nicht die Hände schmutzig machen . . . Aber wir sind jetzt hier, und wie ihr sehen könnt, steht er verängstigt und schuldbewußt vor uns. Und jetzt muß er gestehen, daß er uns Böses angetan hat, oder wir werden ihn in Stücke reißen und sein unreines Nest verwüsten . . . Er soll es jetzt tun, jetzt auf der Stelle, und er soll endlich zu uns sprechen! . . . Wir wollen nicht länger warten; denn wenn wir ihn jetzt laufen lassen, wer weiß, vielleicht verschwindet er dann, verbirgt sich, um dann von einem Versteck aus seine Rachsucht gegen die Stadt weiter zu befriedigen!«

»Richtig!« rief man aus der Menge, die sich noch mehr verdüstert hatte, als sie Jonas zuhörte; und sowohl diejenigen, die wie Pesje mit aufrichtigem Kummer im Herzen hergekommen waren, als auch all die, die sich wegen der Aussicht auf ein bevorstehendes Spektakel eingefunden hatten, begannen zurückzuweichen, als fürchteten sie eine geheime Kraft, die ihnen allzu nahe zu kommen drohte, oder einfach nur Lusi selbst, der diese Kraft beherrschte und sie in jedem Moment freisetzen konnte . . .

Jonas bemerkte das, und obwohl sich nicht sagen läßt, woher er seine Worte nahm, war er schon durch seine erste so erfolgreiche Ansprache dermaßen in Feuer geraten, daß er die Kraft fand, fortzufahren und neue Schmähungen auszustoßen.

»Es hat keinen Sinn, die Sache aufzuschieben, wir müssen tun, was nötig ist, *sofort jetzt auf der Stelle!* Denn wie ihr selbst seht und wie ihr soeben aus dem Mund dieser Frau gehört habt, die da vor euch steht« – damit deutete er auf Pesje –, »ist es mit dem da und all denen, die sich um ihn scharen, schon so weit gekommen, daß es ihm gelungen ist, sie in einen solchen Zustand zu versetzen, daß sie keine Frauen mehr brauchen wie alle Männer sonst, sondern daß sie es untereinander treiben, Mann mit Mann, man wagt es kaum auszusprechen.«

»Aha!« rief die Menge aus und wich dabei weiter zurück, da

sie jetzt noch mehr fürchtete, Lusi und Avreml nahe zu kommen, die stumm und erbleichend vor ihnen standen, was auch so gedeutet werden konnte, als wären Jonas' Beschuldigungen die reine Wahrheit.

»Esel!« ließ sich jemand vernehmen, und man spürte, daß diesem Ausruf noch viele andere weit schlimmere Beleidigungen folgen würden.

»Bankrotteure und Betrüger!« rief die aufgebrachte und entrüstete Menge.

»Schmutzfinken! Böcke! ...«

»Hosen mit Hosen ...« ließen sich einige der Tagediebe und Strolche vernehmen, denen Jonas' letzte Anschuldigung sehr angenehm in den Ohren klang. Sie flüsterten miteinander, stießen sich gegenseitig in die Rippen, machten Anspielungen und gaben sich Zeichen.

»Bääh! ... Määh! ...« Wie es schien, traf dieser böse Scherz Lusi und Avreml noch mehr als das ernstzunehmende und bedrohliche Geschrei, denn sie sahen, wer die »Richter« waren, die über sie richten wollten. Sie begriffen, daß es keinen Sinn hätte, sich zu rechtfertigen, denn dazu war diese Gesellschaft zu gemischt, egal ob es ihr ernst war oder ob sie böse Absichten hatte und zu allem bereit war. Wie das Urteil auch ausfallen würde, es würden sich immer Freiwillige finden, es zu vollstrecken.

Es sah nicht gut aus: Aus allen Ecken ließen sich immer wieder Ausrufe vernehmen:

»Handlanger, Schabbatai Zvis, Bankrotteure! Das Geld von Witwen und Waisen! ... Männer mit Männern ... Brot mit Brot ...«

»Warum sie gewähren lassen? Warum hindern wir sie nicht daran?« riefen andere, sich gegenseitig immer mehr anstachelnd. Sie zeigten auf Lusi und Avreml, der wie versteinert neben dem ebenfalls erstarrten Lusi stand. Der sah schon, wie die Menge sich auf sie stürzte, obgleich sie sich vorläufig noch beherrschte, denn niemand fühlte sich sicher genug, als erster anzugreifen.

»Plagen, von denen kein Mensch weiß, woher sie gekommen und uns aufs Haupt gestürzt sind; und es ist ihre Schuld, wenn

Menschen vor der Zeit sterben müssen, wenn die Kinder Skorbut bekommen und wir alle in Gefahr geraten.«

»Schmutzfinken! Böcke! ... Määh ... Bääh ... Pfui Teufel! ...« Dann ließ sich ein gellender Pfiff von einem der jungen Taugenichtse vernehmen, einem von denen, die sich ihre Joppen um die Schultern gelegt hatten. Die Situation war höchst gespannt. Jeden Moment konnte das passieren, was in solchen Fällen geschieht, wenn sich ein übererregter Mensch von der Menge löst und an den herantritt, dem man etwas Böses will und mit dem man ein Hühnchen zu rupfen hat. Genau das stand jetzt zu erwarten, denn ein Mensch, dessen guter Dienste Jonas sich versichert hatte und der nur zu diesem Zweck hergekommen war, ging langsam auf Lusi zu: Noch eine Minute, und er würde ihn am Hemdkragen packen und schütteln oder, schlimmer noch, am Bart, oder ihm gar eine schallende Ohrfeige versetzen.

Um ein Haar wäre es dazu gekommen ... Aber in diesem Augenblick vernahm man von der Tür zu Lusis Zimmer her eine Stimme, die Stimme eines Mannes, der unerwartet erschienen und auf das, was dort vorging, so unvorbereitet war, daß ihm vor Überraschung ein lauter Schrei entfuhr; und wie heftig die zusammengedrängte Menge auch murren und wie laut der Lärm in dem engen, überfüllten Zimmer auch sein mochte, man hörte trotzdem die Stimme des Neuankömmlings, die alles andere übertönte:

»Was geht hier vor?« rief Sruli, als wäre er der Hausherr, der nach Hause zurückkehrt und dort ungebetene Gäste vorfindet. Er fragte streng: »Wer sind Sie? Wer hat Sie hergebracht?«

»Hinaus!« rief er aus. »Alle, die ihr da seid! Ich will hier keinen mehr sehen!« brüllte er noch lauter und bahnte sich einen Weg durch die dichtgedrängte Menge, um auf Lusi und Avreml zuzugehen, die er in Gefahr sah.

»Wer ist das denn?« ertönte es als Antwort auf Srulis Ausbrüche. Die Frage kam anscheinend von einem von Jonas' Anhängern, vielleicht sogar von diesem selbst, der neben Lusi stand und das Kommando übernommen hätte, wenn nicht plötzlich Sruli aufgetaucht wäre.

846

Sruli gab keine Antwort. Ohne ein Wort zu sagen, trat er zu Lusi und wies mit einer herrischen Gebärde, wie ein älterer Mann, der einen jüngeren beschützen will, auf dessen geschlossene Schlafzimmertür. Er machte sie auf, damit Lusi eintreten konnte. Avreml schärfte er ein, sich in ganzer Größe und mit ausgebreiteten Armen vor der Tür aufzubauen, damit niemand eindringen konnte.

Und als dies geschehen war und Lusi, den all das, was passiert war, bleich und verwirrt gemacht hatte, dem Befehl unter einem ganzen Schwall von Beschimpfungen und Drohungen gefolgt war, und als auch Avreml, den Srulis entschlossenes Auftreten beruhigt hatte, diesem gehorchte und sich mit weit ausgebreiteten Armen vor der Tür aufbaute, was ihn wie einen Gekreuzigten aussehen ließ, da er wegen seines hohen Wuchses fast die niedrige Zimmerdecke erreichte; erst als Sruli all das getan hatte, begann er sich die Menge in der Absicht anzusehen, den Hauptschuldigen an dieser Zusammenrottung und dem ganzen Krawall zu finden, denjenigen, der all diese Leute hergebracht und den Angriff vorbereitet hatte.

Er brauchte nicht lange zu suchen. Er hatte ihn bald unter all den Köpfen erkannt, die den Raum füllten. Es war Jonas, der sich wegen seines kräftigen Körperbaus und seiner breiten Schultern wie stets von den anderen abhob und selbst auf diesem engen Raum viel Platz beanspruchte. Sruli warf ihm einen Blick zu; vielleicht hatte er noch Zeit gehabt, Jonas' aufreizende Worte an die Menge zu hören, als er selbst noch unbemerkt in der Tür stand, vielleicht hatte er sie aber auch nicht gehört, aber blitzschnell erfaßt, daß nur er der Rädelsführer sein konnte, der die sonst Unschuldigen zu diesem Angriff überredet und sich mit den anderen, die hinter dieser Sache steckten, über Ort und Stunde geeinigt hatte.

Es war Sruli völlig klar, daß es sich so verhalten mußte, und er rief aus:

»Ah, Jonas. Jonas, der sich immer in die Angelegenheiten der Stadt einmischt und dessen Gesicht und Nacken immer röter werden! ... Da haben wir ihn, den Wohltäter, der sich um euch kümmert, der bei jedem Diebstahl seine Hand im Spiel hat und über jedes schmutzige Geschäft in der Stadt Bescheid weiß; der an eurer Hochzeit verdient, wenn ihr jung seid, und an eurer Armut, wenn ihr älter werdet, an euren Gebrechen, wenn ihr ins Krankenhaus müßt – ja selbst noch wenn ihr gestorben seid und auf dem Friedhof ankommt, denn er gehört der ›Heiligen Bruderschaft‹ an und verdient so an den Toten wie den Lebenden!«

»Das stimmt!« ließ sich aus der dichtgedrängten Menge plötzlich eine Stimme vernehmen, und das konnte als Beweis dafür dienen, daß es Sruli gelungen war, Wut und Entrüstung, die sich gegen Lusi richteten, auf einen anderen abzulenken.

Und niemand soll erstaunt sein, daß Sruli keine Angst bekam, als er beim Nachhausekommen diesen Radau vorfand, als wäre er in die Höhle eines Löwen geraten, sondern seinen ganzen Mut zusammennahm und der Menge entschlossen entgegentrat, nicht nur um Lusi zu beschützen und ihn zu verbergen, nein, mehr noch, um sich selbst auf die Angreifer zu stürzen, so wie er eben über Jonas hergefallen war ... Niemand soll darüber staunen, denn was hätte ein Sruli in seiner Überraschung über diese unerwarteten Ereignisse anders tun können, als er spürte, daß es nur ein einziges Mittel gab, diese erboste Menge zu beruhigen, nämlich genauso, wie man einem aufgebrachten Mann einen Kübel Wasser über den Kopf schüttet?

Tatsächlich, beinahe wäre das Ablenkungsmanöver gelungen ... Die Menge fing sich jedoch schnell wieder, denn sie begriff, daß man sie hinters Licht geführt hatte und daß das, um dessentwillen sie sich hier versammelt hatte, wozu man sie von verschiedenen Seiten verleitet und verführt hatte, sich in Luft aufgelöst hatte. Diejenigen, die wie Pesje gekommen waren, um aufrichtige und bittere Klagen vorzubringen, hatten den Mann aus den Augen verloren, an dem sie ihr Mütchen hätten kühlen können – Lusi; und andere, die nur zum Spaß und aus Neugier mitgegangen waren, die einfach nur hatten zuschauen wollen, verloren die Hoffnung auf ein vergnügliches Schauspiel mit Lusi in der Hauptrolle.

Die Leute fühlten sich um ihr Vergnügen betrogen, etwa wie

Kinder, denen man das Spielzeug wegnimmt, mit dem sie sich vergnügen, und die dann mit leeren Händen dastehen und nicht wissen, wohin das Spielzeug entschwunden ist und was sie mit ihren Händen anfangen sollen . . .

Kaum hatten die Leute erkannt, daß Sruli sie um ihr Vergnügen gebracht hatte, da stürzten sie sich auf ihn.

»Wer ist das überhaupt?« riefen einige, die Sruli nicht kannten, und andere, die ihn kannten, riefen etwas anderes: »Was hat der hier zu suchen, dieser Landstreicher, dieser Schnorrer, der sich von anderen durchfüttern läßt? Welcher böse Wind hat ihn hergeweht? Wer braucht den überhaupt?«

»Was geht hier vor?« rief da Jonas aus, der nach seiner kalten Dusche wieder zu sich gekommen war und sich gefangen hatte. »Wer ist er überhaupt, hat kein Dach über dem Kopf, keinen Vater, und nur der Teufel weiß, wo er entsprungen ist. Vielleicht hat er in Ketten hinter Gittern gesessen, weil er Falschgeld hergestellt hat, oder wegen anderer Gaunereien. Seht ihn euch nur an, diesen Burschen, den hat noch niemand beten oder studieren sehen, auch nicht arbeiten, und in jüngster Zeit ist er nicht einmal betteln gegangen. Da fragt man sich doch: Wovon lebt der eigentlich, wenn nicht von den dunklen Machenschaften, die hier ausgeheckt werden?

Seht ihn doch nur an«, rief Jonas lauthals und zeigte zunächst auf Sruli, »und dann den da«, sagte er, auf Avreml weisend, der noch immer mit ausgebreiteten Armen wie ein Gekreuzigter vor Lusis Zimmertür stand. »Seht sie euch nur an! Sie haben sich zusammengetan, um den anderen zu schützen und zu verstecken, der eben noch vor euch stand und den sie jetzt in Sicherheit gebracht haben, bevor ihn die wohlverdiente Strafe trifft, die ihn erwartet!«

»Du da!« An dieser Stelle von Jonas' Suada kam ihm ein Bursche zu Hilfe, um ihm weitere Worte zu ersparen, ein Bursche mit einer harten Faust, der plötzlich vor Sruli auftauchte. Um ein Haar wäre diese Faust hart auf Srulis Gesicht gelandet, um ein Haar wäre Blut geflossen, oder Sruli hätte den Verlust seiner Vorderzähne zu beklagen gehabt . . .

Ja, diesmal sah es für Sruli gefährlich aus, denn da Lusi für die Menge nicht greifbar war, war sie unzufrieden, weil sie niemanden hatte, an dem sie ihre aufgestaute Wut auslassen konnte, und hätte dafür ohne Zweifel dem übel mitgespielt, der Lusis Platz eingenommen hatte, den Platz dessen, der sich versteckt hatte.

Ja, es sah übel aus, denn Jonas hatte in dieser dichten Menschenmenge eine Gruppe treuer Anhänger, denen er entweder schon vor dem Herkommen reichlich zu trinken gegeben oder ihnen aber ein Gläschen nach der Prügelei versprochen hatte, so daß sie allmählich ungeduldig wurden und ihren Auftrag so schnell wie möglich hinter sich bringen wollten.

Ja, schon fuchtelte jemand mit einer harten Faust vor Srulis Nase herum . . . Aber in diesem Moment machte Sruli einen Satz und lief auf das Doppelfenster zu, das für die Dauer des Winters verklebt und dessen Ritzen wie immer mit Watte verstopft waren, um die Kälte nicht einzulassen. Er öffnete mit Gewalt erst das innere, dann das äußere Fenster . . . Es dauerte nicht mehr als eine Sekunde, da hatte Sruli schon einen Fuß draußen, aber er wollte nicht mit dem zweiten hinterher und flüchten, sondern steckte nur den Kopf hinaus und rief mit lauter Stimme:

»Polizei! . . . Hierher! . . .«

Dabei wußte er, daß es keinen Sinn hatte, nach der Polizei zu rufen, denn kein Polizist ließ sich je in diesem Teil der Stadt blicken, es sei denn in wahrhaft ungewöhnlichen Fällen, wenn die Polizei sich nur hierher verirrte, um sich in einer trüben Angelegenheit schmieren zu lassen, oder um Geld für Leute aus einem eleganteren Teil der Stadt abzuholen; obwohl Sruli all das sehr wohl wußte, rief er trotzdem nach der Polizei, denn erstens hatte er gar keine andere Wahl, und zweitens spürte er instinktiv, daß dies das einzige Wort war, das auf die Menge Wirkung zeigen würde . . .

Und tatsächlich, er hatte richtig vermutet: Die Leute bekamen Angst . . . Obwohl von der Polizei keine Spur zu sehen war und die Menge nicht einmal glaubte, daß die Polizei auf Srulis Ruf hin kommen würde, genügten doch das magische Wort und die Vorstellung, daß ein Polizist sehr wohl unversehens auftauchen und im richtigen Moment Srulis Ruf hören konnte, um den harmlosen Teil der Menge, der nicht Jonas' Befehl unterstand, glauben zu machen, daß ein Mann in Uniform, ein Vertreter des Gesetzes, durch die Tür oder durchs Fenster erscheinen könnte.

Nun ja, und mit den Vertretern des Gesetzes wollte niemand freiwillig zu tun haben; wie immer hatte kein Mensch Lust dazu ... So daß sich der dichtgedrängte Pöbel beeilte, sich in dem gleichen Tempo, in dem er gekommen war, schnellstens aus dem Staub zu machen. Nur ein paar Widerspenstige blieben zurück. Aber da sie jetzt allein zurückblieben, hatten sie selbst mit ihrem Anführer Jonas an der Spitze ihren ersten Schwung verloren, und angesichts eines halbleeren Zimmers legte sich ihre Rauflust.

Sie, diese Burschen mit den nachlässig über die Schulter geworfenen Jacken, zogen sich jetzt langsam zu den Wänden zurück und nach und nach zur Tür, bis zu dem Moment, in dem auch ihre Lust auf Schlägereien verraucht war, und damit waren sie verschwunden. Allerdings stießen sie auch weiterhin Drohungen aus und knurrten mit zusammengebissenen Zähnen, das mache nichts, eines Tages werde man sich schon in irgendeiner Gasse wieder begegnen, und dann werde man es ihnen (den Anhängern Lusis) heimzahlen und ihnen sämtliche Knochen im Leib brechen ... »Na schön, macht nichts, dann eben ein anderes Mal, wenn nicht heute, dann morgen ...«

Dann waren sie verschwunden, und von dem von Jonas so wohlvorbereiteten Unternehmen blieb nichts übrig: Man hatte seinen Schlägern den Wind aus den Segeln genommen.

Als sie erst einmal draußen waren, dämmerte ihnen die Erkenntnis, daß man sie an der Nase herumgeführt hatte, da auch nicht die geringste Gefahr bestand, plötzlich auf einen Vertreter des Gesetzes zu stoßen. Trotzdem hatten sie keine Lust mehr, noch einmal von vorn anzufangen, und begnügten sich damit, Drohungen gegen Sruli auszustoßen, der immer noch rittlings auf der Fensterbank saß und einen Fuß draußen baumeln ließ, der Beweis, daß sie es mit einem Burschen zu tun gehabt hatten, der fähig war, mitten im Winter ein Fenster aufzumachen und um Hilfe zu schreien, und der ohne Zweifel auch fähig war, irgendwo Polizei aufzutreiben und herzubringen.

Als schließlich alle verschwunden waren, natürlich nicht ohne zu versprechen, man werde eines Tages wiederkommen und diejenigen, die hier wohnten, könnten sicher sein, daß man ihnen nichts schenken und mit ihnen abrechnen werde – als Sruli das sah, zog er seinen Fuß herein und kletterte ins Zimmer zurück. Erst schloß er das äußere, dann das innere Fenster, dann trat er an Avreml heran, der immer noch wie versteinert auf der Schwelle stand und immer noch die Arme ausbreitete wie ein Gekreuzigter. Sruli schob ihn zur Seite und erlöste ihn von seiner Aufgabe. Dann betrat er Lusis Zimmer, den er, wie man sich leicht vorstellen kann, nicht gerade in bester Laune vorfand. Er sagte ihm geradeheraus und ohne Umschweife, denn auch er hatte dramatische Minuten durchlebt und war noch ziemlich erschüttert:

»Wie du sehen kannst, Lusi, hatte ich recht, als ich dir sagte, daß die Stadt nicht stillhalten würde, daß sie etwas im Schilde führt ... Und merk dir eins, Lusi, was jetzt passiert ist, ist nur ein Vorspiel, ein Versuch, ein Anfang, den wir vorerst haben abwenden können, aber die Übeltäter haben bestimmt nicht aufgegeben, und nach einem ersten mißlungenen Versuch werden sie einen zweiten machen, der vielleicht gelingen könnte, und das kann böse enden, sie könnten uns in einer schändlichen Parade durch die Stadt führen: auf einem Mistkarren, eine Behandlung, die man verhaßten Leuten angedeihen läßt. Was meinst du, Lusi? Habe ich nicht recht gehabt damit, dich schon lange zu warnen und dir immer wieder zu sagen, daß es besser für dich wäre, die Stadt zu verlassen?«

»Ja«, erwiderte Lusi, den Blick fest auf Sruli geheftet. »Du hast recht gehabt«, sagte er mit blassen Lippen, noch immer ganz durcheinander und bestürzt über das, was sich abgespielt hatte.

VIII
Sruli Gol macht sich bereit

An den Abenden, die den soeben beschriebenen Ereignissen folgten, konnte man Sruli mit seinem Bettelsack hantieren sehen, den er bei seinen Wanderungen, wenn er im Sommer die Stadt verließ, stets bei sich trug. Er hatte ihn aus irgendeiner Ecke geholt, in der er einige Zeit nutzlos herumgelegen hatte. Er sah ihn an, betrachtete ihn nachdenklich und maß ihn mit den Augen; als er ihn anscheinend zu klein für all das befand, was er später, wenn der Zeitpunkt gekommen war, hineinzustopfen gedachte, trennte er ihn schließlich auf und nähte ein großes Stück neues Segeltuch an, um ihn größer zu machen. Er befestigte auch einen zweiten Trageriemen, damit er in prallgefülltem Zustand auf beiden Schultern ruhen konnte und nicht wie bisher nur auf einer Schulter, wenn er ihn nur leicht gefüllt trug. Eines Abends, nachdem er ihn nach seinen künftigen Plänen verändert hatte, versuchte er alles hineinzustopfen, was er brauchte, danach auch bestimmte Habseligkeiten Lusis, vor allem einen Gebetsschal, Tefillin, etwas Wäsche und einen Sabbat-Kaftan. Als er gut gefüllt war, steckte er die Arme durch die beiden Trageriemen, rückte den Bettelsack auf dem Rücken zurecht, um zu sehen, ob er leicht oder schwer sein würde, bequem oder unbequem, wenn er ihn auf seiner Wanderung trug. Und als er sich überzeugt hatte, daß alles so war, wie es sein sollte, und in guter Ordnung, trat auf sein Gesicht ein Ausdruck stiller Zufriedenheit.

Nachdem Sruli seinen Bettelsack neu hergerichtet hatte, begann er frühmorgens zu verschwinden, vor allem am Sonntag und am Mittwoch, den kleinen Markttagen in der Stadt, in deren Verlauf man ihn auf den Marktplätzen kommen und gehen sehen konnte, wie er die Gesichter von Fremden prüfend betrachtete, als wollte er jemanden wiederfinden, der sich verlaufen hatte . . . Am meisten interessierte er sich für zerlumpte, untätige, arbeitslose Gestalten und selbst für Leute, die nicht ganz richtig im Kopf waren . . .

Und dann, eines schönen Morgens, fand er, was er suchte: einen christlichen Burschen von etwa zwanzig Jahren, gekleidet in einen bodenlangen, um die Hüften gegürteten weiten Überrock, auf dem Kopf ein grünliches Barett aus verschossenem Samt, was darauf schließen ließ, daß er aus einem Kloster kam, in dem er Novize gewesen war und das er aus irgendeinem Grund verlassen hatte. Vielleicht hatte man ihm auch die Tür gewiesen.

Als Sruli diesen jungen Burschen entdeckte, ging er auf ihn zu, um eine Unterhaltung anzuknüpfen. Der Bursche gefiel ihm offensichtlich. Er machte ihm einen Vorschlag und bat ihn, ihm zu folgen. Der andere gehorchte, und kurz darauf konnte man sehen, wie beide das Gewühl auf dem Markt verließen, als hätten sie sich auf etwas geeinigt; Sruli ging mit leeren Händen voraus, und der christliche junge Mann folgte ihm mit einem Bündel in der Hand, zweifellos der letzte Rest seiner Habe, den er aus dem Kloster mitgenommen hatte.

Sruli hatte diesen jungen Burschen ausgewählt, um ihn zum Wächter des Hauses zu machen. Er führte ihn vom Markt in die Stadt, sie durchquerten Straße um Straße, bis sie schließlich vor dem Haus Mosche Maschbers anlangten.

Er brachte ihn jedoch nicht zu den Eigentümern, um sich mit ihnen wie üblich über Arbeit und Lohn zu verständigen. Statt dessen ließ er ihn draußen vor Michalkos Hütte zurück und ging selbst zu den Kindern Mosche Maschbers ins Haus. Dort traf er Mosches älteste Tochter Judith, der er ohne jede Vorrede sagte:

»Ich habe für das Haus einen Hüter mitgebracht, der sich auch sonst nützlich machen kann.«

Judith hörte ihm zu, ohne ja oder nein zu sagen. Sie gab schweigend ihre Zustimmung. Sie hätte auch jedem anderen Vorschlag Srulis zugestimmt, von dem sie wußte, daß er jetzt über das Haus verfügen konnte und daß er es nur aus Rücksicht auf sie nicht tat.

Bevor er mit dem christlichen jungen Mann hergekommen war, hatte Judith ihn übrigens in jüngster Zeit oft morgens oder am Tage auf dem Hof auf und ab gehen sehen, ohne dort etwas zu tun, ohne ins Haus zu kommen, um dies oder das vorzuschlagen oder einfach nur ein Wort zu sagen. Niemand fragte ihn, was er wollte oder suchte, wenn er ins Haus trat. Auch Sruli selbst hielt es nicht für nötig, nach seinem ruhelosen Umherwandern auf dem Hof den Zweck seines Besuchs zu erklären. Diesmal aber, nach zahlreichen Besuchen, betrat er das Haus und verkündete, er habe für das Haus einen Wächter mitgebracht.

Man hielt diese Ankündigung weder für einen Befehl noch für einen guten Rat, den man dankbar annimmt, sondern reagierte mit einer gewissen Kälte und Gleichgültigkeit, denn niemand – und schon gar nicht Mosches Tochter Judith – nahm noch Interesse am Haus. Seitdem Michalko, das alte Faktotum, nicht mehr war, hatte sie nicht einmal daran gedacht, für ihn Ersatz zu suchen . . . Man bemühte sich, mit einer einzigen Hausangestellten auszukommen, der es oft an Arbeit fehlte, obwohl sie allein war.

So freute sich also niemand, daß eine weitere Arbeitskraft ins Haus gekommen war. Gleichwohl blieb der junge Mann, den Sruli hergebracht und eingestellt hatte. Zu welchem Zweck? Möglich, daß sich der neue Eigentümer dazu verpflichtet fühlte, als er das aufgegebene Haus und den ungepflegten Garten sah und wußte, daß dieser im Sommer verwildern würde. Das ist gut möglich, aber ebenso läßt sich vermuten, daß es einfach nur eine Laune Srulis war, dem der nicht sonderlich helle junge Goj gefallen hatte. Nachdem er ihn unter seinem grünlichen, ausgeblichenen Samtbarett, das armselige Bündel unter dem Arm, auf dem Marktplatz müßig hatte umherirren sehen, hatte er es für richtig befunden, diesen etwas heruntergekommenen Burschen in Mosche Maschbers Haus zu bringen.

Wie auch immer: Sruli stellte ihn als Wächter ein. Und nachdem er ihm Michalkos Hütte gezeigt hatte, wo er wohnen und schlafen sollte, zählte er ihm, bevor er aufbrach, mit einigen Worten seine Pflichten auf, was er auf dem Hof und im Haus und so weiter zu tun habe.

Sruli hatte gut gehandelt, sagen wir, und er hatte recht mit seiner Entscheidung, denn dieser nicht sehr aufgeweckte junge Bursche hatte sich tatsächlich schon bald in Mosches Haus und Hof eingelebt. Mit seinem ewigen Schweigen und seinem höchst seltenen, in sich gekehrten stillen Lächeln hatte er gegen die Welt keinerlei Vorwürfe vorzubringen, von deren Reichtümern er einen winzigen Teil hatte ergattern können.

Tatsächlich hatte er nur geringe Bedürfnisse: Er brauchte keine überflüssige Kleidung, da es niemanden gab, für den er sich feinmachen mußte oder dessen Freundschaft er suchte, mit Ausnahme vielleicht manchmal einer Katze oder eines streunenden Hundes oder später, im Sommer, der Vögel im Garten, die er alle mit ihren Namen und ihrem leisesten Zwitschern kannte, sei es am Morgen beim Aufwachen oder abends vor dem Schlafengehen. Auch Nahrung brauchte er wenig und begnügte sich mit einer Schale voll heißem Wasser, in die er sein Stück Schwarzbrot krümelte, das man ihm morgens und abends in der Küche gab.

Ja, er hatte sich ganz allgemein vollkommen an das verarmte Haus Mosche Maschbers angepaßt und schloß sich schnell einigen Familienmitgliedern an, Alter etwa, dem er sich seit dem ersten Blick, seit der ersten Begegnung, freundschaftlich verbunden fühlte. Sie verstanden sich stumm und ohne ein Wort.

Es war ein Bild, das des Pinsels eines Malers würdig war: Wassilij (so hieß der Ex-Novize) unten im Garten, in dem er ohne besondere Absicht den Morgen verbrachte, irgendwann die Augen hob und Alter an seinem Mansardenfenster stehen sah. Beide betrachteten sich mit einer Mischung aus Vertrautheit, Erstaunen und Distanz, und dennoch genügte beiden ein einfaches Zeichen, um sich zu verständigen. Man konnte auch sehen, wie diese beiden trotz ihrer unterschiedlichen Herkunft – Alter war Jude und Wassilij nicht – ein Gefühl brüderlicher Zusammengehörigkeit verband, da sie in ihrem Schicksal als Behinderte zweifellos eine gewisse Gemeinsamkeit fanden und auch eine Rechtfertigung für ihre wortlose Sprache, wenn der eine unten im Garten zum anderen hinaufblickte und dieser von oben auf seinen Gefährten heruntersah. Ein Bild zum Malen ...

Manchmal begegneten sie sich, und dann kam es zu einem kurzen, fast unverständlichen Zwiegespräch, eher durch Zeichen als mit Worten, und Wassilij warf Alter aus seinen russischen, kornblumenblauen Augen einen herzlichen Blick zu, den Alter ihm mit einem freundschaftlichen Blick aus seinen schwarzen jüdischen Augen vergalt.

Kurz darauf, im Spätsommer, entwickelte sich eine ähnliche Kameradschaft zwischen Mayerl, Mosche Maschbers Enkel, und Wassilij. Sie äußerte sich darin, daß Mayerl ganze Stunden in der stummen Gesellschaft Wassilijs zubringen konnte, ohne ein Wort mit ihm zu wechseln, erstens weil er dessen Sprache nicht verstand, und zweitens, weil er auch nicht wußte, worüber er mit Wassilij sprechen sollte. Er saß oder lag einfach mit Wassilij im Schatten eines Baums und hörte ihm zu, wie er ein Klosterlied vor sich hinträllerte, oder lauschte ihm bei der Unterhaltung mit einem Vogel in der Vogelsprache, ohne auch nur den geringsten Unterschied zwischen dem Imitator und dem Vogel erkennen zu können, dessen Gezwitscher seinem kleinen Schnabel entströmte.

Also, wiederholen wir es nochmals, Sruli hatte gut daran getan, diesen Wassilij hier einzustellen... Aber später tat er noch etwas anderes, von dem wir nicht sagen können, ob es gut oder schlecht war.

Einige Tage später, nachdem er den Wächter im Haus Mosche Maschbers untergebracht hatte, erschien er dort, und als er Judith, Mosche Maschbers Tochter, wieder allein im Eßzimmer vorfand, wandte er sich in einer anderen Angelegenheit an sie.

Diesmal erlaubte er sich einen etwas vertraulicheren und weniger mürrischen Ton als gewohnt. Er setzte sich Judith gegenüber auf einen Stuhl und fragte sie sanft und behutsam, als spräche er zu einer Kranken:

»Weißt du, daß dein Vater, Mosche Maschber, mir Geld schuldet?«

»Das weiß ich«, erwiderte sie und sah ihn erstaunt an.

»Und weißt du auch«, fuhr Sruli fort, »daß das Haus auf meinen Namen überschrieben worden ist, daß ich das Recht habe, als Eigentümer aufzutreten, was ich bisher nicht getan habe?«

»Natürlich weiß ich das«, antwortete sie wiederum mit unsicherer Stimme, weil sie fürchtete, es könnte sich ein neues, unerwartetes Unglück ereignen.

Sie blickte Sruli offen in die Augen und verfolgte aufmerksam jeden Ausdruck seines Gesichts, als wollte sie herausfinden, welche Absicht, ob gut oder böse, sich hinter den Fragen verbarg, die er ihr gestellt hatte.

»Natürlich weiß ich das«, wiederholte sie, »und ich weiß auch, daß du dich so verhältst, wie es andere an deiner Stelle nicht getan hätten.«

»Also«, schnitt ihr Sruli das Wort ab und ließ sie nicht zu Ende sprechen, »stell dir also du, Tochter Mosche Maschbers, vor, ich, Sruli, wäre, sagen wir, ein verheirateter Mann und möchte, wenn schon nicht das ganze Haus, so doch wenigstens ein Zimmer, um meine Familie unterzubringen. Was würdest du dazu sagen? Würdest du es für unpassend halten?«

»Nein, ganz und gar nicht, das ist dein Recht, du kannst so viele Zimmer beanspruchen, wie du willst, und niemand kann es dir verwehren ... Aber«, fügte Judith mit einem Anflug von Verlegenheit hinzu, »soviel ich weiß, hast du gar keine Familie.«

»Nein, keine Familie im eigentlichen Sinn, aber es gibt Menschen, die mir sehr nahestehen und um die ich mich kümmern muß.«

»Dagegen ist nichts einzuwenden«, sagte Judith erleichtert, als sie sah, daß es keineswegs um das ganze Haus ging, sondern nur um einen Teil, um ein einziges Zimmer. »Ganz wie du willst. Wir können jetzt gleich ein Zimmer aussuchen, das dir gefällt, dann können die Leute schon heute oder morgen einziehen ...«

Judith traten bei diesen Worten Tränen in die Augen, und sie versuchte, sie vor Sruli zu verbergen. Dieser hatte sie jedoch bemerkt und traf daher seine Wahl höchst behutsam, aber doch ohne zu zögern. Er wählte einen Raum von bescheidenen Ausmaßen, der etwas abseits lag, damit die alten Bewohner des Hauses von den Neuankömmlingen nicht gestört würden ...

Als das erledigt war, ging Sruli ohne ein weiteres Wort aus dem Haus.

Nach seinem Besuch bei Mosche Maschbers Tochter konnte man ihn auf jenen völlig verarmten Teil der Stadt zugehen sehen, in dem sich Michl Bukjers Wohnung befand; dort angekommen, betrat er den Hof, dann beugte er vor der niedrigen Eingangstür von Michl Bukjers Haus den Kopf und trat ein.

Dort hielt er sich einige Zeit auf, da er mit der Bewohnerin, der Witwe Michl Bukjers, anscheinend eine wichtige Angelegenheit zu besprechen – besser gesagt: ihr etwas zu erklären und sie zu bitten hatte, in das einzuwilligen, was ihr unglaublich und undenkbar erschien.

»Was?« wiederholte sie völlig verblüfft, nachdem sie Srulis Vorschlag angehört hatte. »Warum bei denen? Warum in einem so reichen Haus? Wäre es nicht besser, ich bliebe da, wo ich wohne, wo mir alles vertraut ist, wenn ich nur das Geld hätte, die Miete zu zahlen?«

»Aber das hast du nicht . . .« versetzte Sruli mürrisch. »Und dort ist es gratis, das ist es ja gerade.«

Nach diesen Worten Srulis mußte Michl Bukjers Witwe natürlich ihre Zustimmung geben, da ihr keine andere Wahl blieb.

Und am nächsten Tag zur gleichen Stunde konnte man sehen, wie Sruli mit einem zweirädrigen Karren auf den Hof fuhr. Kurz darauf wurde das armselige Mobiliar von Michl Bukjers Witwe aufgeladen. Es bestand aus einer wackligen alten Kommode, wurmstichigen, von früheren Generationen geerbten Holzbetten, einer mit Stroh gepolsterten Schlafbank und anderem Hausrat in dem gleichen jämmerlichen Zustand, auf dem die jüngsten Kinder Michl Bukjers, ein kleiner Junge und ein kleines Mädchen, rittlings hockten. Michl Bukjers Witwe und seine schon erwachsene Tochter folgten zu Fuß hinter dem Karren, und vorneweg gingen der Kutscher und Sruli. Dieses Gefährt mit seiner armseligen Ladung bewegte sich dann auf diese Straße und dieses Haus zu, wo man einen derart klapprigen Karren mit einer so mitleiderregenden Ladung noch nie gesehen hatte . . .

Offenbar hatte man sich schon zuvor über Tag und Stunde der

Ankunft von Leuten und Möbeln verständigt, denn kaum waren sie eingetroffen, als Judith, Mosche Maschbers älteste Tochter, aus dem Haus trat und ihnen zum Gartentor entgegenging, so wie man Gäste begrüßt, die man liebenswürdig empfangen will oder muß.

Wie man sich leicht vorstellen kann, mußte Judith diesmal eine gewisse Zurückhaltung überwinden. Natürlich wollte sie sich gut verhalten und eine erfreute Miene aufsetzen; aber als sie das beklagenswerte Gefährt und Michl Bukjers Witwe mit ihren Kindern und ihrem armseligen Plunder ankommen sah, revoltierte ihre bürgerliche Seele, und sie sagte, zu Sruli gewandt:

»Wozu soll das alles gut sein? Es gibt genug Möbel im Haus, von denen wir den neuen Bewohnern etwas abgeben könnten. Wer braucht dieses Zeug da?« erklärte sie, auf den Karren deutend ... Damit wollte sie sagen, daß sie Sruli zwar nachgegeben habe, jetzt aber ihren Willen durchzusetzen wünsche.

Natürlich war all das sehr hart für Judith. Was die neuen Bewohner des Hauses anging, hatte sie, die Tochter eines reichen Mannes, zugestimmt, wenn auch zähneknirschend, sie aufzunehmen und sich an sie zu gewöhnen, da sie dazu verpflichtet war. Aber diese schrecklich abgenutzten alten Möbel, die auf dem überladenen Karren auftauchten, widerten sie an. Sie konnte sie sich nicht in ihrer unmittelbaren Umgebung vorstellen.

Sruli widersetzte sich nicht allzusehr: Er begriff, daß Michl Bukjers Witwe nicht darunter leiden würde, ganz im Gegenteil ... So wandte er sich also an sie, um ihr zu erklären, daß es niemandem schaden werde, wenn ihre Möbel und Hausratsgegenstände eine Zeitlang woanders gelagert würden.

Michls Witwe fiel es anfänglich sehr schwer, sich von den Dingen zu trennen, an denen sie seit so langer Zeit hing ... Aber als Sruli ihr nicht nur einmal, sondern mehrmals erklärt hatte, daß es in ihrem Interesse liege und daß ihre Möbel keinen Schaden leiden würden und daß man ihr überdies alles, was sie brauche, zur Verfügung stellen werde, gab sie nach. Und dennoch: Nachdem sie ihre Zustimmung erteilt hatte, trauerte sie um ihre vertrauten Gegenstände, und man las in ihren Augen den Kummer, als sie mit ansehen mußte, wie ihre Möbel zu einem in einiger Entfernung liegenden Lagerhaus gebracht wurden; sie war der Meinung, sie hätten diese Beleidigung nicht verdient.

Trotzdem erklärte sie sich einverstanden und betrat schließlich ohne Möbel das Haus. Sruli begleitete sie. Im Haus machte er sie mit Judith bekannt, der er durch die Blume zu verstehen gab, sie dürfe sich Michls Frau gegenüber nicht hochmütig zeigen, und dieser wiederum sagte er, sie dürfe sich nicht gedemütigt oder Judith auf Gnade und Ungnade ausgeliefert fühlen ... Er gab Michls Witwe auch einen Wink, sie solle im Haushalt mithelfen, wenn sie sich nützlich machen könne, und sich als Dienstmädchen betrachten, das keinen Lohn empfange, sondern für Kost und Logis arbeite.

Und so geschah es: Michl Bukjers Witwe und ihre Kinder wurden bei den Maschbers einquartiert, als wären sie Mieter, ein Einfall, der nur einem Sruli hatte kommen können. Vielleicht war es bloß eine Laune, aber vielleicht dachte Sruli einfach nur weiter, worauf wir später noch zurückkommen werden.

Wie auch immer: Bei den Vorbereitungen zu seiner Wanderschaft hatte Sruli auch diese zweite Angelegenheit geregelt. Und dann tat er noch ein drittes, nämlich folgendes:

Er machte sich einen Augenblick zunutze, in dem Lusi aus dem Haus gegangen war, um die Familie seines Bruders Mosche Maschber zu besuchen, und Avreml Lubliner, der in N. immer bei Lusi wohnte, allein im Haus war. Er trat zu ihm, zog ein Fläschchen Branntwein aus der Tasche und sagte ohne Umschweife:

»Ich hoffe, du sagst nicht nein zu einem Gläschen mit mir.«

»Warum gerade jetzt? Wir haben weder einen Feiertag noch Monatsanfang«, entgegnete Avreml achselzuckend, womit er Srulis Vorschlag ablehnen wollte; einmal, weil die Stunde tatsächlich nicht gut gewählt war, und dann – welch seltsame Vorstellung! –, weil Sruli seit Avremls Ankunft bei Lusi zu ihm Distanz gehalten hatte, als hätte er nicht einmal seine Anwesenheit wahrgenommen. »Wie kommt es also, daß du mich jetzt plötzlich bemerkst, und warum schlägst du mir vor, gemeinsam ein Gläschen zu trinken?«

»Es ist ein Todestag[1]«, sagte Sruli.

»Ein Todestag?« fragte Avreml erstaunt. »Warum hast du es dann nicht heute morgen beim Gebet getan, als ein Minjan beisammen war?«

»Ich halte nichts von Minjans und ziehe es vor, solche Dinge persönlich zu tun.«

»Was soll das heißen?« fragte Avreml und blickte Sruli dabei ins Gesicht. Er bemerkte, daß Sruli auf dem Tisch Platz gemacht und ein paar kleine Gläser darauf gestellt hatte, die er irgendwo gefunden hatte, und jetzt sogar die Gläser füllte, als hätte Avreml schon zugestimmt.

»Auf das Leben!« sagte Sruli, hob sein volles Glas und hielt es hoch, so daß Avreml sich verpflichtet sah, ebenfalls sein Glas zu heben und zum Mund zu führen, um Sruli nicht zu beleidigen und allein trinken zu lassen:

»Auf das Leben.«

»Auf das Leben«, sagte Sruli nochmals, und Avreml bemerkte, daß Sruli allerbester Laune und in festlicher Stimmung war, als hätte er insgeheim schon mehr als nur ein Glas geleert.

Tatsächlich: Sruli begann plötzlich wortreich zu sprechen. Das war nicht mehr der Mann, den Avreml während seines Aufenthalts bei Lusi kennengelernt hatte, ein Mann, der sich auf Distanz hielt, der schweigsam war, sich für niemanden zu interessieren schien, sich in nichts einmischte und allen aus Lusis Umgebung aus dem Weg ging, so auch Avreml, mit dem er seit seiner Ankunft nicht ein Wort gewechselt hatte und den er als fünftes Rad am Wagen ansah.

Jetzt aber begann Sruli zu Avremls Überraschung zu sprechen, und indem er von einem Thema zum nächsten sprang, ließ er wie widerwillig den Namen Lusis in die Unterhaltung einfließen, von dem er sich dann nicht mehr lösen konnte, so daß sich die Unterhaltung nur um diesen drehte.

[1] Gemeint ist hier der Todestag eines Elternteils.

»Auf das Leben«, sagte er plötzlich, »auch auf ihn, auf Lusi, an dem ich sehr hänge und der es verdient hat, daß wir auf sein Wohl trinken ... Ach, etwa nicht?« fragte Sruli halb betrunken und warf Avreml einen herausfordernden Blick zu, als hätte der andere die Absicht gezeigt, ihm zu widersprechen.

»Aber nein, ganz im Gegenteil ...« beeilte sich Avreml zu sagen, der sich als aufrichtiger Bewunderer Lusis immer geschämt hatte, seine Bewunderung öffentlich zu zeigen, sich jedoch jetzt verpflichtet sah, sie Sruli einzugestehen. »Natürlich«, sagte er.

»Wenn das so ist« – Sruli schnitt ihm das Wort ab und ließ ihn nicht zu Ende sprechen –, »wenn du tatsächlich fähig bist, Lusis Verdienste richtig einzuschätzen, müßtest du auch verstehen, wie dumm und bemitleidenswert Elischa, der Jünger des Propheten Elia, ausgesehen haben muß, als er wie ein kleiner Junge, den sein Vater verlassen hat, beim Anblick der Auferstehung Elias in Tränen ausbrach und in seiner Verzweiflung rief: ›Mein Vater, mein Vater, Ritter Israels!‹, denn er besaß nicht Verstand genug, um das zu begreifen, was über seinen Horizont ging.«

»Was meinst du, was willst du sagen?« fragte Avreml, Sruli neugierig musternd, als wäre dieser ein Halbverrückter, der unverständliche Worte geäußert hatte.

»Ich will sagen, daß ich auch dich, Avreml, in der Rolle eines Elischa gesehen habe.«

»Wann? Wie?« fragte Avreml, der nichts begriff.

»Du erinnerst dich nicht? ... Denk doch nur an diesen Abend, es ist schon einige Zeit her, als Lusi sich mit dir eingeschlossen und dir gebeichtet hatte; als er dir anschließend erklärte, er wünsche, Gott auf eine andere Weise zu dienen als bisher und diese Stadt zu verlassen, was du damals nicht verstanden hast. Und du weintest bei der Aussicht, Lusi nicht mehr wiederzusehen, wie ein Kind – oj weh! Denn es bedeutete, daß er keinen eigenen Weg suchen, sondern auf ausgetretenen Pfaden wandeln wollte.«

Ja, Avreml erinnerte sich ... Und jetzt, als er Srulis letzte Worte hörte, wuchs sein Erstaunen noch mehr, als er in Sruli einen wirklichen Gefährten erkannte – und das in einer Angelegenheit, die beiden gleichermaßen am Herzen lag. Ihr Ziel war das gleiche, obwohl sie sich ihm auf verschiedenen Wegen nähern wollten.

»Also, du kannst mir ruhig sagen, daß ich mich irre.« Sruli hörte nicht auf, Avreml zu bedrängen.

»Nein, du hast die Wahrheit gesagt«, gab Avreml halb gegen seinen Willen zu. Während er noch sprach, betrachtete er Sruli, diesen seltsamen Mann, der sich als fähig erwiesen hatte, von Lusi nicht weniger begeistert zu sein als er, Avreml. Wie ist es möglich, dachte Avreml, daß man so plötzlich an ihm eine völlig unerwartete Eigenschaft entdeckt!

Sruli erriet, was Avreml dachte, und freute sich, daß er in Avremls Augen Gnade fand . . . Plötzlich begann er ein Loblied auf Lusi zu singen wie ein König Salomo, der seine Schulamit preist. Und Avreml – der noch vor einer Minute, bevor er gebeten worden war, sich mit Sruli an einen Tisch zu setzen, seinen Ohren nicht getraut hätte, wenn er gehört hätte, daß dieser düstere Mann, der immer so aussah, als interessierte er sich für nichts von dem, was bei Lusi vorging, nicht einmal für Lusi selbst –, Avreml hätte es niemals für möglich gehalten, daß dieser Mann jetzt von Lusi mit so viel Begeisterung sprach, daß man meinen konnte, er würde, angestachelt von seinem glühenden Eifer, gleich zu tanzen beginnen.

Tatsächlich sprang Sruli von seinem Platz auf. Und wir wissen nicht, ob das dem Branntwein zuzuschreiben war oder den bis jetzt in ihm verborgen gebliebenen Gefühlen der Liebe und Bewunderung für Lusi oder beidem zugleich; er stimmte aber plötzlich ein Loblied auf Lusi an, wie es nur ein Vater für seinen Sohn tun kann oder sonst nur ein Sohn für einen hochverehrten Vater, wenn die Zuneigung beider sich anders nicht zu äußern weiß.

»Ich könnte schwören«, sagte der halbbetrunkene Sruli unter anderem vertraulich zu Avreml, als wollte er ihm ein Geheimnis verraten, »daß ich Lusi oft vor einer Reihe brennender Gedenkkerzen für frühere Generationen auf und ab gehen sehe . . . Er

864

wacht über sie und beschneidet die Dochte ... Die Kerzen sind jedoch kurz vor dem Erlöschen, können nicht mehr weiterbrennen, denn das Wachs ist dabei zu schmelzen ... Es bleibt nur eine Hoffnung, damit nicht die ganze Reihe erlischt, nämlich die Tatsache, daß Lusi in der Brusttasche eine weitere Kerze versteckt hat, um die Nacht zu besiegen. Er zeigt sie noch nicht, sondern hebt sie für später auf ...

Es geht das Gerücht«, fuhr Sruli in demselben vertraulichen Ton fort, »daß Lusi in seiner Jugend bei chassidischen Festen ud an rabbinischen ›Höfen‹ ein guter Tänzer gewesen ist. Aber damals tanzte er, wie ich glaube, nur auf fremden Festen; und jetzt, in vorgerücktem Alter, wo er reif, ernst und ausgeglichen geworden ist, sehe ich ihn nur auf eigenen Festen um seine versteckte Kerze herum tanzen, die er in einem Silberleuchter auf den Fußboden gestellt hat ... Beim Tanzen hebt er kaum die Rockschöße seines Kaftans ... Aber kein Wind, kein Lufthauch läßt die Kerze flackern, um die er sich dreht, andächtig und behutsam, wie in einem magischen Kreis ...

Ich könnte schwören« – Sruli unterbrach seinen Wortschwall plötzlich mit einem verlegenen Lächeln, als er sich seines angeheiterten Zustands bewußt wurde – »ich könnte schwören, daß ich dummes Zeug rede.«

»Aber nein, ganz im Gegenteil«, entgegnete Avreml und ermunterte ihn fortzufahren, »ich würde liebend gern noch mehr davon hören.«

Sruli ließ sich nicht lange bitten und fuhr in dem gleichen Geist fort, mit dem er begonnen hatte. Er ließ Szenen zum Ruhm Lusis erstehen, die Avreml verzauberten. Wäre ein Dritter anwesend gewesen, hätte er den Eindruck gewonnen, daß alle beide, Sruli und Avreml, gleich von ihren Plätzen aufspringen, sich bei den Händen nehmen und mit ein und derselben Stimme eine Hymne zum Ruhm dessen anstimmen würden, dem Sruli zu huldigen begonnen und zu dessen Lobpreisung er Avreml im Verlauf des Gesprächs mitgerissen hatte.

Es schien nur noch eines kleinen Anlasses zu bedürfen, um das Ganze Wirklichkeit werden zu lassen; das war teils dem

Branntwein zu verdanken, den Sruli mit so viel und Avreml ohne jedes Vergnügen getrunken hatte, hauptsächlich aber der Tatsache, daß alle beide den Mann so sehr verehrten, unter dessen Dach sie sich jetzt aufhielten. Trotz der Abwesenheit des Gegenstands ihrer Verehrung und trotz der Tatsache, daß dessen Nähe nicht einmal durch die Wand zu seinem Zimmer spürbar war, genügte doch die Gegenwart seines Atems, der im Raum schwebte, um ihre alltäglichen Gedanken verfliegen und eine sabbathafte Aura spürbar werden zu lassen, als sie von dem Mann sprachen, der sie auch ohne Branntwein trunken machen konnte, um so mehr aber jetzt, da sie getrunken hatten.

Dennoch runzelte Sruli plötzlich ohne jeden Grund die Stirn ... Er verstummte. Als Avreml ihn fragte: »Was ist los? Worüber ärgerst du dich?«, entgegnete der andere noch mürrischer:

»Weil ich wütend bin.«

»Auf wen?«

»Auf dich, Avreml.«

»Was hab ich denn getan?«

»Meine Wut richtet sich nicht auf das, was du schon *getan hast*, sondern auf das, was du am Ende *tun wirst*.«

»Was denn?«

»Du wolltest Lusi von der Entscheidung abbringen, die er getroffen hatte und von der ich, Sruli, voll und ganz überzeugt war, daß sie in jeder Hinsicht gut war.«

»Was soll das heißen?«

»Das soll heißen: ›Ihr sollt nicht herausfordern und nicht ermuntern.‹ Wage es nicht, Lusi von dem abzubringen, was er entschieden hat; erstens wirst du damit nichts erreichen, denn Lusi – vergiß das nicht – gehört nicht zu denen, die nicht sorgfältig überlegen, bevor sie eine Entscheidung treffen; und zweitens solltest du dich an den Angriff erinnern, dem du soeben noch beigewohnt hast, und glaub nur nicht, daß es der letzte gewesen ist. Glaub nur nicht, daß es gelingen wird, einen zweiten und dritten Angriff abzuwehren, nur weil wir den ersten erfolgreich zurückgeschlagen haben ... Nein, Avreml, du weißt nicht,

866

was hier auf dem Spiel steht! Du weißt nicht, wozu Lusis Gegner fähig sind, um ihn mit Schmach und Schande zu bedecken. Nimm das Ganze nur nicht auf die leichte Schulter ...«

»Nein, das tue ich nicht. Ich weiß, worum es geht«, stimmte Avreml Sruli zu, teils aus Überzeugung, teils unter der Einwirkung des Branntweins, der ihn versöhnlich gestimmt hatte. »Ich habe nichts zu ihm gesagt, nicht mal der Gedanke daran ist mir gekommen. Wie du siehst, bereite ich mich auf die Abreise vor; ich werde die Stadt bald verlassen und mich von Lusi verabschieden, und seit diesem denkwürdigen Abend, den du eben erwähnt hast, ist diese Angelegenheit zwischen Lusi und mir nie mehr erwähnt worden.«

»Wenn das so ist, ist es gut«, sagte Sruli, und man sah ihm an, daß die Trunkenheit von seinem gemeinsamen Zechen mit Avreml, der bis jetzt mitgehalten hatte, vollständig verschwunden war und daß das ganze Unternehmen, nämlich Avreml zum Trinken zu verleiten, nichts als eine List gewesen war, um ihm so ruhig alles sagen zu können, was ihm auf dem Herzen lag, und es auf diese Weise loszuwerden.

Kurz darauf ließ Sruli Avreml einfach sitzen, als hätte er ihr gemeinsames Trinken völlig vergessen, als hätte er gar nichts mit ihm im Sinn, und verhielt sich ihm gegenüber genauso, wie er ihn während seines ganzen Aufenthalts bei Lusi behandelt hatte ... Das heißt, er brauchte ihn nicht mehr ...

Und dies war die dritte Angelegenheit, die Sruli erledigen mußte, bevor er sich auf den Weg machte.

Danach blieb ihm nur noch eines zu tun, nämlich folgendes:

Diesmal machte er sich einen Augenblick zunutze, in dem Avreml nicht im Haus und Lusi allein war. Er betrat Lusis Zimmer leise, wie auf Zehenspitzen. Kaum war er drinnen, drehte er sich zur Tür um und legte die Sicherheitskette vor.

Als sich Lusi erstaunt umwandte und ihn fragte, warum er die Tür schließe und welche Geheimnisse er ihm anvertrauen wolle, entgegnete Sruli sanft und ergeben: »Nein, ich habe keine Geheimnisse, möchte aber eine Angelegenheit klären, die mich interessiert. Ich möchte dir eine Frage stellen: Wenn du die Stadt verläßt, willst du dich dann gleich in eine andere Stadt begeben, oder gedenkst du zunächst auf Wanderschaft zu gehen, um erst später deine Wahl zu treffen?«

»Was du zuletzt gesagt hast«, erwiderte Lusi.

»Wenn das so ist, möchte ich noch eine zweite Frage stellen: Hättest du etwas dagegen, wenn ich dich begleite, das heißt, daß ich mit dir gehe und dich auf dem Weg führe? Denn ich habe große Erfahrung und habe das Land nicht nur in der Nähe von N., sondern auch in der Ferne durchstreift.«

»Ganz im Gegenteil«, sagte Lusi sichtlich zufrieden und warf Sruli, der seinen Wunsch erahnt hatte, einen Blick zu. »Ich habe schon selbst daran gedacht, dich zu bitten, mich auf meinen Wanderungen zu begleiten.«

»Ach ja?« rief Sruli aus. Sein Gesicht verriet große Erleichterung, genau wie eben, als ihm Lusi auf die erste Frage geantwortet hatte, die in Wahrheit nur eine Andeutung gewesen war. Diese Erleichterung ließ sogar die Farbe in sein Gesicht zurückkehren, denn bevor er Lusis Zimmer betrat, hatte sein Herz aus Furcht, Lusi könne ihm seinen geheimen Wunsch verweigern, heftig geschlagen. Aber jetzt, als seine Ohren das hörten, was sie offensichtlich so gern hören wollten, geriet er so sehr aus dem Häuschen, daß er meinte, seine übergroße Freude vor Lusi kaum verbergen zu können.

Er tat also den Mund auf wie ein Kind, dem man ein unerwartetes Geschenk macht, und ohne selbst zu vernehmen, was er sagte, entströmten seinem Mund Versicherungen der Treue zu Lusi, aber daneben auch völlig grundlose Scherze und Albernheiten, die nur so aus ihm heraussprudelten, was vielleicht seiner frohen Überraschung zuzuschreiben war.

»Lusi«, sagte er, »du kannst sicher sein, daß ich mich nützlich machen werde, worum auch immer es vor oder bei unserer Reise gehen mag. Zum Beispiel«, sagte er, ohne innezuhalten, »habe ich schon meinen Bettelsack vorbereitet, der alles enthält, angefangen bei Nadel und Faden zum Stopfen der Wäsche bis hin zum Schofar für den Messias, falls er uns unterwegs auf seinem Esel begegnen sollte.«

868

Während er sprach, zeigte sich auf Srulis Gesicht ein ernstes und zugleich etwas verträumtes Lächeln, als sähe er sich schon mit Lusi Hand in Hand auf gemeinsamer Wanderschaft irgendwo auf einer fernen Wiese dahinschlendern, an einem Morgen oder Abend, bei Sonnenaufgang oder -untergang.

Als Lusi Srulis Freude über die Erfüllung seiner geheimsten Wünsche sah, mußte er ebenfalls lächeln, da er dessen Freude teilte. Man hätte meinen können, daß Sruli, als er dieses Lächeln sah, sich am liebsten vor seinem Gefährten auf die Knie geworfen und mit den Lippen seinen Rocksaum berührt hätte, falls dies erlaubt gewesen wäre.

Als Lusi Srulis übergroße Begeisterung sah, versetzte er ihr mit einer banalen Frage einen Dämpfer, einer Frage, die seine Glut abkühlen sollte: »Hast du tatsächlich schon alles vorbereitet?«

»Ja«, erwiderte Sruli, dankbar, weil Lusi ihm verwehrt hatte, seine Freude auf demütigende Weise zu äußern, »alles ist bereit, auch der Hirschfänger für den Schächter und das Messer für den Beschneider, falls wir in einem Dorf ein Huhn köpfen oder den Sohn eines Bauern beschneiden müssen.

Ich habe auch«, plapperte Sruli weiter, »ein Päckchen mit Amuletten für die unfruchtbaren Bauersfrauen eingesteckt, die weder von ihren Männern noch von den christlichen Fuhrleuten, mit denen sie gelegentlich zum Markt fahren und manchmal im Wald oder auf dem Feld eine Nacht verbringen müssen, Kinder kriegen.«

Sruli hörte nicht auf zu faseln, äußerte unschickliche und sogar obszöne Dinge, was er sich vor Lusi in einem anderen Augenblick nie erlaubt hätte. Gleichwohl entfuhr es ihm diesmal gegen seinen Willen.

Lusi hatte sich mit einem wohlwollenden Lächeln erst einen und dann einen zweiten Schwank angehört, aber als Sruli nicht aufhörte und noch eine dritte und vierte Geschichte zum besten gab, wandte er sich angewidert ab; damit wollte er Sruli zu verstehen geben, daß die Unterhaltung beendet sei, daß er die Kette an der Tür jetzt lösen und den Raum verlassen könne.

Sruli zeigte sich nicht beleidigt. So, wie er gekommen war, still und auf Zehenspitzen, so ging er jetzt, jedoch mit einem seligen Ausdruck im Gesicht, da ihm das Glück so großartig gelächelt hatte.

Als er Lusis Zimmer verließ, war seine Glückseligkeit so groß, daß er nicht mehr wußte, was tun, wohin er gehen, was er unternehmen sollte. Einen Augenblick stand er ein wenig abwesend da und rieb sich stumm die Hände. Dann betrat er die Küche, wo er auf einer harten Schlafbank schlief. Er wußte sehr wohl, daß dies der Ort war, an dem er zu schlafen pflegte, wußte aber nicht mehr, warum er jetzt hier war, ob er sich entkleiden sollte oder nicht ... Dann bekam er sich wieder in die Gewalt, begann seinen Kaftan auszuziehen, hielt aber plötzlich mit einem Arm im Ärmel inne.

Schließlich tat er, was man mit seinem Bett tut: Er schlüpfte hinein, und kaum hatte er den Kopf auf das Kissen gelegt, sagte er sich: »Das genügt für heute, Sruli. Träum schön.«

Anscheinend wurde auch dieser Wunsch erhört.

Er sah in seinem Traum eine weite Ebene ohne Baum oder Strauch, ohne einen Vogel in der Luft. An dem fernen, hell leuchtenden Horizont erschienen jedoch zwei Männer, von denen sich noch nicht sagen ließ, ob sie von dort kamen oder dorthin unterwegs waren. Man konnte aber spüren, daß einer der beiden der Anführer war, während der zweite geführt wurde, eine Art Diener des ersten. Das sind wir, Lusi und ich, dachte Sruli. Er wartete einen Augenblick. Dann rückten die Grenzen von Himmel und Erde plötzlich mit einer schnellen, heftigen Bewegung näher, und die beiden Umrisse, die eben noch kaum sichtbar gewesen waren, tauchten plötzlich so nahe vor ihm auf, daß er Lust bekam, ihnen die Hand zu geben und ihnen Schalom zu sagen.

»Das sind wir? ...«

»Ja«, erwiderte der eine von ihnen, der anscheinend der Diener des anderen war.

»Und wohin gehen wir?«

»In die weite Welt, mit diesem Bettelsack«, erwiderte der

andere und zeigte mit einem Blick über die Schulter die Richtung an.

»Und was enthält er?«

»Rosinen und Mandeln, was zum Naschen und was zum Verkaufen«, entgegnete der andere in dem scherzhaften Tonfall Srulis von gestern abend, und es sah ganz so aus, als wollte er auch so weiterreden.

Aber da warf der zweite Mann, der den anderen zu führen schien, seinem Diener einen so strengen Blick zu, daß diesem die Worte im Hals steckenblieben. Um zu zeigen, daß er es ernst meinte, legte der Diener dann den Bettelstab ab, öffnete ihn, und Sruli sah winzige, körperlose Seelen, die nur Gesichter hatten und wie Perlen an einem Halsband aufgezogen waren; sie wirkten leidend und hatten schmerzverzerrte Gesichter; aber außer dem leidenden Ausdruck strahlten sie auch Hoffnung auf Erlösung aus, und zwar nicht nur für sich selbst, sondern für alle, für all die, die in aller Welt litten und auf ihre Erlösung hofften.

»Und wenn es so ist«, sagte Sruli, »ist auch mein Platz in diesem Bettelsack.« Und schon war er bereit, sich von dem anderen auf die Schnur aufreihen zu lassen ... Aber da erwachte er plötzlich ... Er richtete sich abrupt auf, tastete auf dem Bett herum und fand seinen Bettelsack wieder, den er für die Reise vorbereitet hatte, jetzt aber nicht wiedererkannte. Wie war er in sein Bett gekommen: Hatte er ihn vor dem Schlafengehen absichtlich hingelegt oder unbewußt, in seinem Zustand völliger Verwirrung?

IX
Winterende

Es war schon die Zeit von Purim. Der jüdische Kalender verwies bereits auf die Kapitel über die Sühneopfer, eine Zeit, in der die Grundschulkinder abends nicht mehr zur Schule gehen und man sie nicht mehr in ganzen Gruppen von fernen Straßen und Gassen mit kleinen brennenden Laternen aus Blech oder Papier in der Hand kommen sieht und bei der Rückkehr auch nicht mehr singen hört:

Laterne, Laterne,
Sonne, Mond und Sterne.

All das zeigte, daß sich der Winter dem Ende zuneigte und längst seine Kraft verloren hatte. Es kam schon vor, daß an einem Sonnabendmorgen und manchmal sogar an einem Wochentag von Dächern und Regenrinnen klare und lauwarme Tropfen zur Erde fielen . . . Und die Vögel zwitscherten viel lauter, ein weiteres Zeichen, daß die Kälte einen Dolchstoß in den Rücken erhalten hatte und daß die Nahrung der zwitschernden Gesellen jetzt reichlicher war als im Winter.

Jetzt zeigten sich am Tag inmitten der Wolken oft schon Himmelsstreifen von einem reinen Blau; und nachts erschien das ganze Himmelsgewölbe rein und mit runden, glänzenden Sternen übersät, ein weiteres Zeichen, daß zumindest Menschen mit einem feinen Gehör am Tag, vor allem aber nachts die Schreie der Zugvögel vernehmen würden, die aus dem Süden in den Norden, zu ihren Nestern vom vergangenen Jahr zurückkehrten.

Kurz, Zeichen über Zeichen, daß der Winter in den letzten Zügen lag.

Und an einem solchen Morgen wurde Mosche Maschber aus seiner Gefängniszelle ins Büro des Gefängnisdirektors gerufen, der sich diesmal liebenswürdiger und mitfühlender zeigte als sonst und ihm erklärte, er sei frei und könne nach Hause gehen. Wenn er dies nicht zu Fuß tun wolle und bereit sei, selbst zu bezahlen, könne man ihm auch einen Wagen kommen lassen, um ihm den langen Weg von hier bis zu seinem Haus zu ersparen.

Dies war das Ergebnis langwieriger Bemühungen geachteter Bürger der Stadt, die an die zuständigen Behörden eine Petition gerichtet hatten; es gebe zahlreiche mildernde Umstände, beispielsweise Krankheit und andere Dinge, die es nach dem Gesetz erlaubten, das Schicksal des Gefangenen zu lindern, und so bäten sie darum, Mosche Maschber vor dem durch das Urteil festgesetzten Zeitpunkt zu entlassen.

Die Eingabe hatte Erfolg, womit die Stadt Mosche natürlich einen großen Dienst erwiesen hatte. Aber unglücklicherweise kam die Rettung ein wenig zu spät, wie wir schon bald erfahren werden.

Als Mosche Maschber vom Büro in die Zelle zurückkehrte, verkündete er zunächst, er sei jetzt frei. Dann begann er, sein Bündel zu schnüren, um nach Hause zu gehen. Alle seine Zellengenossen, alle diese Sträflinge mit den halbrasierten Köpfen, ihren Sträflingsjacken und den runden, schirmlosen Häftlingsmützen, begannen seine Hände zu betrachten ... Mosche begriff, was das bedeuten sollte, und verteilte alles, was er mitgebracht hatte. Nur die Kultgegenstände, den Gebetsschal und die Tefillin, behielt er für sich. Alles andere übergab er zum Verteilen an einen Häftling: Wäsche, Kleidung, Kopfkissen, Bettdecke, alles Dinge, die sich gut verkaufen ließen, und für das Geld sollten sie seine Freilassung »begießen«.

Das alles wurde dankbar angenommen, und da Mosches Beziehungen zu den Mithäftlingen während der gesamten Haft dank der Mithilfe des Starosta, des Mannes aus Noworossijsk, glänzend gewesen waren, fiel auch jetzt der Abschied neidlos und sogar mitfühlend aus, besonders, da die Zellengenossen in den Händen des Starosta Mosche Maschbers Habe sahen und sich die Summe ausrechnen konnten, die ihnen all das einbringen würde, und sie stellten sich vor, was für einen schönen Schwips sie sich dafür leisten konnten . . .

Sie wünschten ihm viel Glück: »Möge Gott dich beschützen, Mosche . . .« Einige betrachteten sein abgezehrtes Gesicht, und andere schüttelten sogar den Kopf und sagten: »Wenn er schon sterben muß, ist es besser, wenn er zu Hause stirbt, in seinem Bett, im Kreis seiner Familie . . .«

Sie hatten allen Grund, ihm Glück zu wünschen. Sie erinnerten sich auch, daß er seit seiner Ankunft in der Anstalt bis zu seiner jetzigen Freilassung mehrmals ins Krankenrevier verlegt worden war, wo er lange Wochen zugebracht hatte und von dem er zurückgekehrt war, ohne daß sich sein Gesundheitszustand sichtlich gebessert hätte; ganz im Gegenteil: Seine Wangenknochen traten unter dem Bart hervor wie bei einem Leichnam.

Alle Zellengenossen beglückwünschten ihn. Nur der Starosta, der Mann aus Noworossijsk mit dem Ohrring aus Zinn, dem ungestutzten Bart und der glattrasierten, bläulich glänzenden Oberlippe hielt sich mit einem abwartenden Gesichtsausdruck etwas fern von ihnen . . . Und als Mosche Maschber, bis zur Zellentür von den Mithäftlingen begleitet, seinen Kerker verließ, folgte ihm der Starosta auf den Flur und half ihm, das kleine Päckchen zu tragen, das ihm geblieben war, nachdem er seine sonstige Habe verteilt hatte. Er begleitete ihn bis zum Ausgang, wo sie sich trennen mußten. Als Mosche gerade den Hof betreten und der Starosta in die Zelle zurückkehren wollte, blieb dieser plötzlich stehen und warf Mosche einen seltsamen Blick zu. Denn als er ihn da so vor sich sah, einen schwachen, erschöpften Mann, der sich kaum aufrecht auf den Beinen halten konnte, spürte er, daß Mosche Gott schon näher war als dem, was auf der Erde vor sich ging; und da kam dem Starosta plötzlich ein altes Bild in den Sinn, das einen Vater darstellte, der vor einem jüdischen Fest seine Kinder feierlich segnet. Und als er sich jetzt beim Abschied von Mosche Maschber, den er sichtlich für von Gott gesegnet hielt, an dieses Bild erinnerte, bat er den vor ihm

Stehenden: »Segne mich, Mosche«, wobei er Mosches Päckchen auf die Erde legte, zu ihm trat und unter dem Segensspruch den Kopf neigte.

Es war ein seltsamer Anblick. Im ersten Moment geriet Mosche Maschber ein wenig aus der Fassung, da er noch nie jemanden gesegnet hatte, von einem Mann wie dem Starosta ganz zu schweigen. Als er ihn aber andererseits mit soviel Frömmigkeit den Kopf neigen sah und überdies wußte, daß man einem solchen Mann nichts verweigern und ihn auch nicht in Wut bringen darf, da das nicht ungefährlich sein könnte, und da ihm folglich keine andere Wahl blieb, streckte er die Hände über dem Kopf des Starosta aus, um ihm den erbetenen Dienst zu erweisen, und begann den Segensspruch zu flüstern: »Der Herr segne und behüte dich ...« Der Starosta, ein Mann, der in seinen wilden Urzustand zurückgefallen und seit langem entwurzelt war, nahm den Segen mit einer Ehrerbietung und einer Dankbarkeit entgegen, wie man sie bei einem Juden nur selten findet. Als Mosche Maschber dann die Hände vom Kopf des Starosta zurückzog, griff dieser nach Mosches Hand und küßte sie, was bei Juden ebenfalls nicht üblich ist. Als Mosche ihm die Hand entzog, halb verlegen und halb entrüstet, und sagte: »Nein, das darfst du nicht, das gehört sich nicht ...«, bemächtigte sich der Starosta in seiner Verwirrung und immer größer werdenden Dankbarkeit nicht nur der einen Hand, sondern gleich aller beider, um sie zu küssen ...

Als Mosche Maschber in der Kutsche, die er durch einen Gefängniswärter hatte holen lassen, um sich nicht dem langen Fußmarsch auszusetzen, zu Hause ankam, war die ältere Magd die erste, die ihn sah. Nach dem Verschwinden des Zimmermädchens Gnessje war sie das einzige Dienstmädchen des Hauses. Sie hielt sich zufällig auf dem Hof auf, entweder um den Ascheimer in die Tonne zu entleeren oder aus irgendeinem anderen Grund, aber als sie ihren Herrn Mosche Maschber entdeckte, der nicht die Kraft zu haben schien, allein aus dem Wagen zu steigen, und der auf dem Sitz sitzenblieb, als erwartete er, daß man ihm zu Hilfe eilen würde, war sie im ersten Moment völlig aus der Fassung gebracht. Zunächst faßte sie sich mit beiden Händen an den Kopf, um ihr Kopftuch zurechtzurücken, wie sie es immer tat, wenn sie vor den Herrschaften zu erscheinen hatte, nicht während des Dienstes, sondern bei feierlicheren Gelegenheiten. Sie hatte sich aber gleich wieder in der Gewalt und kam zu dem Schluß, daß nicht sie, das Dienstmädchen, den Hausherrn, der soeben zurückgekehrt war, als erste begrüßen sollte. Sie dachte an Judith, die in ihrer Eigenschaft als Mosches Tochter eher dazu geeignet war. So machte sie sich unverzüglich auf den Weg, um sie herbeizuholen; und als sie nun ins Haus stürzte und Judith vorfand, die nichts wußte und auf nichts gefaßt war, rief sie in ihrer Verwirrung aus:

»Sie sitzen hier herum und wissen nicht einmal, daß der Herr wieder da ist? Er sitzt vor der Tür in der Kutsche.«

»Wer? . . . Was? . . .« rief Judith zutiefst erschrocken aus und sprang auf; sie wußte zwar, daß die Freilassung ihres Vaters unmittelbar bevorstand, kannte aber nicht den Zeitpunkt. Als sie jetzt erfuhr, daß die Freilassung schon erfolgt war und ihr Vater draußen vor der Tür wartete, wurden ihr vor Überraschung die Knie weich, und da sie durch das laute Rufen des Dienstmädchens verwirrt war, rief sie ebenfalls:

»Was sagst du da, Magd? Wann? Wo?«

Sie lief sogleich hinaus und fand ihren Vater noch in der Kutsche sitzend vor. Sie stürzte auf ihn zu . . . Als Mosche sie sah, stand er auf, um ihr entgegenzugehen. Er war aber unfähig, aus eigener Kraft auszusteigen, vielleicht auch weil das Wiedersehen mit seiner Tochter, die jetzt vor der Haustür stand und die er so lange nicht gesehen hatte, ihm die Augen verdunkelt hatte . . .

Judith half ihm aus der Kutsche . . . Und als er ausgestiegen war und sie ihm einen verstohlenen Blick zuwarf und sah, daß er kaum wiederzuerkennen war, als hätte man ihn gegen einen anderen ausgetauscht; als sie das sah, lehnte sie sich schweigend an seine Schulter und wiederholte immer nur ein einziges Wort: »Vater . . . Vater . . .« Mehr brachte sie nicht hervor . . . Die Tränen drohten sie zu ersticken. Da sie ihm nicht zu erkennen geben wollte, wie verändert sie ihn fand, tat sie ihr Bestes, die Tränen zu unterdrücken.

Mosche Maschber streichelte sie zärtlich, als sie ihn umarmte. Er versuchte sie zu beruhigen und daran zu hindern, sich über seinen Zustand klarzuwerden. Er war jedoch nicht mehr fähig, eine Gesundheit vorzutäuschen, die er nicht mehr besaß, und seine Tochter ließ sich nicht hinters Licht führen. Das kleine Päckchen, das er aus dem Gefängnis mitgebracht hatte und das im wesentlichen nur seinen Gebetsschal und seine Tefillin enthielt, vielleicht noch ein paar fromme Bücher, wurde ihm schon jetzt zu schwer, so daß sich Judith genötigt sah, ihn davon zu befreien. Sie trug das Päckchen in der einen Hand und hatte mit der anderen ihren Vater beim Arm genommen und führte ihn. Auf dem Weg vom Gartentor auf den Hof und von dort ins Haus ließ sie ihn nicht mehr los, als wäre er ein alter Mann oder ein Invalide, dem schon ein einziger Schritt schwerfiel . . .

Er schleppte sich mit Mühe bis zur Schwelle; als er das Haus betrat, hatte er für nichts einen Blick, weder für die Wände noch für die Decke oder den Fußboden, wie es sonst immer ist, wenn man an einen Ort zurückkehrt, den man lange nicht gesehen hat. Er sah sich auch nicht nach irgendeinem Hausbewohner um, als ginge ihn all das überhaupt nichts an. Judith bemerkte jedoch, daß sein erster Schritt dem Schlafzimmer galt, als wollte er herausfinden, was während seiner Abwesenheit mit Gitl geschehen war, von der er kein einziges Lebenszeichen erhalten hatte. Daraus hatte er den Schluß gezogen, daß ihr etwas Unheilvolles zugestoßen war: daß sie sich während seines Gefängnisaufenthalts eine tödliche Krankheit zugezogen hatte oder, schlimmer noch, daß sie nicht mehr war . . .

Judith versuchte ihn zurückzuhalten, um ihn auf die Krankheit ihrer Mutter vorzubereiten und ihm so den Schock zu ersparen. Aber Mosche ließ sich nicht aufhalten. »Ich weiß, ich weiß«, stammelte er und ging von einem Zimmer ins nächste, von Judith gestützt und geleitet, halb betäubt, halb erstarrt. Er schien Judiths Worte gar nicht zu hören.

»Ich weiß, ich weiß«, wiederholte er wie zu sich selbst und

ging trotz seiner Schwäche stumm und hartnäckig entschlossenen Schritts weiter.

Er betrat das Zimmer und näherte sich Gitls Bett ... Und dann konnte man sehen, was selbst für einen sehr erfahrenen Arzt wichtig und lehrreich gewesen wäre. Als Mosche Maschber an Gitls Bett herantrat, sah er sie regungslos und mit völlig ausdruckslosem Blick daliegen. Und Mosche, der in dieser letzten Zeit nicht wenige Kränkungen hatte einstecken und einen ganzen Hagel von Schlägen hatte erdulden müssen, akzeptierte auch dieses Unglück, nahm es hin als unabwendbares Schicksal, gegen das er sich nicht auflehnen konnte ... Er betrachtete Gitl nur schweigend, denn sein Mund war verschlossen ...

Soweit Mosche Maschber. Gitls Reaktion war anders. Als sie ihren Mann, der so lange aus ihrem Blickfeld verschwunden gewesen war und den wiederzusehen sie in ihrem geschwächten Geisteszustand nur wenig Hoffnung gehabt hatte, aus dem Gefängnis zurückkehren sah, mußte von zwei Dingen eins geschehen, wie jeder erfahrene Arzt hätte sagen können, der dieser Szene beigewohnt hätte: Sie hätte entweder vor lauter Überraschung erschauern und mit durchdringender Stimme den Namen Mosches rufen können, was eine plötzliche glückliche Wendung der Krankheit bedeutet hätte; denn somit hätte sie die Sprache wiedergefunden und damit auch die körperliche Beweglichkeit, was gelegentlich vorkommt; oder aber die unerwartete Erschütterung hätte vielmehr all die zarten Wurzeln, die ohnehin kaum mehr hielten, zerstören können, und sie wäre gestorben.

Es war jedoch logischer, mit der ersten Möglichkeit zu rechnen. Und tatsächlich: Als sie Mosche sah, stieg ein erstickter Schrei in Gitls Kehle auf, der sich zunehmend in ein kaum ausgesprochenes Wort zu verwandeln schien, das sie mit aller Kraft äußern wollte ... Trotz ihres unbeweglichen Körpers durchfuhr sie ein so plötzliches Zucken, daß man hätte meinen können, sie wolle aufstehen, ihr Bett verlassen, sich auf ihren Mann stürzen und ihn wie ihre Tochter Judith voll stummer Zuneigung umarmen. Vielleicht gehörte es sich auch nicht für eine fromme Ehefrau – wie wir ganz nebenbei anmerken –, einem heimkehrenden Ehemann eine so auffällige Zärtlichkeit zu erweisen. Aber in einem ungewöhnlichen Fall und bei einem so außergewöhnlichen Wiedersehen, bei dem Gitl wie durch ein Wunder wieder genesen konnte, hätte sie sich bewußt oder unbewußt alles erlauben können, was fromme Sitten nicht gestatten und was selbst die strengsten Gesetze verbieten . . .

Ja, das hätte geschehen können. Dennoch kam es *nicht* dazu. Der Aufschrei drang nicht aus Gitls Kehle. Ihre Reaktion hatte nur einen flüchtigen Augenblick gedauert, und es war nichts weiter als eine zufällige Bewegung, auf die nichts folgte . . . Sie lag wie zuvor auf ihrem Bett ausgestreckt: kerzengerade, wortlos, mit stummen Augen; mit der einzigen Ausnahme, daß ihr Blick an Mosche haften blieb, der am Fußende des Bettes an der Wand lehnte. Ihr Ausdruck schien zu sagen: »Du siehst, Mosche, weh mir, Mosche, ich bin krank, liege im Bett, und du bist an meiner Seite, als wärst du bei guter Gesundheit . . . Aber ich sehe es dir an und könnte schwören, daß du ebenfalls das Bett hüten müßtest, wie mir scheint . . .«

Judith, die der Szene beigewohnt hatte und die Begegnung ihres kranken Vaters mit ihrer gelähmten Mutter nicht weiter ausdehnen wollte, richtete ein paar Worte an ihre Mutter, als könnte diese sie hören und verstehen. Sie sagte: »Mutter, Vater ist müde, er muß sich ausruhen . . .« Dann wandte sie sich an ihren Vater, nahm ihn bei der Hand und sagte: »Komm, Vater, du bist erschöpft, du kannst später wiederkommen . . .«

Mosche Maschber gehorchte. Er wandte den Blick von Gitl ab, denn er hatte verstanden, daß es sinnlos wäre und nichts bessermachen würde, wenn er noch länger blieb. Außerdem konnte er selbst ein gutes Bett gebrauchen, wie Gitl bemerkt hatte, denn nachdem er so lange Zeit auf einer Pritsche geschlafen hatte, sehnte sich alles an seinem gemarterten und kranken Körper nach einem Bett, wie er es von früher her kannte.

Sich leicht auf Judith stützend, verließ er Gitls Zimmer und betrat den Salon. Vor dem Besuch bei Gitl hatte Judith die ältere Magd angewiesen, dort ein Bett herzurichten und alles Nötige vorzubereiten.

Während sich Mosche im Schlafzimmer aufgehalten hatte, hatte die Magd alles erledigt. Als Mosche und Judith die Wohnzimmertür öffneten, sahen sie an einer Längswand ein Bett mit blütenweißen Bettüchern stehen. Auf Mosche Maschbers Gesicht zeigte sich kurz eine gewisse Erleichterung. Er fühlte sich zu Hause. Das Wohnzimmer mit seinen Teppichen, seinen grünen Pflanzen, seinem hohen Spiegel, den zahlreichen Fenstern war immer das hellste und geräumigste des Hauses gewesen. Sein Blick verhielt sogar mit gewisser Befriedigung auf dem Bett, als er sich erinnerte, woher er kam und wie sein Nachtlager bei seinen Zellengenossen und Mithäftlingen ausgesehen hatte.

Dieser Augenblick ging jedoch schnell vorüber. Nachdem er auf Anraten Judiths begonnen hatte, Schuhe und Kleidung auszuziehen und sich bereit zu machen, in sein makelloses Bett zu steigen, befiel ihn plötzlich Angst. Eine Angst, die ihn beim Ausziehen daran hinderte, auch nur ein Wort zu äußern. Mehr noch: Die Angst und das sie begleitende Schweigen ließen ihn sich in seiner Kleidung verheddern, so daß er vergaß, was er als erstes ausziehen sollte, den Kaftan, die Weste, die Schuhe oder die Socken.

Man hätte schwören können, daß ihm das Bett plötzlich Angst machte. Er zeigte eine gewisse Unzufriedenheit, als Judith ihn aus seiner Zerstreuung riß, während er sich auszog, besonders aber, als er schon ausgekleidet war und sich zu Bett begeben sollte.

Am Ende legte er sich doch hinein, und damit war der aus dem Gefängnis entlassene Mosche Maschber wieder zu Hause, ausgestreckt in einem sauberen Bett, im besten Zimmer seines Hauses; manchmal hätte man, wie wir schon gesagt haben, glauben können, daß ein Ausdruck von Zufriedenheit auf seinem Gesicht lag und daß er in solchen Augenblicken hoffte, die Krankheit würde weichen, sein Husten und seine Atemnot würden sich legen und daß er hier, in dem weitläufigen Raum unter der hohen Zimmerdecke, mit dem Licht und der segenspendenden Sonne, die am Tage die hohen und breiten Fenster erleuchtete, seine Gesundheit wiederfinden könnte . . .

Dieser Gedanke stellte sich jedoch nur gelegentlich ein. Seitdem er in seinem Bett lag, machte Mosche Maschber weit häufiger einen so abwesenden Eindruck, daß er nicht mehr zu begreifen schien, wo er sich befand, und er bemerkte auch nicht die rührende Aufmerksamkeit, mit der Judith ihn umsorgte, wobei sie auch die kleinste Anspielung auf seinen Zustand vermied ...

Nein, Mosche Maschber bemerkte es nicht ... Seine Geistesabwesenheit ging so weit, daß, als ihn am Abend desselben Tages, an dem er ins Haus zurückgekehrt war und man ihm im Wohnzimmer ein Bett hergerichtet hatte, auf dem er sich ausgestreckt hatte, als ihn an diesem Abend alle seine Kinder und Enkel, die bei seiner Heimkehr nicht dagewesen waren, umringten, die einen stehend, die anderen sitzend, und das Wort an ihn richteten und sich nach seiner Gesundheit erkundigten und ihm Neuigkeiten erzählten, die ihn vielleicht interessierten, da er so lange Zeit von seinem Haus fern gewesen war, Mosche Maschber so verstört war, daß er ihnen kaum zuhörte. Er antwortete nicht auf die Fragen nach seiner Gesundheit, und man sah ihm an, daß er all den Dingen, die man ihm zu seiner Ablenkung erzählte, auch nicht mehr das geringste Interesse entgegenbrachte. Alle Versuche, ihn die harten Prüfungen vergessen zu lassen, von denen er sich befreit hatte, blieben vergeblich.

Er hörte nicht zu und begriff nicht. Manchmal, wenn auch höchst selten, gab er Zustimmung oder Ablehnung durch eine Kopfbewegung zu erkennen. Und plötzlich, inmitten des vertrauten Lärms, den seine sitzenden und stehenden Besucher verursachten, wandte er sich nicht etwa an einen von ihnen, sondern an alle, und stellte eine unvorhergesehene und seltsame, höchst unpassende Frage. Er wollte wissen:

»Ich kann mich nicht mehr erinnern, Kinder. Haben wir Nechamkes Grab schon eingezäunt?«

»Was sagst du da, Vater? Natürlich ...« erwiderte Judith schnell auf diese fast unsinnige Frage, um ihn von der schmerzlichen Erinnerung an ihre verstorbene Schwester abzubringen, eine Erinnerung, die ihn plötzlich überkommen hatte und ihm anscheinend nicht guttat.

»Ja, sagst du?« äußerte Mosche auf die gleiche abwesende Weise und stürzte sich erneut in seine seltsamen Träumereien, die ihn offensichtlich beherrschten und den ganzen Abend lang daran hinderten, sich für irgend etwas zu interessieren und sich an der allgemeinen Unterhaltung zu beteiligen.

Plötzlich sagte er fast unhöflich: »Meine Kinder, ich bin müde, geht jetzt schlafen ...« Worauf sich alle zerstreuten, mitten in einem Satz innehielten und das Wohnzimmer verließen. Und er, Mosche, blieb allein, aber immer noch so durcheinander wie eben noch, als seine Kinder sein Bett umstanden.

Diese Verwirrung hielt auch danach an; so bemerkte er etwa kaum, daß ihn während der ersten Tage nach seiner Heimkehr sein jüngster Enkel Mayerl häufig besuchte. Manchmal trat der Junge nahe ans Bett heran, hielt aber meist an der Schwelle der Wohnzimmertür inne, als hätte er Angst, Mosche könnte ihn bemerken und ihn mißvergnügt fragen, was er hier wolle ...

Ja, auch Mayerl spürte, daß ihm sein Großvater Mosche Maschber fremd geworden war; er hatte manchmal sogar den Eindruck, daß dieser ihn nicht erkannte, und wenn er es tat, dachte er überhaupt nicht mehr daran, ihn als den liebsten Enkel vor den anderen auszuzeichnen, wie er es früher getan hatte.

Mayerl hatte insgeheim sogar manchmal Angst vor seinem Großvater, so daß er es oft nicht wagte, diesen kranken und abgemagerten Mann anzusehen, der sich »Großvater« nannte, dessen Namen man im Hause aber niemals erwähnte und der sich seit seiner Rückkehr »von dort«, wohin er für mehrere Monate verschwunden war, ins Bett gelegt hatte, so daß kaum noch Hoffnung blieb, ihn wieder bei guter Gesundheit und nach dem Ende der Krankheit nicht mehr bettlägerig zu sehen, wie das bei anderen vorkommt ... Nein, obwohl Mayerl noch ein Kind war und es nicht ausdrücken konnte, brachte er dem Kranken dennoch viel Mitleid entgegen, wenn er ihn verstohlen anblickte, als dieser sich gegen sein hochgezogenes Kopfkissen lehnte, um sitzen zu können, da der Husten ihn zu ersticken drohte. Es schien auch nicht besser zu werden, denn von Mal zu Mal sah der Großvater immer verschlossener und in sich gekehrter aus, als hielte er in der Brust ein Geheimnis verborgen, das er vor den anderen, den Nichtberufenen, den Gesunden, die ihm dienten, nicht enthüllen wollte ...

Und: Mosche Maschber hatte sich schon so sehr von seiner Umgebung entfernt, daß er am Tag nach seiner Rückkehr und nach dem ersten im Haus verbrachten Abend, als er mit Ausnahme Alters von seiner ganzen Familie besucht worden war, da man diesen oben in seiner Dachkammer vergessen und nicht von der Rückkehr seines Bruders benachrichtigt hatte, Alter, der von Mosches Anwesenheit im Haus rein zufällig, oder weil das Dienstmädchen es ihm gesagt hatte, erfuhr und ihn gleich danach aufsuchte, ganz gleichgültig empfing. Alter betrat das Wohnzimmer und fand seinen Bruder mit allen Anzeichen einer Krankheit im Bett vor: Das Kopfkissen war hochgezogen, und neben dem Bett, auf einem kleinen Tisch, standen Medikamente. In diesem Moment fand Mosche nichts weiter zu sagen als:

»Ah, Alter? ... Wie geht es dir? ...«

Als Alter in der Wohnzimmertür erschien und seinen Bruder entdeckte, wollte er zunächst zu ihm eilen, dem einzigen Beschützer, den er so lange nicht mehr gesehen hatte, um ihm seinen lange aufgestauten Kummer anzuvertrauen, den er nie hatte äußern dürfen, und wenn er dies schon nicht mit Worten tun konnte, wollte er sich ihm wenigstens in die Arme werfen ... Aber dieser zerstreute und fast kalte Empfang durch Mosche ließ Alter die Arme senken und urplötzlich innehalten. Er brachte nur einen schüchternen, leisen Ausruf hervor: »Mosche ...« Gleichzeitig hätte man bemerken können, daß selbst Alter, krank wie er war, die Situation seines Bruders richtig einschätzte und ihm den so wenig herzlichen Empfang nicht übelnahm. Schon beim ersten Blick in Mosches Gesicht hatte er begriffen, daß dieser durch seine Krankheit so geschwächt war, daß er an nichts anderes denken und nicht einmal seinem eigenen Bruder einen mitfühlenden Gedanken widmen konnte. Alters Augen füllten sich mit Tränen ...

Wir werden hier nicht erzählen, wie sich Mosche Maschber an den folgenden Tagen in seinem Haus, in seinem Bett, in seinem eigenen großen Wohnzimmer fühlte. Wir möchten hier nur hinzufügen, daß man am Tag nach Mosches Rückkehr den Hausarzt der Familie herbeirief, Janowski, den man nur in schweren Fällen holen ließ. Der betrachtete Mosche lange und aufmerksam, untersuchte ihn und horchte ihn von allen Seiten ab, wurde plötzlich ernst und sagte lange Zeit kein Wort. Die Familie, vor allem aber Judith, Mosche Maschbers älteste Tochter, die sich während der Untersuchung an der Seite des Arztes hielt und der keine seiner Bewegungen entging, erkannte sofort, daß Janowski die Verantwortung für diesen Fall nicht allein auf sich nehmen und ihnen nicht sagen wollte, für wie ernst er die Situation hielt, und man sah ihm an, daß es ihm lieber wäre, sich mit einem Kollegen zu beraten . . . Das konnte nur heißen, daß er eine Beratung mit Paschkowski vorschlagen wollte, dem zweiten renommierten Arzt der Stadt, der ebenfalls Pole und genauso alt war wie er und gleich ihm schneeweiße Koteletten trug, die so aussahen, als hätte man ihm Wattebäusche auf die Wangen geklebt.

So geschah es. Man sah die beiden Ärzte am Bett Mosche Maschbers sitzen. Janowski berichtete seinem Kollegen Paschkowski von dem Eindruck, den er von der ersten Untersuchung erhalten hatte. Dann untersuchten alle beide den Kranken, wobei sie sich ausführlich in ihrer unverständlichen Ärztesprache unterhielten, sie starrten auch lange in Mosches Gesicht, was den Kranken kaum beruhigte, denn er las aus ihren forschenden Blicken ein Todesurteil ab.

Nun, sie sagten dem Kranken natürlich nichts über den Ernst seines Zustands, aber als sie mit Judith, Mosches Tochter, das Wohnzimmer verließen und mit ihr das Haus durchquerten, bis sie den Hof und das Gartentor erreichten, ließen sie sie kurz, in einer Mischung aus Kälte und Mitgefühl, wissen, wie es bei Ärzten in solchen Fällen immer üblich ist, daß ihr Vater sich in einem sehr schlechten Zustand befinde und daß man aufs Schlimmste gefaßt sein müsse . . .

»Warum hat man sie kommen lassen?« fragte plötzlich Mosche seine Tochter Judith, als er aus seiner Apathie erwachte. Sie war soeben wieder ins Zimmer gekommen, nachdem sie die

Ärzte hinausbegleitet hatte, und Mosche erriet an ihrem Gesichtsausdruck, was sie draußen am Gartentor erfahren und ihm in ihrer stummen Angst vorenthalten wollte.

»Was soll das heißen, ›warum‹? Sie sollen etwas unternehmen, etwas verschreiben! ...«

»Pah!« Mosche Maschber schnitt eine Grimasse, die nichts als Verachtung für diese Leute verriet, die sozusagen mit Rezepten heilen wollen, und noch mehr Verachtung für sich selbst und seine geringen Aussichten, die fast gleich Null waren, dank dieser Rezepte eines Tages wieder gesund zu werden.

»Pah!« sagte er und verfiel wieder in eine Apathie, aus der er nur schwerlich wieder auf heiterere Gedanken kommen würde.

Dann stellte er noch eine Frage, wohl eher an sich selbst als an sonst jemanden gerichtet:

»Und Lusi ist immer noch nicht da?«

»Nein, noch nicht«, erwiderte Judith. »Aber er wird gewiß bald kommen. Wir haben schon jemanden losgeschickt, ihn zu holen.«

Die letzten Worte Maschbers über Lusi werden uns verständlich, wenn wir sagen, daß sich am ersten Tag nach Mosches Rückkehr nicht der richtige Moment gefunden hatte, um Lusi Bescheid zu geben; denn erstens hatte man sich zu spät daran erinnert, und überdies lag Lusis Haus in jenem fernen Teil der Stadt, so daß es für diesen Tag zu spät war ... Am zweiten Tag hingegen hatte man auf Mosches Drängen hin einen Boten geschickt, um Lusi erstens von Mosches Rückkehr zu benachrichtigen und ihn zweitens zu bitten, noch am selben Tag oder so schnell wie möglich und am besten gleich mit dem Boten zu kommen.

Aber Lusi erschien nicht, weder gleich, noch eine oder zwei Stunden später, und auch später nicht, als Mosche schon zweimal Arztbesuche erhalten hatte – erst von Janowski, dann von Janowski und Paschkowski –, die Mosche allen Mut genommen hatten. Er begann, Lusi sein Fernbleiben übelzunehmen.

Sagen wir trotzdem etwas zur Verteidigung Lusis. Wenn er sich nicht gleich gezeigt hatte, so lag es nicht etwa daran, daß ihm das Schicksal seines Bruders gleichgültig gewesen wäre, sondern an folgendem: Er mußte sich an diesem Tag von Avreml Lubliner verabschieden, dessen Aufenthalt in N. beendet war und der jetzt wieder auf die Wanderschaft gehen wollte, von Stadt zu Stadt, von Weiler zu Weiler und Dorf zu Dorf, überall dorthin, wo sich eine noch so unbedeutende Gemeinde von Bratslavern befand, um dort die Mission zu erfüllen, die er auf sich genommen hatte, vor allem diese: Die zitternden Hände all derer zu beruhigen und zu trösten, die Verfolgungen verschiedener chassidischer Glaubensrichtungen und Gruppen erdulden mußten, oder diejenigen im Glauben zu stärken, die sich von der lebenspendenden Wurzel entfernt hatten.

Avremls Zeit war abgelaufen, aber dennoch wünschte er, bei Lusi zu bleiben, wo er das Gute in vollen Zügen genossen und dessen Gast er so lange gewesen war, verhätschelt von seinem Gastgeber, den er als ein Banner ansah, um das sich alle Gleichgesinnten scharten, und den er wie einen ehrwürdigen Vater liebte, der sich selbst und seinem Haus große Ehre macht . . .

Das war also keine Kleinigkeit, wenn man sich die Rolle vor Augen führt, die ein Mann wie Lusi damals, ob als neuer Anhänger oder Abtrünniger, in den damals verfolgten armen Gemeinden spielte, indem er sie stärkte oder aber schwächte . . .

Man darf also nicht vergessen, daß Avreml sehr unter der Trennung von seinem verehrten Meister litt. Er litt sogar so sehr darunter, daß er Lusi an den letzten Tagen vor seiner Abreise nicht mal in die Augen zu blicken wagte, damit dieser nicht seine seelische Verfassung erriet oder damit ihm, Avreml, nicht widerfuhr, daß er wie ein kleiner Junge in Tränen ausbrach oder, schlimmer noch: damit in ihm nicht vor lauter Kummer etwas zerbrach . . . Ja, alles war möglich, denn wenn man sich die Liebe vergegenwärtigte, die Avreml für Lusi besaß, war keineswegs ausgeschlossen, daß so etwas geschehen konnte . . .

Als ein Zeichen dafür genügt die Erinnerung an seine geistige Verfassung am letzten Freitag, am Vorabend des letzten Sabbat, an dem er N. verlassen mußte, als Lusi nach dem rituellen Bad, schon in frische Wäsche und den mit einer Schärpe gegürteten

Kaftan gekleidet, wie gewohnt begonnen hatte, aus dem »Lied der Lieder« zu rezitieren. Und dann war er im Zimmer auf und ab gegangen, von einer Wand zur anderen, in der Hand das Gebetbuch, das er nicht aus den Augen ließ, obwohl er jedes Wort auswendig kannte, als könnte nicht nur das Lied des Königs Salomo am Vorabend des Sabbat die Tore des Himmels öffnen, sondern als entströmte diese Kraft auch den Buchstaben, mit denen dieses Lied zum Ausdruck gebracht wurde ...

Lusis Worte hatten Avreml damals so erwärmt, daß dieser mitzusingen begann, ohne sich dessen bewußt zu werden; erst mit leiser Stimme, dann lauter, und mit solcher Erregung, daß er bei dem Vers: »... da stand ich auf, daß ich meinem Freunde auftäte ...« tatsächlich spürte, wie das Leben ihn vor Sehnsucht nach dem, wonach sein Körper verlangte, fast verließ: die Sehnsucht nach Gott dem Herrn in einer seiner Verkörperungen, in Gestalt des sorgfältig gewaschenen Menschensohns Lusi, den er jetzt vor sich mit dem Gebetbuch in der Hand auf und ab gehen sah, in blendend weißer Wäsche, den weißen Kragen auf dem Kaftan umgeschlagen, in Gestalt Lusis, dem Avreml seine liebevolle Glut am liebsten hinausgeschrien hätte: »Wer wird dich mir zum Bruder geben, genährt an der Brust derselben Mutter? ...«

So war Avremls Liebe zu Lusi beschaffen, und dieser liebte Avreml nicht minder. Er erinnerte ihn an seine Jugend, an das ganze Ungestüm dieser Zeit, als er so begierig war, Gott zu dienen, gelobt sei Sein Name ...

Und jetzt mußten diese beiden sich trennen ... Und genau in diesem Moment hatte Mosche Maschber seinen Boten mit der Bitte zu Lusi geschickt, ihn zu besuchen, und Lusi sah sich gezwungen, den Besuch zu verschieben.

Alle beide, Avreml wie Lusi, hatten ihre Gebete früh beendet. Avreml begann, sein Bündel zu schnüren, das ihn überallhin begleitete, und Lusi stand neben ihm und sah ihm dabei zu. Manchmal tat er ein paar Schritte beiseite, wenn ihm dieser Anblick zu quälend wurde, und wenn er dann wieder zu ihm trat, bestand er darauf, daß Avreml noch dieses oder jenes einpacke – wie ein Vater vor der Abreise eines Kindes. Er drängte ihn, Dinge mitzunehmen, die ihm unterwegs nützlich sein würden, Dinge, die Avreml gar nicht in den Sinn kamen, denn er hörte Lusi kaum zu.

Und dann war Avreml bereit; er nahm seinen Mantel und wollte sich schon im Haus von Lusi verabschieden, als der andere ihn bis zur Tür begleitete, wo er die Mesusa küssen mußte.

Aber so kam es nicht. Auch Lusi nahm seinen Mantel . . . Alle beide gingen hinaus, aber auch draußen ließ Lusi Avreml nicht gehen, und so schlugen sie gemeinsam die Richtung ein, die Avreml aus der Stadt führen würde.

Sie gingen schweigend. Jeder war mit seinen Gedanken beschäftigt. Avreml sah Lusi verstohlen von der Seite an, um sich die Gesichtszüge des Meisters gut einzuprägen, und Lusi tat das gleiche, wie ein Mann, der sich von einem teuren Jünger trennt, den er als seinen geistigen Erben betrachtet . . .

Und so gingen sie von Straße zu Straße, bis sie an einem Tor am Rand der Stadt ankamen. Lusi hatte anscheinend nicht die Absicht, weiterzugehen . . . So streckte ihm Avreml die Hand hin, wobei er den Kopf senkte, damit Lusi seinen verzweifelten Gesichtsausdruck nicht sah und nicht hören konnte, wie seine Lippen fast gegen seinen Willen etwas flüsterten; es war fast das gleiche, was Elischa sagte, als ihm sein Meister Elia genommen wurde . . .

Lusi gab Avreml ebenfalls die Hand, hielt sie etwas länger als üblich und flüsterte: »Geh in Frieden.« Das war ihr Abschied, dann wandten sie einander den Rücken . . . Und so trennten sie sich.

Als Lusi endlich in Mosches Haus ankam, fand er seinen Bruder im Wohnzimmer im Bett liegend. Nach der oben erwähnten Trennung kann man sich nur allzugut vorstellen, was für eine Begegnung dies war.

Ja, es war keine große Freude, die Lusi im Haus seines Bruders erwartete . . . Als er dort in Begleitung einiger Familienmitglieder erschien, die ihn als einen sehnlichst erwarteten Gast empfangen hatten, bedeutete ihnen Mosche Maschber auf unmißverständliche Weise, ihn mit Lusi allein zu lassen, den er aus gutem Grund habe rufen lassen.

Sie gehorchten und gingen. Als Lusi seinem Bruder von Angesicht zu Angesicht gegenüberstand, mußte er erkennen, noch ehe Mosche auf seine erste Frage nach seiner Gesundheit geantwortet hatte, daß diesem selbst die einfachsten Worte, die ganz gewöhnlichen Worte fehlten, mit denen man eine solche Frage beantwortet. Fand er sie nicht, oder widerstrebten sie ihm? Kamen ihm diese Worte sinnlos und überflüssig vor? . . .

Zugleich nahm Lusi auf Mosches Gesicht einen tiefen Ernst wahr, der ihn schließen ließ, daß dieser mit ihm jetzt keine der üblichen Unterhaltungen zu führen gedachte wie mit all den anderen, die ihn besuchten; das heißt, er legte diesmal keinen Wert darauf, die beruhigenden Äußerungen zu hören, mit denen man einen Kranken zu trösten versucht, indem man ihm versichert, es bestehe keinerlei Gefahr, er würde ganz sicher wieder von seiner Krankheit genesen.

»Nein«, sagte Mosche wie zu sich selbst und fügte an Lusi gewandt hinzu: »Ich werde schon gerufen . . .«

»Von wo?« fragte Lusi und tat, als hätte er nicht verstanden.

»Von dort«, erwiderte Mosche, die Augen zur Zimmerdecke erhebend, und um ja von Lusi richtig verstanden zu werden, sprach er ganz offen im Tonfall eines Menschen, der sich auf den Weg jedes menschlichen Wesens vorbereitet . . . »Ich habe es sonst niemandem aus meiner Familie gesagt, denn ich möchte ihnen keinen Kummer machen, aber ich weiß es, und ich denke, du solltest es auch wissen, Lusi.

Ich habe es schon an allerlei Anzeichen gespürt: Manchmal habe ich Angst, selbst am Tage, und spüre, daß jemand am Kopfende meines Bettes steht, ein hochgewachsener, schwarzgekleideter Fremder, aus dessen Innerem ein Licht dringt wie durch die Ritzen eines baufälligen Hauses. Ich höre ihn auch nachts auf nackten Füßen an den Wänden des Wohnzimmers auf und ab gehen. Dabei blickt mich dieser Mann unverwandt an, wenn ich für einen Moment die Augen schließe. Wenn ich sie aber öffne, macht sich der andere unsichtbar und verschwindet auf nackten Sohlen ...

Man kennt ihn«, fügte Mosche dunkel hinzu, ging aber wohl dennoch davon aus, daß Lusi verstand, wer diese durchscheinende Figur war, die ihn so erschreckte, wenn sie am Kopfende seines Bettes stand oder nachts mit nackten Füßen in seinem Zimmer auf und ab ging.

Ja, Mosche konnte seinem Bruder von allerlei Anzeichen berichten. Das Schlimmste, das Erschreckendste jedoch war Mosche selbst. Als Lusi eintrat, fand er ihn im Bett liegend vor; aber dann, als Mosche seinen Bruder wahrgenommen hatte, hatte er sich aus Höflichkeit aufgerichtet. Im Lauf ihrer Unterhaltung wurde er aber sichtlich schwächer und glitt wieder auf sein Kopfkissen zurück, ohne daß er dessen gewahr wurde, bis er wiederum träge und erschöpft dalag, mit schwacher, kaum vernehmbarer Stimme sprechend. Um die Worte zu verstehen, die ihm über die Lippen kamen, mußte Lusi seinen Stuhl ans Bett heranrücken.

Das zweite Anzeichen war sein äußerst hinfälliges Aussehen, die Flecken gelber Haut, die auf seinem Gesicht erschienen und durch den Bart hindurchschimmerten ...

Lusi blieb noch lange bei seinem Bruder sitzen. Soweit er es vermochte, versuchte er, die düsteren Gedanken seines Bruders zu verscheuchen, ihm zu versichern, er irre sich, jetzt komme bald der Sommer, in dem sich alle Kranken besser fühlten, und es werde auch bei ihm so sein, wenn der Husten sich in der guten Luft des Gartens lege, und jetzt zum Winterende werde das Wetter ohnehin besser ... Immerhin stünden Purim und Passah schon vor der Tür ...

Natürlich lieh Mosche Maschber den beruhigenden Versicherungen seines Bruders bereitwilliger Ohr als denen aller anderen, selbst denen seiner ältesten Tochter Judith, die sich seit seiner Rückkehr und seiner Bettlägerigkeit bemüht hatte, mit ihm in einem Ton zu sprechen, dem nicht der geringste Zweifel an seiner Genesung anzumerken war. Sie tat so, als sei sie wegen ihres Vaters nicht im mindesten beunruhigt, als sei dessen Krankheit nur vorübergehend und von kurzer Dauer. Mosche Maschber vertraute den Worten seines Bruders um so mehr, als er ihn für unfähig hielt, eine Lüge zu äußern, selbst wenn es darum ging, seinen eigenen Bruder zu beruhigen und zu trösten.

Lusis Worte taten ihm gut, und er fühlte sich ein wenig besser, als dieser während des Besuchs ganz dicht an seinem Bett saß. Aber als Lusi aufstand, um sich zu verabschieden und zu gehen, ergriff die Angst erneut von Mosche Besitz, und bevor er sich von Lusi trennte, bat er ihn, möglichst schnell wiederzukommen. »Denn wie du weißt, Lusi«, sagte Mosche Maschber mit gebrochener Stimme, »wenn man sich in einem solchen Augenblick auf der Schwelle zwischen ja und nein, zwischen heute und morgen, zwischen hier und dort befindet, ist die Nähe eines Menschen wie du doppelt notwendig ...«

Lusi versprach wiederzukommen, denn er erkannte selbst, daß er tatsächlich der Mensch war, dem es zufiel, seinem Bruder Mut zu machen, denn noch immer war er derjenige, der dessen Leiden am besten lindern konnte.

Er verabschiedete sich und ging. Danach wurde Mosche Maschber, von einigen Minuten der Ruhe abgesehen, sofort wieder eine Beute seiner düsteren Verwirrung. Mehr noch: Er war sich der Gegenwart eines Wesens bewußt, dessen Namen er nicht nennen konnte, aber jedesmal, wenn er ihm einen Blick zuwarf, erstarrte ihm das Blut in den Adern, und seine Augen waren voller Angst: Da war er wieder, dieser hochgewachsene, schwarzgekleidete Unbekannte, den er manchmal am Kopfende seines Bettes stehen sah und manchmal am Fußende.

In letzter Zeit geriet Mosche Maschber oft in Angst: Vor allem bei verschiedenen Geräuschen, die aus allen Ecken und Enden zu kommen schienen ... Wenn zum Beispiel in den ersten Tagen nach seiner Rückkehr Wassilij, der neue Hausangestellte, den Sruli Gol mitgebracht hatte, damit er in Hof und Haus arbeitete, vor der offenen Tür zum Wohnzimmer vorbeiging, in dem Mosche lag, und ein Holzscheit trug, um in einem der Zimmer einen Ofen anzuzünden, wie man ihm gesagt hatte, entdeckte Mosche Maschber plötzlich einen seltsam gekleideten Fremden in Mütze und Mönchskutte, der ihn so sehr erschreckte, daß er mit heiserer Stimme ausrief: »Wer ist das? Was hat dieser Priester hier im Haus zu suchen?«

Es dauerte einige Zeit, bis es seiner Tochter Judith gelang, ihn zu beruhigen und zu überzeugen, es sei nicht das, was er glaube, es sei keineswegs ein Priester, sondern der Nachfolger Michalkos, den man nach dessen Tod eingestellt habe . . . Mosche Maschber schenkte den Worten seiner Tochter lange keinen Glauben, denn er nahm an, ein Gespenst erblickt zu haben, eins von diesen Wesen, die er in letzter Zeit häufiger sah.

Ein zweites Mal wurde er von der ebenfalls von Sruli Gol ins Haus gebrachten Frau Michl Bukjers erschreckt; Mosche erblickte sie in ihrer ganzen Länge – sie war mehr als mittelgroß –, als sie hager und dunkel, vor allem aber unbekannt an der Tür vorbeiging und sich dabei benahm, als wäre sie daheim, und in seinem Entsetzen hielt er auch sie für ein Gespenst.

Alle Bemühungen seiner Tochter, ihn zu beruhigen, blieben fruchtlos. Wenn Mosche in dieser Verfassung war, gab sie sich besondere Mühe, ihn abzulenken, ihn zu zerstreuen und seine Ängste zu lindern, indem sie von erfreulicheren Dingen sprach . . . Die zahlreichen Besuche, die er anschließend erhielt, trugen auch nicht dazu bei, sein Wohlbefinden zu steigern. Es kamen Kaufleute, Markthändler, Getreue aus seiner Synagoge, von denen einige tiefes Mitleid mit ihm empfanden wie mit jedem Kranken; andere waren ein wenig schuldbewußt, weil sie zu seinem Unglück beigetragen hatten, diese bereuten und wollten zeigen, daß sie ihr Verhalten bedauerten . . . Mosche empfing die einen wie die anderen mit völliger Gleichgültigkeit, hörte ihnen nur mit halbem Ohr zu, denn er war damit beschäftigt, seiner inneren Stimme zu lauschen, die nicht aufhörte, ihm einzuflüstern, daß alles, was jetzt gesagt würde, um ihn zu trösten, ihn nichts mehr angehe, denn er stehe mit einem Bein schon auf einer bestimmten Schwelle, die er bald überschreiten müsse.

Tatsächlich interessierte Mosche Maschber nichts mehr, nicht einmal der Besuch von Scholem Schmarjon und Tsali Derbaremdiker, die eines Tages bei ihm auftauchten und eine offene und persönliche Botschaft von Jakob-Jossi Eilbirten persönlich überbrachten, der es sich nicht gestattet hatte, den Kranken selbst zu besuchen, da ihm das seine Stellung als reichster und angesehenster Mann der Stadt verbot und da er wegen seines Schuldbewußtseins gegenüber Mosche nicht wußte, wie dieser Mann, der durch ihn so sehr gelitten hatte, ihn empfangen würde; würde er ihm vergeben oder ihn nicht sehen wollen und ihm einfach den Rücken zukehren? ... So hatte er die beiden genannten Burschen geschickt, Scholem Schmarjon und Tsali Derbaremdiker, und ihnen eingeschärft, was sie zu sagen hatten; sie sollten hingehen und sagen, gewesen sei gewesen, vergangen sei vergangen, die Sache sei vorbei; solle Mosche Maschber aber mit Gottes Hilfe wieder genesen und sich wieder seinen Geschäften zuwenden, dann werde er, Jakob-Jossi, alles in seiner Macht Stehende tun, um Mosche Maschber zu seinem alten Ruf und seiner früheren gesellschaftlichen Stellung zu verhelfen.

Mosche Maschber nahm diese gute Nachricht eher kühl auf, als hörte er nur mit einem Ohr zu, und setzte dabei auch keine zufriedene Miene auf, wie es sonst der Fall ist, wenn jemand etwas hört, was ihn erfreuen sollte, mögen die Umstände, in denen er sich befindet, auch noch so hart sein. Dieses schöne Versprechen, mit dem man ihn hatte aufheitern wollen, ließ ihn völlig ungerührt, denn er wußte noch sehr genau, welches Leid ihm einige Leute angetan hatten, vor allem dieser Jakob-Jossi, der ihn ins Gefängnis gebracht und, schlimmer noch, seine jetzige Krankheit verschuldet hatte.

Und so vergingen Tage und Nächte, ohne daß sich etwas änderte. Nur die Medikamente auf dem kleinen Nachttisch an seinem Bett änderten sich: Aus flüssigen wurde feste, aus medizinischen Säften wurde grünliche, mit einem gelben Puder bestäubte Pillen oder umgekehrt; aber weder die einen noch die anderen halfen, ebensowenig wie die Visiten der beiden Hausärzte Janowski und Paschkowski, die häufig kamen und gegen gutes Honorar den Kranken lange und schweigend, wenn auch ohne jedes Ergebnis betrachteten ...

So verging Tag um Tag, und das Purim-Fest, der erste Frühlingsbote, rückte immer näher. Dieses Fest, das Kinder wie

Erwachsene gleichermaßen mit Freude erfüllt, das im jüdischen Leben seinen angestammten Platz hat und seine Existenz einer Legende verdankt, die man aus einer alten Pergamentrolle vorliest, in der es heißt, angesichts der Niederlage eines einstigen feindlichen Volkes, das sich vorgenommen hatte, das jüdische Volk zu vernichten, sollten alle frohen Herzens feiern. Bei der Verlesung lud die Legende auch dazu ein, dieses Fest Generation um Generation zu feiern, auf immer und ewig, und die Menschen sollten dabei essen und trinken und fröhlich sein und sich gegenseitig Geschenke machen.

Ja, viele Herzen ließen sich besänftigen, und zahlreiche Sorgen verschwanden selbst von den Gesichtern derer, die zu leiden hatten . . . Mosche jedoch vermochte das Herannahen dieses Fests nicht aufzuheitern. Trotz des strahlenden Sonnenscheins, der jetzt schon häufig durch die Fenster in das Zimmer drang, in dem sein Bett stand, obwohl unter der Einwirkung der Sonnenstrahlen immer mehr durchsichtige Wassertropfen und mehr als nur Tropfen in diesen Tagen vom Dach und der Regenrinne auf die Erde fielen, obwohl Mosche Maschbers neuer Wächter beim Anblick der Sonne und der durchsichtigen Wassertropfen oft dastand und in den Garten und auf die noch schneebedeckten kahlen Bäume blickte, reglos und mit offenem Mund dem kaum vernehmbaren Piepsen eines kleinen Vogels lauschend, der, wie es ihm erschien, seit dem Winterende seinen ersten Schrei hören ließ – trotz alldem versank Mosche Maschber immer tiefer in Melancholie, ohne zu sehen oder anzuerkennen, welche Mühe sich seine Tochter Judith gab, die alles in ihren Kräften Stehende tat, eine festliche Stimmung zu erzeugen, um den Kranken aufzuheitern und ihn von der Gefahr abzulenken, die über seinem Haupt schwebte.

Mosche Maschber konnte oder wollte sich nicht anstrengen, nicht einmal, um seiner Tochter eine Freude zu machen, die ihn so zärtlich umsorgte. Im Gegenteil: Er wandte sich von allem ab. Nur eines gab es noch, was ihn lebhaft interessierte: Gitl. Von Zeit zu Zeit verlangte er, zu ihr gebracht zu werden, die selbst krank war, zu seiner kranken Frau . . . Man half ihm, aus seinem

Bett aufzustehen, und dann ging er mühsam von Zimmer zu Zimmer bis zum Schlafzimmer, wo er sich nie lange aufhielt, sondern nur am Fußende des Betts stehenblieb, die Kranke kurz ansah und dann darum bat, ins Wohnzimmer und ins Bett zurückgebracht zu werden.

So war es zu Anfang gewesen. In letzter Zeit jedoch hatte er es weniger eilig, wieder ins Bett zu kommen. Im Gegenteil, er hielt sich immer länger bei Gitl auf. Ob es nun daran lag, daß seine Kräfte ihm nicht mehr erlaubten, so schnell wieder zu gehen und ins Wohnzimmer zurückzukehren, das heißt in kurzer Zeit einen doppelten Weg zurückzulegen, oder an etwas anderem: Immer dann, wenn er in letzter Zeit bei Gitl eintrat, hielt er sich mit beiden Händen an den Bettpfosten fest und blieb so stehen, solange es ihm seine Kräfte erlaubten. Danach gab er dem, der ihn hergebracht hatte, ein Zeichen und ließ sich wieder zurückbringen.

Wenn er Gitl jetzt besuchte, sprach er übrigens kein Wort mehr, da er wußte, daß es zwecklos war, daß er von ihr kein Zeichen des Wiedererkennens erhalten würde wie damals, als er zum erstenmal bei ihr erschienen war. Das war jetzt unmöglich und ausgeschlossen. Aber heute, am Tag des Purim-Fests, als es seiner Tochter Judith gelungen war, aus Liebe zu ihrem Vater so etwas wie eine festliche Stimmung zu schaffen, war Mosche etwas leichter ums Herz, als er Gitls Zimmer betrat; diesmal brachte er es über sich, zu ihr zu sprechen, mochten diese Worte auch nicht ihr Ohr erreichen, mochte er auch nicht wissen, ob er eine Antwort erhalten würde . . .

Er bat, ganz nahe zu ihr gebracht zu werden, beugte sich über ihr Gesicht und sagte: »Möge es dir vergönnt sein, noch das kommende Jahr zu leben, dir und denen, die du liebst . . .« Aber noch ehe er geendet hatte, kam ihm in den Sinn, daß diese Worte für einen von denen, die sie zärtlich liebte, nämlich für ihn selbst, Mosche Maschber, überhaupt nichts mit der Wirklichkeit zu tun hatten. Vergebliche Liebesmüh, wie man sagt. Er fing sich schnell, als hätte man ihn bei einer Lüge ertappt, und gab dem, der ihn herbegleitet hatte, ein Zeichen, er möge ihn ganz schnell wieder zu Bett bringen.

Mosche Maschber war zutiefst betroffen, als er Gitls Zimmer verließ und sich wieder zu seinem Bett im Wohnzimmer begab. Eine Zeitlang blieb er regungslos dort liegen und dachte an den Besuch, den er soeben seiner Frau in ihrem gemeinsamen Schlafzimmer abgestattet hatte. Später, als er sich von dem anstrengenden Hin- und Rückweg ein wenig erholt hatte, begann er zu träumen, und ihm kamen Bilder des heutigen Fests in den Sinn, dieses Fests, von dem er ausgeschlossen war, an dem er nicht teilnehmen, sondern an das er nur in seinem Bett liegend nebelhaft denken konnte.

Er sah vor sich, wie arme Jungen und Mädchen mit sorgfältig verpackten Geschenken in die Stadt liefen, mit Schalen, wenn die Gaben von armen Leuten stammten, und mit Platten, wenn sie von den Reichen kamen.

Er sah sie mit blitzenden Augen geschäftig herumlaufen und im Geist berechnen, was sie in diesem Jahr im Vergleich zum Vorjahr und dem nächsten Jahr, das sie schon begierig erwarteten, verdienen würden.

In Gedanken versetzte sich Mosche Maschber eine Zeitlang auf den Markt, vor die offenen Stände der Konditoren, Zuckerbäcker und Lebkuchenhändler, die das ganze Jahr Süßigkeiten verkauften und deren Stände von zahlreichen Käufern belagert wurden, die sich mit Bonbons, kleinen Kuchen, Anisbrot, Mohnzöpfen und anderen Süßigkeiten für Kinder eindeckten, die aus schneeweißem Stärkemehl und Zucker hergestellt wurden und in Form von Geigen, kleinen Enten und Vögeln angeboten wurden, mit denen die Kinder erst spielten, bevor sie sie hinunterschlangen.

Auf den Straßen der Stadt – stellte sich Mosche Maschber vor – liefen ungewohnt viele merkwürdige Bettler herum, einzeln und in ganzen Gruppen; und ebenso eine große Zahl von Wohltätern und Wohltäterinnen, die freiwillig von Tür zu Tür gingen, um die verborgene Not jener armen Leute zu lindern, die zu stolz waren, selbst um etwas zu bitten.

Als Mosche Maschber in seinem Bett lag, hatte er sogar das Gefühl, als ginge ständig die Küchentür auf, die von dem Wohn-

896

zimmer, in dem er lag, weit entfernt war; manchmal waren es Bettler, die man an der Tür schnell mit ein paar Groschen abfertigte, und manchmal ehrbare Leute, die ihrer vornehmen Aufgabe wegen, die sie auf sich genommen hatten, und um einen besseren Eindruck auf diejenigen zu machen, an die sie sich um eine milde Gabe wandten, Festtagskleidung angelegt hatten. Diese Wohltäter und Wohltäterinnen bittet man ins Haus, und man läßt sie in die schönen Zimmer eintreten, wo man sie empfängt, wie es sich gehört; und dort feilschen sie um eine großzügige Gabe, weil sie sich besser auszudrücken wissen und besser gekleidet sind, vor allem aber, weil sie einem ins Ohr flüstern oder durch Anspielungen zu verstehen geben, wer der gefallene Engel sei – der Herr bewahre uns vor Sünde! –, dem sie, die Wohltäter, versprochen hätten, »etwas zu unternehmen«. Mosche Maschber hatte in seinem Bett immer den Eindruck, als hörte er, wie die Tür sich vor Boten mit Geschenken öffnete, die von verschiedenen Verwandten und Bekannten geschickt wurden; wie seine Tochter Judith die Geschenke entgegennahm, die Boten »für unterwegs« entlohnte und darum bat, all denen herzliche Grüße zu übermitteln, die das Haus, ihren Vater und sie mit so viel Großzügigkeit beehrt hätten.

Ja, das muß man sagen, Judith hatte wie alle Frauen an diesem Tag und zu einer solchen Zeit mehr als genug zu tun; sie bemühte sich aber auch noch, diesen Tag nach allen Regeln zu feiern, ohne auch nur die kleinste Sitte auszulassen, damit ihr Vater den Eindruck gewann, alles sei wie zuvor, wie bei allen Leuten, bei allen anständigen Menschen ...

Es war für Judith natürlich eine schwere Aufgabe, zwei so schwerkranke Menschen im Haus zu versorgen, ihren Vater und ihre Mutter. Dennoch gab sie sich alle Mühe, nicht zu zeigen, wie hart die Arbeit war; ganz im Gegenteil, sie tat so, als wäre das Wesentliche der Feiertag, als bereitete ihr die Gesundheit ihres Vaters nicht die geringste Sorge, als würde mit Gottes Hilfe alles besser werden ...

Judith hatte sogar wie immer alles vorbereitet und arrangiert, was für das Purim-Festmahl nötig war, bei dem die Gäste meist bis zum späten Abend beisammen sitzen, gelegentlich sogar bis Mitternacht. Wegen des heiklen Gesundheitszustands ihres Vaters beschloß sie, daß das Essen nicht im Eßzimmer stattfinden sollte, denn es könnte ihrem Vater schwerfallen, dorthin zu gehen und zu sitzen, sondern vielmehr im Wohnzimmer, in dem sein Bett stand und in dem man den Tisch so stellen konnte, daß das Bett ihres Vaters den Ehrenplatz einnahm.

Sie tat noch mehr: Um ihren Vater aufzuheitern und eine intime und zugleich feierliche Atmosphäre zu schaffen, lud sie Onkel Lusi zu der Mahlzeit ein: Er solle nach Möglichkeit von Anfang an dabei sein, und falls dies nicht möglich sei, weil er das Fest zu Hause feiere, möge er wenigstens später kommen, wann immer er könne.

Und tatsächlich, so geschah es. Der große Eßzimmertisch wurde vor das Bett ihres Vaters gestellt . . . Mosche bemühte sich, es den anderen gleichzutun: in erster Linie, um sich selbst Sand in die Augen zu streuen und um den Kindern das Fest nicht zu verderben. Aber alle Anwesenden, angefangen bei Judith, die neben ihrem Vater saß, bis hin zum jüngsten Enkelkind, sahen sehr wohl, daß das Gesicht ihres Vaters und Großvaters nicht ihnen zugewandt sein würde, die an ihren Plätzen bei Tisch saßen, sondern daß er an die Decke starren würde, wie er es in letzter Zeit immer tat, wenn er schweigend und in Gedanken versunken in seinem Bett lag.

Ja, es fiel ihm schwer, sich so zu verhalten wie die anderen, und ohne sich dessen bewußt zu sein, begann er, ganz langsam auf die Seite zu fallen, wo er als Stütze ein ihm von Judith hingelegtes Kissen fand . . . Man sah ihm an, daß er sich bemühte, mit den anderen auf gleicher Höhe zu sitzen . . . Judith bemerkte es natürlich als erste, und um ihn aus seiner Zwangslage zu befreien und ihm Quälereien zu ersparen, sagte sie:

»Komm, Vater, leg dich hin, das ist besser für dich . . .«

Er gehorchte sofort, ohne zu widersprechen. Und obgleich er große Anstrengungen machte, seine Schwäche nicht zu verraten, konnte er eine Grimasse des Schmerzes nicht unterdrücken, mit der er dieses bißchen Wohlbefinden bezahlte, nämlich so wie die anderen für kurze Zeit aufrecht am Tisch zu sitzen. So blieb er fast während des gesamten Essens liegen, lag still und erschöpft da, ohne die Speisen und Getränke anzurühren.

Lusi erschien erst am späten Abend mit einer kleinen Gruppe seiner Anhänger, die er zu einem Festessen unter Freunden zu sich eingeladen hatte, das sie aber nicht beendet hatten, um noch zu Mosche gehen zu können.

Das Erscheinen Lusis verlieh Mosche neue Kräfte ... Zu Ehren seines Bruders versuchte er sogar, sich aufzurichten. Mehr noch: Er versuchte sogar, die Füße auf den Boden zu stellen ... Aber wie beim erstenmal gelang es ihm auch jetzt nicht, denn als er seine Lage verändern wollte, bekam er einen solchen Husten- anfall, daß alle Anwesenden, Familienmitglieder wie Fremde, wie erstarrt innehielten; er erstickte fast, konnte nicht wieder zu Atem kommen, und seine Tochter Judith bekam ebenso wie alle anderen, die der Szene beiwohnten, schreckliche Angst. Sie umringten ihn und sahen ihn nach Luft schnappen und röcheln, als würden in seiner Brust und seiner Kehle allerlei Musikinstru- mente spielen. Sie wollten Dr. Janowski kommen lassen und das Unheil sogar durch Beschwörungen abwenden ...

Kurze Zeit später ging es ihm wieder besser. Der Anfall war vorbei. Die Familie hielt jedoch besorgt den ganzen Abend Wache, denn sie fürchtete, die Attacke könnte sich wiederholen. Die Fremden aber, das heißt Lusis Begleiter, die dieser zu seinem Bruder mitgebracht hatte und deren überhitzte Frömmigkeit, die ihnen eigen war und die sie für alles stumm und taub machte, was sie umgab, wenn es darum ging, Gott auf bestimmte Weise dienlich zu sein – wie etwa durch das Gebet –, diese Anhänger Lusis also, diese zutiefst frommen Männer, hatten den Zustand des Kranken inzwischen fast vergessen; wohlverstanden nicht in böser Absicht, sondern vielleicht sogar aus Wohlwollen, aus einem Wunsch heraus, ihn in den Kreis derer aufzunehmen, die zu Ehren eines solchen Festes in der Lage sind, ihre Leiden zu vergessen. Kaum saßen sie am Tisch, an dem man ihnen Plätze zugewiesen hatte, begannen Lusis Begleiter sofort zu singen, was man bei einem Purim-Essen stets zu singen pflegt: »Rose Jakobs, freue dich ...« Und so weiter. Und dann vergaßen sie nicht einmal zu tanzen, ohne dem Kranken weitere Aufmerksamkeit zu schenken, denn ohne Tanz gibt es keine wahre Freude ... Sie sangen und tanzten mit einer solchen Inbrunst und einer derart feierlichen Erregung, daß wir uns sicher sind, daß, wäre Mosche Maschber, der tatsächlich gefährlich krank war, imstande gewesen, ihnen auch nur einen Blick zuzuwerfen und sie zu hören, er zumindest für einen Augenblick Lust bekommen hätte, sich ihnen anzuschließen, und zumindest hätte sich ein freudiges Lächeln auf seinem Gesicht und in seinen Augen gezeigt. Denn ja, man sah ihnen an, daß diese Männer nicht wegen der vielen Speisen und Getränke tanzten und sich freuten, sondern hauptsächlich wegen des großen Wunders, das ihnen und ihren Vätern widerfahren war, nämlich die ständige Erneuerung der Generationen; dieses Wunder, das den früheren Generationen der *Vergangenheit* und ihnen selbst, der *jetzigen* Generation, erlaubt hatte, Ihm zu danken, Ihn zu rühmen und Ihm zu dienen, der ewig lebt.

Ja, wenn Mosche auch nur halbwegs dazu in der Lage gewesen wäre ... Aber er war es *nicht*. Während dieser ganzen Zeit schien er für Lusis Schäfchen weder Augen noch Ohren zu haben, da er Lusi nicht aus den Augen lassen konnte, als lauerte er nur auf den richtigen Moment, um ihm das zu sagen, was er ihm während der Mahlzeit nicht hatte sagen wollen, da er es für unpassend gehalten hatte. Er machte den Eindruck, als wollte er etwas für später aufheben, für die Zeit nach dem Essen, wenn es Zeit war, sich von seinem Bruder zu verabschieden.

Und so geschah es: Als die Mahlzeit beendet und der Segen gesprochen war, verabschiedeten sich Lusis Anhänger, zunächst von Mosche, dann von der Familie, und wünschten all das, was man in solchen Fällen wünscht: die besten Wünsche für ein gutes Jahr. Als Lusi ans Bett seines Bruders trat, am Kopfende stehenblieb und das gleiche tun wollte, nämlich ihm ein von Herzen kommendes Wort zu sagen, gab ihm sein Bruder Mosche ein kleines Zeichen, damit er sich noch tiefer über ihn beuge, als wollte er ihm sagen, er könne nicht gut hören oder nicht laut sprechen. Lusi gehorchte, beugte sich über ihn, worauf Mosche ihm mit leiser Stimme sagte, damit niemand es hören konnte:

»Der Vorhang fällt, Lusi ... Ich, Mosche, habe nicht mehr lange zu leben, und ich bitte dich noch einmal, öfter zu kommen, denn bald wird es niemanden mehr geben, zu dem du kommen könntest.«

Purim fällt immer auf den vierzehnten Tag des Monats Adar[1] und Passah immer auf den fünfzehnten des Monats Nisan[2]; in der Zwischenzeit ist die Stadt vollauf damit beschäftigt, diesem Fest, das aller Welt Freude bringt, einen würdigen Empfang zu bereiten. Es kommt Arm in Arm mit dem Frühling, wenn an einem hohen und dunklen Himmelsgewölbe abends die Sterne leuchten, als hätte sie der Winter reingewaschen und erneuert; wenn der wolkenlose Himmel am Tage schon den Eindruck macht, als wäre er blankgeputzt; wenn die Zugvögel bereits aus dem Süden zurückgekehrt sind und diejenigen, die hiergeblieben sind, die nicht in den Süden ziehenden Vögel, schon dabei sind, die Reisenden heftig zwitschernd und flügelschlagend zu empfangen; wenn die Hühner am Vorabend von Passah gakkernd neue Generationen versprechen und sich zum Eierlegen anschicken und dabei viel Platz beanspruchen; wenn die aufgeplusterten Truthähne ihre blau gesprenkelten Flügel spreizen und daherwatscheln, als gingen sie auf Stelzen.

Wie man es in den ersten Tagen nach Purim immer tat, richtete man in leeren Seitengassen in aller Hast verfallene Häuschen her, die für den Rest des Jahres leer standen und die man für diesen Monat an Bäcker vermietete, die dort Matzen backen sollten.

In den wenigen Zimmern dieser Häuschen standen blankgescheuerte Tische für Frauen und Mädchen bereit, die man für einen ganzen Monat einstellte, um den Teig zu kneten. In der Küche dieser baufälligen Häuser wurde ein großer Ofen

[1] Ende Februar.
[2] Ende März.

gemauert; daneben stand ein Tisch mit einem großen Backblech, auf dem die Matzen ausgestochen wurden; und vorsorglich hielt man auch ein kleines Zimmer bereit, in dem der Teig geknetet wurde, den man anschließend in kleine Stücke schnitt, die man auf große Tische legte und dort »rollte«.

In diesen Bäckereien herrscht eine fröhliche und lärmende Atmosphäre. Frauen und Mädchen plappern und scherzen. Und während sie den Teig kneten und rollen, unterhalten sie sich laut mit den anderen Frauen, die neben ihnen stehen, gegenüber oder an anderen Tischen.

Man hört die Rufe des »Schiebers«, der die Frauen zu schnellerer Arbeit antreibt, denn der Ofen dampft umsonst; die Schreie des »Stechers«, der das gleiche fordert; die Schreie der Kunden, die genau sehen, daß die Frauen und Mädchen sich gehenlassen, nicht schnell genug arbeiten oder die rituellen Rezepte nicht genau genug beachten; wenn sie beim Kneten langsamer werden oder eine »Rollerin« ihre Fingernägel nicht kurzgeschnitten hat; oder wenn sie heimlich einen Bissen »Chometz« hinunterschlingt, ein Stück Brot aus Sauerteig, ohne die Krümel abzuschütteln oder sich die Hände zu waschen, wie es vorgeschrieben ist . . .

Man hört Mütter schreien, die ihre Kinder ausschimpfen, die an ihren Rockschößen zerren und ein Stück Matzen frisch aus dem Ofen fordern. Man hört das Geschrei der Unternehmer, die kommen und gehen und die Arbeit der Arbeiterinnen überwachen, die sie eingestellt haben, da sie die Kunden durch sorgfältige Arbeit zufriedenstellen wollen, damit die sich im nächsten Jahr daran erinnern und keinen anderen Lieferanten suchen.

Auf den Straßen sieht man schon die ersten Dienstleute mit tiefen, geflochtenen Körben aus Weidenruten, die bis zum Rand mit Matzen gefüllt und mit weißem Leinen zugedeckt sind; sie sind für die Leute bestimmt, die in aller Ruhe ihre Vorbereitungen treffen können und es nicht nötig haben, bis zur letzten Minute zu warten wie die ärmeren Leute, die kein Geld haben.

Bei Anbruch der Nacht sieht man auch ganze Gruppen von Männern zum offenen Flußufer gehen; das Wasser ist noch kalt und voller Eisschollen. Die Männer tragen Utensilien für das Passahfest, Krüge und Eimer, um noch vor Sonnenuntergang »unser Wasser«[1] zu schöpfen. Und dieses Wasser wird mit feierlichem Ernst geschöpft, schweigend, und die Leute atmen ganz vorsichtig, wenn sie diese Kannen und Eimer behutsam nach Hause tragen.

Gleich nach Purim beginnt man in den wohlhabenderen Häusern, wie die Sitte es verlangt, den Borschtsch anzusetzen. Man gibt ihm einen Ehrenplatz in einer Ecke des Wohnzimmers oder in einem anderen schönen Raum, und diese Ecke wird fortan von dem Hausherrn streng überwacht und beinahe geheimgehalten; die Fäßchen werden mit schneeweißem Tuch zugedeckt, und es ist den Kindern streng verboten, sich ihnen zu nähern oder sie auch nur anzusehen ... Und von Zeit zu Zeit gehen die Hausherren selbst behutsam hin, lüften das Tuch, schöpfen den Schaum ab, der sich an der Oberfläche gebildet hat, und verschließen die Fäßchen von neuem. Bis zum nächsten Mal, wenn sie es für nötig halten, den Vorgang zu wiederholen.

In den wohlhabenden Häusern beginnt man schon mit den Vorbereitungen für das Fest: Ein Zimmer nach dem anderen wird hergerichtet, man kauft Geschirr und bestellt verschiedene Handwerker, Schneider, Schuhmacher, was man braucht, um sicher zu sein, daß die Bestellungen rechtzeitig ausgeführt werden.

In weniger reichen Häusern herrscht ebenfalls Aufregung. Manche strengen sich an, noch vor dem Fest Geld aufzutreiben, während andere, noch Ärmere, wissen, daß sie ein Almosen erwartet, das heißt, daß irgendeine wohltätige Organisation sich um sie kümmern wird.

Und auf dem Markt herrscht zu dieser Zeit Hochbetrieb. In den Marktständen gibt es jetzt eine große Auswahl von Stoffen, von Resten, Ramschware, die bei den Einzelhändlern im vergangenen Jahr liegengeblieben ist und die jetzt als letzter Schrei der Mode angepriesen wird.

[1] Zitat aus der Aggada.

Billige Knöpfe, Socken, Krawatten, Posamentierwaren, Strümpfe, Spitzen und Wäsche tauchen auf; ebenso Reste kostbarerer Ware wie etwa feines Tuch, Kattun, Wolle und so weiter. Die Händler preisen ihre Ware mit heiserer Stimme an; sie wiegen, messen, zählen das eingenommene Geld, geben das Wechselgeld heraus, und das alles geschieht ganz hastig, mit fiebriger Eile, als würde es ihnen die Hände verbrennen, als würde jemand hinter ihnen stehen und sie drängen, die Kunden noch schneller und immer schneller zu bedienen. In Wahrheit ist diese Eile nur vorgetäuscht, um die Kauflust derer anzustacheln, die eigentlich nur hatten zusehen wollen, wie andere kaufen.

Auf den großen Märkten herrscht sprudelndes Leben; dort zeigen sich vor allem die reicheren Leute. Die Ladenbesitzer und auch die Verkäufer behalten sie im Auge, denn sie wissen sehr wohl, daß diese Leute »etwas« haben und mit ernsthaften Absichten gekommen sind. Die Ladenbesitzer wollen sie nicht entwischen lassen und finden sich manchmal sogar mit einem niedrigeren Preis als zunächst verkündet ab, um überhaupt etwas Geld in die Finger zu bekommen, das sie immer dringend brauchen, besonders aber jetzt, vor Beginn der Sommersaison, wenn sie bei den Großhändlern die Schulden vom vergangenen Jahr begleichen müssen, um mit einem neuen, noch längerfristigen Kredit neue Ware zu erhalten.

Es herrscht ein dichtes Gedränge, ein Kommen und Gehen, ein Feilschen und Messen in diesen Läden, in denen die Leute aus Stadt und Land einkaufen. Alle handeln, und alle sind aufgeregt; die Verkäufer von Stoffballen, von Lederwaren, von Schuhen und so weiter.

Und das schöne Wetter trägt das Seine dazu bei. Vorbei die Zeit, in der das Wetter launisch war: mal winterlich, mal wiederum nicht, weder vorhersehbar noch ausgeglichen. Als kaltes Wetter plötzlich in warmes umschlug, als ein halbwegs klarer Himmel plötzlich Wolkenberge aufwies, die mal Regen, mal Schnee brachten, manchmal eine Mischung aus Sonne und eisigen Schauern, fast von Hagel. Nein. Jetzt war es anders. »Sanfte und milde Winde«, wie es im Kalender geschrieben steht, wie in jedem Jahr am Vorabend dieses Fests zu allgemeinem Wohl und Vergnügen. Der Kalender sagte es immer richtig voraus, und wenn er sich einmal irrt, ist das auch kein Unglück ...

Wie die Sitte es verlangt, lesen die Schulkinder jetzt die leichteren Kapitel, nachdem sie vorher diejenigen durchgenommen haben, die ihnen Kopfzerbrechen bereiten. Jetzt geht es um die Bundeslade, die unser Meister Mose nach dem Auszug der Hebräer aus Ägypten hat bauen lassen – das Tabernakel mit dem Altar und dem kunstvoll mit Armen, Knöpfen und kleinen Rosen geschmückten Kandelaber.

Die Schulkinder sind also fröhlich damit beschäftigt, die Bundeslade mit ihren Behängen, ihrem Eingang und ihrem Dach aus Ziegenfell zu malen und zu zeichnen. Sie stellen aus einem gewöhnlichen Stück Stoff den »Ephod«[1] her, den Brustschild mit seinen zwölf Steinen, die den zwölf Stämmen Israels entsprechen, mit seinen Schulterstücken und dem Gürtel, den der Hohepriester über Brust, Rücken und Hüften trug. Jedesmal, wenn man bei diesen Kapiteln ankommt, beehrt der Lehrer einen anderen Schüler mit der Erlaubnis, diesen selbstgemachten »Ephod« anzulegen, damit die anderen Schüler ihn aufmerksam betrachten und sich eine genaue Vorstellung von diesem Gegenstand machen, den unser Lehrer Mose bei frühen Künstlern in der Wüste bestellt hatte ...

Wer aber wirklich viel zu tun hat, das sind die Handwerker, etwa die Schuhmacher, Schneider, Klempner und so weiter, die in diesem Monat eine Menge Arbeit haben, während sie im Winter nur wenig zu tun hatten, oft sogar gar nichts. Sie wollen jetzt natürlich Geld verdienen und die Zeit des Überflusses nutzen, wollen also das Eisen schmieden, solange es noch heiß ist und die Kunden keinerlei Aufschub gewähren, wenn sie die Ausführung ihrer Aufträge zum festgesetzten Termin verlangen, ohne sich auf Ausreden einzulassen.

Mit einem Wort: Die Stadt hat sich ein Fieber zugezogen, das von Tag zu Tag und von Woche zu Woche steigt, je näher das

---

[1] Brustschild des Hohepriesters aus Onyx.

Fest rückt . . . Die Männer gehen ihren Geschäften nach, und die Frauen bekommen vor lauter Arbeit, die ihnen aufgehalst wird, fast einen Drehwurm. Sie müssen nach dem langen schweren Winter Frühjahrsputz machen und die Häuser, in denen man im Winter nur für den Sabbat saubermachte und wo man nicht so genau in alle Ecken sah, wieder in Ordnung bringen.

Man kann also verstehen, daß den Leuten, wenn sie erst einmal ihre Arbeit erledigt haben, nur wenig Zeit bleibt, zu klatschen und verleumden und über andere herzuziehen, wie sie es zu anderen Zeiten des Jahres tun, im Winter, während der langen Abende und im Sommer an den langen Tagen. Nein, jetzt nicht. Die Leute sind derart beschäftigt und bis zur Halskrause mit Arbeit eingedeckt, daß sie nicht mal mehr die Zeit finden, ein Wort über wichtige Ereignisse in der Stadt zu verlieren, die man zu einem anderen Zeitpunkt ganze Tage, ja selbst Wochen und Monate lang hin und her gewälzt hätte, etwa eine Heirat in einer reichen Familie oder den Tod eines berühmten Mannes . . . Im Augenblick hat man nicht einmal für wichtige Dinge Zeit, man erwähnt sie nur nebenbei, einen Augenblick lang, fängt sich dann aber schnell wieder, denn es gibt noch so viel zu tun.

Gleichwohl stürzte der Tod Mosche Maschbers und vor allem das, was sich nach seinem Hinscheiden abspielte, die Stadt in solche Verwirrung, daß die Leute darüber all das vergaßen, was mit dem kommenden Fest in Zusammenhang stand, und an nichts anderes mehr denken konnten.

Nach Purim und dem Festessen, das wir oben beschrieben haben, verfiel Mosche Maschber von Tag zu Tag mehr. Er mußte inzwischen nicht nur auf seine kurzen Besuche bei seiner kranken Frau Gitl verzichten, die er, die Beine mühsam nachschleppend, bislang noch unternommen hatte; aber jetzt hatte er nicht einmal mehr die Kraft, die Füße auf den Boden zu stellen, wenn er ein Bedürfnis verspürte. Es mußte immer jemand da sein, der ihm half, ihm eine Hand oder eine Schulter reichte.

Die Ärzte hatten keine Hoffnung mehr: Eine vollständige Genesung war niemals zu erwarten gewesen, aber sie konnten nun Mosches Leiden nicht einmal mehr mit jenen Betäubungsmitteln lindern, die man einem Kranken zu geben pflegt, damit sich sein Bewußtsein trübt und er über seinen Zustand im unklaren bleibt.

Mosche Maschber schlief auch nicht mehr, weder am Tag noch nachts, und all die, die an seinem Bett wachten, bemerkten jetzt, daß er leicht die Augenlider schloß wie ein schläfriges Huhn, während über Gesicht und Stirn Gedanken zu huschen schienen wie dunkle Schatten unter einer düsteren Wolke, die es nicht eilig hat, weiterzuziehen.

Ja, Tag und Nacht war jemand bei ihm, am häufigsten seine Tochter Judith, die alles in ihrer Kraft Stehende tat, um ihren Vater zu trösten, denn sie wollte, daß er sie stets an seiner Seite sah, sie, die Hingebungsvollste von allen. Aber selbst sie, Judith, war eine armselige Hilfe, denn die Krankheit verschlimmerte sich trotz aller Mühen immer mehr. Sie konnte nur noch eines tun, nämlich von Zeit zu Zeit das Kopfkissen ihres Vaters zurechtrücken, um ihm so ein Gefühl der Frische zu geben und ihn so glauben zu lassen, sein Zustand bessere sich ein wenig. Dann blieb ihr noch, ihn an die Medikamente zu erinnern, welche die Ärzte bei ihrem letzten Besuch verordnet hatten, von denen ihr Vater Mosche aber nichts wissen wollte. Wenn er sich von Zeit zu Zeit entschloß, sie doch einzunehmen, sah man ihm an, daß er es nicht für sich tat, sondern um seiner Tochter zu Gefallen zu sein ...

An dieser Stelle müssen wir hinzufügen, daß Mosche Maschber um diese Zeit kaum noch ein Wort sagte, als hätte er schon das Sprechen verlernt. Er fand nicht nur für andere keine Worte mehr, sondern auch für sich selbst nicht, wenn er Selbstgespräche führen wollte ... Man wird also verstehen, daß seine Tochter Judith, die eines Nachts bei ihrem Vater Wache hielt, völlig verwirrt war, als er ihr plötzlich ein Zeichen gab, sie solle sich über ihn beugen. Judith hatte jedoch keinerlei Grund, sich über die Worte ihres Vaters zu freuen ... Natürlich sprang sie auf sein Zeichen hin sofort auf und beugte sich über ihn, um ihm zuzuhören, aber als sie sein erstes Wort vernahm, das ihm nur schwach über die Lippen kam, begriff sie sogleich, worum es ging und warum er sie gebeten hatte, ihn anzuhören. Es ging um seinen letzten Willen, und tatsächlich sagte Mosche:

»Sorge dafür, meine Tochter, daß die Familie unter allen Umständen zusammenbleibt ... Ihr dürft euch nicht trennen ... Was immer Gott euch schicken mag, bleibt zusammen ... Deine Mutter«, fügte Mosche Maschber hinzu, und das, was jetzt folgte, beunruhigte Judith noch mehr, »deine Mutter hat zweifellos auch nicht mehr lange zu leben ... Meine Tochter, mach dich also auf zwei Gedenkgottesdienste gleichzeitig gefaßt, einen für mich und einen für sie«, sagte er, mit einer schwachen Kopfbewegung in die Richtung von Gitls Zimmer weisend.

»Vater!« rief Judith zitternd aus. »Was redest du da? Wie kommst du nur auf so etwas?«

Aber Mosche Maschber sagte nichts mehr und hielt es nicht mehr für notwendig, Judith noch lange in ihrer gebückten Haltung stehen zu lassen. Er gab ihr ein Zeichen, das Sprechen falle ihm schwer, und die Unterhaltung, um die er sie gebeten habe, sei jetzt beendet.

Ja, und bis zu seinem Ende vernahm Judith kaum noch ein Wort aus seinem Mund ... Ein anderer, Lusi, der in den letzten Tagen bei seinem Bruder gewacht hatte, da Judith durch die Versorgung von Vater und Mutter erschöpft war, war jetzt der einzige, dem Mosche gelegentlich sein Herz ausschüttete, und solange er noch die Kraft hatte zu sprechen, sagte er ihm gelegentlich ein paar Worte unter vier Augen ...

So gab er ihm eines Nachts, als Lusi allein bei ihm war, ein Zeichen, näherzukommen und sich ans Kopfende zu setzen. Nachdem Lusi der Aufforderung gefolgt war, vertraute ihm der mühsam atmende Mosche mit leiser Stimme an, daß er jetzt sehe, was niemand sonst zu sehen scheine ... Er sehe nämlich vor sich ihren Vater mit seinem Jarmulke sitzen, so wie früher, als dieser jeden Morgen aufgestanden sei, um sich den Studien zu widmen, und außerdem ihre Mutter in ihrer Haube, die ihm gerade seinen Lindenblütentee bringe. Es erschrecke ihn nicht, sie so lebendig zu sehen, daß ihm auch nicht der geringste

Zweifel an ihrer tatsächlichen Existenz bleibe, trotzdem wisse er sehr wohl, daß es nicht wahr sei . . . Plötzlich aber erscheine über dem Kopf ihres Vaters ein Hahn, der offensichtlich in der Luft schwebe, der aber wirke, als sitze er auf einer Stange oder einem Zaun, was ihn, Mosche, sehr erstaune und ihm große Angst mache . . . Und dann breite der Hahn die Flügel aus, als wolle er krähen, und da verschwinde plötzlich der Kopf ihres Vaters und sei durch den Kopf des Hahns ersetzt. »Was kann das bedeuten?« fragte Mosche Maschber verängstigt und nur mühsam atmend.

»Das ist nichts, Mosche, mein Lieber, das ist nur die Einbildung, die dir einen Streich spielt, weil du so wenig schläfst«, erwiderte Lusi, der ihn beruhigen und trösten wollte. In Wahrheit war er jedoch über die Vision seines Bruders äußerst beunruhigt.

»Meinst du wirklich?« sagte der Kranke ungläubig, und man sah ihm an, daß er diese Worte nur deshalb nicht mit einer Handbewegung abtat, weil sie von seinem Bruder kamen und niemandem sonst.

Nach solch unheilverkündenden Gesprächen machte es sich Lusi zur Gewohnheit, ein wenig länger bei seinem Bruder zu verweilen, um ihn zu beruhigen. Danach verließ er ihn, um ihm die (wenn auch wenig wahrscheinliche) Möglichkeit zum Einschlafen zu geben. Er trat an den Tisch, der etwas abseits stand, auf dem er ein Buch hatte liegen lassen, in dem er während der langen Stunden des Wachens manchmal blätterte. Gelegentlich ging er auch an den Wänden des Wohnzimmers, das im Halbdunkel der Lampe mit dem heruntergedrehten Docht so riesig wirkte, ganz leise auf und ab, um seinen Bruder nicht zu stören. Dabei fragte er sich besorgt, wie man einem Mann helfen konnte, dessen Tage und vielleicht schon Stunden gezählt waren.

Lusi saß über seinem Buch oder ging leise im Zimmer auf und ab, bis sein Bruder aus dem Schlummer aufwachte und ihn entdeckte; dann wurde Mosche ängstlich oder rief Lusi, um ihm von einer neuen Vision zu erzählen.

Während der letzten Nächte hatte Mosche Maschber das

Zimmer voller Fliegen gesehen, die an den Wänden, an der
Decke und sogar auf dem Fußboden saßen und in der Luft
herumflogen, eine unglaubliche Masse von Fliegen, die her-
umschwirrte und summte ...

»Wie ist das möglich?« fragte er überrascht. »Es ist doch nicht
die Jahreszeit dafür, wie mir scheint ... Wir haben doch noch
nicht Sommer ... Wo kommen dann so viele Fliegen her?«

Lusi versuchte natürlich wie immer, Mosches Ängste zu verscheuchen und ihn zu beruhigen ... Aber schließlich, eines
Nachts, in der allerletzten Nacht, als der ganzen Familie bewußt
wurde, daß das Ende nahe war, als niemand mehr ins Bett ging,
da alle spürten, daß sie in dieser Nacht wachbleiben müßten; in
dieser Nacht, in der alle an seinem Bett standen, in der die einen
ihn drängten, ein Medikament einzunehmen, die anderen etwas
anderes, um in ihm noch einen Funken Leben wachzuhalten, in
dieser Nacht also bedeutete Mosche Maschber mit einer Handbewegung allen, sie sollten sich entfernen, und der einzige, der
bei ihm blieb, war Lusi, den er nochmals bat, sich über ihn zu
beugen, und als dieser gehorchte, fragte er ihn in ruhigem und
nüchternen Tonfall geradeheraus wie ein Reisender, der nicht zu
spät ankommen will: »Wie spät ist es, Lusi?« Und kurz darauf
stellte er ihm eine zweite Frage:

»Ach ja, wegen der ›Kleider‹ und des ›Orts‹ brauche ich mir
wohl keine Sorgen mehr zu machen, denn wenn mich mein
Gedächtnis nicht trügt, habe ich mich schon letztes Jahr darum
gekümmert?«

Nachdem er dies gesagt hatte, verstummte er. Er wartete keine
Antwort Lusis ab, denn seine Frage hatte schon die Bestätigung
enthalten ... Dann blieb er liegen, als wäre er mit sich allein, wie
um noch ein letztes Mal nachzudenken, und dann, als wäre er
damit fertig, äußerte er zu Lusi nur ein Wort: »Beichte.«

Lusi tat, wie ihm geheißen: Er las den Text, und sein Bruder
Mosche wiederholte ihn, soweit das möglich war, in ruhigem
Tonfall und ohne jedes Selbstmitleid.

Dann herrschte Stille im Raum, eine solche Stille, daß, wenn
die Fliegen, die Mosche Maschber in den letzten Tagen zu sehen

gemeint hatte, tatsächlich dagewesen wären, sie jetzt mitten im Flug innegehalten und ihr ewiges Summen unterbrochen hätten, um zu sehen, was hier vorging . . .

Aus einigen Ecken des Wohnzimmers war unterdrücktes Schluchzen zu hören. Vor allem von Judith, Mosches Tochter, die sich hinter dem Türvorhang versteckt hatte und dort im Verborgenen, ungesehen von allen, still vor sich hinweinte.

Esther-Rachel und andere Verwandte weinten mit ihr. Man hatte sie gebeten, sich ein wenig um den Kranken zu kümmern und den Familienangehörigen zur Hand zu gehen, die vor Erschöpfung umfielen.

In diesen Momenten war alles ruhig. Es hatte den Anschein, als wären alle Anwesenden stumm geworden; allein Lusi verhielt sich so, wie es seine Würde und seine Pflicht dem Bruder gegenüber verlangten, um diesen nach den Vorschriften und Riten zu begleiten. Er stand am Fußende von Mosches Bett und sah, wie die Seele sich vom Körper trennte . . .

Mosche Maschber hatte sich wieder beruhigt. Er lag schwer atmend im Todeskampf. Bis zu dem Augenblick, in dem er sich nicht mehr regte und die Anwesenden sich überzeugten, daß es für ihn nichts mehr zu tun gab, wenn man von dem absieht, was man für einen Mann tun muß, der am Ende seines Weges angelangt ist . . .

Judith, Mosche Maschbers Tochter, stieß einen durchdringenden Schrei aus . . . Ihr Mann Jankele Grodztain und auch ihr Schwager Nachum Lentscher sowie alle Verwandten und die Synagogendiener, die man in dieser Nacht gleichfalls gebeten hatte, am Bett des Kranken zu wachen, bildeten einen Kreis um Judith und hinderten sie daran, sich ihrem Vater zu nähern, auf den sie sich mit mehr Kraft stürzen wollte, als man ihr zugetraut hätte . . .

Man hatte sie zurückgehalten, und mit Mosche Maschber geschah in dieser Zeit, was den Totenriten zufolge zu tun ist: Man hob ihn hoch und legte ihn auf den Fußboden . . .

Neben seinen Kopf stellte man die Sabbatleuchter seiner Frau Gitl und seiner Tochter Judith mit brennenden Kerzen auf, die seinen von einem weißen Tuch bedeckten Leichnam erhellten . . .

Das war das Ende von Mosche Maschber.

Als sich am nächsten Morgen die Nachricht vom Tod Mosche Maschbers verbreitete, erst dort, wo sich seine Geschäfte befanden, dann auf dem ganzen Markt, in allen Geschäften und Läden, fühlten sich alle Menschen betroffen; in erster Linie natürlich die Kaufleute, die mit ihm lange Zeit geschäftliche Beziehungen unterhalten hatten, aber auch diejenigen, die ihn kannten oder von ihm gehört hatten, die ihn schätzten und seine Stellung in der Geschäftswelt respektierten. Und bei der Nachricht von seinem Tod erklärten alle überrascht:

»Ah! . . . Gesegnet sei der Wahre Richter! . . .«, und fast alle fügten hinzu: »Wie schade, wie schade.«

»Sehr schade!« sagten andere, bei denen die Nachricht noch größeres Mitleid ausgelöst hatte.

»Er hat die Welt vor der Zeit verlassen!« sagten wieder andere voller Bitterkeit und dachten an diejenigen, die zum Tod Mosche Maschbers beigetragen und dem Todesengel geholfen hatten.

»Man stelle sich vor: einen Juden in die Hände seiner Feinde zu liefern, einen solchen Mann ins Gefängnis zu werfen . . .«

»Wirklich unerhört!«

»Mörder!«

Diese Nachricht rief einige verbitterte Leute auf den Plan, die vielleicht selbst unter denen zu leiden gehabt hatten, die auch Mosche Maschber hatten leiden lassen, und die jetzt den Zeitpunkt für gekommen hielten, ihren Zorn an den Quälgeistern auszulassen.

»Aber das ist unerhört: ein Familienvater, ein ehrenwerter Mann, kein Niemand – einen Mann in seiner Stellung zu vernichten und ins Elend zu stürzen . . . Verflucht sei der Ort, an dem sie sich aufhalten!«

»Wer denn?« fragten einige in der Menge, die dem Beginn der Unterhaltung nicht beigewohnt oder sich zufällig zusammengerottet hatten.

»Wer?« Derjenige, der seinem Zorn als erster Luft gemacht hatte, ließ sich nicht davon abbringen, weiterzuschimpfen, wobei er offensichtlich gute Gründe hatte, den Namen des Mannes zu verschweigen, an den er dachte; und andere, die ihn sprechen hörten, hatten vielleicht ebenfalls ihre Gründe, nicht allzu viele Fragen zu stellen, denn da sie sich nicht danach erkundigten, schienen sie schon alles zu wissen.

»Wer?« fuhr der aufgebrachte Mann fort. »Diejenigen, die Gott nicht im Herzen tragen, diese Jakob-Jossis, die es fertigbringen, all die aus dem Weg zu räumen, die ohnehin wehrlos sind; denn diese reichen Leute denken, die Armen könnten ihnen gefährlich werden, ihrem Wanst und ihrer Brieftasche. Sie schämen sich nicht, einen solchen Mann einsperren zu lassen, ihn ins Grab zu stoßen, wie etwa diesen Mosche Maschber . . .«

Jeder hatte etwas zu sagen: Manche voller Zorn, andere etwas gemäßigter, wieder andere, die es liebten, sich an einer etwas melancholischen Unterhaltung zu beteiligen, bei der über den Tod anderer gesprochen wurde, was sie an ihren eigenen denken ließ . . .

Nun gut, nach all dem Palaver an diesem Morgen unter den verschiedenen Gruppen, die sich auf dem Markt versammelt hatten, strömte eine beträchtliche Menschenmenge in jenes Viertel der Stadt, in dem Mosche Maschbers Haus stand, um ihn zum Friedhof zu begleiten und ihm die letzte Ehre zu erweisen.

Das Leichenbegängnis verlief wie gewohnt: Erst eine schweigende Menge im Haus Mosche Maschbers, als jeder eintrat, um einen Blick auf den Toten zu werfen, der in dem Wohnzimmer mit den zahlreichen Fenstern zum Hof hin aufgebahrt war. Als sie sich erst einmal im Wohnzimmer befanden, nahmen sich viele Menschen, die noch nie in Mosche Maschbers Haus gewesen waren und deren Schicksal es war, gesellschaftlich mehrere Stufen unter ihm zu stehen, jetzt die Zeit, einen Blick auf die Möbel zu werfen, die noch aus der Zeit von Mosche Maschbers Wohlstand stammten; die Sofas und Polstersessel in ihren weißen Schonbezügen; den großen Spiegel mit dem vergoldeten Rahmen, der so lang war wie ein erwachsener Mensch und den man jetzt mit einem Tuch verhüllt hatte, die grünen Pflanzen, die man jetzt in eine Ecke des Wohnzimmers gestellt hatte, wo sie fast an einen kleinen Garten denken ließen, und allerlei mehr. Und sie, diese Leute, die gesellschaftlich viel tiefer standen als Mosche Maschber, beklagten zwar den Toten, der auf dem Fußboden aufgebahrt lag, mit Leuchtern und Wachskerzen neben seinem Kopf, so wie sie alle Toten beklagten, empfanden aber auch so etwas wie Neid auf ihn, diesen Mosche Maschber, der einmal in diesem hellen, gut gelüfteten und geräumigen Wohnzimmer gelebt hatte, wo er Besucher empfangen hatte, die, wie die jetzigen Besucher sich vorstellten, viel glücklicher gewesen waren als sie selbst in ihren Wohnungen . . .

Diese Leute nahmen auch die anderen Zimmer in Augenschein, die alle weit offenstanden, denn niemandem war es eingefallen, sie zu schließen, wie es in Zeiten großer Freude oder großer Trauer passieren kann . . .

Wie wir bereits sagten, füllten die Menschen in erster Linie das Haus, wo sie schweigend und ehrerbietig in kleinen Gruppen zusammenstanden. Sie traten schweigend ein und gingen schweigend wieder hinaus; erst später, als sie draußen auf dem Hof standen und auf die Reinigung warteten, lösten sich ihre Zungen ein wenig, erst dann begannen sie über den Verstorbenen zu sprechen und dessen Tugenden zu loben; jeder erinnerte sich, ihn seit Jahren entfernt gekannt oder engere Beziehungen zu ihm unterhalten zu haben.

Später, nach der »Reinigung«, als man den Toten aus dem Haus trug, entstand in der Tür, die auf den Hof führte, ein großes Gedränge . . . Das lag an Judith, Mosche Maschbers Tochter, die den Trauerzug aufhielt, da sie auf der Freitreppe stand und den Kopf gegen die Tür lehnte, ohne zu hören, daß man ihr zurief: »Lassen Sie uns durch, lassen Sie uns durch, Tochter Mosche Maschbers.« Sie hörte nicht oder tat so, als ob sie nicht hörte, da sie so wenigstens noch für ein paar Minuten ihren geliebten Vater im Haus zurückhalten wollte.

Und danach, als man den Toten zu der Bahre hinausgetragen hatte, die schon gegen einen Stuhl gelehnt auf dem Hof stand,

bereit, den Leichnam aufzunehmen, war es Alter, der den Trauerzug verzögerte, Alter, der totenblaß geworden war ...

In der ganzen Zeit, da Mosches Ende näherrückte, war Alter
kein einziges Mal ans Bett seines Bruders gekommen. Er erschien nur von Zeit zu Zeit in der Wohnzimmertür, warf einen
Blick hinein, ohne sich zu rühren, wandte sich ab und ging
wieder. Aber jetzt, als alles zu Ende war, als er seinem Bruder
Lebewohl sagen mußte, da er, wie er sehr wohl wußte, wegen
seiner Krankheit nicht berechtigt war, diesen zum »Feld« zu
begleiten, wollte er sich jetzt auf seinen Leichnam stürzen, von
Angesicht zu Angesicht, wollte ihn umarmen oder ihm etwas
sagen, was ihm sein kranker Geist eingab, oder einfach nur den
Tränen freien Lauf lassen ... Die Menschen ließen es jedoch
nicht zu. Sie begriffen, was er vorhatte, als er sich über den Toten
beugte; er würde aufs Gesicht fallen ... Da stieß Alter einen
seiner Schreie aus, der zwar kurz war, aber so heftig, daß man
sich vorstellen konnte, daß er noch einen ganzen Wirbel mark-
erschütternder Schreie ausstoßen, daß er ohne Unterlaß wie ein
Leopard brüllen würde, was die Situation noch tragischer gemacht hätte ... Aber zur großen Verblüffung seiner Angehörigen und unter Aufbietung aller Kräfte hielt er sich zurück.
Zweifellos spürte er, daß er zu Ehren des Toten seinen Anfall
unterdrücken mußte... Und es gelang ihm... Das hatte ihn viel
Mühe gekostet; nachdem man Mosche hinausgetragen hatte, um
ihn auf die Bahre zu legen, sah man Alter neben seinem Bruder
Lusi stehen, der sich in nächster Nähe des Toten zu halten
wünschte, um den ganzen Vorgang zu überwachen, aber da warf
sich Alter seinem Bruder in die Arme, und wie ein Kind, das
wortlos etwas von seinen Eltern erbettelt, legte er den Kopf in
stummer Verzweiflung an Lusis Brust.

Das machte auf die Anwesenden einen solchen Eindruck, daß
sie für einen Augenblick sogar den Toten vergaßen, und selbst
die Bahrenträger, die schon genug Szenen der Trauer mit angesehen hatten, selbst sie, die gerade mit dem Leichnam ankamen,
waren für einen Moment ergriffen und vergaßen, den Leichnam
auf die Bahre zu legen.

»Lassen Sie uns durch, lassen Sie uns durch! . . .« rief schließlich einer von ihnen, so daß Alter, der sich Lusi soeben an die Brust geworfen hatte, sich jetzt erschrocken von ihm freimachte und leichenblaß zurückwich.

Die Träger machten sich an der Bahre zu schaffen und taten, was zu tun war. Mayerl, Mosche Maschbers ältester Enkel, klammerte sich am Rock seiner Mutter fest, so wie Alter bei Lusi Zuflucht gesucht hatte. Alter verbarg seinen Kopf, so daß man nicht sehen konnte, ob er weinte, schluchzte oder an seinem ganzen jungen Körper zitterte, weil sein ältester Bruder zu Grabe getragen werden sollte . . .

Der Trauerzug verließ den Hof und ging hinter der Totenbahre her, und nochmals kam es vor dem Gartentor zu einer Verzögerung, als Judith, für die der Anblick all dieser Geschäftigkeit um ihren Vater unerträglich war, sich an die Spitze setzte. Sie hatte sich noch einmal gegen einen Pfosten gelehnt, anscheinend in der Absicht, so wieder genug Mitgefühl zu erregen, daß man ihren Vater nicht so schnell und so grob hinaustrug . . .

Man schob sie zur Seite, und damit konnten alle den Hof verlassen. Alles weitere verlief wie vorgesehen. Man brachte den Toten zum Friedhof, und da Mosche Maschber keinen Sohn hinterlassen hatte, fiel es seinem Bruder Lusi zu, das erste »Kaddisch« zu sprechen, während das Grab zugeschüttet wurde.

Vorbei. Die Stadt hätte, wie das nach Gottes Willen immer ist, Mosche Maschber sofort vergessen, wie man alle Toten vergißt, aber . . . Einige Tage später, noch in derselben Woche, starb auch seine Frau Gitl, die ihm folgte.

Wir wissen nicht, ob Gitl, die selbst so krank war, sich darüber klar wurde, daß der Tod ihres Mannes unmittelbar bevorstand, wenn sie bei jedem seiner Besuche erkennen mußte, daß er immer gelblicher, immer entkräfteter wirkte, daß seine Wangen immer mehr einfielen und von immer mehr Furchen durchzogen wurden, daß er nur noch eine Ruine war, die bald zusammenbrechen würde. Wir wissen nicht, ob sie bei diesen Besuchen bemerkt hatte, daß Mosche kurz vor dem Ende war, oder ob sie es zu ahnen begann, als seine Besuche aufhörten und ihre Tochter Judith, die vor diesen Besuchen immer kurz bei ihrer Mutter hereinschaute, zunehmend gequälter wirkte und immer weniger Zeit hatte, bei ihr zu bleiben, woraus sie schloß, daß Judith jetzt damit beschäftigt war, sich um einen noch Krankeren zu kümmern, um ihren Mann Mosche ... Vielleicht hatte sie all das nicht bemerkt, vielleicht war Gitl nicht mehr in der Lage, all das zu erkennen, aber am letzten Tag, als Mosche bereits tot im Wohnzimmer auf dem Fußboden lag und sich im Haus völlig fremde Menschen in ungewöhnlich großer Zahl versammelt hatten, entdeckte sie durch die offengelassene Schlafzimmertür unbekannte Gesichter; und erst da begriff sie, was im Haus vorging ... Und ein weiterer Beweis war für Gitl, daß Judith sie an diesem Tag nicht aufgesucht hatte; sie tauchte nur einmal kurz auf, und obgleich sie sich größte Mühe gegeben und große Sorgfalt darauf verwandt hatte, Augen und Gesicht von Tränen zu trocknen, hatte Gitl erraten können, daß im Haus ein Unglück geschehen war, das Judith zum Weinen gebracht und sie veranlaßt hatte, ihre Tränen vor ihr zu verbergen.

Gitl erhielt noch einen weiteren Beweis: Einer der Männer, die gekommen waren, um Mosches Leichnam zu reinigen, ein Mann mit einem Kaftan voller Fettflecken und einer kupfernen Schüssel in der Hand, betrat irrtümlich ihr Zimmer, da er glaubte, dort den Leichnam zu finden; und als sie diesen Mann entdeckte, konnte sich Gitl vorstellen, was diese Kupferschüssel bedeutete ...

Ja, man darf vermuten, daß, wenn jemand aus der Familie an ihrem Bett gestanden hätte, als der Fremde irrtümlich bei ihr eintrat, diesem aufgefallen wäre, wie sich in Gitls Gesicht plötzlich eine Veränderung zeigte; ihr strömte das Blut in den Kopf, was angesichts der Natur ihrer Krankheit eigentlich unmöglich war; und das konnte nur geschehen, wenn die Kranke von einer heftigen Gemütsbewegung erschüttert wurde, was manchmal die Rettung bringen kann, manchmal aber auch die Situation verschlimmert; »heute rot, morgen tot«, wie man sagt ... Diesmal trat jedoch der schlimmere Fall von beiden ein. Gitl begann

917

wie in einem Fieberanfall zu zittern. Aber niemand aus dem Haus war bei ihr, und niemand sah sie. Und während der ganzen Zeit, in der Mosche Maschbers Beisetzung vorbereitet wurde, bis zu dem Augenblick, als man ihn hinaustrug, kam niemand zu ihr, aus Furcht, sich zu verraten, denn sie wollten nicht, daß sie an ihren Gesichtern ablas, was geschehen war.

Niemand kam, sie zu besuchen. Aber später, als ihr Mann nicht mehr war und als Esther-Rachel, ihre ständige Pflegerin, die sie sonst nie verließ, zurückgekehrt war, nachdem sie Mosche Maschber unter lautem Wehklagen pflichtschuldigst auf seinem letzten Weg begleitet hatte, da erinnerte sich diese plötzlich an Gitl, die schon so lange allein in ihrem Zimmer lag, ohne daß sich jemand um sie kümmerte, und eilte zu ihr hinauf. Sie bemerkte sofort die Veränderung an ihr und sah, wie sie zitterte. Sie sah auch, daß Gitl außer ihrer gewohnten Krankheit noch etwas anderes widerfahren sein mußte. Und so begann sie, sich um sie zu kümmern, wie es ihr Pflichtgefühl vorschrieb. Sie deckte sie zu und legte über die Bettdecke noch Wollschals und Wolldek-ken. Gitl jedoch gab zum erstenmal seit Ausbruch ihrer Krankheit mit einer entschlossenen Geste und sogar mit einer Art Wort, das ihr aus der Kehle kam, zu verstehen: »Nein . . .« Darauf nahm Esther-Rachel all die Decken wieder ab, die sie über die Kranke gebreitet hatte. Es war zuviel; der Kranken war nicht kalt, ganz im Gegenteil, es war ihr viel zu heiß, sie glaubte zu ersticken.

Tatsächlich, das Blut strömte ihr ins Gesicht, was Esther-Rachel zutiefst erschreckte, und sie rannte eilig zu Judith, die kaum aus ihrer Ohnmacht erwacht war. Sie fand sie in ihrem Zimmer auf dem Bett, noch wie betäubt von dem Anblick, wie man ihren Vater durch das Gartentor hinausgetragen hatte. Esther-Rachel hätte Judith lieber geschont und ihr nicht noch weiteren Kummer zugefügt, mußte ihr aber dennoch sagen:

»Liebste Judith, möge der Herr dich vor Kummer bewahren . . . Aber bedenke: Du bist eine Mutter von Kindern . . . Hab Mitleid mit ihnen, mit dir und deiner Mutter, der es gar nicht gutzugehen scheint. Man könnte sagen, sie hat etwas gemerkt . . .«

918

Judith begab sich sogleich zu ihrer Mutter. Man schickte in aller Hast einen Boten zu Janowski und bat ihn, so schnell wie möglich zu kommen. Kaum war er eingetroffen und hatte einen ersten Blick auf Gitl geworfen, wandte er sich ab, denn er sah, daß es hier für ihn nichts mehr zu tun gab ... Wie alle Ärzte erteilte auch er einige Ratschläge und verschrieb etwas, geizte aber schon mit seinen Worten. Und da er sich mit diesem Haus verbunden genug fühlte, dessen Trauer er teilte, da er soeben einen ständigen Patienten verloren hatte, hatte er es heute eilig, so schnell wie möglich das Haus zu verlassen, sogar schneller, als es sein Alter und seine Korpulenz erlaubten ...

Er ging. Esther-Rachel ging ihm nach und fragte ihn in einer Mischung aus Polnisch und Jiddisch, was er von dem Zustand der Kranken halte, woran sie sei. Er erwiderte jedoch kaum etwas und beschränkte sich auf eine Handbewegung, die weitere Kommentare überflüssig machte ...

Janowski hatte recht, denn einige Tage später starb auch Gitl ... Sie hatte nicht allzusehr leiden müssen, war dem Tod sanft entgegengedämmert wie eine Laterne, die langsam verlischt. Die Farbe ihres Gesichts veränderte sich ständig, war mal rot, mal bleich. Sie blinzelte nicht einmal mit den Augen, als sie einen fernen Punkt anstarrte. Manchmal konnte man meinen, daß sie etwas sah, was sie erfreute, und dann erschien ein zufriedenes Lächeln auf ihrem Gesicht und in den Mundwinkeln; manchmal dagegen schien sie schreckliche Visionen zu haben, was sie sofort ernst werden ließ.

Ihr Todeskampf dauerte sechsunddreißig Stunden. Am Ende hatte es den Anschein, als wäre das, was sie die ganze Zeit angestarrt hatte, nicht mehr fern, sondern ganz in der Nähe, etwa auf ihrer Stirn oder gar auf der Nase, und als versuchte sie es zu berühren, mal mit den Händen, mal mit dem Mund.

Man hätte glauben können, daß sie die ganze Zeit über leise den Namen ihres Mannes murmelte. In diesen Augenblicken vor ihrem Tod versuchte sie, die Hand wie zu einem letzten Abschied zu bewegen. Eine ihrer Hände überwand die Lähmung und regte sich ... Dann fiel sie aber schnell wieder auf die

Brust zurück und blieb dort erstarrt liegen. Da wußte ihre Familie, daß Gitl tot war, und sie sahen auch, daß sie mit offenen Augen eingeschlafen war.

»Gott steh uns bei!« riefen die entsetzten Frauen aus, als sie vom Tod Gitls erfuhren. Sie waren wie vom Blitz getroffen, als hätten sie etwas gesehen, was das menschliche Gehirn nicht glauben will...
»Beide in derselben Woche! Das Leben ist grausam!...«
»›In öden Weiten, in leeren Wäldern‹«,[1] sprachen einige einen Zauberspruch, spien aus und wandten sich ab, um nicht die Einzelheiten hören zu müssen, welche die Überbringer dieser Nachricht selbst hinzufügen wollten.

Und unter den Männern hieß es über ihren Tod:
»Das ist unnatürlich«, sagten die einen. »Das ist ein Zeichen des Himmels... Eine Strafe Seines teuren Namens...«
»Ja«, sagten andere, die klarer zu sehen meinten. »Aber Strafe wofür? Mosche Maschber war jedenfalls, soweit man das sehen kann, kein Mann, der eine solche Strafe verdient hätte. Und seine Frau auch nicht. Noch weniger ihre Kinder. Also warum dann? Das kann man sich schon fragen...«
»Dann müßt ihr schon Gott fragen... Er weiß, was er tut. Seine Wege sind unerforschlich.«
»Ganz und gar nicht. Es liegt doch auf der Hand«, versicherten manche, die ein Interesse daran hatten, einen Schuldigen anzuklagen, der ihnen behagte. »Ganz und gar nicht unerforschlich; man weiß doch, daß man nicht immer wegen seiner Taten bestraft wird, sondern für die Taten eines anderen, eines Verwandten, eines Nahestehenden oder die seiner Eltern. Denn es steht geschrieben: ›Die Sünden der Väter werden über die Söhne kommen...‹ Und wenn man näher hinsieht, was findet man da: Ein Großvater war Anhänger Schabbatai Zvis... Und ein Bruder vom selben Kaliber. Man denke nur an diesen Lusi, von dem es heißt, daß sich das Unglück bei Mosche Maschber einnistete,

[1] Exorzistische Formel.

920

als er hier auftauchte. Und die Stadt hat unter ihm auch viel zu leiden . . . Man braucht nicht lange zu suchen. Die Wahrheit ist sonnenklar . . . Und warum muß nicht der zahlen, der die Sünde begangen hat? Aber wartet: ›Vor dem Thron des Herrn wird nichts vergessen.‹ Auch er wird an die Reihe kommen . . . Wer so lange lebt, wird sehen.«

»Macht nichts«, sagten einige. »Die Bestrafung der Schuldigen ist so sicher wie Geld auf der Bank.« Dabei dachten sie an Lusi und an die Strafe, die ihn erwartete und die ihn schon bald treffen würde . . .

»Nein, macht nichts.«

X

Sommeranfang
oder
Zwei Pilger mit einem Rucksack

Der Todesengel hatte sich mit tödlichem Ernst bei den Personen unseres Romans eingenistet: Noch in diesem Monat Nisan, in den Tagen zwischen den Passah-Festen, starb auch der große Gelehrte und Rabbiner der Stadt, Reb Dudi.

Der Tag seiner Beisetzung war zufällig ein schöner Tag mit strahlendem Sonnenschein. Wohin man auch blickte, der Himmel war überall von einem leuchtenden Blau und völlig klar, und in keiner Ecke des Himmelsgewölbes hätte man auch nur den kleinsten Zipfel einer Wolke entdecken können; es war einer dieser Tage, an denen man am liebsten alle Türen öffnen und den letzten Rest des Winters verscheuchen möchte, um ihm nachzuschauen, wie er in der Ferne, irgendwo am Himmel, gleich einer winzigen Rauchfahne verschwindet.

Es ist wahr, daß die älteren Leute noch ihre Winterkleidung trugen, aber sie hatten sie nicht mehr zugeknöpft. Und was soll man von den Kindern sagen, denen auf dem Rücken Flügel zu wachsen schienen? Von Wintermänteln wollten sie nichts mehr wissen und sprangen draußen mit einer so lebhaften Sorglosigkeit herum, daß es aussah, als wolle sich ein Schwarm kleiner Schwalben in die Lüfte erheben – als wollten sie kreuz und quer durch die Lüfte fliegen, mal in die Höhe, mal im Sturzflug nach unten.

Mit einem Wort, es war ein Tag, der ganz und gar nicht für Trauer geschaffen war.

Seit dem frühen Morgen strömten lange die Menschen aus allen Vierteln der Stadt und aus den fernsten Häusern herbei. Die Kaufleute hielten ihre Läden geschlossen, und wenn sie sie geöffnet hatten, dann nur zum Schein und aus Gewohnheit, da es ihnen zur zweiten Natur geworden war, jeden Morgen im Schloß einen Schlüssel umzudrehen, denn kaum hatten sie geöffnet, machten sie auch gleich wieder zu und begaben sich in Begleitung ihrer Angestellten zu der Straße, in der Reb Dudis Haus stand, wo das Leichenbegängnis beginnen sollte.

Und was für die Kaufleute zutraf, traf auch für die Handwerker zu, die heute früh mit der Arbeit Schluß machten, wie stets in der Zeit zwischen den Passah-Festen . . . Die Leute kamen aus allen Richtungen, gingen in Gruppen, in kleinen, sich laut unterhaltenden Haufen . . . Als sie sich aber Reb Dudis Haus näherten, vor dem sich schon eine beträchtliche Menge Menschen versammelt hatte, die vor ihnen gekommen war, als sie das kleine zweistöckige Haus entdeckten, die Balkontür im Obergeschoß, auf dem sich Reb Dudi jeden Morgen in aller Frühe gezeigt hatte, da er in der Stadt immer als erster aufgestanden war; und als man einen Blick auf das Fenster des Zimmers riskierte, in dem Reb Dudi jetzt schon auf dem Fußboden lag, was man nicht sehen, wohl aber ahnen konnte angesichts der großen Zahl brennender Kerzen, die man um den Kopf Reb Dudis herum, zu seinen Füßen und an beiden Seiten plaziert hatte – als die Menschen all das sahen, lief ihnen ein ehrfürchtiger Schauer über den Rücken. Die Leute verstummten mitten im Wort, und von der versammelten Menge war nur ein leises und ehrerbietiges Murmeln zu hören, ein Murmeln, das dem Summen eines Bienenkorbs mit seinen unsichtbaren Bewohnern glich . . .

Kurz darauf erschienen auch die bedeutenden Mitglieder der Geistlichkeit: Rabbiner, rabbinische Richter, Schächter, denen die einfachen Leute Platz machten, um ihnen den Durchgang zur Totenbahre freizugeben. Der Menschenauflauf auf dem Platz vor Reb Dudis Haus wurde immer schlimmer, das Gedränge immer größer durch den ständigen Zustrom von Schulmeistern, die ihre größeren Schüler mitbrachten; wie zusammenströmende Flüsse wurden all diese Menschen zu einer großen Frühjahrsüberschwemmung. Auf dem Platz hätte keine Stecknadel mehr zur Erde fallen können, ganz zu schweigen von Reb Dudis

Haus, das belagert zu werden schien, so daß selbst die Leichenträger Mühe hatten, sich einen Weg zu bahnen.

Als gäbe es nicht genug Männer, steckten die Frauen und Mädchen, die in Reb Dudis Straße wohnten, immer wieder die Köpfe aus den Fenstern und Türen, um zu sehen, was draußen vorging ... Aber kurz darauf vernahm man die warnenden Rufe der Männer: »Geht wieder hinein, Frauen.« Und diese zogen sich wie aufgescheuchte Hühner schnell hinter ihre Türen zurück und erlaubten sich danach nur noch einen schnellen Blick durch eine Ritze in einem Zaun oder durch eine Hecke.

Die Kinderscharen hatten zunächst geglaubt, sich durch die dichtgedrängte Menschenmenge einen Weg bahnen zu können; sie merkten aber schnell, daß ihnen dies nicht möglich war, denn ihre Eltern verjagten sie und verboten es ihnen. Da zogen sie sich zurück und begannen auf Zäune, Straßenlaternen oder gar auf Dächer zu klettern, die sie über die Dachkammern erreichten, so daß überall in den nahegelegenen Straßen, durch die der Trauerzug passieren mußte, eine solche Menge von Knirpsen zu sehen war, die an diesen Beobachtungspunkten festzukleben schienen, daß man kaum glauben konnte, daß die Stadt überhaupt so viele Kinder besaß ...

In Reb Dudis Haus hatte man schon mit der »Reinigung« begonnen. Rabbiner, Richter, Schächter und all die, die zu dieser Gruppe gehörten und nur ihre Sabbatkaftans und Schärpen angelegt hatten, bemühten sich um den Toten und erledigten das, was wie gewohnt Angelegenheit der »Heiligen Bruderschaft« war. Zunächst wurden Partien der »Mischna« verlesen und Psalmen rezitiert, dann folgte die Totenwäsche. Die Männer wickelten den Toten in sein Totenhemd ein, worauf sie mit Thorarollen in der Hand mehrmals um ihn herumgingen, wie es sich bei einem Mann wie Reb Dudi gehört.

Außer den wichtigsten Honoratioren war niemand für würdig befunden worden, der »Reinigung« beizuwohnen; und andere durften sich nicht einmal mehr im Haus aufhalten, denn die Haustür war eng, und die Treppe, die ins Obergeschoß führte, war schon so voller Leute, daß außer den erwähnten wichtigen Leuten niemand mehr Zutritt fand.

Die Leichenträger befestigten vor Reb Dudis Haus hohe Latten und Pfosten, damit jedermann wußte, wo sich die Bahre befand, sich niemand um sie drängte und so Platz für den Leichnam und seine Träger blieb.

Und dann brachte man den Leichnam. Aus der Menge war ein ersticktes Schluchzen zu hören . . . Man legte den Leichnam auf die Bahre, und der Trauerzug brach auf. Latten und Pfosten hatte man hochgehoben, ein Zeichen, daß das Leichenbegängnis seinen Anfang genommen hatte.

Aber dann kam der Trauerzug plötzlich zum Stillstand . . . In der Eingangstür von Reb Dudis Haus erschien ein Mann, der in der einen Hand ein Hemd und in der anderen eine Schere hielt, und es war das Hemd, das Reb Dudi bei seinem Hinscheiden getragen hatte . . . Man brachte dem Mann eine Sitzbank, und in dem Tonfall eines Mannes, der zur Verlesung von Thora-Passagen in der Synagoge aufruft oder zum Sprechen des Gebets »Du hast dich gezeigt«, verkündete er: »Der gelehrte und fromme Soundso, oder der reiche Mann Soundso . . . hat die Ehre, das erste Stück in Empfang zu nehmen . . .« Damit begann er, das Hemd in Stücke zu schneiden, und es streckten sich ihm Hände entgegen, um ein großes oder kleines Stück Stoff oder auch nur einen winzigen Fetzen zu ergattern, für den man hohe Summen zahlte, die für die Errichtung einer Synagoge oder eines Betsaals zu Ehren Reb Dudis bestimmt waren . . . Wer reich und angesehen war, erhielt ein größeres Stück Stoff; weniger angesehene Leute mußten sich mit einem kleineren Stück zufriedengeben, wollten aber gleichwohl an dieser frommen Handlung teilhaben, und abgesehen davon wollte jeder einen Teil von dem ergattern, was alle für eine Art Talisman hielten . . . Man stelle sich vor: das Hemd, das Reb Dudi bei seinem Tod trug! . . . Hunderte von Händen streckten sich dem Mann entgegen; wer in der Nähe war, schaffte es, einen kleinen Fetzen an sich zu reißen, und diejenigen, die weiter weg standen, baten die Näherstehenden, für sie ein Stück zu ergreifen. Wer Geld hatte, bezahlte auf der Stelle, wer keines besaß, bat darum, man möge ihm vertrauen; und der Lärm und das ungestüme Drängen auf den Ausrufer waren so stark, daß diejenigen, die kein Geld bei sich hatten, ihre Kleidung, ihre Gehröcke oder Kaftans als Sicherheit anboten.

Aber dann kam der Moment, in dem kein Stoff mehr übrig war. Die Latten und Pfosten der Sargträger wurden über die Köpfe der Anwesenden hinweg balanciert, ein Zeichen, daß sich der Trauerzug in Bewegung gesetzt hatte. Und dann erhob sich eine Stimme über ihnen und verkündete: »In Israel ... ist an diesem Tag ... ein großer Mann ... gefallen ...« Bei diesen Worten lief allen ein Schauer über den Rücken, und selbst die Knirpse, die sich an Zäunen, Straßenlaternen und Dächern festklammerten, um freie Aussicht auf den Trauerzug zu haben, verspürten ein mit Neugier gemischtes Entsetzen und vergaßen den heiteren Frühlingstag, der für Kinder wie gemacht schien, als sie diese Worte vernahmen und das Gedränge vieler schwarzgekleideter Männer beobachteten, die einer von allen Seiten eingeschlossenen Schafherde glichen, vor allem an der Stelle, wo man den Toten trug, als sie in der tiefen Stille den ständigen Wechsel zitternder Hände beobachteten, während die Pfosten der Totenbahre von einer Hand zur nächsten wechselten ... Frauen und Mädchen blickten voller Frömmigkeit durch Fensterflügel, Türen, durch Zaunritzen, fürchteten den Toten und die jetzt immer drohender klingenden Rufe der Männer: »Hinein mit euch, ihr Frauen, geht ins Haus ...«

So trug man den Toten langsam und vorsichtig durch die Stadt, und wenn man an einer Synagoge vorbeikam, hielt man an, um dort, wo es möglich war, das Totengebet »El mole« zu sprechen, bis der Trauerzug schließlich auf dem Friedhof beim Totenhaus ankam, wo man längere Zeit verweilte, denn dort hatte sich die ganze Stadt, der ganze Trauerzug versammelt.

Anschließend ging es zu dem bereits ausgehobenen Grab weiter, wo auch diesmal wieder nicht die »Heilige Bruderschaft« tätig wurde, wie das sonst der Fall ist, sondern die Leiter der Gemeinde selbst, die zu Ehren des heutigen Tages und des Toten Satin-Kaftans angelegt hatten. Sie versammelten sich um den

Toten, um ihm jene Ehrungen zu erweisen, die sein Stand und Rang verlangten.

Man senkte ihn ins Grab, rückte ihn zurecht und bat ihn schließlich um Vergebung:

»Unser Lehrer und Rabbiner ... Die Stadt mit all ihren Bewohnern, denen du so viele Jahre gedient hast, groß und klein bitten dich, ihnen zu vergeben ...«

Und die Bitte derer, die um Vergebung baten, klang so vertraut und verwischte die Grenze zwischen dem Toten und den Lebenden, als verabschiedeten sich die Menschen von jemandem, der eine kurze Reise unternehmen wollte, nach der man sich wiedersehen würde.

Bevor das Grab zugeschüttet wurde, rief jemand hinein: »Und dein Sohn Leiser wird deinen Platz einnehmen ... Die Stadt verpflichtet sich, ihn so ehrerbietig zu behandeln, wie er es verdient, was dem verstorbenen Reb Dudi gewiß gefallen wird!«

Dann sprach der Sohn das »Kaddisch«. Der Mann unten im Grab, der an dem Verstorbenen die letzten Vorbereitungen getroffen hatte, wurde von einigen Umstehenden hochgezogen. Dann wurden Erdklumpen ins Grab geworfen, zunächst von den Würdenträgern, die den Leichnam für die Beisetzung vorbereitet hatten, dann von dem einfachen Volk, von dem es einigen gelungen war, bis hierher vorzudringen, um Reb Dudi etwas Erde ins Grab werfen zu können; schließlich wurde das Grab von einem einfachen Totengräber zugeschüttet, der den Grabhügel anschließend plattdrückte und glattstrich.

Dann hätte die Gemeinde auseinandergehen müssen. Aber sie verweilte noch ... Die Feierlichkeiten hatten schon lange vor Mittag begonnen und endeten recht spät, als sich der Tag schon in seiner ganzen Schönheit entfaltet hatte, mit einer Sonne, die goldene Strahlen auf das weite Land warf, das noch die Kühle des scheidenden Winters, aber auch schon das nahe Grün des Frühlings spüren ließ. Die Bäume in ihrer schwarzen Nacktheit ließen bereits das bevorstehende Knospen ahnen ... Das schöne Wetter hatte die Leute angeregt, ohne daß sie sich dessen bewußt wurden, und selbst die Frömmsten unter ihnen wollten jetzt nicht so früh aufbrechen, und so standen sie mitten auf dem Friedhof in kleinen Gruppen zusammen, plauderten und sprachen über den, den sie soeben unter einem frisch aufgeworfenen Hügel beerdigt hatten.

»Er war einzig in seiner Zeit«, sagte einer von ihnen in einem Kreis von Rabbinern, senkte dabei die Augenlider und hüllte sich noch enger in seinen Rabbinermantel, da er die ungewohnte frische Luft fürchtete, und begann dann alle Tugenden des Verstorbenen aufzuzählen, der in seiner ganzen Generation nicht seinesgleichen habe.

»Ein unersetzlicher Verlust«, fügte ein zweiter mit abgewandtem Haupt hinzu, da er den Umstehenden seiner Gruppe nicht in die Augen blicken konnte.

»Man müßte schon die ganze Welt absuchen, um einen wie ihn zu finden!« sagte im gleichen Tonfall ein dritter. Und ein vierter und auch ein fünfter waren bereit, sämtliche Tugenden des Mannes aufzuzählen, dessen Eigenschaften sie bei niemandem wiederfänden, wohin sie auch blickten.

So sprachen die ruhigen und besonnenen Leute. Aber auch andere gesellten sich zu diesem Kreis, Leute nämlich, die sich den Tod Reb Dudis und diesen frommen Akt zunutze machen wollten, um nur scheinbar fromme Ziele zu verfolgen. Diese Leute waren von Neid zerfressen und äußerten Dinge, die aus ihrem Mund etwa so klangen:

»Es gibt einem schon zu denken, wenn die Zedern umstürzen und die Weiden stehenbleiben ...«

»Inwiefern?« fragte man sie.

»Insofern, als bei uns etwas nicht in Ordnung ist, dem wir bislang nicht genug Aufmerksamkeit geschenkt haben«, entgegneten diese Männer, die an ihrer Eifersucht fast erstickten; und um zu erklären, warum sie so entrüstet waren, sprachen sie zunächst von Jossele der Pest, dem wohlbekannten Gesetzesbrecher, der so gefährlich sei wie die Pest; dann folgte die Geschichte von Michl Bukjer, der – verflucht sei sein Name – in diesem Winter bei Reb Dudi aufgetaucht sei, seinen Gebetsschal bei ihm abgegeben und gesagt habe, man möge ihn künftig nicht mehr der Gemeinde Israels zurechnen. Und dann sei da noch ein gewisser Lusi Maschber, der ebenfalls die Pest verbreite ... Und all das, fuhren die zornigen Männer fort, habe Reb Dudi keine Freude gemacht und dazu beigetragen, seine Tage zu verkürzen.

»Wir sollten lieber *ihr* Leben verkürzen!« ließ sich plötzlich eine Stimme vernehmen, die man hier kaum erwartet hatte; denn sie gehörte einem von denen, die sich aus Achtung vor diesem Kreis, in den sie sich hatten einschleichen können, lieber ein wenig abseits hätten halten sollen ...

»Es wäre besser, wenn sie vorher krepierten!« ließ sich der Mann noch einmal ganz offen und grob vernehmen.

»Welche ›sie‹?« fragten die ehrenwerten Gesprächsteilnehmer und wandten sich dem Mann zu, der so unpassende Worte geäußert hatte, erstaunt über seine Grobheit.

»Die da!« erwiderte der Mann und wies auf eine Ecke des »Feldes«, wo man Jossele die Pest und seine Kumpane entdecken konnte, sowie auf eine andere Ecke, in der Lusi mit seinen Anhängern stand.

Derjenige, der die Verwünschungen geäußert und auf die anderen gezeigt hatte, war kein anderer als der Kneipwirt Jonas, wie immer in Begleitung seines unzertrennlichen Zacharias. Auch diese beiden waren wie alle anderen Bewohner der Stadt und vor allem diejenigen, die sich eine Gelegenheit wie den Tod Reb Dudis nicht entgehen ließen, natürlich ebenfalls auf dem »Feld« und bei der Beisetzung anwesend gewesen; sie hatten sogar Tränen vergossen ... Zunächst Jonas, der an Reb Dudis Grab gesehen hatte, was mit einem Mann geschah, den die ganze Stadt vergötterte und in den Himmel hob ... hatte dieser Jonas hier vielleicht zum erstenmal in seinem Leben erkannt, was am Ende mit den Menschen geschieht, selbst mit einem Mann wie Reb Dudi, und daraus eine Lehre gezogen; was würde denn dann wohl ihn erwarten, einen Jonas? ... Bei dieser Aussicht weinte er, und die Tränen strömten ihm über die Wangen – vielleicht hatte er wegen dieser Erkenntnis geweint, vielleicht aber auch aus einem anderen Grund, oder vielleicht war es auch nur wegen der zahlreichen »vier Gläser«[1], die er am Vorabend des Passah-Fests und am Passah-Abend selbst getrunken hatte, nicht nur zu Hause, sondern auch bei anderen . . . Und dann Zacharias, seine rechte Hand bei allen seinen schmutzigen und zweifelhaften Machenschaften, der weniger weinte als Jonas und sich darauf beschränkte, sich mit dem Handrücken immer wieder eine trockene Träne aus dem Augenwinkel zu wischen.

Diese beiden also, die sich zunächst in diesem erlauchten Kreis von Rabbinern wiederfanden, hielten sich erst mit verhaltenem Respekt ein wenig abseits. Aber als sie dann hörten, wie manche voller Zorn über das Gott angetane Unrecht und in höchster Erregung Reb Dudis Tod nicht einer natürlichen Ursache zuschrieben, sondern der Schuld einiger namentlich genannter Personen, die ihn auf dem Gewissen hätten, daß diese Leute sich ganz in der Nähe befänden, ohne daß jemand es wisse, ja, daß sie hier anwesend seien, auf dem »Feld«, da traten Jonas und Zacharias, die sehr wohl wußten, welche Leute gemeint waren, und sie die ganze Zeit über im Auge behalten hatten, jetzt aus dem Kreis hervor und erlaubten sich sogar, diese beiden, auf die sie sogar mit einem strafenden Zeigefinger wiesen, ganz offen und grob zu beleidigen:

»Da sind sie, Jossele und seine Kumpane auf der einen und Lusi mit seinen Anhängern auf der anderen Seite.«

Ja, diese beiden, Jossele und Lusi, hatten ebenfalls an der Beisetzung teilgenommen. Jossele, weil er in den Tagen zwischen Passah und Purim wenig zu tun hatte, weil das Wetter schön und die ganze Stadt hinausgezogen war, um Reb Dudi auf seinem letzten Weg zu begleiten. Da hatte er sich gefragt, warum soll ich nicht auch mitgehen? Vor allem konnte er so die geheime Befriedigung des Atheisten genießen, der sich davon überzeugen wollte, daß er jetzt einen unversöhnlichen Gegner weniger hatte . . . das also waren Josseles Motive. Lusis Gründe waren andere: Es ist wahr, daß ein Streit ein Streit ist und ein Feind ein Feind bleibt,

---

[1] Die im Verlauf des »Seder« am Passah-Abend rituell getrunken werden.

aber hier, wo es um Reb Dudi ging, den geistlichen Führer der Gemeinde, den größten Rabbiner der Stadt, den zu ehren jeder verpflichtet war, da er damit die Thora ehrte, konnte Lusi sich nicht erlauben, eine Ausnahme zu machen. Er fühlte sich verpflichtet, ihm die letzte Ehre zu erweisen . . . So kam es, daß alle erschienen waren und daß jeder nach der Beerdigung des schönen Wetters wegen noch verweilte, um mit seinen Anhängern und Freunden eine angenehme Stunde zu verbringen.

»Da sind sie . . . Jossele sieht aus, als wäre er auf einer Hochzeit . . . Und denen da, den Anhängern Lusis, ist nichts davon anzumerken, daß die Stadt trauert . . . Ganz im Gegenteil: Man könnte sagen, daß ihnen das Hinscheiden des Mannes Vergnügen macht, der sie im Auge hatte und ihnen am Ende gewiß seine strafende Hand zu spüren gegeben hätte . . .«

So stellte der Kneipwirt Jonas Jossele und Lusi, die ganz in der Nähe standen, bloß und verleumdete sie. Dabei strömte ihm vor Zorn das Blut ins Gesicht, und man sah ihm an, daß es nicht bei Worten bleiben würde, wenn es nach ihm ginge, sondern daß er bereit wäre, den Worten auch Taten folgen zu lassen, ungeachtet des geheiligten Orts, ungeachtet auch der Tatsache, daß der Mann, dessen erlittenes Unrecht er rächen wollte, schon unter der Erde lag, und auch der Tatsache zum Trotz, daß das, was er vorhatte, um das Ansehen des Rabbi wiederherzustellen, diesem gar keine Ehre machen würde.

»Da stehen sie!« entfuhr es Zacharias. Er war entrüstet und bereit, seinem Wortführer Jonas zu Hilfe zu kommen, dessen Worte er aufsog, bereit, ihn zu unterstützen und jeden seiner Wünsche zu erfüllen, und man sah ihn schon den Kopf senken wie ein Büffel, bereit, sich auf jeden zu stürzen, den Jonas ihm zeigte.

»O nein! Was sagen sie da?« Die ehrenwerten Rabbiner begriffen sehr wohl, was Jonas und Zacharias vorhatten, was ihre Worte und ihre zorngeröteten Gesichter bedeuteten, und hatten keinerlei Absicht, sich mit ihrem Verhalten einverstanden zu erklären.

»Gehen wir! . . .« protestierten die ehrenwerten Herren, die mit den beiden nicht gemeinsame Sache machen wollten. Mochten die Anstifter im Grunde recht haben, dies war weder der rechte Ort noch der richtige Moment für Taten, die zu einer Entweihung Seines Geheiligten Namens führen konnten ...

Und damit gingen alle auseinander, nachdem sie auf dem »Feld« gemeinsam einen Augenblick zugebracht hatten. Bei der Rückkehr in die Stadt war es noch heller Tag, und man konnte sehen, daß die Stadt durch den Tod Reb Dudis ein wenig kleiner geworden war und daß selbst die Kinder, die man auf dem Rückweg wiedersah, trotz des kurzen kindlichen Gedächtnisses auf ihren Gesichtern noch einen Widerschein dieser mit Angst gemischten Neugier bewahrt hatten, nachdem sie mit angesehen hatten, wie die Leute sich gerade dort, wo man Latten und Pfosten aufgerichtet hatte, um den Standort der Totenbahre zu schützen, wie eine Schafherde gedrängt hatten.

Und damit war auch Reb Dudi nicht mehr ... Und da die Zeit zwischen den Festen nur eine Zwischenzeit ist, der ein Feiertag folgt, und somit keine Zeit mehr blieb für die feierliche Gedenkrede auf Reb Dudi, vertagte man die religiösen Pflichten, die man ihm schuldete, auf die Zeit danach ...

Dann wurden große Trauerversammlungen einberufen, einmal durch Plakate, die an die Türen aller Synagogen und Betsäle geklebt wurden, aber auch durch die Vermittlung der Synagogendiener, die nur dazu von Tür zu Tür geschickt wurden, mit Stentorstimme zu verkünden, daß am soundsovielten für Reb Dudi eine Trauerfeier abgehalten werde; und alle, die Trauer im Herzen trügen, könnten diesen oder jenen Rabbiner, diesen oder jenen Prediger hören.

An den Vorlesepulten oder vor den Tabernakeln dieser Synagogen und Betsäle zeigten sich, mit ihren Gebetsschals bedeckt, Prediger aus der Stadt sowie solche, die von weither angereist waren. Manchmal waren dies nicht einmal Wanderprediger, sondern einfach nur fromme Männer, die Reb Dudis Tod zutiefst getroffen hatte. Und diese begannen ihre Ansprachen sofort mit ersticktem Schluchzen, was alle Anwesenden erschütterte, die Männer in ihren Synagogen und die Frauen auf ihren Emporen. Und die Berufsprediger begannen nach einem geheiligten Brauch mit einem Vers von dunkler Bedeutung, der nur schwer klar und verständlich auszudrücken war und nur dazu diente, ein angemessenes Gleichnis zu finden, und wenn eines nicht genügte, ließen sie im Handumdrehen ein zweites hören, um sich so unmerklich dem Wesentlichen zu nähern, das sie von Anfang an im Auge gehabt hatten. Dann konnten sie ausrufen: »Weh, weh, ihr Herren und Lehrer! Der Gerechte stirbt, und niemand hat darüber nachgedacht, daß er nicht etwa deshalb gestorben ist, weil seine Stunde geschlagen hatte, diese niedrige Welt zu verlassen, um in eine Welt der Schönheit einzutreten, sondern wegen der Sünder dieser Generation.« Und dann kamen sie schließlich auf den Kern der Sache zu sprechen: »Wenn man einen solchen Pfeiler des Gesetzes, eine so leuchtende Säule sieht, wie es der verstorbene Reb Dudi gewesen ist, einer von denen, auf denen die Welt und ihre Verdienste ruhen, wenn man eine solche Säule krachend einstürzen sieht, muß man Nachforschungen anstellen, suchen und den Grund des Verfalls finden, muß erforschen, von welcher Seite und von wem er kommt . . . Jeder einzelne muß vor allem bei sich selbst die Schuld suchen und die Strafe auf sich nehmen . . . Und wenn er sich gründlich erforscht und nichts gefunden hat, muß er bei seinen Verwandten, den ihm Nahestehenden und den Nachbarn in seiner Straße suchen; und was er auch finden mag, er darf nicht einmal davor zurückschrecken, Blut zu vergießen wie die Leviten, denen unser Lehrer Moses befohlen hatte, das Schwert gegen die Kinder Israels zu erheben, damit der Herr – gelobt sei Sein Name! – nicht wegen der Sünden einiger die ganze Gemeinde mit seinem Zorn treffe . . .«

»Weh, oj weh!« riefen die weichherzigen Frauen, denen die Worte des Predigers nahegegangen waren, und wiederholten dessen Ansprache voller Inbrunst Wort für Wort, und die empfindsamen Männer standen dem nicht nach, und so wurden viele Tränen der Zerknirschung und der Reue vergossen, wie die Prediger es gewollt hatten, die Hüter der volkstümlichen frommen Sitten.

933

»Wahrlich, oj weh!« wiederholten andere, die alles andere als weichherzig waren, sondern höchst eigennützige Ziele verfolgten und jetzt den geeigneten Moment gekommen sahen, in dem sie sich die Aussprüche der Prediger zunutze machen zu können glaubten, um die Allgemeinheit gegen diejenigen aufzuhetzen, auf die sie schon lange ein Auge geworfen hatten und mit denen sie endlich abzurechen hofften.

Diese böswilligen Streithähne sahen jetzt die günstige Gelegenheit gekommen, sich ungestüm und haßerfüllt unter die Zuhörer zu mischen. Sie ließen beiläufig die Namen derer fallen, die angeblich an Reb Dudis Tod und dem vieler anderer schuld waren, und forderten dazu auf, geeignete Maßnahmen gegen sie zu ergreifen.

Sie stießen auf offene Ohren und die Bereitschaft, gegen diejenigen vorzugehen, die wir hier nicht noch einmal nennen wollen, da wir das schon mehrmals getan haben und man ohnehin weiß, an wen sie dabei dachten.

Und ja, sagen wir kurz, was diesen böswilligen Leuten zuvor, bei verschiedenen Versuchen, nicht gelungen war, gelang ihnen jetzt, bei dieser letzten Gelegenheit, wie der Leser auch aus dem folgenden ersehen wird.

Eines Abends kurz nach den hier erzählten Ereignissen stattete unser alter Bekannter Schmulikl die Faust Lusi in dessen Haus einen Besuch ab. Das Auge mit dem Fleck hatte einen harten und verschlagenen Ausdruck, während das zweite Auge, das gesunde, Freundlichkeit austrahlte und wie in Öl getaucht schien. Offensichtlich kam er gerade aus der Kneipe.

Als er das Vorderzimmer betrat, fand er Sruli bei einer wahrlich unmännlichen Beschäftigung vor, nämlich beim Stopfen seines Rucksacks, den er in letzter Zeit schon mehrmals in den Händen gehabt hatte, um ihn auszubessern. Schmulikl ging an Sruli vorbei, als wollte er damit sagen, nicht er sei es, den er besuchen wolle. Er ging zu der Tür zu Lusis Zimmer, steckte den Kopf hinein und überschritt dann die Schwelle.

Lusi empfing ihn schweigend wie immer, wenn er auftauchte.

Ohne ihn zu fragen, was er wolle, erlaubte er ihm, so lange zu bleiben, wie er es für nötig hielt ...

Schmulikl war ihm für seine Gastfreundschaft dankbar, die ihm erlaubte, reinere Luft zu atmen, derer Schmulikl gelegentlich bedurfte, wenn er sich moralisch reinigen und seinen Schlägerberuf vergessen wollte, der ihm gewiß oft über den Kopf wuchs, denn er wußte, daß ein »Beruf« wie der seinige nicht zu den ehrbarsten auf dieser Welt gehörte und daß man dafür auch in der anderen weder Belohnungen noch Schonung erwarten darf.

Auch diesmal wieder, als Lusi Schmulikl den Kopf zur Tür hereinstecken sah, wobei dieser ihn mit seinem einzigen gesunden Auge anblickte, gab er ihm wortlos ein Zeichen einzutreten: Komm rein, wenn du willst oder wenn du etwas zu sagen hast; und wenn du nichts zu sagen hast, macht es auch nichts ... Dagegen ist nichts einzuwenden.

Schmulikl gehorchte. Nachdem Lusi seinen Besuch hereingebeten und ihm einen Stuhl angeboten hatte, auf den dieser sich setzte, fuhr er mit dem fort, was er vor Schmulikls Ankunft getan hatte, das heißt, er ging wie gewohnt, nachdenklich die Hände in die Gesäßtaschen seines Kaftans gesteckt, im Zimmer auf und ab.

Schmulikl sah ihm dabei zu und blickte ihm mit dem gesunden Auge mal in die eine, mal in die andere Richtung nach ... Das tat er so lange, daß er davon am Ende ganz erschöpft war, wobei man allerdings auch nicht die Wirkung des Schnapses vergessen darf, den er in der Kneipe getrunken hatte; er war schon drauf und dran, vor Müdigkeit die Augen zu schließen, den Kopf auf die Brust sinken zu lassen und sanft und schnarchend einzuschlafen, wie es oft geschah, wenn er müßig bei Lusi herumsaß.

Diesmal allerdings beherrschte er sich. Er wachte mit einem Ruck auf, und während Lusi immer noch auf und ab ging, sagte er ihm mit betrunkener Stimme und geradeheraus, aber doch wie ein Mann, der sich seine Worte schon in nüchternem Zustand zurechtgelegt hat:

»Ah ... Wenn du mich fragst, Lusi, möchte ich dir nur den

Rat geben, die Stadt so schnell wie möglich zu verlassen und nie wieder zurückzukehren ... Hier warten große Demütigungen auf dich«, fuhr er fort, »nein, schlimmer noch«, besann er sich schnell, bevor ihm ein Wort entfuhr, das er lieber nicht geäußert hätte, soweit es Lusi betraf: »Sie sind dabei, bezahlte Schläger anzuheuern ... Man bedient sich schon der Dienste von Schlägern ... Kannst du dir vorstellen, was das bedeutet?« fragte Schmulikl, dessen Zunge sich gelöst hatte und der Lusi erklären wollte, was es zu bedeuten hätte, wenn diese »gedungenen Schläger« ihn angriffen; etwa Leute wie er, mit solchen Händen ...

Und damit hielt ihm Schmulikl eine seiner schwieligen Fäuste hin, sein »Werkzeug«, und da er schon dabei war, empfand er so etwas wie Berufsstolz darauf: die Größe seiner Hand, ihre Breite, ihre Kraft, wenn er sie benutzte, wie es sich gehört.

»Und übrigens«, fügte Schmulikl, durch den Strom seiner Worte mitgerissen, hinzu, »hat man sich mit einem solchen Vorschlag auch an mich gewandt. Sie haben versucht, mich zu überzeugen, immer wieder, sie haben mir auch eine sehr gute Belohnung versprochen, sogar einen Vorschuß vor getaner Arbeit, und dann natürlich noch ein rundes Sümmchen danach ... Man stelle sich mal vor ... Möge der Teufel die Seele ihres Großvaters holen ...« Damit ließ sich Schmulikl in Gegenwart Lusis ein unschickliches Wort entfahren, wovor er sich bisher stets gehütet hatte; »man stelle sich mal vor, aber bei mir sind sie an den Falschen geraten ... Bei mir haben sie sich dabei in der Adresse geirrt ... Eher sollen mir die Hände verdorren. Ja«, fuhr er fort, »mit mir, Schmulikl, ist das nicht zu machen, da können sie reden, soviel sie wollen. Ich bin aber keineswegs sicher, ganz und gar nicht, daß sie nicht andere Leute finden, die damit einverstanden sind; natürlich werden sie solche Leute finden ... Und in dem Fall kann ich nichts mehr für dich tun, beim besten Willen nicht, wie teuer du mir auch bist ... Diese Leute sind zu viele und stärker als ich ... Daher habe ich dich gewarnt, Lusi, und wenn du Gott liebst und dir dein Leben etwas bedeutet, solltest du versuchen, der drohenden Gefahr auszuweichen.«

»Die Gefahr ist wirklich«, fuhr er fort, und sein gesundes Auge wirkte nüchtern und klar wie bei einem Menschen, der einen Freund vor Bösem bewahren will.

Lusi hörte schweigend zu und blickte Schmulikl ein wenig ungläubig an. Er wollte herausfinden, ob aus Schmulikl der zuvor getrunkene Schnaps sprach oder ob er es ernst meinte. Er entschied sich für die zweite Annahme, und das bedeutete, daß er Schmulikl antworten, sich bei ihm bedanken und ihn um die Details dessen bitten mußte, was er soeben vernommen hatte.

Aber plötzlich, bevor Lusi auch nur den Mund aufgemacht und bevor Schmulikl, der ihm gegenüber auf seinem Stuhl saß, die Ohren gespitzt hatte, um ihm zuzuhören, erschien Sruli aus dem Vorderzimmer. Seinem Gesicht war anzumerken, daß das, was Schmulikl Lusi gesagt hatte, nicht nur diesen anging, sondern auch ihn, der auf der anderen Seite der Wand alles so klar mit angehört hatte, als hätte er der Unterhaltung beigewohnt.

Lusi mußte sich nicht die Mühe machen zu antworten, denn statt seiner ergriff Sruli das Wort und wandte sich dabei nicht etwa an Schmulikl, um dessen Rat zu erbitten, sondern direkt an Lusi.

»Ich möchte wissen«, fragte er Lusi und blickte dabei durch Schmulikl hindurch, »ob du genau verstanden hast, was er gesagt hat, und ob du immer noch die Absicht hast abzuwarten, ob du etwa glaubst, das über deinem Haupt schwebende Schwert, das jeden Augenblick heruntersausen kann, werde wie durch ein Wunder oben bleiben ... Ich möchte wissen, ob du die Vorsehung immer noch herausfordern willst, die das verbietet und uns auffordert, bei Gefahr zu handeln, wie es auch der gesunde Menschenverstand verlangt, und das bedeutet in diesem Fall: Du mußt tun, was man dir rät, und zwar ohne jedes Zögern und Zaudern, und so schnell wie möglich mit dem beginnen, was du schon lange beschlossen hast.«

»Ja«, erwiderte Lusi nachdenklich und in einem Tonfall, dem ein leichtes Bedauern darüber anzumerken war, daß er die Ratschläge Srulis, die er ihm in dieser Angelegenheit schon gegeben hatte, unbeachtet gelassen und sich davon sowenig hatte beeindrucken lassen.

»Gut«, entgegnete Sruli mit einem Knurren. Er war mit dem Erfolg von Schmulikls Mission zufrieden, die dieser vielleicht selbst und aus eigenem Antrieb unternommen hatte, zu der ihn aber vielleicht auch eine geheime Hand auf die eine oder andere Weise gedrängt hatte.

Auch jetzt noch schenkte Sruli Schmulikl keinerlei Aufmerksamkeit, als befände sich dieser gar nicht im Zimmer, als wäre der Stuhl, auf dem er saß, leer und die Worte, die Schmulikl geäußert hatte, nicht von ihm, sondern von den Wänden gekommen ...

Sruli wußte, daß Schmulikl jetzt betrunken war, und nachdem dieser Lusi noch im Zustand relativer Nüchternheit gewarnt hatte, blieb ihm jetzt nichts mehr, um wachzubleiben, und er würde schon bald den Kopf sinken lassen und endgültig einschlafen.

Und genauso geschah es. Schmulikls Gehirn war von jedem Gedanken leergeblasen, frei von jedem Gefühl, das es ihm erlaubt hätte, mit offenen Augen mit anzusehen, was zwischen Sruli und Lusi vorging. Er schlief tatsächlich ein, obwohl er von Zeit zu Zeit hochfuhr und einen betrunkenen Ruf ausstieß oder eine Verwünschung stammelte wie etwa: »Sie werden mir keine Ruhe mehr lassen, diese Leute, die mich in die Sache hineinziehen und mich an diesem schmutzigen Spiel beteiligen wollen.«

Als Sruli sah, daß Schmulikl fest schlief, und feststellte, daß niemand mehr störte und Lusi sich bereit zeigte, das, was er vor Schmulikls Besuch auf den Nimmerleinstag hatte verschieben wollen, jetzt zu einem guten Ende zu bringen, machte er sich Lusis Stimmungsumschwung zunutze und fragte leise:

»Also wann? ...«

»Wann immer du willst. Ich sehe keinen Grund, die Sache zu verschieben«, sagte Lusi verbindlich. So überließ er Sruli die Entscheidung, ohne zu widersprechen oder die Sache aufzuschieben.

Und er tat gut daran, sagen wir, so zu entscheiden, denn es war schon höchste Zeit . . .

An dieser Stelle sei uns übrigens gestattet, noch ein paar Worte hinzuzufügen, weniger um der Erzählung willen, sondern sozusagen als lyrische Abschweifung.

Dieser Abend, an dem Lusi den Besuch von Schmulikl der Faust empfing, war bereits ein wahrer Frühlingsabend, einer jener Abende, wie sie den ersten Sommergewittern folgen, wenn die Erde sich öffnet, oder wie sie vor einem solchen Gewitter sind, wenn man es heute oder morgen erwarten kann und am Himmel heitere, lebhafte Wolken emporschießen.

In der Stadt hatte man in allen Häusern schon längst die Doppelfenster herausgenommen, alle Fensterläden waren weit geöffnet . . . Auch bei Lusi stand das Fenster weit offen . . . Der in Schlaf versunkene Schmulikl saß noch auf seinem Stuhl, bis er plötzlich hochschreckte und gewahr wurde, daß es für ihn Zeit war, nach Hause zu gehen. Er verließ Lusis Zimmer fast wortlos, ohne eine gute Nacht zu wünschen, so still, wie er es betreten hatte.

Lusi blieb allein zurück. Dann trat er an das offene Fenster, und von der Stadt, die in tiefstem Schlaf lag, hob er den Blick zum Himmel, der überall mit silbern blitzenden Sternen übersät war. Manche glänzten sogar golden. Und als er in dieser einsamen Stunde unter dem ruhigen Himmelsgewölbe stand, machte Lusi den Eindruck, als hätte er Schmulikls Warnung völlig vergessen, daß nämlich die Stadt böse, ja sogar sehr böse Absichten gegen ihn hegte.

Wer ihn jetzt gesehen hätte, wie er unter seinem eigenen Dach, in seinem Zimmer, am Fenster stand und in die laue Frühlingsnacht hinausblickte, hätte auch gesehen, daß der Grund für die Entscheidung, die er getroffen hatte, nämlich die Stadt zu verlassen, in Wahrheit nicht auf Meinungsverschiedenheiten mit dieser Stadt zurückzuführen war, ebensowenig auf Angst vor unliebsamen Folgen; der Grund war vielmehr ein ganz anderer: eine innere Sehnsucht nach fernen Horizonten wie bei all den Pilgern vor ihm, die sich in ihrer vertrauten Umgebung zu fernen Räumen hingezogen fühlten und die engen eigenen vier Wände nicht mehr ertragen konnten, denen sie sich Jahr für Jahr ausgeliefert hatten ...

Ja, man hätte schwören können, daß Lusi jetzt, als er vor seinem geistigen Auge all diese Pilger und Wanderer vorüberziehen sah, auch seinen eigenen Großvater entdeckte, den man so sehr verleumdet hatte und von dem man sich im Haus seines Vaters erzählte, er hätte sich an einem Sommerabend, bevor er zum Abtrünnigen wurde, urplötzlich aus dem Staub gemacht. Man folgte ihm, es blieb nichts anderes übrig ... Er verließ das Haus nicht etwa mit Schuhen an den Füßen, sondern in Pantoffeln ... Und als man sich eingestehen mußte, daß er verschwunden war, suchte man ihn in der ganzen Stadt und lief sogar bis zum Fluß hinunter, da man fürchtete, ihm könne beim Baden etwas zugestoßen sein. Am Ende beriet man sich und gestand sich ein, daß es keinen Zweck hatte, die Suche fortzusetzen, was sich später auch bestätigte ... Leute, denen man volles Vertrauen schenken konnte, hatten ihn erst in Podolien gesehen, danach in Moldawien und in der Walachei und später sogar in Konstantinopel. Er sei halb jüdisch, halb türkisch gekleidet gewesen wie alle Angehörigen der Sekte ...

Obwohl Lusi nicht das Recht hatte, von seinem abtrünnigen Vorfahren gut zu denken, tat er es jetzt, wie uns scheint, dennoch, und sei es auch nur, weil dieser fähig gewesen war, mit dem heimischen Herd zu brechen, mit Frau und Kindern, mit der Stadt und den Leuten, und sich in Pantoffeln auf den Weg zu machen ...

Als er jetzt am Fenster stand, das Gesicht dem Frühlingshimmel zugewandt, und alle diese Pilger Revue passieren ließ, entdeckte er unter ihnen auch seinen Großvater, der vor seiner Entscheidung gewiß auch eines Nachts an einem Fenster gestanden und mit glühender Sehnsucht diese Himmelsweiten voller Sterne betrachtet hatte, so wie jetzt Lusi, bevor er selbst handelte und einer von ihnen wurde ...

Ja, Lusi stand da, er war bereit, seine Entscheidung war in seinem Zimmer, an dem offenen Fenster gefallen, als er die

Frühlingsnacht betrachtete, währen Sruli im Nebenzimmer saß, und da dieser wußte, daß Lusi jetzt im Angesicht der Sterne sein Gewissen prüfte, ließ er ihn allein, um abzuwarten, bis er damit zu Ende war. Und tatsächlich, als Lusi seine Gewissensprüfung beendet hatte, blieb er noch einen langen Augenblick stehen, um die Sterne zu betrachten, dann wandte er sich um und überschritt die Schwelle zum Vorderzimmer, wo er Sruli bei der Arbeit vorfand, die dieser in letzter Zeit so liebte, nämlich beim Ausbessern seines Rucksacks. Mit halb geschlossenen Augenlidern und einem vergnügten Lächeln auf den Lippen warf Lusi einen Blick auf Sruli und den Rucksack, einen Blick, der zu besagen schien, sie beide seien mit dem Licht der Sterne verbunden, das er eben noch bewundert hatte.

Und dann machte sich Lusi daran, all die Dinge zu erledigen, die noch zu erledigen waren. Er begann damit, sich zu verabschieden.

Vor allem von den Mitgliedern seiner Sekte. Er fand die Zeit, sich mit jedem von ihnen zurückzuziehen und mit ihm die Zeit zu verbringen, die nötig war, damit derjenige, der vor ihm stand oder saß, ihn eindringlich vor den Gefahren warnen konnte, denen er auf dem Weg der Erfüllung begegnen würde, das heißt bei der Annäherung an den Schöpfer, zu der alle Juden angehalten sind, vor allem aber die Bratslaver . . . Außerdem gab es noch andere Klagen, etwa über die fehlenden Mittel für den Lebensunterhalt, die kaum noch dazu reichten, die Freiheit des Geistes und die Weitsicht zu erwerben, die für den Dienst am Herrn nötig seien . . . Man blieb so lange unter vier Augen zusammen, bis am Ende jedem, dem Lusi seine geheimsten Sorgen anvertraut hatte, die Tränen in die Augen traten, aber nicht nur ihm, sondern auch Lusi, der ihnen zugehört hatte.

Nachdem Lusi sich von seinen Anhängern verabschiedet hatte, begann er, die Kinder seines Bruders Mosche zu besuchen, oft, beinahe täglich, um auch von ihnen Abschied zu nehmen. Er tat es, weil er sich zunächst an den letzten Willen seines Bruders erinnerte, der ihn gebeten hatte, sich auch weiterhin um die

Familie zu kümmern; er tat es jetzt um so mehr, als er wußte, daß es ihm nicht möglich sein würde, sein Versprechen zu halten, wenn er die Stadt erst verlassen hatte ...

Er suchte zunächst Judith auf, die älteste Tochter seines Bruders, die in ihrer Eigenschaft als Herrin des Hauses noch stärker unter der finanziellen Notlage der Familie und dem Tod der Eltern litt. Er wünschte sie zu trösten, ihr Mut zu machen und ihr Zuversicht zu geben, soweit es in seinen Kräften stand.

»Oh, Onkel!« rief Judith verzweifelt aus, als sie erfuhr, daß sie Lusis beraubt werden würde, der ihr von allen Verwandten am nächsten stand. »Oh, Onkel, wer wird sich jetzt um uns kümmern?«

Lusi versuchte, sie zu trösten, und bat sie, nicht zu verzweifeln, denn das sei die Pflicht jedes einzelnen; selbst wenn man schon das geschärfte Schwert an der Kehle spüre, dürfe man nicht an der göttlichen Barmherzigkeit verzweifeln; besonders sie nicht, deren Aussichten gar nicht so düster seien, und da habe sie eben kein Recht, aufzugeben.

»Judith, als Tochter Israels, vor allem aber als Tochter Mosche Maschbers darfst du nicht die Hoffnung verlieren, denn es hängt jetzt von dir ab, ob die Familie bleibt, was sie bis jetzt gewesen ist, oder ob sie untergeht.«

Dann versuchte Lusi, sich an Judiths Mann zu wenden, Jankele Grodztain, dieses Muster an Frömmigkeit und geschäftlicher Unfähigkeit, dem er vorhielt: »Du mußt dich entscheiden. Von zwei Dingen kannst du nur eins haben: Entweder man ist, was man ist, ein Kaufmann, wenn aber nicht, muß man das Geschäftsleben aufgeben ...«

Lusi fuhr fort: »Es ist dir früher zwar möglich gewesen, Jankele, dich abseits zu halten und dem Erwerb gegenüber gleichgültig zu bleiben, aber das war zu einer Zeit, in der es jemanden gab, der für dich einspringen und an deiner Stelle arbeiten konnte; immer dann, wenn du einen Schnitzer machtest, sprang dein Schwiegervater Mosche Maschber ein, der all das wieder zurechtrückte und in Ordnung brachte, was du verpfuscht hattest. Aber jetzt, wo dein Schwiegervater nicht mehr ist, darfst du dich nicht mehr aufführen wie bisher, denn sonst wird es für dich, deine Frau und deine Kinder nur noch trockenes Brot geben, das heißt, ihr werdet alle untergehen ...«

Lusi fügte hinzu, er verstehe zwar wenig von Geschäften, habe aber trotzdem den Botschaften von Mosches Gläubigern vor dem Tod seines Bruders entnommen, daß sie, die Gläubiger, angesichts der Summe, die man ihnen schulde, zu allerlei Zugeständnissen bereit seien, sogar dazu, eine geringere Schuldsumme zu akzeptieren und eine längere Rückzahlungsfrist einzuräumen, wenn sie bei seinem Bruder und dessen Kindern nur den guten Willen sähen, das Geschäft wieder in Gang zu bringen; denn nachdem die Geschäfte zum Stillstand gekommen seien, hätten sie begriffen, daß nicht nur Mosche und seine Familie darunter litten, sondern auch sie selbst, die jetzt keine Hoffnung mehr hätten, auch nur einen Teil dessen zurückzuerhalten, was man ihnen schulde.

»So daß jetzt«, sagte Lusi, »der Augenblick gekommen ist, wieder von vorn anzufangen.«

So redete Lusi Jankele Grodztain ins Gewissen, dem älteren Schwiegersohn Mosche Maschbers, aber auch dem jüngeren, Nachum Lentscher, dem er klarmachte, daß der Gedanke, sich aus dem Geschäftsleben zurückzuziehen, mit dem dieser seit einiger Zeit liebäugelte, keineswegs gut sei, vor allem jetzt nicht, denn wenn das für Nachum vorher einen gewissen Sinn gehabt hätte, als für ihn noch die Aussicht bestand, sich im Besitz einer gewissen Summe Bargeld, seinem Anteil am Geschäft, zurückzuziehen, womit er vielleicht anderswo hätte neu beginnen können, so wurde er jetzt, wo nichts weiter geblieben sei als unbezahlte Schulden, nichts als den schlechten Ruf eines schlechten Zahlers davontragen, den eines Bankrotteurs. Was solle ihm das also einbringen, und welchen Vorteil verspreche er sich davon? »Also«, redete ihm Lusi ins Gewissen, »statt dich mit leeren Händen zurückzuziehen und verpflichtet zu sein, einen anderen von deinen Kenntnissen profitieren zu lassen, bei dem du nicht mal Geschäftspartner werden kannst, da du nichts einzubringen hast, statt also so etwas wie ein Angestellter zu werden, wäre es da nicht besser, im Geschäft zu bleiben, an dem du einen Anteil hast, in einem gut eingeführten Geschäft, dessen Kunden sich am Ende wieder einfinden werden, obwohl sie sich vorübergehend zerstreut haben, wenn sie es erst einmal wieder hergestellt sehen; dann kannst du immer noch nach Belieben handeln; kannst dich entscheiden, ob du dich zurückziehen willst oder nicht, je nachdem, was du für vorteilhafter hältst.«

»Übrigens«, fügte Lusi seinen an Nachum gerichteten Worten hinzu, »mußt du dir darüber klarsein, daß du auch die Familie verläßt, wenn du dich aus der Firma zurückziehst, denn dann hast du nichts mehr mit ihr zu tun, und das wäre meiner Meinung nach schädlich für dich, denn du lebst jetzt ohne Frau, bist Witwer und Vater von Waisen, die du großziehen mußt. Bis jetzt hast du immer noch Judith gehabt, die deine Kinder wie ihre eigenen behandelt hat und wie eine Mutter für sie war, was dich von allen Verpflichtungen befreit hat ...«

Bei seinen Besuchen im Haus des Bruders suchte Lusi auch manchmal Alter in seiner Dachkammer auf. Einmal, als er ihm sagte: »Weißt du, Alter, daß ich bald fortgehe und daß wir uns nicht so bald wiedersehen werden?«, warf sich ihm der jüngere Bruder, der sich in einiger Entfernung von ihm gehalten hatte, wie man es bei einer Unterhaltung immer tut, plötzlich in die Arme, genauso wie damals, als der Leichenwagen seines Bruders Mosche kurz vor dem Aufbrechen des Trauerzugs auf dem Hof stand ... Alter klammerte sich an Lusi und blieb einige Minuten schweigend so stehen, dann hob er den Kopf, und wie ein Mann, der nach langer Krankheit wieder klar denken kann, sagte er auf sehr vernünftige Weise: »Und was soll jetzt aus mir werden, Lusi, wo Mosche nicht mehr ist und du bald auch nicht mehr da sein wirst?« Lusi war völlig aus der Fassung gebracht und wußte nicht, was er antworten sollte. Er hatte seinem Bruder nichts zu sagen und konnte Alters Kopf, den dieser an ihn preßte, nur an seiner Brust ruhen lassen ...

»Gott verläßt dich nicht.« Das war alles, was Lusi zu sagen fand, um Alter zu trösten, denn die Tränen drohten ihn zu ersticken.

944

Bevor er die Stadt verließ, verabschiedete sich Lusi nicht nur von der Familie seines Bruders, sondern auch, wenn man das so sagen darf, von dessen Haus und Eigentum . . . Zum Erstaunen aller hatte Lusi früher oft Lust gehabt – aus welchem Grund, weiß niemand –, im Garten auf und ab zu gehen, und bei diesen Spaziergängen hatte er nicht geduldet, daß jemand ihn begleitete . . . So betrat er auch zum letztenmal den Garten, wo er sich an diese so seltene Stille erinnerte, die er bei seinen Spaziergängen, ob allein oder zu zweit, so sehr genossen hatte, wenn er seinen Bruder besuchte. Und besonders dachte er an diesen Tag im letzten Sommer, als er gegen Abend mit seinem Bruder hier spazierengegangen war und über bestimmte Angelegenheiten gesprochen hatte, wie wir uns erinnern; die Ohren seines Bruders waren damals vor Aufregung rot geworden, aber er, Lusi, hatte die laue Abendluft des Gartens genossen und die Verlegenheit seines Bruders mit einem nachsichtigen Lächeln betrachtet, während dieser vor Verblüffung kein Wort herausbrachte.

Jetzt herrschte der Frühling im Garten. An den trockenen Fliederstengeln am Zaun erschienen bereits blaue, klebrige kleine Knospen, ein Versprechen künftiger Blüte. Ebenso an den von kundiger Hand beschnittenen Obstbäumen. Im Augenblick waren dies noch kaum wahrnehmbare Zeichen, aber sie kündeten von einer nahen Blüte in Weiß und Rosa.

Die Gartenpfade waren schon geharkt und vom abgestorbenen Laub des Vorjahrs befreit. Hier und da war trockenes Laub zu Haufen zusammengekehrt worden, das darauf wartete, daß man es verbrannte oder auf den Komposthaufen warf.

Der Garten war noch kahl und durchsichtig, und durch die Äste der Bäume hindurch, die ihres Sommerschmucks beraubt waren, konnte man alles sehen, was auf dem Hof und im Garten selbst vorging, in allen Ecken und Winkeln.

In einiger Entfernung konnte man Wassilij ausmachen, das neue Faktotum, der seiner Arbeit nachging, die manchmal daraus bestand, einen kleinen Baum auszugraben oder die Wege zu harken, manchmal auch aus etwas anderem. Manchmal sah man ihn völlig untätig herumstehen und einfach Maulaffen feilhalten, wobei er verzückt und staunend einen vorüberfliegenden Vogel betrachtete.

Als Lusi zum letztenmal den Garten betrat, entdeckte er diesen Wassilij in einer entfernten Ecke. Er war jedoch nicht allein. Ein Kind war bei ihm, das Lusi Mayerl zu sein schien, der älteste Enkel seines Bruders Mosche Maschber. Als Lusi langsam durch den Garten spazierte, hatte er eine Vorahnung vom Sommer. Ohne sich dessen bewußt zu sein, lenkte er seine Schritte zu der fernen Ecke, in der sich Wassilij befand. Als Mayerl, der untätig neben Wassilij stand, ihn beim Näherkommen gewahrte, wurde er ein wenig verlegen. Er entfernte sich mit gesenktem Blick von Wassilij, als hätte man ihn bei etwas Verbotenem ertappt, und ging auf Lusi zu.

Wieder ohne sich dessen überhaupt bewußt zu sein, nahm Lusi Mayerl bei der Hand und führte ihn von der Stelle weg, an der er ihn vorgefunden hatte. Er sagte kein Wort zu ihm, sondern hielt nur die Hand des Jungen in der seinen. Anscheinend aus einer ganz besonderen Zuneigung heraus, die schon immer zwischen ihnen geherrscht hatte, da er in dem Kleinen eine Art Fortsetzer und Erben aller guten Eigenschaften der Familie sah.

Dann beugte er sich plötzlich über Mayerl und fragte ihn unvermittelt:

»Wirst du dich noch an Onkel Lusi erinnern, wenn du groß bist, Mayerl? . . .«

Da senkte Mayerl noch verlegener und auch ein wenig überrascht von der Frage des von ihm so hochgeschätzten Onkels den Blick, faßte Mut und sagte mit vor Ehrfurcht tonloser Stimme: »Natürlich werde ich mich an dich erinnern.«

Und natürlich, fügen wir unsererseits hinzu, erinnerte sich Mayerl an Onkel Lusi und vor allem an diesen letzten Tag, als der Garten in frühlingshafter Transparenz erblühte und der hochgewachsene Onkel Lusi mit seinem kurzen weißen Bart wie ein Fremder erschienen war, allein und ohne Begleitung, wie Mayerl ihn früher immer gesehen hatte, vor allem an der Seite seines Großvaters . . .

Natürlich würde er sich an Onkel Lusi erinnern, der jetzt wie

946

jemand wirkte, der nur zufällig hier erschienen war, oder wie ein Mann, der sich vor den Blicken der Welt verstecken will und gekommen ist, um sich von jemandem zu verabschieden, der ihm früher viel Freude gemacht hat und den er nicht mehr wiederzusehen glaubt; etwa Mayerl, den er bei der Hand genommen und dem er beim Spaziergang durch den Garten diese unerwartete Frage gestellt hatte, die nur von einem Mann mit verwirrten Sinnen hatte kommen können, der zum Beispiel an eine Sache denkt und ganz etwas anderes sagt, so daß der andere, dem eine solche Frage gestellt wird, selbst wenn es ein Kind sein sollte, einen erstaunten Blick auf denjenigen wirft, der diese Frage gestellt hat, als wäre *jener* das Kind.

Ja, wiederholen wir es nochmals, Mayerl würde sich gewiß erinnern ... Und wir möchten hinzufügen, daß dieser Mayerl, dem wir wegen seiner unbedeutenden Rolle, die er als Kind in unserer Erzählung spielen konnte, nur wenig Zeit und Aufmerksamkeit gewidmet haben, in den letzten Teilen dieses Buches eine weit wichtigere Rolle spielen wird; denn wir möchten den Dingen ein wenig vorgreifen und rechtzeitig sagen, daß ein großer Teil der späteren Beschreibungen des Hauses Maschber diesem Mayerl zufallen wird, der als Chronist und glaubwürdiger Zeuge dessen auftreten wird, was dieser Familie später widerfuhr ... Und wir möchten ferner die Bemerkung machen, daß wir uns entschlossen haben, schon jetzt einen Auszug zu zitieren, der mit dem zu tun hat, was nun gleich folgen wird, nämlich dem Aufbruch Lusis und Sruli Gols aus der Stadt, denn wie wir uns erinnern, paßt die Form der Chronik Mayerls viel besser zu den kommenden Ereignissen als unsere, deren wir uns bisher bedient haben. Ja, das haben wir beschlossen. Aber bevor wir dazu kommen, möchten wir noch einen Augenblick verweilen, um auf eine Frage zu antworten, die interessierte Leser, die uns bis hierher gefolgt sind, gewiß stellen werden, nämlich diese:

»Was wäre geschehen, wenn Lusi nicht auf Sruli Gols Rat und die Warnung Schmulikls der Faust gehört hätte, die Stadt so schnell wie möglich zu verlassen, das heißt, wenn er sich noch ein wenig länger in ihr aufgehalten hätte?«

Darauf antworten wir, wie folgt:

An demselben Tag, da Lusi und Sruli noch vor Morgengrauen die Stadt verließen, wie wir später erzählen werden, konnte man in der Stadtmitte, in einer der Hauptstraßen, in der es von hastig dahineilenden Menschen, von Großhändlern und kleinen Krämern wimmelte, ein äußerst ungewöhnliches Bild sehen:

Da standen zwei Burschen in kurzen, ausgefransten Hosen, mit nackten Beinen, die in kurzen, schaftlosen Stiefeln steckten; die beiden lehnten sich gegen die Deichsel eines langen Mistkarrens, dessen Seiten zur Be- und Entladung mit Dung heruntergeklappt werden konnten. Der eine, ein Hungerleider, hörte auf den Namen Scharfnogl und hatte seine frühe Jugend in Synagogen verbracht, inmitten von Leuten, die dort studierten; er bediente diese Leute und sie wiederum beauftragten ihn mit Botengängen: Im Sommer etwa kaufte er für sie Kwas und im Winter gefrorene Äpfel, auf die das studierende Völkchen so erpicht ist. Als Gegenleistung gelang es ihm manchmal, eine Handvoll davon zu ergattern, manchmal mußte er sich aber auch damit begnügen, der Zufriedenheit der anderen zuzusehen ... Jetzt war er auf dem Markt so etwas wie ein Laufbursche, der nur dazu fähig war, den Auftraggebern aus der Gegend etwas ins Haus zu tragen oder in die Herberge, wenn es sich um Fremde handelte. Dafür erhielt er irgendeine Kleinigkeit, denn er besaß nicht die nötige Kraft, um schwere Lasten zu bewältigen. Er war schwächlich, und sein blasses und abgestumpftes Gesicht ließ nicht erkennen, ob er dumm oder gescheit war, ob er sich freuen konnte oder ob die Schwermut auf dem Grund seiner Seele lastete. Meist schwieg er, aber wenn er sich mal zum Sprechen entschloß, erfand er ohne Unterlaß Reime und litt niemals Mangel an wohlklingenden Worten. Insofern war er wie ein wahrer »Marschalek«, ein Stimmungsmacher auf Hochzeitsfeiern.

Soweit der eine. Der andere war vom gleichen Schlag: ein verkrachter »Student«, der zu stumpfsinnig war, um von seinem Studium zu profitieren. Dafür hatte er aber einen ungewöhnlichen Appetit entwickelt. Bei dessen Befriedigung war er zu einem ungeschlachten Tölpel herangewachsen, mit kräftigen Armen, Beinen und Schultern, einem Gesicht, das ein breiter brauner Bart schmückte wie bei einem Erwachsenen ... Um seinen Appetit zu stillen, hatte er zunächst eine Stelle als Gehilfe eines Grundschullehrers angenommen; er kümmerte sich um die Knirpse, die er etwa an einem trüben Herbsttag vom Elternhaus in die Schule trug oder umgekehrt, und zwar jeweils fünf bis sechs auf einmal; zwei oder drei auf dem Rücken und dann noch auf jedem Arm einen. Dafür verstand er sich nicht schlecht darauf, sie zu bestehlen, wenn er ihnen von zu Hause ihr Mittagessen brachte. Er bediente sich ungeniert aus jedem Napf, nahm manchmal die Hälfte oder gar noch mehr, wenn die Speise ihm behagte. Er hatte dieser Arbeit noch einen weiteren Vorzug abgewonnen: Es zog ihn zu den Dienstmädchen in den bürgerlichen Häusern, zu denen er jetzt Zutritt hatte, und einige dieser Dienstmädchen hatten sich immerhin so weit mit ihm eingelassen, daß sich die Hausherren oft genötigt sahen, sie zu verheiraten oder ihn aus dem Haus zu jagen, ihn, den großen, grobschlächtigen Tölpel ... So landete am Ende auch er auf dem Markt; er jedoch war dazu bestens geeignet und wurde zudem mit dem Spitznamen »Scher-Ber der Schürzenjäger« gekrönt, mit dem man ihn aus irgendeinem Grund belegt hatte – aber vielleicht wußten die Leute auch nur allzugut, warum er so hieß.

Kurz: Besagtes Paar sah man jetzt wie zwei Pferde dem Mistkarren mit den klappbaren Seitenwänden vorgespannt; der erste, Scharfnogl, hatte noch eine lange Stange in der Hand, auf die man einen Besen gesetzt hatte, einen dieser Besen, die man jeden Donnerstag auf den Straßen spazieren trug, um die Leute in die Schwitzbäder zu rufen, die an diesem Tag erhitzt wurden. Auf dem Karren konnte man auch eine Art Stuhl sehen, auf dem jemand sitzen mußte, entweder aus freien Stücken, vielleicht aber auch gegen seinen Willen ...

Plötzlich brach Scharfnogl das Schweigen. Er tat den Mund auf, und begann vor der Menge, die sich schon um ihn versammelt hatte, zu reimen:

»Spinne am Morgen, Kummer und Sorgen, Spinne am Abend, erquickend und labend« und so weiter, und er versprach der in immer größeren Scharen herbeiströmenden Menge goldene Berge und erzählte ihnen von einem Prinzen und einer Prinzessin, die verkehrt herum mit Löffeln äßen, und immer mehr Geschichten dieser Art, die er im Augenblick nicht offen erzählen könne, aber er erwarte, daß man ihm aufs Wort glaube.

Und während seiner Prahlerei gab Scharfnogl seinem Begleiter und Komplizen ein Zeichen: »Zieh doch, zieh«, und der andere zog kräftig, worauf der Mistkarren auf dem schlechten Straßenpflaster zu rumpeln begann. Die Gaffer folgten dem Wagen und betrachteten den Stiel mit dem Besen, aber auch den vorläufig noch leeren Stuhl, mit dem aber, wie zu vermuten war, jemandem eine Ehre erwiesen werden sollte.

Hinter dem Karren liefen Dienstleute her, Laufburschen, Gassenjungen, und je weiter die Prozession zog, um so mehr Menschen schlossen sich ihr an, vor allem Kinder und junge Leute. Und dann, als der Zug entlegenere Straßen erreichte, begannen ihm auch ältere Leute zu folgen: Handwerker, Schuhmacher mit ihren Schürzen, Schneider in ihren Westen sowie andere, die keine Handwerker waren und sich an Türen und Fenstern zeigten. Ihre Boshaftigkeit trieb sie an, nicht zurückzubleiben und sich den Gaffern anzuschließen, die sich vor ihnen in die Marschkolonne eingereiht hatten.

Die Menge auf der Straße war schon stark angeschwollen und umringte die beiden Männer, die vor den Karren gespannt waren, Scharfnogel und Scher-Ber den Schürzenjäger, und bedrängten sie so sehr, daß einer von beiden, der letztere, sich große Mühe geben mußte, um den Karren weiterzuziehen; denn der andere, Scharfnogl, war zu schwach und konnte ihm nicht helfen, es sei denn mit seiner Redseligkeit. Die Menge auf der Straße, war schon so sehr angeschwollen, daß bald kein Platz mehr für Neuankömmlinge blieb. Als die Leute den Lärm und das Geschrei der Menschenmenge hörten, kamen sie aus ihren Häusern, um sich der Prozession anzuschließen, fanden auf den Bürgersteigen jedoch kaum noch Platz, wo ebenfalls schon starkes Gedränge herrschte.

Die Zahl der Mitgehenden wurde immer größer, vervielfachte

sich, und die Marschkolonne bewegte sich von der Stadt auf die Straßen am Stadtrand zu, und diejenigen unter den Neuankömmlingen, die sich bei anderen nach dem Ziel der Prozession erkundigen wollten und fragten: »Wohin gehen wir und wozu?«, erfuhren nichts. Man antwortete ihnen nur mit einem verächtlichen Achselzucken, was etwa heißen sollte, für Erklärungen habe man keine Zeit, und wer wissen wolle, wohin es gehe, solle nur dem Zug folgen, ohne weitere Fragen zu stellen, und am rechten Ort, im rechten Augenblick, werde man zusammen mit allen anderen schon erfahren, was los sei . . .

Es war klar, daß der Besenstiel, der die Prozession überragte, und der unsichtbare Karren, der auf allen Seiten von Fliegen bedeckt war wie eine Süßigkeit, die Menge anlockten und sie irgendwohin führen sollten, daß sie ein Ziel hatten: Man hatte die Absicht, jemanden dadurch zu ehren, daß man ihn auf eine bestimmte Weise aus der Stadt geleitete, nämlich mit einer Parade und in der unschätzbaren Gegenwart einer Menge junger Tagediebe und weniger junger und kräftiger Gaffer, wie man es manchmal mit Leuten tut, die es verdient haben, etwa mit Denunzianten, die mit Gejohle und unter Pfiffen aus der Stadt gejagt werden.

Und tatsächlich: Hände von Drahtziehern erhoben sich über die Köpfe der dichtgedrängten Menschenmenge, um die Richtung zu zeigen, die es einzuschlagen galt. Die Gesichter dieser Anführer glühten vor Erregung. Sie hatten sich in der Menge zerstreut und dirigierten sie mit Schreien und erhobenen Armen, wo es nötig war.

Und jetzt kam die Menge in der Straße an, in der Lusis Häuschen stand, das unwissend und in aller Unschuld das Schicksal erwartete, das ihm bestimmt war. Nicht nur dem Häuschen, natürlich, sondern auch dem, der es bewohnte, auf den man sich jetzt stürzen wollte, nachdem die Anführer die nötigen Anweisungen gegeben hatten.

»Holt ihn raus!« Kaum war die Prozession mit Karren, Stiel und Besen vor Lusis Haus angekommen, da hörte man schon die lauten Kommandos eines der Anführer.

951

»Holt ihn raus, diesen Wolf im Schafspelz, diesen Jünger Schabbatai Zvis!« ließen sich immer wieder neue Schreie vernehmen, und ein wahrer Wald von geballten Fäusten erhob sich in die Luft, bereit, auf den niederzusausen, den man sehen wollte, falls sich dieser, in die Enge getrieben und verängstigt, in der Tür oder an einem Fenster zeigen würde . . .

»Wo ist er, dieser Bursche, mit seinen schmutzigen Helfershelfern?«

Als einige Bewohner dieser Straße, die Lusi und seine Liebenswürdigkeit nicht nur gegenüber seinen Anhängern, sondern auch gegenüber all denen, die jemals seine Schwelle überschritten oder ein Wort mit ihm gewechselt hatten, sehr wohl kannten, diesen Menschenauflauf mit seinen Drahtziehern sahen, diese aufgebrachte Menge, die alles andere als gute Absichten zu haben schien, wollten sie sich ins Mittel legen, unter die Menschen treten und zur Verteidigung Lusis ein gutes Wort einlegen; aber sie, diese Nachbarn, sahen sich zum Dank für diese Bemühungen den Faustschlägen derer ausgesetzt, die nur auf eine Gelegenheit gelauert hatten. Sie erhielten so heftige Faustschläge ins Gesicht, daß sie zu bluten begannen; andere, die in gleicher Absicht herbeigeeilt waren, zogen sich in aller Hast zurück, ohne etwas zu sagen, zufrieden, mit heiler Haut davongekommen zu sein.

Als der Menge dann aufging, daß der Mann, dessen Erscheinen sie gebieterisch verlangte, sich dem Tribunal, das ihn erwartete, nicht freiwillig stellen würde, daß er sich in der Hoffnung versteckt hielt, die Menge werde sich damit begnügen, ihre betrunkene Wut hinauszuschreien, um dann zu verschwinden, als der Pöbel seine Hoffnungen so getäuscht sah, stürzte er sich auf Lusis Haus, zunächst auf den Eingang, der für all die Menschen, die sich dort drängten, viel zu eng war, dann in das Vorderzimmer, das den Ansturm ebenfalls nicht fassen konnte; und als die Leute weder im Flur noch im Vorderzimmer den Mann fanden, an dem sie ihre aufgestaute Wut auslassen konnten, begannen sie sich an den stummen und unschuldigen Hausratsgegenständen auszutoben, die ihnen in die Hände fielen. Man zerschlug und zerbrach Gläser und Geschirr, zertrümmerte Tische und Stühle und warf alles zum Fenster hinaus, um so Öl ins Feuer zu gießen und das Blut derer in Wallung zu bringen, die sich noch abseits hielten und noch nicht genug aufgestachelt waren, um es allen anderen nachzutun.

Und, in der Tat: Die Besonneneren, die sich zunächst abseits gehalten hatten, wurden plötzlich von wildem Zorn gepackt und rissen alles an sich, was ihnen in die Hände fiel, dem Beispiel derer folgend, die es ihnen vorgemacht hatten, und ließen so allen Hausratsgegenständen die gleiche Behandlung zukommen. Man hörte das Klirren zerbrochener Fensterscheiben und zertrümmerten Geschirrs, das Krachen auseinanderbrechender Möbel, die durch eine Tür oder ein Fenster hinausgeworfen wurden, und der Pöbel, der sich noch draußen befand, nahm all das, was durch Türen oder Fenster hinausbefördert wurde, mit ebensoviel boshafter Freude entgegen, wie die anderen, welche die Gegenstände hinausgeworfen hatten, voller Wut Hand an sie gelegt hatten.

Kurze Zeit später jedoch, als den Anführern einfiel, daß sie nicht hergekommen waren, um nur Geschirr zu zertrümmern, als sie entdeckten, daß weder im Hausflur noch im Vorderzimmer auch nur eine Spur der Anwesenheit derer zu finden war, die sie hier anzutreffen gehofft hatten, stürzten sie zur Tür des zweiten Zimmers, zu Lusis Schlafzimmer. Da entdeckten sie, daß die Tür verschlossen war. Da erwachte in ihnen wieder die Hoffnung, diese Burschen dort zu finden, vielleicht in einer Ecke, unter einem Tisch oder einem Bett hockend, zitternd vor Angst angesichts der Strafe, die sie erwartete und auf die sie sich in ihren Verstecken bereit machten ...

Ja, die Meute stürzte sich ungestüm auf das zweite Zimmer, aber ... Man stelle sich bloß das Erstaunen und die Enttäuschung nicht nur der Anführer vor, die ein so großes Interesse daran hatten, Lusi in die Hände zu bekommen, sondern auch der Anhänger, als man plötzlich nicht Lusi Maschber mit dem einen oder anderen seiner Gefolgsleute im Zimmer sitzen sah, sondern zwei Burschen, die so wirkten, als wären sie hier zu

Hause – »Zehn-Groschen-Puschke« und »Mittwoch«, mit denen wir schon an anderer Stelle und bei einer ganz anderen Gelegenheit Bekanntschaft geschlossen hatten.

Hier saßen sie nun auf zwei Stühlen einander gegenüber, diese beiden halbverrückten Burschen aus dem »Fluch«: Puschke, der sich in einen Berg von Lumpen gehüllt hatte, in denen er sich wie eine Schildkröte fortbewegte, mit seinen schmutzigen, nie gewaschenen Fingern, die unter zahlreichen Ringen aus Zinn verschwanden, saß an einem Ende des Tischs, ihm gegenüber »Mittwoch« mit seinem Glasauge, das so groß war wie ein Apfel und das man kaum ansehen konnte, und dem anderen, natürlichen Auge, das ewig lächelte und seinem Gesicht einen gutmütigen Ausdruck verlieh, der an einen kleinen Bergbach gemahnte, der ins Tal hinunterfließt.

Vor ihnen stand eine Schüssel mit »Tsimes«,[1] die jemand auf den Tisch gestellt hatte und aus der sie schon seit einiger Zeit friedlich, aber ohne Löffel aßen, woran sie Vergnügen und Geschmack fanden.

Wie waren sie dorthin gekommen, wer hatte sie vor die Schüssel an den Tisch gesetzt?

Niemand anderer als Sruli Gol. Wie ernst er am frühen Morgen auch gewesen sein mochte, als er und Lusi gemeinsam das Haus verließen – worauf wir gleich zurückkommen werden –, hatte der Clown in ihm keine Ruhe gegeben, und so hatte er plötzlich Lust bekommen, jemandem einen Streich zu spielen; da er aus sicherer Quelle wußte, daß man einen Angriff vorbereitete und daß der Pöbel der Stadt mit dem Mistkarren und den schon erwähnten anderen Dingen herkommen würde. So war er auf den Gedanken gekommen, es so einzurichten, daß der Pöbel statt seiner und Lusis dieses heruntergekommene Paar vorfinden würde, »Puschke« und »Mittwoch«, wenn er mit seinen Anführern in Lusis Zimmer stürzte. Das würde den Leuten zu ihrer Schande recht geschehen.

Sruli tat, was er immer tat, wenn er die Stadt verließ, und sei es

[1] Im Ofen geschmorte Karotten mit fetten Fleischstücken.

nur für kurze Zeit: Wenn er sich schon in einiger Entfernung von der Stadt befand, drehte er sich um und zog ihr eine lange Nase. Besonders jetzt, da er sie für lange Zeit verließ, und wer weiß, für wie lange ...

Er hatte die Szene so gut vorbereitet, daß die Menschenmenge kaum ihren Augen traute, als sie in Lusis Zimmer eindrang und das Paar entdeckte, das sich seelenruhig an der Schüssel gütlich tat. Die Eindringlinge meinten zunächst, die beiden, hinter denen sie her waren, hätten sich verkleidet und in diese zwei Burschen verwandelt. Aber als sie genauer hinsahen und entdeckten, daß diese beiden, die schon etwas zuviel von dieser köstlichen Speise in sich hineingestopft hatten, die sie nie in ihrem Leben genossen hatten, sich nicht davon losreißen konnten, weder davor, als sie in aller Ruhe allein gewesen waren, noch jetzt, als eine Menge fremder Menschen mit Gewalt die Tür aufgebrochen hatte und hineingestürmt war, die sie jetzt umringte und ihnen beim Essen zusah; als die Eindringlinge das sahen, ließen die Anführer hilflos die Arme sinken, aber nicht nur sie, sondern auch die anderen, die sich auf eine handfeste Prügelei gefreut hatten, und schließlich auch die, denen nicht so sehr daran gelegen war, die sich abseits hielten und einfach nur von den anderen mitgerissen worden waren, brachen jetzt in ein brüllendes Gelächter aus. Der Anblick war göttlich: »Puschke« streckte die Hand mit den schmutzigen Fingern nach der Schüssel und nahm sich langsam einen fetttriefenden Bissen, und »Mittwoch« tat es ihm mit einem dümmlichen Lächeln nach.

Als die im Vorderzimmer zusammengedrängte Menge statt des erwarteten Geschreis und der Beschimpfung derer, die man hier erwartet hatte, Gelächter hörte, drängten alle zur Tür von Lusis Zimmer und reckten die Hälse, um zu sehen, was dieses Lachen ausgelöst hatte.

Die Nachricht, wen man hier vorgefunden habe, drang schnell zu denen, die noch vor dem Hauseingang standen, und auch zu denen, denen es wegen des Gedränges nicht gelungen war, ins Haus zu gelangen, und die deswegen hatten draußen bleiben müssen. Schließlich erreichte die Nachricht auch die beiden Burschen, die vor den Mistkarren gespannt waren, Scharfnogl und seinen Kumpan, die schon darauf warteten, die Leute in Empfang zu nehmen, die man gefesselt und grün und blau geschlagen zu ihnen bringen sollte, die man hatte blutig prügeln wollen, um sie dann auf den Ehrenplatz zu setzen und unter dem Jubel der Menge, unter Beschimpfungen und Flüchen und mit noch mehr Triumphgeheul wegzufahren als zuvor, als der Karren noch leer war.

Da begann Scharfnogl, der ebenfalls völlig aus der Fassung gebracht war, zu reimen:

> »Ihr alle, die ihr da seid, ihr Jiden,
> ob mit oder ohne Hämorrhoiden,
> tut, was ihr wollt, bleibt oder geht nach Haus,
> egal, was ihr tut, das Spiel ist aus.«

Er sprach diesen Reim mit bedauerndem Tonfall, als er an das entgangene Geschäft für sich und seinen Kompagnon dachte, denn jetzt würden sie nicht mehr das Geld bekommen, das man ihnen für den Fall versprochen hatte, daß sie sich ihrer Aufgabe erfolgreich entledigten; und als Vorschuß hatten sie nur eine Kleinigkeit erhalten ...

Sie gingen daran, den Karren rückwärts zu ziehen, und die Menge, die ebenso ernüchtert war wie sie selbst, machte ihnen Platz ... Dann begannen sich die Leute zu zerstreuen; aber da ließ sich plötzlich die klagende Stimme einer Frau vernehmen. Wie sich herausstellte, war es Lusis Wirtin, die laut wehklagte: »Banditen, Mörder, was hat mein Haus euch getan?«

Die Frau weinte, als sie inmitten des zerbrochenen Geschirrs stand, das man erbarmungslos auf die Straße geworfen hatte ... Sie war offensichtlich nicht daheim gewesen, als der Angriff begann. Als sie jetzt zurückkehrte und sah, was man mit ihrer armseligen Habe angestellt hatte, rang sie die Hände beim Anblick dieser Katastrophe und schrie voller Verzweiflung:

»Hilfe, ihr Leute! Womit habe ich das verdient?«

»Sie hat recht!« bestätigten einige aus der Menge, die jetzt angesichts des Unheils, das sie mit angerichtet hatten, innehielten. Vielleicht hatten sie sich nicht direkt beteiligt, waren aber zumindest passive Zuschauer gewesen.

Andere jedoch, vor allem die Anführer, die noch dageblieben waren und sich um ihr Vergnügen betrogen fühlten, da sie ihre Wut an ihren Opfern nicht hatten auslassen können, wollten sie jetzt wenigstens an der Wirtin auslassen und sagten:

»Das geschieht dir recht! Du hattest kein Recht, an Schlangen zu vermieten! Weh dem Übeltäter, und weh seinem Nachbarn! Du hattest kein Recht ...«

Nachdem die Leute kurz den Klagen der Frau gelauscht hatten, ließen sie sie in Tränen zurück, nicht nur die, die mit ihr Mitgefühl hatten, sondern auch die, die ihre Tränen kalt ließen. Man kehrte ihr einfach den Rücken und begann, sich zu zerstreuen.

Die Anführer verzogen sich schweigend, mit gesenktem Kopf, gedemütigt, mit Schande bedeckt, weil ihr Vorhaben gescheitert war, für dessen Verwirklichung sie soviel getan hatten; was sie sich so sehr gewünscht hatten, war ihnen aus den Händen geglitten und vor der Nase verschwunden.

Diejenigen aber, die nicht unmittelbar beteiligt waren und die einfach nur einem seltenen Schauspiel hatten beiwohnen und mit ansehen wollen, wie man die Schuldigen auf den Mistkarren schleifte, dem ein ganzer Zug folgen sollte, nicht etwa einer Fuhre Mist, sondern denen, die hier symbolisch dessen Stelle einnehmen sollten, diese Leute also, die sich nicht unmittelbar hatten beteiligen wollen, bedauerten jetzt, da nichts passiert war, nicht sonderlich, daß das Spektakel nicht stattgefunden hatte; vielleicht war ihnen jetzt sogar wohler zumute, als wenn es anders gekommen wäre ... Sie hatten soeben die Klagen der unschuldigen Frau gehört, der man Unrecht getan hatte, und aus diesem Grund waren sie zufrieden, daß kein zweites Unrecht begangen worden war, von dem sie nicht einmal wußten, ob die Opfer es überhaupt verdient hatten ... So waren diese Leute also fast zufrieden, nicht an einer Handlung teilgenommen zu haben, die sie später vielleicht bereut hätten ...

Ja, denn jetzt gab es nichts zu bereuen, dank der Tatsache, daß Lusi Maschber und Sruli Gol, die vorgesehenen Opfer, im Morgengrauen dieses Tages, an dem der Angriff hätte stattfinden sollen, das kleine Haus verließen, das später belagert wurde. Lusi und Sruli schlossen leise die Tür hinter sich, als die Stadt noch schlief.

Und hier übergeben wir das Wort dem künftigen Chronisten Mayerl. An diesem Punkt seiner Erzählung angekommen, beginnt er ernst, feierlich und in dem epischen Tonfall der Bibel: »Und Jakob verließ Beerscheba und ging nach Haran.«

Mayerl fährt fort:

»Und Lusi und Sruli brachen noch vor Tagesanbruch auf . . . und vor Sonnenaufgang an dem und dem Tag des Monats Ijar . . . als die Straßen noch menschenleer waren.

Lusi küßte die Mesusa, bevor er die Schwelle überschritt, und Sruli wandte den Kopf, um noch einen letzten Blick auf das Haus zu werfen, bevor er es ihm nachtat.

Um sie herum war der Himmel noch auf drei Seiten dunkel; allein auf der vierten Seite, im Osten, begannen sich die ersten Anzeichen der aufgehenden Sonne zu zeigen, die dort schon bald rot und heiß strahlend aufgehen würde.

Die Stadt schlief hinter ihren Türen und geschlossenen Fensterläden, der Straßenstaub wirbelte noch nicht durch die Luft, der Himmel über den beiden war blau, süß und frisch. Unterwegs begegneten sie niemandem, dem sie hätten einen guten Morgen wünschen oder dessen Gruß sie hätten erwidern können.

Als Lusi und Sruli die Straße hinter sich hatten, die sie zur Bahnstation brachte, da wo die Stadt zu Ende war und auf einer Seite, der rechten, der Friedhof mit seinen hohen Linden und niedrigen Haselsträuchern und auf der anderen, der linken, Felder und Ebenen lagen, die das Auge in riesige Weiten blikken ließen, war auch dort außer diesen beiden niemand zu sehen: Lusi in einem Sommermantel, wie ihn reisende Kaufleute tragen, und Sruli in seinem Kaftan, dessen Knöpfe nicht zugeknöpft waren, auf dem Rücken einen schweren Sack, der außer seiner eigenen Habe noch die Dinge des Mannes enthielt, der mit leeren Händen neben ihm herging. Als sie sich schon in einiger Entfernung von der Stadt befanden, begann sich vor ihnen ein strahlender Morgen auszubreiten mit einer Sonne, die am fernen Horizont aufging, eine ungewöhnliche Erscheinung, ein rundes, rotes Götzenbild, das aus einer rätselhaften, unterirdischen Region aufgestiegen war.

Vögel, die soeben aufgewacht waren, begrüßten den Sonnenaufgang mit sprudelndem Gezwitscher, mit anbetender Dankbarkeit für die strahlende und aufmunternde Wärme, und um ihr eine etwas handfestere Ehre zu erweisen, flatterten sie aufgeregt mal hierhin, mal dorthin, um die Nahrung zu suchen, die für die feierliche Morgenmahlzeit nötig war.

Später, als die Sonne am Himmelsgewölbe immer höher stieg, spürten unsere beiden Wanderer schon den ersten Schweiß. Sruli wegen der schweren Bürde, die er auf dem Rücken trug und die ihm das Gehen schwer machte, und Lusi wegen des Gehens, das er nicht gewohnt war.

Noch später, schon gegen Mittag, fanden unsere beiden Wanderer einen kleinen Bach, ein letztes Überbleibsel geschmolzenen Schnees, der sich im Frühling in den Mulden eines Tals ansammelt und erst im Spätsommer austrocknet.

Dort machten sie zum erstenmal halt. Sruli ließ den Sack von der Schulter gleiten und legte ihn auf die Erde, und alle beide, Lusi wie Sruli, wuschen sich die Hände in dem klaren Wasser des Bachs, legten ihre Gebetsschals und ihre Tefillin an, um ihre Gebete zu sprechen, dann wuschen sie sich nochmals die Hände, und Sruli holte die Verpflegung aus dem Rucksack, die er für die Wanderung vorbereitet hatte.

Nachdem sie sich ausgeruht hatten, machten sie sich wieder auf den Weg, folgten der Route, die Sruli vorher festgelegt hatte, quer über die Felder. Am späten Nachmittag gelangten sie an einen Eichenwald, den sie betraten. Er roch noch nach frischer, kräftiger Rinde und dem Laub des Vorjahrs, aber auch nach der jungen heißen Sonne, die den nahen Sommer ankündigte.

Und nachdem sie auf dem raschelnden toten Laub ein paar

Schritte gegangen waren, ohne einen Pfad zu finden, entdeckten sie bald den Weg, den Bauernkarren und Kutschen gebahnt hatten, die sommers wie winters tiefe Furchen hinterlassen.

Als sie im Wald schon ein gutes Stück Weges zurückgelegt hatten, spürten sie die Nähe eines Dorfs oder einer abgelegenen Herberge, die irgendwo in der Nähe sein mußte. Sie vernahmen eine gedämpfte menschliche Stimme, die durch das Dickicht der Bäume kaum zu vernehmen war, das vertraute Muhen einer Kuh, das düstere Ächzen einer Brunnenstange, an der ein leerer Wassereimer heruntergelassen wird, um Wasser zu schöpfen und dann voller Wasser wieder hochgezogen zu werden . . .

Und tatsächlich: Schon bald tauchte inmitten des Waldes eine Lichtung auf, auf der ein Gasthaus stand, ein niedriges Haus mit winzigen Fenstern, einem Strohdach und einem Hof mit einem schadhaften Zaun, auf dem man eine Remise für die Bauernkarren und Kutschen sehen konnte, deren Fahrer mitunter gezwungen waren, hier einen Tag oder eine Nacht zu verbringen.

Das Gasthaus gehörte einem gewissen Jechiel Trierer, einem Mann von kleinem Wuchs, der ein wenig fettleibig und kurzsichtig war, dessen Augenlicht aber doch genügte, um eines seiner Kälber zu entdecken, wenn es sich in den Wald zu verirren oder sonstwie Schaden zu nehmen drohte; ein Mann, der selbst im Sommer wattierte Hosen trug, die er in die Stiefel steckte, und dessen Speisen und Met in der Umgegend einen so guten Ruf genossen, daß jeder, der an dem Gasthaus vorbeikam, sich daran erinnerte und einkehrte . . .

Die Kneipe roch nach Sauerteig, nach abgestandenem Brunnenwasser, nach Geflügel, das im Haus gehalten wurde und seine Eier im Keller legte und ausbrütete.

Diese Kneipe betraten Lusi und Sruli am Ende dieses schon fortgeschrittenen Tages. Ihre Gesichter waren bleich, erschöpft und nach der langen Wanderung mit Reisestaub bedeckt. Als der Kneipwirt Jechiel Trierer sie sah, wußte er sofort, daß sie nicht zu seiner gewohnten Kundschaft gehörten, bei der ›etwas zu holen‹ war; er hielt sie für arme Wanderer, die gelegentlich hier einkehrten, um zu übernachten oder sich einen Tag auszuruhen.

Jechiel war in einem Nebenzimmer gerade damit beschäftigt, die Pfänder zu ordnen und durchzusehen, die ihm die Bauern dagelassen hatten: Bauernjoppen, Schaffelljacken und so weiter, die in dem dunklen Raum aufgehäuft waren; aus diesem Grund wandte er sich nicht sofort den Neuankömmlingen zu, da er dachte, es lohne die Mühe nicht, sich ihretwegen zu beeilen oder die Arbeit zu unterbrechen . . .

Aber später, als er sich die Männer ein wenig näher angeschaut hatte, die bei ihm eingekehrt waren, nachdem er die hohe Silhouette Lusis in seinem Reisemantel gesehen und auch den zweiten Mann, Sruli, erblickt hatte, Sruli mit seinem Rucksack auf dem Rücken, der der Verwalter oder Diener des ersten zu sein schien, wurde er etwas respektvoller . . . Er erwartete nicht, daß sie sich mit der üblichen demütigen Bitte an ihn wenden würden, hier die Nacht verbringen zu dürfen, nein, ganz im Gegenteil, bevor er Lusi ›Schalom‹ wünschte, wischte er sich zunächst die Hände an den wattierten Hosen ab und wandte sich dann an Sruli: ›Friede sei mit euch.‹ Er hatte plötzlich gespürt, daß es hier nicht darum ging, sich für nichts abzurackern und ihnen eine kostenlose Übernachtung anzubieten, sondern daß es hier gewiß etwas zu verdienen gab. Sruli legte seinen Rucksack auf eine Bank, und als der Kneipwirt Jechiel nach dem ersten ›Schalom‹ fragen wollte: ›Woher des Wegs? Wohin‹, kam ihm Sruli mit der Frage zuvor: ›Was kannst du uns zu essen und trinken anbieten, und gibt es für uns beide, Lusi und mich, ein ruhiges Zimmer, in dem wir bleiben können, solange es uns gefällt?‹

›Das gibt es‹, sagte Jechiel.

Die Nacht brach an. Der letzte Widerschein der hinter dem Eichenwald untergehenden Sonne fiel durch die kleinen Fenster der Kneipe herein. Eine gebrechliche alte Bäuerin, das Dienstmädchen, kehrte mit zwei Wassereimern vom Brunnen zurück, die sie an einem Joch auf der Schulter balancierte.

Alle beide, Lusi wie Sruli, wuschen sich die Hände, um ihre Abendgebete zu sprechen; in der Kneipe wurde ein Kerzenstumpf angezündet, denn das Licht, das von draußen hereindrang, konnte keinen Winkel des Raums mehr erhellen.

Dann wurde für die Neuankömmlinge der Tisch gedeckt. Es wurde ein Tischtuch aus grobem Leinen aufgelegt, ein gläserner Salzstreuer, Gabeln und Löffel aus Zinn, und dann wurden die von Sruli bestellten Speisen aufgetragen, selbstgebackenes Roggenbrot und Milchspeisen von einem nahe gelegenen Hof.

Der Wirt beobachtete Lusi aus der Ferne, wie dieser sich zunächst beim Beten und dann beim Essen verhielt. Und sein Respekt vor ihm wuchs immer mehr ... Seine Ehrerbietung wurde noch größer, als er vor dem Zubettgehen noch einmal hinausging: Er bemerkte Lusi, der auf der anderen Seite des Hofs mit dem schadhaften Zaun stand, in Träumereien versunken, und den Kopf zum Himmel hob ... Jechiel verstand nicht, was dieser seltsame Gast dort oben suchte, an diesem so gewöhnlichen ländlichen Himmel.

Jechiel Trierers Ehrerbietung wurde am nächsten Morgen nicht geringer, als Lusi nach dem Morgengebet mit Sruli die Vorbereitungen zum Aufbruch traf. Ganz im Gegenteil: Er verweigerte sogar – so sehr hatte Lusi ihn beeindruckt – das Geld, das Sruli ihm zur Bezahlung anbot, wie er es auch bei einem Wunderrabbi getan hätte, der zufällig bei ihm eingekehrt wäre.

Und das ist noch nicht alles: Vor dem Abschied bat er Lusi, ihn zu segnen, wie es alle unwissenden Bauern tun, bat ihn, für ihn zu beten, damit seine Kuh sicher kalbe, damit das Pferd nicht krepiere und der Wohlstand seinem Haus erhalten bleibe.

Lusi tat ihm den Gefallen, erst mit mürrischer Miene, aber dann mit dem wohlwollenden Lächeln eines gelehrten Weisen, der einen Bauerntölpel vor sich hat, welcher aus Unwissenheit an Dinge glaubt, die verboten sind.

Lusi verabschiedete sich und machte sich mit Sruli wieder auf den Weg. Sie durchquerten den gleichen Eichenwald, den sie gestern durchwandert hatten, und gingen auf die andere Seite zu ...

Nachdem sie nicht wenige Stunden gewandert waren, gelangten sie an den Waldrand, wo sie vor sich ein kleines schlafendes Dorf entdeckten, ein Dorf mit zwei Reihen von Häusern, die zu beiden Seiten der einzigen Straße standen. Dort herrschte ein

Frieden, der dem des Waldes, den sie soeben durchquert hatten, in nichts nachstand.

Lusi hatte Lust, hier zu verweilen. Sie fanden eine Unterkunft, und Lusi verbrachte ein paar Tage in dem einzigen Betsaal des Dorfs, wo er am Morgen betete und danach, in seinen Gebetsschal gehüllt, wie gewohnt studierte.

Von dort machte er sich auf den Weg und durchstreifte diese Gegend, in der sich eine ganze Reihe von Dörfern befinden, die seit der Zeit Chmielnickis[1] bekannt sind, Dörfer wie Zwil, Korez, Anapol, Saslaw und so weiter.

In dieser Zeit folgten Lusi wirre Gerüchte, die aus der Stadt N. kamen und die manche zu seinen Gunsten auslegten, andere zu seinen Ungunsten ... Manche sehr fromme Männer aus diesen Dörfern, die Lusi durchqueren mußte, hielten sich fern von ihm, denn sie wünschten, er möge diese Gegend so schnell wie möglich verlassen, denn ... wer weiß? Wenn er wirklich so war, wie man behauptete, wenn es stimmte, daß er deshalb verschwinden mußte? ... Andere aber – und das war die Mehrheit – glaubten den Gerüchten nicht, als sie sich Lusi näher ansahen. Da sie sicher waren, daß Lusi recht hatte, sagten sie immer wieder, er sei gewiß von Zweifeln befallen worden, die er auf dieser Pilgerreise, auf dieser Wanderung überwinden wolle, und es sei völlig unmöglich, daß zwischen ihm und den falschen Gerüchten, die ihm folgten, irgendeine Verbindung bestehe.

So dachten die meisten Leute, aber in diesem ganzen Sommer spürte man in der ganzen Gegend, daß ein rätselhaftes Wesen in ihr weile. Als es Lusi einfiel, sich an einen dieser Orte zu begeben, in denen sein Name ehrlos war, wagte es trotzdem niemand, nicht einmal die Frömmsten, ihm ins Gesicht hinein Vorwürfe zu machen, ja nicht einmal ein auch nur im geringsten beleidigendes Wort zu äußern, wenn sie ihn sahen, ihn und Sruli, der wie ein Diener den Rucksack trug. So groß war die Achtung, die er den Leuten einflößte.

---

[1] Ein Ukrainer, der im siebzehnten Jahrhundert einen Aufstand gegen die Polen leitete, bei dem Juden in großer Zahl umgebracht wurden.

Zu dieser Zeit hatte Lusi nicht nur die Wertschätzung von Leuten seiner eigenen Herkunft erworben, von Juden, sondern auch die der Nicht-Juden, die ihm den Weg frei machten und sich respektvoll nach ihm umblickten, wenn sie ihm begegneten. Das geschah zum Beispiel, wenn Lusi und Sruli an einem heißen Sommertag zur Zeit der Ernte durch ein Dorf kamen, dessen Bewohner sämtlich auf den Feldern waren und in dem nur ein paar alte Männlein und Weiblein zurückgeblieben waren; wenn sie einen Bauernhof betraten und um etwas zu trinken baten, empfing man sie ehrenvoll, und wenn sie getrunken hatten, bat man sie, sich noch etwas zu gedulden, und begab sich in den Obstgarten hinter dem Haus und kehrte mit frisch von den Bäumen gepflückten Äpfeln und Birnen oder mit kandierten blauen Pflaumen zurück, die man ihnen in einer Schale mit einem gemalten Hahn auf dem Boden reichte.

»Auf Ihre Gesundheit!« wünschte man ihnen mit bäuerlichem Wohlwollen, wenn die Leute den etwas erschöpften und staubbedeckten Lusi betrachteten, der bei diesen frommen Bauern die gleiche Ehrerbietung weckte, die sie ihren frommen Pilgern entgegenbrachten, die von Kloster zu Kloster zogen, von einer berühmten Abtei zur nächsten . . . Es geschah auch, daß, wenn Lusi und Sruli in diesem Sommer gegen Ende des Tages in ein Dorf kamen, in dem sie erfuhren, daß eine Hochzeit gefeiert wurde, sie als Neuankömmlinge, wie die Sitte es damals verlangte, das Brauthaus betreten mußten, um dem jungen Brautpaar und den Familien der Brautleute Glück zu wünschen. Zu welcher Stunde sie in der festlich gestimmten Gesellschaft auch erschienen, ob vor oder nach dem Segen, man bemerkte sie sofort, kam ihnen entgegen, begrüßte sie, lud sie ein, an der Festtafel Platz zu nehmen, und alle, sowohl die höchst aufgeregten Verwandten der Brautleute wie die weniger erregten Gäste, verstummten für einen Moment. Die Leute betrachteten Lusi von der Seite und fragten einander flüsternd: »Wer ist dieser Mann? Ein Hausierer?«

»Wo denkt ihr hin!« sagten die, die Bescheid wußten, die davon gehört hatten oder sich ihren Vers darauf gemacht hatten. ›Er ist es, Lusi Maschber, der das Land durchstreift . . .‹

»Wirklich?«

So geschah es manchmal in bestimmten Dörfern am Abend, gelegentlich aber auch schon vor Tagesanbruch, wenn die beiden zu früher Stunde sich wieder auf den Weg machen wollten. Wenn sie das Tschingderassabum einer Hochzeit hörten, begaben sie sich zu diesem Haus, um das Brautpaar und deren Eltern zu begrüßen, wie die Sitte es verlangt; auch dort geschah es, wenn man Lusi in seinem Reisemantel auf der Schwelle erscheinen sah, und hinter ihm Sruli mit seinem Rucksack, als wäre er sein Diener, daß man sie ehrerbietig zum Eintreten aufforderte und ihnen einen Weg zu dem jungen Paar frei machte. Anschließend, wenn alle Gäste einschließlich der Musiker zu spielen und zu tanzen aufgehört hatten, lud man sie ein, sich zu Tisch zu setzen und etwas Gutes zu kosten. Wenn sie ablehnten, weil sie aufbrechen wollten, fand sich immer eine weibliche Anverwandte, die Sruli bat, seinen Rucksack zu öffnen, in den sie ein wenig von all den Leckereien steckte, die man für die Hochzeit zubereitet hatte: Torten, Lebkuchen, Blätterteigkuchen und noch andere Dinge wie etwa Eierkuchen und Bratenstücke, lauter Dinge, die für unsere beiden Wanderer einen Tag oder länger reichten.

»Wer ist dieser Mann?« fragten einander die Leute.

»Wie, das wißt ihr nicht? Aber das ist doch Lusi Maschber, der in dieser Gegend umherwandert . . .« Und während sie dies sagten, konnten sie den Blick nicht von dem hochgewachsenen, stattlichen Lusi mit seinem kurzen weißen Bart abwenden, der dem Raum schon beim Betreten eine Art Bedeutung verliehen hatte, von der ein Teil zurückbleiben würde, wie es jeder nach seinem Aufbruch spürte.

Das war's. Und so übernehmen wir wieder das Wort von Mayerl und nehmen es auf uns, die Fortsetzung mit unseren eigenen Mitteln zu erzählen und sie so wiederzugeben, wie wir es am besten vermögen.

Und damit wären wir nun am Schluß unseres zweiten Buches angelangt.

NACHWORT

»Den Zirkus habe ich verbrannt und lange illuminiert.«
Der Nister, Unterm Zaun.

»Je mehr Bücher wir lesen, desto klarer wird es: Der Schriftsteller hat die Aufgabe, ein Meisterwerk hervorzubringen – jede andere ist bedeutungslos«, schreibt Cyril Connolly in *Enemies of Promise*. Uns, den Lesern, obliegt es, begleitend dafür zu sorgen, daß verlorengegangene Meisterwerke wiederum ihren Platz im Pantheon der Weltliteratur erlangen.

Ein verlorengegangenes Meisterwerk in jiddischer Sprache ist *Di Mischpoche Maschber* des sowjetischen Schriftstellers »Der Nister«, der 1950 in einem russischen Gefängniskrankenhaus starb. Es taucht langsam aus dem Dunkel der Vergessenheit, in das es versank, als sein Verfasser wie zahllose andere jiddischschreibende Zeitgenossen in der Sowjetunion ein Opfer von Stalins Verfolgungswahn wurde. Dieser unvollendete Roman, von dem 1939 ein erster und 1948 ein zweiter Band herauskam, hat sich dem Untergang entzogen. Eine verstümmelte jiddische Ausgabe des Buchs liegt in der Sowjetunion vor, wo der Nister inzwischen rehabilitiert wurde. 1962 erschien in Israel eine Übersetzung ins Hebräische. Eine französische Übersetzung kam 1984 heraus; darauf folgte 1987 eine amerikanische Ausgabe; die italienische ist in Vorbereitung. Und hier ist nun *Di Mischpoche Maschber* auf deutsch.

Es grenzt ans Wunderbare, wie dieses Werk eines Autors, dessen Name selbst im schwindenden Kreis derer, die Jiddisch lesen, kaum ein Begriff ist, sich kraft seines Ranges so hartnäckig behauptet hat. Die Leser, die es jetzt in der Hand halten, werden bald entdecken, warum.

Wer ist der Nister?

Der Nister ist ein Pseudonym, seine Bedeutung: »der Verborgene« – der Name, den Pinhas Kahanowitsch benutzte, als er 1907 in Wilnau seinen ersten schmalen Gedichtband *Gedanken un Motiven: Lider in Prosa* veröffentlichte.

Der Nister wurde am 1. November 1885 im russischen Berditschew geboren. Er war das dritte von vier Kindern: Aaron, Hannah, Pinhas (der Nister) und Motl. Sein Vater, Menachem Mendl Kahanowitsch, der im Handel mit geräuchertem Fisch sein Auskommen fand, war orthodoxer Jude mit Verbindungen zu den Chassidim von Korschew. Seine Frau Lea scheint es gewesen zu sein, die den Kindern nahelegte, neben der religiösen auch weltliche Bildung und Ausbildung zu erwerben. Drei von ihnen ergriffen weltliche Berufe: Hannah wurde Ärztin, Motl, der sich später in Frankreich niederließ, Bildhauer, und aus dem Nister wurde unser Schriftsteller. Aaron, den Ältesten, zog es früh zu mystischem Erleben, und als Erwachsener schloß er sich der Sekte an, die den Lehren des Rabbi Nachman von Bratslav (1772–1810) folgte. Aaron und die Sekte von Bratslv sollten die künstlerische Einbildungskraft des Nisters und namentlich *Die Brüder Maschber* entscheidend beeinflussen.

1904 verließ der Nister seine Heimatstadt Berditschew in der Hoffnung, dem Dienst in der Armee des Zaren zu entgehen. Und mit der sich hieraus ergebenden Notwendigkeit zur Geheimhaltung scheint auch das Pseudonym verknüpft zu sein, das er sich damals zugelegt hatte. Er ging dann als junger Mann nach Schitomir, nicht weit von Kiew, wo er seinen Unterhalt mit Hebräischunterricht verdiente.

Kiew war zu jener Zeit zwar nicht eben ein literarisches Zentrum, doch ein kleiner Kreis junger Männer, die »Kiewer Gruppe«, sollte für die spätere sowjetisch-jiddische Literatur von großer Bedeutung werden. Dazu gehörten der Romancier Dovid Bergelson, der Nister und der Lyriker Perez Markisch, ebenso die Lyriker Lajb Kwitko und Dovid Hofstejn – lebenssprühende, unruhige Geister, kultiviert und belesen, die spürten, daß aus dem Westen der Wind literarischer Veränderung wehte, und begierig waren, ihrerseits neue Wege zu beschreiten.

Nachman Meisel, einer der ältesten Freunde des Nisters, dessen Hilfe erste Veröffentlichungen des jungen Autors zu danken sind, beschreibt das Erscheinen des Nisters in der kleinen literarischen Welt des Kiew von 1908:

> »Hier, im christlichen Kiew und weit entfernt von den Schauplätzen der Literatur, lebten Dovid Bergelson ... und ich, Nachman Meisel ... Ascher Schwartzman ... S. S. Sajmowzes ... Die Kiewer Gruppe, die bisher noch nicht das Glück gehabt hatte, die Aufmerksamkeit Warschaus und Krakaus zu erregen ...
> Damals schneite unversehens der liebenswürdige Nister herein (war »unversehens« da, nicht schnurstracks und ungeniert hereingekommen). Wir wußten, allerdings nicht von ihm selbst, daß in Wilnau ein seltsames kleines Buch von ihm – seltsam der Titel und ebenso seltsam der Inhalt – erschienen war: *Gedanken un Motiven: Lider in Prosa* ... Doch weder wir noch der Nister selbst nahmen dieses erste Werk besonders ernst.
> ... Er war damals vierundzwanzig. Hatte sanfte, exquisite Umgangsformen und ein zurückhaltendes Auftreten. Er wirkte kleiner, als er war. Den schönen Kopf mit dem prächtigen Haarschopf hatte er zwischen die Schultern gezogen, als schäme er sich, ihn aufrecht zu halten. Er schien auf Zehenspitzen zu gehen und wie auf Seitenwegen statt über die Chaussee. Und noch eine weitere persönliche Eigenart hatte er: Er ging leise und war überaus schweigsam – ein Wort ein Rubel –, und was er äußerte, war kryptisch, vieldeutig und kam ihm auch noch unbetont und klanglos über die Lippen ...[1]«

Über sein persönliches Leben wie über sein Werk hüllte er sich in Schweigen. Andererseits aber war er durchaus kein Einsiedler, und sein Schweigen drückte keineswegs Mißbilligung etwa fremden Verhaltens aus. Er liebte Gesellschaft und war jederzeit ein aufmerksamer und freundlicher Zuhörer.

Auf *Gedanken un Motiven* folgte 1910 *Hecher Fun Der Erd*. Obwohl er sich mit beiden Werken in kurzer Zeit unter den gleichaltrigen Freunden einen Namen gemacht hatte, ließen die mystische Ausrichtung seines Denkens, ein Hang zu Phantasie und Folklore, zu verrätselter Sprache und Symbolen einen schwierigen Autor erkennen. S. Niger, der Jahre später für *Die Brüder Maschber* warme Worte der Würdigung fand, war von den frühen Werken wenig begeistert. Er bemängelte, daß sie »nicht nur form-, sondern auch inhaltslos« seien. Noch härter urteilte S. Rosenfeld im Juni 1914 in New Yorks jiddischer *Zukunft:*

> »Es ist kein Zufall, daß gerade in unserer Zeit ein so unbeholfener, dumpfer, gedanklich völlig unfaßbarer Autor wie Der Nister auftaucht ... Und es wäre ein Irrtum, wie einige Kritiker anzunehmen, daß die Vagheit des Nisters Absicht ist und er also die Worte nicht findet, die seinen Gedanken klaren Ausdruck verliehen: Er beabsichtigt durchaus, so klar wie nur möglich zu sein bei all den konfusen Begriffen und mystischen Ideen und Bildern, die uns vor den Augen verschwimmen.[2]«

Daß er ›unvergleichlich‹, ein Autor sui generis, sei, darin – und nur darin – waren sich die Kritiker einig. Das Attribut läßt einen Traditionsgegner erwarten, doch war des Nisters Verhältnis zu Mendele Mojcher Sforim, Scholem-Alejchem und J. L. Perez, den klassischen Schriftstellern der jiddischen Literatur, von tiefer Achtung geprägt. Seine Wertschätzung von Perez grenzte an Verehrung. Er schrieb:

> »Wenn ich ihn mit seinen Zeitgenossen verglich, mit all denen, die die Grundlagen der jiddischen Literatur gelegt haben, erschien er mir immer als die Sonne über ihnen: Mendele war die schwarze, pflugdurchfurchte Erde, Scholem-Alejchem das gereifte Korn, und er [Perez] war die Sonne, die wärmte und erleuchtete, segnete und Wachstum gab.[3]«

Perez lebte in Warschau, als der Nister in Kiew die ersten zögernden Schritte auf dem Weg zum Erfolg als Schriftsteller tat. Es gibt eine vom Nister selbst überlieferte köstliche Geschichte über einen Besuch bei ihm.

Perez empfing den Nister mit großer Liebenswürdigkeit und

bot ihm einen Stuhl, sodann eine Zigarre an. Und nun sah sich der kaum flügge Poet in einem peinvollen Dilemma. Er durfte auf keinen Fall Perez' Gefühle verletzen und die Zigarre *nicht* rauchen, und wollte sich diese doch unbedingt als Andenken an diesen Besuch bewahren.

»Also gab ich vor, die Zigarre zu rauchen. Doch insgeheim tat ich alles, um sie ausgehen zu lassen, so daß ich sie irgendwo verstecken könnte. Als ich annahm, sie sei kalt, und Perez gerade nicht herübersah, steckte ich sie rasch in meine Westentasche. Plötzlich roch es brenzlig, und ich bemerkte meinen Irrtum: Die Zigarre brannte noch und meine Westentasche ebenfalls. Auch Perez bemerkte es, begriff sogleich, was vorgefallen war, und wollte schon lachen – doch um mich nicht zu beschämen, wandte er den Kopf zur Seite und gab dann vor, etwas aus dem Nebenzimmer zu benötigen, damit ich Gelegenheit hätte, mich aus meiner bedauernswerten Lage zu befreien ... Wenn sich die Erde vor mir aufgetan und mich verschluckt hätte – ich wäre dankbar gewesen.[4]«

Der Nister hat, so ist zu schließen, sowohl seine Weste als auch die Zigarre gerettet, die er späterhin in hohen Ehren hielt. Und mehr noch – da er sich ohnedies bereits als Dieb fühlte, benutzte er die nochmalige Abwesenheit Perez' dazu, ein Stückchen Notizpapier mit ein paar flüchtigen Bemerkungen in Perez' Handschrift an sich zu nehmen.

Es wäre zu ergänzen, daß Perez es war, der vom Nister sagte: »Mit dem Burschen muß man umgehen wie mit einem Gummiball. Je höher er springen soll, desto härter muß er zu Boden geworfen werden.« Der Nister, so berichtet Nachman Meisel, von dem die Geschichte stammt, »hörte aus der Bemerkung Lob und Ermunterung heraus und nahm sie als gutes Zeichen.«[5]

1912 heiratete der Nister Rachel Silberberg, eine junge Lehrerin aus Schitomir. Im Juli 1913, nach der Veröffentlichung seines dritten Buchs, *Gesang un Gebet,* kam ihre Tochter Hodel zur Welt.

Als der Erste Weltkrieg ausbrach, fand der Nister Beschäftigung in der Holzindustrie des Kiewer Hinterlandes – eine Arbeit mit halbmilitärischem Status, die ihn vom Aktivdienst in der Armee befreite. Die Kriegsjahre verbrachte er mit schriftstellerischer Arbeit, und 1918 erschien das erste seiner Kinderbücher: *Mejselech in Fersen.* Gleichzeitig übersetzte er auch Märchen von Christian Andersen.

Inzwischen war aus Rußland die Sowjetunion geworden, zu welcher das Verhältnis des Nisters in den ersten Jahren der Revolution nur ambivalent sein konnte. Er lebte weiterhin in Kiew, schrieb und leistete Arbeit im Bildungswesen und anderen öffentlichen Bereichen. 1920 ging er mit seiner Familie nach Moskau und lebte dort eine Zeitlang zusammen mit Marc Chagall und anderen Künstlern und Schriftstellern in einem jüdischen Waisenhaus in Malachowka an der Peripherie der Hauptstadt.

Von dort zog er zunächst ins polnische Kowno, dann nach Berlin, wo sein Sohn Joseph geboren wurde und 1922 bzw. 1923 die zwei Bände von *Gedacht* erschienen – wiederum symbolisch verschlüsselte Erzählungen. Das zeigt ein Blick auf »Ojfn Grenetz« (»An der Grenze«).

Zu Beginn der Erzählung erfahren wir von einer Frau, die an der Grenze zwischen einem besiedelten Wüstenstrich und dem Meer lebt und ihre Tage damit verbringt, Ausschau in die Ferne zu halten. Auf die Frage, was sie erwarte, antwortet sie: »Das zweihöckrige Wüstenkamel ... das auf seinen Höckern zwei Kerzen trägt.« Man bittet sie, das zu erklären, worauf sie die eigentliche Geschichte erzählt: Irgendwo in der Wüste lebt ein Riese, der letzte seiner Art; er plant, seinem Geschlecht die frühere Macht zurückzugewinnen, und macht sich auf, eine geeignete Gefährtin zu finden. Dabei hilft ihm ein Vogel, der einen Brief überbringt mit der Botschaft, daß eine solche Frau bereits auf seine Ankunft warte und der Vogel ihn zu ihr führen werde. Also bricht er auf und erlebt verschiedene Abenteuer, die ihn ermutigen oder enttäuschen. Einmal trifft er einen Aussätzigen, der ihm erzählt, daß auch er früher ein Riese gewesen sei, der dieselbe Frau gesucht und gefunden habe; ihre Verachtung für ihn sei jedoch so groß gewesen, daß sie an seinem Wuchs genagt und ihn zu einem Aussätzigen gemacht habe. Er rät dem Riesen, die Suche aufzugeben. Der Vogel jedoch bekräftigt erneut die Wahrheit seiner Botschaft und bringt ein Kamel herbei, das sich ebenfalls dafür verbürgt. Und der Riese sucht weiter. Dann hat er die Vision von Betenden in einem Tempel, dessen Hoherpriester ihm zwei große Kerzen gibt, um ihn in seiner Suche zu bestärken, und folgendes sagt:

»Er komme näher, unser Wohltäter, der unseren Tempel wiederaufrichten wird, und nehme sie [die Kerzen] für seine Braut und seine Hochzeitsnacht; und wenn er und seine erwählte Braut vereinigt sind, werden die Dochte dieser zwei Kerzen einander entzünden und zu einem einzigen Feuer werden, das den Menschen leuchten und ihnen verkünden wird, das alte Geschlecht sei wieder eingesetzt in seine Rechte, den alten Göttern neues Leben eingehaucht und den Riesen und ihrem Stamm die frühere Macht zurückgegeben.«[6]

Aus diesem Abschnitt wird klar, daß wir auch hier eine von des Nisters esoterischen, aus der Kabbala schöpfenden Allegorien vor uns haben. Diesmal rankt sie sich um das Leitbild der mystischen Hochzeit – eine Idee, die im *Sohar* und bei sämtlichen folgenden Kabbalisten eine wesentliche Rolle spielt. Die Bedeutung dieses *hieros gamos (siwwuga kdischa,* wie es im *Sohar* heißt) war ursprünglich die Vereinigung der zwei *sephiroth,* [Emanationen Gottes] *tif'eret* und *malchut,* des männlichen und weiblichen Aspektes Gottes, des Königs und seiner Braut, der *Schechina* und mystischen Ecclesia Israels.[7]

Und für Kabbalisten ist diese hochzeitliche Umarmung die Voraussetzung für die Ankunft des Messias.

Der Riese, so endet »An der Grenze«, findet die Frau, nach der er gesucht hat. Und sie feiern die langersehnte Nacht (derweil sich das Kamel in dem Wasser, das übers Ufer spült, die Füße näßt). Wenn die Dämmerung anbricht, neigen sich die Kerzen, die das Kamel trägt, einander zu und entzünden sich zu dem einen, gemeinsamen Feuer, und das Kamel macht sich auf, um die Nachricht in das Wüstendorf zu bringen.

»Und dieses Kamel erwarte ich«, erzählt die Riesin zu Ende der Geschichte. »Nach diesem Kamel halte ich Ausschau an der Grenze. Lange schon ist es nicht mehr in der Wüste gewesen, und lange währt sein Kommen.«[8]

Unter der Hand des Nisters gewinnt die Erzählung über Strecken Reiz und Eindringlichkeit, was sie in erster Linie dem beschwörenden Duktus seiner Prosa verdankt. Doch letzten Endes ist treibende Kraft der Geschichte eine Idee, nicht innere Notwendigkeit, und man begreift, warum der sowjetische Kritiker Nachum Ojslander 1924 in einer Würdigung des Nisters von dessen Frühwerk sagen konnte, der Autor hätte seinen Platz in der jiddischen Literatur früher gefunden, »wenn sein Zentrum nicht die kosmische Fabel gebildet hätte, die offenbar außerhalb von Raum und Zeit steht«.[9] Über ein Jahrzehnt sollte vergehen, bevor der Nister seine zum Phantastischen neigende Einbildungskraft dem zuwandte, was man gemeinhin die Realität nennt.

In Berlin war der Nister neben David Bergelson Redaktor des belletristischen Teils der Zeitschrift *Milgroym [Granatapfel]*. Wie andere jiddische Schriftsteller in der Emigration hielt er die Verbindung zum Moskauer Literaturzirkel um die einflußreiche Zeitschrift *Schtrom* aufrecht, zu deren Gründern Aaron Kuschnirow, Yehezkel Dobruschin und Dovid Hofstejn gehörten.

1924 verließ der Nister Berlin und ließ sich mit seiner Familie für zwei Jahre in Hamburg nieder. Irving Howe und Elieser Greenberg beschreiben diese Zeit für die Sowjetunion:

> »Die jiddische Kultur erhielt Auftrieb durch die Renaissance der russischen Literatur in den frühen zwanziger Jahren, eine modernistische Phase, überschäumend verspielt, frech und von rauher Vitalität. Die kraftvollen Gesänge Majakowskijs, die brillanten Erzählungen Babels, die Meisterwerke Samjatins, Oljeschas, Pasternaks und Pilnjaks stehen für eine Periode der russischen Literatur, die nur noch von der Mitte des neunzehnten Jahrhunderts übertroffen wird.«[11]

Ob er begierig war, Teil dieses Ferments zu sein, oder ob ihn sein Leben in Deutschland unbefriedigt ließ – der Nister traf 1926 eine schicksalsschwere Entscheidung. Wie seine Gefährten in der Emigration – Dovid Bergelson, Lajb Kwitko und Perez Markisch – kehrte er nach Rußland zurück und ließ sich in Kiew nieder. Dort veröffentlichte er 1928 eine Sammlung rein symbolistischer Erzählungen: *Fun Mayne Gitter*. S. Niger schreibt über diese Zeit:

>»In den ersten Jahren der Sowjetliteratur hatte der Nister kaum Schwierigkeiten. Auch die sowjetischen Schriftsteller waren in einer Art Romantizismus, einem neuen Überschwang befangen: der schwärmerisch-glutvollen, der erhabenen Sprache kampfbegeisterter Revolutionsheroen. Hier konnte auch der Nister seinen Platz finden.[12]

Doch gegen Ende der zwanziger Jahre verhärtete sich die kommunistische Doktrin gegenüber den Künsten. Das frühere postrevolutionäre Klima, in dem man alle nur erdenklichen Arten des künstlerischen Ausdrucks toleriert hatte, mußte der strengen Parteilinie weichen. Für den Schriftsteller wurde der Sozialistische Realismus zur approbierten Methode, dem Proletariat zu dienen, und der Nister, der unbeirrbar seinen symbolistischen Neigungen gefolgt war, geriet unter Beschuß:

>Er galt als Mystiker und Symbolist und der sowjetischen Kritik dieser Zeit somit als durch und durch morbid. Bis 1929 hatte man sich mit seiner Existenz abgefunden wie mit anderen seiner Art. Doch 1929 begannen erbitterte Angriffe auf sein Werk, um die jiddische Literatur in der Sowjetunion unter das Kollektivgesetz des Proletariats zu stellen.[13]

Es folgte beinahe ein ganzes Jahrzehnt, in dem der Nister sich und seine Familie nur mühsam über Wasser hielt – er schrieb ›neutrale‹, fachspezifische Texte jedweder Art, wie sie sich auftreiben ließen, oder auch journalistische Darstellungen seiner Reisen nach Charkow, Leningrad und Moskau. Diese Artikel erschienen 1934 in Buchform unter dem Titel *Hojptschtedt*. Und während dieser ganzen Zeit, in der er fürs tägliche Brot journalistischer Tätigkeit nachging, suchte er seinen Weg, sich seinen künstlerischen Visionen zu widmen *und* die Familie zu ernähren.

Die gesuchte Möglichkeit muß sich ihm noch vor 1935 eröffnet haben, denn in diesem Jahr bittet er seinen Bruder Motl in Paris brieflich um finanzielle Unterstützung und schreibt unter anderem:

»Wenn Du mich fragst, warum ich Auftragsarbeit übernehme, statt selbst zu schreiben: Alles, was ich bisher geschrieben habe, wird hier nach Strich und Faden verketzert. Es ist zum minderwertigen Artikel geworden. In der Sowjetunion ist für den Symbolismus kein Platz, und wie Du weißt, bin ich immer Symbolist gewesen. Für jemanden wie mich, der darum bemüht war, seine Methode und seinen Stil zu vervollkommnen, ist eine Wende vom Symbolismus zum Realismus unmöglich. Sehr schwer zumindest. Es ist keine Sache der Schreibtechnik – man muß neu geboren werden und seine Seele völlig umkrempeln; sozusagen sein Innerstes nach außen kehren. Ich habe verschiedene Versuche gemacht. Anfangs kam nichts dabei heraus. Doch jetzt habe ich anscheinend den Weg gefunden. Ich habe ein Buch in Arbeit, das meiner eigenen und der Ansicht meiner engsten Freunde nach bedeutend ist. Ich möchte diesem Buch, dessen Thema meine Generation ist – alles, was ich gesehen, gehört, gelebt und phantasiert habe –, meine volle Kraft widmen. Es war und ist schwierig für mich, das Buch zustande zu bringen, weil meine Zeit dem Broterwerb dient. Ich habe mit meinem gesamten Werk bisher keine einzige Kopeke verdient. Und bei der gegenwärtigen Abwanderung der Verlagshäuser von Charkow nach Kiew bekomme ich nicht einmal meine Auftragsarbeiten.

Und mein Buch muß ich schreiben. Wenn ich es nicht tue, bin ich am Ende. Wenn ich es nicht tue, bin ich ausgelöscht in der Welt der Literatur und der Lebenden. Ich brauche Dir nicht zu sagen, was es heißt, ein Schriftsteller zu sein, der nicht schreibt. Es bedeutet, daß man nicht existiert, daß man keine Lebenskraft hat.«[14]

Geld von seinem Bruder kam nicht, und doch fand er auf die eine oder andere Weise die Mittel, die *Brüder Maschber* zu beenden. Das erste Kapitel erschien auf den Seiten von *Sowetisch Hajm-*

land (Bd. 3, 1935). Von Zeit zu Zeit erschienen weitere Kapitel in anderen sowjetischen Zeitschriften. 1939 gab der Moskauer Emes-Verlag den ersten Band der *Brüder Maschber* als Buch heraus. Von Band 2 erschienen einzelne Kapitel weiterhin in sowjetischen Zeitschriften. Als Ganzes wurde er 1948 in den USA von YCUF veröffentlicht.

Der Roman rief bei den jiddischen Kritikern der Sowjetunion und des Auslands Begeisterung hervor. Die kommunistischen Kritiker sahen in ihm den Beweis dafür, daß es dem Nister endlich gelungen war, seiner sündhaften symbolistischen Manier zu entsagen und sich voll und ganz dem sowjet-sozialistischen Realismus zuzuwenden; die jiddischen begrüßten ihn als Zeichen dafür, daß der Nister zum Stil der klassischen jiddischen Literatur zurückgefunden hatte.

S. Niger berichtet in einem bemerkenswerten Aufsatz, daß er die Lektüre mit einiger Bangigkeit aufnahm: Nach jahrelanger Sorge, wie ein solcher Autor im Sowjetstaat überleben sollte, mußte er sich jetzt fragen, ob der Nister nicht endlich das Handtuch geworfen hatte – als Intellektueller wie auch als spiritueller Denker. Niger kommt zu dem Schluß, daß

> der Nister in einem Vierteljahrhundert Bolschewismus zwar viel gelernt, doch auch sehr wenig vergessen hatte. Der ›sozialistische Realismus‹ seiner neuen Prosa hatte seine frühere, im Volkstum wurzelnde chassidische Romantik nicht gänzlich außer Kraft gesetzt. Um seine Figuren und Schilderungen lag noch etwas vom Geist der Erzählungen über Reb Nachman, so wie in einer leeren Zitronenkiste noch der Duft der Früchte hängt. Und des Nisters frühere Erzählungen und *Die Brüder Maschber* unterscheiden sich genau darin, daß die Erzählungen eine Fortsetzung von Reb Nachmans Phantasien waren, während im Roman die wiedergeborene Seele des Rebbe als Chronist der Familie Maschber zu uns spricht.[15]

Von Rebbe Nachman wird später noch die Rede sein.

Die Brüder Maschber sind ein Familienroman in der Tradition von Dostojewskijs *Die Brüder Karamasow*, Thomas Manns *Die*

Buddenbrooks, I. J. Singers *Die Brüder Aschkenasi* und I. B. Singers *Der Gutshof.* Vorgestellt wird darin, historisch genau fixiert, eine ganze moralisch komplexe, psychologisch brisante, penibel nachgebildete Welt, kurz bevor diese Welt für alle Zeiten unterging.

Der Ort ist Berditschew (im Roman »N.«), wo der Nister geboren und aufgewachsen ist. Es ist daran zu erinnern, daß Berditschew, in der westlichen Ukraine gelegen, von 1569 bis 1793, als Ostpolen infolge der dritten (diesmal preußisch-russischen) Teilung Polens unter russische Verwaltung kam, eine polnische Stadt war. Im Jahr 1794 erhoben sich die Polen gegen die Besetzer ihres Landes und wurden von den Russen unter General Alexander Suworow in der Schlacht von Maciejowice niedergezwungen.

Nach dem Wiener Kongreß im Jahre 1815 wurde das sogenannte Kongreßpolen ein Teil des Russischen Reichs und Zar Alexander I. damit zum König über drei Viertel des historischen Polen. Unter seinem harten Regiment entstanden Dutzende aufrührerischer Geheimgesellschaften, die oft von polnischen Adligen angeführt wurden, Gesellschaften und Bewegungen, die von Alexanders Geheimpolizei hart unterdrückt wurden. Auch der Aufstand von 1830, bereits unter der Regierung Nikolaus I., wurde niedergeschlagen, und die Russen bestraften nicht nur die Rebellen in Kongreßpolen, sondern auch diejenigen aus den östlichen Gebieten. Privatbesitz wurde beschlagnahmt, Deportationen wurden durchgeführt und die Schlüsselfiguren der Rebellenszene zwangsweise in die russische Armee eingezogen.

1846 folgte die nächste Erhebung, und mit dem Aufstand von 1863 nähern wir uns bereits der Zeit der *Brüder Maschber.* Er begann am 22. Januar des Jahres 1863 und dauerte bis zum 10./11. April 1864 – dem Tag seiner endgültigen Niederschlagung. Wieder folgten blutige Vergeltungsmaßnahmen sowie Enteignungen.

Berditschew selbst war seit Jahrhunderten Marktstadt und diente Adel und Bauern als Bank- und Verteilungszentrum. Die Zahl der jüdischen Bevölkerung – 1765 nicht mehr als 1220 – war bis 1850 auf 25 000 angestiegen. Fünfzehn Jahre später hatte sich die Zahl verdoppelt, und die Juden standen im Zentrum der Bank-, Handels- und Gewerbetätigkeit der Stadt.

Das Berditschew jener Jahre war ein Ort voll ungestümen, sprudelnden Lebens, in der Wirklichkeit ebenso wie auf den Seiten des Nisters. Wenn wir mit dem Autor die Menge näher ins Auge fassen, erblicken wir Hausfrauen, Kaufleute, Bettler, Händler, Prostituierte, Financiers, Lastträger, Schneider, Geistliche, Ärzte, Hausmädchen, Strolche, Gastwirte, Weber, Färber, Lehrer, Totengräber, Rabbiner, Geistesgestörte und Diebe sowie Geächtete und Deklassierte, die nicht einmal mehr am Fuß der sozialen Leiter ihren Platz finden.

Hätte der Nister uns nichts als das Abbild dieser untergegangenen Welt überliefert, müßte man von einer Meisterleistung des Realismus sprechen. Tatsächlich jedoch ist ihm Größeres, unverwechselbar Eigenes gelungen. Er handhabt das Detail mit der Intensität eines Zola und schafft ein realistisches Werk, das er in den Dienst seiner symbolistischen Einbildungskraft stellt. Die Suchenden und Pilger, all jene phantastischen Geschöpfe, die seine früheren Werke bevölkerten, sind zurückgekehrt und nehmen in diesem Roman ihren Platz auf dem Boden der Tatsachen ein.

Der Trick ist mit beiläufiger Analyse nicht zu fassen, doch läßt sich auf drei Einzelelemente hinweisen: erstens eine Genauigkeit im Detail, die Reales in Surreales verwandelt; dazu eine Handlung von endlosem, verblüffendem Einfallsreichtum, und drittens ist der Roman durchflutet vom Licht der mystischen Lehre des Rabbi Nachman von Bratslav, so daß sich dem Nister ungewöhnliche Möglichkeiten bieten, schreibend über die Grenzen des Empirischen hinauszugelangen.

Rabbi Nachman von Bratslav, den Gershom Scholem den »vielleicht letzten jüdischen Mystiker« genannt hat, war der Urenkel von Baal Schem, dem Begründer der personalistischen, enthusiastischen mystisch-religiösen jüdischen Bewegung des Chassidismus. Nachman seinerseits begründete die chassidische Sekte, die seinen Namen trägt.

Ich werfe einen kurzen Blick auf diejenigen von Reb Nachmans religiösen Lehren und Gebräuchen, die in *Die Brüder Maschber* eingegangen sind. Da ist erstens die aus der Luriani-schen Kabbala stammende Idee, daß die erschaffene Welt als Akt göttlicher Kontraktion *(zimzum)* entstanden ist, in welchem Gott sich zusammenzieht und dadurch einer erschaffenen Welt Raum gibt. Dieser Akt wird ausführlich als Katastrophe be-schrieben, als wild bewegter Zusammenstoß von Kräften in Gott selber, ein Bruch (*schewirat hakelim* – ›das Zerbrechen der Gefäße‹ genannt), der durch den Prozeß des *tikkun* (Reparatur, Wiederherstellung) zu heilen ist, an dem auch der Mensch teil-haben kann.[16]

Einzige Pflicht des Menschen in *diesem* Leben ist es also, die in die Welt gefallenen Scherben der zerbrochenen Gefäße des ur-anfänglichen Lichts zu sammeln und sie in ihren ursprünglichen Platz einzusetzen. Das geschieht am wirksamsten durch ein Leben in Reinheit und Frömmigkeit. Wenn jeder ein solches Leben führte, wären die zerbrochenen Gefäße wiederhergestellt, wäre die Zeit des Messias angebrochen. Für den Chassid ist aufgrund der Reinheit seines Lebenswandels und seiner erleuch-teten Seele der *zaddik* am ehesten dazu geeignet, diese Heilung der Gefäße zu bewerkstelligen. Und für die Bratslaver war dieser *zaddik* eben Reb Nachman.

Zu Lebzeiten Nachmans zogen er und seine Nachfolger sich die Feindschaft nicht nur der *mitnagdim*, der Gegner des Chassi-dismus zu, sondern auch die anderer chassidischer Sekten. Grund war der Ausschließlichkeitsanspruch, den Nachman stellte oder doch in seinem Namen zu stellen erlaubte: daß er erstens der *zaddik hador*, der Heilige seiner Generation, sei und daß er selbst der Messias sein könnte oder daß der Messias, wenn er denn käme, aus seinem Samen geboren würde. Diese feindselige Ab-lehnung der Bratslaver Sekte setzte sich bis weit über Nachmans Tod hinaus fort und wurde von seinen Schülern als Beweis ihrer besonderen Auszeichnung aufgefaßt. In *Die Brüder Maschber* ist diese Feindschaft, wie wir noch sehen werden, ein wichtiger Handlungsaspekt.

Rabbi Nachman sprach mit seiner Lehre vor allem die Ungebildeten, die Leidenden, die Besitzlosen an. Seine populistische Mystik versicherte seinen Anhängern, daß ihnen in dem so ungleichen Zwiegespräch mit Gott ein leidenschaftlich verlangendes Herz dienlicher sei als ein Kopf voller Gelehrsamkeit. Und daß Unglück, Schicksalsschläge, Armut und Verzweiflung ein Weg zur Erlösung sein könnten. Arthur Green schreibt, Nachmans Doktrin »wendet sich an eine besondere Art spiritueller Elite: eine Elite von Leidenden und Kämpfenden, die ebenso *mit* Nahman (sic) wie *durch* ihn *wußten,* daß ›nichts so heil ist wie ein gebrochenes Herz‹«.[17]

Zu Nachmans Lebzeiten kamen seine Chassidim dreimal jährlich zu ihm gepilgert: zu Rosch Haschana am Jahresbeginn, am Hanukka-Sabbat und Schawuot. Nach dem Tod des Lehrers besuchten die Schüler ebenso regelmäßig sein Grab in Uman.

Weil Nachman von sich selbst verlangte, »für alle Zeiten der Heimatlose, der Heilige auf Wanderschaft zu sein, den die Gesellschaft schmähte, weil er viele ihrer Konventionen verwarf«[18], glaubten die Chassidim von Bratslav an die geistliche Kraft des *oprichtn goles*, des büßenden Wanderlebens. Als weiteres Band zwischen Lehrer und Schülern hatte Nachman unter seinen Chassidim die Beichte sowie die Übung des *hitbodedut*, des Alleinseins mit Gott eingeführt. Hier sollte sich der Gläubige einen Platz suchen, wenn möglich außerhalb des Hauses, um Zwiesprache mit Gott zu halten – in der Sprache seines Alltags, Jiddisch.

Nähe zu Gott suchte der Bratslaver auch auf andere Weise herzustellen, u. a. durch Singen vornehmlich von Liedern ohne Worte, durch Tanzen, Händeklatschen und das Aufsagen der Psalmen und des Hohen Liedes, des letzteren vor allen, das als das heiligste aller heiligen Lieder galt.

Die früheren Erzählungen des Nisters, die den *Erzählungen des Rabbi Nachman* besonders viel verdanken, haben in erster Linie allegorische Funktion. Sie kleiden sich in einen Sinn, der kabbalistischer Überlieferung entstammt, um mystische Wahrheit zu bekräftigen. Wenn hier, in *Die Brüder Maschber,* die Bratslaver Sekte in den Mittelpunkt einer erzählenden Prosa gerückt wird, in der anstelle von Riesen, Pilgern oder Dämonen Figuren stehen, die Namen und Adressen haben und Rechnungen, die bezahlt werden müssen, bieten sich dem Nister eine Reihe von Möglichkeiten, Handlung und Charaktere komplexer zu gestalten. Daß die Sekte der Verfolgung ausgesetzt ist, dient nicht nur dem Aufbau dramatischer Spannung; Glauben und Schicksale ihrer Anhänger erlauben es dem Autor, auf den Seiten einer kompromißlos realistischen Erzählung das Problem der Erlösung zu behandeln. Außerdem eröffnen die Figuren der Bratslaver Chassidim durch ihr Bestreben, den Abgrund zwischen Mensch und Gott zu überspringen, den Zugang zum Phantastischen, das in Form von Träumen und Visionen den Kontrapunkt zum Realismus des Textes setzt. Und endlich gibt der Appell der Sekte an die »Erniedrigten und Beleidigten«, an die Ausgestoßenen der Gesellschaft, dem Nister die Gelegenheit, Figuren wie Schmulikl die Faust, Zehn-Groschen-Puschke und Mittwoch einzuführen, die Erinnerungen an Dickens wachrufen.

Das Wort *maschber* bedeutet im Hebräischen »Krise«, und der Roman ist denn auch nichts anderes als eine Abfolge von Krisen: der Streit zwischen Mosche, dem Geschäftsmann, und seinem Bruder Lusi, dem *zaddik;* Alters Schwanken zwischen klarem Verstand und Idiotie; Gitls himmelstürmende Versuche, Gottes Mitleid für ihre Tochter zu erzwingen; und die vom Rabbi Dudi geführte Auseinandersetzung zwischen der Bratslaver Sekte und der etablierten religiösen Gemeinschaft. Natürlich steht im Mittelpunkt unserer Aufmerksamkeit die finanzielle Krise, in die Mosche Maschbers Familie gerät. Mosche, als Direktor der Familiengeschäfte, ist Protagonist des Romans, doch spielen seine zwei Brüder, Lusi, der Bratslaver Mystiker, und Alter, der gelehrte Idiot, ebenso wichtige Rollen in der sich anbahnenden Tragödie.

Mosche erscheint zunächst als ein Mann, der ganz im Leben steht: ein erfolgreicher Geschäftsmann und Bankier, hochangesehen, aufrecht, ehrenhaft und fromm. Ein liebender Vater und

Ehemann. Und doch erfahren wir von ihm, der so reichlich ausgestattet ist mit Attributen eines guten und glücklichen Menschen, als erstes, daß er sich Totenkleider besorgt und auf den Weg gemacht hat, um eine Grabstelle zu kaufen. Von diesem Augenblick an wird alles, was Mosche Maschber, dem Pragmatiker, dem Rationalisten, dem fest im Diesseits Verwurzelten, zustößt, zu einer anhaltenden Zerreißprobe seiner geistigen Kräfte. Wenn wir uns zu Ende des Romans von ihm verabschieden, scheint er ein Mann, an dem man mehr gesündigt hat, als er sündigte, und wir sind geneigt, in ihm einem Helden unseren Respekt zu bezeugen, der Opfer seiner Verhältnisse geworden ist.

Lusi, der älteste von den dreien, scheint zunächst der Gegenpol seines Bruders Mosche zu sein. Wenn Mosche ein Mann dieser Welt ist, hält Lusi sich von den Familiengeschäften fern und schließt sich der verachteten Bratslaver Sekte des Chassidismus an. Er scheint auf den ersten Blick die Verkörperung religiöser Wahrheitssuche. Wie ein Magnet zieht er die erniedrigten und geknechteten Bewohner des »Fluchs« an, wie ihr Stadtteil genannt wird. Doch wenn seines Bruders Tragödie vor uns abrollt, wird Lusis Rolle immerhin so zweideutig, daß unser unerschütterlicher Glaube an das Porträt eines Heiligen ins Wanken gerät. Lusi hat wohl die Seelengröße und moralische Integrität für eine solche Rolle, aber der Nister verzerrt Lusis Physiognomie gerade soweit, um Zweifel zu säen oder dem Bild zumindest die Eindeutigkeit zu nehmen.

Der jüngste der Brüder, Alter, ist deutlich Dostojewskijs Fürst Myschkin aus *Der Idiot* verwandt. Er ist einer jener Unzurechnungsfähigen, die durch den Wahnsinn (wenn es sich denn um Wahnsinn und nicht um eine bestimmte Form der Epilepsie handelt) von aller menschlichen Schlacke gereinigt scheinen. Und doch bringt gerade Alters Geschichte mehr als alle anderen Einzelschicksale, die im Roman ineinander verflochten sind, das Element des Erotischen in die geistliche Thematik hinein. Keine Sinnlichkeit ist so stark wie die voll unterdrückte, und Alters sinnliche Begierde im Bund mit der leidenschaftlichen Reinheit seines gen Himmel gerichteten Blicks ist geeignet, den Leser in einen Schwindel von Scham und Verwirrung zu stürzen. Alter, der Unschuldige, Verstörte, steht brütend am Bett des Hausmädchens Gnessje und atmet den Geruch ihres Körpers; und Alter schreibt Briefe an Gott, die, so dünkt uns, Gott nur unter Tränen lesen kann.

Die Frauen der *Brüder Maschber* scheinen bei erstem Betrachten nicht mehr als die Rollen zu spielen, die von ihnen erwartet werden. Und die zwei Töchter Mosches, Nechamke und Judith, sind sicherlich Muster an Leidensstärke und Frömmigkeit. Andere Frauen hingegen gewinnen im Roman außerordentliche Präsenz: Sie sind eigentliche Heldinnen wie Gitl, Mosches Frau, deren Sanftmut einen Mob beschämt und deren entschiedenes Auftreten gegenüber Jakob-Jossi Eilbirten eine der subtilsten Szenen des Buchs darstellt. Hinzu kommt das Porträt Esther-Rachels, der »Lederheiligen«, deren Gesicht als Folge jahrzehntelanger Unterernährung so hart wie Leder geworden ist; unfähig, ihren Gefühlen Ausdruck zu geben, hat sie ihr bettelarmes Dasein damit verbracht, geduldig für andere immer das zu tun, was gerade nötig war. Die Figur Esther-Rachels ist beinahe so bewegend (und ironisch) wie J. L. Perez' »schweigsame Bontsche« oder Flauberts Catherine Niçaise Elisabeth Leroux de Sassetot-la-Guerriere, der in *Madame Bovary* für vierundfünfzigjährigen Dienst auf demselben Hof eine Silbermedaille verliehen wird.

Und endlich das junge Hausmädchen Gnessje, die Verlobte des leidenden Alter. Gnessje, ebenso reif und lebensvoll wie arm und hilflos, wird zur Protagonistin jenseits der erotischen Klischees, auf die ein weniger großer Künstler sie leicht hätte festlegen können. Die Szenenfolge, in welcher der Nister zuerst ihre Verwirrung schildert, als sie sich plötzlich vor der Möglichkeit sieht, der wohlhabenden Familie ihrer ›Herrschaft‹ anzugehören, und später dann ihre Kraft, zu entscheiden (und zu handeln), als sie sich ihrer schwierigen Lage bewußt wird, ist eine der großen Passagen der *Brüder Maschber*.

Unter den Heilssuchern des Romans steht neben Lusi der

Volksschullehrer Michl Bukjer im Vordergrund, vor Lusi das Oberhaupt der Bratslaver Sekte in N. Das Schicksal beider, wie es sich als Folge ihrer geistigen Pilgerschaft gestaltet, könnte nicht verschiedener sein: Der gebildete, wohlhabende Lusi wird von der Gemeinschaft zwar geächtet, befindet sich jedoch auf dem besten (und nicht unbedingt härtesten) Weg zur Erleuchtung, während den notleidenden Michl seine grobschlächtigen, doch authentischen spirituellen Erlebnisse dank seiner labilen Psyche und der Furcht des orthodoxen geistlichen Establishments vor seiner Absonderlichkeit ins Verderben führen.

Wie als Gegengewicht zu Michls inbrünstiger Spiritualität setzt der Nister die Figur des ruhigen, umsichtigen Jossele, der ›Pest‹ ein. Jossele ist der Sucher im Diesseits, der *maskil*, ein Aufklärer, der Pläne für einen sozialen Wandel entwickelt; zu ihm kommt Michl mit dem Geschenk seines neu gewonnenen Unglaubens. Schwerlich eine radikale Gestalt, verkörpert Jossele jedoch im Rahmen des Romans am ehesten das versteckte revolutionäre Fieber, das – wie der Nister in seinem Vorwort erzählt – »sogar damals schon in diesem erstarrten Milieu schwelte«.

Und schließlich kommen wir in dieser Auswahl komplexer Charaktere zu dem vielleicht erstaunlichsten und denkwürdigsten – zu Sruli Gol. Eine vitale, geheimnisvolle Figur. Ein Klarsichtiger, der in Lusi einen Menschen erkennt, der eine ewige Flamme hütet, und zugleich begreift, daß Lusi selbst der Hut bedarf. Um dieser Flamme willen und fraglos auch aus weniger bewußten eigenen Bedürfnissen heraus nimmt Sruli diese Last auf sich. Er ist ein mystischer Pragmatiker, ein Trinker mit Hang zu Monologen, der auf den Hochzeiten der Armen die Hirtenflöte bläst und es liebt, den Reichen ins Gewissen zu reden. Und er ist mit der Ausnahme Alters die unglücklichste Figur des Romans.

Eine Anmerkung noch zu zwei weiteren Punkten: erstens der Tatsache, daß *Die Brüder Maschber* in der uns vorliegenden Fassung unvollendet sind, und zweitens den wiederholten Hinweisen des Nisters darauf, daß die von ihm geschaffene Welt dem

Untergang geweiht sei – sie finden sich im Vorwort und tauchen periodisch im Verlauf des Romans auf.

Wie bereits erwähnt, ist Buch 1 der *Brüder Maschber* 1939 erschienen, Buch 2 1948. In demselben Jahr spricht Gittl Meisel in der israelischen Zeitschrift *Di Goldene Kajt* von *Die Brüder Maschber* eindeutig als Trilogie. Sie fährt fort: »Eine erweiterte und verbesserte Ausgabe aller drei Teile zusammen bereitet der Verfasser zur Veröffentlichung vor . . .«[19] Und der mit dem Werk des Nisters wohl am besten vertraute Chone Schmeruk schließt seine Einleitung in *Hanasir W'Hadgadjo:*

> »Verschiedenen Berichten zufolge konnte der Nister das dritte Buch des Romans und vielleicht noch weiteres vollenden. Sollten diese Werke allerdings während seines Gefängnisaufenthaltes verlorengegangen sein, dann hätte unsere Literatur den größten und schmerzlichsten Verlust erlitten, den ihr das unheilvolle sowjetische Regime jemals zugefügt hat.«[20]

Bisher will es scheinen, als hätte die jiddische Literatur diesen Verlust tatsächlich erlitten. Buch 3 ist noch nicht zum Vorschein gekommen. Es sollte dennoch betont werden: Buch 2 ist kein Werk, das der Hand des Autors mitten im Prozeß der epischen Entwicklung entrissen wurde. Er ist zweifellos innerhalb eines sehr viel längeren Prosatextes als selbständiges Segment konzipiert und hat seinen eigenen organischen Abschluß. Man darf annehmen, daß auch der Nister selbst dieser Ansicht war, da er 1948 zur Veröffentlichung der jiddischen Fassung in ihrer vorliegenden Form seine Zustimmung gab.

Zwei Fragmente aus späteren Arbeiten des Nisters sind allerdings gefunden worden. Der sowjetische Schriftsteller L. Podrjatschik beschreibt, wie er während seiner Arbeit an verschiedenen Manuskriptfragmenten des Nisters auf die Seiten von »Nachvort un Forvort« stieß, Teilen eines Übergangskapitels zu Buch 3 der *Brüder Maschber.* Weiter berichtet er, wie sich der Kritiker Nachum Ojslander 1962 in seiner Eigenschaft als Herausgeber von *Sowetisch Hajmland* mit der Bitte an ihn wandte, ein 160-seitiges Romanmanuskript des Nisters zu ordnen und zu entziffern – ein Text mit dem Titel *Das fünfte Jahr*, der die Revolution von 1905 behandelt. Das Manuskript war der Zeitschrift von der Witwe des Nisters zugeschickt worden.

In »Nachwort und Vorwort« treffen wir Lusi und Sruli dort, wo wir sie am Ende von Buch 2 verlassen haben: unterwegs auf Chausseen und Landstraßen.[21] Nach ein paar überleitenden Seiten, auf denen der Nister den Leser mit weiteren Einzelheiten aus dem Schicksal der Familie Maschber bekannt macht, schildert er die ökonomischen und sozialen Veränderungen, die in N. stattgefunden haben, und führt dann die neuen Figuren ein, die in der geplanten Fortsetzung nach zwanzig Jahren ihre Rolle spielen sollten. »Nachwort und Vorwort« ist ein Text von großer Eindringlichkeit. Gelegentlich von leisem Humor geprägt, ist die Darstellung im ganzen von demselben Elan, demselben Detailreichtum in der Schilderung von Ereignissen und Figuren wie *Die Brüder Maschber.*

Anders steht es mit dem Manuskript von Teil 1 des Romans *Das fünfte Jahr*, den Podrjatschik aus den ihm übergebenen, vielfach überarbeiteten Seiten herausdestillierte. Hinter dem, was 1964 in *Sowetisch Hajmland* (Nr. 1) veröffentlicht wurde, glatter literarischer Dutzendware um Liebe und Märtyrertum im Zeichen der Revolution, würde man kaum den Nister als Autor vermuten. Die jungen Protagonisten Lajbl und Milje arbeiten 1905 als Untergrundaktivisten für die Revolution. Lajbls Mutter, ihrer bürgerlichen Herkunft verpflichtet und verzweifelt darüber, daß es ihr nicht gelingt, den Sohn von seinen radikalen Neigungen abzubringen, verrät die Revolutionäre, unter ihnen Lajbl, an die Polizei. Am Ende des Romans steht Lajbl, dessen Mutter sich aus Reue das Leben genommen hat, Hand in Hand mit Milje an den Gräbern gemarterter Revolutionäre, zu denen auch Miljes Mutter gehört. Beide geloben, einander und der Revolution die Treue zu halten.

Wenn wir daran denken, daß *Das fünfte Jahr* gleichzeitig mit *Die Brüder Maschber* entstanden ist und das Manuskript nicht einmal das Stadium der Reinschrift erreicht hat, wird klar, daß wir den ersten Entwurf zu einem Text vor uns haben, der irgendwann einmal einen Zensor beschwichtigen und vielleicht auch Brot auf den Tisch bringen sollte.

Die Erwähnung der Zensur führt uns zu den Stellen der Distanzierung, ja des Widerrufs in *Die Brüder Maschber*. Sie finden sich sowohl als Kommentare in der Einleitung wie auch im Erzähltext, wo sie gewöhnlich den Handlungsverlauf unterbrechen: Mit erhobenem Zeigefinger verkündet uns der Nister, daß diese seine Figuren und ihre Welt schon vom Verfall berührt seien. Solche kritischen Betrachtungen sind – wie im folgenden – oft einem hypothetischen Besucher der Stadt zugeschrieben:

> »Wäre aber ein Fremder hierhergekommen und hätte sich eine Zeitlang auf dem Markt aufgehalten, hätte er schon von weitem einen Hauch von Unbeständigkeit gewittert. Vielleicht hätte er gedacht, daß all dieser Plunder und dieses Getöse, all dieses An- und Verkaufen, all dieser Handel und Wandel, dieses Drunter und Drüber schon in naher, vielleicht sogar schon sehr naher Zukunft einen Verwesungsgeruch verströmen würden, der jedem in die Nase steigen müßte, auch denen, bei denen sich alles um den Markt dreht . . .«[22]

Diese Dementis wirken schablonenhaft wie Treueschwüre und sind offenkundig der Preis, den der Nister zahlen mußte, um mit der begonnenen Arbeit fortfahren zu können. Interessant ist, daß ihre Häufigkeit im Fortgang der Erzählung abnimmt, als hätte der Nister, ins Weiterspinnen seiner Prosa vertieft, vergessen, ihnen Beachtung zu schenken.

1939 erschien, wie erwähnt, Buch 1 der *Brüder Maschber*. Bei Ausbruch des Zweiten Weltkriegs verlegte der Nister seinen Wohnsitz von Charkow nach Taschkent. Drei Jahre später starb seine Tochter Hodel im belagerten Leningrad.

Während der Kriegsjahre, zuerst in Taschkent, dann in Moskau, wohin er mit seiner zweiten Frau Lina Singolobska zurückkehrte, setzte der Nister seine schriftstellerische Tätigkeit fort. In der Zeitschrift *Korbunes* (Opfer) erscheinen Kurzgeschichten

988

über die polnischen Juden unter der Naziherrschaft, während er gleichzeitig an Buch 2 der *Brüder Maschber* arbeitete.

Nach dem Krieg teilte der Nister das Schicksal der jiddischen Schriftsteller in der Sowjetunion, die des Individualismus und Symbolismus, des Außenseitertums und der bürgerlichen Dekadenz beschuldigt und zunehmend unter Druck gesetzt wurden. Ein Brief an Itzik Kipnis in Kiew vom 7. Dezember 1947 gibt uns einen Eindruck davon, wie das Leben damals für den Nister aussah. Er bedauert Kipnis' jüngste Unannehmlichkeiten bei den Kommissaren für Literatur und beschreibt dann die eigenen Nöte:

> »Ich teile Dein literarisches Schicksal. Es gibt da ein paar Leute, denen es am liebsten wäre, wenn ich nicht nur zu schreiben, sondern auch zu atmen aufhörte. In letzter Zeit hat sich alles so zugespitzt, daß ich unserem Herausgeber Kuschnirow gesagt habe, ich würde die Schwelle der Zeitschrift *Hajmland* nicht mehr überschreiten. So kann ich nicht weitermachen. Ganz gleich, was ich ihnen gebe – sie nehmen den Sachen das Leben. Also, ich tanze nicht mit dem Bären! Ich bleib draußen – der Iwan kann mich. Sollen die Teifs (Mosche), die Silbermans (Chaim), die Natowitsches (Mosche) Übersetzungen, Kritiken und so weiter schreiben. Was mich betrifft – was für ein Schriftsteller bin ich denn? Was ich hier schreibe, muß strikt unter uns bleiben; sprich zu niemandem davon...«

Der Brief endet mit einer Wiederholung dieser Warnung: »P. S. Noch einmal – der Inhalt dieses Briefes bleibt unter uns.«[23]

Einer nach dem anderen wurden die Freunde des Nisters verhaftet, Kwitko, Bergelson, Markisch. Schließlich war die Reihe an ihm. Als die Polizisten kamen, so berichtet seine Frau, sei er froh gewesen, daß die lange Zeit des Wartens endlich vorbei war.

Er empfing die Funktionäre des NKWD mit einem breiten spöttischen Lächeln, das sie weidlich ärgerte. Der Beamte, der die Durchsuchung leitete, begann dumm zu lachen... Darauf sagte der Nister auf jiddisch: »Warum ärgern Sie sich? Ich freue mich, daß Sie gekommen sind.«

Und er war tatsächlich froh, das Schicksal der übrigen jiddischen Schriftsteller zu teilen ... Er konnte nicht begreifen, daß er noch frei war, während die anderen bereits im Gefängnis saßen.[24]

Professor Chnone Schmeruk zitiert einen weiteren Bericht darüber, wie der Nister die Geheimpolizei in ihre Schranken wies. Als man ihn drängte, das Versteck seiner Manuskripte preiszugeben, sagte er: »Ich bitte um Entschuldigung, meine Herren, aber das ist etwas, das Sie gar nichts angeht. Ich habe ja nicht für Sie geschrieben. Meine Manuskripte bleiben an einem sicheren Ort.«

Man kann nur hoffen, daß er recht hatte. Daß vielleicht tatsächlich eines Tages jemand Estrich oder Keller durchsucht oder vielleicht alte Akten der sowjetischen Geheimpolizei durchblättert und dabei auf den vollständigen Text von Buch 3 der *Brüder Maschber* oder eine andere herrliche Überraschung stößt. Bis dahin aber legen wir Ihnen hier unsere Ausgabe der *Brüder Maschber* vor.

Leonard Wolf

ANMERKUNGEN ZUM NACHWORT

1. Nakhman Meisel, Hsg., *Der Nister: Dertseylungen un Esseyen* (New York: YCUF, 1957), S. 11.
2. Sh. Rosenfeld, *Tsukunft*, Juni 1914, S. 662.
3. Der Nister, »Peretz Hot Geredt un Ikh Hob Gehert«, in *Der Nister: Dertseylungen un Esseyen*, hsg. Nakhman Meisel (New York: YCUF, 1957), S. 289.
4. Ebd., S. 21.
5. Ebd., S. 282–83.
6. Der Nister, Gedakht (Berlin: Literarischer Farlag, 1922, 1923), S. 238.
7. Gershom Scholem, *On the Kabbalah and Its Symbolism* (New York: Schocken, 1969), S. 237–38.
8. Der Nister, *Gedakht*, S. 246.
9. Nakhum Oyslander, *Veg Ayn, Veg Oys (The Way In, The Way Out)* (Kiew: Cooperativer Farlag, 1939), S. 39.
10. Khone Shmeruk, Hsg., *A Shpigl Oyf of Shteyn* (Tel Aviv: Farlag Y. L. Peretz, 1964), S. 738.
11. Irving Howe und Eliezer Greengerg, *Ashes Out of Hope* (New York: Schocken, 1977), S. 5–6.
12. Sh. Niger, in *Yiddishe Shrayber in Sovet Russland*, New York: Cycco, 1958, S. 65–66.
13. Khone Shmeruk, Einführung zu *Der Nister: Hanazir V'Hadgadyo* (Jerusalem: Mosad Bialik, 1963), S. 5.
14. Ebd., S. 12.
15. Niger, *Yiddishe Shrayber*, S. 71.
16. Arnold J. Band, *Nahman of Bratslav* (New York: Paulist Press; Toronto: Ramsey, 1978), S. 32.
17. Arthur Green, *Tormented Master* (New York: Schocken, 1981), S. 148.

18. Ebd., 153.
19. Gittl Meisel, »Der Nister«, *Di Goldene Kayt*, No. 2 (1949), S. 169.
20. Shmeruk, *Hanazir V'Hadgadyó*, S. 42.
21. »Nokhvort un Forvort«, *Sovetish Haymland*, 1967, No. 2.
22. Seite 21 dieser Ausgabe.
23. Khone Shmeruk, Hsg., »Arba Argruth Shel Der Nister«, *B'khinut 8–9* (1977–78): S. 244, 245
24. Shmeruk, *Hanazir V'Hadgadyó*, S. 17.
25. Ebd., S. 17.